ADMINISTRAÇÃO FINANCEIRA
TEORIA E PRÁTICA

O GEN | Grupo Editorial Nacional – maior plataforma editorial brasileira no segmento científico, técnico e profissional – publica conteúdos nas áreas de ciências sociais aplicadas, exatas, humanas, jurídicas e da saúde, além de prover serviços direcionados à educação continuada e à preparação para concursos.

As editoras que integram o GEN, das mais respeitadas no mercado editorial, construíram catálogos inigualáveis, com obras decisivas para a formação acadêmica e o aperfeiçoamento de várias gerações de profissionais e estudantes, tendo se tornado sinônimo de qualidade e seriedade.

A missão do GEN e dos núcleos de conteúdo que o compõem é prover a melhor informação científica e distribuí-la de maneira flexível e conveniente, a preços justos, gerando benefícios e servindo a autores, docentes, livreiros, funcionários, colaboradores e acionistas.

Nosso comportamento ético incondicional e nossa responsabilidade social e ambiental são reforçados pela natureza educacional de nossa atividade e dão sustentabilidade ao crescimento contínuo e à rentabilidade do grupo.

Alexandre **Assaf Neto**
Fabiano Guasti **Lima**

5ª EDIÇÃO

ADMINISTRAÇÃO FINANCEIRA
TEORIA E PRÁTICA

INSTITUTO ASSAF

gen | atlas

- Os autores deste livro e a editora empenharam seus melhores esforços para assegurar que as informações e os procedimentos apresentados no texto estejam em acordo com os padrões aceitos à época da publicação, *e todos os dados foram atualizados pelos autores até a data de fechamento do livro*. Entretanto, tendo em conta a evolução das ciências, as atualizações legislativas, as mudanças regulamentares governamentais e o constante fluxo de novas informações sobre os temas que constam do livro, recomendamos enfaticamente que os leitores consultem sempre outras fontes fidedignas, de modo a se certificarem de que as informações contidas no texto estão corretas e de que não houve alterações nas recomendações ou na legislação regulamentadora.

- Data do fechamento do livro: 17/12/2024

- Os autores e a editora se empenharam para citar adequadamente e dar o devido crédito a todos os detentores de direitos autorais de qualquer material utilizado neste livro, dispondo-se a possíveis acertos posteriores caso, inadvertida e involuntariamente, a identificação de algum deles tenha sido omitida.

- **Atendimento ao cliente: (11) 5080-0751 | faleconosco@grupogen.com.br**

- Direitos exclusivos para a língua portuguesa
  Copyright © 2025 by
  Editora Atlas Ltda.
  Uma editora integrante do GEN | Grupo Editorial Nacional
  Travessa do Ouvidor, 11
  Rio de Janeiro – RJ – 20040-040
  www.grupogen.com.br

- Reservados todos os direitos. É proibida a duplicação ou reprodução deste volume, no todo ou em parte, em quaisquer formas ou por quaisquer meios (eletrônico, mecânico, gravação, fotocópia, distribuição pela Internet ou outros), sem permissão, por escrito, da Editora Atlas Ltda.

- Até a 4ª edição, este livro tinha o título *Curso de Administração Financeira*.

- Capa: OFÁ Design

- Imagem de capa: ©istockphoto/anyaberkut

- Editoração eletrônica: Set-up Time Artes Gráficas

- **Ficha catalográfica**

CIP-BRASIL. CATALOGAÇÃO NA PUBLICAÇÃO
SINDICATO NACIONAL DOS EDITORES DE LIVROS, RJ

A862a
5. ed.

Assaf Neto, Alexandre, 1946-
  Administração financeira : teoria e prática / Alexandre Assaf Neto, Fabiano Guasti Lima. - 5. ed. - Barueri [SP] : Atlas, 2025.

  Inclui bibliografia e índice
  ISBN 978-65-5977-673-3

  1. Administração financeira. 2. Empresas - Finanças. I. Lima, Fabiano Guasti. II. Título.

24-95202
CDD: 658.15
CDU: 658.15

Meri Gleice Rodrigues de Souza - Bibliotecária - CRB-7/6439

Lista de Abreviaturas e Siglas

A

ADR – *American Depositary Receipt*
AH – Análise Horizontal
APE – Associação de Poupança e Empréstimo
AV – Análise Vertical

B

BACEN – Banco Central do Brasil
BM&F – Bolsa de Mercadorias e Futuros
BNDES – Banco Nacional de Desenvolvimento Econômico e Social
BOVESPA – Bolsa de Valores de São Paulo

C

CAPEX – *Capital Expenditures*
CAPM – *Capital Asset Pricing Model* (Modelo de Precificação de Ativos)
CCL – Capital Circulante Líquido
CDB – Certificado de Depósito Bancário
CDC – Crédito Direto ao Consumidor
CDI – Certificado de Depósitos Interfinanceiro
CGL – Capital de Giro Líquido
CGP – Capital de Giro Próprio
CGPC – Conselho de Gestão de Previdência Complementar
CMN – Conselho Monetário Nacional
CNSP – Conselho Nacional de Seguros Privados
COPOM – Comitê de Política Econômica
CVM – Comissão de Valores Mobiliários
CY – *Current Yield* (Rendimento Corrente)

D

DFC – Demonstração do Fluxo de Caixa
DI – Depósito Interfinanceiro
DIV – Dividendos
DOAR – Demonstração de Origens e Aplicações de Recursos
DRE – Demonstração de Resultado do Exercício
DVA – Demonstração do Valor Adicionado
DVR – Dias de Valores a Receber

F

EBIT – *Earning Before Interests and Taxes* (Lucro Antes dos Juros e dos Impostos)
EBITDA – *Earning Before Interests, Taxes, Depreciation/Depletion and Amortization*
EOQ – *Economic Ordering Quantity* (Lote Econômico)
EVA® – *Economic Value Added* (Valor Econômico Agregado)

F

FCD – Fluxo de Caixa Descontado
FCDA – Fluxo de Caixa Disponível (Livre) do Acionista
FCDE – Fluxo de Caixa Disponível (Livre) da Empresa
FCO – Fluxo de Caixa Operacional
FFV – Fator de Valor Futuro
FPV – Fator de Valor Presente
FV – *Future Value* (Valor Futuro, Montante)

G

GAF – Grau de Alavancagem Financeira
GAO – Grau de Alavancagem Operacional

I

IBOVESPA – Índice da Bolsa de Valores de São Paulo
ICMS – Imposto sobre Circulação de Mercadorias e Serviços
IGP-DI – Índice Geral de Preços – Disponibilidade Interna
IGP-M – Índice Geral de Preços de Mercado
IL – Índice de Lucratividade
INPC – Índice Nacional de Preços ao Consumidor
IOF – Imposto Sobre Operações Financeiras
IPCA – Índice Nacional de Preços Ampliado
IPO – *Initial Public Offering* (Oferta Pública Inicial)
IR – Imposto de Renda
IRR – *Internal Rate Return* (Taxa Interna de Retorno)
IRRF – Imposto de Renda Retido na Fonte
ISS – Imposto Sobre Serviços

J

JSCP – Juros Sobre o Capital Próprio

L

LAJIR – Lucro Antes dos Juros e do Imposto de Renda
LFT – Letra Financeira do Tesouro
LIBOR – *London Interbank Offered Rate* (Taxa de Juros Interbancária do Mercado de Londres)
LOP – Lucro Operacional
LPA – Lucro por Ação
LTN – Letras do Tesouro Nacional

M

MD – *Modified Duration* (*Duration* Modificada)
MIRR – *Modified Internal Rate Return* (Taxa Interna de Retorno Modificada)
MVA – *Market Value Added* (Valor Agregado pelo Mercado)

N

NOPAT – *Net Operating Profit After Taxes* (Lucro Operacional Líquido do Imposto de Renda)
NPV – *Net Present Value* (Valor Presente Líquido)
NTN – Nota do Tesouro Nacional
NYSE – *New York Stock Exchange* (Bolsa de Valores de Nova York)

P

P – Passivo
PE – Ponto de Equilíbrio
PG – Progressão Geométrica
PIB – Produto Interno Bruto
P/L – Índice Preço/Lucro
PL – Patrimônio Líquido
PMAT – Prazo Médio de Armazenagem Total
PMC – Prazo Médio de Cobrança

PME – Prazo Médio de Estocagem
PMF – Prazo Médio de Fabricação
PMPF – Prazo Médio de Pagamento a Fornecedores
PMV – Prazo Médio de Venda
PU – Preço Unitário

R

RDB – Recibo de Depósito Bancário
ROA – *Return on Assets* (Retorno sobre o Ativo)
ROE – *Return on Equity* (Retorno sobre o Patrimônio Líquido)
ROI – *Return on Investment* (Retorno sobre o Investimento)

S

SAC – Sistema de Amortização Constante
SCFI – Sociedades de Crédito, Financiamento e Investimento
SELIC – Sistema Especial de Liquidação e Custódia
SFN – Sistema Financeiro Nacional
SML – *Security Market Line* (Linha do Mercado de Títulos)

T

TAC – Taxa de Abertura de Crédito

T-BONDS – *Treasury Bonds* (Título do Tesouro do Governo dos EUA)
TDM – Taxa de Desvalorização da Moeda
TJLP – Taxa de Juros a Longo Prazo

V

VEA – Valor Econômico Agregado
VPA – Valor Patrimonial da Ação
VRG – Valor Residual Garantido

Y

YTM – *Yield to Maturity* (Rendimento até o Vencimento)

W

WACC – *Weighted Average Cost of Capital* (Custo Médio Ponderado de Capital)

Lista de Símbolos

α – Coeficiente alfa
a.a. – ao ano
a.a.o. – ao ano *over*
a.d.u. – ao dia útil
a.m. – ao mês
a.m.o. – ao mês *over*
a.t. – ao trimestre
a.q. – ao quadrimestre
a.s. – ao semestre

b – taxa de reinvestimento
β – Coeficiente beta
β_L – Beta alavancado
β_U – Beta não alavancado

C – Capital (principal)
CF – *Cash flow* (fluxo de caixa)
CHS – *Change sign* (mudança de sinal)
COV – Co-variância
CV – Coeficiente de variação

D – *Duration*
d – Taxa de desconto
du – dia útil

e – Número de Neiper

E (FC) – Fluxo de caixa esperado

FV – *Future Value* (Valor futuro)

g – Taxa de crescimento

i – Taxa de juros
i_b – Taxa bruta de juros
i_L – Taxa líquida de juros
INF – Inflação

J – Juros

K_e – Custo do capital próprio
K_i – Custo do capital de terceiros

M – Montante
MM – Modigliani – Miller

E (NPV) – Valor presente líquido esperado
N – Valor nominal
n – Prazo

π – Letra grega: pi. Correlação da população.
PMT – *Payments* (pagamentos periódicos)
Po – Preço de mercado
PROB – Probabilidade
PV – *Present value* (valor presente)

Q – Quantidade de cada pedido
Q* – Lote econômico

r – Correlação da amostra
E(R) – Retorno esperado
R_F – *Risk free* (taxa livre de risco)
R_M – Retorno da carteira de mercado

S – Desvio-padrão da amostra
S^2 – Variância da amostra
σ – Letra grega: sigma. Desvio-padrão da população
σ^2 – Variância da população

VaR – *Value at Risk*

W_P – Proporção de capital de terceiros (passivos)
W_{PL} – Proporção de capital próprio (patrimônio líquido)

PREFÁCIO

Uma demanda marcante nos livros de finanças é manter, ao mesmo tempo, características de conteúdo atualizado e moderno, clareza na apresentação e aplicação prática dos conceitos financeiros, e foco ajustado à economia globalizada atual e, principalmente, à realidade brasileira.

Esses foram os desafios que fixamos na preparação desta obra.

Tivemos por objetivo apresentar um conteúdo bastante atual que permitisse fundamentar uma boa tomada de decisão financeira. O texto explica os fundamentos de Finanças Corporativas inseridas no ambiente econômico atual, cobrindo todas as decisões financeiras da empresa moderna. O livro aborda decisões financeiras, sustentabilidade e responsabilidade social, objetivos da empresa, mercados financeiros, formação dos juros, avaliação de ações e títulos de renda fixa, como as empresas decidem seus investimentos, estratégias e direcionadores de valor, análise do endivida-mento das empresas, riscos de mercado, uso de derivativos na gestão de risco, avaliação de empresas e medidas de valor, entre outros temas atuais e fundamentais das Finanças Corporativas.

Os instrumentos financeiros são fartamente ilustrados por meio de exercícios e casos práticos e de descrições de situações reais. Uma preocupação presente foi a de simplificar as explicações, procurando sempre o modo mais fácil, desmistificado e prático de apresentar o assunto, priorizando a qualidade e a profundidade necessárias à matéria.

A tônica adotada foi traduzir em linguagem totalmente prática e de fácil compreensão todos os conteúdos técnicos vivenciados no cotidiano do administrador financeiro de uma empresa, o que poderá ser reiterado nos boxes incorporados ao longo dos capítulos. O livro aborda ainda as atualizações em vigor da nova Lei Contábil e as modificações tributárias e metodológicas nos produtos financeiros trazidos pela atual legislação.

A teoria financeira apresentada é essencial para uma postura mais racional do administrador financeiro diante dos desafios diários, e, principalmente, pelas mudanças verificadas no ambiente econômico. É fundamental que o administrador perceba e entenda essas mudanças, e seja competente e inovador em direcionar sua gestão para a criação de riqueza. A teoria apresentada é fundamental para compreender e resolver os desafios das finanças empresariais.

O que se propõe é que seja uma obra completa, de qualidade competitiva com as melhores obras disponíveis no mercado, porém introduzida de modo mais acessível, que permita motivar o aprendizado.

A Quem se Destina

O livro é direcionado a todos os estudantes e profissionais, de diferentes áreas, que desejam iniciar seus estudos em Finanças Corporativas. Permite ainda uma excelente reciclagem a todos os que estudaram a matéria e necessitam de uma revisão e atualização de seus principais conceitos e técnicas. O enfoque são as decisões que elevam o valor da empresa.

Estrutura do Livro

A obra *Curso de Administração Financeira* recebeu o título de *Administração Financeira – Teoria e Prática* nesta nova edição. Essa mudança reflete nosso compromisso em oferecer um conteúdo mais abrangente e atualizado, que combina fundamentos teóricos com aplicações práticas da administração financeira.

O livro *Administração Financeira – Teoria e Prática* encontra-se dividido em 10 grandes partes, totalizando 31 capítulos. Cada parte engloba assuntos relacionados que completam o entendimento.

Parte I – Fundamentos de Finanças: trata das questões básicas das finanças no ambiente da empresa e no contexto dos mercados financeiros, cada vez mais complexos e influentes.

Questões como: "O que são finanças?", "Qual o objetivo da empresa?", "Como são tomadas as decisões financeiras?", "Como funcionam os mercados financeiros?", "Como são formados os juros no Brasil?", entre outras, são respondidas nos dois capítulos que compõem essa parte.

Parte II – Cálculo Financeiro e Avaliação: formada por cinco capítulos, trata dos produtos financeiros de renda variável e de renda fixa e dos instrumentos de avaliação. É fornecida uma base conceitual para o desenvolvimento de cálculos financeiros aplicados.

Parte III – Demonstrações Financeiras, Desempenho Operacional e Valor: destina-se a cobrir dois grandes capôs de estudo: como são estruturadas as demonstrações contábeis no Brasil e como deve ser desenvolvido o processo de análise, envolvendo rentabilidade, fluxos financeiros, endividamento e equilíbrio financeiro.

Parte IV – Análise de Investimentos em Condições de Certeza: trata das decisões financeiras de investimentos de uma empresa dentro de uma dimensão a longo prazo. Atenção especial é dispensada aos estudos desses assuntos dentro da realidade brasileira, de modo bastante prático.

Parte V – Finanças e Risco: apresenta os conceitos fundamentais de risco e sua interferência sobre os retornos dos investimentos. O pressuposto básico desse estudo é de que todo investidor é avesso ao risco; em princípio, ele prefere maximizar o retorno e eliminar o risco.

Parte VI – Custo e Estrutura de Capital no Brasil: trata do estudo do custo e da estrutura de capital. O custo de capital de uma empresa reflete, em essência, a remuneração mínima exigida pelos investidores (credores e acionistas). É utilizado como taxa mínima de atratividade das decisões financeiras e indica a criação de riqueza econômica quando o retorno exceder o custo de capital. O estudo da estrutura de capital desenvolve as teorias e as aplicações do modo de financiamento das empresas, definindo a estrutura mais eficiente, que promova a maximização da riqueza dos acionistas.

Parte VII – Decisões de Financiamento e Dividendos: aborda as fontes de financiamento a longo prazo, geralmente demandadas pelas empresas, e as decisões e políticas de dividendos. É dado destaque nesses estudos às características econômicas e legais das empresas brasileiras.

Parte VIII – Finanças a Curto Prazo: trata das finanças correntes (giro), do equilíbrio financeiro das empresas. São estudados o capital de giro e a administração de valores circulantes, como caixa, valores a receber e estoques.

Parte IX – Avaliação de Empresas no Brasil: dedica-se aos conceitos fundamentais e à metodologia de avaliação econômica de empresas. Diversas aplicações práticas de cálculo do valor da empresa são desenvolvidas nos capítulos.

Parte X – Tópicos Especiais em Finanças: introduz os principais instrumentos financeiros de proteção de riscos das empresas, ilustrando diversas estratégias com derivativos como *swaps*, *hedges*, opções e contratos futuros.

Foi inserido nesta 5ª edição um capítulo novo atualizado sobre o uso das ferramentas de Ciência de Dados aplicadas às Finanças.

Foi demonstrado no capítulo o uso prático de métodos de tratamento de dados para se extrair informações de grande validade para a tomada de decisão no ambiente de finanças.

A 5ª edição deu sequência aos esforços de revisão e melhorias do conteúdo do livro. Foram revistas as diversas formulações utilizadas, assim como os cálculos apresentados; atualizados os inúmeros dados e informações financeiras inseridos nas diferentes ilustrações práticas nos capítulos; adotou-se a nova nomenclatura dos títulos públicos de emissão do Tesouro Nacional; e foram feitas atualizações contábeis, entre outras melhorias.

Importante: apesar de todos os nossos esforços e dedicação na revisão e na atualização deste livro, eventuais erros de digitação e impressão podem ainda persistir, assim como diferentes interpretações nos diversos conceitos desenvolvidos. Agradecemos aos leitores toda comunicação de eventuais falhas encontradas e apresentamos, desde já, nossas desculpas.

Alexandre Assaf Neto
Fabiano Guasti Lima

SUMÁRIO

Parte I – Fundamentos de Finanças, 1

1   Introdução às Finanças Corporativas, 3

    1.1   Como evoluíram as finanças das empresas, 4

    1.2   Novas responsabilidades da administração financeira, 10

    1.3   Dinâmica das decisões financeiras, 11

        1.3.1   Decisões financeiras e risco, 12

    1.4   Decisões financeiras em ambiente inflacionário, 14

    1.5   Administração financeira e o objetivo da empresa, 15

        1.5.1   Medição do objetivo da empresa, 17

        1.5.2   Ambiente financeiro e valor da empresa, 19

        1.5.3   Objetivo da empresa e os conflitos com a sociedade, 20

        1.5.4   Objetivo da empresa em outros mercados, 22

    1.6   Dinâmica das decisões financeiras no Brasil, 22

Resumo, 25

Testes de verificação, 26

Exercícios propostos, 28

Links *da* web, 29

Sugestão de filme, 29

Sugestão de leitura, 29

Respostas dos Testes de verificação, 29

2   Ambiente Financeiro Brasileiro, 31

    2.1   Intermediação financeira, 32

    2.2   Sistema Financeiro Nacional, 32

    2.3   Valores mobiliários, 35

    2.4   Ativos financeiros, 36

    2.5   Mercado de ações, 37

        2.5.1   Bolsa de valores, 40

    2.6   Mercados financeiros, 40

    2.7   Taxas de juros no Brasil, 42

        2.7.1   Taxa nominal de juros, 42

        2.7.2   Taxas de juros livres de risco no Brasil, 43

        2.7.3   Taxa SELIC de outros países, 45

        2.7.4   Outros índices brasileiros, 47

Resumo, 47

Testes de verificação, 49

Exercícios propostos, 51

Links *da* web, 52

Sugestão de filme, 53

Sugestão de leitura, 53

Respostas dos Testes de verificação, 53

Parte II – Cálculo Financeiro e Avaliação, 55

3   Cálculo Financeiro, 57

    3.1   Juros simples, 58

        3.1.1   Taxa nominal e taxa proporcional, 59

    3.2   Juros compostos, 60

        3.2.1   Calculadoras financeiras, 60

        3.2.2   Taxa equivalente e taxa efetiva, 62

        3.2.3   Valor futuro *versus* valor presente, 64

    3.3   Séries de pagamentos ou recebimentos, 65

        3.3.1   Séries de pagamentos ou recebimentos não uniformes, 65

    3.4   Coeficiente de financiamento, 69

    3.5   Anuidades perpétuas, 71

    3.6   Conceitos básicos de Taxa Interna de Retorno (IRR), 71

Resumo, 73

Testes de verificação, 74

Exercícios propostos, 75

Links *da* web, 76

Sugestão de filme, 76

Sugestão de leitura, 76

Respostas dos Testes de verificação, 76

4   Cálculo Financeiro em Contexto Inflacionário, 77

    4.1   Representatividade dos dados financeiros em ambientes inflacionários, 78

    4.2   Indicadores de inflação no Brasil, 79

        4.2.1   Índice Geral de Preços – Disponibilidade Interna (IGP-DI), 79

        4.2.2   Índice Geral de Preços de Mercado (IGP-M), 80

        4.2.3   Índice Geral de Preços 10 (IGP–10), 80

        4.2.4   Índice Nacional de Preços ao Consumidor (INPC), 80

        4.2.5   Índice Nacional de Preços ao Consumidor Amplo (IPCA), 80

        4.2.6   Variação cambial, 81

    4.3   Histórico da inflação no Brasil, 81

        4.3.1   Metas de inflação no Brasil, 84

    4.4   Determinação da taxa de inflação, 85

    4.5   Taxa de Desvalorização da Moeda (TDM), 86

    4.6   Taxa real, 87

        4.6.1   Operações com rendimentos pós-fixados, 87

        4.6.2   Desmembramento da taxa prefixada, 89

    4.7   Taxa referencial, 89

    4.8   Caderneta de poupança, 89

    4.9   Nova caderneta de poupança, 91

Resumo, 94

Testes de verificação, 95

Exercícios propostos, 96

Links *da* web, 97

Sugestão de filme, 97

Sugestão de leitura, 97

Respostas dos Testes de verificação, 97

5   Produtos Financeiros, 99

    5.1   Certificado/Recibo de Depósito Bancário (CDB/RDB), 100

    5.2   Taxa *over*, 102

        5.2.1   Taxa *over* anual efetiva, 103

    5.3   Certificado de Depósito Interfinanceiro (CDI), 105

    5.4   *Hot Money*, 105

    5.5   Desconto de duplicatas/cheques, 106

    5.6   *Factoring* – fomento comercial, 110

    5.7   Conta garantida/crédito rotativo, 112

    5.8   *Warrants*, 113

    5.9   *Commercial papers*, 115

    5.10   Sistemas de amortização de empréstimos e financiamentos, 116

        5.10.1   Sistema de Prestação Constante, 116

        5.10.2   Sistema de Amortização Constante (SAC), 120

Resumo, 124

Testes de verificação, 126

Exercícios propostos, 127

Links *da* web, 128

Sugestão de filme, 128

Sugestão de leitura, 128

Respostas dos Testes de verificação, 128

6   Avaliação de Renda Fixa, 129

    6.1   Conceitos fundamentais, 130

    6.2   *Yield to Maturity* (YTM), 131

    6.3   Preço de mercado de um título de renda fixa, 132

    6.4   *Current yield*, 134

    6.5   *Zero coupon bond*, 135

    6.6   *Duration* e formulação de Macaulay, 137

        6.6.1   Propriedades da *duration*, 138

    6.7   Volatilidade, 139

6.8 *Duration* de uma carteira, 140

6.9 Medidas de sensibilidade dos ativos de renda fixa, 141

6.10 *Duration* modificada, 145

Resumo, 151

Testes de verificação, 153

Exercícios propostos, 154

Links *da* web, 154

Sugestão de leitura, 155

Respostas dos Testes de verificação, 155

7 Avaliação de Renda Variável, 157

7.1 Conceitos fundamentais, 158

7.2 Indicadores de análise de ações, 159

7.2.1 Lucro por Ação (LPA), 159

7.2.2 Índice Preço/Lucro (P/L), 160

7.2.3 Valor Patrimonial da Ação (VPA), 161

7.2.4 Medidas de dividendos, 162

7.2.5 Retorno ajustado aos dividendos, 163

7.3 Cálculo do valor das ações, 165

7.3.1 Avaliação de ações com prazo determinado, 165

7.3.2 Avaliação de ações com prazo indeterminado, 167

7.3.3 Modelo de crescimento dos dividendos: fórmula de Gordon, 168

7.3.4 Taxa de crescimento constante – *g*, 169

Resumo, 173

Testes de verificação, 175

Exercícios propostos, 176

Links *da* web, 177

Sugestão de leitura, 177

Respostas dos Testes de verificação, 177

Parte III – Demonstrações Financeiras, Desempenho Operacional e Valor, 179

8 Entendendo as Demonstrações Contábeis Brasileiras, 181

8.1 Demonstrações contábeis, 182

8.2 Balanço patrimonial, 182

8.2.1 Ativo Circulante, 184

8.2.2 Ativo Realizável a Longo Prazo, 185

8.2.3 Ativo Permanente, 185

8.2.4 Passivo Exigível, 186

8.2.5 Patrimônio Líquido, 186

8.3 Demonstração das mutações do patrimônio líquido, 188

8.3.1 Ajustes de exercícios anteriores, 188

8.3.2 Dividendos extraordinários, 188

8.3.3 Destinação do lucro líquido, 189

8.4 Demonstração do Resultado do Exercício (DRE), 189

8.4.1 Receita líquida, 189

8.4.2 Custo dos produtos e serviços vendidos, 189

8.4.3 Lucro bruto, 190

8.4.4 "Lucro operacional", 190

8.4.5 Provisão para Imposto de Renda, 190

8.4.6 Lucro líquido, 190

8.5 Demonstração de Origens e Aplicações de Recursos (DOAR), 190

8.6 Demonstração dos Fluxos de Caixa (DFC), 191

8.7 Notas explicativas, 192

8.8 Parecer da Auditoria Independente, 193

8.9 Comentários finais, 193

Resumo, 197

Testes de verificação, 199

Exercícios propostos, 201

Links *da* web, 204

Sugestão de leitura, 204

Respostas dos Testes de verificação, 204

9 Como Analisar as Demonstrações Financeiras, 205

9.1 Aspectos básicos, 206

9.2 Análise horizontal e vertical, 206

9.2.1 Análise horizontal (AH), 207

9.2.2 Situações críticas na análise horizontal, 208

9.2.3 Análise horizontal em inflação, 209

9.2.4 Análise Vertical (AV), 211

9.2.5 Conclusões sobre o processo de análise horizontal e vertical, 212

9.3 Índices econômico-financeiros de análise, 213

9.3.1 Indicadores de liquidez, 213

9.3.2 Indicadores de atividade, 214

9.3.3 Indicadores de endividamento e estrutura, 216

9.3.4 Indicadores de rentabilidade, 217

9.3.5 Indicadores de análise de ações, 220

9.3.6 Alguns cuidados no manuseio dos indicadores, 221

9.4 Diagramas de indicadores de desempenho, 221

9.4.1 Decomposição do Retorno sobre o Patrimônio Líquido (ROE), 221

9.4.2 Decomposição do Retorno Sobre o Ativo (ROA), 222

Resumo, 223

Testes de verificação, 225

Exercícios propostos, 225

Links *da* web, 227

Sugestão de filme, 228

Sugestão de leitura, 228

Respostas dos Testes de verificação, 228

10 Análise das Demonstrações Financeiras – Aplicações Práticas, 229

10.1 Análise das demonstrações financeiras, 230

10.1.1 Origens e aplicações dos recursos, 230

10.1.2 Estrutura e evolução patrimonial, 232

10.2 Estrutura de resultados, 233

10.2.1 Influência do Imposto de Renda, 234

10.3 Análise de liquidez e equilíbrio financeiro, 234

10.3.1 Demonstração dos Fluxos de Caixa, 237

10.4 Análise do endividamento e estrutura, 238

10.5 Análise do retorno do investimento e lucratividade, 240

10.5.1 Relação entre o Retorno dos Acionistas (ROE) e o Retorno da Empresa (ROI), 241

10.6 Análise geral, 241

10.7 Elaboração e análise da Demonstração do Valor Adicionado (DVA), 242

Resumo, 246

Testes de verificação, 247

Exercícios propostos, 248

Links *da* web, 251

Sugestão de filme, 251

Sugestão de leitura, 251

Respostas dos Testes de verificação, 251

11 Análise Custo – Volume – Lucro e Alavancagem Operacional, 253

11.1 Análise custo – volume – lucro, 254

11.1.1 Ponto de Equilíbrio Operacional (PEO), 255

11.1.2 Ponto de equilíbrio contábil, econômico e financeiro, 258

11.2 Alavancagem operacional, 260

11.3 Riscos operacionais das variações nos custos e despesas, 261

11.4 Formulações do cálculo do grau de alavancagem operacional, 263

11.5 Resultado operacional no Brasil, 265

Resumo, 268

Testes de verificação, 269

Exercícios propostos, 271

Links *da* web, 272

Sugestão de leitura, 272

Respostas dos Testes de verificação, 272

12 Alavancagem Financeira, 273

12.1 Conceitos básicos: retorno do investimento e alavancagem, 274

12.1.1 Retorno do investimento com participação integral de capital próprio, 274

12.1.2 Retorno do investimento se 50% for financiado por capital de terceiros, 274

12.1.3 Grau de Alavancagem Financeira (GAF), 275

12.1.4 Risco financeiro empresarial, 278

12.2 A influência do Imposto de Renda, 278

12.3 Alavancagem financeira e amortização dos passivos, 280

12.3.1 Alavancagem financeira e passivos de funcionamento, 281

12.3.2 Ações preferenciais no Brasil, 282

12.4 Aplicação prática, 282

12.4.1 Avaliação do desempenho com base no investimento líquido – ROI, 283

Resumo, 284

Testes de verificação, 286

Exercícios propostos, 287

Link *da* web, 288

Sugestão de leitura, 288

Respostas dos Testes de verificação, 288

13 Medidas de Criação de Valor, 289

13.1 Custo de oportunidade e criação de valor, 290

13.2 Valor econômico agregado (EVA®), 291

13.2.1 Exemplo prático de cálculo do EVA®, 293

13.3 Valor (riqueza) para o acionista, 295

13.4 Modelo de gestão baseada em valor, 296

13.4.1 Direcionador de valor, 297

Sumário **XV**

13.4.2 Capacidades diferenciadoras, 297

13.4.3 Estratégias financeiras, 298

13.5 Avaliação do desempenho pelo MVA, 298

13.6 Valor econômico agregado e demonstrativos financeiros, 299

 13.6.1 Cálculo do resultado operacional ajustado, 301

 13.6.2 Cálculo do valor econômico agregado (EVA®), 301

 13.6.3 Avaliação do EVA®, 303

 13.6.4 Valor da riqueza criada, 305

13.7 Árvore de valor, 306

13.8 Conclusões, 307

Resumo, 308

Testes de verificação, 309

Exercícios propostos, 311

Links *da* web, 314

Sugestão de leitura, 314

Respostas dos Testes de verificação, 314

Parte IV – Análise de Investimentos em Condições de Certeza, 315

14 Decisões de Investimentos, 317

14.1 Origens das propostas de investimentos, 318

14.2 Tipos de investimentos, 319

14.3 Formação das taxas de juros no mercado, 320

 14.3.1 Taxas de juros, empresas e governo, 321

 14.3.2 Como são formados os juros no Brasil, 322

14.4 Estrutura a termo das taxas de juros, 323

 14.4.1 Teoria das expectativas, 324

 14.4.2 Taxa de preferência pela liquidez, 324

 14.4.3 Teoria da segmentação de mercado, **325**

14.5 Relevância dos fluxos de caixa nas decisões de investimentos, 325

14.6 Investimento inicial, 326

14.7 Fluxos operacionais de caixa, 328

14.8 Mensuração dos fluxos de caixa para as decisões de investimentos, 329

Resumo, 333

Testes de verificação, 335

Exercícios propostos, 337

Links *da* web, 339

Sugestão de leitura, 339

Respostas dos Testes de verificação, 339

15 Avaliação Econômica de Investimentos, 341

15.1 Métodos de análise de investimentos, 342

15.2 Período de *payback*, 342

15.3 Valor presente líquido (NPV), 344

15.4 Taxa interna de retorno (IRR), 346

 15.4.1 IRR em Projetos de Investimentos Não Convencionais, 348

 15.4.2 Pressupostos básicos da IRR, 351

 15.4.3 Taxa Interna de Retorno Modificada (MIRR), 352

 15.4.4 Pressuposto do Reinvestimento no Método do NPV, 353

15.5 Análise de projetos independentes, 354

15.6 Projetos mutuamente excludentes, 355

 15.6.1 Como calcular a interseção de Fischer, 356

15.7 Índice de Lucratividade (IL), 357

15.8 Decisões de investimentos sob restrição de capital, 358

Resumo, 359

Testes de verificação, 361

Exercícios propostos, 362

Sugestão de leitura, 364

Respostas dos Testes de verificação, 364

Parte V – Finanças e Risco, 365

16 Entendendo as Estatísticas de Risco, 367

16.1 Eficiência do mercado, 368

16.2 Medidas estatísticas – médias, 371

 16.2.1 Médias, 371

16.3 Medidas estatísticas – dispersão e risco, 373

 16.3.1 Variância e desvio-padrão, 374

 16.3.2 Coeficiente de variação (CV), 374

16.4 Fundamentos de probabilidade, 375

 16.4.1 Aplicação prática das estatísticas de risco e retorno em análise de investimentos, 376

16.5 Distribuição normal, 378

16.6 Covariância (COV), 380

16.7 Coeficiente de correlação, 381

16.8 Retorno esperado de um portfólio, 382

16.9 Risco de um portfólio, 382

 16.9.1 Diversificação do risco, 384

Resumo, 386

Testes de verificação, 389

Exercícios propostos, 390

Links *da* web, 391

Sugestão de filme, 391

Sugestão de leitura, 391

Respostas dos Testes de verificação, 391

17 Decisões de Investimentos em Condições de Risco, 393

17.1 Risco de um investimento, 394
    17.1.1 Análise de sensibilidade, 394
    17.1.2 Avaliação de cenários, 395
    17.1.3 Análise do ponto de equilíbrio, 396
17.2 Valor esperado e independência dos fluxos de caixa, 398
    17.2.1 Probabilidades de eventos independentes, 401
    17.2.2 Uso da curva normal em fluxos de caixa independentes, 402
17.3 Fluxos de caixa dependentes no tempo, 402
17.4 Árvores de decisão, 405
17.5 Cálculo do *value at risk* (VaR), 410

Resumo, 413

Testes de verificação, 414

Exercícios propostos, 416

Link *da* web, 417

Sugestão de leitura, 418

Respostas dos Testes de verificação, 418

18 Teoria do Portfólio, Retorno e Custo de Oportunidade, 419

18.1 Risco de carteira de ativos, 420
    18.1.1 Exemplo prático: efeitos da correlação sobre o risco do portfólio, 421
18.2 Risco, retorno e custo de oportunidade, 424
    18.2.1 Reta característica, 426
    18.2.2 Coeficiente beta e risco sistemático, 427
    18.2.3 Medindo o risco sistemático, 428
18.3 Linha de mercado de títulos (SML), 431
18.4 Risco do investimento usando o modelo CAPM, 434

Resumo, 435

Testes de verificação, 437

Exercícios propostos, 438

Links *da* web, 439

Sugestão de leitura, 439

Respostas dos Testes de verificação, 439

Parte VI – Custo e Estrutura de Capital no Brasil, 441

19 Custo de Capital e Criação de Valor, 443

19.1 Custo de capital de terceiros, 444
19.2 Custo de capital próprio, 446

19.2.1 Custo dos lucros retidos e de novas emissões de capital, 449
19.2.2 Determinação do custo de capital próprio no Brasil com o uso do CAPM, 450
19.3 Betas para empresas alavancadas (empresas com dívidas), 453
19.4 Custo total de capital (WACC), 457
    19.4.1 Ponderações baseadas em valores contábeis, valores de mercado e de uma estrutura meta de capital, 458
    19.4.2 Usos e limitações do WACC, 459
19.5 Criação de valor, 461

Resumo, 462

Testes de verificação, 464

Exercícios propostos, 465

Links *da* web, 467

Sugestão de leitura, 467

Respostas dos Testes de verificação, 467

20 Estrutura de Capital, 469

20.1 O endividamento das empresas brasileiras, 470
20.2 Entendendo melhor o que é estrutura de capital, 471
20.3 Teoria convencional, 473
20.4 Teoria de Modigliani – Miller (MM) sem impostos, 475
    20.4.1 Hipóteses do Modelo de MM, 477
    20.4.2 Formulações de MM sem impostos, 479
20.5 Proposições de Modigliani e Miller (MM) com impostos, 480
20.6 Estrutura de capital no Brasil, 482
20.7 Avaliação do nível de endividamento (LOP-LPA), 485

Resumo, 488

Testes de verificação, 489

Exercícios propostos, 491

Links *da* web, 492

Sugestão de leitura, 492

Respostas dos Testes de verificação, 492

Parte VII – Decisões de Financiamento e Dividendos, 493

21 Fontes de Financiamento a Longo Prazo no Brasil, 495

21.1 Financiamento por recursos próprios, 496
    21.1.1 Empresa emitente, 496
    21.1.2 Instituição financeira intermediadora, 497

21.1.3 Mercado primário e
secundário, 498
21.2 Principais critérios de análise de
ações, 499
21.3 Valor das ações, 499
21.3.1 Avaliação de ações fora do
contexto de uma carteira, 500
21.4 Financiamento de empresas no Brasil, 502
21.4.1 O crédito no Brasil, 502
21.4.2 Financiamentos por meio do
BNDES, 505
21.5 Financiamento por recursos de
terceiros, 507
21.5.1 Financiamento de capital
de giro, 509
21.5.2 Repasse de recursos internos –
Finame, 511
21.5.3 Repasse de recursos externos, 511
21.5.4 Subscrição de debêntures, 515
21.5.5 Arrendamento mercantil – *leasing*
financeiro, 518

Resumo, 518

Testes de verificação, 520

Exercícios propostos, 521

Links *da* web, 522

Sugestão de leitura, 522

Respostas dos Testes de verificação, 522

22 Decisões de Dividendos, 523

22.1 Aspectos básicos da política de
dividendos, 524
22.2 Os dividendos na
teoria residual, 525
22.3 Relevância e irrelevância dos
dividendos, 526
22.4 Como escolher a melhor política de
dividendos, 528
22.5 Outros aspectos a serem considerados na
fixação de uma política de
dividendos, 529
22.6 Bonificação, 530
22.6.1 Preço de mercado da ação após a
bonificação, 531
22.7 Desdobramento (*split*) e grupamento de
ações (*inplit*), 531
22.8 Juros sobre capital próprio (JSCP) na
legislação brasileira, 533
22.8.1 Cálculo dos juros sobre
o capital próprio (JSCP), 534

Resumo, 538

Testes de verificação, 539

Exercícios propostos, 540

Link *da* web, 542

Sugestão de leitura, 542

Respostas dos Testes de verificação, 542

23 Prática de Dividendos no Brasil, 543

23.1 A legislação brasileira sobre
dividendos, 544
23.2 Ilustração prática de pagamento de
dividendos, 547
23.3 Ilustração prática de dividendos × lucro
realizado, 548
23.4 Ilustração prática de dividendos
preferenciais e ordinários, 548
23.5 Tributação sobre os dividendos, 549

Resumo, 551

Testes de verificação, 551

Exercícios propostos, 552

Link *da* web, 553

Sugestão de leitura, 553

Respostas dos Testes de verificação, 553

Parte VIII – Finanças a Curto Prazo, 555

24 Capital de Giro e Equilíbrio Financeiro, 557

24.1 Conceitos básicos, 558
24.1.1 Capital de Giro (CG) ou Capital
Circulante (CC), 558
24.1.2 Capital de Giro Líquido (CGL) ou
Capital Circulante Líquido
(CCL), 560
24.1.3 Capital de Giro Próprio (CGP), 561
24.2 Ciclos operacionais, 562
24.2.1 Formulações de cálculo dos prazos
operacionais, 564
24.3 Investimento em capital de giro, 567
24.4 Financiamento
do capital de giro, 569
24.4.1 Dilema risco-rotorno na
composição do financiamento, 569
24.4.2 Abordagem para o financiamento
do capital de giro, 569

Resumo, 572

Testes de verificação, 573

Exercícios propostos, 574

Link *da* web, 576

Sugestão de leitura, 576

Respostas dos Testes de verificação, 576

25 Administração de Caixa, 577

25.1 Razões para uma empresa manter
dinheiro disponível em caixa, 578
25.2 Ciclo de caixa e controle de seu
saldo, 580

xviii Administração Financeira: Teoria e Prática ■ Assaf Neto | Lima

25.2.1 Uso do *float*, 583

25.3 Saldo mínimo de caixa, 583

25.4 Modelos de administração de caixa, 585

    25.4.1 Modelo do lote econômico, 586

    25.4.2 Modelo de Miller e Orr, 588

25.5 Projeção de necessidades de caixa – orçamento de caixa, 589

Resumo, 592

Testes de verificação, 593

Exercícios propostos, 594

Links *da* web, 596

Sugestão de leitura, 596

Respostas dos Testes de verificação, 596

26 Administração de Contas a Receber, 597

26.1 Avaliação do risco de crédito, 598

26.2 Política geral de crédito, 599

    26.2.1 Análise dos padrões de crédito, 600

    26.2.2 Prazo de concessão de crédito, 600

    26.2.3 Descontos financeiros por pagamentos antecipados, 601

    26.2.4 Políticas de cobrança, 601

26.3 Principais medidas financeiras de uma política de crédito, 602

    26.3.1 Despesas com devedores duvidosos, 602

    26.3.2 Despesas gerais de crédito, 602

    26.3.3 Despesas de cobranças, 602

    26.3.4 Custo do investimento marginal em valores a receber, 602

26.4 Influências de uma política de crédito sobre as medidas financeiras, 603

26.5 Medidas de controle, 609

    26.5.1 Dias de Vendas a Receber (DVR), 609

Resumo, 610

Testes de verificação, 612

Exercícios propostos, 613

Links *da* web, 615

Sugestão de leitura, 615

Respostas dos Testes de verificação, 615

27 Administração de Estoques, 617

27.1 Principais tipos de estoques, 618

27.2 Principais fatores que influenciam os investimentos em estoques, 619

27.3 Estoques e inflação, 621

27.4 Investimentos em estoques como modo de redução dos custos de produção, 624

27.5 Controle de estoques: curva ABC, 625

27.6 Modelos de análise e controle dos estoques, 628

    27.6.1 Custos associados aos estoques, 628

27.7 Modelo do lote econômico, 630

    27.7.1 A matemática do modelo do lote econômico, 631

    27.7.2 Condições de incerteza e estoque de segurança, 632

27.8 Preço de reposição dos estoques, 633

    27.8.1 Algumas observações finais, 635

Resumo, 635

Testes de verificação, 637

Exercícios propostos, 638

Link *da* web, 639

Sugestão de leitura, 639

Respostas dos Testes de verificação, 639

Parte IX – Avaliação de Empresas no Brasil, 641

28 Avaliação de Empresas, 643

28.1 Valor de liquidação e valor de reposição, 645

28.2 Valor de negociação e valor justo, 646

28.3 Múltiplos de mercado e transações comparáveis, 647

28.4 Método do Fluxo de Caixa Descontado (FCD), 649

    28.4.1 Formulações do método do fluxo de caixa descontado (FCD), 650

Resumo, 652

Testes de verificação, 655

Exercícios propostos, 656

Links *da* web, 657

Sugestão de leitura, 657

Respostas dos Testes de verificação, 657

29 Metodologia Básica de Avaliação, 659

29.1 Fluxo de caixa disponível para avaliação, 660

29.2 Fluxo de caixa disponível da empresa (FCDE), 661

29.3 Cálculo da taxa de desconto do FCDE, 664

29.4 Horizonte de tempo das projeções, 665

29.5 Determinação do valor da empresa, 667

29.6 Fluxos de caixa na avaliação da perpetuidade de empresas, 668

29.7 Composição da taxa de crescimento (g), 669

29.8 Formulações do valor da perpetuidade, 671

29.9 Alterações na taxa de crescimento, 673

29.9.1 Empresas com mesma taxa de crescimento e valores diferentes, 674

29.10 Comparações entre o EVA® e o valor presente líquido (NPV), 675

29.11 MVA e o valor da empresa, 677

Resumo, 682

Testes de verificação, 682

Exercícios propostos, 683

Links *da* web, 685

Sugestão de leitura, 685

Respostas dos Testes de verificação, 685

Parte X – Tópicos Especiais em Finanças, 687

30 Mercados Derivativos e Gestão de Riscos, 689

30.1 Mercado a termo, 691

30.2 Mercado futuro, 692

30.2.1 Convergência entre os preços à vista e futuro, 693

30.3 Mercado futuro de taxa de juros no Brasil, 695

30.3.1 Taxas de juros esperadas em contratos futuros, 696

30.3.2 Proteção no futuro de dólar, 697

30.4 Arbitragem, 697

30.4.1 Arbitragem em moeda estrangeira, 698

30.5 *Swaps*, 698

30.6 *Hedge*, 700

30.7 Opções, 702

30.8 Opções e projetos de investimentos, 703

Resumo, 707

Testes de verificação, 708

Exercícios propostos, 709

Links *da* web, 710

Sugestão de leitura, 710

Respostas dos Testes de verificação, 710

31 Novas Tecnologias em Finanças, 711

31.1 Ciência de Dados em Finanças, 712

31.1.1 *Analytics*, 712

31.1.2 *Big Data*, 712

31.1.3 *Machine learning*, 713

31.2 Inteligência Artificial, 718

31.3 *Blockchain*, 718

31.4 Moedas, criptomoedas e *cybersecurity*, 719

31.5 Educação Financeira, 720

31.6 *Open Finance*, 721

Resumo, 721

Testes de verificação, 723

Exercícios propostos, 723

Links *da* web, 724

Sugestão de filme, 724

Sugestão de leitura, 724

Respostas dos Testes de verificação, 724

Respostas dos Exercícios Propostos, 725

Índice alfabético, 744

PARTE I
FUNDAMENTOS DE FINANÇAS

Capítulo 1 Introdução às Finanças Corporativas

Capítulo 2 Ambiente Financeiro Brasileiro

INTRODUÇÃO ÀS FINANÇAS CORPORATIVAS

OBJETIVOS DO CAPÍTULO

1. Abordar toda a trajetória de evolução das finanças de empresas, direcionada para o estudo conceitual das finanças corporativas.
2. Identificar os objetivos e as responsabilidades atuais da administração financeira.
3. Descrever as funções da administração financeira e também compreender a abrangência das duas grandes decisões financeiras: decisão de investimento e decisão de *financiamento*.
4. Compreender o impacto que o fenômeno da inflação causa nas decisões financeiras, sua influência e aspectos marcantes.
5. Tratar a relação da administração financeira com o objetivo da empresa, e descrever as formas de mensuração deste objetivo.
6. Abordar a dinâmica das decisões financeiras de acordo com a realidade brasileira.

Para ser um bom administrador financeiro de uma empresa, é preciso conhecer a fundo os fundamentos das finanças de empresas – também chamadas *corporate finance* ou finanças corporativas. O que é a administração financeira? Qual sua importância para as empresas? Como são tomadas as decisões financeiras? Como as características da economia brasileira podem limitar os instrumentos financeiros mais tradicionais? A resposta a essas e a outras questões pertinentes constitui a preocupação central deste capítulo introdutório ao estudo das finanças corporativas.

Como praticamente toda a ciência, as finanças corporativas incorporaram em seu escopo as grandes evoluções do mundo contemporâneo. Seus métodos de avaliação e conteúdo conceitual assumiram um caráter bem mais abrangente, elevando sua importância para as empresas. O administrador financeiro, por seu lado, passou a ser mais exigido, sendo identificada uma necessidade de especialização e atualização cada vez maiores.

Basicamente, podem-se entender as finanças como área de conhecimento e subdividi-la em três grandes segmentos: *mercado financeiro, finanças corporativas* e *finanças pessoais,* conforme se observa no diagrama:

O segmento de *mercado financeiro* estuda os comportamentos dos mercados, seus vários títulos e valores mobiliários negociados e as instituições financeiras que atuam neste segmento. Já a parte de *finanças corporativas* estuda, como já foi mencionado anteriormente, os processos e as tomadas de decisões nas organizações. E recentemente um novo segmento – *finanças pessoais* – vem ganhando grande importância com o estudo dos investimentos e financiamentos das pessoas físicas, encontrando alta relação com a área de mercado financeiro.

Essa atenção ao comportamento do investidor nos diversos mercados em que atua trouxe ao mundo das finanças um considerável campo de estudos conhecido hoje como **Finanças Comportamentais**.

A partir dos trabalhos de Kahneman e Tversky (1979/1982),[1,2] a união entre os preceitos econômicos e psicológicos ganhou força e se tornou campo de pesquisa na área de finanças.

A crescente complexidade do mundo dos negócios determinou, ainda, que o responsável pela área financeira desenvolvesse uma visão mais integrativa da empresa e de seu relacionamento com o ambiente externo. O conhecimento restrito às técnicas e os instrumentos tradicionais da administração financeira já se mostram insuficientes no atual mundo dos negócios, necessitando o executivo de maior sensibilidade relativa a outros valores e informações estratégicos.

O gestor financeiro moderno deve possuir uma visão do todo da empresa, destacando suas oportunidades, tanto internas como externas. Deve ainda apresentar capacidade de bem interpretar os dados e informações e inferir, a partir deles, comportamentos e ações futuros.

O processo de tomada de decisões reflete a essência do conceito de *administração*. Reconhecidamente, *administrar é decidir,* e a continuidade de qualquer negócio depende da qualidade das decisões tomadas por seus administradores nos vários níveis organizacionais. E essas decisões, por sua vez, são tomadas com base em dados e informações viabilizados pelos negócios, levantamentos do comportamento do mercado e do desempenho interno da empresa.

Esse processo decisorial básico ao sucesso de toda empresa vem assumindo complexidades e riscos cada vez maiores na economia brasileira. Altas taxas de juros, carga tributária elevada, baixo volume de crédito de longo prazo, intervenções nas regras de mercado da economia, comportamento das taxas de inflação, desafios para o crescimento de nossa economia, entre outros aspectos, vêm exigindo uma capacidade mais questionadora e analítica das unidades decisórias.

Vale lembrar que conceitos financeiros consagrados em outros ambientes financeiros costumam encontrar enormes dificuldades de adaptação à realidade brasileira, o que demanda um conjunto de ajustes e reflexões nem sempre seguidos pelo mercado.

1.1 COMO EVOLUÍRAM AS FINANÇAS DAS EMPRESAS

Visão Geral

As teorias de finanças vêm descrevendo ao longo do tempo um processo consistente de evolução conceitual e técnica. O estudo de finanças vem se ajustando aos diversos momentos da economia, e encontra

---

[1] KAHNEMAN, Daniel; TVERSKY, Amos. Prospect theory: an analysis of decision under risk. **Econometrica**, v. 47, n. 2, p. 263-291, 1979.

[2] KAHNEMAN, Daniel; TVERSKY, Amos. The psychology of preferences. **Scientific American**, v. 146, p. 160-173, 1982.

seu maior desafio atualmente, diante das evidências de fim da era industrial e surgimento de uma era de informação e, mais adiante, de conhecimento.

Principalmente a partir dos anos 1920 do século XX, as finanças das empresas são motivadas a evoluir de maneira a atender à crescente complexidade assumida pelos negócios e operações de mercado. Assumem como desafio a criação de uma metodologia para a gestão neste novo cenário dos negócios.

Archer e D'Ambrosio (1969)[3] discutem essencialmente três abordagens no desenvolvimento do estudo de finanças das empresas. A primeira, conhecida como *Tradicional*, tem suas prioridades voltadas para a vida e operações financeiras descontínuas das empresas, conforme inseridas no ambiente da época. A ênfase desta abordagem recai sobre os fatos financeiros das empresas que costumam ocorrer de tempos em tempos, não dando maior destaque aos problemas administrativos de caráter mais rotineiro. Todos os assuntos externos às empresas recebiam grande atenção, principalmente se exerciam influências sobre as finanças, como práticas monopolistas, formas de financiamento e capitalização, comportamento da concorrência etc.

Outra abordagem, conhecida por *Administrativa*, priorizava as práticas rotineiras das empresas, atribuindo uma natureza cotidiana, e não eventual como a abordagem *Tradicional*, às atividades de Administração Financeira. Nesta fase foram introduzidos os estudos de orçamento, previsão de vendas, controles etc.

Finalmente, uma terceira abordagem, citada por Archer e D'Ambrosio, atribui grande ênfase à importância da teoria econômica nas Finanças das Empresas. Por exemplo, a partir do conceito econômico de "Investimento Agregado" exposto na Teoria Geral de Keynes, chegou-se ao estudo do custo de capital e taxa de retorno dos investimentos nas finanças das empresas. O comportamento das variáveis econômicas, como taxas de juros, inflação, renda nacional, crédito, entre outros, são de fundamental importância para o estudo do funcionamento das finanças das empresas.

No desenvolvimento da função financeira ainda, Weston (1975)[4] considera que devido ao processo de consolidação das empresas e do crescimento do mercado interno norte-americano o início do século XX foi o marco do princípio do estudo sistemático em finanças. E, diante do surgimento de grupos industriais que demandavam recursos financeiros para financiar as suas operações, os gestores passaram a enfrentar problemas na estrutura de capital (composição das fontes de financiamento) da empresa.

Dewing (1914), *apud* Weston (1975), também realizou estudos relativos ao processo de financiamento e à definição da estrutura de capital (composição das várias fontes de financiamento), constatando a forte relação entre o desequilíbrio da estrutura de capital das empresas e suas respectivas falências. O estudo concluiu que o foco do administrador financeiro, em ambiente de crise econômica, é a proteção contra a falência e a promoção de sua reorganização.

> **❗ IMPORTANTE ■** o estudo de finanças das empresas evoluiu bastante, exigindo do administrador a compreensão de um contexto maior e mais complexo. São inseridos nestas exigências uma sofisticada avaliação de riscos, novas formas de atuação no mercado, gestão com base em valor, governança corporativa, fatores jurídicos, entre outros assuntos importantes.

Décadas de 1920 a 1960

Na década de 1920, segundo Weston (1975), as indústrias se expandiram e houve o processo de fusões das empresas para completar as linhas de comercialização. Embora fosse um momento de apuração de grandes margens de lucros, os preços estavam flutuando e havia escassez de recursos, reforçando a importância da estrutura financeira da empresa.

Na década de 1930, verificou-se uma recessão econômica vinda da Crise de 1929/30, destacando-se na época os estudos sobre solvência, liquidez e recuperação financeira da empresa.

Devido à Segunda Guerra Mundial, na década de 1940, a função financeira atribuiu maior importância à obtenção de recursos para financiar a produção de bens; no início de 1950 houve uma rápida expansão econômica mundial apesar do receio quanto

---

3 ARCHER, S. H.; D'AMBROSIO, E. C. **Administração financeira**: teoria e aplicação. São Paulo: Atlas, 1969.

4 WESTON, J. F. **Finanças de empresas**. São Paulo: Atlas, 1975.

à possibilidade de uma recessão neste período pós-guerra. Tudo isso acarretou uma mudança no foco do estudo de Finanças, que passou a se caracterizar pela predominância das rotinas internas e pela preocupação com a estrutura organizacional, que, segundo Archer e D'Ambrosio (1969), ficou conhecida como *abordagem administrativa*.

Assim, no fim da década de 1950 e início da década de 1960, houve uma redução na rentabilidade das empresas consolidadas. O elevado preço de mercado das ações de novas indústrias resultou na escassez de recursos para as empresas tradicionais, o que fez com que os estudos de custo de capital ganhassem importância mais destacada. Segundo Archer e D'Ambrosio (1969), ainda, uma nova abordagem financeira ganhou relevância com a utilização da Teoria Econômica nas Finanças das Empresas.

Segundo Smith (1984),[5] somente após a década de 1950 é que se verificou uma mudança no estudo da função financeira, procurando compreender as várias consequências das políticas de *investimento*, *financiamento* e *dividendos* sobre o comportamento dos fluxos de caixa das empresas, em seu nível de risco e em seu valor econômico, ou seja, uma abordagem conhecida como positiva da literatura financeira.

Finanças Modernas

Duas correntes são a base das finanças modernas, uma inaugurada por Modigliani e Miller (1958),[6] chamada de Finanças Corporativas, e a outra iniciada por Markowitz (1952)[7] e direcionada aos estudos de portfólio (carteira) e de risco e retorno.

> **Portfólio**, ou carteira, é um conjunto de bens financeiros, como ações, títulos de renda fixa, imóveis, moedas etc., de propriedade de um investidor (pessoa física ou pessoa jurídica). Um portfólio diversificado contém uma variedade desses bens. O objetivo da formação de portfólios diversificados é reduzir o risco.

No fim da década de 1950, Modigliani e Miller (1958) demonstraram que o valor de uma empresa independe de sua estrutura de capital, ou seja, eles abordaram a irrelevância da estrutura de capital e da política de dividendos sobre o valor de mercado da empresa. Em outras palavras, a forma como a empresa é financiada (quanto de dívidas e de recursos próprios está financiando seus ativos), ou como paga dividendos aos seus acionistas, não exerce influência sobre o seu valor. O valor de mercado da empresa é o mesmo, independe destas decisões.

> **Valor de mercado** expressa o valor pelo qual um ativo pode ser negociado, em determinado momento, no mercado. Este valor é formado livremente pelas forças de oferta e procura dos compradores e vendedores. O valor de mercado deve refletir as expectativas de ganhos do ativo. Assim, por exemplo, se uma empresa prometer bons lucros no futuro, seu valor de negociação (valor de mercado) é maior; em caso contrário, observa-se uma redução em seu valor.

É importante destacar que a moderna gestão de risco começou a desenvolver-se a partir da Teoria do Portfólio, inicialmente apresentada por Markowitz e estendida por Sharpe, Fama e Lintner, entre outros importantes trabalhos.

Markowitz apresentou em *The Journal of Finance*, em 1952, o artigo "Portfolio Selection", o qual difundiu a noção de que um investidor deve formar um portfólio com base em seu retorno esperado e na variância dos retornos (risco), de modo a maximizar o primeiro e minimizar o último. A proposta básica para as decisões financeiras sugerida está em elevar o retorno da empresa para certo nível de risco, ou reduzir o seu risco para determinado retorno.

Este resultado favorável da relação risco-retorno de um investimento é obtido, segundo ainda Markowitz, por meio da *diversificação* de ativos com reduzido nível de *covariância*.

> A **covariância**, assim como a **correlação**, são medidas estatísticas que indicam como duas variáveis se relacionam entre si. Ou seja, quando o preço de um ativo se eleva, como se comporta o do outro. Se um acompanhar a subida do outro, diz-se que a covariância é positiva, denotando

---

[5] SMITH, Clifford W. **The theory of corporate finance**: a historical overview. New York: McGraw-Hill, 1984.

[6] MODIGLIANI, F.; MILLER, M. H. The cost of capital, corporation finance and the theory of investment. **The American Economic Review**, v. 48, nº 3, p. 261-297, Jun. 1958.

[7] MARKOWITZ, Harry. Portfolio selection. **The Journal of Finance**, v. 7, p. 77-91, 1952.

> **!** risco maior para a carteira; caso contrário, tem-se uma covariância negativa, reduzindo o risco de perda pelo comportamento inverso de um ativo em relação ao outro.
>
> Por exemplo, é esperado que, diante de uma subida nas taxas de juros de mercado, os índices de bolsa de valores sofram uma desvalorização. Assim, um investidor que possua ações e títulos de renda fixa em seu portfólio tem sua perda no retorno das ações de alguma maneira contrabalanceada pela subida dos juros. Se possuísse somente ações (covariância positiva) não teria como *diversificar* seu risco.

Assim, para a redução do risco pela diversificação, deve-se formar uma carteira que não esteja concentrada em ativos de mesmo comportamento. Isto significa, na prática, ter ações de empresas diferentes, ou tipos de ativos diferentes (imóveis e ações, por exemplo), de maneira que os retornos e os riscos se contrabalancem pela covariância inversa.

> **! IMPORTANTE ■** a teoria, em essência, expõe que o risco de um ativo deve ser avaliado com base em sua contribuição ao risco total de um portfólio de ativos, e não de maneira isolada. Por exemplo, pode ocorrer de determinada mercadoria não ser atraente para a empresa. No entanto, por apresentar uma relação de venda inversa aos demais produtos (sua venda maior se verifica em períodos de baixa demanda), é capaz de reduzir as incertezas associadas aos fluxos de caixa da empresa, tornando-se assim interessante seu investimento.

Markowitz (1952) rejeitou a ideia de que os investidores devem formar seus portfólios embasados somente no maior retorno esperado. As decisões devem seguir o equilíbrio da relação risco-retorno.

Na administração financeira, a teoria formulada orienta que um investimento deve ser avaliado por sua contribuição aos resultados de risco e retorno produzidos por ampla (diversificada) carteira de ativos. Não deve predominar na gestão de uma empresa maior preocupação com o desempenho isolado de um ativo,

> **! IMPORTANTE ■** na contribuição de Sharpe (1964),[8] deve ser destacado o modelo *Capital Asset Pricing Model* (CAPM), ou "Modelo de Precificação de Ativos". Este modelo permitiu que se chegasse ao retorno mínimo exigido de um investimento com base no risco apresentado. Assim, para qualquer investimento é possível apurar-se, pelo modelo do CAPM, a taxa de retorno que remunera o risco envolvido na decisão.

mas com o reflexo que determinada decisão promove sobre toda a empresa (portfólio).

Foi ainda por meio do CAPM que se introduziu o conceito do coeficiente *beta* (β), que indica o risco de um ativo em relação ao risco de todo o mercado. Se o ativo apresentar um risco maior que o do mercado ($\beta > 1,0$, pois é admitido que o beta da carteira de mercado seja igual a 1,0), deve-se exigir deste ativo um prêmio pelo risco proporcionalmente maior que o oferecido pelo mercado. Caso contrário, conclui-se que o ativo apresenta um risco menor, sendo oferecido um retorno abaixo da taxa de mercado.

Por fim, foram desenvolvidos também outros modelos que procuraram avançar no estudo do risco-retorno além do conseguido pelo CAPM, como a *Arbitrage Pricing Theory* (APT), formulada por Ross em 1976.

Década de 1970

Esta década teve como principal característica a recessão mundial oriunda do esgotamento do modelo de crescimento adotado no pós-guerra. Além disso, o cenário econômico mundial enfrentou a crise do petróleo e paralelamente a bolsa de Nova York entrou em crise, aumentando ainda mais o ambiente de risco e incerteza. Assim, diante desse cenário, houve a retomada dos modelos quantitativos criados antes da década de 1970, por Markowitz, Tobin e Sharpe. Nessa década, a Teoria de Eficiência dos Mercados ganhou relevância com Eugene Fama, sendo essa uma das mais importantes contribuições à Teoria de Finanças desenvolvidas nesse período.

---

[8] SHARPE, N. F. Capital asset prices: a theory of market equilibrium under conditions of risk. **The Journal of Finance**, v. 196, n. 3, p. 425-442, 1964.

Década de 1980

Nessa década, o crescimento da economia norte-americana teve como característica a manutenção de altos *déficits* orçamentários, importação generalizada de produtos japoneses e europeus e adoção de uma política monetária restritiva. Este cenário fez com que as taxas de juros internacionais aumentassem, e determinou que países em desenvolvimento tivessem dificuldades em honrar os empréstimos adquiridos na década de 1970. Nessa década, a excessiva liquidez no sistema financeiro mundial incentivou os bancos internacionais a concederem crescentes financiamentos aos projetos de investimentos dos países em desenvolvimento.

Merton (1997)[9] demonstra que a utilização dos modelos matemáticos aumentou ainda mais no período, sendo empregados por bancos comerciais e de investimentos, bem como por investidores institucionais. Nesse contexto financeiro deve ser destacado o modelo de precificação de opções de Black e Scholes como o de maior influência na época.

> Opções são contratos (derivativos) que oferecem ao seu titular a opção (direito) de comprar ou vender um ativo, em certa data futura, e a um preço previamente estabelecido. No contrato de opção não há a obrigação de compra ou venda, e sim o direito (opção) do investidor.

Nessa década, foram desenvolvidas também novas e complexas estratégias de mitigação de riscos através de derivativos. Destaque da década ainda a criação do Comitê da Basileia que, em 1988, produziu o importante Acordo da Basileia no qual estabelecia uma estrutura de cálculo de capital regulamentar mínimo para as instituições financeiras, tornando-se referência para a supervisão bancária.

> Derivativos são contratos cujos valores são derivados de outros ativos financeiros, conhecidos como "ativos subjacentes". Por exemplo, contratos futuros de juros, contratos de opções de ações etc. Os derivativos no Brasil são negociados na Bolsa de Valores de São Paulo (Bovespa) e na Bolsa de Mercadorias e Futuros (BM&F).

---

[9] MERTON, Robert C. Influence of mathematical models in finance on practice: past, present and future. **The Royal Society**, v. 347, nº 1684, p. 451-463, 1997.

Década de 1990 até início do século XXI

Durante a década de 1990, houve o aumento da globalização da economia, determinando o incremento do fluxo internacional de capitais, de produtos e de serviços. Este fenômeno levou a uma interdependência maior entre as economias dos países, implicando no incremento da possibilidade de que um eventual colapso econômico em um país resulte no contágio dos demais. Diante disso, aumentou a preocupação com os riscos incentivando a utilização de sofisticados modelos e estratégias de avaliação e gestão de risco.

Na década, ganharam destaque ainda os graves problemas financeiros enfrentados, entre outros, pelo banco inglês *Barings Bank*, e pelo fundo de investimento norte-americano *Long Term Capital Management*. Além disso, foram desenvolvidas novas técnicas de custeio importantes para o momento de reestruturação pela qual passaram as empresas.

> Barings Bank é um banco inglês que faliu em 1995 em razão de operações financeiras irregulares e mal-sucedidas realizadas pelo seu principal operador de mercado. O rombo da instituição foi superior a US$ 1,3 bilhão e causado por uma aposta equivocada no desempenho futuro do índice de ações do Japão. Na realidade, o mercado acionário japonês caiu mais de 15% na época, determinando a falência do banco. O *Barings Bank* foi vendido a um grupo financeiro holandês (ING) pelo valor simbólico de uma libra esterlina.
>
> *Long Term Capital Management* (LTCM) era um fundo de investimento que perdeu em 1998 mais de US$ 4,6 bilhões em operações nos mercados financeiros internacionais. O LTCM foi socorrido pelo Banco Central dos Estados Unidos (*Federal Reserve*), que coordenou uma operação de socorro financeiro à instituição. A justificativa do Banco Central para esta decisão era o receio das possíveis consequências mundiais da falência do fundo de investimento.
>
> O banco francês Société Générale informou, em janeiro de 2008, uma perda de US$ 7,16 bilhões determinada por fraudes efetuadas por um operador do mercado financeiro. Segundo revelou a instituição, o operador assumiu posições no mercado sem o conhecimento da direção

do banco. A instituição teve de recorrer a uma urgente captação de recursos no mercado próxima a US$ 5,0 bilhões.

Lehman Brothers era o 4º maior banco de investimentos dos EUA quando pediu concordata em 15-9-2008 com dívidas que superavam US$ 600 bilhões.

Não se tinha contas correntes ou talão de cheques do Lehman Brothers. Era um banco especializado em investimentos e complexas operações financeiras. Havia feito pesados investimentos em empréstimos a juros fixos no chamado mercado *subprime*, o crédito imobiliário voltado a pessoas consideradas de forte risco de inadimplência.

Com essa carteira de investimentos que valia bem menos que o estimado e o acúmulo de projetos financeiros, minou a confiança dos investidores na instituição de 158 anos. Suas ações passaram de pouco mais de US$ 80 a menos de US$ 4. Fracassos nas negociações para levantar fundos; a instituição de cerca de 25 mil funcionários entrou em concordata.

Em períodos mais recentes, ganha destaque a fraude superior a US$ 7 bilhões sofrida pelo banco *Société Générale* em janeiro de 2008.

> **!**
>
> **IMPORTANTE** ■ da mesma maneira, o processo de mensuração de valor para o acionista tornou-se mais relevante neste período. O início de uma era de informação e conhecimento passou a criar valor para as empresas, não demonstrado, de forma explícita, pela contabilidade tradicional. Foi importante para o estudo das finanças das empresas o valor da riqueza, medido pela diferença entre o valor de mercado e o valor contábil da empresa. As empresas passaram a agregar riqueza principalmente pelo valor gerado por seus ativos intangíveis, que não apresentam forma física, como marcas, processos, patentes, tecnologia, imagem junto aos clientes, sistema de distribuição e posicionamento no mercado etc.

Estes intangíveis produziram grande riqueza às empresas, criando valores muitas vezes superiores aos bens tangíveis, como máquinas, equipamentos,

edificações etc. O *valor econômico* de uma empresa é formado pela soma do valor de seus ativos tangíveis e intangíveis. Empresas que lastreiam seu crescimento em bens tangíveis tornam-se obsoletas mais rapidamente, colocando em risco sua continuidade. Bens tangíveis podem ser copiados facilmente, estão disponíveis no mercado; bens intangíveis representam uma vantagem competitiva para a empresa e devem merecer uma maior atenção das finanças.

Bens intangíveis não possuem forma física. Em verdade, seu valor físico é irrelevante. O valor de um bem intangível é determinado pelos direitos e benefícios econômicos que podem ser obtidos de sua propriedade. Alguns exemplos de ativos intangíveis: marcas, patentes, franquias.

O total do valor intangível de uma empresa pode ser obtido pela diferença entre o valor de mercado de suas ações e o patrimônio líquido.

Por exemplo, ao final de 2007 o Banco Bradesco apresentava os seguintes resultados:

- valor de mercado das ações: R$ 109,5 bilhões;

- valor do patrimônio líquido de R$ 30,4 bilhões.

O valor do Intangível do Bradesco atingiu, na época, R$ 79,1 bilhões.

Já no início do século XXI, houve escândalos contábeis nos EUA, envolvendo empresas reconhecidas, demonstrando a existência de conflitos de interesse nas organizações e a necessidade de se ampliar os mecanismos de controle. Perante essa situação, as concepções de *governança corporativa* e de maior transparência nas relações entre gestores e acionistas ganharam maior destaque. Paralelo a isso, em 2002, foi aprovada pelo congresso norte-americano a lei *Sarbanes Oxley* (SOX), com a finalidade de oferecer maior proteção aos investidores.

A teoria de *stakeholders* foi ressaltada favorecendo a expansão da técnica do *Balanced Scorecard* (BSC), desenvolvida por Kaplan e Norton em 1990. Através do BSC, as empresas podem alinhar suas estratégias com medidas de desempenho sob várias perspectivas: financeira, do cliente, dos processos internos, e de aprendizagem e crescimento, possibilitando o atendimento da demanda dos acionistas e dos demais *stakeholders*.

> *Stakeholders* são todas as partes envolvidas (interessadas, intervenientes) no ambiente da empresa, como acionistas, fornecedores, empregados, credores, clientes, comunidade e governo. São partes que, de algum modo, influenciam ou são influenciadas pelas decisões tomadas pela empresa.

Correntes que discutem a validade do CAPM e da Hipótese de Eficiência do Mercado começaram a ganhar destaque também na década de 1990. Adicionalmente vêm ganhando relevância os estudos que procuram relacionar o comportamento humano com os conceitos econômicos, de forma a entender a influência do fator humano nas decisões financeiras, formando, assim, um novo ramo de pesquisa conhecido como finanças comportamentais.

Finanças pessoais

No mundo de hoje e, principalmente, no Brasil, com uma relativa estabilidade da moeda, as pessoas estão aprendendo o valor do dinheiro que ganham, e com isso, dar bom uso às eventuais sobras financeiras que possuem, visando uma melhor comodidade no futuro. Gerir de forma eficaz os ganhos e as despesas individuais de cada pessoa é o que se conhecesse atualmente por *finanças pessoais*.

Quantas vezes você já fez a pergunta: "onde está meu dinheiro?", ou teve a sensação de que seu dinheiro simplesmente "evaporou". Poucos brasileiros têm o hábito de colocar no papel suas receitas e despesas. Organizar as contas significa ter real dimensão de sua saúde financeira. Feito isso, você pode ter uma agradável surpresa, e descobrir que tem mais dinheiro do que pensa, ou tomar um baita susto com o tamanho da sua dívida.

Sem um planejamento realista, fica difícil reservar algo para investir. Portanto, você deve aprender a organizar sua vida financeira, para descobrir como transformar os sonhos de hoje em uma realidade futura.

Antes de começar a procurar os caminhos mais rentáveis para a organização das finanças pessoais – consultorias financeiras, *sites* especializados, livros e guias sobre o assunto, e até o gerente de seu banco podem ajudar muito nessa missão –, o primeiro passo é visualizar e entender os seus gastos mensais para começar a controlá-los. Para tal, considere a seguinte – e simples – fórmula: *sobras (poupança) = receita – despesas.*

O grande desafio para quem quer investir em geral é saber onde está o dinheiro. Existe até uma crença: "Comece cedo". Mas o que lhe falta é um planejamento que ajudará a fechar os ralos por onde escoa hoje boa parte de sua renda, daí o comportamento do que se conhece hoje por *finanças pessoais*, ou comportamentais.

1.2 NOVAS RESPONSABILIDADES DA ADMINISTRAÇÃO FINANCEIRA

A administração financeira é um campo de estudo teórico e prático que objetiva, essencialmente, assegurar um melhor e mais eficiente processo empresarial de *captação* (financiamento) e *alocação* (investimento) de recursos de capital. Nesse contexto, a administração financeira envolve-se tanto com a problemática da escassez de recursos, quanto com a realidade operacional e prática da gestão financeira das empresas, assumindo uma definição de maior amplitude.

A própria evolução das finanças imprimiu no administrador uma necessidade maior de visualizar toda a empresa, realçando suas estratégias de competitividade, continuidade e crescimento futuro. Em verdade, o administrador financeiro no contexto atual não pode assumir posições menos envolventes de centrar suas preocupações unicamente nos mecanismos de captação de fundos e aplicações na atividade da empresa. Deve, outrossim, gerenciar esses recursos de forma a manter a saúde financeira e econômica da empresa e lograr ainda alcançar suas metas estabelecidas e criar valor aos seus proprietários (acionistas).

> Criar valor está geralmente focado no acionista. O conceito resume-se em obter um ganho dos investimentos (alocação de capital) superior ao custo do financiamento. Em outras palavras, uma empresa cria valor quando for capaz de apurar um ganho em seus ativos maior que o custo total de seus passivos e patrimônio líquido. Criar valor é uma missão da empresa.

Essas responsabilidades são mais intensas ainda nos últimos tempos, quando se tem observado, no atual ambiente de globalização, o acelerado processo de abertura dos mercados e acirramento da concorrência. Inúmeros projetos outrora atraentes são inviabilizados na nova ordem econômica mundial, exigindo cuidados especiais no uso e interpretação dos modelos financeiros. Em verdade, as decisões financeiras de levantamento e aplicação de recursos requerem, nos tempos atuais, maior nível de conhecimento e especialização do administrador financeiro, além de uma visão estratégica e de sinergia com relação ao futuro dos negócios.

Diante da crescente complexidade que o mercado e os negócios vêm apresentando, o administrador financeiro hoje não pode ater-se exclusivamente aos modelos mais teóricos e restritivos de solução dos problemas. É cada vez mais relevante que desenvolva uma visão crítica mais acurada e global da empresa. Suas atividades tornam-se mais importantes, assumindo maiores níveis de responsabilidade, prevendo-se grandes desafios para o futuro.

Em suma, a administração financeira tem demonstrado ao longo do tempo notável evolução conceitual e prática. De uma posição inicial menos ambiciosa, em que se distinguia um posicionamento mais descritivo dos fenômenos financeiros, a área financeira tem apresentado no mundo contemporâneo uma postura mais questionadora e reveladora em relação ao comportamento do mercado em geral e ao processo de tomada de decisões empresariais. Esse posicionamento tem contribuído bastante para o fornecimento de explicações mais lógicas e completas dos vários fenômenos financeiros, tornando mais evidente sua compreensão e ampliando sobremaneira sua esfera de atuação e importância.

1.3 DINÂMICA DAS DECISÕES FINANCEIRAS

Dentro do ambiente empresarial, a administração financeira volta-se basicamente para as seguintes funções:

a) **planejamento financeiro**, o qual procura evidenciar as necessidades de crescimento da empresa, assim como identificar eventuais dificuldades e desajustes futuros.

Por meio deste planejamento, ainda, é possível ao administrador financeiro selecionar, com maior margem de segurança, os ativos mais rentáveis e condizentes com os negócios da empresa, de forma a estabelecer uma rentabilidade mais satisfatória sobre os investimentos;

b) **controle financeiro**, o qual se dedica a acompanhar e avaliar todo o desempenho financeiro da empresa, como custos e despesas, margens de ganhos, volume de vendas, liquidez de caixa, endividamento etc. Análises de desvios que venham a ocorrer entre os resultados previstos e realizados, assim como propostas de medidas corretivas necessárias, são algumas das funções básicas da controladoria financeira;

c) **administração de ativos**, que deve perseguir a melhor estrutura, em termos de risco e retorno, dos investimentos (ativos) empresariais, e proceder a um gerenciamento eficiente de seus valores. A administração dos ativos acompanha também as defasagens que podem ocorrer entre entradas e saídas de dinheiro de caixa, o que é geralmente associado à gestão do capital de giro;

d) **administração de passivos**, que se volta para a aquisição de fundos (financiamentos) e o gerenciamento de sua composição (proporção entre capital próprio e capital de terceiros), procurando definir a estrutura de capital mais adequada em termos de liquidez, redução de seus custos e risco financeiro.

> **!** **IMPORTANTE** ■ ao basear-se nas funções financeiras apresentadas, qualquer que seja a natureza de sua atividade operacional, uma empresa é avaliada como tomadora de duas grandes decisões financeiras: *decisão de investimento* - aplicações de recursos - e *decisão de financiamento* - captações de recursos.

Uma terceira decisão que envolve a alocação do resultado líquido da empresa, também conhecida por *decisão de dividendos*, é geralmente incluída na área de financiamento por representar, em última análise, uma alternativa de financiar suas atividades. Dividendo é uma decisão que envolve, fundamentalmente, a distribuição de parte dos lucros aos acionistas, ou o *custo de oportunidade* de manter esses valores retidos, visando lastrear seus negócios.

> **Custo de oportunidade** é o retorno da melhor alternativa disponível de investimento que foi rejeitada pela decisão de aplicar os recursos em outra. Em outras palavras, é quanto um investidor deixou de ganhar por ter aplicado seu capital em uma alternativa de investimento em vez de em outra.
>
> Por exemplo, ao comprar ações da Siderúrgica Gerdau, o custo de oportunidade do investidor é o retorno que deixou de ganhar ao não aplicar o mesmo valor em ação de outra empresa. Em geral, o custo de oportunidade considera alternativas de mesmo risco.

Assim, se uma empresa reteve seus lucros (não pagou dividendos), espera-se que seja capaz de produzir um retorno pelo menos igual ao que os seus acionistas iriam auferir caso tivessem recebido os dividendos. Se isto não ocorrer, é possível esperar uma desvalorização do preço das ações no mercado, ou seja, uma destruição de valor para os acionistas.

As decisões financeiras são tomadas pelas empresas de forma contínua e inevitável. A decisão de investimento, considerada como a mais importante de todas, envolve todo o processo de identificação, avaliação e seleção das alternativas de aplicações de recursos na expectativa de se auferirem benefícios econômicos futuros. Por não se ter certeza da realização futura de lucros, a decisão de investimento envolve risco, devendo ser avaliada em termos da relação risco-retorno.

As *decisões de investimento* têm por objetivo criar valor. Todo investimento mostra-se economicamente atraente quando o seu retorno esperado exceder a taxa de retorno exigida pelos proprietários de capital (credores e acionistas), ou seja, ao custo total do capital. É importante destacar que essas decisões inserem-se no âmbito do planejamento estratégico da empresa, e são reflexo de planos futuros traçados para a condução dos negócios. Refletem, em outras palavras, um compromisso com a continuidade e viabilidade do empreendimento.

As *decisões de financiamento*, por outro lado, preocupam-se principalmente com a escolha das melhores fontes de financiamento e a melhor proporção a ser mantida entre capital de terceiros (dívidas) e capital próprio. O objetivo central dessa decisão envolve a determinação da melhor estrutura de financiamento da empresa, de maneira a preservar sua capacidade de pagamento (viabilidade financeira) e dispor de fundos com custos reduzidos em relação ao retorno que se espera apurar de suas aplicações (viabilidade econômica).

Na prática, as empresas têm a sua disposição diversas fontes de financiamentos, como fornecedores, instituições financeiras, acionistas etc., as quais apresentam diferentes condições de custos, sistemas de amortizações, prazos de pagamentos e garantias exigidas. Essas condições devem ser combinadas de forma a adequar o passivo às características de rentabilidade e liquidez das aplicações desses recursos.

> **IMPORTANTE** ■ *lucro operacional* é mais corretamente entendido como o resultado gerado unicamente pelas decisões de ativos (investimentos). Não sofre qualquer influência da forma como a empresa encontra-se financiada. É o resultado calculado antes das despesas de juros (despesas financeiras) das dívidas, e pertence aos proprietários de capital: credores e acionistas.

1.3.1 Decisões financeiras e risco

Todo o arcabouço conceitual das decisões financeiras, conforme descrito, tem sua avaliação fundamentada nos resultados operacionais apurados pelas empresas. Efetivamente, é por meio do desempenho operacional que é discutida a viabilidade econômica de um empreendimento: o *lucro operacional* pertencente aos credores e acionistas, define, mais precisamente, os limites de remuneração das fontes de capital da empresa; as decisões de investimento são avaliadas, de maneira incremental, com base em valores operacionais de caixa; e assim por diante.

Graficamente, tudo que foi dito anteriormente pode ser resumido no seguinte esquema de uma empresa:

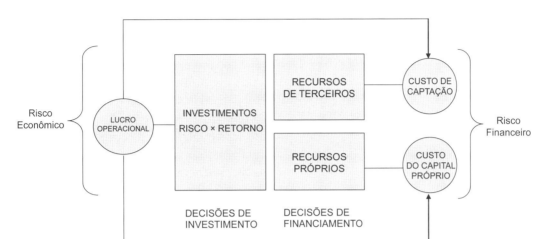

O *resultado operacional*, entendido como aquele gerado exclusivamente pelos ativos da empresa, quantifica o retorno produzido pelas decisões de investimento, permitindo que se proceda, com base nos valores apurados, a uma avaliação da atratividade econômica do empreendimento, definindo inclusive o interesse e as condições de sua continuidade.

> **IMPORTANTE** ■ assim, no processo de tomada de decisões financeiras de uma empresa, dois fatores de viabilidade devem ser considerados:
>
> a) **econômico**, com base na relação entre o retorno do investimento e o custo total dos recursos aplicados. A agregação de valor econômico em uma empresa somente se verifica quando o lucro operacional apurado em determinado momento superar o custo total de capital da empresa; e
>
> b) **financeiro**, identificado pela sincronização entre a capacidade de geração de caixa dos negócios e o fluxo de desembolsos (pagamentos) exigidos pelos passivos. O equilíbrio financeiro de uma empresa pressupõe uma interdependência de prazos entre ativos e passivos, ou seja, a maturidade das decisões de investimento deve ser compatível com a das decisões de financiamento.

O *resultado operacional* é o resultado do negócio, da atividade objeto da empresa, não sendo influenciado pelo modo como os ativos são financiados. É calculado antes da dedução das despesas de juros provenientes das dívidas contraídas pela empresa.

Por outro lado, o resultado operacional sinaliza também as decisões de financiamento, principalmente em relação ao custo de captação. O lucro operacional deve constituir-se no nível máximo de custo dos passivos (dívidas) empresariais de maneira a viabilizar economicamente suas decisões. Empresas em posição desfavorável, ou seja, que apuram resultado operacional inferior aos encargos das dívidas, sacrificam diretamente o retorno de seus proprietários (acionistas), destroem riqueza econômica, além de promoverem, ao longo do tempo, o próprio desequilíbrio financeiro.

É importante que se destaque, ainda, o risco associado às decisões financeiras tomadas pelas empresas, o qual pode ser identificado segundo a natureza da decisão tomada:

a) **risco econômico (operacional)**: inerente à própria atividade da empresa e às características do mercado em que opera. Esse risco independe da forma como a empresa é financiada, restringindo-se exclusivamente às decisões de investimentos (ativos). Alguns exemplos: sazonalidade de mercado, tecnologia, concorrência, estrutura de custos mantida pela empresa, qualidade dos produtos negociados, variações nas taxas de juros de mercado etc.;

b) risco financeiro: reflete o risco associado às decisões de financiamento, ou seja, a capacidade da empresa em liquidar seus compromissos financeiros assumidos. Empresas com reduzido nível de endividamento apresentam baixo nível de risco financeiro; altos níveis de endividamento, por outro lado, ao mesmo tempo em que podem promover maior capacidade de *alavancar* os resultados, denotam também maior risco financeiro.

> Quando uma empresa toma dinheiro emprestado pagando taxa de juros menor que o retorno obtido em sua aplicação, diz-se que alavancou favoravelmente o retorno dos acionistas. A diferença entre a taxa de retorno do investimento e o custo da dívida é transferida aos acionistas: quando positiva, eleva o retorno dos proprietários e, quando negativa, reduz os seus ganhos.

Os desempenhos desses dois componentes de risco afetam, evidentemente, o risco total da empresa e o seu valor de mercado. Esses riscos não são tratados de forma independente, pois uma decisão financeira tende a afetar a outra. Em termos práticos, a administração financeira preocupa-se com o equilíbrio na relação risco-retorno de suas decisões, alcançando a máxima rentabilidade associada a um nível de risco que promova a maximização do valor de mercado da empresa.

A mensuração do risco da empresa é uma preocupação presente em todas as decisões de administração financeira. Uma configuração mais aprofundada do risco empresarial, inclusive abordando a moderna teoria do portfólio, é desenvolvida principalmente em capítulos posteriores.

1.4 DECISÕES FINANCEIRAS EM AMBIENTE INFLACIONÁRIO

A inflação é um fenômeno presente em praticamente todas as economias, provocando desequilíbrios estruturais motivados pela erosão do poder aquisitivo da moeda. Contextos imunes à presença de variações nos índices gerais de preços são de rara verificação prática. Dificilmente, uma economia poderá prescindir por completo de estudos mais aprofundados das influências que a inflação determina sobre os resultados empresariais.

Um dos aspectos mais marcantes do problema inflacionário é a maneira desproporcional de como atua sobre a economia e seus vários agentes (empresas, poupadores etc.), gerando desigual distribuição de riqueza. Ou seja, as perdas oriundas da elevação dos índices gerais de preços não costumam atingir, com a mesma intensidade, todos os agentes econômicos, determinando geralmente reduzido grupo de beneficiários.

No que concerne a sua influência sobre as finanças corporativas, é possível constatar que, quando não adequadamente considerada, a inflação provoca resultados distorcidos e decisões financeiras comprometedoras, colocando em risco a própria sobrevivência da empresa.

O processo inflacionário tende a descaracterizar, de maneira peculiar e desarmônica, o valor de certos elementos patrimoniais da empresa e a promover, ao mesmo tempo, benefícios adicionais em outros, dando a impressão enganosa de serem compensatórios. Esse processo de desequilíbrio é contínuo e complexo, exigindo cuidados diferenciados em função da natureza da distorção e das diferentes intensidades com que a desvalorização da moeda atua em seus valores.

É certo que o processo *não assume caráter compensatório*, ou seja, os ganhos adicionais compensarão sempre as perdas verificadas. As diferentes marcas determinadas pela inflação anulam-se em situações puramente acidentais e de difícil verificação prática.

Portanto, é importante que se inclua, de maneira adequada e com a frequência necessária, a problemática inflacionária no desenvolvimento dos vários modelos financeiros. Essa suposição torna-se mais evidente quando modelos puros, elaborados na suposição de uma estabilidade no valor da moeda, são diretamente aplicados em economias que convivem com alguma taxa de inflação.

Assim, por exemplo, ao se projetar o lucro empresarial em contexto de inflação, a representatividade dos valores estimados, por mais sofisticados que sejam as técnicas e critérios utilizados, estará comprometida se a variação do valor da moeda no tempo não for devidamente introduzida no cálculo.

Além desses aspectos inflacionários, há de se evidenciar, ainda, as características da economia brasileira, notadamente os vários critérios legais usados ao longo do tempo na apuração dos resultados operacionais, e a presença de inúmeros indexadores econômicos.

A sistemática legal de correção monetária, por longo tempo adotada em nossa economia (Lei nº 6.404 e seus complementos) visou, em última análise, resguardar os valores reais das demonstrações contábeis pelo reconhecimento dos efeitos inflacionários na apuração dos resultados operacionais. No entanto, a partir de 1995 essa metodologia de correção monetária foi extinta.

> O valor nominal incorpora as variações devidas à inflação, que não refletem a realidade econômica. O valor nominal pode iludir as conclusões e distorcer as decisões financeiras.

Nesse ambiente, é surpreendente a quantidade de empresas que dispensam tratamento inadequado ao processo inflacionário. Muitas vezes, adotam altas taxas nominais de juros para descontar fluxos de caixa cujos valores não embutem expectativas futuras de inflação. Em outros casos, avaliam nominalmente os resultados e os retornos operacionais, mesmo com o risco de a distorção dos valores levar a conclusões equivocadas. A inflação pode determinar, ainda, que certas decisões financeiras, principalmente as de maior maturidade, sejam avaliadas como atraentes, quando na verdade seu real valor é negativo.

Diante dessa situação, é proposto que a administração financeira de uma empresa seja preferencialmente desenvolvida com base em informações contábeis geradas pela metodologia de correção monetária integral. Esse critério de correção prevê, em toda a sua extensão, os vários desvios processados nos resultados empresariais pela inflação.

> Por exemplo, uma empresa que apura, em determinado exercício, uma rentabilidade de 14% quando a inflação atingiu 5,5%, deve separar o ganho proveniente da variação de preços (ganho aparente) daquele efetivo (ganho real), apurado após deduzir a inflação.

1.5 ADMINISTRAÇÃO FINANCEIRA E O OBJETIVO DA EMPRESA

No processo de seleção das decisões financeiras, a empresa deve delinear seu objetivo a perseguir, de maneira que essas decisões sejam tomadas segundo critério mais racional. A definição de seu objetivo deve ainda permitir que as empresas possam avaliar os vários resultados provenientes das decisões financeiras tomadas, o que não é tarefa fácil, requerendo algumas reflexões diante de seu caráter controvertido e, muitas vezes, complexo.

Fundamento da definição do objetivo da empresa: o ponto de partida sugerido para essa discussão é se o objetivo da empresa deve estar voltado para a satisfação do retorno exigido por seus proprietários ou por algum parâmetro de desempenho mais abrangente, que incorpora o bem-estar de toda a sociedade.

Em economia de mercado, as empresas são atraídas fundamentalmente pelas possibilidades de lucros, e seus preços de venda são regidos livremente segundo comportamento de oferta e procura dos bens e serviços. Nesse sistema, ainda, as decisões financeiras são tomadas de forma bastante descentralizadora, segundo os desejos e os critérios de cada unidade empresarial. Ou seja, inexiste nesse tipo de mercado qualquer forma de planejamento centralizado, ficando as diversas unidades econômicas guiadas por seus próprios objetivos e estratégias de atuação.

A ideia central dessa questão é se os princípios do sistema de livre empresa atendem aos interesses sociais mais amplos da economia, ou seja, o bem-estar social do público em geral.

A administração financeira orienta-se geralmente pelos princípios de livre empresa, conforme propostos por Adam Smith. Para Smith,[10] o empresário, ao procurar isoladamente maximizar sua riqueza, propicia automaticamente a realização dos objetivos de toda a sociedade. O autor propõe ainda que o empresário, ao perseguir seu próprio benefício, é guiado por uma *mão invisível*, fazendo com que todos obtenham, em consequência, também os melhores resultados. Solomon e Pringle[11] concluem, destacando que *a grande*

---

[10] SMITH, Adam. **The wealth of nations**, 1776.

[11] SOLOMON, Ezra; PRINGLE, John. **Introdução à administração financeira**. São Paulo: Atlas, 1981. p. 27.

APLICAÇÃO PRÁTICA
Visão, propósito, valores e direcionadores estratégicos[12]
www.petrobras.com.br

Perfil

Fundada em 1953, a Petrobras é uma sociedade anônima de capital aberto, que atua de maneira integrada e especializada na indústria de óleo, gás natural e energia. Tem expertise na exploração e produção como resultado de décadas de desenvolvimento das bacias brasileiras, especialmente em águas profundas e ultraprofundas, o que nos tornou líder mundial neste segmento.

Propósito

Prover energia que assegure prosperidade de modo ético, justo, seguro e competitivo.

Visão 2024

Ser a melhor empresa diversificada e integrada de energia na geração de valor, construindo um mundo mais sustentável, conciliando o foco em óleo e gás com a diversificação em negócios de baixo carbono (inclusive produtos petroquímicos e fertilizantes), sustentabilidade, segurança, respeito ao meio ambiente e atenção total às pessoas.

Direcionadores Estratégicos

- Atenção total às pessoas.
- Foco em ativos rentáveis de exploração e produção, com descarbonização crescente.
- Ênfase na adequação e no aprimoramento do parque de refino.
- Busca pela transição energética justa.
- Aproveitar as diferentes potencialidades do Brasil.
- Fortalecer o acesso a mercados e buscar a vanguarda global na transição energética.

Valores

- Cuidado com as pessoas: promover diversidade, equidade e inclusão, saúde, bem-estar e segurança física e psicológica.
- Integridade: agir com ética, transparência e coerência entre discurso e prática.
- Sustentabilidade: gerar valor para a Companhia e as partes interessadas com visão de longo prazo e compromisso com a vida, a transição energética justa, o meio ambiente e a sociedade.
- Inovação: construir novos caminhos para a Companhia, superando barreiras com colaboração, tecnologia, capacidade técnica e aprendizagem contínua.
- Comprometimento com a Petrobras e com o país: trabalhar com excelência e propósito em prol do desenvolvimento da Companhia e do Brasil.

---

[12] Disponível em: https://petrobras.com.br/quem-somos/estrategia. Acesso em: 22 jan. 2024.

contribuição de Smith foi perceber que, dadas as condições adequadas, particularmente a liberdade de concorrência, as decisões dos empresários, que visam à satisfação de seus próprios interesses, levariam a um resultado igualmente satisfatório para os interesses da sociedade.

É preciso que se acrescente que as ideias liberais de Adam Smith constituem a base da moderna economia, fornecendo os fundamentos teóricos que explicam o processo atual de globalização e competitividade do mercado.

É evidente que devem ser consideradas algumas restrições impostas ao sistema de mercado. Esse enfoque mais liberal da doutrina econômica somente produz os resultados apregoados em sua totalidade na suposição da existência de mercados eficientes. Toda intervenção do Estado no funcionamento do mercado ou quaisquer outras imperfeições no relacionamento entre os agentes econômicos reduzem a atuação da *mão invisível*.

No mundo atual, as questões econômicas essenciais de toda a sociedade, *o que, como* e *para quem produzir*, são respondidas pelas forças de mercado. Extraindo-se os poucos sistemas econômicos mais centralizados ainda existentes, a administração financeira assume como objetivo, no processo de tomada de decisões financeiras, a maximização da riqueza (bem-estar econômico) de seus proprietários. Essa é, em essência, a linha de conduta adotada por este livro.

Essa abordagem mais liberal e contemporânea das finanças corporativas prioriza sua atenção nas decisões de investimento e financiamento, de maneira a promover a riqueza de seus acionistas, minimizando os riscos e tornando mais eficazes os recursos alocados.

Fundamentalmente, a administração financeira está voltada para a *criação de riqueza*, e a orientação básica das decisões financeiras das empresas segue o objetivo principal de maximização da riqueza de seus proprietários. Ao perseguirem esse objetivo, as decisões financeiras não somente beneficiam os investidores da empresa, mas também permitem identicamente que se reflita sobre os recursos econômicos da sociedade, maximizando a riqueza de toda a economia.

> **IMPORTANTE** ■ esse objetivo da administração financeira é mensurado a partir do valor que suas ações ordinárias alcançam no mercado, refletindo, em última análise, as expectativas dos acionistas com relação aos resultados das decisões financeiras tomadas. Os investidores em ações reagem à baixa qualidade das decisões financeiras, desvalorizando o valor de mercado das ações; ao contrário, promovem valorizações nos papéis como consequência de melhores decisões tomadas. Em outras palavras, a qualidade das decisões de investimento e financiamento é que efetivamente determina a riqueza dos proprietários de capital.

1.5.1 Medição do objetivo da empresa

Na evolução descrita da administração financeira, que desemboca no objetivo contemporâneo de maximização da riqueza de seus proprietários, evidencia-se uma preocupação com a forma como a empresa é avaliada e com o impacto que cada decisão financeira determina na riqueza. A mensuração mais precisa do objetivo de maximização da riqueza pode ser desenvolvida com base em algumas propostas elaboradas por diferentes segmentos.

Objetivo: Maximizar o Lucro

Um objetivo muitas vezes sugerido, inclusive pela teoria econômica, é a *maximização do lucro*. Esse objetivo, que denota uma medida de eficácia econômica, está sujeito a diversos questionamentos e restrições.

Dentro do âmbito da administração financeira, o lucro, conforme determinado pelos princípios contábeis consagrados, não define a efetiva capacidade financeira de pagamento da empresa, pois seu critério de apuração é baseado no regime de competência, e não no de caixa.

Mais relevante, ainda, é o fato de o lucro contábil não levar em consideração o *risco* inerente à atividade da empresa. Em verdade, o lucro é uma medida de desempenho que, quando projetada no futuro, não leva em conta os riscos associados aos fluxos esperados de rendimentos.

É importante que se ressalte ainda que o lucro não representa o efetivo desempenho da empresa, constituindo-se, mais corretamente, em um dos *parâmetros* de medição desse desempenho. Uma empresa é avaliada pelo todo, por seu potencial de lucro, tecnologia absorvida, qualidade de seus produtos, estratégias financeiras, preços, imagem, participação de mercado etc., e não somente por um único componente.

Outra crítica à escolha do lucro como medida do objetivo da empresa é que a medida não leva em conta a forma como seus resultados são distribuídos no tempo, ou seja, ignora o *valor da moeda no tempo*. Poupadores e investidores não são, evidentemente, indiferentes à distribuição dos benefícios no tempo, atribuindo racionalmente maior importância aos fluxos de caixa que proporcionem, em termos equivalentes, maior riqueza inicial. **Importante:** retornos recebidos mais cedo podem ser reinvestidos para gerarem maiores ganhos no futuro.

Objetivo: Valor de Mercado (Econômico) da Empresa

O *valor de mercado* da empresa é considerado o critério mais indicado para a tomada de decisões financeiras. Nessa ideia principal, os benefícios operacionais produzidos pela empresa são expressos com base em fluxos de caixa e descontados a valor presente mediante uma taxa mínima de atratividade. Essa taxa de desconto embute fundamentalmente a remuneração mínima exigida pelos proprietários de capital (acionistas e credores) diante do risco assumido.

Assim, pode-se concluir que o valor de mercado (econômico) de uma empresa depende de duas grandes variáveis: os benefícios econômicos futuros esperados de caixa e o custo de oportunidade dos proprietários de capital. Ao atualizar esses fluxos de caixa a valor presente, usando a taxa de oportunidade, apura-se o valor da empresa.

De maneira mais efetiva, o valor *econômico* (*intrínseco*) de uma empresa é função, conforme foi

> É importante ter sempre em conta que o valor de um bem é função de sua capacidade esperada de gerar riqueza, e não de seus resultados históricos, acumulados em exercícios passados e registrados em contas contábeis patrimoniais.

esclarecido, dos *benefícios econômicos esperados de caixa*, do *risco* associado a esses resultados e da *taxa de retorno* requerida pelos investidores.

São esses parâmetros decisórios – *fluxos econômicos de caixa, risco e taxa de atratividade* – definidos com base nas expectativas do investidor com relação ao desempenho econômico esperado e ao seu grau de aversão ao risco que determinam o valor econômico de uma empresa. Essas expectativas podem alterar-se ao longo do tempo e, geralmente, o fazem ditadas principalmente por variações nas taxas de juros e no comportamento da economia.

É necessário que se avalie, outrossim, que o processo de tomada de decisões financeiras seja desenvolvido tendo sempre em conta o equilíbrio entre risco e retorno. Evidentemente, não se exige que a empresa procure priorizar a minimização do risco, mas que trabalhe basicamente dentro da expectativa de promover uma remuneração (retorno) condizente com o risco assumido.

Para maiores riscos, investidores racionais esperam auferir maiores retornos, e vice-versa. Essa premissa básica deve ser levada em consideração pelo administrador financeiro ao avaliar o impacto das decisões financeiras sobre o valor da empresa. E o objetivo da administração financeira vincula-se, em conclusão, ao bem-estar econômico de seus proprietários, associado a um nível adequado de risco, de forma a promover a maximização do valor de mercado da ação da empresa.

Objetivo: Maximização da Riqueza do Acionista e Sustentabilidade

> **!**
>
> **IMPORTANTE** ∎ a riqueza dos acionistas de uma empresa é medida pelo preço de suas ações, determinado com base em seu valor econômico conforme descrito anteriormente. Este é o *objetivo principal* das empresas. As decisões financeiras devem ser tomadas seguindo sua capacidade em valorizar o preço das ações. A procura por agregar riqueza aos acionistas exige identificação de novas oportunidades de negócios e de mercados e incorporação de todos os avanços de gestão e tecnologia, demonstrando capacidade de inovação.

Este enfoque vem sendo ampliado nos últimos anos ao incorporar boas práticas sociais e ambientais, procurando as empresas usar seus recursos visando atender às principais ideias e necessidades da sociedade. A palavra-chave destes avanços é *sustentabilidade empresarial.*

Sustentabilidade é um conceito bastante amplo, relacionando-se com os aspectos culturais, econômicos, sociais e ambientais da humanidade. No ambiente das empresas, a sustentabilidade é formada junto com os *stakeholders* (partes interessadas), buscando atender suas expectativas de diálogo, maior transparência de suas atividades e relação ética com a sociedade. Junto com a maximização da riqueza dos acionistas, a sustentabilidade tem por objetivo a preservação de recursos ambientais e culturais, respeito às diversidades e redução da desigualdade social.

É amplamente reconhecida a missão da empresa de promover a riqueza econômica de seus proprietários, de ser suficientemente lucrativa de forma a remunerar o capital investido. Sem criação de valor não há interesse na continuidade da empresa, crescimento de seus negócios, geração de emprego e de trabalhos sociais.

> De acordo com o Instituto Ethos, as práticas corretas de sustentabilidade trazem como resultados a valorização da imagem institucional e da marca, maior lealdade do consumidor, maior capacidade de recrutar e manter talentos, flexibilidade, capacidade de adaptação e longevidade.
>
> www.ethos.org.br

1.5.2 Ambiente financeiro e valor da empresa

O objetivo de maximização da riqueza dos proprietários de capital encontra-se, de alguma forma, refletido no comportamento das cotações de mercado a longo prazo das ações da empresa.

Especifica-se geralmente o longo prazo em razão de que no curto prazo os valores das ações sofrem, muitas vezes, influências que pouco têm a ver com o efetivo desempenho da empresa. A curto prazo, dificilmente o administrador financeiro consegue exercer algum controle sobre as variações ocorridas, ficando mais dependente de situações momentâneas de otimismo e pessimismo com relação ao comportamento da economia de ondas especulativas nas bolsas de valores etc. A longo prazo, esses fatores se diluem, e os preços de mercado das ações tornam-se mais dependentes do potencial de geração de resultados da empresa.

> Todas as decisões financeiras promovidas pela empresa tenderão a refletir-se nos valores de longo prazo de suas ações.

A adoção do conceito de valor de mercado das ações (valor de bolsa) para definir o valor da empresa e a qualidade das decisões financeiras tomadas apresenta restrições nos vários mercados mundiais e, em particular, no ambiente financeiro brasileiro. Essa metodologia de avaliação requer, como condição básica para validar sua aplicação, alto grau de pulverização das ações de mercado, não se distinguindo nas empresas envolvidas em negociações em bolsa a presença de um acionista (ou grupo reduzido de investidores) controlador de capital. Poderá haver uma participação acionária mais expressiva do maior acionista, porém em percentual distante do efetivo controle da empresa.

Essa exigência básica do mercado de capitais não costuma ser observada nas empresas brasileiras com ações negociadas em bolsas de valores. Para a maioria das companhias, é possível identificar um acionista (ou grupos reduzidos de acionistas) controlador, com um volume total de ações que lhe permita isoladamente exercer influência sobre as decisões financeiras da empresa.

Em verdade, o valor de mercado de uma ação no mercado brasileiro não costuma embutir, em seu preço de negociação, o valor do controle, prejudicando assim uma análise de relação da cotação de mercado da ação com o efetivo valor da empresa.

> Dados de 2023 da Economática (www.economatica.com.br) revelam que um acionista detém, em média, 42,54% das ações (ordinárias e preferenciais) de cada companhia aberta negociada na Bolsa de Valores de São Paulo (Bovespa).

Como consequência, ainda, dessa concentração de papéis sob o domínio de poucos investidores, observa-se que o número de ações normalmente negociado em bolsa é bastante reduzido em relação ao total emitido, prejudicando toda tentativa de determinar o valor da empresa pelo produto entre a quantidade de ações emitidas e seu valor (cotação) de mercado.

> **!** **IMPORTANTE** ■ dessa maneira, a avaliação da empresa volta-se à projeção das medidas anteriormente citadas de seu valor intrínseco, ou seja: benefícios econômicos esperados de caixa, risco associado a esses resultados previstos e taxa de retorno requerida pelos investidores. São esses parâmetros decisórios fundamentais, definidos com base nas expectativas dos investidores com relação ao desempenho esperado e seu grau de aversão ao risco, que determinam o valor de mercado de uma empresa.

1.5.3 Objetivo da empresa e os conflitos com a sociedade

Uma questão geralmente levantada é se o objetivo de maximizar o preço das ações é benéfico ou não para a sociedade. Brigham, Gapenski e Ehrhardt[13] colocam que o bem-estar econômico dos acionistas também promove benefícios a toda à sociedade. Os argumentos dessa posição estão baseados em três razões:

a) de modo geral, os acionistas das empresas são a própria sociedade. O crescimento elevado dos participantes de mercado, representado por fundos de pensão, fundos mútuos e outros investidores de grande porte, representam uma maior parte da população, e controlam mais de 60% do total das ações negociadas. Portanto, sempre que uma empresa tem sucesso em seu objetivo de maximizar o valor de mercado de suas ações, atinge o bem-estar econômico da sociedade;

b) a busca da maximização do preço das ações requer maior eficiência das empresas, promovendo a redução de custos e melhorias de qualidade dos produtos e serviços prestados, beneficiando todos os seus consumidores;

c) argumentam os autores, ainda, que a longo prazo o crescimento no preço das ações traz benefícios aos empregados, melhorando a estabilidade e a oferta de empregos, o que beneficia também toda a sociedade.

Sobre o assunto, Solomon[14] conclui que a lógica fundamental do objetivo de maximização da riqueza estabelecida pelas Finanças Corporativas reflete a utilização mais eficiente dos recursos econômicos de uma sociedade, promovendo, assim, a maximização da riqueza econômica da sociedade.

Van Horne[15] relata ainda que o objetivo da maximização da riqueza dos acionistas pode, algumas vezes, conflitar com os objetivos dos gestores da empresa, principalmente em empresas de maior porte. A frequente separação dos sócios controladores da gestão da empresa permite que os administradores atuem mais de acordo com seus próprios interesses, em detrimento dos objetivos dos acionistas. Deve ser ressaltado, uma vez mais, que os administradores são agentes dos proprietários, devendo atuar visando atender a suas expectativas de promover seu bem-estar econômico.

O trabalho original que discute esse conflito gerencial foi desenvolvido por Jensen e Meckling (1976). Os autores descrevem que os acionistas (principais) somente conseguirão que os administradores (agentes) tomem as melhores decisões se for concedido um conjunto de incentivos pelos resultados alcançados, além de exercerem um monitoramento maior da gestão.

Não se verificando qualquer iniciativa para incentivar e controlar o trabalho da administração, certamente os acionistas passam a conviver com uma situação de destruição de valor, em virtude de posições conflitantes dos gestores em relação aos seus interesses de maximização de riqueza.

---

[13] BRIGHAM, Eugene F.; GAPENSKI, Louis C.; EHRHARDT, Michael C. **Administração financeira**. São Paulo: Atlas, 2001. p. 33.

[14] SOLOMON, Ezra. **Teoria da administração financeira**. 3. ed. São Paulo: Zahar, 1977. p. 40.

[15] VAN HORNE, James C. **Financial management and policy**. 12. ed. New York: Prentice Hall, 2002. p. 4.

ALGUMAS FRAUDES QUE ABALARAM A CONFIANÇA DOS MERCADOS

ENRON - 2001

A empresa inflou os ganhos e diminuiu os prejuízos, deixando um rombo de US$ 13,0 bilhões na praça. Sua auditoria, Arthur Andersen, foi conivente com a fraude. A Enron pediu concordata.

XEROX - 2002

A empresa elevou artificialmente seus resultados e é multada em US$ 10,0 milhões. Admitiu ter contabilizado de modo errado vendas de equipamentos no valor de US$ 6,4 bilhões nos últimos cinco anos. A receita de fato nunca existiu.

WORLDCOM - 2002

A empresa transformou em lucro um prejuízo de US$ 3,8 bilhões ao lançar como investimentos gastos que eram efetivamente despesas. O lançamento equivocado foi realizado ao longo de cinco trimestres.

MERCK

O governo norte-americano identificou uma receita contabilizada desde 1999 de US$ 12,4 bilhões, que na realidade nunca existiu.

LEHMAN BROTHERS

O Lehman Brothers abriu falência em 2008 depois de ser vítima da crise das hipotecas *subprime*.

PANAMERICANO - 2011

Várias irregularidades, sendo a principal delas a venda de carteiras para outros Bancos. Rombo de R$ 4 bilhões.

AMERICANAS - 2023

A empresa reportou "inconsistências contábeis" de R$ 43 bilhões nos balanços devido ao "risco sacado", que consiste em uma modalidade de antecipação de recebíveis em que a empresa vendedora emita uma fatura com o prazo a ser financiado pelo banco, porém não reconhece em sua contabilidade a venda pelo valor presente, provocando índices como Ebitda (lucro antes de juros, impostos, depreciação e amortização) maior.

Fontes: Disponível em: www.revistaepoca.globo.com. Acesso em: 30 nov. 2007.

Folha de S. Paulo, jan. 2011.

E ainda em: https://einvestidor.estadao.com.br/mercado/americanas-amer3-rombo-resumo-tudo-o-que-voce-precisa-saber/. Acesso em: fev. 2023.

Além dos problemas descritos no relacionamento entre acionistas e administradores, podem ocorrer ainda outros conflitos de interesses entre diferentes grupos, como acionistas e credores, debenturistas e parcelas da sociedade. Esses conflitos geram às empresas altos custos, conhecidos por *agency costs*, promovendo um viés na maximização do preço de mercado das ações.

As métricas de desempenho como VEA[16] (Valor Econômico Agregado), MVA (Valor Agregado pelo Mercado), entre outras, estão sendo cada vez mais utilizadas pelas empresas para avaliar o desempenho gerencial de seus administradores e, dentro da política de incentivos financeiros, vincular a sua remuneração ao objetivo de maximização da riqueza do acionista. Essas medidas de sucesso empresarial são desenvolvidas em detalhes em partes posteriores deste livro.

1.5.4 Objetivo da empresa em outros mercados

Em alguns mercados, principalmente da Europa e de certos países asiáticos, são admitidos outros valores na formulação do objetivo da empresa, além da maximização da riqueza dos acionistas. Essas economias costumam atribuir uma importância mais relevante principalmente à participação dos empregados e outras referências sociais e de responsabilidade das corporações perante a sociedade.

Copeland e outros autores[17] discorrem sobre essa situação apresentando interessantes argumentos. A princípio, abordam a estrutura de codeterminação de certos países europeus onde os empregados têm certos poderes adicionais, como o de participar do processo decisório das empresas e, em consequência, exercer fortes influências sobre a administração das corporações.

Outra característica marcante dessas economias é a alta concentração do controle acionário verificada em grande número de empresas europeias. Da mesma maneira, o mercado de empréstimos e financiamentos é basicamente institucional, e as empresas costumam dar preferência a negociações diretas com as instituições financeiras para captações de recursos. Não é generalizado nessas economias, como no mercado norte-americano, o uso de títulos de dívida (*commercial papers*, bônus etc.) como fontes de financiamento. A participação desses papéis corporativos e outros papéis financeiros é relativamente baixa nas negociações de mercado, desobrigando as empresas de maior volume de informações sobre sua situação que possam influenciar as decisões dos investidores de mercado (*disclosure*).

Nessas condições, as empresas não se mostram preocupadas em priorizar a maximização da riqueza de seus proprietários de capital como seu objetivo principal. Não há ainda incentivos para que desenvolvam oportunidades de criação de valor econômico aos acionistas.

1.6 DINÂMICA DAS DECISÕES FINANCEIRAS NO BRASIL

A teoria de finanças vem evoluindo em bases conceituais e práticas bastante coerentes e estruturadas, permitindo dar um escopo mais consistente à administração financeira. Em termos técnicos, inclusive, os modelos financeiros de avaliação têm-se sofisticado, incorporando propostas bastante avançadas e criativas.

As decisões financeiras estão calcadas em diversos pressupostos que dão toda a sustentação a seus enunciados e modelos. São observadas grandes preocupações em discutir o relaxamento desses pressupostos e seus reflexos sobre a administração financeira. É considerável o avanço que vem sendo feito nesse sentido, permitindo maior proximidade entre a teoria financeira e a realidade do mercado e das empresas.

Todavia, a preocupação com economias em desenvolvimento, cujas características básicas são, em grande parte, bastante semelhantes entre si, ainda não tem merecido idêntica atenção. A teoria de finanças discutida incorpora preferencialmente seus pressupostos originais, sem atribuir maior preocupação a desequilíbrios estruturais de mercado bastante comuns em países menos desenvolvidos. Taxas de juros subsidiadas, taxas de juros de curto prazo mais altas que as de longo prazo, carência de recursos

---

[16] Em inglês, EVA – *Economic Value Added.* EVA é marca registrada da Stern Stewart & Co.

[17] COPELAND, Thomas et al. **Avaliação de empresas**. 3. ed. São Paulo: Makron Books, 2002. p. 4-5.

de longo prazo para investimentos, elevado grau de concentração industrial, entre outros aspectos, constituem-se em realidades dessas economias.

Efetivamente, não é somente a inflação que altera a consistência original da teoria financeira. Os aspectos relatados em breves exemplos encontram-se estruturalmente presentes mesmo em economias com taxas de inflação relativamente sob controle.

É uma situação de desequilíbrio das regras de mercado, a qual requer, para o desenvolvimento das empresas e da própria aplicação prática da teoria de finanças corporativas, maior atenção na elaboração dos modelos identificados com essa realidade.

É importante que se registre nesse contexto que as decisões financeiras não são definidas a partir de pressupostos de uma ciência exata, em que se permite a comprovação absoluta e inquestionável dos resultados. Os fatores considerados na tomada de decisões procuram retratar a realidade do ambiente econômico, estando ainda estabelecidas certas premissas e hipóteses comportamentais. Todo modelo decisorial, por exemplo, desenvolve expectativas para a fixação dos resultados esperados, do período de previsão e da definição da taxa de atratividade econômica do empreendimento.

Uma empresa somente cria valor se o retorno do capital investido em sua atividade exceder o custo de oportunidade de suas fontes de financiamento. Ao tomar decisões de investimento que promovam esse diferencial economicamente favorável, a empresa passa a promover um aumento de seu valor agregado, revelando uma atraente aplicação de seus recursos.

Na realidade brasileira, as decisões financeiras em condições ideais de equilíbrio são bastante prejudicadas pela persistente insuficiência de recursos de longo prazo para as empresas. Basicamente, os recursos oficiais são as grandes fontes de capital permanente e, mesmo assim, em volume bastante aquém das efetivas necessidades de mercado. As linhas de crédito oficiais são limitadas e geralmente direcionadas a programas específicos, atendendo a um número reduzido de empresas. As instituições financeiras privadas, por seu lado, diante do próprio desequilíbrio da economia, não conseguem captar poupança de longo prazo e, consequentemente, suprir as necessidades de capital para investimento.

Esse ambiente de restrições aos recursos de longo prazo necessários ao financiamento de investimentos produtivos no país vem limitando a capacidade de crescimento e competitividade das empresas nacionais. Restrições de acesso ao crédito de longo prazo de terceiros têm levado as empresas a financiar seu crescimento por meio de recursos próprios, cujos montantes não são, evidentemente, suficientes para lastrear a crescente demanda por capital determinada pelo mercado cada vez mais competitivo.

Nessas condições de carência de recursos de maior maturidade, o endividamento da empresa brasileira vem-se concentrando no curto prazo, limitando a folga financeira e sua capacidade de expansão em condições de equilíbrio. Na convivência com essa estrutura financeira, as decisões das empresas reiteram sua preferência pela capitalização, privilegiando a sobrevivência financeira e não a competitividade.

Deve ser avaliada em nossa economia, ainda, a presença de taxas de juros diferenciadas determinadas pela natureza da fonte de financiamento, e não pelo risco oferecido pela decisão de crédito. Em verdade, no mercado brasileiro não é o risco da operação que define com prioridade o custo do dinheiro; em grande parte, o encargo financeiro é definido pela natureza da fonte de financiamento.

Recursos provenientes de agentes oficiais de crédito (sistemas BNDES, por exemplo), principal fonte de fundos de longo prazo em nossa economia, são oferecidos geralmente a taxas sensivelmente inferiores às livremente praticadas no mercado. *Por exemplo*, se uma empresa for solicitar um crédito bancário no mercado visando à aquisição de uma máquina, irá certamente pagar um custo financeiro bem mais elevado do que se usasse uma linha de financiamento oficial. Essas alternativas de financiamento oficial costumam oferecer, ainda, condições de amortização de capitais bastante atraentes, se comparadas com outras linhas de crédito nacionais, principalmente pelo maior prazo e carência concedidos.

Nessas condições, determinada decisão de alocação de capital, se rejeitada quando cotejada com as taxas de juros correntes de mercado, pode-se apresentar atraente se financiada com recursos oficiais, tipicamente subsidiados e com prazos mais dilatados. De modo incoerente para a teoria de finanças, em algumas decisões, não é só a qualidade econômica do investimento que define com exclusividade seu valor, mas também a forma como ele é financiado, podendo a estrutura de financiamento selecionado alterar a própria atratividade da decisão de investimento.

Apesar das limitações e dificuldades resumidas no processo decisório, muitas empresas brasileiras vêm-se desenvolvendo, transpondo barreiras impostas por um mercado desajustado. Alguns setores, no entanto, principalmente os que atuam em segmentos de maior competitividade, se ressentem da falta de recursos de maior maturidade de forma a viabilizar seus investimentos e gerar maior capacidade de concorrer no atual ambiente de globalização da economia.

APLICAÇÃO PRÁTICA
Finanças Comportamentais

Ao longo de todo o livro, serão destacadas situações cotidianas em que se exige uma tomada de decisão por parte do indivíduo e que têm relação com o efeito psicológico causado pela decisão tomada.

Duas lojas vendem o mesmo produto pelo mesmo preço unitário. Em determinado mês, ambas as lojas resolveram promover as seguintes promoções para a venda do produto:

Loja A: "Compre 4 e leve 5"

Loja B: "Compre 4 e leve 3"

De acordo com essas promoções, qual delas é mais interessante na hora da compra?

Solução:

Como o preço de venda nas duas lojas é o mesmo, vamos dar um preço inicial para facilitar a explicação: considere que o preço seja de R$ 10 cada unidade do produto.

Na loja A, 4 unidades custariam R$ 40, mas a pessoa que comprar levará 5 unidades. Desse modo, cada unidade passa a custar $ 40 ÷ 5 = R$ 8,00, que sinaliza um desconto de 20% no preço à vista que cai de R$ 10 para R$ 8.

Na loja B serão compradas 4 unidades, mas serão pagas apenas 3, totalizando R$ 30. Assim, cada unidade passa a custar R$ 30 ÷ 4 = R$ 7,50, que seria equivalente a um desconto de 25%.

Portanto, a melhor promoção seria a da loja B.

Resumo

1. **Abordar toda a trajetória de evolução das finanças de empresas, direcionada para o estudo conceitual das Finanças Corporativas.**

   As finanças corporativas incorporam em seu conteúdo todos os resultados da evolução conceitual e técnica verificada ao longo dos anos. Na década de 1930, as finanças eram voltadas à *captação de recursos*. Com a depressão econômica, o enfoque passou a ser *administrativo* e a preocupação interna era com a liquidez e a solvência da empresa. Dos anos 1940 até meados dos anos 1950, o enfoque passou para as decisões externas como *aplicadora de recursos*. Na década de 1950, surgem os conceitos de retorno de investimentos e custo de capital e da gestão de riqueza.

   A *moderna teoria de finanças* surge no fim dos anos 1950 e início dos anos 1960 com a estrutura de capital, dividendos e o valor da empresa. Na década de 1990 surge a gestão do risco com estratégias envolvendo derivativos, opções, *swaps* e *hedges*. Correntes que discutem a validade do CAPM e da Hipótese de Eficiência do Mercado começaram a ganhar destaque na década de 1990. Atualmente, discutem-se as aplicações dos modelos matemáticos na gestão financeira das empresas.

   A teoria de finanças ganha um novo braço: as finanças comportamentais. Baseada no estudo das relações de causa e efeito dos impactos que as decisões de investimentos provocam nos indivíduos como, por exemplo, as predisposições psicológicas de cada pessoa que afetam seu comportamento diante dos investimentos de acordo com seu grau de aversão ao risco.

2. **Identificar os objetivos e responsabilidades atuais da administração financeira.**

   A administração financeira envolve-se tanto com a problemática da escassez de recursos quanto com a realidade operacional e prática da gestão financeira das empresas, assumindo uma definição de maior amplitude. Exige do administrador uma necessidade maior de visualizar toda a empresa, realçando suas estratégias de competitividade, continuidade e crescimento futuro.

3. **Descrever as funções da administração financeira e também compreender a abrangência das duas grandes decisões financeiras: decisão de investimento e decisão de financiamento.**

   Dentro do ambiente empresarial, a administração financeira volta-se basicamente para as seguintes *funções*: planejamento financeiro, controle financeiro, administração de ativos e administração de passivos. Ao basear-se nas funções financeiras enunciadas, qualquer que seja a natureza de sua atividade operacional, uma empresa é avaliada como tomadora de duas grandes decisões financeiras: *decisão de investimento* – aplicações de recursos – e *decisão de financiamento* – captações de recursos. Uma terceira decisão que envolve a alocação do resultado líquido da empresa, também conhecida por decisão de dividendos, é geralmente incluída na área de financiamento por representar, em última análise, uma alternativa de financiar suas atividades.

4. **Compreender o impacto que o fenômeno da inflação causa nas decisões financeiras, sua influência e aspectos marcantes.**

   No que concerne a sua influência sobre as finanças corporativas, é possível constatar que, quando não adequadamente considerada, a inflação provoca resultados distorcidos e decisões financeiras comprometedoras, colocando em risco a própria sobrevivência da empresa. O processo inflacionário gera desequilíbrios nas empresas, exigindo cuidados diferenciados em função da natureza da distorção e das diferentes intensidades com que a desvalorização da moeda atua em seus valores.

5. **Tratar a relação da administração financeira com o objetivo da empresa, descrever as formas de mensuração desse objetivo.**

   As finanças corporativas priorizam sua atenção nas decisões de investimento, financiamento e dividendos, de maneira a promover a riqueza de seus acionistas, minimizando os riscos e tornando mais eficazes os recursos alocados. Fundamentalmente, a administração financeira está voltada para a *criação de riqueza*, e a orientação básica das decisões financeiras das empresas segue o objetivo principal de maximização da riqueza de seus proprietários.

Esse objetivo da administração financeira é mensurado a partir do valor que suas ações ordinárias alcançam no mercado, refletindo, em última análise, as expectativas dos acionistas com relação aos resultados das decisões financeiras tomadas.

Dentro do âmbito da administração financeira, o lucro, conforme determinado pelos princípios contábeis consagrados, não define a efetiva capacidade financeira de pagamento da empresa, pois seu critério de apuração é baseado no regime de competência, e não no de caixa. O valor de mercado da ação da empresa é considerado o critério mais indicado para a tomada de decisões financeiras. Nessa ideia principal, os benefícios operacionais produzidos pela empresa são expressos com base em fluxos de caixa e descontados a valor presente mediante uma taxa mínima de atratividade. Essa taxa de desconto embute fundamentalmente a remuneração mínima exigida pelos proprietários de capital (acionistas e credores) diante do risco assumido.

6. Abordar a dinâmica das decisões financeiras de acordo com a realidade brasileira.

As decisões financeiras estão calcadas em diversos pressupostos que dão toda a sustentação a seus enunciados e modelos. A teoria de finanças discutida incorpora preferencialmente seus pressupostos originais, sem atribuir maior preocupação a desequilíbrios estruturais de mercado bastante comuns em países em desenvolvimento. Taxas de juros subsidiadas, taxas de juros de curto prazo mais elevadas que as de longo prazo, carência de recursos de longo prazo para investimentos, elevado grau de concentração industrial, entre outros aspectos, constituem realidades dessas economias.

Efetivamente, não é somente a inflação que altera a consistência original da teoria financeira.

Os aspectos relatados em breves exemplos encontram-se estruturalmente presentes mesmo em economias com taxas de inflação relativamente sob controle.

Uma empresa somente cria valor se o retorno do capital investido em sua atividade exceder o custo de oportunidade de suas fontes de financiamento. Ao tomar decisões de investimento que promovam esse diferencial economicamente favorável, a empresa passa a promover um aumento de seu valor agregado, revelando uma atraente aplicação de seus recursos.

Na realidade brasileira, as decisões financeiras em condições ideais de equilíbrio são bastante prejudicadas pela persistente insuficiência de recursos de longo prazo para as empresas. Basicamente, os recursos oficiais são as grandes fontes de capital permanente e, mesmo assim, em volume bastante aquém das efetivas necessidades de mercado. As linhas de crédito oficiais são limitadas e geralmente direcionadas a programas específicos, atendendo a um número reduzido de empresas.

Não há na economia brasileira poupança de longo prazo em volume suficiente que permita às instituições financeiras financiarem investimentos de maior maturidade das empresas.

TESTES DE VERIFICAÇÃO

1. Dentro da dinâmica de decisões financeiras, a administração financeira volta-se ao planejamento financeiro, controle financeiro, administração de ativos e administração de passivos. Assim, *não* é correto afirmar:

    a) No planejamento financeiro, são evidenciadas a necessidades de expansão da empresa e a identificação de eventuais desajustes futuros.

    b) No controle financeiro, é avaliado todo o desempenho da empresa, e feitas também análises de desvios que venham a ocorrer entre os resultados previstos e realizados.

    c) A administração de ativos tem como objetivo obter a melhor estrutura, em termos de risco e retorno, dos investimentos empresariais, e proceder a um gerenciamento eficiente de seus valores.

d) A administração de passivo está associada à gestão da liquidez e capital de giro, nas quais são avaliadas eventuais defasagens entre entrada e saída de dinheiro de caixa.

e) O levantamento de fundos de provedores de capital, envolvendo principalmente o gerenciamento das obrigações financeiras e a composição do passivo, identificando a estrutura adequada em termos de liquidez, redução de seus custos e risco financeiro, é característica da administração de passivo.

2. **Na dinâmica das decisões financeiras, uma empresa, independentemente da sua natureza operacional, é obrigada a tomar duas grandes decisões: a decisão de investimento e a decisão de financiamento. Identifique duas alternativas *corretas*:**

a) A decisão de investimento envolve todo o processo de identificação e seleção de alternativas de aplicação de recursos na expectativa de se auferirem benefícios econômicos futuros.

b) Para serem consideradas economicamente atraentes, as decisões de investimento não precisam criar valor.

c) As decisões de financiamento voltam-se principalmente em selecionar ofertas de recursos, sem preocupação em manter a melhor proporção entre capital de terceiros e capital próprio.

d) Não há a necessidade de se avaliar toda decisão de investimento diante da relação risco-retorno, pois é certa a realização futura dos benefícios econômicos.

e) As decisões de investimentos são atraentes quando a taxa de retorno exigida pelos proprietários de capital exceder ao retorno esperado da alternativa de investimento.

3. **De acordo com as alternativas a seguir, é *correto* afirmar:**

a) O lucro, conforme apurado pelos princípios contábeis consagrados, representa uma medida de eficiência econômica,

pois deduz dos resultados do exercício os custos do capital próprio e do capital de terceiros alocados pela empresa em suas decisões de ativo.

b) Imagem, participação de mercado, estratégia financeira, tecnologia, distribuição e logística, potencial de lucro etc. não são considerados na determinação do valor econômico de uma empresa.

c) A distribuição de dividendos leva em consideração se o retorno gerado pela empresa é superior ao custo de oportunidade do acionista.

d) As ações ordinárias das companhias brasileiras são as mais negociadas em bolsa de valores, em razão de no Brasil existir uma grande diluição do capital votante.

e) *Commercial Papers* é uma nota promissória de curto prazo emitida por uma sociedade tomadora de recursos para financiar seu capital de giro. As taxas são geralmente mais baixas devido à eliminação da intermediação financeira.

4. **O objetivo contemporâneo da administração financeira está centrado na maximização da riqueza de seus acionistas. Assim fica evidenciado o impacto que cada decisão financeira determina sobre a riqueza. Neste contexto, todas as afirmativas a seguir estão corretas, *exceto*:**

a) O lucro contábil não é o critério mais indicado para a análise da liquidez por não definir a efetiva capacidade de pagamento da empresa, pois o critério de apuração é o regime de competência e não o regime de caixa.

b) O lucro contábil não leva em consideração o valor do dinheiro no tempo, prejudicando a tomada de decisão financeira.

c) A realização dos resultados em termos de caixa, valor da moeda no tempo e diferentes níveis de risco associado às decisões financeiras são fundamentos importantes para se obter o valor de mercado da empresa.

d) O método que calcula o valor de mercado da empresa, como o valor presente de um fluxo futuro esperado de benefícios de caixa, é o critério mais indicado para a tomada de decisão financeira.

e) O genuíno resultado operacional de uma empresa é calculado após todas as despesas operacionais, inclusive as despesas de juros de financiamentos contraídos e direcionados à atividade operacional.

5. Sobre a criação de valor para uma empresa é *correto* afirmar:

a) Uma empresa agrega valor sempre que gerar lucro líquido positivo.

b) Uma empresa agrega valor se o roteiro do capital investido em sua atividade exceder o custo de oportunidade de suas fontes de financiamento.

c) Uma empresa agrega valor se o retorno do capital investido em sua atividade for inferior ao custo de oportunidade de suas fontes de financiamento.

d) Uma empresa agrega valor sempre que suas receitas forem recebidas em dia.

e) Uma empresa agrega valor sempre que o retorno do capital investido for positivo.

6. Considere as seguintes alternativas:

I – O objetivo das finanças comportamentais é estudar como os indivíduos, na vida econômica real, interpretam as informações disponíveis e tomam as suas decisões de investimentos.

II – A teoria de finanças tradicional como estudada admite que todo investidor é um ser racional e, por conseguinte, adota sempre o mesmo padrão de comportamento decisório; já a teoria das finanças comportamentais se preocupa com a reação dos indivíduos diante de suas escolhas de investimentos.

III – Empresas que conseguem altos lucros não indicam necessariamente que estão criando valor aos seus acionistas.

IV – Em uma empresa de médio porte, o objetivo de maximização da riqueza e o objetivo de maximização dos lucros contábeis significam necessariamente a mesma coisa.

Pode-se afirmar que são **corretas** as seguintes alternativas:

a) I, II e IV
b) II, III e IV
c) I, II e III
d) II e IV
e) I, II e III

Exercícios propostos

1. A globalização da economia, conceito chave dos anos 1990, forçou as empresas a adotarem estratégias mais apuradas para lidar com finanças corporativas. No conflito entre risco e retorno, as empresas adotaram alguns instrumentos estratégicos mais sofisticados, como os que envolvem derivativos, opções, *swaps* e *hedges*. Por que existe a necessidade na gestão do risco de levar em consideração esses instrumentos financeiros?

2. Dentro da dinâmica de decisões financeiras, a administração financeira volta-se ao planejamento financeiro, controle financeiro, administração de ativos e administração de passivos. Defina as quatro funções citadas.

3. Quais são os riscos da empresa, associados às decisões financeiras? Discuta cada um desses riscos.

4. O objetivo contemporâneo da administração financeira está centrado na maximização da riqueza de seus acionistas. Assim fica evidenciado o impacto que cada decisão financeira determina sobre a riqueza. Neste contexto, discuta se o lucro contábil é o critério mais indicado para a tomada de decisões financeiras.

5. Juca e João são contratados por uma empresa para a área de finanças. João se especializou em mercados e instituições financeiras. Juca se formou em contabilidade com especialização em controladoria e finanças. Qual deles está mais apto para ser tesoureiro e qual está mais apto para assumir as funções de *controller*? Explique.

6. Explique a diferença entre a teoria de finanças tradicional e a teoria das finanças comportamentais.

Links da web

http://www.anefac.com.br/. *Site* da Associação Nacional do Executivos em Finanças, Administração e Contabilidade.

http://www.prossiga.br/nuca-ie-ufrj/economia/. Biblioteca Virtual de Economia.

http://www.ibef.com.br/. *Site* do Instituto Brasileiro de Executivos em Finanças de São Paulo.

http://www.ethos.com.br/. *Site* do Instituto Ethos.

http://www.institutoassaf.com.br/. *Site* dedicado ao estudo de finanças.

Sugestão de filme

Ao longo deste capítulo foi mencionada a crise *subprime* de 2008. Para se inteirar melhor, recomendamos o documentário **Inside Job**, cuja tradução seria "Trabalho interno".

É um filme de 2010, lançado no Brasil em 2011, que retrata as origens e o desenrolar da crise financeira de 2008. Com base em extensas pesquisas e uma série de entrevistas com economistas, acadêmicos, jornalistas e políticos, o filme mostra ambos os lados e diferentes opiniões sobre o estopim dessa crise.

Com cerca de 2 horas, o filme é conduzido de maneira a não esconder o papel que cada um teve nessa crise, desde governantes, agentes reguladores, e até professores universitários, cada qual em seu momento.

Sugestão de leitura

ASSAF NETO, Alexandre. **Finanças corporativas e valor**. 8. ed. São Paulo: Atlas, 2021.

ÁVILA, F.; BIANCHI, A. (org.). **Guia de economia comportamental e experimental**. Disponível em: www.economiacomportamental.org. Acesso em: 11 abr. 2019.

GROPELLI, A. A.; NIKBAKHT, E. **Administração financeira**. São Paulo: Saraiva, 1998.

ROSS, Stephen A. *et al*. **Princípios de administração financeira**. 2. ed. São Paulo: Atlas, 2002.

Respostas dos Testes de verificação

1. d
2. a, e
3. e
4. e
5. b
6. e

AMBIENTE FINANCEIRO BRASILEIRO

OBJETIVOS DO CAPÍTULO

1. Descrever, de modo geral, a estrutura do Sistema Financeiro Nacional e das principais instituições que o compõem.
2. Identificar os tipos de ativos financeiros existentes no mercado, bem como sua classificação no que diz respeito à emissão, renda e prazo destes.
3. Entender como funcionam o mercado de ações, a Bolsa de Valores e compreender também os tipos de ações existentes, suas formas de emissão e rendimentos.
4. Expor os grandes segmentos do mercado financeiro (mercado monetário, mercado de crédito, mercado de capitais e mercado cambial).
5. Abordar a formação das taxas de juros no Brasil e introduzir o conceito de taxa livre de risco.

A atuação das finanças corporativas desenvolve-se dentro de um ambiente financeiro de mercado complexo e cada vez mais influente. Nesse contexto, o administrador financeiro deve identificar as melhores oportunidades de aplicação disponíveis e formar uma equilibrada posição de risco nas diversas decisões financeiras tomadas pela empresa.

É fundamental ao administrador financeiro, portanto, entender como funcionam os mercados, o funcionamento e os rendimentos de seus instrumentos financeiros e o comportamento esperado das políticas econômicas.

O desenvolvimento econômico do mundo moderno exige a formação de uma *poupança* (definida como a parcela da renda que não foi consumida) voltada a financiar os investimentos necessários em setores produtivos da economia. É diante desse processo de intermediação e distribuição de recursos no mercado que se destaca a importância social e econômica do Sistema Financeiro Nacional (SFN).

Não há como dissociar das decisões financeiras empresariais o desempenho futuro esperado da economia, o comportamento de suas taxas de juros e de seus diversos mercados financeiros. Alguns indicadores da economia, como taxas de juros de longo e de curto prazo, índice do mercado de ações, medidas de mercados futuros etc., constituem-se em excelentes referências para se prever a direção futura da economia, sinalizando as melhores decisões financeiras para as empresas.

2.1 INTERMEDIAÇÃO FINANCEIRA

É por meio das participações de instituições financeiras que se realizam as operações de intermediações financeiras no mercado. A instituição financeira coloca-se entre os agentes econômicos (pessoas, empresas, governo, organizações etc.) que possuam disponibilidade de caixa para aplicações (poupança) e aqueles que necessitam de crédito. A intermediação no mercado financeiro visa conciliar os interesses dos agentes econômicos *superavitários* em aplicar suas poupanças, e dos *deficitários*, em tomar recursos emprestados.

Uma instituição financeira pode atuar na intermediação de forma *direta*, atuando por conta própria, realizada geralmente por bancos comerciais; ou de forma *auxiliar* (indireta), quando age em nome de terceiros. A ilustração a seguir descreve uma instituição atuando de forma *direta* no processo de intermediação financeira.

A instituição capta recursos no mercado pagando uma remuneração (juros) aos investidores. Com os recursos levantados, efetua operações de empréstimos, cobrando uma taxa de juros. A diferença entre a taxa de juros cobrados dos tomadores de crédito e a paga aos aplicadores é denominada de *spread*. O *spread* deve cobrir todas as despesas e risco dos negócios realizados e remunerar a atividade de intermediação financeira.

> Por exemplo, admita que um banco receba depósitos a prazo de seus clientes (poupadores), remunera estas aplicações pagando uma taxa de juros de 12% ao ano e utiliza os recursos para atender a uma solicitação de empréstimo de uma empresa, cobrando 20% ao ano de juros.
>
> O banco realizou uma intermediação financeira direta, pois captou e emprestou recursos em seu próprio nome. Apura na intermediação um ganho bruto (*spread*) de 8% ao ano.

Em outras formas de intermediação financeira, mais sofisticadas, a instituição atua de maneira indireta, *auxiliando* os tomadores e aplicadores na realização de negócios. A instituição financeira não atua como parte direta da operação, não capta e nem aplica diretamente recursos. Procura agir mais como um fator auxiliar de aproximação entre as partes, atuando por conta dos agentes. Para a execução desses serviços é cobrada uma comissão pelos serviços prestados. A figura a seguir descreve esse modo de intermediação financeira.

Essa maneira de intermediação, geralmente realizada em bolsas de valores, envolve operações de mais longo prazo, como emissão e negociação de títulos de dívida (debêntures, por exemplo) e prazo indeterminado, como ações.

2.2 SISTEMA FINANCEIRO NACIONAL

O *Sistema Financeiro Nacional (SFN)* é constituído por um conjunto de instituições financeiras públicas e privadas que atuam por meio de diversos instrumentos financeiros, na captação de recursos, distribuição e transferências de valores entre os agentes econômicos.

A atual estrutura do SFN pode ser descrita conforme o diagrama da Figura 2.1.

O **Conselho Monetário Nacional** (CMN) é o órgão máximo do Sistema Financeiro Nacional. Não desempenha funções executivas, e sua missão normativa básica é a de definir as diretrizes de funcionamento do Sistema Financeiro Nacional e formular toda a política de moeda e crédito da economia, visando atender a seus interesses econômicos e sociais.

Principais Responsabilidades do CMN:

a) estabelecer as condições gerais de constituição, funcionamento e fiscalização das instituições financeiras voltadas ao bom funcionamento do sistema financeiro;

b) controlar o volume de dinheiro da economia (meios de pagamento);

c) avaliar e zelar pela liquidez e solvência das instituições financeiras;

d) coordenar as políticas monetária, cambial, de crédito e da dívida pública interna e externa.

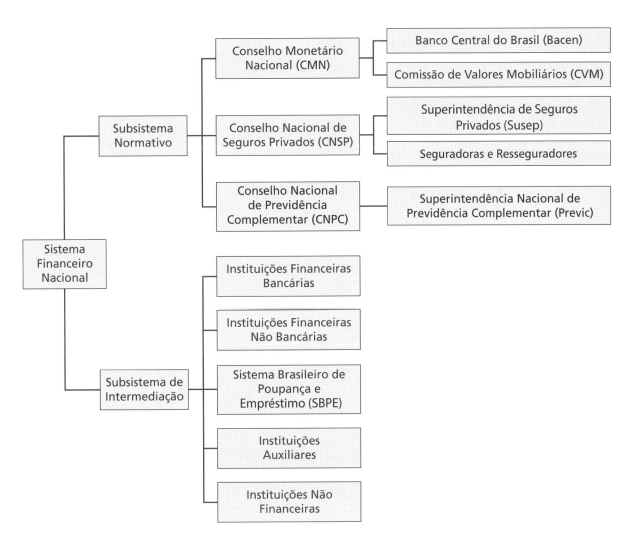

Fonte: Banco Central do Brasil.
Figura 2.1 Estrutura do Sistema Financeiro Nacional.

O Conselho Monetário Nacional é composto pelo Ministro da Fazenda (Presidente), Ministro do Planejamento e Orçamento e pelo Presidente do Banco Central.

Vinculados ao CMN, como órgãos normativos do Sistema Financeiro, encontram-se o **Banco Central do Brasil** (BACEN) e a **Comissão de Valores Mobiliários** (CVM). Essas três grandes instituições compõem o denominado *subsistema normativo do SFN*, responsáveis pelo funcionamento do mercado e de suas instituições.

O **Conselho Nacional de Seguros Privados** (CNSP) é o órgão responsável por fixar as diretrizes e normas da política de seguros privados no Brasil. É composto pelo Ministro da Fazenda (Presidente), representante do Ministério da Justiça, representantes do Ministério da Previdência Social, do Banco Central do Brasil e da Comissão de Valores Mobiliários, além do Superintendente da Superintendência de Seguros Privados.

Dentre as funções do CNSP, estão:

REGULAR a constituição, organização, funcionamento e fiscalização dos que exercem atividades subordinadas ao Sistema Nacional de Seguros Privados (SNSP), bem como a aplicação das penalidades previstas; *fixar* as características gerais dos contratos de seguro, previdência privada aberta, capitalização e resseguro; *estabelecer* as diretrizes gerais das operações de resseguro;

PRESCREVER critérios de constituição das sociedades seguradoras, de capitalização, entidades de previdência privada aberta e resseguradores, com fixação dos limites legais e técnicos das operações; e *disciplinar* a corretagem de seguros e a profissão de corretor.

O **Conselho Nacional de Previdência Complementar** (CNPC) é um órgão colegiado que integra a estrutura do Ministério da Previdência Social e cuja competência é regular, normatizar e coordenar as atividades das entidades fechadas de previdência complementar (fundos de pensão). Também cabe ao CNPC julgar, em última instância, os recursos interpostos contra as decisões da Secretaria de Previdência Complementar.

O **Banco Central (BACEN)** é o principal órgão executivo do CMN, atuando principalmente como um organismo fiscalizador do mercado financeiro, gestor do sistema financeiro e executor da política monetária do governo.

A **Comissão de Valores Mobiliários (CVM)**, cuja atuação encontra-se também diretamente vinculada ao Conselho Monetário Nacional, tem por responsabilidade básica o controle e o fomento do mercado de valores mobiliários (bolsas de valores). Dessa maneira, a atuação da CVM abrange três importantes segmentos financeiros do mercado: *instituições financeiras*, *companhias de capital aberto* emitentes de títulos e valores mobiliários e *investidores*.

As transferências de recursos financeiros entre investidores, agentes capazes de gerar poupança para investimentos, e captadores, agentes carentes de capital, processam-se por meio de intermediários financeiros (instituições financeiras). A seguir, são apresentados alguns dos mais importantes tipos de intermediários financeiros que atuam no mercado brasileiro:

Bancos comerciais/múltiplos: são instituições financeiras que atendem, de maneira bastante ampla, à demanda por crédito de tomadores de recursos e também às expectativas de aplicações de agentes poupadores.

Os bancos constituem-se nas maiores instituições do sistema financeiro, e atualmente vêm expandindo suas atuações por meio da prestação de diversos serviços aos seus correntistas, como cobranças, seguros, corretagens, transferências de fundos, ordens de pagamento, serviços de câmbio etc.

As principais operações financeiras executadas pelos bancos são identificadas nas concessões de créditos por meio de descontos de títulos, crédito rural, empréstimos para empresas, cheques especiais e contas garantidas, crédito pessoal etc.

Os recursos dos bancos são originados de depósitos à vista mantidos por seus clientes, depósitos a prazo (aplicações financeiras), operações de câmbio (compra e venda de moedas estrangeiras), operações de desconto bancário (duplicatas, notas promissórias, cheques etc.), captações financeiras no exterior para repasses às empresas nacionais etc.

> **IMPORTANTE** ■ a grande característica dos bancos identifica-se pela sua capacidade de interferir nos meios de pagamento da economia pela criação de **moeda escritural**. Com base no volume de depósitos à vista captado no mercado, uma parte desses recursos depositados nos bancos é retida sob a forma de reservas financeiras, sendo a parcela disponível devolvida ao mercado na forma de empréstimos. Esses recursos aplicados, por sua vez, voltam novamente ao caixa do sistema bancário, gerando novos empréstimos, e assim por diante. Nesse processo contínuo de depósitos e empréstimos, os bancos passam a criar moeda a partir dos depósitos à vista captados, alterando sua oferta de dinheiro na economia pela **criação de moeda escritural**.

Os *bancos múltiplos* surgiram no Brasil em razão do crescimento do mercado financeiro e da consequente necessidade de essas instituições se tornarem mais ágeis e apurarem, ao mesmo tempo, menores custos operacionais.

Um banco múltiplo caracteriza-se por uma atuação mais abrangente que a de um banco comercial, atuando em crédito imobiliário, crédito direto ao consumidor e certas operações de financiamento de longo prazo típicas dos bancos de investimentos e operações de arrendamento mercantil (*leasing*). Para ser considerado como banco múltiplo, a instituição deve atuar em pelo menos dois segmentos, sendo um deles obrigatoriamente de banco comercial ou banco de investimentos.

Bancos de investimentos: essas instituições, ao contrário dos bancos comerciais, atuam mais a longo prazo, oferecendo intermediação financeira às empresas no levantamento de recursos para suprir suas necessidades de capital fixo e de giro. Os bancos de investimentos costumam ainda atuar em operações de maior escala, como repasses de recursos oficiais de crédito (financiamentos do BNDES, por exemplo), captações no exterior (em moeda estrangeira) para repasses internos, financiamentos de bens de produção, intermediação na colocação de títulos de dívidas emitidos por empresas etc.

Os bancos de investimentos dedicam-se também à prestação de vários tipos de serviço, como avais, custódias, fianças, administração de fundos de investimentos etc.

Sociedades de arrendamento mercantil: visam à realização de operações de *leasing* (arrendamento mercantil) de bens nacionais, adquiridos de terceiros pela arrendadora e destinados ao uso de empresas arrendatárias por um período geralmente próximo ao da vida útil do bem. Essas instituições lastreiam suas operações por meio de recursos próprios, colocações de debêntures (obrigações de longo prazo) de emissão própria e empréstimos levantados no país e no exterior.

Sociedades de Crédito, Financiamento e Investimento (SCFI): as SCFI, conhecidas simplesmente por *financeiras*, são instituições voltadas ao financiamento de bens duráveis a pessoas físicas por meio do *Crédito Direto ao Consumidor (CDC)*. As sociedades financeiras podem também realizar outras operações, como repasses de recursos oficiais, conceder crédito pessoal e financiar profissionais autônomos.

A principal fonte de recursos dessas instituições é o aceite e a colocação de *letras de câmbio* no mercado. Estes títulos são emitidos pelo mutuário (tomador) do financiamento, e aceitos pela instituição financeira.

Associações de Poupança e Empréstimos (APEs): as APEs são instituições financeiras que atuam no financiamento imobiliário. Essas associações, junto com outras instituições voltadas à área habitacional (sociedades de crédito imobiliário, bancos múltiplos, Caixa Econômica Federal etc.), fazem parte do *Sistema Brasileiro de Poupança e Empréstimo (SBPE)*.

2.3 VALORES MOBILIÁRIOS

Valores mobiliários são, predominantemente, ações, debêntures e quotas de fundos de investimento. Todavia, existem vários outros tipos de valores mobiliários. O art. 2º da Lei nº 6.385/76, com alterações feitas pela Lei nº 10.303/2001, define como valores mobiliários os bônus de subscrição, os cupons, direitos, recibos de subscrição e certificados de desdobramento relativos aos valores mobiliários, os certificados de depósito de valores mobiliários, as cédulas de debêntures, os contratos futuros, de opções e outros derivativos.

Além desses, a Lei nº 10.303 introduziu a seguinte importante definição: quando ofertados publicamente, quaisquer outros títulos ou contratos de investimento coletivo, que gerem direito de participação, de parceria ou de remuneração, inclusive resultante de prestação de serviços, cujos rendimentos advêm do esforço do empreendedor ou de terceiros.

Nenhuma emissão pública de valores mobiliários poderá ser distribuída, no mercado, sem prévio registro na CVM, entendendo-se por atos de distribuição a venda, promessa de venda, oferta à venda ou subscrição, aceitação de pedido de venda ou subscrição de valores mobiliários.

Estão expressamente excluídos do mercado de valores mobiliários os títulos da dívida pública federal, estadual ou municipal e os títulos cambiais de responsabilidade de instituição financeira, exceto as debêntures.

2.4 ATIVOS FINANCEIROS

Os ativos financeiros negociados no mercado podem ser classificados com relação a *renda, prazo e emissão*.

Um ativo é entendido como de **renda fixa** quando todos os rendimentos oferecidos ao seu titular são conhecidos previamente, no momento da aplicação. Mesmo sendo de renda fixa, os rendimentos dos títulos podem ser:

a) *prefixados*, quando os juros totais são definidos por todo o período da operação, independentemente do comportamento da economia;

b) *pós-fixados*, quando somente uma parcela dos juros é fixa (taxa real de juros, líquida da inflação), sendo a outra parte definida com base em um indexador de preços contratado (índices de variação de preços, como IGP-M, INPC, TR etc.).

> Os principais ativos de renda fixa negociados no Brasil são os Certificados de Depósitos Bancários (CDB), debêntures, caderneta de poupança, fundos de investimentos em renda fixa, letras de câmbio e letras hipotecárias.

É importante avaliar que os títulos de renda fixa embutem um risco, determinado principalmente pela inadimplência do emitente do papel e flutuações nas taxas de inflação e nas taxas de juros de mercado.

O risco da inflação é maior nos títulos prefixados, cujos rendimentos não costumam acompanhar as flutuações dos preços. Nos títulos pós-fixados, o risco de perda inexiste desde que o indexador selecionado reflita a efetiva taxa de inflação da economia. Dessa forma, pode-se concluir que o rendimento prefixado representa a taxa nominal de juros da operação. O ganho real dependerá do comportamento da inflação no período de emissão do título.

Os ganhos nos papéis de renda fixa estão sujeitos também às oscilações nas taxas de juros. Uma eventual elevação na taxa básica de juros da economia não proporciona equivalente aumento nos ganhos dos títulos emitidos. O investidor mantém-se atrelado à taxa de juros contratada no título por toda sua duração, independentemente de sua flutuação no mercado.

> *Por exemplo*, no cenário de queda futura nas taxas de juros de mercado, é mais vantajoso ao investidor manter títulos prefixados, que garantem em seu resgate o rendimento originalmente contratado. Para o tomador de empréstimo, ao contrário, é mais interessante dívidas com juros pós-fixados. Caindo os juros no mercado, reduzem-se ao mesmo tempo os encargos devidos.
>
> Na expectativa de elevação dos juros, o aplicador deverá preferir títulos pós-fixados, que acompanham as taxas de mercado. O tomador de recursos, por seu lado, deverá priorizar empréstimos prefixados, que garantem as taxas contratadas.

Com o intuito de minimizar esse risco de oscilação nas taxas de juros, muitos papéis de longo prazo são emitidos com cláusula de repactuação dos juros. Isto é, a cada intervalo estabelecido de tempo o emitente da obrigação repactua com os aplicadores a taxa de juros a ter vigência no próximo período em função do comportamento verificado nos juros de mercado.

O rendimento de um título de *renda variável* é definido com base no desempenho apresentado pela instituição emitente. Para um investidor, é impossível

APLICAÇÃO PRÁTICA

Mercado de capitais encerra 2021 com R$ 596 bilhões em captações

O total de ofertas no mercado de capitais brasileiro atingiu R$ 596 bilhões em 2021. O resultado é 60% maior do que em 2020 – ano marcado pelo início da pandemia e por grande incerteza dos investidores com relação à economia.

Em dezembro, o montante captado foi de R$ 78,5 bilhões e contou com grande participação dos FIDCs – com R$ 26,3 bilhões em ofertas. A quantia captada no mês foi a maior para essa classe de ativos em 2021 e contribuiu para que esses fundos encerrassem o ano com R$ 85,3 bilhões em captações. O valor é mais do que o dobro captado em 2020.

Fonte: Disponível em: https://www.anbima.com.br/pt_br/informar/relatorios/mercado-de-capitais/boletim-de-mercado-de-capitais/mercado-de-capitais-encerra-2021-com-r-596-bilhoes-em-captacoes.htm. Acesso em: 29 jan. 2024.

---

conhecer previamente o seu rendimento na aplicação. Por exemplo, uma ação é classificada como um valor de renda variável, pois seus rendimentos variam de acordo com os lucros auferidos pela empresa emissora.

IMPORTANTE ■ nas aplicações em renda variável, a perda ocorre não somente pela eventual inadimplência do emitente do título: por exemplo, a falência de uma empresa por ações. A possibilidade de perda verifica-se também quando a rentabilidade oferecida pelo título de renda variável for inferior ao que o investidor obteria se aplicasse seus recursos em renda fixa, pelo mesmo intervalo de tempo.

Quanto aos *prazos*, os títulos podem ser de prazo definido (fixo) ou indeterminado.

Os títulos de *prazo definido* podem ser de curto, médio e longo prazo. Apesar de não existir uma definição amplamente aceita por todos os segmentos do mercado, podem-se admitir como de curto prazo papéis cujos vencimentos ocorrem em até seis meses;

de médio prazo, quando os vencimentos estendem-se de seis meses a dois anos; e de longo prazo para prazos de resgate superiores a dois anos.

Um título de *prazo de vencimento indeterminado* não possui data marcada para seu resgate (vencimento), podendo ser convertido em dinheiro a qualquer momento desejado pelo seu titular, de acordo com a liquidez de mercado.

Quanto à natureza da *emissão*, os títulos podem ser públicos ou particulares (privados). Um título de *emissão pública* origina-se do governo federal, estadual ou municipal, e tem por objetivo financiar necessidades orçamentárias, investimentos públicos ou, ainda, a execução da política monetária do governo.

Um papel de *emissão particular* é lançado por sociedades privadas autorizadas pelo Banco Central, no caso de instituições financeiras, ou pela Comissão de Valores Mobiliários, no caso de companhias de capital aberto.

2.5 MERCADO DE AÇÕES

Ação é um valor mobiliário representativo de uma parcela (fração) do capital social de uma sociedade, com prazo de emissão indeterminado e negociável no mercado. O proprietário da ação é sócio (acionista) da empresa, e tem direitos e obrigações com a sociedade dentro do limite de sua participação no capital social.

Há dois tipos básicos de ações: *ordinárias* e *preferenciais*. As ações *ordinárias* proporcionam aos seus titulares o direito de voto em assembleias gerais de acionistas e participação nos lucros da sociedade mediante o recebimento de dividendos. As ações *preferenciais*, ao contrário, não possuem o direito a voto, oferecendo em contrapartida algumas vantagens ou preferências, como a prioridade no recebimento de dividendos (muitas vezes em percentual mais elevado) e preferência no reembolso de capital em caso de dissolução da sociedade.

As ações são emitidas na forma *nominativa*, representada por uma cautela (certificado) cuja movimentação exige sua entrega para averbação em livro próprio da sociedade emitente, e indicando o nome do novo acionista; e *escritural*, em que não há a emissão de cautela e, em consequência, qualquer movimentação física de papéis. As movimentações das ações escriturais têm um controle tipo conta corrente, no qual são registradas as compras e as vendas realizadas pelos acionistas. Atualmente, as ações no Brasil são emitidas em sua ampla maioria na forma escritural.

Os *rendimentos* das ações são variáveis, dependendo principalmente dos resultados apurados pela sociedade emitente e das condições de mercado e da economia. Ao se tornar acionista de uma companhia, o investidor pode: (a) participar dos lucros da sociedade por meio do recebimento de dividendos ou bonificações em dinheiro; (b) ter o direito de subscrição de novas ações da companhia; (c) auferir um ganho pela valorização do preço da ação no mercado. As principais vantagens dos acionistas são:

- **dividendos:** representam parcela dos resultados líquidos de uma sociedade apurados em determinado exercício social e distribuídos em dinheiro aos acionistas;

- **juros sobre o capital próprio:** no Brasil, as empresas podem também remunerar os seus acionistas pelo pagamento de juros calculados sobre o capital próprio. O valor

Itaúsa – Investimentos Itaú S.A.

CNPJ. 61.532.644/0001-15   Companhia Aberta

FATO RELEVANTE

DISTRIBUIÇÃO DE JUROS SOBRE O CAPITAL PRÓPRIO

Comunicamos aos Senhores Acionistas que o Conselho de Administração da ITAÚSA – INVESTIMENTOS ITAÚ S.A., reunido em 19.12.2011, deliberou:

a) declarar juros sobre o capital próprio no valor de **R$ 0,140 por ação**, que serão pagos até 29.06.2012, por conta do dividendo obrigatório do exercício de 2011, com retenção de 15% de imposto de renda na fonte, resultando em juros líquidos de **R$ 0,119 por ação**, excetuados dessa retenção os acionistas pessoas jurídicas comprovadamente imunes ou isentos;

b) que o crédito correspondente a esses juros será efetuado nos registros contábeis da companhia em 29.12.2011, de forma individualizada a cada acionista, com base na posição acionária final do dia 26.12.2011.

São Paulo (SP), 19 de dezembro de 2011.

HENRI PENCHAS
Diretor de Relações com Investidores

distribuído é descontado dos dividendos previstos para distribuição com base nos lucros apurados. Esse modo de remuneração traz vantagens fiscais à empresa, dado que estes juros pagos, ao contrário dos dividendos, são considerados como dedutíveis para efeitos de cálculo do Imposto de Renda. Há, porém, certas limitações e condições estabelecidas para essa forma de distribuição de resultados prevista na legislação específica;

- **bonificação:** pode ocorrer bonificação em ações ou bonificação em dinheiro. Quando uma sociedade decide elevar seu capital social mediante a incorporação de reservas patrimoniais, pode emitir novas ações que são distribuídas gratuitamente aos seus acionistas, na proporção das ações já possuídas. Em alguns casos, a sociedade pode decidir distribuir aos seus acionistas uma parcela adicional de seus lucros líquidos em dinheiro além dos dividendos declarados, denominada *bonificação em dinheiro*;

- **valorização:** é o ganho de capital que um acionista pode auferir pela valorização de suas ações no mercado;

> As ações da Bovespa *Holding* estrearam no mercado da Bolsa de Valores de São Paulo em outubro de 2007 apresentando uma valorização de 52,17%. A ação iniciou as operações em 27/10/07 valendo cada uma R$ 23,00, e fechou cotada a R$ 35,00. A valorização foi resultado da expressiva demanda pelo papel por parte dos investidores.

APLICAÇÃO PRÁTICA
Distribuindo os lucros

A distribuição das riquezas geradas por uma empresa aos seus credores (acionistas) é uma das formas de geração de valor, pois diminui os riscos de os acionistas majoritários ou administradores utilizarem o caixa da empresa em benefício próprio, fato esse conhecido como problema de agência.

Entretanto, para que uma política de distribuição seja feita de maneira efetiva, é necessário que a empresa defina o período de realização, o instrumento a ser utilizado e o valor distribuído.

No Brasil, algumas práticas podem ser utilizadas pelos gestores financeiros com o intuito de ampliar a geração de valor. A primeira consiste em que os gestores realizem uma política estável de distribuição de dividendos. A segunda refere-se à distribuição de dividendos quando houver resultados razoavelmente estáveis que os sustentem a médio e longo prazo e a empresa não tiver boas oportunidades de investimentos, nem estiver muito endividada.

A terceira prática diz que, sempre que houver condições propícias, o mais indicado é distribuir dividendos. A quarta sugere a utilização de toda a disponibilidade de Juros Sobre o Capital Próprio (JSCP) antes de se utilizarem os dividendos. A quinta prática indica que as empresas mais preocupadas com o nível de transparência de suas informações devam distribuir uma parcela menor de seus lucros aos acionistas, para assegurar ao mercado que não expropriam os acionistas minoritários, e preferem os dividendos/JSCP às recompras de ações, pois são mais eficientes.

Por fim, a sexta prática é utilizar as recompras de ações como complemento aos dividendos quando as ações da empresa tiverem liquidez e o resultado a ser distribuído não for sustentável a médio e longo prazos.

Fonte: Adaptado da revista **GV Executivo**, v. 6, nº 3, maio/jun. 2007.

- **direitos de subscrição:** são direitos inerentes a todo acionista de adquirir (subscrever) todo aumento de capital na proporção das ações possuídas. Esses direitos podem constituir-se em outro tipo de remuneração aos acionistas. Como a subscrição não é obrigatória, o investidor pode negociar esses direitos no mercado (em bolsa de valores) auferindo um ganho no caso de o preço de mercado apresentar-se valorizado em relação ao preço de subscrição.

2.5.1 Bolsa de valores

As bolsas de valores são entidades com responsabilidades e funções de interesse público, que proporcionam um local apropriado para a realização de negócios com títulos e valores mobiliários, derivativos etc.

A principal razão da existência da bolsa de valores é proporcionar liquidez aos títulos, permitindo que as negociações sejam realizadas no menor tempo possível, a um preço justo de mercado, formado pelo consenso de oferta e procura.

Os pregões das bolsas de valores podem ser físicos, quando as negociações são realizadas nas próprias dependências da bolsa, ou eletrônicos, no caso de as operações serem realizadas por via eletrônica.

A principal bolsa de valores do Brasil é a Bolsa de Valores de São Paulo (Bovespa). A Bovespa torna disponíveis três mercados: mercados à vista, mercado a termo e mercado de opções. A diferença básica entre esses três mercados reflete-se ao prazo de liquidação das operações de compra e venda de ações.

No *mercado à vista*, a entrega dos títulos do vendedor ao comprador é efetuada no segundo dia útil após o fechamento do negócio em bolsa. O pagamento da ação pelo comprador (liquidação financeira) deve ocorrer no terceiro dia útil após a negociação.

No *mercado a termo*, a liquidação das operações ocorre em prazos diferidos, em geral, 30, 60 ou 90 dias. Para operar neste mercado é exigido, tanto do comprador como do vendedor do papel, um depósito de valores como margem de garantia de operação.

O *mercado de opções* negocia direitos de compra ou venda futuros de ações a um preço preestabelecido. O comprador de uma opção de compra de ações, por exemplo, adquire, até a data limite de vencimento da operação, o direito de comprar o lote objeto de ações. O comprador de uma opção de venda, por outro lado, poderá exercer o seu direito de vender os papéis objetos na data de vencimento da opção. Para a compra de uma opção o investidor paga um prêmio ao vendedor e, no caso de não ser interessante exercer seu direito de compra ou de venda, ele perde o valor pago pelo prêmio. As opções podem também ser negociadas no mercado a qualquer momento, antes da data de vencimento.

A principal contribuição do mercado de opções é a proteção (*hedging*) contra o risco. Por exemplo, se uma pessoa investiu em determinado lote de ações no mercado à vista, para se proteger de eventual desvalorização pode adquirir uma opção de venda desses mesmos papéis. Se efetivamente o preço da ação cair, poderá compensar esta perda com o ganho auferido no exercício de seu direito de venda da ação ao preço mais elevado.

> *Hedging* é uma estratégia que permite ao investidor defender-se de um risco de variação desfavorável nos preços. Por exemplo, uma empresa, tendo dívidas em moeda estrangeira, pode se proteger de uma variação cambial desvantajosa adquirindo, para pagamento futuro e a um preço estabelecido, a moeda estrangeira.

2.6 MERCADOS FINANCEIROS

O mercado financeiro é subdividido em quatro grandes segmentos de intermediação financeira:

No *mercado monetário*, são realizadas as operações de curto e curtíssimo prazo, que permitem o controle da liquidez monetária da economia. São negociados nesse mercado, principalmente, os papéis emitidos pelo Tesouro Nacional e destinados à execução da política monetária do governo e aqueles emitidos com o intuito de financiar as necessidades orçamentárias da União, além de diversos títulos emitidos pelos Estados e Municípios.

Alguns dos principais títulos públicos federais negociados no mercado financeiro nacional são descritos a seguir:

Título	Rendimentos	Forma de Pagamento
Tesouro Prefixado 20XX (antiga LTN – Letra do Tesouro Nacional)	Taxa prefixada. Rentabilidade definida no momento da compra	No vencimento
Tesouro SELIC 20XX (antiga LFT – Letra Financeira do Tesouro)	Rentabilidade diária atrelada à taxa básica de juros da economia (SELIC)	No vencimento
Tesouro IPCA+ com Juros Semestrais 20XX (antiga NTN-B)	Taxa de juros definida no momento da compra, acrescida de variação no IPCA[1]	Juros (semestralmente) e principal no vencimento
Tesouro IPCA+ 20XX (antiga NTN-B principal)	Rentabilidade atrelada à variação do IPCA	No vencimento
Tesouro Prefixado com Juros Semestrais 20XX (antiga NTN-F)	Rentabilidade prefixada. Taxa de juros definida no momento da compra	Juros (semestralmente) e principal no vencimento

Fonte: Disponível em: www.tesouro.fazenda.gov.br.

> **! IMPORTANTE** ■ por se admitir que o emitente (governo) irá honrar os compromissos financeiros assumidos, considera-se a taxa de juros de títulos públicos federais como ***livre de risco***. A taxa livre de risco – também conhecida por ***risk free*** – é empregada como uma medida de referência para se avaliar o prêmio pelo risco pago por um investimento. Por exemplo, se um banco pagar 12,0% ao ano em títulos de sua emissão, e a taxa de juros dos títulos públicos for de 10,5% ao ano, conclui-se por um prêmio pelo risco da emissão privada igual a 1,5%.

O *mercado de crédito* é constituído em sua essência pelos bancos comerciais/múltiplos. O objetivo básico desse mercado é o de suprir as necessidades de recursos de curto e médio prazo dos diversos agentes econômicos, seja pela concessão de créditos às pessoas físicas, seja por modalidades de empréstimos e financiamentos às empresas.[1]

O *mercado de capitais* é a grande fonte de recursos de longo prazo para investimentos da economia, assumindo um papel relevante no processo de desenvolvimento econômico. Apresenta forte ligação entre os agentes superavitários, que possuem capacidade de poupança, e os investidores carentes de recursos de longo prazo. A atuação do mercado de capitais se processa por diversas modalidades de financiamentos de longo prazo para capital de giro e capital fixo. O mercado de capitais atua também com operações de prazo indeterminado, como aquelas que envolvem emissão e subscrição de ações.

> Em outubro de 2023, os empréstimos do Sistema Financeiro totalizavam R$ 5,5 trilhões, equivalendo a 55% do PIB da economia brasileira. É uma participação ainda baixa, principalmente se comparada com outras economias, em que a relação crédito/PIB ultrapassa 70%.

No *mercado cambial*, ocorrem as diversas operações de compra e venda de moedas estrangeiras conversíveis. Esse mercado engloba todos os agentes econômicos com motivos para realizar operações com o exterior, como importadores e exportadores, investidores e instituições financeiras.

> As taxas de câmbio (valor da moeda nacional em relação a uma moeda estrangeira) são livremente estabelecidas pelos agentes no Brasil. A taxa cambial média praticada no mercado brasileiro é divulgada pelo Banco Central, e denominada PTAX.

---

[1] Índice de Preços ao Consumidor Ampliado (IPCA) é um indicador de inflação da economia.

2.7 TAXAS DE JUROS NO BRASIL

A alocação de capital entre poupadores e investidores é determinada em uma economia de mercado pelas taxas de juros. O juro pode ser entendido como o preço pago pelo aluguel do dinheiro, ou seja, o valor que deve ser pago pelo empréstimo de um capital.

Brigham, Gapenski e Ehrhardt (2001)[2] apontam quatro fatores que afetam o custo do dinheiro:

a) retorno das oportunidades de investimentos dos tomadores de recursos;

b) preferências temporais de consumo;

c) risco do empréstimo;

d) inflação futura esperada.

Quanto mais rentável apresentarem-se as *oportunidades de investimento* das empresas, mais dispostas elas estarão a pagar mais pelos empréstimos. Empresas com rentabilidades baixas, cujos negócios encontram-se em retração, são menos capazes de remunerar os empréstimos, demandando taxas de juros menores.

Os consumidores apresentam *preferências temporais* por utilizar seu capital para consumo no momento atual, ou aplicá-lo na expectativa de consumo maior no futuro. Essa decisão depende do nível de satisfação de suas necessidades e influi sobre o volume de poupança disponível na economia. Quanto maior o consumo atual, menor a taxa de poupança e mais elevadas, em consequência, as taxas de juros da economia pela dificuldade de se dispor de maior montante de capital disponível para financiamento. O aumento da capacidade de poupança, ao contrário, disponibiliza maior oferta agregada de dinheiro na economia, levando a uma redução das taxas de juros.

O *risco de não se reembolsar um empréstimo no vencimento* eleva a taxa de juros exigida pelos poupadores. Evidentemente, quanto maior o risco de inadimplência do devedor, ou seja, quanto mais incapaz ele se mostra de efetuar os pagamentos de juros e principal nas datas pactuadas, mais alta se apresenta a taxa de juros exigida da operação.

---

[2] BRIGHAM, Eugene F.; GAPENSKI, Luis C.; EHRHARDT, Michael C. **Administração financeira**. São Paulo: Atlas, 2001. p. 143.

2.7.1 Taxa nominal de juros

Conforme foi introduzido no item anterior, os títulos públicos são normalmente definidos como ativos *livres de risco*, porque admite-se que a autoridade emitente irá sempre honrar suas obrigações com os investidores. A diferença entre uma taxa de juros com risco e outra livre de risco é denominada de *prêmio de risco*. Este prêmio revela quanto um investidor exige para manter sua poupança em determinado título com risco. Quanto maior o risco da operação, maior, evidentemente, o prêmio que deve ser pago.

Quando a taxa de inflação corrente ou esperada no futuro se eleva, a taxa de juros exigida pelos poupadores também aumenta, como forma de compensar esse risco de depreciação monetária.

Em essência, a *taxa nominal* de juros é função de três variáveis:

a) taxa (real) livre de risco e da inflação;

b) taxa de risco;

c) taxa futura esperada de inflação.

Assim:

$$\textit{Taxa Nominal } (i) = f(R_F + INF + RISCO)$$

em que:

Taxa Nominal (i) – taxa nominal de juros cotada no mercado para um título;

R_F: *Risk free* – Taxa real de juros livre de risco. É definida geralmente pelos títulos públicos, na ausência de inflação;

INF – taxa de inflação esperada no futuro. O risco de não considerar a inflação esperada na formação das taxas de juros é a corrosão no poder de compra da moeda que reduz o ganho real do aplicador;

RISCO – O risco de um ativo pode se decompor em duas grandes partes:

a) prêmio pelo risco de inadimplência, determinado pela possibilidade de o aplicador não receber os rendimentos e o principal aplicado na data fixada de vencimento. Quanto mais alta a taxa de risco de inadimplência de uma operação, mais alta a taxa nominal de juros exigida pelo investidor. Este risco é muitas vezes conhecido por *risco não sistemático;*

b) risco de mercado, também conhecido por *risco sistemáti*co. Equivale a um percentual de prêmio cobrado pelos poupadores visando remunerar as incertezas do ambiente econômico e conjuntural, como crises cambiais, cenários políticos, recessão etc.

As ações apresentam geralmente maior liquidez de mercado (rapidez com que podem ser convertidas em dinheiro) que os títulos de renda fixa; estes, por sua vez, apresentam maior facilidade de negociação que os ativos reais (imóveis, por exemplo), e assim por diante. Dessa maneira, o prêmio pelo risco pode variar de acordo com a natureza dos títulos.

Quando a aceitação de um título no mercado é alta, como títulos públicos ou títulos emitidos por instituições sólidas, o prêmio pago pela liquidez é pequeno; o prêmio eleva-se para títulos de menor liquidez, como aqueles emitidos por empresas de menor expressão ou em dificuldades financeiras.

2.7.2 Taxas de juros livres de risco no Brasil

As negociações com títulos públicos no mercado monetário brasileiro são controladas por um sistema especial de custódia e liquidação conhecido por *Sistema Especial de Liquidação e Custódia* (SELIC).

O SELIC opera basicamente com títulos emitidos pelo Banco Central e Tesouro Nacional, classificados como de risco zero. Conforme comentado, admite-se que é bem difícil que o Governo não pague nos respectivos vencimentos os juros e principal devidos pela colocação dos títulos, que são, por isso, classificados como ativos sem risco no mercado financeiro.

A taxa básica de juros é a taxa que o governo paga ao vender seus títulos no mercado, ou seja, pelos empréstimos que levanta junto aos investidores. Em verdade, ao adquirir um título público o aplicador estará financiando as necessidades financeiras do governo. Esta taxa básica serve de referência para a formação das demais taxas de juros na economia.

A taxa básica de juros no Brasil é a taxa SELIC, sendo divulgada pelo Comitê de Política Monetária (COPOM) do Banco Central.

Taxa média anual da SELIC praticada no Brasil:

Ano	Taxa
2002	23,03%
2003	16,92%
2004	17,50%
2005	18,24%
2006	13,19%
2007	11,18%
2008	12,53%
2009	9,93%
2010	9,78%
2011	11,62%
2012	8,41%
2013	8,18%
2014	10,86%
2015	13,47%
2016	14,18%
2017	10,11%
2018	6,58%
2019	6,03%
2020	2,76%
2021	4,45%
2022	12,39%
2023	13,04%

Fonte: Bacen.

O SELIC publica todos os dias as taxas de juros das negociações com títulos públicos realizadas no mercado monetário que, pela sua importância e alta liquidez, repercutem intensamente em todo o ambiente financeiro nacional. Pela natureza dos papéis negociados (títulos públicos), a taxa SELIC é aceita na economia brasileira como uma taxa livre de risco (*risk free*), sendo importante referência ainda para a formação das taxas de juros do mercado.

Outra taxa de juros admitida como livre de risco no mercado financeiro nacional é a taxa de operações lastreadas em Certificado de Depósitos Interfinanceiros (CDI), conhecida por *taxa DI.* Essa taxa é formada pelos empréstimos entre os bancos (operações

APLICAÇÃO PRÁTICA
Banco Central reduz juros para 11,75% e indica mais cortes de 0,5 ponto nas próximas reuniões

O Banco Central (BC) cortou, no dia 13 de dezembro de 2023, a taxa básica de juros (Selic) em meio ponto percentual. Com o anúncio na noite desta quarta-feira, a taxa básica de juros no país recuou de 12,25% para 11,75%. Esse é o menor patamar desde março de 2022. Foi a quarta redução consecutiva dos juros, que começou a cair do nível de 13,75% ao ano a partir da reunião de agosto.

A surpresa do comunicado foi a informação de que o ritmo de meio ponto será mantido nas "próximas reuniões", o que incluirá, pelo menos, os encontros de janeiro e março de 2024. O Comitê de Política Monetária (Copom), formado pelos diretores do BC, se reúne a cada 45 dias. A reunião iniciada ontem e encerrada hoje foi a última de 2023.

Segundo o BC, houve uma melhora no cenário para a inflação no mundo, que se mostrou "menos adverso" do que na última reunião. Além disso, no Brasil, a economia perdeu força e a inflação também está desacelerando.

"A inflação cheia ao consumidor, conforme esperado, manteve trajetória de desinflação, com destaque para as medidas de inflação subjacente, que se aproximam da meta para a inflação nas divulgações mais recentes", disse o Copom.

Fonte: Adaptado de https://oglobo.globo.com/economia/noticia/2023/12/13/banco-central-corta-os-juros-pela-quarta-vez-seguida-e-selic-recua-para-1175percent-o-menor-patamar-desde-marco-de-2022.ghtml. Acesso em: jan. 2024.

interfinanceiras), exprimindo as expectativas do mercado com relação ao custo do dinheiro. No mercado interfinanceiro, uma instituição financeira com sobras de caixa transfere recursos a outra com pouca disponibilidade, permitindo que se estabeleça certo equilíbrio na alocação dos recursos entre as instituições financeiras.

As taxas DI são ligeiramente mais altas que as taxas SELIC em consequência de seu maior risco. Essa diferença é explicada basicamente pela emissão privada do CDI em relação aos títulos públicos negociados no sistema SELIC.

O mercado financeiro avalia a capacidade de um país de honrar seus compromissos internacionais mediante o preço de negociação de seus títulos de dívida externa. Quando o preço desse papel cai no mercado, elevando os rendimentos pagos ao seu portador, denota-se maior desconfiança dos investidores nas condições do país de cumprir seus compromissos financeiros nas datas contratadas.

O *prêmio pelo risco de um país* pode ser medido pela diferença entre os juros pagos pelos seus papéis de dívida externa e a taxa oferecida por títulos de mesma maturidade emitidos pelo Tesouro dos EUA, conhecidos por *T-Bond* (*Treasury Bond*). O *Treasury Bond* é admitido pelo mercado financeiro internacional como o título de mais baixo risco no mundo, sendo referência para cálculo da taxa de risco de um país.

O comportamento da taxa de risco de um país é motivo de preocupação para todo o mercado. Um risco maior do país eleva o prêmio exigido, fazendo subir a taxa de retorno exigida pelos investidores na economia. Os negócios ficam menos atraentes pela obrigação de remunerar os investidores com taxas de retorno mais elevadas, sofrendo desvalorização de seu preço de mercado. A redução do prêmio pelo risco, ao contrário, motiva novos investimentos pela maior atratividade oferecida pelos diversos ativos da economia. O custo de capital reduz-se e os investimentos são valorizados pelo mercado.

> **IMPORTANTE** ■ quanto maior for o prêmio pelo risco calculado, maiores os juros que deverão ser pagos para obter (ou renovar) empréstimos, assim como maior a remuneração exigida pelos investidores no país.

Por exemplo, quando a taxa de risco de um país for de 2,5 pp (pontos percentuais), entende-se que, em média, seus títulos de dívida externa vêm pagando juros 2,5% acima de seu similar emitido pelo Tesouro dos Estados Unidos. Da mesma maneira, a taxa de retorno requerida pelos investidores no país é 2,5% maior que a cobrada para aplicações, de mesmo risco, na economia americana.

O prêmio pelo risco no Brasil é determinado principalmente pelos indicadores e variáveis macroeconômicos de nossa economia e de países vizinhos e pelas oscilações das taxas de juros no mundo.

Como mostrado anteriormente, os *treasuries* são os títulos emitidos pelo Tesouro dos Estados Unidos para o financiamento da dívida do governo. São conhecidos como um papel de segurança para os investidores. Os mais conhecidos são:

- T-Bills: têm vencimento de curto prazo, que podem ser de 4 semanas a 1 ano.
- T-Notes: contemplam vencimentos entre 2 e 10 anos, e pagam juros semestrais.
- T-Bond: são os títulos com vencimentos bem mais longos, entre 20 e 30 anos, podendo o investidor resgatá-los a partir de 10 anos; também pagam juros semestrais.
- TIPs: são os títulos indexados à inflação (*Treasury Inflation-Protection*), com prazos entre 5 e 30 anos e com pagamentos de juros semestrais.
- FRNs: são os títulos pós-fixados (*Floating Rate Notes*) de até 2 anos com pagamentos trimestrais de juros.

2.7.3 Taxa SELIC de outros países

A seguir são apresentadas as taxas básicas de juros atuais de um grande número de bancos centrais. As taxas de juros são usadas pelos bancos centrais para moldar a política monetária.

Banco Central	País	Taxa atual	Taxa anterior	Data da última alteração
American Central Bank	United States	5.50%	5.25%	07-26-2023
Australian Central Bank	Australia	4.35%	4.10%	11-08-2023
Brazilian Central Bank	Brazil	11.75%	12.25%	12-13-2023
British Central Bank	United Kingdom	5.25%	5.00%	08-03-2023
Canadian Central Bank	Canada	5.00%	4.75%	07-12-2023
Chilean Central Bank	Chile	8.25%	9.00%	12-20-2023
Chinese Central Bank	China	3.45%	3.55%	08-21-2023
Czech Central Bank	Czech Republic	6.75%	7.00%	12-21-2023
Danish Central Bank	Denmark	3.75%	3.50%	09-15-2023
European Central Bank	Europe	4.50%	4.25%	09-14-2023
Hungarian Central Bank	Hungary	10.75%	11.50%	12-19-2023
Indian Central Bank	India	6.50%	6.25%	02-08-2023
Israeli Central Bank	Israel	4.50%	4.75%	01-01-2024
Japanese Central Bank	Japan	–0.10%	0.00%	02-01-2016

(continua)

(*continuação*)

Banco Central	País	Taxa atual	Taxa anterior	Data da última alteração
Mexican Central Bank	Mexico	11.25%	11.00%	03-30-2023
New Zealand Central Bank	New Zealand	5.50%	5.25%	05-24-2023
Norwegian Central Bank	Norway	4.50%	4.25%	12-14-2023
Polish Central Bank	Poland	5.75%	6.00%	10-04-2023
Russian Central Bank	Russia	16.00%	15.00%	12-15-2023
Saudi Arabian Central Bank	Saudi Arabia	6.00%	5.75%	07-26-2023
South African Central Bank	South Africa	8.25%	7.75%	05-25-2023
South Korean Central Bank	South Korea	3.50%	3.25%	01-13-2023
Swedish Central Bank	Sweden	4.00%	3.75%	09-21-2023
Swiss Central Bank	Switzerland	1.75%	1.50%	06-22-2023
Turkish Central Bank	Türkiye	45.00%	42.50%	01-25-2024

Fonte: Disponível em: https://www.global-rates.com/en/interest-rates/central-banks/. Acesso em: jan. 2024.

APLICAÇÃO PRÁTICA
Finanças Comportamentais

No dia a dia, é muito comum se ver venda de frutas por quilo e por dúzia. É preciso ficar atento, pois existem diferenças significativas. Veja o exemplo.

Um Varejão está vendendo laranjas por quilo, cujo preço é de R$ 1,00 (kg). Outro estabelecimento vende laranjas por dúzia que custa R$ 1,20. Admita que um quilo da laranja da mesma qualidade corresponda a 14 laranjas. Qual a diferença paga por duas pessoas que compraram cada uma 1,5 kg nos respectivos estabelecimentos?

Solução:

Considerando que em 1 kg são 14 laranjas, em 1,5 kg seriam 21 laranjas, ou seja, 21/12 × R$ 1,20 = R$ 2,10.

Comprando a mesma quantidade, mas pagando por quilo, o valor a pagar seria R$ 1,50.

Portanto, uma diferença de R$ 0,60 maior para quem compra por dúzia.

Obviamente, o peso das laranjas varia. Assim, para ser compensador pagar por quilo ou por dúzia, tem-se:

$$\frac{x}{12} \text{ laranjas} \times 1,20 = 1,50$$

$$x \text{ laranjas} = 12 \times \frac{1,50}{1,20} = 15$$

Ou seja, só seriam equivalentes se no quilo de laranjas se encontrassem 15 frutas.

2.7.4 Outros índices brasileiros

A Associação Brasileira das Entidades dos Mercados Financeiro e de Capitais (ANBIMA) publica o Índice de Mercado ANBIMA (IMA) e uma série de subíndices, a partir de uma carteira de títulos públicos negociados no mercado que servem como referência para investimentos em renda fixa. A seguir, tem-se os índices calculados:

- **MA-Geral:** composto de todos os títulos que compõem a dívida pública federal.
- **IMA-Geral ex-C:** segue a lógica do IMA-Geral, excluindo os papéis indexados ao **IGP-M** (as antigas NTN-C – Notas do Tesouro Nacional – Série C ou Tesouro IGPM+ com Juros Semestrais).
- **IRF-M:** composto de títulos públicos prefixados, LTNs (Letras do Tesouro Nacional ou Tesouro Prefixado) e NTN-Fs (Notas do Tesouro Nacional – Série F ou Tesouro Prefixado com Juros Semestrais).
- **IRF-M 1:** composto de títulos públicos prefixados com vencimentos abaixo de um ano.
- **IRF-M 1+:** composto de títulos públicos prefixados com vencimentos acima de um ano.
- **IRF-M P2:** índice igual ao IRF-M, porém com um mecanismo de controle de prazo (PMR – Prazo Médio de Repactuação). Indicador criado para atender aos ETFs (*Exchange Traded Funds*).
- **IMA-B:** composto de títulos públicos indexados à inflação medida pelo Índice Nacional de Preços ao Consumidor Amplo (IPCA), que são as NTN-Bs (Notas do Tesouro Nacional Série B ou Tesouro IPCA+ com Juros Semestrais).
- **IMA-B 5:** composto de títulos públicos indexados à inflação medida pelo IPCA (com vencimento de até 5 anos).
- **IMA-B 5+:** composto de títulos públicos indexados à inflação medida pelo IPCA, com vencimento igual ou acima de 5 anos.
- **IMA-B 5 P2:** índice igual ao IMA-B 5, ou seja, reflete os papéis indexados ao **IPCA** com vencimento de até 5 anos, mas conta com o mesmo mecanismo de controle de prazo (PMR) citado no IRF-M P2. Assim como o IRF-M P2, também foi criado para atender aos ETFs.

- **IMA-S:** composto de títulos pós-fixados atrelados à taxa básica de juros (Selic), que são as LFTs (Letras Financeiras do Tesouro ou Tesouro Selic).

Resumo

1. **Descrever de modo geral a estrutura do Sistema Financeiro Nacional e das instituições que o compõem.**

O Conselho Monetário Nacional (CMN) é o órgão máximo do Sistema Financeiro Nacional. Vinculados ao CMN, como órgãos normativos do Sistema Financeiro, encontram-se o Banco Central do Brasil (BACEN) e a Comissão de Valores Mobiliários (CVM). Essas três grandes instituições compõem o denominado subsistema normativo do SFN, responsáveis pelo funcionamento do mercado e de suas instituições.

O Conselho Nacional de Seguros Privados (CNSP) é o órgão responsável por fixar as diretrizes e normas da política de seguros privados. O Conselho de Gestão de Previdência Complementar (CGPC) é um órgão colegiado que integra a estrutura do Ministério da Previdência Social e cuja competência é regular, normatizar e coordenar as atividades das Entidades Fechadas de Previdência Complementar (fundos de pensão).

As transferências de recursos financeiros entre investidores, agentes capazes de gerar poupança para investimentos, e captadores, agentes carentes de capital, processam-se por meio de intermediários (instituições financeiras). Os mais importantes tipos de intermediários financeiros que atuam no mercado brasileiro são: bancos comerciais/múltiplos; bancos de investimentos; sociedades de arrendamento mercantil e as Sociedades de Crédito, Financiamento e Investimento (SCFI) e Associações de Poupança e Empréstimos (APEs).

2. **Identificar os tipos de ativos financeiros existentes no mercado, bem como sua classificação no que diz respeito à emissão, renda e prazo destes.**

Valores mobiliários são, predominantemente, ações, debêntures e quotas de fundos de investimento.

Os ativos financeiros negociados no mercado podem ser classificados com relação a renda, prazo e emissão. Um ativo é entendido como de *renda fixa* quando todos os rendimentos oferecidos ao seu titular são conhecidos previamente, no momento da aplicação.

Mesmo sendo de renda fixa, os rendimentos dos títulos podem ser: *prefixados*, quando os juros totais são definidos por todo o período da operação, independentemente do comportamento da economia; ou *pós-fixados*, quando somente uma parcela dos juros é fixa (taxa real de juros), sendo a outra parte definida com base em um indexador de preços contratado (IGP-M, TR etc.). Os principais ativos de renda fixa negociados no Brasil são os Certificados de Depósitos Bancários (CDB), debêntures, caderneta de poupança, fundos de investimentos em renda fixa, letras de câmbio e letras hipotecárias.

Quanto aos *prazos*, os títulos podem ser de prazo definido (fixo) ou indeterminado. Os títulos de prazo definido podem ser de curto, médio e longo prazo. Um título de prazo de vencimento indeterminado não possui data marcada para seu resgate (vencimento), podendo ser convertido em dinheiro a qualquer momento desejado pelo seu titular.

Quanto à natureza da *emissão*, os títulos podem ser públicos ou particulares (privados). Um título de emissão pública origina-se do governo federal, estadual ou municipal, e tem por objetivo financiar necessidades orçamentárias, investimentos públicos ou, ainda, a execução da política monetária.

3. Entender como funciona o mercado de ações, a Bolsa de Valores e, compreender também os tipos de ações existentes, suas formas de emissão e rendimentos.

As ações são valores representativos de uma parcela (fração) do capital social de uma sociedade, negociáveis no mercado, e refletem a participação dos acionistas no capital social.

Há dois tipos básicos de ações: *ordinárias* e *preferenciais*. As ações *ordinárias* proporcionam aos seus titulares o direito de voto em assembleias gerais de acionistas e participação nos lucros da sociedade mediante o recebimento de dividendos. As ações *preferenciais*, ao contrário, não possuem o direito a voto, oferecendo em contrapartida algumas vantagens ou preferências,

como a prioridade no recebimento de dividendos (muitas vezes em percentual mais elevado) e preferência no reembolso de capital em caso de dissolução da sociedade.

Os rendimentos das ações são variáveis, dependendo principalmente dos resultados apurados pela sociedade emitente e das condições de mercado e da economia. As principais *vantagens dos acionistas* são: dividendos, juros sobre o capital próprio, bonificação, valorização e direitos de subscrição. As ações das companhias abertas são negociadas em bolsas de valores.

A principal *bolsa de valores* do Brasil é a Bolsa de Valores de São Paulo (BM&FBovespa). A Bovespa torna disponíveis três mercados: mercados à vista, mercado a termo e mercado de opções. A diferença básica entre esses três mercados reflete-se no prazo de liquidação das operações de compra e venda de ações.

No *mercado à vista*, a entrega dos títulos do vendedor ao comprador é efetuada no segundo dia útil após o fechamento do negócio em bolsa. O pagamento da ação pelo comprador (liquidação financeira) deve ocorrer no terceiro dia útil após a negociação.

No *mercado a termo*, a liquidação das operações ocorre em prazos diferidos, em geral, 30, 60 ou 90 dias. Para operar neste mercado é exigido, tanto do comprador como do vendedor do papel, um depósito de valores como margem de garantia de operação. O *mercado de opções* negocia direitos de compra ou venda futuros de ações a um preço preestabelecido.

4. Expor os grandes segmentos do mercado financeiro: mercado monetário, mercado de crédito, mercado de capitais e mercado cambial.

O mercado financeiro é subdividido em quatro grandes segmentos de intermediação financeira:

a) *mercado monetário*, onde são realizadas as operações de curto e curtíssimo prazo que permitem o controle da liquidez monetária da economia. São negociados nesse mercado, principalmente, os papéis de emissão pública destinados a financiar as necessidades orçamentárias da União, além de diversos títulos emitidos pelos Estados e Municípios;

b) *mercado de crédito*, constituído em sua essência pelos bancos comerciais/múltiplos. O objetivo básico desse mercado é o de suprir as necessidades de recursos de curto e médio prazo dos diversos agentes econômicos, seja pela concessão de créditos às pessoas físicas, seja por modalidades de empréstimos e financiamentos às empresas;

c) *mercado de capitais*, a grande fonte de recursos para investimentos da economia, assumindo um papel relevante no processo de desenvolvimento econômico. Apresenta forte ligação entre os agentes superavitários, que possuem capacidade de poupança, e os investidores carentes de recursos de longo prazo;

d) *mercado cambial*, onde ocorrem as diversas operações de compra e venda de moedas estrangeiras conversíveis. Esse mercado engloba todos os agentes econômicos com motivos para realizar operações com o exterior, como importadores e exportadores, investidores e instituições financeiras.

5. **Abordar a formação das taxas de juros no Brasil, e introduzir conceito de taxa livre de risco.**

Em essência, a *taxa nominal* de juro é função da taxa (real) livre de risco, da taxa de risco e de uma taxa futura esperada de inflação.

As negociações com títulos públicos no mercado monetário brasileiro são controladas por um sistema especial de custódia e liquidação, conhecido por Sistema Especial de Liquidação e Custódia (SELIC). O SELIC opera basicamente com títulos públicos emitidos pelo Tesouro Nacional, e classificados como de risco zero (*risk free*).

Outra taxa de juros entendida como livre de risco no mercado financeiro nacional é a taxa de operações lastreadas em Certificado de Depósitos Interfinanceiros (CDI), conhecida por *taxa DI*. Essa taxa é formada pelos empréstimos entre os bancos, exprimindo as expectativas do mercado com relação ao custo do dinheiro.

No mercado interfinanceiro, uma instituição financeira com sobras de caixa transfere recursos a outra com pouca disponibilidade, permitindo que se estabeleça certo equilíbrio na alocação dos recursos entre as instituições financeiras.

As taxas DI são ligeiramente mais altas que as taxas SELIC em consequência de seu maior risco.

O mercado financeiro avalia a capacidade de um país de honrar seus compromissos internacionais mediante o preço de negociação de seus títulos de dívida externa. Quando o preço desse papel cai no mercado, elevando os rendimentos pagos ao seu portador, denota-se maior desconfiança dos investidores nas condições do país de cumprir seus compromissos financeiros nas datas contratadas.

O risco de um país pode ser medido pela diferença entre os juros pagos pelos seus papéis de dívida externa e a taxa oferecida por um título de mesma maturidade emitido pelo Tesouro dos Estados Unidos, conhecido por *T-Bond* (*Treasury Bond*).

 TESTES DE VERIFICAÇÃO

1. Dentre as alternativas a seguir, é *incorreto* afirmar:

   a) O Sistema Financeiro Nacional (SFN) tem importância social e econômica no processo de intermediação e distribuição de recursos no mercado.

   b) O Sistema Financeiro Nacional (SFN) é composto por instituições públicas e privadas que atuam nos diversos instrumentos financeiros.

   c) O órgão máximo do Sistema Financeiro Nacional (SFN) é o Conselho Monetário Nacional (CMN), e sua função é normativa.

   d) O Banco Central do Brasil, que atua como um organismo fiscalizador do mercado financeiro, é um dos órgãos da CVM.

2. **O sistema de intermediação é composto por agentes capazes de gerar poupança para investimentos e agentes carentes de capital. Estas transferências de recursos**

processam-se por meio das instituições financeiras. Assim, com relação ao SFN, *não* é correto afirmar:

a) Uma característica do banco é a capacidade de interferir nos meios de pagamentos da economia com a criação da moeda escritural. Devido a essa característica, todo recurso depositado no banco pode ser devolvido ao mercado sob a forma de empréstimo.

b) Os bancos comerciais e múltiplos são instituições financeiras que atendem à demanda por crédito de tomadores de recursos, sendo que a atuação do banco múltiplo é mais abrangente que a do banco comercial.

c) A sociedade de arrendamento mercantil e a sociedade de crédito, financiamento e investimento, têm como principais fontes de recursos a colocação de debêntures de emissão própria e a colocação de letras de câmbio no mercado, respectivamente.

d) O BNDES é um banco de investimento que atua em operação de repasses oficiais. Os recursos são oferecidos para suprir a necessidade de capital de giro e capital fixo.

e) Associações de Poupança e Empréstimo são constituídas sob a forma de sociedades civis sem fins lucrativos que atuam no financiamento imobiliário. As APEs fazem parte do subsistema normativo do SFN.

3. **Os ativos financeiros negociados no mercado podem ser classificados com relação à renda, prazo e emissão. Assim, *não* é correto afirmar que:**

a) O ativo de renda fixa oferece ao seu titular rendimentos que são previamente conhecidos parcial ou integralmente. Um título de renda fixa tem rendimento que pode ser prefixado ou pós-fixado.

b) Os títulos pós-fixados são definidos quando uma parcela dos juros é fixa, e outra parte é determinada com base em um indexador de preços contratado.

c) O rendimento de um título com base no desempenho apresentado pela

instituição emitente é conhecido como renda variável.

d) CDB, debêntures, caderneta de poupança são exemplos de renda variável.

e) Um título com prazo de vencimento indeterminado não possui data marcada para seu resgate, mas o mesmo pode ser convertido em dinheiro a qualquer momento que seu titular desejar.

4. **As ações representam uma fração do capital social de uma sociedade. A ação é considerada um título de renda variável, e seus rendimentos vinculam-se aos lucros auferidos pela empresa emissora. Com relação ao mercado de ações, todas as alternativas a seguir são verdadeiras, *exceto*:**

a) No exercício social, parte dos resultados líquidos é distribuída sob a forma de dividendos, ou seja, parte dos lucros é paga aos acionistas.

b) Uma maneira de remunerar os acionistas é por meio do pagamento de dividendos. Outra forma de remuneração dos acionistas é o pagamento de juros calculados sobre o capital próprio; no entanto, existem certas limitações e condições estabelecidas para essa forma de distribuição de resultados previstas pela legislação. O pagamento de juros calculados sobre o capital próprio não proporciona nenhuma vantagem fiscal à empresa.

c) Os subscritores de capital podem beneficiar-se das valorizações de suas ações no mercado, sendo que este ganho dependerá da conjuntura do mercado e do desempenho econômico-financeiro da empresa e da quantidade de ações.

d) O direito de subscrição permite a todo acionista subscrever, na proporção das ações possuídas, todo o aumento de capital; no entanto, esse direito de subscrição pode ser negociado no mercado pelo investidor quando o preço de mercado apresentar-se valorizado em relação ao preço subscrito.

e) Bonificação é a emissão e distribuição gratuita de novas ações aos acionistas, quando uma sociedade decide elevar seu capital social. Esta distribuição é feita em quantidade proporcional à participação de capital. O capital social é elevado em função da incorporação de reservas patrimoniais.

5. O juro é o valor pago pelo empréstimo de um capital. Um financiamento embute a taxa livre de risco e o prêmio pelo risco. Assim, *não* se pode dizer que:

   a) SELIC é um sistema especial de custódia e liquidação no qual são negociados os títulos públicos no mercado monetário.
   b) Devido à natureza dos títulos públicos, a taxa SELIC é aceita na economia brasileira como a taxa livre de risco.
   c) Prêmio de risco é a diferença entre uma taxa de juros com risco e outra livre de risco.
   d) SELIC não opera com títulos emitidos pelo Banco Central e Tesouro Nacional.
   e) O prêmio de risco revela quanto um investidor exige, acima de uma aplicação sem risco (ou de risco mínimo), para manter sua poupança em determinado título com risco.

6. Considere as seguintes alternativas:

   I – Quando é informado em um jornal que a taxa de câmbio é de R$ 1,89, significa que é necessário R$ 1,89 de moeda nacional para se comprar US$ 1,00 (um dólar americano).

   II – As operações do mercado de crédito são realizadas apenas por instituições financeiras bancárias por meio de empréstimos e financiamentos a pessoas físicas e jurídicas.

   III – As LTN – Letras do Tesouro Nacional – apresentam rendimentos prefixados e são negociadas com deságio (desconto) sobre o valor nominal.

   IV – A taxa SELIC é aceita como taxa livre de risco e referencia o custo do dinheiro no mercado financeiro.

   Pode-se afirmar que:

   a) São corretas as afirmativas II, III e IV.
   b) São falsas apenas as afirmativas I, II e III.
   c) Todas são verdadeiras.
   d) Apenas a II é falsa.
   e) Apenas a IV é falsa.

EXERCÍCIOS PROPOSTOS

Complete a palavra cruzada:

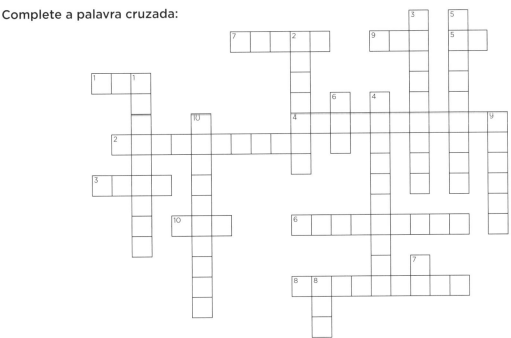

Horizontal

1. Sigla do órgão responsável pela organização, funcionamento e fiscalização das Bolsas de Valores, sociedades corretoras e corretores.
2. Título de crédito emitido pelas Sociedades por Ações para captar recursos.
3. Sigla que representa a taxa cambial média praticada no mercado brasileiro divulgada pelo Banco Central.
4. Tributo cobrado na compra e na venda das ações que pertence à Bolsa de Valores.
5. Sigla das ações que conferem ao seu detentor o direito de voto.
6. Bancos cujas atividades caracterizam-se pela atuação mais abrangente em crédito imobiliário, operações de crédito direto ao consumidor e certas operações de financiamento de longo prazo típicas dos bancos de investimentos e operações de *leasing*.
7. Taxa básica de formação de juros da economia.
8. Nome da empresa com maior participação no índice da Bolsa de Valores de São Paulo atualmente.
9. Sigla do título emitido por instituições financeiras com objetivo de captar recursos de outras instituições financeiras; também conhecida como a taxa de juros que remunera esses depósitos.
10. Sigla do órgão máximo do Sistema Financeiro Nacional.

Vertical

1. Mercado onde são realizadas operações de curto e curtíssimo prazos, que permitem o controle da liquidez monetária da economia.
2. É o mais importante indicador do desempenho do mercado de ações brasileiro, pois retrata o comportamento das principais ações negociadas na BM&FBOVESPA.
3. Valor representativo de parte dos lucros da empresa, distribuído aos acionistas, em dinheiro, por ação possuída. Por lei, no mínimo 25% do lucro líquido do exercício devem ser distribuídos entre os acionistas.
4. É um aumento de capital deliberado por uma empresa, com o lançamento de novas ações, para obtenção de recursos. Os acionistas da empresa têm preferência na compra dessas novas ações emitidas pela companhia, na proporção que lhes couber, pelo preço e no prazo preestabelecidos pela empresa.
5. É a instituição que compra e vende ações para você.
6. Imposto que incide nos resgates feitos em um período inferior a 30 dias. O percentual do imposto pode variar de 96% a 0%, dependendo do número de dias decorridos da aplicação, e incide sobre o rendimento do investimento.
7. Sigla do imposto incidente na maioria das aplicações brasileiras.
8. Indicador de geração de riqueza que mede quanto uma empresa lucra acima do mínimo exigido à vista em função do risco do negócio. Na prática, avalia se a empresa está destruindo ou aumentando o capital dos acionistas.
9. A diferença entre a taxa de juros cobrada dos tomadores de crédito e a paga aos aplicadores.
10. É considerado o "combustível" do mercado de capitais.

Links da web

http://www.acionista.com.br/. *Site* com informações para o mercado acionário brasileiro.

http://www.portaldoinvestidor.gov.br/. *Site* sobre o sistema financeiro nacional com informações para investidores, instituições educacionais e jurídicas.

http://www.logicadomercado.com.br. *Site* com análises e conceitos da economia brasileira.

http://www.b3.com.br. *Site* da Bolsa de Valores de São Paulo.

http://www.bcb.gov.br. *Site* do Banco Central do Brasil.

Sugestão de filme

Como este capítulo trata dos mercados financeiros, seu funcionamento e sua estrutura, recomendam-se aqui dois filmes:

1. **Wall Street: poder e cobiça**.
2. **Wall Street: o dinheiro nunca dorme**.

São dois filmes que tratam das operações em bolsa de valores, regras de mercado e discutem o que é permitido e o que não é nos mercados.

 ## Sugestão de leitura

ASSAF NETO, Alexandre. **Mercado financeiro.** 15. ed. São Paulo: Atlas, 2023.

ASSAF NETO, Alexandre; LIMA, Fabiano Guasti. **Investimentos em ações.** 3. ed. São Paulo: Atlas, 2022.

BERNSTEIN, Peter. **A história do mercado de capitais.** Rio de Janeiro: Campus, 2008.

Respostas dos Testes de verificação

1. d   4. b
2. e   5. d
3. d   6. d

PARTE II
CÁLCULO FINANCEIRO E AVALIAÇÃO

Capítulo 3 Cálculo Financeiro

Capítulo 4 Cálculo Financeiro em Contexto Inflacionário

Capítulo 5 Produtos Financeiros

Capítulo 6 Avaliação de Renda Fixa

Capítulo 7 Avaliação de Renda Variável

CÁLCULO FINANCEIRO

OBJETIVOS DO CAPÍTULO

1. Conhecer os critérios do cálculo financeiro, através dos dois tipos de capitalização de juros: simples (linear) e compostos (exponencial).
2. Saber diferenciar, identificar e converter taxas de juros nominais, efetivas e equivalentes.
3. Abordar os conceitos de valor presente e valor futuro, através de séries de pagamentos ou recebimentos.
4. Entender a metodologia de cálculo da Taxa Interna de Retorno (IRR) e o seu significado para análise e decisão de investimento.

O cálculo financeiro é aplicado na solução de diversas questões financeiras relevantes, como comprar à vista ou a prazo, cálculo do custo efetivo de um financiamento, decisões: alugar × comprar, formação dos juros, como escolher entre as alternativas de investimentos mais atraentes, formação de preços de venda, e assim por diante.

> De modo bastante objetivo, o juro pode ser entendido como o custo do dinheiro. É o preço que se cobra para emprestar dinheiro, ou o retorno que se espera ganhar em operações de investimento.

Pelo enfoque mais formal da Economia, o conceito de juro e do nível que venha assumir no mercado pode decorrer, basicamente, da *preferência temporal* de seus agentes econômicos (indivíduos, empresas e governo). O juro pode ser entendido também como uma compensação que se exige pelo não uso do dinheiro no ato, ou seja, pela postergação do consumo. Adiando seus consumos, há uma "renúncia" pela liquidez, e os agentes exigirão uma recompensa pelo sacrifício de poupar (postergar o consumo), que é definida como juro.

Nesse contexto, sobressai a necessidade de o administrador financeiro conhecer, de forma mais completa, os vários critérios e pressupostos básicos do cálculo financeiro, conforme expostos neste capítulo, os quais serão largamente aplicados em várias operações empresariais ativas e passivas que serão desenvolvidas no estudo das Finanças Corporativas.

> **!** **IMPORTANTE** ■ essencialmente, há dois critérios de capitalização dos juros: *simples* (linear) e *compostos* (exponencial). Apesar de os juros compostos se constituírem na metodologia de cálculo mais recomendada, o mercado financeiro de curto prazo costuma operar com taxas referenciadas em juros simples.

3.1 JUROS SIMPLES

Os juros são ditos simples quando não ocorre a capitalização dos mesmos, ou seja, não é cobrado juro dos juros. Calcula-se o juro de um período e sobre ele não é mais calculado juro, mesmo que o valor não seja pago. A importância de conhecer juros simples é explicada pela maioria das taxas de juros praticados no mercado financeiro serem referenciadas pelo critério simples. No entanto, a determinação do

resultado efetivo de uma operação financeira considera a formação exponencial dos juros, ou seja, juros compostos. A área de aplicação dos juros simples concentra-se, basicamente, na formação das taxas das operações financeiras ativas e passivas de curto prazo.

No critério linear, os juros incidem unicamente sobre o *principal* (capital inicialmente aplicado) e geram, em consequência, remunerações (ou custos) diretamente proporcionais ao capital e prazo envolvidos na operação. Os juros simples comportam-se como uma progressão aritmética.

> Na Matemática Financeira, capitalização é um processo de agregar (reaplicar) ao capital os juros gerados pela aplicação.

São adotadas as seguintes simbologias e regras básicas para o critério de juros simples:

C (ou P) = Principal (ou Capital Inicial), representativo de uma aplicação financeira ou da obtenção de um crédito. Também denotado por PV.

i = taxa (linear) de juros, ou seja, taxa contratada na operação. Note-se que nas formulações do Cálculo Financeiro a taxa de juros deve estar sempre expressa em termos unitários, e não percentuais. Por exemplo, 2,5%: taxa percentual e $\frac{2,5}{100} = 0,025$: taxa unitária. Ao se usar programas de calculadoras financeiras ou planilhas eletrônicas, a taxa considerada é geralmente a percentual.

J = valor (em $) dos juros de uma operação.

n = número de períodos considerado na operação.

> **!** **IMPORTANTE** ■ deve ser observado que n e i devem estar sempre definidos na mesma unidade de tempo (dias, ou meses, ou semestres, ou anos etc.).

M = montante acumulado da operação, ou seja, representa a soma do principal mais os juros calculados durante determinado período. Também denominado Valor Futuro (FV).

São desenvolvidas as seguintes fórmulas de juros simples:

Fórmula do Montante (M) ou (FV):

$$FV = PV + J$$

que corresponde ao valor do capital inicial acrescido dos juros produzidos na operação.

Fórmula dos Juros (J):

$$J = PV \times i \times n$$

Pela identidade dos juros (J) é possível calcular, conhecidos os demais membros da equação, os valores do Principal (PV), taxa de juros (i) e do prazo da operação (n).

Pela inclusão da fórmula dos juros (J) na fórmula do Montante ($FV = PV + J$), pode-se obter outra identidade, amplamente usada na prática, de determinação do capital (PV) e do montante (FV), desconhecendo-se os juros (J), ou seja:

$$FV = PV + [PV \times i \times n]$$

Colocando-se C em evidência, obtém-se:

$$FV = PV(1 + i \times n)$$

ou:

$$PV = \frac{FV}{1 + i \times n}$$

3.1.1 Taxa nominal e taxa proporcional

A *taxa nominal* representa a taxa de juros contratada (ou declarada) em uma operação financeira (ativa ou passiva). Essa taxa é normalmente expressa para um período superior ao da incidência (capitalização) dos juros. Por exemplo, um financiamento pode ser concedido para liquidação em pagamentos mensais, sendo a taxa nominal de juros contratada de 24% a.a. (ao ano). O período da operação é *ano* e o da incidência do juro é *mês*. Nesse caso, a taxa mensal a ser considerada no cálculo do valor das prestações é de 2,0% a.m. (ao mês): $\left(\frac{24\% \text{ a.a.}}{12 \text{ meses}}\right) = 2,0\%$ a.m.

Deve ser considerado que a taxa nominal de juros não corresponde à taxa efetiva da operação e é inferior nas decisões de crédito, em razão da existência de várias outras obrigações (comissões, IOF – Imposto sobre Operações Financeiras etc.) e do critério linear de cálculo dos juros periódicos.

A *taxa proporcional*, por outro lado, é também típica do sistema de capitalização linear (juros simples), sendo o prazo da taxa geralmente igual ao período de capitalização dos juros. Assim, duas taxas de juros quando expressas em diferentes unidades de tempo, são definidas como proporcionais quando produzem valores iguais em uma mesma unidade de tempo. Por exemplo, considere hoje uma quantia de $ 100,00 a juros simples de 10% ao mês nominal. Seus respectivos montantes serão:

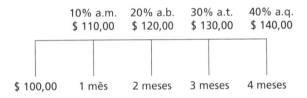

Tais montantes corresponderão a ganhos nominais (proporcionais) aos respectivos prazos de investimento, ou seja, 10% ao mês (a.m.), 20% ao bimestre (a.b.), 30% ao trimestre (a.t.) e 40% ao quadrimestre (a.q.). Observe que para transformar uma taxa nominal em outra, basta multiplicar, se desejarmos aumentar de período (10% a.m. vezes 3 meses = 30% a.t.), ou dividirmos para diminuir de período (40% ao quadrimestre dividido por 2 bimestres = 20% a.b.).

EXEMPLO ILUSTRATIVO

Determinar o montante (FV) e os juros (J) de uma aplicação de $ 100.000,00 efetuada pelo prazo de oito meses à taxa de juros simples de 18,0% a.a.

Solução:

Dados:

$n = 8$ meses

$i = 18,0\% / 12$ meses $= 1,5\%$ a.m.

$PV = \$ 100.000,00$

Montante:

$$FV = PV(1 + i \times n)$$
$$FV = \$ 100.000,00 \ (1 + 0,015 \times 8)$$
$$FV = \$ 100.000,00 \ (1,12)$$
$$FV = \$ 112.000,00$$

Juros:

$$J = FV - PV$$
$$J = \$ 112.000,00 - \$ 100.000,00$$
$$J = \$ 12.000,00$$

3.2 JUROS COMPOSTOS

Os juros são chamados de compostos quando incidem sempre sobre o saldo acumulado (montante) ocorrendo, dessa forma, *juros sobre juros* periodicamente. No regime de juros compostos, o juro gerado em determinada data é adicionado (incorporado) ao principal e serve de base para o cálculo de juros do período posterior.

EXEMPLO ILUSTRATIVO

Admita que uma pessoa tenha aplicado $ 100.000,00 à taxa composta de 2% a.m. Utilizando da seguinte simbologia usualmente adotada em calculadoras e planilhas financeiras eletrônicas:

PV = valor presente (capital ou principal);

FV = valor futuro (montante),

têm-se os seguintes resultados ao final de cada período (mês).

Final do 1º mês: a aplicação de $ 100.000,00 terá gerado juros de $ 2.000,00 (2% × $ 100.000,00), e o montante do período totaliza $ 102.000,00 ($ 100.000,00 + $ 2.000,00), ou:

$$FV = 100.000,00 \times (1 + 0,02)$$
$$FV = \$ 102.000,00$$

Final do 2º mês: o montante do primeiro mês, de $ 102.000,00, eleva-se para $ 104.040,00; $ 4.000,00 representam juros produzidos pelo principal de $ 100.000,00 no bimestre ($ 2.000,00 em cada mês), e $ 40,00 são oriundos dos juros ganhos no período anterior, ou seja, no primeiro mês (2% × $ 2.000,00).

No critério de capitalização composta (ou exponencial), verifica-se a incidência dos juros não somente sobre o principal, mas também sobre os valores de juros acumulados de outros períodos. De outra maneira, o montante pode ser obtido pela multiplicação do capital inicial aplicado pelo fator de crescimento composto dos juros, ou seja:

$$FV = 100.000,00 \times (1 + 0,02) \times (1 + 0,02)$$
$$FV = 100.000,00 \times (1,02) \times (1,02)$$
$$FV = 100.000,00 \times (1,02)^2 = \$ 104.040,00$$

Final do 3º mês: aplica-se o raciocínio análogo ao mês anterior, apurando o montante de:

$$FV = 100.000,00 \times (1 + 0,02) \times (1 + 0,02) \times (1 + 0,02)$$
$$FV = 100.000,00 \times (1,02)^3 = \$ 106.120,80$$

Final do enésimo mês: aplicando-se a sequência exposta ao final de cada um dos meses, o montante (valor final) acumulado ao final do período da aplicação financeira atinge:

$$FV = 100.000,00 \times (1 + 0,02) \times (1 + 0,02) \times (1 + 0,02) \times ... \times (1 + 0,02)$$
$$FV = 100.000,00 \times (1,02)^n$$

Generalizando o cálculo, tem-se:

$$FV = PV(1 + i)^n \quad \text{ou} \quad PV = \frac{FV}{(1 + i)^n}$$

em que $(1 + i)^n$ representa o fator composto de crescimento comentado e FV e PV o montante (valor futuro) e principal (valor presente), respectivamente.

3.2.1 Calculadoras financeiras

Além da descrição do uso de planilhas eletrônicas e tabelas financeiras para os cálculos efetuados nesta obra, neste e nos próximos capítulos será explicado como efetuar os cálculos diretamente através de uma calculadora financeira. Por conveniência, usaremos a calculadora financeira HP 12C, que é a calculadora financeira mais conhecida e utilizada no Brasil.[1]

---

[1] Material básico sobre o uso da calculadora HP 12C encontra-se disponível em: www.insidebooks.com.br. Para operações mais avançadas, recomenda-se: ASSAF N., Alexandre; LIMA, F. Guasti. **Investimentos no mercado financeiro usando a HP 12C**. 4. ed. São Paulo: Atlas, 2019.

A calculadora HP 12C tornou-se bastante popular entre os profissionais financeiros e estudantes. Apresenta recursos de cálculo de fácil manuseio e programação avançada para solução dos diversos problemas de investimentos, avaliação de carteiras e financiamentos.

Qualquer calculadora financeira com funções similares de valor presente (*PV*), valor futuro (*FV*) e taxa de retorno (*i*) poderá ser utilizada no manuseio dos cálculos a serem efetuados nesta obra.

> **IMPORTANTE** ■ é recomendado ao leitor o uso de planilhas eletrônicas e calculadoras financeiras somente após o correto entendimento dos conceitos e cálculos financeiros apresentados. Deve ser acrescentado que o ato de se inserir números e rotinas em uma calculadora financeira não garante o aprendizado. É necessário que se compreenda primeiro os fundamentos das finanças para somente depois trabalhar com calculadoras. Evidentemente, com o tempo a prática virá e os cálculos financeiros ficarão cada vez mais confortáveis.

A seguir, são apresentados os principais comandos da calculadora financeira HP 12C usados na solução de problemas financeiros:

em que:

- **N** = prazo da operação
- **i** = taxa de juros, por período. Lembrando que nos programas de cálculo da HP 12C a taxa deve ser inserida na forma percentual, isto é, não deve ser dividida por 100.
- **PV** = Valor presente.
- **PMT** = **P**agamento de **M**ontante **T**emporário, que são os pagamentos iguais e periódicos (fluxos de caixa) ou as prestações.
- **FV** = Valor Futuro.
- **CHS** = troca de sinal (*Change Sign*). Tecla usada para mudar o sinal de um número. Por exemplo, se desejar inserir o número negativo igual a – **10**, deve-se pressionar: 10 CHS.

A calculadora financeira HP 12C trabalha com fluxos de caixa, que significa ter saídas e entradas de capital.

Nos exemplos a seguir, são demonstrados os cálculos feitos com fórmulas de matemática e também através dos recursos disponíveis na calculadora financeira HP 12C.

EXEMPLO ILUSTRATIVO

Se uma pessoa desejar obter $ 200.000,00 dentro de um ano, quanto deverá aplicar hoje em um fundo que rende 3,0% a.t.? Em outras palavras, qual é o valor presente dessa aplicação?

Solução:

Dados:

$FV = \$\ 200.000,00$

$n = 1$ ano (quatro trimestres, pois a taxa está trimestral)

$i = 3,0\%$ a.t.

Valor Presente – *PV*:

$$FV = PV(1 + i)^n$$

$$200.000,00 = PV\,(1,03)^4$$

$$PV = \frac{200.000,00}{(1,03)^4}$$

$PV = \$\ 177.697,41$

De fato, uma aplicação de $ 177.697,41 hoje produz, à taxa composta de 3,0% a.t., um montante de $ 200.000,00 dentro de um ano. Demonstrando:

$FV = \$\ 177.697,41 \times (1,03)^4$

$FV = \$\ 200.000,00$

> **IMPORTANTE** ■ considerando-se ainda a taxa de juros de 3,0% a.t., pelo conceito apresentado de valor presente, é *indiferente* a essa pessoa receber $ 177.697,41 (valor presente) agora ou receber $ 200.000,00 (montante) dentro de um ano. Esses valores, na realidade, distribuídos em diferentes datas, são equivalentes para uma mesma taxa de juros requerida.

Na calculadora financeira HP 12C, a sequência de comandos que resolveria o problema seria:

Comandos	Significado
f REG	Limpa os registradores de armazenamento
200000 CHS FV	Introduz o valor futuro como número negativo
3 i	Informa a taxa de juros
4 n	Introduz o prazo
PV	Calcula o valor presente = R$ 177.697,41

Outro exemplo ilustra o cálculo da taxa de juros.

EXEMPLO ILUSTRATIVO

Determinar a taxa mensal de juros de uma aplicação de $ 120.000,00 que gera um montante de $ 130.439,50 ao final de um semestre.

Solução:

Dados:

PV = $ 120.000,00

FV = $ 130.439,50

n = 6 meses (um semestre)

Taxa Mensal:

$$130.439,50 = 120.000,00 \times (1 + i)^6$$

$$(1+i)^6 = \frac{130.439,50}{120.000,00}$$

$$(1+i)^6 = 1,086996$$

$$1 + i = \sqrt[6]{1,086996} = (1,086996)^{\frac{1}{6}}$$

$$1 + i = 1,014$$

$i = 0,014$ ou: 1,4% a.m

Na calculadora financeira HP 12C, a sequência de comandos que resolveria o problema seria:

Comandos	Significado
f REG	Limpa os registradores de armazenamento
120000 CHS PV	Introduz o valor presente como número negativo
130439,50 FV	Introduz o valor futuro
6 n	Introduz o prazo
i	Calcula a taxa de juros = 1,4% a.m.

3.2.2 Taxa equivalente e taxa efetiva

Taxas equivalentes são taxas de juros que geram montantes idênticos (equivalentes) quando capitalizadas sobre um mesmo capital e prazo.

Por exemplo, 2,0% a.m., 6,12% a.t. e 12,62% a.s. são admitidas como taxas equivalentes, pois, capitalizando qualquer capital, produzem o mesmo valor futuro (montante) ao final de um mesmo período. Assim, para um capital de $ 100,00, têm-se os seguintes montantes ao final de um ano:

$$FV = 100,00 \times (1,02)^{12} \quad = \$ 126,82$$

$$FV = 100,00 \times (1,0612)^4 \quad = \$ 126,82$$

$$FV = 100,00 \times (1,1262)^2 \quad = \$ 126,82$$

Em outras palavras, o resultado significa que é indiferente a um investidor aplicar um mesmo capital à taxa de 2,0% a.m., 6,12% a.t. ou 12,62% a.s.

A taxa de juros equivalente referente a certo intervalo de tempo pode ser obtida através da seguinte expressão:

$$i_e = \left(1 + \frac{i}{100}\right)^{\frac{\text{prazo que eu quero}}{\text{prazo que eu tenho}}} - 1$$

em que:

i_e = taxa de juros equivalente relativa a uma parte de determinado intervalo de tempo;

i = taxa de juros efetiva de todo o período;

prazo que eu quero = prazo pelo qual se deseja obter a taxa equivalente;

prazo que eu tenho = prazo dado na taxa.

EXEMPLO ILUSTRATIVO

Quais as taxas de juros mensal e trimestral equivalentes a 21% a.a.?

Solução:

a) Taxa de juros equivalente mensal

i = 21% a.a.

prazo que eu tenho= 1 ano (12 meses)

prazo que eu quero = 1 mês

Vale lembrar que os períodos devem estar estabelecidos nos mesmos prazos: o período do prazo que eu tenho e o do prazo que eu quero. Como o menor prazo envolvido é o mensal, todos os prazos devem estar referenciados em meses.

$$i_e = \left(1 + \frac{21}{100}\right)^{\frac{1}{12}} - 1$$

$$i_e = 1,0160 - 1 = 0,0160, \text{ ou: } 1,6\% \text{ a.m.}$$

Com a ajuda de uma calculadora financeira, tem-se:

Comandos	Significado
f REG	Limpa os registradores de armazenamento
0,21 ENTER	Taxa de juros dividida por 100
1 +	Soma-se 1 à taxa unitária
12 1/x y^x	Calcula-se o inverso de 12 e calcula-se $(1,21)^{1/12}$
1 – 100 X	Taxa equivalente mensal

b) Taxa de juros equivalente trimestral:

i = 21% a.a.

prazo que eu tenho = 1 ano (4 trimestres)

prazo que eu quero = 1 trimestre

Os períodos devem estar estabelecidos nos mesmos prazos: o período do *prazo que eu tenho* e o do *prazo que eu quero*. Como o menor prazo envolvido é o mensal, todos os prazos devem estar referenciados em meses.

$$i_e = \left(1 + \frac{21}{100}\right)^{\frac{1}{4}} - 1$$

$$i_e = 1,0488 - 1 = 0,0488, \text{ ou: } 4,88\% \text{ a.t.}$$

Com a ajuda de uma calculadora financeira, tem-se:

Comandos	Significado
f REG	Limpa os registradores de armazenamento
0,21 ENTER	Taxa de juros dividida por 100
1 +	Soma-se 1 à taxa unitária
4 1/x y^x	Calcula-se o inverso de 4 e calcula-se $(1,21)^{1/4}$
1 – 100 X	Taxa equivalente trimestral

IMPORTANTE ■ em diversas operações financeiras, a taxa de juros é dada em prazo normalmente superior ao período de capitalização dos juros. Muitos financiamentos no Brasil, como habitacional, financiamento de máquinas para as empresas e outros, as prestações são devidas todo mês e a taxa de juros contratada costuma ser expressa em termos anuais. Nesses casos, se o critério adotado de incorporação dos juros ao principal for o composto *equivalente*, o montante ao final do prazo será o mesmo, qualquer que seja o período de capitalização. A taxa de juro fornecida é *efetivamente* o custo financeiro da operação. No entanto, se a capitalização for processada pelo critério de juros simples (taxa *nominal*, conforme definida), a taxa de juros calculada ao final do período (taxa *efetiva*) será maior que a taxa contratada.

EXEMPLO ILUSTRATIVO

Suponha um financiamento de $ 200.000,00, contratado à taxa nominal de 20% a.a. com capitalização semestral (nominal). Determinar o montante devido ao final de um ano.

Solução:

$$FV = PV(1+i)^n$$

$$i = \frac{20\% \text{ a.a.}}{2 \text{ semestres}} = 10\% \text{ a.s.}$$

$$FV = 200.000,00 \times (1,10)^2 = \$ 242.000,00$$

Note que esse valor é superior ao montante de $ 240.000,00 obtidos na suposição de os juros serem capitalizados anualmente (prazo da taxa igual ao prazo de capitalização dos juros), de acordo com o prazo definido na taxa nominal.

$$FV = 200.000,00 \times (1,20) = \$ 240.000,00$$

A taxa anual efetiva de juros (i_e) dessa operação atinge 21% a.a., sendo determinada pela capitalização composta semestral da taxa de 10% (20%/2), ou seja:

$$i_e = \left(1 + \frac{10}{100}\right)^{\frac{2}{1}} - 1 = 1,21 - 1 = 0,21$$

$$i_e = 21\% \text{ a.a.}$$

3.2.3 Valor futuro *versus* valor presente

As decisões de investimentos e financiamentos de uma empresa são tomadas usando as técnicas tanto do valor futuro como do valor presente, isto é, levando-se os valores financeiros ocorridos em diferentes épocas do tempo para o valor futuro, ou seja, final do projeto, ou para o valor presente, início do projeto (data zero).

Deve-se sempre observar a ocorrência dos fluxos financeiros no tempo mediante sua representação gráfica, que nada mais é do que uma reta horizontal em que são dispostos os valores nas suas respectivas datas de ocorrência.

A *representação gráfica* é frequentemente utilizada em finanças por disponibilizar uma melhor compreensão da distribuição dos fluxos de caixa no tempo, associados a um investimento qualquer da empresa.

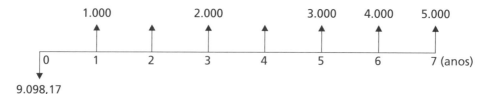

Uma ilustração dessa representação pode ser vista acima, abrangendo sete períodos (no caso, anos). O fluxo de caixa que ocorre na data zero é um valor negativo (saída de caixa) representando um investimento de $ 9.098,17. Esta aplicação oferece retornos financeiros positivos (entradas de caixa) para o investidor, cujas ocorrências são esperadas para o final de cada ano no futuro. Os anos que não apresentam entradas nem saídas de caixa são assumidos como valores zero.

Uma vez que o dinheiro possui valor no tempo, uma avaliação do investimento somente é possível de ser feita em alguma data escolhida na qual os fluxos de caixa serão levados. Se a data de comparação for a data inicial, deve-se *descapitalizar* todos os fluxos até esta data. Caso contrário, se a data focal for a data final do investimento, todos os valores de caixa devem ser *capitalizados* até esta data acordada. Em todos os casos, deve-se usar uma taxa de juros que reflita o custo desse dinheiro (ativo ou passivo) no tempo.

> **! IMPORTANTE** ■ se os valores (presente ou futuro) forem positivos, ou seja, se as entradas (benefícios) de caixa forem superiores às saídas, o investimento é classificado como economicamente atraente. Produz um retorno superior à taxa exigida (custo do dinheiro). Caso contrário, não há interesse no investimento, o qual oferece um retorno inferior ao custo do dinheiro.

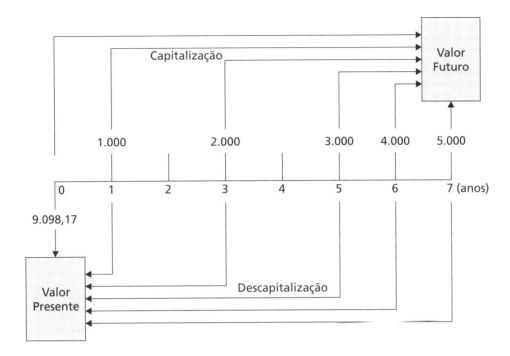

3.3 SÉRIES DE PAGAMENTOS OU RECEBIMENTOS

Na seção 3.2, foram introduzidos os conceitos de valor presente e valor futuro (montante), que apresentam inúmeras aplicações práticas e envolvem, notadamente, operações com um único desembolso ou recebimento. Nesses casos, incluem-se determinados créditos que exigem uma única amortização ao final do prazo de vigência (por exemplo, alguns tipos de empréstimos para capital de giro que exigem um único desembolso), aplicações financeiras com renda final (CDB, por exemplo), créditos concedidos a clientes e obtidos de fornecedores etc.

Este item dedica-se ao estudo de fluxos de caixa, ou seja, de operações financeiras de investimentos ou empréstimos que requerem mais de um desembolso (ou recebimento) de caixa.

3.3.1 Séries de pagamentos ou recebimentos não uniformes

Nesta seção, são estudadas as operações que envolvem uma série de pagamentos ou recebimentos com aplicações práticas bem mais generalizadas, bem como a ocorrência dos pagamentos, que será aqui denominada simplesmente de Fluxos de Caixa (do inglês *Cash Flow* – CF) recebidos ou a receber, cuja incidência se dá no tempo nos respectivos períodos $j = 1, 2, 3, ..., n$.

Quando os pagamentos ou recebimentos de determinada operação não forem uniformes no que concerne ao valor de seus termos ou às periodicidades, o valor presente (PV) é obtido pela somatória de cada um dos fluxos de caixa atualizados (descapitalizados) até momento atual (presente). Ou seja, deve-se trazer a valor presente, individualmente, cada um dos fluxos de caixa esperados. A fórmula básica de cálculo é a seguinte:

$$PV = \sum_{j=1}^{n} \frac{CF_j}{(1+i)^j}$$

em que:

CF_j = valor (fluxo de caixa) a ser recebido ou pago no período j.

EXEMPLO ILUSTRATIVO

Considere um investimento cujos recebimentos de caixa ocorrem nos anos 1, 3, 5, 6, e 7. Se a taxa de juros exigida pela empresa é de 10% ao ano, pede-se determinar o valor presente dos recebimentos.

Solução:

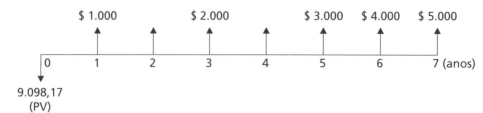

$$PV = \frac{1.000}{(1+0,10)^1} + \frac{2.000}{(1+0,10)^3} + \frac{3.000}{(1+0,10)^5} + \frac{4.000}{(1+0,10)^6} + \frac{5.000}{(1+0,10)^7}$$

$PV = 909,09 + 1.502,63 + 1.862,76 + 2.257,90 + 2.565,79 = \$ 9.098,17$

Assim, pelo conceito de valor presente, torna-se indiferente (equivalente), para uma taxa de 10% a.a., o recebimento de $ 9.098,17 à vista ou em cinco parcelas de $ 1.000,00, $ 2.000,00, $ 3.000,00, $ 4.000,00 e R$ 5.000,00, respectivamente nos anos 1, 3, 5, 6 e 7. O valor presente exprime, para determinada taxa de desconto, o valor equivalente de uma série de pagamentos ou recebimentos no momento atual.

A identidade do valor futuro (montante) para uma série de pagamentos ou recebimentos não uniformes, ao contrário do valor presente, corrige cada um dos valores de caixa para uma data futura. A formulação de cálculo pode ser representada da seguinte maneira:

$$FV = \sum_{j=1}^{n} CF_j (1+i)^j$$

Por exemplo, o valor futuro ao final do ano 7 dos recebimentos propostos no exemplo acima, e usando-se a mesma taxa de juros de 10% a.a., atinge:

$FV = 1.000(1 + 0,10)^6 + 2.000 (1 + 0,10)^4 + 3.000(1 + 0,10)^2 + 4.000(1 + 0,10)^1 + 5.000$

Observe, a partir da ilustração gráfica abaixo, que o fluxo do ano 1 está afastado 6 períodos anuais do ano 7, onde se deseja calcular o valor futuro. O mesmo ocorre para os demais, ou seja, deve-se calcular a diferença entre o período final do valor futuro e os períodos de ocorrência de cada fluxo de caixa para usar como *j* na fórmula do valor futuro.

$FV = 1.771,56 + 2.928,20 + 3.630,00 + 4.400,00 + 5.000,00 = \$ 17.729,76$

Demonstração Gráfica do FV (Montante)

Séries de pagamentos ou recebimentos uniformes

Ao se trabalhar com séries de pagamentos ou recebimentos de mesmo *valor* e *periodicidade* (uniformes), o cálculo do valor presente poderá ser simplificado pelo uso da seguinte fórmula básica:

$$PV = PMT \left[\frac{(1+i)^n - 1}{(1+i)^n \times i} \right]$$

em que:

PMT = valor de cada pagamento ou recebimento uniforme periódico – "prestação". Este fluxo tem valor constante e ocorre em intervalos de tempo iguais.

$\left[\dfrac{(1+i)^n - 1}{(1+i)^n \times i} \right]$ = Fator de Valor Presente (FPV). O valor dessa expressão pode ser obtido de tabelas de matemática financeira, ou mediante planilhas eletrônicas, ou ainda com o auxílio de calculadoras financeiras.

A dedução desta fórmula origina-se do comportamento de uma progressão geométrica (PG) dos termos atualizados da série, supondo que os fluxos de caixa comecem a ocorrer ao final do primeiro período.

No caso de uma série de pagamentos em que a primeira prestação é paga no momento da compra (compra com entrada), diz-se que a série é antecipada e sua fórmula fica:

$$PV = PMT \left[\frac{(1+i)^n - 1}{(1+i)^{n-1} \times i} \right]$$

O que diferencia uma fórmula da outra é apenas o expoente do denominador em que aparece "$n - 1$", no caso de ocorrer o pagamento da primeira prestação no ato da compra (entrada), ao invés de apenas "n".

Estas operações de compra com entrada são bastante comuns no Brasil, em que mercadorias podem ser adquiridas, por exemplo, em 5 pagamentos iguais e sucessivos, vencendo o primeiro ao final do primeiro período e simbolizado por **0 + 5**.

Ou na modalidade conhecida por **1 + 4**, vencendo a primeira prestação no ato (entrada) e as 4 demais sucessivamente.

Graficamente, tem-se:

Financiamento: 0 + 5

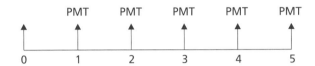

Financiamento: 1 + 4

Por exemplo, a venda de um computador é financiada por uma loja em 5 pagamentos mensais, iguais e sucessivos de $ 1.200,00. A taxa de juros cobrada é de 1,5% a.m. Determinar o valor à vista do computador (valor presente) ao se admitir o financiamento sem entrada (**0 + 5**), e a primeira prestação paga no ato da compra (**1 + 4**).

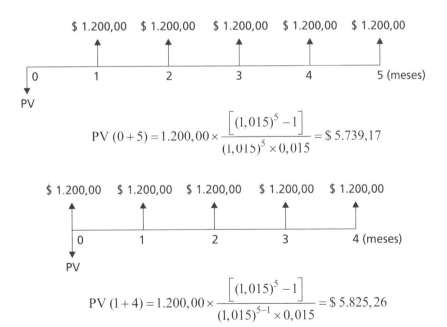

APLICAÇÃO PRÁTICA
Quanto custa minha Smart TV?

Uma loja anuncia a venda de uma Smart TV à vista por R$ 8.499,00 ou a prazo em 24 parcelas (0 + 24) de R$ 646,23. Qual a taxa de juros cobrada pela loja?

Solução:

É um fluxo de caixa postecipado (a primeira prestação ocorre ao fim do primeiro mês), em que:

Preço à vista (PV) = $ 8.499,00

Valor da prestação (PMT) = $ 646,23

Prazo de pagamento (n) = 24 parcelas mensais

i = ?

$$PV = PMT \left[\frac{(1+i)^n - 1}{(1+i)^n \times i} \right]$$

$$8.499,00 = 646,23 \left[\frac{(1+i)^{24} - 1}{(1+i)^{24} \times i} \right]$$

Com auxílio de uma calculadora financeira, chega-se a uma taxa de 5,5% a.m., conforme demonstrado a seguir.

Comandos	Significado
f REG	Limpa os registradores de armazenamento
8499 CHS PV	Valor da TV à vista
646,23 PMT	Valor de cada prestação
24 n	Informa o prazo (número de prestações)
g END	Coloca a calculadora no modo de execução SEM ENTRADA
i	Calcula o custo efetivo do financiamento. Taxa de juro cobrada pela loja (i = 5,5% a.m.)

EXEMPLO ILUSTRATIVO

Calcular o valor presente de um produto que é pago em 10 prestações mensais e iguais de $ 500,00. A primeira prestação é paga ao final do primeiro mês (não há entrada), e a taxa de juros considerada na operação atinge a 2,0% a.m.

Solução:

Dados:

$PMT = 500,00$

$n = 10$ meses

$i = 2,0\%$ a.m

$PV = ?$

$$PV = 500 \left[\frac{(1+0,02)^{10} - 1}{(1+0,02)^{10} \times 0,02} \right]$$

$PV = 500 \times 8,982585 = 4.491,29$

Com a ajuda da calculadora financeira HP 12C, tem-se:

Comandos	Significado
f REG	Limpa os registradores de armazenamento
500 CHS PMT	Valor das prestações
2 i	Informa a taxa de juros
10 n	Informa o prazo
g END	Coloca a calculadora no modo de execução SEM ENTRADA
PV	Cálculo do Valor Presente da série de pagamentos postecipada

Evidentemente, ao se utilizar a fórmula de valor presente apresentada para séries não uniformes, obtém-se o mesmo valor, ou seja:

$$PV = \frac{500}{(1+0,02)^1} + \frac{500}{(1+0,02)^2} + \frac{500}{(1+0,02)^3} +$$
$$+ \frac{500}{(1+0,02)^4} + \cdots + \frac{500}{(1+0,02)^9} + \frac{500}{(1+0,02)^{10}}$$

$PV = \$ 4.491,29$

No exemplo ilustrativo, o valor presente de $ 4.491,29 (PV) representa o preço à vista do bem, isto é, o valor máximo de pagamento à vista supondo uma taxa de desconto de 2% a.m. De maneira inversa, se um bem no valor de $ 4.491,29 fosse financiado em 10 meses, à taxa de 2% a.m., o valor de cada prestação mensal atingiria $ 500,00.

O valor futuro (FV) de uma série uniforme de fluxos de caixa, onde o primeiro pagamento ocorre ao final do primeiro período, é obtido por:

$$FV = PMT\left[\frac{(1+i)^n - 1}{i}\right]$$

em que:

$$\left[\frac{(1+i)^n - 1}{i}\right] = \textit{Fator de Valor Futuro (FFV)}.$$

EXEMPLO ILUSTRATIVO

Suponha que uma pessoa tenha aplicado, ao final de cada mês, a quantia de $ 400,00 durante 12 meses, em uma conta de poupança que rende 0,7% a.m. Ao final do período, esse aplicador acumula a quantia de:

$$FV = 400\left[\frac{(1+0,007)^{12} - 1}{0,007}\right]$$

$FV = 400 \times 12,472952 = \$ 4.989,18,$

que corresponde ao valor futuro (montante) da série de aplicações efetivadas.

Com a ajuda de uma calculadora financeira, tem-se:

Comandos	Significado
f REG	Limpa os registradores de armazenamento
400 CHS PMT	Valor dos depósitos aplicados
0,7 i	Informa a taxa de juros
12 n	Informa o prazo
g END	Coloca a calculadora no modo de execução SEM ENTRADA
FV	Cálculo do Valor Futuro da série de pagamentos postecipada

---

3.4 COEFICIENTE DE FINANCIAMENTO

O *coeficiente de financiamento*[2] indica o valor da prestação que deve ser paga por cada unidade monetária que está sendo tomada emprestada. Em outras palavras: para cada $ 1,00 tomado emprestado, quanto deve o devedor pagar de prestação.

Se o coeficiente for igual a 0,05, por exemplo, entende-se que o tomador de recursos deve pagar $ 0,05 de prestação para cada $ 1,00 de dívida. Assim, se levantou um empréstimo de $ 50.000,00, deve pagar prestações iguais a: 0,05 × $ 50.000,00 = $ 2.500,00.

Pela identidade considerada de valor presente para séries uniformes (fluxos de caixa iguais e periódicos), pode-se determinar o valor de uma prestação pela construção de coeficientes de financiamento (*CF*).

$$PV = PMT\left[\frac{(1+i)^n - 1}{(1+i)^n \times 1}\right] = PMT \times FPV$$

---

[2] Para um estudo mais detalhado das formulações e aplicações do cálculo financeiro, recomenda-se: ASSAF NETO, Alexandre. **Matemática financeira e suas aplicações**. 15. ed. São Paulo: Atlas, 2022.

Isolando o valor da prestação (*PMT*), tem-se:

$$PMT = \frac{PV}{FPV}$$

Ou ainda:

$$PMT = PV \times \frac{1}{FPV}$$

Pelo demonstrado, pode-se observar que o coeficiente de financiamento é o inverso do fator de valor presente (*CF* = 1/*FPV*), conforme calculado.

EXEMPLO ILUSTRATIVO – VALOR DO COEFICIENTE

Admita uma taxa de juros de 2% ao mês e um financiamento em 10 prestações mensais, iguais e sem entrada (**0 + 10**). Pede-se calcular o coeficiente de financiamento (*CF*).

Solução:

Dados:

$i = 2\%$ a.m.

$n = 10$ *meses*

$$FPV = \left[\frac{(1+0,02)^{10}-1}{(1+0,02)^{10} \times 0,02} \right]$$

$FPV = 8,982585$

$$CF = \frac{1}{8,982585} = 0,11132653$$

O coeficiente de financiamento é normalmente expresso nas operações de mercado com seis casas decimais.

Com a ajuda de uma calculadora financeira, tem-se:

Comandos	Significado
f REG	Limpa os registradores de armazenamento
1 CHS PV	Valor Presente igual a $ 1 no caso de CF
2 i	Informa a taxa de juros
10 n	Informa o prazo
g END	Coloca a calculadora no modo de execução SEM ENTRADA
PMT	Cálculo do Coeficiente de Financiamento (CF)

Para calcular o valor de cada prestação, basta multiplicar o valor do financiamento solicitado pelo coeficiente de financiamento calculado. Por exemplo, para um financiamento de $ 100.000,00, estão previstas 10 prestações mensais, iguais e sucessivas de $ 11.132,65, ou seja:

PMT = $ 100.000,00 × 0,11132653

= $ 11.132,65

Também pode ser feito o processo inverso: dado um coeficiente de financiamento e seu prazo, descobrir qual a taxa de juros que está sendo trabalhada.

EXEMPLO ILUSTRATIVO – TAXA DE JUROS EMBUTIDA NO CF

Seja 0,0575566 um coeficiente de financiamento (CF) para 36 meses, sendo a primeira prestação paga no ato como entrada (**1 + 35**). Determinar a taxa de juros cobrada.

Solução:

Dados:

$n = 36$ meses

$CF = 0,0575566$

$PV = 1$

$$0,0575566 = \frac{1}{\left[\dfrac{(1+i)^{36}-1}{(1+i)^{36-1} \times i} \right]}$$

$i = 5\%$ a.m.

Com a ajuda de uma calculadora financeira, tem-se:

Comandos	Significado
f REG	Limpa os registradores de armazenamento
1 CHS PV	Valor Presente igual a $ 1 no caso de CF
36 n	Informa o prazo
0.0575566 PMT	Informa o CF
g BEGIN	Coloca a calculadora no modo de execução COM ENTRADA (1ª prestação paga no ato)
i	Calcula a taxa de juros (custo efetivo do financiamento)

3.5 ANUIDADES PERPÉTUAS

Na determinação do valor presente, conforme desenvolvida, foi sempre admitido que os fluxos de pagamento ou recebimento fossem limitados no tempo, ou seja, apresentassem duração determinada. No entanto, algumas situações financeiras podem prever durações indeterminadas (perpétuas), notadamente aquelas oriundas de modelos de avaliação de ações. Este conceito de fluxos de caixa indeterminados é muito importante e será bastante utilizado nas diversas avaliações econômicas desenvolvidas ao longo deste livro.

Para cálculo do valor presente (e, também, da taxa de desconto) de um fluxo de caixa indeterminado, tem-se o seguinte raciocínio:

$$PV = \frac{PMT_1}{(1+i)^1} + \frac{PMT_2}{(1+i)^2} + \frac{PMT_3}{(1+i)^3} + \cdots + \frac{PMT_\infty}{(1+i)^\infty} = \sum_{j=1}^{\infty} \frac{PMT_j}{(1+i)^j}$$

Utilizando a noção de limite do cálculo diferencial para dedução da fórmula, conforme é geralmente adotado, tem-se a expressão de cálculo do valor presente de um fluxo de caixa indeterminado (perpétuo):

$$PV = \frac{PMT}{i}$$

EXEMPLO ILUSTRATIVO – PV DE UM FLUXO DE CAIXA PERPÉTUO

Suponha uma renda mensal perpétua de $ 1.000,00. A taxa de desconto usada é de 1% a.m. Determinar o valor presente deste fluxo.

Solução:

Dados:

$PMT = \$\ 1.000,00$

$i = 1\%$ a.m.

$$PV = \frac{1.000,00}{0,01} = 100.000,00$$

EXEMPLO ILUSTRATIVO – TÍTULOS COM RENDIMENTOS PERPÉTUOS

Existem títulos negociados no mercado financeiro que não têm vencimento, remunerando os investidores com juros indeterminadamente. São conhecidos no mercado por *consols*. Admita que um desses títulos esteja pagando 4,5% ao ano de juros e um investidor planeje receber um fluxo de rendimentos perpétuos equivalente a $ 90.000,00 por ano. Pede-se determinar o valor do investimento necessário nos *consols* para obter o fluxo de rendimento desejado.

Solução:

PMT (rendimentos anuais) = $ 90.000,00

Taxa de juro = 4,5% a.a.

PV (valor do investimento nos títulos) = ?

$$PV = \frac{PMT = \$\ 90.000,00}{i = 0,045} = \$\ 2.000.000,00$$

3.6 CONCEITOS BÁSICOS DE TAXA INTERNA DE RETORNO (IRR)

Em toda discussão precedente, procurou-se manter implícito o significado da taxa de desconto (descapitalização) como Taxa Interna de Retorno (IRR)[3] de uma operação. *Por exemplo*, na ilustração sugerida de um investimento de $ 12.000,00, os pagamentos de $ 1.000, $ 2.000, $ 3.000, $ 4.000 e $ 5.000 que equivaleriam na data zero a $ 9.098,17, que se iguala ao valor presente quando descontados à taxa de 10% a.a., ou seja:

$$9.098,17 = \frac{1.000}{(1+0,10)^1} + \frac{2.000}{(1+0,10)^3} + \frac{3.000}{(1+0,10)^5} + \frac{4.000}{(1+0,10)^6} + \frac{5.000}{(1+0,10)^7}$$

IMPORTANTE ■ a taxa de desconto de 10% a.a., que representa o custo explícito da dívida, é a *taxa interna de retorno* da série de pagamentos e recebimentos verificada, ou seja, é a taxa de juro que iguala, em determinado momento (momento zero, conforme convencionado), a entrada de caixa (PV = $ 9.098,17) com as saídas periódicas de caixa (pagamentos da dívida atualizados ao mesmo momento).

---

[3] IRR = *Internal Rate of Return*, em inglês. Por ter seu uso generalizado nas calculadoras financeiras e planilhas eletrônicas, será adotada neste livro a sigla IRR como taxa interna de retorno. Em português, sua tradução também costuma ser usada como TIR = Taxa Interna de Retorno.

Visando *ilustrar* melhor o conceito de IRR, suponha que uma instituição financeira conceda um empréstimo de $ 100,00, a ser resgatado através de duas parcelas mensais, sendo a primeira de $ 50,00 e a segunda de $ 60,00. O *custo efetivo* dessa operação, isto é, sua IRR, é a taxa de desconto que iguala as entradas de caixa (recebimentos) com as saídas (pagamentos) em um mesmo momento. Convencionando, como é usual, o momento zero como a data focal da comparação, tem-se:

$$100 = \frac{50}{(1 + IRR)^1} + \frac{60}{(1 + IRR)^2}$$

Resolvendo a identidade, tirando-se o mínimo múltiplo comum da igualdade, chega-se a:

$$100(1 + IRR)^2 = 50(1 + IRR) + 60$$

Cancelando o denominador, pois o mínimo múltiplo comum foi aplicado aos dois membros da igualdade, e colocando todos de um mesmo lado, chega-se à seguinte sentença:

$$100(1 + IRR)^2 = 50(1 + IRR) - 60 = 0$$

Que nada mais é do que uma equação do segundo grau. Para resolvê-la pode-se usar o algoritmo tradicional de Bhaskara:

$$1 + IRR = \frac{50 \pm \sqrt{(-50)^2 - 4(100)(-60)}}{2(100)}$$

$$1 + IRR = \frac{50 \pm 162,788}{200}$$

$$1 + IRR = 1,06394$$
$$IRR = 0,06394 = 6,394\% \text{ a.m.}$$

$$1 + IRR = -0,56394$$
$$IRR = -1,56394 = -156,39\% \text{ a.m.}$$

Nota-se que a segunda resposta não convém ao resultado porque não houve desconto na cobrança do empréstimo e sim juros. Dessa maneira, a IRR é de 6,394% a.m. Como se pode observar, a IRR, na realidade, é a taxa de desconto que, quando aplicada a uma série de fluxos de caixa, gera um resultado igual ao valor presente da operação.

Vale lembrar que no exemplo acima, chegou-se a uma equação matemática do segundo grau, pois havia apenas dois pagamentos para o empréstimo. O grau do polinômio a ser resolvido dependerá do número de pagamentos das entradas de caixa.

Para tanto, deverá ser usada nessas condições uma calculadora financeira. No caso da calculadora financeira HP 12C, o uso do Fluxo de Caixa nesse tipo de operação é dado pelos seguintes comandos:

IRR					
N	i	PV	PMT	FV	CHS
		CFo	CFj	Nj	

em que:

CFo = Fluxo de caixa inicial (momento zero)

CFj = Fluxo de caixa periódico, com $j = 1, 2, 3, ..., n$

Nj = número de repetições do j-ésimo fluxo de caixa

IRR = Taxa Interna de Retorno.

É interessante notar, ainda, que a expressão *taxa interna de retorno* pode sugerir uma falsa impressão de que seu uso se limita às operações ativas (que apuram o retorno de aplicações) e não serve para medir o custo de um empréstimo bancário, por exemplo. As ilustrações numéricas apresentadas, no entanto, priorizaram deliberadamente as operações empresariais passivas, e visavam deixar claro que o método da IRR é aplicado tanto para a mensuração do retorno de uma aplicação, como para a determinação do custo de um empréstimo ou financiamento.

O exemplo anterior poderia ser resolvido na calculadora financeira HP 12C, pelos seguintes comandos:

Comandos	Significado
f REG	Limpa os registradores de armazenamento
100 CHS g CFo	Introduz o fluxo de caixa inicial
50 g CFj	Introduz o fluxo do período 1
60 g CFj	Introduz o fluxo do período 2
F IRR	Taxa Interna de Retorno = 6,39% a.m.

APLICAÇÃO PRÁTICA
Finanças Comportamentais

Uma das dúvidas mais comuns das pessoas é a questão de abastecer seu veículo com o combustível que represente o menor custo com melhor desempenho, de acordo com os preços dos combustíveis no mercado. O exemplo a seguir ilustra mais uma aplicação prática das finanças comportamentais.

Uma pessoa planeja realizar uma viagem de 200 km totais em ida e volta. O veículo que possui é um carro bicombustível cujo desempenho médio atual é de 5 km por litro quando abastecido com etanol, e de 8 km por litro, se o combustível for gasolina. O preço atual do etanol é de R$ 1,799/litro e da gasolina é de R$ 2,699/litro. Nessas condições, qual combustível é mais econômico para realizar sua viagem?

Solução:

Para a distância a ser percorrida de 200 km, se o veículo fosse totalmente abastecido com etanol, seriam necessários 200 km ÷ 5 km/litro = 40 litros. Se o combustível fosse gasolina seria 200 km ÷ 8 km/litro = 25 litros de gasolina. Assim:

- 40 litros/etanol × 1,799 = R$ 71,96
- 25 litros/gasolina × 2,699 = R$ 67,48

Assim, seria mais vantajoso abastecer somente com gasolina o veículo.

Como os preços dos combustíveis oscilam muito ao longo do tempo, pode-se encontrar o preço no qual abastecer com etanol, que é o menor preço, seria mais vantajoso.

Esse valor é assim obtido: se o carro fosse totalmente abastecido com etanol ao preço de R$ X, o valor que igualaria ao menor preço, que é quando o carro é abastecido com gasolina, tem-se:

40 . X = 67,48

X = R$ 1,69

Portanto, se o preço do etanol ficar abaixo de R$ 1,69, passa a ser mais vantajoso abastecer o veículo com etanol.

Resumo

1. **Conhecer os critérios do cálculo financeiro, por meio dos dois tipos de capitalização de juros: simples (linear) e compostos (exponencial).**

Os juros incidem sobre o capital, podendo ocorrer o cálculo de *juros sobre os juros* devidos, regime conhecido por juros compostos, ou apenas proporcionalmente sobre o capital (sem remuneração dos juros devidos), conforme praticado no sistema de juros simples.

Os juros simples também são chamados de juros lineares e os compostos de juro exponencial. Tabelas financeiras, calculadoras financeiras como a HP 12C e planilhas eletrônicas podem ser usadas como instrumentos de auxílio aos cálculos financeiros.

2. **Saber diferenciar, identificar e converter taxas de juros nominais, efetivas e equivalentes.**

Uma taxa de juros é dita *nominal* geralmente quando o prazo de capitalização dos juros (período em que os juros são formados e incorporados – somados – ao capital) não é o mesmo que o prazo definido para a referida taxa de juros. A metodologia de cálculo da taxa nominal dos períodos de capitalização é feita de modo proporcional.

Duas taxas de juros são ditas *equivalentes* se aplicadas sobre um mesmo capital, em certo período de tempo, produzirem o mesmo montante.

A *taxa efetiva* de juros é a taxa obtida para todo o período *n* de um investimento, sendo formada exponencialmente através dos períodos de capitalização. Ou seja, taxa efetiva é o processo de formação dos juros pelo regime de juros compostos.

3. Abordar os conceitos de valor presente e valor futuro, por meio de séries de pagamentos ou recebimentos.

Uma vez que o dinheiro possui valor no tempo, uma avaliação de fluxos de caixa somente é possível fazer se todos os valores de caixa estiverem atualizados para uma mesma data.

Se a data de comparação (focal) for a data inicial, devem-se *descapitalizar* todos os fluxos até esta data. Caso contrário, se a data for a data final do fluxo, todos os valores devem ser capitalizados até a data do acordo. Tanto para descontar como para corrigir os valores de caixa para a data focal, deve-se usar uma taxa de juros que reflita o custo desse dinheiro (ativo ou passivo) no tempo.

Quando os pagamentos ou recebimentos de determinada operação não forem uniformes no que concerne ao valor de seus termos ou às periodicidades, o valor presente (PV) é obtido pela somatória de cada um dos fluxos de caixa atualizados (descapitalizados) até momento atual (presente). Quando os pagamentos forem de mesmo valor e igualmente espaçados no tempo, pode-se calcular o valor presente e o valor futuro da série por intermédio de fórmulas que apuram diretamente o valor (presente ou futuro) total.

4. Entender a metodologia de cálculo da Taxa Interna de Retorno (IRR) e o seu significado para análise e decisão de investimento.

A Taxa Interna de Retorno (IRR) representa o custo explícito de uma dívida, ou a rentabilidade efetiva de uma aplicação. Equivale à taxa de juro que iguala, em determinado momento (momento zero, conforme geralmente convencionado), as entradas de caixa com as saídas periódicas de caixa.

TESTES DE VERIFICAÇÃO

1. **Dada uma taxa efetiva anual capitalizada mensalmente, a sua correspondente taxa nominal anual é uma taxa _____ mensal da sua taxa efetiva anualizada _____.**

   Preenchendo corretamente as lacunas acima a opção correta será:

   a) Equivalente; exponencialmente.

   b) Equivalente; linearmente.

   c) Proporcional; exponencialmente.

   d) Proporcional; linearmente.

   e) Linear; linearmente.

2. **Com relação à taxa linear de juros, não podemos afirmar que:**

   a) 2,6% a.m. é proporcional à taxa de 31,2% a.a.

   b) 3,5% a.b. é proporcional a 5,25% a.t.

   c) 5,1% a.q. é proporcional a 2,518% a.b.

   d) 6,2% a.t. é proporcional à taxa de 24,8% a.a.

   e) 8,4% a.s. é proporcional a 2,8% a.b.

3. **Classificando em verdadeiro ou falso as seguintes afirmações, pode-se afirmar que a alternativa que responde corretamente a sequência é:**

   I – ( ) Para se compreender a formação das taxas de juros, deve-se compreender o prazo a que se refere à taxa e o prazo de capitalização dos juros.

   II – ( ) Por ser uma taxa caracteristicamente de juros simples, a maior parte dos juros praticados no sistema financeiro não é referenciada na taxa linear (proporcional).

   III – ( ) O uso da taxa proporcional promove uma taxa efetiva mais elevada que a taxa implicitamente declarada para a operação.

IV – ( ) Se o prazo de uma operação coincidir com a periodicidade com que os juros são capitalizados, a taxa declarada é menor que a taxa efetiva.

V – ( ) Quando o prazo a que se refere a taxa de uma operação coincidir exatamente com o prazo com que os juros são capitalizados, temos a chamada taxa nominal de juros.

a) I-V; II-F; III-V; IV-F; V-V.
b) I-F; II-V; III-V; IV-V; V-F.
c) I-V; II-V; III-F; IV-F; V-F.
d) I-V; II-F; III-F; IV-F; V-V.
e) I-F; II-F; III-V; IV-V; V-V.

4. Um investidor aplicou um determinado valor presente (*PV*), à taxa de juros simples de *i*% a.m., durante 12 meses e obteve um montante FV_1. Um outro investidor aplicou o mesmo valor presente, também a juros simples e à mesma taxa mensal, por 5 meses, e depois reaplicou o montante todo novamente por mais 7 meses, obtendo um montante final FV_2. Então, é CORRETO afirmar que:

a) $FV_1 > FV_2$, qualquer que seja a taxa de juros *i*%.
b) $FV_1 > FV_2$ somente para alguns valores de *i*%.
c) $FV_1 = FV_2$.
d) $FV_1 < FV_2$, qualquer que seja a taxa de juros *i*%.
e) $FV_1 < FV_2$ somente para alguns valores de *i*%.

5. Seja uma série de *n* pagamentos iguais postecipada, à taxa de juros composta de *i*% a.m. Seja FV_1 o valor futuro dessa série na data *n*, e seja FV_2 o valor futuro de FV_1 na data *n* + *k*. Pode-se dizer que é:

a) $PMT\left[\dfrac{(1+i)^n - 1}{i}\right](1+i)^k$

b) $PMT\left[\dfrac{(1+i)^n - 1}{i}\right]$

c) $(1+i)^k$
d) $(1+i)^{-n} - 1$
e) $(1+i)^{-k}$

6. Uma empresa tem uma dívida com um banco no valor de R$ 1.200,00 daqui a 2 meses, R$ 3.260,00 daqui a 10 meses. Passando por dificuldades financeiras, resolveu procurar o banco para refinanciar toda a dívida em 12 pagamentos mensais, vencendo o primeiro pagamento de hoje a 3 meses e os demais de 30 em 30 dias. Se a taxa de juros da dívida inicial era de 34,4889% ao ano e o banco oferece no refinanciamento uma taxa de 22,80% ao ano com capitalização mensal, o valor das prestações do refinanciamento será:

a) Menor que R$ 369.
b) Maior que R$ 369, mas inferior a R$ 410.
c) Maior que R$ 410, mas inferior a R$ 439.
d) Maior que R$ 439, mas inferior a R$ 489.
e) Superior a R$ 489.

Exercícios propostos

1. Suponha que seja oferecida uma aplicação financeira com renda mensal de 1,5%, a qual é capitalizada e paga ao final da operação. Sabendo que um investidor tenha aplicado $ 90.000,00 por seis meses, pede-se:

a) Determine o montante da operação pelo critério de juros simples e pelo de juros compostos;

b) Explique a diferença determinada pelos critérios de capitalização de juros sobre o montante a ser resgatado pelo investidor ao final do sexto mês.

2. Faça as seguintes conversões de juros:

a) para uma taxa efetiva de 18% ao ano, qual a respectiva taxa nominal anual com capitalização mensal?

b) Para uma taxa nominal de 24% ao ano com capitalização mensal, qual a sua taxa efetiva equivalente trimestral?

3. Uma construtora diz financiar suas vendas a juros de 3% ao mês. Sua sistemática no financiamento em 12 prestações mensais é a seguinte: 3% × 12 prestações = 36%. Se o valor a ser financiado for de $ 10.000,00, então o cliente deverá pagar: $FV = 10.000 (1 + 0,36) = 13.600$. Como o cliente irá pagar em 12 prestações, então: $PMT = \dfrac{13.600,00}{12} = 1.133,33$. Assim, o cliente pagará 12 prestações mensais de # 1.133,33, para um financiamento de $ 10.000,00. A taxa de juros é realmente 3% ao mês?

4. Uma dívida apresenta as seguintes condições de pagamento: R$ 6.200,00 vencíveis hoje e R$ 9.600,00 vencíveis daqui a 4 meses. O devedor propõe a renegociação da dívida nas seguintes condições: R$ 3.000,00 daqui a 3 meses do vencimento do primeiro pagamento original, R$ 4.500,00 daí a 3 meses e o restante 5 meses depois deste último pagamento. Para uma taxa efetiva de juros de 2,9% a.m., calcule o saldo a pagar.

5. Uma dívida tem o seguinte esquema de pagamento: R$ 3.900,00 vencíveis em 3 meses a partir de hoje e R$ 11.700,00 de hoje a 5 meses. O devedor propõe ao credor refinanciar esta dívida mediante 5 pagamentos bimestrais, iguais e sucessivos, vencendo o primeiro de hoje a um mês. Sendo de 2,1% ao mês a taxa de juros da dívida original e de 3% ao mês a taxa a ser considerada no refinanciamento, calcule o valor de cada prestação.

6. Uma empresa trabalha com uma taxa de juros de 3% ao mês; calcule:
   a) Taxa nominal anual com capitalização bimestral.
   b) Taxa efetiva anual.
   c) O coeficiente de financiamento para um plano de 36 meses com entrada.
   d) O coeficiente de financiamento para 36 meses, sendo que a primeira prestação vence em 40 dias e as demais, de 30 em 30 dias.

Links da web

https://inteligenciafinanceira.com.br/. *Site* com várias informações financeiras.

https://braziljournal.com/. *Site* com informações e análises financeiras.

http://bussoladefinancas.blogspot.com/. *Site* destinado a troca e difusão de informações sobre finanças.

http://www.institutoassaf.com.br. *Site* que disponibiliza apostila de comandos básicos da calculadora HP 12C e respostas de exercícios.

Sugestão de filme

Em um ambiente de cálculos financeiros e estratégias de investimento, recomenda-se o filme **Rogue trader** (**A fraude**).

É um filme de 1999 que trata da ganância de investidores e suas consequências.

Sugestão de leitura

ASSAF NETO, Alexandre; LIMA, Fabiano Guasti. **Investimentos no mercado financeiro usando a calculadora financeira HP 12C**. 4. ed. São Paulo: Atlas, 2019.

ASSAF NETO, Alexandre. **Matemática financeira e suas aplicações**. 15. ed. São Paulo: Atlas, 2022.

Respostas dos Testes de verificação

1. b
2. c
3. a
4. d
5. e
6. a

CÁLCULO FINANCEIRO EM CONTEXTO INFLACIONÁRIO

OBJETIVOS DO CAPÍTULO

1. Compreender a influência da inflação dentro do ramo de atuação do cálculo financeiro, que é imprescindível para o processo de tomada de decisões financeiras.
2. Descrever os indicadores de inflação brasileiros: IGP-DI, IGP-M, INPC, IPCA e variação cambial.
3. Abordar o método de cálculo para determinação da taxa de inflação; da taxa de desvalorização da moeda e também para cálculo da taxa real.

O processo inflacionário presente em uma economia pode ser explicado, segundo uma abordagem mais simplista, pelo incremento generalizado dos preços dos vários bens e serviços transacionados. Em sentido oposto, ou seja, quando ocorre baixa generalizada de preços no mercado de fatores de produção e de mercadorias, tem-se o fenômeno definido por deflação.

Tanto a inflação como a deflação são eventos bastante importantes para as finanças das empresas, exigindo maior atenção e conhecimento do gestor. É importante sempre que o administrador financeiro conheça os resultados reais da empresa, e possa avaliar também os ganhos e perdas produzidos pelas alterações nos índices de preços.

Deve-se ter sempre em mente, ainda, que a inflação não costuma produzir resultados sempre compensáveis entre si nos elementos da estrutura patrimonial, ou seja, eventuais perdas inflacionárias somente são compensadas por ganhos da mesma natureza em situações puramente casuais. Os efeitos inflacionários devem ser tratados isoladamente, de acordo com sua intensidade de atuação e natureza do bem exposto. A influência inflacionária nas diversas atividades exercidas por qualquer empresa induz o administrador financeiro à necessidade de dar maior atenção ao fenômeno.

4.1 REPRESENTATIVIDADE DOS DADOS FINANCEIROS EM AMBIENTES INFLACIONÁRIOS

Imagine, *ilustrativamente*, uma empresa que atua em uma economia que convive com uma taxa de inflação de 10% a.a. Suponha, ainda, que a direção da empresa esteja analisando a evolução de suas vendas, que atingiram, nos dois últimos períodos, respectivamente, $ 8,0 milhões e $ 8,5 milhões. Ao fixar a análise nos valores apresentados, é precipitada qualquer conclusão baseada na evolução nominal de $ 500.000 ($ 8,5 milhões menos $ 8,0 milhões), que equivaleria a um aumento de 6,25% das receitas operacionais, principalmente quando se sabe que, diante de uma variação de preços de 10%, a evolução terá sido aparente, determinada mais pela elevação dos preços dos produtos do que por aumento das unidades vendidas.

> ⚠ **IMPORTANTE** ∎ para manter o poder de compra da moeda, as receitas de vendas deveriam ter apresentado um crescimento pelo menos igual à inflação de 10%, o que equivale a $ 800.000. Como cresceram somente $ 500.000, conclui-se que as receitas não são capazes de adquirir o mesmo volume de bens e serviços que podiam comprar no período anterior. A empresa perdeu poder de compra.

Nesse contexto de inflação, suponha, ainda, que um investidor esteja avaliando sua rentabilidade após ter efetuado uma aplicação financeira de $ 40.000 no início do mesmo período. Ao resgatar $ 46.000 ao fim do ano (quando a inflação atingiu, como se viu, 10%), o aplicador não poderá registrar um ganho de 15% (rendimentos: $ 6.000/aplicação: $ 40.000): é nítido que a depreciação monetária consumiu grande parte desse resultado. Deverá o investidor, então, dissociar do ganho aparente (nominal) auferido na operação financeira (15%) a parcela do resultado real produzida adicionalmente à inflação.

Essas duas situações visam evidenciar a frágil representatividade das informações financeiras quando não devidamente adaptadas a ambientes inflacionários. Nesse particular, é fundamental efetuar processos de ajustes para os valores nominais definidos nas várias operações, visando à obtenção de resultados reais, ou seja, de valores depurados da inflação.

Esses processos de ajustes, por seu lado, podem ser efetuados mediante indexações (inflacionamento) e desindexações (deflacionamento) dos valores nominais, que se processam por meio de índices de preços.

> O processo de indexação consiste em transformar determinados valores nominais em moeda representativa de um mesmo poder aquisitivo posterior, isto é, a indexação supõe a transformação de dados, disponíveis no início de um período, em valores compatíveis com a capacidade de compra verificada em uma data posterior.

Assim, no exemplo sugerido de evolução das vendas da empresa, o crescimento nominal, conforme demonstrado, atingiu 6,25%, ou seja:

$$\begin{aligned} \text{Crescimento nominal} \atop \text{das vendas} &= \frac{\$\,8.500,00}{\$\,8.000,00} - 1 \\ &= 0,0625 = 6,25\% \end{aligned}$$

No entanto, ao indexar esses valores para moeda representativa do poder de compra do final do último exercício, supondo-se uma inflação de 10% no período, e admitindo-se ainda que as vendas estejam em moeda de final de cada um dos períodos, obtém-se:

Atualizando o valor de $ 8.000,00 =

= $ 8.000,00 × (1 + 0,10) = $ 8.800,00

Pode-se apurar agora o crescimento real das vendas:

$$\begin{array}{c} \text{Crescimento real} \\ \text{das vendas} \end{array} = \frac{\$\,8.500,00}{\$\,8.000,00} - 1$$

$$= -0,034 = -3,4\%$$

O resultado corresponde a um crescimento real negativo de 3,4% nas receitas de vendas da empresa. O crescimento nominal das vendas foi menor que a inflação.

Note-se que a taxa real não é obtida segundo o critério linear (juros simples). Na realidade, a evolução é exponencial (juros compostos), em concordância com o próprio comportamento da taxa de inflação. Dessa maneira, é incorreto subtrair, da taxa nominal (aparente) calculada, o índice específico de inflação para apurar o resultado real. No exemplo ilustrativo apresentado, obter-se-ia equivocadamente um decréscimo real (linear) de 3,75% (6,25% – 10%).

> O processo de desindexação assume um comportamento inverso ao da indexação, isto é, representa a transformação de valores nominais em moeda representativa de seu poder aquisitivo em um momento anterior.

Utilizando o mesmo exemplo, note que, ao desindexar as vendas de $ 8,5 milhões ocorridas no último período, para moeda do exercício anterior, chega-se a:

$$\text{Vendas desindexadas} = \frac{\$\,8.500,00}{1,10}$$

$$= 7.727,27$$

Esse valor corresponde ao valor deflacionado das vendas. Assim, ao avaliar o crescimento das vendas por meio de valores deflacionados, apura-se, evidentemente, o mesmo resultado real negativo obtido no pressuposto da indexação, ou seja:

$$\begin{array}{c} \text{Crescimento real} \\ \text{das vendas} \end{array} = \frac{\$\,7.727,27}{\$\,8.000,00} - 1$$

$$= -0,034 = -3,4\%$$

4.2 INDICADORES DE INFLAÇÃO NO BRASIL

A seção 4.1 descreveu o processo de ajuste dos dados financeiros visando, basicamente, à análise do comportamento desses valores em termos reais, ou seja, depurados dos efeitos inflacionários. Os cálculos foram desenvolvidos pela homogeneização das diversas variáveis econômico-financeiras de uma empresa para uma data específica. Nesse enfoque, ainda, foram conceituados e ilustrados os critérios de indexação e desindexação visando à determinação de taxas reais.

Na realidade, a empresa brasileira convive com diversos indicadores de inflação, que procuram refletir a evolução periódica dos preços de diferentes cestas de bens e serviços. O uso adequado desses parâmetros requer, no entanto, conhecimento básico de seus critérios de cálculo e finalidades de uso, conforme apresentados a seguir.

Atualmente, no Brasil, os órgãos responsáveis pelo cálculo da inflação são quatro: Fundação Getulio Vargas (FGV), a Fundação Instituto de Pesquisas Econômicas (FIPE), o Departamento Intersindical de Estatística e Estudos Socioeconômicos (DIEESE) e o Instituto Brasileiro de Geografia e Estatística (IBGE).

4.2.1 Índice Geral de Preços – Disponibilidade Interna (IGP-DI)

A responsabilidade do cálculo desse índice é do Instituto de Economia da Fundação Getulio Vargas (IBRE), sendo seus valores publicados ao fim de cada mês. A metodologia de cálculo do IGP-DI é definida pela média ponderada do Índice de Preços por Atacado (IPA), com peso 6,0; do Índice de Preços ao Consumidor (IPC), com peso 3,0; e do Índice Nacional do Custo de Construção Civil (INCC), com peso 1,0.

O IGP é um dos mais requisitados indicadores da taxa de inflação do país, exercendo influência sobre os níveis gerais de reajustes de preços da economia e variação cambial. Em razão da variedade de itens (bens e serviços) que fazem parte de seu cálculo, o uso desse índice é mais adequado para empresas potencialmente diversificadas, ou seja, que atuem em diferentes segmentos de mercado, ou que trabalhem com grande variedade de produtos (lojas de departamentos, por exemplo) ou de insumos.

O índice cobre a variação de preços verificada no período compreendido entre o primeiro e o último dia do mês de referência.

APLICAÇÃO PRÁTICA
Novos hábitos de consumo alteram cálculo da inflação a partir de 2020
Pedro Renaux – Agência IBGE Notícias

O IPCA passou a pesquisar a variação nos preços de 56 novos produtos e serviços a partir de 2020. Os produtos e serviços usados para medir a inflação oficial do país serão atualizados para acompanhar as mudanças nos hábitos de consumo da população.

A lista inclui novas tendências, como transportes por aplicativo e serviços de *streaming*, passando por tratamento e higiene de animais domésticos, até produtos de consumo rápido, como macarrão instantâneo. Outros exemplos que passarão a fazer parte do cálculo da inflação oficial são serviços relacionados com a vida saudável e estética, como sobrancelha, cabeleireiro e barbeiro, depilação e atividade física.

A atualização da pesquisa retira também itens que perderam espaço ou foram excluídos do orçamento das famílias, como aparelhos de DVD, assinatura de jornais e máquinas fotográficas.

Essas mudanças nos componentes da inflação têm como base os resultados da Pesquisa de Orçamentos Familiares (POF) 2017-2018, que atualizou os hábitos de consumo, despesas e renda das famílias.

Fonte: Adaptado de https://agenciadenoticias.ibge.gov.br/agencia-noticias/2012-agencia-de-noticias/noticias/25678-novos-habitos-de-consumo-alteram-calculo-da-inflacao-a-partir-de-2020. Acesso em: jan. 2024.

4.2.2 Índice Geral de Preços de Mercado (IGP-M)

Também calculado pelo Instituto de Economia da Fundação Getulio Vargas (IBRE), apresenta amplas aplicações no mercado. A principal diferença verificada entre esse índice e o IGP-DI reside no período de medição da inflação. No IGP-M, a taxa de inflação medida cobre o período compreendido entre o dia 21 de um mês e o dia 20 do mês posterior. As demais características metodológicas do IGP-M são iguais às do IGP-DI. A cada 10 dias são geralmente divulgadas prévias do resultado do mês, permitindo que o mercado se antecipe à taxa de inflação do mês. O índice é bastante utilizado nas operações no mercado financeiro.

4.2.3 Índice Geral de Preços 10 (IGP–10)

O IGP–10 apresenta a mesma metodologia do IGP-M. A diferença básica é que o índice apura as variações de preços verificadas no intervalo do dia 11 de um mês e o dia 10 do mês seguinte (mês de referência). O IGP-10 foi desenvolvido em 1999 pela Fundação Getulio Vargas.

4.2.4 Índice Nacional de Preços ao Consumidor (INPC)

O INPC é medido pelo Instituto Brasileiro de Geografia e Estatística (IBGE), tendo sido criado com o objetivo de servir de referência para reajustes salariais. Mede o custo de vida baseado em famílias com renda de um a seis salários mínimos. O INPC/IBGE procura referenciar a evolução dos preços somente com base nos bens e serviços destinados ao consumo, como alimentação, vestuário, habitação, transporte, saúde etc. O índice não computa bens intermediários e de capital.

O levantamento dos preços é efetuado mensalmente, cobrindo o período do primeiro ao último dia de cada mês.

4.2.5 Índice Nacional de Preços ao Consumidor Amplo (IPCA)

O IPCA é o índice oficial do Governo Federal para medição das metas de inflação, contratadas pelo Fundo Monetário Internacional (FMI), a partir de julho de 1999. É calculado também pelo IBGE. A medição é feita mensalmente, compreendendo o período do primeiro ao último dia de cada mês, e procura refletir o custo de vida para famílias que apuram renda mensal de 1 a 40 salários-mínimos.

O IPCA foi instituído com a finalidade de corrigir as demonstrações financeiras das companhias de capital aberto.

Na família do IPCA, são apurados também índices de preços com objetivos específicos, como o *Índice Nacional de Preços ao Consumidor Amplo Especial (IPCA-E),* com divulgação ao final de cada trimestre, e o *Índice Nacional de Preços ao Consumidor Amplo-15 (IPCA-15),* índice mensal cuja coleta de preços cobre o período entre o dia 15 do mês anterior e o dia 5 do mês de referência.

4.2.6 Variação cambial

Variação Cambial pode ser entendida como a variação, entre dois momentos, da relação existente entre a moeda nacional e uma moeda internacional (geralmente o dólar americano).

A política cambial no Brasil sofre forte influência dos resultados promovidos por seu balanço de pagamentos assumindo, em diversos períodos, variações superiores à taxa de inflação interna (medida pelo IGP, por exemplo). Apesar de afetar toda a economia e seus agentes, a desvalorização cambial (queda do poder aquisitivo da moeda nacional em relação a determinada moeda externa) demanda maior atenção das empresas que tenham assumido dívidas em moeda estrangeira ou que atuem em segmentos de importações e exportações.

4.3 HISTÓRICO DA INFLAÇÃO NO BRASIL

Os cálculos da inflação brasileira começaram a ser realizados nos anos 20 (1920), com o surgimento dos primeiros institutos de pesquisa. O resultado era inexpressivo, pois o índice de preços era baseado nos gastos de apenas uma única família de classe média alta, minoria da população.

Já com a criação da Lei do Salário Mínimo em 1936, o cálculo de preços sofreu várias reformulações,

passando a ser calculado pela Fundação Getulio Vargas (FGV), sob a denominação de Índice de Custo de Vida (ICV). Foram desenvolvidas novas metodologias de se calcular a inflação mediante cestas de produtos e serviços determinados e essenciais aos brasileiros, cujas variações de preços eram acompanhadas mensalmente.

Após a Segunda Guerra Mundial em 1945, a inflação no Brasil estava em média na faixa de 17% ao ano, encerrando os anos 1950 na casa dos 40% ao ano. Nos anos 1960, já na fase de industrialização no Brasil, a inflação cresceu veementemente. Contribuíram para este fato os diversos movimentos grevistas e oposicionistas à ditadura militar da época, o que elevou a inflação para até 92% ao ano. Ainda durante o regime militar, a inflação continuava dando sinais de altas e os dados divulgados de variações de preços teriam sido manipulados, e não eram totalmente confiáveis.

Após esse período, a inflação voltou de forma galopante. Diversos planos econômicos foram implantados a partir de 1985 com o intuito de reduzir o avanço da elevação nos índices de preços.

O Plano Cruzado promoveu a troca da moeda na economia brasileira, e não conseguiu segurar a inflação. Desde então, os governos tentaram uma série de planos econômicos para tentar conter a "hiperinflação", fenômeno que se instalou no Brasil e foi registrado pelo fechamento nos índices gerais de preços de 1.782,89% no ano de 1989.

Os planos econômicos Bresser, Cruzado e Collor conseguiram resultados razoáveis, mas com um alto custo para a sociedade como um todo. Foram adotadas pelos governos diversas medidas impopulares como as que bloquearam os valores depositados em cadernetas de poupanças, por exemplo, mesmo que por um curto espaço de tempo. Todos esses planos econômicos não surtiram os efeitos positivos esperados de controlar a inflação e promover a estabilidade e crescimento da economia.

A inflação somente foi controlada a partir de 1994, com o lançamento do Plano Real, que baixou uma inflação na casa de 1.000% em 1994 para 15% no ano seguinte. Pode-se admitir que a taxa de inflação da economia brasileira encontra-se atualmente dentro das metas estabelecidas pelo governo.

A Tabela 4.1 e o gráfico da Figura 4.1 mostram o comportamento da inflação registrado no Brasil de acordo com os índices oficiais divulgados pelo governo.

Tabela 4.1 Valores anuais do índice oficial de inflação.

1913	2,00%	1942	12,00%	1971	19,50%	2000	5,27%
1914	-5,00%	1943	14,90%	1972	15,70%	2001	9,44%
1915	3,60%	1944	27,30%	1973	15,50%	2002	14,74%
1916	6,30%	1945	16,70%	1974	34,50%	2003	10,39%
1917	10,20%	1946	16,50%	1975	29,40%	2004	6,13%
1918	-10,80%	1947	6,30%	1976	46,30%	2005	5,05%
1919	30,50%	1948	9,20%	1977	38,80%	2006	2,81%
1920	10,10%	1949	9,00%	1978	40,80%	2007	4,46%
1921	2,40%	1950	13,40%	1979	77,20%	2008	5,90%
1922	9,50%	1951	19,80%	1980	110,20%	2009	4,31%
1923	10,30%	1952	10,30%	1981	95,20%	2010	5,91%
1924	16,60%	1953	20,70%	1982	99,70%	2011	6,5%
1925	6,70%	1954	25,30%	1983	211,00%	2012	5,84%
1926	2,70%	1955	12,60%	1984	223,80%	2013	5,91%
1927	2,70%	1956	24,30%	1985	235,10%	2014	6,41%
1928	-1,50%	1957	7,00%	1986	65,03%	2015	10,67%
1929	-0,07%	1958	24,10%	1987	415,83%	2016	6,29%
1930	-9,20%	1959	39,40%	1988	1.037,55%	2017	2,95%
1931	-3,30%	1960	30,60%	1989	1.782,89%	2018	3,75%
1932	0,00%	1961	47,70%	1990	1.476,71%	2019	4,31%
1933	0,00%	1962	51,40%	1991	480,23%	2020	4,52%
1934	7,40%	1963	81,10%	1992	1.157,84%	2021	10,06%
1935	5,20%	1964	91,90%	1993	2.708,60%	2022	5,62%
1936	12,80%	1965	34,50%	1994	1.093,80%	2023	4,62%
1937	9,60%	1966	38,20%	1995	14,77%		
1938	4,00%	1967	24,90%	1996	9,33%		
1939	2,70%	1968	25,10%	1997	7,48%		
1940	4,90%	1969	20,10%	1998	1,78%		
1941	10,90%	1970	19,30%	1999	8,64%		

Fonte: BACEN.

Os números apresentados podem ser plotados em um gráfico onde é possível perceber o comportamento histórico da inflação no Brasil. Usou-se escala logarítmica para melhor observar este comportamento.

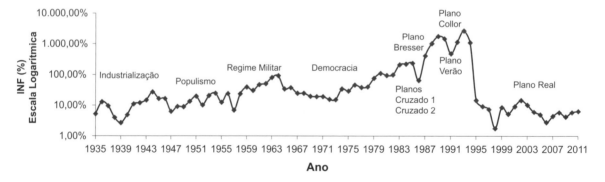

Figura 4.1 Evolução da inflação brasileira – 1935 a 2023.

Inflação no Plano Real

Considerando o período do Plano Real (1/7/1994 a 31/12/2023), a inflação medida pelo IPCA acumulou em 690,01%.

E o nosso dinheiro: considerando essa inflação, as notas do real apresentam o seguinte valor:

Ano	Valor atual de R$ 100	Ano	Valor atual de R$ 100
1994	R$ 84,34	2009	R$ 28,41
1995	R$ 68,90	2010	R$ 26,83
1996	R$ 62,89	2011	R$ 25,19
1997	R$ 59,77	2012	R$ 23,80
1998	R$ 58,79	2013	R$ 22,47
1999	R$ 53,97	2014	R$ 21,12
2000	R$ 50,93	2015	R$ 19,08
2001	R$ 47,30	2016	R$ 17,95
2002	R$ 42,03	2017	R$ 17,44
2003	R$ 38,46	2018	R$ 16,81
2004	R$ 35,74	2019	R$ 16,12
2005	R$ 33,81	2020	R$ 15,42
2006	R$ 32,79	2021	R$ 14,01
2007	R$ 31,39	2022	R$ 13,24
2008	R$ 29,64	2023	R$ 12,66

Fonte: IPCA – Portal Brasil/Instituto Assaf.

Os valores são calculados com base no valor presente do dinheiro ao longo do tempo e descontado pela taxa de inflação acumulada em cada período a partir de julho de 1994.

O valor presente significa a sua real capacidade de compra do dinheiro se descontada a inflação do período.

Se considerarmos as demais notas:

R$ 100,00	R$ 12,66
R$ 50,00	R$ 6,33
R$ 20,00	R$ 2,53
R$ 10,00	R$ 1,27
R$ 5,00	R$ 0,63
R$ 2,00	R$ 0,25
R$ 1,00	R$ 0,13
R$ 0,50	R$ 0,06
R$ 0,25	R$ 0,03
R$ 0,10	R$ 0,01

Os valores da inflação foram:

Ano	No período	Acumulado
1994	18,57%	18,57%
1995	22,41%	45,14%
1996	9,56%	59,02%
1997	5,22%	67,32%
1998	1,66%	70,10%
1999	8,94%	85,30%
2000	5,97%	96,36%
2001	7,67%	111,43%
2002	12,53%	137,92%
2003	9,30%	160,04%
2004	7,60%	179,81%
2005	5,69%	195,73%
2006	3,14%	205,01%
2007	4,46%	218,62%
2008	5,90%	237,42%

Ano	No período	Acumulado
2009	4,31%	251,96%
2010	5,91%	272,76%
2011	6,50%	296,99%
2012	5,84%	320,17%
2013	5,91%	345,00%
2014	6,41%	373,53%
2015	10,67%	424,05%
2016	6,29%	457,02%
2017	2,95%	473,44%
2018	3,75%	494,91%
2019	4,31%	520,53%
2020	4,52%	548,56%
2021	10,06%	613,82%
2022	5,79%	655,11%
2023	4,62%	690,01%

4.3.1 Metas de inflação no Brasil

O Banco Central adotou, em 1999, o *regime de meta de inflação* para a economia brasileira. Esta meta é importante como um balizador para a autoridade monetária cumprir a meta de inflação determinada a cada ano pelo Conselho Monetário Nacional (CMN). Com a fixação da meta, o Banco Central se compromete a interferir no mercado, sempre que necessário, com o objetivo de garantir que a inflação verificada esteja em desacordo com a taxa previamente estabelecida.

O índice de inflação escolhido como meta no Brasil é o *IPCA/IBGE*, que mede a evolução do poder de compra das pessoas, conforme estudado no item anterior. A preferência pelo IPCA é justificada pela sua maior abrangência nacional, cobrindo consumidores com renda entre 1 a 40 salários-mínimos.

O grande propósito deste regime de metas é o de revelar aos agentes de mercado a taxa de inflação perseguida pelo Banco Central, assim como os principais instrumentos de política monetária que serão utilizados. Conhecendo a taxa meta, os agentes econômicos têm uma referência da taxa futura de inflação da economia, informação bastante importante para ajustar suas decisões.

Para que a meta não se torne excessivamente restritiva, a taxa meta de inflação é divulgada geralmente com uma margem de tolerância para cima e para baixo. Por exemplo, o Conselho Monetário Nacional divulgou em agosto/2007 decisão de manter para 2008 as mesmas metas de inflação definidas para 2006 e 2007, que foi de 4,5%, com um intervalo de tolerância de 2,0 pontos percentuais. Assim, o *centro da inflação* para cada ano é de 4,5%, medido pelo IPCA, e poderá variar para um mínimo de 2,5% e para um máximo de 6,5%.

Em geral, o intervalo de tolerância não é muito amplo, evitando que a autoridade monetária demonstre ao mercado falta de segurança com relação ao centro da inflação.

4.4 DETERMINAÇÃO DA TAXA DE INFLAÇÃO

Independentemente do índice de preços escolhido, a taxa de inflação é calculada como uma variação percentual do índice passado para o índice atual de acordo com o período de tempo que se deseja, por meio da seguinte expressão:

$$INF = \frac{\text{Índice}_n}{\text{Índice}_{n-t}} - 1$$

em que:

INF = taxa de inflação medida segundo determinado índice de preços;

Índice = índice de preços utilizado para a mensuração da taxa de inflação;

$n, n - t$ = data de levantamento da taxa de inflação (n) e período anterior considerado ($n - t$)

Assim, a taxa de inflação de um período qualquer, conforme observado na identidade anterior, é determinada pela relação entre o valor da medida (índice de preços) selecionada verificada na data final (I_n) e na data de início (I_{n-t}) do período calculado (ou final do período anterior).

Por exemplo, o INPC/IBGE apresentou os seguintes valores para os meses de maio a junho de 2007, de acordo com a Tabela 4.2.

Tabela 4.2 Cálculo da inflação pelo índice.

Índice (Dezembro/1993 = 100)	INPC – 2007	Inflação
Maio	2.707,10	0,26%
Junho	2.715,49	0,31%
Julho	2.724,18	0,32%

Fonte: IBGE, agosto de 2007.

A obtenção do percentual de inflação para o mês de junho é efetuada pela relação existente entre o valor do índice em junho (I_n) e o de maio (I_{n-t}), cujos valores estão na Tabela 4.2:

$$INF \text{ (INPC-junho)} = \frac{2.715,49}{2.707,10} - 1 = 1,0031 - 1$$
$$= 0,0031 = 0,31\%$$

IPCA encerra 2023 com alta de 4,62%, abaixo do teto da meta

É a primeira vez em 2 anos que índice fica dentro da meta

Publicado em 11/01/2024 – 09:40 por Ana Cristina Campos – Repórter da Agência Brasil – Rio de Janeiro

A inflação do país foi de 0,56% em dezembro, e, com isso, o IPCA fechou 2023 com alta acumulada de 4,62%, dentro do intervalo da meta da inflação determinada pelo Conselho Monetário Nacional (CMN), que era de 3,25%, com tolerância de 1,5 ponto percentual para cima ou para baixo, ou seja, entre 1,75 e 4,75%. Os dados são do Índice Nacional de Preços ao Consumidor Amplo (IPCA), divulgado em 11/01/2024 pelo Instituto Brasileiro de Geografia e Estatística (IBGE).

Em dezembro, todos os nove grupos de produtos e serviços analisados pela pesquisa registraram alta. A maior veio de alimentação e bebidas (1,11%), grupo que acelerou em relação ao mês anterior (0,63%) e exerceu o maior impacto sobre o resultado geral (0,23 ponto percentual). Com o aumento nos preços da batata-inglesa (19,09%), do feijão-carioca (13,79%), do arroz (5,81%) e das frutas (3,37%), a alimentação no domicílio subiu 1,34%. Por outro lado, o preço do leite longa vida baixou pelo sétimo mês seguido (-1,26%).

"O aumento da temperatura e o maior volume de chuvas em diversas regiões do país influenciaram a produção dos alimentos, principalmente dos *in natura*, como os tubérculos, hortaliças e frutas, que são mais sensíveis a essas variações climáticas", explicou, em nota, o gerente do IPCA, André Almeida.

Fonte: Disponível em: https://agenciabrasil.ebc.com.br/economia/noticia/2024-01/ipca-encerra-2023-com-alta-de-462-abaixo-do-teto-da-meta. Acesso em: jan. 2024.

4.5 TAXA DE DESVALORIZAÇÃO DA MOEDA (TDM)

Enquanto a inflação representa basicamente uma elevação nos níveis gerais de preços, conforme comentado, a *desvalorização* da moeda pode ser entendida, ao contrário, pelo decréscimo de seu poder de compra (poder aquisitivo). Por exemplo, se os preços em geral dobram (inflação de 100%) em determinado período, a capacidade de compra dos consumidores reduz-se pela metade, ou seja, somente conseguem comprar, aos preços inflacionados, 50% dos bens e serviços que consumiam anteriormente, o que indica uma taxa de desvalorização da moeda de 50%.

A *Taxa de Desvalorização da Moeda (TDM)* pode ser apurada partindo-se de um índice específico de preços ou da taxa de inflação, definidos nas seções anteriores, por meio das seguintes identidades de cálculo:

$$TDM = 1 - \frac{\text{Índice}_{n-t}}{\text{Índice}_n} \quad \text{ou} \quad TDM = \frac{INF}{1+INF}$$

Observe que, quanto maior a taxa de inflação (*INF*), maior também será a taxa de desvalorização da moeda (*TDM*), definindo-se menor capacidade de compra. Conforme os níveis gerais de preços sobem, o dinheiro adquire menor quantidade de bens e serviços, denotando perda de poder aquisitivo na economia.

A Tabela 4.3 ilustra a taxa de desvalorização da moeda nacional de 20x2 a 20x6 em função da inflação (medida pelo INPC/IBGE) verificada nesses períodos.

Tabela 4.3 Cálculo da taxa de desvalorização da moeda pela inflação.

Ano	Inflação	TDM
20x2	14,74%	12,85%
20x3	10,39%	9,41%
20x4	6,13%	5,78%
20x5	5,05%	4,81%
20x6	2,81%	2,73%

Fonte: INPC – IBGE.

Para *ilustrar* os cálculos da TDM apresentados na Tabela 4.3, admita o ano de 20x3. Neste período, a taxa de inflação no Brasil medida pelo INPC atingiu 10,39%. Pelo percentual divulgado pode-se concluir por uma diminuição no poder de compra das pessoas de 9,41%, sendo assim calculado:

$$TDM = \frac{INF}{1+INF} = \frac{0,1039}{1+0,1039}$$
$$= 0,0941 = 9,41\%$$

Isso significa que ao fim do ano de 20x3 somente poderiam ser consumidos 90,59% (100% − 9,41%) dos produtos originais. Em realidade, para que o poder de compra (padrão de vida) pudesse ser mantido, as rendas das pessoas deveriam ser incrementadas em 10,39% (taxa de inflação no ano de 2003).

Assim, um assalariado que ganhasse $ 1.000,00 mensais e consumisse toda a sua renda, ao fim do ano de 20x3 poderia manter unicamente 90,59% de seu padrão habitual de consumo.

A perda do poder aquisitivo ilustrada pode também ser demonstrada da seguinte maneira:

Salário em janeiro de 20x3 = $ 1.000,00

Salário de dezembro de 2003 corrigido pela inflação = 1.000,00 × 1,1039 = 1.103,90

$$\text{Perda do Poder de Compra} = 1 - \frac{1.000,00}{1.103,90}$$
$$= 1 - 0,9059$$
$$= 9,41\%$$

Caso os salários nesse período tivessem sido reajustados em 8%, *por exemplo*, ainda se manteriam abaixo do poder real de compra. Nesse caso, tem-se:

Salário em janeiro de 20x3 = $ 1.000

Salário de dezembro de 20x3 corrigido por 8% = 1.000,00 × 1,08 = 1.080,00

$$\text{Perda do Poder de Compra} = 1 - \frac{1.080,00}{1.103,90}$$
$$= 1 - 0,9783$$
$$= 2,17\%$$

ocorrendo, por conseguinte, uma queda real de 2,17% no poder de compra do assalariado.

4.6 TAXA REAL

A ilustração apresentada na seção 4.5 foi útil para introduzir o conceito de *taxa real*. Em seu desenvolvimento, verificou-se que o percentual de reajuste dos salários (8%) esteve abaixo do nível inflacionário do período (10,39%) e gerou, em consequência, uma perda de 7,41% (taxa real negativa) na capacidade geral de compra.

> Outro *exemplo* servirá para melhor esclarecer o significado de taxa real. Suponha que uma pessoa adquira, no início de 20x3, um imóvel por $ 300.000,00, vendendo-o, ao final do mesmo ano, por $ 390.000,00. Seu ganho aparente de $ 90.000,00 produziu uma rentabilidade *nominal* de 30% ($ 90.000,00/$ 300.000,00).
>
> Sabendo-se, no entanto, que a inflação no mesmo período atingiu 10,39%, é evidente que essa pessoa não irá entender os 30% como rentabilidade *real* da operação. A depreciação monetária no período terá consumido parte considerável do ganho nominal (aparente), reduzindo-o para $ 58.830,00 [$ 390.000,00 – ($ 300.000,00 × 1,1039)], ou seja, rentabilidade real de 17,76% [$ 58.830,00/($ 300.000,00 × 1,1039)].
>
> De maneira detalhada, pode-se demonstrar o ganho *nominal* e *real* da operação.

Solução:

Valor de venda do imóvel no fim do ano de 20x3	$ 390.000,00
Valor de aquisição no início do ano de 20x3	($ 300.000,00)
Ganho nominal (aparente)	$ 90.000,00
Reajuste pela inflação do período: $ 300.000,00 × 10,39%	$ 31.170,00
Ganho real: $ 90.000,00 – 31.170,00	$ 58.830,00

Rentabilidade nominal:

$$\frac{\$\ 90.000,00}{\$\ 300.000,00} \qquad 30,00\%$$

Rentabilidade real:

$$\frac{\$\ 58.830,00}{\$\ 300.000,00 + \$\ 31.170,00} \qquad 17,76\%$$

Desse modo, pode-se conceituar a **taxa real** como o resultado de uma operação (aplicação ou captação) calculado após serem expurgados os acréscimos oriundos da inflação. Em outras palavras, é o rendimento (aplicação) ou custo (captação) obtidos de valores expressos em moedas de um mesmo poder aquisitivo (expressas em poder de compra de mesma data).

> Em contextos inflacionários, uma taxa nominal de juros é definida em função de dois componentes:
>
> a) **taxa real**, que indica a parcela de juros que está realmente empenhada (excluída a inflação) como custo ou rendimento da operação; e
>
> b) **taxa de inflação**, que visa à manutenção do poder aquisitivo da moeda.

Assim, indicando-se por r a taxa real, por INF, conforme foi visto, a taxa de inflação, e por i a taxa nominal, obtém-se a seguinte identidade de cálculo:

$$(1 + i) = (1 + INF)(1 + r)$$

ou ainda

$$r = \frac{1 + i}{1 + INF} - 1$$

Aplicando-se essa identidade na ilustração anterior do cálculo do retorno real obtido na venda do imóvel, e sabendo-se que $i = 30\%$ e $INF = 10,39\%$, obtém-se:

$$r = \frac{1 + 0,30}{1 + 0,1039} - 1 = 1,1776 - 1$$
$$= 0,1776 = 17,76\%$$

4.6.1 Operações com rendimentos pós-fixados

Suponha que uma empresa tenha tomado emprestado $ 100.000,00 de um banco pagando juros de 10% a.a. mais correção igual à variação do IGP-M. Os juros são normalmente calculados sobre o valor corrigido do principal. Ao admitir-se uma variação do índice geral de preços de mercado igual a 16% no ano, obtém-se o seguinte montante ao fim do primeiro ano:

Fim do primeiro ano:

$FV = 100.000,00 \times$

$\times (1,10) \times (1,16)$ \$ 127.600,00

De outra maneira, os encargos financeiros de \$ 27.600,00 do empréstimo tiveram as seguintes origens:

Correção monetária
do principal = 100.000,00 × 16%   \$ 16.000,00

Juros sobre o capital emprestado
= 100.000,00 × 10%   \$ 10.000,00

Juros sobre a correção monetária
= 16.000,00 × 10% $\underline{\$ 1.600,00}$

Total dos encargos financeiros   \$ 27.600,00

$$Custo\ Real = \frac{\$\,10.000,00 + \$\,1.600,00}{\$100.000,00 \times 1,16} \quad 10,00\%$$

Desde que os encargos financeiros do empréstimo não tenham sido pagos, o montante ao final do segundo ano é calculado partindo-se do resultado acumulado (\$ 127.600,00) obtido ao final do período anterior. Assim, para uma taxa de inflação de 14% admitida para o segundo ano, obtém-se:

Fim do segundo ano:

$FV = 100.000,00 \times (1,10)^2 \times$

$\times 1,16 \times 1,14$ \$ 160.010,40

ou

$FV = 127.600,00 \times (1,10) \times$

$\times (1,14)$ \$ 160.010,40

e assim sucessivamente.

Note pela ilustração que o montante apresenta um comportamento exponencial (típico de juros compostos) em concordância com as taxas consideradas (isso fica mais visível ao se utilizar um número maior de anos). Efetivamente, nos dois anos considerados, a capitalização da inflação gerou um valor acumulado de 32,24% [(1,16) × (1,14) − 1], e a dos juros, de 21% [(1,10) × (1,10) − 1]. O total dos encargos, por sua vez, atingiu nominalmente 60,01% [(1,16) × (1,14) × (1,10)² − 1], ou um montante de \$ 160.010,40, ao fim de dois anos, conforme demonstrado.

Como conclusão, é incorreto afirmar que o custo nominal de 27,6% [(1,16) × (1,10) − 1] no primeiro ano tenha produzido um encargo real de 11,6%

(27,6% − 16%). O comportamento das taxas, como foi detalhado, é exponencial (e não linear), e a determinação da taxa real da operação deve obedecer à identidade apresentada, ou seja:

$$1 + i = (1 + INF) \times (1 + r)$$
$$r = \frac{1 + i}{1 + INF} - 1$$

$$r = \frac{1 + 0,276}{1 + 0,16} - 1 = 1,10 - 1 = 10,00\%$$

No segundo ano, o custo real do empréstimo atinge, de forma acumulada, 21% [(1,10) × (1,10) − 1], ou seja:

Taxa Nominal Acumulada   = 60,01%

Taxa de Inflação Acumulada = 32,24%

$$r = \frac{1 + 0,6001}{1 + 0,3224} - 1 = 1,21 - 1 = 21,00\%$$

Suponha ainda que a empresa pudesse optar, quando de sua decisão de financiamento, por levantar os \$ 100.000,00 de um outro banco pagando uma taxa fixa (prefixada) de juros de 32% a.a. Como deveria selecionar a melhor alternativa?

O principal parâmetro da decisão recai sobre a taxa de inflação projetada. Ao prever uma variação do IGP-M de 20% para o primeiro ano, por exemplo, ambas as alternativas seriam equivalentes, ou seja, produziriam os mesmos resultados. Senão, veja:

- Empréstimo com encargos pós-fixados (IGP-M mais juros de 10%):

  Custo Nominal: [(1,16) × (1,10) − 1] = 27,6%

  Custo Real = 10%

- Empréstimo com encargos prefixados (taxa de juros de 32%):

  Custo Nominal = 32%

  $$Cuto\ Real = \frac{1,32}{1,16} - 1 = 13,79\%$$

Na realidade, uma inflação estimada de 20% representa o ponto de equivalência (indiferença) na decisão do aplicador. Se a inflação do período do empréstimo permanecer em 20%, as duas alternativas – com encargos pré e pós-fixados – produzem o mesmo custo nominal.

Para uma inflação superior a 20%, os encargos nominais seriam maiores na alternativa de contratação do empréstimo com juros postecipados (a taxa real, evidentemente, permaneceria em 10%); ao decidir-se por juros prefixados (32%), o encargo real nessa situação seria menor, e poderia até ser negativo, dependendo do comportamento da taxa de inflação.

Inversamente, ao projetar-se uma inflação inferior a 20%, o custo real seria superior na alternativa de empréstimo com juros prefixados, mantendo-se, todavia, em 10% a rentabilidade real da operação postecipada.

4.6.2 Desmembramento da taxa prefixada

Conforme foi demonstrado ao longo deste capítulo, uma taxa de juros prefixada incorpora em sua formação uma parte *real* e uma expectativa de *inflação*. Por sua vez, a taxa real embute em sua formação um juro mínimo praticado no mercado financeiro, denominado taxa livre de risco, e uma remuneração (prêmio) pelo risco envolvido na operação.

Desse modo, pode-se decompor uma taxa prefixada de acordo com o seguinte diagrama:

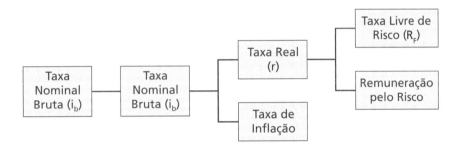

4.7 TAXA REFERENCIAL

A *Taxa Referencial* (*TR*) foi criada no Plano Collor II com o objetivo de exprimir uma taxa básica referencial dos juros a ser praticada no mês vigente, e que não refletisse a inflação do mês anterior. Foi instituída como um indexador dos contratos com prazo superior a 90 dias, e é mais usada atualmente para corrigir os saldos mensais da caderneta de poupança e seguros.

A TR é calculada a partir das maiores instituições financeiras do país em função do volume de captação dos CDB (Certificados de Depósitos Bancários) de 30 e 35 dias, devendo exprimir a média das taxas de juros prefixadas praticadas por estas instituições. Diariamente, os bancos informam ao Banco Central suas taxas de juros pagas aos aplicadores nas captações de recursos. O Banco Central calcula então a média ponderada dos juros dessas aplicações, sendo esta taxa conhecida como *Taxa Básica Financeira (TBF)*. Sobre a taxa básica financeira, o Banco Central aplica um redutor objetivando extrair as parcelas referentes às taxas de juros reais e à tributação incidente sobre o CDB, obtendo dessa maneira a TR.

4.8 CADERNETA DE POUPANÇA

A *caderneta de poupança* é a forma de investimento financeiro mais popular do Brasil. A remuneração desse investimento é atualmente fixada em 0,5% ao mês de juros mais a variação da TR. Para os investidores pessoas físicas, os juros são creditados mensalmente, e para as pessoas jurídicas a cada trimestre. Sua principal vantagem encontra-se na liquidez imediata, ou seja, o investidor pode sacar o seu saldo a qualquer momento, e no fato de contar com a isenção do Imposto de Renda sobre os ganhos e a ausência de taxas de administração.

A Tabela 4.4 revela os juros pagos pela caderneta de poupança, bem como os valores da Taxa Referencial e da Taxa Básica Financeira correspondentes ao primeiro dia útil de cada mês.

O Banco Central do Brasil alterou em 19-7-2007 o cálculo da TR a partir do momento em que os juros do mercado ficarem abaixo de 11% ao ano. Até então, as regras metodológicas em vigor não previam essa possibilidade. Agora o Banco Central fixou os redutores para juros de até 9% ao ano, o que indica que quanto mais baixa for a TBF, menor será o redutor

Tabela 4.4 Formação dos juros da caderneta de poupança.

	TBF (%)	TR (%)	POUPANÇA (%)
jan./08	0,88	0,10	0,56
fev./08	0,76	0,02	0,60
mar./08	0,80	0,04	0,52
abr./08	0,88	0,10	0,54
maio/08	0,84	0,07	0,60
jun./08	0,91	0,11	0,57
jul./08	1,02	0,19	0,62
ago./08	0,97	0,16	0,69
set./08	1,03	0,20	0,66
out./08	1,11	0,25	0,70
nov./08	0,97	0,16	0,75
dez./08	1,06	0,21	0,66
jan./09	1,01	0,18	0,72
fev./09	0,81	0,05	0,68
mar./09	0,96	0,14	0,55
abr./09	0,81	0,05	0,64
maio/09	0,74	0,04	0,55
jun./09	0,77	0,07	0,55
jul./09	0,79	0,11	0,57
ago./09	0,68	0,02	0,61
set./09	0,65	0,00	0,52
out./09	0,63	0,00	0,50
nov./09	0,63	0,00	0,50
dez./09	0,71	0,05	0,50
jan./10	0,65	0,00	0,55
fev./10	0,57	0,00	0,50
mar./10	0,75	0,08	0,50
abr./10	0,63	0,00	0,58
maio/10	0,71	0,05	0,50
jun./10	0,73	0,06	0,55
jul./10	0,83	0,12	0,56
ago./10	0,86	0,09	0,62
set./10	0,84	0,07	0,59
out./10	0,79	0,05	0,57

	TBF (%)	TR (%)	POUPANÇA (%)
nov./10	0,77	0,03	0,55
dez./10	0,87	0,14	0,53
jan./11	0,83	0,07	0,64
fev./11	0,81	0,05	0,57
mar./11	0,92	0,12	0,55
abr./11	0,79	0,04	0,62
maio/11	0,97	0,16	0,54
jun./11	0,90	0,11	0,66
jul./11	0,91	0,12	0,61
ago./11	1,05	0,21	0,62
set./11	0,89	0,10	0,71
out./11	0,83	0,06	0,60
nov./11	0,83	0,07	0,56
dez./11	0,85	0,09	0,56
jan./12	0,86	0,09	0,59
fev./12	0,73	0,00	0,59
mar./12	0,79	0,11	0,50
abr./12	0,68	0,02	0,61
maio/12	0,71	0,05	0,52
jun./12	0,61	0,00	0,55
jul./12	0,68	0,01	0,50
ago./12	0,66	0,01	0,52
set./12	0,51	0,00	0,51
out./12	0,62	0,00	0,50
nov./12	0,53	0,00	0,50
dez./12	0,51	0,00	0,50
jan./13	0,57	0,00	0,50
fev./13	0,47	0,00	0,50
mar./13	0,50	0,00	0,50
abr./13	0,56	0,00	0,50
maio/13	0,57	0,00	0,50
jun./13	0,57	0,00	0,50
jul./13	0,68	0,02	0,52

* Dados referentes à poupança anterior à MP 567/2012.

usado nesse cálculo. Em outras palavras, a TR ficará cada vez mais próxima das taxas praticadas em outras aplicações.

4.9 NOVA CADERNETA DE POUPANÇA

Foi criado em 4-5-2012 um novo mecanismo de cálculo da rentabilidade da caderneta de poupança atrelado à taxa básica de juros da economia – a Selic.

Com base em um gatilho, no qual, quando a taxa Selic for menor ou igual a 8,5% a.a., a rentabilidade da poupança ficará em 70% da Selic mais a variação da TR – Taxa Referencial. Se a Selic ultrapassar o valor de 8,5% a.a., a rentabilidade voltará aos tradicionais 6% a.a. (0,5% a.m.) mais a variação da TR. Essa alteração foi emitida pela Medida Provisória MP 567/2012.

Por exemplo: Se a Selic estiver em 8% a.a., a nova caderneta de poupança pagará 70% × 8% = 5,6% a.a. mais a variação da TR.

A Tabela 4.5 mostra a rentabilidade da nova caderneta de poupança.

Tabela 4.5 Nova caderneta de poupança – (% a.m.).

jul./12	0,48
ago./12	0,50
set./12	0,47
out./12	0,43

nov./12	0,43
dez./12	0,41
jan./13	0,41
fev./13	0,41
mar./13	0,41
abr./13	0,41
maio/13	0,41
jun./13	0,43
jul./13	0,46
ago./13	0,48

A tabela apresentada é montada levando-se em consideração o valor da taxa Selic e da TR de cada período.

Para ilustrar, em outubro de 2012, quando a Selic estava em 7,5% a.a., ou seja, abaixo dos 8,5% estabelecidos pela MP 567/2012, e, a TR estava zerada (0%) conforme a Tabela 4.4, o rendimento da caderneta de poupança nova é assim calculado:

$$i = 70\% \times 7,5\% = 5,25\% \text{ a.a.}$$

Calculando o rendimento efetivo mensal:

$$i = (1 + 0,0525)^{1/12} - 1 = 0,4273\% \text{ a.m.}$$

Estando a TR em 0%, o rendimento total se mantém pelo mesmo valor:

$$i = (1 + 0,004273)(1 + 0,00) - 1$$
$$= 0,43\% \text{ a.m.}$$

APLICAÇÃO PRÁTICA
Como atualizar dívidas pela poupança

Para atualizar um valor monetário levando em consideração os rendimentos da caderneta de poupança, basta localizar na tabela a seguir o mês e o ano da dívida original, ou seja, a época em que o valor monetário estava no passado. Na tabela, no cruzamento da linha referente ao mês com a coluna referente ao ano, encontra-se um fator. De posse desse fator, basta multiplicar o valor da dívida pelo fator. Os fatores são referentes ao valor da poupança do dia 1º de cada mês.

			TR mais juros de 0,5% ao mês			
Ano	2013	2014	2015	2016	2017	2018
Jan.	1,43816	1,35203	1,26263	1,16831	1,07872	1,01003
Fev.	1,43100	1,34379	1,25525	1,16096	1,07153	1,00500
Mar.	1,42389	1,33638	1,24880	1,15408	1,06588	–
Abr.	1,41680	1,32938	1,24098	1,14585	1,05897	–
Maio	1,40975	1,32216	1,23348	1,13867	1,05370	–
Jun.	1,40274	1,31479	1,22593	1,13127	1,04766	–
Jul.	1,39576	1,30764	1,21762	1,12335	1,04189	–
Ago.	1,38853	1,29977	1,20878	1,11595	1,03606	–
Set.	1,38162	1,29252	1,20052	1,10758	1,03038	–
Out.	1,37464	1,28497	1,19226	1,10033	1,02525	–
Nov.	1,36654	1,27725	1,18421	1,09311	1,02015	–
Dez.	1,35946	1,27028	1,17679	1,08612	1,01508	–

A tabela apresentada é construída partindo-se de trás para a frente. Ou seja, de posse do valor do último mês de referência da caderneta de poupança, no caso de fevereiro de 2018 o valor de 0,5%, os valores imediatamente anteriores são calculados sobre o rendimento da poupança do mês anterior.

Por exemplo: considere uma dívida de R$ 5.000,00 contraída em agosto de 2013. Na tabela, o fator correspondente a agosto de 2013 é de 1,38853. Multiplicando $ 5.000,00 × 1,38853 = 6.942,65, atualizado até fev. 2018 com juros mensais de 0,5% ao mês mais variação da TR.

APLICAÇÃO PRÁTICA
Finanças Comportamentais

Os donos de comércio sempre se deparam com os pedidos de descontos por parte dos clientes quando da efetivação do pagamento. E o desconto a ser dado não pode ultrapassar o aumento dado sobre o preço de custo. Observe o *exemplo*:

Um comerciante coloca 20% de margem de lucro sobre uma mercadoria cujo preço de custo é de R$ 150,00. Qual o desconto máximo permissível para que o comerciante não incorra em prejuízo?

Solução:

Se o preço de custo é de R$ 150, com o aumento de 20%, o valor do preço de venda será de R$ 150 + 20% (R$ 30) = R$ 180.

O desconto a ser dado não poderá ser de 20%, pois o valor correspondente seria de R$ 36, vendendo a mercadoria por R$ 144, inferior ao preço de custo.

Se a venda for feita por R$ 144, estará vendendo com um prejuízo de 6%, calculado por:

$$\frac{R\$\ 144}{150} - 1 = -0{,}04 = -4\%$$

Assim, tem-se o seguinte esquema:

O lucro corresponde a R$ 30. Ao se dividir o lucro pelo preço de custo, tem-se 30 ÷ 150 = 0,20 = 20% que é a margem de lucro adotada.

Se dividir 30 ÷ 180, ou seja, o lucro sobre o preço de venda, chega-se a 16,67%, que é o desconto máximo que pode ser dado sobre o preço de venda para voltar ao preço de custo: 16,67% × 180 = R$ 30.

Assim, com qualquer desconto abaixo de 16,67%, o vendedor estará vendendo com lucro.

Resumo

1. **Compreender a influência da inflação dentro do ramo de atuação do cálculo financeiro, que é imprescindível para o processo de tomada de decisões financeiras.**

O processo inflacionário presente em uma economia pode ser explicado pelo incremento generalizado dos preços dos vários bens e serviços transacionados. Em sentido oposto, ou seja, quando ocorre baixa generalizada de preços no mercado de fatores de produção e de mercadorias, tem-se o fenômeno definido por deflação.

Deve-se ter sempre em mente, ainda, que a inflação não costuma produzir resultados sempre compensáveis entre si nos elementos da estrutura patrimonial, ou seja, eventuais perdas inflacionárias somente são compensadas por ganhos da mesma natureza em situações puramente casuais. Os efeitos inflacionários devem ser tratados de acordo com sua intensidade de atuação e natureza do bem exposto.

A influência inflacionária nas diversas atividades exercidas por qualquer empresa induz o administrador financeiro à necessidade de dar maior atenção ao fenômeno.

O processo de indexação consiste em transformar determinados valores nominais em moeda representativa de um mesmo poder aquisitivo posterior, isto é, a indexação supõe a transformação de dados, disponíveis no início de um período em valores compatíveis com a capacidade de compra verificada em uma data posterior. O processo de desindexação assume um comportamento inverso ao da indexação, isto é, representa a transformação de valores nominais em moeda representativa de seu poder aquisitivo em um momento anterior.

2. **Descrever os indicadores de inflação brasileiros: IGP-DI, IGP-M, INPC e variação cambial.**

Os principais órgãos responsáveis pelo cálculo da inflação no Brasil são quatro: Fundação Getulio Vargas (FGV), a Fundação Instituto de Pesquisas Econômicas (FIPE), o Departamento Intersindical de Estatística e Estudos Socioeconômicos (DIEESE) e o Instituto Brasileiro de Geografia e Estatística (IBGE).

Índice Geral de Preços – disponibilidade interna (IGP-DI): a responsabilidade do cálculo desse índice é do Instituto de Economia (IBRE) da Fundação Getulio Vargas, sendo sua metodologia de cálculo definida pela média ponderada do Índice de Preços por Atacado (IPA), com peso 6,0; do Índice de Custo de Vida (ICV), com peso 3,0; e do Índice Nacional de Construção Civil (INCC), com peso 1,0.

Índice Geral de Preços de Mercado (IGP-M): calculado pelo Instituto de Economia (IBRE) da Fundação Getulio Vargas. Segundo esse índice, a taxa de inflação medida cobre o período compreendido entre o dia 21 de um mês e o dia 20 do mês posterior. As demais características do IGP-M são iguais às do IGP-DI.

Índice Nacional de Preços ao Consumidor (INPC): reflete, pelos percentuais publicados todo mês pelo Instituto Brasileiro de Geografia e Estatística (IBGE), de maneira parcial, a evolução da taxa de inflação da economia, medida pelos IGPs apresentados. O levantamento dos preços é efetuado mensalmente, cobrindo o período de primeiro ao último dia do mês, baseado em uma cesta de consumo de famílias com renda de 1 a 8 salários-mínimos.

Índice Nacional de Preços ao Consumidor Amplo (IPCA): atualmente, o IPCA é o índice oficial do Governo Federal para medição das metas de inflação, e é calculado mensalmente e foi instituído com a finalidade de corrigir as demonstrações financeiras das companhias de capital aberto. Este índice verifica as variações dos custos com os gastos de pessoas que ganham de 1 a 40 salários-mínimos nas regiões metropolitanas de Belém, Belo Horizonte, Curitiba,

Fortaleza, Porto Alegre, Recife, Rio de Janeiro, Salvador, São Paulo, município de Goiânia e Distrito Federal.

Variação cambial: entendida como a variação, entre dois momentos, da relação existente entre a moeda nacional e uma moeda internacional (geralmente o dólar americano).

Índice do Custo de Vida (ICV): é apurado pelo DIEESE. Este indicador mede a variação de preços de bens e serviços de famílias com renda entre 1 e 30 salários-mínimos na cidade de São Paulo. É medido mensalmente e se diferencia dos outros indicadores por incluir, além dos itens essenciais, os gastos com recreação, comunicação, cultura e lazer.

3. **Abordar o método de cálculo para determinação da taxa de inflação; taxa de desvalorização da moeda e também para cálculo da taxa real.**

Independentemente do índice de preços escolhido, a taxa de inflação é calculada como uma variação percentual do índice passado para o índice atual de acordo com o período de tempo que se deseja. Enquanto a inflação representa basicamente uma elevação nos níveis gerais de preços, conforme comentado, a desvalorização da moeda pode ser entendida, ao contrário, pelo decréscimo de seu poder de compra (poder aquisitivo). Quanto maior a taxa de inflação (INF), evidentemente, maior também será a taxa de desvalorização da moeda, definindo-se menor capacidade de compra.

Pode-se conceituar a taxa real como o resultado de uma operação (aplicação ou captação) calculado após serem expurgados os acréscimos oriundos da inflação. Em outras palavras, é o rendimento (aplicação) ou custo (captação) obtidos de valores expressos em moedas de um mesmo poder aquisitivo (expressas em poder de compra de mesma data).

A Taxa Referencial (TR) foi instituída como um indexador dos contratos com prazo superior a 90 dias, e é usada também para corrigir os saldos mensais da caderneta de poupança e seguros. Diariamente, os bancos informam ao Banco Central suas taxas de juros pagas aos aplicadores nas captações de recursos. O Banco Central calcula então a média ponderada desses juros nessas aplicações, sendo esta taxa conhecida como Taxa Básica Financeira (TBF). Sobre a taxa básica financeira, o Banco Central aplica um redutor objetivando extrair as parcelas referentes às taxas de juros reais e à tributação incidente sobre o CDB, obtendo dessa maneira a Taxa Referencial.

A caderneta de poupança é a forma de investimento financeiro mais popular do Brasil. A remuneração desse investimento é atualmente fixada em 0,5% ao mês, mais a variação da TR.

 Testes de verificação

1. Juca trabalha em uma instituição bancária, na função de gerente pessoa física, o que lhe proporciona um rendimento líquido de $ 2.500,00 mensais. Apesar do baixo índice inflacionário, Juca verificou que seu poder de compra diminuiu. Ele constatou que no intervalo de seis meses seu padrão de consumo passou para 90% do que consumia antes. O índice mensal de inflação no semestre atinge:

   a) 1,79% a.m.
   b) 1,77% a.m.
   c) 1,86% a.m.
   d) 1,72% a.m.
   e) 1,81% a.m.

2. O IGP-M é um indicador que mede a taxa de inflação da economia. Este índice utiliza uma grande variedade de itens, bens e serviços, por esse motivo é muito utilizado por empresas que atuam em diferentes segmentos. O IGP-M de janeiro de determinado ano é de 195,827. Sabe-se que a taxa de inflação de cada um dos meses

seguintes atinge 0,70% (fevereiro), 0,80% (março), 0,71% (abril). O valor do IGP-M no final do trimestre será:

a) 200,187.
b) 198,775.
c) 197,197.
d) 198,849.
e) 201,867.

3. Um investidor adquiriu um imóvel na expectativa de especulação imobiliária. O imóvel foi adquirido por $ 600.000,00 em janeiro de determinado ano e vendido em junho do mesmo ano por $ 650.000,00. Sabe-se que os valores do IGP-M foram de 201,872 e 211,764 para janeiro e junho, respectivamente. Assim, o valor da rentabilidade nominal da operação de compra e venda do imóvel e a inflação serão:

a) 1,08% e 1,05%.
b) 8,33% e 2,03%.
c) 1,08% e 4,90%.
d) 8,33% e 4,90%.
e) 8,33% e 1,05%.

4. Uma loja de departamentos está vendendo certo produto a prazo cobrando juro nominal de 2,2% ao mês, sendo a inflação projetada de 8% ao ano. O custo real mensal do financiamento é:

a) 2,75%.
b) 3,72%.
c) 1,55%.
d) 1,06%.
e) 7,31%.

5. Sendo de 0,7% a inflação de determinado mês e de 0,6% a taxa do mês seguinte, determinar a perda do poder de compra verificada no bimestre.

a) 1,30%.
b) 1,29%.
c) 1,27%.
d) 1,25%.
e) 1,24%.

6. A caderneta de poupança rendeu em 2011 7,5%. A inflação medida pelo IPCA foi de 6,5%. Logo, a taxa real para o ano de 2011 foi de:

a) 1,00%.
b) 0,94%.
c) 0,90%.
d) 0,50%.
e) 0,00%.

Exercícios propostos

1. Admita que um investidor tenha feito uma aplicação em um CDB que está pagando 0,9% ao mês líquido. Se o investidor pretende resgatar essa aplicação ao final de 7 meses e obter um ganho real de 5% nesse período, qual deverá ser a taxa máxima de inflação do período?

2. Os ganhos nominais (rentabilidades) acumulados no ano de 2006 das principais aplicações financeiras disponíveis no Brasil atingiram, segundo dados do Banco Central, os seguintes percentuais anuais:

Caderneta de Poupança (dia 1º):	7,79%
CDB (pré) para 30 dias:	15,04%
Ouro (BM&F):	12,69%
Bolsa de Valores (IBOVESPA):	32,93%
Dólar comercial:	– 8,09%
IPCA:	2,81%

Determine a rentabilidade real de cada alternativa de aplicação financeira considerando como base o IPCA.

3. Suponha que você vá emprestar a alguém $ 5.000,00 pelo prazo de um ano. Não há risco de que você não receba o dinheiro de volta. Admita que você vá emprestar o

dinheiro da seguinte maneira: $ 2.000,00 em dinheiro que você tinha aplicado no banco e os outros $ 3.000,00 utilizando seu limite de cheque especial. O custo do dinheiro emprestado pelo banco por meio do cheque especial é 9% ao mês efetivo. Você tinha uma taxa de aplicação de 1% ao mês com os seus recursos aplicados no banco. O imposto de renda sobre o rendimento de suas aplicações é de 20% e admita que não haja outros impostos incidentes. Qual é a taxa mensal de juros que você deve cobrar para que tão somente cubra todos os seus custos?

4. Calcule o custo real mensal de um financiamento pelo prazo de um ano sabendo-se que os juros nominais cobrados atingem 1,8% ao mês e a inflação de todo o período esteja estimada em 6%.

5. Admita que uma instituição financeira deseje obter uma remuneração real de 1% ao mês em suas operações de crédito. Sendo de 0,6% ao mês a expectativa de inflação, calcule a taxa mensal de juros a ser cobrada.

6. A inflação em 2011 medida pelo IGP-M é dada na tabela a seguir.

Mês/ano	Índice do mês em %
dez./11	– 0,12
nov./11	0,5
out./11	0,53
set./11	0,65
ago./11	0,44
jul./11	– 0,12
jun./11	– 0,18
maio/11	0,43
abr./11	0,45
mar./11	0,62
fev./11	1
jan./11	0,79

Calcule a inflação acumulada no ano de 2011.

Links da web

https://www.calculadorarendafixa.com.br/. *Site* com cálculos de atualização de valores e simulações da B3.

http://www.bcb.gov.br. *Site* oficial do Banco Central do Brasil com séries temporais de indicadores financeiros.

https://portalibre.fgv.br/fgv-dados. *Site* com informações de indicadores de conjuntura econômica do Brasil.

Sugestão de filme

Os cálculos financeiros são importantes para que se dominem os diversos produtos do mercado, alcançando bons resultados nos investimentos. Recomenda-se o filme **Boiler room (O primeiro milhão)**.

Sugestão de leitura

ASSAF NETO, Alexandre. **Matemática financeira e suas aplicações.** 15. ed. São Paulo: Atlas, 2022.

ASSAF NETO, Alexandre. **Mercado financeiro.** 15. ed. São Paulo: Atlas, 2023.

Respostas dos Testes de verificação

1. b
2. a
3. d
4. c
5. b
6. b

PRODUTOS FINANCEIROS

OBJETIVOS DO CAPÍTULO

1. Descrever as características dos principais ativos e demais produtos negociados no mercado financeiro e identificar as peculiaridades de cada um desses ativos no que se refere a emissão, prazos e rendimentos.
2. Explicar os componentes básicos do Certificado de Depósito Interfinanceiro (CDI), abordando a taxa *over* de juros – medida de ampla utilização no mercado financeiro brasileiro.
3. Definir o sistema de crédito rotativo, como é utilizado no Brasil, suas vantagens e desvantagens.
4. Definir os principais sistemas de amortização existentes em prática atualmente no mercado, mostrando suas características e técnicas de operacionalização.

Os investimentos em forma de capitalização, fundos, previdência, aquisição de bens, crédito pessoal, crédito consignado, seguros, cartão de crédito, entre outros, fazem parte do *mix* de serviços oferecidos pelos bancos. Em outras palavras, são os produtos mais divulgados e oferecidos no mercado financeiro.

Atualmente, os bancos comerciais/múltiplos e bancos de investimentos participam do mercado financeiro desenvolvendo e vendendo produtos voltados para aplicações e financiamentos. Os agentes econômicos (pessoas, empresas e governo), com sobras ou déficits de caixa, satisfazem suas necessidades negociando esses produtos financeiros. Os indicadores financeiros formados no mercado, como o custo do dinheiro, cotações dos títulos negociados, prêmio de risco e comportamento das taxas de juros, são importantes balizadores para as decisões financeiras das empresas. O acompanhamento do mercado financeiro é essencial para as finanças corporativas, exigindo do administrador um conhecimento técnico dessas operações.

São mostrados a seguir os vários instrumentos financeiros negociados no mercado nacional, fixando-se esta parte mais nas demonstrações de como as principais operações são realizadas na prática, tendo-se sempre a preocupação em ilustrar como os cálculos são feitos.

5.1 CERTIFICADO/RECIBO DE DEPÓSITO BANCÁRIO (CDB/RDB)

Os CDBs e RDBs são classificados como títulos de *renda fixa* que revelam, no ato da aplicação financeira, o valor da rentabilidade a ser alcançada ao término do prazo de investimento. São emitidos por bancos comerciais/múltiplos, bancos de investimentos e caixas econômicas.

> Ativos de renda fixa são papéis cujo retorno (ou rendimento) do capital investido é conhecido no momento da aplicação, conhecidos por pre-fixados, ou na data de resgate (vencimento), denominados pós-fixados. Estes títulos podem ser emitidos por instituições financeiras, por empresas não financeiras e pelo governo (títulos públicos).

Quando uma pessoa (física ou jurídica) possui sobras de caixa (capacidade de poupança), e decide investir, por exemplo, em CDB emitido por um banco, na verdade está emprestando seu dinheiro, por um certo prazo, em troca de uma expectativa de retorno financeiro. O banco irá usar esse dinheiro para emprestar às outras pessoas que necessitam de recursos financeiros, ou seja, partes desses recursos tomados pelo banco irão financiar cheque especial, empréstimos pessoais, operações de compra de bens e serviços, formação de estoques nas empresas etc.

As taxas de juros podem ser *prefixadas* ou *pós-fixadas*. Os CDBs/RDBs prefixados têm seu retorno expresso na taxa de juros contratada, geralmente referenciada em ano. Os rendimentos dos pós-fixados são atrelados a um índice de inflação (TR ou IGP-M) usado como fator de correção monetária, acrescidos da taxa de juros pactuada no momento da aplicação.

A principal diferença entre o CDB e RDB é que o CDB pode ser negociado no mercado antes de seu vencimento, ou seja, transferido a outro investidor, mediante endosso nominativo, e o RDB é um título inegociável e intransferível.

A tributação desses papéis, bem como de todos os investimentos de renda fixa, inclusive fundos e os clubes de investimentos, inclui o Imposto de Renda (IR) e o Imposto sobre Operações Financeiras (IOF). O fato gerador do Imposto de Renda é o resgate do CDB com lucro. A alíquota vigente está descrita na tabela a seguir. A base de cálculo do Imposto é a diferença positiva entre o valor aplicado e o valor resgatado, subtraindo-se, quando for o caso, o valor do IOF. O recolhimento do IR é de responsabilidade da instituição financeira, já que o imposto é cobrado na fonte.

Em 1º de janeiro de 2005, entrou em vigor a nova *tabela do Imposto de Renda* sobre aplicações financeiras, conforme demonstrada na Tabela 5.1.

Tabela 5.1 Alíquotas de IR por prazos de aplicação.

Modalidade	Prazo de Permanência	Alíquotas	Retenção
Investimentos de Renda Fixa (Longo Prazo)	Até 180 dias	22,50%	Imposto de Renda na Fonte
	De 181 a 360 dias	20,00%	
	De 361 a 720 dias	17,50%	
	Acima de 720 dias	15,00%	
Investimentos de Renda Fixa (Curto Prazo)	Até 180 dias	22,50%	
	Acima de 180 dias	20,00%	

Fonte: Ministério da Fazenda.

O Imposto sobre Operações Financeiras (IOF) incide sobre o valor do rendimento auferido. Este imposto, no entanto, somente é devido quando ocorrerem resgates antes que a aplicação complete 30 dias, de acordo com a Tabela 5.2 regressiva.

Tabela 5.2 Alíquota do IOF para resgate inferior a 30 dias.

Nº de dias	% limite do rendimento
01	96
02	93
03	90
04	86
05	83
06	80
07	76
08	73
09	70
10	66
11	63
12	60
13	56
14	53
15	50
16	46
17	43
18	40
19	36
20	33
21	30
22	26
23	23
24	20
25	16
26	13
27	10
28	06
29	03
30	00

Fonte: Ministério da Fazenda.

EXEMPLO ILUSTRATIVO – Rendimentos prefixados e impostos

Um investidor aplica $ 5.000,00 em um CDB prefixado à taxa de 1,5% a.m. para um período de 80 dias. O imposto de renda é retido na fonte à alíquota de 22,5% sobre o lucro bruto (ver Tabela 5.1). Determinar:

a) valor de resgate líquido do Imposto de Renda;

b) rentabilidade líquida obtida considerando o IR;

c) rentabilidade real mensal líquida do imposto de renda (IR) considerando que a inflação de todo o período da aplicação (80 dias) foi de 0,8%.

Solução:

a) Calculando o *montante bruto* ao término do prazo de aplicação:

$$FV = \$\ 5.000,00 \times (1,015)^{80/30}$$
$$= \$\ 5.202,51$$

O *lucro bruto* foi então de: $ 5.202,51 – $ 5.000,00 = $ 202,51

O valor do *Imposto de Renda* é = 22,5% × $ 202,51 = $ 45,56

Logo, o valor de *resgate líquido* do IR é de $ 5.202,51 – 45,56 = 5.156,95.

Observe que não houve retenção de IOF porque o prazo de aplicação foi superior a 30 dias.

b) Calculando a *rentabilidade líquida* do período considerando o IR:

$$i = \frac{5.156,95}{5.000,00} - 1 = 3,139\% \text{ em } 80 \text{ dias}$$

Convertendo a taxa efetiva do período para mês:

$$i = (1 + 0,031390)^{\frac{30}{80}} - 1 = 1,17\% \text{ a.m.}$$

Portanto, a *rentabilidade líquida* mensal (após o IR) obtida na aplicação foi de **1,17%**.

c) calculando a *rentabilidade real* do investimento:

$$Taxa\ Real\ (r) = \frac{1,03139}{1,008} - 1$$
$$= 2,32\% \text{ para } 80 \text{ dias}$$

$$Taxa\ Real\ (r) = (1 + 0,0232)^{30/80} - 1$$
$$= 0,864\% \text{ a.m.}$$

EXEMPLO ILUSTRATIVO –
Resgate de CDB antes de 30 dias

Admita que um investidor tenha aplicado $ 5.000,00 em um CDB à taxa de 1,5% a.m., e que, após 20 dias, tenha solicitado o resgate dessa aplicação. Calcule o valor líquido a ser resgatado por este investidor.

Solução:

Calculando o montante bruto, tem-se:

$$FV = 5.000(1 + 0,015)^{\frac{20}{30}} = \$\ 5.049,88$$

Como o resgate foi feito antes de 30 dias de aplicação, ocorre a incidência de IOF sobre o lucro bruto, antes da incidência do IR, conforme alíquota estabelecida na Tabela 5.2. Para 20 dias de aplicação, a alíquota correspondente é 33%.

IOF = 33% (49,88) = $ 16,46.

Lucro a ser tributado pelo IR = 49,88 – 16,46 = $ 33,42.

IR = 22,5% (33,42) = $ 7,52.

Lucro líquido = 33,42 – 7,52 = $ 25,90.

Valor do resgate líquido = $ 5.025,90.

5.2 TAXA *OVER*

A taxa *over* é uma taxa de juros nominal, isto é, formada por juros simples, com capitalização diária,

porém válida somente para os dias úteis (dias de funcionamento do mercado financeiro). Essa taxa costuma ser expressa ao mês, obtida pela simples multiplicação da taxa ao dia por 30, sendo aplicada geralmente para operações a curto prazo. Toda taxa nominal *over* deve informar o número de dias úteis nos quais os juros serão capitalizados de maneira que se possa calcular a taxa efetiva do período.

Suponha, por exemplo, uma taxa *over* de 2,4% ao mês, considerando que existem 20 dias úteis no período. As taxas *over* são normalmente representadas por a.m.o. (ao mês *over*) após cada taxa de juros. Logo, a taxa de juros a ser considerada em cada dia útil é a proporcional:

$$i = \frac{0,024}{30} = 0,0008 = 0,08\% \text{ ao dia}$$

Sendo definidos 20 dias úteis no mês, a taxa efetiva apurada com capitalização composta é:

$$i = (1 + 0,0008)^{20} - 1 = 1,61\% \text{ a.m.}$$

Na prática, o que se tem é o mecanismo de conversão de uma taxa *over* em efetiva e de efetiva em *over*. Lembrando que as taxas em todas as fórmulas de matemática financeira deverão ser informadas sempre de maneira centesimal, isto é, dividida por cem. De modo geral, para se encontrar a taxa efetiva com base em uma taxa *over* mensal, tem-se:

$$i_f = \left[\left(1 + \frac{\text{taxa } over}{30} \right)^{\text{dias úteis}} \right] - 1$$

E de maneira contrária, para encontrar a taxa *over* a partir de uma taxa efetiva, ambas com referenciais mensais, tem-se:

$$\text{Taxa } over = \left[(1 + \text{taxa efetiva})^{\frac{1}{\text{dias úteis}}} - 1 \right] \times 30$$

EXEMPLOS ILUSTRATIVOS

a) Conversão de Taxa *Over* em Taxa Efetiva

Considere uma taxa *over* de 4% a.m. definida para um mês com 23 dias úteis. Calcule a correspondente taxa efetiva.

Solução:

$$i_f = \left[\left(1 + \frac{0,04}{30}\right)^{23}\right] - 1 = 0,0311$$
$$= 3,11\% \text{ a.m.}$$

b) Conversão de Taxa Efetiva em Taxa *Over*

Converter uma taxa efetiva de 2,6% ao mês em taxa *over*, sabendo que no período existem 21 dias úteis.

Solução:

$$\text{Taxa } over = \left[(1 + 0,026)^{\frac{1}{21}} - 1\right] \times 30$$
$$= 0,0367 = 3,67\% \text{ a.m.o.}$$

c) Taxa Efetiva Mensal de Juros

Considere uma aplicação com taxa *over* de 1,87% ao mês pelo prazo de 39 dias corridos, nos quais existem 28 úteis. Calcular a taxa efetiva de juros mensal.

Solução:

Lembrando que os juros são capitalizados nos dias úteis, e que os dias úteis foram contados em mais de 30 dias corridos, deve-se ajustar o prazo para calcular a taxa efetiva, uma vez que os 28 úteis correspondem a fração de $\frac{28}{39} = 0,71794872$ dos 39 dias corridos da aplicação financeira. Ajustando para 30 dias tem-se: $0,71794872 \times 30 = 21,53846$. Assim, a correspondente taxa efetiva será:

$$i_f = \left[\left(1 + \frac{0,0187}{30}\right)^{21,53846}\right] - 1$$
$$= 0,0135 = 1,35\% \text{ a.m.}$$

5.2.1 Taxa *over* anual efetiva

Como ficou demonstrado, as taxas *over* são descritas em termos mensais de apuração.

Por determinação do Banco Central do Brasil (BACEN), desde o ano de 1998, tais taxas passaram a ser apuradas em termos efetivos anuais, visando divulgar no mercado financeiro uma visão a longo prazo de suas operações.

Para isso, o Banco Central fixou 252 dias úteis para cada ano, considerando que em média existem 21 dias úteis em cada mês. As taxas apuradas no SELIC são definidas como *over* anual efetiva.

EXEMPLO ILUSTRATIVO – Taxa *Over* Efetiva Anual

O Banco Central publicou uma taxa *over* efetiva anual de 12,74% ao ano para o mês de março de 2007, que possui 22 dias úteis.

Pode-se então calcular a *taxa por dia útil*:

i = (1 + 0,1274)$^{1/252}$ – 1 = 0,00047596
= 0,047596% ao dia útil

De posse dessa taxa diária, calculam-se ainda as seguintes taxas:

- Taxa *over* nominal mensal, bastando multiplicar a taxa ao dia útil por 30 dias:

  $i = 0,047596\% \times 30$ dias $= 1,43\%$ a.m.o.

- Taxa *over* efetiva mensal, bastando capitalizar a taxa ao dia útil pelo número de dias úteis no mês:

  $i = (1 + 0,00047596)^{22} - 1$
  $= 1,05\%$ a.m.o.

No exemplo apresentado, a taxa de 12,74% é denominada taxa *over* anual efetiva, que equivale a uma taxa anual efetiva, transformada para dia útil considerando a presença de 252 dias úteis no ano.

# APLICAÇÃO PRÁTICA

Banco Central divulga as seguintes taxas de juros SELIC acumuladas no mês *anualizadas*

Data mês/AAAA	% a.a.	Data mês/AAAA	% a.a.
jan/20	4,4	jan/22	9,15
fev/20	4,19	fev/22	10,49
mar/20	3,95	mar/22	11,15
abr/20	3,65	abr/22	11,65
maio/20	3,01	maio/22	12,51
jun/20	2,58	jun/22	12,89
jul/20	2,15	jul/22	13,15
ago/20	1,94	ago/22	13,58
set/20	1,9	set/22	13,65
out/20	1,9	out/22	13,65
nov/20	1,9	nov/22	13,65
dez/20	1,9	dez/22	13,65
jan/21	1,9	jan/23	13,65
fev/21	1,9	fev/23	13,65
mar/21	2,23	mar/23	13,65
abr/21	2,65	abr/23	13,65
maio/21	3,29	maio/23	13,65
jun/21	3,76	jun/23	13,65
jul/21	4,15	jul/23	13,65
ago/21	5,01	ago/23	13,19
set/21	5,43	set/23	12,97
out/21	6,3	out/23	12,65
nov/21	7,65	nov/23	12,17
dez/21	8,76	dez/23	11,87
		jan/24	11,65

Fonte: BACEN.

5.3 CERTIFICADO DE DEPÓSITO INTERFINANCEIRO (CDI)

Os *Certificados de Depósitos Interfinanceiros* (CDI) são títulos de emissão das instituições financeiras, que lastreiam (garantem) as operações do mercado interfinanceiro. São negociáveis apenas pelas instituições financeiras nas operações de transferências de recursos entre as próprias instituições. Na prática, toda vez que uma instituição necessita de recursos a curto prazo, pode recorrer ao mercado interfinanceiro para se financiar; da mesma maneira, aquelas instituições que encerram sua posição em determinado dia com sobras de caixa, também podem procurar o mercado para aplicar esses saldos excedentes. Os CDIs são emitidos de forma escritural.

Não há incidência de Imposto de Renda nem de Imposto sobre Operações Financeiras. São operações realizadas por meio eletrônico e registradas nos terminais da Central de Custódia e Liquidação de Títulos Privados (CETIP). São operações geralmente de um dia, podendo também ser negociadas em prazos maiores a taxas de juros prefixadas e pós-fixadas.

Os Certificados de Depósitos Interfinanceiros são também conhecidos apenas como Depósitos Interfinanceiros (DI) e os juros são definidos como um padrão de taxa média diária, a CDI *over*. As taxas do CDI *over* estabelecem também as taxas referentes às operações de empréstimos de curtíssimo prazo, conhecidas por *hot money*.

EXEMPLO ILUSTRATIVO –
Operação no Mercado Interfinanceiro

Considere uma operação no mercado interfinanceiro por três dias. Sendo as taxas *over* mensais definidas para cada um dos dias como: 2,2%, 2,18% e 2,40%. Calcular a taxa efetiva do período e a taxa *over* média da operação.

Solução:

$$over_1 = \frac{2,2\%}{30} = 0,07333\% \text{ ao dia}$$

$$over_2 = \frac{2,18\%}{30} = 0,07267\% \text{ ao dia}$$

$$over_3 = \frac{2,4\%}{30} = 0,08000\% \text{ ao dia}$$

Capitalizando as taxas para calcular a taxa efetiva do período, tem-se:

$$i_{efetiva} = (1 + 0,0007333) \times (1 + 0,0007267) \times (1 + 0,0008) - 1$$
$$= 0,0022617$$

$$i_{efetiva} = 0,22617\% \text{ em três dias}$$

A taxa média diária atinge:

$$i_{efetiva} = (1 + 0,0022617)^{\frac{1}{3}} - 1 = 0,0753\% \text{ a.d.}$$

5.4 *HOT MONEY*

Hot Money é uma operação de curtíssimo prazo (um dia) cuja finalidade é atender às necessidades imediatas de caixa de uma empresa. Se houver necessidade de um prazo maior, a operação é liquidada e renovada diariamente. O *hot money* tem como referencial a taxa do CDI, acrescida de um *spread* cobrado a título de comissão da instituição financeira que efetua a intermediação dos recursos à empresa.

Há incidência de Imposto sobre Operações Financeiras (IOF) calculado sobre a repactuação diária da taxa de juros.

EXEMPLO ILUSTRATIVO –
Operação *Hot Money*

Admita que uma empresa contrate uma operação *hot money* no valor de $ 500.000,00 e renovando o empréstimo por três dias. As taxas *over* nominais mensais estabelecidas para cada dia são 1,80%, 1,90% e 2,10%. Admita que no mês da contratação existam 21 dias úteis. O *spread* do banco é de 0,10% ao dia e os juros são acumulados no montante da dívida. A alíquota do IOF é 0,0041% ao dia, descontado antecipadamente. Determine o total de juros a pagar e o custo efetivo mensal desta operação.

Solução:

Fazendo o cálculo dia por dia, tem-se:

1º Dia:

Empréstimo:	$ 500.000,00
IOF: 500.000,00 × 0,0041% =	($ 20,50)
Valor liberado ao cliente	*$ 499.979,50*

Juros + *spread*:

$$500.000,00 \times \left[\frac{0,018}{30} + 0,0010\right] = \quad \$ \quad 800,00$$
$$\$ \ 500.779,50$$

Saldo Devedor:

2º Dia:
Empréstimo: $ 500.779,50
IOF: 500.779,50 × 0,0041% = ($ 20,53)
Valor liberado ao cliente $ 500.758,97

Juros + *spread*:

$$500.779,50 \times \left[\frac{0,019}{30} + 0,0010\right] = \quad \$ \quad 817,94$$
$$\$ \ 501.576,91$$

Saldo Devedor:

3º Dia:
Empréstimo: $ 501.576,91
IOF: 501.576,91 × 0,0041% = $ 20,56
Valor liberado ao cliente ($ 501.556,35)

Juros + *spread*:

$$501.576,91 \times \left[\frac{0,021}{30} + 0,0010\right] = \quad \$ \quad 852,68$$

Saldo Devedor: $ 502.409,03

Dessa maneira, o total da dívida após 3 dias será de $ 502.409,03. O custo efetivo é a taxa interna de retorno do fluxo de caixa a seguir, do ponto de vista do tomador do empréstimo:

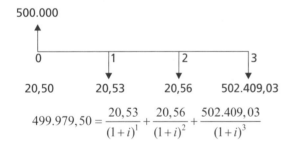

$$499.979,50 = \frac{20,53}{(1+i)^1} + \frac{20,56}{(1+i)^2} + \frac{502.409,03}{(1+i)^3}$$

Na data zero, o fluxo de caixa é de 499.979,50, e utilizando a calculadora financeira HP 12C, tem-se:

Comandos	Significado
f REG	Limpa os registradores de armazenamento
499979,50 CHS g CFo	Introduz o valor presente
20,53 g CFj	Pagamento do 1º dia
20,56 g CFj	Pagamento do 2º dia
502409,03 g CFj	Pagamento do 3º dia
f IRR	Custo efetivo ao dia (0,16445%)

O custo efetivo ao dia será de 0,16445%. Capitalizando-se essa taxa diária para o período de 3 dias tem-se:

$$i = (1 + 0,0016445)^3 - 1$$
$$= 0,4942\% \text{ no período.}$$

Como o mês da operação contém 21 dias úteis, a taxa mensal será:

$$i = (1 + 0,004942)^{\frac{21}{3}} - 1 = 3,51\% \text{ a.m.}$$

O exemplo ilustrativo admitiu que os juros do empréstimo se acumulam ao longo dos 3 dias, sendo liquidados somente ao fim da operação. Os juros poderiam também ser pagos nas renovações diárias do crédito.

5.5 DESCONTO DE DUPLICATAS/ CHEQUES

O desconto de duplicatas ou cheques consiste, basicamente, na negociação de um título representativo de um crédito em alguma data anterior à de seu vencimento, ou seja, é uma forma de antecipar o recebimento de um crédito mediante a cessão de seus direitos a um mutuante.

Por exemplo, se o credor de uma nota promissória, cujo vencimento se dará em alguma data futura, necessitar do dinheiro antes do vencimento, poderá negociá-la, isto é, receber à vista o valor de seu crédito mediante o pagamento de alguma compensação financeira. Um empréstimo a curto prazo, conforme praticado normalmente pelos bancos comerciais mediante a emissão de uma nota promissória, também pode ser considerado como um desconto, dada a existência de um crédito cujo vencimento ocorrerá em determinada data posterior a sua negociação.

O valor do crédito negociado, nesse caso, já se constitui no próprio montante da operação, e os juros são pagos antecipadamente, ou seja, antes do uso efetivo do capital empenhado. Dessa maneira, o valor liberado é evidentemente inferior ao valor contratado do crédito; essa diferença, conforme observado, representa o custo da operação.

(Na realidade esse "pagamento antecipado" é ilusório. Existe, na verdade, um recebimento menor que corresponde ao capital tomado emprestado, e

um encargo que será pago no vencimento quando se liquidar a dívida total assumida.)

Essa forma descrita de remuneração de desconto, bastante adotada nas operações de crédito (bancárias ou comerciais) a curto prazo, é definida como *desconto bancário*, ou *comercial*. Por exemplo, uma empresa, ao realizar uma operação de venda a prazo, emite um comprovante da existência desse crédito, normalmente representado por uma duplicata, no qual consta, entre outras informações, o valor a receber e a data de seu vencimento. Ao necessitar desses recursos ainda não realizados financeiramente em qualquer época anterior à do vencimento, poderá antecipar o recebimento do título descontando-o em algum banco comercial. Evidentemente, o valor que a instituição liberará à empresa é inferior ao do resgate, em função dos encargos financeiros cobrados.

O processo de desconto, assim como o das demais operações de curto e curtíssimo prazos, geralmente é desenvolvido na prática segundo o critério de juros simples. No entanto, sempre no cálculo do custo efetivo dessas operações será atribuída preferência ao critério de juros compostos, principalmente, pela mensuração da taxa interna de retorno.

Podem ser adotadas duas metodologias de cálculo dos encargos antecipados de uma operação de desconto: juros "por dentro" e juros "por fora".

O primeiro critério de desconto, apesar de praticamente inexistir em termos de aplicação prática nas operações bancárias de desconto, representa rigorosamente o conceito de juros, sendo mensurado racionalmente com base no capital efetivamente empenhado em uma operação.

A operação de desconto "por fora" (desconto bancário ou comercial), por sua vez, é amplamente utilizada nas operações financeiras a curto prazo no Brasil. Contrariamente ao critério anterior, a taxa de desconto incide sobre o montante da operação (valor a pagar), e não sobre o capital liberado, determinando assim um custo efetivo maior.

O valor do desconto "por fora" é obtido pela multiplicação entre o valor nominal do título (valor de resgate ou montante), a taxa de juro (desconto) adotada na operação e o prazo de antecipação em que o título é descontado, isto é:

$$D_F = N \times d \times n$$

em que:

D_F = valor (em \$) do desconto "por fora" (bancário ou comercial);

N = valor (em \$) nominal da operação (valor de resgate na data de vencimento);

d = taxa de desconto "por fora" aplicada na operação;

n = prazo de antecipação.

Além da cobrança de uma taxa de juros, as operações bancárias de desconto geralmente incluem também encargo proveniente do Imposto sobre Operações Financeiras (IOF), cujo pagamento é de responsabilidade do financiado. Nesse caso, a instituição responsabiliza-se somente por seu recolhimento ao erário público.

Uma vez mais, é ressaltado que a taxa efetiva de juros é calculada sobre o valor realmente empenhado pelo credor, e não sobre o montante (valor nominal) da dívida. Na realidade, o desconto "por fora" não representa taxa de juros, em sua expressão mais rigorosa; constitui uma metodologia de cálculo dos encargos financeiros, a qual produz custos efetivos sempre mais elevados que as taxas aparentemente consideradas na operação.

Ilustrativamente, suponha uma operação de desconto bancário de \$ 10.000,00 realizada por uma empresa pelo prazo de 3 meses. A taxa de juros cobrada pela instituição financeira é de 2,5% ao mês, e os valores dos encargos são descontados no ato da operação.

Aplicando as duas metodologias de cálculo do desconto ao exemplo ilustrativo, observa-se que o desconto racional ("por dentro") envolve maior volume de recursos liberados, destacando-se como o de menor custo efetivo. Nessa modalidade, de rara aplicação prática, os encargos são calculados sobre o valor liberado da operação, e não sobre seu montante. Esquematicamente, pode-se representar a aplicação das duas modalidades de desconto bancário da seguinte maneira:

Desconto Bancário/Comercial

- "Por Dentro" (Racional) =

$$= \frac{10.000,00}{1 + 0,025 \times 3} = \$ 9.302,33$$

- "Por fora" = 10.000,00 × 0,025 × 3 = 750,00

Pelo desconto bancário "por fora", a empresa é creditada em somente $ 9.250,00, e os juros do desconto são calculados sobre o valor do resgate do empréstimo.

Essa característica de cálculo dos juros faz com que a taxa efetiva da operação seja maior no desconto bancário "por fora", a qual atinge 8,11% no trimestre (2,63% a.m.), comparativamente aos 7,50% a.t. (2,44% a.m.) obtidos na modalidade "por dentro", ou seja:

Custo efetivo

- *Desconto "por fora"* $= \dfrac{750,00}{9.250,00} = 8,11\%$ a.t.

  Que corresponde a um custo equivalente mensal de:

  $$i = (1+0,0811)^{\frac{1}{3}} - 1 = 2,63\% \text{ a.m.}$$

- *Desconto "por dentro"* $= \dfrac{697,67}{9.302,33} = 7,50\%$ a.t.

  Que corresponde a um custo equivalente mensal de:

  $$i = (1+0,075)^{\frac{1}{3}} - 1 = 2,44\% \text{ a.m.}$$

Note que o custo efetivo da operação é calculado de maneira correta pelo capital líquido liberado pelo credor, ou seja, relacionando-se os encargos financeiros com o capital efetivamente empenhado no empréstimo. Evidentemente, quanto maior se apresentar o prazo do desconto bancário "por fora", mais elevadas serão as taxas efetivas de juros e menores os valores liberados ao tomador do empréstimo.

> Em suma, por serem os encargos financeiros pagos antecipadamente e incidentes sobre o montante, a taxa de juros efetiva obtida da modalidade de desconto bancário "por fora" é sempre maior que aquela aparentemente contratada na operação. Representa, na realidade, um juro sobre o montante (valor de resgate) do empréstimo, e seu valor é cada vez mais elevado quanto maior for o prazo da operação.

O custo efetivo de uma operação de desconto bancário pode ser obtido, de maneira direta, por meio da seguinte fórmula:

$$i = \dfrac{d \times n}{1 - d \times n}$$

Essa identidade facilita bastante a determinação da taxa de juros, a qual, prescindindo dos diversos valores da operação, produz diretamente o resultado efetivo com base na taxa de desconto "por fora". Conforme se comentou, quanto maior for o prazo (n) maior será a taxa de juros (i).

Aplicando a identidade no *exemplo ilustrativo* anterior, obtém-se, para uma taxa de desconto (d) de 2,5% ao mês e um prazo (n) de 3 meses, o custo efetivo de 8,11% ao trimestre, ou seja:

$$i = \dfrac{0,025 \times 3}{1 - 0,025 \times 3} = 8,11\% \text{ a.t.}$$

que equivale, em termos de juros compostos, a 2,63% a.m.

Do mesmo modo, a partir de uma taxa efetiva ($i\%$), pode-se calcular a correspondente taxa de desconto a partir da seguinte expressão:

$$d = \dfrac{i}{1+i}$$

Para a taxa efetiva de 8,11% ao trimestre acima, fazendo o cálculo da taxa de desconto (d), tem-se:

$$d = \dfrac{0,0811}{1+0,0811} - 0,075 = 7,5\% \text{ a.t.}$$

ou

$$d = \dfrac{0,075}{3} = 0,025 = 2,5\% \text{ a.m.}$$

Adicionalmente, considere o seguinte exemplo para um desconto de cheques, operação esta muito comum no mercado financeiro.[1]

EXEMPLO ILUSTRATIVO –
Operação de Desconto Bancário

Uma empresa leva a um banco dois cheques para realizar uma operação de desconto. O primeiro cheque é de $ 2.000,00 para 43 dias e o segundo de $ 3.000,00 para 54 dias. O banco informa que a taxa de juros é de 3% a.m. e cobra ainda IOF de 0,0082% a.d., taxa de abertura de crédito (TAC) de $ 40,00 pela operação e custódia de $ 1,00 por cheque.

Pede-se:

a) o valor líquido liberado ao cliente;

b) o custo efetivo mensal da operação.

Solução:

a) Primeiramente, deve-se calcular o prazo médio da operação dos cheques:

$$\bar{n} = \frac{(43 \times 2.000,00) + (54 \times 3.000,00)}{2.000,00 + 3.000,00} = 49,6 \text{ dias}$$

O prazo médio ponderado pode também ser obtido na calculadora financeira HP 12C, por meio dos seguintes comandos:

Comandos	Significado
f REG	Limpa os registradores de armazenamento
43 ENTER 2000 Σ+	Introduz o primeiro par de informações
54 ENTER 3000 Σ+	Introduz o segundo par de informações
g 6	Prazo médio em dias = 49,6 dias

O cálculo dos juros e do IOF são a seguir calculados:

$$J = 5.000,00 \times \frac{0,03}{30} \times 49,6 = \$ 248,00$$

$$IOF = 5.000,00 \times 0,000041 \times 49,6$$
$$= \$ 10,17$$

Calculando o valor líquido liberado:

Total dos cheques:	$ 5.000,00
(–) Juros:	$ 248,00
(–) IOF:	$ 10,17
(–) TAC:	$ 40,00
(–) Custódia:	$ 2,00
Valor liberado:	= *$ 4.699,83*

Esse valor líquido de $ 4.699,83 é creditado em conta corrente do tomador de recursos.

b) Cálculo do custo efetivo do desconto

$$\text{Custo efetivo } (i) = \frac{5.000,00}{4.699,83} - 1$$
$$= 6,39\% \text{ para } 49,6 \text{ dias}$$

Ajustando a taxa para mês, tem-se:

$$\text{Custo efetivo } (i) = (1,0639)^{30/49,6} - 1$$
$$= 3,81\% \text{ a.m.}$$

Esta taxa representa o custo efetivo da operação toda, incluindo não só os juros, como também todos os encargos provenientes da operação, como IOF, TAC e custódia. É esta taxa que deve ser comparada com a de outros bancos para se avaliar a atratividade da operação.

Na operação de desconto de cheque existe a incidência do Imposto sobre Operações Financeiras (IOF).[2] A partir de 3/1/2008, por meio do Decreto nº 6.306/07, alterado pelos Decretos nº 6.339/8 e nº 6.345/08, a alíquota do IOF para pessoa física que era de 0,0041% ao dia, correspondendo a 1,5% ao ano, passou para 0,0082% ao dia, correspondendo a 3% ao ano (limitada a 365 dias), e foi incluída uma alíquota adicional de 0,38% sobre o valor principal, não podendo ser cobrada sobre juros, independentemente do prazo da operação.

Para pessoa jurídica, a alíquota diária permanece em 0,0041% ao dia (limitada a 365 dias) e também incluída alíquota adicional de 0,38% sobre o valor principal independentemente do prazo da operação.

---

[1] Este exemplo era aplicado até 31/2/2007, antes do Decreto nº 6.306/07, que altera a cobrança do IOF sobre alguns produtos financeiros no Brasil.

[2] Essa é a legislação em vigor. Caso ocorram alterações, deve-se respeitar a legislação e a metodologia publicadas com as devidas modificações.

Exemplo:

Considere o desconto de um cheque no valor de $ 5.000,00 a uma taxa de 4% ao mês, com prazo de 60 dias e TAC de $ 40,00, alíquota de IOF de 0,0082% ao dia e IOF adicional de 0,38% sobre o valor da operação e custódia de $ 0,50 por cheque. Pede-se:

a) Valor líquido liberado ao cliente.

b) Custo efetivo mensal da operação.

Solução:

Tem-se:

Juros = $5.000,00 \times (0,04 \div 30) \times 60 = 400,00$

IOF = $(5.000,00 - 400,00) \times 0,000082 \times 60$
$\quad = \$ 22,63$

IOF (adicional) = $(5.000,00 - 400,00) \times 0,0038$
$\quad\quad\quad\quad = \$ 17,48$

Total dos descontos = $400,00 + 22,63 + 17,48 + 40,00 + 0,50$

Total dos descontos = $\$ 480,61$

Valor liberado = $5.000,00 - 480,61$
$\quad\quad\quad\quad = \$ 4.519,39$

O custo efetivo mensal da operação pode então ser calculado da seguinte maneira:

$i = (5.000,00 \div 4.519,39) - 1 = 0,106344$
$\quad = 10,6344\%$ em 60 dias

$i = (1 + 0,106344)^{30/60} - 1 = 0,05183$
$\quad = 5,18\%$ ao mês

5.6 *FACTORING* – FOMENTO COMERCIAL

O *factoring* constitui-se basicamente uma modalidade de assistência financeira a curto prazo (recursos para giro), direcionada para micro, pequenas e médias empresas. A importância deste segmento de empresas é relevante em qualquer economia, principalmente nas emergentes, por absorver um contingente expressivo de mão de obra não qualificada.

O *factoring*, denominado no Brasil como atividade de *fomento comercial* ou *faturização*, destina-se basicamente a negociar os créditos (valores a receber) a curto prazo das empresas produtoras. Na realidade, essa atividade procura oferecer melhor liquidez às empresas carentes de recursos para giro, pela transformação dos valores a receber (realizável) em caixa.

Uma das mais importantes características de uma operação de *factoring* consiste na transferência, em conjunto com os valores a receber, dos riscos inerentes a esses ativos. Assim, além de reforçar a liquidez imediata de seus clientes, a casa de *factoring* absorve o risco pelo recebimento desses valores realizáveis.

Ao contrário de uma operação de desconto bancário, conforme descrita anteriormente, a atividade de fomento comercial não constitui uma operação de crédito. É considerada, efetivamente, uma transferência (cessão) plena dos créditos do cliente para o *factor*, isto é, uma aquisição definitiva dos valores a receber, inclusive do risco de pagamento desses ativos realizáveis.

Uma importante economia que pode advir dessa operação para a empresa produtora cliente refere-se aos gastos inerentes à instalação e ao funcionamento de um departamento de crédito e cobrança, os quais passam a ser de responsabilidade financeira de *factoring*.

As principais *despesas* que envolvem uma operação de *factoring* podem ser descritas da seguinte maneira:

a) *comissão de* factoring: refere-se a um valor cobrado pela casa de *factoring* visando cobrir suas despesas operacionais de análise, seleção e cobrança de crédito. Normalmente, o pagamento dessa despesa é efetuado mediante uma porcentagem fixa calculada sobre o valor nominal dos títulos negociados;

b) *juros por antecipações*: o valor deste encargo depende, basicamente, das taxas de mercado e do risco atribuído à operação. Normalmente, os juros são pagos antecipadamente e calculados de acordo com o critério de desconto bancário (deságio) considerado;

c) *reserva e caução*: consiste na retenção do valor do adiantamento concedido à empresa-cliente e calculado sobre o valor nominal dos títulos. A retenção desse valor, o qual é liberado geralmente quando do recebimento dos créditos, justifica-se como forma de garantia pela fidelidade dos títulos negociados.

Resumidamente, podem-se expor as *vantagens* de uma operação de *factoring* da seguinte maneira:

a) produz maior flexibilidade de financiamento, principalmente em cenários de crescimento da atividade da empresa;

b) dispensa a manutenção de saldos médios e outras formas de reciprocidade exigidas pelas instituições bancárias;

c) os serviços prestados na administração das vendas a prazo possibilitam reduzir, ou até eliminar, as várias despesas incorridas por uma empresa na manutenção de um departamento de crédito e cobrança;

d) garantia do recebimento e consequente eliminação do risco.

Não obstante as vantagens descritas, não se pode generalizar que uma operação de *factoring* se constitua sempre na opção de crédito mais atrativa para a empresa. Os juros cobrados são geralmente mais altos que os praticados no mercado. É necessário quantificar todas as vantagens da operação e associá-las a seus custos, obtendo, assim, os encargos líquidos do *factoring*.

O *fator* deve ser capaz de cobrir todas as despesas e custos operacionais, e apurar, ainda, uma margem de lucro da empresa de fomento. Geralmente, calcula-se o fator de fomento pela seguinte fórmula:

$$Fator = \frac{custo\ do\ dinheiro + despesas + margem\ de\ lucro}{1 - impostos}$$

A decisão final será evidentemente originada da comparação desses encargos com os custos efetivos do mercado de crédito, inclusive reciprocidade. Na realidade, cada operação precisa ser analisada pelas circunstâncias do momento e condições estabelecidas. Em geral, as pequenas e médias empresas, pelas várias razões expostas, costumam considerar o *factoring* como uma operação das mais atraentes.

Em suma, são as características da empresa, das condições de mercado e dos custos e vantagens envolvidas que irão determinar o grau de atratividade da operação.

EXEMPLO ILUSTRATIVO –
Operação de *Factoring*

Admita que uma empresa de *factoring* esteja operando com os seguintes custos:

- Custo de oportunidade do capital = 2,0% a.m.
- Impostos (PIS, COFINS etc.) = 1,3%
- Despesas fixas: 0,5%
- Despesas bancárias: 0,2%
- Margem de lucro: 1,5%

Uma pequena indústria está avaliando a operação de *factoring* para sua carteira de duplicatas a receber no valor de $ 10.000,00. O prazo de vencimento destes títulos é de 30 dias.

Pede-se:

a) Calcular o fator a ser aplicado sobre o valor dos títulos depois dos impostos.

b) O valor do preço de compra se for considerado desconto por dentro e por fora.

Solução:

a) Calculando primeiramente o custo de oportunidade (também chamado *taxa de fundeamento*), que nada mais é do que a remuneração mínima exigida na aplicação do capital, como taxa de desconto:

Taxa efetiva: 2,0% ao mês

Taxa de desconto: $d = \dfrac{i}{1+i} = \dfrac{0,02}{1+0,02} = 1,96\%$

Devem-se agora acrescentar os demais custos previstos para a operação. Somando os valores das despesas fixas, bancárias e margem de lucro ao custo de oportunidade citado anteriormente, tem-se:

Fator (antes dos impostos) = 1,96% + 0,5% + 0,2% + 1,5% = 4,16%

Os impostos são acrescidos na taxa do fator de forma "por dentro", sendo que seu cálculo então deve ser processado "por fora", isto é:

$$\text{Fator de Desconto} \atop \text{(depois dos impostos)} = \frac{4,16\%}{1-0,013} = 4,21\%$$

Este é o fator que deve ser comparado com a taxa de desconto de duplicatas/cheques pelos bancos para se avaliar a atratividade da operação.

b) Se o fator for aplicado "por fora" o preço de compra correspondente será:

Valor Nominal:	$ 10.000,00
(–) Fator de desconto (4,2147%)	$ 421,47
Valor de Compra:	$ 9.578,53

Se o fator for aplicado "por dentro", tem-se:

$$\text{Valor de Compra:} \frac{10.000,00}{1+0,042147} = \$ 9.595,53$$

5.7 CONTA GARANTIDA/ CRÉDITO ROTATIVO

A operação de *crédito rotativo* refere-se a uma conta tipo empréstimo (também chamada *conta corrente garantida*), aberta pelos bancos comerciais, visando ao financiamento de necessidades a curto prazo (capital de giro) das empresas.

Com a entrega de duplicatas como garantia da operação, a instituição bancária abre uma linha de crédito à empresa com base em um percentual do montante caucionado (valor nominal das duplicatas dadas em garantia). À medida que as duplicatas vão sendo resgatadas pelos clientes (sacados), a empresa deverá ir substituindo-as por outras, a fim de manter o limite e a rotatividade do crédito concedido. Os saques dos recursos de crédito são efetuados de acordo com as necessidades de giro da empresa, sendo processados normalmente mediante cheques.

Os principais encargos dessa operação são:

a) *Juros*, calculados sobre o saldo a descoberto (devedor) e devidos periodicamente (mês, trimestre etc.). Na realidade, o valor dos juros é obtido, segundo o método hamburguês, da seguinte maneira:

$$JUROS = \frac{i\%}{360} \times \left[\begin{array}{c} \text{Somatório do Saldo Devedor Corrigido} \\ \text{no período considerado} \end{array} \right]$$

em que *i%* representa a taxa nominal anual de juros definida para a operação. Caso a taxa seja mensal, o denominador da expressão apresentada será 30 dias.

b) Outras despesas incluídas nessa operação referem-se à *Comissão de Abertura de Crédito*, cujo percentual é calculado sobre o limite aprovado de crédito; *IOF* e *Tarifas de Serviços Bancários* cobrados segundo a legislação em vigor.

Na operação de conta garantida, é geralmente cobrada, além da taxa de juros, uma taxa de abertura de crédito, conhecida como TAC. Esta taxa de crédito, cobrada no momento da liberação dos recursos, faz com que o custo final da operação se eleve.

O custo efetivo desta operação de crédito rotativo pode ser obtido como a taxa interna de retorno do fluxo de caixa a seguir:

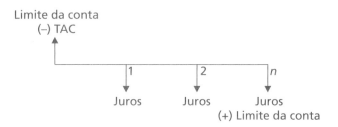

EXEMPLO ILUSTRATIVO – Encargos de um Empréstimo de Conta Garantida

Admita que uma empresa contrate, em 01/03, uma conta garantida com limite de $ 100.000,00 por 2 meses. Os encargos financeiros fixados pelo banco são juros nominais de 4% ao mês, debitados no último dia de cada mês, e uma TAC de 1,5% sobre o limite contratado e debitada no ato do contrato. No período, foram realizadas as seguintes movimentações:

Mês de Março

- Dia 01 – Saque de $ 20.000,00
- Dia 15 – Saque de $ 50.000,00

Mês de Abril

- Dia 01 – Saque de $ 5.000,00
- Dia 12 – Depósito de $ 40.000,00

- Dia 18 – Saque de $ 20.000,00
- Dia 27 – Saque de $ 30.000,00

Pede-se calcular o valor dos juros de cada mês.

Solução:

Elaborando uma planilha para a respectiva operação, tem-se:

Data	Histórico	Débito/Crédito	Saldo Devedor (SD)	Núm. dias	Núm dias × SD
1/mar.	Comissão	($ 1.500,00)	($ 1.500,00)	0	$ –
1/mar.	Saque	($ 20.000,00)	($ 21.500,00)	14	($ 301.000,00)
15/mar.	Saque	($ 50.000,00)	($ 71.500,00)	16	($ 1.144.000,00)
31/mar.	Juros	($ 1.926,67)	($ 73.426,67)		$ –
TOTAL MÊS 1:					**($ 1.445.000,00)**
1/abr.	Saque	($ 5.000,00)	($ 78.426,67)	11	($ 862.693,33)
12/abr.	Depósito	$ 40.000,00	($ 38.426,67)	6	($ 230.560,00)
18/abr.	Saque	($ 20.000,00)	($ 58.426,67)	9	($ 525.840,00)
27/abr.	Saque	($ 30.000,00)	($ 88.426,67)	3	($ 265.280,00)
30/abr.	Juros	($ 2.512,50)	($ 90.939,16)		$ –
TOTAL MÊS 2:					**($ 1.884.373,33)**

Os cálculos envolvidos na tabela apresentada são:

Comissão = 1,5% (100.000,00) = $ 1.500,00

$$Juros\ do\ mês\ 1 = \frac{0,04}{30} \times 1.445.000,00$$
$$= \$ 1.926,67$$

$$Juros\ do\ mês\ 2 = \frac{0,04}{30} \times 1.884.373,33$$
$$= \$ 2.512,50$$

5.8 *WARRANTS*

O *warrant* constitui-se em uma opção de compra de certa quantia de ações a determinado valor, definida por preço de exercício, dentro de um certo prazo estabelecido. O prazo dessa opção de compra é firmado no lançamento do título, e os detentores dos *warrants* não recebem dividendos ou assumem direito de voto em assembleia de acionistas enquanto não exercerem sua opção de compra das ações.

Além disso, para cada *warrant* é especificada determinada data de emissão e de vencimento, previsão de proteção ou não (de ajuste) quando houver a distribuição de proventos por parte de seu ativo subjacente (ação no caso), tipo de exercício etc. Essa diversidade faz com que seja necessário um documento para cada emissão de *warrant*. Esse documento é um contrato denominado contrato de emissão de opções não padronizadas (contrato de emissão de *warrants*) e contém todos os termos associados a uma *warrant*.

O valor teórico é calculado pela diferença entre o preço de mercado das ações e o preço da opção definido no título e multiplicada, ainda, pela quantidade estabelecida de ações no contrato, ou seja:

$$V_W = n[P_S - P_E]$$

em que:

V_W: valor teórico de um *warrant*;

n: quantidade de ações que podem ser adquiridas com um *warrant*;

P_S: preço de mercado da ação objeto da opção de compra;

P_E: preço da ação definido para o exercício da opção.

No caso de o preço da opção ser inferior ao preço de mercado da ação, a *warrant* demonstra atratividade, sendo negociado no mercado por um preço mínimo equivalente ao seu valor teórico. Caso contrário, sendo o preço de mercado da ação menor que

APLICAÇÃO PRÁTICA
Fato Relevante da Magazine Luiza – 1ª Emissão   20/12/2011

Magazine Luiza S.A. ("Companhia"), em observância aos termos do artigo 157 da Lei nº 6.404/76, conforme alterada, e da Instrução CVM nº 358/02, conforme alterada, comunica aos seus respectivos acionistas e ao mercado em geral que, em 19 de dezembro de 2011, o Conselho de Administração da Companhia aprovou a realização da primeira emissão de debêntures simples, não conversíveis em ações, em série única, de espécie quirografária ("Emissão" e "Debêntures", respectivamente), para distribuição pública com esforços restritos de colocação, em consonância com a Instrução da CVM nº 476/09, conforme alterada ("Oferta Restrita"). Serão emitidas 200 (duzentas) Debêntures, com valor nominal unitário de R$ 1.000.000,00 (hum milhão de reais), totalizando, na Data de Emissão (conforme abaixo definida), o valor de R$ 200.000.000,00 (duzentos milhões de reais).

Para todos os efeitos legais, a data de emissão das Debêntures será 26 de dezembro de 2011 ("Data de Emissão"). As Debêntures terão prazo de vigência de 30 (trinta) meses após a Data de Emissão, vencendo-se, portanto, em 26 de junho de 2014. As Debêntures não terão seu valor nominal unitário atualizado e renderão juros remuneratórios, calculados a partir da Data de Emissão, correspondentes a 113,00% (cento e treze inteiros por cento) da variação acumulada das taxas médias diárias dos DI – Depósitos Interfinanceiros de um dia, *over* extra grupo, expressa na forma percentual ao ano, base 252 (duzentos e cinquenta e dois) dias úteis, calculada e divulgada diariamente pela CETIP S.A. – Mercados Organizados.

Os recursos captados por meio da Emissão serão destinados para reforço do capital de giro da Companhia e alongamento de seu endividamento.

A Oferta Restrita estará automaticamente dispensada de registro de distribuição pública na CVM, nos termos do artigo 6º da Instrução CVM nº 476/09.

Este fato relevante tem caráter exclusivamente informativo, nos termos da regulamentação em vigor, e não deve ser interpretado como um material de venda das Debêntures.

Fonte: CVM (19 dez. 2011) – Elaborado por Anbima.

o preço de exercício da opção, o valor da *warrant* é entendido como nulo, não apresentando nenhum interesse em seu investimento, pois os investidores poderão adquirir as ações no mercado de capitais por um preço menor.

EXEMPLO ILUSTRATIVO –
Preço de uma *Warrant*

Admita que uma empresa tenha definido uma opção de compra de três ações via *warrant* com preço de exercício de $ 18,00 por ação. Qual o seu valor teórico da *warrant* caso o preço da ação no mercado venha a atingir $ 20,00?

Solução:

O valor teórico de uma *warrant* é calculado, conforme demonstrado anteriormente, por meio da seguinte expressão:

$$V_W = 3[20,00 - 18,00] = 6,00$$

A *warrant* pode ser negociada no mercado a um preço superior ao seu valor teórico de $ 6,00, em razão das expectativas mais otimistas dos investidores em relação ao comportamento futuro do preço da ação.

Caso, por exemplo, um investidor adquira um *warrant* a $ 6,00 e as ações por $ 20,00, totalizando um investimento de $ 26,00, e o preço da ação após

APLICAÇÃO PRÁTICA
Globo Cabo inicia nova captação de US$ 50 milhões

A Globo Cabo, empresa que presta serviços de TV por assinatura e banda larga para internet, iniciou ontem uma captação no mercado, através da emissão de um novo papel. A operação, no valor de US$ 50 milhões, é privada (*private placement*), destinada a investidores não americanos, e está sendo realizada através da emissão de *commercial papers*. Os títulos vencem em 13 meses, oferecem rendimento de 11,5% ao ano, não têm cupom e o investidor recebe o principal no vencimento.

Segundo operadores do mercado, a nova emissão de *commercial papers* se destina a possibilitar a rolagem de uma dívida que vence na próxima segunda-feira, dia 18: a opção de venda (*put*) dada aos investidores que adquiriram notas de emissão da Multicanal Participações.

As notas da Multicanal foram emitidas em junho de 1996, no valor global de US$ 185 milhões em quatro tranches, todas com vencimento no dia 18 de junho de 2004. Duas das tranches foram vendidas em colocações privadas, uma foi feita no mercado americano e outra no mercado de euro-dólar, segundo informações da Bloomberg.

Desde essa emissão, houve uma reorganização da companhia em setembro de 1998 e a Multicanal primeiro passou a ser subsidiária da Globo Comunicações e Participações e, posteriormente, mudou seu nome para Globo Cabo S.A.

Fonte: Adaptado de **Valor Econômico**, 12 jun. 2001.

---

a compra eleva-se para $ 21,00, o valor teórico da *warrant* passaria a $V_W = 3[21,00 - 18,00] = \$ 9,00$, o que garante uma valorização de 50% no preço de mercado do *warrant* (passou de $ 6,00 para $ 9,00) para um acréscimo de 5% no preço de mercado da ação.

5.9 COMMERCIAL PAPERS

São títulos de crédito utilizados pelas empresas para financiar suas necessidades de capital de giro. Funciona como uma alternativa operacional às operações de empréstimos convencionais, conseguindo uma taxa de juros mais barata pelo fato de não passar pela intermediação bancária. A empresa emite o título e o coloca diretamente junto a investidores no mercado. Oferece ainda maior rapidez na obtenção dos recursos por operar diretamente com os investidores.

Em outras palavras, uma empresa, ao necessitar de recursos a curto prazo, pode colocar esses títulos de sua emissão junto aos investidores em vez de tomar recursos emprestados em bancos. Toda emissão deve ser registrada na Comissão de Valores Mobiliários (CVM).

Os custos de emissão desses títulos são os juros a serem pagos e as custas operacionais, como publicações de editais de lançamento e taxas de registro na Comissão de Valores Mobiliários (CVM).

Os *commercial papers* geralmente são negociados com descontos sobre o valor de face (deságio), sendo que a empresa emitente os compra de volta pelo seu valor de face (valor nominal), podendo ainda ser transferidos de titularidade por endosso.

EXEMPLO ILUSTRATIVO –
Negociação com *Commercial Paper*

Admita que uma empresa tenha decidido captar no mercado $ 5 milhões por meio da colocação de *commercial papers* por 3 meses. A emissão do título prevê uma taxa de desconto de 3% no período de 3 meses, além de cobrir as despesas de emissão em um percentual de 0,5% do valor da captação. Pede-se:

a) O valor de negociação do título.
b) O valor líquido recebido pela empresa.
c) Custo efetivo da operação.

Solução:

a) Calculando o *valor descontado* (de negociação) do título:

Valor de Emissão:	$ 5.000.000,00
(–) Desconto: 3% (5.000.000,00):	$ 150.000,00
Valor descontado:	$ 4.850.000,00

b) Cálculo do *valor líquido* recebido pela empresa descontando-se as custas de emissão do *commercial paper*:

Valor descontado:	$ 4.850.000,00
(–) Despesas de emissão: 0,5% × 5.000.000,00	$ 25.000,00
Valor líquido recebido pela empresa:	$ 4.825.000,00

c) cálculo do *custo efetivo*:

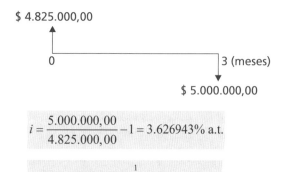

$$i = \frac{5.000.000,00}{4.825.000,00} - 1 = 3,626943\% \text{ a.t.}$$

$$i = (1+0,03626943)^{\frac{1}{3}} - 1 = 1,2\% \text{ a.m.}$$

5.10 SISTEMAS DE AMORTIZAÇÃO DE EMPRÉSTIMOS E FINANCIAMENTOS

Os empréstimos a longo prazo, feitos tanto para pessoas físicas quanto jurídicas no mercado financeiro, são ressarcidos ao banco por meio de um *sistema de amortização* da dívida. Os sistemas de amortização tratam do pagamento parcelado de uma dívida, sendo que o pagamento de uma parcela sozinha não amortiza o capital devido.

Em cada prestação devida de um financiamento, uma parte do seu valor contém os juros devidos sobre o capital emprestado e a outra parte, chamada *amortização*, é que amortiza o capital.

Assim:

PRESTAÇÃO = AMORTIZAÇÃO + JUROS

Os juros são obtidos geralmente pela incidência da taxa de juros sobre o saldo devedor, imediatamente anterior. A amortização é a diferença entre o valor da prestação e dos juros. O saldo devedor do período atual é o saldo devedor do período anterior, menos a amortização do período.

Existem vários sistemas de amortização de empréstimos, sendo os mais comuns: o Sistema de Amortização Constante (SAC), em que as amortizações são constantes e as prestações não, e a Tabela Price, em que as prestações são constantes, as amortizações variáveis, os juros decrescem e as amortizações crescem ao longo do tempo.

5.10.1 Sistema de Prestação Constante

O Sistema de Prestação Constante, que ficou conhecido como *Price*, adotado quando os períodos das prestações (normalmente mensais, mas não necessariamente) se apresentam menores que o da taxa de juros, tem como característica básica o uso da taxa proporcional (linear) simples em vez da taxa equivalente composta de juros.

EXEMPLO ILUSTRATIVO –
Financiamento com Prestações Constantes

Considere um empréstimo no valor de $ 10.000,00 para ser liquidado em cinco prestações mensais iguais e consecutivas. A primeira prestação vence ao fim do primeiro mês (sem entrada), e a taxa de juros (nominal) é de 18% ao ano com capitalização mensal. Elaborar a tabela de financiamento pelo sistema de *prestação constante*. Não será cobrado Imposto Sobre Operações Financeiras (IOF) e nem tarifa de contrato.

Solução:

A taxa a ser aplicada é:

$$i = \frac{18\% \text{ a.a.}}{12 \text{ meses}} = 1,5\% \text{ a.m.}$$

Cálculo da prestação:

$$10.000,00 = PMT \left[\frac{(1+0,015)^5 - 1}{(1+0,015)^5 \times 0,015} \right]$$

O valor da prestação atinge então: PMT = $ 2.090,89, fixa para cada um dos 5 meses.

10.000 = PMT × 4,782645

Os juros de cada mês são cobrados sobre o saldo devedor do mês anterior.

Assim, os juros do primeiro mês totalizam:

$Juros$ = 10.000,00 × 0,015 = $ 150,00

A amortização é a diferença entre a prestação e os juros. A amortização do capital referente ao primeiro mês será:

$$Amortização = \$ 2.090,89 - \$ 150,00$$
$$= \$ 1.940,89$$

O saldo devedor após o pagamento da primeira prestação é a diferença entre o saldo devedor do mês anterior e a amortização do referido mês. Assim, o saldo devedor do primeiro mês atinge:

$$Saldo\ devedor = \$ 10.000,00 - \$ 1.940,89$$
$$= \$ 8.059,11$$

Fazendo este procedimento para cada um dos cinco meses, tem-se a seguinte tabela de financiamento:

Prazo	Saldo Devedor	Amortização	Juros	Prestação
0	$ 10.000,00			
1	$ 8.059,11	$ 1.940,89	$ 150,00	$ 2.090,89
2	$ 6.089,10	$ 1.970,01	$ 120,89	$ 2.090,89
3	$ 4.089,54	$ 1.999,56	$ 91,34	$ 2.090,89
4	$ 2.059,99	$ 2.029,55	$ 61,34	$ 2.090,89
5	$ (0,00)	$ 2.059,99	$ 30,90	$ 2.090,89
TOTAL		$ 10.000,00	$ 454,47	$ 10.454,47

Nas operações de empréstimos normalmente oferecidas no mercado como Crédito Direto ao Consumidor, conhecido como CDC, usa-se a Tabela Price como sistema de amortização da dívida, onde se conhecem cada prestação paga, o valor dos juros correspondentes, amortização e o saldo devedor.

O *Imposto sobre Operações Financeiras (IOF)* é determinado em função do prazo pelo qual o recurso permaneceu à disposição do tomador, ou seja, nas operações realizadas o cálculo do IOF é feito pela alíquota de 0,0041% ao dia, cobrado sobre o valor da amortização embutida em cada prestação e multiplicado pelo número de meses entre a data de vencimento da respectiva prestação e a data da contratação do empréstimo. O valor total do IOF será então a soma dos valores dos IOFs referentes a cada amortização.

O valor obtido pelo somatório dos IOFs mensais de $ 37,27 é o valor não financiado, isto é, deve ser pago à vista pelo contratante do empréstimo no ato da contratação da operação, ou ser descontado do valor liberado ao cliente.

Caso o contratante deseje financiar o IOF em conjunto com as prestações, o valor do IOF financiado deve ser calculado por meio da seguinte expressão:

$$IOF_{Financiado} = \left[\frac{PV}{1 - \dfrac{IOF_{sem\ financiar}}{PV}} \right] - PV$$

Assim, o IOF sendo financiado, ficaria:

$$IOF_{Financiado} = \left[\frac{10.000,00}{1 - \dfrac{37,27}{10.000,00}} \right] - 10.000,00$$
$$= \$ 37,41$$

O valor a ser financiado do IOF deve ser somado em conjunto com o valor da dívida, recalculando assim a nova prestação. A tabela a seguir mostra o valor do IOF calculado na nova planilha de amortização do financiamento.

Prazo	Saldo Devedor	Amortização	Juros	Prestação	Alíq. IOF	IOF
0	$ 10.037,41					
30	$ 8.089,26	$ 1.948,15	$ 150,56	$ 2.098,72	0,000041	$ 2,40
60	$ 6.111,88	$ 1.977,38	$ 121,34	$ 2.098,72	0,000041	$ 4,86
90	$ 4.104,84	$ 2.007,04	$ 91,68	$ 2.098,72	0,000041	$ 7,41
120	$ 2.067,70	$ 2.037,14	$ 61,57	$ 2.098,72	0,000041	$ 10,02
150	$ (0,00)	$ 2.067,70	$ 31,02	$ 2.098,72	0,000041	$ 12,72
TOTAL		**$ 10.037,41**	**$ 456,17**	**$ 10.493,58**	**TOTAL**	**$ 37,41**

A partir de 3-1-2008, por meio do Decreto nº 6.306/07, alterado pelos Decretos nº 6.339/08 e nº 6.345/08 a alíquota do IOF para pessoa física nesse tipo de operação passou de 0,0041% ao dia (1,5% ao ano) para 0,0082% ao dia (3% ao ano) limitada em 365 dias, ou seja, ainda que o prazo da operação de crédito ultrapasse os 365 dias, a alíquota máxima será 3% incidente sobre o valor contratado. Além disso, foi criada ainda uma alíquota adicional de IOF no valor de 0,38% sobre o valor contratado, independentemente do prazo da operação.

Para pessoa jurídica a alíquota diária permanece em 0,0041% ao dia (1,5% ao ano), apenas com o incremento da alíquota adicional de 0,38% sobre o valor principal independentemente do prazo do contrato.

EXEMPLO ILUSTRATIVO –
Cálculo do IOF em um financiamento

Considere um financiamento no valor de $ 1.500,00, em 12 meses, sem entrada, a uma taxa de juros de 4% ao mês. A tabela de amortização vem a seguir:

n	Saldo Devedor	Amortização	Juros	PMT
0	$ 1.500,00			
1	$ 1.400,17	$ 99,83	$ 60,00	$ 159,83
2	$ 1.296,35	$ 103,82	$ 56,01	$ 159,83
3	$ 1.188,37	$ 107,98	$ 51,85	$ 159,83
4	$ 1.076,07	$ 112,30	$ 47,53	$ 159,83
5	$ 959,28	$ 116,79	$ 43,04	$ 159,83
6	$ 837,82	$ 121,46	$ 38,37	$ 159,83
7	$ 711,50	$ 126,32	$ 33,51	$ 159,83
8	$ 580,13	$ 131,37	$ 28,46	$ 159,83
9	$ 443,51	$ 136,62	$ 23,21	$ 159,83
10	$ 301,42	$ 142,09	$ 17,74	$ 159,83
11	$ 153,65	$ 147,77	$ 12,06	$ 159,83
12	$ 0,00	$ 153,68	$ 6,15	$ 159,83

PMT = Prestação do Financiamento

PMT = Amortização + Juros

O IOF sobre operações de crédito é atualmente determinado, em função do prazo dado, pelo qual o tomador utilizou os recursos.

No caso apresentado anteriormente, o IOF deverá ser calculado com base nas *amortizações*, de acordo com o sistema de amortização feito entre os tomadores.

Admitindo uma alíquota de IOF igual a 0,25% a.m. (3% ao ano ÷ 12 meses), tem-se:

Nº de dias	Amortização	IOF sem financiar
30	$ 99,83	$ 0,25
60	$ 103,82	$ 0,52
90	$ 107,98	$ 0,81
120	$ 112,30	$ 1,12
150	$ 116,79	$ 1,46
180	$ 121,46	$ 1,82
210	$ 126,32	$ 2,21
240	$ 131,37	$ 2,63
270	$ 136,62	$ 3,07
300	$ 142,09	$ 3,55
330	$ 147,77	$ 4,06
360	$ 153,68	$ 4,61
TOTAL IOF		**$ 26,12**

IOF sem financiar = Amortização × Alíquota do IOF × prazo

No caso específico, o cliente também poderia solicitar ao banco que financiasse o IOF. A fórmula para o cálculo do IOF financiado é:

$$IOF_{Financiado} = \left[\frac{PV}{1 - \frac{IOF_{sem\ financiar}}{PV}} \right] - PV$$

Assim, o IOF sendo financiado, ficaria:

$$IOF_{Financiado} = \left[\frac{1.500}{1 - \frac{26,12}{1.500}} \right] - 1.500 = 26,58$$

A planilha com o IOF financiado ficaria:

n	Saldo Devedor	Amorti-zação	Juros	PMT	IOF Finan-ciado
0	R$ 1.526,58				
1	R$ 1.424,98	R$ 101,60	R$ 61,06	$ 162,66	R$ 0,25
2	R$ 1.319.32	R$ 105,66	R$ 57,00	$ 162,66	R$ 0,53
3	R$ 1.209,43	R$ 109,89	R$ 52,77	$ 162,66	R$ 0,82
4	R$ 1.095,15	R$ 114,28	R$ 48,38	$ 162,66	R$ 1,14
5	R$ 976,30	R$ 118,85	R$ 43,81	$ 162,66	R$ 1,49
6	R$ 852,69	R$ 123,61	R$ 38,05	$ 162,66	R$ 1,85
7	R$ 724,14	R$ 128,55	R$ 34,11	$ 162,66	R$ 2,25
8	R$ 590,44	R$ 133,70	R$ 28,97	$ 162,66	R$ 2,67
9	R$ 451,40	R$ 139,04	R$ 23,62	$ 162,66	R$ 3,13
10	R$ 306,79	R$ 144,60	R$ 18,06	$ 162,66	R$ 3,62
11	R$ 156,40	R$ 150,39	R$ 12,27	$ 162,66	R$ 4,14
12	(0,00)	R$ 156,40	R$ 6,26	$ 162,66	R$ 4,69
TOTAL do IOF					**R$ 26,58**

Sobre o valor financiado incide ainda a alíquota de 0,38%. Considere que o IOF não seja financiado, tem-se:

IOF adicional = 0,38% × (1.500,00)
= $ 5,70

Valor total do IOF = $ 26,12 + 5,70
= $ 31,82

Valor liberado ao cliente = $ 1.500,00 – $ 31,82
= $ 1.468,18

Vale lembrar que os bancos cobram ainda a Tarifa de Abertura de Crédito (TAC). Considerando uma tarifa de $ 150,00, o valor liberado seria:

Valor liberado = $ 1.468,18 – $ 150,00
= $ 1.318,18

Caso o cliente opte por pagar a TAC e financiar o IOF, tem-se:

IOF adicional = 0,38% × (1.500,00 + 26,58 + 5,70) = $ 5,82

Assim, o valor financiado seria = 1.500,00 + 26,58 + 5,82 = 1.532,40

Nesse caso, a prestação seria:

Teclas (inserção de dados)			Visor	Significado
	f	REG	0,00	Limpa registro
1532.40	CHS	PV	-1.532,40	Valor do financiamento
4	i		4,00	Taxa de juros
12	n		12,00	Prazo do empréstimo
	PMT		163,28	Prestação postecipada

O valor liberado ao cliente seria:

Valor liberado ao cliente = $ 1.532,40 – $ 32,40 – $ 150,00 = $ 1.350,00

Pode-se ainda, financiar a TAC e o IOF juntos, que é a prática usual dos bancos. Nesse caso, tem-se:

n	Saldo Devedor	Amortização	Juros	PMT	IOF Financiado
0	R$ 1.650,00				
1	R$ 1.540,19	R$ 109,81	R$ 66,00	R$ 175,81	R$ 0,27
2	R$ 1.425,99	R$ 114,20	R$ 61,61	R$ 175,81	R$ 0,57
3	R$ 1.307,21	R$ 118,77	R$ 57,04	R$ 175,81	R$ 0,89
4	R$ 1.183,69	R$ 123,52	R$ 52,29	R$ 175,81	R$ 1,24
5	R$ 1.055,23	R$ 128,46	R$ 47,35	R$ 175,81	R$ 1,61
6	R$ 921,63	R$ 133,60	R$ 42,21	R$ 175,81	R$ 2,00
7	R$ 782,68	R$ 138,95	R$ 36,87	R$ 175,81	R$ 2,43
8	R$ 638,18	R$ 144,50	R$ 31,31	R$ 175,81	R$ 2,89
9	R$ 487,89	R$ 150,28	R$ 25,53	R$ 175,81	R$ 3,38
10	R$ 331,60	R$ 156,30	R$ 19,52	R$ 175,81	R$ 3,91
11	R$ 169,05	R$ 162,55	R$ 13,26	R$ 175,81	R$ 4,47
12	R$ 0,00	R$ 169,05	R$ 6,76	R$ 175,81	R$ 5,07
	TOTAL do IOF				R$ 28,73

IOF financiado = (1.650,00/1 × (28,73/ 1.650,00)) × 1.650,00 = 29,24

IOF adicional = 0,38% (1.650,00 + 29,24) = 6,38

Valor financiado = 1.650,00 + 29,24 + 6,38 = 1.685,62

IOF Total = 29,24 + 6,38 = 35,62

Nesse caso seria:

Teclas (inserção de dados)			Visor	Significado
	f	REG	0,00	Limpa registro
1685.62	CHS	PV	-1.685,62	Valor financiado
4	i		4,00	Taxa de juros
12	n		12,00	Prazo
	PMT		179,61	Prestação postecipada

O valor liberado ao cliente seria:

$$\text{Valor liberado ao cliente} = \$ 1.685,62 - \$ 35,62 - \$ 150,00 = \$ 1.500,00$$

O custo efetivo do empréstimo pode ser calculado da seguinte maneira:

Teclas (inserção de dados)			Visor	Significado
	f	REG	0,00	Limpa registro
1500.00	CHS	PV	-1.500,00	Valor solicitado
179.61	PNT		179,61	Prestação
12	n		12,00	Prazo
	i		6,07	Taxa efetiva mensal

5.10.2 Sistema de Amortização Constante (SAC)

No *sistema de amortização constante* (SAC), como o próprio nome diz, as amortizações é que são constantes no tempo. Para calcular a *amortização*, basta dividir o valor do empréstimo pelo número de parcelas. Os *juros* são calculados sobre o saldo devedor e a *prestação* é a soma da amortização com os juros.

EXEMPLO ILUSTRATIVO – Financiamento com Amortizações Constantes

Considere um empréstimo no valor de $ 10.000,00 para ser liquidado em 5 prestações mensais iguais e consecutivas, com juros de 1,5% ao mês. A primeira prestação vence ao fim do primeiro mês. Elaborar a tabela de financiamento pelo SAC, sem carência. Não é cobrado IOF nem tarifa de contrato.

Solução:

Conforme citado anteriormente, o SAC determina que a restituição do valor principal deva ser efetuada em parcelas periódicas iguais. Assim, o valor de cada amortização é calculado pela simples divisão entre o principal ($ 10.000,00) e o número fixado de prestações (5 vezes), ou seja:

$$Amortização = \frac{10.000,00}{5} = 2.000,00$$

Juros = Saldo Devedor Anterior × Taxa de Juros (1,5%)

Prestação = Valor da Amortização + Valor dos juros

Prazo	Saldo Devedor	Amortização	Juros	Prestação
0	$ 10.000,00			
1	$ 8.000,00	$ 2.000,00	$ 150,00	$ 2.150,00
2	$ 6.000,00	$ 2.000,00	$ 120,00	$ 2.120,00
3	$ 4.000,00	$ 2.000,00	$ 90,00	$ 2.090,00
4	$ 2.000,00	$ 2.000,00	$ 60,00	$ 2.060,00
5	$ –	$ 2.000,00	$ 30,00	$ 2.030,00
TOTAL		**$ 10.000,00**	**$ 450,00**	**$ 10.450,00**

Existe ainda a possibilidade de fazer um financiamento e amortizá-lo considerando uma *carência* entre a data da contratação do empréstimo e o pagamento das amortizações.

A *carência* pode ser entendida como um prazo em que não há pagamento do principal, podendo ocorrer neste intervalo:

- pagamento dos juros do financiamento;
- os juros são capitalizados (incorporados ao principal) e pagos integralmente quando do vencimento da primeira prestação;
- os juros são capitalizados e acrescentados ao saldo devedor gerando um valor maior da prestação a ser paga.

A seguir, são ilustradas essas três possibilidades, considerando o mesmo exemplo de financiamento desenvolvido anteriormente.

EXEMPLO ILUSTRATIVO –
Financiamento com Pagamento de Juros na Carência

Considere um empréstimo no valor de $ 10.000,00 para ser liquidado em cinco prestações mensais iguais e consecutivas, sem entrada e juros de 1,5% ao mês. Elaborar a tabela de financiamento pelo SAC, considerando uma carência de 3 meses com cobrança de juros durante este período. Não se prevê cobrança de IOF e nem tarifa de contrato.

Solução:

Conforme mencionado, os juros são calculados como 1,5% sobre o saldo devedor e pagos mês a mês durante o intervalo de carência como valor da prestação. Somente a partir do término da carência é que as amortizações do principal começam a ser pagas.

Prazo	Saldo Devedor	Amortização	Juros	Prestação
0	$ 10.000,00			
1	$ 10.000,00		$ 150,00	$ 150,00
2	$ 10.000,00		$ 150,00	$ 150,00
3	$ 10.000,00		$ 150,00	$ 150,00
4	$ 8.000,00	$ 2.000,00	$ 150,00	$ 2.150,00
5	$ 6.000,00	$ 2.000,00	$ 120,00	$ 2.120,00
6	$ 4.000,00	$ 2.000,00	$ 90,00	$ 2.090,00
7	$ 2.000,00	$ 2.000,00	$ 60,00	$ 2.060,00
8	$ –	$ 2.000,00	$ 30,00	$ 2.030,00
TOTAL		**$ 10.000,00**	**$ 900,00**	**$ 10.900,00**

A seguir, é demonstrado o mesmo exemplo, considerando porém que os juros são capitalizados e pagos integralmente no ato da primeira amortização.

EXEMPLO ILUSTRATIVO – Financiamento com Carência e Pagamento dos Juros junto com a Primeira Prestação

Considere um empréstimo no valor de $ 10.000,00 para ser liquidado em cinco prestações mensais, iguais e consecutivas, sem entrada e juros de 1,5% ao mês. Elaborar a tabela de financiamento pelo SAC, considerando uma carência de 3 meses na qual os juros são capitalizados e pagos integralmente no ato da primeira amortização. Não é cobrado IOF nem tarifa de contrato.

Solução:

Conforme mencionado anteriormente, os juros são calculados como 1,5% sobre o saldo devedor e incorporados ao saldo devedor. Ao término da carência, mês 3 e, no vencimento da primeira amortização, os juros são calculados sobre o saldo devedor atual e acrescidos dos juros acumulados até este período da seguinte maneira:

$$\text{Juros (mês 4)} = (1,5\% \times 10.456,78) + 456,78$$
$$= 623,64$$

Desse ponto em diante, o processo se desenvolve normalmente.

Prazo	Saldo Devedor	Amortização	Juros	Prestação
0	$ 10.000,00			
1	$ 10.150,00		$ 150,00	
2	$ 10.302,25		$ 152,25	
3	$ 10.456,78		$ 154,53	
4	$ 8.000,00	$ 2.000,00	$ 613,64	$ 2.613,64
5	$ 6.000,00	$ 2.000,00	$ 120,00	$ 2.120,00
6	$ 4.000,00	$ 2.000,00	$ 90,00	$ 2.090,00
7	$ 2.000,00	$ 2.000,00	$ 60,00	$ 2.060,00
8	$ –	$ 2.000,00	$ 30,00	$ 2.030,00
TOTAL		**$ 10.000,00**	**$ 1.370,42**	**$ 10.913,64**

A seguir, é demonstrada a última das situações em que os juros não pagos durante a carência são capitalizados e distribuídos uniformemente no fluxo de amortização.

EXEMPLO ILUSTRATIVO – Financiamento com Carência e Capitalização dos Juros

Considere um empréstimo no valor de $ 10.000,00 para ser liquidado em cinco prestações mensais, iguais e consecutivas, sem entrada e juros de 1,5% ao mês. Elaborar a tabela de financiamento pelo SAC, considerando uma carência de 3 meses em que os juros não pagos são capitalizados e distribuídos uniformemente no fluxo de amortização. Não é cobrado IOF e nem tarifa de contrato.

Solução:

Conforme mencionado, os juros são calculados como 1,5% sobre o saldo devedor e incorporados ao saldo devedor. No término da carência, mês 3 e, no vencimento da primeira amortização, os juros são calculados sobre o saldo devedor atual e acrescidos dos juros acumulados até este período da seguinte maneira:

Prazo	Saldo Devedor	Amortização	Juros	Prestação
0	$ 10.000,00			
1	$ 10.150,00		$ 150,00	
2	$ 10.302,25		$ 152,25	
3	$ 10.456,78		$ 154,53	
4	$ 8.365,43	$ 2.091,36	$ 156,85	$ 2.248,21
5	$ 6.274,07	$ 2.091,36	$ 125,48	$ 2.216,84
6	$ 4.182,71	$ 2.091,36	$ 94,11	$ 2.185,47
7	$ 2.091,36	$ 2.091,36	$ 62,74	$ 2.154,10
8	$ -	$ 2.091,36	$ 31,37	$ 2.122,73
	TOTAL	$ 10.456,78	$ 927,34	$ 10.927,34

APLICAÇÃO PRÁTICA
Finanças Comportamentais

Todo início de ano nos deparamos com impostos como IPTU e IPVA. Normalmente, são oferecidos descontos para pagamento à vista, um desconto menor para pagamento em 30 dias, ou pagar o valor sem desconto parcelado.

Como os descontos são diferenciados tem-se uma taxa de juros que tornariam os pagamentos, com descontos, indiferentes. Qual seria essa taxa?

Solução:

Vamos considerar um valor hipotético para qualquer um dos impostos sem desconto, por exemplo: R$ 1.000,00.

Continua

Continuação

- para pagamento à vista com desconto de 10%, o valor a ser pago seria de R$ 900,00;
- para pagamento em 30 dias, o desconto de 5% daria um valor a pagar de R$ 950,00.

Assim, tem-se:

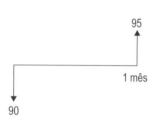

Logo: $FV = PV(1 + i)^n$

$95 = 90(1 + i)^1$

$1 + i = \dfrac{95}{90}$

$1 + i = 1{,}0556$

$i = 0{,}0556$

$i = 5{,}56\%$ a.m.

Assim, se o contribuinte puder optar, deveria pagar à vista.

Resumo

1. **Descrever as características dos principais ativos e demais produtos negociados no mercado financeiro e identificar as peculiaridades de cada um destes ativos no que se refere a emissão, prazo e rendimentos.**

Os *CDBs e RDBs* são títulos de renda fixa que revelam, no ato da aplicação financeira, o valor da rentabilidade a ser alcançada ao término do prazo de investimento. São emitidos por bancos comerciais/múltiplos, bancos de investimentos e caixas econômicas.

As taxas podem ser *prefixadas* ou *pós-fixadas*. Os CDBs/RDBs prefixados têm seu retorno expresso nas taxas de juros, geralmente referenciadas em ano. Já os pós-fixados são atrelados a um índice de inflação (TR ou IGP-M) usado como fator de correção monetária acrescido de uma taxa de juros geralmente expressa em ano e com prazo mínimo de um mês.

A principal diferença entre o CDB e RDB é que o CDB pode ser negociado no mercado antes de seu vencimento, ou seja, transferido a outro investidor, mediante endosso nominativo, e o RDB é intransferível.

A tributação desses papéis, bem como de todos os investimentos de renda fixa, inclusive fundos e os clubes de investimentos, são o Imposto de Renda (IR) e o Imposto sobre Operações Financeiras (IOF). O fato gerador do Imposto de Renda é o resgate do CDB com lucro. A base de cálculo do imposto é a diferença positiva entre o valor aplicado e o valor resgatado, subtraindo-se, quando for o caso, o valor do IOF.

A *taxa over* é uma taxa de juros nominal, isto é, formada por juros simples, com capitalização diária, porém válida somente para os dias úteis (dias de funcionamento do mercado financeiro). Essa taxa costuma ser expressa ao mês, obtida pela simples multiplicação da taxa ao dia por 30, sendo aplicada geralmente para operações a curto prazo.

Toda taxa nominal *over* deve informar o número de dias úteis nos quais os juros serão capitalizados de maneira que se possa calcular a taxa efetiva do período. Como vimos, as taxas *over* são descritas em termos mensais de apuração.

Por determinação do Banco Central do Brasil (BACEN), desde o ano de 1998, tais taxas passaram a ser apuradas em termos efetivos anuais, visando divulgar no mercado financeiro uma visão a longo prazo de suas operações. Para isso, o Banco Central fixou 252 dias úteis para cada ano, considerando que em média existem 21 dias úteis em cada mês. As taxas apuradas no SELIC são definidas como *over* anual efetiva.

2. **Explicar os componentes básicos do Certificado de Depósito Interfinanceiro (CDI), abordando a taxa *over* de juros – medida de ampla utilização no mercado financeiro brasileiro.**

Os *Certificados de Depósito Interbancário ou Interfinanceiro* são títulos de emissão das instituições financeiras, que lastreiam as operações do mercado interbancário. Possuem características idênticas aos CDBs, porém são negociáveis apenas pelas instituições financeiras cuja função é de transferência de recursos entre as instituições financeiras, ou seja, a instituição que tem dinheiro sobrando empresta para a outra que não tem. Não há incidência de Imposto de Renda nem de Imposto sobre Operações Financeiras. São operações realizadas por meio eletrônico e registradas nos terminais da Central de Custódia e Liquidação de Títulos Privados (CETIP).

Um *Hot Money* é uma operação de curtíssimo prazo (um dia) cuja finalidade é atender às necessidades de caixa de uma empresa. Segue como referencial a taxa do CDI, acrescida de um *spread* cobrado a título de comissão da instituição financeira que libera o recurso a empresa. Há incidência de Imposto sobre Operações Financeiras (IOF) calculado sobre a repactuação diária da taxa de juros.

O *desconto de duplicatas ou cheques* representa, basicamente, a negociação de um título representativo de um crédito em alguma data anterior à de seu vencimento, ou seja, é uma forma de antecipar o recebimento de um crédito mediante a cessão de seus direitos a um mutuante. O processo de desconto, assim como o das demais operações de curto e curtíssimo prazos, geralmente é desenvolvido na prática segundo o critério de juros simples.

O *factoring* constitui basicamente uma modalidade de assistência financeira a curto prazo, cujos benefícios concentram-se potencialmente nas micro, pequenas e médias empresas, notadamente por não apresentarem uma cobertura satisfatória na oferta de recursos de giro pelo mercado. A importância deste segmento de empresas é relevante em qualquer economia, principalmente naquelas subdesenvolvidas, por absorver um contingente expressivo de mão de obra não qualificada.

O *warrant* constitui-se em uma opção de compra de certa quantia de ações a determinado preço, definida por preço de exercício, dentro de um certo prazo estabelecido. O prazo dessa opção de compra é firmado no lançamento do título, e os detentores dos *warrants* não recebem dividendos ou assumem direito de voto em assembléia de acionistas enquanto não exercerem sua opção de compra das ações.

Os *commercial papers* são títulos de crédito utilizados pelas empresas para levantamento de capital de giro. Funcionam como uma alternativa operacional às operações de empréstimos convencionais e conseguindo uma taxa de juros mais barata pelo fato de não passarem pela intermediação bancária. Oferecem ainda maior rapidez na obtenção dos recursos por operarem diretamente com os investidores no mercado.

3. **Definir o sistema de crédito rotativo, como é utilizado, suas vantagens e desvantagens.**

A operação de crédito rotativo refere-se a uma conta tipo empréstimo (também chamada de conta corrente garantida), aberta pelos bancos comerciais, visando ao financiamento de necessidades a curto prazo (capital de giro) das empresas. Os principais encargos dessa operação são: *juros*, calculados sobre o saldo a descoberto (devedor) e devidos periodicamente (mês, trimestre etc.); outras despesas incluídas nessa operação que referem à *Comissão de Abertura de Crédito*, cujo percentual é calculado sobre o limite aprovado de crédito; *IOF* e *Tarifas de Serviços Bancários* cobrados segundo a legislação em vigor.

4. **Definir os principais sistemas de amortização existentes em prática atualmente no mercado, mostrando suas características e técnicas de operacionalização.**

Os empréstimos feitos tanto para pessoa física quanto jurídica no mercado financeiro são ressarcidos ao banco por meio de um sistema de amortização da dívida. Os sistemas de amortização tratam do pagamento parcelado de uma dívida, sendo que o pagamento de uma parcela sozinha não amortiza o capital devido. Isso ocorre pois em cada prestação uma parte do seu valor contém os juros devidos sobre o capital emprestado, e uma outra parte, chamada amortização, é que amortiza o capital. Os juros são obtidos geralmente pela incidência da taxa de juros sobre o saldo devedor, imediatamente anterior.

A *amortização* é a diferença entre o valor da prestação e dos juros. O saldo devedor do período atual é o saldo devedor do período anterior, menos a amortização do período.

O Sistema de Prestação Constante, adotado quando os períodos das prestações (normalmente mensais, mas não necessariamente) se apresentam menores que o da taxa de juros, tem como característica básica o uso da taxa proporcional (linear) simples em vez da taxa equivalente composta de juros.

No *sistema de amortização constante*, como o próprio nome diz, as amortizações é que são constantes no tempo. Para calcular a amortização, basta dividir o valor do empréstimo pelo numero de parcelas. Os juros são calculados sobre o saldo devedor e a prestação é a soma da amortização com os juros.

TESTES DE VERIFICAÇÃO

1. **Os tributos que incidem sobre os ganhos obtidos na maioria dos produtos financeiros brasileiros são:**

    a) ISS e IR.

    b) IR.

    c) ISS e IOF.

    d) IOF e IR.

    e) IOF.

2. **Pelas novas alíquotas de tributação em vigor no Brasil, em quanto será tributado o valor monetário aplicado por 200 dias em um CDB?**

    a) 27,5%.

    b) 22,5%.

    c) 20%.

    d) 17,5%.

    e) 15%.

3. **Sobre o produto financeiro *factoring* é correto afirmar:**

    a) A atividade de *factoring* é controlada pelas regras do mercado financeiro.

    b) As *factorings* podem trabalhar com recursos próprios ou captá-los por meio de emissão de debêntures e notas promissórias comerciais.

    c) Seu principal serviço é o desconto de títulos de crédito.

    d) Ao adquirir direitos de fomento de seus clientes, a *factoring* não assume o risco inerente do crédito concedido pela empresa vendedora.

    e) Em uma operação de desconto em que haja inadimplência de quem vai pagar o título, a *factoring* tem todo o direito de fazer o título regressar ao emissor e exigir a devolução do capital emprestado.

4. **Sobre os produtos financeiros destacados a seguir, assinale a opção verdadeira:**

    a) Os *commercial papers* costumam oferecer maiores garantias de liquidação, sendo entendidos como uma promessa de pagamento vinculada ao desempenho financeiro do emitente do título.

    b) Por representar uma opção de compra futura de obrigações, um *warrant* não poderá ser emitido de forma separada de outros títulos de dívidas da empresa.

    c) As operações de *open market* podem ser realizadas tanto por instituições financeiras bancárias como pelas sociedades de fomento comercial – *factoring*.

    d) A taxa *Selic* é aceita como taxa livre de risco e referencia o custo do dinheiro no mercado financeiro.

    e) *Hot money* é uma operação de empréstimo de curtíssimo prazo, demandado para cobrir as necessidades mais permanentes de caixa das empresas.

5. Sobre os sistemas de amortização de empréstimos e financiamentos assinale a opção verdadeira:

a) No sistema de amortização constante, os juros são decrescentes nos períodos.

b) Na Tabela Price, as prestações são constantes e as amortizações decrescentes nos períodos.

c) O total dos juros acumulados na Tabela Price é inferior ao total de juros acumulados pelo sistema de amortização constante.

d) No sistema de amortização constante, as prestações é que são constantes em todos os períodos.

e) Na Tabela Price, as prestações decrescem em progressão geométrica.

6. Um banco aplica R$ 150.000 em um CDI por 3 dias úteis às seguintes taxas *over* mensais: 2,33%, 2,35% e 2,39%. O montante final da operação é:

a) Menor que R$ 150.400,00.

b) Maior que R$ 150.400,00 e menor que R$ 150.500,00.

c) Maior que R$ 150.500,00 e menor que R$ 150.600,00.

d) Maior que R$ 150.600,00 e menor que R$ 150.700,00.

e) Maior que R$ 150.700,00.

EXERCÍCIOS PROPOSTOS

1. Um investidor aplica $ 50.000,00 em um CDB prefixado à taxa de juros de 16,8% ao ano (base 360 dias) para um período de 32 dias, com 20 dias úteis. O Imposto de Renda é retido na fonte à alíquota de 22,5% sobre os rendimentos brutos. Determine:

a) o valor de resgate bruto e líquido;

b) a taxa mensal líquida.

2. Admita que uma empresa tenha adquirido no passado um empréstimo no valor de $ 60.000,00, pelo prazo de 60 meses, a juros de 48% ao ano com capitalização mensal, e que, neste mês, a empresa tenha pago a 36ª parcela deste empréstimo, amortizado pela Tabela Price. Procurando o Banco para renegociar o saldo devedor, em virtude da queda do fluxo de caixa, a empresa propõe ao Banco amortizar o saldo devedor em $ 10.000,00 e refinanciar o restante em 50 meses, a juros de 51,106866% ao ano, em prestações iguais e consecutivas, vencendo a primeira em 70 dias. O Banco informa que cobra ainda uma TAC de R$ 100,00 que será parcelada junto com o saldo devido. Calcule o valor da nova prestação.

3. Um cliente procura um banco para realizar uma operação de desconto de cheques com os seguintes valores: $ 1.000,00 para 24 dias e $ 1.600,00 para 38 dias. O banco informa que cobra para a operação uma taxa de 2% a.m., custódia de $ 0,30 por cheque, uma tarifa de abertura de crédito (TAC) de $ 30,00 para a operação toda e IOF (Imposto sobre Operações Financeiras) de 0,0082% a.d. e IOF adicional de 0,38%.

Calcule:

a) o valor líquido a receber do cliente;

b) o custo efetivo mensal da operação.

4. Um investidor aplica $ 5.000,00 em um CDB prefixado à taxa de 1,5% a.m. para um período de 80 dias. O Imposto de Renda é retido na fonte à alíquota de 22,5% sobre o lucro bruto. Determine:

a) o valor de resgate líquido do Imposto de Renda;

b) a rentabilidade real mensal líquida, considerando que a inflação do período todo da aplicação foi de 0,8%.

5. Uma empresa está com uma necessidade imediata de caixa para saldar uma dívida. Para isso, está estudando a contratação de um *hot money* junto ao seu banco (Banco A) por um dia, cujo *spread* é de 0,07% ao dia e a taxa *over* de juros mensal é de 3,5%.

Na tentativa de minimizar o custo desse empréstimo, o gerente financeiro da empresa procura um banco concorrente (Banco B), que se propõe a cobrir a proposta oferecida pelo Banco A. Sabendo que o Banco B trabalha com um juros *over* de 4,2% a.m. para operações de *hot money*, calcule o *spread* máximo que o Banco B ganhará nessa operação, admitindo o mesmo IOF.

6. Um investidor possui uma conta poupança que tem, em determinado mês (hoje), um saldo de R$ 775,00. Ao fim de cada um dos meses seguintes, realiza depósitos no valor de R$ 400,00. A cada trimestre, também a partir dessa data inicial, realiza saques no valor de R$ 700,00. Para uma taxa de juros de 0,7% ao mês:

   a) Qual o saldo da conta ao fim de 3 anos a partir de hoje?
   b) Calcule o valor do saque máximo trimestral que esse investidor poderia sacar para que após o último saque a conta fique zerada.
   c) De quanto deveria ser o valor dos depósitos para que o saldo final após a última retirada seja de R$ 10.000,00?

Links da web

https://comoinvestir.thecap.com.br/. Portal com informações sobre investimentos e notícias sobre finanças.

https://yubb.com.br/. *Site* buscador de produtos financeiros negociados no Brasil.

Sugestão de filme

Neste capítulo recomenda-se o filme **Other people's money**, cuja tradução seria "Com o dinheiro dos outros", que explora conceitos de investimentos.

Sugestão de leitura

ASSAF NETO, Alexandre. **Matemática financeira e suas aplicações**. 15. ed. São Paulo: Atlas, 2022.

ASSAF NETO, Alexandre. **Mercado financeiro**. 15. ed. São Paulo: Atlas, 2023.

ASSAF NETO, Alexandre; LIMA, Fabiano Guasti. **Investimentos no mercado financeiro usando a calculadora HP 12C**. 4. ed. São Paulo: Atlas, 2019.

LIMA, Fabiano Guasti. **Análise de Riscos**. 3. ed. São Paulo: Atlas, 2023.

Respostas dos Testes de verificação

1. d
2. c
3. b
4. d
5. a
6. a

6

AVALIAÇÃO DE RENDA FIXA

OBJETIVOS DO CAPÍTULO

1. Demonstrar os principais cálculos de medidas de desempenho utilizadas nos títulos de renda fixa.
2. Compreender os conceitos de *Yield to Maturity* e *Current Yield*.
3. Demonstrar a formulação do *Duration* de Macaulay, suas propriedades e conceitos de volatilidade.

Um título no mercado é chamado *renda fixa* quando todos os rendimentos oferecidos ao seu titular são conhecidos previamente, ou seja, no momento da aplicação.

Os investimentos em renda fixa podem ser ainda *prefixados*, quando os juros totais são definidos por todo o período da operação independentemente do comportamento da economia, ou *pós-fixados*, quando somente uma parcela dos juros é fixa (taxa real de juros), sendo a outra parte definida com base em um indexador de preços contratado (IGP-M, IPCA, TR etc.).

Conforme já definidos nos capítulos anteriores, os principais produtos de renda fixa negociados no Brasil são os certificados (e recibos) de depósito bancário, as debêntures, a caderneta de poupança, os fundos de investimentos em renda fixa, as letras de câmbio e as letras hipotecárias.

Neste capítulo, são detalhados os métodos de avaliação desses títulos e suas consequentes aplicações no mercado. Os títulos de renda fixa são predominantemente negociados no chamado mercado de balcão, e não em bolsa de valores, apresentando alguns destes títulos mercados bastante líquidos, como o caso dos papéis emitidos pelo Governo Federal.

Outro conceito muito difundido no mercado financeiro é o de *bônus,* cujo significado é de uma obrigação. Uma obrigação (bônus) é um título de renda fixa, geralmente a longo prazo, no qual o emissor (devedor ou tomador de empréstimo) compromete-se a pagar o principal emprestado, acrescido de juros, no decorrer (ou ao final) de um prazo contratado. Estes títulos são emitidos por órgãos governamentais ou empresas privadas, visando financiar seus investimentos.

Um bônus padrão, conforme negociado nos mercados financeiros internacionais, prevê uma data fixa futura para vencimento do principal e pagamentos periódicos de juros (geralmente a cada seis meses). Os juros são estabelecidos em contrato de emissão firmado.

6.1 CONCEITOS FUNDAMENTAIS

Alguns conceitos importantes que são usados na avaliação de títulos de renda fixa:

Yield

É o rendimento nominal oferecido pelo título e identificado na taxa de juros do cupom. Por exemplo, um título com cupom de 8% indica uma *yield* (rendimento) igual a 8%. A *yield* dos títulos é geralmente divulgada ao ano.

Current Yield

Mede a relação entre os juros prometidos pelo cupom (taxa de juro do cupom) de um título com o seu preço corrente de mercado. Por exemplo, um título com preço de negociação de $ 100,00

e que paga um cupom de 8% oferece *current yield* (rendimento corrente) de 8%. Se estivesse sendo negociado a $ 80,00, o *current yield* seria de 10,0%.

Assim, se o preço do título se desvaloriza no mercado, o rendimento se eleva; ao contrário, valorizando o preço o rendimento se reduz. O *current yield* é uma medida de recuperação de caixa oferecida pelo título com base em seu valor de mercado.

Valor de Face (P_n)

É o valor de emissão do título. A devolução do capital ocorre ao fim do prazo de emissão. É o mesmo que valor nominal, valor de resgate ou valor futuro.

Os juros do cupom incidem sempre sobre seu valor nominal.

Cupom (C)

Taxa de juros prometida pelo título e estampada em seu valor de face. Na data de seu vencimento, o emissor do título compromete-se a pagar os juros mediante entrega do cupom que acompanha o título.

Os rendimentos previstos no cupom são calculados sobre o valor de face do título. Por exemplo, título com cupom de 8% e valor de face de $ 100 promete pagar $ 8 de rendimento todo ano. Este pagamento é geralmente feito a cada semestre ($ 4 por semestre).

Yield to Maturity (YTM)

É o efetivo rendimento (*Yield*) do título de renda fixa até seu vencimento (*Maturity*). Nada mais é do que a taxa interna de retorno levando-se em conta o valor de negociação do título no mercado (preço de compra), seu valor de resgate e os rendimentos (juros) dos cupons. O investidor receberá esta taxa de retorno desde que mantenha a posse do título até o seu vencimento.

Ágio ou Deságio

Quando o valor de mercado de um título é inferior ao seu valor de face, diz-se que é negociado com deságio. Ao contrário, o título é negociado com ágio.

APLICAÇÃO PRÁTICA

O *Global 40* é um título da dívida externa brasileira com grande negociação no mercado de títulos soberanos de economias emergentes. O papel tem *prazo* de 40 anos, tendo sido emitido em 17/8/2000 e vencimento fixado para 17/8/2040.

No início de dezembro de 2007, o título estava sendo negociado por 133,9% de seu valor de face, logo com *ágio* de 33,9%. Sendo de US$ 100,00 o valor nominal do título, seu valor de negociação no mercado era de US$ 133,9.

A taxa de juro (*cupom*) prevista do título é de 11% a.a., sendo calculada sobre o seu valor nominal (valor de face). O *Global 40* é negociado em dólar.

Os juros dos bônus são nominais, geralmente fixados ao ano e capitalizados semestralmente pelo critério linear. Por exemplo, quando um título embute um cupom de 8% ao ano como remuneração, entende-se que paga juros semestrais de 4%.

6.2 YIELD TO MATURITY (YTM)

A *YTM (rendimento até o vencimento)* é a taxa de retorno auferida pelo investidor no título, considerando o seu valor corrente de mercado. A *Yield to Maturity* equivale à IRR (Taxa Interna de Retorno) que iguala, em determinado momento, o preço pago pelo título com seu fluxo esperado de rendimento e o principal a ser resgatado ao final.

A medida incorpora, também, o mesmo pressuposto da IRR de reinvestimento dos fluxos de caixa, até a maturidade, pela própria YTM calculada.

O cálculo da YTM leva em conta o valor da negociação do título no mercado (preço de compra), seu valor de resgate, o prazo e os rendimentos (juros) dos cupons. A formulação básica é a seguinte:

$$P_0 = \frac{C_1}{(1+YTM)^1} + \frac{C_2}{(1+YTM)^2} + \cdots + \frac{C_n + P_n}{(1+YTM)^n}$$

em que:

P_0: preço corrente de negociação do título;

C_1, C_2, ... C_n: juros periódicos representados pelos cupons previstos para cada período;

P_n: valor de resgate (valor de face ou nominal) do título;

YTM: *Yield to Maturity*: rentabilidade efetiva da obrigação a longo prazo se retida até a data de vencimento. Representa, em outras palavras, a taxa de desconto que iguala os benefícios de caixa (juro e resgate) com o preço de negociação da obrigação.

EXEMPLO ILUSTRATIVO – Cálculo de Rentabilidade

Considere um título de renda fixa com vencimento para 18-10-2012. O título está sendo negociado em 18-10-2007 por $ 889,00 e possui um valor de resgate de $ 1.000,00. O papel prevê um rendimento (cupom) de 9% ao ano com pagamento semestral. Calcular a rentabilidade anual do título.

Solução:

De acordo com os dados da operação, tem-se o seguinte fluxo de caixa, com um cupom semestral de:

$$\frac{9\% \text{ a.a.}}{2 \text{ semestres}} \times 1.000{,}00 = \$ 45{,}00$$

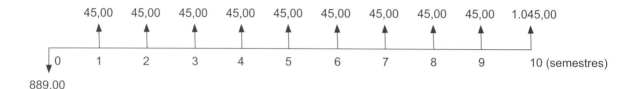

O cálculo da rentabilidade do título (YTM) é a taxa interna de retorno da seguinte equação do fluxo de caixa:

$$889,00 = \frac{45,00}{(1+YTM)^1} + \frac{45,00}{(1+YTM)^2} + \cdots + \frac{45,00 + 1.000,00}{(1+YTM)^{10}}$$

Pode-se resolver por meio dos comandos de fluxo de caixa disponíveis na calculadora financeira HP 12C:

Comandos	Significado
f REG	Limpa os registradores de armazenamento
889 CHS g CFo	Introduz o valor presente
45 g CFj	Pagamento do cupom do 1º ao 9º semestre
9 g Nj	Número de repetições do cupom no período – 9 semestres
1045 g CFj	Pagamento do último semestre – cupom mais resgate
f IRR	6,01% a.s. – Custo efetivo ao semestre
2 ×	12,02% a.a. – (YTM)

Também poderiam ser adotado os comandos específicos da calculadora financeira HP 12C ilustrados a seguir:

Comandos	Significado
f REG	Limpa os registradores de armazenamento
88,9 PV	Introduz o cupom como porcentagem do valor de face
9 PMT	Taxa anual do cupom
18.102007 ENTER	Prazos de negociação do título. Verificar se a opção D.MY está presente no visor da sua HP 12C. Caso contrário, faça g 4 (D.MY) para acionar o modo de inserção de data nesse formato: dia, mês e ano.
18.102012 f YTM	12,02 % a.a. – YTM do título

O preço do título como porcentagem do valor nominal é:

$$\frac{\$\,889,00}{\$\,1.000,00} \times 100 = 88,9\%$$

IMPORTANTE ■ conforme detalhado, a YTM é calculada no pressuposto de que todos os fluxos de rendimentos oferecidos pelo título serão reinvestidos, até o seu vencimento, à própria taxa de retorno apurada. Este pressuposto, no entanto, pode não ser verdadeiro na prática.

O investidor pode não conseguir reaplicar seus fluxos de caixa à taxa efetiva de juro apurada, o que alterará a sua rentabilidade.

6.3 PREÇO DE MERCADO DE UM TÍTULO DE RENDA FIXA

O *preço de mercado* (P_0) do título equivale ao valor presente dos fluxos de caixa futuros: *cupons* (juros) e *capital aplicado* (P_n), descontados a uma *taxa* de atratividade (K).

$$P_0 = \frac{C_1}{(1+K)^1} + \frac{C_2}{(1+K)^2} + \cdots + \frac{C_n + P_n}{(1+K)^n}$$

em que:

P_0: preço corrente de negociação do título (preço de mercado);

$C_1, C_2, ..., C_n$: juros periódicos representados pelos cupons previstos para cada período;

K: taxa de desconto requerida pelo investidor do título.

EXEMPLO ILUSTRATIVO – Cálculo do Preço de Mercado

Considere um título de renda fixa cujo vencimento se dará em 5 anos, com valor de resgate de $ 1.000,00. A data da compra é 3-4-2007 e a de vencimento do título é 3-4-2012 (prazo: 5 anos). O título prevê um rendimento (cupom) de 9% ao ano com pagamento semestral. Qual o preço corrente de mercado deste título se os investidores aceitarem descontar esse título somente à taxa de 10% a.a.?

Solução:

De acordo com os dados da operação, tem-se o seguinte fluxo de caixa:

$$\text{Cupom semestral} = \frac{9\% \text{ a.a.}}{2 \text{ semestres}} \times 1.000,00 = 45,00 \text{ por semestre}$$

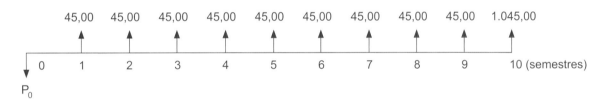

O preço do título é determinado pelo desconto dos fluxos de caixa à taxa de retorno exigida pelos investidores de 5% ao semestre (10% a.a./2 semestres):

$$P_0 = \frac{45,00}{(1+0,05)^1} + \frac{45,00}{(1+0,05)^2} + ... + \frac{45,00 + 1.000,00}{(1+0,05)^{10}}$$

Pode-se resolver por meio dos comandos de fluxo de caixa:

Comandos	Significado
f REG	Limpa os registradores de armazenamento
45 g CFj	Pagamento do cupom do 1º ao 9º semestre
9 g Nj	Número de repetições do cupom no período – 9 semestres
1045 g CFj	Pagamento do último semestre – cupom mais resgate
5 i	Taxa de desconto semestral do título
f NPV	$ 961,39, que é o preço corrente do título (P_0)

Se o investidor aceitar ganhar os juros pagos pelo cupom (10% a.a. = 5% a.s.), o título é negociado pelo seu valor de face (ao par), ou seja, por $ 1.000,00. Na HP 12C, existe o comando **PRICE**, que não faz referência à Tabela Price, e sim, ao cálculo do preço de mercado do título.

Comandos	Significado
f REG	Limpa os registradores de armazenamento
9 PMT	Introduz a taxa anual paga pelo cupom
10 i	Taxa anual de desconto
03.042007 ENTER	Prazos de negociação do título. Verificar se a opção D.MY está presente no visor da sua HP 12C. Caso contrário, faça g 4 (D.MY) para acionar o modo de inserção de data nesse formato dia, mês e ano
03.042012 f PRICE	96,139% porcentagem do valor de face do título

A resposta é fornecida como porcentagem do preço de face do título. O título é negociado no mercado por $ 961,39 (96,139% × $ 1.000), ou seja, com um deságio de 3,861% em relação ao seu valor de face.

EXEMPLO ILUSTRATIVO –
Preço de Mercado: Ao Par, Ágio
e Deságio

Admita um título com valor nominal (valor de face) de $ 1.000,00 que promete pagar rendimentos (cupons) de 10% ao ano (5% a.s.). Os cupons são pagos semestralmente e o prazo de emissão do título é de 4 anos. Determinar o preço de mercado deste título na hipótese de os investidores exigirem uma taxa de retorno semestral igual a:

a) 5,0% a.s.

b) 6,0% a.s.

c) 4,0% a.s.

Solução:

a) $P_0 = \dfrac{50,00}{1,05} + \dfrac{50,00}{1,05^2} + \dfrac{50,00}{1,05^3} +$

$+ \ldots + \dfrac{1.050}{1,05^8} = \$ 1.000,00$

A taxa de desconto definida pelo investidor é igual ao cupom prometido pelo título. Nesse caso, o título é negociado no mercado pelo seu valor nominal, ou seja, *ao par.*

b) $P_0 = \dfrac{50,00}{1,06} + \dfrac{50,00}{1,06^2} + \dfrac{50,00}{1,06^3} +$

$+ \ldots + \dfrac{1.050}{1,06^8} = \$ 937,90$

O título é negociado com *deságio*, ou seja, valor de mercado é inferior ao seu valor nominal. Isto é motivado em razão da taxa de retorno exigida pelos investidores ($K = 6\%$ a.s.) ser maior que a remuneração prometida pelo título (cupom = 5% a.s.). De outra maneira, para ganhar uma taxa de retorno exigida semestral de 6%, o investidor deve comprar o título por $ 937,90, com deságio de 6,21%.

c) $P_0 = \dfrac{50,00}{1,04} + \dfrac{50,00}{1,04^2} + \dfrac{50,00}{1,04^3} +$

$+ \ldots + \dfrac{1.050}{1,04^8} = \$ 1.067,33$

O título é negociado no mercado com um *ágio* de 6,73%. O investidor, por exigir uma taxa de retorno de 4%, menor que o rendimento oferecido pelo título,

paga mais que seu valor nominal. Com isso, a rentabilidade do título se ajusta à taxa requerida de retorno do aplicador.

Com o auxílio da calculadora financeira HP 12C:

Comandos			Significado
f	REG		Limpa os registradores de armazenamento
50	g	CFj	Pagamento do cupom do 1º ao 7º semestre
7	g	Nj	Número de repetições do cupom no período – 7 semestres
1050	g	CFj	Pagamento do último semestre – cupom mais resgate
5	i		Taxa de desconto semestral do título
f	NPV		$ 1.000,00, que é o preço corrente do título para $K = 5\%$
6	i		Taxa de desconto semestral do título
f	NPV		$ 937,90, que é o preço corrente do título para $K = 6\%$
4	i		Taxa de desconto semestral do título
f	NPV		$ 1.067,33, que é o preço corrente do título para $K = 4\%$

6.4 *CURRENT YIELD*

É a taxa de retorno corrente de um título (*Current Yield*), ou seja, é a medida de recuperação de caixa oferecida pelo título. Pode ser calculada pela seguinte expressão:

$$Current\ Yield = \frac{Juros\ (Cupons)}{P_0}$$

EXEMPLO ILUSTRATIVO –
Cálculo da *Current Yield*

Considere um título com valor de resgate (valor de face) de $ 1.000,00 que está sendo negociado com um deságio de 11%. O título tem um cupom de 9% ao ano. Determinar a taxa de rendimento corrente (*Current Yield*) deste título.

Solução:

De acordo com os dados da operação tem-se:

$$Current\ Yield = \frac{9\% \times 1.000,00}{1.000,00 - 11\%}$$

$$= \frac{90,00}{890,00} = 10,11\%$$

EXEMPLO ILUSTRATIVO – *Current Yield* (CY) e *Yield to Maturity* (YTM)

Admita um título que promete cupom de 10% ao ano, com pagamentos semestrais, e maturidade de 10 anos. O valor nominal do título é de $ 1.000,00 e está sendo negociado no mercado com ágio de 8%, ou seja, a $ 1.080,00. Pede-se calcular a *CY* e a *YTM* do título.

Solução:

Preço de Negociação de Mercado:	$ 1.080,00 (ágio de 8%)
Valor Nominal:	$ 1.000,00
Cupom:	10% ao ano (5% ao semetre)
Períodos de Rendimentos:	20 semestres

Yield to Maturity (YTM)

$$1.080,00 = \left[\frac{50,00}{1+YTM} + \frac{50,00}{(1+YTM)^2} + \right.$$
$$\left. + \frac{50,00}{(1+YTM)^3} + \cdots + \frac{50,00 + 1.000,00}{(1+YTM)^{20}} \right]$$

Resolvendo-se:

YTM = 4,39% a.s. (8,78% a.a.)

Usando os comandos da calculadora financeira HP 12C:

Comandos			Significado
f	REG		Limpa os registradores de armazenamento
50	g	CFj	Pagamento do cupom do 1º ao 9º semestre

19	g	Nj	Número de repetições do cupom no período – 19 semestres
1050	g	CFj	Pagamento do último semestre – cupom mais resgate
f		IRR	Taxa interna de retorno ao semestre (*Yield to Maturity*)
X		2	Retorno anual

Current Yield (CY)

$$CY = \frac{100,00}{1.080,00} = 9,26\%$$

Diferenças entre a CY e a YTM:

- **Cupom: 10% > CY: 9,26%** – Explicado pelo título ser negociado no mercado com ágio, isto é, valor de mercado maior que seu valor de face.

- **CY: 9,26% > YTM: 8,78%** – A YTM considera a perda de capital (ágio pago) do investidor; o título é adquirido no mercado por $ 1.080,00 e negociado no resgate por $ 1.000,00.

6.5 *ZERO COUPON BOND*

O *zero coupon bond*, ou título de cupom zero, é um título normalmente emitido sem previsão de pagamentos de juros (cupom), sendo negociado no mercado com desconto.

Seu preço de negociação equivale ao valor presente de seu valor de face, descontado a uma taxa de juros que reflete a expectativa de remuneração dos investidores.

Por exemplo, em 27-4-2007 o Banco Central realizou um leilão de venda de Letras do Tesouro Nacional (LTN) com vencimento para 1-7-2008. O título tem valor nominal de R$ 1.000,00, não prevê pagamento de cupons e foi colocado no mercado por R$ 883,30. O rendimento do investidor é calculado no desconto (deságio) oferecido pelo título, ou seja: R$ 1.000,00 – R$ 883,30 = R$ 116,70.

A operação de venda do título público descrito revela:

- a LTN é um *zero coupon bond*. O rendimento do investidor concentra-se no deságio de R$ 116,70 da compra, não ocorrendo pagamentos de juros;

- o deságio do título foi de 11,67%. O investidor adquiriu o título por R$ 883,30 e irá resgatá-lo por R$ 1.000,00;

- com este deságio, o investidor apurou uma taxa de retorno de 13,21% no período (431 dias corridos).

APLICAÇÃO PRÁTICA
Um teste aos gerentes de banco: mais rigor para vender fundos mútuos

Na próxima vez que você for fazer uma aplicação, faça um teste com o seu gerente. Peça para ele marcar a alternativa correta na questão a seguir.

Quanto mais alto for o preço unitário de mercado de um título de renda fixa:

a) Maior será o seu *Yield to Maturity*.
b) Menor será o seu prazo de vencimento.
c) Maior será a sua duração.
d) Menor será o seu *Yield to Maturity*.
e) Menor será a sua volatilidade.

A resposta

Esse é um exemplo de questão que consta do Exame de Certificação Qualificada que a *Associação Nacional dos Bancos de Investimentos* (ANBID) começou a aplicar a todos os profissionais que atuam na área de distribuição de investimentos, seja para investidores qualificados, seja para aqueles investidores que estão nas agências bancárias.

Então, antes de ouvir e aceitar os conselhos de seu gerente, se convença primeiro de que ele de fato está credenciado a lhe dizer o que fazer quando se trata de aplicar com segurança suas economias.

Na questão mencionada, por exemplo, a resposta correta é a letra D, porque a variação do preço unitário do papel não impacta seu prazo, mas sim seu rendimento. Quanto maior o preço, menor o retorno embutido no papel.

Se o seu gerente acertar, ele saberá lhe explicar, por exemplo, por que a cota do seu fundo de renda fixa prefixado cai toda vez que o juro sobe, ou ainda mostrar a razão pela qual as Letras Financeiras do Tesouro (LFTs) com os deságios atuais embutem uma excelente oportunidade de ganhos; enfim, ele poderá cuidadosamente mostrar a você como é o funcionamento do mercado de renda fixa, seus riscos e seus ganhos.

Outro ponto interessante é que ao ser certificado pela ANBID, que está aplicando o exame determinado pela Comissão de Valores Mobiliários, o seu gerente terá se comprometido a seguir princípios éticos estabelecidos pelo programa de certificação. Entre eles, "a não utilização de influência indevida para obtenção de benefícios próprios". Em outras palavras, não lhe vender um plano de capitalização para cumprir a meta da agência no mês.

Fonte: *Valor Online*, 25 jul. 2002.

6.6 *DURATION* E FORMULAÇÃO DE MACAULAY

A *duration* representa uma média ponderada, a valor presente, do tempo em que se espera receber os juros mais o principal de um investimento. A duração ou *duration* de um título (ou de uma carteira de títulos), na verdade, significa o tempo médio que o detentor do título deve esperar para receber, em valores atualizados, os diversos pagamentos prometidos. Um título sem pagamentos intermediários ou cupom (*zero coupon bond*) tem a duração igual à data de seu vencimento. Já um título com pagamento de cupom tem uma duração menor.

Em outras palavras, pode-se definir a *duration* como o tempo (prazo médio ponderado) em que um ou mais fluxos de caixa, dados uma taxa de juros e um regime de capitalização, produz uma única parcela equivalente a todo o fluxo. Esse prazo médio indica o número de períodos em que uma única parcela de pagamento ou recebimento se torna equivalente a todos os fluxos de entradas ou saídas de caixa de uma operação financeira.

Macaulay propôs uma metodologia mais rigorosa para o cálculo da *duration,* a qual leva em conta os fluxos de caixa ponderados pelas respectivas maturidades e trazidos a valor presente pela taxa de atratividade. Sua expressão matemática é dada a seguir:

$$D = \frac{\sum_{j=1}^{n} \dfrac{CF_j \times j}{(1 + YTM)^j}}{P_0}$$

em que:

D = *Duration* (duração média);

CF_j = Fluxo de caixa (*cash flow*) previsto para cada período;

j = maturidade de cada fluxo de caixa;

YTM (*yield to maturity*) = taxa efetiva de juros da operação financeira. Equivale à taxa interna de retorno dos fluxos de caixa;

P_0 = preço de negociação (preço de mercado) do título.

EXEMPLO ILUSTRATIVO –
Cálculo da *Duration* de Macaulay

Determinar a *duration* pela formulação de Macaulay de um título com valor de mercado de $ 1.000,00 (negociado ao par), e que promete rendimentos semestrais de 10% ao ano e maturidade de 3 anos.

Solução:

O fluxo de caixa estabelecido pela operação é dado a seguir:

$$Rendimento\ semestral = 5\% \times 1.000,00$$
$$= 50,00$$

$$D = \frac{\dfrac{50 \times 1}{(1+0,05)^1} + \dfrac{50 \times 2}{(1+0,05)^2} + \dfrac{50 \times 3}{(1+0,05)^3} + \dfrac{50 \times 4}{(1+0,05)^4} + \dfrac{50 \times 5}{(1+0,05)^5} + \dfrac{50 \times 6}{(1+0,05)^6}}{1.000,00}$$

$$D = \frac{5.329,48}{1.000,00} = 5,33 \text{ semestres}$$

Dessa maneira, o prazo médio a decorrer desse título equivale a 5,33 semestres. O valor do título no prazo da *duration* atinge:

$$FV(Duration) = 50(1,05)^{5,33-1} + 50(1,05)^{5,33-2} +$$
$$50(1,05)^{5,33-3} + 50(1,05)^{5,33-4} +$$
$$50(1,05)^{5,33-5} + 50(1,05)^{5,33-6}$$

$FV(Duration) = 1.297,00$

O $FV(Duration) = \$ 1.297,00$ equivale ao valor do investimento no título capitalizado até a *duration* calculada:

$FV = \$ 1.000,00 \times (1,05)^{5,33} = \$ 1.297,00$

> Em outras palavras, pelo modelo da *duration* de Macaulay, investir $ 1.000,00 hoje pelo prazo de 3 anos e rendimentos previstos de $ 50,00 por semestre e principal ao final, equivale a investir $ 1.000,00 hoje e receber os mesmos $ 1.297,00 no vencimento (fim de 3 anos). São fluxos de caixa equivalentes.

EXEMPLO ILUSTRATIVO – Empréstimo com Diferentes Prazos de Pagamento

Admita um empréstimo de $ 50.000 pelo prazo de 2 anos. A taxa de juro contratada é de 12% ao ano. Para liquidação do empréstimo, são oferecidas duas opções:

a) pagamento do principal ao fim de 2 anos e juros anualmente;

b) liquidação do empréstimo por meio de dois pagamentos anuais, iguais e consecutivos (PMT).

Pede-se determinar a *duration* de cada alternativa de pagamento e explicar a diferença entre os valores encontrados.

Solução:

a)

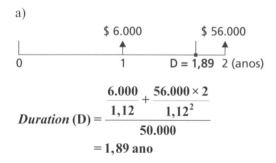

$$Duration\ (D) = \frac{\dfrac{6.000}{1,12} + \dfrac{56.000 \times 2}{1,12^2}}{50.000}$$
$$= 1,89\ ano$$

b)

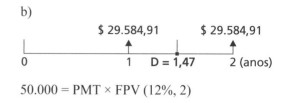

$50.000 = PMT \times FPV\ (12\%,\ 2)$

Resolvendo com o auxílio de uma calculadora financeira no modo sem entrada:

Prestação (PMT) = $ 29.584,91

Comandos	Significado
f REG	Limpa os registradores de armazenamento
50000 CHS PV	Valor do PV
12 i	Taxa de juros
2 n	Prazo
PMT = $ 29.584,91	Prestação

$$Duration\ (D) = \frac{\dfrac{29.584,91}{1,12} + \dfrac{29.584,91 \times 2}{1,12^2}}{50.000}$$
$$= 1,47\ ano$$

A *duration* calculada na opção **b)** é menor que obtida em **a)** em razão do principal do empréstimo ser pago em prazo menor.

6.6.1 Propriedades da *duration*

A principal vantagem da utilização da *duration* pela fórmula de Macaulay é que esta formulação leva em consideração o prazo de vencimento (maturidade) do título e também os momentos de ocorrência dos fluxos de caixa relativos aos cupons pagos pelo título.

Dessa maneira, será obtido um valor de *duration* que muda conforme se alteram os prazos de vencimento e as taxas de rendimentos.

A Tabela 6.1 ilustra esse fato para um título de valor de face de $ 1.000,00, negociado ao par e pagamentos de cupons semestrais para diferentes horizontes de vencimentos.

Tabela 6.1   *Duration* do título com diferentes maturidades e taxas de desconto.

	1 ano	2 anos	3 anos	4 anos	5 anos	6 anos	7 anos	8 anos	9 anos	10 anos
5%	1,98	3,86	5,65	7,35	8,97	10,51	11,98	13,38	14,71	15,98
6%	1,97	3,83	5,58	7,23	8,79	10,25	11,63	12,94	14,17	15,32
7%	1,97	3,80	5,52	7,11	8,61	10,00	11,30	12,52	13,65	14,71
8%	1,96	3,78	5,45	7,00	8,44	9,76	10,99	12,12	13,17	14,13
9%	1,96	3,75	5,39	6,89	8,27	9,53	10,68	11,74	12,71	13,59
10%	1,95	3,72	5,33	6,79	8,11	9,31	10,39	11,38	12,27	13,09
11%	1,95	3,70	5,27	6,68	7,95	9,09	10,12	11,04	11,86	12,61
12%	1,94	3,67	5,21	6,58	7,80	8,89	9,85	10,71	11,48	12,16

A partir da Tabela 6.1, podem-se verificar as seguintes propriedades da *duration*:

- quanto maior o prazo de vencimento do título, a *duration* aumenta, sendo este aumento verificado com maior intensidade nas primeiras oscilações de prazo, decrescendo proporcionalmente devido a maior elevação dos prazos;

- quanto maior a taxa do cupom, mais rápido o detentor do título recupera seu investimento, pois maior será o valor presente dos fluxos de caixa, e consequentemente, menor *duration*;

- a *duration* de um título é inversamente proporcional à taxa de juros paga pelo cupom, em razão da perda do valor do dinheiro no tempo quando os fluxos de caixa são descontados a taxas mais elevadas.

6.7 VOLATILIDADE

A *volatilidade* de um título é o percentual de variação dos preços do título em razão de modificações verificadas nas taxas de juros de mercado.

Quanto maiores as alterações de seus preços diante das alterações das taxas de juros de um título, maior será a sua volatilidade.

Admita um título de valor de face de $ 1.000,00, que remunera à taxa de 10% ao ano, pagando cupons semestrais. A Tabela 6.2 calcula o valor do título para diferentes maturidades (3, 7 e 10 anos), supondo ainda diferentes taxas de desconto (6 e 12%).

> **!** **IMPORTANTE** ■ desse modo, pode-se observar na Tabela 6.2 que a volatilidade é menor quanto menor for a maturidade do título, o que mostra uma relação positiva entre o preço do título e o seu prazo de colocação no mercado. Além disso, a volatilidade do título aumenta consideravelmente à medida que a maturidade do título aumenta.

Outra conclusão **importante** revela que a volatilidade, embora aumente com a elevação da taxa de desconto e com o incremento do prazo, evolui a uma taxa menor à medida que o prazo aumenta.

Tabela 6.2   Volatilidade de um título com diferentes maturidades e taxas de desconto.

MATURIDADE	3 anos		7 anos		10 anos	
Taxa de desconto	6% a.a.	12% a.a.	6% a.a.	12% a.a.	6% a.a.	12% a.a.
Valor do título	$ 1.108,34	$ 950,83	$ 1.225,92	$ 907,05	$ 1.297,55	$ 885,30
Volatilidade	– 14,21%		– 26,01%		– 31,77%	

De 3 para 7 anos a volatilidade passou de –14,21% para –26,01% (aumento de 83,04% = 26,01%/14,21% – 1), ao passo que de 7 anos para 10 anos a volatilidade passou de –26,01% para –31,77% (aumento de 22,15% = 31,77%/26,01% – 1).

6.8 *DURATION* DE UMA CARTEIRA

Conforme foi explicado anteriormente, a *duration* é uma medida de sensibilidade do valor presente de um título em relação a variações a diferentes níveis de taxas de juros. Para um título do tipo *zero coupon bond*, tal sensibilidade é medida pelo prazo de maturidade deste título. Assim, a *duration* do título público Letra do Tesouro Nacional, por exemplo, que não prevê pagamentos de cupons (rendimentos) e oferece como ganho ao investidor somente o deságio de negociação, é o próprio prazo do título.

Pode-se estender o conceito de *duration* de um ativo para uma carteira de ativos (D_C). O cálculo é com base na expressão de Macaulay definida anteriormente (item 6.6), apresentando a seguinte formulação:

$$D_c = \frac{\sum_{j=1}^{n} \frac{CF_j \times j}{(1+i)^j}}{\sum_{j=1}^{n} \frac{CF_j}{(1+i)^j}}$$

EXEMPLO ILUSTRATIVO – Análise e Cálculo da *Duration* de uma Carteira

Considere uma carteira com três títulos A, B e C, cujos dados são descritos na tabela a seguir.

Título	Prazo de Resgate	Valor de Resgate	Taxa de juros
A	35 dias	$ 10.000,00	0,97% a.m.
B	50 dias	$ 4.900,00	1,10% a.m.
C	87 dias	$ 18.000,00	1,00% a.m.

Pede-se determinar:

a) Valor da *duration* desta carteira.
b) Taxa equivalente da carteira.
c) IRR da carteira.

Solução:

a) Calculando-se primeiramente o valor presente de cada título com sua respectiva taxa de juros e prazo de resgate:

$$PV_A = \frac{10.000,00}{(1+0,0097)^{\frac{35}{30}}} = 9.888,01$$

$$PV_B = \frac{4.900,00}{(1+0,011)^{\frac{50}{30}}} = 4.811,47$$

$$PV_C = \frac{18.000,00}{(1+0,010)^{\frac{87}{30}}} = 17.488,02$$

Valor da Carteira (PV): $ 9.888,01 + $ 4.811,47 + $ 17.488,02 = $ 32.187,50.

> O cálculo da *duration* é processado como uma média ponderada de cada valor presente descontado com sua respectiva taxa com o correspondente prazo de vencimento.

$$D_c = \frac{9.888,01 \times 35 + 4.811,47 \times 50 + 17.488,02 \times 87}{9.888,01 + 4.811,47 + 17.488,02} = 65,4947 \text{ dias}$$

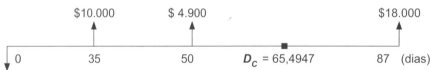

b) Para o cálculo da *taxa equivalente da carteira*, tem-se o seguinte fluxo de caixa equivalente:

Cálculo do montante no prazo da *duration* da carteira – D_C:

$$FV_A = 9.888,01 \times (1+0,0097)^{\frac{65,4947}{30}}$$
$$= \$ 10.098,61$$

$$FV_B = 4.811,47 \times (1+0,011)^{\frac{65,4947}{30}}$$
$$= \$ 4.927,77$$
$$FV_C = 17.488,02 \times (1+0,01)^{\frac{65,4947}{30}}$$
$$= \$ 17.872,07$$

FV (*Duration*): $ 10.098,61 + $ 4.927,77 + $ 17.872,07 = $ 32.898,45

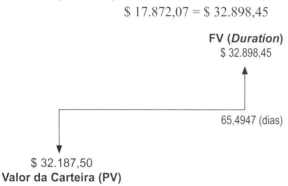

A *taxa efetiva da carteira* será:

32.898,45 = 32.187,50 × (1 + **i**)$^{30/65,4947}$

Com auxílio da calculadora financeira HP 12C, tem-se:

Comandos	Significado
f REG	Limpa os registradores de armazenamento
32187,50 CHS PV	Valor presente
32.898,45 FV	Valor futuro
65,4947 ENTER 30 ÷ n	Cálculo do prazo fracionado
STO EEX	Coloca o "c" no visor para trabalhar com prazo fracionado. Caso o "c" já esteja no visor, essa passagem não é necessária
i	1,01% a.m. - taxa de juros

c) Para o desenvolvimento da taxa interna de retorno (*IRR*) da carteira, tem-se:

$$32.187,50 = \frac{10.000,00}{(1+IRR)^{\frac{35}{30}}} + \frac{4.900,00}{(1+IRR)^{\frac{50}{30}}} + \frac{18.000,00}{(1+IRR)^{\frac{87}{30}}}$$

Com o auxílio da calculadora financeira HP 12C, tem-se:

Comandos	Significado
f REG	Limpa os registradores de armazenamento
32187,50 CHS g Cfo	Valor do fluxo da data zero
0 g CFj	Zero para indicar que não houve investimentos na carteira
34 g Nj	Período sem investimentos
10000 g CFj	Fluxo de caixa do 4º mês
0 g CFj	Zero para indicar que não houve investimentos na carteira
14 g Nj	Período sem investimentos
4900 g CFj	Fluxo de caixa do 10º mês
0 g CFj	Zero para indicar que não houve investimentos na carteira
36 g Nj	Período sem investimentos
18000 g CFj	Fluxo de caixa do 18º mês que se refere ao montante total
f IRR	0,033387 % a.d. - Taxa diária de juros
100 ÷ 1 + 30 y^x 1 – 100 ×	1,01% ao mês

6.9 MEDIDAS DE SENSIBILIDADE DOS ATIVOS DE RENDA FIXA

Como visto anteriormente, os ativos de renda fixa estão sujeitos a oscilações em seus preços devido a variações nas taxas de juros. E para captar essas variações nos preços, usam-se as medidas de sensibilidade chamadas "*duration*" e "convexidade", que são apresentadas a seguir.

Assim, quanto varia o preço (PV) dada uma variação na taxa *y*?

$$FV = PV(1+y)^D$$

Pode-se ainda escrever esta equação da seguinte maneira:

$$PV = \frac{FV}{(1+y)^D}$$

Ou ainda:

$$PV = FV(1+y)^{-D}$$

Para responder à pergunta de como se comporta a variação do PV do título em relação a sua *yield* (y), deve-se aplicar a derivada de primeira ordem na equação do PV:

$$\frac{\Delta PV}{\Delta y} = -D \times FV(1+y)^{-D-1}$$

Ajustando o denominador:

$$\frac{\Delta PV}{\Delta y} = -D \times \frac{FV}{(1+y)^{D+1}}$$

Como $FV = PV(1+y)^D$, tem-se:

$$\frac{\Delta PV}{\Delta y} = -D \times \frac{PV(1+y)^D}{(1+y)^{D+1}}$$

Fazendo as simplificações necessárias, tem-se:

$$\frac{\Delta PV}{\Delta y} = -D \times \frac{PV(1+y)^D}{(1+y)^D(1+y)^1}$$

$$\frac{\Delta PV}{\Delta y} = \frac{-D \times PV}{(1+y)^1}$$

$$\Delta PV = \frac{-D}{(1+y)} \times PV \times \Delta y$$

O termo $\dfrac{-D}{(1+y)}$ é chamado *duration* modificada e é denotado por DM.

O sinal negativo da equação apresentada indica que a taxa de juros e o preço de um bônus têm comportamento oposto.

A *duration* modificada é uma medida da sensibilidade do preço de um bônus a variações na taxa de juros. Quanto maior a *duration* (modificada ou de Macaulay), maior a resposta do preço do bônus a variações na taxa de juros.

Quanto maior for a variação na taxa de juros, pior será a estimativa de variação do valor utilizado na *duration*.

Cabe destacar algumas características da *duration*:

- Sensibilidade do valor de mercado do ativo em relação a variações de um fator de risco;
- Pode ser aplicada a um ativo individual ou a uma carteira de ativos;
- Fornece uma medida de risco (ou de exposição).

Aplicando-se a expressão encontrada para a variação do PV, tem-se:

$$\Delta PV = \frac{-4,79}{(1+0,10)} \times 1.000,00 \times (0,12 - 0,10)$$

$$\Delta PV = -4,36 \times 1.000,00 \times 0,02 = -\$\,87,20$$

Observe que esse valor encontrado é maior que a variação efetiva de –$ 82,23.

Esse erro de aproximação está no fato de a análise com base na *duration* oferecer uma aproximação linear de uma função não linear.

Para a redução desse erro deve-se estimar a convexidade, conforme será visto a seguir.

Convexidade

A convexidade dará a correção necessária para a aproximação feita anteriormente. Essa interpretação dada é uma visão geométrica, ou seja, do ponto de vista visual da curva de juros (*price yield curve*). Se a *duration* indica a inclinação do relacionamento

---

APLICAÇÃO PRÁTICA

Neste capítulo, no título do exemplo anterior, tem-se um título de valor nominal $ 1.000 com cupom de 10% a.s, e a ser descontado a 10% a.s o seu valor presente será de $ 1.000. Caso a taxa suba para 12%, o seu valor presente será de $ 917,77, que representa uma variação efetiva de − $ 82,23.

entre preço do título e a taxa, a convexidade mostra a mudança nessa inclinação, isto é, a flexão da curva do relacionamento entre o preço e o retorno.

De modo geral, a curva é convexa para todos os títulos que pagam cupons de renda fixa. Quanto maior essa convexidade, maior o erro cometido pela estimativa de mudanças de preços com base apenas na *duration*.

Do ponto de vista financeiro, a convexidade vai medir o grau de dispersão dos fluxos de caixa individuais na *duration* do título.[1]

Observe o gráfico da curva de juros e sua derivada primeira. No ponto do PV_0 a curva vem apresentando uma queda nos valores do PV até que se tenha uma mudança em sua curvatura. Esse ponto é onde a curva começa a perder a força da queda e a medida que captura essa mudança é a convexidade.

A convexidade é a mudança percentual da segunda derivada do preço em relação ao *yield*.

A partir de sua derivada primeira, calcula-se a derivada de segunda ordem:

$$\frac{\Delta PV}{\Delta y} = -D \times FV(1+y)^{-D-1}$$

$$\frac{\Delta^2 PV}{\Delta y^2} = -D \times (-D-1) \times FV(1+y)^{-D-2}$$

Ajustando o denominador e os sinais:

$$\frac{\Delta^2 PV}{\Delta y^2} = D \times (D+1) \frac{FV}{(1+y)^{D+2}}$$

Como $FV = PV(1+y)^D$, tem-se:

$$\frac{\Delta^2 PV}{\Delta y^2} = D \times (D+1) \frac{PV(1+y)^D}{(1+y)^{D+2}}$$

Fazendo as simplificações necessárias, tem-se:

$$\frac{\Delta^2 PV}{\Delta y^2} = D \times (D+1) \frac{PV(1+y)^D}{(1+y)^D(1+y)^2}$$

$$\frac{\Delta^2 PV}{\Delta y^2} = \frac{D \times (D+1) \times PV}{(1+y)^2}$$

Ou ainda:

$$\Delta^2 PV = \frac{D \times (D+1)}{(1+y)^2} \times PV \times \Delta y^2$$

A expressão $\frac{D \times (D+1)}{(1+y)^2}$ é chamada "convexidade".

A *duration* é boa aproximação para a mudança percentual no preço de um título somente quando a variação na taxa de juros é pequena.

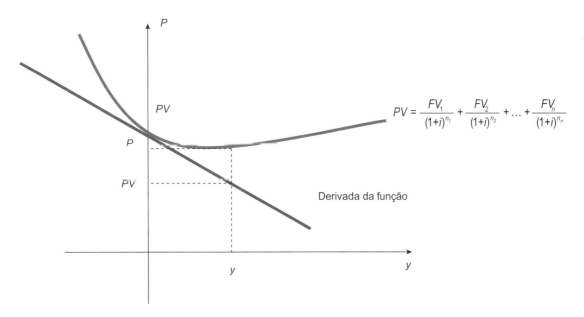

Figura 6.1 Diagrama para identificar a *duration*.

---

[1] RESTI, Andrea; SIRONI, Andrea. **Gestão do risco na atividade bancária e Geração de Valor para o avionista**: modelos de medição de risco a políticas de alocação de capital. Rio de Janeiro: Qualitymark, 2010. p. 67.

Para variações maiores na taxa de juros, temos de usar a aproximação de segunda ordem, que nos é dada pela expansão em série de Taylor até os termos de segunda ordem da função preço do bônus:

$$\Delta PV = \frac{1}{1!} \times \frac{\Delta PV}{\Delta y} \times \Delta y^1 + \frac{1}{2!} \times \frac{\Delta^2 PV}{\Delta y^2} \times \Delta y^2$$

$$\Delta PV = \frac{-D}{(1+y)} \times PV \times \Delta y + \frac{1}{2} \times \frac{D \times (D+1)}{(1+y)^2} \times PV \times \Delta y^2$$

Ou ainda:

$$\Delta PV = DM \times PV \times \Delta y + \frac{1}{2} \times \text{Convexidade} \times PV \times \Delta y^2$$

A primeira parte da direita da equação é a variação do PV do título de renda fixa provocada pela *duration*, e a segunda parte é devida à convexidade da curva do *yield*.

Aplicando-se a expressão encontrada para a variação do PV com a convexidade e a *duration*, tem-se:

$$\Delta PV = \frac{-4{,}79}{(1+0{,}10)} \times 1.000{,}00 \times (0{,}12 - 0{,}10) + \frac{1}{2}$$

$$\times \frac{4{,}79 \times (4{,}79 + 1)}{(1+0{,}10)^2} \times 1.000{,}00 \times (0{,}12 - 0{,}10)^2$$

$$\Delta PV = -4{,}36 \times 1.000{,}00 \times 0{,}02 + \frac{1}{2}$$

$$\times 22{,}92 \times 1.000{,}00 \times 0{,}0004$$

$$\Delta PV = -87{,}20 + 4{,}58 = \$\,82{,}62$$

Para os cálculos realizados com maiores quantidades de casas decimais, os resultados tendem a ser mais próximos.

APLICAÇÃO PRÁTICA

Neste capítulo, no título do exemplo anterior, tem-se um título de valor nominal $ 1.000 com cupom de 10% a.s. Calcule a variação do PV do título levando-se em conta uma variação do *yield* de 10% a.s para 12% a.s com relação à *duration* e à convexidade.

Dezembro | 2023

Índices de Mercado ANBIMA: IMA-GERAL

O IMA-Geral representa a evolução, a preços de mercado, da carteira de títulos públicos federais.

Descrição	Valor do índice	Número de componentes	Valor de mercado	PMR	Duration	Convexidade
IMA-GERAL	7.949,73	43	6.072,90	1120	649	31,23

Estatística de *performance*

Período	Retorno (%)	Risco (%)
mês	1,63	1,19*
3 meses	3,81	2,12*
No ano	14,80	1,97*
1 ano	14,80	1,97*
2 anos	12,30*	2,26*
3 anos	8,38*	2,43*
4 anos	7,61*	3,41*
5 anos	8,63*	3,19*
6 anos	8,88*	3,11*

*Valores anualizados

Figura 6.2 Índice de Mercado ANBIMA: IMA – Geral.

Fonte: https://www.anbima.com.br/data/files/4A/B3/1E/C7/94BB1810C0677B18882BA2A8/IMA_GERAL_Lamina.pdf. Acesso em: jan. 2024.

Exemplo prático: a Figura 6.2 é do Índice Geral ANBIMA, que ilustra a posição da carteira em dezembro de 2023, com informações sobre a rentabilidade, a *duration* e a convexidade.

6.10 *DURATION* MODIFICADA

No estudo da volatilidade da *duration*, pode-se observar que existe uma relação inversa entre o rendimento (*yield*) e o preço de mercado do título (P_0), que pode ser descrita pela Figura 6.3:

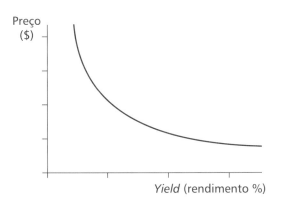

Figura 6.3 Relação entre preço e *yield*.

Pode-se interpretar a Figura 6.3 com relação ao preço do título e os juros no mercado como uma correlação inversa, observando que: *um aumento nas taxas de juros provoca uma consequente desvalorização do título; ao contrário, uma redução nos juros provoca uma valorização do título no mercado*. Os preços de mercado dos títulos de renda fixa caem à medida que os juros se elevam, determinando, conforme colocado anteriormente, uma relação inversa entre as variáveis. É importante perceber que o comportamento dos preços é decrescente, ou seja, à medida que os juros sobem os preços se reduzem, porém a taxas *decrescentes*.

Outra variável que também influencia o comportamento descrito é a maturidade (prazo de vencimento) do título. Para melhor entender essa relação, considere o exemplo de um título de valor de face $ 1.000,00 que paga um cupom semestral de 10% ao ano. A Tabela 6.3 demonstra o comportamento do título dentro do horizonte de tempo de 10 anos e com *yield* (rendimento) de 6 a 10% ao ano.

Tabela 6.3 Precificação de um título mediante variações de *yield* e maturidade.

	3 anos	5 anos	10 anos
6%	1.108,34	1.170,60	1.297,55
7%	1.079,93	1.124,75	1.213,19
8%	1.052,42	1.081,11	1.135,90
9%	1.025,79	1.039,56	1.065,04
10%	1.000,00	1.000,00	1.000,00

Observe que uma queda na taxa de juros de 1%, por exemplo, de 10% para 9%, provoca um ágio na negociação do título de 2,579% para 3 anos, 3,956% para 5 anos e 6,504% para 10 anos. Analogamente, um aumento dos juros, por exemplo de 8% para 9%, provoca um deságio no valor dos títulos de 2,53% para 3 anos, 3,84% para 5 anos e 6,24% para 10 anos.

> **IMPORTANTE** ▪ para melhor captar essas alterações no preço de um título em função das variações nas taxas de juros, tem-se uma nova medida chamada **duration modificada** (Modified Duration – MD), que pode ser obtida pela seguinte expressão:
>
> $$MD = \frac{-D}{1 + YTM}$$
>
> em que:
>
> D = Duration de Macaulay
> YTM = Yield to Maturity

Por meio desta medida é possível determinar-se a mudança na cotação de mercado de um título a partir de uma variação nas taxas de juros. A *duration* modificada revela: *a variação na cotação do título para cada 1% de variação nos juros de mercado.*

Por exemplo, se a *MD* for calculada em – **2,8** indica que se os juros subirem 1% o preço do título desvaloriza-se em 2,8%; ao contrário, se as taxas caírem 1%, o preço valoriza-se em 2,8%; e assim por diante.

É importante acrescentar que, pela característica linear da *duration*, não compatível com o comportamento exponencial da relação preço do título × taxas de juros de mercado (ver Figura 6.3), o resultado fornecido pela *duration* modificada não é totalmente exato. É uma medida bastante aproximada e, diante de variações geralmente pequenas nas taxas de juros, produz resultados bastante aceitáveis e amplamente adotados na prática.

EXEMPLO ILUSTRATIVO – Cálculo e Aplicação da *Duration* Modificada (MD)

Determine a *duration* modificada de um título no valor nominal de $ 1.000,00, que oferece rendimentos semestrais de 9% ao ano (semestrais) e maturidade de 3 anos. A taxa de retorno exigida pelos investidores é de 10% a.a. O título é negociado ao par no mercado. Calcule também a variação no preço de mercado do título em caso das taxas de juros subirem para 11% ao ano.

Solução:

O fluxo de caixa estabelecido pela operação é dado a seguir:

$$Rendimento\ semestral = 4,5\% \times 1.000,00 = 45,00$$

Calculando o *valor de mercado* (P_0) do título:

$$P_0 = \frac{45,00}{(1+0,05)^1} + \frac{45,00}{(1+0,05)^2} + \cdots + \frac{45,00+1.000}{(1+0,05)^6} = \$ 974,62$$

Duration do título:

$$D = \frac{\frac{45\times 1}{(1+0,05)^1} + \frac{45\times 2}{(1+0,05)^2} + \frac{45\times 3}{(1+0,05)^3} + \frac{45\times 4}{(1+0,05)^4} + \frac{45\times 5}{(1+0,05)^5} + \frac{45\times 6}{(1+0,05)^6}}{974,62}$$

$D = 5.244,26/974,62 = 5,38$ semestres $= 2,69$ anos

Dessa maneira, a *duration* modificada do título é:

$$MD = \frac{2,69}{1,10} = 2,45$$

Caso as taxas de juros de mercado subam 1%, atingindo 11% ao ano (5,5% ao semestre), espera-se pelo modelo da MD uma redução de 2,45% no preço do título, atingindo **$ 950,74**.

Usando o método mais exato do fluxo de caixa descontado, o valor do título é calculado em:

$$P_0 = \frac{45,00}{(1+0,055)^1} + \frac{45,00}{(1+0,055)^2} + \cdots + \frac{45,00+1.000,00}{(1+0,055)^6} = \$ 950,04$$

Conforme comentado, o modelo da MD apura um resultado bastante aproximado da efetiva variação no preço do título. Pela MD, o preço calculado é de $ 950,74, e pelo método do fluxo de caixa descontado o preço atinge a $ 950,04, uma pequena diferença de $ 0,70.

De posse de todas as informações demonstradas dentro deste capítulo, o leitor estará apto a entender a notícia veiculada no jornal *Valor Econômico*, que é reproduzida a seguir.

APLICAÇÃO PRÁTICA
Entendendo um Artigo com Vocabulário Técnico

Renda fixa volta a ter retorno acima do CDI

Os fundos de renda fixa de varejo, que concentram quase um terço dos recursos do mercado, voltaram a apresentar retornos acima do referencial, o Certificado de Depósito Interfinanceiro (CDI). A categoria sofreu com as turbulências em maio diante da forte desvalorização dos papéis prefixados (LTNs), que compõem essas carteiras. Os fundos de renda fixa prefixados têm uma parcela maior desses papéis.

A volatilidade dos mercados em maio afastou os investidores de ativos mais arriscados, provocando uma queda nos preços dos títulos de renda fixa a longo prazo. Uma LTN, com vencimento em julho de 2008, era comprada a uma taxa de 14,75% no início de abril no sistema de negociação *on-line* do Tesouro Direto. Já em meados de maio, o mesmo papel superou a casa dos 16%. Quando a taxa sobe, o preço dos papéis prefixados antigos cai – com juros menores, eles perdem valor, o que impacta o valor das cotas. Mas na sexta-feira, dia 11, o título já havia se recuperado e a taxa estava em 14,55%.

Os números de inflação estão vindo cada vez melhores e o cenário externo também está positivo diante da expectativa de fim do aperto monetário nos Estados Unidos. A equipe de gestão altera o prazo médio (*duration*) das carteiras de renda fixa prefixadas conforme a visão de mercado. Hoje, os fundos de renda fixa pré do HSBC têm uma carteira com prazo médio de 44 dias. A exceção é o fundo HSBC FI RF Pre Max, cujo prazo médio é de um ano, independentemente do cenário traçado para os juros.

Com a turbulência, a captação dessas carteiras, que vinha em um ritmo forte ao longo deste ano, também diminuiu. De janeiro a abril, o ingresso mensal de recursos na categoria foi de R$ 2,2 bilhões, em média. O mês de maio encerrou com resgates de R$ 880 milhões. Junho e julho ficaram praticamente estáveis e só agora, em agosto, pode-se ver uma volta dos investidores. Até o dia 10, dos R$ 317 milhões que ingressaram em renda fixa, R$ 252 milhões vieram de aplicadores de varejo.

Os fundos DI têm ganhos médios de 0,41% em agosto, até o dia 10. O percentual é inferior ao CDI, mas deve-se levar em conta as taxas de administração, que variam de 2% a 5,5% ao ano nos fundos de varejo. O ingresso de recursos no mês está negativo em R$ 76 milhões. No ano, a categoria apresenta retorno de 9,03% e captação de R$ 3,260 bilhões. Os a curto prazo rendem 0,28% no mês e 8% no ano.

Os multimercados se destacam, com retorno médio de 0,78% no mês, até o dia 10, e de 10,61% no ano. A rentabilidade da categoria só é menor em agosto em relação aos fundos de ações, que sobem 0,79%, em média. O principal índice da bolsa, o Ibovespa, sobe 0,75% no período. No ano, o ganho é de 13,52%, frente a 11,65% do Ibovespa. Os fundos Petrobras compostos por recursos próprios – os FGTS estão fechados para captação – têm retorno de 2,16% até o dia 10 e, no ano, sobem 25,81%. Já as carteiras compostas por ações da Vale do Rio Doce perdem no mês 2,50%, mas ganham 2,69% no ano. Instituições como Banco do Brasil, Caixa Econômica Federal, Banco Real e Sudameris reabriram as carteiras Petrobras e Vale para captação.

As carteiras cambiais registram perdas médias de 0,56% em agosto, frente à queda de 0,62% do dólar no período. Até o dia 10, essas aplicações apresentam perdas de R$ 486 milhões. No ano, os cambiais também perdem 4,57%, em média, enquanto o dólar cai 7,60% no período.

Fonte: Adaptado de **Valor On Line**, 15 ago. 2006.

APLICAÇÃO PRÁTICA
Finanças Comportamentais
Poupança compensa mais que fundo DI

PRODUTOS QUE COBRAM TAXAS MAIORES QUE 1,5% JÁ DEIXAM DE SER COMPETITIVOS; TESOURO DIRETO É ALTERNATIVA

Investimentos que seguem a taxa básica de juros perdem atratividade; taxa de administração e imposto pesam.

EPAMINONDAS NETO

A vida do investidor de renda fixa ficou mais difícil desde a semana passada.

A agressiva redução de juros promovida pelo Banco Central terá impacto direto em alguns dos produtos financeiros mais populares oferecidos pelos bancos, como os fundos DI e os CDBs (Certificados de Depósito Bancário).

Esses fundos, por serem pós-fixados, acompanham de perto a trajetória da Selic: se a taxa básica cair, a rentabilidade vai ser prejudicada.

O mesmo vale para os CDBs do tipo DI ou pós-fixados, que pagam ao investidor uma fatia do chamado CDI, o juro de mercado similar ao juro básico determinado pelo BC.

E, a curto prazo, esse quadro não tende a mudar, pois economistas avaliam que novos cortes da taxa básica de juros estão a caminho.

Uma grande instituição americana já mencionava a taxa Selic a 11% no início de 2012, ante os 12% fixados na quarta-feira passada.

Nesse contexto, as taxas de administração ganham cada vez mais importância para o investidor atento.

Segundo especialistas ouvidos pela *Folha*, fundos com taxas acima de 1,5% ou 2% já deixam de ser competitivos em comparação com a poupança, isenta do IR (Imposto de Renda) e da cobrança desses encargos.

Esse impacto também varia em função do tempo em que o dinheiro está aplicado: até seis meses, a alíquota do IR bate 22%; acima de dois anos, cai para 15%.

Nos grandes bancos, para ter acesso a produtos com uma taxa abaixo de 2%, em geral se exige que o investidor tenha aplicado pelo menos R$ 10 mil. No caso de taxas de 1,5% ou menos, em torno de R$ 50 mil.

IMPACTOS

Para Fabiano Lima, pesquisador do Instituto Assaf, o investidor deve ter cautela antes de mexer em suas aplicações.

"Esse quadro de queda dos juros não é garantido. A inflação ainda pode sofrer repiques nos próximos meses", afirma Lima.

"Acho que o melhor conselho para o investidor é que espere mais alguns meses, para ver o que o Banco Central deve fazer, antes de efetivamente movimentar suas aplicações", acrescenta.

Lima lembra dos encargos de saída para mexer nos investimentos: quanto menor o tempo de aplicação do dinheiro, maior a mordida do IOF (Imposto sobre Operações Financeiras) no momento do resgate.

É preciso também ponderar as alternativas: o investidor precisa ter capital suficiente para pedir a migração para um fundo com uma condição mais vantajosa, ou negociar a aplicação em um CDB que pague um percentual maior do CDI.

Fonte: Adaptado de **Folha de S. Paulo**, 5 set. 2011.

APLICAÇÃO PRÁTICA
Duration e Convexidade para Títulos Públicos

Pode-se utilizar os conceitos expressos anteriormente para aplicar em um título público. A seguir, são apresentadas as informações sobre a Letra do Tesouro Nacional (LTN), que é atualmente chamada "Tesouro Prefixado". É uma aplicação com rentabilidade pré-fixada, ou seja, investindo nesse produto, a rentabilidade está segurada independentemente do que ocorra no mercado financeiro no período entre a compra e o vencimento do título. Considerando um investimento com valor de face de R$ 1.000,00, e este título não paga cupom, isto é, não paga os juros periodicamente, apenas no vencimento pode-se obter a seguinte análise.

Rentabilidade da LTN

Títulos Públicos Federais LTN – Taxa (% a.a.)/252						Intervalo Indicativo				06/abr/2022
Data Base/ Emissão	Data de Vencimento	Tx. Compra	Tx. Venda	Tx. Indicativa	PU	Mínimo (DO)	Máximo (DO)	Mínimo (D+1)	Máximo (D+1)	
06/07/2018	01/07/2022	12,3829	12,3635	12,3729	973,058061	12,2323	12,7033	12,2441	12,7144	
03/07/2020	01/10/2022	12,7019	12,6884	12,6941	942,890639	12,4759	13,1489	12,5156	13,1865	
20/01/2016	01/01/2023	12,7900	12,7740	12,7826	915,040577	12,5100	13,2826	12,5482	13,3199	
07/01/2022	01/04/2023	12,8236	12,8000	12,8100	887,719145	12,4998	13,3281	12,5619	13,3897	
05/04/2019	01/07/2023	12,7276	12,7045	12,7168	863,069376	12,3779	13,2525	12,4445	13,3191	
03/01/2020	01/01/2024	12,2400	12,2203	12,2300	819,412123	11,7894	12,7136	11,9186	12,8421	
07/01/2022	01/04/2024	12,0785	12,0664	12,0721	799,054368	11,6104	12,5671	11,7241	12,6802	
08/01/2021	01/07/2024	11,8604	11,8400	11,8531	779,985134	11,3356	12,3294	11,4691	12,4624	
01/02/2018	01/01/2025	11,5746	11,5556	11,5652	741,396218	10,9985	12,0465	11,1267	12,1744	
07/01/2022	01/07/2025	11,5321	11,5192	11,5250	703,953749	10,9522	12,0213	11,0543	12,1233	

Fonte: ANBIMA. Disponível em: https://www.anbima.com.br/pt_br/informar/taxas-de-titulos-publicos.htm. Acesso em: 07 abr. 2022.

Assumindo, a título de exemplo, que tenham sido comprados os dois primeiros títulos, com vencimento em 1º/07/2022 e 1º/10/2022. Estando na data 06/04/2022, é necessário obter o número de dias úteis entre essa data e o vencimento. Para isso, deve-se ter informações sobre feriados que possam ocorrer dentro desse intervalo. A planilha desse exemplo utiliza o calendário oferecido pela ANBIMA, no seguinte endereço: https://www.anbima.com.br/feriados/feriados.asp. Eventuais diferenças de dias úteis podem ocorrer devido a feriados regionais. O cálculo efetuado na planilha mostra que, para o primeiro título, existem 59 dias úteis dentro do intervalo de datas, e para o segundo título, 124 dias úteis.

Dessa maneira, a *duration* do título é o seu respectivo prazo de vencimento, ou seja, 59 dias úteis. É possível, assim, obter o PU (Valor Presente – PV) desse título a partir da taxa de juros da coluna "Taxa Indicativa":

$$PU = \frac{1.000,00}{(1+0,123729)^{\frac{59}{252}}} = \$ \ 973,058061$$

Continua

Continuação

E para o segundo título:

$$PU = \frac{1.000,00}{(1+0,126941)^{\frac{124}{252}}} = \$\,942,890639$$

Esses valores também podem ser encontrados na coluna do PU, na tabela inicial.

Com o objetivo de mostrar o impacto que uma variação percentual, positiva ou negativa, teria sobre o valor do PU do título, vamos empregar a utilização da *duration* e da convexidade do título para esse fim. Fazendo a variação do PU, ou seja, do PV do título, utilizando apenas a *duration* como medida de risco, tem-se:

$$\Delta PV = \frac{-D}{1+y} \times PV \times \Delta y$$

Assumindo o PV = PU, para uma variação da taxa (Δ *yield* = Δy) de 1%, ajustando a *duration* (D) de dias para ano e considerando o *yield* = y como a taxa indicativa do título, tem-se:

$$D(anos) = \frac{59}{252} = 0,234126984\ anos$$

$$\Delta PV = \Delta PU = \frac{-0,234126984}{1+0,123729} \times 973,058061 \times 0,01$$

$$\Delta PU = -2,027$$

E para o segundo título:

$$D(anos) = \frac{124}{252} = 0,492063492\ anos$$

$$\Delta PV = \Delta PU = \frac{-0,4920634924}{1+0,126941} \times 942,890639 \times 0,01$$

$$\Delta PU = -4,117$$

Assim, a carteira com os dois títulos tem uma variação esperada, no caso de alta de 1% na taxa de juros de:

$$\Delta PU(Carteira) = -2,027 - 4,117 = -6,144$$

Acrescentando a convexidade (C) a essa variação, tem-se:

- Para o primeiro título:

$$C(anos) = \frac{0,234126984(0,234126984+1)}{(1+0,123729)^2} = 0,228816923\ anos$$

$$\Delta PV = \frac{-0,234126984}{1+0,123729} \times 973,058061 \times 0,01 + \frac{1}{2} \times 0,228816923 \times 973,058061 \times 0,01^2$$

$$\Delta PV = -2,027 + \frac{1}{2} \times 0,228816923 \times 973,058061 \times 0,01^2$$

$$\Delta PV = -2,027 + 0,0111326$$

Continua

Continuação

$$\Delta PV = -2{,}016$$

- Para o segundo título:

$$C(anos) = \frac{0{,}492063492(0{,}492063492 + 1)}{(1 + 0{,}126941)^2} = 0{,}578104153 \; anos$$

$$\Delta PV = \frac{-0{,}4920634924}{1 + 0{,}126941} \times 942{,}890639 \times 0{,}01 + \frac{1}{2} \times 0{,}578104153 \times 942{,}89064 \times 0{,}01^2$$

$$\Delta PV = -4{,}117 + \frac{1}{2} \times 0{,}578104153 \times 942{,}89064 \times 0{,}01^2$$

$$\Delta PV = -4{,}117 + 0{,}027254$$

$$\Delta PV = -4{,}0897$$

Assim, a carteira com os dois títulos tem uma variação esperada considerando a *duration* e a convexidade, no caso de alta de 1% na taxa de juros de:

$$\Delta PU(Carteira) = -2{,}016 - 4{,}0897 = -6{,}1060$$

Apurando-se agora a variação efetiva alterando-se a taxa de juros em + 1%, tem-se:

$PU = \dfrac{1.000{,}00}{(1 + 0{,}123729)^{\frac{59}{252}}} = \$\,973{,}058061$	$PU = \dfrac{1.000{,}00}{(1 + 0{,}123729 + 0{,}01)^{\frac{59}{252}}} = \$\,971{,}041771$
$PU = \dfrac{1.000{,}00}{(1 + 0{,}126941)^{\frac{124}{252}}} = \$\,942{,}890639$	$PU = \dfrac{1.000{,}00}{(1 + 0{,}126941 + 0{,}01)^{\frac{124}{252}}} = \$\,938{,}800691$
Total: $ 1.915,95	**Total: $ 1.909,84**

A diferença entre os valores é de: $ 1.915,95 − $ 1.909,84 = $ 6,11, negativo, uma vez que com a alta da taxa de juros, o valor dos títulos no mercado teria queda total de − $ 6,11.

RESUMO

1. **Demonstrar os principais cálculos de medidas de desempenho utilizadas nos títulos de renda fixa.**

   Alguns conceitos importantes que foram usados:

   - *Yield*: é o rendimento nominal oferecido pelo título e identificado em seu cupom.

   - *Current Yield*: mede a relação entre os juros prometidos pelo cupom de um título com o seu preço corrente de mercado. É uma medida de recuperação de caixa oferecida pelo título com base em seu valor de mercado.

   - Valor de Face (P_n): é o valor de emissão do título. A devolução do capital ocorre ao fim do prazo de emissão. É o mesmo que valor nominal, valor de resgate ou valor futuro.

- Cupom (C): taxa de juro prometida pelo título e estampada em seu valor de face. Na data de seu vencimento, o emissor do título compromete-se a pagar os juros mediante entrega do cupom que acompanha o título.

- *Yield to Maturity* (YTM): é o efetivo rendimento (*Yield*) do título de renda fixa até seu vencimento (*Maturity*). Nada mais é do que a taxa interna de retorno levando-se em conta o valor de negociação do título no mercado (preço de compra), seu valor de resgate e os rendimentos (juros) dos cupons.

- Ágio ou Deságio: quando o valor de mercado de um título é inferior ao seu valor de face, diz-se que é negociado com deságio. Ao contrário, o título é negociado com ágio.

2. Compreender os conceitos de *Yield to Maturity* e *Current Yield*.

A *YTM* (rendimento até o vencimento) é a taxa de retorno auferida pelo investidor no título, considerando o seu valor corrente de mercado. A *yield to maturity* equivale à IRR (Taxa Interna de Retorno) que iguala, em determinado momento, o preço pago pelo título com seu fluxo esperado de rendimento e o principal a ser resgatado ao final.

A *CY* é a taxa de retorno de um título (*current yield*), ou seja, é a medida de recuperação de caixa oferecida pelo título. O *zero cupom bond*, ou título de cupom zero, é um título normalmente emitido sem previsão de pagamentos de juros (cupom), sendo negociado no mercado com desconto.

3. Demonstrar a formulação da *Duration* de Macaulay, suas propriedades e conceitos de volatilidade.

A *duration* representa uma média ponderada do tempo em que se espera receber os juros mais o principal de uma operação. A duração ou *duration* de um título, na verdade, significa o tempo médio que o detentor do título deve esperar para receber os pagamentos. Um título sem pagamentos intermediários ou cupom (*zero coupon bond*) tem a duração igual à data de seu vencimento. Já um título com cupom tem uma duração menor.

O estudo da taxa e prazo médio de operações financeiras assume maior importância à medida que se desenvolvem as operações no mercado financeiro e de capitais. A taxa média indica, para determinada carteira de aplicação ou captação de recursos, a taxa de juros média e periódica representativa da operação. Em outras palavras, é a taxa interna de retorno que iguala, em determinada data, todas as entradas e saídas provenientes das operações de captação ou aplicação processada.

Macaulay propôs uma metodologia mais rigorosa para o cálculo da *duration*, a qual leva em conta os fluxos de caixa ponderados pelas respectivas maturidades e trazidos a valor presente pela taxa de atratividade.

As principais propriedades da *duration* são:

1. quanto maior o prazo de vencimento do título, a *duration* aumenta, sendo este incremento verificado com maior intensidade nas primeiras oscilações de prazo, decrescendo proporcionalmente devido à maior elevação dos prazos;

2. quanto maior a taxa do cupom, mais rapidamente o detentor do título recupera seu investimento, pois maior será o valor presente dos fluxos de caixa, e consequentemente, menor *duration*;

3. a *duration* de um título é inversamente proporcional à taxa de juros paga pelo cupom em razão da perda do valor do dinheiro no tempo quando os fluxos de caixa são descontados a taxas mais elevadas. O cálculo da *duration* para uma carteira é processado como uma média ponderada de cada valor presente descontado com sua respectiva taxa com o correspondente prazo de vencimento. A volatilidade de um título é o percentual de variação dos preços do título em razão de modificações verificadas nas taxas de juros de mercado. Quanto maiores as alterações de seus preços diante das alterações das taxas de juros de um título, maior será a sua volatilidade.

Testes de verificação

1. No que diz respeito ao bônus, pode-se afirmar que:

   a) Seu preço de mercado é fixo, apesar dos juros prometidos se alterarem.
   b) São títulos de renda fixa representativos de contratações de empréstimos pela empresa.
   c) São notas promissórias emitidas com garantias reais que pagam juros periódicos a seus proprietários.
   d) Um dos principais riscos a que o investidor está exposto ao adquirir estes títulos é quanto à falta de liquidez do mercado.
   e) O valor de mercado e o valor nominal dos bônus têm o mesmo significado.

2. Todas as alternativas a seguir são verdadeiras, *exceto*:

   a) Os juros pagos pelos bônus são representados por cupons e as taxas são exclusivamente fixas (percentual do principal).
   b) Títulos conversíveis em ações são denominados *Equity Related*.
   c) Os bônus de mais baixo risco são aqueles emitidos pelo governo.
   d) O capital aplicado na aquisição de bônus pode ser pago no vencimento do título, ou em valores periódicos.
   e) Os principais emitentes de bônus em uma economia são os governos (estadual, federal e municipal) e as empresas.

3. Dentre as alternativas apresentadas a seguir, a única que não está correta é:

   a) O conceito de *Yield to Maturity* (YTM) reflete o rendimento (*yield*) efetivo dos títulos de renda fixa até seu vencimento (*maturity*).
   b) Se a *Yield to Maturity* (YTM) superar a taxa de rentabilidade requerida, o investimento é considerado atraente.
   c) *Yield to Maturity* (YTM), por derivar do conceito de taxa interna de retorno (IRR), assume implicitamente seu pressuposto básico de reinvestimento dos fluxos intermediários de caixa à própria taxa de juros prometida pelo investimento.
   d) Pode-se afirmar que para um prazo de vencimento e retorno dados, quanto mais baixa a taxa de cupom, maior a volatilidade de preço.
   e) Pode-se dizer que títulos com cupom zero são negociados por um preço maior que seu valor de face (ágio).

4. A *duration* de Macaulay para um título de renda fixa pode ser interpretada como:

   a) Uma média ponderada do tempo de vencimento dos fluxos de caixa de um título a valor futuro.
   b) Um desvio-padrão dos prazos de vencimento dos fluxos de caixa de um título a valor presente.
   c) Uma média ponderada do tempo de vencimento dos fluxos de caixa de um título a valor presente.
   d) Um desvio-padrão dos prazos de vencimento dos fluxos de caixa de um título a valor futuro.
   e) Uma média aritmética simples de vencimento dos fluxos de caixa de um título a valor presente.

5. A *current yield* para um título de renda fixa pode ser interpretada como:

   a) A *duration* do título.
   b) A *yield to maturity* do título.
   c) A rentabilidade do título em relação ao seu valor de face.
   d) A rentabilidade do título em relação ao seu preço corrente de mercado.
   e) A rentabilidade do cupom pago pelo título em relação ao seu valor de face.

6. Considere as afirmações a seguir:

   I – Quando as taxas de desconto dos bônus se elevam, seu valor de mercado se reduz, aumentando a rentabilidade oferecida ao investidor.

   II – A *duration* de Macaulay é geralmente maior que a maturidade do título.

   III – Quanto maior a maturidade de um bônus, maiores são as variações em seus preços diante de uma alteração nas taxas de juros.

   IV – O *Zero Cupon Bond* é um título que não prevê pagamento de cupom, negociado com deságio, e que paga o seu valor de face no vencimento.

   V – A *duration* de um bônus *zero cupon* é a média aritmética do prazo do título.

   São **incorretas** as afirmações:

   a) I e IV.
   b) II e III.
   c) II e V.
   d) I, II e V.
   e) III, IV e V.

Exercícios propostos

1. Admita um título com valor de face de $ 1.000,00, maturidade de 3 anos e cupom igual a 12% a.a. com pagamento semestral de juros. Esse título está negociado no mercado atualmente por $ 1.011,98. Determine o retorno semestral auferido pelo investidor.

2. Um bônus tem as seguintes características:
   - Maturidade: 10 anos
   - Cupom semestral: 10% ao ano
   - Rendimento exigido pelo investidor: 12% ao ano
   - Valor de emissão: $ 1.000,00

   Calcule o preço de mercado do título.

3. Considere uma carteira composta por dois títulos: um com valor de resgate de $ 24.000,00, prazo de vencimento de 23 dias e juros de 1,2% a.m.; outro com valor de resgate de $ 32.000,00, duração de 45 dias e juros de 1% a.m.

   Pede-se:

   a) *Duration* de Macaulay.
   b) Rentabilidade média mensal.

4. Admita um bônus com maturidade de 5 anos que paga cupom de 9% ao ano, com rendimentos semestrais. O bônus está sendo negociado no mercado pelo preço de $ 1.100,00, sendo seu valor de face de $ 1.000,00. Determine a *Yield to Maturity* (YTM).

5. Admita uma obrigação com valor de face de $ 1.000,00 e maturidade de 6 anos. A remuneração prometida são juros semestrais de 4% (cupom de 8% a.a.). Se os investidores aceitarem descontar esse título somente à taxa de 9% ao ano, calcule seu preço de mercado.

6. Um bônus com valor de face de R$ 1.500,00 está sendo negociado no mercado com deságio de R$ 120,00. A maturidade desse título é de 10 anos e é pago um cupom de 8,5% ao ano com rendimentos semestrais. Pede-se:

   a) A *yield to maturity* do título.
   b) A *current yield* do título e sua comparação com a taxa do cupom.

Links da web

https://www.debentures.com.br/. *Site* com informações sobre debêntures.

http://www.cvm.gov.br. Contém informações sobre registro de novas ofertas de títulos.

https://www.anbima.com.br/. Contém informações sobre o mercado de capitais.

SUGESTÃO DE LEITURA

ASSAF NETO, Alexandre. **Mercado financeiro.** 15. ed. São Paulo: Atlas, 2023.

ASSAF NETO, Alexandre. **Matemática financeira e suas aplicações.** 15. ed. São Paulo: Atlas, 2022.

FABOZZI, Frank J. **Mercados, análise e estratégias de bônus.** Rio de Janeiro: Qualitymark, 2000.

LIMA, Fabiano Guasti. **Análise de riscos**. 3. ed. São Paulo: Atlas, 2023.

RESPOSTAS DOS TESTES DE VERIFICAÇÃO

1. b
2. a
3. e
4. c
5. d
6. c

AVALIAÇÃO DE RENDA VARIÁVEL

OBJETIVOS DO CAPÍTULO

1. Definir e elencar os diversos critérios de análise de ativos de renda variável.
2. Descrever os principais indicadores de renda variável.
3. Identificar os métodos de mensuração do valor das ações, sendo elas de prazo determinado ou indeterminado, compreendendo também a taxa de retorno do investimento.

Um título é chamado de *renda variável* quando os seus rendimentos são formados com base no desempenho apresentado pela instituição emitente. Um ativo de renda variável não garante remuneração ao investidor. O portador de uma ação é considerado como co-proprietário da empresa.

Por exemplo, uma ação é classificada como de renda variável em razão de seus rendimentos terem relação com os resultados auferidos pela empresa emissora. O retorno de uma ação decorre do sucesso ou insucesso da empresa.

As ações possuem geralmente alta *liquidez*, ou seja, conseguem se converter em dinheiro facilmente. Quanto maior a aceitação de uma ação no mercado, mais rápida a sua conversão, isto é, sua liquidez.

Os *valores mobiliários de renda variável* são representados principalmente por ações. As ações são valores que conferem ao seu titular a propriedade de certa parte (fração) do capital da empresa emissora. As debêntures são também classificadas como valores mobiliários, porém, ao contrário das ações, são títulos que conferem renda fixa aos seus investidores.

O *rendimento* de um título de renda variável não é prefixado, sendo definido com base no desempenho apresentado pela sociedade emitente e condições de mercado (oferta e procura). Por exemplo, uma ação promete renda variável a seu portador em razão de seus rendimentos oferecidos acompanharem o desempenho e resultados auferidos pela empresa emissora.

Quanto ao *prazo de emissão*, uma ação apresenta prazo de vencimento indeterminado, não possuindo data marcada para seu resgate (vencimento). Uma ação pode ser convertida em dinheiro a qualquer momento desejado pelo seu titular.

7.1 CONCEITOS FUNDAMENTAIS

Os principais conceitos a serem usados neste capítulo são destacados a seguir:

Dividendos

Representam parte dos resultados líquidos de uma empresa apurados em determinado exercício social, e distribuídos em dinheiro aos acionistas. Os dividendos são pagos proporcionalmente à quantidade de ações mantidas pelo investidor.

Juros sobre o capital próprio

A legislação brasileira prevê que as empresas podem optar por remunerar, até certo limite, os seus acionistas pelo pagamento de juros calculados sobre o capital próprio, em vez de distribuir dividendos com base nos lucros apurados. Este modo de remuneração traz vantagens fiscais à empresa, dado que estes juros pagos, ao contrário dos dividendos distribuídos, são considerados como dedutíveis para efeitos de cálculo do Imposto de Renda.

Valorização

Equivale ao ganho de capital que um acionista pode auferir pela elevação nos preços de suas ações no mercado. Pressupõe aumento no valor de mercado de uma ação.

Bonificação

Pode ocorrer bonificação em ações ou bonificação em dinheiro. Quando uma sociedade decide elevar seu capital social mediante a incorporação de reservas patrimoniais, pode emitir novas ações que são distribuídas gratuitamente aos seus acionistas, na proporção das ações já possuídas. Em alguns casos, a sociedade pode decidir distribuir aos seus acionistas uma parcela adicional de seus lucros líquidos em dinheiro além dos dividendos declarados, denominada de bonificação em dinheiro.

Direitos de subscrição

São direitos inerentes a todo acionista de adquirir (subscrever) todo aumento de capital na proporção das ações possuídas. Esses direitos podem constituir-se em outro tipo de remuneração aos acionistas. Como a subscrição não é obrigatória, o investidor pode negociar esses direitos no mercado (em bolsa de valores) auferindo um ganho no caso de o preço de mercado apresentar-se valorizado em relação ao preço de subscrição.

Vale lembrar que todas as aplicações em valores mobiliários equivalem, ao longo do tempo, a um exercício de finanças por gerarem fluxos de caixa expressos em benefícios econômico-financeiros esperados dos títulos de renda variável.

Dessa maneira, os benefícios de caixa das ações são representados geralmente pelos *dividendos* e *valorização* de sua cotação, isto é, os ganhos de capital promovidos pelo aumento dos preços de negociação na bolsa de valores.

Por exemplo, um investidor que tenha adquirido uma ação em determinada data por $ 38,00 e vendido o papel 6 meses após por $ 41,20, e tendo recebido ainda $ 0,40/ação em dividendos, tem o seguinte fluxo de benefícios econômicos de caixa:

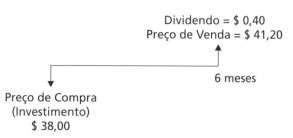

Com isto, apura os seguintes rendimentos no investimento em ações:

Dividendos	= $ 0,40/ação
Ganho de Capital:	
$ 41,20 – $ 38,00	= $ 3,20/ação
Rendimentos Totais	*$ 3,60/ação*

7.2 INDICADORES DE ANÁLISE DE AÇÕES

Os indicadores de análise de ações procuram avaliar os reflexos do desempenho da empresa emitente sobre o valor de mercado de suas ações. São de grande utilidade para os analistas de mercado, acionistas e investidores em geral, como indicadores de valor. São importantes também como ferramentas de apoio na tomada de decisões financeiras pelos administradores das empresas. A evolução da cotação da ação no mercado apresenta-se geralmente associada a esses indicadores, tendo seus preços elevados ou reduzidos em função dos comportamentos dos índices financeiros.

7.2.1 Lucro por Ação (LPA)

O Lucro por Ação (LPA) é o resultado líquido (após o Imposto de Renda) obtido por cada ação em caso de sua distribuição integral aos acionistas. É calculado a partir da seguinte expressão:

$$LPA = \frac{Resultado\ Líquido}{Número\ de\ Ações\ Emitidas}$$

em que:

- *Resultado Líquido*: Lucro (ou prejuízo) líquido apurado pela empresa em determinado exercício social;

- *Número de ações emitidas*: representa a quantidade de ações que compõem o capital social da companhia ao término do referido exercício social, ou em função da quantidade média calculada no período.

Vale lembrar que o indicador LPA informa apenas a parcela do lucro líquido correspondente a cada ação, não necessariamente o valor que cada acionista irá receber, pois o valor da distribuição dos lucros aos acionistas é definido pela política de dividendos estabelecida pela empresa. Em geral, uma parte do lucro alcançado pela empresa fica retida para reinvestimento na própria empresa, sendo paga aos acionistas somente a parcela restante.

EXEMPLO ILUSTRATIVO –
LPA **da Petrobras (em $ 000)**

A Petrobras apurou no fim de 2006 um lucro líquido de $ 25.918.920,00, e possuía nesse mesmo ano 4.387.038 ações em circulação (dados retirados do *Sistema Economática*). Pede-se apurar o lucro por ação (*LPA*) dessa empresa.

Solução:

De acordo com os dados fornecidos tem-se:

$$LPA = \frac{25.918.920,00}{4.387,038} = \$ 5,9081$$

Isso quer dizer que, se a empresa decidisse distribuir todo o seu lucro líquido de 2006 aos seus acionistas, deveria entregar $ 5,91 para cada ação em circulação.

! IMPORTANTE ■ quando uma empresa identifica oportunidades de reinvestimento para seus lucros, que oferecem uma expectativa de retorno superior à exigida pelos seus acionistas (ou seja, maior que aquela que o acionista conseguiria apurar se tivesse sua participação nos lucros disponível em dinheiro), é justificável a retenção do lucro para investimentos. A empresa tem o valor de mercado de suas ações elevado quando produz este *ganho adicional*, ou seja, quando consegue realizar investimentos que prometem retornos acima dos exigidos pelos seus acionistas (custo de oportunidade do acionista). O acionista participa deste aumento de riqueza pela valorização dos preços de mercado das ações possuídas.

APLICAÇÃO PRÁTICA
Lucro da Apple cresce 54% puxado pelas vendas de iPhones e iPads

Publicado em 18/10/2011 às 21:15:0 por Agência Estado.

O lucro da Apple no quarto trimestre fiscal cresceu 54% em relação a igual período do ano anterior, puxado pelo forte volume de vendas de iPhones e iPads. Apesar disso, as ações da companhia recuavam 5% no *after-hours*, visto que os resultados ficaram aquém das expectativas de analistas.

No trimestre encerrado em 24 de setembro, a Apple registrou lucro de US$ 6,62 bilhões, ou US$ 7,05 por ação, de US$ 4,31 bilhões, ou US$ 4,64 por ação, um ano antes. A receita cresceu 39%, para US$ 28,27 bilhões, com 63% desse total resultante de vendas internacionais. A margem bruta aumentou para 40,3%, de 36,9%.

Analistas de Wall Street esperavam um lucro por ação de US$ 7,39 e uma receita de US$ 29,69 bilhões. Em julho, a Apple havia estimado um lucro por ação de US$ 5,50 para o período e uma receita de US$ 25 bilhões.

A companhia vendeu 11,1 milhões de unidades do iPad no quarto trimestre fiscal, quase o triplo do volume comercializado um ano antes, e 17,1 milhões de unidades do iPhone, aumento de 21% na mesma base de comparação. As vendas de computadores Macintosh subiram 26%, para 4,9 milhões de unidades, enquanto as de iPods encolheram 27%, para 6,6 milhões de unidades.

O fundador da Apple, Steve Jobs, morreu no início deste mês de câncer no pâncreas. Sob seu comando, a empresa tornou-se a maior companhia dos EUA em termos de valor de mercado e uma das mais poderosas do mundo no setor de tecnologia. As informações são da Dow Jones.

Disponível em: painelnoticias.com.br/noticia/2011/10/18/lucro_da_apple_cresce_54_puxado_pelas_vendas_de_iphones_e_ipads.

7.2.2 Índice Preço/Lucro (P/L)

O índice *Preço/Lucro* (P/L) indica o número de exercícios sociais que um investidor levaria para recuperar o capital investido na ação. Por exemplo, um P/L igual a 17 indica que o investidor leva, nas condições atuais, 17 anos (exercícios sociais) para recuperar o capital aplicado na ação.

É calculado pela divisão entre o preço de mercado, ou seja, sua cotação na bolsa de valores e o lucro por ação, representando, assim, o tempo de retorno do investimento, cuja expressão é dada a seguir:

$$P/L = \frac{\text{Preço de Mercado da Ação}}{\text{LPA}}$$

Vale lembrar que esse indicador é *estático*, ou seja, indica que os resultados de preço e lucro por ação permanecem inalterados nos exercícios futuros. Os valores que foram considerados na expressão de cálculo do P/L assumem, normalmente, contínuas variações no tempo, as quais não são incorporadas no momento de cálculo do índice. Dessa maneira, este indicador não leva em consideração o risco inerente do investimento.

Conforme mencionado, o Lucro por Ação (LPA) não costuma ser integralmente realizado em termos de caixa, uma vez que seus pagamentos estão vinculados à política de distribuição de dividendos adotada pela empresa. Este pressuposto faz com que o indicador P/L não revele, do ponto de vista de realização financeira, o prazo necessário para que o investidor recupere o seu capital investido.

EXEMPLO ILUSTRATIVO –
P/L da Petrobras

A Petrobras apurou no último pregão de 2006 um lucro por ação de $ 5,9081, e a cotação de fechamento de suas ações foi de $ 49,08/ação (dados retirados do *Sistema Economática*). Pede-se apurar o indicador P/L da ação dessa empresa.

Solução:

De acordo com os dados fornecidos, tem-se:

$$P/L = \frac{49,08}{5,9081} = 8,307$$

O P/L calculado indica que o investidor, considerando o preço unitário de compra de $ 49,08 ao fim do exercício de 2006, e o ganho (lucro) por ação calculado no ano de $ 5,9081, irá demandar 8,307 anos para recuperar todo o capital investido.

Dessa maneira, o conceito de P/L adota os seguintes pressupostos, nem sempre verificados na prática:

• o Lucro por Ação (LPA) (denominador da expressão de cálculo do P/L) calculado para o exercício não deverá sofrer alterações no futuro, mantendo inalterado seu valor em cada ano;

• a companhia distribui integralmente seus resultados líquidos ao fim de cada exercício, de modo que o LPA seja igual aos dividendos pagos.

Ainda que haja restrições que as condições mencionadas podem determinar sobre o P/L, o mercado popularizou bastante o uso deste índice, atribuindo certa importância aos seus resultados.

IMPORTANTE ■ ações com alto P/L transmitem geralmente menor risco e, também, menor lucratividade esperada, se comparadas com papéis com P/L mais baixos. Já um índice P/L baixo pressupõe um menor tempo para o investidor recuperar o capital aplicado, exigindo um maior nível de acerto nas previsões de rendimentos efetuadas (maior risco). Ao contrário, um P/L mais alto oferece maiores possibilidades de recuperação no caso do desempenho da ação não ter atingido em alguns períodos os resultados previstos.

O inverso do P/L, isto é, L/P, apura a taxa de lucratividade esperada de uma ação. Assim, no exemplo apresentado de um P/L de 8,307 anos, a taxa de lucratividade estimada pelo investidor para a ação é de 12,04% [1/8,307 = 0,1204, ou: 12,04%].

7.2.3 Valor Patrimonial da Ação (VPA)

O *Valor Patrimonial de uma Ação* (VPA) representa todos os recursos dos acionistas (recursos próprios) que se encontram investidos na companhia para cada ação disponível.

É calculado pela relação entre o valor do patrimônio líquido e a quantidade de ações emitidas pela empresa, ou seja:

$$VPA = \frac{Patrimônio\ Líquido}{Número\ de\ ações\ emitidas}$$

O *patrimônio líquido* representa a *diferença* entre o total dos ativos possuídos pela empresa e o montante de suas dívidas (exigibilidades) perante terceiros (bancos, fornecedores, salários, impostos etc.), conforme registrados em seus balanços (passivos) publicados. Os valores apurados nos ativos encontram-se mensurados por *preços históricos*, ou seja, pelo valor pago quando de suas respectivas aquisições. São considerados valores de entrada (compra) e não significa que a empresa poderá *realizar* estes mesmos montantes se decidir vender seus ativos.

EXEMPLO ILUSTRATIVO –
VPA da Petrobras (Em $ 000)

A Petrobras apurou no quarto trimestre do exercício social de 2006 um Patrimônio Líquido de $ 97.530.648,00, tendo nesse mesmo ano 4.387.038 ações em circulação (dados retirados do *Sistema Economática*). Pede-se apurar o valor patrimonial da ação dessa empresa.

Solução:

De acordo com os dados fornecidos tem-se:

$$VPA = \frac{\$\ 97.530.648,00}{4.387.038\ ações} = \$\ 22,23$$

Esse valor de $ 22,23 reflete, em essência, quanto caberia em dinheiro a cada acionista, por ação possuída, em caso de dissolução da sociedade, ou seja, quanto restaria para cada ação em caso de venda de todos os ativos da empresa pelos valores registrados na contabilidade, e também após pagar todas as dívidas registradas em seus passivos.

É importante registrar que o valor patrimonial de uma ação não tem (ou não deveria ter) relação com o seu valor de mercado.

> Valor de Mercado de uma ação é formado com base na lei de oferta e procura, pelas expectativas futuras de ganhos previstas pelos investidores. É um conceito econômico e revela quanto um investidor pagaria hoje por uma ação considerando seus benefícios econômicos futuros esperados. O Valor Contábil, por outro lado, é calculado pelo preço pago pelo ativo em sua data de aquisição. Não traz relação com o potencial futuro de geração de benefícios econômicos de caixa.

Muitas vezes, de forma equivocada, conclui-se que uma ação é avaliada como apresentando um preço atraente ao investidor, quando o seu valor patrimonial for superior ao valor de negociação no mercado. Conforme foi discutido em diversas partes anteriores, o preço de uma ação é medido pela sua capacidade de geração futura de rendimentos, pelo seu *valor econômico,* e seu valor patrimonial dimensiona essencialmente valores históricos passados, sem maior conotação econômica.

Logo, o valor patrimonial de uma ação é um valor histórico, sem qualquer relação com o desempenho futuro da companhia. Não deve merecer maior destaque na avaliação de ações.

7.2.4 Medidas de dividendos

Conforme definido no início do capítulo, os dividendos representam pagamentos de lucros feitos por uma empresa a seus acionistas, na proporção de sua participação no capital social. Alguns indicadores de dividendos são sugeridos a seguir.

7.2.4.1 Payout

É o percentual do lucro líquido auferido por uma empresa em determinado exercício social que foi pago aos acionistas na forma de dividendos. Pode ser obtido pela seguinte expressão:

$$Payout = \frac{\text{Dividendos por ação}}{LPA}$$

A *taxa de reinvestimento do lucro*, ou seja, a parcela do lucro líquido retida pela empresa em seus ativos, é calculada por: $1 - payout$.

EXEMPLO ILUSTRATIVO –
***Payout* da Petrobras (em $ 000)**

A Petrobras pagou no exercício de 2006 um total de $ 9.101.787,74 em forma de dividendos, tendo nesse mesmo ano 4.387.038 ações em circulação (dados retirados do *Sistema Economática*). Se o lucro por ação foi de $ 5,9081, calcule o índice de *payout* da ação dessa empresa.

Solução:

De acordo com os dados fornecidos, tem-se:

$$\text{Dividendos por ação} = \frac{9.101.787,74}{4.387.038}$$
$$= \$ 2,0747$$

Desse modo, o *payout* fica:

$$Payout = \frac{2,0747}{5,9081} = 0,3512$$
$$= 35,12\%$$

A taxa de Reinvestimento do Lucro é então de:

$$1 - 0,3512 = 0,6488 = 64,88\%$$

Em outras palavras, do total do lucro líquido obtido no exercício social, a empresa distribuiu (pagou) 35,12% aos seus acionistas, retendo para reinvestimentos 64,88% dos resultados.

7.2.4.2 Dividend Yield

É o ganho oferecido pela ação aos investidores por meio do pagamento de dividendos. Uma *yield* mais elevada pode indicar boas perspectivas de

APLICAÇÃO PRÁTICA

Os quatro maiores bancos brasileiros com ações negociadas em bolsa de valores (Banco do Brasil, Bradesco, Itaú e Unibanco) apuraram, no ano de 2007, um crescimento próximo a 50% em seu valor de mercado, em comparação ao ano de 2006.

Boas expectativas da economia brasileira e conjuntura internacional para 2008, e bom desempenho do mercado de capitais, explicam este comportamento favorável do valor de mercado das ações dos bancos.

distribuição de dividendos (lucros) aos acionistas. É calculado pela relação entre os dividendos por ação pagos pela empresa e o preço de mercado da ação, que pode ser de início, meio ou de fim de período.

$$Dividend\ Yield = \frac{Dividendo\ por\ ação}{Preço\ de\ Mercado\ da\ Ação}$$

EXEMPLO ILUSTRATIVO –
***Dividend Yield* da Petrobras**

A Petrobras pagou no exercício de 2006 um dividendo por ação de $ 2,0747, e sua cotação de fechamento da ação preferencial não ajustada a nenhum provento foi de $ 49,08 (dados retirados do *Sistema Econômática*). Pede-se calcular a *Dividend Yield* da ação dessa empresa.

Solução:

De acordo com os dados fornecidos, tem-se:

$$Dividend\ Yield = \frac{2,0747}{49,08} = 0,0423$$
$$= 4,23\%$$

O retorno oferecido pela ação equivale a 4,23% de seu preço de mercado. Em outras palavras, o investidor apurou um rendimento de dividendos de 4,23% do capital investido a preços de mercado.

Observação: *Cotação de ação não ajustada a proventos* refere-se a seu preço de mercado antes do pagamento de dividendos e dos juros sobre o capital próprio.

7.2.5 Retorno ajustado aos dividendos

No caso de investimentos em ações durante determinado período no qual foram pagos dividendos, o retorno deve refletir esse ganho de rendimentos dos proventos. Assim, considerando que em determinado período (t) foram pagos dividendos (D_t), o retorno do ativo no período fica:

$$R_t = \frac{P_t - P_{t-1} + D_t}{P_{t-1}} = \underbrace{\frac{P_t - P_{t-1}}{P_{t-1}}}_{Ganho\ de\ capital} + \underbrace{\frac{D_t}{P_{t-1}}}_{Ganho\ por\ dividendos}$$

Dessa maneira, o retorno do período terá uma parte de ganho/perda pela valorização/desvalorização do papel no mercado, acrescido de uma parcela relativa aos ganhos pelo recebimento dos dividendos, caso ocorra distribuição de dividendos. Esse ganho por dividendos também é conhecido como *"dividend yeld"*.

APLICAÇÃO PRÁTICA

Considere a ação PETR3, que, no período de 08/04/2020 a 08/04/2021, pagou, em 22/07/2020, o valor total de R$ 0,238069/ação de dividendos. Em 08/04/2021, sua cotação estava em R$ 23,40, e em 08/04/2020, R$ 17,50. Assim, tem-se:

Fonte: Economática – Acesso em: 09 abr. 2021.

Assim, o retorno da ação no período de 08/02/2020 a 08/04/2021 foi de:

$$R_{08/04/2021} = \frac{23,40 - 17,50 + 0,238069}{17,50} = \underbrace{\frac{23,40 - 17,50}{17,50}}_{\text{Ganho de capital}} + \underbrace{\frac{0,238069}{17,50}}_{\text{Ganho por dividendos}}$$

$$R_{08/04/2021} = \underbrace{33,7143\%}_{\text{Ganho de capital}} + \underbrace{1,3604\%}_{\text{Ganho por dividendos}} = 35,0747\%$$

O preço da ação ao pagar dividendos, retroativamente à data de 22/07/2020 (não havendo outros pagamentos de dividendos após essa data), deve ser ajustado. O fator de ajuste aos preços retroativos deve levar em consideração esse pagamento de dividendos. No caso aplicado, tem-se:

$$Fator = 1 - \frac{Dividendos}{Preço_{\text{Data Ex-Dividendos}}}$$

O valor dos dividendos pagos foi de R$ 0,238069/ação, e o preço da ação na data em que se torna Ex-Dividendos:

$$Fator = 1 - \frac{0,238069}{23,74}$$

$$Fator = 1 - 0,001002818$$

$$Fator = 0,98997182$$

Assim, tem-se:

- Com a cotação não ajustada aos dividendos em 08/04/2020:

$$R_{08/04/2021} = \frac{23,40 - 17,50}{17,50} = 33,7143\%$$

- Com a cotação ajustada aos dividendos a partir de 22/07/2020:

$$Preço\ Ajustado = R\$\ 17,50 \times 0,98997182 =$$
$$Preço\ Ajustado = R\$\ 17,3245069$$

$$R_{08/04/2021} = \frac{23,40 - 17,3245069}{17,50} = 35,07\%$$

7.3 CÁLCULO DO VALOR DAS AÇÕES

Apresentam-se a seguir os modelos de estimação do valor teórico de ações negociadas em bolsa de valores. A estimativa do valor justo (*fair value*) é o principal objetivo da análise de ações, e se baseia em três pontos essenciais:

- *desempenho passado* da empresa e do mercado. Por meio dessas informações históricas, podem muitas vezes ser projetadas tendências futuras do desempenho da companhia e, em consequência, do desempenho da ação;

- *conjuntura econômica atual* e, principalmente, *projeções* dos principais indicadores de mercado que interferem nas cotações das ações, como taxas de juros, contas públicas, cenário internacional, cotação da moeda nacional em relação ao dólar, inflação, entre outras;

- *percepção do investidor* em relação ao comportamento do mercado, e nível de *risco* que esteja disposto a assumir.

Os modelos de avaliação partem dos mais simples aos mais sofisticados, exigindo do analista diferentes níveis de conhecimentos técnicos. É fundamental que o investidor tenha uma referência teórica do valor de uma ação, evitando com isso que influências emocionais e de caráter aleatório predominem em suas decisões.

Uma ação é avaliada pelo seu desempenho esperado a longo prazo. É colocado sempre que o investimento em ações se torna bem mais interessante quando considerado em prazos mais longos.

> **IMPORTANTE** ■ *o valor teórico* de uma ação, também denominado *valor intrínseco* ou *econômico*, é o preço máximo que um investidor pagaria para adquirir o título, de acordo com suas projeções de rendimentos e taxa de retorno mínima exigida. O resultado obtido deve ser comparado ao valor praticado no mercado, revelando ser economicamente atraente quando este último for inferior ao seu valor intrínseco calculado.

As companhias emitentes de ações têm geralmente prevista em seus estatutos uma *duração indeterminada* de suas atividades. Uma empresa não é constituída prevendo-se uma vida limitada, admitindo-se a sua liquidação em determinada data futura. Como consequência, os modelos de avaliação de ações mais adotados pelo mercado admitem a *perpetuidade* (prazo indeterminado) no horizonte de vida de uma ação, baseando-se os seus rendimentos nos fluxos de caixa estimados.

Na perpetuidade, as remunerações dos acionistas são os *dividendos*, ou seja, os lucros que foram pagos aos titulares das ações. A parcela do lucro não distribuída, que a companhia manteve investida em seus negócios, deve promover um retorno que cubra, pelo menos, a taxa de remuneração mínima desejada pelos acionistas. Se esta rentabilidade não for conseguida pela empresa, a ação desvaloriza-se no mercado, provocando perdas de capital aos seus titulares.

7.3.1 Avaliação de ações com prazo determinado

Denominando K a taxa de retorno mínima que um investidor em ações exige, e admitindo o pressuposto comentado da perpetuidade da companhia e distribuição de todo o seu lucro, pode-se chegar ao preço teórico (valor intrínseco) do título por meio da seguinte expressão básica de cálculo:

$$Valor\ Intrínseco\ (P_0) = \frac{LPA}{K}$$

EXEMPLO ILUSTRATIVO – Valor Intrínseco de uma Ação com Distribuição Integral dos Lucros

Projetando um LPA (Lucro por Ação) indeterminadamente de $ 0,50 e fixando-se em 10% o custo de oportunidade (retorno mínimo requerido para o investimento) de um investidor, pede-se calcular o valor intrínseco para essa ação no pressuposto de que a empresa venha a distribuir integralmente os seus resultados.

Solução:

De acordo com os dados fornecidos, tem-se:

$$\text{Valor Intrínseco } (P_0) = \frac{0,50}{0,10} = \$\, 5,00/\text{ação}$$

Este é o preço teórico máximo que um aplicador pagaria por esta ação. Este preço incorpora o *prazo* do investimento (indeterminado), os fluxos de benefícios de caixa esperados (dividendos de $ 0,50/ação) e a taxa de retorno exigida ($K = 10\%$). O valor encontrado deve ser confrontado com a cotação da ação no mercado para justificar a compra ou venda do título.

Assim, pode-se concluir que:

- se a cotação de bolsa for superior a $ 5,00/ação, o investidor é atraído para vender sua participação acionária. O preço de mercado oferece um retorno acima do desejado, valorizando o capital do investidor na venda;

- ao contrário, se a cotação em bolsa de valores estiver abaixo dos $ 5,00/ação, a recomendação é de compra das ações. O preço de mercado é atraente para compra por projetar um retorno futuro esperado ao acionista mais alto que o mínimo exigido para o investimento.

IMPORTANTE ■ conhecer o valor intrínseco de uma ação é uma informação relevante para todo investidor; permite uma melhor avaliação de seus investimentos em renda variável. O preço justo de uma ação pode variar, de um para outro participante do mercado, em razão das diferentes expectativas que tenham com relação aos rendimentos futuros esperados, e também em relação ao nível de risco que aceitam assumir no investimento. Alguns investidores mais avessos ao risco podem exigir retornos bastante superiores para aplicarem em ações; outros, com menor aversão ao risco, aceitam investir em ações recebendo taxas de retorno menores. O preço de mercado formado em bolsa de valores revela o consenso médio dos investidores com relação ao desempenho futuro esperado do papel e do risco associado ao investimento.

Para uma aplicação em determinada ação por um período n qualquer de tempo, no qual são previstos pagamentos periódicos de dividendos, tem-se a seguinte representação do fluxo de caixa do investimento:

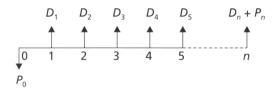

em que:

$D_1, D_2, ..., D_n$ = dividendos periódicos previstos a serem recebidos ao longo do período de aplicação;

P_0 = preço de aquisição da ação;

P_n = preço de mercado esperado no momento da venda da ação.

Descontando os valores futuros do fluxo de caixa mencionado pela taxa do custo de oportunidade (custo de capital) K do investidor, tem-se:

$$P_0 = \frac{D_1}{(1+K)^1} + \frac{D_2}{(1+K)^2} + \frac{D_3}{(1+K)^3} + \ldots + \frac{D_n}{(1+K)^n} + \frac{P_n}{(1+K)^n}$$

Observa-se então que o valor de uma ação para um *prazo determinado* é função dos dividendos esperados e de sua valorização no mercado (ganho de capital). Em outras palavras, o valor teórico de uma ação é definido como sendo o valor presente dos fluxos de caixa futuros esperados no horizonte de tempo determinado, descontados por uma taxa de juros que exprime o rendimento mínimo exigido pelos acionistas da empresa.

EXEMPLO ILUSTRATIVO – Valor de uma Ação com Prazo Determinado

Admita que um investidor tenha estimado um recebimento de dividendos de uma ação em $ 0,40 e $ 0,50 a serem distribuídos, respectivamente, ao fim de cada um dos próximos 6 meses. Considerando-se que o valor previsto de venda ao fim de um ano da ação seja de $ 49,90, pede-se calcular o valor máximo que poderia ser pago por essa ação hoje. A rentabilidade mínima desejada está fixada em 10% ao semestre.

Solução:

De acordo com os dados fornecidos, tem-se:

$$P_0 = \frac{040}{(1+0,10)^1} + \frac{0,50}{(1+0,10)^2} + \frac{49,90}{(1+0,10)^2}$$

$$= \$\, 42,02/\text{ação}$$

Assim, desejando uma rentabilidade equivalente a 10% ao semestre, o preço máximo que um investidor pagaria hoje por esta ação seria $ 42,02, considerando os benefícios de dividendo e ganho de capital esperados.

7.3.2 Avaliação de ações com prazo indeterminado

No item anterior, foi demonstrado que o preço de uma ação, para um investimento com prazo determinado, é igual ao valor presente dos fluxos de caixa gerados pelos recebimentos de dividendos futuros e pelo preço de venda da ação ao fim do período previsto.

Esse valor presente é calculado com base em uma expectativa de rentabilidade futura esperada, sendo interpretado como o valor máximo que o investidor estaria disposto a pagar pela ação.

Pode-se generalizar esse raciocínio na hipótese de que um segundo investidor compraria essa mesma ação no momento em que o primeiro venderia, e um terceiro investidor compraria do segundo, e assim sucessivamente. A partir desta sequência de negociações, pode-se concluir que o valor de uma ação nada mais é do que o valor presente do fluxo de dividendos futuros esperados, chegando-se a uma perpetuidade, isto é:

$$P_0 = \frac{D_1}{(1+K)^1} + \frac{D_2}{(1+K)^2} + \frac{D_3}{(1+K)^3} + \dots + \frac{D_\infty}{(1+K)^\infty}$$

É constatado que quanto maior o valor do prazo de investimento, a expressão $1/(1+K)^n$ tende a ser mais próxima de zero. Desse modo, o valor presente de uma perpetuidade é dado pela seguinte expressão:

$$P_0 = \frac{D}{K}$$

EXEMPLO ILUSTRATIVO – Valor de uma Ação com Duração Indeterminada com Dividendos Constantes

Admita que uma empresa preveja o pagamento de $ 2,50 por ano em forma de dividendos por ação de forma perpétua (indeterminada). Considerando um investidor que pretende ganhar 6% ao ano, pede-se determinar o valor máximo que estaria disposto a pagar pelas ações dessa empresa.

Solução:

De acordo com os dados fornecidos, tem-se:

$$P_0 = \frac{2,50}{0,06} = \$\, 41,67/\text{ação}$$

Considerando um fluxo de rendimentos perpétuo de $ 2,50/ano, e uma taxa mínima de retorno exigida de 6% ao ano, o valor máximo que o investidor poderia pagar pela ação é de $ 41,67.

EXEMPLO ILUSTRATIVO – Valor de uma Ação com Duração Indeterminada e Dividendos Variáveis

Considerando as informações do exemplo anterior, admita que a empresa esteja estudando uma proposta de alteração de sua política de pagamento de dividendos. A nova proposta é distribuir dividendos, ao fim de cada um dos próximos 6 semestres, no valor fixo de $ 1,00/ação, passando, a partir do $7^{\underline{o}}$ semestre, a pagar indefinidamente dividendos de $ 3,00/ação. Considerando essa nova proposta, pede-se calcular o novo valor que um investidor poderia oferecer pelas ações dessa empresa considerando a taxa de ganho exigida de 6% ao ano.

Solução:

De acordo com os dados fornecidos, tem-se os seguintes fluxos de caixa:

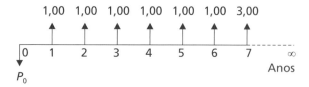

Note que no 7º período (ano) ocorre uma perpetuidade, cujo valor presente estará expresso um semestre antes da data do pagamento do dividendo, ou seja, no ano 6. O valor calculado deverá, ainda, ser trazido a valor presente no momento atual (data zero).

$$P_0 = \frac{1,00}{(1+0,06)^1} + \frac{1,00}{(1+0,06)^2} + \frac{1,00}{(1+0,06)^3} + \frac{1,00}{(1+0,06)^4} + \frac{1,00}{(1+0,06)^5} + \frac{1,00}{(1+0,06)^6} + \frac{\frac{3,00}{0,06}}{(1+0,06)^6} =$$

$P_0 = \$ 40,17/\text{ação}$

Observe que a alteração prevista na política de dividendos acarreta uma redução no preço da ação e consequentemente na riqueza do acionista em $ 1,50/ação, ou seja: $ 41,67 – $ 40,17 = $ 1,50/ação.

7.3.3 Modelo de crescimento dos dividendos: fórmula de Gordon

Nos exemplos anteriores, foram apresentadas distribuições de dividendos que pressupõem fluxos de caixa constantes ao longo dos anos. Admitiu-se, de maneira mais simples, que os dividendos não se alteravam ao longo de toda a perpetuidade. Todavia, a empresa pode perfeitamente pagar valores crescentes no valor dos dividendos, que variem segundo uma taxa de crescimento constante g.

Em essência, a taxa g é determinada pelo produto da taxa de lucro que não foi distribuída (ficou retida para reinvestimento), definida por b, e o seu percentual de retorno esperado, conhecido por r:

Taxa de Crescimento (g) = Taxa de Reinvestimento (b) × Taxa de Retorno (r)

Sabe-se que: **Taxa de Reinvestimento (b) = 1 – *payout***

Desse modo, o valor do crescimento dos lucros é função da parcela não distribuída (reinvestida) e do retorno produzido por este valor.

Nesses casos, para o cálculo do preço de mercado da ação com crescimento perpétuo e constante g, aplica-se o modelo de Gordon. Assim, os dividendos para cada período são assim calculados:

O valor presente deste fluxo pode assim ser calculado:

$$P_0 = \frac{D_1}{(1+K)^1} + \frac{D_2}{(1+K)^2} + \frac{D_3}{(1+K)^3} + \ldots + \frac{D_\infty}{(1+K)^\infty}$$

$$P_0 = \frac{D_0(1+g)^1}{(1+K)^1} + \frac{D_0(1+g)^2}{(1+K)^2} + \frac{D_0(1+g)^3}{(1+K)^3} + \ldots + \frac{D_0(1+g)^\infty}{(1+K)^\infty}$$

Observe que o dividendo D_1, numerador da expressão de cálculo, é o dividendo projetado para o fim do primeiro período. A hipótese implícita no modelo é a de que a taxa de crescimento g é inferior à taxa de desconto K, ou seja: $K > g$.

Efetivamente, à medida que g converge (se aproxima) para K, o valor da ação vai convergindo para infinito.

Dessa maneira, a expressão de cálculo pode ser resumida matematicamente em:

$$P_0 = \frac{D_1}{K - g}$$

A partir dessa expressão, pode-se isolar o valor de K, ou seja:

$$K = \frac{D_1}{P_0} + g$$

EXEMPLO ILUSTRATIVO – Valor de uma Ação com Duração Indeterminada e Fluxos de Benefícios de Caixa Crescentes

Uma empresa paga atualmente dividendos de $ 0,30/ação e espera-se um crescimento de 8% ao ano nos próximos 3 anos. Após esse período de forte crescimento, espera-se que o crescimento se estabilize em torno de 4% ao ano indeterminadamente. Calcule o valor de mercado da ação dessa empresa admitindo uma taxa de retorno desejada pelo investidor de 10% ao ano.

Solução:

De acordo com os dados fornecidos, tem-se:

Dividendos com crescimento de 8% ao ano nos primeiros 3 anos.

$$D_1 = 0,30(1 + 0,08)^1 = \$ 0,3240$$
$$D_2 = 0,30(1 + 0,08)^2 = \$ 0,3499$$
$$D_3 = 0,30(1 + 0,08)^3 = \$ 0,3779$$

O valor dos dividendos com crescimento indeterminado de 4% ao ano, cujo início está previsto para o ano 4, é calculado:

$$D_4 = 0,3779(1 + 0,04)^1 = \$ 0,3930$$
$$D_5 = 0,3779(1 + 0,04)^2 = \$ 0,4087$$

e assim por diante.

O valor presente desses dividendos, aplicando-se a fórmula da perpetuidade com crescimento constante (modelo de Gordon), é obtido no ano 3. Para esse valor ser transferido para a data zero, deve-se atualizá-lo pelo fator $(1,10)^3$, isto é:

$$P_0 = \frac{\dfrac{0,3930}{0,10 - 0,04}}{(1,10)^3} = 4,92/\text{ação}$$

Trazendo os demais valores dos dividendos a valor presente, tem-se:

$$P_0 = \frac{0,3240}{(1 + 0,10)^1} + \frac{0,3499}{(1 + 0,10)^2} +$$
$$+ \frac{0,3779}{(1 + 0,10)^3} = \$ 0,87/\text{ação}$$

Logo, o valor presente do total dos dividendos na data zero, que representa o valor teórico da ação, é calculado:

$$P_0 = 0,87 + 4,92 = \$ 5,79/\text{ação}$$

7.3.4 Taxa de crescimento constante – *g*

Admita que uma empresa tenha calculado um lucro por ação (LPA) igual a \$ 0,50 e uma taxa de retorno mínima do acionista de 10% ao ano. Ao se admitir a distribuição integral dos lucros (100%, que implica em LPA = dividendos), o valor intrínseco da ação é de \$ 5,00 [\$ 0,50/0,10 = \$ 5,00].

Vale ressaltar que, mesmo que a empresa tivesse retido uma parcela deste lucro para reinvestimento prevendo uma taxa de retorno de 10%, igual ao custo de oportunidade dos investidores, *o valor da ação não seria alterado*. Por exemplo, ao se admitir uma taxa de retenção anual do lucro líquido de 60% ($b = 60\%$, indicando um *payout* de 40%), tem-se o cálculo do preço da ação (P_0) desenvolvido do seguinte modo:

Taxa de Crescimento (*g*) = *b* × *r*

Taxa de Crescimento (*g*) = 60% × 10% = 6%

O fluxo futuro de dividendos nas condições de crescimento assinaladas passa a equivaler a 40% do lucro por ação. Em outras palavras, ao decidir reinvestir 60% de seus resultados, a empresa paga 40% de dividendos aos seus acionistas. Assim:

$$\textbf{Fluxo de Dividendos} = \text{LPA} \times (1 - b)$$
$$= \$ 0,50 \times (1 - 0,60)$$
$$= \$ 0,20/\text{ação}$$

Ao se incorporar a taxa de crescimento dos fluxos de caixa (dividendos) na formulação de cálculo do valor intrínseco, tem-se a nova expressão de cálculo do preço da ação:

$$P_0 = \frac{LPA \times (1 - b)}{K - g}$$

Substituindo os valores, chega-se ao mesmo valor intrínseco de \$ 5,00/ação, conforme calculado:

$$P_0 = \frac{0,50 \times (1 - 0,6)}{0,10 - 0,06} = \$ 5,00/\text{ação}$$

Agora, *ao se supor* que a empresa irá reter todo ano 60% de seus resultados líquidos, investindo-os em seus negócios a uma taxa estimada de retorno de 12% ao ano, calcula-se uma taxa de crescimento de 9% nos ganhos esperados por ação (dividendos), ou seja:

$$\textbf{Taxa de Crescimento (\textit{g})} = 60\% \times 12\%$$
$$= 7,2\%$$

$$\textbf{Fluxo de Dividendos} = LPA \times (1 - b)$$

$$= \$\ 0{,}50 \times (1 - 0{,}60)$$
$$= \$\ 0{,}20/\text{ação}$$

Cálculo do Preço da Ação (P_0):

$$P_0 = \frac{0{,}50 \times (1 - 0{,}6)}{0{,}10 - 0{,}072} = \$\ 7{,}14/\text{ação}$$

É importante o acionista observar que o reinvestimento da parcela do lucro valorizou a ação em 42,8%, subindo seu valor de $ 5,00/ação, admitindo a distribuição de todo o LPA, para $ 7,14/ação, ao supor a reaplicação de parte deste lucro na própria empresa.

> **IMPORTANTE** ■ ao aplicar seus resultados a uma taxa de retorno superior ao custo de oportunidade desses recursos, a empresa é capaz de gerar *valor econômico* aos seus acionistas, elevando sua riqueza.

Uma vez mais, a valorização do preço de mercado da ação elevou a riqueza dos acionistas, e foi determinada pela capacidade da empresa em aplicar parte de seus recursos em alternativas que oferecem um retorno esperado maior (12%) que o mínimo desejado (10%) pelos seus proprietários. A empresa efetivamente *agregou valor* aos seus acionistas, elevando o preço de mercado de suas ações.

Em caso contrário, se os recursos dos acionistas fossem aplicados a uma taxa de retorno inferior àquela exigida, a ação sofreria uma desvalorização no mercado, *destruindo valor econômico*.

Por exemplo, ao se admitir que a rentabilidade esperada no investimento do lucro retido (não distribuído) seja de 8% ao ano, e mantendo em 40% a taxa de dividendos pagos aos investidores, têm-se os seguintes resultados:

$$g = b \times r$$
$$g = (1 - 0{,}40) \times 8\%$$
$$g = 4{,}8\%$$
$$P_0 = \frac{0{,}50 \times (1 - 0{,}6)}{0{,}10 - 0{,}048} = \$\ 3{,}85/\text{ação}$$

> O resultado demonstra uma expressiva perda para o acionista, determinada pela decisão equivocada da companhia em reter parcela do lucro líquido e investir a uma taxa de retorno esperada inferior à remuneração mínima exigida pelos proprietários.

Dessa maneira, se uma empresa não conseguir reaplicar seus lucros a uma taxa de retorno pelo menos igual à remuneração exigida pelos seus acionistas, a melhor decisão a ser tomada pela empresa é distribuir mesmo os seus lucros, de modo a evitar a destruição de seu valor de mercado.

APLICAÇÃO PRÁTICA
A beleza do mercado de ações parece ser infindável

Trata-se de uma roda entre amantes do mercado acionário. Um era economista, com viés de mercado financeiro. O segundo, um analista com formação em departamentos de pesquisa de bancos. O outro, um típico *trader*, que "cresceu" em mesas de operações. Os três, gestores de diferentes fundos de ações (cada um com seu estilo), expunham suas opiniões sobre a direção da bolsa de valores brasileira.

O analista inicia a conversa: "O fundamento das empresas predomina a longo prazo. É nítido que estamos mal precificados! Apesar das companhias brasileiras apresentarem rentabilidade superior à de correlatas de países emergentes, os múltiplos locais (P/Ls, P/VPAs etc.) mostram um desconto médio de 20% em relação aos indicadores daqueles mercados. Em uma conjuntura de normalidade para a qual estamos caminhando, deveremos consolidar nosso potencial para a valorização das ações. A maior taxa de juros

Continua

Continuação

reais do mundo – 12% ao ano – pressiona as empresas a assumirem um grau de alavancagem muito baixo (a média da dívida/capital total, a valor de mercado, é de apenas 35%). Além disso, o *payout* médio (relação dividendos/lucros) atinge a elevada marca de 45%. Este comprometimento é lastreado em boa geração de caixa e consequente capacidade de investir, caso realmente a economia mostre sinais de crescimento. Não será por falta de recursos, sejam próprios ou de terceiros, que o próximo grande salto qualitativo deixará de ser financiado. A barreira dos 30 mil pontos do Ibovespa será facilmente superada no tempo."

O economista, discordando do otimismo, cita o risco externo como principal fator de temor: "Os déficits gêmeos americanos vão resultar inexoravelmente em ruptura. É uma questão de *timing*. Os juros e o dólar americanos serão as variáveis de ajuste que levarão o risco dos mercados de *high yield* (incluindo emergentes) para o patamar correto. A relação custo/benefício do Ibovespa, quando este se aproxima dos 30 mil pontos, vai para terreno claramente negativo. O índice deveria ceder pelo menos 25%. Apesar da melhora do quadro macroeconômico brasileiro, o ambiente externo sempre se torna determinante na direção dos nossos mercados. O quadro internacional tende a apresentar, no mínimo, uma deterioração marginal em termos de aversão a risco daqui por diante."

O *trader*, com todas as variáveis a curto prazo monitoradas, afirma com convicção: "Discordo. Aumento de volume – estamos negociando R$ 2 bilhões por dia – com o rompimento de resistências gráficas históricas, representa sinal de alta sustentada, pelo menos até 31 mil pontos. Todas as principais casas que operam com investidores estrangeiros confirmam a existência de forte fluxo positivo."

O economista rebate: "Para mim, gráficos representam apenas reflexo do passado e não um sinal para o futuro. E me parece lógico entender a razão do desconto de nossos múltiplos. Não merecemos ter um risco maior que a média dos emergentes? Como acreditar no setor privado em um país com mais da metade da população economicamente ativa no mercado informal? As companhias podem apresentar resultados consistentes em uma economia com 35% de relação carga tributária/PIB?"

O analista reage: "O Brasil é um dos poucos países que oferecem incentivo fiscal para a emissão de ações. Além da vantagem tributária para a dívida (juros dedutíveis do IR), o custo de lançamento de ações tem desconto médio de cerca de 10% (taxa de juros sobre o capital próprio), vantagem normalmente não captada pelos modelos. Além disso, percebe-se avanço na legislação em prol da governança corporativa. Em 1998, a diferença média de preços entre ações preferenciais (PNs, sem direito a voto) e ordinárias (ONs, com voto) atingia 30%. Hoje, esse '*spread*' já está praticamente em zero. Novas empresas, em segmentos diferentes, estão abrindo capital. O mercado está pronto para decolar e mudar de patamar!"

O *trader* enfatiza a sua posição: "Não adianta negar que as análises gráfica e técnica possuem o seu valor, até porque todos os principais gestores as acompanham, atribuindo maior ou menor peso. Está se formando a tradicional figura ombro-cabeça-ombro que, se rompida, poderá acelerar a tendência."

O debate acalorado se encerrou sem conclusões definitivas. A única convicção comum foi que o "gestor ideal" (ou a equipe de gestão) deveria ter sempre um pouco de economista (para mensurar a influência macroeconômica no mercado – análise *top down*); de analista (para controlar os fundamentos específicos de uma empresa – análise *bottom-up*) e de trader (para definir o *timing* de entrada e de saída em um investimento). O balanceamento ideal deve ser função da formação e talento de cada profissional. Uma dose certa de arte e intuição representa o toque final que maximiza a sinergia das características descritas. A receita final deve incluir muita transpiração na busca de informação. A beleza do mercado de ações parece infindável. Afinal, plagiando o mestre Nelson Rodrigues, "que me desculpe a renda fixa, mas a renda variável é fundamental".

Fonte: Valor Online, 29 mar. 2005.

APLICAÇÃO PRÁTICA
Rentabilidade das Principais Aplicações Financeiras nos Últimos 10 Anos

A seguir, são apresentadas as principais aplicações financeiras nos últimos 10 anos, ou seja, de 2014 a 2023. Os dados estão no gráfico a seguir e demonstram os resultados acumulados de janeiro de 2014 a dezembro de 2023. Os valores acumulados são dos rendimentos nominais brutos, sem considerar custos operacionais e Imposto de Renda.

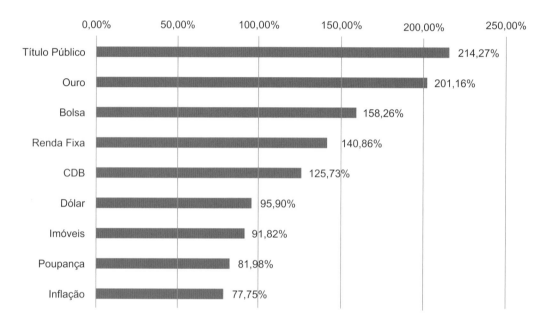

Os investimentos em títulos públicos foram os mais rentáveis no período, com uma rentabilidade bruta de 214,3% no período.

O ouro vem logo em seguida, com uma rentabilidade de 201% acumulada no período. O investimento em metais preciosos como o ouro também é um modo de poupança e investimento. Embora já tenha sido símbolo de ostentação de riqueza, o ouro está acessível aos investidores por meio do mercado de balcão e para os investidores mais sofisticados, principalmente, por meio de contratos negociados na B3. O investimento ganhou força mais precisamente com as crises americana e europeia e, agora, no Brasil.

A bolsa de valores sofreu nos últimos anos, mas veio se recuperando em 2023, representada aqui pelo Ibovespa, que revela o desempenho médio das cotações do mercado de ações brasileiro, porque retrata o comportamento dos principais papéis negociados na B3. A rentabilidade acumulada na bolsa nesse período está em 158,3%.

As aplicações em renda fixa foram calculadas atreladas às rentabilidades do CDI, atingindo 140,9% no período.

Na sequência, veio o CDB, calculado pela média entre as aplicações pagas feitas por empresas e pessoas físicas, com rentabilidade acumulada de 125,7%.

A aplicação mais tradicional do Brasil, a poupança, teve um ganho de 82% no período.

Os imóveis também foram considerados no estudo. Geralmente, a avaliação do valor do bem é feita com base no valor por metro quadrado da construção. O indicador escolhido nesta pesquisa foi o Índice Nacional de Custo da Construção Civil (INCC), que afere a evolução dos custos de construções habitacionais.

Continua

Continuação

O dólar teve rendimento acumulado de 95,9% no período. Embora não seja um título propriamente dito, é popularmente considerado uma alternativa para preservação de valor, principalmente quando as incertezas econômicas do país aumentam. Há, contudo, muitas alternativas legais para investimentos em fundos e contratos com base na moeda americana, como os contratos derivativos, negociados nos mercados futuros e de opções.

Se descontarmos a inflação acumulada no período, medida pelo IPCA, teremos os rendimentos reais conforme tabela a seguir:

	Rentabilidade nominal	Rentabilidade real
Título Público	214,27%	76,80%
Ouro	201,16%	69,42%
Bolsa	158,26%	45,29%
Renda Fixa	140,86%	35,50%
CDB	125,73%	26,99%
Dólar	95,90%	10,21%
Imóveis	91,82%	7,91%
Poupança	81,98%	2,38%

Fontes: Poupança: BACEN; CDB: BACEN; Ouro: BACEN; Dólar: BACEN; Bolsa: BM&FBOVESPA; Imóveis: Portal Brasil – INCC; CDI: Portal Brasil; Inflação: IPCA – BACEN.

Resumo

1. **Definir e elencar os diversos critérios de análise de ativos de renda variável.**

   Um título é chamado de renda variável quando os seus rendimentos são definidos com base no desempenho apresentado pela instituição emitente. Por exemplo, uma ação é classificada como renda variável pois os seus rendimentos variam de acordo com os resultados auferidos pela empresa emissora.

   Os principais conceitos que foram usados neste capítulo são:
   - dividendos: representam parte dos resultados líquidos de uma sociedade apurados em determinado exercício social e distribuídos em dinheiro aos acionistas;
   - juros sobre o capital próprio: remuneração dada aos acionistas pelo pagamento de juros calculados sobre o capital próprio, em vez de distribuir dividendos com base nos lucros apurados;
   - valorização: é o ganho de capital que um acionista pode auferir pela valorização de suas ações no mercado;
   - bonificação: pode ocorrer bonificação em ações ou bonificação em dinheiro;
   - direitos de subscrição: são direitos inerentes a todo acionista de adquirir (subscrever) todo aumento de capital na proporção das ações possuídas. Esses direitos podem constituir-se em outro tipo de remuneração aos acionistas.

2. **Descrever os principais indicadores de renda variável.**

   Os indicadores de renda variável procuram avaliar os reflexos do desempenho da empresa emitente das ações sobre o valor de mercado de suas ações. São de grande utilidade para os analistas de mercado, acionistas e investidores em geral, como ferramentas de apoio na tomada de decisões.

- O Lucro por Ação (LPA) é o resultado líquido (após o Imposto de Renda) obtido para cada ação no caso de sua distribuição integral aos acionistas. É calculado a partir da relação entre lucro líquido e o número de ações emitidas.

- O índice Preço/Lucro indica o período (anos) que representa o número de exercícios sociais que um investidor levaria para recuperar o capital investido na referida ação. É calculado pela divisão entre o preço de mercado, ou seja, sua cotação na bolsa de valores e o lucro por ação. Deve-se observar ainda que o LPA não costuma ser integralmente realizado em termos de caixa, uma vez que seus pagamentos estão vinculados à política de distribuição de dividendos adotada pela empresa. Esta característica faz com que o indicador P/L não revele, do ponto de vista de realização financeira, o prazo necessário para que o investidor recupere o seu capital investido.

- O valor patrimonial de uma ação representa todos os recursos dos acionistas que se encontram investidos na companhia por cada ação disponível.

Indicadores de dividendos:

- *payout*: é o percentual do lucro líquido auferido por uma empresa em determinado exercício social que foi pago aos acionistas sob a forma de dividendos;

- *dividend yield*: é o ganho oferecido pela ação aos investidores. Uma *yield* mais elevada pode indicar boas perspectivas de distribuição de dividendos aos acionistas. É calculado pela relação entre os dividendos por ação pagos e o seu preço de mercado, que pode ser de início ou fim de período.

3. **Identificar os métodos de mensuração do valor das ações, sendo elas de prazo determinado ou indeterminado, compreendendo também a taxa de retorno do investimento.**

O valor teórico de uma ação, também denominado de valor intrínseco, é o preço máximo que um investidor pagaria para adquirir o título, de acordo com suas projeções de rendimentos e taxa de retorno mínima exigida. O resultado obtido deve ser comparado ao valor praticado no mercado, revelando ser atraente quando este último for inferior ao seu valor intrínseco calculado. Pode ser feita por prazo *determinado* ou *indeterminado*.

Considerando o *prazo determinado*, indica-se por K a taxa de retorno mínima exigida pelo investidor. Quando se consideram pagamentos futuros, o valor de mercado da ação é calculado descontando os valores futuros dos benefícios de caixa pela taxa do custo de oportunidade K do investidor.

O valor de uma ação para um prazo determinado é função dos dividendos e de sua valorização no mercado, medida por meio do ganho de capital obtido no preço da ação em Bolsa de Valores. Em outras palavras, o *valor teórico de uma ação* é definido como sendo o valor presente dos fluxos de caixa futuros esperados, e a taxa de desconto usada pode ser entendida como o rendimento mínimo exigido pelos acionistas da empresa.

Quando o prazo for *indeterminado*, pode-se dizer que o preço de mercado de uma ação, independentemente do prazo de investimento, é determinado basicamente pelos dividendos futuros. Assim, para tomar uma decisão de compra, o investidor deverá sempre confrontar o valor calculado com o valor de mercado (cotação em Bolsa de Valores) da ação na data da intenção de compra. Possíveis diferenças que venham a ser encontradas nesses valores são explicadas, geralmente, pelo fato de investidores apresentarem expectativas diferentes em relação ao fluxo de caixa esperado e em relação à definição da taxa de atratividade do investimento (K).

Quando se considera o crescimento dos dividendos pagos, o valor de mercado da ação pode ser obtido pelo Modelo de Gordon, destacando-se que, se uma empresa não conseguir reaplicar seus lucros a uma taxa de retorno pelo menos igual à remuneração exigida pelos seus acionistas, a melhor decisão a ser tomada pela empresa é distribuir mesmo os seus lucros, de modo a evitar a destruição de seu valor de mercado.

 TESTES DE VERIFICAÇÃO

1. Ainda que o processo de decisão de investimento acionário seja, muitas vezes, desenvolvido de maneira intuitiva, é indispensável, para efeito de posicionamento mais racional de mercado, que a aplicação financeira seja consequência de uma avaliação mais formal desse ativo. Assim, pode-se dizer que na decisão de investimento em ação deverão ser considerados os seguintes fundamentos, *exceto*:

    a) A avaliação do retorno esperado.
    b) A variação passada da carteira de mercado.
    c) Avaliação do retorno esperado de seu capital aplicado.
    d) Parâmetros de oferta e procura do título.
    e) A expectativa do investidor quanto à valorização futura.

2. Os modelos de avaliação procuram projetar o comportamento futuro dos ativos financeiros, formulando previsões com relação às variações de seus preços no mercado. Basicamente, são adotados dois critérios de análise para investimento em ações, análise técnica e análise fundamentalista. Assim, quanto à análise técnica, a única alternativa *incorreta* é:

    a) Adota a hipótese de um valor intrínseco para cada ação, com base nos resultados apurados pela empresa emitente.
    b) Dedica-se a estabelecer projeções sobre o comportamento das ações a partir de padrões observados no desempenho passado do mercado.
    c) São considerados parâmetros de oferta e procura desses papéis e a evolução de suas cotações.
    d) A utilização de projeções é com base no comportamento passado da ação.
    e) O principal instrumento de avaliação desse critério de análise são os gráficos.

3. A respeito da medida do Lucro por Ação (LPA), é *incorreto* afirmar:

    a) O índice ilustra o benefício (lucro) auferido por ação emitida pela empresa.
    b) Denota a parcela do lucro líquido pertencente a cada ação, sendo que sua distribuição aos acionistas é definida pela política de dividendo adotada pela empresa.
    c) Relaciona os dividendos distribuídos pela empresa com alguma medida que ressalte a participação relativa desses rendimentos.
    d) Mostra quanto do resultado líquido após o IR compete a cada ação emitida.
    e) É mensurado pela seguinte expressão: *LPA = LUCRO LÍQUIDO/NÚMERO DE AÇÕES EMITIDAS.*

4. Todas as alternativas a seguir sobre o Índice Preço/Lucro (P/L) estão corretas, *exceto*:

    a) É um dos quocientes mais tradicionais do processo de análise de ações, sendo muito utilizado pelos investidores.
    b) É calculado pela relação entre o preço de aquisição do título e seu lucro unitário periódico.
    c) É bastante utilizado na avaliação dos preços de mercado das ações, devido a sua simplicidade.
    d) Teoricamente ele indica o número de anos (exercícios) que o investidor tardaria em recuperar o capital investido.
    e) Pode-se dizer que o índice P/L não é estático, indicando que seu resultado é válido para períodos futuros.

5. O valor das ações de uma empresa, em um mercado eficiente, deve refletir:

a) O valor do patrimônio líquido contábil da empresa.

b) Comportamento histórico da sua rentabilidade.

c) O valor de compra dos ativos da empresa.

d) O fluxo de caixa futuro esperado.

e) O valor da rentabilidade média das ações.

6. Considere as afirmações a seguir sobre o mercado de renda variável:

I – Um índice de *payout* de 40% indica que a empresa retém, em média, 40% de seus lucros para reinvestimentos e distribui aos seus acionistas, na forma de dividendos, o equivalente a 60%.

II – O desdobramento de ações, também chamado *split*, altera o valor do capital da empresa, por meio da alteração do valor individual de cada ação.

III – O valor de liquidação de uma ação representa o efetivo preço de negociação da ação, sendo definido a partir das percepções dos investidores e de suas estimativas em relação ao desempenho da empresa e da economia.

IV – Todas as ações emitidas por uma sociedade anônima são negociadas em bolsa de valores.

São **incorretas** as afirmações:

a) Nenhuma das informações é falsa.

b) Todas as afirmações são falsas.

c) I, II e III.

d) I, II e IV.

e) II, III e IV.

EXERCÍCIOS PROPOSTOS

1. Calcule a rentabilidade produzida por uma ação adquirida no início de certo mês por $ 43,90 e vendida no fim do mesmo mês por $ 45,10 após o investidor ter recebido $ 0,55 sob a forma de dividendos.

2. Um investidor comprou determinada ação por $ 12,29. Sabendo que a empresa pretende pagar dividendos de $ 0,80, $ 0,90 e $ 0,95 nos próximos três trimestres, respectivamente, e que o valor de venda previsto da ação ao fim do terceiro trimestre seja de $ 12,99, verifique se o investidor subavaliou ou superavaliou o valor da ação, dado que a sua rentabilidade mínima exigida é de 10% ao trimestre.

3. Calcule o valor da taxa de crescimento de determinada ação para que o seu valor corrente de mercado de $ 6,50 seja justificado, sabendo que ela paga um fluxo corrente de $ 0,50 de dividendos e que a taxa requerida de retorno seja de 12% ao ano.

4. Admita as seguintes estimativas de crescimento dos dividendos de uma ação: 5% ao ano nos próximos 4 anos, 7% ao ano para os próximos 6 anos e 4% ao ano daí para frente. Sabendo-se que o dividendo esperado para o próximo ano dessa ação é de $ 0,60 e fixando-se em 10% ao ano a taxa mínima de retorno requerida, determine o preço máximo que um investidor poderia propor por esta ação.

5. Se uma empresa apura um LPA de $ 1,20 em determinado ano e apresentar um índice de *payout* de 40%, calcule a taxa de crescimento prevista do LPA para o próximo exercício, admitindo que a empresa possa reinvestir a parcela retida dos proprietários a 15% ao ano.

6. Uma empresa apurou, no fim de determinado ano, um LPA de R$ 1,50, e decidiu distribuir 40% do seu resultado. Sabendo que a taxa de retorno exigida pelos investidores é de 18% ao ano, e que a empresa possui um retorno padrão sobre o patrimônio líquido de 16%, calcule o quanto a empresa agrega/destrói de valor ao acionista.

Links da web

https://www.gov.br/investidor/pt-br. Portal com esclarecimentos sobre os mais diversos investimentos no mercado brasileiro.

http://www.logicadomercado.com.br. Portal com os principais conceitos da economia brasileira e análises do mercado de renda fixa e variável.

https://acionista.com.br/. *Site* com informações sobre o mercado financeiro e de capitais.

http://www.b3.com.br. Apresenta as principais informações da Bolsa de Valores de São Paulo (Bovespa).

http://www.bizstats.com. Apresenta indicadores estatísticos e financeiros de empresas.

https://www.world-exchanges.org/. Federação Mundial de Bolsas de Valores.

Sugestão de leitura

ASSAF NETO, Alexandre. **Mercado financeiro**. 15. ed. São Paulo: Atlas, 2023.

ASSAF NETO, Alexandre; LIMA, Fabiano Guasti. **Investimento em ações**: guia teórico e prático. 3. ed. São Paulo: Atlas, 2022.

LIMA, Fabiano Guasti. **Análise de Riscos**. 3. ed. São Paulo: Atlas, 2023.

Respostas dos Testes de verificação

1. b
2. a
3. c
4. e
5. d
6. b

PARTE III
DEMONSTRAÇÕES FINANCEIRAS, DESEMPENHO OPERACIONAL E VALOR

Capítulo 8	Entendendo as Demonstrações Contábeis Brasileiras
Capítulo 9	Como Analisar as Demonstrações Financeiras
Capítulo 10	Análise das Demonstrações Financeiras – Aplicações Práticas
Capítulo 11	Análise Custo – Volume – Lucro e Alavancagem Operacional
Capítulo 12	Alavancagem Financeira
Capítulo 13	Medidas de Criação de Valor

ENTENDENDO AS DEMONSTRAÇÕES CONTÁBEIS BRASILEIRAS

OBJETIVOS DO CAPÍTULO

1. Descrever os tipos de demonstrações contábeis brasileiras existentes e entender como elas se estruturam.
2. Expor o conceito de balanço patrimonial e seus componentes.
3. Entender a demonstração do resultado do exercício e demonstrar seu método de cálculo.
4. Expor o sistema de demonstração das origens e aplicação de recursos (DOAR), destacando as contas que aumentam e as que diminuem o capital circulante líquido da empresa (CCL).
5. Conhecer o método de demonstração dos fluxos de caixa (DFC) e como ele é calculado.
6. Abordar de modo integrado as diversas demonstrações contábeis, proporcionando ao leitor uma ampla visão de como tais demonstrações se inter-relacionam.
7. Expor outros itens importantes que compõem as demonstrações financeiras, como: notas explicativas e parecer de auditores independentes.

As demonstrações contábeis brasileiras são basicamente regidas pela Lei nº 6.404/76, e complementos. A Lei nº 11.638, promulgada em dezembro de 2007, a Lei nº 11.941/2009 e a Lei nº 12.973/2014, com o estabelecimento de regras definitivas, aplicadas às empresas de grande porte, trouxeram importantes atualizações na forma de registrar as informações financeiras. Atualmente, a Contabilidade no Brasil caminha para tornar os balanços das empresas bem mais transparentes, fornecendo detalhes das informações relevantes aos investidores para adequar sua estrutura aos padrões contábeis internacionais.

Neste capítulo, apresenta-se como são estruturadas atualmente as demonstrações contábeis brasileiras e como são regidas as classificações a elas referentes, e também são discutidos os princípios de avaliação condicionantes da mensuração dos ativos e dos passivos, das receitas e das despesas. Apresenta-se também uma visão integrativa entre as várias demonstrações para se poder ter uma ideia ampla e geral de suas interligações, acompanhadas de suas notas explicativas e do Parecer dos Auditores Independentes.

> Demonstrações Contábeis (ou financeiras) equivalem a um conjunto de informações apuradas e divulgadas pelas empresas, revelando os vários resultados de seu desempenho em um exercício social. Por meio das demonstrações, é possível obter conclusões sobre a efetiva situação da empresa.

Cabe ressaltar que as empresas devem, ainda, observar as determinações advindas da Comissão de Valores Mobiliários (CVM) – para empresas de grande porte, as Normas Brasileiras de Contabilidade emitidas pelo Conselho Federal de Contabilidade (CFC) e os Pronunciamentos Técnicos elaborados pelo Comitê de Pronunciamentos Contábeis (CPC).

8.1 DEMONSTRAÇÕES CONTÁBEIS

As sociedades por ações são obrigadas a elaborar e publicar as seguintes demonstrações financeiras (aqui são usadas como sinônimas as expressões *demonstrações contábeis* e *demonstrações financeiras*):

- Balanço Patrimonial;
- Demonstração das Mutações Patrimoniais ou Demonstração dos Lucros ou Prejuízos Acumulados;
- Demonstração do Resultado do Exercício;
- Demonstração dos Fluxos de Caixa;
- Se for companhia aberta, a Demonstração do Valor Adicionado.

Além dessas quatro demonstrações, existe a complementação obrigatória por meio de *Notas Explicativas* e, se for o caso, de "outros quadros analíticos ou demonstrações contábeis necessários para esclarecimento da situação patrimonial e dos resultados do exercício".

Essas demonstrações devem conter os valores respectivos do exercício anterior. A legislação não fala em valores do exercício passado corrigidos; por isso, praticamente, a totalidade das empresas publica os valores do exercício anterior pelos valores apresentados naquela época.

8.2 BALANÇO PATRIMONIAL

No Brasil, o balanço é dividido em três grandes tópicos: Ativo, Passivo Exigível e Patrimônio Líquido. O Ativo, por sua vez, é dividido em dois grandes grupos: Circulante e Não Circulante. O Não Circulante é formado pelo Realizável a Longo Prazo e Permanente. O Ativo Permanente, por sua vez, é subdividido em: Investimentos, Imobilizado e Intangível.

O Passivo Exigível é também subdividido em dois grupos: Passivo Circulante e Passivo Não Circulante. O Patrimônio Líquido aparece composto em seis grandes contas: Capital Social, Reservas de Avaliação Patrimonial, Reservas de Reavaliação, Reservas de Lucros, Ações em Tesouraria e Prejuízos Acumulados.

Resumindo, tem-se o Quadro 8.1 esquemático a seguir:

Quadro 8.1 Estrutura do balanço patrimonial.

ATIVO	PASSIVO + PATRIMÔNIO LÍQUIDO

Ativo Circulante
Ativo Não Circulante
  Realizável a Longo Prazo
  Investimentos
  Imobilizado
  Intangível
	Passivo Circulante
	Passivo Não Circulante
	  Exigível a Longo Prazo
	Patrimônio Líquido
	  Capital Social
	  Reservas de Capital
	  Ajustes de Avaliação Patrimonial
	  Reservas de Lucros
	  Prejuízos Acumulados

Com base nessa estrutura básica legal, é possível pormenorizar cada grupo; a classificação do Quadro 8.1 não é obrigatória do ponto de vista da legislação, e a nomenclatura pode variar, mas basicamente engloba a maioria das situações.

Ativo Circulante	**Passivo Circulante**
Disponibilidades	Fornecedores
Caixa e Bancos	Empréstimos e financiamentos
Títulos de Negociação Imediata	Impostos, Taxas e Contribuições
Aplicações financeiras (CDB, Letras de Câmbio,	Salários a Pagar
Debêntures etc)	Dividendos a Pagar
Realizável a Curto Prazo	Provisões
Valores a Receber	Outros Passivos a Curto Prazo
(–) Provisões para crédito de liquidação duvidosa	**Passivo Não Circulante**
(–) Títulos Descontados	*Passivo Exigível a Longo Prazo*
Outros Valores a Receber a Curto Prazo	Empréstimos e financiamentos
Estoques	Outros Passivos a Longo Prazo
Mercadorias e produtos acabados	*Patrimônio Líquido*
Produtos em elaboração	Capital social Realizado
Matérias-primas e embalagens	Reservas de capital
Materiais de consumo e almoxarifados	Ajustes de Avaliação Patrimonial
Despesas antecipadas	Reservas de lucros:
Ativo Não Circulante	Reserva legal
Ativo Realizável a Longo Prazo	Prejuízos acumulados
Créditos Diversos	Ações em tesouraria
Investimentos	
Participações Acionárias	
Outros Investimentos	
Imobilizado	
Terrenos e edificações	
Máquinas e equipamentos	
Veículos, móveis e máquinas de escritório	
Intangível	
Marcas e patentes	
Fundo de Comércio	

NOVA LEI CONTÁBIL BRASILEIRA

Em dezembro de 2007 foi promulgada nova lei contábil (Lei nº 11.638), visando adequar os padrões contábeis nacionais aos internacionais, oferecendo informações financeiras mais detalhadas e transparentes aos investidores de mercado. De início, somente as empresas de maior porte terão de se adaptar às novas regras contábeis, independentemente de serem companhias abertas ou fechadas, ou companhias limitadas.

Esta padronização para o Brasil é muito importante, permitindo que nossos balanços, adequados aos padrões contábeis internacionais, sejam mais bem avaliados por analistas de todo o mundo, facilitando o acesso das empresas brasileiras ao capital externo e reduzindo seu custo de captação. O intuito principal da nova Lei Contábil é registrar a posição patrimonial da empresa brasileira em um valor mais próximo possível ao de mercado.

Algumas importantes alterações introduzidas pela Nova Lei Contábil:

- Balanços das companhias brasileiras devem seguir os *padrões internacionais*, mais próximos ao europeu, e conhecidos pela sigla IFRS (*International Financial Reporting Standard*). O IFRS constitui-se em um conjunto de pronunciamentos de contabilidade, adotados pelos países da Europa (União Europeia) em 2005, e tem por objetivo padronizar as demonstrações contábeis elaboradas pelas companhias abertas da Europa. Diversos países passaram a adotar esses procedimentos contábeis, inclusive o Brasil.

> ## NOVA LEI CONTÁBIL BRASILEIRA (continuação)
>
> - A Demonstração das Origens e Aplicações de Recursos (DOAR) deixou de ser obrigatória e foi criada a *Demonstração dos Fluxos de Caixa (DFC)*. A DFC demonstra melhor os fluxos do dinheiro na empresa, de onde vieram e para onde foram os recursos no exercício.
>
> - Foi criado um novo demonstrativo para publicação: *Demonstração de Valor Adicionado (DVA)*. O DVA detalha como foi distribuída a riqueza gerada pela empresa no exercício, entre governo (impostos), credores (dívidas e encargos), empregados (salários) e acionistas (lucros).
>
> - Os ativos e passivos a longo prazo das companhias deverão ser trazidos a *valor presente* e registrados nos balanços por este valor.

8.2.1 Ativo Circulante

O Ativo Circulante engloba, além das disponibilidades, créditos, estoques e despesas antecipadas realizáveis no exercício social subsequente. O que caracteriza o Circulante é a sua realização em até um ano. O mesmo se aplica ao passivo circulante, onde são registradas todas as obrigações correntes da empresa e vencíveis até o fim do exercício seguinte.

Alguns casos de exceção previstos na legislação podem alterar, no entanto, este prazo. *Por exemplo*, quando o ciclo operacional da empresa é superior a 12 meses, ativo e passivo circulante podem assumir prazo igual a esse ciclo, como ocorre nas construtoras de navios, nas fazendas de criação e engorda de gado e outros casos raros. Mesmo assim, porém, as demonstrações são publicadas anualmente e o exercício social continua sendo de um ano. Muda apenas o conteúdo dos valores do Circulante, que passa a abranger prazo mais extenso.

As *disponibilidades* englobam saldos bancários livres a aplicações para resgate imediato. Estes recursos visam atender a todas as necessidades mediatas e relativas à atividade da empresa.

Aplicações financeiras resgatáveis em até 90 dias da data do balanço, são também denominadas como "Equivalentes de Caixa".

As *aplicações financeiras* podem ser em letras de câmbio, certificados de depósitos bancários, recibos de depósitos bancários, debêntures e outras. Nesse caso, figuram no balanço pelo valor original da aplicação acrescido dos rendimentos proporcionalmente decorridos dentro do Regime de Competência do Exercício.

A legislação contábil atual prevê que as aplicações financeiras não mantidas até o seu vencimento, representadas basicamente por títulos de renda fixa e variável, devem ser avaliadas e registradas pelo seu valor justo ou equivalente valor de mercado.

O valor justo representa o valor que um ativo pode ser negociado livremente em determinada data, supondo que os agentes tenham acesso a todas as informações disponíveis, tenham conhecimento suficiente do negócio em avaliação, negociem sem conflitos de interesse e favorecimentos.

Diferenças apuradas entre o valor justo calculado e o valor de aquisição são consideradas em contas do Patrimônio Líquido ("Ajuste de Avaliação Patrimonial"), ou reconhecidas diretamente em contas de resultado do exercício.

Os *valores a receber de clientes* e os *outros créditos* são originados basicamente das operações da empresa. Estes valores devem ser devidamente provisionados pelas possíveis perdas como não recebimentos. São também diminuídos os valores descontados de duplicatas a receber (normalmente em instituições financeiras).

Esses valores a receber são ajustados a valor presente em função do prazo de cobrança, usando-se uma taxa de desconto que exprime o valor do dinheiro no tempo e o risco do ativo. O ajuste a valor presente de créditos a curto prazo (circulantes) é realizado somente quando se verificar algum efeito relevante.

Os *estoques* compreendem as mercadorias disponíveis para vendas, no caso de uma empresa comercial, ou matérias-primas adquiridas (ou em transformação) e produtos elaborados, no caso de uma empresa industrial. Os estoques são avaliados pelo seu custo de aquisição ou fabricação, ou pelo valor líquido de realização, sendo registrado o menor valor dos dois. O valor líquido de realização representa o valor normal de venda do estoque deduzido de todos os custos e gastos necessários para realizar a venda.

As *despesas antecipadas* são recursos aplicados em itens que, sabida e objetivamente, se referem a serviços ou benefícios que devem ser usufruídos no exercício seguinte; é o caso dos prêmios de seguros, dos pagamentos de anuidades de revistas e jornais etc. Não devem aqui estar abrangidos adiantamentos concedidos a empregados, a diretores etc. Quanto aos encargos financeiros, só podem estar nas despesas antecipadas os relativos às duplicatas descontadas.

8.2.2 Ativo Realizável a Longo Prazo

São classificados como *realizáveis a longo prazo* todos os valores ativos cujo prazo de realização ultrapassar o fim do exercício seguinte (prazo superior a um ano). Quando o ciclo operacional da empresa for maior que um ano, o realizável a longo prazo acompanha o prazo do ciclo.

8.2.3 Ativo Permanente

Os *investimentos* são considerados permanentes quando não destinados à negociação, mas dirigidos para produzirem benefícios à investidora mediante sua participação nos resultados de empresas investidas, ou para obtenção de bom relacionamento com os clientes ou fornecedores (inclusive instituições financeiras), ou para especulação pura e simples sem nenhum prazo definido (como obras de arte, terrenos etc. que não se destinem às atividades da empresa).

Na maioria das vezes, esses investimentos são decorrentes de participações societárias, mas podem incluir outros bens como os citados.

O *imobilizado* inclui todos os bens de longa duração (permanentes), que não se destinam a venda, e utilizados nos negócios da empresa. Dessa maneira, há três características que distinguem o Ativo Imobilizado:

a) não é destinado à venda;

b) é utilizado na atividade operacional da empresa;

c) apresenta longa duração, entendida como permanente.

Uma parte do imobilizado está sujeita à *depreciação* (*amortização* ou *exaustão*).

> A depreciação (amortização ou exaustão) refere-se à perda de valor do imobilizado determinada pelo tempo, uso, obsoletismo etc. De conformidade a que bens se refiram, essas perdas recebem nomes diferentes: depreciações, amortizações ou exaustões, mas significam uma só coisa.

A depreciação, amortização ou exaustão são recuperações do passado, e representam partes do valor de aquisição consideradas "perdidas" (consumidas) e que, portanto, se transformaram em custos ou despesas. *Exemplos*:

Depreciação: máquinas, equipamentos, edificações;

Amortização: aplicado a bens intangíveis, como patentes, direitos autorais, direitos de exploração de reservas;

Exaustão: reservas minerais ou florestais;

Imobilizados não sujeitos à depreciação: obras de arte e terrenos.

O *ativo intangível* é um novo grupo contábil, classificado no ativo não circulante. Os intangíveis são bens incorpóreos destinados à manutenção da empresa ou exercidos com essa finalidade (Lei nº 6.404/76). Exemplos de ativos intangíveis: marcas, patentes, direitos autorais, *goodwill*, capital humano.

Teste de Recuperabilidade (*Impairment Test*): A Lei nº 11.638/07 prevê que as empresas avaliem periodicamente a recuperação dos ativos classificados no imobilizado e no intangível. O objetivo principal da contabilidade é evitar que um elemento esteja registrado por um valor acima de seu valor de venda. Se o ativo revela um valor de recuperação inferior ao contabilizado, a empresa deve reconhecer imediatamente essa perda (desvalorização). A análise da recuperação desses ativos imobilizados e intangíveis permite que seja ajustado o cálculo da vida útil estimada, conforme usado na determinação da depreciação, da amortização e da exaustão.

8.2.4 Passivo Exigível

O Passivo Exigível, tanto o *circulante* quanto o *não circulante*, é composto de dívidas, obrigações, riscos (provisão para garantias, *por exemplo*) e contingências (estas são fatos geradores já ocorridos, como atuações fiscais, trabalhistas, ações judiciais e outros litígios em discussão); só há diferenciação em função do prazo e seguem o previsto no Ativo Circulante.

Quando as obrigações da companhia vencerem no exercício seguinte ao do encerramento, são classificadas a curto prazo (Passivo Circulante); quando vencerem após o término do exercício social seguinte, são consideradas a longo prazo (Passivo Exigível a Longo Prazo).

> **!** **IMPORTANTE** ■ os passivos sujeitos a indexação por índices de preços, moeda estrangeira e outras formas contratadas de pós-definição devem estar totalmente atualizados na data do balanço; os juros proporcionais também devem ser registrados.

À medida que os empréstimos tomados a longo prazo passam a ser vencíveis no exercício social subsequente, são transferidos para o Passivo Circulante.

No *passivo não circulante* são registradas todas as obrigações a longo prazo da empresa.

8.2.5 Patrimônio Líquido

O *patrimônio líquido* é calculado do balanço pela diferença entre o Ativo Total e o Passivo Exigível. Mede o total dos recursos próprios da empresa, e pode ser entendido como uma obrigação da empresa perante seus acionistas (proprietários).

O patrimônio líquido aparece com os cinco subgrupos citados: capital social, reservas de capital, reservas de reavaliação, reservas de lucros e lucros ou prejuízos acumulados.

O *capital social* reflete o investimento realizado pelos acionistas na empresa (integralizações de capital), e também parte do lucro líquido auferido em exercícios passados, não pago aos proprietários e incorporado ao capital.

> Capital subscrito é a parte do capital que foi efetivamente integralizada (paga) pelo acionista. Capital a integralizar é a parcela da subscrição ainda não integralizada (a pagar).

As *reservas de capital* são formadas basicamente por valores recebidos pela empresa, dos sócios ou de terceiros, que são jogados diretamente para o patrimônio líquido. Esses valores não se referem a prestação de serviços ou venda de produtos pela empresa, não devendo, em consequência, ser lançados como resultados.

Exemplos: ágio na emissão de ações, doações (terrenos recebidos de prefeituras para novos investimentos no Município, por exemplo) e subvenções recebidas para investimentos, incentivos fiscais recebidos do governo, e outras importâncias recebidas gratuitamente e destinadas a aplicações na expansão da capacidade produtiva da empresa.

> Quando uma empresa emite e vende novas ações, o preço que ultrapassar o seu valor nominal é denominado ágio.

Na conta de *Ajustes de Avaliação Patrimonial* são consideradas as variações ocorridas (aumentos ou reduções) nos ativos e passivos da empresa em consequência de suas avaliações a valor justo.

Esta conta foi introduzida nas demonstrações contábeis por meio da Lei nº 11.638/07. Exemplos de ajustes: variações nos preços de ativos financeiros mantidos pela empresa e destinados à venda futura, resultados nas variações, nos preços de ativos e passivos quando avaliados a preços de mercado.

Os valores de ajuste de avaliação patrimonial são transferidos para o resultado do exercício na medida de sua realização.

As *reservas de lucros* nada mais são do que lucros gerados pela empresa e retidos por várias razões.

Assim, a *reserva legal* é a parcela que a legislação impede que seja de fato distribuída. As *estatutárias* são aquelas que os estatutos de algumas companhias obrigam que sejam criadas. As *reservas para contingências* dizem respeito a lucros retidos para fazer face à possíveis perdas que devem ocorrer no futuro, em função de fatos geradores ainda não acontecidos, como eventuais perdas de safras por problemas climáticos, de estoques por possíveis enchentes ou saques ou perdas de contratos em vigor; se essas perdas efetivamente ocorrerem, serão consideradas prejuízos no exercício em que se efetivarem, e essas reservas retornarão a lucros ou prejuízos acumulados para a compensação com tais prejuízos. Já as *reservas de lucros a realizar* (aqui "realizar" significa "transformar em dinheiro", uma vez que são lucros contábil e economicamente realizados que já passaram pelo resultado do exercício) são frutos de lucros que, por não terem sido ainda transformados em dinheiro nem virem a se transformar no próximo exercício, podem ficar retidos até sua monetarização. Finalmente, as *reservas para expansão* são retenções não legais nem estatutárias, definidas por decisão em assembleia ou deliberação do órgão próprio exceto sociedade anônima. Dessas todas, só não pode nunca ser utilizada para dividendos a reserva legal.

Prejuízos acumulados são, no fundo, parte das reservas de lucros que ainda não tiveram seu destino final determinado (não foram plenamente absorvidas por reservas de lucros). Representam o saldo que resta dos resultados negativos remanescentes após as diversas apropriações para reservas de lucros e lucros acumulados.

A legislação vigente prevê somente o registro de resultados acumulados de outros exercícios nos balanços somente se forem negativos.

RESUMINDO:

As contas patrimoniais dos balanços são avaliadas segundo diferentes critérios, conforme definidos pela contabilidade e resumidos a seguir. Fazer uso de diferentes técnicas para exprimir os valores dos balanços pode prejudicar a interpretação dos indicadores financeiros, principalmente os índices de rentabilidade e retorno.

Os valores dos ativos e passivos revelam a posição do patrimônio líquido em dado momento de sua apuração, e não levam em conta a continuidade do negócio. Por ser uma posição estática, é um valor de descontinuidade da empresa, de liquidação dos seus ativos na data determinada. O balanço não reflete o futuro (tendência) dos ativos operacionais da empresa, mostrando o resultado de determinado período, e espera-se que represente o desempenho da empresa para sempre.

A seguir, tem-se os principais critérios de avaliação adotados pela contabilidade para os balanços das empresas:

- Valor Justo (Realização): preço pelo qual um ativo (ou passivo) é negociado em uma transação de mercado, isenta de qualquer tipo de influência. É aplicado a todos os instrumentos financeiros, inclusive derivativos classificados em contas realizáveis a curto e longo prazos, desde que estejam disponíveis para negociação.

- Ajuste a Valor Presente: os direitos realizáveis e as obrigações a longo prazo (e algumas relevantes a curto prazo), com ou sem correção de juros, devem ser trazidos a valor presente, segundo critérios estabelecidos pela legislação societária. Visa, basicamente, excluir todos os acréscimos realizados determinados por expectativas futuras de inflação, como juros, correlação e outros.

- *Impairment Test* (Teste de Recuperabilidade): é o processo de comparar o valor contábil de um ativo imobilizado e intangível com seu valor recuperável. Visa não manter registrados nos balanços ativos com valor superior ao seu valor de venda (ou de uso). Se o ativo estiver contabilizado por valor maior ao de recuperação, deve ser reconhecida a sua desvalorização.

- Equivalência Patrimonial: aplicada para avaliar investimentos em sociedades coligadas e controladas. O método atualiza o valor contábil do investimento ao seu equivalente de participação societária no patrimônio líquido da sociedade investida. Em outras palavras, representa um modo de avaliação do investimento pelo valor do Patrimônio Líquido da sociedade coligada ou controlada.

8.3 DEMONSTRAÇÃO DAS MUTAÇÕES DO PATRIMÔNIO LÍQUIDO

Esta demonstração é admitida como obrigatória para as empresas. A DMPL substitui a *Demonstração de Lucros ou Prejuízos Acumulados*.

A grande contribuição da *Demonstração de Mutação do Patrimônio Líquido* (*DMPL*) é revelar as movimentações ocorridas em todas as contas do Patrimônio Líquido, complementando as informações e dados revelados pelo Balanço Patrimonial e Demonstração de Resultados.

Para o analista a DMPL permite uma visão mais completa da formação e uso das diversas reservas patrimoniais da sociedade, assim como acessar a formação dos dividendos obrigatórios.

O quadro a seguir apresenta uma possível estrutura básica da DMPL. Observe que as várias movimentações contábeis são colocadas de modo a promover a identificação com as diversas contas do Patrimônio Líquido.

Saldo Anterior
Ajustes de Exercícios Anteriores
Dividendos Extraordinários
Aumento de Capital por Incorporação de Reservas
Aumento de Capital por Subscrição e
Integralização de Novas Ações
Reversões de Reservas
Lucro/Prejuízo Líquido do Exercício
Proposta de Destinação do Lucro
Transferência para Reservas
Dividendos Propostos
Saldo Final

8.3.1 Ajustes de exercícios anteriores

Trata-se, em nossa legislação, de certos ajustes que não afetam o lucro ou prejuízo do exercício. Esses ajustes, porém, são extremamente limitados. Podem referir-se a duas hipóteses:

A. Erros cometidos no passado

Só são assim entendidos os erros que não deviam de maneira alguma ter sido cometidos. Por exemplo, se houve erro na contagem dos estoques, o acerto é feito no Ativo Circulante e a contrapartida, diretamente em lucros ou prejuízos acumulados sob a denominação de ajustes de exercícios anteriores.

Ou, então, se a provisão para o Imposto de Renda foi erroneamente calculada, houve erro grosseiro de interpretação legal ou os cálculos foram feitos equivocadamente, também se tem essa figura. Entretanto, se a empresa constituiu uma provisão para devedores duvidosos e no ano seguinte descobre que não perdeu todos aqueles créditos ou perdeu valor superior, isso não é considerado erro, já que à época não havia mesmo como calcular o valor correto; necessariamente já era uma estimativa.

Ou, ainda, se a empresa constituiu uma provisão para Imposto de Renda, em seu balanço que se encerra em 30 de setembro, e em 15 de dezembro a alíquota do imposto é diminuída de 35 para 25%, esse acerto também não é ajuste de exercício anterior; à época do balanço não foi cometido nenhum erro. Só é ajuste de exercício anterior aquele relativo a fato que não deveria realmente ter acontecido e que não se deve a fato subsequente.

B. Mudanças de critérios contábeis

Às vezes, a empresa muda de critério contábil, como no caso de alterar o modo de avaliar seus estoques do PEPS ("Primeiro que Entra, Primeiro que Sai") para o Preço Médio. Nesse caso, se essa mudança não se dever a nenhum fato subsequente e for por exclusiva deliberação da empresa, o acerto relativo ao estoque inicial devido à mudança de critério é considerado ajuste de exercício anterior.

8.3.2 Dividendos extraordinários

São assim considerados aqueles distribuídos adicionalmente ao mínimo obrigatório legal ou estatutariamente, ou seja, aqueles que a empresa deliberadamente, fora da assembleia geral ordinária, decide distribuir a seus acionistas. Isso pode ocorrer por liberação de se distribuírem dividendos adicionais relativos a lucros obtidos no passado ou então por conta de lucros obtidos durante o próprio exercício social. Às vezes são chamados "bonificações em dinheiro"; outras vezes, são declarados na própria assembleia geral ordinária.

8.3.3 Destinação do lucro líquido

A Lei das Sociedades por Ações exige que a sociedade por ações apresente em suas demonstrações financeiras, devidamente contabilizadas, as propostas de destinação do lucro líquido, quer quanto às parcelas que devem ficar retidas em reservas ou lucros acumulados, quer quanto às que devem ser pagas em dividendos. Não pode ser colocada no balanço a expressão *saldo à disposição da assembleia*.

Assim, obrigatoriamente a companhia precisa, antes de encerrar suas demonstrações, propor essa destinação.

No caso de haver prejuízo no exercício, tal prejuízo deve ser jogado contra lucros ou prejuízos acumulados; se estes não tiverem resultados positivos suficientes para compensar o prejuízo, deverão ser revertidas para lucros ou prejuízos acumulados outras reservas de lucros (a reserva legal é a última a ser utilizada) até que seja feita a compensação. E isso é obrigatório. Se ainda assim não houver condição de se cobrir o prejuízo, torna-se opção da empresa consumir saldos das reservas de capital, ou então deixar essa conta com saldo negativo.

8.4 DEMONSTRAÇÃO DO RESULTADO DO EXERCÍCIO (DRE)

A DRE tem como finalidade exclusiva apurar o lucro ou prejuízo de exercício; depois, esse resultado é transferido para lucros ou prejuízos acumulados. O demonstrativo engloba as receitas, as despesas, os ganhos e as perdas do exercício, apurados por Regime de Competência[1] independentemente, portanto, de seus pagamentos e recebimentos.

---

[1] Regime de Competência significa apropriação das receitas quando efetivamente "ganhas", "merecidas", "auferidas" e não necessariamente recebidas em dinheiro. Assim, as vendas produzem receitas quando são entregues as mercadorias e os serviços a que se referem. Significa também que as despesas relativas à obtenção dessas receitas são apropriadas em conjunto com essas receitas. Assim, devem ser contrapostos às receitas de vendas o custo dos produtos vendidos, as despesas de comissão, as despesas com a formação da provisão para garantias e a de devedores incobráveis etc. Significa, finalmente, que as despesas da manutenção da atividade da empresa que não se associam diretamente com esta ou aquela receita devem ser apropriadas quando de sua incorrência, e não de seu pagamento, tanto às despesas de administração quanto às financeiras e outras.

Sua apresentação normal reduzida é a seguinte:

RECEITA BRUTA DE VENDA DE BENS E
    SERVIÇOS
(–) Impostos sobre Vendas
(–) Devoluções, Descontos Comerciais
RECEITA LÍQUIDA
(–) Custos dos Produtos, Mercadorias ou
    Serviços Vendidos/Prestados
RESULTADO BRUTO
(–) Despesas de Vendas, Administrativas e
    Gerais
(±) Outras Receitas e Despesas Operacionais
(±) Resultado de Equivalência Patrimonial
RESULTADOS ANTES DAS RECEITAS E DAS
    DESPESAS FINANCEIRAS
(+) Receitas Financeiras
(–) Despesas Financeiras
RESULTADO ANTES DO IR/CSLL
(–) Despesas com tributos sobre o Lucro
RESULTADO LÍQUIDO DO EXERCÍCIO

8.4.1 Receita líquida

A receita líquida é efetivamente a receita da empresa pela venda de seus produtos e de seus serviços, já que é a parcela que efetivamente lhe pertence. Isso porque os impostos incidentes sobre venda (IPI, ICMS, ISS, PIS, COFINS etc.) não são recursos seus; apenas transitam por seu caixa. São excluídos, para se chegar à receita líquida, as devoluções e os descontos comerciais e abatimentos dados incondicionalmente. Os descontos condicionais a pagamentos antecipados ou em determinadas datas são tratados como encargos financeiros entre as despesas operacionais.

8.4.2 Custo dos produtos e serviços vendidos

O custo das mercadorias vendidas na *empresa comercial* representa, basicamente, o custo histórico de aquisição desses bens. Nesse custo, foram incluídos, ainda na forma de estoques, os gastos com colocação das mercadorias em condições de venda, como transporte, seguros etc.

No caso da *indústria*, o custo dos produtos vendidos é obtido em função da soma dos estoques iniciais com os custos de produção do período e a diminuição dos estoques finais. Nesses custos de produção, como também comentado na seção relativa à imobilizado, é adotado, no Brasil, o custeio por absorção. Nesse princípio de avaliação entram todos os custos relativos à área de produção, quer diretos com relação aos produtos, quer indiretos, quer fixos, quer variáveis. Como, normalmente, na indústria o IPI e o ICMS pagos na aquisição dos insumos industriais são recuperáveis explicitamente na venda dos produtos, eles não integram o custo desses insumos nem o custo dos produtos vendidos.

8.4.3 Lucro bruto

O *lucro bruto* é a simples diferença entre a receita líquida e o custo dos itens vendidos, o que resta das receitas líquidas de vendas, após cobrir o custo da mercadoria vendida (ou do produto fabricado, ou dos serviços prestados), e destinado a remunerar as despesas com vendas, despesas administrativas e despesas financeiras (juros de dívidas).

Quanto mais elevado o lucro bruto, maior se apresenta a capacidade da empresa em remunerar suas despesas operacionais, seus encargos de financiamento, recolher impostos e pagar lucros aos acionistas.

8.4.4 "Lucro operacional"

Deliberadamente, está-se colocando aqui entre aspas esse conceito, pois, conforme será visto no Capítulo 9, trata-se de conceituação bastante incorreta e falsa. Por enquanto, admita-se o conceito legal. Segundo ele, do lucro bruto são deduzidas todas as despesas incorridas pela empresa e consideradas também outras receitas ou despesas operacionais. Pela legislação, praticamente tudo é considerado operacional.

Por exemplo, são enquadráveis como outras receitas e outras despesas operacionais os resultados de participações societárias em outras sociedades, mesmo que não se trate de *holding* ou de participações significativas. Assim, a receita e a despesa de equivalência patrimonial para os investimentos permanentes avaliados dessa maneira e as receitas de dividendos para os investimentos avaliados pelo custo e semelhantes são consideradas legalmente como operacionais.

Também são enquadradas como operacionais todas as receitas e as despesas de natureza financeira, como juros incorridos em operações de empréstimos e financiamentos e apropriados de aplicações financeiras.

Pela nova legislação contábil esta terminologia de "lucro operacional" é pouco utilizada, evitando distorções no entendimento deste conceito.

8.4.5 Provisão para Imposto de Renda

O Imposto de Renda é calculado sobre o lucro do exercício, sendo o valor a pagar considerado como exigibilidade no balanço. Assim, surge no resultado e no Passivo Circulante (via de regra) a provisão para o Imposto de Renda.

O exercício social em que o lucro tributável é gerado denomina-se *ano-base*. O exercício em que o imposto é recolhido ao Governo é chamado *ano financeiro*. Atualmente, no Brasil, o Imposto de Renda é pago no mesmo exercício em que é gerado.

8.4.6 Lucro líquido

O lucro líquido, ou prejuízo, resulta da diminuição do lucro após o Imposto de Renda, de participações devidas a debenturistas (caso em que os debenturistas também participam no lucro – raramente isso acontece), a empregados, a administradores e a detentores de partes beneficiárias (esses títulos, que representam o direito que certas pessoas têm de receber participação no lucro, mesmo que não sejam acionistas, por terem no passado beneficiado significativamente a empresa, também são pouco comuns). Essas participações têm limitações legais e as duas primeiras são dedutíveis para cálculo do Imposto de Renda dentro de certas condições.

O resultado líquido do exercício (lucro ou prejuízo) é o valor final da DRE.

8.5 DEMONSTRAÇÃO DE ORIGENS E APLICAÇÕES DE RECURSOS (DOAR)

Essa demonstração significa exclusivamente Capital Circulante Líquido (CCL). Este, por sua vez, significa *Ativo Circulante menos Passivo Circulante*. Tem também outros nomes, como capital de giro líquido, capital de giro próprio (atenção porque, para essa expressão, atribui-se, às vezes, outro conceito bem diferente).

O objetivo da DOAR é mostrar de onde se originaram os valores que aumentaram o Capital Circulante Líquido da empresa e para onde foram os valores que o diminuíram. Trata-se de um fluxo financeiro que procura ampliar a utilidade das demonstrações contábeis, já que a Demonstração da Mutação Patrimonial fala apenas da evolução do Patrimônio Líquido e a Demonstração do Resultado trata dos fluxos de receitas, despesas, ganhos e perdas do período, e considera inclusive os que não afetam financeiramente o Capital Circulante Líquido da empresa.

Origens:
  Lucro Líquido do Exercício, ajustado pelas despesas e receitas que não afetam o CCL
  Aumento do Capital e Contribuições para Reservas de Capital
  Recursos de Terceiros Provenientes de:
    Aumento no Exigível a Longo Prazo
    Redução no Realizável a Longo Prazo
    Alienação de Ativo Permanente
Aplicações:
  Dividendos
  Aquisição de Imobilizado
  Aquisição de Investimentos e Diferido
  Aumento no Realizável a Longo Prazo
  Redução no Exigível a Longo Prazo
Aumento ou Redução do CCL

CCL de início e fim de exercício:

AC Inicial	AC Final	Variação no AC
PC Inicial	PC Final	Variação no PC
CCL Inicial	CCL Final	Variação no CCL

A DOAR deixou de ser obrigatória para as empresas, sendo substituída pela Demonstração dos Fluxos de Caixa (DFC).

8.6 DEMONSTRAÇÃO DOS FLUXOS DE CAIXA (DFC)

É a demonstração que mostra os recebimentos e os pagamentos efetuados pela empresa em caixa, bem como suas atividades de investimentos e financiamentos.

A DFC irá indicar o que ocorreu no período em termos de entradas e saídas de dinheiro do caixa. Assim como a Demonstração de Resultados, a DFC é uma demonstração dinâmica e também está contida no Balanço Patrimonial, que é uma demonstração estática.

A elaboração e publicação da DFC se tornou obrigatória mediante a Lei nº 11.638/07 em substituição à DOAR.

A DFC propicia ao gestor financeiro uma melhor visão para um planejamento financeiro eficiente, revelando informações relevantes sobre os fluxos de pagamentos e recebimentos de uma empresa, verificados em determinado exercício.

Para o analista das demonstrações contábeis, a DFC permite uma análise mais detalhada da capacidade da empresa em gerar caixa e honrar seus diversos compromissos.

A DFC classifica os fluxos de caixa em três categorias:

- Fluxo de Caixa das Operações: é relacionado com a produção e entrega de bens e serviços. As *entradas de caixa* incluem o recebimento à vista de bens e serviços e das contas a receber, quando existirem, além de outros recebimentos, como juros de aplicações e demais itens que não sejam originários de atividades de investimentos e/ou financiamentos; as *saídas de caixa* envolvem os pagamentos efetuados a fornecedores, matéria-prima, salários, serviços, impostos, taxas, juros de empréstimos e financiamentos. Também é possível classificar os juros como atividades de financiamento.

- Fluxo de Caixa das Atividades de Financiamento: são as atividades referentes a empréstimos e financiamentos. Incluem os recebimentos de empréstimos e demais entradas de recursos financeiros, e como saída consideram-se pagamentos de dividendos, amortizações e bens adquiridos.

- Fluxo de Caixa das Atividades de Investimentos: são as atividades referentes a investimentos relacionados com aumento ou diminuição dos ativos a longo prazo utilizados na produção de bens e serviços.

As transações como depreciação, amortização e exaustão são meras reduções de ativos, e por isso, não afetam o caixa, não entrando na DFC. Também não entram na DFC eventuais estimativas de perdas prováveis com recebimento de clientes.

Pode-se elaborar a DFC pelos seguintes métodos:

- *método direto*: elabora a DFC a partir da movimentação direta ocorrida no caixa da empresa, demonstrando todos os itens que tenham provocado entrada ou saída de caixa;

- *método indireto*: elabora a DFC a partir do resultado, isto é, lucro ou prejuízo, de modo semelhante à DOAR.

A seguir, tem-se uma estrutura resumida da DFC pelos dois métodos.

MÉTODO DIRETO	MÉTODO INDIRETO
Atividades Operacionais	Atividades Operacionais
(+) Recebimento de clientes	Lucro líquido do Exercício
(–) Pagamento de contas	(+) Depreciação
(–) Pagamento despesas operacionais	(±) Variações no Circulante (Capital de Giro)
(–) Pagamento de Impostos	Fluxo de Caixa das Atividades Operacionais
Fluxo de Caixa das Atividades Operacionais	
	Atividades de Financiamento
Atividades de Financiamento	(±) Novos empréstimos a curto e longo prazos
(±) Novos empréstimos a curto e longo prazos	(+) Aumento de capital
(+) Aumento de capital	(–) Despesas financeiras
(–) Despesas financeiras	(–) Pagamentos de Dividendos
(–) Pagamentos de Dividendos	Fluxo de Caixa das Atividades de Financiamento
Fluxo de Caixa das Atividades de Financiamento	
	Atividades de Investimentos
Atividades de Investimentos	(±) Aquisição de Imobilizado
(±) Aquisição de Imobilizado	(±) Outros investimentos
(±) Outros investimentos	Fluxo de Caixa das Atividades de Investimentos
Fluxo de Caixa das Atividades de Investimentos	
	(±) Caixa inicial
(±) Caixa inicial	Resultado do Caixa final
Resultado do Caixa final	

8.7 NOTAS EXPLICATIVAS

A legislação brasileira determina, e a própria Contabilidade também, que as notas explicativas às demonstrações financeiras explicitem, entre outros aspectos relevantes:

CONTEÚDO DAS NOTAS EXPLICATIVAS
• ramo de atividade da empresa, objeto social, localização etc.;
• sumário das práticas contábeis, com a explicação resumida dos critérios de avaliação dos estoques, ativo permanente, das aplicações financeiras, das exigibilidades, dos créditos, das provisões para retificações de ativos e do registro dos riscos e das contingências, dos critérios de apropriação de receitas e despesas etc.;
• detalhamento dos investimentos relevantes em outras empresas, com dados sobre nome, capital, patrimônio líquido, lucro líquido, porcentagem de participação, receitas e despesas intercompanhias, saldos a receber e a pagar e outras;
• reavaliações realizadas no exercício e seu tratamento contábil;
• ônus que gravem os ativos da empresa, garantias prestadas a terceiros, fianças, avais e outras contingências;
• detalhamento das dívidas a longo prazo, com o perfil quanto a épocas de vencimento, taxas de encargos, tipos de indexação;
• detalhamento do capital social quanto a número, espécies e classes de ações;
• ajustes de exercícios anteriores realizados no exercício;
• eventos subsequentes à data do balanço que possam alterar significativamente a posição financeira e patrimonial futuras da empresa;
• detalhamentos de contas agrupadas no balanço, como despesas financeiras líquidas, ativo imobilizado etc.;
• cálculo do lucro e do dividendo por ação e do dividendo mínimo obrigatório.

Vê-se que é *compulsória a leitura atenta das notas explicativas* antes de se efetuar qualquer análise financeira, dada a relevância das informações contidas.

8.8 PARECER DA AUDITORIA INDEPENDENTE

Todas as companhias abertas são obrigadas a publicar, com suas demonstrações financeiras, o *Parecer dos Auditores Independentes*. Também as instituições controladas pelo Banco Central, a quase totalidade das sociedades de economia mista, as seguradoras e outras devem publicar esse parecer, além de inúmeras companhias fechadas e até sociedades por quota de responsabilidade limitada.

Esse parecer procura dizer se foram ou não aplicadas as normas tradicionais da Auditoria Externa, quais demonstrações foram auditadas e o Parecer dos Auditores quanto a estarem tais demonstrações dentro dos princípios contábeis em utilização hoje no Brasil (resumidamente expostos nas próprias notas explicativas), e também quanto à prática uniforme, ou não, ao longo do tempo, dos mesmos critérios contábeis.

A leitura atenta desse parecer é de suma importância também para o usuário externo.

8.9 COMENTÁRIOS FINAIS

Inúmeros detalhes quanto às demonstrações contábeis no Brasil podem ser obtidos em bibliografia específica, listada no fim deste livro. Chama-se a atenção, principalmente, para o problema das Demonstrações Consolidadas, aqui não tratadas, das demonstrações de empresas em fase pré-operacional e para o caso particular das instituições financeiras, seguradoras, cooperativas e agropecuárias, por terem características especiais, não tratadas pormenorizadamente aqui.

APLICAÇÃO PRÁTICA
Estudo de Caso: Empresa Boas Peças

Admita que dois sócios abram uma empresa no setor de indústria com um capital de $ 30.000,00, sendo 60% de capital próprio e 40% financiado por um banco, a juros compostos de 2% ao mês pelo prazo de 12 meses pela Tabela Price.

A empresa pretende investir $ 20.000,00 em imobilizado necessário à produção e $ 10.000,00 para capital de giro. O plano de produção da empresa é de 1.400 unidades por mês, sendo 70% à vista e 30% a prazo com recebimento em 30 dias.

A empresa compra 1.400 unidades de matéria-prima necessária para a produção total a um custo de $ 30,00 a unidade. A política de compras da empresa é 50% com pagamento à vista, e 50% em 30 dias.

O imobilizado será depreciado em 20 meses e a compra da matéria-prima e a venda do produto são feitas dentro do mesmo Estado. A empresa paga ainda despesas fixas mensais de $ 8.000,00 e despesas administrativas de $ 2.200,00.

Se o preço de venda é de $ 60,00 a unidade, a alíquota do Imposto de Renda é de 15%, da Contribuição Social de 9%, ICMS de 18%, IPI de 15%, PIS/COFINS de 9,25%, e as vendas nos dois primeiros meses da empresa de 1.300 unidades por mês, pede-se elaborar o Balanço Patrimonial, a DRE e a DFC admitindo uma alíquota de IR de 24%.

Solução:

Primeiramente, deve-se observar que a empresa tem uma dívida que será amortizada pela Tabela Price no valor de $ 12.000,00 (40% × $ 30.000,00), a juros de 2% a.m. em 12 meses, que gerará uma prestação mensal de:

Continua

Continuação

$$12.000 = PMT\left[\frac{(1+0,02)^{12}-1}{(1+0,02)^{12}\times 0,02}\right]$$

$$PMT = \$\,1.134,72$$

Planilha de amortização:

n	Saldo Devedor	Amortização	Juros	Prestação
0	R$ 12.000,00			
1	R$ 11.105,28	R$ 894,72	R$ 240,00	R$ 1.134,72
2	R$ 10.192,68	R$ 912,61	R$ 222,11	R$ 1.134,72
3	R$ 9.261,81	R$ 930,86	R$ 203,85	R$ 1.134,72
4	R$ 8.312,33	R$ 949,48	R$ 185,24	R$ 1.134,72
5	R$ 7.343,87	R$ 968,47	R$ 166,25	R$ 1.134,72
6	R$ 6.356,03	R$ 987,84	R$ 146,88	R$ 1.134,72
7	R$ 5.348,43	R$ 1.007,59	R$ 127,12	R$ 1.134,72
8	R$ 4.320,69	R$ 1.027,75	R$ 106,97	R$ 1.134,72
9	R$ 3.272,39	R$ 1.048,30	R$ 86,41	R$ 1.134,72
10	R$ 2.203,12	R$ 1.069,27	R$ 65,45	R$ 1.134,72
11	R$ 1.112,47	R$ 1.090,65	R$ 44,06	R$ 1.134,72
12	R$ (0,00)	R$ 1.112,47	R$ 22,25	R$ 1.134,72

O *orçamento das compras*, cujo critério de pagamento será de 50% à vista e 50% a prazo, é assim calculado:

1º mês: 1.400 unidades × $ 30,00 = $ 42.00,00, sendo pagos 50% ($ 21.000,00) no referido mês e 50% no mês seguinte;

2º mês: 1.400 unidades × $ 30,00 = $ 42.00,00, sendo pagos 50% ($ 21.000,00) no referido mês e 50% no mês seguinte, lembrando que neste segundo mês deverá pagar os $ 21.000,00 do mês anterior.

Um quadro resumo do orçamento de compras é:

Orçamento Compras			
	1º mês	2º mês	3º mês
Compras	R$ 42.000,00	R$ 42.000,00	
Pgto.	R$ 21.000,00	R$ 21.000,00	R$ 21.000,00
		R$ 21.000,00	

As vendas da empresa são de 1.300 unidades por mês, com recebimento de 70% do valor à vista, e 30% em um mês, produzindo as seguintes entradas de caixa para um valor unitário de venda de $ 60,00:

1º mês: 1.300 unidades × $ 60,00 = $ 78.000,00, sendo 70% × $ 78.000,00 = $ 54.600,00 recebíveis neste mês e $ 23.400,00 no mês seguinte;

2º mês: 1.300 unidades × $ 60,00 = $ 78.000,00, sendo 70% × $ 78.000,00 = $ 54.600,00 recebíveis neste mês e $ 23.400,00 no mês seguinte, lembrando que neste segundo mês deverá receber os $ 23.400,00 do mês anterior.

Continua

Cap. 8 – Entendendo as Demonstrações Contábeis Brasileiras **195**

Continuação

Um quadro resumo do orçamento de vendas é:

Orçamento Vendas		
	1º mês	**2º mês**
Vendas	R$ 78.000,00	R$ 78.000,00
Rec. a vista	R$ 54.600,00	R$ 54.600,00
Rec. 30 dias	R$ 23.400,00	R$ 23.400,00

Impostos:

A carga tributária no caso do lucro real é: ICMS de 18%, IPI de 15%, PIS/COFINS de 9,25%, cujos cálculos são demonstrados a seguir, que servem tanto para o mês 1 quanto para o mês 2, uma vez que os valores das vendas e da produção são iguais:

Compra	Venda
IPI = 15% × $ 42.000,00 = 6.300,00	IPI = 15% × 78.000,00 = $ 11.700,00

O que gera um resultado de $ 11.700,00 – $ 6.300,00 = $ 5.400,00.

Para o cálculo do PIS/COFINS deve-se retirar o valor do IPI, da seguinte maneira:

Compra

PIS/COFINS = 9,25% × $ (42.000,00 – 6.300,00) = $ 3.302,25

Venda

PIS/COFINS = 9,25% × $ (78.000,00 – 11.700,00) = $ 6.132,75

O que gera um resultado de $ 6.132,75 – $ 3.302,25 = $ 2.830,50.

Raciocínio análogo para o ICMS:

Compra

ICMS = 18% × $ (42.000,00 – 6.300,00) = $ 6.426,00

Venda

ICMS = 18% × $ (78.000,00 – 11.700,00) = $ 11.934,00

O que gera um resultado de $ 11.934,00 – $ 6.426,00 = $ 5.508,00.

Os totais dos impostos da compra são: $ 6.300,00 + $ 3.302,25 + $ 6.426,00 = $ 16.028,25. Os impostos da venda sao: $ 11.700,00 + $ 6.132,75 + $ 11.934,00 = $ 29.766,75. Com o crédito tem-se um resultado de $ 13.738,50.

Com isso, pode-se agora elaborar a DRE, em que as Receitas mensais são de $ 78.000,00. O *Custo do Produto Vendido* (CPV) é calculado da seguinte maneira para o primeiro mês, servindo de exemplo para o mês 2:

$$CPV = \frac{(42.000,00 - 6.300,00 - 3.302,25 - 6.426,00) \times 1.300}{1.400} = 24.116,63$$

Continua

Continuação

Demonstração de Resultados do Exercício:

No caso da DRE calculada com base no lucro real, com uma alíquota do IR de 15%, mais 9% de Contribuição Social, tem-se:

DRE	1º mês	2º mês
Receita	R$ 78.000,00	R$ 78.000,00
(–) Impostos	R$ (29.766,75)	R$ (29.766,75)
Receita líquida	R$ 48.233,25	R$ 48.233,25
(–) CPV	R$ (24.116,63)	R$ (24.116,63)
Lucro bruto	R$ 24.116,63	R$ 24.116,63
(–) Desp. Fixas	R$ (8.000,00)	R$ (8.000,00)
(–) Desp. Adm.	R$ (2.200,00)	R$ (2.200,00)
(–) Perdas	R$ –	R$ –
EBITDA	R$ 13.916,63	R$ 13.916,63
(–) Deprec.	R$ (1.000,00)	R$ (1.000,00)
LAJIR	R$ 12.916,63	R$ 12.916,63
(–) Desp. Fin.	R$ (240,00)	R$ (222,11)
LAIR	R$ 12.676,63	R$ 12.694,52
(–) IR/CS	R$ (3.042,39)	R$ (3.046,68)
LL	R$ 9.634,24	R$ 9.647,83

Pode-se agora elaborar o *fluxo de caixa* de cada um dos dois primeiros meses, lembrando que, no caso dos impostos, eles são contabilizados no Balanço Patrimonial do mês de competência, mas são pagos em 30 dias, entrando apenas no fluxo de caixa do mês seguinte:

DFC	1º mês	2º mês
Saldo Inicial	R$ 10.000,00	R$ 32.265,28
(+) Receb.	R$ 54.600,00	R$ 54.600,00
(+) Ctas. Rec.	R$ –	R$ 23.400,00
(–) Pgto. à vista	R$ (21.000,00)	R$ (21.000,00)
(–) Ctas. pagar	R$ –	R$ (21.000,00)
(–) Impostos	R$ –	R$ (16.780,89)
(–) Financ.	R$ (1.134,72)	R$ (1.134,72)
(–) Desp. Fixas	R$ (8.000,00)	R$ (8.000,00)
(–) Desp. Adm.	R$ (2.200,00)	R$ (2.200,00)
Saldo Final	R$ 32.265,28	R$ 40.149,68

Dessa maneira, pode-se elaborar o *Balanço Patrimonial* de cada um dos meses a partir da data de abertura do negócio, com suas operações realizadas e pertinentes a cada uma das escriturações contábeis:

Continua

Continuação

Balanço Patrimonial:

ATIVO	Mês 0	Mês 1	Mês 2
Caixa	R$ 10.000,00	R$ 32.265,28	R$ 40.149,68
Contas Recebidas	R$ –	R$ 23.400,00	R$ 23.400,00
Estoque	R$ –	R$ 1.855,13	R$ 3.710,25
Total Ativo Circulante	R$ 10.000,00	R$ 57.520,41	R$ 67.259,93
Ativo Não Circulante			
Imobilizado	R$ 20.000,00	R$ 20.000,00	R$ 20.000,00
(–) Depreciação Acumulada	R$ –	R$ (1.000,00)	R$ (2.000,00)
Total do Ativo Não Circulante	R$ 20.000,00	R$ 19.000,00	R$ 18.000,00
TOTAL ATIVO	R$ 30.000,00	R$ 76.520,41	R$ 85.259,93

PASSIVO	Mês 0	Mês 1	Mês 2
Contas Pagar	R$ –	R$ 21.000,00	R$ 21.000,00
Impostos	R$ –	R$ 16.780,89	R$ 16.785,18
Financiamentos	R$ 12.000,00	R$ 11.105,28	R$ 10.192,68
Total Passivo Circulante	R$ 12.000,00	R$ 48.886,17	R$ 47.977,86
Patrimônio Líquido			
Capital	R$ 18.000,00	R$ 18.000,00	R$ 18.000,00
Lucros Acumulados	R$ –	R$ 9.634,24	R$ 19.282,07
Total do Patrimônio Líquido	R$ 18.000,00	R$ 27.634,24	R$ 37.282,07
TOTAL PASSIVO	R$ 30.000,00	R$ 76.520,41	R$ 85.259,93

Resumo

1. **Descrever os tipos de demonstrações contábeis brasileiras existentes e entender como elas se estruturam.**

   As sociedades por ações são obrigadas a elaborar e publicar, com base na legislação vigente, as seguintes demonstrações financeiras: Balanço Patrimonial, Demonstração das Mutações Patrimoniais (Patrimônio Líquido), Demonstração do Resultado do Exercício e Demonstração dos Fluxos de Caixa.

   Além dessas quatro demonstrações, existe a complementação obrigatória por meio de *Notas Explicativas* e, se for o caso, de "outros quadros analíticos ou demonstrações contábeis necessários para esclarecimento da situação patrimonial e dos resultados do exercício".

2. **Expor o conceito de balanço patrimonial e seus componentes.**

   No Brasil, o balanço é dividido em três grandes tópicos: Ativo, Passivo Exigível e Patrimônio Líquido. O *Ativo*, por sua vez, é dividido em dois grupos: Circulante e Não Circulante; este último, por sua vez, é subdividido em: Realizável a Longo Prazo, Investimentos, Imobilizado e Intangível. O Passivo Exigível é também subdividido em três grupos: Circulante, Não Circulante e Patrimônio Líquido. E o Patrimônio Líquido aparece composto pelos seguintes grupos: Capital Social, Reservas de Capital, Ajustes de Avaliação Patrimonial, Reservas e Lucros, Ações em Tesouraria e Prejuízos Acumulados.

3. **Entender a demonstração do resultado do exercício e demonstrar seu método de cálculo.**

A DRE tem como finalidade exclusiva apurar o lucro ou prejuízo de exercício; depois, esse resultado é transferido para lucros ou prejuízos acumulados. Engloba as receitas, as despesas, os ganhos e as perdas do exercício, apurados por regime de competência independentemente, portanto, de seus pagamentos e recebimentos.

4. Expor o sistema de demonstração das origens e aplicação de recursos (DOAR), destacando as contas que aumentam e as que diminuem o capital circulante líquido da empresa (CCL).

A DOAR significa exclusivamente Capital Circulante Líquido (CCL). Este, por sua vez, significa Ativo Circulante menos Passivo Circulante. Tem também outros nomes, como Capital de Giro Líquido, Capital de Giro Próprio (atenção porque, para essa expressão, atribui-se, às vezes, outro conceito bem diferente). O objetivo da DOAR é mostrar de onde se originaram os valores que aumentaram o Capital Circulante Líquido da empresa, e para onde foram os valores que o diminuíram. Trata-se de um fluxo financeiro que procura ampliar a utilidade das demonstrações contábeis, já que a Demonstração da Mutação Patrimonial fala apenas da evolução do Patrimônio Líquido, e a Demonstração do Resultado trata dos fluxos de receitas, despesas, ganhos e perdas do período, e considera inclusive as que não afetam financeiramente o Capital Circulante Líquido da empresa.

5. Conhecer o método de Demonstração dos Fluxos de Caixa (DFC) e como ele é calculado.

A DFC é a demonstração que mostra os fluxos financeiros de recebimentos e pagamentos verificados na empresa, todos com reflexo em caixa, bem como suas atividades de investimentos e financiamentos. A DFC indica o que ocorreu no período em termos de entradas e saídas de dinheiro do caixa. Assim como a DRE, a DFC é uma demonstração dinâmica, e também está contida no Balanço Patrimonial, que é uma demonstração estática. Pode-se elaborar a DFC pelos seguintes métodos: *Método Direto*: elaborada a partir da movimentação direta ocorrida no caixa demonstrando todos os itens que tenham provocado entrada ou saída de caixa; *Método Indireto*: elaborada a partir do resultado, isto é, lucro ou prejuízo.

6. Abordar de modo integrado as diversas demonstrações contábeis, proporcionando ao leitor uma ampla visão de como tais demonstrações se inter-relacionam.

O balanço manifesta uma *posição estática* de determinado momento. A Demonstração das Mutações Patrimoniais mostra a evolução dos saldos do Patrimônio Líquido entre dois balanços, e um de seus fatores de mutação é o resultado do exercício. A Demonstração das Origens e Aplicações de Recursos concilia os saldos iniciais de Capital Circulante Líquido. A Demonstração dos Fluxos de Caixa mostra as entradas e saídas do dinheiro para as diferentes atividades da empresa.

7. Expor outros itens importantes que compõem as demonstrações financeiras, tais como: notas explicativas e parecer de auditores independentes.

As Notas Explicativas às Demonstrações Financeiras explicitam, entre outras informações importantes: ramo de atividade da empresa, objeto social, localização etc.; sumário das práticas contábeis, com a explicação resumida dos critérios de avaliação dos estoques, Ativo Permanente, das aplicações financeiras, das exigibilidades, dos créditos, das provisões para retificações de ativos e do registro dos riscos e das contingências, dos critérios de apropriação de receitas e despesas etc.; detalhamento dos investimentos relevantes em outras empresas, com dados sobre nome, capital, patrimônio líquido, lucro líquido, porcentagem de participação, receitas e despesas intercompanhias, saldos a receber e a pagar e outras; reavaliações realizadas no exercício e seu tratamento contábil; ônus que gravem os ativos da empresa, garantias prestadas a terceiros, fianças, avais e outras contingências; detalhamento das dívidas a longo prazo, com o perfil quanto a épocas de vencimento, taxas de encargos, tipos de indexação; detalhamento do capital social quanto a número, espécies e classes de ações; ajustes de exercícios anteriores realizados no exercício; eventos subsequentes à data do balanço que possam alterar significativamente a posição financeira e patrimonial futuras da empresa; detalhamentos de contas agrupadas no balanço, como despesas financeiras líquidas, ativo imobilizado etc.; cálculo do lucro e do dividendo por ação, e do dividendo mínimo obrigatório, e o parecer dos auditores independentes.

Esse parecer procura dizer se foram ou não aplicadas as normas tradicionais da Auditoria Externa, quais demonstrações foram auditadas e o Parecer dos Auditores, indicando se tais demonstrações atendem aos princípios contábeis vigentes, e se mantêm, ao longo do tempo, os mesmos critérios contábeis.

 TESTES DE VERIFICAÇÃO

1. Todas as alternativas a seguir são verdadeiras, *exceto*:

    a) Na maioria das empresas, o ciclo operacional é de até 12 meses. Esse ciclo operacional está no ativo circulante, sendo as disponibilidades, créditos, estoques e despesas antecipadas componentes do ativo circulante.

    b) No Brasil não é permitido o uso do método UEPS na conta de estoques devido à Legislação Fiscal. O mais utilizado é o critério do Preço Médio Ponderado. Quando o valor dos estoques a preço de mercado for inferior ao valor da aquisição, é necessário realizar os ajustes mediante provisão.

    c) As despesas antecipadas podem ser definidas como recursos aplicados em itens referentes a serviços ou benefícios a serem usufruídos no exercício seguinte. Podem ser classificadas como despesas antecipadas, prêmios de seguros, pagamento de anuidade de jornais e revistas etc. Não é permitido classificar como despesas antecipadas os juros de empréstimos de qualquer natureza realizados pela empresa.

    d) Um item é considerado realizável a longo prazo quando seu prazo de realização for superior a um ano. No entanto, a legislação fiscal determina que os créditos junto a controladas, coligadas e administradores e sócios, originários de atividades não normais, se vencíveis a curto prazo, devem figurar como realizáveis a longo prazo.

2. Assinale a alternativa incorreta:

    a) Os resultados de exercícios futuros podem ser considerados parte do patrimônio líquido; não são ainda patrimônio líquido devido ao regime de competência, porque não transitaram pelo resultado do exercício. Exemplo de item do resultado de exercício futuro é bilhete de voo emitido por companhias de aviação comercial recebido e não realizado.

    b) O capital social é representado pelos seguintes itens: capital subscrito, capital a integralizar e capital social líquido.

    c) No patrimônio líquido existe uma conta na qual é alocado o "ágio" na emissão de capital, ou seja, os valores do aumento de capital subscritos por um valor acima do valor nominal das ações. Essa conta é denominada reserva de capital.

    d) É impedido, pela legislação, que a reserva legal seja distribuída na forma de dividendos. As reservas de contingência são mantidas em função de fatos geradores, mesmo que ainda não tenham acontecido, como possíveis perdas de safra por problemas climáticos.

    e) Lucros e prejuízos acumulados é o resultado final do exercício social. Quando positivo, torna-se saldo à disposição da assembleia para ser alocado conforme sua vontade ou conforme a legislação determina.

3. Todas as alternativas são verdadeiras, *exceto*:

    a) A conciliação entre os saldos iniciais e finais do exercício social de todas as contas do patrimônio líquido é denominada demonstrações das mutações patrimoniais. Por meio desse recurso, é possível verificar os fatos que provocaram mudanças internas sem alterações no patrimônio líquido.

    b) Os dividendos extraordinários são relativos a lucros obtidos no passado ou então por conta de lucros obtidos durante o próprio exercício social. Podem, às vezes, ser chamados de bonificações em dinheiro.

c) Nas Demonstrações de Origens e Aplicações de Recursos, a receita líquida é a parcela que efetivamente pertence à empresa, pois já estão descontados os impostos que incidem sobre a receita bruta, IPI, ICMS, ISS, PIS e COFINS.

d) No setor de serviços, o custo dos serviços prestados obedece às mesmas regras da indústria e comércio. No entanto, algumas empresas lançam esses custos como despesas administrativas.

e) O custo das mercadorias vendidas, conforme registrado na Demonstração de Resultados do Exercício (DRE), inclui os custos de todas as mercadorias adquiridas para revenda pela empresa no exercício, independentemente de sua venda.

4. Dentre as alternativas a seguir, não é correto afirmar que:

a) Entende-se como operacional todo item que se relaciona com o objeto da empresa. São consideradas, de maneira mais rigorosa, receitas ou despesas não operacionais os resultados de participação societária em outras sociedades, despesas financeiras e receitas financeiras.

b) Das notas explicativas não constam explicações sobre os critérios de avaliação de estoques e provisão para retificação de ativo.

c) O Imposto de Renda surge no passivo circulante como provisão. Ele incide obrigatoriamente sobre o lucro do exercício, originando dessa maneira o lucro líquido do exercício.

d) O objetivo das Demonstrações das Origens e Aplicações de Recursos é destacar de onde se originam os valores que aumentam o capital circulante líquido da empresa e para onde foram os valores que o diminuíram.

e) O lucro real é igual ao lucro contábil antes do IR. São realizados ajustes no lucro fiscal denominado lucro de apuração do lucro real que acaba por conciliar o lucro contábil antes do IR.

5. Sobre as demonstrações contábeis, assinale a alternativa correta:

a) É absolutamente errada a ideia de se ter, às vezes, grande lucro contábil e pouca disponibilidade de caixa.

b) Como receitas operacionais somente são classificadas as vendas realizadas e recebidas no exercício social. As vendas cujos vencimentos ultrapassem o atual exercício são consideradas receitas operacionais da DRE do exercício social seguinte.

c) Para o registro de despesas operacionais no resultado de determinado exercício somente são consideradas as despesas efetivamente pagas, devendo as incorridas (e não pagas ainda) ser apropriadas no momento de sua liquidação.

d) A DRE é um instrumento de medição de riqueza (econômica) e não do acúmulo efetivo de dinheiro (financeiro).

e) A receita de vendas é reconhecida contabilmente não no exato momento da entrega de bens ao comprador, e sim no seu recebimento financeiro.

6. São demonstrações contábeis obrigatórias exigidas pela nova Lei das S.A., além do balanço patrimonial e da demonstração de resultado do exercício para as companhias abertas:

a) Demonstração dos Fluxos de Caixa, Demonstração do Valor Adicionado e Demonstração das Mutações do Patrimônio Líquido.

b) Demonstração de Origens e Aplicações de Recursos, Demonstração dos Fluxos de Caixa, Demonstração das Mutações do Patrimônio Líquido.

c) Demonstração dos Fluxos de Caixa, Balanço Social, Demonstração de Origens e Aplicações de Recursos.

d) Balanço Social, Demonstração do Valor Adicionado e Demonstração dos Fluxos de Caixa.

e) Balanço Social, Demonstração do Valor Adicionado e Demonstração das Mutações do Patrimônio Líquido.

 Exercícios propostos

1. Admita que dois sócios abram uma empresa no setor de indústria com um capital de $ 50.000,00, sendo 70% de capital próprio e 30% financiado por um banco, a juros compostos de 2% ao mês e prazo de 12 meses pelo Sistema de Prestação Constante (Tabela Price). A empresa pretende investir $ 30.000,00 em imobilizado necessário a produção e $ 20.000,00 para capital de giro. O plano de produção da empresa é de 1.400 unidades mês, com critério de vendas, sendo 50% à vista e 40% a prazo com recebimento em 30 dias e considerando uma perda no recebimento das vendas de 10% ao mês (inadimplência). A empresa compra 1.400 unidades de matéria-prima necessária para a produção total a um custo de $ 30,00 a unidade. A política de compras da empresa é 50% com pagamento à vista e 50% em 30 dias. O imobilizado será depreciado em 20 meses e a compra da matéria-prima e a venda do produto são feitas dentro do mesmo Estado. A empresa paga ainda despesas fixas mensais de $ 8.000,00 e despesas administrativas de $ 2.200,00. Se o preço de venda é de $ 60,00 a unidade, a alíquota do Imposto de Renda é de 15%, da Contribuição Social de 9%, ICMS de 18%, IPI de 15%, PIS/COFINS de 9,25%, e as vendas nos dois primeiros meses da empresa foram de 1.300 unidades por mês, pede-se elaborar o Balanço Patrimonial, a Demonstração de Resultados do Exercício (DRE) e a Demonstração do Fluxo de Caixa (DFC). Considere que os impostos de um mês são pagos no mês seguinte.

2. Considere que uma empresa apresente o seguinte balanço patrimonial no início de determinado exercício social:

ATIVO		PASSIVO	
Caixa	$ 60.000,00	Passivo Circulante	$ 320.000,00
Contas Receber	$ 120.000,00		
Estoques	$ 400.000,00		
Imobilizado	$ 150.000,00	Patrimônio Líquido	$ 410.000,00
TOTAL	$ 730.000,00	TOTAL	$ 730.000,00

Pede-se:
a) Admitindo que os estoques tenham sido integralmente vendidos ao fim de determinado exercício social por $ 560.000,00, apure o resultado nominal e corrigido.
b) Recalcule os resultados, supondo que somente 70% dos estoques tenham sido vendidos por $ 400.000,00. Discuta os resultados obtidos pelos dois critérios de apuração de resultados.
Admita que a inflação no período seja de 5%.

3. Com os dados do exercício anterior, admita agora que o preço de reposição dos estoques tenha-se elevado em:

a) 3%
b) 5%

Nessas condições, pede-se calcular o resultado do período a custos correntes corrigidos.

4. Tem-se a seguir o Balanço Patrimonial de uma empresa do setor de comércio cuja demonstração encerrou-se em 31 de dezembro de 2010. As informações relevantes acerca das atividades exercidas pela empresa no exercício seguinte de 2011 são descritas logo a seguir. Usando os dados apresentados, elabore a DRE e o Balanço Patrimonial para essa empresa para o exercício de 2011.

ATIVO	2010	PASSIVO	2010
Caixa	30.000,00	Contas a Pagar	50.000,00
Bancos	10.000,00	Duplicatas a Pagar	30.000,00
Contas a Receber	70.000,00	Financiamentos a Curto Prazo	100.000,00
Estoque	90.000,00	Total Passivo Circulante	180.000,00
Total Ativo Circulante	200.000,00	Passivo Não Circulante	
		Financiamentos	250.000,00
Imobilizado Bruto	900.000,00	PL	
(–) Depreciação Acumulada	(200.000,00)	Capital Social	360.000,00
Imobilizado Líquido	700.000,00	Lucros Acumulados	110.000,00
		Total do PL	470.000,00
TOTAL	**900.000,00**	**TOTAL**	**900.000,00**

Informações para o exercício de 2011:

- as vendas de 2011 atingiram $ 1.200.000,00 (um milhão e duzentos mil);
- os custos dos produtos vendidos correspondem a 60% da receita de vendas;
- as despesas operacionais correspondem a 15% da receita de vendas;
- as despesas financeiras assumem 10% da soma do saldo inicial dos financiamentos a curto e longo prazos;
- a alíquota do Imposto de Renda é de 34% sobre o lucro;
- a empresa distribuiu sob a forma de dividendos em 2011 o total de $ 130.700,00;
- as contas Caixa, Bancos e Estoques permaneceram inalteradas;
- as contas a receber equivalem a 8% das vendas;
- a empresa adquiriu bens imobilizados no valor de $ 35.000,00;
- a depreciação de 2011 foi de $ 20.000,00;
- as contas a pagar equivalem em 2011 a 5% da receita de vendas;
- não haverá aumento/redução do capital social em 2011;
- não houve modificação nas contas de financiamentos e duplicatas a pagar em 2011.

5. **Conhecendo o Balanço Patrimonial e a DRE do ano de 2011 de determinada empresa, elabore a Demonstração dos Fluxos de Caixa (DFC) para o exercício de 2011.**

ATIVO	2010	2011	PASSIVO	2010	2011
Disponibilidades	750	1.000	Fornecedores	1.300	4.100
Contas a Receber	3.200	4.600	Empréstimos	1.000	1.600
Estoque	2.200	3.300	Provisão IR	1.600	2.500
Ativo Circulante	6.150	8.900	Passivo Circulante	3.900	8.200
			Passivo Não Circulante		
Imobilizado	3.000	8.000	Exigível a Longo Prazo	1.450	1.900
(–) Deprec. Acumulada	–300	–700	Empréstimos		
Total do Ativo Não Circulante	2.700	7.300	Patrimônio Líquido	3.500	6.100
ATIVO TOTAL	**8.850**	**16.200**	**PASSIVO TOTAL**	**8.850**	**16.200**

Cap. 8 – Entendendo as Demonstrações Contábeis Brasileiras **203**

DRE	2011
Receitas Líquidas	26.500
(–) Custos Produtos Vendidos	(9.000)
(=) Lucro Bruto	17.500
(–) Desp. Vendas e Adm.	(10.000)
(–) Depreciação	(400)
(=) Lucro Operacional (antes da Despesa Financeira)	7.100
(–) Despesas Financeiras	(900)
(=) LAIR	6.200
(–) IR (40%)	–2.480
(=) LL	3.720
Dividendos a ser distribuídos	1.120

6. **Considere o Balanço Patrimonial da Cia. LIVRO publicado no fim de 2011:**

Balanço Patrimonial (R$ mil) 31/12/2011			
Caixa	50	Fornecedores	50
Estoque	140	Empréstimo a Curto Prazo	100
Contas a Receber	0	**Passivo Circulante**	**150**
Ativo Circulante	**190**		
		Cap. Social	180
Equipamentos	200	Lucros Acumulados	40
(–) depreciação	– 20	**Patrimônio Líquido**	**220**
Ativo Não Circulante	**180**		
ATIVO TOTAL	**370**	**PASSIVO TOTAL**	**370**

Estão projetadas para 2012 as seguintes transações:

a) Faturamento no valor de R$ 500 mil.

b) Custos dos produtos vendidos no valor de R$ 130 mil.

c) Do total do faturamento, 80% serão recebidos à vista e o restante no exercício seguinte.

d) A depreciação do exercício corresponde a 10% do total dos equipamentos.

e) Não estão previstas novas aquisições de equipamentos para o exercício.

f) A empresa realizou uma negociação com os fornecedores atuais pela qual ficou acertado que o pagamento total somente ocorrerá no exercício seguinte.

g) O mesmo acordo foi feito com os bancos cujos empréstimos a curto prazo somente serão pagos no próximo exercício, sendo pagos apenas os juros do período cuja taxa está em 15% ao ano.

h) As compras de estoque serão no valor de R$ 100 mil e pagas à vista em dinheiro.

i) Os sócios farão uma integralização de capital em dinheiro no valor de R$ 30 mil.

j) Pagamento de despesas de aluguel no valor de R$ 40 mil.

k) Pagamento de salários no valor de R$ 60 mil.
l) A alíquota do imposto de renda é de 40% e os impostos serão pagos integralmente no exercício.

Pede-se:

a) Elabore a demonstração do resultado do exercício para 2012.
b) Projete o balanço patrimonial para 2012, bem como uma demonstração dos fluxos de caixa pelos métodos direto e indireto.

Links da web

www.receita.fazenda.gov.br. *Site* da Receita Federal do Brasil com informações sobre o Sistema Tributário Nacional.

www.institutoassaf.com.br. Disponibiliza todos os demonstrativos contábeis das companhias abertas brasileiras desde 2000.

www.cvm.org.br. *Site* da Comissão de Valores Mobiliários.

www.cpc.org.br. *Site* do Comitê de Pronunciamentos Contábeis.

Sugestão de leitura

ASSAF, N., Alexandre. **Estrutura e análise de balanços**. 13. ed. São Paulo: Atlas, 2023.

IUDÍCIBUS, Sérgio de; MARTINS, Eliseu; GELBCKE, E. Rubens; SANTOS, Ariovaldo dos. **Manual de contabilidade societária**. 4. ed. São Paulo: Atlas, 2022.

MARION, José Carlos. **Análise das Demonstrações Contábeis**. 8. ed. São Paulo: Atlas, 2019.

Respostas dos Testes de verificação

1. c
2. e
3. e
4. b
5. d
6. a

COMO ANALISAR AS DEMONSTRAÇÕES FINANCEIRAS

OBJETIVOS DO CAPÍTULO

1. Fornecer o instrumental básico para análise das demonstrações financeiras voltadas para o administrador interno da organização, e também para o analista externo.
2. Descrever os procedimentos da análise horizontal e vertical, que são técnicas mais simplistas, porém não menos importantes.
3. Abordar os conceitos, cálculos e aplicações dos indicadores econômico-financeiros, divididos em quatro grupos: atividade; endividamento e estrutura; rentabilidade; e análise de ações.
4. Explicar a construção de diagramas de indicadores de desempenho, que permitem descobrir as causas que determinaram as variações ocorridas.

A análise das demonstrações financeiras constitui um dos estudos mais importantes das Finanças Corporativas, despertando enorme interesse tanto para os administradores internos da empresa como para os diversos segmentos de analistas externos.

Para o administrador interno da empresa, a análise visa basicamente a uma avaliação de seu desempenho geral, notadamente como forma de identificar os resultados (consequências) retrospectivos e prospectivos das diversas decisões financeiras tomadas.

Para o analista externo, por sua vez, apresenta objetivos mais específicos com relação à avaliação do desempenho da empresa, os quais variam segundo sua posição, de credor – liquidez e capacidade de pagamento – ou de investidor – retorno do investimento e criação de valor. É de assinalar, ainda, que a análise externa, desenvolvida basicamente por meio das demonstrações financeiras usualmente publicadas pela empresa, traz dificuldades adicionais de avaliação, em função das limitações de informações contidas nos relatórios publicados.

9.1 ASPECTOS BÁSICOS

A análise das demonstrações financeiras visa fundamentalmente ao estudo do desempenho econômico-financeiro de uma empresa em determinado período passado, para *diagnosticar* sua posição atual e produzir resultados que sirvam de base para a *previsão* de tendências futuras. Na realidade, o que se pretende avaliar são os reflexos que as decisões financeiras tomadas por uma empresa determinam sobre sua liquidez, estrutura patrimonial e rentabilidade.

Ainda que existam alguns critérios sofisticados, o uso de *índices* constitui-se na técnica mais comumente empregada nesse estudo. No entanto, algumas precauções devem ser tomadas. Inicialmente, aponta-se que um simples índice, isolado de outros complementares ou que ilustram a causa de seu comportamento, não fornece elementos suficientes para uma conclusão mais definitiva. Um índice isolado dificilmente contribui com informações relevantes para o analista. Ressalta-se também que, mesmo que se tenha mensurado um conjunto de índices complementares, é necessário efetuar uma comparação temporal e setorial.

A *comparação temporal* envolve conhecer a evolução desses indicadores nos últimos anos (normalmente de 3 a 5 anos) como modo de se avaliar, de maneira dinâmica, o desempenho da empresa (por exemplo, se foi compatível com o planejado por sua direção) e as tendências que servem de base para estudo prospectivo.

A *comparação setorial* é desenvolvida por meio de um confronto dos resultados da empresa com os de seus principais concorrentes e, também, com as médias de mercado e de seu setor de atividade. Para esse estudo são utilizadas, normalmente, como fontes de informações, as principais publicações de índices setoriais disponíveis, como *Melhores e Maiores*, *Estudos Setoriais Serasa*, *Lista Platinum/Forbes*, *Conjuntura Econômica*, *Instituto Assaf* etc.

O enfoque segundo o qual a análise das demonstrações financeiras é desenvolvida pode variar conforme o interesse do analista. Por exemplo, o *administrador da empresa*, ao medir periodicamente seus resultados, procura avaliar, na realidade, o impacto determinado pelas decisões financeiras sobre o desempenho global da empresa. Em princípio,

a administração da empresa mostra-se interessada igualmente em todos os seus aspectos econômico-financeiros, como liquidez, rentabilidade, endividamento, giro dos investimentos, evolução das vendas, margem de lucro etc., sem atribuir relevância maior ou menor a qualquer deles.

Para os *acionistas* atuais da empresa (ou interessados em investir em suas ações), o objetivo da análise centra-se com maior nível de preferência sobre a taxa de retorno e risco dos investimentos, oportunidades de crescimento e desempenho de suas ações no mercado. Os investidores demonstram interesse também no risco financeiro (definido pelo maior volume de dívidas), como forma de melhor avaliar a taxa de retorno exigida, e na liquidez que fornece a capacidade financeira da empresa em distribuir dividendos.

Ressalte-se que os *credores* atuais (ou futuros) da empresa costumam dar atenção especial à sua capacidade financeira em liquidar os compromissos financeiros assumidos (ou que venham a assumir). Os credores costumam demonstrar preocupação também com os resultados econômicos com o intuito de conhecer a capacidade de continuidade da empresa.

Os *dados básicos* para a análise do desempenho econômico-financeiro, conforme será desenvolvida a seguir, são as demonstrações financeiras elaboradas pelas empresas, as quais foram ilustradas com detalhes no Capítulo 8. Com base nesse conjunto de informações, complementadas com índices agregados de mercado, são aplicados os vários critérios de análise, visando-se obter conclusões sobre o desempenho retrospectivo, presente e futuro da empresa.

Deve-se enfatizar que, para se conseguir conclusões mais confiáveis em nosso ambiente econômico, é importante que sejam consideradas prioritariamente as demonstrações financeiras em moeda constante, ou seja, depuradas dos efeitos inflacionários.

9.2 ANÁLISE HORIZONTAL E VERTICAL

Uma das técnicas mais simples de aplicação e, ao mesmo tempo, mais importante no que se refere à riqueza das informações geradas para a avaliação do desempenho empresarial, refere-se à análise *horizontal* e *vertical*.

Foi comentado que a análise de uma empresa é desenvolvida por meio de comparações, sejam elas efetuadas por índices passados ou mediante indicadores setoriais e de empresas concorrentes. A análise comparativa produz melhores resultados quando desenvolvida com valores relacionáveis ou afins:

- sejam eles obtidos de uma mesma demonstração financeira como, por exemplo, relacionar lucro com investimento, custos com vendas, capital de giro com ativo total etc.;
- e também pela evolução dos diversos montantes patrimoniais e de resultados ao longo do tempo como, por exemplo: crescimento das vendas e dos lucros, evolução do patrimônio líquido etc. A análise da evolução permite que sejam identificadas, inclusive, determinadas tendências futuras do comportamento econômico-financeiro da empresa.

Dessa maneira, as comparações dos valores absolutos através do tempo (análise de suas evoluções) e, entre si, relacionáveis na mesma demonstração, são desenvolvidas, respectivamente, por análise *horizontal* e *vertical.*

9.2.1 Análise horizontal (AH)

Essa análise permite que se avalie a evolução dos vários itens de cada demonstração financeira em intervalos sequenciais de tempo. Por exemplo, as evoluções das vendas e dos lucros brutos de uma empresa, verificadas nos últimos 3 anos, são

facilmente avaliadas e interpretadas mediante o estudo da análise horizontal aplicada às demonstrações de resultados referentes aos períodos considerados.

EXEMPLO ILUSTRATIVO – Análise Horizontal com Evolução Positiva

Considere a evolução das receitas de vendas e dos lucros brutos de uma empresa, conforme apurados em suas demonstrações contábeis publicadas no encerramento dos exercícios de X4, X5 e X6. Pede-se analisar o crescimento horizontal.

	31-12-X4 ($ MIL)	31-12-X5 ($ MIL)	31-12-X6 ($ MIL)
Rec. de Vendas	8.105	9.894	12.310
Lucro Bruto	2.510	2.990	3.980

Solução:

O crescimento horizontal desses valores é obtido por meio de *números-índices,* ou seja, relacionando-se cada resultado obtido em determinada data com o verificado em data anterior, definida como data-base, e multiplicando-se esse quociente por 100.

Tomando-se como base da análise a data de 31-12-X4, as vendas da empresa apresentaram número-índice de 122,07 [($ 9.894/$ 8.105) × 100] em 31-1-X5, e de 151,88 [($ 12.310/$ 8.105) × 100] em 31-12-X6.

	31-12-X4 ($ MIL)	AH (Nº ÍNDICE)	31-12-X5 $ MIL)	AH (Nº ÍNDICE)	31-12-X6 ($ MIl)	AH (Nº ÍNDICE)
Rec. de Vendas	8.105	100,0 (Base)	9.894	122,07	12.310	151,88
Lucro Bruto	2.510	100,0 (Base)	2.990	119,12	3.980	158,57

Em outras palavras, o faturamento cresceu 1,22 vez (22,07%) e 1,52 vez (51,88%) em 31-12-X5 e 31-12-X6, respectivamente, tomando-se como base os valores obtidos em 31-12-X4 (data-base da análise horizontal considerada).

Uma rápida análise com base exclusivamente nesses valores indica que o desempenho da empresa, no exercício encerrado em 31-12-X5, esteve aquém do apresentado em 31-12-X6. Efetivamente, o resultado bruto não acompanhou a evolução verificada no faturamento no exercício de X5, denotando-se maior consumo dessas receitas pelos custos de produção. Em outras palavras, as receitas de vendas cresceram mais que os lucros, sobressaindo-se um crescimento dos custos de produção proporcionalmente maior que suas respectivas receitas. Esta diferença absorveu uma parte do lucro bruto.

Em 31-12-X6, porém, a situação inverte-se e observa-se evolução proporcionalmente maior do lucro bruto em relação às vendas. A evolução desses valores, tomando-se como base 31-12-X5, ratifica essa colocação, tendo o faturamento evoluído 1,24 vez ($ 12.310/ $ 9.894) e o lucro bruto 1,33 vez ($ 3.980/$ 2.990).

É importante que os valores da análise horizontal estejam convertidos em moeda de mesma capacidade de compra, de forma que sejam apuradas as evoluções reais (descontada a inflação).

9.2.2 Situações críticas na análise horizontal

É interessante notar, ainda, que na prática podem ser encontradas determinadas situações de evolução horizontal que demandam cuidados adicionais para o cálculo dos números-índices e análise dos resultados.

A primeira situação crítica refere-se a uma redução (decréscimo) dos valores financeiros em avaliação. O item anterior ilustrou um caso em que as receitas de vendas e o lucro bruto sofreram evolução positiva, isto é, cresceram de um período para o outro. No entanto, é também comum verificar decréscimos nos valores em análise, ocasionando-se, com isso, um número-índice inferior a 100. A variação negativa encontrada, portanto, é mensurada pela diferença entre o número-índice encontrado e a base 100.

EXEMPLO ILUSTRATIVO – Análise Horizontal com Evolução Negativa

Apresenta-se a seguir a evolução horizontal das dívidas mantidas por uma empresa atuante no país, referentes aos exercícios sequenciais de X5, X6 e X7.

	X5 ($ 000)	X6 ($ 000)	X7 ($ 000)
Dívidas	30.010	28.220	29.300

Solução:

	X5 ($ 000)	AH (Nº ÍNDICE)	X6 ($ 000)	AH (Nº ÍNDICE)	X7 ($ 000)	AH (Nº ÍNDICE)
Dívidas	30.010	100,0 (Base)	28.220	94,04	29.300	97,63

O número-índice de 94,04, obtido no exercício de X6, ilustra que as dívidas representam 94,04% do montante apurado no período anterior (ano-base de X5), denotando-se, com isso, crescimento negativo, ou seja, decréscimo de 5,96% (94,04% – 100,00%). No exercício de X7 essa involução foi ligeiramente menor e totalizou 2,37% (100,00% – 97,63%), comparativamente ao ano-base de X5.

> **!** **IMPORTANTE** ■ outra situação especial ocorre quando se defronta com valores negativos. Como o valor de base é positivo, não existem maiores problemas para o cálculo do número-índice, e é facilmente obtido de acordo com os critérios expostos. No entanto, sua interpretação pode gerar alguns inconvenientes, principalmente dentro de uma análise rápida dos números-índices, pois o valor encontrado será também negativo.

EXEMPLO ILUSTRATIVO – Análise Horizontal com Valores Negativos e Base Positiva

Suponha-se que lucro líquido de uma empresa, em determinada data-base, tenha alcançado $ 4,0 milhões, e que se verificou um prejuízo de $ 1,2 milhão ao fim do exercício seguinte. Dessa maneira, o número-índice é negativo: [(– $ 1,2 milhão/$ 4,0 milhões) × 100 = – 30,0], e indica, consequentemente, taxa de crescimento horizontal de 130,0%.

Saliente-se que a interpretação dos números-índices pode tornar-se confusa quando a base for negativa.

EXEMPLO ILUSTRATIVO – Análise Horizontal (AH) com Valores e Base Negativos

Considere o seguinte exemplo ilustrativo relativo à evolução dos resultados líquidos de uma empresa nos três últimos exercícios.

	31-12-X5 ($ 000)	AH (Nº ÍNDICE)	31-12-X6 ($ 000)	AH (Nº ÍNDICE)	31-12-X7 ($ 000)	AH (Nº ÍNDICE)
Resultado líquido	– $ 30	100,0 (Base)	$ 60	[60/– 30] × 100 = – 200,0	– $ 90	[– 90/– 30] × 100 = 300,0

Observa-se que, quando o valor base for negativo e o valor posterior for positivo, o número-índice será matematicamente negativo. De maneira inversa, se a base for negativa e o valor posterior também negativo, o número-índice torna-se evidentemente positivo. Essas variações de sinais, que se comportam de maneira inversa à evolução dos valores (quando há crescimento o número-índice é negativo; verificando-se decréscimo, torna-se positivo), apesar de pelas regras da matemática serem corretas, podem gerar confusões na análise horizontal.

Para o exercício encerrado em 31-12-X6, apesar de o número-índice se apresentar negativo (– 200,0), o exemplo ilustrativo descreve uma redução no valor do prejuízo líquido (– $ 30,0) para um resultado líquido positivo ($ 60,0), ou seja: [– $ 30 × (– 200/100) = $ – 30 × (– 2) = $ 60].

E para o exercício de 31-12-X7, o número índice é positivo, mas não se pode interpretar que houve um aumento de 300% no resultado líquido no período. Em verdade, o que aumentou foi o prejuízo de X5 para X7, passando de – $ 30,0 para – $ 90,0, ou seja: [– $ 30 × (300/100)= $ – 30 × (3) = $ – 90].

Essa confusão pode ocorrer, uma vez que um número-índice é uma técnica de redução de valores, expressos em diferentes medidas a valores homogêneos (iguais), no sentido de permitir a sua comparação no tempo. É um número relativo adimensional, isto é, percentual que varia no tempo na mesma proporção das grandezas que o originaram.

Nesse caso em particular, Paula Leite[1] sugere a adoção, quando o valor inicial for negativo, de um número-índice na base igual a –100,0 que permitiria maior facilidade na interpretação do crescimento verificado. De acordo com essa sugestão, os sinais dos números-índices se inverteriam, passando a – 100,0 em 31-12-X5, 200,00 em 31-12-X6 e –300,0 em 31-12-X7.

9.2.3 Análise horizontal em inflação

Em contextos com inflação, é importante que o analista desenvolva seus estudos dos principais itens patrimoniais e de resultados, com base em suas evoluções reais, ou seja, em valores depurados da inflação. Para tanto, é necessário que se coloquem todos os valores que estão sendo analisados em moeda representativa do poder de compra de determinada data. Se a data escolhida for a final (data do último relatório financeiro, por exemplo), tem-se o que se denomina de *indexação* (correção ou inflacionamento). Caso optar, porém, por uma data inicial (data do primeiro

---

[1] LEITE, Helio de Paula. **Introdução à administração financeira.** 2. ed. São Paulo: Atlas, 1994. Capítulo 2.

relatório analisado, por exemplo), tem-se uma *desindexação* (ou deflacionamento).

Visando ilustrar com mais detalhes o processo de análise horizontal em inflação, considere o balanço resumido da *Cia. FinCorp*, conforme publicado pela empresa, e a evolução nominal calculada de seus vários elementos patrimoniais.

(Valores expressos em $ 000)

	31-12-X5 ($ 000)	AH BASE (Nº ÍNDICE)	31-12-X6 ($ 000)	AH (Nº ÍNDICE)	31-12-X7 ($ 000)	AH (Nº ÍNDICE)
Ativo Circulante	3.909,00	100,00	4.200,00	107,44	4.210,00	107,70
Realizável a LP	567,00	100,00	678,00	119,58	995,00	175,49
Ativo Permanente	2.675,00	100,00	3.300,00	123,36	4.210,00	157,38
Ativo/Passivo Total	**7.151,00**	**100,00**	**8.178,00**	**114,36**	**9.415,00**	**131,66**
Passivo Circulante	2.980,00	100,00	3.189,00	107,01	4.100,00	137,58
Exigível a LP	1.390,00	100,00	1.569,00	112,88	1.765,00	126,98
Patrimônio Líquido	2.781,00	100,00	3.420,00	122,98	3.550,00	127,65

Sabendo que os índices gerais de preços da economia para os anos de X5, X6 e X7 foram de 59,1, 78,9 e 92,2, respectivamente, o quadro a seguir apresenta:

- a correção de todos os valores para moeda de uma única data (mesmo poder de compra), sendo definida a data de 31-12-X7;
- a evolução real dos balanços patrimoniais da empresa.

(Valores expressos em $ milhões)

	31-12-X5 EM MOEDA DE 31-12-X7	AH (Nº ÍNDICE)	31-12-X6 EM MOEDA DE 31-12-X7	AH (Nº ÍNDICE)	31-12-X7 EM MOEDA DE 31-12-X7	AH (Nº ÍNDICE)
Ativo Circulante	$3.909 \times \dfrac{92,2}{59,1}$ $= 6.098,30$	100,0	$4.200 \times \dfrac{92,2}{78,9}$ $= 4.907,98$	80,48	4.210	69,04
Realizável a Longo Prazo	$567 \times \dfrac{92,2}{59,1}$ $= 884,56$	100,0	$678 \times \dfrac{92,2}{78,9}$ $= 792,29$	89,57	995	112,49
Ativo Permanente	$2.675 \times \dfrac{92,2}{59,1}$ $= 4.173,18$	100,0	$3.300 \times \dfrac{92,2}{78,9}$ $= 3.856,27$	92,41	4.210	100,88
Ativo/Passivo Total	**11.156,04**	**100,0**	**9.556,55**	**85,66**	**9.415**	**84,39**
Passivo Circulante	$2.980 \times \dfrac{92,2}{59,1}$ $= 4.649,00$	100,0	$3.189 \times \dfrac{92,2}{78,9}$ $= 3.726,56$	80,16	4.100	88,19
Exigível a Longo Prazo	$1.390 \times \dfrac{92,2}{59,1}$ $= 5.168,49$	100,0	$1.569 \times \dfrac{92,2}{78,9}$ $= 1.833,48$	84,55	1.765	81,39
Patrimônio Líquido	$2.781 \times \dfrac{92,2}{59,1}$ $= 4.338,55$	100,0	$3.420 \times \dfrac{92,2}{78,9}$ $= 3.996,50$	92,12	3.550	81,82

Observa-se que, na análise horizontal desenvolvida em valores reais (corrigiram-se todos os valores para moeda de 31-12-X7), as conclusões sobre a evolução patrimonial da empresa alteraram-se bastante. A evolução nominal de 1,3161 vez (31,61%) verificada no ativo total em 31-12-X7, conforme ilustrada no quadro anterior, não suportou a correção efetuada em seus valores, registrando redução de 14,34% no exercício de X6 e de 15,61% em X7, tudo em relação ao ano-base de X5.

Deve ser destacado nesse grupo, ainda, o decréscimo real de 33,96% (número-índice de 69,04) do ativo circulante, enquanto em valores nominais se reproduz crescimento de 7,70%. Em valores depurados da inflação, verifica-se que efetivamente a empresa reduziu sua liquidez, priorizando investimentos em ativos a longo prazo (permanentes).

Do lado do passivo, é interessante verificar a evolução real do patrimônio líquido de 18,18% negativos (número-índice = 81,82 em X7), comparativamente ao crescimento positivo de 27,65% em bases nominais no mesmo período. O mesmo ocorre com as dívidas a curto prazo (passivo circulante) e a longo prazo (exigível a longo prazo), as quais revelaram crescimento nominal positivo, porém, quando depuradas dos efeitos da inflação, demonstraram um decréscimo.

> **!** **IMPORTANTE** ■ verifica-se, assim, que em contextos inflacionários a análise horizontal em termos reais é de primordial importância para que o analista obtenha conclusões mais realistas. Em verdade, o desempenho efetivo de qualquer valor é definido por seu crescimento acima da taxa de inflação (variação real), considerando-se, até o nível de variação do valor da moeda, uma evolução aparente (ou nominal).

Um aspecto da correção de valores que merece atenção diz respeito a certos itens da demonstração de resultados, principalmente às receitas de vendas, formadas em diferentes datas anteriores às de suas respectivas apurações. Nesses casos, não basta tão somente corrigir os montantes apurados pela contabilidade, ao fim do exercício, pelo índice de inflação do período futuro, conforme se praticou na análise horizontal dos balanços. É necessário que a correção, para a obtenção da evolução horizontal real, seja aplicada também a partir do próprio exercício social para aqueles valores que não estão expressos em moeda de fim do exercício (normalmente, vendas e determinadas despesas operacionais).

Por ser inviável para o analista externo, na maioria das vezes, o conhecimento da data de formação de cada elemento da conta de resultados, comumente se adota na prática a correção média do período em que foram apurados esses valores. No entanto, a correção da demonstração de resultados deve ser efetuada com as características de formação de cada elemento.

9.2.4 Análise Vertical (AV)

A *análise vertical* constitui identicamente um processo comparativo, sendo desenvolvida por meio de comparações relativas entre valores afins ou relacionáveis identificados em uma mesma demonstração financeira. A análise vertical permite, mais efetivamente, que se conheçam todas as alterações ocorridas na estrutura dos relatórios analisados, complementando-se, com isso, as conclusões obtidas pela análise horizontal descrita anteriormente.

Por trabalhar com valores relativos, ou seja, considerar percentualmente as proporções existentes entre as diversas contas, a análise vertical pode dispensar a indexação dos valores. Na hipótese de os valores estarem expressos em moeda da data de levantamento das demonstrações, a análise vertical produz as mesmas interpretações, quer se trabalhe em bases nominais, quer em bases reais.

Por exemplo, tomando-se como base os valores totais dos ativos e passivos verificados ao fim dos exercícios sociais de X5, X6 e X7 da *Cia FinCorp*, conforme balanços ilustrados na seção 9.2.3, as principais alterações patrimoniais, descritas pela análise vertical, são obtidas de acordo com o Quadro 9.1.

Diante da análise vertical ilustrada, nota-se claramente a composição do ativo, passivo e patrimônio líquido da empresa, o que vem complementar a análise horizontal anteriormente efetuada.

Quadro 9.1 Análise vertical do Balanço Patrimonial.

(Valores expressos em $ 000)

	31-12-X5 ($)	AV (%)	31-12-X6 ($)	AV (%)	31-12-X7 ($)	AV (%)
Ativo Circulante	3.909,00	54,66%	4.200,00	51,36%	4.210,00	44,72%
Realizável a Longo Prazo	567,00	7,93%	678,00	8,29%	995,00	10,57%
Ativo Permanente	2.675,00	37,41%	3.300,00	40,35%	4.210,00	44,72%
Ativo/Passivo Total	**7.151,00**	**100,00%**	**8.178,00**	**100,00%**	**9.415,00**	**100,00%**
Passivo Circulante	2.980,00	41,67%	3.189,00	38,99%	4.100,00	43,55%
Exigível a Longo Prazo	1.390,00	19,44%	1.569,00	19,19%	1.765,00	18,75%
Patrimônio Líquido	2.781,00	38,89%	3.420,00	41,82%	3.550,00	37,71%

Partindo do ativo total da empresa em cada ano, observa-se um decréscimo (menor participação relativa) gradativo dos investimentos a curto prazo (ativo circulante), os quais passaram de 54,66% em X5, para 51,36% em X6, e 44,72% em X7. Situação inversa configura-se nas aplicações a longo prazo (realizável e permanente), as quais se elevaram nos períodos considerados. Evidencia-se, mediante esses resultados, maior preferência (ou necessidade) da empresa por ativos a longo prazo (imobilizações) em detrimento dos a curto prazo (liquidez).

Como contrapartida dessa situação, é de esperar que a empresa tenha optado também por maior participação de recursos permanentes em sua composição passiva, como modo de financiar suas aplicações mais elevadas em ativos a longo prazo. No entanto, ao se avaliar a estrutura (composição) do passivo da empresa, denota-se evolução na participação em seu financiamento a curto prazo (passivo circulante), o qual, de 41,67% em X5, passou a financiar (43,55%) das aplicações totais processadas no ativo em X7.

Como os ativos a longo prazo mostraram um crescimento proporcionalmente maior, a maior participação dos passivos a curto prazo reduziu a folga financeira a curto prazo da empresa. Em outras palavras, o que se observa é que captações a curto prazo estão sendo aplicadas, em proporções cada vez maiores, em ativos de prazos mais dilatados, e podem levar a empresa a sacrificar sua liquidez (folga financeira) a curto prazo.

A análise vertical passiva, por seu lado, permite, ainda, visualizar maior preferência por recursos próprios (patrimônio líquido), em relação aos recursos de terceiros de maior maturidade (exigível a longo prazo), em sua estrutura de financiamento. Observe ilustrativamente que, no exercício de X5, o exigível a longo prazo financiava 19,44% do ativo total, e o patrimônio líquido, 38,89%; em X6, essas participações passaram a representar, respectivamente, 19,19 e 41,82%. Esse maior distanciamento entre as fontes de recursos consideradas constitui, muito provavelmente, um reflexo da situação da economia da época, quando se destacava grande escassez de recursos de crédito a longo prazo no mercado. Na época, o crédito no Brasil se caracterizava pelo alto custo e baixa maturidade.

9.2.5 Conclusões sobre o processo de análise horizontal e vertical

Os vários aspectos citados nesses breves comentários serão mais bem compreendidos mais adiante, quando da introdução de novas técnicas de análise e, principalmente, no Capítulo 10, quando será desenvolvido na prática um estudo econômico-financeiro completo de uma empresa. O estudo efetuado teve por objetivo principal a ilustração da importância da análise horizontal e vertical na identificação de determinados aspectos básicos e relevantes para todo processo de análise empresarial. As observações extraídas não devem ser consideradas como conclusões (e imutáveis) do estudo.

Muitas das conclusões presumidas nos principais aspectos relevantes desta análise preliminar poderão ser mantidas ou, até mesmo, anuladas, posteriormente. Por exemplo, conforme se comentou, o predomínio das dívidas a curto prazo poderá constituir, diante dos resultados operacionais alcançados pela empresa, decisão acertada, dada a circunstância conjuntural do momento em que se adotou a medida.

Em suma, o estudo da estrutura dos ativos (aplicações) e passivos (captações), assim como da evolução patrimonial e de resultados ao longo do tempo, é de grande importância para o processo de análise econômico-financeira de uma empresa. A aplicação da análise horizontal e vertical deve ser considerada como um procedimento inicial de avaliação do desempenho da empresa, cuja confirmação (ou não) se dará nas várias etapas posteriores da análise financeira.

9.3 ÍNDICES ECONÔMICO-FINANCEIROS DE ANÁLISE

Conforme foi abordado no início deste capítulo, a técnica mais comumente empregada na análise de demonstrações financeiras baseia-se na apuração de *índices econômico-financeiros*.

Os indicadores básicos de análise estão classificados em quatro grupos: liquidez e atividade, endividamento e estrutura, rentabilidade e análise de ações.

9.3.1 Indicadores de liquidez

Os indicadores de liquidez visam medir a capacidade de pagamento (folga financeira) de uma empresa, ou seja, sua habilidade em cumprir corretamente as obrigações passivas assumidas.

Uma restrição que se atribui a esses indicadores é a posição de liquidez *estática* que revelam, isto é, não refletem a magnitude e a época em que ocorrerão as diversas entradas e saídas circulantes. Os indicadores tradicionais de liquidez exprimem uma posição financeira em dado momento de tempo (na data do levantamento dos valores), e os diversos valores considerados são continuamente alterados em função da dinamicidade natural dos negócios da empresa.

Este item propõe, também, a adoção de um índice de liquidez menos estático, como forma de suavizar a limitação descrita. Os principais índices que medem a liquidez da empresa são descritos a seguir.

9.3.1.1 Liquidez corrente

Mede a relação existente entre o ativo circulante e o passivo circulante, ou seja, de $ 1,00 aplicado em haveres e direitos circulantes (disponível, valores a receber e estoques, fundamentalmente), quanto a empresa deve também a curto prazo (duplicatas a pagar, dividendos, impostos e contribuições sociais, empréstimos a curto prazo etc.).

$$\text{Liquidez corrente} = \frac{\text{Ativo Circulante}}{\text{Passivo Circulante}}$$

Se a liquidez corrente for superior a 1,0, tal fato indica a existência de um capital circulante (capital de giro) líquido positivo; se igual a 1,0, pressupõe sua inexistência, e, finalmente, se inferior a 1,0, a existência de um capital de giro líquido negativo (ativo circulante menor que passivo circulante).

9.3.1.2 Liquidez seca

É reconhecido que os estoques, apesar de serem classificados como itens circulantes (curto prazo), não apresentam normalmente liquidez compatível com o grupo patrimonial em que estão incluídos. Sua realização é, na maioria das vezes, mais demorada e difícil que a dos demais elementos que compõem o ativo circulante. As despesas pagas antecipadamente, por sua vez, não representam valores a receber, mas, basicamente, serviços, utilidades e benefícios a receber. Assim, são muitas vezes eliminadas para o cálculo do índice de liquidez.

Visando extrair da análise financeira a curto prazo da empresa a baixa liquidez dos estoques e das despesas antecipadas, criou-se o *índice de liquidez seca*. Este indicador é calculado pela relação dos ativos circulantes de maior liquidez (disponível, valores a receber e aplicações financeiras de curto e curtíssimo prazo) com o total do passivo circulante, ou seja:

$$\frac{\text{Liquidez}}{\text{seca}} = \frac{\text{Ativo Circulante} - \text{Estoques} - \text{Despesas Antecipadas}}{\text{Passivo Circulante}}$$

O índice revela o percentual das dívidas a curto prazo que pode ser resgatado mediante o uso de ativos circulantes de maior liquidez. *Por exemplo*, se o índice de liquidez seca for igual a 1,10, entende-se que, para cada $ 1,00 de dívidas circulantes (curto prazo), a empresa mantém $ 1,10 de ativos monetários circulantes, principalmente caixa, aplicações financeiras e valores a receber.

9.3.1.3 Liquidez imediata

A *liquidez imediata* é determinada pela relação existente entre o disponível e o passivo circulante, ou seja:

$$\text{Liquidez imediata} = \frac{\text{Disponível}}{\text{Passivo Circulante}}$$

Reflete a porcentagem das dívidas a curto prazo (passivo circulante) que pode ser saldada imediatamente pela empresa, por suas disponibilidades de caixa. Evidentemente, quanto maior se apresentar esse índice, maiores serão os recursos disponíveis mantidos pela empresa. Pouco significado apresenta esse índice para os analistas externos.

9.3.1.4 Liquidez geral

Este índice é determinado pela seguinte expressão:

$$\text{Liquidez geral} = \frac{\text{Ativo Circulante} + \text{Realizável a Longo Prazo}}{\text{Passivo Circulante} + \text{Exigível a Longo Prazo}}$$

A *liquidez* geral retrata a saúde financeira a curto e longo prazos da empresa. Revela, para cada $ 1,00 de dívidas totais (circulantes e a longo prazo), quanto a empresa registra de ativos de mesma maturidade (circulante + realizável a longo prazo).

Da mesma maneira que o observado nos demais indicadores de liquidez, a importância desse índice para análise da folga financeira pode ser prejudicada se os prazos dos ativos e passivos, considerados em seu cálculo, forem muito diferentes.

> **❗ IMPORTANTE ■** é recomendado que a análise da liquidez seja desenvolvida de maneira mais integrada, associando-se todos os indicadores financeiros para obter uma melhor interpretação da folga financeira da empresa.

9.3.2 Indicadores de atividade

Os indicadores de atividade visam à mensuração das diversas durações de um "ciclo operacional", o qual envolve todas as fases operacionais típicas de uma empresa, que vão desde a aquisição de insumos básicos ou mercadorias até o recebimento das vendas realizadas. Para a redução desse período e, consequentemente, das necessidades de investimentos, as empresas utilizam-se normalmente de prazos para pagamentos de estoques adquiridos e de operações bancárias de desconto de duplicatas representativas das vendas a crédito.

Dessa maneira, são determinadas a liquidez dos estoques, dos valores a receber de clientes e devidos a fornecedores, assim como suas respectivas rotações (giros).

9.3.2.1 Prazo Médio de Estocagem (PME)

Indica o tempo médio necessário para a completa renovação (venda) dos estoques da empresa. É obtido admitindo demonstrações financeiras anuais, da forma seguinte:

$$\text{Prazo Médio de Estocagem (PME)} = \frac{\text{Estoque Médio}}{\text{Custo do Produto Vendido}} \times 360$$

Na fórmula, usa-se 360 para multiplicar o resultado da divisão do estoque médio pelo custo do produto vendido, para fornecer o prazo médio de estocagem em dias. Desejando-se saber em meses, basta multiplicar por 12. Essa observação é válida para os demais prazos que o leitor possa desejar.

> **❗ IMPORTANTE ■** quanto maior for esse índice, maior o prazo em que os diversos produtos permanecerão estocados e, em consequência, mais elevadas serão as necessidades de investimentos em estoques. Esse indicador mede a eficiência com que os estoques são administrados e a influência que exercem, conforme será abordado mais à frente, sobre o retorno global da empresa (retorno sobre o ativo). Em outras palavras, um prazo maior de estocagem acarreta a necessidade de maiores investimentos no ativo, constituindo, em consequência, um fator redutor de seu retorno.

Ao se dividir 360 (ou 12, se o prazo de estocagem vier expresso em meses) pelo prazo de estocagem, tem-se o giro (rotação) dos estoques, o que identifica o número de vezes que os estoques giraram (renovaram-se) no ano considerado.

$$\text{Giro dos Estoques} = \frac{360}{\text{PME}}$$

Por exemplo, se um comércio apurar um PME igual a 45 dias, interpreta-se que, em média, seus estoques são vendidos a cada mês e meio, determinando um giro de oito vezes no exercício [360/45]. Em outras palavras, os estoques da empresa foram vendidos oito vezes no exercício.

9.3.2.2 Prazo Médio de Pagamento a Fornecedores (PMPF)

Revela o tempo médio (expresso em meses ou dias) que a empresa tarda em pagar suas dívidas (compras a prazo) de fornecedores. É calculado da seguinte maneira:

$$\text{Prazo Médio de Pagamento de Fornecedores (PMPF)} = \frac{\text{Contas a Pagar a Fornecedores (Média)}}{\text{Compras Anuais a Prazo}} \times 360$$

De forma idêntica, dividindo 360 (ou 12) por esse prazo, tem-se o giro (rotação) das contas a pagar, ou seja, o número de vezes em que os passivos com fornecedores foram pagos no exercício.

Por exemplo, uma empresa apurou um PMPF de 30 dias no exercício de 2007. Isto equivale a concluir que, em média, as compras de fornecedores estão sendo pagas em 30 dias, produzindo um giro de 12 vezes nas contas a pagar.

Desde que os encargos atribuídos às compras a prazo não excedam a taxa inflacionária verificada (ou as taxas de juros de mercado, se estas estiverem eventualmente aquém da inflação), torna-se atraente à empresa apresentar um prazo de pagamento mais elevado. Com isso, a empresa pode financiar suas necessidades de capital de giro com recursos menos onerosos (na realidade, com fundos a custo real negativo).

O custo de oportunidade para as decisões de compras (compras à vista *versus* compras a prazo) é geralmente definido pela taxa de juros da melhor aplicação financeira disponível no mercado.

9.3.2.3 Prazo Médio de Cobrança (PMC)

Inversamente ao indicador anterior, o *prazo médio de cobrança* revela o tempo médio (meses ou dias) de que a empresa dispõe para receber suas vendas realizadas a prazo. É obtido da forma seguinte:

$$\text{Prazo Médio de Cobrança (PMC)} = \frac{\text{Valores a Receber de Vendas a Prazo (Média)}}{\text{Valores Anuais a Prazo}} \times 360$$

Ressalte-se que a empresa deve abreviar, sempre que possível, o prazo de recebimento de suas vendas. Com isso, pode manter recursos disponíveis para outras aplicações mais rentáveis por prazos maiores, e elevar o giro de seus ativos, o que determina maior rentabilidade. O custo de manter recursos aplicados em itens realizáveis pode ser identificado pela taxa de juros cobrada pelo mercado em empréstimos para giro.

O volume total das aplicações em valores a receber, por sua vez, pode ser reduzido (financiado) mediante o desconto de duplicatas nos bancos comerciais. Uma dinamização maior dessas operações depende da necessidade de liquidez imediata (recursos de caixa) da empresa e, principalmente, dos juros cobrados por essas instituições financeiras. Aspectos que envolvem a administração de valores a receber e fontes de financiamento a curto prazo (desconto bancário) são tratados, com mais detalhes, em capítulos posteriores.

De forma idêntica à efetuada nas outras medidas de atividade, o giro dos valores a receber é obtido dividindo-se 360 pelo prazo médio de cobrança. Indica o número de vezes que a empresa realizou, em termos de caixa, seus créditos com clientes.

9.3.2.4 Algumas observações sobre o uso de valores médios

Nas várias medidas de atividade apresentadas, considerou-se, em suas expressões de cálculo, o uso de média dos estoques, dos valores a pagar e a receber. Nesses métodos de avaliação, deve-se evitar, sempre que possível, o uso da média aritmética em períodos maiores envolvendo unicamente dois valores extremos (saldo inicial mais saldo final dividido por 2).

Apesar de esse critério ser praticamente o único viável para o analista externo, o qual baseia seus estudos nas demonstrações de final de exercício publicadas pelas empresas, incentiva-se o uso de um número maior de valores para o cálculo da média.

O ideal para a análise é o cálculo da média com base nos valores mensais constantes do exercício social. No entanto, esse critério mais aconselhável acarreta a necessidade de se ter acesso a balancetes mensais de verificação, o que nem sempre é possível na prática.

Uma sugestão, para o caso de companhias abertas, é levantar os balancetes trimestrais das sociedades anônimas junto à Comissão de Valores Mobiliários (CVM). Com isso, é possível determinar a média com base nos quatro valores trimestrais: início do exercício social e fim de cada trimestre do ano, reduzindo o viés do cálculo da medida.

9.3.3 Indicadores de endividamento e estrutura

Estes indicadores são utilizados, basicamente, para aferir a composição (estrutura) das fontes passivas de recursos de uma empresa. Ilustram quanto de recursos próprios (patrimônio líquido) e de recursos de terceiros (passivos) são utilizados para financiar os ativos totais da empresa.

Os indicadores fornecem, ainda, elementos para avaliar o grau de comprometimento financeiro de uma empresa perante seus credores (principalmente instituições financeiras) e sua capacidade de cumprir os compromissos financeiros a longo prazo assumidos.

As principais medidas de endividamento e estrutura são descritas a seguir.

9.3.3.1 Relação Capital de Terceiros (P)/Capital Próprio (PL)

Esta medida revela o nível de endividamento (passivos) da empresa em relação a seu financiamento por meio de recursos próprios, ou seja, para cada \$ 1,00 de capital próprio investido (patrimônio líquido), quanto foi levantado de capital de terceiros (dívidas). Assim, se P/PL for de 0,70, *por exemplo*, indica que, para cada \$ 1,00 de recursos próprios investidos na empresa, foram captados \$ 0,70 de dívidas (passivos). A identidade de cálculo é formulada da maneira seguinte:

$$\text{Relação CT/CP} = \frac{\text{Exigível Total (Passivo Circulante + Exigível a Longo Prazo)}}{\text{Patrimônio Líquido}}$$

A comparação do endividamento poderá ser efetuada pelo exigível total, conforme sugerido, ou por uma das partes desse item (passivo circulante/patrimônio líquido e exigível a longo prazo/patrimônio líquido). A relação indica, para cada uma das formas de cálculo, quanto a empresa possui de recursos de terceiros (a curto prazo, a longo prazo ou total) para cada unidade monetária aplicada de capital próprio.

Em princípio, um resultado superior a 1 denota maior grau de dependência financeira da empresa em relação aos recursos de terceiros.

9.3.3.2 Relação Capital de Terceiros (P)/Ativo Total (AT)

Este índice, também conhecido por *dependência financeira*, mede a porcentagem dos recursos totais da empresa (ativo total) que se encontra financiada por capital de terceiros, ou seja, para cada \$ 1,00 de recurso investido pela empresa em seus ativos, quanto provém de fontes de financiamento não próprias.

Formulação de cálculo:

$$\text{Relação P/AT} = \frac{\text{Exigível Total (Passivo Circulante + Exigível a Longo Prazo)}}{\text{Ativo Total}}$$

Em outras palavras, essa medida ilustra a proporção dos ativos totais (total dos investimentos da empresa) financiada mediante capital de terceiros. *Por exemplo,* se P/PL for igual a 0,60 (ou 60,0%), entende-se que 60% dos ativos da empresa são financiados por dívidas (circulantes e a longo prazo), e o restante (40%) por capital próprio.

Quanto maior a relação P/PL, mais elevada se apresenta a dependência financeira da empresa, revelando uma participação maior de passivos financiando seus investimentos.

É importante que se analise principalmente o custo da dívida (juros cobrados) em relação ao retorno produzido pelas aplicações desses recursos no ativo.

Quando o retorno dos ativos superar o custo do endividamento, pode ser interessante à empresa elevar esse índice, aproveitando-se assim do que se denomina de uma *alavancagem financeira favorável*. A empresa toma emprestado recurso pagando juros menores que o retorno que consegue auferir da aplicação deste capital em seus ativos.

Estas colocações dependem, entre outros, da liquidez da empresa em sustentar um endividamento mais elevado (capacidade de pagar seus compromissos financeiros), e da convivência com uma taxa de risco financeiro mais alto, a qual exerce normalmente influências sobre o nível de juros cobrados pelos fornecedores de capital.

9.3.3.3 Imobilização de Recursos Permanentes (IRP)

Revela a porcentagem do passivo permanente (patrimônio líquido e exigível a longo prazo) de uma empresa que se encontra imobilizada (aplicada) em ativos permanentes. O indicador é mensurado da forma seguinte:

$$\text{Imobilização de Recursos Permanentes (IRP)} = \frac{\text{Ativo Permanente}}{\text{Exigível a Longo Prazo} + \text{Patrimônio Líquido}}$$

Se esse índice apresentar resultado superior a 1,0 (100%), indica que os recursos permanentes da empresa não são suficientes para financiarem suas aplicações de permanentes, sendo utilizados nessa situação fundos provenientes do passivo circulante com reflexos negativos sobre o capital de giro. Em outras palavras, a empresa está utilizando recursos a curto prazo (passivo circulante) para financiar ativos permanentes, produzindo um desequilíbrio financeiro.

Se o índice de IRP for inferior a 1,0, indica a existência de folga financeira. Uma parcela do passivo permanente, que excede aos ativos permanentes, está financiando ativos a curto prazo (circulantes), produzindo maior liquidez.

9.3.3.4 Observações adicionais

Deve-se destacar, ainda, que os valores considerados nas várias expressões de cálculo dos índices de endividamento e estrutura são idealmente obtidos em termos de valores médios corrigidos.

Para o analista externo, contudo, esse critério mais adequado de correção dos valores é de difícil execução prática, sendo adotado, na falta de melhores informações, o uso da média aritmética simples com base nos valores disponíveis. Não obstante isso, mesmo que esse critério simplificador seja largamente empregado pelos que não têm acesso à contabilidade da empresa, é importante estar ciente das eventuais contradições que poderão ocorrer na interpretação dos resultados.

9.3.4 Indicadores de rentabilidade

Estes indicadores têm por objetivo avaliar os resultados auferidos por uma empresa em relação a determinados parâmetros, que melhor revelem suas dimensões. Uma análise com base exclusivamente no valor absoluto do lucro líquido, por exemplo, traz normalmente sério viés de interpretação, ao não refletir se o resultado gerado no exercício foi condizente ou não com o montante de capital investido.

Por exemplo, um lucro de $ 10,0 milhões é alto para um investimento de $ 20,0 milhões, porém não se apresenta tão elevado se o capital investido atingir $ 200,0 milhões. Os resultados devem ser relativizados para poderem ser melhores avaliados.

As principais bases de comparação adotadas para o estudo dos resultados empresariais são o *ativo total*, o *patrimônio líquido* e as *receitas de vendas*. Os resultados normalmente utilizados, por sua vez, são o *lucro operacional* (lucro gerado pelos ativos) e o *lucro líquido*, todos estes resultados calculados após o Imposto de Renda. É recomendado que os valores financeiros devem também estar expressos em moeda de mesmo poder de compra.

Ressalte-se, ainda, que os analistas em geral dispensam grandes atenções aos indicadores de rentabilidade, os quais costumam exercer significativamente influências sobre as decisões que envolvem a empresa em análise, tomadas tanto no mercado de crédito como no mercado acionário.

9.3.4.1 Retorno Sobre o Ativo (ROA)

Taxa de retorno gerado pelas aplicações realizadas por uma empresa em seus ativos. Indica o retorno gerado por cada $ 1,00 investido pela empresa em seus ativos.

O ROA é calculado de acordo com a seguinte expressão:

$$\text{Retorno sobre o Ativo (ROA)} = \frac{\text{Lucro Operacional (líq. IR)}}{\text{Ativo Total Médio}}$$

O *lucro operacional*, numerador de cálculo do retorno sobre o ativo, representa o resultado da empresa antes das despesas financeiras, determinado somente por suas decisões de investimentos. É o resultado gerado exclusivamente pelas decisões de ativos, não sendo influenciado pela forma como a empresa é financiada.

O lucro operacional pertence aos proprietários do capital investido (credores e acionistas), sendo composto do resultado dos acionistas (lucro líquido) mais a remuneração devida aos credores (despesas financeiras).

Como critério de decisão, o retorno sobre o ativo (ROA) – do inglês *Return on Assets* – pode ser interpretado como o custo financeiro máximo que uma empresa poderia incorrer em suas captações de fundos. Evidentemente, se uma empresa consegue obter um retorno de 15% ao ano em seus investimentos (ativos), o custo de seus financiamentos não pode superar este percentual. Se financiar-se pagando juros de 10% ao ano, por exemplo, o resultado positivo auferido irá reforçar o retorno dos proprietários.

Em outras palavras: a empresa tomou dinheiro emprestado pagando juros de 10% ao ano, e conseguiu aplicar estes recursos em ativos que oferecem retorno de 15% ao ano. Esta diferença positiva de 5%, muitas vezes denominada de *spread*, pertence aos acionistas na proporção do capital próprio investido.

De maneira inversa, se obtiver empréstimos a taxas de juros superiores ao retorno gerado por seus ativos, o resultado produzido pela aplicação desses fundos será evidentemente inferior à remuneração devida ao credor, onerando a rentabilidade dos proprietários.

Respeitados os aspectos de risco e liquidez comentados anteriormente, é interessante para a empresa a captação de recursos de terceiros sempre que seu custo for inferior ao retorno produzido por seus ativos. Todavia, há sempre o risco: um empréstimo hoje favorável poderá amanhã não o ser mais, porque a taxa real de juros pode aumentar, ou o retorno dos ativos cair, ou ambas as situações, às vezes liquidando com a empresa.

> **! IMPORTANTE ▪** os recursos investidos nos ativos pertencem a credores e acionistas, e o retorno oferecido (ROA) deve remunerar, no mínimo, as expectativas de ganhos (custo de capital) desses investidores. Este é o conceito de viabilidade econômica. Assim, diz-se que uma empresa apresenta *viabilidade econômica* quando for capaz de produzir um retorno de seus ativos suficiente para cobrir as expectativas de ganhos de seus proprietários de capital.

9.3.4.2 Retorno Sobre o Investimento (ROI)

Uma alternativa ao uso do ROA para avaliar o retorno produzido pelo total dos recursos aplicados por acionistas e credores nos negócios é a medida do *Retorno sobre o Investimento* (ROI). Enquanto os ativos incorporam todos os bens e direitos mantidos por uma empresa, o investimento equivale aos recursos deliberadamente levantados pela empresa e aplicados em seus negócios.

O capital investido é composto pelos *recursos (passivos) onerosos* captados pela empresa junto a credores, e os recursos próprios aplicados por seus proprietários (acionistas), cujos valores são registrados em contas do Patrimônio Líquido.

São considerados como *passivos onerosos* todas as dívidas da empresa que produzem custos financeiros (juros). Nesta classificação incluem-se basicamente empréstimos, financiamentos, debêntures etc.

Os passivos geralmente sem ônus (não apropriam encargos financeiros), entendidos como inerentes à atividade da empresa (salários, encargos sociais, fornecedores, impostos, tarifas públicas, dividendos etc.), não são recursos efetivamente investidos na empresa por seus credores e acionistas. São mais bem classificados como *passivos de funcionamento* (ou *não onerosos*).

Assim, o investimento pode ser apurado da maneira seguinte:

Investimento = Ativo Total − Passivo de Funcionamento

ou:

Investimento = Passivo Oneroso + Patrimônio Líquido

O cálculo do ROI é determinado pela expressão:

$$\text{Retorno Sobre o Investimento (ROI)} = \frac{\text{Lucro Operacional (líq. IR)}}{\text{Investimento Médio}}$$

Para melhor ilustrar o cálculo do *Ativo* e do *Investimento* a partir de demonstrações financeiras apuradas, considere o seguinte balanço patrimonial resumido de uma empresa:

ATIVO	$	PASSIVO E PL	$
ATIVO CIRCULANTE Disponível, valores a receber e estoques	700	PASSIVO CIRCULANTE	400
ATIVO PERMANENTE	2.300	Empréstimos e financiamentos	160
		Impostos, fornecedores, salários, dividendos etc. a pagar	240
		EXIGÍVEL A LONGO PRAZO (Financiamentos)	1.000
		PATRIMÔNIO LÍQUIDO	1.600
ATIVO TOTAL:	3.000	PASSIVO + PL TOTAL:	3.000

INVESTIMENTO = PASSIVO ONEROSO + PATRIMÔNIO LÍQUIDO
INVESTIMENTO = $ 160 + $ 1.000 + $ 1.600   = $ 2.760

INVESTIMENTO = ATIVO TOTAL + PASSIVO DE FUNCIONAMENTO
INVESTIMENTO = $ 3.000 − $ 240   = $ 2.760

9.3.4.3 Retorno Sobre o Patrimônio Líquido (ROE)

Este índice mensura o retorno dos recursos aplicados na empresa por seus proprietários (acionistas). Em outras palavras, para cada $ 1,00 de recursos próprios (patrimônio líquido) investido na empresa, quanto os proprietários auferem de retorno.

É obtido normalmente pela relação entre o lucro líquido (após o Imposto de Renda) e o patrimônio líquido (médio corrigido, de acordo com os comentários efetuados anteriormente). O termo ROE vem do inglês: *Return on Equity*, ou seja:

$$\frac{\text{Retorno sobre o}}{\text{Patrimônio Líquido (ROE)}} = \frac{\text{Lucro Líquido}}{\text{Patrimônio Líquido Médio}}$$

 IMPORTANTE ■ o ROE deve ser comparado sempre com a taxa de retorno mínima exigida pelo acionista (custo de capital próprio). Para se tornar atraente, todo investimento deve oferecer uma rentabilidade pelo menos igual à taxa de oportunidade. Empresas que apuram um ROE superior ao custo de capital de seus acionistas promovem acréscimos no valor de mercado de suas ações, ou seja, agregam riqueza aos proprietários.

9.3.4.4 Lucratividade (rentabilidade) das vendas

Este indicador mede a eficiência de uma empresa em produzir lucros por meio de suas vendas. Pode ser apurado em termos *operacionais* e *líquidos*, sendo denominado nesses casos *margem operacional* e *margem líquida*, respectivamente, ou seja:

$$\text{Margem Operacional} = \frac{\text{Lucro Operacional}}{\text{Vendas Líquidas}}$$

$$\text{Margem Líquida} = \frac{\text{Lucro Líquido}}{\text{Vendas Líquidas}}$$

Pelas expressões de cálculo, a margem de lucro é obtida também quando da análise vertical da demonstração de resultados, e expressa, pelos resultados operacionais ou líquidos, quanto a empresa ganhou em cada $ 1,00 de venda realizada.

Assim, se a margem operacional for de 20%, por exemplo, entende-se que 80% das receitas de vendas foram utilizadas para cobrirem os custos e despesas operacionais, restando somente 20% para a realização do resultado operacional. Uma margem líquida de 10%, por outro lado, revela que 90% das vendas foram destinadas a cobrir todos os custos e despesas (operacionais, financeiras e outras não operacionais), ficando somente 10% das receitas para os acionistas na forma de lucro líquido.

A grande importância desses índices para a análise econômico-financeira centra-se, principalmente, nas várias explicações sequenciais sobre o desempenho empresarial que podem ser elaboradas por meio deles (*diagrama de índices de desempenho*).

9.3.5 Indicadores de análise de ações

Estes indicadores objetivam avaliar os reflexos do desempenho da empresa sobre suas ações. São de grande utilidade para os analistas de mercado e acionistas (potenciais e atuais), como parâmetros de apoio às suas decisões de investimentos. De forma idêntica, as cotações de mercado são frequentemente sensíveis aos resultados desses indicadores, podendo-se estabelecer inclusive tendências futuras sobre sua maximização.

9.3.5.1 *Lucro por Ação (LPA)*

O índice ilustra o benefício (lucro) auferido por cada ação emitida pela empresa, ou seja, do total do lucro líquido (após o Imposto de Renda) obtido em determinado período, quanto compete a cada ação. É mensurado segundo a seguinte expressão:

$$\begin{array}{l}\text{Lucro por} \\ \text{Ação (LPA)}\end{array} = \frac{\text{Lucro Líquido}}{\text{Número de Ações Emitidas}}$$

Ressalte-se que o indicador não revela o quanto cada acionista irá efetivamente receber em função do retorno produzido na aplicação de seus capitais. É melhor interpretado como o resultado líquido que competiria a cada ação emitida na hipótese de ser integralmente distribuído.

Deve ser ressaltado que a distribuição dos resultados líquidos apurados é definida pela política de dividendos adotada pela empresa.

9.3.5.2 *Índice Preço/Lucro (P/L)*

O P/L é um quociente bastante tradicional do processo de análise de ações, sendo muito utilizado pelos investidores. É calculado pela relação entre o preço de aquisição do título (valor do investimento efetuado ou o do mercado) e seu lucro unitário por ação anual (LPA), ou seja:

$$\text{Índice Preço/Lucro (P/L)} = \frac{\begin{array}{c}\text{Preço de Mercado de} \\ \text{Aquisição da Ação}\end{array}}{\text{Lucro por Ação (LPA)}}$$

Teoricamente, o P/L indica o número de anos (exercícios) que um investidor tardaria em recuperar o capital aplicado na ação. No entanto, algumas restrições ao uso desse indicador devem ser levantadas.

Da mesma maneira que o índice anterior, o P/L é estático, ou seja, seu resultado é válido para a data de sua apuração, não sendo necessariamente representativo para períodos futuros. Os valores considerados em sua forma de cálculo assumem, normalmente, contínuas variações no tempo, que deverão ser incorporadas em sua expressão de cálculo para torná-la mais dinâmica às decisões futuras.

Sabe-se que o LPA, por sua vez, não costuma ser integralmente distribuído. Dessa maneira, o índice P/L de uma ação não irá revelar, efetivamente, o número de períodos necessários para um investidor recuperar, em termos de caixa, seu capital aplicado. O inverso do P/L, isto é, L/P, apura a taxa de lucratividade esperada de uma ação.

> **IMPORTANTE** ■ ações com *alto P/L* transmitem geralmente menor risco e, também, menor lucratividade esperada, se comparadas com papéis com P/L mais baixos. Um índice *P/L baixo* faz inferir que há um menor tempo para o investidor recuperar o capital aplicado, exigindo um maior nível de acerto nas previsões de rendimentos efetuadas. Ao contrário, um *P/L mais alto* oferece maiores possibilidades de recuperação no caso do desempenho da ação não ter atingido em alguns períodos os resultados previstos.

9.3.6 Alguns cuidados no manuseio dos indicadores

Os indicadores econômico-financeiros, conforme apresentados, requerem algumas observações cuja importância já foi ressaltada ao longo da seção 9.3. No entanto, dada a natural relevância para a análise empresarial, é fundamental que se volte, de maneira conclusiva, ao assunto.

Observou-se que a análise de empresas é um processo essencialmente comparativo, pouco representando, em termos de conclusões mais acuradas, o estudo de índices (ou grupos de índices) de forma isolada de uma tendência temporal ou interempresarial.

Em outras palavras, para um estudo mais eficiente sobre o desempenho de uma empresa, é importante que os indicadores sejam comparados:

- **historicamente**, com os obtidos pela mesma empresa em períodos anteriores;
- com os **padrões** estabelecidos pela gerência, e também com os elaborados segundo metas estabelecidas pela empresa;
- e com índices de empresas do mesmo ramo e padrões do **setor** de atividade e da economia em geral.

9.4 DIAGRAMAS DE INDICADORES DE DESEMPENHO

Um dos mais importantes instrumentos de análise é a construção de diagramas de índices, expostos sequencialmente, de forma que se obtenham não somente os resultados finais do desempenho da empresa ao longo do tempo mas também, principalmente, as causas que determinaram as eventuais variações ocorridas. Procura-se, em outras palavras, melhor detalhamento e nível de compreensão das causas que influíram na evolução apresentada nos indicadores finais de rentabilidade.

Visando explicar melhor a construção e o uso desses diagramas, considere os valores transcritos a seguir:

Ativo total	= $	574.200
Patrimônio líquido médio	= $	320.300
Lucro líquido (após o IR)	= $	35.000
Lucro operacional (após o IR)	= $	73.428
Despesas operacionais	= $	2.153.620
Vendas líquidas	= $	2.276.000
(Todos os valores expressos em moeda de mesmo poder de compra)		

9.4.1 Decomposição do Retorno sobre o Patrimônio Líquido (ROE)

A rentabilidade sobre o capital próprio investido em uma empresa é determinada, conforme se demonstrou, pela relação verificada entre o lucro líquido (após o Imposto de Renda) e o patrimônio líquido (total dos recursos próprios investidos).

Assim, utilizando-se dos valores do exemplo apresentado, tem-se:

$$\text{ROE} = \frac{\$\ 35.000}{\$\ 320.300} = 10,93\%$$

Verifica-se, dessa maneira, que os acionistas obtiveram um retorno de 10,93% sobre seu capital aplicado, ou seja, para cada $ 1,00 investido, auferiram $ 0,1093 de retorno líquido.

Comparando, a seguir, este resultado com os mesmos obtidos em datas anteriores e com os padrões representativos do setor de atividade da empresa, por exemplo, pode haver algumas indicações sobre a qualidade do desempenho. No entanto, não é possível identificar, pela expressão considerada, as principais causas que determinaram a taxa de retorno calculada.

Na realidade, o comportamento desse indicador é função da rentabilidade das vendas (*margem líquida*) e *do giro do patrimônio líquido*. O primeiro índice foi explicado anteriormente ao serem estudados os indicadores de rentabilidade. O segundo indicador, de forma semelhante às demais medidas de giro comentadas, indica o número de vezes que o patrimônio líquido (recursos próprios da empresa) foi utilizado (girou), em determinado exercício, em função das vendas realizadas. Sua expressão de cálculo é obtida, assim, mediante o relacionamento das vendas líquidas com o valor total do patrimônio líquido.

Assim exposto, a rentabilidade sobre o patrimônio líquido pode ser decomposta da maneira seguinte:

$$ROE = \overbrace{\text{Margem Líquida}}^{\text{Rentabilidade das Vendas}} \times \text{Giro do Patrimônio Líquido}$$

ou seja:

$$\frac{\text{Lucro Líquido}}{\text{Patrimônio Líquido}} = \frac{\text{Lucro Líquido}}{\text{Vendas Líquidas}} \times \frac{\text{Vendas Líquidas}}{\text{Patrimônio Líquido}}$$

Substituindo os valores ilustrativos, tem-se:

$$\frac{\$\ 35.000}{\$\ 320.300} = \frac{\$\ 35.000}{\$\ 2.276.000} \times \frac{\$\ 2.276.000}{\$\ 320.300}$$

10,93% = 1,54% × 7,10 vezes

Apesar da pequena margem líquida (1,54%), o ROE alcançou 10,93% devido, basicamente, ao maior giro dos recursos próprios (7,10 vezes). Alterações que venham a ocorrer nesse índice de rentabilidade ao longo do tempo podem ser analisadas pelo entendimento de seus índices associados (margem e giro), concluindo-se por melhor identificação das causas.

9.4.2 Decomposição do Retorno Sobre o Ativo (ROA)

O Retorno Sobre o Ativo (ROA) constitui um dos mais importantes indicadores de rentabilidade de uma empresa, sendo calculado pela relação entre o lucro líquido gerado pelo ativo (lucro operacional após o IR), conforme definido, e o ativo total, devendo esse valor estar expresso em moeda de mesma data.

Pelos dados do exemplo considerado, tem-se:

$$ROA = \frac{\$\ 73.428}{\$\ 574.200} = 12,79\%\ \text{a.a.}$$

Esse indicador, na verdade, é reflexo do desempenho de duas medidas: *margem operacional* e *giro do ativo total*. O giro do ativo identifica o grau de eficiência com que os ativos são usados para a realização das vendas da empresa. Em outras palavras, revela quantas vezes as receitas das vendas cobriram, em determinado ano, os ativos totais da empresa. Seu cálculo, em consequência, é efetuado por meio da relação entre as vendas líquidas e os ativos totais.

Tendo-se expresso o exemplo ilustrativo em valores corrigidos, o ROA pode ser desmembrado, de acordo com o proposto, da forma seguinte:

$$ROA = \text{Margem Operacional} \times \text{Giro do Ativo Total}$$

ou seja:

$$\frac{\text{Lucro Operacional após o IR}}{\text{Ativo Total Médio}} = \frac{\text{Lucro Operacional após o IR}}{\text{Vendas Líquidas}} \times \frac{\text{Vendas Líquidas}}{\text{Ativo Total Médio}}$$

Substituindo os valores ilustrativos, tem-se:

$$\frac{\$\ 73.428}{\$\ 574.200} = \frac{\$\ 73.428}{\$\ 2.276.000} \times \frac{\$\ 2.276.000}{\$\ 574.200}$$

12,79% = 3,23% × 3,96 vezes

Pelo desdobramento efetuado, o analista pode avaliar, com maior grau de detalhes, os motivos que determinaram o retorno alcançado. Se o retorno esteve aquém do esperado, por exemplo, as medidas corretivas poderão ser acionadas diretamente sobre as causas, ou seja, sobre a margem de lucro ou sobre o giro do investimento.

Principais fatores que influenciam a Margem Operacional:

- Volume de vendas e política de preços
- Margem de lucro e custos
- Capacidade ociosa
- Forte concorrência
- Tecnologia etc.

Principais fatores que influenciam o Giro do Ativo:

- Inadimplência
- Ativos obsoletos e ociosos
- Estoques em excesso
- Baixa demanda
- Alta imobilização etc.

Resumo

1. **Fornecer o instrumental básico para análise das demonstrações financeiras voltadas para o administrador interno da organização e também para o analista externo.**

   A análise das demonstrações financeiras visa fundamentalmente ao estudo do desempenho econômico-financeiro de uma empresa em determinado período passado, para diagnosticar, em consequência, sua posição atual e produzir resultados que sirvam de base para a previsão de tendências futuras. Na realidade, o que se pretende avaliar são os reflexos que as decisões tomadas por uma empresa determinam sobre sua liquidez, estrutura patrimonial e rentabilidade.

   O uso de índices constitui-se na técnica mais comumente empregada nesse estudo. Um índice isolado, na realidade, dificilmente contribui com informações relevantes para o analista. Ressalta-se também que, mesmo que se tenha mensurado um conjunto de índices complementares, é necessário efetuar uma comparação temporal e setorial.

   Os dados básicos para a análise do desempenho econômico-financeiro, conforme será desenvolvido a seguir, baseiam-se nos diversos valores e rubricas constantes das demonstrações financeiras normalmente levantadas pelas empresas. Com base nessas informações, complementadas com índices agregados de mercado, sao aplicados os vários critérios de análise, visando-se obter conclusões sobre o desempenho retrospectivo, presente e futuro da empresa.

2. **Descrever os procedimentos da análise horizontal e vertical, que são técnicas mais simplistas, porém não menos importantes.**

   Essa análise permite que se avalie a evolução dos vários itens de cada demonstração financeira em intervalos sequenciais de tempo. Em contextos com inflação, é importante que o analista desenvolva seus estudos dos principais itens patrimoniais e de resultados, com base em suas evoluções reais, ou seja, em valores depurados da inflação. Para tanto, é necessário que se coloquem todos os valores que estão sendo analisados em moeda representativa do poder de compra de uma mesma data.

   Se a data escolhida for a final (data do último relatório financeiro, por exemplo), tem-se o que se denomina *indexação* (correção ou inflacionamento). Caso se opte, porém, por uma data inicial (data do primeiro relatório analisado, por exemplo), tem-se uma *desindexação* (ou deflacionamento).

   A *análise vertical* constitui identicamente um processo comparativo, e é desenvolvida por meio de comparações relativas entre valores afins ou relacionáveis identificados em uma mesma demonstração contábil.

   A *análise vertical* permite, mais efetivamente, que se conheçam todas as alterações ocorridas na estrutura dos relatórios analisados, complementando-se, com isso, as conclusões obtidas pela análise horizontal descrita anteriormente.

3. **Abordar os conceitos e a utilidade de indicadores econômico-financeiros, divididos em quatro grupos: liquidez e atividade; endividamento e estrutura; rentabilidade; e análise de ações.**

   Os indicadores de liquidez visam medir a capacidade de pagamento (folga financeira) de uma empresa, ou seja, sua habilidade em cumprir corretamente as obrigações passivas assumidas. A *liquidez corrente* refere-se à relação existente entre o ativo circulante e o passivo circulante, ou seja, de $ 1,00 aplicado em haveres e direitos circulantes (disponível, valores a receber e estoques, fundamentalmente), a quanto a empresa deve a curto prazo (duplicatas a pagar, dividendos, impostos e contribuições sociais, empréstimos a curto prazo etc.).

   O *índice de liquidez seca* é obtido mediante o relacionamento dos ativos circulantes de maior liquidez (disponível, valores a receber e aplicações financeiras de curto e curtíssimo prazo) com o total do passivo circulante total.

   O *índice de liquidez imediata* é obtido mediante a relação existente entre o disponível e o Passivo Circulante.

   O *índice de liquidez geral* retrata a saúde financeira a longo prazo da empresa. Da mesma maneira que o observado nos demais indicadores de liquidez, a importância desse índice para análise da folga financeira pode ser prejudicada se os prazos dos ativos e passivos, considerados em seu cálculo, forem muito diferentes.

Os *indicadores de atividade* visam à mensuração das diversas durações de um "ciclo operacional", o qual envolve todas as fases operacionais típicas de uma empresa, que vão desde a aquisição de insumos básicos ou mercadorias até o recebimento das vendas realizadas. *O prazo médio de estocagem* indica o tempo médio necessário para a completa renovação dos estoques da empresa. *O prazo médio de pagamento de fornecedores* revela o tempo médio (expresso em meses ou dias) que a empresa tarda em pagar suas dívidas (compras a prazo) de fornecedores. *O prazo médio de cobrança* revela o tempo médio (meses ou dias) que a empresa leva para receber suas vendas realizadas a prazo.

Os *indicadores de endividamento e estrutura* são utilizados, basicamente, para aferir a composição (estrutura) das fontes passivas de recursos de uma empresa. Ilustram, com isso, a forma pela qual os recursos de terceiros são usados pela empresa e sua participação relativa em relação ao capital próprio.

A *relação capital de terceiros/capital próprio* revela o nível de endividamento (dependência) da empresa em relação a seu financiamento por meio de recursos próprios.

A *relação capital de terceiros/passivo total* mede a porcentagem dos recursos totais da empresa que se encontra financiada por capital de terceiros.

A *imobilização de recursos permanentes* revela a porcentagem dos recursos passivos a longo prazo (permanentes) que se encontra imobilizada em itens ativos, ou seja, aplicados no ativo permanente.

Os *indicadores de rentabilidade* visam avaliar os resultados auferidos por uma empresa em relação a determinados parâmetros que melhor revelem suas dimensões. O ROA revela o retorno produzido pelo total das aplicações realizadas por uma empresa em seus ativos. O ROI é usado para avaliar o retorno produzido pelo total dos recursos aplicados por acionistas e credores nos negócios. O ROE mensura o retorno dos

recursos aplicados na empresa por seus proprietários. Em outras palavras, para cada unidade monetária de recursos próprios (patrimônio líquido) investido na empresa, mede-se quanto os proprietários auferem de lucro.

A *rentabilidade das vendas* mede a eficiência de uma empresa em produzir lucro por meio de suas vendas. Pode ser apurada em termos operacionais e líquidos, sendo denominada nesses casos margem operacional e margem líquida, respectivamente.

Os *indicadores de análise de ações* objetivam avaliar os reflexos do desempenho da empresa sobre suas ações. O LPA ilustra o benefício (lucro) auferido por cada ação emitida pela empresa, ou seja, do lucro líquido (após o Imposto de Renda) obtido em determinado período, quanto compete a cada ação. O P/L indica o número de anos (exercícios) que um investidor tardaria em recuperar o capital aplicado.

4. Explicar a construção de diagramas de indicadores de desempenho, que permitem descobrir as causas que determinaram as variações ocorridas.

O comportamento do ROE é função da rentabilidade das vendas (margem líquida) e do giro do patrimônio líquido. O primeiro índice, margem líquida, foi explicado anteriormente ao serem estudados os indicadores de rentabilidade. O segundo indicador, de forma semelhante às demais medidas de giro comentadas, indica o número de vezes que o patrimônio líquido (recursos próprios da empresa) foi utilizado (girou), em determinado exercício, em função das vendas realizadas. Sua expressão de cálculo é obtida, assim, mediante o relacionamento das vendas líquidas com o valor total do patrimônio líquido.

O retorno sobre o ativo constitui um dos mais importantes indicadores de rentabilidade de uma empresa, sendo calculado pela relação entre o lucro líquido gerado pelo ativo (lucro operacional), conforme definido, e o ativo total, devendo esses valores estar expressos em moeda de mesma data.

TESTES DE VERIFICAÇÃO

1. Calcule os indicadores de análise de ações, ou seja, Lucro por Ação e o Índice Preço/Lucro. Sabe-se que o lucro líquido é de $ 50.000 e o número de ações é igual a 100.000. O preço da ação no mercado está sendo avaliado em $ 3,60/ação.

   a) $ 0,50/ação e 3,60.
   b) $ 2,00/ação e 1,80.
   c) $ 2,00/ação e 3,60.
   d) $ 0,50/ação e 1,80.
   e) $ 0,50/ação e 7,20.

2. Uma empresa petrolífera, por meio da controladoria, publicou no início do ano seu demonstrativo financeiro. Nesse demonstrativo, o investimento total era de $ 25,7 bilhões e a empresa mantinha $ 15 bilhões de dívidas onerosas. As vendas líquidas foram iguais a $ 28,3 bilhões, sendo apurada uma margem líquida (LL/VENDAS) de 15%. O retorno sobre o patrimônio líquido é de:

   a) 36,02%.
   b) 28,95%.
   c) 39,67%.
   d) 24,85%.
   e) 39,97%.

3. Os valores do Ativo Circulante, Estoques e Passivo Circulante, referentes aos quatro últimos exercícios sociais da Cia. LIQ., são apresentados a seguir:

   ($ 000)

	ANO 0	ANO 1	ANO 2	ANO 3
Ativo Circulante	2.200	5.600	15.000	34.000
Estoques	1.300	4.000	11.500	27.000
Passivos Circulante	2.100	5.100	13.300	29.300

   Assim, o índice de liquidez corrente e seca para o ano 2 será de:

   a) 1,13 e 0,26.
   b) 0,86 e 0,13.
   c) 0,89 e 0,26.
   d) 1,13 e 0,13.
   e) 0,89 e 0,27.

4. Os índices de atividade medem:

   a) A relação entre receita de vendas e o estoque médio.
   b) O crescimento das vendas em relação à entrada de caixa.
   c) A eficácia do giro do estoque.
   d) A eficácia do giro do ativo.
   e) A relação entre receita de vendas e custo do produto vendido.

5. A relação capital próprio e ativo total revela a porcentagem do ativo total que é financiada mediante recursos próprios da empresa. O inverso dessa relação pode ser interpretado como:

   a) Retorno do capital próprio.
   b) Multiplicador do capital próprio.
   c) Capital de giro próprio.
   d) Endividamento geral.
   e) Capacidade de pagamentos.

6. A relação Capital Circulante Líquido/Vendas denota:

   a) A rentabilidade da empresa imobilizada em seu capital circulante líquido.
   b) A proporção de capital circulante líquido que a empresa possui visando atender o seu volume de vendas.
   c) Quanto menor este índice, maior a capacidade de autossustentação da empresa.
   d) Um crescimento neste indicador maior demora no recebimento das contas a receber.
   e) Denota o giro do capital circulante.

EXERCÍCIOS PROPOSTOS

1. Uma empresa atua no setor farmacêutico há 10 anos. Desde o lançamento dos chamados remédios "genéricos", o seu

diretor-presidente notou um crescimento positivo nas vendas devido ao investimento feito pela empresa na fabricação dos remédios genéricos. O diretor-presidente quer demonstrar esse crescimento por meio dos indicadores de rentabilidade. Sabe-se que o lucro gerado pelos ativos após o Imposto de Renda, na última DRE, foi de $ 15 milhões. O Patrimônio Líquido é igual a $ 16,6 milhões. Os financiamentos são: a curto prazo, de $ 10 milhões, e os a longo prazo, $ 15 milhões. O exigível total de funcionamento (com exceção do de financiamento) atinge $ 15 milhões. As receitas líquidas somadas atingem $ 89 milhões, gerando um lucro líquido de $ 3,6 milhões. Determine os indicadores de rentabilidade.

2. Uma empresa do setor de Alimentos e Bebidas publicou no início do ano seu demonstrativo financeiro onde apontava um investimento de $ 46 bilhões. A dívida onerosa da empresa somava $ 15,5 bilhões. Sua receita líquida foi de $ 29,1 bilhões, sendo apurada uma margem líquida de 15%. Calcule o ROE dessa empresa.

3. Uma empresa apresenta as seguintes contas patrimoniais: Disponível, $ 1.100, Estoques, $ 15.000, Despesas Antecipadas, $ 1.500, Clientes, $ 20.000, Realizável a Longo Prazo, $ 8.500, Ativo Permanente $ 36.400, Patrimônio Líquido, $ 16.500, Passivo Circulante, $ 36.000, Exigível a Longo Prazo, $ 30.000. Com base nestas contas, calcule os indicadores de liquidez e de endividamento e estrutura.

4. Com base nos dados fornecidos por uma empresa, calcule os valores omissos no balanço, assim como seus valores anuais de vendas e de custos dos produtos vendidos.

Informações da empresa

- Patrimônio Líquido/Exigível Total = 2,5
- Liquidez Seca = 1,7
- Vendas/Ativo Total = 3,0
- Prazo Médio de Cobrança = 45 dias
- Prazo Médio de Estocagem = 2,2 meses
- Lucro Bruto/Vendas = 40%
- 80% das vendas da empresa foram realizadas a prazo
- Do exigível total, $ 14.000 representam dívidas a longo prazo, sendo o restante proveniente de compras a prazo (fornecedores)

Informações a serem completadas:

ATIVO	($)	PASSIVO	($)
Disponibilidades		Passivo Circulante	
Duplicatas a Receber		Exigível a Longo Prazo	
Estoques		Capital Social	60.000
Ativo Permanente		Reservas	50.000
TOTAL		TOTAL	

5. Uma empresa publicou seus balanços referentes aos exercícios sociais encerrados em 31-12-16 e 31-12-17.

BALANÇO PATRIMONIAL ($ mil)	31-12-16	31-12-17
Ativo Circulante		
Caixa	2.800	3.500
Contas a Receber	42.140	44.900
Outros Valores a Receber	40.040	39.000
Estoques	43.400	37.000
Total AC	128.380	124.400
Realizável a Longo Prazo (Ativo Não Circulante)	6.720	7.600
Ativo Permanente		
Investimentos	33.600	31.000
Imobilizado	137.200	145.000
Total AP	170.800	176.000
TOTAL DO ATIVO	**305.900**	**308.000**
Passivo Circulante		
Fornecedores	53.200	62.000
Duplicatas a Receber	700	7.000
Financiamentos	46.200	47.000
Outras Obrigações	42.000	40.000
Total do PC	142.100	156.000
Passivo Não Circulante		
Financiamentos	22.400	8.000
Outras Obrigações	32.200	14.000
Total do ELP	54.600	22.000
Patrimônio Líquido		
Capital Social	81.200	85.000
Lucros Acumulados	28.000	45.000
Total do PL	109.200	130.000
TOTAL DO PASSIVO	**305.900**	**308.000**

Pede-se:

a) Efetue uma análise horizontal e vertical dos balanços.

b) Analise a situação financeira a curto prazo da empresa? Houve melhora do exercício encerrado em 31-12-17 em comparação com o de 31-12-16? Justifique.

6. Uma empresa apresenta a seguinte estrutura de capital:

Passivos de Funcionamento: 22,2%.

Passivos Onerosos: 33,3%.

Patrimônio Líquido: 44,5%.

Determine:

a) O índice de endividamento (passivo total/patrimônio líquido).

b) O índice de dependência financeira (passivo total/ativo total).

Links da web

www.portaltributario.com.br. *Site* com informações sobre tributação contábil no Brasil.

www.classecontabil.com.br. Portal de contabilidade com índices, notícias da área e cálculos contábeis.

www.cvm.gov.br. Comissão de Valores Mobiliários sobre empresas de capital aberto.

www.institutoassaf.com.br. *Site* com os principais indicadores de desempenho das companhias abertas brasileiras desde o ano 2000.

Sugestão de filme

Recomendamos aqui o filme **Too big to fail (Grande demais para quebrar)**, com relatos bem didáticos sobre assuntos ásperos de tesouraria.

Sugestão de leitura

ASSAF NETO, Alexandre. **Estrutura e análise de balanços.** 13. ed. São Paulo: Atlas, 2023.

MARION, José Carlos. **Análise das Demonstrações Contábeis.** 8. ed. São Paulo: Atlas, 2019.

Respostas dos Testes de verificação

1. e   4. d
2. c   5. b
3. a   6. b

ANÁLISE DAS DEMONSTRAÇÕES FINANCEIRAS – APLICAÇÕES PRÁTICAS

OBJETIVOS DO CAPÍTULO

1. Desenvolver aplicações práticas para análise econômico-financeira, com base em demonstrativos financeiros publicados pelas empresas. Tal aplicação terá enfoque na estrutura e evolução patrimonial; estrutura de resultados; liquidez; endividamento, retorno do investimento e lucratividade.
2. Fornecer conclusões de cada item analisado, permitindo maior entendimento e clareza aos leitores no que se refere à situação econômico-financeira da empresa.

São consideradas as demonstrações contábeis publicadas por uma companhia de capital aberto (empresa industrial do setor de produtos eletrônicos) referentes aos dois últimos exercícios sociais.

Todos os ajustes dos efetivos valores publicados pela imprensa nacional foram efetuados com o único propósito de simplificar as operações numéricas, e em nada modificaram a estrutura das demonstrações contábeis publicadas, assim como as conclusões extraídas com relação ao desempenho apresentado pela empresa.

10.1 ANÁLISE DAS DEMONSTRAÇÕES FINANCEIRAS

A análise prática será processada com base nas demonstrações financeiras elaboradas por uma empresa de capital aberto,[1] conforme apresentadas nos Quadros 10.1 e 10.2. A avaliação seguirá, basicamente, a metodologia exposta no Capítulo 9, envolvendo a estrutura patrimonial e de resultados (análises horizontal e vertical) e as posições de liquidez, endividamento, estrutura e rentabilidade.

Quadro 10.1 Balanços patrimoniais para análise.

BALANÇO PATRIMONIAL	DEZ./16 ($ 000)	DEZ./17 ($ 000)
Ativo Circulante	23.280	19.100
Caixa	2.900	3.200
Contas a Receber	7.300	4.000
Estoques	12.050	6.350
Depósitos Judiciais	70	3.000
Outros Valores a Receber	960	2.550
Não Circulante		
Realizável a Longo Prazo	630	70
Controladas e Coligadas	630	70
Ativo Permanente	23.030	23.120
Investimentos	530	140
Imobilizado	22.500	22.780
Intangível	0	200
Total	46.940	42.290
Passivo Circulante	25.180	20.510
Fornecedores	8.900	4.800
Importações em Trânsito	4.000	600
Empréstimos e Financiamentos	4.700	4.750
Obrigações Fiscais	3.200	6.300
Contas a Pagar	1.150	1.700
Salários e Contribuições Sociais	630	800
Dividendos Propostos	900	160
Provisões Diversas	1.700	1.400
Não Circulante		
Exigível a Longo Prazo	4.760	3.700
Empréstimos e Financiamentos	2.060	300
Obrigações Fiscais	2.700	3.400
Patrimônio Líquido	17.000	18.080

Quadro 10.2 Demonstrações de resultados para análise.

DEMONSTRAÇÃO DO RESULTADO EXERCÍCIO – DRE	DEZ./16 ($ 000)	DEZ./17 ($ 000)
RECEITA OPERACIONAL	31.600	55.040
Custo dos Produtos Vendidos	(25.500)	(40.830)
LUCRO BRUTO	6.100	14.210
DESPESAS/RECEITAS OPERACIONAIS	(7.030)	(8.240)
Com vendas	(2.900)	(5.500)
Gerais e Administrativas	(4.200)	(5.890)
Honorários dos Administradores	(90)	(90)
Receitas Financeiras	1.290	3.300
Outras Despesas Operacionais	(1.100)	(40)
Resultado de Equivalência Patrimonial	(30)	(20)
RESULTADO OPERACIONAL	(930)	5.970
Despesas Financeiras	(3.400)	(4.110)
Receitas/Despesas não Operacionais	(250)	300
RESULTADO DO EXERCÍCIO	(4.580)	2.160

10.1.1 Origens e aplicações dos recursos

Um primeiro passo da análise financeira pode ser construir a *Demonstração de Origens e Aplicações de Recursos (DOAR)*, para saber de onde veio o capital investido na empresa e onde ele foi aplicado, além de servir de suporte para a elaboração da Demonstração dos Fluxos de Caixa (DFC).

A elaboração da DOAR para fins de análise pode ter a seguinte orientação:

ORIGENS	APLICAÇÕES
Redução de qualquer ativo	Aumento em qualquer ativo
Aumento em qualquer passivo	Redução em qualquer passivo
Lucro líquido após o Imposto de Renda	Prejuízo líquido
Depreciação, amortização e outros itens não desembolsáveis	Pagamento de dividendos
Venda de ações	Recompra de ações

---

[1] O *site* www.institutoassaf.com.br disponibiliza todas as demonstrações contábeis publicadas pelas companhias abertas brasileiras desde o ano 2000, estruturadas para análise.

Cap. 10 – Análise das Demonstrações Financeiras – Aplicações Práticas **231**

Aplicando-se este roteiro de identificação das movimentações de recursos, o Quadro 10.3 classifica os vários itens dos balanços como *Origem* e *Aplicação*.

Quadro 10.3 Identificação das origens e aplicações de recursos.

BALANÇO PATRIMONIAL	DEZ./16 ($ 000) (1)	DEZ./17 ($ 000) (2)	Variação ($ 000) (2) - (1) (3)	Classificação Origem (4)	Aplicação (5)
Ativo Circulante	23.280	19.100			
Caixa	2.900	3.200	300	0	300
Contas a Receber	7.300	4.000	-3.300	3.300	0
Estoques	12.050	6.350	-5.700	5.700	0
Depósitos Judiciais	70	3.000	2.930	0	2930
Outros Valores a Receber	960	2.550	1.590	0	1590
Realizável a Longo Prazo	630	70			
Controladas e Coligadas	630	70	-560	560	0
Ativo Permanente	23.030	23.120			
Investimentos	530	140	-390	390	0
Imobilizado	22.500	22.780	280	0	280
Intangível	0	200	200	0	200
Total	46.940	42.290			
Passivo Circulante	25.180	20.510			
Fornecedores	8.900	4.800	-4.100	0	4.100
Importações em Trânsito	4.000	600	-3.400	0	3.400
Empréstimos e Financiamentos	4.700	4.750	50	50	0
Obrigações Fiscais	3.200	6.300	3.100	3.100	0
Contas a Pagar	1.150	1.700	550	550	0
Salários e Contribuições Sociais	630	800	170	170	0
Dividendos Propostos	900	160	-740	0	740
Provisões Diversas	1.700	1.400	-300	0	300
Exigível a Longo Prazo	4.760	3.700			
Empréstimos e Financiamentos	2.060	300	-1.760	0	1.760
Obrigações Fiscais	2.700	3.400	700	700	0
Patrimônio Líquido	17.000	18.080	1.080	1.080	
TOTAL:				15.600	15.600

Os itens do balanço foram listados na coluna 1 para o ano encerrado em 31-12-2016 e na coluna 2 foram listados os itens referentes a 31-12-2017. Na coluna 3, são calculados os valores relativos às variações nas contas do balanço patrimonial. Com base no esquema de classificação mostrado no Quadro 10.3 e considerando que as variações do patrimônio líquido são classificadas da mesma maneira que o exigível, cada uma das variações da coluna 3 foi classificada na sua forma correta como *origem*, coluna 4, e *aplicação*, coluna 5.

A partir do Quadro 10.4 podem ser determinadas as variações líquidas das origens e aplicações por grupos patrimoniais, conforme expostos a seguir. Este modelo mais simplificado permite uma visão geral e conclusiva das decisões envolvendo financiamentos e aplicações de recursos feitos pela empresa no exercício.

Observe que a prioridade das aplicações demonstrada pela empresa no exercício foi amortizar dívidas, principalmente a curto prazo. Reduziu em $ 4.670 seu passivo circulante, e em $ 1.060 seu exigível a longo prazo. Investiu somente $ 90 em ativos permanentes.

Essas aplicações foram financiadas em sua maior parte por reduções em seu capital de giro (ativo circulante) no valor de $ 4.180, recursos próprios (patrimônio líquido) de $ 1.080 e valores realizáveis a longo prazo no total de $ 560.

Quadro 10.4 Movimentações dos recursos por grupos patrimoniais.

($ 000)

	ORIGEM	APLICAÇÃO
ATIVO CIRCULANTE	4.180	–
REALIZÁVEL A LONGO PRAZO	560	–
ATIVO PERMANENTE	–	90
Total	**4.740**	**90**
PASSIVO CIRCULANTE	–	4.670
EXIGÍVEL A LONGO PRAZO	–	1.060
PATRIMÔNIO LÍQUIDO	1.080	–
Total	**1.080**	**5.730**
TOTAL	**5.820**	**5.820**

10.1.2 Estrutura e evolução patrimonial

A estrutura patrimonial da empresa é avaliada mediante a confrontação de participação das diversas contas do balanço com o total do ativo ou passivo, ou seja, por meio do processo de *análise vertical* comentado no Capítulo 9. A evolução patrimonial, também citada quando da ilustração da *análise horizontal*, identifica o comportamento dos valores de cada conta (ou grupo de contas) ao longo do tempo.

A avaliação a ser desenvolvida irá centrar-se nos grupos patrimoniais. Detalhamentos adicionais necessários, visando identificar melhor as causas das variações ocorridas, serão considerados nas análises posteriores.

O Quadro 10.5 ilustra a análise horizontal e vertical dos balanços patrimoniais da empresa.

Quadro 10.5 Análise horizontal (AH) e vertical (AV) dos balanços.

	DEZ./16 ($ 000)	AH	AV	DEZ./17 ($ 000)	AH	AV
ATIVO CIRCULANTE	23.280	100	49,60%	19.100	0,82	45,16%
REALIZÁVEL A LONGO PRAZO	630	100	1,34%	70	0,11	0,17%
ATIVO PERMANENTE	23.030	100	49,06%	23.120	1,00	54,67%
TOTAL	**46.940**	**100**	**100,00%**	**42.290**	**0,90**	**100,00%**
PASSIVO CIRCULANTE	25.180	100	53,64%	20.510	0,81	48,50%
EXIGÍVEL A LONGO PRAZO	4.760	100	10,14%	3.700	0,78	8,75%
PATRIMÔNIO LÍQUIDO	17.000	100	36,22%	18.080	1,06	42,75%

Pelos resultados da análise aplicada nos balanços da empresa (Quadro 10.5), são apresentados a seguir os principais aspectos do comportamento patrimonial verificado.

A empresa apresentou um acréscimo proporcional em seus investimentos de ativo permanente no exercício de 2017, revelado pela análise vertical no aumento da participação de 49,06% para 54,67%. Observe que esse desempenho positivo foi registrado unicamente em valores relativos, pois em montante absoluto os investimentos permanentes apresentaram-se praticamente estáveis no período.

A empresa reduziu o volume de recursos de giro (ativo circulante). Em princípio, maior imobilização de recursos permanentes reduz a sua folga financeira. Análises posteriores poderão comprovar se essa

redução do circulante produziu influências favoráveis ou não sobre a liquidez da empresa.

Com relação ao comportamento do passivo da empresa, algumas observações são relevantes. De início, destaca-se a redução do passivo circulante tanto a curto quanto a longo prazo. Este comportamento foi também demonstrado na análise das origens e aplicações de recursos feitas anteriormente. Todavia, é importante verificar que o passivo circulante continua superior ao ativo circulante, e essa presença do passivo mais acentuado a curto prazo evidencia um aperto maior na posição de equilíbrio financeiro da empresa. Os índices de liquidez apresentados adiante ilustram melhor a situação descrita.

Nessa estrutura de endividamento é marcante a participação das dívidas a curto prazo, comprometendo 48,5% do total do ativo no ano de 2017. A participação de dívidas a longo prazo é reduzida, o que reforça as observações de aperto da liquidez circulante.

O forte predomínio do capital de terceiros a curto prazo pode ter onerado o resultado da empresa, em função de um expressivo volume de despesas financeiras em relação ao retorno operacional. No Brasil, as dívidas a curto prazo costumam cobrar juros bastante elevados, normalmente superiores aos a longo prazo. Esta é uma incoerência típica de nosso mercado financeiro. A observação pode ser constatada mais adiante, ao se analisarem os resultados da empresa e sua estrutura de capital segmentada em passivos onerosos e passivos de funcionamento (sem ônus).

Quadro 10.6 Análise vertical (AV) dos resultados.

	DEZ./16 ($ 000)	AV	DEZ./17 ($ 000)	AV
RECEITA OPERACIONAL	31.600	100,00%	55.040	100,00%
Custo dos Produtos Vendidos	(25.500)	-80,70%	(40.830)	-74,18%
LUCRO BRUTO	6.100	19,30%	14.210	25,82%
DESPESAS/RECEITAS OPERACIONAIS	(7.030)	-22,25%	(8.240)	-14,97%
Com vendas	(2.900)	-9,18%	(5.500)	-9,99%
Gerais e Administrativas	(4.200)	-13,29%	(5.890)	-10,70%
Honorários dos Administradores	(90)	-0,28%	(90)	-0,16%
Receitas Financeiras	1.290	4,08%	3.300	6,00%
Outras Despesas Operacionais	(1.100)	-3,48%	(40)	-0,07%
Resultado de Equivalência Patrimonial	(30)	-0,09%	(20)	-0,04%
RESULTADO OPERACIONAL	(930)	-2,94%	5.970	10,85%
Despesas Financeiras	(3.400)	-10,76%	(4.110)	-7,47%
Receitas/Despesas não Operacionais	(250)	-0,79%	300	0,55%
RESULTADO LÍQUIDO DO EXERCÍCIO	**(4.580)**	**-14,49%**	**2.160**	**3,92%**

10.2 ESTRUTURA DE RESULTADOS

O Quadro 10.6 ilustra os resultados da aplicação da análise vertical sobre as demonstrações de resultados de cada um dos exercícios considerados.

O desempenho das vendas da empresa foi bastante satisfatório, demonstrando uma evolução superior a 74,18% em dez./2017 em relação ao exercício anterior. Esse comportamento positivo constitui se na principal razão da apuração de lucros no ano de 2017, comparativamente aos prejuízos apurados no exercício anterior. No último ano, ainda, a empresa conseguiu transformar 3,92% do total de suas receitas operacionais em lucro líquido, demonstrando maior eficiência operacional.

A empresa demonstrou também melhor produtividade em seus custos de produção, apurando um significativo aumento em seus resultados brutos de vendas. Em verdade, a participação dos custos dos produtos em relação às receitas operacionais diminuiu dos 80,70% registrados no ano de 2016, para 74,18% em 2017. Isso indica um incremento mais que proporcional do lucro bruto da empresa.

Outro aspecto que se destaca na estrutura de resultados é o crescimento das receitas financeiras e a redução na participação relativa das despesas financeiras (juros de dívidas, basicamente). A elevação dos valores dos encargos financeiros foi menos que proporcional ao comportamento das vendas, apesar da alta participação do endividamento circulante demonstrado na avaliação da estrutura patrimonial (Quadro 10.4), ao tratar da análise horizontal e vertical.

Enfim, a estrutura de resultados da empresa demonstra algumas evoluções positivas, principalmente em sua capacidade de competitividade e geração de lucros.

É importante ressaltar que esse desempenho favorável dos resultados foi determinado, em grande parte, pela acentuada evolução das receitas operacionais da empresa no ano de 2017. Conforme comentado, esses valores cresceram 74,18% de um exercício para outro, sem necessidade de investimentos mais elevados.

10.2.1 Influência do Imposto de Renda

A empresa não provisionou no exercício de 2017 o Imposto de Renda sobre o resultado líquido apurado. Essa prática adotada pela empresa está de acordo com a legislação fiscal vigente no Brasil, que permite a formação de créditos tributários em exercícios em que são apurados prejuízos líquidos, e sua posterior compensação nos períodos em que forem apurados lucros.

No entanto, é recomendado para a análise do desempenho econômico de uma empresa, relativa a determinado exercício social, apurar-se a despesa do Imposto de Renda (IR) e da Contribuição Social sobre o Lucro Líquido (CSLL) pelo regime de competência. O objetivo é evitar que resultados formados em outros exercícios interfiram no desempenho da empresa no ano em que se está efetuando sua avaliação.

No Quadro 10.7 está recalculado o resultado líquido da empresa no exercício de 2017, considerando uma provisão para Imposto de Renda (IR) e Contribuição Social (CSLL) pela alíquota de 34%.

Observe nos cálculos do Quadro 10.7 que a provisão dos tributos de competência do exercício reduziu o resultado líquido de 2017 de 3,92% para 2,59% em relação às receitas operacionais.

Quadro 10.7 Resultado líquido após o IR/CSLL.

	DEZ./17 ($ 000)	AV
Receitas Operacionais	55.040,00	100,0%
Resultado Líquido (antes do IR)	2.160,00	3,92%
Provisão para IR/CSLL (34%)	(734,40)	1,33%
Resultado Líquido (após IR/CSLL)	2.425,60	2,59%

10.3 ANÁLISE DE LIQUIDEZ E EQUILÍBRIO FINANCEIRO

O Quadro 10.8 ilustra os principais indicadores financeiros de liquidez obtidos das demonstrações contábeis publicadas pela empresa. Na ausência de informações mais detalhadas, o valor médio dos estoques, constante no denominador da expressão de cálculo do Prazo Médio de Estocagem, foi calculado de maneira mais simples pela média aritmética entre os valores de início e de fim de exercício, conforme usualmente adotado na prática. Os prazos médios de pagamento e recebimento não foram calculados por se desconhecer exatamente o volume de compras e vendas realizadas a prazo.

Quadro 10.8 Indicadores de liquidez e operacionais.

	DEZ./16 ($ 000)	DEZ./17 ($ 000)
Liquidez Corrente	$\dfrac{23.280,00}{25.180,00}=0,93$	$\dfrac{19.100,00}{20.510,00}=0,93$
Liquidez Seca	$\dfrac{23.280,00-12.050}{25.180,00}=0,45$	$\dfrac{19.100,00-6.350}{20.510,00}=0,62$
Liquidez Imediata	$\dfrac{2.900,00}{25.180,00}=0,12$	$\dfrac{3.200,00}{20.510,00}=0,16$
Prazo Médio de Estocagem		$\dfrac{[12.050+6.350]/2}{40.830,00}\times360=81$
Giro dos Estoques		[360/81,12] = 4,44 vezes
Capital Circulante Líquido	23.280 − 25.180 = (1.900)	19.100 − 20.510 = (1.410)

FORMAS DE TRIBUTAÇÃO DAS EMPRESAS BRASILEIRAS

A tributação das empresas no Brasil pode ser com base em:

a) lucro real;

b) lucro presumido;

c) Simples Nacional (Sistema Integrado de Pagamento de Impostos e Contribuições de Microempresas e Empresas de Pequeno Porte).

A regra geral aplicada é a do *lucro real*, podendo, entretanto, sob certas regras de adesão, a empresa optar por outro modo de tributação com base no *Lucro Presumido* ou aderir ao *Simples*, devendo averiguar as consequências e os benefícios decorrentes dessa alteração de tributação.

Nessa maneira de tributação do *lucro real,* os impostos são calculados com base no resultado líquido apurado pela empresa no exercício e ajustado por adições e exclusões, ou ainda, compensações, previstas pela legislação tributária aplicada à pessoa jurídica. O lucro pode ser apurado da seguinte maneira:

> Resultado Líquido do Exercício
> (+) Adições ao Lucro Líquido
> (–) Exclusões do Lucro líquido
> = Lucro Real (base de cálculo do Imposto de Renda)

Adições ao lucro líquido: incluem todos os valores deduzidos sob a forma de despesas, custos e perdas, na apuração do lucro do exercício, e considerados não dedutíveis pela legislação do Imposto de Renda. Alguns exemplos: participações pagas a administradores, algumas multas fiscais pagas pela empresa, resultado negativo de equivalência patrimonial, despesas de depreciação apropriada no exercício e referentes a ativo permanente já todo depreciado, excessos de depreciação, alguns tipos de doações e despesas com brindes, entre outros.

Exclusões do lucro líquido: incluem todas as deduções não realizadas e permitidas pela legislação do Imposto de Renda. Alguns exemplos: resultado positivo de equivalência patrimonial, resultado na alienação (venda) de bens permanentes a receber a longo prazo, encargos de juros incidentes sobre créditos vencidos e não recebidos, contribuições a Fundos de Assistência Privada de Empregados, entre outros.

O Imposto de Renda a pagar pela empresa é calculado com base no *Lucro Real*, sendo aplicada a alíquota (e adicionais) do tributo de acordo com tabela aplicável à pessoa jurídica. Caso a empresa mantenha prejuízo fiscal apurado em exercícios anteriores, é permitida sua compensação no imposto a pagar limitada, no entanto, a 30% do Lucro Real.

No sistema do Lucro Presumido, os percentuais de cálculo de presunção de lucros são aplicados sobre a receita bruta auferida pela empresa no exercício, e variam segundo a atividade exercida. Entende-se por receita bruta o produto da venda antes dos impostos incidentes (ICMS, por exemplo), podendo ser deduzidos as vendas canceladas e os descontos concedidos.

Sobre esta base de cálculo (lucro presumido), incide uma alíquota de Imposto de Renda, independentemente da apuração de lucro no exercício. É prevista no cálculo do imposto, ainda, uma alíquota adicional sobre o valor que exceder a determinado limite de Lucro Presumido, de acordo com o previsto pela legislação em vigor.

Para ilustrar, admita que uma empresa do setor de serviços, optante do sistema de Lucro Presumido, tenha apurado uma receita bruta no exercício de R$ 150.000,00. O percentual a ser aplicado sobre a receita bruta para o cálculo do Lucro Presumido, de acordo com o previsto para esta atividade pela Receita Federal, é de 32%. Sendo a alíquota de Imposto de Renda vigente de 15%, tem-se o seguinte cálculo:

> Lucro Presumido (Base de Cálculo): 32% × R$ 150.000,00 = R$ 48.000,00
> Alíquota de IR × 15%
> IMPOSTO DE RENDA A PAGAR = R$ 7.200,00

A alíquota de imposto incidente de forma direta sobre a receita bruta é de 4,8%, ou seja:

> IR = 32% × 15% = 4,8%
> IR = 4,8% × R$ 150.000,00 = R$ 7.200,00

Se o Lucro Presumido exceder a um valor mínimo definido pela Receita Federal, a empresa deverá pagar um imposto adicional sobre esse excesso.

Já o SIMPLES NACIONAL – Sistema Integrado de Pagamento de Impostos e Contribuições de Microempresas e Empresas de Pequeno Porte – estabelece um conjunto de regras bastante simplificadas e favorecidas relativas à tributação de Microempresas (ME) e Empresas de Pequeno Porte (EPP). Este regime tributário passou a vigorar no Brasil a partir de 1-7-2007.

A definição de Microempresa e Empresa de Pequeno Porte é orientada pelo faturamento da empresa. O SIMPLES NACIONAL permite o recolhimento mensal, mediante documento único, dos seguintes tributos:

> - Imposto de Renda da Pessoa Jurídica (IRPJ)
> - Imposto sobre Produtos Industrializados (IPI)
> - Contribuição Social sobre o Lucro Líquido (CSLL)
> - Contribuição para o Financiamento da Seguridade Social (COFINS)
> - Contribuição para o PIS/PASEP
> - Contribuição para a Seguridade Social (cota patronal)
> - ICMS
> - Imposto sobre Serviços de Qualquer Natureza (ISS)

O valor devido mensalmente pelas ME e EPP optantes do SIMPLES NACIONAL é apurado mediante a aplicação de percentual sobre a receita bruta, conforme definido pela legislação vigente.

Os resultados confirmam a baixa liquidez da empresa, apurando, todos os indicadores financeiros, valores inferiores a 1,0. Este desempenho revela, pelos resultados registrados ao final dos exercícios, um volume de obrigações circulantes superior à capacidade de pagamento registrada nos ativos a curto prazo.

A *liquidez corrente* é menor que 1,0 em todos os exercícios analisados, revelando um capital circulante líquido negativo. Em outras palavras, os ativos circulantes mantidos pela empresa nos exercícios considerados não são suficientes para cobrir suas dívidas de mesma maturidade, apurando um capital circulante líquido negativo nos exercícios. As demonstrações financeiras indicam que a empresa está utilizando, de maneira desequilibrada, uma parcela do passivo circulante para financiar ativos a longo prazo (investimentos permanentes), sacrificando sua folga financeira.

A *liquidez seca* aumentou um pouco no período, indicando menor participação dos estoques no capital de giro. Porém, esta medida financeira ainda é menor que 1,0. Observe que os investimentos em estoques representavam 51,76% do total aplicado no ativo circulante em dez./16, reduzindo para 33,25% no exercício seguinte. O indicador operacional de *prazo de estocagem* revela que a empresa mantém, em média, seus produtos estocados por 81,12 dias, indicando que giram (são renovados) 4,44 vezes no ano.

10.3.1 Demonstração dos Fluxos de Caixa

Da mesma maneira que a DOAR permite melhor visualizar as movimentações dos recursos que afetaram o capital circulante líquido da empresa no exercício, é possível também elaborar um demonstrativo que considera todos os fluxos financeiros com reflexos sobre o caixa. O Quadro 10.9 ilustra a *Demonstração dos Fluxos de Caixa* (*DFC*) da empresa para o exercício encerrado em 31-12-17, permitindo uma avaliação mais dinâmica de sua folga financeira.

Esse demonstrativo do fluxo de caixa foi elaborado com base nos relatórios financeiros do balanço patrimonial (Quadro 10.1) e da DOAR (Quadro 10.3), publicados pela empresa.

Quadro 10.9 Demonstração dos Fluxos de Caixa (DFC).

Demonstração dos Fluxos de Caixa – DFC	DEZ./17 ($ 000)
FLUXO DE CAIXA INICIAL	2.900
(+) FONTES DE RECURSOS DE CURTO PRAZO	12.870
Aumento de Empréstimos e Financiamentos	50
Aumento de Obrigações Fiscais	3.100
Aumento de Contas a Pagar	550
Aumento de Salários e Contribuições Sociais	170
Redução de Contas a Receber	3.300
Redução de Estoques	5.700
(–) APLICAÇÕES DE RECURSOS A CURTO PRAZO	13.060
Aumento de Depósitos Judiciais	2.930
Aumento de Outros Valores a Receber	1.590
Redução de Fornecedores	4.100
Redução de Importações em Trânsito	3.400
Redução de Dividendos Propostos	740
Redução de Provisões Diversas	300
(=) GERAÇÃO DE CAIXA A CURTO PRAZO **(A)**	(190)
(+) FONTES DE RECURSOS A LONGO PRAZO	1.260
Aumento de Obrigações Fiscais	700
Aumento do Realizável a Longo Prazo	560
(–) APLICAÇÕES DE RECURSOS A LONGO PRAZO	1.760
Redução de Empréstimos e Financiamentos	1.760
(=) GERAÇÃO DE CAIXA A LONGO PRAZO **(B)**	(500)
(+) FONTES DE RECURSOS EM PERMANENTE	1.470
Redução de Investimentos	390
Recurso para aumento do Patrimônio Líquido	1.080
(–) APLICAÇÕES DE RECURSOS EM PERMANENTE	480
Aumento de Imobilizado	280
Aumento de Intangível	200
(=) GERAÇÃO DE CAIXA EM PERMANENTE **(C)**	990
GERAÇÃO LÍQUIDA DE CAIXA (A) + (B) + (C)	300

Pode-se agora verificar qual foi a variação do capital circulante líquido do exercício encerrado em dez./06 para o exercício de dez./17.

Capital Circulante Líquido – CCL	DEZ./17 ($ 000)
(+) ATIVO CIRCULANTE DEZ./06	23.280
(–) PASSIVO CIRCULANTE DEZ./06	(25.180)
(=) *CCL EM DEZ./06 (A)*	*(1.900)*
(+) ATIVO CIRCULANTE DEZ./07	19.100
(–) PASSIVO CIRCULANTE DEZ./07	(20.510)
(=) *CCL EM DEZ./07 (B)*	*(1.410)*
VARIAÇÃO DO CCL (B) – (A):	**490**

Esse resultado positivo de $ 490 indica o valor do aumento no capital circulante líquido no exercício de 2017. Observe, no entanto, que o CCL ainda se mantém negativo no período, somente reduziu este resultado desfavorável: a folga financeira era negativa em $ 1.900 em 2016, e permaneceu negativa em $ 1.410 no exercício seguinte, demonstrando uma variação favorável de $ 490.

Em consequência, pode-se concluir que a geração do capital circulante líquido da empresa ainda não se apresenta suficiente para financiar todas as imobilizações de recursos. Porém, houve uma pequena melhora nesta posição de equilíbrio financeiro em 2017.

As movimentações financeiras de caixa explicam (DFC, conforme desenvolvido no Quadro 10.9), de maneira mais analítica, a variação verificada no saldo das disponibilidades imediatas (aplicações financeiras). O valor líquido gerado pelo caixa reflete exatamente a variação negativa no saldo das aplicações financeiras registrado nos balanços publicados, ou seja:

	DEZ./16 ($ 000)	DEZ./17 ($ 000)	VARIAÇÃO ($ 000)
Caixa	$ 2.900	$ 3.200	$ 300

As explicações desse comportamento do caixa da empresa, extraídas da Demonstração dos Fluxos de Caixa (Quadro 10.9), são resumidas da maneira seguinte. No exercício findo em dez./17, a empresa começou o ano com um caixa de $ 2.900. As entradas que geraram caixa foram provenientes das operações a curto prazo no valor de $ 12.870. Como ocorreram aplicações a curto prazo de $ 13.060, restou um fluxo final negativo de caixa a curto prazo de $ 190 (**A** – Geração de Caixa a Curto Prazo).

No contexto a longo prazo, a situação manteve-se com uma geração de caixa de $ 1.260 e uma aplicação de $ 1.760 produzindo um fluxo de caixa líquido negativo de $ 500 (**B** – Geração de Caixa a Longo Prazo). Nos investimentos em permanente a situação inverteu-se, tendo uma geração de caixa de $ 1.470 e aplicação de apenas $ 480, gerando um caixa positivo de $ 990 (**C** – Geração de Caixa em Permanente). Essa movimentação dos recursos financeiros totalizou $ 300 superior ao caixa inicial, determinando o aumento apontado no saldo das disponibilidades da empresa no período, ou seja:

Variação no Caixa: $(– \$ 190) + (– \$ 500) + \$ 990$
$$= \$ 300$$

10.4 ANÁLISE DO ENDIVIDAMENTO E ESTRUTURA

Os principais indicadores financeiros de análise do *endividamento e estrutura de capital* da empresa são demonstrados no Quadro 10.10.

Um aspecto revelado pelos indicadores de endividamento e estrutura é a redução do passivo (capital de terceiros) da empresa em relação a seu patrimônio líquido. Em dez./16, para cada $ 1,00 de capital próprio, a empresa levantou $ 1,76 de recursos de terceiros; essa proporção foi reduzida para 1,34 no exercício seguinte.

Mesmo com essa redução, a participação das dívidas na estrutura de capital da empresa ainda é predominante, indicando um maior risco financeiro. De outra maneira, observa-se que o capital de terceiros financia mais da metade dos ativos totais da empresa, atingindo 63,8% dez./16 e 57,2% em dez./17.

Eventuais restrições ao crédito, ou elevações mais significativas nas taxas de juros, podem repercutir negativamente sobre sua saúde financeira.

Um viés já discutido nessa composição de capital refere-se ao acentuado predomínio de recursos passivos circulantes (dívidas de curto prazo), que determinou uma redução nos indicadores de liquidez financeira da empresa.

Cap. 10 – Análise das Demonstrações Financeiras – Aplicações Práticas **239**

Quadro 10.10 Indicadores de endividamento e estrutura.

INDICADORES	DEZ./16	DEZ./17
Relação Passivo/Patrimônio Líquido	$\dfrac{25.180 + 4.760}{17.000} = \mathbf{1,76\,(176\%)}$	$\dfrac{20.510 + 3.700}{18.080} = \mathbf{1,34\,(134\%)}$
Relação Passivo/Ativo Total	$\dfrac{25.180 + 4.760}{46.940} = \mathbf{63,8\%}$	$\dfrac{20.510 + 3.700}{42.290} = \mathbf{57,2\%}$
Imobilização de Recursos Permanentes	$\dfrac{23.030}{4.760 + 17.000} = \mathbf{1,058\,(105,8\%)}$	$\dfrac{23.120}{3.700 - 18.080} = \mathbf{1,062\,(106,2\%)}$

Para fins de análise do endividamento, ainda é sugerida a seguir uma classificação dos passivos da empresa segundo o modo de apuração dos encargos financeiros, conforme demonstrado no Quadro 10.11. Identificam-se no Quadro 10.11 os recursos de financiamento da empresa classificados como *onerosos* e *não onerosos*.

Os passivos denominados *onerosos* são os que incorrem em encargos financeiros (despesas financeiras), calculados e considerados de maneira explícita na apuração do resultado do exercício. Os demais tipos de passivos são classificados como *não onerosos* (ou passivos de *funcionamento*), pois não geram, pelo menos de maneira explícita, nenhum encargo financeiro.

Quando for possível a identificação explícita de eventuais encargos financeiros, estes passivos devem ser classificados como onerosos e os encargos registrados como despesas financeiras de juros no cálculo do lucro do exercício. Este é o caso geralmente observado no item passivo de *Fornecedores a Pagar*, por exemplo. Os encargos identificados e apurados devem ser deduzidos do Custo dos Produtos Vendidos e adicionados à conta de Despesas Financeiras do Demonstrativo de Resultados. O valor a pagar a fornecedores, avaliado pelo preço à vista (líquido dos juros embutidos no preço a prazo), é somado aos passivos onerosos.

Em dez./16, 31,6% do total das dívidas da empresa eram representados por passivos onerosos, aumentando essa relação para 34,9% no exercício seguinte. Apesar de ter reduzido seu endividamento, a empresa aumentou a participação relativa de recursos onerosos em sua estrutura de financiamento.

Quadro 10.11 Classificação dos passivos.

	Passivo Não Oneroso		Passivo Oneroso		Total	
	Dez./16 ($ 000)	Dez./17 ($ 000)	Dez./16 ($ 000)	Dez./17 ($ 000)	Dez./16 ($ 000)	Dez./17 ($ 000)
Fornecedores	8.900	4.800			8.900	4.800
Importações em Trânsito	4.000	600			4.000	600
Empréstimos e Financiamentos (Circulante)			4.700	4.750	4.700	4.750
Obrigações Fiscais	3.200	6.300			3.200	6.300
Contas a pagar	1.150	1.700			1.150	1.700
Salários e Contribuições Fiscais	630	800			630	800
Dividendos Propostos	900	160			900	160
Provisões Diversas	1.700	1.400			1.700	1.400
Empréstimos e Financiamentos (Longo Prazo)			2.060	300	2.060	300
Obrigações Fiscais (Longo Prazo)			2.700	3.400	2.700	3.400
	20.480	**15.760**	**9.460**	**8.450**	**29.940**	**24.210**

10.5 ANÁLISE DO RETORNO DO INVESTIMENTO E LUCRATIVIDADE

A determinação do retorno do investimento (ROI) envolve, ao se trabalhar com demonstrativos financeiros publicados de acordo com a legislação societária brasileira, duas grandes preocupações: a correta mensuração do lucro operacional e do ativo total a serem utilizados na expressão de cálculo.

> **!** **IMPORTANTE** ■ o conceito genuíno de lucro operacional é o resultado oriundo exclusivamente das operações – de suas decisões de ativos – calculado antes das despesas financeiras (encargos sobre dívidas) e de outras despesas classificadas como de natureza não operacional. O modo como a empresa é financiada não altera o lucro operacional, já que as despesas financeiras originam-se de decisões de passivos (e não de ativos), e devem ser deduzidas após sua mensuração.

O demonstrativo de resultados refletido no Quadro 10.2 apura corretamente o lucro operacional em cada exercício. É importante registrar que essa maneira mais apurada de cálculo não é muitas vezes seguida nos demonstrativos publicados pelas empresas brasileiras, revelando o lucro operacional, de modo equivocado, após a dedução dos encargos financeiros do período. A própria legislação societária vigente brasileira prevê o cálculo do resultado operacional das sociedades por ações de maneira errônea, líquido das despesas financeiras.

Conforme foi comentado na seção 10.2.1, os resultados líquido e operacional devem ser calculados após a provisão para IR/CSLL. Como a empresa vem utilizando créditos fiscais provenientes de prejuízos ocorridos em outros exercícios, foi adotada a alíquota de 34% para o exercício em avaliação. Assim:

Lucro Operacional (Líq. do IR/CSLL):

$$\$\ 5.970 - 34\% = \$\ 3.940,20$$

Lucro Líquido (Líq. do IR/CSLL):

$$\$\ 2.160 - 34\% = \$\ 1.425,60$$

Por outro lado, o ativo total líquido (*Investimento*) a ser relacionado com o resultado operacional é obtido da seguinte maneira (Quadro 10.12).

Quadro 10.12 Determinação do capital investido.

	DEZ./16 ($ 000)	DEZ./17 ($ 000)
ATIVO CIRCULANTE	23.280	19.100
(–) *Passivos de Funcionamento*		
Fornecedores	8.900	4.800
Importações em Trânsito	4.000	600
Obrigações Fiscais	3.200	6.300
Contas a Pagar	1.150	1.700
Salários e Contribuições		
Sociais	630	800
Dividendos Propostos	900	160
Provisões Diversas	1.700	1.400
	2.800	3.340
REALIZÁVEL A LONGO PRAZO	630	70
ATIVO PERMANENTE	23.030	23.120
INVESTIMENTO	**26.460**	**26.530**

O *Capital Investido* (*Investimento*) pode também ser obtido, conforme demonstrado, pelos recursos de terceiros onerosos e capital próprio, ou seja:

	DEZ./16 ($ 000)	DEZ./17 ($ 000)
PASSIVO CIRCULANTE	*4.700*	*4.750*
Empréstimos e financiamentos	4.700	4.750
EXIGÍVEL A LONGO PRAZO	*4.760*	*3.700*
Empréstimos e financiamentos	2.060	300
Obrigações fiscais	2.700	3.400
PATRIMÔNIO LÍQUIDO	*17.000*	*18.080*
INVESTIMENTO	*26.460*	*26.530*

As *Obrigações Fiscais* registradas em passivos a longo prazo foram admitidas como onerosas. Geralmente, as empresas brasileiras renegociam tributos atrasados, e conseguem liquidar seus débitos fiscais por meio de parcelamentos a longo prazo com juros mais reduzidos. Essas dívidas são consideradas, em consequência, como onerosas.

Os indicadores de rentabilidade e lucratividade são desenvolvidos no Quadro 10.13.

Quadro 10.13 Indicadores de retorno.

INDICADOR	DEZ./17
Retorno s/ Investimento – ROI	[3.940,20] / [(26.460 + 26.530)/2] = 14,87%
Margem Operacional	3.940,20 / 55.040 = 7,16%
Giro do Investimento	$\dfrac{55.040}{[26.460 + 26.530 / 2]} = 2{,}08$ vezes
Retorno s/ Patrimônio Líquido – ROE	1.425,60 / [(17.000 + 18.080)/2] = 8,13%
Margem Líquida	1.425,60 / 55.040 = 2,59%
Giro do Patrimônio Líquido	$\dfrac{55.040}{[17.000 + 18.080 / 2]} = 3{,}14$ vezes

Os indicadores de retorno foram calculados com base em investimentos médios dos exercícios (ativo e patrimônio líquido), e considerando a provisão para Imposto de Renda de 34%. Conforme detalhado, a empresa não provisionou impostos sobre os lucros em razão de manter prejuízos acumulados de outros exercícios, que podem ser compensados com lucros tributáveis.

Na apuração das taxas de retorno, ainda, foram considerados seus dois componentes básicos: *margem de lucro* (operacional e líquida) e *giro* (investimento e patrimônio líquido). Tanto em nível de investimento como de recursos próprios devem ser registrados os valores altos de giro, impulsionando as taxas de rentabilidade.

10.5.1 Relação entre o Retorno dos Acionistas (ROE) e o Retorno da Empresa (ROI)

Deve ser ressaltado que, apesar dos resultados positivos alcançados pela empresa, o *ROE ficou bem abaixo do ROI*, denotando a presença de recursos de terceiros sem capacidade de alavancagem favorável. De outra maneira: a empresa manteve, no financiamento de seus ativos, dívidas com custos financeiros mais elevados que os retornos produzidos pela aplicação desses recursos.

Uma demonstração bastante simples de cálculo do custo da dívida da empresa é desenvolvida pela relação entre as despesas financeiras apropriadas no exercício, líquidas do IR, e o saldo médio do passivo oneroso mantido no mesmo período. Assim, para o exercício de 2017, é apurado um custo financeiro de 30,29%, ou seja:

Custo da Dívida: [$ 4.110 – 34%] / [$ 9.460 + $ 8.450] / 2

Custo da Dívida = 30,29%

O resultado demonstra que a empresa tomou dinheiro emprestado no exercício pagando juros de 30,29%, e aplicou esses recursos de terceiros em ativos que produzem um retorno de 14,87% (ROI). Com isto, apurou um *spread* (diferença entre a taxa de aplicação e de captação) negativo, refletindo-se sobre o retorno sobre o capital próprio.

10.6 ANÁLISE GERAL

Com relação ao desenvolvimento da análise financeira, são destacadas a seguir as principais conclusões do desempenho apresentado pela empresa.

a) a situação financeira (liquidez) da empresa não apresentou bom desempenho. Embora se constitua na maior taxa de crescimento dos ativos, a evolução do circulante foi inferior à do passivo a curto prazo, conduzindo a um inevitável aperto da liquidez.

Alterações na estrutura de capital da empresa devem ser acionadas, principalmente visando reduzir a excessiva proporção de recursos a curto prazo;

b) as demonstrações financeiras revelam também uma pequena redução no endividamento total da empresa, representando no exercício de 2017 mais de 57% do total do ativo. No exercício anterior, os passivos exigíveis representavam 63,78% dos ativos;

c) a rentabilidade líquida dos acionistas foi prejudicada pelo alto custo das dívidas (empréstimos e financiamentos) da empresa, reflexo das altas taxas de juros praticadas no mercado brasileiro.

Como observação adicional, é necessário ressaltar que a análise desenvolvida não se apresenta completa. É importante que se efetuem também avaliações do custo de capital da empresa e de seu risco, de seu mercado de atuação e concorrência, tecnologia disponível etc., de modo a poder-se elaborar um diagnóstico mais definitivo do desempenho da empresa e de suas perspectivas futuras. A análise desenvolvida neste capítulo teve por objetivo básico ilustrar uma aplicação prática das técnicas de análise econômico-financeira apresentadas no Capítulo 9.

10.7 ELABORAÇÃO E ANÁLISE DA DEMONSTRAÇÃO DO VALOR ADICIONADO (DVA)

A *Demonstração do Valor Adicionado* (*DVA*) informa o valor da riqueza criada pela empresa e a maneira de sua distribuição. A base para elaboração da DVA é a Demonstração do Resultado do Exercício (DRE) de cada exercício.[2] A diferença entre a DRE e a DVA é o foco, ou seja, a DRE tem foco no lucro para os sócios, enquanto a DVA tem foco para a economia e para a sociedade como um todo.

A empresa, de acordo com a sua atividade, cria riquezas em montantes muito superiores aos lucros que são de propriedade dos sócios e acionistas. A DVA identifica as riquezas criadas e o modo como elas são distribuídas para funcionários, governo, financiadores, proprietários etc.

Para Marion (2017),[3] o valor adicionado ou valor agregado procura evidenciar para quem a empresa está canalizando a renda obtida, ou seja, admitindo que o valor que a empresa adiciona por meio de sua atividade-fim seja um "bolo", a DVA mostra para quem estão sendo distribuídas as fatias desse bolo e de que tamanho elas são.

Ainda segundo o autor, se subtrairmos das vendas todas as compras de bens e serviços, teremos o montante de recursos que a empresa gera para remunerar salários, juros, impostos e reinvestir no próprio

negócio. Esse valor agregado corresponde ao PIB da empresa. A soma de todos os valores agregados das empresas daria o PIB do país.

Para ilustrar o cálculo da DVA, admita a seguinte Demonstração de Resultados (DRE), conforme apurada por uma companhia, e referente ao exercício social de 2017.

DRE	2017
RECEITAS DE VENDAS	$ 72.000,00
Impostos s/ vendas	
(–) IPI	$ (10.800,00)
(–) PIS/COFINS	$ (5.661,00)
(–) ICMS	$ (11.016,00)
RECEITA LÍQUIDA	$ 44.523,00
(–) CPV	$ (22.261,50)
LUCRO BRUTO	$ 22.261,50
(–) Despesas Operacionais	$ (10.200,00)
(–) PDD	$ (1.440,00)
EBITDA	$ 10.621,50
(–) Depreciação	$ (5.000,00)
EBIT (LAJIR)	$ 5.621,50
(–) Despesas Financeiras	$ (1.800,00)
LUCRO ANTES DO IR (LAIR)	$ 3.821,50
Provisão para IR	$ (1.299,31)
LUCRO LÍQUIDO	**$ 2.522,19**

A partir da DRE ilustrada e de seus pressupostos de cálculo apresentados a seguir, pode-se elaborar a DVA para o exercício de 2017:

- as *receitas de vendas* do exercício correspondem a $ 72.000,00, conforme definidas na DRE;

- é previsto um desconto de 2% do total das receitas brutas referente à *provisão de devedores duvidosos (PDD)*. O total dessa provisão é de $ 1.440,00;

- os *custos dos produtos vendidos* (CPV = $ 22.261,50) apresentam a seguinte composição:

  - Custo de mão de obra: correspondem a 40% do custo dos produtos vendidos, ou seja:

    40% × $ 22.261,50 = $ 8.904,60, que corresponde a 12,4% da receita;

---

[2] ARAÚJO, Adriana Maria Procópio de; ASSAF NETO, Alexandre. **Introdução à contabilidade.** São Paulo: Atlas, 2004.

[3] MARION, José Carlos. **Contabilidade empresarial.** 13. ed. São Paulo: Atlas, 2007.

- Custo de materiais: correspondem a 35% dos custos dos produtos vendidos, ou seja:

    35% × $ 22.261,50 = $ 7.791,53, que corresponde a 10,8% da receita de vendas;

- Custo de serviços de terceiros: correspondem a 25% dos custos dos produtos vendidos, ou seja:

    25% × $ 22.261,50 = $ 5.565,37, que corresponde a 7,7% da receita de vendas;

- chega-se então ao *valor adicionado bruto*: $ 72.000,00 – $ 1.440,00 – $ 8.904,60 – $ 7.791,53 – $ 5.565,38 = $ 48.298,50;

- retendo-se a depreciação do exercício de $ 5.000,00, chega-se ao *valor adicionado líquido*: $ 48.298,50 – $ 5.000,00 = $ 43.298,50;

- esse *valor adicionado* fica assim distribuído:

    - as despesas operacionais totais incorridas no exercício são de $ 10.200,00, sendo todas de natureza desembolsável. Desse total de despesas, sabe-se que $ 2.200 são fixas e $ 8.000,000 são variáveis;

    - as despesas operacionais fixas desembolsáveis de $ 2.200,00 são compostas pelas seguintes contas:

    - encargos sociais: correspondem a 70% das despesas fixas desembolsáveis, ou seja:

    70% × $ 2.200,00 = $ 1.540,00, que corresponde a 3,6% do valor adicionado;

    - gastos gerais: correspondem a 30% das despesas ficas desembolsáveis, ou seja:

    30% × $ 2.200,00 = R$ 660,00, que corresponde a 1,5% do valor adicionado;

- as despesas operacionais variáveis de $ 8.000,00 são compostas por:

    - comissões sobre as vendas: correspondem a 80% do total das despesas operacionais variáveis, ou seja:

    80% × $ 8.000,00 = $ 6.400,00, que corresponde a 14,8% do valor adicionado;

    - outras despesas: correspondem a 20% do total das despesas operacionais variáveis.

    20% × $ 8.000,00 = $ 1.600,00, que corresponde a 3,7% do valor adicionado;

- *despesas financeiras*: $ 1.800,00, que corresponde a 4,2% do valor adicionado;

- os *tributos todos* somados: IPI: $ 10.800,00, PIS/COFINS: $ 5.661,00, ICMS: $ 11.016,00 e IR: $ 1.299,31 = $ 28.776,31, que corresponde a 66,5% do valor adicionado;

- a *remuneração dos acionistas* é representada pelo lucro líquido do exercício obtido da DRE no valor de $ 2.522,19, que corresponde a 5,8% do valor adicionado.

Os valores da DVA para o exercício seguinte são mostrados no quadro a seguir:

DVA	2017	
Receita de Vendas	$ 72.000,00	100%
PDD	$ (1.440,00)	–2,0%
(–) CPV		
Mão de Obra	$ (8.904,60)	–12,4%
Materiais	$ (7.791,53)	–10,8%
Serviço de Terceiros	$ (5.565,38)	–7,7%
(=) Valor Adicionado Bruto	$ 48.298,50	67,1%
(–) Depreciação	$ (5.000,00)	–6,9%
(=) Valor Adicionado Líquido	$ 43.298,50	60,1%
(+) Receita Financeira	–	0,0%
(+) Equivalência Patrimonial	–	0,0%
(=) VALOR ADICIONADO TOTAL	$ 43.298,50	60,1%
DISTRIBUIÇÃO DO VALOR ADICIONADO		
Funcionários	2017	
Outras despesas	$ 1.600,00	3,7%
Gastos gerais	$ 660,00	1,5%
Comissões sobre Vendas	$ 6.400,00	14,8%
Financiadores		
Despesas Financeiras	$ 1.800,00	4,2%
Governo		
Impostos e Contribuições	$ 28.776,31	66,5%
Encargos Sociais	$ 1.540,00	3,6%
Acionistas	$ 2.522,19	5,8%
(=) VALOR ADICIONADO TOTAL	$ 43.298,50	100%

Pode-se, a partir da DVA elaborada, calcular alguns indicadores que serviriam para completar a demonstração. A seguir apresentam-se alguns deles com suas respectivas interpretações com base no sugerido em Marion (2007).[4]

$\dfrac{\text{Valor Adicionado}}{\text{Investimento}}$: mede o quanto que cada real investido com capital próprio e capital de terceiros gera de riqueza (valor adicionado) para a empresa, a ser transferido para os vários setores que se relacionam com a empresa.

$\dfrac{\text{Valor Adicionado}}{\text{Número de Funcionários}}$: avalia o quanto que cada empregado contribui para a formação da riqueza da empresa.

$\dfrac{\text{Impostos}}{\text{Valor Adicionado}}$: mostra a participação do Governo no valor adicionado.

$\dfrac{\text{Lucro Reinvestido}}{\text{Valor Adicionado}}$: mostra a participação da empresa reinvestindo seu próprio lucro.

APLICAÇÃO PRÁTICA

O que é Reforma tributária e o que muda.

(Artigo adaptado do *site*: https://www.portaldaindustria.com.br/industria-de-a-z/reforma-tributaria/)

A reforma tributária aprovada em 2023 é a proposta do Governo Federal para simplificar o sistema tributário brasileiro, extinguindo tributos como PIS, COFINS, IPI, ICMS e ISS, e substituindo-os por um Imposto sobre Operações com Bens e Serviços (IBS).

O Brasil tem um dos sistemas tributários mais complexos do mundo. A multiplicidade de impostos, contribuições e taxas, aliada à alta carga tributária, representa um desafio para empresas e cidadãos. A reforma tributária surge como uma solução para esses problemas.

Os objetivos da reforma tributária são:

- Simplificação: reduzir o número de impostos e unificar tributos que têm a mesma base de incidência.
- Transparência: tornar o sistema tributário mais claro e compreensível para a população.
- Estímulo à economia: com um sistema tributário mais simples e eficiente, espera-se atrair mais investimentos e estimular o crescimento econômico.

Primeira fase da Reforma Tributária

Depois de 30 anos de discussão, a Câmara dos Deputados aprovou, em 7 de julho de 2023, a primeira fase da Reforma Tributária e reformula a tributação sobre o consumo. A Proposta de Emenda à Constituição (PEC), caso aprovada em definitivo no Congresso, simplifica e unifica os tributos sobre o consumo e representa apenas a primeira etapa da reforma.

O que muda com a nova Reforma Tributária de 2023?

A principal mudança com a Reforma Tributária será a extinção de cinco tributos. Juntos, eles representaram quase 38% da arrecadação em 2021.

Continua

---

[4] Op. cit.

Continuação

Três deles são federais: o Programa de Integração Social (PIS), a Contribuição para o Financiamento da Seguridade Social (COFINS) e o Imposto sobre Produtos Industrializados (IPI). Esses tributos serão substituídos pela Contribuição sobre Bens e Serviços (CBS), a ser arrecadada pela União.

Com isso, o governo espera acabar com as cobranças diferenciadas para vários setores, possibilitando um ambiente de negócios mais favorável e eficiente para a economia brasileira. Isso facilita a tributação de bens e serviços para as empresas e resulta em transparência.

Como está a carga tributária hoje?

A carga tributária em 2022 foi de 33,71%, de acordo com estimativa do Tesouro Nacional. Esse é o maior resultado na série histórica do Tesouro, iniciada em 2010.

Quais são os principais pontos da proposta aprovada?

Conforme divulgado pela Agência Câmara, haverá a eliminação de impostos – substituição de cinco tributos (IPI, PIS, COFINS, ICMS e ISS) – por um Imposto sobre Valor Adicionado (IVA) dual, um Imposto sobre Bens e Serviços e um Imposto Seletivo.

São os principais pontos:

- Novo IBS: imposto a ser cobrado no local de consumo dos bens e serviços, com desconto do tributo pago em fases anteriores da produção.
- Imposto dual: o IBS terá uma parcela gerida pela União e outra por estados e municípios.
- Imposto seletivo: será uma espécie de sobretaxa sobre produtos e serviços que prejudiquem a saúde ou o meio ambiente.
- Alíquotas do IBS: haverá uma alíquota padrão e outra diferenciada para atender setores como o da saúde. Isso porque esses setores não têm muitas etapas, como a indústria.
- Exceções: a Zona Franca de Manaus e o Simples manteriam suas regras atuais e alguns setores teriam regimes fiscais específicos: operações com bens imóveis, serviços financeiros, seguros, cooperativas, combustíveis e lubrificantes.
- Alíquota zero de CBS: cesta básica nacional, medicamentos para doenças graves, serviços de ensino superior (Prouni).
- Alíquota zero de IBS e CBS.
- Pessoas físicas que desempenhem atividades agropecuárias, pesqueiras, florestais e extrativistas vegetais *in natura*.
- No caso de produtor rural pessoa física, isenção de IBS e CBS vale para quem tem receita anual de até R$ 2 milhões.

CORREÇÃO DE DESEQUILÍBRIOS

Cashback: prevê a implantação de um *cashback* ou devolução de parte do imposto pago. Contudo, as faixas da população de baixa renda que seriam beneficiadas e o funcionamento do mecanismo ficarão para uma lei complementar.

Continua

Continuação

Transição

- Transição dos tributos antigos para os novos começa em 2029 e vai até 2032;
- Alíquotas serão equivalentes às seguintes proporções das vigentes em cada ano:
  - 90% em 2029;
  - 80% em 2030;
  - 70% em 2031;
  - 60% em 2032.
- 2029 a 2032: entrada gradativa do IBS e extinção gradativa do ICMS e do ISS;
- 2029 a 2078: mudança gradual em 50 anos da cobrança na origem (local de produção) para o destino (local de consumo).

Porém, espera-se ainda um conjunto de regulamentações para a implementação da Reforma Tributária.

- 2033: vigência integral do novo sistema e extinção dos tributos e da legislação antigos.

Fonte: Disponível em: https://www.portaldaindustria.com.br/industria-de-a-z/reforma-tributaria/. Acesso em: fev. 2024.

Resumo

1. **Desenvolver aplicações práticas para análise econômico-financeira, com base em demonstrativos financeiros publicados pelas empresas. Tal aplicação terá enfoque na estrutura e evolução patrimonial; estrutura de resultados; liquidez; endividamento, retorno do investimento e lucratividade.**

O primeiro passo da análise é construir a Demonstração de Origens e Aplicações de Recursos (DOAR), para saber de onde veio o capital investido na empresa e onde ele foi aplicado, além de servir de suporte para a elaboração da Demonstração dos Fluxos de Caixa (DFC).

A avaliação a ser desenvolvida deverá centrar-se nos grupos patrimoniais, e os detalhamentos necessários, visando identificar melhor as causas das variações ocorridas, serão considerados nas análises posteriores.

Também é importante notar que a análise horizontal deve ser desenvolvida em termos reais, como consequência da capacidade aquisitiva constante da moeda das demonstrações financeiras. Da mesma maneira que a DOAR, a qual permite melhor visualizar as movimentações de recursos que afetaram o capital circulante líquido da empresa no exercício, é possível também elaborar um demonstrativo que considera todos os fluxos financeiros com reflexos sobre o caixa. Esse demonstrativo do fluxo de caixa deve ser elaborado com base nos relatórios financeiros do balanço patrimonial e da DOAR, publicados pela empresa.

As movimentações financeiras de caixa explicam, de modo mais analítico, a variação verificada no saldo das disponibilidades imediatas (aplicações financeiras). O valor líquido gerado pelo caixa reflete exatamente a variação negativa no saldo das aplicações financeiras registrado nos balanços publicados.

Para fins de análise do endividamento, ainda, é sugerida a seguir uma classificação dos passivos da empresa segundo a forma de apuração dos encargos financeiros.

A determinação do retorno sobre o investimento (ROI) envolve, ao se trabalhar com demonstrativos financeiros publicados de acordo com a legislação societária brasileira, duas grandes preocupações: a correta mensuração do lucro operacional e do ativo total a serem utilizados na expressão de cálculo. O conceito genuíno de lucro operacional é o resultado oriundo exclusivamente das operações – de suas decisões de ativos – calculado antes das despesas financeiras e de outras despesas classificadas como de natureza não operacional. A maneira como a empresa é financiada não altera o lucro operacional, já que as despesas financeiras originam-se de decisões de passivos (e não de ativos), e devem ser deduzidas após sua mensuração.

2. **Fornecer conclusões de cada item analisado, permitindo maior entendimento e clareza aos leitores no que se refere à situação econômico-financeira da empresa.**

É importante que se efetuem também avaliações do custo de capital da empresa e de seu risco, de seu mercado de atuação e concorrência, tecnologia disponível etc., de modo a poder-se elaborar um diagnóstico mais definitivo do desempenho da empresa e de suas perspectivas futuras. A análise desenvolvida neste capítulo teve por objetivo básico ilustrar uma aplicação prática das técnicas de análise econômico-financeira apresentadas no Capítulo 9.

Testes de verificação

1. **A relação entre capital circulante líquido e vendas (CCL/VENDAS) significa:**

   a) A rentabilidade da empresa imobilizada em seu capital circulante líquido.
   b) A proporção de capital circulante líquido que a empresa possui visando a atender o seu volume de vendas.
   c) Que quanto menor for esse índice, maior será a capacidade de auto-sustentação da empresa.
   d) Que quanto maior for esse índice, menor será a capacidade de aumento do CCL.

   e) O crescimento das vendas da empresa financiada pelo CCL.

2. **O inverso do ROE, ou seja, retorno sobre o patrimônio líquido, indica:**

   a) A proporção do lucro líquido que pertence aos proprietários da empresa.
   b) A rotação (giro) do lucro líquido no período.
   c) O tempo necessário para a recuperação do capital próprio investido na empresa.
   d) A vida útil da empresa.
   e) A margem líquida da empresa.

3. **Qual das transações a seguir eleva o capital circulante líquido?**

   a) Recebimento de realizável a longo prazo.
   b) Amortização de dívidas a longo prazo.
   c) Pagamento de empréstimos a curto prazo.
   d) Pagamento de fornecedores a curto prazo.
   e) Desconto de duplicatas.

4. **O indicador chamado solvência geral (SG) mede a capacidade financeira da empresa a longo prazo para cobrir as obrigações assumidas mediante terceiros tanto de curto quanto a longo prazo. A relação que melhor explica esse indicador é dada por:**

   a) $SG = \dfrac{\text{Patrimônio Líquido}}{\text{Ativo Total}}$

   b) $SG = \dfrac{\text{Patrimônio Líquido}}{\text{Passivo Circulante} + \text{Exigível a Longo Prazo}}$

   c) $SG = \dfrac{\text{Ativo Total}}{\text{Patrimônio Líquido}}$

   d) $SG = \dfrac{\text{Passivo Circulante} + \text{Exigível a Longo Prazo}}{\text{Ativo Total}}$

   e) $SG = \dfrac{\text{Ativo Total}}{\text{Passivo Circulante} + \text{Exigível a Longo Prazo}}$

5. Uma empresa pode dizer que tem uma boa política financeira se ela fixar uma meta para o índice de rotação de fornecedores como sendo:

a) Mais alto do que a rotação do estoque.

b) Igual a rotação do estoque.

c) Mais alto do que o recebimento das vendas.

d) Mais baixo do que o recebimento de vendas.

e) Mais baixo do que a rotação do estoque.

6. Considere as seguintes afirmações:

I – É absolutamente errada a ideia de se ter, às vezes, grande lucro contábil e pouca disponibilidade de caixa.

II – A receita de vendas a prazo é contabilizada por ocasião de seu efetivo recebimento, e não no momento da venda.

III – O lucro por ação mede o ganho financeiro realizado de cada ação recebido pelos acionistas.

Pode-se afirmar que:

a) São corretas as afirmações I e III.

b) São falsas as afirmações II e III.

c) Somente a afirmação II é falsa.

d) Todas são verdadeiras.

e) Todas são falsas.

Exercícios propostos

1. Uma companhia de capital aberto publica seus demonstrativos financeiros em moeda constante. A seguir, são apresentados os balanços da companhia referentes aos exercícios sociais encerrados em 31-12-16 e 31-12-17. Com base nestas informações, pede-se:

a) Efetue uma análise horizontal e vertical.

b) Dê um parecer sobre como evoluiu a estrutura dos ativos da empresa.

c) Em termos de folga financeira de curto prazo, demonstre como foi a evolução de um exercício para o outro.

d) Para cada exercício social, determine a proporção de ativos totais da companhia que é representada por passivos onerosos (passivo circulante e exigível a longo prazo). Como você avaliaria a evolução do endividamento da empresa? Justifique.

Balanço Patrimonial	31-12-16 ($)	31-12-17 ($)
ATIVO		
Caixa	$ 231.205	$ 129.107
Contas a Receber	$ 849.390	$ 1.005.239
Estoque	$ 172.077	$ 222.127
Despesas do Exercício Seguinte	$ 74.159	$ 141.539
Total do Ativo Circulante	$ 1.326.831	$ 1.498.012
Ativo Realizável a Longo Prazo (Não Circulante)	$ 27.615	$ 25.867
Investimentos	$ 55.404	$ 55.361
Imobilizado (valor líquido)	$ 7.416.524	$ 8.367.325
Intangível	$ 340.511	$ 306.477
Total do Ativo Permanente	$ 7.812.439	$ 8.729.163
TOTAL DO ATIVO	$ 9.166.885	$ 10.253.042
PASSIVO		
Passivo Circulante	$ 3.689.661	$ 4.658.385
Não Circulante	$ 4.569.477	$ 3.995.270
Patrimônio Líquido	$ 907.747	$ 1.599.387
TOTAL DO PASSIVO	$ 9.166.885	$ 10.253.042

2. A seguir, são apresentadas algumas contas patrimoniais referentes aos dois últimos exercícios sociais de uma empresa. A partir dessas informações, apure o CCL da empresa em cada exercício, assim como sua evolução real, admitindo uma taxa de inflação de 6% ao ano.

	31-12-16 ($ mil)	31-12-17 ($ mil)
Caixa e Bancos	10.000	17.000
Provisão para distribuição de dividendos	0	13.000
Participações em controladas/coligadas	38.000	42.000
Duplicatas descontadas	4.900	7.000
Provisão para devedores duvidosos	2.700	3.000
Bancos conta vinculada	1.900	17.000
Vendas para entrega futura	14.700	15.000
Fornecedores	81.000	83.000
Impostos e contribuições a recolher	43.000	44.000
Incentivos fiscais	1.800	1.900
Pagamentos antecipados a fornecedores	1.300	1.800
Estoques	120.000	131.000
Clientes	130.000	186.700
Provisão para Imposto de Renda	0	9.200
Empréstimos bancários de curto prazo	70.000	110.000

3. Uma empresa apurou os seguintes valores de receitas de vendas e patrimônio líquido ao final dos exercícios sociais de 20X4 a 20X7. Apure a evolução anual nominal e real das informações contábeis:

	20X4 ($ mil)	20X5 ($ mil)	20X6 ($ mil)	20X7 ($ mil)
Receitas de Vendas	$ 148.000	$ 263.000	$ 303.500	$ 250.000
Patrimônio Líquido	$ 190.000	$ 201.000	$ 230.000	$ 245.000
Inflação Anual	12,42%	1,20%	3,85%	4,06%

4. Uma empresa comercializa e fabrica produtos plásticos. É uma empresa familiar, ou seja, os diretores eram os proprietários e tinham o poder de decisão. Gradativamente, devido à concorrência no mercado globalizado, está ocorrendo a transição dos diretores familiares para diretores que possuem formação acadêmica e atuam no mercado. A seguir, apresentam-se os dois últimos demonstrativos financeiros, balanço patrimonial e DRE dos dois últimos exercícios sociais:

BALANÇO PATRIMONIAL	31-12-16 ($ mil)	31-12-17 ($ mil)
Disponível	2.500	2.750
Aplicações Financeiras	350	450
Estoques	18.000	21.600
Depósitos Judiciais	200	208
Despesas Antecipadas	500	500
Valores a Receber	20.000	13.800
Aplicações Financeiras a Longo Prazo	500	909
Valores a Receber a Longo Prazo	32.000	27.200
Investimentos	6.500	6.500
Imobilizado (valor líquido)	17.520	17.520
Intangível	212	212
ATIVO/PASSIVO TOTAL + PL	**98.282**	**91.649**
Fornecedores	13.332	1.404
Obrigações Fiscais	200	0
Salários	20.000	20.000
Dividendos Propostos	500	0
Financiamentos Bancários Curto Prazo	6.000	6.600
Financiamentos Bancários Longo Prazo	15.000	16.500
Obrigações Fiscais Longo Prazo	200	200
Capital Social	40.000	42.300
Reservas de Capital	750	2.115
Lucros Acumulados	2.300	2.530

DRE	31-12-16 ($ mil)	31-12-17 ($ mil)
Vendas Líquidas	75.000,00	82.500,00
Custo dos Produtos Vendidos	(35.650,00)	(36.006,50)
Lucro Bruto	39.350,00	46.493,50
Despesas Operacionais	(2.530,00)	(3.036,00)
Receitas Operacionais	1.564,00	1.642,20
Despesas Gerais e Administrativas	(25.000,00)	(25.000,00)
Receitas Financeiras	509,00	585,35
Outras Despesas Operacionais	(653,00)	(718,30)
Lucro Operacional	13.240,00	19.966,75
Despesas Financeiras	(8.997,58)	(14.444,02)
Lucro antes do Imposto de Renda	4.242,42	5.522,73
Provisão para Imposto de Renda	(1.442,42)	(1.877,73)
Lucro Líquido	2.800,00	3.645,00

Com base nos Demonstrativos da Empresa, calcule:

a) Indicadores de liquidez, endividamento e estrutura.
b) Indicadores de atividade.
c) Indicadores de rentabilidade e lucratividade (líquidos do IR).

5. Uma empresa de pequeno porte está passando por dificuldades no mercado devido ao avanço tecnológico, pois seus custos são maiores devido ao não uso da tecnologia a seu favor. Essa situação é refletida na evolução dos resultados dos três últimos exercícios. Efetue a análise horizontal das demonstrações de resultados apresentadas a seguir.

DEMONSTRAÇÃO DE RESULTADO DO EXERCÍCIO (em $ mil)			
	2015	2016	2017
Vendas Líquidas	54.000,00	37.800,00	37.044,00
Custo de Produção	(43.200,00)	(36.720,00)	(40.392,00)
Lucro Bruto	10.800,00	1.080,00	(3.348,00)
Despesas de Vendas	(1.200,00)	(1.200,00)	(1.200,00)
Despesas Administrativas	(800,00)	(3.348,00)	(800,00)
Despesas Financeiras	(2.500,00)	(2.500,00)	(2.500,00)
Receitas Financeiras	300,00	320,00	280,00
Resultado antes do IR	6.600,00	(3.100,00)	(7.568,00)
Provisão para IR	(2.310,00)	–	–
Lucro Líquido	4.290,00	(3.100,00)	(7.568,00)

6. Uma empresa apura no início de certo período um estoque de mercadorias de $ 2.300, tendo encerrado o período com um saldo de mercadorias equivalente a $ 2.100. No período, ainda, a empresa adquiriu $ 1.800 de produtos para vendas. As vendas da empresa no período foram de $ 3.200. Calcule o resultado bruto do período.

Sugestão de filme

Margin call: o dia antes do fim. Filme recomendado por tratar de análise de empresas em dificuldades financeiras, ativos destruídos e perda de patrimônio líquido.

Sugestão de leitura

ASSAF NETO, Alexandre. **Estrutura e análise de balanços.** 13. ed. São Paulo: Atlas, 2023.

MARION, José Carlos. **Contabilidade empresarial e gerencial.** 19. ed. São Paulo: Atlas, 2022.

Respostas dos Testes de verificação

1. b   4. e
2. c   5. d
3. a   6. e

Links da web

www.fundamentus.com.br. *Site* com indicadores de análise financeira dos demonstrativos financeiros.

www.institutoassaf.com.br. *Site* com os principais indicadores econômico-financeiros setoriais das companhias brasileiras.

www.damodaran.com. *Site* com indicadores financeiros de empresas dos EUA.

ANÁLISE CUSTO – VOLUME – LUCRO E ALAVANCAGEM OPERACIONAL

OBJETIVOS DO CAPÍTULO

1. Descrever as características da análise custo – volume – lucro, enfocando e diferenciando os pontos de equilíbrio contábil, econômico e financeiro.
2. Abordar a formação do resultado operacional no Brasil e propor métodos de ajuste no resultado operacional, adequando-o às características do ambiente econômico do Brasil.
3. Explicar o significado de alavancagem operacional e sua formulação.

Alavancagem é o resultado do uso de recursos operacionais e financeiros que tenham um custo fixo para aumentar o retorno dos proprietários de uma empresa. A alavancagem pode ser operacional, financeira e total.

Alavancagem operacional é determinada pela relação existente entre as receitas operacionais da empresa e o seu LAJIR (Lucro Antes dos Juros e do Imposto de Renda), ou seja, lucro operacional antes do IR.

Alavancagem financeira é determinada pela relação entre esse LAJIR e o lucro líquido da empresa pelo uso dos encargos financeiros fixos.

Alavancagem total é medida pela relação entre as receitas operacionais da empresa e o seu lucro líquido.

Um dos aspectos mais importantes do processo de análise de uma empresa é o estudo da alavancagem operacional e financeira. Uma expectativa presente em toda decisão financeira tomada em uma empresa é que ela contribua para elevar o seu resultado operacional e o resultado líquido de seus acionistas. Esse desempenho é potencialmente medido pelos respectivos graus de alavancagem operacional e financeira.

A aplicação da alavancagem operacional na análise e na avaliação de uma empresa permite que se conheça, principalmente, sua viabilidade econômica, e se analise ainda a natureza cíclica de um negócio e a variabilidade de seus resultados.

Este capítulo dará destaque apenas ao uso da *alavancagem operacional* e seus efeitos nos resultados de uma empresa. O uso da alavancagem financeira será tratado no Capítulo 12.

Antes do estudo detalhado da alavancagem operacional, será explicada a análise do ponto de equilíbrio, com o objetivo de demonstrar os efeitos dos custos fixos nas operações da empresa.

11.1 ANÁLISE CUSTO – VOLUME – LUCRO

A *análise custo – volume – lucro*, também chamada de análise do ponto de equilíbrio, é utilizada visando conhecer o volume de atividade necessária para cobrir todos os custos e despesas operacionais e analisar o lucro associado ao nível de vendas.

Em outras palavras, a análise do ponto de equilíbrio (*break-even point*) informa o volume de vendas necessário para cobrir todos os custos e despesas operacionais, ou seja, no ponto de equilíbrio o resultado operacional da empresa é igual a zero.

Os *custos (e despesas) fixos* são aqueles que **não dependem** do volume de produção e vendas no período. Por exemplo, o valor da depreciação de uma máquina em certo mês existe independentemente de aumentos ou reduções naquele período do volume de atividade. Outros exemplos de custos (e despesas) fixos são o aluguel da fábrica, depreciação de máquinas e equipamentos, salários de pessoal administrativo, honorários da administração, encargos financeiros decorrentes de empréstimos e financiamentos etc.

> **!**
>
> **IMPORTANTE ■** o ponto de partida para chegar a esse resultado operacional é separar os custos de produção e as despesas operacionais em *fixos* e *variáveis*. É importante notar que esta classificação dos custos (e despesas) é feita a partir da relação entre os custos e o volume de atividade (produção e vendas) de uma empresa em certa unidade de tempo. A definição de fixo e variável é sempre determinada pela relação entre o valor do custo, em certo período, e o volume de atividade.

É importante destacar que o custo fixo pode ter valores diferentes em cada período e continuar sendo classificado como fixo. Por exemplo, se um compromisso (aluguel, financiamento etc.) sofrer reajuste a cada mês, ainda assim continuará a ser classificado como fixo, pois o seu valor não é função do volume de atividade, ou seja, não se relaciona com o volume de produção.

Os *custos (e despesas) variáveis* são aqueles que **dependem** do volume de atividade (produção e vendas), sempre dentro de alguma unidade de tempo (mês, trimestre etc.). Estes custos acompanham o volume de produção: quanto maior a atividade da empresa, maiores se apresentam estes custos. Comissões sobre vendas, embalagens, impostos sobre vendas (ICMS), embalagens, fretes, consumo de matérias-primas, custos de mercadorias vendidas no caso de empresas comerciais, entre outros, são classificados como custos e despesas variáveis.

Algumas observações são relevantes. No caso de uma pequena empresa no Brasil, onde o imposto ICMS é calculado por estimativa (paga-se um valor fixo todo mês) e não como um percentual da venda realizada, esse tributo assume a característica de fixo por não depender do volume de faturamento.

Existem ainda os custos (ou despesas) *semifixos* e *semivariáveis*, que são aqueles que possuem parte fixa e parte variável, como a remuneração de pessoal de venda que recebe salário fixo mais uma parcela variável representada por comissões sobre as vendas. Nessa situação, deve-se, para efeito de análise, fazer a separação da parte que é fixa da parte que é variável.

A partir da separação dos custos (e despesas) em fixos e variáveis, pode-se elaborar uma demonstração de resultados mais gerencial, na qual são destacados o desempenho dos produtos (ou unidades de negócios, ou da própria empresa) e sua contribuição para a cobertura dos gastos fixos e formação dos lucros. Quando uma empresa produz e vende certo volume de seus produtos, pode elaborar o seguinte resultado:

Receitas de Vendas	**X X X**
Custos e Despesas Variáveis	(X X)
Margem de Contribuição	**X X X**
Custos e Despesas Fixos	(X X)
Resultado	**X X X**

A *Margem de Contribuição* é a diferença entre as receitas operacionais de vendas e os custos (e despesas) variáveis incorridos no período. Pode ser entendida, ainda, como a sobra do resultado entre vendas e custos variáveis que irá contribuir, após a remuneração dos custos fixos, para a formação do lucro total da empresa.

Para ilustrar, admita uma empresa que vendeu, em certo mês, dois produtos: **A** e **B**, registrando os seguintes valores:

	Produto A	Produto B
Volume de vendas	2.600 un.	5.000 un.
Preço de venda	$ 170,00/un.	$ 280,00/un.
Custos (despesas) variáveis	$ 76,50/un.	$ 196,00/un.
Margem de contribuição	$ 93,50/un.	$ 84,00/un.

O custo e despesa fixo total incorrido no mês atingiu $ 435.000,00. A margem de contribuição por produto e da empresa é calculada:

	Produto A	Produto B	Total
Receitas de vendas	$ 442.000,00	$ 1.400.000,00	$ 1.842.000,00
Custos e Despesas Variáveis	($ 198.900,00)	($ 980.000,00)	($ 1.178.900,00)
Margem de Contribuição:	**243.100,00**	**$ 420.000,00**	**$ 663.100,00**
Custos e Despesas Fixos	–	–	(435.000,00)
Lucro Operacional Antes do IR	–	–	**$ 228.100,00**

O produto de maior margem de contribuição unitária é **A**, porém **B**, pelo maior volume de vendas, é o que produz a mais elevada margem total ($ 420.000,00).

O produto **A** contribui com $ 93,50/un. e o produto **B** com $ 84,00/un. para a formação do lucro da empresa. A soma dessas margens unitárias, multiplicadas respectivamente pelas quantidades vendidas, perfaz a *margem de contribuição total* da empresa no mês, igual a $ 663.100,00. Deste montante são deduzidos os custos e despesas fixos para se chegar ao resultado operacional (antes do IR) da empresa.

11.1.1 Ponto de Equilíbrio Operacional (PEO)

O Ponto de Equilíbrio é formado a partir das relações dos custos e despesas fixos e variáveis com as receitas de vendas. Algebricamente, pode-se calcular o *Ponto de Equilíbrio Operacional* (PEO) como sendo:

Alavancagem Operacional	Receita de vendas:	$p \times q$
	(–) Custos Fixos:	CF
	(–) Custos variáveis:	$CVu \times q$
	(=) *LAJIR*	$p \times q - CF - CVu \times q$

em que:

q = quantidade de vendas por unidade;

p = preço de venda unitário;

CVu = custo (despesa) operacional variável por unidade;

CF = custo (despesa) operacional fixo no período;

$LAJIR$ = lucro antes dos juros e IR (lucro operacional antes do IR).

No ponto de equilíbrio, tem-se: **LAJIR = 0**. Simplificando a expressão e colocando o valor da quantidade vendida de mercadorias q em evidência, tem-se:

$$q(p - CVu) - CF = 0$$

$$q = \frac{CF}{(p - CVu)}$$

Essa quantidade de unidades a ser produzida e vendida pela empresa é o que se denomina *Ponto de Equilíbrio Operacional (PEO)*, ou seja, o volume mínimo de vendas necessário para pagar todos os custos operacionais fixos e variáveis da empresa. Realizando vendas acima desse ponto, a empresa atua na faixa de lucro; volume de vendas abaixo do ponto de equilíbrio gera prejuízo.

EXEMPLO ILUSTRATIVO – Cálculo do Ponto de Equilíbrio Operacional

Considere um exemplo típico de uma pequena empresa que tenha custos (e despesas) operacionais fixos no valor de $ 2.000,00 por mês. O preço de venda por unidade de seu único produto é de $ 15,00 e seu custo (e despesa) operacional variável é de $ 5,00/unidade. Pede-se determinar o ponto de equilíbrio operacional da empresa.

Solução:

De acordo com os dados fornecidos, tem-se:

$$q = \frac{\$\,2.000,00}{\$\,15 - \$\,5} = 200 \text{ unidades}$$

Isso quer dizer que, para não ter prejuízo (e também lucro), a empresa deve vender 200 unidades de seu produto no mês. Neste volume de vendas, a margem de contribuição iguala-se aos custos fixos, produzindo um LAJIR zero.

Demonstrando:

Receita de vendas:		
200 un. × $ 15,00	= $	3.000,00
Custos e despesas variáveis:		
200 un. × $ 5,00	= ($ 1.000,00)	
Margem de Contribuição	**= $**	**2.000,00**
Custos e despesas fixos	= ($ 2.000,00)	
Resultado Operacional Antes IR (LAJIR)	**=**	**– 0 –**

A Figura 11.1 mostra a análise gráfica do ponto de equilíbrio com os dados do exemplo ilustrativo anterior. O ponto de equilíbrio da empresa é o volume de vendas no qual o seu custo e despesa operacional total, isto é, a soma dos seus custos e despesas operacionais fixos e variáveis, se iguala à receita das vendas.

Como se observa na Figura 11.1, quando as receitas de vendas são inferiores ao custo total, ocorre perda operacional para a empresa. Em outras palavras, para vendas abaixo de 200 unidades por mês, o custo total da empresa supera a receita operacional gerada pelas vendas e, consequentemente, o LAJIR será negativo (faixa de prejuízo). Para níveis de venda acima de 200 unidades mensais, a receita total supera os custos totais, gerando um LAJIR positivo.

A diferença que consta no denominador da fórmula da quantidade de equilíbrio $(p - CVu)$ é denominada, conforme foi detalhado, *margem de contribuição (MC)*. Em outras palavras, a margem de contribuição nada mais é do que o valor que sobra das vendas para pagar os custos e despesas fixos e gerar lucro.

A fórmula do ponto de equilíbrio pode também ser escrita:

$$q = \frac{CF}{MC}$$

O cálculo do ponto de equilíbrio foi desenvolvido até aqui na suposição de que se trabalha apenas com um único produto na venda. Na prática, muitas empresas trabalham com mais de um produto e precisam conhecer as quantidades de venda de cada um deles. A fórmula para o cálculo do *ponto de equilíbrio para mais de um produto* é dada a seguir.

APLICAÇÃO PRÁTICA
Cálculo do ponto de equilíbrio no dia a dia de uma empresa com impostos incidentes sobre o custo e o preço de venda

Considere uma empresa comercial que vende seus produtos a $ 60,00 a unidade, já com os impostos e margem de lucro embutidos. O custo de compra da mercadoria vendida é de $ 30,00 a unidade, também calculado com impostos inclusos. Sabe-se que a compra e a venda ocorrem dentro do mesmo Estado, cuja alíquota do ICMS é de 18%, PIS/COFINS de 9,25% com IPI de 15%.

O custo fixo total mensal da empresa é de $ 10.200,00 e a quantidade comprada em determinado mês para revender é de 1.400 unidades. Dado ainda que a empresa espera uma perda pela inadimplência (clientes incobráveis) de 2%, *pede-se*:

a) o preço de venda sem os impostos e as despesas de perdas;
b) o custo unitário total líquido dos impostos;
c) o ponto de equilíbrio operacional.

Solução:

a) Não se pode calcular agora o ponto de equilíbrio como desenvolvido no exemplo anterior [10.200/(60 – 30) = 510 unidades], porque agora existem os impostos e as perdas decorrentes da inadimplência.

Deve-se primeiramente fazer os cálculos dos valores do preço de venda e dos custos fixos e variáveis líquidos dos encargos:

IPI = 15% × $ 60,00 = $ 9,00

ICMS = 18% × ($ 60,00 – $ 9,00) = $ 9,18

PIS/COFINS = 9,25% × ($ 60,00 – $ 9,00) = $ 4,72

Perdas por incobráveis = 2% × $ 60,00 = $ 1,20

Assim, o preço de venda líquido dos impostos e das perdas por inadimplência será: $ 60,00 – $ 9,00 – 9,18 – $ 4,72 – $ 1,20 = $ 35,90/unidade.

b) O mesmo raciocínio deve ser feito para o custo variável unitário:

IPI = 15% × $ 30,00 = $ 4,50

ICMS = 18% × ($ 30,00 – $ 4,50) = $ 4,59

PIS/COFINS = 9,25% × ($ 30,00 – $ 4,50) = $ 2,36

Assim, o custo variável unitário de compra líquido dos impostos (créditos fiscais) será: $ 30,00 – $ 4,50 – $ 4,59 – $ 2,36 = $ 18,55.

O custo fixo de $ 10.200,00, de maneira mais simplista, pode ser rateado pelas 1.400 unidades produzidas: [$ 10.200,00/1.400 un. = $ 7,29].

Desse modo, o custo total unitário líquido dos impostos atinge: $ 7,29 + $ 18,55 = $ 25,84.

A margem de contribuição unitária será: $ 35,90 – $ 18,55 = $ 17,35, que gera um lucro unitário de $ 17,35 – $ 7,29 = $ 10,06.

c) O ponto de equilíbrio operacional no mês será:

$$q = \frac{10.200,00}{17,35} = 588 \text{ unidades}$$

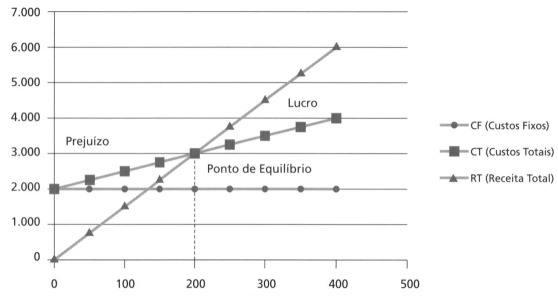

Figura 11.1 Representação gráfica do ponto de equilíbrio.

$$q = \frac{CF}{\dfrac{\sum_{i=1}^{n} MC_i \times Q_i}{\sum_{i=1}^{n} Q_i}}$$

em que:

q = quantidade de vendas por unidade;

CF = custo (e despesa) fixo total;

MC_i = margem de contribuição por produto, em que i representa o número de produtos que são vendidos pela empresa;

Q_i = quantidade prevista de venda por produto.

11.1.2 Ponto de equilíbrio contábil, econômico e financeiro

O ponto de equilíbrio conforme demonstrado no item anterior, em que o resultado operacional se anula, é denominado *ponto de equilíbrio contábil*, uma vez que tem como base um lucro contábil igual a zero. A expressão de cálculo é dada a seguir:

$$\text{Ponto de Equilíbrio Contábil} = q = \frac{CF}{(p - CVu)}$$

Todas as empresas perseguem um lucro mínimo, representado pelo custo de oportunidade do investimento feito pelos proprietários, ou seja, um resultado mínimo que compense o investimento realizado. É como se atribuíssem ao capital próprio investido um "juro mínimo". Ao volume de vendas que produz esse lucro esperado se dá o nome de *ponto de equilíbrio econômico*, cuja expressão pode ser vista a seguir:

$$\text{Ponto de Equilíbrio Econômico} = \frac{CF + \text{Lucro Mínimo}}{(p - CVu)}$$

Também ocorre de nem sempre os custos e despesas fixos serem desembolsáveis, ou seja, exigirem comprometimento de caixa, como é o caso das depreciações. Assim, pode ocorrer de, mesmo operando em seu ponto de equilíbrio contábil, não ser possível à empresa honrar seus compromissos que exigem desembolsos de caixa. Pode ocorrer ainda de a empresa ter empréstimos bancários cujos juros estão contidos nas despesas fixas por competência, porém os pagamentos efetivos estão previstos para outros momentos.

Tem-se, por meio destes exemplos, o *ponto de equilíbrio financeiro,* que calcula o volume de vendas que iguala as entradas com as saídas de caixa. A grande contribuição do ponto de equilíbrio financeiro é eliminar os eventuais conflitos entre os prazos de pagamento e de recebimentos. Sua expressão de cálculo é a seguinte:

$$\text{Ponto de Equilíbrio Financeiro} = \frac{CF - \text{Não desembolsáveis} + \text{Amortizações}}{(p - CVu)}$$

APLICAÇÃO PRÁTICA
Cálculo do ponto de equilíbrio de um posto de combustíveis

Considere um posto de combustível que vende 8.500 litros de combustível por mês, distribuídos em 2.500 litros de gasolina comum, 2.000 de óleo diesel e 4.000 litros de etanol. O preço atual bruto da gasolina é de $ 2,50 /litro, do diesel $ 1,50/litro e do etanol $ 1,10/litro. O custo unitário de compra da gasolina é $ 1,50, do óleo diesel é $ 0,90 e do etanol é $ 0,60. Sabendo que esse posto tem um custo fixo mensal de $ 4.000,00, calcule o ponto de equilíbrio total e por combustível que esse posto deve vender.

Solução:

De posse dos dados do problema, tem-se:

	Gasolina	Diesel	Etanol
Preço Unitário	$ 2,50	$ 1,50	$ 1,10
Custo Unitário	$ 1,50	$ 0,90	$ 0,60
MC unitária	$ 1,00	$ 0,60	$ 0,50
Quantidade Vendida	2.500,00	2.000,00	4.000,00

Assim, o ponto de equilíbrio total será:

$$q = \frac{4.000,00}{\dfrac{1,00 \times 2.500 + 0,60 \times 2.000 + 0,50 \times 4.000}{2.500 + 2.000 + 4.000}} = \frac{4.000,00}{0,6706}$$

q = 5.965 litros

As porcentagens de cada produto vendido são dadas no quadro a seguir:

	Gasolina	Diesel	Etanol
Porcentagens de Venda	29,4%	23,5%	47,1%

O ponto de equilíbrio médio por produto é:

Gasolina = 29,4% × 5.965 = 1.754 litros
Diesel = 23,5% × 5.965 = 1.402 litros
Etanol = 47,1% × 5.965 = 2.809 litros

EXEMPLO ILUSTRATIVO – Ponto de Equilíbrio Econômico e Financeiro

Considere o exemplo ilustrativo desenvolvido no cálculo do Ponto de Equilíbrio Operacional de uma pequena empresa que tenha custos (e despesas) operacionais fixos de $ 2.000,00 por mês. O preço de venda por unidade de seu único produto é de $ 15,00 e seu custo (e despesa) operacional variável é de $ 5,00.

Pede-se calcular o ponto de equilíbrio econômico se a empresa deseja ter um lucro de $ 500,00 por mês. Calcule também o ponto de equilíbrio financeiro considerando que a empresa possui uma depreciação mensal de $ 100 e um empréstimo que possui uma amortização mensal de $ 700.

Solução:

De acordo com os dados fornecidos, tem-se:

$$\text{Ponto de Equilíbrio Econômico} = \frac{\$\,2.000,00 + \$\,500}{\$\,15 - \$\,5}$$
$$= 250 \text{ unidades}$$

$$\text{Ponto de Equilíbrio Financeiro} = \frac{\$\,2.000 - \$\,100 + \$\,700}{\$\,15 - \$\,5}$$
$$= 260 \text{ unidades}$$

11.2 ALAVANCAGEM OPERACIONAL

A medida da *alavancagem operacional* revela como uma alteração no volume de atividade influi sobre o resultado operacional da empresa. Em outras palavras, se as vendas sofrerem uma variação, por exemplo, de 10% em certo período, qual o impacto desse comportamento sobre o lucro operacional.

A quantificação desse impacto é feita pela medida do *grau de alavancagem operacional (GAO)*, cuja expressão é dada a seguir:

$$\text{GAO} = \frac{\text{Porcentagem de variação no lucro}}{\text{Porcentagem de variação no volume de atividade}}$$

O GAO é determinado pela estrutura de custos e despesas da empresa, apresentando maior capacidade de alavancar os lucros aquela que apresentar maiores custos e despesas fixos em relação aos custos e despesas totais. Identicamente, empresas com estrutura mais elevada de custos e despesas fixos assumem também maiores riscos em razão da maior variabilidade de seus resultados operacionais.

EXEMPLO ILUSTRATIVO – Grau de Alavancagem Operacional

Considere ilustrativamente duas empresas **A** e **B**, iguais em todos os aspectos, exceto em sua estrutura de custos e despesas. A empresa **A**, por ser mais automatizada, tem uma relação custo e despesa fixo/custo e despesa total mais alta que a empresa **B**. A seguir, são fornecidos os seus resultados do último período.

Admitindo um aumento de 20% no volume de vendas, calcule o GAO para as duas empresas e interprete o seu resultado.

	Empresa A		Empresa B	
Receitas de Vendas	$ 100	100%	$ 100	100%
Custos e Despesas Variáveis	($ 30)	30%	($ 70)	70%
MARGEM DE CONTRIBUIÇÃO	*$ 70*	*70%*	*$ 30*	*30%*
Custos e Despesas Fixos	($ 60)		($ 20)	
RESULTADO OPERACIONAL	*$ 10*		*$ 10*	

Solução:

Atualizando os valores, tem-se:

	Empresa A		Empresa B	
Receita de Vendas	$ 120	100%	$ 120	100%
Custos e Despesas Variáveis	($ 36)	30%	($ 84)	70%
MARGEM DE CONTRIBUIÇÃO	*$ 84*	*70%*	*$ 36*	*30%*
Custos e Despesas Fixos	($ 60)		($ 20)	
RESULTADO OPERACIONAL	*$ 24*		*$ 16*	
Variação do lucro operacional	24/10 –1 = 140%		16/10 – 1 = 60%	
Variação no volume de vendas	20%		20%	
GAO	$\text{GAO} = \dfrac{140\%}{20\%} = 7$		$\text{GAO} = \dfrac{60\%}{20\%} = 3$	

Ocorrendo um aumento de 20% no volume de vendas, o lucro operacional da empresa **A** se eleva sete vezes (140%), e o da empresa **B** somente três vezes (60%). Em outras palavras, para cada 1% de aumento nas vendas, a empresa **A** oferece uma elevação de 7% em seus resultados operacionais, e a empresa **B** somente 3%. Por não sofrerem variações em seus valores, os custos e despesas fixos são diluídos pela elevação do volume de atividade, alavancando maiores variações nos lucros operacionais.

O grau de alavancagem operacional também atua no sentido contrário, demonstrando maior alavancagem nos lucros e, também, nos prejuízos. Considere o mesmo exemplo apresentado, porém agora assumindo uma redução de 20% no volume de vendas.

	Empresa A		Empresa B	
Receitas de Vendas	$ 80	100%	$ 80	100%
Custos e Despesas Variáveis	($ 24)	30%	($ 56)	70%
MARGEM DE CONTRIBUIÇÃO	*$ 56*	*70%*	*$ 24*	*30%*
Custos e Despesas Fixos	($ 60)		($ 20)	
RESULTADO OPERACIONAL	*($ 4)*		*$ 4*	
Variação do lucro operacional	– 4/10 –1 = –140%		4 /10 – 1 = – 60%	
Variação no volume de vendas	– 20%		– 20%	
GAO	$GAO = \dfrac{-140\%}{-20\%} = 7$		$GAO = \dfrac{-60\%}{-20\%} = 3$	

Note que, ao se admitir uma redução de 20% no volume de vendas, a empresa **A** revela-se incapaz de cobrir os seus custos e despesas fixos mais elevados, apurando um prejuízo operacional. A empresa **B**, por apresentar uma participação bem mais reduzida de custos e despesas fixos, ainda consegue manter-se em situação de lucro, conforme foi demonstrado no quadro de apuração dos resultados apresentado anteriormente.

Observe ainda que o GAO é o mesmo: GAO = 7 para a empresa **A** e GAO = 3 para a empresa **B**. Os resultados indicam uma redução, em valores percentuais, sete vezes maior no resultado operacional da empresa **A** para cada unidade de variação em seu volume de vendas e de somente três vezes para o caso da empresa **B**.

A alavancagem operacional pode ser vista como uma faca de duas pontas. Os lucros começam a aparecer quando unidades adicionais são vendidas, aumentando proporcionalmente de maneira mais rápida à medida que as vendas vão aumentando. Todavia, o efeito é o mesmo quando as vendas diminuem, o que acarreta para a empresa um nível de risco operacional maior.

Quanto mais distante a empresa estiver do seu ponto de equilíbrio, menor será o seu grau de alavancagem operacional, pois menor será o impacto percentual sobre seu lucro do acréscimo (ou decréscimo) determinado pela alteração no seu volume de vendas.

> **! IMPORTANTE** ■ há então uma importante relação entre o grau de alavancagem operacional e o risco econômico (operacional) da empresa. Trabalhando acima do ponto de equilíbrio, a empresa tende a apresentar menor GAO, mas também apresentará um menor risco de entrar em prejuízo. Trabalhando com alto GAO, tenderá a se situar perto de seu ponto de equilíbrio e, consequentemente, com alto risco de melhorar significativamente seu resultado, ou de piorá-lo, também significativamente.

11.3 RISCOS OPERACIONAIS DAS VARIAÇÕES NOS CUSTOS E DESPESAS

A alavancagem operacional, por incorporar o resultado dos ativos da empresa, é um dos componentes relevantes de seu risco econômico. Diversas incertezas se verificam na análise do GAO, como variações nos custos e despesas operacionais, como será visto a seguir.

EXEMPLO ILUSTRATIVO

Ilustrativamente, considere o mesmo exemplo anterior das empresas **A** e **B,** porém agora avalie o que ocorre se houver:

a) um acréscimo de 20% nos custos e despesas fixos;

b) um decréscimo de 20% nos custos e despesas fixos;

c) um acréscimo de 20% nos custos e despesas variáveis.

Solução:

a) Considerando um acréscimo de 20% nos custos e despesas fixos, ou seja, para a empresa **A**, os custos e despesas fixos, que eram originalmente de $ 60, passarão a $ 72 (20% de aumento), e para a empresa **B**, de $ 20 passarão a $ 24.

	Empresa A		Empresa B	
Receita de Vendas	$ 100	100%	$ 100	100%
Custos e Despesas Variáveis	($ 30)	30%	($ 70)	70%
MARGEM DE CONTRIBUIÇÃO	*$ 70*	*70%*	*$ 30*	*30%*
Custos e Despesas Fixos	($ 72)		($ 24)	
RESULTADO OPERACIONAL	*($ 2)*		*$ 6*	

Observe que se o aumento dos custos e despesas fixos for relativamente o mesmo para as duas empresas, a empresa **A** corre o risco de incorrer em prejuízo mais rapidamente do que a empresa **B**, em razão do seu maior nível de custos e despesas fixos.

b) O contrário ocorre quando custos e despesas fixos diminuem. Se esses custos recuarem os mesmos 20%, ou seja, para a empresa **A**, de $ 60 passarem para 48% (20% a menos), e para a empresa **B**, de $ 20 passarem para $ 16, o novo resultado será:

	Empresa A		Empresa B	
Receita de Vendas	$ 100	100%	$ 100	100%
Custos e Despesas Variáveis	($ 30)	30%	($ 70)	70%
MARGEM DE CONTRIBUIÇÃO	*$ 70*	*70%*	*$ 30*	*30%*
Custos e Despesas Fixos	($ 48)		($ 16)	
RESULTADO OPERACIONAL	*$ 22*		*$ 14*	

A redução nos custos e despesas fixos promove maiores lucros na empresa mais alavancada (empresa **A**). Tem-se então que, quanto maiores forem os custos e despesas fixos, maiores se apresentam as chances de grandes lucros e maiores os riscos de grandes prejuízos.

c) Por outro lado, ocorrendo variações nos custos e despesa variáveis, e mantendo-se os demais

valores constantes, as empresas com menor margem de contribuição unitária serão afetadas mais fortemente do que aquelas com maior margem, ou com menores custos e despesas variáveis.

Considere o aumento de 20% nos custos e despesas variáveis na empresa **A**, que passará de $ 30 para $ 36 e, para a empresa **B**, de $ 70 para $ 84, os novos resultados serão:

	Empresa A		Empresa B	
Receita de Vendas	$ 100	100%	$ 100	100%
Custos e Despesas Variáveis	($ 36)	36%	($ 84)	84%
MARGEM DE CONTRIBUIÇÃO	*$ 64*	*64%*	*$ 16*	*16%*
Custos e Despesas Fixos	$ 60		$ 20	
RESULTADO OPERACIONAL	*$ 4*		*($ 4)*	

Assim, quanto maiores forem os custos e despesas variáveis, maiores também os riscos em caso de elevação dos custos. A empresa **B,** com menor margem de contribuição, terá de arcar com prejuízo, apresentando maior dificuldade em retomar os lucros.

11.4 FORMULAÇÕES DO CÁLCULO DO GRAU DE ALAVANCAGEM OPERACIONAL

Muitas vezes, é utilizada uma fórmula mais analítica que permite apurar o GAO diretamente em qualquer nível de atividade, sem necessidade de se conhecerem as variações no volume de vendas e nos resultados.

A partir da fórmula do GAO, tem-se:

$$\text{GAO} = \frac{\Delta \text{ Lucro Operacional}}{\Delta \text{ Volume de Vendas}}$$

Como os custos e despesas fixos não se alteram, por definição, diante de variações no volume de vendas, a variação do resultado operacional pode ser obtida pela margem de contribuição, ou seja:

$$\Delta \text{ Lucro Operacional} = \frac{\Delta\,q(RV_u - CV_u)}{q(RV_u - CV_u) - CF}$$

em que:

$\Delta\,q$ significa a variação física da quantidade no nível de vendas ou produção;

RV_u são as receitas de vendas por unidade;

CV_u os custos e despesas variáveis por unidade; e

CF são os custos e despesas fixos operacionais totais.

A variação no volume de vendas é determinada por:

$$\Delta \text{ Volume de Vendas} = \frac{\Delta\,q}{q}$$

Agregando as duas fórmulas, tem-se:

$$\text{GAO} = \frac{\dfrac{\Delta\,q(RV_u - CV_u)}{q(RV_u - CV_u) - CF}}{\dfrac{\Delta\,q}{q}}$$

Fazendo as simplificações matemáticas em que a expressão $\Delta\,q$ do numerador da primeira expressão pode ser cancelada com a mesma expressão do denominador da segunda, tem-se:

$$\text{GAO} = \frac{\Delta\,q(RV_u - CV_u)}{q(RV_u - CV_u) - CF} \times \frac{q}{\Delta\,q}$$

$$\text{GAO} = \frac{q \times (RV_u - CV_u)}{q(RV_u - CV_u) - CF}$$

Essa expressão apura o grau de alavancagem operacional (GAO) com base em unidades de volume de vendas. Para um volume de vendas expresso em valores monetários totais, tem-se:

$$\text{GAO} = \frac{RV_t - CV_t}{RV_t - CV_t - CF}$$

sendo RV_t as receitas de vendas totais e CV_t os custos e despesas variáveis totais, ambas expressas em valores monetários.

ILUSTRAÇÃO DO USO DA FORMULAÇÃO ANALÍTICA DO GAO

Para ilustrar uma aplicação prática do uso da formulação do GAO, conforme apresentada, considere uma empresa que tenha, em determinado período, vendas de 5 unidades de um produto ao preço de $ 20,00/un. Os custos e despesas variáveis representam a 40% das receitas de vendas, e os custos e despesas fixos totais somam $ 40,00 no período.

No quadro a seguir, é apurado o resultado atual da empresa (vendas = 5 unidades) e também admitido um acréscimo de 20% nas unidades vendidas (vendas = 6 unidades). Os custos e despesas variáveis permanecem iguais a 40% das vendas, e os fixos também não sofrem alterações.

	Resultado Atual	Resultado com Aumento de 20%
Receitas de vendas	$ 100,00	$ 120,00
Custos e despesas variáveis (40%)	($ 40,00)	($ 48,00)
MARGEM DE CONTRIBUIÇÃO	$ 60,00	$ 72,00
Custos e despesas fixos	($ 40,00)	($ 40,00)
RESULTADO OPERACIONAL	$ 20,00	$ 32,00
Variação no Lucro Operacional	–	*[($ 32,00/$ 20,00) – 1] × 100 = 60%*
Variação no Volume de Vendas	–	*20%*
GAO	–	*60% / 20% = 3*

Usando as fórmulas analíticas apresentadas:

$$\Delta \text{ Lucro Operacional} = \frac{\Delta q\,(RV_u - CV_u)}{q\,(RV_u - CV_u) - CF}$$

$$\Delta \text{ Lucro Operacional} = \frac{1 \text{ un.} \times (\$\ 20,00 - 40\%)}{5 \text{ un.} \times (\$\ 20,00 - 40\%) - \$\ 40,00}$$

$$\Delta \text{ Lucro Operacional} = 0,60\ (60\%)$$

GAO com base em unidades vendidas:

$$GAO = \frac{q \times (RV_u - CV_u)}{q\,(RV_u - CV_u) - CF}$$

$$GAO = \frac{5 \text{ un.} \times (\$\ 20,00 - 40\%)}{5 \text{ un.} \times (\$\ 20,00 - 40\%) - \$\ 40,00} = 3,0$$

GAO com base em valores monetários:

$$GAO = \frac{RV_t - CV_t}{RV_t - CV_t - CF}$$

$$GAO = \frac{\$\ 100,00 - \$\ 40,00}{\$\ 100,00 - \$\ 40,00 - \$\ 40,00} = 3,0$$

11.5 RESULTADO OPERACIONAL NO BRASIL

A avaliação de desempenho operacional tem por base a determinação do *resultado operacional* da empresa. Esse lucro é formado antes da dedução dos encargos financeiros (lucros antes dos juros), e reflete o efetivo valor gerado pelos ativos da empresa. *Para a administração financeira, o genuíno lucro operacional é o formado pelas operações da empresa, independentemente da maneira como essas operações encontram-se financiadas (capital de terceiros e/ou próprios)*. Em outras palavras, é o resultado da empresa oriundo dos esforços desenvolvidos para cumprimento de seu objeto social.

De acordo com a legislação brasileira vigente, o lucro operacional é calculado de modo equivocado após as despesas financeiras, sugerindo que os juros sobre passivos sejam entendidos como despesas operacionais da empresa. Adota-se como critério a ser seguido neste livro a *apuração do lucro operacional antes dos encargos financeiros*, refletindo efetivamente o desempenho das operações da empresa. Em essência, esse lucro equivale à remuneração oferecida a seus acionistas (lucro líquido) e credores (despesas com juros).

> **IMPORTANTE** ■ o *lucro líquido* é o resultado do acionista, dependente das decisões de ativos (operações) e de passivos (despesas financeiras). A relação do lucro líquido somente tem sentido com o capital de propriedade dos acionistas (patrimônio líquido), refletindo o retorno auferido. Já o lucro operacional, por ser formado pelas operações da empresa, sem influência da maneira como são financiadas, deve relacionar-se com os ativos da empresa, determinando o retorno sobre o investimento total (ROI).

APLICAÇÃO PRÁTICA
Cuidado com o Ebitda! O uso desse indicador pode ser letal

Por Eliseu Martins*

O Ebitda (lucro antes dos juros, tributos sobre o lucro, depreciações e amortizações) vem sendo utilizado – e, aparentemente, cada vez mais – como mensurador do desempenho e também do valor econômico das empresas. Dá a impressão de que se descobriu a fórmula simples e milagrosa para se avaliar empresas. Mas o uso dessa medida representa um enorme risco para os que não têm domínio completo sobre o conceito.

Imagine uma rede de drogarias que tenha 100 farmácias, todas instaladas em imóveis alugados, por um período de 20 anos, por um valor médio mensal de 5 mil reais por unidade. Assim, o gasto total das locações soma 6 milhões de reais por ano. Digamos que o Ebitda dessa empresa seja de 20 milhões de reais anuais, sendo que desse montante foi descontado o aluguel anual de 6 milhões de reais – afinal, a despesa foi paga em caixa. Portanto, hoje cada aluguel desse gera, contabilmente, em cada mês, o registro do que compete a esse mês e ponto final: ou seja, a despesa de 6 milhões de reais por ano.

Ocorre que a partir de 2019 entra em vigência o novo Pronunciamento Técnico sobre contabilização dos contratos de aluguel e de arrendamento (novo CPC 06). Por essa nova versão, quando feito um contrato de aluguel de 20 anos, passa-se a entender e a contabilizar que a empresa terá adquirido

---

* Eliseu Martins (prof.eliseu.martins@gmail.com) é professor emérito da FEA-USP e da FEA/RP-USP, consultor e parecerista na área contábil.

Continua

Continuação

um direito de uso do imóvel alheio por esse prazo. E o valor desse direito de uso passa a ser o valor presente do pagamento do aluguel todo ao longo da vigência do contrato. Considerando, por exemplo, 8% ao ano como uma taxa adequada de desconto no caso da rede de drogarias: para 240 pagamentos de 5 mil reais, tem-se um valor presente (um direito de uso) de aproximadamente 61 milhões de reais para as 100 lojas. Esse montante será reconhecido contabilmente no ativo da empresa e, em contra-partida, também no passivo.

Em vez da despesa de *aluguel*, a empresa registrará, todo mês, 1/240 de *amortização* desse ativo (254 mil reais) e mais o *juro* do passivo, que começará com 393 mil reais no primeiro mês e irá decrescendo conforme o passivo for sendo liquidado. Em outras palavras: no primeiro mês a despesa contabilizada de amortização e juros será de 647 mil reais (no lugar dos 500 mil reais da despesa de aluguel de antes) e, no último mês, um pouquinho a mais de 254 mil reais. Assim, a despesa será decrescente para cada um dos contratos. Mas, se admitirmos que a empresa regularmente renova cinco contratos por ano dos seus 100, a despesa anual total entre amortização e juros tenderá a ser, em cada ano, os mesmos 6 milhões de reais da despesa de aluguel (aluguel, em princípio é a soma da depreciação do imóvel mais o juro do capital aplicado).

Supondo essa total homogeneidade da distribuição dos contratos, apenas para simplificar a explicação, o resultado de cada ano não mudará absolutamente nada: estará afetado por 6 milhões de reais de despesa de amortização mais juros quando antes era afetado por 6 milhões de reais de despesa de aluguel. Nada também mudará, é bom frisar, no fluxo de caixa da empresa.

Só que o valor do Ebitda estará 6 milhões de reais maior do que antes, já que não computa o que é amortização e o que é despesa financeira. Subirá esse Ebitda de 20 milhões de reais para 26 milhões de reais ao ano. São 30% de aumento (!), apesar de o lucro líquido ser o mesmíssimo.

Terá melhorado o desempenho da empresa em 30%? Poder-se-á dizer em sã consciência que o valor da empresa terá crescido tanto assim por um milagre contábil? O fluxo de caixa continuará sendo exatamente o mesmo que antes, inclusive o relativo ao imposto de renda e à contribuição social. O que terá mudado na essência?

Se alguém acreditar que se antes a empresa valia, por exemplo, 10 vezes seu Ebitda, o equivalente a 200 milhões de reais, poderá avaliá-la agora por 260 milhões de reais? É claro que não. Quem souber das coisas simplesmente mudará o multiplicador. Agora a empresa vale 7,7 Ebitdas, não mais 10.

Mas os incautos poderão cair nessa. Ainda bem que não existem, no mercado, espertinhos capazes de se aproveitar desses incautos, certo?

Cuidado, muito cuidado com esse perigosíssimo conceito denominado Ebitda. Em más mãos, uma arma letal.

Fonte: Capital Aberto. Disponível em: https://capitalaberto.com.br/temas/contabilidade-e-auditoria/cuidado-com-o-ebitda. Acesso em: 15 abr. 2019.

CÁLCULO DO LUCRO OPERACIONAL NO BRASIL

Suponha, para melhor ilustrar o entendimento e o cálculo do lucro operacional, o demonstrativo de resultados da *Cia. ABC* publicado ao fim de determinado exercício social e segundo os padrões da legislação societária vigente.

Receitas Operacionais de Vendas	$ 7.800,00
Custo dos Produtos Vendidos	($ 4.500,00)
Lucro Bruto:	**$ 3.300,00**
Despesas com Vendas	($ 460,00)
Despesas Gerais e Administrativas	($ 980,00)
Despesas Financeiras	($ 370,00)
Lucro Operacional Antes do (IR):	**$ 1.490,00**
Provisão para (IR) (34%)	($ 506,60)
Lucro Líquido:	**$ 983,40**

Para o cálculo do lucro operacional a partir do demonstrativo de resultados elaborado pela legislação societária, é necessária a reversão da dedução das despesas financeiras. Em outras palavras, as despesas financeiras (juros de empréstimos) foram descontadas para o cálculo do resultado operacional e, por não se constituírem genuinamente em despesas operacionais, deve ser anulada esta dedução. Nesse caso, o correto *resultado operacional* (antes do IR) atinge $ 1.860,00 ($ 1.490,00 + $ 370,00).

O lucro operacional de $ 1.860,00 equivale, em outras palavras, ao resultado dos acionistas da empresa, antes do Imposto de Renda, na hipótese de suas operações serem financiadas exclusivamente por capital próprio.

Outra denominação comumente adotada para o lucro operacional é *Lucro Antes dos Juros e Impostos* (LAJI), correspondendo em inglês à sigla *Earnings Before Interests and Taxes* (EBIT).

O resultado operacional deve ser calculado após o IR, tendo-se assim o Resultado Operacional Líquido do Imposto de Renda. Na ilustração em desenvolvimento, e confirmando em 34% a alíquota de IR da empresa, tem-se:

Receitas Operacionais de Vendas	$ 7.800,00
Custo dos Produtos Vendidos	($ 4.500,00)
Lucro Bruto:	**$ 3.300,00**
Despesas com Vendas	($ 460,00)
Despesas Gerais e Administrativas	($ 980,00)
LAJI – Lucro Operacional Antes do (IR)	**$ 1.860,00**
Provisão para (IR) (34%)	($ 632,40)
Lucro Operacional Líquido:	**$ 1.227,60**

O IR de 34% incidiu sobre os resultados de ativo apurando uma despesa de $ 632,40 absorvida pelo lucro operacional. Por outro lado, as despesas financeiras são consideradas como despesas dedutíveis para efeitos de IR, promovendo uma economia (benefício) fiscal ao reduzir os encargos financeiros do exercício.

As despesas financeiras líquidas do IR são assim calculadas:

Despesas Financeiras (antes do IR) $ 370,00
Economia de IR (34%)   ($ 125,80)
Despesas Financeiras Líquidas do IR $ 244,20

Com isto, são apurados todos os resultados (empresa, acionistas e credores) líquidos do IR:

LUCRO OPERACIONAL LÍQUIDO: *Resultado da Empresa*	$ 1.227,60
DESPESAS FINANCEIRAS LÍQUIDAS: *Resultado dos Credores*	($ 244,20)
LUCRO LÍQUIDO: *Resultado dos Acionistas*	$ 983,40

O conceito de *Earnings Before Interests, Taxes, Depreciation/Depletion and Amortization* (EBITDA), amplamente usado na análise financeira como medida de capacidade de geração operacional de caixa, é determinado pela soma do lucro operacional (antes do Imposto de Renda) e as despesas não desembolsáveis (depreciação, basicamente), ou seja:

EBITDA = LAJI + Depreciação/Amortização/Exaustão

É um indicador financeiro equivalente ao fluxo operacional de caixa, evidenciando a capacidade financeira da empresa em remunerar os proprietários de capital (credores e acionistas) em dividendos e encargos financeiros.

Ao admitir-se, por exemplo, que a depreciação incluída nos custos e despesas operacionais da Cia. ABC, conforme registrado em seu demonstrativo de resultados no quadro apresentado tenha alcançado $ 870,00, o EBITDA formado pela empresa no exercício atinge $ 2.730,00 (LAJI: $ 1.860,00 + Depreciação: $ 870,00). Essa geração operacional de caixa, equivalente a 35% das receitas operacionais de vendas, destina-se a remunerar credores (despesas com juros e principal), acionistas (dividendos) e o Imposto de Renda.

Resumo

1. **Descrever as características da análise custo – volume – lucro, enfocando e diferenciando os pontos de equilíbrio contábil, econômico e financeiro.**

   A análise *Custo – Volume – Lucro*, também chamada de análise do ponto de equilíbrio, é a quantidade de vendas necessária para cobrir todos os custos e despesas operacionais, ou seja, no ponto de equilíbrio o resultado operacional (LAJIR) é igual a zero.

   O ponto de partida para chegar a esse resultado operacional é separar o custo dos produtos vendidos e despesas operacionais em custos fixos e custos variáveis. *Os custos (e despesas) fixos* são aqueles que não dependem da quantidade de mercadorias vendidas, eles existem independentemente da venda ou não de mercadorias: aluguel, depreciação, salários de pessoal administrativo, honorários da administração, encargos financeiros decorrentes de empréstimos e financiamentos são exemplos de custo fixo e despesas fixas.

   Os *custos (e despesas) variáveis* são aqueles que dependem da quantidade de mercadorias vendidas, como, por exemplo, custo de entrega de produtos, consumo de matéria-prima, custos de mercadorias vendidas no caso de empresas comerciais são classificados como custo variável.

O *ponto de equilíbrio* onde o resultado operacional se anula é denominado ponto de equilíbrio contábil, uma vez que tem como base um lucro contábil igual a zero. Toda empresa persegue um lucro mínimo, representado pelo custo de oportunidade do investimento feito pelos proprietários, ou seja, um lucro mínimo que compense o investimento realizado. É como se atribuíssem ao capital próprio investido um "juro mínimo".

Ao nível de vendas que produz esse lucro esperado se dá o nome de *ponto de equilíbrio econômico*. Também ocorre de nem sempre os custos e despesas fixos serem desembolsáveis, como é o caso das depreciações. Assim, pode ocorrer de, mesmo debaixo do ponto de equilíbrio contábil, ser possível à empresa arcar com seus encargos que exigem desembolso. Pode ainda a empresa ter empréstimos cujos juros estejam contidos nas despesas fixa, mas cujas amortizações do principal não estejam. Tem-se aí o *ponto de equilíbrio financeiro*.

2. **Abordar a formação do resultado operacional no Brasil e propor métodos de ajuste no resultado operacional, adequando-o às características do ambiente econômico do Brasil.**

A avaliação de desempenho operacional e da alavancagem financeira tem por base a determinação do *resultado operacional* da empresa. Esse lucro é formado antes da dedução dos encargos financeiros (lucros antes dos juros), e reflete o efetivo valor gerado pelos ativos da empresa. Para a administração financeira, o genuíno lucro operacional é o formado pelas operações da empresa, independentemente da maneira como essas operações encontram-se financiadas. Em outras palavras, é o resultado da empresa oriundo dos esforços desenvolvidos para cumprimento de seu objeto social.

O *lucro líquido* é o resultado do acionista, dependente das decisões de ativos (operações) e de passivos (despesas financeiras). O lucro líquido somente tem sentido em relação ao capital de propriedade dos acionistas (patrimônio líquido), refletindo o retorno auferido. Já o lucro operacional, por ser formado pelas operações da empresa, sem influência da maneira como são financiadas, deve relacionar-se com os ativos da empresa, determinando o retorno sobre o investimento total.

De acordo com a legislação brasileira, o lucro operacional é calculado de maneira equivocada após as despesas financeiras, sugerindo que os juros sobre passivos sejam entendidos como despesas operacionais da empresa. Adota-se como critério a ser seguido neste livro a apuração do lucro operacional antes dos encargos financeiros, refletindo efetivamente o desempenho das operações da empresa. Em essência, esse lucro equivale à remuneração oferecida aos proprietários de capital: acionistas (lucro líquido) e credores (despesas com juros).

3. **Explicar o que é alavancagem operacional e sua formulação.**

Alavancagem é o resultado do uso de recursos operacionais e financeiros que tenham um custo fixo para aumentar o retorno dos proprietários de uma empresa.

A alavancagem pode ser operacional e/ou financeira e total.

Alavancagem Operacional é determinada pela relação existente entre as receitas operacionais da empresa e o seu LAJIR (Lucro Antes dos Juros e do Imposto de Renda).

Alavancagem Financeira é determinada pela relação desse LAJIR com o lucro líquido da empresa.

Alavancagem Total é medida pela relação entre as receitas operacionais da empresa e o seu lucro líquido.

TESTES DE VERIFICAÇÃO

1. Assinale a alternativa incorreta:

    a) O lucro operacional representa o lucro líquido quando a empresa encontra-se integralmente financiada por capital próprio. Em outras palavras, não havendo dívidas, o lucro líquido apurado corresponde exatamente ao lucro operacional.

b) Empresas com maiores níveis de GAO apresentam riscos mais baixos, ou seja, maior capacidade de alavancagem operacional determina menor possibilidade de prejuízo às empresas.

c) É possível ocorrer variações nos valores dos custos e despesas fixos ao longo do tempo sem que percam, contudo, sua natureza fixa. Na verdade, o critério de classificação dos custos e despesas fixos e variáveis é baseado em sua relação com o volume de vendas, e não com o tempo.

d) O ponto de equilíbrio onde o resultado operacional se anula é denominado ponto de equilíbrio contábil, uma vez que tem como base um lucro contábil igual a zero.

e) Trabalhando acima do ponto de equilíbrio, a empresa tende a apresentar menor GAO, mas também apresentará um menor risco de entrar em prejuízo.

2. **Dentre os custos normalmente incorridos por uma empresa, assinale aquele que tem característica de semivariável ou semifixo:**

a) Depreciação de ativo imobilizado.
b) Juros decorrentes de financiamentos.
c) Despesas com publicidade.
d) Folha de pagamento.
e) Gastos com energia elétrica.

3. **Sabe-se que quanto maior for o GAO de uma empresa, maior é o seu risco e também:**

a) Menor o lucro a ser obtido pela empresa.
b) Maior o lucro a ser obtido pela empresa.
c) Maiores os níveis de venda da empresa.
d) Menores os níveis de venda da empresa.
e) Maior o nível de capital próprio presente na empresa.

4. **O ponto de equilíbrio econômico é:**

a) A quantidade de mercadorias vendidas que iguala a receita total com a soma dos custos e despesas que possuem saídas de caixa para a empresa.

b) A quantidade de mercadorias vendidas que iguala a receita total com a soma dos custos fixos e variáveis e despesas operacionais também fixas e variáveis.

c) A quantidade de mercadorias vendidas que iguala a receita total com a soma dos custos e despesas mais uma taxa de retorno mínimo sobre o investimento fixado pelos acionistas.

d) A quantidade de mercadorias vendidas que iguala a receita total com o lucro líquido da empresa.

e) A quantidade de mercadorias vendidas que iguala a receita total com a geração de caixa da empresa.

5. **Considere uma empresa que produz um só produto a um custo unitário de R$ 20,00. O vendedor vende seus produtos pelo dobro do preço de custo e possui ainda um custo fixo mensal de R$ 1.000,00. Qual deverá ser o volume de vendas mensal dessa empresa, em unidades, para gerar um lucro de 30% sobre as vendas?**

a) 125.
b) 150.
c) 175.
d) 200.
e) 225.

6. **Considere as seguintes afirmações:**

I – É absolutamente errada a ideia de se ter, às vezes, grande lucro contábil e pouca disponibilidade de caixa.

II – A receita de vendas a prazo é contabilizada por ocasião de seu efetivo recebimento, e não no momento da venda.

III – O lucro por ação mede o ganho financeiro realizado de cada ação recebido pelos acionistas.

Pode-se afirmar que:

a) São corretas as afirmações I e III.
b) São falsas as afirmações II e III.
c) Somente a afirmação II é falsa.
d) Todas são verdadeiras.
e) Todas são falsas.

Exercícios propostos

1. Uma empresa apresentou no início do trimestre corrente o seguinte balanço patrimonial:

ATIVO	$	PASSIVO	$
Caixa	4.000,00	Empréstimos	280.000,00
Aplicações Financeiras	36.000,00		
Estoques	200.000,00	Capital Social	120.000,00
Imobilizado	160.000,00		
TOTAL	400.000,00	TOTAL	400.000,00

   No período em questão, a empresa vende 70% de seus estoques iniciais por R$ 280.000,00. Incorre ainda em despesas de vendas e administrativas de natureza fixa de R$ 60.000,00. Suas aplicações financeiras rendem uma taxa de juros de 3,2% no trimestre; seus empréstimos foram captados a um custo de 4,6% no trimestre. Os impostos incidentes sobre as vendas atingem 18% e a alíquota do Imposto de Renda é de 40%.

   Com base nas informações apresentadas:

   a) Calcule o lucro operacional (antes do IR) e o lucro líquido do trimestre.

   b) Calcule o volume mínimo de vendas no trimestre para que a empresa não apresente prejuízo.

   c) Se a empresa desejar apurar um lucro líquido no trimestre equivalente a 4% do capital social, qual deve ser o volume de vendas no período?

2. Admita que uma empresa esteja com a seguinte estrutura de resultados:

Receita de Vendas	$ 500.000,00
Custos e Despesas Variáveis	($ 300.000,00)
Margem de Contribuição	$ 200.000,00
Custos e Despesas fixas	($ 120.000,00)
Resultado	$ 80.000,00

   Pede-se:

   a) Considerando um acréscimo de 15% nas receitas de vendas da empresa, calcule a variação esperada nos resultados operacionais.

   b) Calcule o grau de alavancagem operacional (GAO) para um volume de vendas de $ 500.000,00.

   c) O que acontece com o GAO se houver uma redução de 15% no volume de atividade da empresa?

3. Uma pequena empresa comercial projeta os seguintes valores relativos a sua atividade para o próximo mês:

   - Impostos sobre vendas: 18% sobre a receita bruta.
   - Comissões sobre vendas: 3% sobre a receita bruta.
   - Custo da mercadoria vendida: 55% sobre a receita bruta.
   - Custos e despesas fixas: $ 1.500.000,00.

   Pede-se:

   a) Calcule o volume mínimo de vendas que a empresa deve atingir no próximo mês de maneira a cobrir os seus custos e despesas totais, ou seja, fixas e variáveis.

   b) Calcule o resultado operacional para um volume de vendas projetado em $ 9.000.000,00.

4. Apresentam-se a seguir informações relativas aos resultados de duas empresas que atuam em um mesmo setor de atividade.

	Empresa A	Empresa B
Volume de vendas	$ 3.000.000,00	$ 3.000.000,00
Custos e despesas variáveis	$ 2.000.000,00	$ 2.000.000,00
Custos e despesas fixos	$ 750.000,00	$ 550.000,00

Pede-se:

a) Calcule os resultados operacionais das duas empresas.

b) Apure o volume mínimo de vendas que cada empresa deve atingir para que não apresente prejuízo.

c) Calcule o GAO das duas empresas considerando um aumento de 50% no volume de atividade, isto é, 50% de aumento nas vendas e despesas variáveis. Qual das duas empresas apresenta maior capacidade de alavancagem operacional? Explique a sua resposta.

d) A partir do GAO calculado no item (b), explique qual das duas empresas apresenta menor risco.

5. A seguir, são apresentados os principais valores de três estruturas de resultados de empresas de um mesmo setor de atividade.

	Estrutura I	Estrutura II	Estrutura III
Custos e despesas fixos totais	$ 225.000,00 mês	$ 420.000,00 mês	$ 294.000,00 mês
Custos e despesas variáveis	$ 25,00 unidade	$ 20,00 unidade	$ 20,00 unidade
Preço de venda	$ 32,50 unidade	$ 34,00 unidade	$ 34,00 unidade

Diante das informações apresentadas, pede-se:

a) Admitindo um nível de vendas de 36.000 unidades, determine o GAO de cada uma das estruturas.

b) Calcule o aumento do lucro, em valores absolutos, para cada acréscimo de 1% no volume de vendas da empresa.

c) Efetue uma análise relativa ao risco das estruturas de resultados apresentadas.

d) Considerando um aumento de 25% nos custos e despesas fixos e mantendo-se os demais valores inalterados, avalie o comportamento dos resultados e do risco de cada uma das estruturas apresentadas.

6. Uma empresa apresenta atualmente um nível de faturamento de $ 72.000. Os custos e despesas variáveis representam 35% do faturamento. Os custos e despesas operacionais fixos representam $ 20.000. Se a alíquota de IR é de 40%, calcule o GAO desta empresa admitindo uma variação de 20% a mais no volume de atividade.

Links da web

www.abcustos.org.br. Página da Associação Brasileira de Custos.

www.fiscosoft.com.br. *Site* com informações legais e fiscais – Imposto de renda, CPMF, ICMS, IPI, PIS-COFINS etc.

Sugestão de leitura

ASSAF NETO, Alexandre. **Finanças corporativas e valor**. 8. ed. São Paulo: Atlas, 2021.

MARTINS, Eliseu. **Contabilidade de custos**. 11. ed. São Paulo: Atlas, 2018.

Respostas dos Testes de verificação

1. b   4. c
2. e   5. a
3. b   6. e

ALAVANCAGEM FINANCEIRA

OBJETIVOS DO CAPÍTULO

1. Entender os conceitos básicos e aplicações da alavancagem financeira como um dos instrumentos mais importantes na avaliação do desempenho das empresas.
2. Expor a formulação do *grau de alavancagem financeira* (GAF).
3. Abordar o efeito que o Imposto de Renda provoca na alavancagem financeira.
4. Relacionar o GAF com os prazos de amortização de passivos.
5. Mostrar como funciona a *alavancagem financeira no Brasil* no que se refere a passivos exigíveis, reciprocidade bancária, duplicatas descontadas, entre outros aspectos.

Alavancagem Financeira é o efeito causado por se tomar recursos de terceiros emprestados a determinado custo, aplicando-os em ativos a outra taxa de retorno: a diferença vai para os proprietários e altera, para mais ou para menos, o seu retorno sobre o patrimônio líquido. Em outras palavras, pela utilização de recursos de terceiros em sua estrutura de capital uma empresa pode modificar a rentabilidade do capital próprio.

Quanto maior a utilização de recursos de terceiros e, consequentemente, maior a capacidade de alavancagem do retorno do patrimônio líquido, mais elevado também se apresenta o risco financeiro assumido pela empresa em suas decisões de financiamento.

A medida que quantifica esta capacidade do capital de terceiros em incrementar o retorno do acionista é denominada *grau de alavancagem financeira*.

12.1 CONCEITOS BÁSICOS: RETORNO DO INVESTIMENTO E ALAVANCAGEM

Considere uma empresa que acabou de ser fundada com um investimento de $ 50 milhões, dos quais $ 20 milhões para aplicação em ativo imobilizado e os restantes $ 30 milhões para o capital de giro (ativo circulante). Os acionistas sabem que há possibilidade de se conseguir financiamento para parte desses ativos totais e, inclusive, precisam disso, pois não possuem recursos próprios suficientes.

Suponha-se que as taxas de juros para os financiamentos sejam de 12% ao ano, e que se espera um retorno (lucro) de $ 8 milhões por ano, antes dos encargos financeiros (lucro operacional antes do Imposto de Renda). Admita-se neste exemplo, ainda, que não exista Imposto de Renda e que não haja inflação nessa economia. A apuração de tal resultado previsto está demonstrada no Quadro 12.1.

Quadro 12.1 Demonstração de resultados.

Receitas de Vendas	$ 100.000,00
Custo dos Produtos Vendidos	($ 60.000,00)
Lucro Bruto	**$ 40.000,00**
Despesas com Vendas	($ 12.000,00)
Despesas Administrativas	($ 20.000,00)
Lucro	**$ 8.000,00**

O retorno do investimento realizado na empresa será analisado, a seguir, admitindo-se diferentes formas de financiamento dos ativos da empresa:

a) Participação exclusiva de capital próprio.

b) 50% financiado por capital de terceiros (financiamento).

12.1.1 Retorno do investimento com participação integral de capital próprio

Os acionistas avaliam se, caso fossem capazes de financiar com recursos próprios os $ 50 milhões totais de ativo, teriam um retorno sobre o investimento total de 16%. Este retorno pode ser obtido a partir da seguinte expressão:

ATIVO ($ mil)		PASSIVO ($ mil)	
Ativo Circulante	$ 20.000,00		
Ativo Permanente	$ 30.000,00	Patrimônio Líquido	$ 50.000,00
TOTAL	$ 50.000,00	TOTAL	$ 50.000,00

$$ROA = ROE = \frac{Lucro\ Líquido}{Patrimônio\ Líquido}$$
$$= \frac{\$\ 8.000,00}{\$\ 50.000,00} = 16\%\ a.a.$$

em que ROA é o Retorno sobre o Ativo e ROE o Retorno sobre o Patrimônio Líquido.

O ROA = ROE em razão do lucro operacional, diante da inexistência de dívidas e, em consequência, de despesas financeiras, ser exatamente igual ao lucro líquido. Da mesma maneira, o investimento total é representado pelo próprio patrimônio líquido.

Assim, na ausência de dívidas:

> **Lucro Operacional = Lucro Líquido**
> **Ativo Total = Patrimônio Líquido**

12.1.2 Retorno do investimento se 50% for financiado por capital de terceiros

Nesta situação, os acionistas decidem utilizar somente $ 25,0 milhões (50% do total do investimento) de recursos próprios, e financiar a outra metade dos ativos por meio de um financiamento tomado à taxa de 12% a.a. Com isso, o lucro de $ 8,0 milhões é reduzido pelo custo de tomar os $ 25,0 milhões emprestados. A empresa fica com a seguinte estrutura patrimonial:

ATIVO ($ mil)		PASSIVO ($ mil)	
Ativo Circulante	$ 20.000,00	Financiamento	$ 25.000,00
Ativo Permanente	$ 30.000,00	Patrimônio Líquido	$ 25.000,00
TOTAL	$ 50.000,00	TOTAL	$ 50.000,00

Os acionistas analisam agora a seguinte questão: qual o retorno produzido pelos ativos? Deve ser apurado antes ou após os encargos financeiros?

O resultado da empresa seria:

	($ mil)
Lucro após as Despesas Operacionais (Vendas e Administração – Quadro 12.1 anterior)	$ 8.000,00
Despesas Financeiras: 12% × $ 25 milhões	($ 3.000,00)
Lucro após as despesas financeiras	**$ 5.000,00**

Dessa maneira, os indicadores de retorno ROA e ROE ficariam:

$$ROA = \frac{\text{Lucro operacional antes da despesa financeira}}{\text{Ativo total}}$$

$$= \frac{\$\ 8.000,00}{\$\ 50.000,00} = 16\% \text{ a.a.}$$

$$ROA = \frac{\text{Lucro operacional após despesa financeira}}{\text{Ativo total}}$$

$$= \frac{\$\ 5.000,00}{\$\ 50.000,00} = 10\% \text{ a.a.}$$

$$ROE = \frac{\text{Lucro Líquido}}{\text{Patrimônio Líquido}}$$

$$= \frac{\$\ 5.000,00}{\$\ 25.000,00} = 20\% \text{ a.a.}$$

De imediato, sobressai a ideia de que o retorno dos ativos antes dos encargos financeiros representa o valor efetivo que os ativos conseguem gerar, independentemente do modo como são financiados. Esse lucro antes dos encargos financeiros é o valor efetivamente trazido pelas operações da empresa, sem influência da maneira como são financiadas essas operações. *Assim, em administração financeira, reforça-se a conclusão de que esse é genuinamente o lucro operacional: o resultado produzido pelos ativos, antes dos encargos financeiros.*

Pode-se perceber agora que o retorno dos acionistas subiu bastante, passando de 16% para 20% do capital próprio investido. Sem financiamentos, o lucro dos acionistas era de $ 8 milhões e o investimento próprio de $ 50 milhões; com o financiamento,

o lucro reduziu-se para $ 5 milhões, mas o capital próprio investido desceu pela metade, $ 25 milhões, alavancando seu retorno.

> **! IMPORTANTE** ■ de acordo com as colocações anteriores, ainda se verifica que a comparação do lucro líquido com o ativo total não é de muita relevância, pois esse lucro não depende apenas dos ativos, mas também dos passivos. Em verdade, o ativo total é constituído pelos capitais aplicados por credores e acionistas, e o lucro líquido pertence somente aos acionistas, não ocorrendo, portanto, relação mais estreita entre esses dois valores.

Exatamente isto é a *alavancagem financeira*: o efeito de tomar, em uma ponta, recursos de terceiros a determinado custo, aplicando-os na outra ponta (nos ativos) a outra taxa de retorno: a diferença vai para os proprietários e altera seu retorno sobre o patrimônio líquido, para mais ou para menos do que aquele que seria obtido caso todo o investimento fosse feito apenas com recursos próprios.

Nesse caso, o efeito da alavancagem foi positivo, já que os recursos, tomados a 12% a.a., foram aplicados nos ativos e geraram 16% a.a. Esses 12% a.a foram um dado do problema, mas é interessante mencionar que na prática precisam ser calculados e, de modo simplista, tem-se a seguinte definição:

$$K_i = \frac{\$\ 3\ \text{milhões de despesas financeiras}}{\$\ 25\ \text{milhões de passivo exigível que gerou esses encargos}}$$

$$K_i = 12\% \ (K_i = \text{custo da dívida})$$

12.1.3 Grau de Alavancagem Financeira (GAF)

Imagine ainda que os acionistas decidam promover algumas simulações de como financiar seu negócio. Considere a hipótese de financiar 70% do capital investido por meio de recursos de terceiros. A estrutura patrimonial fica:

ATIVO ($ mil)		PASSIVO ($ mil)	
Ativo Circulante	$ 20.000,00	Financiamentos	$ 35.000,00
Ativo Permanente	$ 30.000,00	Patrimônio Líquido	$ 15.000,00
TOTAL	$ 50.000,00	TOTAL	$ 50.000,00

O resultado operacional e líquido (após as despesas financeiras) é apresentado a seguir:

Lucro gerado pelos ativos =	
Lucro operacional antes dos encargos	$ 8.000,00)
Despesas Financeiras: 12% × $ 35 milhões	($ 4.200,00)
Lucro operacional após as despesas financeiras	**$ 3.800,00**

Assim, os cálculos das taxas de retorno ficariam:

$$\text{ROA} = \frac{\text{Lucro Operacional}}{\text{Ativo total}}$$

$$= \frac{\$ 8.000,00}{\$ 50.000,00} = 16\% \text{ a.a.}$$

$$\text{ROE} = \frac{\text{Lucro líquido}}{\text{Patrimônio Líquido}}$$

$$= \frac{\$ 3.800,00}{\$ 15.000,00} = 25,33\% \text{ a.a.}$$

$$k_i = \frac{\text{Despesas Financeiras}}{\text{Passivo Oneroso (Financiamento)}} =$$

$$k_i = \frac{\$ 4.200,00}{\$ 35.000,00} = 12\% \text{ a.a.}$$

Não há necessidade de se calcular K_i, mas foi feito seu cálculo apenas para chamar a atenção: o numerador de ROA menos o numerador de K_i deve ser exatamente o numerador de ROE; idem para os denominadores. Isso é importante para alguns desenvolvimentos posteriores.

Os acionistas estariam tendo, nessa situação, um retorno sobre seu investimento muito maior, em termos percentuais. Isso se deve a uma utilização maior de recursos de terceiros, com custo inferior ao retorno auferido, em uma *alavancagem financeira favorável*.

Nesse exemplo, os ativos da empresa produzem retorno de 16% a.a., mas os acionistas estão ganhando 25,3% a.a. Diz-se que está havendo alto *grau de alavancagem financeira*; o aumento do endividamento trouxe também uma elevação na taxa de retorno dos acionistas. A alavancagem é medida pelo *Grau de Alavancagem Financeira (GAF),* sendo definido por:

$$\text{GAF} = \frac{\text{ROE}}{\text{ROA}}$$

ou seja:

$$\text{GAF} = \frac{25,33\%}{16,00\%} = 1,583$$

Observe, uma vez mais, que se os investimentos fossem financiados exclusivamente mediante capital próprio, os acionistas apurariam um retorno de 16%. Pela participação de recursos de terceiros, o retorno dos acionistas elevou-se para 25,33%, produzindo um grau de alavancagem financeira igual a 1,583.

Em outras palavras, conclui-se que o retorno dos acionistas foi alavancado (incrementado) em 58,3% pela participação de dívidas no financiamento dos ativos. Para cada $ 1,00 de recursos de terceiros, os acionistas ganharam $ 1,583 pela diferença de taxa (aplicação: 16% – captação: 12%).

Eliseu Martins também desenvolveu, em sua tese de livre-docência, defendida na USP, em 1979,[1] uma fórmula analítica, a fim de dar uma visão melhor de como se obteve esse relacionamento que mostra que os acionistas estão com uma taxa de retorno que é 58,31% superior à taxa geradora dos ativos da empresa:

$$\text{GAF} = \frac{\text{ROA} + (\text{ROA} - K_i) \times P/PL}{\text{ROA}}$$

em que:

P = Passivo exigível, normalmente gerador de despesas financeiras;

PL = Patrimônio líquido.

---

[1] *Aspectos da alavancagem financeira e do lucro no Brasil*. A tese foi transformada no livro *Análise da correção monetária das demonstrações financeiras*: implicações no lucro e na alavancagem financeira, publicado pela Atlas, em segunda edição datada de 1987.

Nesse exemplo, tem-se:

$$GAF = \dfrac{16\% + (16\% - 12\%) \times \dfrac{\$\,35.000,00}{\$\,15.000,00}}{16\%}$$

Ou seja:

$$GAF = \dfrac{16\% + 4\% \times 2,333}{16\%}$$

> **! IMPORTANTE** ■ o numerador (igual ao ROE de 25,3%) equivale ao seguinte:
>
> • os primeiros 16% equivalem à taxa que o próprio patrimônio líquido, com seus recursos, está obtendo no ativo, ou seja, ao retorno que os acionistas teriam caso não existissem dívidas financiando os investimentos;
>
> • os 4% são a diferença entre as duas taxas, de captação e aplicação (ROI: 16% − K_i: 12%), ou seja, a sobra que os recursos de terceiros estão deixando para o patrimônio líquido;
>
> • o terceiro item do numerador, igual a 2,3, significa que os capitais de terceiros são 2,333 vezes os capitais próprios. Essa relação entre passivo originado dos encargos e capital próprio, ou seja, entre recursos de terceiros e recursos próprios, é o endividamento da empresa. Alguns chamam esta relação de alavancagem, que pode causar muita confusão.

$$GAF = \dfrac{16\% + 9,33\%}{16\%} = 1,58$$

Ao se multiplicar o diferencial de 4% pela relação entre passivo exigível e patrimônio líquido, obtém-se o percentual de 9,33%, que significa o seguinte: cada $ 1 do passivo produziu uma sobra de 4% para os proprietários (acionistas). Como esses recursos de terceiros são 2,3 vezes o valor do capital próprio, esses 4% dos passivos estão trazendo sobras que equivalem a 9,33% do patrimônio líquido.

Quanto maior o endividamento, mais elevado é o efeito da alavancagem financeira. De nada adiantaria,

por exemplo, esse diferencial de 4% se os capitais de terceiros representarem somente 5% do capital próprio, porque o efeito disso sobre o patrimônio líquido seria muito pequeno.

EXEMPLO ILUSTRATIVO – Grau de Alavancagem Financeira

Admita que uma empresa financie com recursos de terceiros 50% de seus ativos totais (investimentos) de $ 50,0 milhões, ou seja, $ 25,0 milhões de capital próprio e $ 25,0 milhões de capital de terceiros. Os encargos financeiros atingem $ 3,0 milhões e o lucro líquido dos acionistas (desconsiderando-se o Imposto de Renda), $ 5,0 milhões. Pede-se o grau de alavancagem financeira.

Solução:

$$ROE = \dfrac{\text{Lucro dos Acionistas: }\$\,5,0}{\text{Patrimônio Líquido: }\$\,25,0} = 20\%$$

$$GAF = \dfrac{20,00\%}{16,00\%} = 1,25$$

Isso significa que os acionistas estariam ganhando um retorno que percentualmente seria de 25% melhor do que obteriam se financiassem totalmente os ativos com seus próprios recursos. Na fórmula analítica do GAF, haveria:

$$GAF = \dfrac{ROA + \left(\overbrace{ROA - K_i}^{\text{Diferencial de Taxa}} \right) \times P/PL}{ROA}$$

$$GAF = \dfrac{16\% + (16\% - 12\%) \times \dfrac{\$\,25.000,00}{\$\,25.000,00}}{16\%}$$

$$GAF = \dfrac{16\% + 4\% \times 1,00}{16\%} = \dfrac{20,00\%}{16,00\%} = 1,25$$

Explica-se agora por que os mesmos 4% de diferença entre custo do dinheiro e retorno do ativo são a diferença entre o retorno do ativo e o do patrimônio líquido. Afinal, os 4% são multiplicados por uma relação capital de terceiros/capital próprio de 1, e com isso cada 1% de sobra sobre o capital de terceiros representa também 1% sobre o capital próprio.

Observe-se que se o capital de terceiros fosse de 20% do ativo total ($ 10 milhões), os encargos financeiros somariam $ 1,2 milhão (12% × $ 10 milhões) e o lucro para os acionistas, $ 6,8 milhões. A estrutura patrimonial e o retorno sobre o capital próprio seriam:

Estrutura Patrimonial:

ATIVO ($ mil)		PASSIVO ($ mil)	
Ativo Circulante	$ 20.000,00	Financiamentos	$ 10.000,00
Ativo Permanente	$ 30.000,00	Patrimônio Líquido	$ 40.000,00
TOTAL	$ 50.000,00	TOTAL	$ 50.000,00

Resultado:

Lucro gerado pelos ativos = Lucro operacional antes dos encargos	$ 8.000,00)
Despesas Financeiras: 12% × $ 10 milhões	($ 1.200,00)
Lucro operacional após as despesas financeiras	**$ 6.800,00**

$$ROE = \frac{\$\ 6.800,00}{\$\ 40.000,00} = 17,00\%\ a.a.$$

$$GAF = \frac{16\% + (16\% - 12\%) \times \dfrac{\$\ 10.000,00}{\$\ 40.000,00}}{16\%}$$

$$= \frac{17,00\%}{16,00\%} = 1,0625$$

O baixo grau de alavancagem financeira se daria pela baixa relação entre capital de terceiros e próprio; os recursos emprestados representariam apenas 25% dos próprios. Assim, para cada 4% ganhos sobre o capital de terceiros, ter-se-ia apenas um acréscimo de retorno de 1% sobre o capital próprio.

> Atente-se, porém, para o grau de alavancagem financeira, que depende da relação capital de terceiros/capital próprio e do diferencial de taxas.

12.1.4 Risco financeiro empresarial

Pelo visto, quanto mais recursos de terceiros os acionistas da empresa tomarem, maior rentabilidade poderão auferir de seus próprios recursos investidos. Quanto menor a participação de capital próprio, ainda maior a dificuldade de obter empréstimos e maior tende também a ser a própria taxa de captação, em razão do maior risco financeiro assumido pela empresa.

Uma empresa que financia seus ativos totais na estrutura de 70% de capitais de terceiros e 30% de capitais próprios, por exemplo, apresenta excelentes condições de alavancar os resultados de seus acionistas, passando a auferir elevados retornos sobre o patrimônio líquido. Se, porém, por causa da recessão geral ou setorial, ou mesmo por um problema específico da empresa, reduzir a taxa de retorno de seus ativos e ainda tiver um aumento na taxa de captação de seus recursos de terceiros, poderá não ter condições de continuidade.

12.2 A INFLUÊNCIA DO IMPOSTO DE RENDA

O demonstrativo de resultados apura o *lucro gerado pelos ativos* (lucro operacional), o *lucro dos acionistas* (lucro líquido) e a *remuneração dos credores da empresa* (despesas financeiras), informações relevantes para a avaliação do desempenho da empresa. Esses resultados, no entanto, encontram-se em diferentes valores em relação ao Imposto de Renda, devendo ser todos deduzidos dos efeitos tributários.

O ajuste do Imposto de Renda será processado no lucro operacional, apurando-se a provisão de Imposto de Renda do lucro gerado pelos ativos, e nas despesas financeiras, determinando-se o benefício fiscal gerado por esses encargos dedutíveis. Esta metodologia foi introduzida no Capítulo 11, ao se descrever o cálculo do lucro operacional no Brasil.

No Brasil, a alíquota de Imposto de Renda para a maioria das empresas é de 34%. Esse percentual é formado pela soma de uma alíquota de 15% de Imposto de Renda da Pessoa Jurídica (IRPJ), mais um adicional de 10% sobre excedente de certo limite de lucro, mais um acréscimo de 9% de alíquota referente à Contribuição Social Sobre o Lucro Líquido (CSLL).

Considerando-se a existência de um imposto de 34% sobre o lucro da empresa, e admitindo-se uma estrutura de financiamento de 40% de capital de terceiros e 60% de capital próprio para um ativo total de $ 50,0 milhões, há os seguintes demonstrativos da empresa:

ATIVO ($ mil)		PASSIVO ($ mil)	
Ativo Circulante	$ 20.000,00	Financiamentos	$ 20.000,00
Ativo Permanente	$ 30.000,00	Patrimônio Líquido	$ 30.000,00
TOTAL	$ 50.000,00	TOTAL	$ 50.000,00

O demonstrativo de resultados apresenta-se:

	($ mil)
Vendas	100.000,00)
Custo dos Produtos Vendidos	(60.000,00)
Lucro Bruto:	**40.000,00**
Despesas com Vendas	(12.000,00)
Despesas Administrativas	(20.000,00)
Lucro Operacional	**8.000,00**
Despesas Financeiras	(2.400,00)
Lucro Antes do Imposto de Renda	**5.600,00**
Provisão para Imposto de Renda	(1.904,00)
Lucro Líquido	**3.696,00**

A provisão total do Imposto de Renda calculada sobre os resultados auferidos pela empresa no exercício, conforme demonstrada, é de $ 1.904,00, podendo ser desmembrada da forma seguinte:

Imposto de Renda sobre lucro gerado pelos ativos:

$34\% \times \$ 8.000,00$ $\qquad = (\$ 2.720,00)$

Economia de Imposto de Renda sobre despesas financeiras:

$34\% \times \$ 2.400,00$ $\qquad = \qquad 816,00$

Provisão do Imposto de Renda do Exercício: $\qquad = (\$ 1.904,00)$

O Imposto de Renda de $ 2.720,00 é o que a empresa pagaria se todo o seu ativo fosse financiado por capital próprio, ou seja, se não tivesse dívidas financiando seus ativos. Não havendo encargos financeiros, o lucro líquido (após o Imposto de Renda) seria exatamente igual ao lucro operacional (após o Imposto de Renda) de $ 2.720,00.

Ao se prever encargos financeiros de $ 2.400,00 no período, foi economizada uma parcela de Imposto de Renda, calculada pela aplicação da alíquota de 34% sobre o valor dessas despesas de juros. Isso faz com que a despesa financeira líquida do imposto de renda seja de:

$$\$ 2.400,00 - (34\% \times \$ 2.400,00) = \$ 2.400,00 - 816,00 = \$ 1.584,00.$$

Assim, o imposto efetivo do exercício de $ 1.904,00 apresenta-se desmembrado no imposto que seria pago sem encargos financeiros ($ 2.720,00) e o benefício fiscal devido a esses encargos ($ 816,00).

Observa-se no quadro a seguir que o lucro líquido não se altera. O principal ajuste efetuado foi com relação ao desmembramento da provisão do Imposto de Renda, identificando-se o imposto devido sobre o lucro operacional e a economia promovida pelos encargos financeiros. Dessa maneira, o ajuste completado permite identificar a remuneração dos proprietários de capital (credores e acionistas) em valores líquidos do Imposto de Renda.

Verifica-se que o retorno dos ativos, antes dos encargos financeiros, mas já diminuído do imposto que gera, é de $ 5.280,00, que seriam o lucro líquido caso não existissem os empréstimos e todo o ativo fosse financiado por capitais próprios. Verifica-se também que o passivo gerou encargos de $ 2.400,00, mas esse valor criou uma economia de imposto de $ 816,00; com isso, o custo efetivo líquido do capital de terceiros foi inferior aos 12% calculados, e o mesmo ocorre com o retorno sobre os ativos:

$$ROA = \frac{\$ 5.280,00}{\$ 50.000,00} = 10,56\% \text{ a.a.}$$

$$ROE = \frac{\$ 3.696,00}{\$ 30.000,00} = 12,32\% \text{ a.a.}$$

$$K_i = \frac{\$ 1.584,00}{\$ 20.000,00} = 7,92\% \text{ a.a.}$$

	($ mil)
Vendas	100.000,00
Custo dos Produtos Vendidos	(60.000.000)
Lucro Bruto	**40.000,00**
Despesas com Vendas	(12.000,00)
Despesas Administrativas	(20.000,00)
Lucro Operacional Antes do Imposto de Renda	**8.000,00**
Imposto de Renda sobre Lucro Gerado pelos Ativos	(2.720,00)
Lucro Operacional Após o Imposto de Renda	**5.280,00**
Despesas Financeiras Antes do Imposto de Renda	(2.400,00)
Economia de Imposto de Renda	816,00
Despesa Financeira Líquida do Imposto de Renda	(1.584,00)
Lucro Líquido	**3.696,00**

O efeito do Imposto de Renda não pode ser ignorado na avaliação do desempenho operacional. O retorno sobre os ativos reduziu-se de 16% para 10,56%, e o custo da dívida caiu de 12,32% para 7,92%. O GAF, de forma analítica, pode ser calculado:

$$GAF = \frac{10,56\% + (10,56\% - 7,92\%) \times \dfrac{\$\,20.000,00}{\$\,30.000,00}}{10,56\%}$$

$$= \frac{10,56\% + 1,76\%}{10,56\%} = 1,1667$$

$$GAF = 1,17$$

12.3 ALAVANCAGEM FINANCEIRA E AMORTIZAÇÃO DOS PASSIVOS

A alavancagem financeira favorável pode às vezes ser mal interpretada e levar à conclusão de que compensa simplesmente tomar a dívida. Dentro do problema de riscos, mais especificamente do risco financeiro, está embutido outro item, que é o relativo ao prazo de amortização desses recursos tomados de terceiros.

Nas condições do exemplo em desenvolvimento, admita que o ativo permanente esteja sujeito a uma depreciação de 10%, e que esses \$ 3.000,00 (10% × \$ 30.000,00) desse tipo de despesa estejam embutidos em despesas administrativas.

Assim, o lucro líquido do exercício de \$ 3.696,00 estará, na realidade, representando uma *geração de recursos* de \$ 6.696,00.

Logo, apesar de uma alavancagem financeira favorável, de estar conseguindo obter boas taxas de retorno sobre o patrimônio líquido, de estar com um GAF razoável, poderá a empresa se ver em dificuldade financeira, pois estará dependendo sempre de uma renovação do empréstimo ou da obtenção de outros recursos para saldar essa dívida. Logo, dentro de seu risco financeiro deve estar embutido o problema relativo a essa renovação de passivos. Tal cuidado é bastante vital para a completa saúde financeira da empresa.

Para o exemplo em questão, uma análise muito simples pode ser feita:

	($ mil)
Lucro líquido gerado pelos ativos (lucro operacional após o Imposto de Renda – IR)	5.280,00
(+) Depreciação	3.000,00
Recursos líquidos do IR gerados pelos Ativos	8.280,00

Esse é o valor máximo (\$ 8.280,00) que a empresa pode ter em termos de encargos financeiros e de amortização por ano, a se manterem essas condições de receitas, custos e despesas. É preciso lembrar, porém, que para cada encargo financeiro haverá a consequente redução do imposto. À taxa bruta dada de 12% a.a, com redução de 34% desse valor como economia do imposto, há uma taxa líquida de captação de recursos de 7,92% a.a.

Se o prazo máximo de amortização disponível no mercado for de um ano, somente será possível emprestar um valor tal que, acrescido desses 7,92%, totalize \$ 8.280.000,00. Isso ao se supor que todas as receitas, custos e despesas tenham reflexo no caixa, dentro do ano. Logo, o empréstimo máximo que a empresa poderá tomar é assim calculado para pagamento dentro do ano dos juros e do próprio empréstimo:

Valor do Empréstimo: $\$\,x$

(+) Juros líquidos do Imposto de Renda: $\$\,0,12\,x - (0,34 \times 0,12\,x)$
$= 0,0792\,x$

= Total dos juros e amortização a ser feita: $\$\,x + 0,0792\,x$
$= 1,0792\,x$

Dessa maneira, como o recurso máximo disponível é de $ 8.280,00, tem-se:

Valor do Empréstimo $(x) = 8.280,00/1,0792 = $ 7.672,35$.

Pode-se tirar a prova, fazendo os cálculos do resultado considerando agora um empréstimo de $ 7.672,35 nos passivos da empresa:

```
Encargos Financeiros:
12% × $ 7.672,35                     = $    920,68
(–) Redução no Imposto a Pagar:
    34% × $ 920,68                   =      (313,03)
Desembolso Líquido Adicional
pelos Encargos                       = $    607,65
(+) Desembolso para Amortização
    do Principal                     = $ 7.672,35
Recursos Líquidos Gerados
pelos Ativos                         = $ 8.280,00
```

A conciliação entre taxa de captação e taxa de retorno dos ativos é um ângulo do problema. A conciliação entre alavancagem financeira e prazos de amortização dos capitais de terceiros é outro, nem sempre bem considerado quando se assumem riscos quanto às renovações posteriores (que às vezes ocorrem com taxas diferentes – para pior – das atuais). No Brasil, isso é comum.

Esse resultado também poderia ser calculado da seguinte maneira:

($ mil)

Vendas	100.000,00
Custo dos Produtos Vendidos	(60.000.000)
Lucro Bruto	**40.000,00**
Despesas com Vendas	(12.000,00)
Despesas Administrativas	(20.000,00)
Lucro Operacional Antes dos	
Juros e do Imposto de Renda	**8.000,00**
Encargos financeiros	(920,68)
Lucro Antes do Imposto de	
Renda	**7.079,32**
Imposto de Renda	(2.406,97)
Lucro Após o Imposto de	
Renda	**4.672,35**

Assim, somando-se $ 3.000,00 de depreciação para se chegar aos recursos originados pelas operações, há o suficiente para pagar os $ 7.672,35 originariamente emprestados.

Outros modelos podem ser desenvolvidos com mudanças de taxas; outras fórmulas podem também ser detalhadas apoiadas nesse raciocínio básico.

12.3.1 Alavancagem financeira e passivos de funcionamento

Muitos passivos exigíveis, normalmente circulantes, não provocam encargos financeiros se liquidados nos prazos concedidos (fornecedores nacionais, impostos a recolher, salários a pagar, tarifas públicas e encargos sociais, provisões diversas etc.). Não é correto colocar esses valores em comparação com os encargos financeiros, o que produzirá uma irreal e indevida redução do custo dos recursos tomados emprestados de terceiros. Além disso, tais valores normalmente não representam recursos novos vindos de terceiros e aplicados na empresa, a não ser na hipótese de fornecedores; estes, por seu lado, mostram que do capital de giro investido em estoques parte ainda não foi liquidada.

> **IMPORTANTE** ■ por isso, o mais usual é adotar o seguinte procedimento: para a alavancagem financeira e outras análises, consideram-se esses *passivos de funcionamento* normal e sem encargos como redutores dos ativos circulantes, e reduz-se com isso o valor global dos ativos que demandam recursos próprios ou tomados emprestados de terceiros.

Assim, ao se calcular o custo das dívidas, não se terá uma distorção pela utilização de tais valores.

A relação entre o lucro operacional e os ativos deduzidos dos passivos de funcionamento é identificada geralmente por ROI[2] (Retorno sobre o Investimento), ou seja:

$$ROI = \frac{\text{Lucro Operacional}}{\text{Ativo Total} - \text{Passivo de Funcionamento}}$$

Essa expressão de cálculo do ROI indica a rentabilidade do investimento efetuada pela empresa

---

[2] ROI – Sigla em inglês que significa *Return On Investments*.

mediante capitais próprios ou captada junto a terceiros.

Apesar do ROI de já ter sido introduzido e aplicado em diferentes situações em outros capítulos (ver, por exemplo, Capítulo 11), está-se aqui revisando este conceito pela sua importância para a avaliação de desempenho econômico de todas as Finanças Corporativas.

12.3.2 Ações preferenciais no Brasil

É extremamente comum em livros estrangeiros o uso de ações preferenciais para a alavancagem financeira, e até em alguns trabalhos nacionais. Cabe, todavia, um alerta sobre o assunto, já que esse caso não é aplicável ao Brasil, a não ser em situações raríssimas.

A diferença reside no seguinte: em alguns países, principalmente nos EUA, o comum é as ações preferenciais terem direito a um dividendo fixo, o qual, após seu pagamento, faz com que o acionista preferencial não tenha mais direito sobre os lucros remanescentes, mesmo que retidos pela empresa ou incorporados ao capital social. Ora, isso faz dessas ações verdadeiros empréstimos efetivamente provocadores do efeito da alavancagem.

Todavia, no Brasil essa situação, apesar de prevista na legislação societária, é praticamente inexistente; nossas ações preferenciais são, em geral, com *dividendo mínimo* e sempre com direito à participação nos lucros remanescentes não distribuídos. Além disso, quase sempre recebem dividendos nunca inferiores aos das ações ordinárias.[3]

Assim, a não ser em casos extremamente raros, não há que se dar atenção, no Brasil, às ações preferenciais. Devem continuar fazendo parte normalmente

do patrimônio líquido, mesmo para cálculo da alavancagem financeira, e seus dividendos não devem ser considerados em conjunto com os encargos financeiros, como ocorre em alguns países.

Evidentemente, quando há dividendos diferentes para preferenciais e ordinárias, existem taxas efetivas diferentes de retorno para uns e outros, e isso não só pode como também deve ser calculado separadamente.

12.4 APLICAÇÃO PRÁTICA

Uma demonstração prática de avaliação do desempenho e alavancagem financeira no Brasil será efetuada em uma empresa cujos dados estão apresentados a seguir.

A empresa está prevendo, para os próximos anos, a necessidade de investimentos para expansão de sua capacidade industrial, com planos inclusive de exportar parte de sua produção.

Antes de ingressar nessa nova fase, no entanto, a área financeira da empresa está preocupada em avaliar seu desempenho econômico, apurando corretamente os indicadores de retorno do investimento. Como estão previstas maiores participações de empréstimos e financiamentos na estrutura de capital, a empresa julga ainda importante adotar uma avaliação bem mais analítica do retorno sobre o investimento.

Essa avaliação é desenvolvida com base em balanços e demonstrativos de resultados elaborados pela empresa e referentes ao exercício de 20X2, conforme demonstrados a seguir. Os valores das demonstrações financeiras estão expressos em moeda constante.

---

[3] Veja-se o art. 17 da Lei nº 6.404/76, principalmente o § 4º, e modificações introduzidas pela Lei nº 10.303/01.

Balanços Patrimoniais: 31-12-X2

ATIVO ($ mil)		PASSIVO ($ mil)	
Ativo Circulante	8.026,00	Passivo Circulante	4.408,00
Disponibilidades	49,00	Fornecedores	725,00
Aplicações Financeiras	1.932,00	Financiamentos	1.432,00
Contas a Receber	2.456,00	Impostos a Recolher	456,00
Estoque	1.866,00	Salários	627,00
Outros	1.723,00	Dividendos a Pagar	357,00
		Imposto de Renda	811,00
Ativo Não Circulante	76,00	Passivo Não Circulante	1.878,00
		Financiamentos	1.878,00
Ativo Permanente	8.792,00	Patrimônio Líquido	10.608,00
TOTAL	16.894,00	TOTAL	16.894,00

Demonstrativo de Resultados: 31-12-X2

Receita Operacional	**2.820,00**
(–) Custo dos Produtos Vendidos	<u>1.649,00</u>
Lucro Bruto:	**1.171,00**
(–) Despesas Operacionais	**678,00**
Vendas	340,00
Administrativas e Gerais	184,00
Honorários de Administração	12,00
Receitas Financeiras	(23,00)
Despesas Financeiras	<u>165,00</u>
Lucro Operacional:	**493,00**
(–) Imposto de Renda e Contribuição Social	167,60
Lucro Líquido do Exercício:	**325,40**

12.4.1 Avaliação do desempenho com base no investimento líquido – ROI

Para avaliação do desempenho pelos valores do investimento líquido, devem-se, inicialmente, deduzir do ativo total (mais especificamente, do circulante) os passivos tidos como não onerosos (passivos de funcionamento que não provocam encargos financeiros).

Nas condições apresentadas pela empresa, são apurados a seguir os resultados operacionais referentes ao exercício de 20x7.

LUCRO OPERACIONAL		INVESTIMENTO LÍQUIDO	
Lucro Bruto	$ 1.171,00	ATIVO TOTAL	$ 16.894,00
Despesas Operacionais:		Passivo de Funcionamento:	
Vendas	($ 340,00)	Fornecedores	$ 725,00
Administrativos e Gerais	($ 184,00)	Impostos a Recolher	$ 456,00
Honorários de Administração	($ 12,00)	Salários e Contribuições	$ 627,00
Receitas Financeiras	$ 23,00	Dividendos	$ 357,00
Lucro Operacional Antes do IR	**$ 658,00**	Imposto de Renda	$ 811,00
(–) IR (34%)	($ 223,72)	**Investimento Líquido**	**$ 13.918,00**
Lucro Operacional Líquido IR	**$ 434,28**		
(–) Despesa Financeira	($ 165,00)		
(+) Economia do IR (34%)	$ 56,10		
= Despesa Financeira Líquida do Imposto de Renda	($ 108,90)		
Lucro Líquido	**$ 325,38**		

As medidas de desempenho do período, expressas em taxas reais e calculadas após o Imposto de Renda (alíquota de 34%), são:

$$\text{ROI} = \frac{\$\,434,28}{\$\,13.918,00} = 3,12\%\ \text{a.a.}$$

$$\text{ROE} = \frac{\$\,325,38}{\$\,10.608,00} = 3,10\%\ \text{a.a.}$$

$$\text{GAF} = \frac{3,10\%}{3,12\%} = 0,9936$$

Uma avaliação analítica envolve, conforme foi desenvolvido no capítulo, os seguintes cálculos adicionais:

$$K_i = \frac{\$\,108,90}{\underbrace{\$\,1.432,00 + \$\,1.878,00}_{\text{Financiamentos Bancários}}} = 3,29\%\ \text{a.a.}$$

O ROE também pode ser calculado pela seguinte expressão:

$$\text{ROE} = \text{ROI} + (\text{ROI} - K_i) \times \frac{P}{PL}$$

em que:

ROI = Retorno do Investimento

K_i = Custo do capital de terceiros líquido do Imposto de Renda

P = Total de passivos onerosos (capital de terceiros)

PL = Total do capital próprio

Com os dados do exemplo apresentado, calcula-se:

$$\text{ROE} = 3,12\% + (3,12\% - 3,29\%) \times$$
$$\times \frac{\$\,3.310,00}{\$\,10.608,00}$$

$$\text{ROE} = 3,12\% - 0,17\% \times 0,312$$

$$\text{ROE} = 3,10\%\ \text{a.a.}$$

O desempenho operacional do exercício foi prejudicado pelo endividamento oneroso da empresa, cujo custo superou o retorno auferido na aplicação desses recursos (K_i > ROI). O reflexo desfavorável sobre a rentabilidade dos proprietários não foi mais expressivo em razão do baixo nível de endividamento da empresa (P/PL = 0,312).

A capitalização, apesar de reduzir o giro dos recursos próprios e, consequentemente, o retorno do investimento, é uma alternativa inevitável em momentos de taxas de juros elevadas, com percentuais superiores ao retorno promovido pelos ativos operacionais.

Resumo

1. **Entender os conceitos básicos de alavancagem financeira como um dos instrumentos mais importantes na avaliação do desempenho operacional.**

   A *alavancagem financeira* resulta da capacidade da empresa em usar os encargos financeiros fixos no fluxo de lucros da empresa, tanto no lucro antes dos juros e Imposto de Renda quanto no lucro líquido. Exatamente isto é a *alavancagem financeira*:

o efeito de tomar, em uma ponta, recursos de terceiros a determinado custo, aplicando-os na outra ponta (nos ativos) a outra taxa de retorno: a diferença vai para os proprietários e altera seu retorno sobre o patrimônio líquido, para mais ou para menos do que aquele que seria obtido caso todo o investimento fosse feito apenas com recursos próprios.

Quanto mais recursos de terceiros os acionistas da empresa tomarem, maior rentabilidade terão proporcionalmente a seus próprios recursos investidos.

Quanto menor a participação de capital próprio, maior a dificuldade de obter empréstimos e maior tende também a ser a própria taxa de captação, em razão do maior risco financeiro assumido pela empresa.

Uma empresa que financia seus ativos totais na estrutura de 70% de capitais de terceiros e 30% de capitais próprios, por exemplo, apresenta excelentes condições de alavancar os resultados de seus acionistas, passando a auferir elevados retornos sobre o patrimônio líquido. Se, porém, por causa da recessão geral ou setorial ou mesmo por um problema específico da empresa, reduzir sua taxa da ROA e ainda tiver um aumento na taxa de captação de seus recursos de terceiros, poderá não ter condições de continuidade.

2. Expor a formulação do grau de alavancagem financeira (GAF).

Foi demonstrada no capítulo uma fórmula analítica do retorno sobre o patrimônio líquido e do GAF, conforme desenvolvida por Eliseu Martins, a fim de dar uma visão melhor da relação entre o retorno dos acionistas (ROE) e o retorno da empresa (ROI). O grau de alavancagem financeira depende da relação capital de terceiros/ capital próprio e do diferencial de taxas de captação (K_i) e aplicação (ROI) de recursos, além do próprio desempenho operacional da empresa.

3. Abordar o efeito que o Imposto de Renda provoca na alavancagem financeira.

O demonstrativo de resultados apura o lucro gerado pelos ativos (lucro operacional), o lucro dos acionistas (lucro líquido) e a remuneração dos credores da empresa (despesas financeiras), informações relevantes para a avaliação do desempenho da empresa.

Esses resultados, no entanto, encontram-se em diferentes valores em relação ao Imposto de Renda, devendo ser todos deduzidos dos efeitos tributários. O ajuste do Imposto de Renda será processado no lucro operacional, apurando-se a provisão de Imposto de Renda do lucro gerado pelos ativos, e nas despesas financeiras, determinando-se o benefício fiscal gerado por esses encargos dedutíveis.

No Brasil, a alíquota de Imposto de Renda para a maioria das empresas é de 34%. Esse percentual é formado pela soma de uma alíquota de 15% de Imposto de Renda da Pessoa Jurídica (IRPJ), mais um adicional de 10% sobre o excedente de certo limite de lucro, mais um acréscimo de 9% de alíquota referente à Contribuição Social Sobre o Lucro Líquido (CSLL).

4. Relacionar o GAF com os prazos de amortização de passivos.

Apesar de uma empresa apresentar uma alavancagem financeira favorável, de estar conseguindo obter boas taxas de retorno sobre o patrimônio líquido, de estar com um GAF razoável, poderá se ver em dificuldade financeira, pois estará dependendo sempre de uma renovação do empréstimo ou da obtenção de outros recursos para saldar essa dívida. Logo, dentro de seu risco financeiro deve estar embutido o problema relativo a essa renovação de passivos. Tal cuidado é bastante vital para a completa saúde financeira da empresa. A conciliação entre taxa de captação e taxa de retorno dos ativos é um ângulo do problema. A conciliação entre alavancagem financeira e prazos de amortização dos capitais de terceiros é outro, nem sempre bem considerado quando se assumem riscos quanto às renovações posteriores (que às vezes ocorrem com taxas diferentes – para pior – das atuais).

5. Mostrar como funciona a alavancagem financeira no Brasil no que se refere a passivos exigíveis, reciprocidade bancária, duplicatas descontadas, entre outros.

Muitos passivos exigíveis, normalmente circulantes, não provocam encargos financeiros se liquidados nos prazos concedidos (fornecedores nacionais, impostos a recolher, salários a pagar, tarifas públicas e encargos sociais, provisões diversas etc.). Não é correto colocar esses valores em comparação com os encargos financeiros, o que produzirá uma irreal e indevida redução do custo dos recursos tomados emprestados de terceiros. Além disso, tais valores normalmente não representam recursos novos vindos de terceiros e aplicados na empresa, a não ser na hipótese de fornecedores; estes, por seu lado, mostram que do capital de giro investido em estoques parte ainda não foi liquidada.

Por isso, o mais usual é adotar o seguinte procedimento: para a alavancagem financeira e outras análises, consideram-se esses passivos de funcionamento normal e sem encargos como redutores dos ativos circulantes, e reduz-se com isso o valor global dos ativos que demandam recursos próprios ou tomados emprestados de terceiros. Com isso, tem-se uma redução dos ativos, já que realmente nada produzem, e também uma redução dos passivos sujeitos a encargos, permitindo mostrar a realidade do custo efetivo do dinheiro tomado de terceiros.

Em geral, as duplicatas descontadas são consideradas pela Contabilidade como dedutíveis dos valores a receber de clientes, mas, para os objetivos da análise financeira, são mais bem consideradas como passivos exigíveis provocadores de encargos financeiros. Assim, para o cálculo da alavancagem, as duplicatas descontadas devem ser transferidas para o passivo exigível sujeito a encargos.

É extremamente comum em livros estrangeiros o uso de ações preferenciais para a alavancagem financeira, e até em alguns trabalhos nacionais. Cabe, todavia, um alerta sobre o assunto, já que esse caso não é aplicável ao Brasil, a não ser em casos raríssimos. Todavia, no Brasil essa situação, apesar de prevista na legislação societária, é praticamente inexistente; nossas ações preferenciais são, em geral, com dividendo mínimo e sempre com direito à participação nos lucros remanescentes não distribuídos. Além disso, quase sempre recebem dividendos nunca inferiores aos das ações ordinárias.

TESTES DE VERIFICAÇÃO

1. **Uma empresa quando faz uso, em maior ou menor grau, de recursos de terceiros em sua estrutura patrimonial, deve** expressamente gerar lucro suficiente para remunerar esse capital de terceiro tomado. Pode-se medir a capacidade da empresa em ser capaz de remunerar esses recursos por qual indicador:

   a) Margem de lucro.

   b) Retorno sobre o investimento.

   c) Giro dos ativos.

   d) Retorno sobre o patrimônio líquido.

   e) Custo do capital de terceiros.

2. **Sobre alavancagem financeira, é correto afirmar:**

   a) É a possibilidade de utilizar mais capital próprio para investimento.

   b) Ela reduz o nível de endividamento da empresa.

   c) Afeta negativamente o lucro líquido devido ao pagamento de juros.

   d) Reduz o Imposto de Renda a pagar.

   e) Está relacionada com a utilização de recursos de terceiros na estrutura de capital da empresa.

3. **Assinale a alternativa incorreta em relação à alavancagem financeira:**

   a) Mesmo mantendo inalterado o custo do endividamento e a proporção entre capital de terceiros e capital próprio, é possível a empresa elevar o seu GAF.

   b) Uma empresa deverá tomar emprestado recursos de terceiros quando o retorno sobre o ativo for maior que o custo de tomar esses recursos emprestados.

   c) O GAF significa o valor que a empresa consegue de retorno para os ativos para cada 1% de retorno que consegue dos acionistas.

   d) Se o GAF for menor do que 1 significa que a taxa de juros que a empresa paga pelo uso de recursos de terceiros é maior que o retorno sobre o capital próprio.

   e) Pode-se entender também alavancagem financeira como a capacidade da empresa de administrar os recursos de terceiros e próprios, buscando maximizar o retorno do capital próprio.

4. Uma empresa apresentou um lucro operacional antes do IR de $ 50,0 milhões no último demonstrativo de resultados publicado. Sabe-se que o Imposto de Renda é igual a 34%. O Passivo Total corresponde a $ 148,0 milhões e o Patrimônio Líquido a $ 182,0 milhões. Com base nesses valores, o retorno sobre o ativo (ROA) da empresa será de:

   a) 12,00%.
   b) 16,66%.
   c) 14,04%.
   d) 10,00%.
   e) 13,33%.

5. Uma empresa que tem variação no lucro operacional de 30%, variação no lucro líquido de 35%, e de 20% nas vendas, apresenta um GAT de:

   a) 1,75.
   b) 1,95.
   c) 2,05.
   d) 2,15.
   e) 2,25.

6. Foram obtidas junto às demonstrações financeiras de uma empresa as seguintes informações:

   Lucro operacional Após o IR : $ 125 milhões
   Despesas financeiras líq. IR : $ 30 milhões
   Ativos Totais : $ 500 milhões
   Patrimônio Líquido : $ 280 milhões

   De posse dessas informações, pode-se dizer que o Grau de Alavancagem Financeira é de:

   a) 2,11.
   b) 1,94.
   c) 1,36.
   d) 1,21.
   e) 1,09.

Exercícios propostos

1. Os acionistas de uma empresa querem saber o custo da dívida após Imposto de Renda. O lucro operacional após o IR atinge $ 9.500,0 mil, gerando assim 15,83% de retorno sobre o ativo total da empresa. O retorno sobre o patrimônio líquido (ROE), após o Imposto de Renda, é de 11%, com 40% do ativo total correspondente ao capital próprio. Calcule o custo da dívida após o IR.

2. Admita que se tenham projetado, para determinado período, os seguintes resultados de uma empresa: Lucro Operacional (antes do IR): $ 85.000,00; Ativo Total: $ 185.000,00; Alíquota de IR: 35%; Depreciações: $ 20.000,00; Estrutura do Passivo da Empresa: 60% de recursos de terceiros e 40% de recursos próprios; Custo de Captação de Mercado: 15% a.a. Pede-se:

   a) Determine o limite máximo de compromissos que a empresa pode assumir em termos de encargos financeiros e amortização de capital.

   b) Admitindo que o prazo máximo que as instituições financeiras estão propensas a conceder para a amortização de dívidas seja de um ano, calcule o empréstimo máximo que a empresa poderá solicitar, de modo que haja adequada conciliação entre a alavancagem financeira e o prazo de amortização das dívidas.

3. Uma empresa, em fase de elaboração de um planejamento financeiro para o próximo exercício, estimou os seguintes valores para a sua atividade:

   • Vendas: $ 39,1 milhões;
   • Despesas Operacionais: $ 36,2 milhões;
   • Despesas Financeiras (brutas): $ 1,56 milhão.

   O passivo exigível oneroso existente no início do período de planejamento é de $ 7,5 milhões. Não são previstas mutações nesse valor por pagamentos ou novas captações durante o período considerado. O patrimônio líquido previsto para o período é de $ 8,0 milhões. Sendo a alíquota de IR de 34%, pede-se:

a) Calcule a alavancagem financeira projetada para o período de planejamento.

b) Efetue também uma análise sobre o resultado obtido.

4. Suponha que os investimentos de uma empresa sejam de $ 1,8 milhão em ativos fixos e $ 720 mil em ativos circulantes (capital de giro). O custo dos produtos vendidos e as despesas administrativas e de vendas atingem, em determinado período de planejamento, $ 1,08 milhão e $ 216 mil, respectivamente. As receitas de vendas somam, para o mesmo período, $ 1,8 milhão. Pede-se:

a) Admitindo a inexistência de Imposto de Renda e inflação, determine o ROI (retorno sobre o investimento), sabendo que os investimentos (ativos) totais são financiados:

  i – exclusivamente por capital próprio;

  ii – 50% por recursos próprios e 50% por recursos de terceiros onerosos (K_i = 14%);

  iii – 40% por recursos próprios e 60% por recursos de terceiros onerosos (K_i = 14%).

b) Determine o ROE (retorno sobre o patrimônio líquido) e o GAF (grau de alavancagem financeira) pela formulação usual e pela mais analítica para as hipóteses de financiamentos dos investimentos consideradas na questão **a** apresentada.

c) Determine o GAF para as estruturas de financiamento consideradas, admitindo a existência de uma alíquota de imposto de renda de 35%. Em seus cálculos, desenvolva também a demonstração de resultados ajustada ao Imposto de Renda.

5. Admita que uma empresa apure, ao término de determinado exercício social, um ativo de $ 700 mil. A empresa encontra-se financiada por um empréstimo bancário de $ 300 mil e por $ 400 mil de capital próprio. A empresa pagou despesas financeiras de $ 45 mil e apresentou um lucro operacional (antes do IR) de $ 165 mil. Se a alíquota do Imposto de Renda é de 20%, pede-se:

a) O GAF.

b) Explique o significado apurado no GAF.

c) Ocorrendo uma variação de 20% no lucro operacional, calcule o impacto sobre o lucro líquido da empresa demonstrando os cálculos.

6. Uma empresa apresenta atualmente um nível de faturamento de $ 72.000. Os custos e despesas variáveis representam 35% do faturamento. Os custos e despesas operacionais fixos representam $ 20.000 e a despesa financeira líquida do IR é de $ 3.000. Se a alíquota de IR é de 40%, calcule o GAO dessa empresa admitindo uma variação de 20% a mais no volume de atividade.

Link da web

www.institutoassaf.com.br. *Site* com indicadores econômico-financeiros das empresas de capital aberto no Brasil.

Sugestão de leitura

ASSAF NETO, Alexandre. **Finanças corporativas e valor**. 8. ed. São Paulo: Atlas, 2021.

ASSAF NETO, Alexandre. **Estrutura e análise de balanços**. 13. ed. São Paulo: Atlas, 2023.

Respostas dos Testes de verificação

1. b
2. e
3. c
4. d
5. a
6. c

MEDIDAS DE CRIAÇÃO DE VALOR

OBJETIVOS DO CAPÍTULO

1. Entender os conceitos fundamentais do modelo de gestão baseada em valor, abordando custo de oportunidade do acionista, criação de valor, estratégias financeiras, entre outros.
2. Dimensionar os principais indicadores econômicos de uma gestão baseada em valor.
3. Demonstrar o cálculo do Valor Econômico Agregado (EVA).
4. Discutir o conflito valor *versus* lucro.

Uma empresa será considerada como *criadora de valor* quando for capaz de oferecer a seus proprietários de capital (credores e acionistas) uma remuneração acima de suas expectativas mínimas de ganhos. Em outras palavras, quando o resultado gerado pelos negócios superar a taxa de remuneração exigida pelos proprietários de capital (credores e acionistas) ao financiarem as decisões de investimento.

A criação de valor se reflete no preço de mercado das ações da empresa, apresentando uma valorização decorrente de sua capacidade em melhor remunerar o custo de oportunidade de seus proprietários.

13.1 CUSTO DE OPORTUNIDADE E CRIAÇÃO DE VALOR

Um *custo de oportunidade* retrata quanto uma pessoa (empresa) sacrificou de remuneração por ter tomado a decisão de aplicar seus recursos em determinado investimento alternativo, de risco semelhante. Por exemplo: o que se deixou de fazer no tempo dedicado ao estudo de Finanças. Da mesma maneira, ao adquirir ações do Banco Bradesco, o investidor deixou de aplicar seus recursos em alguma alternativa disponível, como comprar ações do Banco Itaú: o custo de oportunidade é o quanto se deixou de ganhar por não investir em ações do Banco Itaú, por exemplo.

> O custo de oportunidade é a melhor alternativa disponível que foi sacrificada. É quanto se deixou de ganhar decidindo por um investimento em vez de outro, de mesmo risco.

O custo de oportunidade não é um conceito de valor absoluto, mas apurado mediante a *comparação* do retorno esperado de uma decisão com o que seria obtido da melhor proposta de investimento disponível, entendida como alternativa rejeitada.

> **!** **IMPORTANTE** ■ o custo de oportunidade pressupõe a existência de duas ou mais alternativas disponíveis de serem implementadas, e de naturezas mutuamente excludentes, ou seja, ou faz-se uma ou outra (não podem ser feitas ao mesmo tempo).

Um quesito fundamental na definição do custo de oportunidade é a comparação de investimentos de *riscos semelhantes*. Não faz sentido comparar a taxa de retorno de uma decisão com risco com os ganhos oferecidos por uma alternativa sem risco (títulos públicos, por exemplo). A diferença entre essas taxas é mais bem entendida como um *prêmio pelo risco* incorrido, e não como um custo de oportunidade.

Para ilustrar: conforme foi descrito no Capítulo 2, a taxa básica de juros da economia brasileira é a SELIC, sendo descrita como uma remuneração de risco mais baixo. Esta taxa atingiu, em dezembro

de 2007, 11,25%. Se uma empresa apurar um retorno para seus acionistas (Retorno sobre o Patrimônio Líquido) no exercício de 17,5%, por exemplo, o desempenho indica um *prêmio pelo risco* do investimento de 6,25% (17,5% − 11,25%). Em outras palavras, os acionistas receberam uma remuneração adicional de 6,25% pelo maior risco assumido de investir em ações de uma empresa, em vez de aplicar em títulos públicos admitidos como de risco mínimo.

Alternativas com diferentes níveis de risco não permitem uma comparação homogênea dos retornos produzidos, distorcendo o conceito de custo de oportunidade. O entendimento adotado neste livro considera o custo de oportunidade pela comparação entre retornos de investimentos de riscos equivalentes.

Mesmo apurando lucro contábil em determinado período, porém sendo esse resultado insuficiente para remunerar o custo do capital investido, a empresa irá promover uma destruição da riqueza de seus proprietários, depreciando seu valor de mercado. Em verdade, o genuíno conceito de lucro voltado ao sucesso empresarial, definido por *lucro econômico,* é mensurado somente após ser deduzido o custo de oportunidade do capital aplicado.

O lucro contábil não é uma medida de valor. Incorpora algumas limitações, citando-se como uma das principais *não considerar o risco do investimento*. O lucro contábil não indica de maneira mais correta o retorno (sucesso) de um negócio, precisa ser ajustado ao risco da empresa. O retorno contábil de 12%, por exemplo, para uma empresa de tecnologia e para uma empresa de mineração não é a mesma coisa. São resultados iguais e apurados segundo os mesmos princípios contábeis, porém provenientes de investimentos de riscos bastante diferentes.

Os princípios contábeis assumem que somente as dívidas apresentam custos, definidos por despesas financeiras de juros. De maneira equivocada, admitem que o capital próprio investido no negócio não produz nenhum custo à empresa, não devendo, portanto, ser remunerado.

> O conceito de lucro econômico é o que resta depois de deduzir do resultado o que se deixou de ganhar por não investir em outra(s) alternativa(s) de risco similar. Existe lucro econômico quando o

> retorno do capital investido na empresa superar o seu custo de oportunidade.
>
> *Lucro Econômico = Retorno do Capital Investido – (Custo de Oportunidade × Capital Investido)*

> **!** **IMPORTANTE** ■ uma empresa cria valor aos seus acionistas quando for capaz de produzir *lucro econômico,* isto é, quando gera um resultado em excesso ao custo de oportunidade do capital investido.

No mercado competitivo atual, somente sobrevivem as empresas eficientes, que se mostram capazes de agregar (criar) valor em suas decisões. A melhor medida do sucesso empresarial é a criação de valor aos acionistas. O lucro, conforme apurado pela Contabilidade, somente garante a continuidade de um empreendimento se conseguir, pelo menos, igualar-se ao custo de oportunidade do capital investido.

Ainda que derive de um conceito bastante antigo, a busca de valor para os acionistas constitui-se no objetivo fundamental da empresa moderna. A *Gestão Baseada em Valor* (GBV) é uma abordagem em que as decisões da empresa voltam-se para o objetivo de criação de riqueza dos acionistas. Este tipo de gestão prioriza sua atuação em direcionadores de valor, ou seja, em medidas que indicam se a empresa foi capaz ou não de produzir um retorno acima de seu custo de capital.

13.2 VALOR ECONÔMICO AGREGADO (EVA®)[1]

O valor econômico agregado (*Economic Value Added* – EVA em inglês) é uma medida de criação de valor identificada no desempenho operacional da própria empresa, conforme retratado pelos relatórios

financeiros. Indica se a empresa está sendo capaz de cobrir todos os seus custos e despesas, inclusive o custo de capital próprio, e, com isso, de gerar riqueza aos seus acionistas.

Todo negócio deve produzir um lucro que cubra, pelo menos, seu custo de capital (custo de oportunidade de seus investimentos). Se o resultado for inferior a este custo, diz-se que atua em *prejuízo econômico* (destrói valor). Um resultado acima do custo de capital revela *lucro econômico* (agregação de valor).

> O EVA® nada mais é do que o resultado de uma empresa que sobra após a dedução do custo do capital próprio como despesa. Quando positivo, evidencia criação de valor ao acionista. É uma medida de lucro econômico, englobando o conceito de lucro contábil e o custo do capital investido.

O cálculo do valor econômico agregado exige o conhecimento do *custo total de capital* da empresa, o qual é determinado pelo custo de cada fonte de financiamento (próprias e de terceiros) selecionada pela empresa, e multiplicada pelo capital investido na geração de receitas operacionais. Representa, em essência, o custo de oportunidade do capital aplicado por credores e acionistas como forma de compensar o risco assumido no negócio.

A medida do EVA® pode ser determinada a partir do *lucro operacional* e do *lucro* líquido. A estrutura básica apresenta-se:

Cálculo com base no lucro operacional:

LUCRO OPERACIONAL (líquido do IR):	XXX
(–) Custo Total de Capital (Próprio e de Terceiros):	XXX
(=) Valor Econômico Agregado (EVA):	**XXX**

Cálculo base no lucro líquido:

LUCRO LÍQUIDO:	XXX
(–) Custo de Capital Próprio:	XXX
(=) Valor Econômico Agregado (EVA):	**XXX**

---

[1] *Economic Value Added* (EVA), em inglês. Marca registrada da Stern Stewart & Co.

UM EXEMPLO DE CONFLITO: VALOR *versus* LUCRO

Com o intuito de melhor explicar esse conflito entre valor e lucro, admita que uma empresa esteja avaliando a venda de um ativo (uma unidade de negócio, por exemplo) avaliado pela contabilidade em $ 7,0 milhões. O lucro operacional decorrente desse investimento é de $ 1,0 milhão. O Retorno Sobre o Investimento (ROI) corporativo está fixado em um padrão de 12%, e o custo de capital (oportunidade) identificado com essa unidade de negócio atinge 16%.

Dentro de uma visão gerencial focada no *lucro*, a unidade de negócio pode ser considerada atraente, contribuindo de forma positiva na formação do resultado operacional da empresa. A venda desse ativo acarretaria uma redução no lucro da sociedade, com repercussões negativas sobre os indicadores tradicionais de desempenho financeiro, fluxos de dividendos e participações sobre os lucros.

Se a prioridade da empresa é o *retorno sobre seu investimento*, a decisão de manter o ativo é reforçada pela presença de um ROI superior ao da corporação. Eliminando a unidade de negócio, a taxa de retorno total do investimento reduz-se, gerando dúvidas sobre a qualidade da decisão e o desempenho da empresa.

Observe que:

ROI (unid. de negócio): $ 1,0 milhão/$ 7,0 milhão	*= 14,29%*
ROI corporativo	*= 12%*

No entanto, se o objetivo é *CRIAR VALOR* a seus acionistas, a manutenção do investimento é um indicativo de desvalorização do valor de mercado da empresa. Seu retorno ($ 1,0/$ 7,0 = 14,29%) é insuficiente para remunerar os proprietários de capital em sua rentabilidade mínima exigida de 16%, ou seja:

Lucro Operacional:	$ 1,0 milhão
Custo de Capital (16% × $ 7,0 milhões):	<u>($ 1,12 milhão)</u>
Valor Econômico Destruído:	**($ 0,12 milhão)**

Se o investimento de $ 7,0 milhões em avaliação estiver financiado com recursos de terceiros, a destruição de valor é sentida em algum momento no caixa, revelando a realização de um resultado operacional ($ 1,0 milhão) inferior aos juros desembolsados da dívida ($ 1,12 milhão). A empresa, nessa condição, não gera explicitamente um resultado operacional de caixa suficiente para cobrir o desembolso dos juros exigido pelos credores, repercutindo sobre sua liquidez e tornando a situação em desequilíbrio bastante visível.

Para uma empresa que trabalha preferencialmente com capital próprio, no entanto, a destruição de valor não é tão evidente, exigindo controles financeiros mais apurados que os fornecidos tradicionalmente pela contabilidade. O custo de oportunidade não exige desembolsos periódicos obrigatórios de caixa, assim como não é registrado como despesa nos demonstrativos de resultados, permitindo que os resultados financeiros (liquidez) e econômicos (lucros) não sejam afetados mesmo diante de estratégias que destroem valor de seus proprietários. A empresa convive conflitantemente com medidas de lucros positivas e, ao mesmo tempo, tem seu preço de negociação desvalorizado pelo mercado.

> **!** **IMPORTANTE** ■ pela análise de indicadores financeiros tradicionais (lucro e rentabilidade), é impossível identificar se a empresa está criando ou destruindo valor econômico. A medida de valor agregado é importante porque, entre outras contribuições relevantes, associa o custo de oportunidade do capital ao investimento realizado, ressaltando a eficácia da administração. Empresas que convivem com uma gestão baseada em valor têm uma visão mais direcionada à concepção dos negócios, à continuidade do empreendimento e ao objetivo de maximização da riqueza de seus acionistas.

Por exemplo, se o total do capital investido em uma empresa for de $ 1.000,0 milhão, e seu custo de capital de 12%, o resultado mínimo desejado pelos seus investidores é de $ 120,0 milhões. Se apurar um lucro de $ 150,0 milhões, terá um EVA® de $ 30,0 milhões e criará valor aos seus acionistas; se o lucro for de $ 80,0 milhões, destruirá valor em razão do EVA® negativo de $ 40,0 milhões. A empresa, nesse caso, apura um resultado positivo, porém não suficiente para remunerar o risco (custo de oportunidade) do investimento.

13.2.1 Exemplo prático de cálculo do EVA®

O principal direcionador de valor de uma empresa é a medida do valor econômico agregado (EVA®), indicador da remuneração oferecida ao capital investido que excede o retorno mínimo exigido por seus proprietários. Indica se a empresa está criando ou destruindo valor com base em seu desempenho operacional.

Para ilustrar, admita que uma empresa tenha um total de investimento (capital fixo e capital de giro) de $ 10 milhões. Sabe-se que 40% dos investimentos são financiados por bancos, que cobram uma taxa líquida de juros de 10% ao ano, já deduzido o benefício fiscal, e os 60% restantes representados por recursos próprios, com uma expectativa de retorno de 15% ao ano. A empresa apura no exercício em consideração

um resultado operacional líquido de impostos de $ 1,5 milhão. Em resumo, a empresa apresenta a seguinte estrutura de investimento:

| INVESTIMENTO $ 10 milhões | CAPITAL DE TERCEIROS $ 4 milhões (40%) |
| | CAPITAL PRÓPRIO $ 6 milhões (60%) |

De modo mais simples, conforme apresentado, o cálculo do EVA pode ser efetuado deduzindo-se do *resultado operacional* líquido do IR o custo de cada fonte de capital selecionada pela empresa:

Resultado Operacional Líquido	= $	1.500.000,00
Remuneração Exigida pelos Credores: 10%×(40% × $ 10.000.000,00)	= $	400.000,00
Remuneração Exigida pelos Acionistas: 15% ×(60% × $ 10.000.000,00)	= $	900.000,00
Custo Total de Capital ($ 400.000,00 + $ 900.000,00)	= ($	1.300.000,00)
Valor Econômico Agregado (EVA)	= $	**200.000,00**

CUSTO TOTAL DE CAPITAL (WACC)

O custo de capital dos acionistas e credores é geralmente expresso como uma média ponderada dos custos pela participação de cada fonte de financiamento, e conhecido na literatura financeira por WACC.[2] No exemplo em desenvolvimento, tem-se:

Fonte de Financiamento	Montante	Custo de Capital
Patrimônio Líquido	$ 6.000.000,00	$ 900.000,00
Dívidas com Terceiros	$ 4.000.000,00	$ 400.000,00
TOTAL	$ 10.000.000,00	$ 1.300.000,00

Dessa maneira, o custo total ponderado de capital (WACC), atinge:

WACC = $ 1.300.000,00 / $ 10.000.000,00 = 13,0%

---

[2] *Weighted Average Cost of Capital*, em inglês.

Por outro lado, utilizando-se a formulação do custo médio ponderado, tem-se:

$$WACC = (K_e \times W_{PL}) + (K_i \times W_P)$$

em que:

K_e: custo de capital próprio

W_{PL}: participação do capital próprio (patrimônio líquido)

K_i: custo do capital de terceiros (custo da dívida)

W_P: participação do capital de terceiros (dívidas)

Sabendo-se que:

$K_e = 15\%$

$W_{PL} = 60\%$

$K_i = 10\%$

$W_P = 40\%$

Calcula-se o WACC:

$WACC = (15\% \times 60\%) + (10\% \times 40\%)$

$WACC = 13,0\%$

O EVA® calculado a partir do WACC:

EVA = Resultado Operacional Líquido –
(WACC × Investimento)

EVA = \$ 1.500.000,00 – (13,0% ×
\$ 10.000.000,00)

EVA = \$ 200.000,00

> O WACC equivale ao custo total de capital alocado para financiar seus ativos. É calculado pela soma do custo de cada fonte de recurso ponderado pela respectiva participação relativa no total do investimento (Ativo Total).

O cálculo do EVA® pode também ser desenvolvido a partir do *lucro líquido* do exercício, conforme demonstrado a seguir:

Resultado Operacional Líquido	=	\$ 1.500.000,00
Remuneração Exigida pelos Credores (Despesas Financeiras Líquidas do IR)	=	(\$ 400.000,00)
LUCRO LÍQUIDO	=	*\$ 1.100.000,00*
Remuneração Exigida pelos Acionistas	=	(\$ 900.000,00)
Valor Econômico Agregado (EVA)	=	**\$ 200.000,00**

SPREAD DO ACIONISTA

No cálculo do EVA® a partir do lucro líquido, deve ser destacada uma medida alternativa de valor denominada *spread do capital próprio (acionista)*. A medida é calculada pela diferença entre o retorno auferido pelo patrimônio líquido (ROE = Lucro Líquido/Patrimônio Líquido) e o custo de oportunidade do acionista (taxa mínima de retorno exigida pelo investidor).

A atratividade econômica da empresa é admitida quando o *spread* do capital próprio for positivo, indicando uma agregação de riqueza aos proprietários pela valorização do preço de mercado de suas ações.

O resultado do *spread* do capital próprio deve ser idêntico ao do EVA®, pois as duas medidas excluem o custo do capital de terceiros em seus cálculos.

ROE = Lucro Líquido: \$ 1.100.000,00 / Patrimônio Líquido: \$ 6.000.000,00

ROE = 18,33%

SPREAD DO ACIONISTA = ROE: 18,33% – Custo Capital Próprio: 15,0%

SPREAD DO ACIONISTA = 3,33%

EVA = *SPREAD* DO ACIONISTA × PATRIMÔNIO LÍQUIDO

EVA = 3,33% × \$ 6.000.000,00 = \$ 200.000,00

Como o resultado operacional líquido apurado pela empresa no período ($ 1,5 milhão) é superior ao mínimo exigido por credores e acionistas ($ 1,3 milhão), a diferença encontrada ($ 0,2 milhão) é reconhecida por *valor econômico agregado*. Esta medida de valor é um indicativo de que a empresa foi capaz de oferecer um retorno extraordinário a seus investidores. As conclusões são as mesmas ao se calcular o EVA® a partir do lucro líquido.

13.3 VALOR (RIQUEZA) PARA O ACIONISTA

Conforme bastante detalhado anteriormente, o *valor* é criado ao acionista somente quando as receitas operacionais superarem todos os dispêndios (custos e despesas) incorridos, inclusive o custo de oportunidade do capital próprio. Nesse caso, o valor da empresa excederia o de realização de seus ativos (investimentos), indicando esse resultado adicional uma agregação de riqueza pelo mercado conhecida por *Market Value Added* (MVA).[3]

A medida do MVA® reflete a expressão monetária da riqueza gerada aos proprietários de capital, determinada pela capacidade operacional da empresa em produzir resultados superiores a seu custo de oportunidade. Reflete, dentro de outra visão, quanto a empresa vale adicionalmente ao que se gastaria para repor todos os seus ativos a preços de mercado.

O EVA® e o MVA® estão bem relacionados. O EVA® é um direcionador de valor que indica se e empresa foi capaz de agregar riqueza a seus acionistas. Esta medida *orienta* as decisões financeiras para a agregação de valor aos acionistas, assim como *revela* os resultados atingidos. O MVA® é a mensuração da riqueza gerada por um empreendimento. Ocorrendo uma melhora na medida do EVA®, isto tende a se refletir na melhora do MVA® também, demonstrando uma forte correlação na prática.

O MVA® é calculado pela diferença entre o valor de mercado da empresa e o valor do capital investido, também avaliado a preços de mercado, ou seja:

---

[3] MVA – *Market Value Added* (Valor Agregado pelo Mercado). Marca registrada da Stern Stewart & Co.

MVA = VALOR DE MERCADO – CAPITAL INVESTIDO A PREÇO DE MERCADO

A medida do MVA® expressa a *riqueza* do negócio, o valor em excesso determinado pelos seus ativos intangíveis como marca, patente, imagem etc. É também conhecido por *goodwill*. Em verdade, o valor de uma empresa está no que ela é capaz de gerar de resultados no futuro, em sua riqueza agregada, e não no desempenho passado.

Uma empresa pode gerar valor aos seus acionistas melhorando seu *desempenho operacional* (vendas, lucros etc.), ou seja, seu potencial em produzir lucros, assim como *reduzindo o capital investido e o seu custo de oportunidade*. Com menor volume de capital aplicado para gerar receitas de vendas, menor também se apresenta o montante do custo de oportunidade da empresa; alternativas de financiamento que exigem menores taxas de retorno (menor custo de capital) promovem maiores lucros econômicos aos acionistas.

Apesar de ser tratado como conceito equivalente, o *goodwill*, de maneira mais rigorosa, considera o valor de reposição (ou de mercado) dos investimentos. O MVA®, por outro lado, considera geralmente a criação de riqueza pelo valor contábil dos ativos, conforme registrado nos demonstrativos financeiros. Apesar dessa diferença conceitual, não se fará distinção entre os termos neste livro, a não ser em casos que venham a explicitar o contrário.

> **!** **IMPORTANTE** ■ toda decisão que seja capaz de promover um EVA® positivo agrega *valor* à empresa. Esse valor agregado é incorporado pelo mercado na avaliação das ações, gerando *riqueza* aos acionistas, principalmente se a empresa demonstrar competência de repassar a informação e credibilidade em seus resultados aos investidores.

O objetivo de qualquer empresa é criar valor a seus acionistas, promovendo a maximização de sua riqueza. Existem diversas razões consagradas na literatura financeira que apontam o valor, e não o lucro ou qualquer outra medida derivada, como a melhor medida de desempenho de uma empresa. O valor é uma medida bem mais completa, levando em consideração em seus cálculos a geração operacional de caixa atual e potencial, a taxa de atratividade dos proprietários de capital (credores e acionistas) e o risco associado ao investimento. É uma visão a longo prazo, vinculada à continuidade do empreendimento, indicando o poder de ganho e a viabilidade de um negócio.

A existência de lucro não garante a remuneração do capital aplicado e, consequentemente, a atratividade econômica de um empreendimento. A sustentação de uma empresa no futuro somente se dará se ela for capaz de criar valor para seus proprietários por meio da concepção inteligente de um negócio. Um ativo somente agrega valor se seus fluxos operacionais de caixa esperados, descontados a uma taxa que reflete as expectativas de risco dos proprietários de capital, produzirem um valor presente líquido, entendido neste caso como *goodwill*, maior que zero, ou seja, uma riqueza absoluta.

O *goodwill* é um importante ativo da empresa, sendo avaliado como um bem intangível. É formado por marcas e patentes, pesquisa e desenvolvimento de produtos, localização, competência gerencial, imagem e tradição etc.

As marcas mais valiosas do Brasil

Marca	Valor de mercado 2023 (US$)
Petrobrás	110 bilhões
Vale	80 bilhões
Itaú	62,4 bilhões
Ambev	46,4 bilhões
Bradesco	34 bilhões
Banco do Brasil	31,2 bilhões
Weg	30,6 bilhões

Fonte: Disponível em: https://blog.fortestecnologia.com.br/gestao-contabil/maiores-empresas-do-brasil/. Acesso em: 15 fev. 2023.

13.4 MODELO DE GESTÃO BASEADA EM VALOR

O modelo empresarial de *gestão baseada em valor*, conforme resumido na Figura 13.1, tem como objetivo a maximização da riqueza dos proprietários de capital, expressa no preço de mercado das ações. O sucesso de um empreendimento é medido por sua capacidade de adicionar riqueza a seus acionistas dentro de um horizonte indeterminado de tempo (gerar EVA® positivo), e não entendido dentro de uma visão efêmera dos resultados, muitas vezes consequência de variáveis que não se repetirão no futuro. O modelo de valor prioriza, essencialmente, o longo prazo,

As nove empresas mais valiosas em 2023

Marca	País	Valor (US$)
Apple	EUA	3,0 trilhões
Microsoft	EUA	2,5 trilhões
Saudi Aramco	Arábia Saudita	2,5 trilhões
Amazon	EUA	1,8 trilhão
Alphabet	EUA	1,7 trilhão
Tesla	EUA	1,2 trilhão
Meta Platforms	EUA	1,2 trilhão
Petrochina	China	1,0 trilhão
Nvidia Corporation	EUA	1,0 trilhão

Fonte: Moneytimes. Disponível em: https://www.moneytimes.com.br/as-empresas-mais-valiosas-do-mundo-o-poder-dos-trilhoes-de-dolares/. Acesso em: 15 fev. 2024.

Figura 13.1 Modelo básico de gestão baseada em valor.

a *continuidade da empresa*, sua capacidade de competir, ajustar-se aos mercados em transformação e agregar riqueza a seus proprietários.

O principal indicador de agregação de riqueza é a *criação de valor econômico* (EVA®), que se realiza mediante a adoção eficiente de estratégias financeiras e capacidades diferenciadoras. Para avaliar a capacidade de agregação de valor da empresa, são desenvolvidos *direcionadores de valor* dos negócios, cobrindo as diversas variáveis das estratégias selecionadas por sua administração.

13.4.1 Direcionador de valor

Direcionador de valor pode ser entendido como qualquer variável que exprime efetivamente uma influência sobre o valor da empresa. A análise desses indicadores deve permitir que se estude toda a cadeia de resultados que agrega valor para a empresa, assim como as áreas responsáveis pelas várias decisões, identificando seus pontos fortes e débeis. Deve orientar, ainda, os esforços de toda a organização em cumprir as metas estabelecidas. Por exemplo, a redução da morosidade na cobrança de carteira de valores a prazo influi basicamente na seguinte sequência de valores:

> giro do investimento → retorno do investimento → retorno do capital próprio → estrutura de capital → valor de mercado.

Da mesma maneira, um maior giro dos estoques é consequência da necessidade de um menor volume de investimentos em giro, promovendo um maior retorno aos proprietários e maior valor agregado.

13.4.2 Capacidades diferenciadoras

Capacidades diferenciadoras são entendidas como estratégias adotadas que permitem às empresas atuarem com um nível de diferenciação em relação a seus concorrentes de mercado, assumindo uma vantagem competitiva e maior agregação de valor a seus proprietários. O objetivo de uma capacidade diferenciadora é permitir que a empresa apure um retorno esperado que exceda ao custo de oportunidade do capital investido, elevando seu preço de mercado.

> **!** **IMPORTANTE** ■ o desempenho verificado no passado não garante o sucesso no futuro. Uma empresa somente demonstra continuidade se, por meio de estratégias diferenciadoras, for capaz de executar uma gestão mais eficaz de seus negócios, atuando com vantagem competitiva no mercado.

Um importante direcionador de valor das capacidades diferenciadoras é a relação entre o valor de mercado e as receitas operacionais de vendas, indicando o sucesso esperado do negócio em relação a seu volume de atividade. Quanto maior se apresenta essa relação, mais otimista se evidencia o sucesso esperado da empresa, movido principalmente pelas capacidades diferenciadoras e estratégias financeiras implementadas. O direcionador é importante ainda para análises comparativas do potencial de agregação de riqueza entre diferentes empresas, ressaltando as oportunidades mais atraentes de investimentos.

Alguns exemplos de direcionadores de valor das capacidades diferenciadoras da empresa são: fidelidade dos clientes, satisfação dos empregados, produtos com alto giro, redução de custos, preços baixos, boa gestão de estoques etc.

Os direcionadores de fidelidade e satisfação dos clientes podem ser avaliados mediante o número de reclamações recebidas e solicitações para reparos/trocas de produtos adquiridos. Uma avaliação sugerida no direcionador do nível de satisfação dos empregados é efetuada pela comparação do tempo despendido para cumprir determinada atividade, com a produtividade apresentada. Muitas vezes, esta satisfação é avaliada pelo número de dias de trabalho sem acidentes, índices de rotatividade, e assim por diante. Reduções nos custos e melhorias de eficiência operacional podem ser medidas pelo estudo de tempo de produção, índices de rejeição no processo produtivo, porcentagem de atendimento de pedidos etc.

A habilidade demonstrada pela administração da empresa em contemporizar interesses, muitas vezes conflitantes, do mercado consumidor, funcionários, credores e acionistas, demonstra uma vantagem competitiva direcionadora de valor. A empresa deve perceber o que seus clientes estão desejando adquirir, preocupar-se em manter funcionários com nível de satisfação e motivação em atender aos consumidores, compreender o valor desejado pelos acionistas e oferecer um nível de segurança em suas decisões que atraia os credores.

13.4.3 Estratégias financeiras

As estratégias financeiras, assim como as capacidades diferenciadoras, estão voltadas ao objetivo da empresa de criar valor a seus acionistas. As estratégias são identificadas em três dimensões: *operacionais, financiamento e investimento,* conforme apresentadas no Quadro 13.2.

O sucesso na criação de valor pelas empresas envolve a implementação de uma combinação dessas estratégias financeiras. Por exemplo, algumas empresas destacam-se por direcionadores de valor vinculados às *estratégias operacionais* de sistemas de distribuição e logísticas mais eficientes e maior giro de seus estoques. Tipicamente, é o caso de grandes cadeias de negócios de comércio varejista e atacadista, em que o diferencial de maior atratividade está em manter estoques baixos, reduzida porcentagem de falta de produtos e preços de venda competitivos.

Outras empresas competitivas vêm priorizando a *estratégia de financiamento,* mediante a substituição de capital próprio por capital de terceiros, mais barato. As taxas de juros inferiores ao retorno da aplicação desses recursos, e os benefícios fiscais decorrentes das despesas de juros, permitem muitas vezes que ocorra uma alavancagem financeira favorável, incrementando os resultados dos proprietários e valorizando o preço de mercado das ações.

As *estratégias de investimentos* podem ser implementadas pela busca eficiente de novas oportunidades de mercado criadoras de valor (certas empresas têm seu sucesso fortemente lastreado em investimentos em novos produtos); pela redução dos investimentos sem alteração do volume de atividade (a redução de investimento operacional em circulante, por exemplo, permite maior giro aos ativos e, em contrapartida, maior taxa de rentabilidade); e por meio também da identificação de ativos destruidores de valor que não conseguem produzir um retorno suficiente a remunerar o custo de capital empregado.

> **!** **IMPORTANTE** ■ é fundamental esclarecer que nem todas as decisões que elevam o lucro da empresa são capazes de criar valor a seus acionistas. Estratégias de investimento, mesmo que venham a incrementar o volume de vendas e os resultados operacionais da empresa, se não produzirem um retorno suficiente para remunerar o custo de oportunidade dos proprietários de capital atuarão de maneira a destruir seu valor de mercado.

Quadro 13.1 Estratégias financeiras e direcionadores de valor.

ESTRATÉGIAS FINANCEIRAS	DIRECIONADORES DE VALOR
Operacionais	Crescimento das vendas; prazos operacionais de cobrança e pagamentos; giro dos estoques; margem de lucro.
Financiamento	*Estrutura de capital; custo do capital próprio; custo do capital de terceiros; risco financeiro.*
Investimento	Investimento em capital de giro; investimento em capital fixo; oportunidades de investimentos; análise giro × margem; risco operacional.

13.5 AVALIAÇÃO DO DESEMPENHO PELO MVA

É uma avaliação do futuro, calculada com base nas expectativas do mercado com relação ao potencial demonstrado pelo empreendimento em criar valor. O MVA®, demonstrado na seção 13.3, pode ser apurado pela diferença entre o valor total de mercado da empresa e o montante de capital investido pelos acionistas e credores (investimento total).

Esse resultado em excesso (valor de mercado *menos* investimento total) constitui-se no valor do intangível do negócio, ou seja, no *goodwill* produzido pela qualidade de sua gestão. Representa quanto a empresa foi capaz, pelas estratégias financeiras e capacidades diferenciadoras implementadas, de agregar riqueza a seus acionistas, objetivo básico de qualquer empreendimento.

Uma metodologia gerencial de avaliação do MVA® pode ser efetuada por meio do *valor presente do EVA®*, conforme proposta por Stewart.[4]

$$MVA = \frac{EVA}{WACC}$$

Utilizando o exemplo prático desenvolvido na seção 13.2.1, obtêm-se os seguintes valores:

EVA   = $ 200.000,00

WACC   = 13,0% a.a.

O MVA® é obtido: $ 200.000,00/0,13 = $ 1.538.461,54, revelando quanto a empresa vale mais que o total do capital investido. Logo, o valor de mercado da empresa, com base no desempenho do exercício, totaliza:

Investimento total: $ 10.000.000,00

Goodwill (MVA): $ 1.538.461,54

Valor de Mercado: $ 11.538.461,54

Duas observações devem ser destacadas. A primeira revela que o MVA®, calculado pelo modelo sugerido, admite a continuidade dos resultados atuais, ou seja, a medida de riqueza expressa basicamente os resultados da empresa no exercício, no pressuposto de sua manutenção futura.

A segunda observação indica que a criação de riqueza não é dimensionada pelo valor de mercado de uma empresa, mas pela diferença encontrada entre seu valor de mercado e o capital investido pelos proprietários, ou seja, pelo *goodwill*.

13.6 VALOR ECONÔMICO AGREGADO E DEMONSTRATIVOS FINANCEIROS

Esta seção propõe-se a desenvolver as medidas de retorno e criação de valor dos acionistas com base nas demonstrações financeiras elaboradas por uma

empresa. Os Quadros 13.2 e 13.3 ilustram as principais informações divulgadas por uma companhia de capital aberto e referentes aos exercícios sociais encerrados em 31-12-x6 e 31-12-x7.

Os indicadores de valor são de grande importância aos acionistas, investidores de mercado e analistas financeiros. São fundamentais, ainda, para uma avaliação da gestão da empresa, permitindo que os administradores tenham as melhores informações da realidade dos negócios e tomem as decisões financeiras que promovam a maximização da riqueza dos proprietários de capital.

Os demonstrativos financeiros da companhia apresentam valores de mesmo poder aquisitivo e expressos em moeda de 31-12-x7. O balanço da companhia está apurado em valores médios.

O custo do capital próprio da empresa, conforme foi comentado, identifica a taxa de retorno mínima exigida pelos acionistas para remunerar o capital investido, sendo definido pelo risco do negócio e do endividamento. O custo de oportunidade do acionista está definido no caso em ilustração nos seguintes percentuais:

	EXERCÍCIOS	
	31-12-x6	31-12-x7
Custo de Oportunidade do Capital Próprio	13,9%	14,6%

No exercício de 20x7, procedeu-se a um incremento dessa taxa em função da variação verificada no índice de endividamento da companhia, revelando maior risco financeiro. Os capítulos seguintes tratarão do cálculo do custo de oportunidade dos acionistas de maneira detalhada.

Obs.: em razão de prejuízos acumulados de exercícios anteriores, a empresa provisiona um valor bastante reduzido de impostos sobre lucros dos exercícios de 20x6 e 20x7.

Os *passivos não onerosos*, também denominados de *passivos de funcionamento,* são definidos como dívidas e outras obrigações sem ônus, ou seja, não geram encargos financeiros. São incluídos como de funcionamento, entre outros passivos, os salários a pagar e encargos sociais, tarifas públicas, tributos a recolher (IR, CS, PIS, Cofins etc.), provisões para contingências, dividendos a pagar, fornecedores etc.

---

[4]   STEWART III, G. Bennett. **The quest for value.** New York: Harper Business, 1991.

VALOR E INTANGÍVEL

Philip Morris adquire a Ind. de Alimentos Kraft (1985)

- Valor: US$ 10,0 bilhões.
- Ativos físicos da Kraft: US$ 1,0 bilhão.
- *Goodwill*: US$ 9,0 bilhões (valor das marcas dos produtos da Kraft: queijos e sorvetes).
- **Desafio**: mudar o hábito de relacionar valor com parâmetros físicos. As marcas (*goodwill*) tornaram-se mais importantes que os ativos tangíveis. A Philip Morris pagou um valor 10 vezes superior aos ativos totais da Kraft (valor da época da aquisição), ganhando forte vantagem competitiva.

Unilever compra a Kibon (1997)

- Valor: US$ 930,0 milhões.
- Vendas (1996): US$ 332,0 milhões.
- Lucro Líquido (1996): US$ 75,0 milhões.
- **Desafio**: o valor de uma empresa não está nos ativos tangíveis. O alto preço pago foi principalmente por uma posição comercial das marcas da Kibon, e também por uma fábrica de sorvete.

Fonte: QUANTO vale a Coca? E a Nike? E a ... **Exame**, maio 1998.

Quadro 13.2 Estrutura patrimonial.

Em valores médios e em moeda ($) constante de 31-12-x7

	31-12-x6	31-12-x7
ATIVO TOTAL	20.046.000,00	19.940.700,00
(–) PASSIVOS NÃO ONEROSOS	1.146.000,00	740.700,00
(=) INVESTIMENTO TOTAL	18.900.000,00	19.200.000,00
(–) PASSIVO ONEROSO	6.000.000,00	6.600.000,00
PATRIMÔNIO LÍQUIDO	12.900.000,00	12.600.000,00

Quadro 13.3 Demonstração dos resultados do exercício.

Em moeda ($) constante de 31-12-x7

	31-12-x6	31-12-x7
RECEITA OPERACIONAL DE VENDAS	3.800.000,00	3.400.000,00
Custo dos Produtos Vendidos	-1.693.600,00	-1.626.600,00
LUCRO BRUTO	2.106.400,00	1.773.400,00
Despesas com Vendas	-294.800,00	-299.400,00
Despesas Administrativas	-231.400,00	-242.100,00
Despesas Financeiras Brutas	-838.400,00	-586.100,00
Receitas Financeiras	126.400,00	-81.700,00
LUCRO ANTES DO IR/CS	868.200,00	564.100,00
Imposto de Renda e Contribuição Social	-25.900,00	-111.100,00
RESULTADO LÍQUIDO DO EXERCÍCIO	842.300,00	453.000,00

Quadro 13.4 Resultado operacional líquido ajustado.

Em moeda ($) constante de 31-12-x7

	31-12-x6	31-12-x7
RECEITA OPERACIONAL DE VENDAS	3.800.000,00	3.400.000,00
Custo dos Produtos Vendidos	–1.693.600,00	–1.626.600,00
LUCRO BRUTO	2.106.400,00	1.773.400,00
Despesas com Vendas	– 294.800,00	– 299.400,00
Despesas Administrativas	– 231.400,00	– 242.100,00
Receitas Financeiras	126.400,00	–81.700,00
RESULTADO OPERACIONAL BRUTO	1.706.600,00	1.150.200,00
IR/CS s/ Resultado Operacional	– 580.244,00	– 391.068,00
RESULTADO OPERACIONAL LÍQUIDO	1.126.356,00	759.132,00
Despesas Financeiras Brutas	–838.400,00	– 586.100,00
Economia de IR/CS	285.056,00	199.274,00
DESPESAS FINANCEIRAS LÍQUIDAS	– 553.344,00	– 386.826,00
RESULTADO LÍQUIDO DO EXERCÍCIO	573.012,00	372.306,00

13.6.1 Cálculo do resultado operacional ajustado

A mensuração do resultado operacional da empresa leva em consideração todas as despesas determinadas somente pelas decisões de ativos, sendo excluídas, portanto, as despesas financeiras.

Em razão desse tratamento no cálculo do resultado operacional, não são considerados os benefícios fiscais incidentes sobre as despesas com juros, incluídas somente no cálculo do resultado líquido.

Adota-se para o cálculo da provisão para Imposto de Renda e Contribuição Social a alíquota geralmente usada no Brasil de 34%. É recomendado em toda a avaliação gerencial do desempenho, em que se deseja apurar a riqueza agregada pela empresa em determinado exercício, que se considerem as despesas com provisão de IR e CS pelo regime de competência dos exercícios. O Quadro 13.4 demonstra o cálculo do resultado operacional ajustado.

A diferença entre o resultado líquido apurado no Quadro 13.4 e o mesmo resultado apurado no demonstrativo elaborado pela empresa (Quadro 13.3) é explicada pela alíquota de 34% de IR/CS adotada na análise.

13.6.2 Cálculo do valor econômico agregado (EVA®)

O valor econômico agregado (EVA®) é considerado como o principal direcionador de riqueza da empresa no mercado globalizado. Revela se a companhia está sendo competente em gerar um retorno que mensure as expectativas de ganhos de seus proprietários.

Quanto mais elevado se apresentar o EVA®, maior é a riqueza gerada pela empresa no período, o que deve refletir-se na valorização do preço de mercado de suas ações.

Uma gestão baseada em valor é consequência de um posicionamento mais competitivo da empresa, tendo seu pessoal as mesmas expectativas e metas gerenciais dos acionistas. As decisões financeiras são avaliadas pelo valor econômico que agregam à empresa, e não pelo resultado contábil tradicional que, entre outras limitações apontadas, não considera o custo de oportunidade do capital próprio.

O valor econômico agregado pode ser mensurado de três maneiras, conforme discutido a seguir. Nos quadros a seguir, os valores estão arredondados, todavia, os cálculos do exemplo ilustrativo foram desenvolvidos utilizando-se todas as casas decimais. O valor econômico agregado é o mesmo para as três maneiras de cálculo:

1. Pelo Lucro Operacional.
2. Pelo RROI (*spread* da empresa).
3. Pelo Lucro Líquido.

Quadro 13.5 EVA pelo lucro operacional.

	31-12-x6		31-12-x7	
Lucro Operacional **Investimento Total (A+B)**	1.126.356,00 18.900.000,00	100,00%	759.132,00 19.200.000	100,00%
A. Passivo Oneroso	6.000.000,00	31,75%	6.600.000	34,38%
B. Patrimônio Líquido	12.900.000,00	68,25%	12.600.000	65,63%
Endividamento (PAS/PL)	0,46512		0,52381	
Custo de Captação (C/D)	9,22%		5,90%	
C. Despesa Financeira Líquida	553.344,00		386.826,00	
D. Passivo Oneroso	6.000.000,00		– 6.600.000,00	
Custo de Capital Próprio	13,9000%		14,6000%	
Custo Médio Ponderado de Capital (WACC)	12,4150%		11,6094%	
VALOR ECONÔMICO AGREGADO (EVA®)	**$ (1.220.088,00)**		**$ (1.467.294,00)**	

Conforme comentado, o WACC representa o custo médio ponderado de capital da empresa. Para seu cálculo, devem ser conhecidos os custos de capital próprio e de terceiros e a participação relativa de cada fonte de recursos na estrutura de capital, conforme determinados no Quadro 13.6.

$$WACC_{x6} = (13,90\% \times 68,25\%) + (9,22\% \times 31,75\%) = 12,4150\%$$

$$WACC_{x7} = (14,60\% \times 65,63\%) + (5,90\% \times 34,38\%) = 11,6094\%$$

A *estrutura de capital* demonstra como a empresa está financiando seus investimentos entre recursos próprios e recursos de terceiros. Pelas proporções levantadas, conclui-se por uma alta capitalização, participando o capital próprio com 68,25% do investimento total no exercício 06 e 65,63% no período seguinte.

O *custo do capital de terceiros* é calculado pela relação entre as despesas financeiras líquidas do IR/CS e o passivo oneroso. Por estarem esses valores expressos em moeda constante, o custo apurado é uma taxa real, ou seja, depurado dos efeitos da inflação.

Em toda a avaliação econômica, é indispensável a mensuração do *custo de capital próprio*, que representa uma taxa implícita de retorno exigida pelos acionistas e formada com base no risco do investimento.

Conforme foi amplamente exposto, o lucro genuíno é medido somente com base na cobertura de todas as despesas incorridas, inclusive a remuneração exigida pelos investidores (credores e acionistas).

As taxas requeridas pelo capital próprio registradas no Quadro 13.5 são fornecidas para a solução do caso ilustrativo, sendo seus critérios de cálculo desenvolvidos em capítulos seguintes.

O *valor econômico agregado* (EVA®) pela formação sugerida é determinado para cada exercício da seguinte maneira:

EVA = LUCRO OPERACIONAL – (WACC × INVESTIMENTO)

$$EVA\ (ANO\ x6) = \$ 1.126.356,00 - (12,415\% \times \$ 18.900.000)$$
$$= \$ 1.220.088,00$$

$$EVA\ (ANO\ x7) = \$ 759.132,00 - (11,6094\% \times \$ 19.200.000)$$
$$= \$ -1.467.294,00$$

Pode-se também calcular o EVA pelo RROI,[5] também denominado de *spread da empresa*, conforme é demonstrado no Quadro 13.6.

---

[5] RROI é a sigla em inglês da expressão *Residual Return on Investment*.

Quadro 13.6 EVA® pelo *spread* da empresa.

	31-12-x6	31-12-x7
A. RETORNO S/ O INVESTIMENTO – ROI	5,960%	3,954%
Resultado Operacional Líquido do IR/CS	1.126.356,00	759.132,00
B. CUSTO MÉDIO PONDERADO DE CAPITAL	12,4150%	11,6094%
C. INVESTIMENTO TOTAL	18.900.000,00	19.200.000
D. *SPREAD DA EMPRESA* (A – B)	–6,4555%	–7,6556%
E. EVA (D × C)	$ (1.220.088,00)	$ (1.467.294,00)

A diferença [**ROI – WACC**], geralmente denominada *Spread da Empresa* ou *RROI*, revela a taxa de retorno do investimento que excede o custo total de capital aplicado. Pode ser interpretada, em outras palavras, como o valor econômico agregado em percentual. Multiplicando RROI pelo montante do capital investido, chega-se ao valor monetário do EVA® apurado para a empresa, conforme ilustrado no Quadro 13.6.

Pode-se também calcular o valor econômico agregado a partir do lucro líquido, conforme é demonstrado no Quadro 13.7.

Quadro 13.7 EVA® pelo lucro líquido.

	31-12-x6	31-12-x7
A. RESULTADO LÍQUIDO DO EXERCÍCIO	573.012,00	372.306,00
B. CUSTO DE CAPITAL PRÓPRIO	13,9000%	14,6000%
C. PATRIMÔNIO LÍQUIDO	12.900.000,00	12.600.000,00
D. EVA = A – (B × C)	$ (1.220.088,00)	$ (1.467.294,00)*

* Possíveis diferenças nos valores encontrados são devidas a arredondamento de valores feitos no transcorrer dos cálculos.

A formulação do EVA®, como sugerido, reflete o lucro econômico da empresa, ou seja, o resultado do acionista que excedeu o retorno mínimo desejado do capital próprio investido, conforme demonstrado no Quadro 13.7.

13.6.3 Avaliação do EVA®

A formação do valor econômico agregado é determinada pelas estratégias financeiras de investimentos, financiamentos e operacionais desenvolvidas pela empresa. O EVA® pode elevar-se por diversas razões:

- *estratégias de investimentos*: maior giro dos investimentos, identificação de oportunidades de crescimento, eliminação de ativos destruidores de valor;

- *estratégias de financiamentos*: melhor alavancagem financeira;

- *estratégias operacionais*: preços competitivos, logística e distribuição, escala de produção, qualidade e custos.

O Quadro 13.8 ilustra o cálculo da taxa de retorno sobre o investimento (ROI) da empresa. O retorno é formado pelo giro do investimento e margem operacional, de acordo com o conteúdo estudado nos Capítulos 9 e 10.

Quadro 13.8 Formulação analítica do ROI.

	31-12-x6	31-12-x7
A. RECEITAS OPERACIONAIS DE VENDAS	3.800.000,00	3.400.000,00
B. INVESTIMENTO	18.900.000,00	19.200.000
C. LUCRO OPERACIONAL LÍQUIDO	1.126.356,00	759.132,00
D. GIRO DO INVESTIMENTO = A/B	0,20106	0,17708
E. MARGEM OPERACIONAL = C/A	29,641%	22,327%
ROI = D × E	5,960%	3,954%

O ROI da empresa apresenta-se baixo nos períodos analisados, sinalizando uma falta de capacidade econômica em remunerar os provedores de capital (credores e acionistas) pela taxa mínima de custo exigida.

As medidas a serem avaliadas que visam à recuperação da rentabilidade dos ativos são as inseridas nas estratégias operacionais e de investimentos. Pela estrutura apresentada pela empresa, o enfoque operacional deve priorizar o giro do investimento, que

atingiu somente 0,20106 e 0,17708 nos exercícios em avaliação respectivamente. Isso significa que, para cada $ 1,00 de capital investido, a empresa consegue realizar somente $ 0,201 e $ 0,177 na forma de receitas de vendas, respectivamente nos exercícios de 06 e 07.

Por outro lado, o retorno sobre o patrimônio líquido (ROE) da empresa também é baixo, principalmente se comparado com a remuneração mínima exigida pelos acionistas, conforme demonstram os resultados apresentados no Quadro 13.9.

Quadro 13.9 Formulação analítica do ROE.

	31-12-x6	31-12-x7
A. LUCRO LÍQUIDO DO EXERCÍCIO	$ 573.012,00	$ 372.306,00
B. PATRIMÔNIO LÍQUIDO	$ 12.900.000,00	$ 12.600.000
C. ROE = A/B	4,4420%	2,9548%
D. CUSTO DO CAPITAL PRÓPRIO	13,9000%	14,6000%
E. *SPREAD* DO ACIONISTA = C - D	-9,4580%	-11,6452%

Esse desempenho negativo é explicado, principalmente, pelas reduzidas taxas de retorno do investimento (ROI) e, também, diante da presença de uma alavancagem financeira desfavorável que onera, ainda mais, a rentabilidade do capital próprio. Observe que o custo da dívida é superior, em todos os exercícios, ao ROI da empresa.

As taxas de captação de empréstimos e financiamentos de 9,22% em 06 e 5,90% em x7, calculadas no Quadro 13.5 são razoáveis se comparadas com as taxas livremente praticadas no mercado. No entanto, essa vantagem competitiva de reduzido custo de captação é anulada pelo reduzido retorno auferido na aplicação desses recursos de terceiros.

Para a formação do retorno sobre o patrimônio líquido, destacam-se três fatores que são fundamentais:

- retorno sobre o investimento (ROI);
- *spread* de captação;
- endividamento.

Com base nos resultados apresentados pela empresa, o Quadro 13.10 ilustra o cálculo do Retorno sobre o Patrimônio Líquido (ROE) com base nessas três variáveis.

Quadro 13.10 Variáveis que afetam o ROE.

	31-12-x6	31-12-x7
A. ROI	5,960%	3,954%
B. CUSTO DE CAPTAÇÃO	9,22%	5,90%
C. *SPREAD* DE CAPTAÇÃO = (A – B)	– 3,263%	–1,946%
D. ENDIVIDAMENTO (P/PL)	46,512%	52,381%
E. CONTRIBUIÇÃO DO *SPREAD* DE CAPTAÇÃO AO ROE = C × D	–1,518%	–1,019%
F. ROE = A + E	4,442%	2,934%

13.6.4 Valor da riqueza criada

Como pôde ser observado, o uso da metodologia de valor econômico agregado como parâmetro de avaliação e critério de decisão de uma empresa constitui-se em uma poderosa ferramenta de análise e gestão dos negócios. O uso do EVA® permite aos administradores, acionistas atuais e potenciais, analistas de mercado, credores, entre outros, avaliar a atratividade do investimento e continuidade do empreendimento.

Por outro lado, poderia ser feito o cálculo de valor de mercado da empresa de acordo com o seu desempenho no último demonstrativo de 31-12-x7, como é mostrado no Quadro 13.11.

Quadro 13.11 Desempenho comparado.

	31-12-x6	31-12-x7
A. LUCRO LÍQUIDO	$ 573.012,00	$ 372.306,00
B. EVA	$ (1.220.088,00)	$ (1.467.294,00)
C. CUSTO MÉDIO PONDERADO DE CAPITAL	12,4150%	11,6094%
D. MVA = C/D	$ (9.827.493,52)	$ (2.638.871,60)
E. INVESTIMENTO TOTAL	$ 18.900.000,00	$ 19.200.000,00
F. VALOR CALCULADO DE MERCADO = E + D	$ 9.072.506,48	$ 6.561.128,40

O valor de mercado calculado para a empresa no Quadro 13.11 reflete estritamente seu desempenho no exercício de 20x7, não estando incorporadas previsões sobre o comportamento de seus resultados futuros. O mesmo procedimento de cálculo poderia ser aplicado sobre os resultados projetados, refletindo o valor de mercado encontrado o desempenho futuro esperado da empresa.

A determinação do valor de mercado seguiu a formulação sugerida por Stewart[6] e desenvolvida na seção 13.3. O modelo apura o MVA® pelo valor presente dos fluxos futuros esperados da medida do valor econômico agregado, o qual, se somado ao investimento total efetuado na atividade operacional, determina o valor da empresa. Isto é:

INVESTIMENTO	XXX
VALOR AGREGADO PELO MERCADO – MVA [MVA = EVA/WACC]	XXX
VALOR CALCULADO DA EMPRESA	**XXX**

---

[6] STEWART III, G. Bennett. **The quest for value.** New York: Harper Business, 1996.

> **IMPORTANTE** ■ verifica-se no desempenho comparado ilustrado no Quadro 13.12, ainda, que a utilização pura do resultado contábil como parâmetro de avaliação do sucesso de um empreendimento possa acarretar conclusões distorcidas. Embora a empresa apresente resultado líquido contábil positivo nos dois exercícios considerados, indicando um aumento de riqueza de seus acionistas, o que efetivamente ocorre é o inverso. Em verdade, a empresa está destruindo valor econômico, não gerando resultados (operacionais e líquidos) em montante suficiente que permita remunerar o capital investido em sua atividade. O impacto dessa destruição de valor deve refletir-se no comportamento do preço de mercado estimado, que se apresenta em montante inferior ao valor de seus ativos.

Em outras palavras, os resultados apurados indicam que, se a empresa fosse negociada pelo valor de mercado calculado, os recursos apurados não seriam suficientes para repor todos os seus ativos mensurados pela Contabilidade. A empresa vale mais se negociada em partes (negociando separadamente cada um de seus ativos) do que se avaliada pelo todo.

É fundamental ressaltar, uma vez mais, que o objetivo enunciado de maximização de riqueza de um negócio somente é alcançado quando o todo – *a empresa em funcionamento, com seus valores tangíveis e intangíveis* – vale mais que a soma de suas partes (ativos). E essa diferença em excesso de todo o negócio em relação ao investimento realizado pelos proprietários de capital, conhecida por valor agregado pelo mercado (MVA®), é que se entende como o genuíno conceito de riqueza.

Embora os indicadores de desempenho econômico, obtidos nos exercícios em análise, apresentem-se como desfavoráveis no que se refere à exploração das atividades da empresa, permitem uma reflexão sobre sua administração, possibilitando, inclusive, o redirecionamento de suas políticas de investimentos, financiamentos e operacionais.

13.7 ÁRVORE DE VALOR

Na formação do EVA®, torna-se bastante nítida a identificação das estratégias financeiras relacionadas pela empresa: *operacional, investimentos* e *financiamento*. A Figura 13.2 ilustra esse desempenho por meio de um diagrama básico de índices.

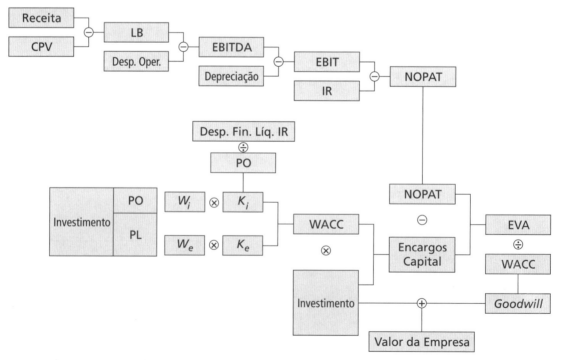

Figura 13.2 Árvore para o cálculo do valor de uma empresa.

em que:

CPV: Custo dos Produtos Vendidos.

LB: Lucro Bruto.

EBITDA (*Earnings Before Interests, Taxes, Depreciation and Amortization*): Lucro Antes dos Juros, Imposto de Renda, Depreciação e Amortizações. É a receita menos os custos e as despesas, sem ainda considerar a depreciação ou a amortização.

Depreciação: é o reconhecimento do gasto que a empresa faz quando investe, só que distribuído ao longo de uma série de anos. É despesa, sem ser saída de caixa. Nos balanços publicados, em geral é apresentada como parte do custo ou das despesas gerais.

Amortização de ativos intangíveis: tem interpretação análoga à depreciação. Não confundir com a amortização de dívidas, que não são consideradas na projeção do fluxo de caixa livre clássico.

Lucro Antes dos Juros e do Imposto de Renda (*LAJIR*): em inglês, EBIT. É o EBITDA menos a depreciação e a amortização de intangíveis (Imposto de Renda sobre as operações – em geral, incide alíquota de 34%).

NOPAT (*Net Operating Profit After Taxes*) – lucro operacional após Imposto de Renda ajustado (LAJIR menos o imposto de renda correspondente).

Note-se que não foram consideradas receitas ou despesas com juros, pois elas não são decorrentes do negócio em si. Em geral, decorrem da quantidade de capital próprio que os sócios estão dispostos a investir na empresa.

13.8 CONCLUSÕES

Apesar do reconhecimento de que as medidas de desempenho com base na criação de valor não são perfeitas, é relevante reconhecer seus inúmeros méritos de avaliação da riqueza gerada, objetivo consagrado para toda empresa, e sua superioridade diante de outros modelos gerenciais propostos. Uma *gestão baseada em valor* permite ainda que as empresas desenvolvam e avaliem melhor suas estratégias financeiras e capacidades diferenciadoras, conhecimentos fundamentais para desenvolverem suas vantagens competitivas e adicionarem valor aos proprietários.

O lucro, conforme é calculado convencionalmente pela Contabilidade, é uma medida limitada da capacidade de competitividade de uma empresa, ficando geralmente referenciada a um horizonte a curto prazo. A apuração de um resultado positivo não garante necessariamente o sucesso do empreendimento, medido pela atratividade econômica em remunerar o custo de oportunidade de seu investimento. O *indicador do EVA*, por considerar a remuneração exigida pelos proprietários de capital, constitui-se na melhor medida de avaliação, preocupando-se com o sucesso e a continuidade da empresa.

A adoção de uma gestão baseada em valor, e não nos lucros, permite ainda que se identifiquem os ativos que destroem valor, ou seja, que se apresentam incapazes de remunerar os capitais que lastreiam esses investimentos. Essa visão permite que se conheça, mais realisticamente, a riqueza econômica capaz de ser gerada pelo negócio. Atuando sobre ativos com EVA negativo, a gestão da empresa pode oferecer um maior valor econômico a seus acionistas, tornando seu investimento mais atraente e valorizado pelo mercado.

A apuração do EVA exige alguns ajustes nos ativos e resultados da empresa, conforme geralmente relatados em seus demonstrativos financeiros. Algumas medidas foram sugeridas ao longo deste e de outros capítulos anteriores, como a identificação do genuíno lucro operacional e a separação de Imposto de Renda sobre o resultado operacional (despesas) das despesas de juros (benefício fiscal). Outro ajuste proposto ainda é a avaliação dos ativos a preços de reposição, tornando todas as medidas de valor mais o próximo possível do efetivo valor de mercado.

É importante que a empresa reconheça claramente suas estratégias financeiras e capacidades diferenciadoras, de maneira a atingir o objetivo de maximização da riqueza de seus proprietários. Todas as evidências de mercado indicam uma forte correlação positiva entre o EVA e o preço de mercado da empresa. Aumentando o valor agregado, a administração da empresa promove um aumento na riqueza de seus acionistas, tornando o investimento cada vez mais atraente.

Não se devem subestimar as dificuldades de implantação de uma gestão baseada em valor nas empresas, principalmente pelo lado das mudanças que o modelo normalmente exige, e também pela resistência cultural muitas vezes presente nas organizações. O sucesso da implantação do conceito de gestão baseada em valor depende bastante do envolvimento de todo o pessoal da empresa, assumindo as responsabilidades e os méritos determinados pelo modelo. Há de se criar, ainda, incentivos e compensações sempre vinculados ao valor criado pelos diferentes segmentos da empresa.

Medidas convencionais de avaliação de desempenho, como lucro, lucro por ação, crescimento do lucro, e todos os demais indicadores que não levam em consideração o custo de oportunidade do capital investido e o risco da decisão, têm pouca utilidade como critérios de decisão e controle empresariais. Devem, outrossim, dar lugar a parâmetros financeiros voltados à criação de valor para os acionistas, em concordância sempre com o objetivo de maximização de sua riqueza.

Resumo

1. **Entender os conceitos fundamentais do modelo de gestão baseada em valor, abordando o custo de oportunidade do acionista, criação de valor, estratégias financeiras, entre outros.**

Um custo de oportunidade retrata quanto uma pessoa (empresa) sacrificou de remuneração por ter tomado a decisão de aplicar seus recursos em determinado investimento alternativo, de risco semelhante. Por exemplo, uma empresa, ao avaliar um projeto de investimento, deve considerar como custo de oportunidade a taxa de retorno que deixa de receber por não ter aplicado os recursos em outra alternativa possível de investimento.

O investimento do acionista revela atratividade econômica somente quando a remuneração oferecida for suficiente para remunerar o custo de oportunidade do capital próprio aplicado no negócio.

Se uma empresa for capaz de remunerar seus proprietários exatamente no limite de suas expectativas mínimas de retorno, seu valor de mercado restringe-se ao montante necessário que se despenderia para edificá-la, ou seja, ao valor de reposição de seus ativos (fixos e de giro). Nesse caso, a empresa não agrega valor algum, e sua cotação de mercado é igual ao valor de reposição de seus ativos.

O valor é criado ao acionista somente quando as receitas operacionais superarem todos os dispêndios (custos e despesas) incorridos, inclusive o custo de oportunidade do capital próprio. Nesse caso, o valor da empresa excederia o de realização de seus ativos (investimentos), indicando esse resultado adicional uma agregação de riqueza pelo mercado conhecida por *Market Value Added* (MVA) ou *goodwill*.

Uma empresa destrói valor quando, mesmo apurando um lucro contábil, o montante do resultado não conseguir cobrir o custo mínimo de oportunidade do capital investido. O retorno oferecido não se mostra capaz de remunerar o risco assumido pelo acionista, indicando um MVA negativo, consequência de uma destruição de valor. Nesse caso, o valor de mercado da empresa é inferior ao montante de seus ativos, ou seja, ao valor que se despenderia para construí-la.

O objetivo de qualquer empresa é criar valor a seus acionistas, promovendo a maximização de sua riqueza. Existem diversas razões consagradas na literatura financeira que apontam o valor, e não o lucro ou qualquer outra medida derivada, como a melhor medida de desempenho de uma empresa.

O valor é uma medida bem mais completa, levando em consideração em seus cálculos a geração operacional de caixa atual e potencial, a taxa de atratividade dos proprietários de capital (credores e acionistas) e o risco associado ao investimento. É uma visão a longo prazo, vinculada à continuidade do empreendimento, indicando o poder de ganho e a viabilidade de um negócio.

2. **Discutir o conflito valor *versus* lucro.**

Mesmo apurando lucro contábil em determinado período, porém sendo esse resultado insuficiente para remunerar o custo do capital investido, a empresa irá promover uma destruição da riqueza de seus proprietários, depreciando seu valor de mercado.

Em verdade, o genuíno conceito de lucro, voltado ao sucesso empresarial, é mensurado somente após ser deduzido o custo de oportunidade do capital aplicado. A existência de lucro não garante a remuneração do capital aplicado e, consequentemente, a atratividade econômica de um empreendimento.

A sustentação de uma empresa no futuro somente se dará se ela for capaz de criar valor para seus proprietários por meio da concepção inteligente de um negócio. Um ativo somente agrega valor se seus fluxos operacionais de caixa esperados, descontados a uma taxa que reflete as expectativas de risco dos proprietários de capital, produzir um valor presente líquido, entendido nesse caso como *goodwill*, maior que zero, ou seja, uma riqueza absoluta.

3. **Demonstrar o cálculo do Valor Econômico Agregado (EVA).**

O EVA, ou Lucro Econômico, pode ser entendido como o resultado apurado pela sociedade que excede à remuneração mínima exigida pelos proprietários de capital (credores e acionistas).

O cálculo do EVA exige o conhecimento do custo de capital da empresa. O WACC – *Weighted Average Cost of Capital* – custo médio ponderado de capital – é determinado pelo custo de cada fonte de financiamento (própria e de terceiros), ponderado pela participação do respectivo capital no total do investimento realizado (fixo e de giro). Representa, em essência, o custo de oportunidade do capital aplicado por credores e acionistas como forma de compensar o risco assumido no negócio.

O EVA pode ser determinado a partir do resultado operacional da empresa. Para tanto, do lucro operacional líquido do Imposto de Renda subtrai-se o custo total do capital, calculado pelo produto do WACC pelo investimento total feito na empresa (fixo e de giro).

4. **Dimensionar os principais indicadores econômicos de uma gestão baseada em valor.**

Nesse objetivo de agregação de valor, uma medida alternativa de valor e derivada do EVA é o *spread* do capital próprio, obtido pela diferença entre o retorno auferido pelo patrimônio líquido (ROE = Lucro Líquido/Patrimônio Líquido) e o custo de oportunidade do acionista.

A atratividade econômica da empresa é admitida quando o *spread* do capital próprio for positivo, indicando uma agregação de riqueza aos proprietários pela valorização do preço de mercado de suas ações. O resultado do *spread* do capital próprio deve ser idêntico ao do EVA, pois as duas medidas excluem o custo do capital de terceiros em seus cálculos.

A medida de valor agregado pelo mercado (MVA – *Market Value Added*) reflete a expressão monetária da riqueza gerada aos proprietários de capital determinada pela capacidade operacional da empresa em produzir resultados superiores a seu custo de oportunidade. Reflete, dentro de outra visão, quanto a empresa vale adicionalmente ao que se gastaria para repor todos os seus ativos.

É uma avaliação do futuro, calculada com base nas expectativas do mercado com relação ao potencial demonstrado pelo empreendimento em criar valor. Nesse enfoque, o MVA pode ser apurado pela diferença entre o valor total de mercado da empresa e o montante de capital investido pelos acionistas e credores (investimento total). Esse resultado em excesso (valor de mercado *menos* investimento total) constitui-se no valor do intangível do negócio, ou seja, no *goodwill* (riqueza) produzido pela qualidade de sua gestão. Representa quanto uma empresa foi capaz, pelas estratégias financeiras e capacidades diferenciadoras implementadas, de agregar riqueza a seus acionistas, objetivo básico de qualquer empreendimento.

Testes de verificação

1. **Assinale a alternativa incorreta:**
   a) A administração baseada em valor é um processo integrado, cujo objetivo é melhorar o processo de tomada de decisões estratégicas e operacionais

na organização empresarial como um todo, partindo da ênfase atribuída aos principais *value drivers* (direcionadores de valor) da empresa.

b) O EVA é uma medida de desempenho econômico. É a estrutura para um sistema completo de gestão financeira e remuneração variável que pode auxiliar o processo de tomada de decisões na empresa.

c) O custo de oportunidade do capital próprio é a remuneração máxima esperada pelos proprietários de capital em relação ao investimento feito.

d) O MVA reflete o preço que um investidor pagaria por uma empresa a mais do que ele gastaria na hipótese de construí-la na atual estrutura de investimento.

e) O WACC é formado como consequência da estratégia de financiamento adotado pela empresa, definida essencialmente por sua capacidade de acesso a fontes de capital menos onerosas que permitem minimizar o custo de capital.

2. **O administrador financeiro de uma empresa quer demonstrar aos acionistas que a empresa está agregando valor econômico. Sabe que o retorno sobre o investimento (ROI) é igual a 10%, e o custo médio ponderado de capital é de 9%. O investimento total mantido pela empresa é igual a $ 65 milhões. Assim, o valor econômico agregado (EVA) da empresa é de:**

a) $ 6,5 milhões.

b) $ 12,35 milhões.

c) $ 5,85 milhões.

d) $ 0,65 milhão.

e) $ 0,72 milhão.

3. **O retorno sobre o investimento de uma empresa, que apresenta giro de investimento igual a 0,305 e margem operacional de 25%, é de:**

a) 7,63%.

b) 4,00%.

c) 1,22%.

d) 5,5%.

e) 9,24%.

4. **Uma empresa apura lucro operacional após o Imposto de Renda de $ 1.440.000 tem um investimento total de $ 9.000.000, suas despesas financeiras líquidas do IR são de $ 660.000 e mantém passivos onerosos de $ 5.500.000. Com base nestas informações, o retorno sobre o patrimônio líquido (ROE) é igual a:**

a) 31,43%.

b) 40,86%.

c) 37,29%.

d) 26,29%.

e) 22,29%.

5. **Uma empresa apresenta um ativo (unidade de negócio, por exemplo) que gera um resultado operacional de $ 14 milhões/ano, e possui um valor contábil de $ 100 milhões. Esta unidade de negócio é financiada exclusivamente por capital próprio e tem um custo de oportunidade de 16%. O ROI corporativo (toda a empresa) é igual a 12%. O preço mínimo economicamente suportável na venda é de:**

a) $ 85,7 milhões.

b) $ 87,5 milhões.

c) $ 90,0 milhões.

d) $ 99,50 milhões.

e) $ 75,00 milhões.

6. **Foram obtidas junto às demonstrações financeiras de uma empresa as seguintes informações:**

Lucro operacional Após o IR : $ 216 milhões

Investimento Total : $ 1.200 milhões

Patrimônio Líquido : $ 800 milhões

Lucro Líquido : $ 200 milhões

De posse dessas informações, pode-se dizer que o Grau de Alavancagem Financeira e o retorno do acionista caso a empresa fosse financiada exclusivamente com capital próprio é, respectivamente, de:

a) 1,39; 16,67%.
b) 1,39; 18,00%.
c) 0,72; 16,67%.
d) 0,72; 18,00%.
e) 1,67; 16,67%.

 EXERCÍCIOS PROPOSTOS

1. Uma empresa apura os seguintes resultados referentes ao exercício social encerrado em 31-12-07:

   - Investimento: $ 1.669,50
   - Passivo Oneroso: $ 592,00
   - Despesas Financeiras (antes IR): $ 159,50
   - Lucro Operacional (antes IR): $ 696,00
   - Patrimônio Líquido: $ 1.077,50

   A alíquota de IR da empresa é de 40%. Sabe-se ainda que os acionistas da empresa exigem um retorno equivalente a 18% ao ano. Pede-se:

   a) Desenvolva a formulação analítica do ROE.
   b) Sabendo que as vendas do período alcançaram $ 1.553,50, decomponha o retorno sobre o investimento (ROI) em giro do investimento e margem operacional.
   c) Apure o EVA e MVA da empresa no período.
   d) Admitindo que uma política mais eficiente de estocagem e cobrança possa reduzir o investimento da empresa em 6%, determine o impacto desse desempenho sobre o valor de mercado da empresa. Considere em sua resposta, de maneira independente uma da outra, da empresa utilizar os recursos financeiros liberados:
      - amortização de dívidas;
      - distribuição adicional de dividendos.
   e) Partindo da posição inicial descrita no enunciado do exercício, se a empresa atingir, ao mesmo tempo, os objetivos assinalados a seguir, demonstre a variação esperada em seu valor de mercado:
      - elevação do índice de endividamento (P/PL) para 0,85;
      - redução da margem operacional para 23,6%.

2. A Bahamas, uma grande empresa do setor de bebidas, pretende rever sua estrutura de capital. Baseando-se nas decisões financeiras de investimento e financiamento, a diretoria financeira está analisando duas alternativas para alterar a relação P/PL: distribuição de dividendos aos acionistas ou pagamento de dívidas de financiamento bancário. A empresa apresenta $ 8 milhões de passivos onerosos e $ 12 milhões de capital próprio. O lucro operacional e a despesa financeira antes do IR são, respectivamente, de $ 6 milhões e $ 520 mil. As duas alternativas financeiras propostas por analistas financeiros foram:

   - ALTERNATIVA A: aumentar o capital próprio em 1/3 e liquidar metade das dívidas;
   - ALTERNATIVA B: captar $ 4 milhões junto a instituições financeiras e devolver tudo aos sócios sob a forma de dividendos.

   A alíquota do IR da empresa é 34%. O custo do capital próprio para a alternativa A é de 11% e para a alternativa B de 13,5%. Admite-se que a empresa poderá levantar os novos recursos financeiros no mercado de crédito pagando a mesma taxa de captação atualmente praticada. Pede-se: Qual das duas alternativas é a mais interessante visando à agregação de valor econômico para a Bahamas? Justifique sua resposta.

3. O balanço patrimonial e a DRE relativos ao exercício social de 2017 são apresentados a seguir:

ATIVO	$ mil
Caixas e Bancos	2,2
Títulos e valores mobiliários	31,0
Contas a Receber	174,5
Estoques	214,3
Despesas exercício seguinte	30,0
ATIVO CIRCULANTE	452,0
Imobilizado líquido	998,0
ATIVO NÃO CIRCULANTE	998,0
TOTAL ATIVO	1.450,0

PASSIVO	$ mil
Fornecedores	41,4
Financiamentos	99,0
Salários e encargos	101,9
Impostos a pagar	47,7
Provisões trabalhistas	30,0
PASSIVO CIRCULANTE	320,0
Financiamentos a longo prazo	497,0
PASSIVO NÃO CIRCULANTE	497,0
PATRIMÔNIO LÍQUIDO	633,0
TOTAL PASSIVO	1.450,0

DRE	$ mil
Receita de Vendas	743,0
(–) Custo dos produtos vendidos	(311,0)
Lucro Bruto	432,0
Despesas Operacionais	
(–) Com vendas	(47,2)
(–) Administrativas	(49,7)
(–) Depreciação	(17,0)
(–) Honorários	(5,3)
(+) Receitas financeiras	8,5
(–) Despesas financeiras	(76,0)
Lucro Operacional	245,3
(–) Imposto de Renda (34%)	(83,4)
Lucro Líquido	161,9

Com base nestas informações, pede-se:

a) Calcule o lucro operacional e despesas financeiras líquidos do Imposto de Renda.

b) Calcule o passivo oneroso, passivo de funcionamento e o investimento total mantido pela empresa no referido ano.

c) Calcule os indicadores de desempenho econômico-financeiro: ROI, ROA, ROE, K_i e GAF.

d) Desenvolva a formulação analítica do ROE.

e) Valor econômico agregado, sendo o custo de capital próprio de 16% a.a.

Cap. 13 – Medidas de Criação de Valor **313**

4. Uma empresa apresentou as seguintes informações contábeis no último exercício (valores médios):

ATIVO	$ mil
Disponibilidades	10.000
Aplicações financeiras	5.000
Contas a receber	60.000
Estoques	85.000
ATIVO CIRCULANTE	160.000
Imobilizado líquido	100.000
NÃO CIRCULANTE	100.000
TOTAL ATIVO	260.000

PASSIVO	$ mil
Fornecedores	40.000
Salários e encargos	15.000
Tributos a pagar	5.000
Empréstimos	15.000
PASSIVO CIRCULANTE	75.000
Financiamentos a longo prazo	25.000
PASSIVO NÃO CIRCULANTE	25.000
PATRIMÔNIO LÍQUIDO	
Capital	150.000
Lucros Acumulados	10.000
TOTAL PASSIVO	260.000

DRE	$ mil
Receita de Vendas	500.000
(–) Custo dos produtos vendidos	(350.000)
Lucro Bruto	150.000
Despesas Operacionais	
(–) Comerciais	(60.000)
(–) Administrativas	(30.000)
(–) Despesas financeiras	(9.750)
Lucro Operacional	50.250
(–) Imposto de Renda (35%)	(17.587,5)
Lucro Líquido	32.662,5

Sabendo que o custo de oportunidade dos sócios para o nível de risco da empresa (custo de capital próprio) seja de 20% a.a., pede-se:

a) Calcule o ROE em sua formação analítica e líquido do Imposto de Renda.

b) Calcule o EVA e MVA gerados pela empresa no período.

c) A alta administração da empresa está estudando estratégias operacionais e financeiras. Suas consequências são uma melhora da eficiência no uso dos ativos e a consequente redução do investimento total em 15%. Com essas estratégias, a direção da empresa decidiu promover um forte aumento no endividamento, elevando a relação P/PL para 1,0. A maior alavancagem financeira determina um aumento do custo do capital de terceiros (antes do IR) para 27,6%, e do custo do capital próprio para 22%. Demonstre qual será o efeito (em $) sobre o VEA e o MVA dessas estratégias.

5. **Uma empresa possui no ano de 2017 um volume de 100 milhões de ações emitidas, sendo cotadas no mercado a um preço de**

$ 3,20/ação. O valor de mercado das ações representa o valor presente de uma expectativa futura de geração de benefícios econômicos de caixa. O valor de mercado das dívidas da empresa é de $ 160 milhões. Os ativos da empresa estão avaliados em $ 400 milhões. As demonstrações contábeis publicadas ao fim do exercício de 2017 revelam que a empresa apurou um EVA negativo de $ 25,5 milhões. O seu WACC está calculado em 17%. Pede-se:

a) Determine o valor de mercado e o MVA da empresa com base nos valores de mercado de seu patrimônio líquido (quantidade de ações × valor de mercado) e das dívidas, e no modelo da *Stern Stewart* (MVA = EVA/WACC).

b) Explique a diferença entre os valores encontrados.

6. Foram obtidas junto às demonstrações financeiras de uma empresa as seguintes informações:

Lucro operacional Após o IR : $ 216 milhões
Investimento Total : $ 1.200 milhões
Patrimônio Líquido : $ 800 milhões
Lucro Líquido : $ 200 milhões

De posse dessas informações, pede-se:

a) Calcule o GAF.
b) Calcule o Retorno do Capital Próprio caso a empresa fosse financiada exclusivamente por capital próprio.

c) Pelos resultados apurados em (a) e (b), é possível concluir se o custo da dívida é maior ou menor que o retorno do investimento? Justifique sua resposta.

Links da web

https://capitalaberto.com.br/. *Site* com matérias de finanças.

www.institutoassaf.com.br. *Site* com informações sobre indicadores de valor das empresas de capital aberto no Brasil.

www.damodaran.com. *Site* com trabalhos para *download* e indicadores de valor de mercado.

Sugestão de leitura

ASSAF NETO, Alexandre. **Finanças corporativas e valor**. 8. ed. São Paulo: Atlas, 2021.

ASSAF NETO, Alexandre. **Estrutura e análise de balanços**. 13. ed. São Paulo: Atlas, 2023.

YOUNG, David S.; O'BYRNE, Stephen F. **EVA e gestão baseada em valor**. São Paulo: Bookman, 2003.

Respostas dos Testes de verificação

1. c   4. e
2. d   5. b
3. a   6. a

PARTE IV
ANÁLISE DE INVESTIMENTOS EM CONDIÇÕES DE CERTEZA

Capítulo 14 Decisões de Investimentos

Capítulo 15 Avaliação Econômica de Investimentos

DECISÕES DE INVESTIMENTOS

OBJETIVOS DO CAPÍTULO

1. Apresentar os diferentes tipos de investimentos e a natureza das propostas financeiras para avaliação de investimentos.
2. Descrever as principais teorias dos juros e os critérios de decisão a serem seguidos pelos agentes econômicos
3. Ilustrar a importância da utilização e do dimensionamento dos fluxos de caixa na análise de investimentos.

As decisões de investimento envolvem elaboração, avaliação e seleção de propostas de aplicações de capital efetuadas com o objetivo, normalmente a médio e longo prazos, de produzir determinado retorno aos proprietários de ativos.

O processo de alocação de capital (investimento) é uma das três decisões financeiras (*investimento, financiamento e dividendos*) que devem tomar a atenção do administrador financeiro de uma empresa, considerada talvez, pela sua complexidade e abrangência, como a mais importante das Finanças Corporativas.

Em verdade, são os investimentos fixos nas operações que definem o futuro de uma empresa, sua viabilidade e competitividade. São aplicações geralmente a longo prazo e, uma vez realizado o investimento, torna-se difícil reverter a decisão. O objetivo é selecionar, entre as oportunidades disponíveis de investimentos, aquelas que mostram viabilidade econômica, que agregam valor aos acionistas.

Mais rigorosamente, um investimento somente é atraente quando criar valor aos seus proprietários.

Podem ser identificadas várias decisões empresariais que se incorporam a um processo de investimento de capital, podendo-se citar, entre outras, as decisões de substituição de ativos, de ampliação da capacidade produtiva, de lançamento de novos produtos etc.

Todo o processo de tomada de decisões financeiras requer uma compreensão dos princípios de formação e utilização das taxas de juros de mercado. Com esse objetivo, o capítulo introduz as principais teorias de formação dos juros, cujos fundamentos foram apresentados no Capítulo 2.

É importante assinalar, ainda, que o enfoque principal de todo estudo a ser desenvolvido está voltado a empresas que visam ao lucro; no entanto, nada impede que vários dos critérios propostos possam ser utilizados em sociedades com objetivos distintos.

> **!** **IMPORTANTE** ■ uma decisão de investimento é tomada segundo um critério *racional*. Envolve mensurar os resultados de caixa derivados das propostas de investimentos e avaliar sua atratividade econômica pela comparação com o custo do dinheiro. Uma proposta de investimento apresenta-se atraente quando seu retorno for superior às taxas de remuneração requeridas pelos proprietários de capital.

Basicamente, um processo de avaliação e seleção de alternativas de investimento de capital envolve os seguintes aspectos básicos de estudo:

a) *dimensionamento dos resultados (fluxos) de caixa* de cada proposta de investimento gerada;

b) *avaliação econômica* dos fluxos de caixa com base na aplicação de técnicas de análise de investimentos;

c) definição da *taxa de retorno exigida* pelos proprietários de capital (credores e acionistas) e sua aplicação para o critério de aceitação de projetos de investimento;

d) introdução do *risco* no processo de avaliação de investimentos.

Este capítulo centra suas atenções nas variáveis que compõem o primeiro aspecto do estudo, sendo os demais pontos do processo de investimento de capital tratados ao longo dos demais capítulos desta parte.

14.1 ORIGENS DAS PROPOSTAS DE INVESTIMENTOS

As propostas de investimentos de capital de uma empresa podem ser enquadradas segundo suas diversas origens, isto é, de acordo com os motivos internos que determinaram seus estudos. De acordo com suas fontes geradoras, as propostas podem ser classificadas nas seguintes principais modalidades:

A. Ampliação (expansão) do volume de atividades

Esta proposta de investimento é justificada quando a capacidade máxima de produção e venda de uma empresa for insuficiente para atender à demanda efetiva (atual ou projetada) de seus produtos. As aplicações de capital, nessa situação, são normalmente processadas em máquinas, equipamentos e instalações, ou, ainda, na aquisição de outra empresa.

B. Reposição e modernização de ativos fixos

Essa modalidade de decisão de investimento costuma ocorrer em empresas que já tenham atingido certo grau de crescimento e amadurecimento em suas atividades, demandando, por isso, substituição de ativos fixos obsoletos ou desgastados pelo uso.

A necessidade de avaliar o estado físico de um bem produtivo é de grande importância para uma empresa, sendo, inclusive, interessante que isso seja feito periodicamente. O desconhecimento do momento da *reposição* de um ativo pode determinar sérios transtornos no funcionamento normal da atividade da empresa (por exemplo, interrupções mais frequentes no processo de produção, elevação do nível de rejeição dos produtos fabricados por avarias apresentadas etc.), além de poder onerar, em função do crescimento mais que proporcional dos custos, o lucro da empresa.

Uma empresa pode gerar também propostas de investimento visando à *modernização* de seus ativos fixos. Por exemplo, um bem fixo, mesmo que se apresente em condições normais de uso, pode ser objeto de um estudo que vise a sua substituição por outro mais moderno, cujas despesas de manutenção e capacidade de operação sejam mais atraentes.

C. Arrendamento ou aquisição

Refere-se àquelas decisões de investimento que uma empresa deve tomar ao considerar a utilização de determinados bens fixos sob a forma de arrendamento ou *leasing* (sem que a empresa apresente um direito legal de propriedade sobre os mesmos), ou adquiri-los plenamente. Constitui-se, em verdade, em um processo comparativo, no qual são confrontados os desembolsos e os benefícios, que ocorrerão ao longo do tempo de uso dos ativos fixos, provenientes desses processos de decisão.

D. Outras origens

Incluem as demais modalidades de propostas de investimentos, principalmente aquelas oriundas de serviços externos de assessoria, pesquisa e desenvolvimento, publicidade etc. Esses investimentos visam à geração de determinados benefícios futuros provenientes de maior eficiência e controle das operações da empresa, definição de mais adequado planejamento estratégico, incremento das vendas etc.

> **IMPORTANTE** ■ de maneira mais ampla, as origens das propostas de investimentos devem partir das formulações estratégicas e competitivas das empresas, permitindo que se antecipem às novidades tecnológicas e de mercado futuras. Uma decisão de investimento de capital deve ser tratada, essencialmente, como uma decisão a longo prazo, em que se inserem preocupações com a continuidade e competitividade das empresas.

14.2 TIPOS DE INVESTIMENTOS

Os aspectos que envolvem os tipos de investimento[1] dizem respeito às diferentes situações com que se pode defrontar uma empresa no momento de tomar suas decisões. Em outras palavras, o que se objetiva conhecer por meio deste estudo é como um projeto de investimento de capital afeta (ou é afetado por) outras eventuais propostas.

Os principais tipos de investimentos com os quais pode defrontar-se uma empresa são classificados da seguinte maneira:

A. Investimentos economicamente independentes

Dois ou mais projetos de investimentos se dizem *independentes* quando a aceitação de um deles não implicar a desconsideração dos demais e, ao mesmo tempo, não ocorrerem interferências nas receitas e nos custos das várias propostas em estudo quando se decidir por uma delas. Em resumo, para que dois ou mais projetos de investimentos sejam considerados como independentes, duas condições deverão simultaneamente ocorrer:

> a) a possibilidade física de implementação de um projeto não anula uma possível aceitação de outros;
>
> b) os benefícios produzidos por um projeto não influenciam (e também não são influenciados) as decisões de aceitar ou rejeitar as demais propostas de investimentos.

Por exemplo, se uma empresa estiver estudando promover uma ampliação de sua capacidade produtiva mediante aquisição de uma nova máquina, ao surgirem duas propostas de investimento – comprar ou arrendar uma máquina, por exemplo –, estas não são consideradas como independentes. Em verdade, a *aceitação de uma delas invalida a aceitação da outra.*

Por outro lado, se a demanda da empresa for por duas máquinas e a aceitação de uma não influir no retorno gerado pela outra, diz-se que as propostas de investimento são *independentes*, isto é, desde que economicamente atraentes, poderão ser implementadas (aceitas) de maneira simultânea.

B. Investimentos com restrição orçamentária

Muitas vezes, duas ou mais propostas de investimento independentes não podem ser simultaneamente implementadas por causa de condições de

---

[1] Interessantes extensões sobre o assunto podem ser encontradas em: BIERMAN JR., Harold; SMIDT, Seymour. **The capital budgeting decision.** New York: Macmillan, 1997.

restrição orçamentária impostas pela empresa. Não há recursos alocados para garantir a aceitação de todas as propostas de investimentos. Nessas condições, mesmo que os vários projetos colocados à disposição da empresa sejam definidos como independentes, a limitação orçamentária poderá inviabilizar a aceitação de todos, restringindo-se a decisão somente a um (ou alguns) deles.

C. Investimentos economicamente dependentes

Para que dois ou mais investimentos sejam considerados economicamente dependentes, *uma das seguintes situações deverá ocorrer*:

i) a aceitação de um investimento exerce influências negativas sobre os resultados líquidos dos demais, seja diminuindo as receitas ou elevando mais que proporcionalmente os custos e as despesas. Nessa situação, em que um projeto reduz a rentabilidade de outro, os investimentos são chamados de *substitutos*;

ii) a aceitação de um investimento exerce, ao contrário da situação anterior, influências economicamente positivas sobre os demais, seja pelo incremento das receitas ou decréscimo dos custos e despesas. Nesse caso, os projetos são chamados de *complementares*;

iii) a aceitação de um investimento depende rigorosamente da implementação de outro, seja essa dependência definida em termos tecnológicos ou econômicos.

D. Investimentos mutuamente excludentes

Investimentos mutuamente excludentes ocorrem quando a aceitação de uma proposta elimina totalmente a possibilidade de implementar outra. Essa exclusão mútua ocorre basicamente em razão de as propostas em estudo desenvolverem a mesma função, sendo suficiente, para os objetivos da empresa, a aceitação de somente uma delas.

Por exemplo, visando modernizar determinada linha de produção, suponha-se que uma empresa esteja estudando a aquisição de novo equipamento. Surgindo duas propostas de diferentes fabricantes do mesmo equipamento, diz-se que esses investimentos são mutuamente excludentes, pois, mesmo que seja economicamente atraente, a aceitação de um deles não deve ser concretizada à medida que se decida pelo outro.

Os investimentos mutuamente excludentes constituem-se em uma forma extrema de dependência econômica, sendo classificados normalmente no item anterior. No entanto, por causa de sua importância para a análise de investimentos, optou-se por descrevê-los à parte.

E. Investimentos com dependência estatística

Os investimentos com dependência estatística são os que se caracterizam por apresentarem variações conjuntas em seus resultados ao longo do tempo. Eventuais aumentos (ou reduções) nos benefícios de caixa de um investimento são acompanhados por variações nos benefícios dos outros. Por exemplo, a produção de iates ou a de carros de luxo pode ser classificada originalmente como independente economicamente. No entanto, o desempenho dessas duas alternativas está associado aos mesmos eventos externos (os negócios são dirigidos para o mesmo segmento de mercado), sendo por isso considerados como estatisticamente dependentes.

14.3 FORMAÇÃO DAS TAXAS DE JUROS NO MERCADO

Conforme foi introduzido no Capítulo 2, a *taxa de juros* reflete o preço pelo sacrifício de poupar, o que equivale, em outras palavras, à remuneração exigida por um agente econômico que decide adiar o seu consumo, transferindo seus recursos a outro agente.

Dessa maneira, toda operação que envolva uma remuneração de juros identifica a participação de dois agentes econômicos: *poupador* – que deseja diferir (adiar) seu consumo para o futuro – e outro, *tomador*, que, ao levantar recursos emprestados, decide, inversamente, antecipar seu consumo para o presente.

As relações entre o poupador e o tomador de recursos implicam uma relação entre o poder de compra futuro e o poder de compra presente. Essa relação mantém-se atraente até que os juros de mercado deixem de ser atraentes para as decisões temporais dos agentes: *o genuíno valor da taxa de juros é basicamente definido pelas operações livremente praticadas no mercado, e não imposto por decisões externas a seu âmbito de atuação.*

> JURO é a remuneração exigida por um investidor ao aplicar (emprestar) seus recursos. De modo bem simples: "juro é o preço do dinheiro". O juro reflete o custo do dinheiro no mercado. Esta taxa depende basicamente do risco envolvido e do tempo da aplicação dos recursos. Quem empresta paga juros; quem aplica recebe juros.
>
> POUPANÇA é a parcela da renda que não foi consumida, ou seja, não foi utilizada em gastos. Esta poupança é aplicada na expectativa de alguma remuneração futura (juros).
>
> INVESTIMENTO é a aplicação da poupança em alguma alternativa econômica que promete pagamentos de juros no futuro, geralmente a longo prazo. No ambiente das empresas, investimento equivale às aquisições de bens produtivos, como máquinas, equipamentos, sistemas, tecnologia etc.

> **!** **IMPORTANTE** ■ com base em formulações apresentadas por Keynes,[2] a taxa de juro é uma taxa de referência de um processo decisório: decisões de investimento somente serão implementadas se houver uma expectativa de retorno que supere o custo do dinheiro. Nessa colocação, insere-se a maior atratividade por investimentos em momentos de baixas de juros: quanto mais baixos os juros (menor o custo de capital), mais alto se apresenta o interesse em investimentos na economia (maior retorno). Por outro lado, ambientes de taxas elevadas funcionam como fortes inibidores dos investimentos da economia, promovendo níveis baixos de alocação de capital.

---

[2] KEYNES, John Maynard. **A teoria geral do emprego, dos juros e da moeda.** São Paulo: Atlas, 1982.

Conceito de Preferência Temporal – em essência, a noção básica da taxa de juros está vinculada ao conceito de *taxa preferencial temporal* dos participantes do mercado. Se para um indivíduo for indiferente receber $ 100 hoje ou $ 120 ao fim de um ano, demonstrando a mesma disposição em aceitar qualquer uma das propostas, pode-se afirmar que sua taxa de preferência temporal é de 20%. Para outro agente, essa taxa poderia ser diferente, definida em função de sua preferência pessoal. Poderia exigir, por exemplo, $ 125 ou, até mesmo, ficar satisfeito com $ 115. Admitindo-se um mercado livre, regulado por suas próprias forças, a taxa de juros é formada com base nas taxas de preferências temporais dos agentes econômicos possuidores de recursos para empréstimos e na rentabilidade esperada dos investimentos daqueles que demandam recursos.

De certa maneira, a taxa de juros exprime a confiabilidade dos agentes econômicos com relação ao desempenho esperado da economia. Pode ser observado que, em momentos de maior instabilidade do ambiente econômico, ocorre elevação nas taxas de juros de mercado como reflexo natural da incerteza dos agentes.

14.3.1 Taxas de juros, empresas e governo

As taxas de juros e os preços dos bens físicos no mercado, expressos em porcentagens e em unidades monetárias, respectivamente, têm por finalidade comum homogeneizar os valores de um conjunto de bens. Por meio dos juros, é possível aos agentes econômicos tomar as mais diferentes decisões, permitindo uma distribuição temporal mais adequada a suas preferências de consumo e poupança.

Por exemplo, decisões que envolvem compras à vista e compras a prazo dependem, evidentemente, das taxas de juros cobradas nas operações. Da mesma maneira, decisões empresariais, como políticas de descontos financeiros, investimentos em bens fixos e políticas de estocagens, costumam ser tomadas em consonância com o nível alcançado pelas taxas de juros de mercado.

O *Governo*, por seu lado, tem enorme poder sobre a fixação da taxa de juros. As autoridades econômicas controlam certos instrumentos de política monetária que permitem regular os níveis das taxas de juros no mercado, sempre que for julgado recomendável para a economia. O Governo tem também o controle exclusivo (monopólio) dos meios de pagamentos e emissão de títulos públicos, admitidos como ativos livres de risco. Com fundos praticamente ilimitados, o controle das taxas de juros se estabelece pelo Governo, forçando a procura ou a oferta de seus próprios títulos no mercado.

> **IMPORTANTE** ■ quanto mais baixa situar-se a taxa de juros, mais elevada apresenta-se a atratividade das empresas para novos investimentos, inclusive selecionando aqueles de maior maturidade. Para uma empresa, a taxa de juros reflete o custo de oportunidade de seu capital, ou seja, o preço a ser pago pelos recursos tomados emprestados e aplicados nas decisões de ativos. *Pela teoria enunciada da taxa de referência de Keynes, a aceitação de uma alternativa de investimento somente é decidida quando seu retorno esperado for superior ao custo (taxa de juro) das fontes de capital alocado.*

A taxa de juros que precifica os ativos do governo no mercado é denominada, conforme foi estudado no Capítulo 2, como taxa *pura* ou taxa *livre de risco* (*risk free*), constituindo-se na taxa de juros de *referência* do sistema econômico. A taxa de juros praticada na economia, por seu lado, pode assumir diversos valores, de acordo com o risco oferecido pelas diversas alternativas financeiras. Apesar de o mercado estabelecer taxas variáveis para cada nível de risco assumido pelos investimentos, o denominador comum dessa estrutura é a taxa de juros base do sistema econômico.

Em conclusão, a taxa de juros de referência de uma economia é a taxa mínima, estando sempre abaixo dos retornos oferecidos pelos ativos que não sejam títulos governamentais (ativos com risco).

14.3.2 Como são formados os juros no Brasil

A formação dos juros é feita de modo a provocar interação entre os tomadores e poupadores de recursos por meio dos termos de riscos que uma taxa de juros deve cobrir e em função da sua estrutura temporal.

Toma-se como exemplo, conforme demonstrado no Capítulo 4, uma aplicação em um Certificado de Depósito Bancário (CDB) emitido por um banco comercial pelo prazo de um ano. No período, a inflação esteve na casa de 4%, a alíquota do Imposto de Renda (IR) foi de 20% e a taxa livre de risco adotada é a taxa da caderneta de poupança de 6% ao ano. Considerando que a aplicação no título pagou uma taxa bruta de 15% ao ano, o desmembramento dessa taxa em *taxa líquida do IR, taxa real líquida da inflação* e *taxa de risco* é desenvolvido a seguir:

$$i_L = 15\% \times (1 - 0{,}20) = 12\% \text{ a.a.}$$

A *taxa líquida* é calculada descontando-se a inflação, e lembrando que descontar significa descapitalizar (dividir) a taxa líquida pela taxa da inflação, ou seja:

$$i_L = \frac{1 + 0{,}12}{1 + 0{,}04} - 1 = 7{,}69231\% \text{ a.a.}$$

A partir da taxa líquida calculada, e considerando a taxa livre de risco de 6% ao ano, pode-se chegar à remuneração (prêmio) pelo *risco*:

$$\text{Risco} = \frac{1 + 0{,}0769231}{1 + 0{,}06} - 1 = 1{,}5965\% \text{ a.a.}$$

Agora, do ponto de vista de uma empresa que vai ao mercado fazer uma captação de recursos, as taxas de juros que lhe são cobradas são bem maiores do que as oferecidas aos poupadores.

A formação desses juros parte de uma *taxa básica de juros* da economia, conhecida no Brasil como taxa SELIC, também estudada no Capítulo 2. De posse da taxa SELIC, os bancos acrescentam (capitalizam) a ela as demais taxas cobradas, como despesas operacionais, impostos, risco, custo do compulsório e uma margem de lucro. A soma dessas tarifas e custos acrescidos pelo banco à taxa de juros paga na captação de recursos é conhecida como *spread* bancário. Observe a estrutura ilustrativa:

Assim, imagine que a taxa básica de juros esteja em 11% ao ano, e que o *spread* seja composto dos seguintes custos anuais: *compulsório* de 5%, *risco* de 4%, *impostos* de 18%, *margem de lucro* de 7% e *despesas operacionais* de 12%. A conta para se chegar aos juros a serem cobrados de quem vai ao banco solicitar um empréstimo é:

Taxa (i) = [(1,11) × (1,05) × (1,04) × (1,18) × (1,07) × (1,12)] − 1

Taxa (i) = 71,4% ao ano

O que geralmente aparece no extrato bancário é a taxa equivalente mensal:

Taxa (i) = $(1 + 0,714)^{1/12} - 1$
= 4,59% a.m.

14.4 ESTRUTURA A TERMO DAS TAXAS DE JUROS

As taxas de juros costumam diferenciar-se pelos prazos. Em geral, as taxas de juros a longo prazo apresentam-se maiores que as taxas a curto prazo. Algumas vezes verifica-se o inverso: as taxas de juros a curto prazo são mais altas que as a longo prazo. Esta relação entre as taxas de juros com diferentes maturidades é conhecida por *estrutura a termo das taxas de juros*.

> A estrutura a termo demonstra a relação entre as taxas de juros de determinada classe de títulos de risco similar com o prazo que resta até o seu vencimento (resgate), ou seja, o valor do dinheiro (juro) no tempo assumindo-se diferentes prazos de vencimento. Esta relação entre as taxas de juros e os prazos é descrita graficamente pela conhecida curva de rendimento.

Esta estrutura a termo pode ser explicada a partir dos seguintes principais componentes básicos:

- taxa real pura de juros esperada;
- taxa de inflação esperada sobre toda a vida do ativo;
- prêmio pelo risco.

A *taxa real pura esperada* é o valor do dinheiro no tempo livre de inflação (remuneração exigida pelos investidores para aplicarem seus recursos). Esta taxa compõe toda a taxa de juros, influenciando o custo do dinheiro no tempo. Quando a taxa real sobe, os juros de mercado também crescem; quando se reduz, os juros de mercado tendem a diminuir.

A inflação corrói o poder aquisitivo do dinheiro. Ao aplicarem seus recursos, os investidores observam a perda de capacidade de compra do dinheiro, e passam a exigir uma compensação por esta perda, ou seja, um *prêmio pela inflação*.

A *taxa livre de risco* da economia, conforme definida no Capítulo 2, é composta pela taxa pura e pela taxa de inflação. A taxa de retorno exigida por um investidor é formada, por sua vez, pela taxa livre de risco mais um *prêmio pelo risco*. Este prêmio visa remunerar riscos presentes no título e no emitente, como tipo do título (renda fixa ou renda variável, por exemplo), prazo de emissão (curto prazo ou longo prazo) etc. Dessa maneira, a taxa de retorno é calculada:

Taxa de Retorno = (1 + Taxa Pura) × (1 + Taxa de Inflação) × (1 + Prêmio pelo Risco)

A curva de rendimento pode alterar-se diante de mudanças nas condições de mercado. Quando as condições da economia (inflação, risco etc.) mudam, a curva também sofre alterações de inclinação. A Figura 14.1 ilustra a curva de rendimento de duas classes de títulos, com riscos similares e prazos de vencimento diferentes.

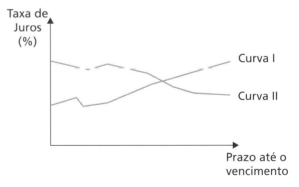

Figura 14.1 Exemplos de curvas de rendimento.

Observe na Figura 14.1 que a **curva I**, com *inclinação positiva (para cima)*, está indicando uma tendência de elevação dos juros de títulos conforme sejam os prazos mais longos. Quanto maior o prazo até o resgate do título, maior o prêmio pelo risco prometido ao investidor. Títulos com prazos mais altos são mais arriscados, diante principalmente do risco de inflação e de variações nas taxas de juros de mercado.

A **curva II**, por outro lado, apresenta uma *inclinação negativa (invertida)*, indicando ocasionalmente que as taxas de juros a curto prazo apresentam-se superiores às a longo prazo.

Basicamente, três teorias procuram explicar as relações entre as taxas a curto e longo prazos: *expectativas, preferência pela liquidez* e *segmentação de mercado*.

14.4.1 Teoria das expectativas

A *teoria das expectativas* propõe basicamente que a taxa de juros a longo prazo constitua-se na capitalização geométrica das taxas de juros a curto prazo previstas para todo o horizonte de tempo. Em outras palavras, a teoria formula que a taxa de juros esperada para longo prazo seja formada pelas expectativas dos juros a curto prazo.

> Pela teoria das expectativas, a inclinação da curva de rendimentos é determinada pelas expectativas de alterações nas taxas de juros a curto prazo.

Por exemplo, admita um ativo de 2 anos de duração que oferece um rendimento de 10% ao ano. Ao aplicar nesse ativo, o investidor irá acumular um rendimento de 21% no biênio: $[(1,10)^2 - 1]$.

Uma estratégia alternativa de investimento envolve comprar um ativo com prazo de resgate de um ano, que oferece uma rentabilidade de 9% ao ano. Nessas condições, o investidor deve aplicar o montante acumulado ao fim do ano em outro ativo pelo mesmo prazo.

Ao optar-se por esta segunda estratégia, o rendimento esperado ao fim do período de 2 anos irá depender da remuneração que o investidor irá conseguir no segundo ano. Pela teoria das expectativas, o retorno esperado do último ano será de 11,01% $[(1,21/1,09) - 1]$, de modo que os retornos a curto e longo prazos sejam equalizados.

Se as atuais taxas de juros projetarem uma *taxa inferior* aos 11,01% calculados para o segundo ano, a decisão de investir a longo prazo apresenta-se como mais atraente. *Taxas maiores* esperadas, ao contrário, indicam a opção de investimento a curto prazo, o que irá promover uma taxa acumulada maior que os 21% definidos pelos ativos a longo prazo.

14.4.2 Taxa de preferência pela liquidez

A *teoria de preferência pela liquidez* admite que os rendimentos de ativos a longo prazo sejam superiores aos a curto prazo, não se observando a equalização das taxas considerada na teoria das expectativas.

> A teoria de preferência pela liquidez estabelece um prêmio de risco para títulos a longo prazo. Como os títulos a longo prazo estão sujeitos a um risco maior que os a curto prazo, deve haver uma compensação ao investidor para investir por um período maior. Títulos com prazos de vencimentos mais longos estão associados com juros também mais elevados, promovendo no mercado uma curva de rendimento com inclinação positiva (para cima).

A Figura 14.2 ilustra as curvas de retorno *com* e *sem* os prêmios adicionais de liquidez (risco). A curva de retorno com base na teoria das expectativas é representada por uma linha reta. Ao incluírem-se compensações pelo maior risco incorrido a longo prazo, a curva adota um contorno de declividade positiva.

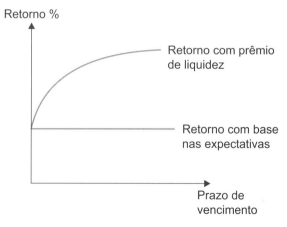

Figura 14.2 Retorno com prêmio pelo risco.

Formação dos Juros no Brasil – apesar do rigor conceitual das formulações enunciadas, são frequentemente observados desajustes na estrutura dos prazos de créditos no Brasil, com taxas de juros a curto prazo suplantando as a longo prazo.

Essa realidade de desequilíbrio conflitiva com as teorias enunciadas deve-se, em grande parte, à duradoura política de subsídios direcionada ao mercado de crédito a longo prazo. Os recursos a longo prazo são originados, em sua maior parte, de fontes oficiais de fundos, praticando geralmente taxas de juros bastante reduzidas em relação às vigentes no mercado. Os recursos a curto prazo, por outro lado, são provenientes de fontes privadas, sendo os juros fixados de acordo com as taxas livremente praticadas no mercado.

Outros aspectos de ordem de política econômica poderiam ainda ser colocados para explicar o desequilíbrio estrutural de nossas taxas de juros. No entanto, é possível concluir que o persistente custo do dinheiro a curto prazo mais elevado que o a longo prazo constitui-se em um *desajuste cíclico*, com tendência a desaparecer no momento em que a economia retomar sua posição de equilíbrio.

14.4.3 Teoria da segmentação de mercado

A segmentação de mercado propõe que os agentes econômicos demonstram preferências bem definidas em relação aos prazos de vencimento dos ativos, e que as taxas de juros são arbitradas livremente pelos mecanismos de oferta e procura presentes em cada segmento de mercado.

A presença de agentes tomadores e aplicadores de recursos com preferências bem definidas em relação aos prazos das operações promove um mercado segmentado em função da maturidade dos ativos, e as taxas de juros são definidas para cada segmento. A teoria considera, ainda, que as preferências por determinados prazos de vencimento são bem definidas no mercado, admitindo que dificilmente um agente econômico vá trocar um segmento de atuação por outro na expectativa de obter um retorno mais favorável.

Por exemplo, bancos comerciais e empresas que precisam de empréstimos para suas atividades sazonais estabelecem as taxas de juros do segmento a curto prazo. Da mesma maneira, o equilíbrio entre oferta e demanda no mercado a longo prazo (financiamentos de imóveis, máquinas etc.) estabelece as taxas a longo prazo.

> A teoria da segmentação do mercado propõe que os mercados sejam segmentados em títulos a curto e longo prazos, sendo as taxas dos títulos de diferentes maturidades estabelecidas em cada mercado pelos participantes de cada mercado.

Conclusão: pelas teorias enunciadas, pode-se concluir que as taxas de juros de mercado sofrem influências de diversos fatores, como: taxa real de juros da economia, taxa de inflação, risco de variação dos juros, risco da economia, entre outros. Para a definição da taxa de juros a ser utilizada nas decisões financeiras, é indispensável uma avaliação desses fatores.

14.5 RELEVÂNCIA DOS FLUXOS DE CAIXA NAS DECISÕES DE INVESTIMENTOS

O aspecto mais importante de uma decisão de investimento centra-se no dimensionamento dos fluxos previstos de caixa a serem produzidos pelas propostas em análise. Em verdade, a confiabilidade sobre os resultados de determinado investimento é, em grande parte, dependente do acerto com que seus fluxos de entradas e saídas de caixa foram projetados.

Na análise de investimentos, é fundamental o conhecimento não só de seus benefícios futuros esperados de caixa, mas também de sua distribuição ao longo da vida prevista do projeto. *Por exemplo*, considerar unicamente que determinado investimento propiciará, ao longo de 5 anos, resultado líquido total de caixa de $ 10 milhões é insatisfatório para a análise. É imprescindível que se apure também como será este valor distribuído ao longo do tempo, ou seja, qual o fluxo de caixa previsto para cada ano do período.

> Os investimentos são avaliados com base em sua capacidade de gerarem resultados de caixa no futuro. A aceitação de uma proposta de investimento promove alterações nos fluxos de caixa esperados da empresa, podendo realizar criação ou destruição de valor. Os fluxos de caixa devem ser estimados, constituindo-se nas informações básicas da avaliação econômica de investimentos.

O fluxo de caixa é mensurado de acordo com as efetivas movimentações de todas as entradas e saídas de fundos da empresa devendo, para análise de investimentos, serem dimensionadas todas as movimentações *operacionais* efetivas de caixa – até mesmo o Imposto de Renda – associadas a cada alternativa de investimento em consideração.

Fluxo de Caixa × Lucro: a regra básica descrita é que todo projeto de investimento deve ser avaliado em termos de *fluxos de caixa*, e não com base nos lucros contábeis. Essa escolha tem sua razão de ser, uma vez que é por meio dos resultados de caixa que a empresa assume efetiva capacidade de pagamento e reaplicação dos benefícios gerados na decisão de investimentos. É mediante os fluxos de caixa, e não dos lucros, que se mede o potencial efetivo da empresa em implementar suas decisões financeiras fundamentais: investimento, financiamento e distribuição de dividendos.

Fluxos de Caixa Relevantes

É importante que se saliente que os fluxos de caixa são mensurados em termos *incrementais*, ou seja, os valores relevantes para a avaliação são aqueles que se originam em consequência da decisão de investimento tomada; estão diretamente associados ao projeto.

> **❗ IMPORTANTE** ▪ todo fluxo de caixa que não venha a sofrer variação alguma em função da decisão de investimento tomada não apresenta nenhum interesse para o dimensionamento dos fluxos de caixa previstos; é entendido como um *fluxo de caixa não relevante*. Somente são *relevantes* aqueles valores de caixa que se alteram na suposição de ser implementada a proposta de investimento.

Exemplo: receitas de vendas correntes (atuais) de uma empresa são *irrelevantes* para avaliação de um investimento. Receitas de vendas futuras e previstas em consequência do investimento em análise são *relevantes*.

> Todo fluxo de caixa que se modifique em razão de uma decisão de investimento é tido como relevante. Todo fluxo de caixa que mantenha seu valor inalterado, independentemente de se aceitar ou não um projeto de investimento, é irrelevante para a análise de investimentos.

Dessa maneira, *Fluxo de Caixa Incremental* pode ser definido como toda e qualquer alteração nos resultados futuros de caixa motivada pela implementação de um projeto de investimento.

Efeitos Colaterais

Um dos aspectos mais relevantes na apuração dos fluxos de caixa incrementais é a identificação dos *efeitos colaterais* decorrentes do projeto em avaliação sobre os demais resultados da empresa. Por exemplo, ao lançar um novo produto no mercado, o efeito colateral da decisão pode ser a transferência de consumidores dos produtos já existentes para o novo lançamento. Nesse caso, tem-se uma transferência dos fluxos de caixa correntes da empresa (provenientes das vendas dos produtos já negociados) para o novo projeto. É fundamental que esses valores colaterais sejam mensurados e descontados dos fluxos de caixa do novo projeto, de forma a determinar-se seu valor incremental.

São descritos a seguir os principais eventos de caixa atribuíveis às decisões de investimentos, presentes em um fluxo de caixa incremental.

14.6 INVESTIMENTO INICIAL

O valor do desembolso inicial refere-se ao volume gasto de capital (saída efetiva de caixa) e direcionado à geração de resultados operacionais futuros. São incluídos todos os dispêndios de capital destinados a produzir benefícios econômicos futuros de caixa, como aumentos de receitas ou reduções de custos e despesas.

Por exemplo, podem-se enquadrar como investimento de capital todas as aquisições de bens fixos produtivos como prédios, terrenos, máquinas e equipamentos, entre outros. Devem ser adicionados ao valor dos investimentos todos os gastos necessários para serem colocados em funcionamento (fretes,

PADRÕES DE FLUXOS DE CAIXA

Fluxos de Caixa Convencionais

Apresentam uma única saída de caixa (investimento) seguida de diversas entradas operacionais de caixa. No gráfico a seguir, a empresa realiza um investimento de $ 100, e projeta fluxos positivos de caixa líquidos para os próximos 4 anos de $ 20, $ 30, $ 40 e $ 50, respectivamente. Não há nenhum outro dispêndio de caixa previsto.

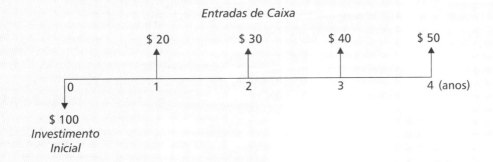

Fluxos de Caixa Não Convencionais

Um fluxo não convencional de caixa prevê uma saída de caixa inicial seguida por diversas entradas e outras saídas de caixa, conforme ilustrado na figura a seguir.

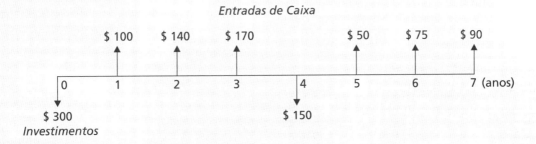

seguros, despesas de instalações etc.) e outras despesas de natureza intangível (pesquisas, treinamentos etc.) eventualmente demandadas no projeto.

São considerados no cálculo do investimento inicial, também, os resultados líquidos de caixa provenientes da vendas de ativos existentes motivadas pela aquisição de novos bens. Da mesma maneira, toda necessidade de investimentos adicionais em capital de giro assume característica idêntica à do investimento de capital; portanto, é considerada como uma saída (desembolso) inicial de caixa.

> **IMPORTANTE** ■ enquanto os investimentos em ativos permanentes retornam à empresa na forma de despesas não desembolsáveis anuais (depreciação, amortização e exaustão), as aplicações incrementais realizadas no capital de giro retornam ao caixa da empresa normalmente nos anos finais de vida útil do projeto.

EXEMPLO ILUSTRATIVO

Admita que uma empresa esteja avaliando a aquisição de uma máquina nova para sua produção. O valor do bem é de $ 1.000.000 e apresenta vida útil prevista de 5 anos. Para a colocação em funcionamento da máquina, a empresa prevê gastar $ 60.000 em despesas de instalação.

Este investimento irá exigir um investimento adicional de $ 220.000 em capital de giro no momento inicial para financiar aumentos de estoques e maiores vendas a prazo. O investimento será recuperado ao final da vida prevista do projeto.

Esta nova máquina, tecnologicamente mais avançada, irá substituir duas máquinas velhas em uso. O valor de venda das duas máquinas usadas é de $ 180.000 e estão avaliadas pela Contabilidade em $ 80.000,00. A alíquota de IR da empresa é de 34%. *Calcular o investimento inicial líquido.*

Solução:

Valor do Investimento (máquina nova):	$ 1.000.000
Despesas de instalação:	$ 60.000
Valor do Investimento na Máquina:	*$ 1.060.000*
Investimento Adicional em Giro:	$ 220.000
Valor do Investimento Total (Fixo + Giro):	*$ 1.280.000*
Receitas da venda das máquinas usadas:	($ 180.000)
IR s/ Resultado da Venda:	
Valor de venda:	$ 180.000
Custo Contábil:	($ 80.000)
Resultado na venda:	$ 100.000
IR (34% × $ 100.000):	$ 34.000
Investimento Inicial Líquido:	*$ 1.134.000*

($ 1.280.000 – $ 180.000 + $ 34.000)

Na venda das máquinas velhas a empresa realizou um lucro de $ 100.000, calculado pela diferença entre o valor de venda ($ 180.000) e o custo líquido registrado na Contabilidade ($ 80.000). O custo líquido contábil é obtido do seguinte modo:

$$\text{Valor Contábil Líquido} = \text{Custo de Aquisição do Ativo} - \text{Depreciação Acumulada}$$

Este resultado de $ 100.000 é tributável segundo a legislação fiscal vigente no Brasil. Desse modo, para uma alíquota de 34%, a alienação das máquinas velhas determina uma despesa de IR incremental de $ 34.000 para a empresa.

Observe que o IR incide sobre o resultado apurado na venda da máquina (lucro = $ 100.000), e não sobre o seu valor de venda.

O investimento em bens fixos (máquina nova) será recuperado em caixa pela depreciação anual prevista. O investimento em giro, por outro lado, é geralmente recuperado ao fim da vida útil do investimento.

14.7 FLUXOS OPERACIONAIS DE CAIXA

Receitas operacionais

Representam as entradas de caixa periódicas de recebimentos de vendas atribuíveis diretamente a um projeto de investimento, que serão acrescidos aos resultados operacionais da empresa (*receitas incrementais de vendas*). Os investimentos que determinam geralmente elevações nas receitas operacionais são aqueles implementados com a finalidade de promover o lançamento de um novo produto ou de expandir a atual capacidade física de produção da empresa.

Custos e despesas operacionais

Referem-se a todas as *alterações verificadas nos dispêndios operacionais* de caixa de uma empresa determinadas pela decisão de implementação de um investimento. Estes valores podem surgir de investimentos que promovem elevação no volume de vendas, como também de propostas que objetivam exclusivamente uma redução de custos e despesas.

Por exemplo, uma empresa pode estar avaliando uma alternativa de substituição de um equipamento antigo por um mais moderno e econômico. Os fluxos operacionais de caixa desse investimento representam as economias de custo que o equipamento em estudo poderá trazer aos resultados da empresa. Assim, se o custo de produção com o equipamento antigo for de $ 100 mil anuais e, com a introdução do novo, reduzir-se para $ 80 mil anuais, pode-se afirmar que os benefícios econômicos líquidos de caixa da proposta de investimento geram uma economia de custos de $ 20 mil ao ano.

**Despesas não desembolsáveis
e Imposto de Renda**

Na avaliação econômica de investimentos, as *despesas não desembolsáveis* (depreciação, por exemplo) não devem ser consideradas no cálculo dos fluxos de caixa. Esses valores não representam, na realidade, um comprometimento de caixa da empresa, e são irrelevantes para o processo de dimensionamento dos benefícios econômicos de uma proposta de investimento. Não obstante isso, as despesas não desembolsáveis afetam os fluxos de caixa de maneira indireta: por serem despesas dedutíveis geram uma economia de IR.

Em conclusão, pode-se afirmar que as despesas não desembolsáveis (depreciação, amortização e exaustão, basicamente) afetam o fluxo de caixa pela redução que proporcionam no valor do Imposto de Renda a pagar.

É importante acrescentar que, em todas as decisões de investimento, os fluxos de caixa devem ser mensurados *após a dedução do respectivo Imposto de Renda incremental*. O valor calculado desse tributo é relevante para o processo de análise, e pode exercer, principalmente quando a avaliação de alternativas de investimentos em regiões ou setores de atividades apresente incentivos fiscais, decisiva ponderação na resolução.

14.8 MENSURAÇÃO DOS FLUXOS DE CAIXA PARA AS DECISÕES DE INVESTIMENTOS

O modelo de avaliação econômica de investimentos prevê o uso de *fluxos de caixa operacionais* incrementais, gerados da decisão de investimento. Com isso, devem ser ignorados todos aqueles fluxos financeiros oriundos das decisões de financiamento, como amortizações dos empréstimos e financiamentos contraídos, e respectivos encargos de juros.

Os fluxos de caixa operacionais pertencem a todos os proprietários de capital: acionistas e credores.

> **!** **IMPORTANTE** ■ é necessário que se ressalte que o valor de um bem não deve estar vinculado à maneira como ele é financiado; *o seu valor econômico depende da capacidade futura de geração de resultados operacionais esperados*. É a qualidade dos investimentos, e não a estrutura de financiamento do ativo, que determina a riqueza e, consequentemente, a atratividade econômica de um investimento.

Os fluxos de caixa para as decisões de investimentos são normalmente apurados em valores líquidos (após a dedução do Imposto de Renda). O padrão de cálculo do fluxo de caixa operacional é o seguinte:

Lucro Operacional Bruto (antes do IR):	XXX
(–) Imposto de Renda:	XXX
(=) *Lucro Operacional Líquido do IR*:	XXX
(+) Depreciação:	XXX
(=) *Fluxo de Caixa Operacional*:	XXX

Conforme estudado na Parte IV, o *resultado operacional* é sempre obtido antes dos encargos financeiros (juros das dívidas). A *depreciação* é identificada como uma despesa não desembolsável. Essa despesa foi deduzida para cálculo do lucro operacional e, por não envolver uma saída efetiva de recursos de caixa, ela é adicionada para o cálculo do fluxo de caixa. A influência da depreciação sobre o resultado de caixa fixa-se no *benefício fiscal*: por ser dedutível para efeitos de IR, ela diminui o volume de impostos a pagar.

De maneira genérica, a formulação do fluxo de caixa operacional líquido pode também ser ilustrada pela identidade a seguir:

$$\Delta FCO = \Delta LOP_{BRUTO} - (\Delta IR \times \Delta LOP_{BRUTO}) + \Delta DND$$

em que:

ΔFCO = fluxo de caixa operacional incremental;

ΔLOP_{BRUTO} = lucro operacional bruto (antes do Imposto de Renda);

ΔIR = Imposto de Renda incremental calculado sobre o LOP_{BRUTO};

ΔDND = despesas não desembolsáveis incrementais (depreciação, amortização e exaustão, basicamente).

EXEMPLO ILUSTRATIVO – Fluxo de Caixa Operacional do Investimento

Para ilustrar, admita que uma empresa esteja avaliando seus fluxos de entradas de caixa provenientes de uma decisão de investimento. O Quadro 14.1 apresenta os vários resultados operacionais apurados *antes* e *após* a aceitação do novo investimento. Admita que o investimento tenha vida útil de 5 anos e que os valores considerados no Quadro 14.1 já se encontram depurados dos efeitos inflacionários. A alíquota de Imposto de Renda da empresa é de 34%.

Quadro 14.1 Resultados do projeto de investimento.

	Resultados antes do novo investimento ($)	Resultados esperados considerando o novo investimento				
		Ano 1	Ano 2	Ano 3	Ano 4	Ano 5
Receitas Operacionais	1.000,00	1.300,00	1.800,00	1.500,00	1.600,00	1.700,00
Custos e Despesas Operacionais	(400,00)	(500,00)	(650,00)	(600,00)	(600,00)	(650,00)
Depreciação	(100,00)	(120,00)	(120,00)	(150,00)	(150,00)	(180,00)
LOP_{BRUTO}	500,00	680,00	1.030,00	750,00	850,00	870,00

SOLUÇÃO DO EXEMPLO ILUSTRATIVO

Para a análise de investimentos, os fluxos de caixa considerados são os *operacionais incrementais líquidos do Imposto de Renda*. Para essa finalidade, o Quadro 14.2 ilustra o cálculo dos fluxos de caixa incrementais, obtidos com base nas diferenças encontradas entre os valores operacionais esperados em cada período e aqueles identificados antes da decisão do novo investimento, conforme descritos anteriormente (Quadro 14.1).

Esses fluxos de caixa incrementais devem ser cotejados com o valor do investimento, de modo a se avaliar a atratividade econômica da decisão. O Capítulo 15 aborda os diversos métodos de avaliação econômica de investimentos.

Quadro 14.2 Fluxos de caixa operacionais incrementais.

	Resultados operacionais incrementais				
	Ano 1 ($)	Ano 2 ($)	Ano 3 ($)	Ano 4 ($)	Ano 5 ($)
Δ Receitas Operacionais	300,00	800,00	500,00	600,00	700,00
Δ Custos e Despesas Operacionais	(100,00)	(250,00)	(200,00)	(200,00)	250,00)
Δ Depreciação	(20,00)	(20,00)	(50,00)	(50,00)	(80,00)
Δ *Lucro Operacional Bruto*	*180,00*	*530,00*	*250,00*	*350,00*	*370,00*
Δ Imposto de Renda (34%)	(61,20)	(180,20)	(85,00)	(119,00)	(125,80)
Δ *Lucro Operacional Líquido*	*118,80*	*349,80*	*165,00*	*231,00*	*244,20*
Δ Depreciação	20,00	20,00	50,00	50,00	80,00
Δ Fluxo de Caixa Operacional	**138,80**	**369,80**	**215,00**	**281,00**	**324,20**

Para melhor ilustrar a compreensão da metodologia de cálculo, desenvolvida no Quadro 14.2, são apurados a seguir os fluxos de caixa através da fórmula enunciada anteriormente.

FLUXOS DE CAIXA INCREMENTAIS	RESULTADOS INCREMENTAIS ESPERADOS				
	Ano 1	Ano 2	Ano 3	Ano 4	Ano 5
A. $\Delta\ DND$*(Depreciação)	20,00	20,00	50,00	50,00	80,00
B. $\Delta\ LOP_{BRUTO}$	180,00	530,00	250,00	350,00	370,00
C. $\Delta\ IR(\Delta LOP_{BRUTO} \times 34\%)$	61,20	180,20	85,00	119,00	125,80
D. $\Delta\ LOP_{LÍQUIDO}$	118,80	349,80	165,00	231,00	244,20
E. $\Delta\ FCO$ (D + A)	138,80	369,80	215,00	281,00	324,20

* DND: despesas não desembolsáveis (depreciação, amortização e exaustão).

EXEMPLO ILUSTRATIVO MAIS COMPLETO – Fluxos de Caixa Operacionais do Projeto de Investimento

Admita que uma empresa esteja avaliando uma proposta de investimento visando à expansão de sua atividade. Principais dados do projeto:

a) investimento total de $ 500.000, os quais serão consumidos integralmente no início do projeto (momento zero). Desse montante, 80% serão aplicados em ativos fixos ($ 400.000) e 20% ($ 100.000) em capital de giro;

b) a duração prevista do projeto é de 5 anos. Os bens fixos são depreciados pelo método linear, prevendo-se ser nulo o seu valor residual;

c) a alíquota de Imposto de Renda a ser aplicada sobre os resultados incrementais líquidos é de 34%;

d) resultados operacionais previstos para o investimento:

	VALORES INCREMENTAIS				
	ANO 1	ANO 2	ANO 3	ANO 4	ANO 5
Receitas de Vendas	1.300,00	1.500,00	1.800,00	2.400,00	3.200,00
Custo do Produto Vendido (CPV)	700,00	850,00	980,00	1.150,00	1.500,00
Despesas Operacionais Desembolsáveis (vendas e administração)	280,00	350,00	420,00	490,00	620,00

IMPORTANTE ■ deve ser ressaltado, pelo modelo mais usual sugerido, que os fluxos de caixa para as decisões de investimento são apurados independentemente da maneira como o projeto de investimento será financiado. Os valores operacionais de caixa não devem deduzir encargos financeiros (juros) de financiamentos assumidos, incorporando somente os resultados operacionais do projeto.

O custo do financiamento, assim como a proporção de capital de terceiros (dívidas) e capital próprio utilizada, devem ser considerados na formação da taxa de desconto (WACC).

Para a formação dos fluxos de caixa, deve-se, pela necessidade de apuração do Imposto de Renda, projetar o valor anual da depreciação. Inexistindo valor residual, a depreciação para cada ano é calculada, segundo uma metodologia mais simplificada, mediante a aplicação direta da cota anual linear de

20% sobre o valor dos ativos fixos, que correspondem a 80% do investimento total, conforme descrito no item (a), ou seja:

- **Investimento em capital de giro** = 20% × $ 500.000 = $ 100.000
- **Investimento fixo** = 80% × $ 500.000 = $ 400.000
- **Depreciação** = 20% × $ 400.000 = $ 80.000/ ano

> O ativo fixo apresenta uma vida útil prevista de 5 anos, sendo pelo método linear depreciado em 20% ao ano.

A apuração dos resultados previstos para cada período do investimento, obedecida a legislação fiscal brasileira, é desenvolvida a seguir.

	ANO 1	ANO 2	ANO 3	ANO 4	ANO 5
Receita de Vendas	1.300,00	1.500,00	1.800,00	2.400,00	3.200,00
Custo do Produto Vendido	(700,00)	(850,00)	(980,00)	(1.150,00)	(1.500,00)
Lucro Bruto	**600,00**	**650,00**	**820,00**	**1.250,00**	**1.700,00**
Despesas Operacionais	(280,00)	(350,00)	(420,00)	(490,00)	(620,00)
Depreciação	(80,00)	(80,00)	(80,00)	(80,00)	(80,00)
Lucro Operacional Bruto	**240,00**	**220,00**	**320,00**	**680,00**	**1.000,00**
Provisão do Imposto de Renda (34%)	(81,60)	(74,80)	(108,80)	(231,20)	(340,00)
Lucro Operacional Líquido	**158,40**	**145,20**	**211,20**	**448,80**	**660,00**

Diante dos resultados apurados, passa-se agora ao dimensionamento dos fluxos de caixa operacionais incrementais projetados para cada período.

A avaliação econômica desses valores de caixa é desenvolvida de acordo com os métodos a serem expostos no Capítulo 15.

(Em $)

	ANO 0	ANO 1	ANO 2	ANO 3	ANO 4	ANO 5
Investimento Total	(500,00)					
Lucro Operacional Líquido		158,40	145,20	211,20	448,80	660,00
Depreciação		80,00	80,00	80,00	80,00	80,00
Recuperação do Investimento em Giro						100,00
Fluxo de Caixa Operacional	**(500,00)**	**238,40**	**225,20**	**291,20**	**528,80**	**840,00**

É importante observar que ao fim da vida estimada do projeto (5º ano) está prevista a recuperação do investimento realizado em capital de giro no momento inicial. Enquanto o investimento fixo é recuperado por meio da depreciação periódica, o capital aplicado em giro retorna com a extinção do investimento.

Por outro lado, se fosse previsto valor residual para o bem fixo, o resultado deveria ser tributado. O projeto recuperou integralmente o investimento feito através da depreciação anual (depreciação = $ 80,00/

ano), e o valor eventualmente auferido ao fim da vida útil é passível de tributação (IR = 34%).

Modo alternativo de cálculo

A depreciação é uma despesa não desembolsável, não promovendo variações no caixa da empresa. O gasto (desembolso) efetivo foi realizado no passado, na compra do bem fixo, e a depreciação é o reconhecimento desta despesa.

A contribuição da depreciação sobre o fluxo de caixa resume-se no benefício fiscal. Por ser uma despesa dedutível para fins de Imposto de Renda, a depreciação eleva o caixa pela economia de imposto que proporciona.

O fluxo de caixa operacional pode, dando destaque ao benefício fiscal da depreciação, ser calculado também do seguinte modo:

	Ano 1 ($)	Ano 2 ($)	Ano 3 ($)	Ano 4 ($)	Ano 5 ($)
Lucro Bruto	600,00	650,00	820,00	1.250,00	1.700,00
Despesa Operacional Desembolsável	(280,00)	(350,00)	(420,00)	(490,00)	(620,00)
Despesa Operacional Desembolsável (antes IR)	320,00	300,00	400,00	760,00	1.080,00
IR (34%)	(108,80)	(102,00)	(136,00)	(258,40)	(367,20)
Res. Operacional Desembolsável (Líq. IR)	211,20	198,00	264,00	501,60	712,80
Benefício Fiscal da Depreciação (34% × $ 80,00)	27,20	27,20	27,20	27,20	27,20
Recuperação do Investimento em Giro	–	–	–	–	100,00
Fluxo de Caixa Operacional	238,40	225,20	291,20	528,80	840,00

Resumo

1. **Apresentar os diferentes tipos de investimentos e a natureza das propostas financeiras para avaliação de investimentos.**

   As propostas de investimentos de capital de uma empresa podem ser enquadradas segundo suas diversas origens, isto é, de acordo com os motivos internos que determinaram seus estudos. Os principais tipos de investimento com os quais pode defrontar-se uma empresa são classificados da seguinte maneira:

   a) *Investimentos economicamente independentes*: dois ou mais projetos de investimentos se dizem independentes quando a aceitação de um deles não implicar a desconsideração dos demais e, ao mesmo tempo, não ocorrerem interferências nas receitas e nos custos das várias propostas em estudo quando se decidir por uma delas e quando os investimentos forem feitos com restrição orçamentária. Muitas vezes, duas ou mais propostas de investimento independentes não podem ser simultaneamente implementadas por causa de condições de restrição orçamentária impostas pela empresa ou, ainda, na situação de os custos de maiores captações atingirem valores incompatíveis com os retornos produzidos pela alocação desses recursos.

   b) *Investimentos economicamente dependentes*: para que dois ou mais investimentos sejam considerados economicamente dependentes, uma das seguintes situações deverá ocorrer: (i) a aceitação e um investimento exerce influências negativas sobre os resultados líquidos dos demais, seja diminuindo as receitas ou elevando mais que proporcionalmente os custos e despesas; (ii) a aceitação de um investimento exerce, ao contrário da situação anterior, influências economicamente positivas sobre os demais, seja pelo incremento das receitas ou decréscimo dos custos e despesas.

   c) *Investimentos complementares*: ocorrem quando a aceitação de um investimento depende rigorosamente da implementação de outro, seja essa dependência definida em termos tecnológicos ou econômicos.

d) *Investimentos mutuamente excludentes*: ocorrem quando a aceitação de uma proposta elimina totalmente a possibilidade de implementar outra. Essa exclusão mútua ocorre basicamente em razão de as propostas em estudo desenvolverem a mesma função, sendo suficiente, para os objetivos da empresa, a aceitação de somente uma delas.

e) *Investimentos com dependência estatística*: os investimentos com dependência estatística são os que se caracterizam por apresentarem variações conjuntas em seus resultados ao longo do tempo. Eventuais aumentos (ou reduções) nos benefícios de caixa de um investimento são acompanhados por variações nos benefícios dos outros.

2. Descrever as principais teorias dos juros e os critérios de decisão a serem seguidos pelos agentes econômicos.

As relações entre o poupador e o tomador de recursos implicam, diante do que foi considerado, uma relação entre o poder de compra futuro e o poder de compra presente. Essa relação mantém-se atraente até que os juros de mercado deixem de ser atraentes para as decisões temporais dos agentes: o genuíno valor da taxa de juros é basicamente definido pelas operações livremente praticadas no mercado, e não imposto por decisões externas a seu âmbito de atuação.

A taxa de juros vigente na economia, por seu lado, pode assumir diversos valores, de acordo com o risco oferecido pelas diversas alternativas financeiras. Assim, apesar de o mercado estabelecer taxas variáveis para cada nível de risco assumido pelos investimentos, o denominador comum dessa estrutura é a taxa de juros base do sistema econômico. A taxa pura embute unicamente a remuneração pelo sacrifício de consumo, constituindo-se no piso para a estrutura de taxas de retorno da economia, na qual teremos não apenas a remuneração pelo diferimento do consumo, mas também a remuneração de cada nível de risco envolvido por outras alternativas de investimento.

Em conclusão, a taxa de juros base de uma economia é a taxa mínima, estando sempre abaixo dos retornos oferecidos pelos ativos que não sejam títulos governamentais. E a taxa de juros estabelecida livremente pelo mercado é a taxa referencial, a ser comparada com os retornos oferecidos pelos investimentos com risco. A formação dos juros no Brasil é feita de modo a fazer com que interajam os tomadores e poupadores de recursos por meio dos termos de riscos que uma taxa de juros deve cobrir e em função da sua estrutura temporal.

3. Ilustrar a importância da utilização e do dimensionamento dos fluxos de caixa na análise de investimentos.

Em todo o processo de decisão de investimentos, é fundamental o conhecimento não só de seus benefícios futuros esperados, expressos em termos de fluxos de caixa, mas também de sua distribuição ao longo da vida prevista do projeto.

Por exemplo, considerar unicamente que determinado investimento propiciará, ao longo de 5 anos, receitas líquidas de caixa no total de $ 10 milhões é insatisfatório para a análise. É imprescindível que se apure, além do valor do saldo final de caixa, a maneira como serão distribuídas ao longo do tempo.

O conceito de fluxo de caixa, conforme é conhecido, não coincide normalmente com o resultado contábil da empresa, apurado pelo regime de competência. Enquanto o fluxo de caixa é mensurado de acordo com as efetivas movimentações de todas as entradas e saídas de fundos da empresa, o lucro contábil é mensurado por competência, não incorporando em seus cálculos determinados dispêndios não desembolsáveis (depreciação, por exemplo) e algumas saídas de caixa que não se constituem rigorosamente em despesas (amortização de principal de dívidas, por exemplo).

No dimensionamento dos fluxos de caixa, devem ser estimadas todas as movimentações operacionais efetivas de caixa – até mesmo o Imposto de Renda – associadas a cada alternativa de investimento em consideração. É importante notar que todos os valores que não compõem o fluxo de caixa (basicamente receitas não recebíveis e despesas não desembolsáveis) somente são importantes para a análise de investimentos à medida que venham a afetar o lucro contábil da operação projetada.

Nesse caso, a estimativa do Imposto de Renda, que representa uma saída de caixa, precisa ser mensurada e incorporada ao processo de análise. Por outro lado, todos aqueles desembolsos efetivos que não participam do cálculo do lucro, mas que são identificados (gerados) no investimento, devem ser integrados aos fluxos de caixa por representarem reduções em seus valores. É importante que se saliente que os fluxos de caixa são mensurados em termos incrementais, ou seja, os valores relevantes para a avaliação são aqueles que se originam em consequência da decisão de investimento; por isso, estão perfeitamente associados ao dispêndio de capital.

 TESTES DE VERIFICAÇÃO

1. Dentro do processo de avaliação de projetos de investimentos de empresas, são relacionados a seguir alguns fluxos financeiros. Pode-se dizer que o único irrelevante para a decisão de investimento é:

   a) Montante corrente de receitas de vendas da empresa.

   b) Receita proveniente da venda de um ativo fixo a ser substituído pelo investimento proposto.

   c) Reduções na venda de outro produto motivadas pela introdução de um novo produto.

   d) Despesas de instalação de máquinas e equipamentos constantes do projeto de investimento.

   e) Incrementos em estoques e valores a receber provenientes do projeto de investimento.

2. Uma empresa está avaliando um projeto de investimento de expansão de sua atividade visando atender a uma maior demanda prevista de mercado. A empresa projetou seus resultados totais, os quais incluem os retornos esperados provenientes da decisão de investimento em avaliação, e seus resultados determinados pela atual estrutura de atividade. Com base nesses resultados projetados, os fluxos de caixa operacionais incrementais para os 3 anos a serem utilizados na avaliação do investimento são respectivamente:

   Informações dos resultados projetados da empresa.

($)

	Resultados Atuais	Resultados Previstos		
	Ano 0	Ano 1	Ano 2	Ano 3
Receitas Operacionais	5.000,00	7.500,00	8.100,00	7.800,00
Despesas Operacionais	(2.500,00)	(3.500,00)	(4.000,00)	(3.750,00)
Depreciação	(400,00)	(450,00)	(500,00)	(480,00)
Resultado Operacional Bruto	2.100,00	3.550,00	3.600,00	3.570,00
Despesas Financeiras	(600,00)	(630,00)	(650,00)	(660,00)
Lucro antes do IR	1.500,00	2.920,00	2.950,00	2.910,00
IR (34%)	(510,00)	(992,80)	(1.003,00)	(989,40)
Lucro Líquido	990,00	1.927,20	1.947,00	1.920,60

a) $ 2.100,20; $ 1.500,00; $ 1.947,00

b) $ 1.007,00; $ 1.090,20; $ 1.050,20

c) $ 2.100,00; $ 1.090,20; $ 1.920,60

d) $ 1.090,20; $ 1.050,20; $ 1.947,20

e) $ 1.007,00; $ 1.500,00; $ 1.050,20

3. Uma empresa está avaliando um projeto de investimento que prevê um dispêndio de capital total de $ 1,2 milhão. Desse total, 30% serão aplicados em capital de giro e o restante na aquisição de um novo equipamento a ser utilizado em sua produção. A vida útil do projeto está estimada em 4 anos. O equipamento será depreciado pelo método da linha reta durante a vida do projeto e apresenta um valor de revenda previsto de $ 180 mil ao fim do quarto ano. Os principais resultados incrementais previstos do investimento são apresentados a seguir. Admitindo uma alíquota de IR de 34%, o fluxo de caixa operacional dessa decisão de investimento no terceiro ano será de:

	Ano 1	Ano 2	Ano 3	Ano 4
Receitas de vendas	3.120,00	3.800,00	4.000,00	4.500,00
Custos de produção	1.680,00	1.800,00	1.900,00	2.050,00
Despesas Operacionais	714,00	780,00	820,00	874,00

a) 915,20

b) 820,00

c) 879,00

d) 916,20

e) 876,60

4. A direção de uma empresa está avaliando um investimento de $ 1 milhão em seu sistema de logística e distribuição. O investimento será financiado em 45% por um empréstimo bancário negociado à taxa de 16% a.a., sendo o restante coberto por recursos próprios. O dispêndio tem uma duração prevista de 4 anos, e promoverá uma redução de $ 140 mil no capital de giro da empresa. Esse capital de giro será reposto ao final do projeto. O investimento de $ 1 milhão será depreciado pelo critério linear nos 4 anos de duração prevista, sendo avaliado ao final desse período, a preço de mercado, por $ 120 mil. A empresa trabalha com uma alíquota de Imposto de Renda de 34%. A seguir, são apresentados outros resultados estimados do projeto de investimento. Assim, é incorreto dizer:

	Ano 1	Ano 2	Ano 3	Ano 4
Receitas de vendas	2.000,00	2.500,00	2.700,00	2.900,00
Custos de produção	1.000,00	1.200,00	1.250,00	1.300,00
Despesas Operacionais	560,00	580,00	610,00	630,00

a) O fluxo operacional no ano 1 foi positivo.

b) O fluxo operacional no último ano foi de 664,40.

c) O fluxo operacional de caixa no terceiro ano foi avaliado em 639,40.

d) As duas primeiras alternativas são verdadeiras.

e) Apenas a primeira é verdadeira.

5. Assinale a alternativa incorreta sobre os tipos de investimentos:

a) Dois ou mais projetos de investimentos se dizem independentes quando a aceitação de um deles não implicar a desconsideração dos demais e, ao mesmo tempo, não ocorrerem interferências nas receitas e nos custos das várias propostas em estudo quando se decidir por uma delas.

b) Duas ou mais propostas de investimento independentes não podem ser simultaneamente implementadas por causa de condições de restrição orçamentária impostas pela empresa ou, ainda, na situação de os custos de maiores captações atingirem valores incompatíveis com os retornos produzidos pela alocação desses recursos; ou quando os investimentos forem economicamente dependentes.

c) Para que dois ou mais investimentos sejam considerados economicamente dependentes, uma das seguintes situações deverá ocorrer: a aceitação de um investimento exerce influências positivas sobre os resultados líquidos dos demais, seja diminuindo as receitas ou elevando mais que proporcionalmente os custos e despesas; a aceitação de um investimento exerce, ao contrário da situação anterior, influências economicamente positivas sobre os demais, seja pelo incremento das receitas ou decréscimo dos custos e despesas. Nesse caso, os projetos são chamados de *complementares*.

d) Investimentos mutuamente excludentes ocorrem quando a aceitação de uma proposta elimina totalmente a possibilidade de implementar outra. Essa exclusão mútua ocorre basicamente em razão de as propostas em estudo desenvolverem a mesma função, sendo suficiente, para os objetivos da empresa, a aceitação de somente uma delas.

e) Os investimentos com dependência estatística são os que se caracterizam por apresentarem variações conjuntas em seus resultados ao longo do tempo. Eventuais aumentos (ou reduções) nos benefícios de caixa de um investimento são acompanhados por variações nos benefícios dos outros.

6. Uma empresa está considerando a reposição de uma máquina velha que já tem 8 anos de vida por uma nova que aumentará os resultados e a competitividade da empresa. A expectativa é de que os atuais resultados da empresa antes dos impostos de $ 27 mil tenham um aumento de 100% nos próximos 8 anos. A máquina nova tem um custo de $ 80 mil e tem a mesma vida útil da máquina atual sem valor residual. A depreciação será linear durante a sua vida útil. A alíquota de IR é de 40%. Qual o valor estimado do fluxo de caixa operacional deste projeto?

a) $ 36.400.
b) $ 28.900.
c) $ 27.000.
d) $ 20.200.
e) $ 18.800.

Exercícios propostos

1. Uma empresa analisa a substituição de um equipamento velho por um novo. O equipamento velho ainda pode ser usado por mais 4 anos antes de se tornar inviável. Atualmente, seu valor contábil é de $ 8.000, que pode ser depreciado linearmente em 4 anos. O valor atual de mercado do equipamento usado é de $ 9.000. A máquina nova custa $ 25.000 e poderá operar e ser depreciada em 8 anos. Admite-se um valor residual, ao final de 8 anos, igual a 20% do valor de compra. Na comparação com a máquina velha, a máquina nova gerará uma economia operacional de $ 10.000/ano. A alíquota do IR é de 30%. O investimento na máquina nova terá 40% de seu valor financiado por meio de um

empréstimo que será pago em quatro prestações anuais pela Tabela Price a juros de 14% ao ano. Elabore o fluxo de caixa operacional desse projeto.

2. Para ampliar sua linha de produção, uma empresa dispõe de duas alternativas. *Alternativa (A)*: comprar um equipamento novo, mas convencional; *Alternativa (B)*: comprar um equipamento novo, mas com alta tecnologia.

   A produção inicial para ambas as alternativas será de 10.000 peças, mas com a implantação da máquina de alta tecnologia espera-se um aumento na produção de 40%. A vida útil para ambos os equipamentos é de 5 anos.

   O equipamento convencional poderá ser vendido no fim da vida útil por 20% do custo inicial e o equipamento de alta tecnologia por 25% do valor inicial. O pagamento do equipamento de alta tecnologia deverá ser integral na data da compra e o equipamento convencional poderá ser pago em duas parcelas, sendo uma de entrada e a outra no ano seguinte. O equipamento convencional custa $ 120.000 e o de alta tecnologia, $ 150.000. Os custos operacionais desembolsáveis do equipamento convencional são de $ 20.000/ano, sendo constantes para todos os anos, e do equipamento de alta tecnologia são de $ 15.000/ano, crescendo estes 10% ao ano.

   O preço de venda unitário da produção gerada pelo equipamento convencional é de $ 10,00 e do equipamento de alta tecnologia é de $ 8,00. Considerando a depreciação linear de 5 anos para ambos os equipamentos e a alíquota do Imposto de Renda de 30%, elabore o fluxo de caixa de cada alternativa de investimento.

3. Os principais dados de um projeto são: investimento total: $ 500,00 os quais serão consumidos integralmente no início do projeto. A duração prevista do projeto é de 5 anos com valor residual nulo. A alíquota do Imposto de Renda a ser aplicada sobre os resultados incrementais é de 40%. Os resultados operacionais previstos para o investimento são dados a seguir:

	Ano 1	Ano 2	Ano 3	Ano 4	Ano 5
Receita de Vendas	$ 1.300,00	$ 1.700,00	$ 2.000,00	$ 2.600,00	$ 3.400,00
Custo Produto Vendido	$ 700,00	$ 850,00	$ 980,00	$ 1.150,00	$ 1.500,00
Despesas Operacionais	$ 280,00	$ 350,00	$ 420,00	$ 490,00	$ 620,00

Do investimento total, $ 400,00 serão destinados a ativos fixos e $ 100,00 serão aplicados em capital de giro. Projete os fluxos de caixa operacionais para a decisão de investimento.

4. Uma empresa está considerando trocar duas máquinas usadas por uma máquina nova, mais eficiente. As máquinas velhas podem ser vendidas por $ 350.000, sendo o valor líquido desses ativos (descontada a depreciação) registrado pela contabilidade de $ 600.000. A máquina nova pode ser adquirida e instalada por $ 2.500.000. A alíquota do IR da empresa é 34%. Demonstre o valor do investimento líquido na máquina nova.

5. Uma empresa está avaliando a possibilidade de comprar um equipamento novo no valor de $ 500 mil, cuja vida útil é de 5 anos. O equipamento será totalmente depreciado no período previsto de vida útil pelo método linear. O valor do equipamento será igual a $ 100 mil daqui a 5 anos. O uso do equipamento substituirá o trabalho de cinco funcionários cujos salários anuais totais são de $ 120 mil. Também

contribuirá para uma redução de CCL de $ 100 mil. O CCL será recuperado ao fim do período de vida útil do equipamento. A alíquota de IR é de 34%. Faça as estimativas dos fluxos de caixa deste projeto.

LINKS DA WEB

www.bcb.gov.br. *Site* do Banco Central do Brasil.

www.economiaemdia.com.br. *Site* de notícias e trabalhos diversos sobre a economia. https://www.itau.com.br/itaubba-pt/analises-economicas/projecoes. *Site* com projeções brasileiras.

SUGESTÃO DE LEITURA

ASSAF NETO, Alexandre. **Finanças corporativas e valor**. 8. ed. São Paulo: Atlas, 2021.

ROSS, Stephen A.; WESTERFIELD, Randolph W.; JAFFE, Jefrey; LAMB, Roberto. **Administração financeira**. 10. ed. São Paulo: McGraw-Hill/Bookman, 2015.

RESPOSTAS DOS TESTES DE VERIFICAÇÃO

1. a
2. b
3. d
4. e
5. c
6. d

AVALIAÇÃO ECONÔMICA DE INVESTIMENTOS

OBJETIVOS DO CAPÍTULO

1. Apresentar os métodos de avaliação econômica aplicados às decisões de investimentos.
2. Ilustrar o cálculo de cada um dos métodos com seus pressupostos necessários para análise da viabilidade de investimentos.
3. Abordar as decisões de investimentos em condições especiais: projetos com diferentes distribuições dos fluxos de caixa no tempo e em condições de restrição orçamentária.

Outra fase das decisões de investimento a longo prazo consiste na utilização de métodos de avaliação econômica, com o objetivo de se apurar os resultados e atratividade das aplicações de capital.

As propostas de investimentos, para serem aceitas, devem oferecer um retorno mínimo definido pela empresa. A abordagem *aceitar – rejeitar* consiste em selecionar propostas que atendam ao critério mínimo de retorno estabelecido.

As propostas de investimentos aceitáveis podem ser *classificadas* ainda segundo alguma medida estabelecida pela empresa, como rentabilidade, riqueza criada etc. A de melhor resultado é classificada em primeiro lugar, seguida das demais, até atingir a de mais baixo resultado, em último.

O estudo dos métodos de análise econômica de investimentos pode ser dividido em dois grandes segmentos.

O *primeiro segmento* aborda os principais modelos quantitativos de análise de viabilidade econômica das alternativas de investimentos, e tem por objetivo auxiliar o administrador financeiro em sua tarefa básica de tomar decisões.

O *segundo segmento* volta-se ao estudo das principais limitações e contribuições práticas de cada método de avaliação econômica, assim como analisa as situações de conflitos presentes principalmente em projetos classificados como mutuamente excludentes.

> Uma empresa, em determinado instante, pode ser vista como um conjunto de projetos de investimentos em diferentes momentos de execução. Seu objetivo para as finanças corporativas, ao avaliar alternativas de investimentos, é o de maximizar a contribuição marginal desses recursos de capital, promovendo o incremento de sua riqueza líquida.

15.1 MÉTODOS DE ANÁLISE DE INVESTIMENTOS

Os métodos quantitativos de análise econômica de investimentos podem ser classificados em dois grandes grupos: os que não levam em conta o *valor do dinheiro no tempo* e os que consideram essa variação por meio do critério do *fluxo de caixa descontado*. Em razão do maior rigor conceitual e da importância para as decisões a longo prazo, dá-se atenção preferencial para os métodos que compõem o segundo grupo: *taxa interna de retorno (IRR)* e *valor presente líquido (NPV)*.

Exemplo Ilustrativo Geral

	Ano 0	Ano 1	Ano 2	Ano 3	Ano 4
FLUXO DE CAIXA	($ 145,00)	$ 71,00	$ 74,00	$ 80,00	$ 50,00

O desenvolvimento dos métodos de análise de investimentos a seguir terá como exemplo ilustrativo geral o seguinte fluxo de caixa incremental, elaborado de acordo com os critérios apresentados no Capítulo 14.

15.2 PERÍODO DE *PAYBACK*

O período de *payback*, de aplicação bastante generalizada na prática, consiste na determinação do tempo necessário para que o investimento inicial seja recuperado pelas entradas de caixa promovidas pelo investimento.

Payback Efetivo

O *payback* **efetivo** é talvez o mais simples de se calcular, e também de fácil compreensão. Considerando os fluxos de caixa operacionais do projeto de investimento em análise, tem-se:

($ 000)

	Ano 0	Ano 1	Ano 2	Ano 3	Ano 4
FCO	(145,00)	71,00	74,00	80,00	50,00

Como o período de *payback* é o tempo necessário para se recuperar o investimento feito, nota-se que se deve trazer de volta ao caixa da empresa cada uma das entradas previstas para cada ano.

Ano 1: Investimento + FCO_1 = (145,00) + 71,00 = (74,00)

Ou seja, já se passou um ano e o projeto ainda não recuperou o investimento feito, faltando ainda $ 74,00 para "zerar" o dispêndio de capital feito.

Ano 2: Resultado do Ano 1 + FCO_2 = (74,00) + 74,00 = 0,00

O período de *payback* do projeto é exatamente de 2 anos.

Existem ainda duas outras metodologias de cálculo do período de *payback*: **médio** e **descontado**.

Payback Médio

O *tempo de retorno médio* baseia-se na relação existente entre o valor do investimento e o valor médio dos fluxos esperados de caixa. Para o projeto, o investimento inicial (saída de caixa) é de $ 145 mil, e os fluxos de caixa medidos em valores médios atingem $ 68,75 mil, ou seja:

$$\left(\frac{71,00 + 74,00 + 80,00 + 50,00}{4} \right) = \$ 68,75$$

Consequentemente, o *payback* médio é de 2,11 anos ($ 145/$ 68,75). Ao se tomar a parte fracionada (0,11) e multiplicar por 12 meses, que seria a próxima unidade depois de ano, tem-se 1,32 mês. *Em conclusão*: a empresa irá demandar 2 anos e 1 mês (e alguns dias), em média, para recuperar o investimento inicial efetuado por meio dos benefícios incrementais anuais de caixa produzidos.

Observe que o *payback* médio supõe que os benefícios de caixa se verificarão em valores médios, e não no efetivo valor de entrada de caixa previsto para cada ano.

Da mesma maneira, o método não considera os diferentes momentos em que ocorrem os fluxos de caixa. Não se pode somar ou subtrair um do outro, pois estão em períodos de tempos distintos, ou seja, não está se levando em consideração o *valor do dinheiro no tempo*.

Payback Descontado

O período de *payback* **descontado** traz todos os fluxos de caixa ao mesmo momento de tempo (a valor presente), incorporando o conceito do valor do dinheiro no tempo.

Para o seu cálculo, deve-se primeiro trazer cada uma das entradas de caixa a valor presente, descontando esses fluxos a uma taxa de juros que represente a rentabilidade mínima (custo de oportunidade) exigida pela empresa na aceitação do projeto.

Admitindo que essa taxa mínima de aceitação do projeto seja de 20% ao ano, calcula-se o valor presente de cada um dos fluxos de caixa:

Períodos	$ (mil)	Valor Presente $ (milhões)
Ano 0	(145,00)	(145,00)
Ano 1	71,00	$PV = \dfrac{71,00}{(1 + 0,20)^1} = 59,17$
Ano 2	74,00	$PV = \dfrac{74,00}{(1 + 0,20)^2} = 51,39$
Ano 3	80,00	$PV = \dfrac{80,00}{(1 + 0,20)^3} = 46,30$
Ano 4	50,00	$PV = \dfrac{50,00}{(1 + 0,20)^4} = 24,11$

Dessa maneira, o *payback* descontado é calculado do mesmo modo que o *payback* efetivo (ou simples), porém utilizando os fluxos de caixa descontados:

Ano 1: Investimento + FC Descontado$_1$=
$$(145,00) + 59,17 = (\$ 85,83)$$

Ou seja, já se passou um ano e o projeto ainda não recuperou o investimento feito, faltando ainda $ 85,83 para "zerar" o dispêndio de capital feito.

Ano 2: Resultado do ano 1 + FC Descontado$_2$=
$$(85,83) + 51,39 = (\$ 34,44)$$

Após o término do ano 2, ainda faltam $ 34,44 para entrar no caixa da empresa e "zerar" o investimento feito. Contudo, o fluxo de caixa do ano seguinte é superior ao fluxo de caixa necessário para se chegar ao *payback* do projeto. Quando isso acontecer, significa que não será necessário esperar o ano todo para recuperar o investimento feito. O período de *payback* ocorrerá em algum momento entre o segundo e o terceiro ano.

Ano 3: Resultado do ano 2 ÷ FC Descontado$_3$ =
$$34,44/46,30 = 0,74$$

O período de *payback descontado* será de 2,74 anos, ou ainda de 2 anos e 9 meses aproximadamente (0,74 × 12 meses).

Critério de Decisão: Aceitar – Rejeitar

Em termos de decisão de aceitar ou rejeitar determinado investimento, o período de *payback* obtido deve ser confrontado com o padrão-limite estabelecido pela empresa. Por exemplo, ao definir em 3 anos o tempo máximo de realização de caixa de seus investimentos, a empresa deverá aceitar o projeto com base no método exposto, pois atende à meta estabelecida.

O período de *payback* é interpretado com frequência como um importante indicador do nível de risco (ou, ao contrário, de liquidez) de um projeto de investimento. Em épocas de maior incerteza da conjuntura econômica ou de restrições à liquidez monetária, o limite-padrão definido pelas empresas em geral reduz-se bastante.

Conclusão: a par de sua utilidade no processo de avaliação de propostas de investimentos, a limitação na fixação do prazo-padrão ideal e outras importantes restrições que podem ser atribuídas ao método, conforme serão desenvolvidas a seguir, fazem por concluir que o período de *payback* é uma medida auxiliar nas decisões financeiras de longo prazo. É indispensável o uso simultâneo de outros métodos mais sofisticados, evitando-se que a decisão de investir se baseie, com maior intensidade, no período de *payback*.

15.3 VALOR PRESENTE LÍQUIDO (NPV[1])

A medida do *valor presente líquido* (NPV) é obtida pela diferença entre o valor presente dos benefícios líquidos de caixa, previstos para cada período do horizonte de duração do projeto, e o valor presente do investimento (desembolso de caixa). Formalmente, costuma-se adotar a seguinte expressão de cálculo do NPV:

$$NPV = \sum_{t=1}^{n} \frac{FC_t}{(1+K)^t} - \left[I_0 + \sum_{t=1}^{n} \frac{I_t}{(1+K)^t} \right]$$

em que:

- FC_t = fluxo (benefício) de caixa de cada período;
- K = taxa de desconto do projeto, representada pela rentabilidade mínima requerida;
- I_0 = investimento processado no momento zero (inicial);
- I_t = valor do investimento previsto em cada período subsequente.

> **IMPORTANTE** ■ o valor presente líquido exige a definição prévia da taxa de desconto a ser utilizada nos vários fluxos de caixa. Na verdade, o NPV não apura diretamente a mensuração da rentabilidade do projeto; ao descontar todos os fluxos de entradas e saídas de caixa de um investimento por uma taxa de desconto mínima aceitável pela empresa (definida por *K* na formulação), o NPV expressa, em última análise, seu resultado econômico (riqueza) atualizado.

> Critério de Decisão com o NPV:
>
> NPV > $ 0 → Projeto cria valor econômico. Aumenta a riqueza dos acionistas.
>
> NPV = $ 0 → Projeto não cria valor econômico. Remunera somente o custo de oportunidade. Não altera a riqueza dos acionistas.
>
> NPV < $ 0 → Projeto destrói valor econômico. Reduz a riqueza dos acionistas.

Para *ilustrar*, considere o exemplo ilustrativo geral desenvolvido na análise da seção 15.1, cujo fluxo de caixa resultante é:

Projeto com criação de riqueza (NPV > $ 0)

Admitindo que a empresa tenha definido em 20% a.a. sua taxa de retorno exigida e que o investimento seja desembolsado integralmente no momento inicial, calcula-se o seguinte valor presente líquido (NPV):

$$NPV = \frac{71}{(1+0,20)^1} + \frac{74}{(1+0,20)^2} + \frac{80}{(1+0,20)^3} + \frac{50}{(1+0,20)^4} - 145$$

NPV = [59,17 + 51,39 + 46,30 + 24,11] − 145,00

NPV = $ 35,96

Ao se descontar os vários fluxos de caixa pela taxa anual de 20%, conforme exigido pela empresa, o NPV é *superior a zero*, demonstrando que o investimento oferece rentabilidade superior à mínima aceitável. *O valor do projeto é $ 35,96 superior ao capital investido, gerando uma riqueza líquida positiva aos acionistas.*

> O NPV reflete quanto o projeto agregou de valor econômico. Em outras palavras, quanto valorizou em relação ao capital investido. O NPV é a riqueza do projeto, aproximando-se da medida de criação de valor do MVA, estudada no Capítulo 13.

---

[1] *Net Present Value*, em inglês.

Projeto com destruição de riqueza (NPV < $ 0)

Ao se alterar a taxa de desconto dos fluxos de caixa para 35% a.a., por exemplo, o NPV será *negativo*; esse resultado evidencia que o retorno do investimento está abaixo do mínimo exigido, indicando que sua aceitação irá destruir valor econômico (reduzir a riqueza dos acionistas).

O cálculo do NPV para uma taxa de atratividade de 35% a.a. é processado a seguir:

$$\text{NPV} = \frac{71}{(1+0{,}35)^1} + \frac{74}{(1+0{,}35)^2} + \frac{80}{(1+0{,}35)^3} + \frac{50}{(1+0{,}35)^4} - 145$$

NPV = [52,59 + 40,60 + 32,51 + 15,05] − 145,00

NPV = − $ 4,24

Usando a Calculadora Financeira

Com os recursos da calculadora HP 12C, calcula-se o NPV de cada taxa de desconto.

Comandos	Significado
f REG	Limpa os registradores de armazenamento
145 CHS g CFo	Fluxo de caixa inicial
71 g CFj	Fluxo de caixa do ano 1
74 g CFj	Fluxo de caixa do ano 2
80 g CFj	Fluxo de caixa do ano 3
50 g CFj	Fluxo de caixa do ano 4
20 i	Taxa de desconto de 20%
f NPV	NPV para taxa de desconto de 20% = $ 35,96
35 i	Taxa de desconto de 35%
f NPV	NPV para taxa de desconto de 35% = − $ 4,24

A Figura 15.1 ilustra o valor presente líquido do investimento considerado, admitindo várias taxas de desconto.

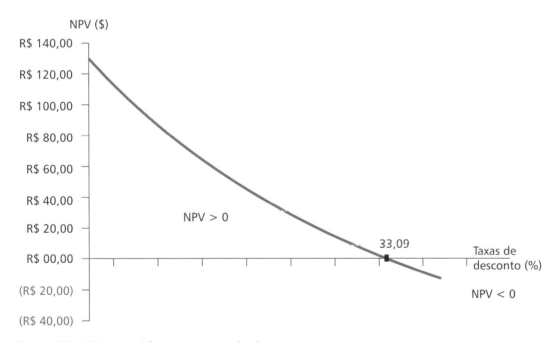

Figura 15.1 NPV para diferentes taxas de desconto.

> **!** **IMPORTANTE ■** observe o comportamento decrescente do NPV em resposta ao crescimento da taxa de desconto. Admitindo que K = 0%, o NPV será calculado pela simples diferença entre os benefícios anuais totais de caixa ($ 275,00) e o valor do investimento inicial ($ 145,00). Em conformidade com o aumento na taxa de desconto, o valor presente dos fluxos de caixa decresce, determinando, em consequência, um NPV cada vez menor.

Até a taxa de 33,09% a.a., o NPV é positivo e indica a taxa máxima de retorno que se poderia exigir do investimento. Esse valor de 33,09%, que produz um NPV igual a zero (as entradas de caixa igualam-se às saídas no momento zero), representa a *taxa interna de retorno do investimento (IRR)*, conforme será estudado no item seguinte.

Dessa maneira, a aceitação do projeto verifica-se desde que a taxa de desconto aplicada aos fluxos de caixa seja *igual ou inferior* aos 33,09% a.a. Se a rentabilidade mínima desejada *exceder* esse percentual, o projeto será considerado economicamente desaconselhável, pois o resultado do NPV será negativo, ou seja, a rentabilidade oferecida pela decisão será inferior àquela definida como aceitável. De outra maneira, o valor gerado pela decisão financeira é inferior ao investimento necessário, indicando destruição de riqueza.

15.4 TAXA INTERNA DE RETORNO (IRR)

O método de *taxa interna de retorno* (IRR[2]) representa, conforme foi considerado na Parte I deste livro, a taxa de desconto que iguala, em determinado momento (geralmente usa-se a data de início do investimento – momento zero), as entradas com as saídas previstas de caixa. Para avaliação de propostas de investimento, o cálculo da IRR requer, basicamente, o conhecimento dos montantes de dispêndio de capital (ou dispêndios, se o investimento prevê mais de um desembolso de caixa) e dos fluxos de caixa líquidos incrementais gerados pela decisão.

---

[2]   *Internal Rate of Return,* em inglês. Conforme comentado, o livro prioriza o uso de simbologias adotadas em calculadoras financeiras e planilhas eletrônicas.

> Pelo método da IRR, um projeto de investimento é recomendado se a taxa interna de retorno calculada for maior que o retorno exigido. Nesse caso, o projeto cria valor econômico. Caso o investimento apresente uma taxa de retorno menor que o retorno exigido, o projeto deve ser rejeitado.

A formulação da taxa interna de retorno pode ser representada, supondo-se a atualização de todos os movimentos de caixa para o momento zero, da forma seguinte:

$$I_0 + \sum_{t=1}^{n} \frac{I_t}{(1+K)^t} = \sum_{t=1}^{n} \frac{FC_t}{(1+K)^t}$$

em que:

I_0 = montante do investimento no momento zero (início do projeto);

I_t = montantes previstos de investimento em cada momento subsequente;

K = taxa de rentabilidade equivalente periódica (IRR);

FC_t = fluxos previstos de entradas de caixa em cada período de vida do projeto (benefícios de caixa).

No *exemplo* proposto, o investimento requer somente um desembolso de caixa no momento inicial, e o cálculo da IRR é desenvolvido da seguinte maneira:

$$145 = \frac{71}{(1+K)^1} + \frac{74}{(1+K)^2} +$$
$$+ \frac{80}{(1+K)^3} + \frac{50}{(1+K)^4}$$

IRR (K) = 33,09% a.a.

Usando a Calculadora Financeira

Por meio do auxílio da calculadora financeira HP 12C, chega-se à taxa interna de retorno por meio dos seguintes comandos:[3]

---

[3]   O *site* www.insidebooks.com.br disponibiliza material de estudo dos fundamentos de manuseio da calculadora HP 12C. Para o leitor interessado em recursos mais avançados da calculadora, recomenda-se: ASSAF N., Alexandre; LIMA, F. Guasti. **Investimentos no mercado financeiro usando a calculadora HP 12C.** 4. ed. São Paulo: Atlas, 2019.

Comandos	Significado
f REG	Limpa os registradores de armazenamento
145 CHS g CFo	Fluxo de caixa inicial
71 g CFj	Fluxo de caixa do ano 1
74 g CFj	Fluxo de caixa do ano 2
80 g CFj	Fluxo de caixa do ano 3
50 g CFj	Fluxo de caixa do ano 4
f IRR	IRR do projeto = 33,09% ao ano

A taxa interna de retorno calculada é de 33,09% ao ano. Isto significa que, ao se descontar os vários fluxos previstos de caixa por esta IRR, o resultado atualizado será exatamente igual ao montante do investimento ($ 145), denotando-se, por conseguinte, a rentabilidade do projeto.

> **IMPORTANTE** ■ IRR é uma taxa que expressa a rentabilidade periódica ponderada geometricamente, de acordo com o critério de juros compostos.

A IRR e a Distribuição dos Fluxos de Caixa no Tempo

Se o investimento em ilustração fosse realizado em duas parcelas ($ 100 no ato e $ 45 no ano seguinte) e os benefícios de caixa começassem a ocorrer a partir do próximo ano, a taxa interna de retorno seria reduzida para 23,91% a.a. A figura a seguir apresenta a ilustração gráfica do investimento.

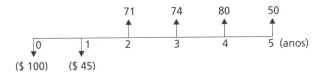

A formulação para o cálculo da IRR apresenta-se:

$$100 + \frac{45}{(1+K)^1} = \frac{71}{(1+K)^2} + \frac{74}{(1+K)^3} + \frac{80}{(1+K)^4} + \frac{50}{(1+K)^5}$$

IRR (K) = 23,87% a.a.

Usando a Calculadora Financeira

Resolvendo a expressão ou por meio de uma calculadora financeira HP 12C, chega-se à taxa de rentabilidade equivalente composta anual de 23,87%:

Comandos	Significado
f REG	Limpa os registradores de armazenamento
100 CHS g CFo	Fluxo de caixa inicial
45 CHS g CFj	Fluxo de caixa do ano 1
71 g CFj	Fluxo de caixa do ano 2
74 g CFj	Fluxo de caixa do ano 3
80 g CFj	Fluxo de caixa do ano 4
50 g CFj	Fluxo de caixa do ano 5
f IRR	IRR do projeto = 23,87% ao ano

Conclusão: observa-se que a taxa interna de retorno decresce comparativamente à situação anterior devido ao *diferimento* mais que proporcional dos benefícios de caixa em relação ao padrão de dispêndio de capital. A taxa de desconto que produz um NPV = $ 0 é a IRR do investimento.

REVISÃO IMPORTANTE: no método de avaliação econômica pela IRR, a aceitação ou rejeição de determinada proposta de investimento é decidida pela *comparação entre a taxa interna de retorno obtida e a rentabilidade mínima requerida* pela empresa para seus investimentos.

Dessa maneira, pode-se resumir:

> IRR ≥ taxa mínima de atratividade → investimento é economicamente atraente, devendo ser *aceito*.
>
> IRR < taxa mínima de atratividade → investimento destrói valor, devendo ser *rejeitado*.

Algumas características essenciais do método da IRR são discutidas a seguir, assim como deficiências importantes do método que chegam a prejudicar o processo de decisão de investimentos.

15.4.1 IRR em Projetos de Investimentos Não Convencionais

Em todo o desenvolvimento do assunto, admitiu-se implicitamente que a taxa interna de retorno sempre existe e é única. Essa suposição, no entanto, é válida desde que ocorra somente uma inversão de sinais na sequência dos fluxos de caixa do investimento, ou seja, desde que o padrão do fluxo de caixa seja do tipo definido como *convencional*. A Figura 15.2 ilustra graficamente esse tipo de investimento, o qual foi introduzido no Capítulo 14 (item 14.4).

Figura 15.2 Fluxo de caixa convencional.

No fluxo de caixa *convencional*, há somente uma inversão de sinais, a qual ocorre após o último fluxo de saída de caixa (período 2) e passa de negativo (–) para positivo (+). Nesse caso, a IRR *sempre existe e é única*.

No entanto, esse modelo convencional pode algumas vezes não se verificar na prática. É perfeitamente possível ocorrer um investimento que gere diversos fluxos de caixa negativos e positivos ao longo de sua duração. Esse tipo de investimento, descrito em uma de suas possíveis formas graficamente na Figura 15.3 e também estudado no Capítulo 14, é chamado *não convencional*.

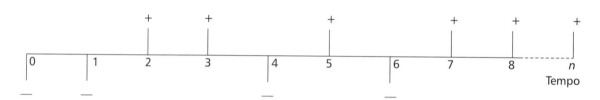

Figura 15.3 Fluxo de caixa não convencional.

Observe na Figura 15.3 a presença de mais de uma inversão de sinal no horizonte do investimento. Nesse caso, a aplicação do critério da IRR poderá resultar em três situações possíveis:

- *múltiplas* taxas de retorno que igualam, em determinado momento, as entradas com as saídas de caixa;
- uma *única* taxa interna de retorno;
- taxa interna de retorno *indeterminada* (não há solução).

A seguir, será exemplificada cada uma das possibilidades de se obter a IRR de um fluxo de caixa.

- *Investimento Não Convencional com Múltiplas IRR*

Para *ilustrar* uma situação não convencional em que ocorrem múltiplas taxas de retorno, considere simplesmente que um investimento de $ 15 deverá produzir um fluxo de caixa de $ 20 no primeiro ano e de – $ 10 no segundo ano. O cálculo é desenvolvido da seguinte forma:

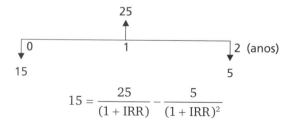

$$15 = \frac{25}{(1 + \text{IRR})} - \frac{5}{(1 + \text{IRR})^2}$$

Dispondo todos os membros da equação de um único lado, tem-se:

$$\frac{25}{(1+\text{IRR})} - \frac{5}{(1+\text{IRR})^2} - 15 = 0$$

Simplificando a expressão pelo mínimo múltiplo comum aos denominadores, que será, dentre os termos que são comuns $[(1+\text{IRR}) \text{ e } (1+\text{IRR})^2]$, aquele de maior potência, no caso $(1+\text{IRR})^2$, tem-se:

$$\frac{25(1+\text{IRR}) - 5 - 15(1+\text{IRR})^2}{(1+\text{IRR})^2} = 0$$

Aplicando a propriedade distributiva e fazendo o desenvolvimento do termo quadrático, tem-se:

$$25 + 25\,\text{IRR} - 5 - 15(1 + 2\,\text{IRR} + \text{IRR}^2) = 0$$
$$25 + 25\,\text{IRR} - 5 - 15 - 30\,\text{IRR} - 15\,\text{IRR}^2 = 0$$
$$-15\,\text{IRR}^2 - 5\,\text{IRR} + 5 = 0$$

O gráfico dessa equação pode ser visto na figura a seguir, onde se observa a existência de *duas taxas de retorno*, ou seja, duas raízes dessa equação:

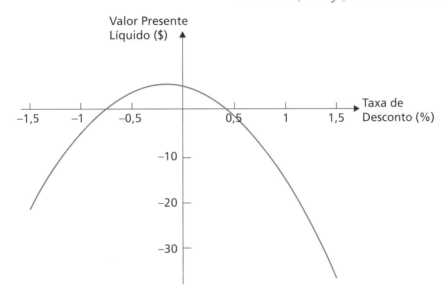

A expressão apresentada é uma equação do segundo grau da forma $ax^2 + bx + c = 0$, sendo IRR como variável x e seus coeficientes $a = -15$, $b = -5$ e c 5. Resolvendo por sua formulação básica:

$$\text{IRR} = \frac{-b \pm \sqrt{b^2 - 4ac}}{2a}$$
$$= \frac{-(-5) \pm \sqrt{(-5)^2 - 4(-15)(5)}}{2(-15)}$$

Substituindo os valores, tem-se:

$$\text{IRR}_1 = \frac{5 - \sqrt{25 - 300}}{2(-15)} = \frac{5 - \sqrt{325}}{-30}$$
$$= \frac{5 - 18{,}0278}{-30} = 0{,}4343$$

que significa uma IRR de 43,43% a.a.

$$\text{IRR}_2 = \frac{5 + \sqrt{25 + 300}}{2(-15)} = \frac{5 + \sqrt{325}}{-30}$$
$$= \frac{5 + 18{,}0278}{-30} = 0{,}7676$$

que significa uma IRR de – 76,76% a.a.

Pelo critério de cálculo da IRR, esses valores, quando aplicados na atualização dos fluxos de caixa, deverão gerar um resultado igual ao valor do investimento inicial ($ 10), ou seja:

- $\text{IRR}_1 = 43{,}43\%$

$$15 = \frac{25}{(1+0{,}4343)} - \frac{5}{(1+0{,}4343)^2}$$
$$15 = 17{,}43 - 2{,}43$$
$$15 = 15$$

- $\text{IRR}_2 = 76{,}76\%$

$$15 = \frac{25}{(1+0{,}7676)} - \frac{5}{(1+0{,}7676)^2}$$
$$15 = 107{,}57 - 92{,}57$$
$$15 = 15$$

Usando a Calculadora Financeira

Com a calculadora financeira HP 12C, o cálculo da IRR apresentará uma única resposta para a IRR ou mostrará a mensagem de erro (*ERROR 3*), que significa que existe mais de uma solução para o fluxo de caixa. Nesse caso, deve-se auxiliar a calculadora financeira HP 12C com um "chute" inicial para a taxa para que prossiga ao cálculo para determinação da outra taxa por meio dos seguintes comandos:

Comandos	Significado
f REG	Limpa os registradores de armazenamento
15 CHS g CFo	Fluxo de caixa inicial
25 g CFj	Fluxo de caixa do mês 1
5 CHS g CFj	Fluxo de caixa do mês 2
f IRR	IRR = 43,43%
50 CHS RCL g R/S	IRR = – 76,76%

Observe que a sequência de comandos *RCL g R/S* é para que a calculadora financeira HP 12C prossiga ao cálculo com o valor fornecido, no caso 50%.

Conclusão: a alternativa de investimento apresenta duas taxas internas de retorno: uma positiva e outra negativa. As inversões de sinais nos fluxos de caixa, conforme comentado, explicam essa dualidade, cujos resultados são visivelmente conflitantes em termos de decisão. Tratamento geralmente adotado nessas situações é a não utilização do método da IRR na avaliação de investimentos não convencionais, optando-se pelo cálculo do método do *Valor Presente Líquido*, descrito no item seguinte.

• *Investimento não convencional com uma única IRR*

Admita o seguinte investimento:

O projeto apresenta mais de uma inversão de sinal (três inversões de sinais). O cálculo da IRR é efetuado da forma seguinte:

$$300 = \frac{50}{(1 + \text{IRR})} - \frac{30}{(1 + \text{IRR})^2} + \frac{500}{(1 + \text{IRR})^3}$$

Efetuando as mesmas simplificações anteriores, tem-se:

$$\frac{50(1 + \text{IRR})^2 - 30(1 + \text{IRR}) + 500 - 300(1 + \text{IRR})^3}{(1 + \text{IRR})^3} = 0$$

Como agora se depara com uma equação do terceiro grau, pode-se efetuar uma substituição de variáveis do tipo $1 + \text{IRR} = x$, de onde se teria o polinômio a seguir:

$$-300x^3 + 50x^2 - 30x + 500 = 0$$

O gráfico deste polinômio é apresentado na figura a seguir:

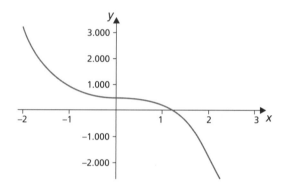

O gráfico mostra que esse polinômio terá uma única raiz, o que identificará também uma única IRR. Como esse polinômio está na variável 1 + IRR, o valor da variável *x* será 1+IRR, devendo subtrair-se 1 e multiplicar por 100 para se chegar a IRR.

Usando a Calculadora Financeira

Comandos	Significado
f REG	Limpa os registradores de armazenamento
300 CHS g CFo	Fluxo de caixa inicial
50 g CFj	Fluxo de caixa do mês 1
30 CHS g CFj	Fluxo de caixa do mês 2
500 g CFj	Fluxo de caixa do mês 3
f IRR	IRR = 21,44%

Conclusão: o investimento iguala-se a zero somente com uma taxa de desconto de 21,44% a.a., cuja raiz do polinômio acima seria 1,2144, mesmo sendo seus fluxos de caixa de natureza não convencional.

- *Investimento não convencional com IRR indeterminada*

Admita um investimento descrito pelos seguintes fluxos de caixa:

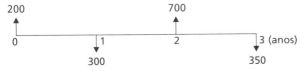

Este projeto também apresenta mais de uma inversão de sinal (três inversões de sinais). O cálculo da IRR é efetuado da forma seguinte:

$$200 = -\frac{300}{(1+\text{IRR})} + \frac{700}{(1+\text{IRR})^2} - \frac{350}{(1+\text{IRR})^3}$$

Efetuando as mesmas simplificações anteriores, tem-se:

$$\frac{200(1+\text{IRR})^3 + 300(1+\text{IRR})^2 - 700(1+\text{IRR}) + 350}{(1+\text{IRR})^3} = 0$$

Substituindo as variáveis do tipo $1 + \text{IRR} = x$, chega-se ao polinômio:

$$200x^3 + 300x^2 - 700x + 350 = 0$$

O gráfico deste polinômio é apresentado na figura a seguir:

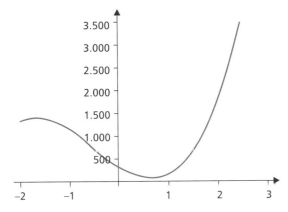

Observe que esse polinômio não tem raízes no intervalo considerado como uma taxa aceitável de juros que seria até 200%.

Usando a Calculadora Financeira

Comandos	Significado
f REG	Limpa os registradores de armazenamento
200 g CFo	Fluxo de caixa inicial

Comandos	Significado
300 CHS g CFj	Fluxo de caixa do mês 1
700 g CFj	Fluxo de caixa do mês 2
350 CHS g CFj	Fluxo de caixa do mês 3
f IRR	ERROR 3

Conclusão: mesmo após tentativas de cálculo como demonstrado no exemplo anterior, o resultado apresenta-se sempre diferente de zero (as entradas não se igualam com as saídas de caixa), qualquer que seja a taxa de desconto utilizada.

15.4.2 Pressupostos básicos da IRR

> **IMPORTANTE** ■ o método de avaliação da IRR assume, implicitamente, que a taxa interna de retorno de um projeto somente será verdadeira se todos os fluxos intermediários de caixa forem reinvestidos à própria IRR, conforme calculada para o investimento.

Na seção 15.1, foi desenvolvido um exemplo ilustrativo de um investimento com os seguintes fluxos de caixa:

Ao se calcular a rentabilidade periódica desse investimento, foi apurada uma IRR igual a 33,09% a.a. Essa taxa interna de retorno calculada adota a *hipótese implícita* de que os vários fluxos de caixa gerados pelo investimento devem ser reaplicados até o fim da vida estipulada para o projeto, em alternativas que rendam, pelo menos, os 33,09% a.a., obtidos de retorno interno.

Na situação de os valores intermediários de caixa não conseguirem atingir tal rentabilidade, a taxa interna de retorno do investimento será *reduzida*. Caso contrário, ao se conseguir reaplicar os fluxos intermediários a um retorno maior que a IRR calculada, a rentabilidade do investimento se *elevará*.

Para *ilustrar* esse pressuposto, admita que os fluxos de caixa do investimento considerado anteriormente sejam reinvestidos a taxas anuais de retorno de 20, 25 e 20%, respectivamente. Os resultados desta decisão são apresentados a seguir:

- Montante Acumulado:

$$FV = 71(1 + 0{,}20)^3 + 74(1 + 0{,}25)^2 + 80(1 + 0{,}20)^1 + 50 = 384{,}31$$

- Rentabilidade Total do Investimento:

$$i = \left[\frac{384{,}31}{145{,}00} - 1\right] \times 100 = 165{,}04\% \text{ para 4 anos}$$

- Rentabilidade Equivalente Anual (IRR):

$$i = (1 + 1{,}6504)^{\frac{1}{4}} - 1 = 27{,}59\% \text{ a.a.}$$

IMPORTANTE ■ note que, mesmo que os fluxos de caixa produzam exatamente os resultados previstos para cada ano, a impossibilidade de reinvesti-los pela IRR calculada de 33,09% a.a. reduz a rentabilidade do projeto para 27,59% a.a.

Esse *pressuposto* inerente ao método da IRR é de grande importância no processo de decisão de investimento. Muitos projetos lucrativos em determinada época poderão deixar de sê-lo ao longo de sua vida, devendo a empresa absorver essa redução de rentabilidade. Se a decisão de aceitar determinado investimento for com base exclusivamente no método da IRR, é importante que se esteja atento com relação ao *reinvestimento* de seus fluxos intermediários de caixa.

Um procedimento recomendado, quando se apura uma IRR significativamente diferente das efetivas possibilidades de reaplicação dos fluxos de caixa, é usar a metodologia da *taxa interna de retorno modificada (MIRR)*.

15.4.3 Taxa Interna de Retorno Modificada (MIRR)

Na seção anterior, ficou demonstrado que a taxa interna de retorno calculada de um projeto de investimento somente é válida desde que os fluxos intermediários de caixa sejam reaplicados, até o fim de sua vida útil prevista, à própria taxa de retorno calculada. Não sendo possível o reinvestimento a essa taxa, o retorno esperado da decisão de investimento altera-se, podendo inclusive modificar sua atratividade econômica.

> Uma sugestão geralmente adotada para esse pressuposto implícito do método da IRR é apurar-se a Taxa Interna de Retorno Modificada (MIRR), que leva em consideração em seu cálculo as taxas possíveis de reaplicação dos fluxos intermediários de caixa.

Por este critério, os fluxos de caixas positivos são reinvestidos a uma taxa de retorno admitida como viável determinada pelas oportunidades de mercado de retorno de aplicações de risco semelhante.

Os fluxos de saídas de caixa (negativos) são descontados geralmente por uma taxa básica de juros da economia, como por exemplo, a remuneração paga pelos títulos públicos.

A metodologia da MIRR é também recomendada para fluxos de caixa que apresentam mais de uma IRR. O uso da MIRR simplifica bastante o entendimento da existência de múltiplas taxas de retorno, evitando ter de operar com o pressuposto do reinvestimento (ou desconto).

O cálculo é feito trazendo a valor presente todos os fluxos negativos e levando a valor futuro todos os fluxos positivos, ficando:

$$FV = PV(1 + MIRR)^n$$

No *exemplo ilustrativo* desenvolvido anteriormente, o projeto previa um investimento de $ 145,00 e quatro benefícios anuais de caixa de $ 71,00, $ 74,00, $ 80,00 e $ 50,00 em cada um dos anos seguintes. A IRR calculada de 33,09% admite, de maneira implícita, que todos os fluxos anuais de caixa sejam reinvestidos até o fim do quarto ano, à própria IRR de 33,09%.

Ao se admitir, por outro lado, que esses resultados de entradas de caixa possam ser reinvestidos somente à taxa de retorno de 25% ao ano, a rentabilidade esperada do projeto reduz-se para 29,22% a.a. Para esse cálculo, deve-se inicialmente apurar o montante dos fluxos de caixa reinvestidos à taxa de 25% ao ano:

$$FV = 71(1 + 0,25)^3 + 74(1 + 0,25)^2$$
$$+ 80(1 + 0,25)^1 + 50$$

$$FV = 404,30$$

A representação gráfica do projeto de investimento é:

$$404,30 = 145,00(1 + MIRR)^4$$

Usando a Calculadora Financeira

Comandos	Significado
f REG	Limpa os registradores de armazenamento
145 CHS PV	Investimento inicial
404,30 FV	Valor futuro
4 n	Número de períodos
I	MIRR = 29,22% a.a.

A impossibilidade de a empresa reinvestir seus resultados anuais do caixa à taxa calculada da IRR reduziu a taxa de rentabilidade do projeto para 29,22% a.a., mesmo mantendo-se inalterados seus resultados de caixa.

Conclusão: conclui-se que o desempenho de um investimento é dependente não somente das projeções de caixa, mas também de sua taxa de reinvestimento. Cenários econômicos recessivos, mesmo que não exerçam influências sobre os resultados de caixa do projeto, podem reduzir sua taxa de retorno diante de oportunidades menos lucrativas de reinvestimentos. Em momentos de expansão da economia, ao contrário, os investimentos demonstram maior atratividade determinada pelas melhores condições conjunturais de reaplicação dos fluxos intermediários de caixa.

15.4.4 Pressuposto do Reinvestimento no Método do NPV

De maneira idêntica ao método da IRR, o valor presente líquido pressupõe, implicitamente, que seus fluxos intermediários de caixa devem ser reinvestidos à *taxa de desconto utilizada na avaliação do investimento*. No entanto, por trabalhar com uma taxa de retorno definida pela empresa, o método, nesse aspecto, é menos questionável que o anterior, em que a taxa de reinvestimento é a própria IRR calculada do projeto, e não a taxa de desconto mínima aceitável da decisão de investimento.

No exemplo ilustrativo em consideração, se a taxa mínima de retorno requerida para o investimento for de 20% a.a., a riqueza líquida gerada pelo investimento atinge $ 35,96, ou seja:

$$NPV = \frac{71}{(1 + 0,20)^1} + \frac{74}{(1 + 0,20)^2} +$$
$$+ \frac{80}{(1 + 0,20)^3} + \frac{50}{(1 + 0,20)^4} - 145$$

$$NPV = [59,17 + 51,39 + 46,30 + 24,11] - 145$$

NPV = $ 35,96

> **IMPORTANTE** ■ conforme comentado esse resultado revela que o valor do projeto é $ 35,96 maior que o montante despendido em sua implementação, o que representa o valor econômico gerado. No entanto, o NPV calculado somente se realiza se a empresa for capaz de reinvestir seus fluxos intermediários de caixa à taxa de retorno requerida de 20% a.a. Essa colocação pode ser demonstrada por meio dos cálculos a seguir.

* Montante acumulado pelo reinvestimento dos fluxos de caixa:

$$FV = 71(1 + 0,20)^3 + 74(1 + 0,20)^2 +$$
$$+ 80(1 + 0,20)^1 + 50 = 375,25$$

- Cálculo do NPV de $ 375,25 com base em FV (valor futuro):

$$375,25$$

```
        ┌──────────────►
   │ 0                    4 (anos)
   ▼
145,00
```

$$NPV = \frac{375,25}{(1 + 0,20)^4} - 145,00$$

$$NPV = 180,97 - 145,00 = \$\ 35,96$$

Qualquer outra taxa de reaplicação produzirá um resultado presente líquido diferente.

PERÍODOS (ANOS)					
ANO 0	ANO 1	ANO 2	ANO 3	ANO 4	ANO 5
($ 1.000,00)	$ 200,00	$ 300,00	$ 400,00	$ 500,00	$ 600,00

Ao definir em 10% a taxa periódica de atratividade para o investimento, há os seguintes resultados dos métodos de avaliação:

NPV	IRR
$ 444,34	23,29% a.a.

Demonstração dos cálculos dos valores acima:

Valor Presente Líquido (NPV)

$$NPV = \left[\frac{200}{(1 + 0,10)^1} + \frac{300}{(1 + 0,10)^2} + \frac{400}{(1 + 0,10)^3} + \frac{500}{(1 + 0,10)^4} + \frac{600}{(1 + 0,10)^5} \right] - 1.000$$

$$NPV = \$\ 1.444,34 - \$\ 1.000,00 = \$\ 444,34$$

Taxa Interna de Retorno (IRR)

$$1.000 = \frac{200}{(1 + IRR)^1} + \frac{300}{(1 + IRR)^2} + \frac{400}{(1 + IRR)^3} + \frac{500}{(1 + IRR)^4} + \frac{600}{(1 + IRR)^5}$$

$$IRR = 23,29\%\ a.a.$$

Usando a Calculadora Financeira

Comandos	Significado
f REG	Limpa os registradores de armazenamento

15.5 ANÁLISE DE PROJETOS INDEPENDENTES

Um projeto de investimento, quando tratado individualmente, é classificado como economicamente atraente ao apresentar um *NPV positivo* ou uma IRR superior (ou, no mínimo, igual) à taxa mínima de retorno requerida.

Para um *único projeto* de investimento, ou para *projetos independentes* (que podem ser implementados ao mesmo tempo), os métodos de análise que levam em conta fluxos de caixa descontados convergem sempre para a mesma decisão: aceitar-rejeitar.

Para ilustrar, admita os seguintes fluxos de caixa de um investimento:

Comandos	Significado
1.000 CHS g CFo	Fluxo de caixa inicial
200 g CFj	Fluxo de caixa do ano 1
300 g CFj	Fluxo de caixa do ano 2
400 g CFj	Fluxo de caixa do ano 3
500 g CFj	Fluxo de caixa do ano 4
600 g CFj	Fluxo de caixa do ano 5
f IRR	IRR = 23,29% ao ano
10 i	Informa a taxa de desconto de 10%
f NPV	NPV = $ 444,34

Conclusão: pelos métodos que envolvem fluxos de caixa descontados, o projeto é classificado como *economicamente atraente* por todos. Apresenta um NPV positivo (NPV > 0), indicando retorno em excesso em relação ao ganho exigido, ou seja, uma agregação de riqueza. A IRR supera a taxa de atratividade definida, revelando rentabilidade acima da mínima requerida para o investimento.

Os resultados no NPV e IRR podem ser graficamente representados na Figura 15.4. Observe que essa figura é similar à Figura 15.3 descrita há pouco.

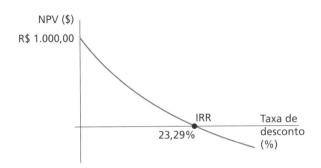

Figura 15.4 Relação entre os métodos.

O gráfico comparativo do NPV e IRR permite representar o perfil do investimento e suas características de retorno. O eixo horizontal incorpora diferentes taxas de desconto a serem aplicadas aos fluxos de caixa. O eixo vertical determina o valor presente líquido obtido com base em cada taxa de desconto descrita.

Observe que o NPV decresce à medida que o percentual de desconto se eleva. A linha do NPV corta o eixo horizontal à taxa de 23,29%, ponto em que o NPV é nulo, indicando ser essa a taxa interna de retorno do investimento: *taxa de desconto que produz NPV = $ 0*. Taxas de desconto acima desse percentual produzem NPVs negativos, refletindo desinteresse econômico pela alternativa; abaixo, indicam agregação de valor econômico.

15.6 PROJETOS MUTUAMENTE EXCLUDENTES

Conforme foi demonstrado para decisões que envolvem um único projeto de investimento, os métodos do NPV e IRR levam sempre à mesma decisão de aceitar-rejeitar. Não obstante isso, quando são considerados dois investimentos mutuamente excludentes, dos quais somente um poderá ser aceito, a aplicação dos métodos poderá produzir resultados conflitantes para o processo de decisão.

> Projetos são classificados como mutuamente excludentes quando a aceitação de um projeto implica em rejeitar o outro.

É possível, em determinadas circunstâncias, deparar com situações em que o NPV classifica determinado investimento A como o mais atraente economicamente; a IRR, por outro lado, indica o desinteresse econômico dessa alternativa e seleciona o investimento B como o que deve ser aceito.

Resultados conflitantes provenientes de aplicação dos métodos do NPV e da IRR podem ocorrer por diferentes motivos. Para ilustrar uma situação, admita duas alternativas de investimento, identificadas a seguir.

ALTERNATIVAS	INVESTIMENTO	BENEFÍCIOS ESPERADOS DE CAIXA			
	Ano 0	Ano 1	Ano 2	Ano 3	Ano 4
A	($ 10.000,00)	$ 6.000,00	$ 5.000,00	$ 4.000,00	$ 3.000,00
B	($ 10.000,00)	$ 1.000,00	$ 1.000,00	$ 9.000,00	$ 12.000,00

Admitindo que a empresa tenha definido em 10% ao período o retorno exigido do investimento, a taxa interna de retorno e o valor presente líquido, calculados para cada alternativa, assumem os seguintes valores:

ALTERNATIVAS	IRR	NPV
A	32,98% a.a.	$ 4.641,08
B	28,61% a.a.	$ 6.693,53

Considerando inicialmente que as propostas de investimentos sejam *independentes,* ou seja, poderão ser implementadas ao mesmo tempo, conclui-se favoravelmente pela aceitação das duas alternativas. A IRR de cada proposta é maior que a taxa mínima requerida pela empresa de 10% ao período, e o NPV de ambas resulta em valores maiores que zero. Os métodos não conflitam e levam à mesma decisão de aceitar as duas alternativas.

Aspecto Conflitante da Decisão: ao admitir que as propostas sejam *mutuamente excludentes*, observa-se que os resultados dos métodos, para fins de tomada de decisão, são conflitantes. Pelo método da taxa interna de retorno, a alternativa escolhida é *A*, por apresentar a maior rentabilidade periódica.

O método do valor presente líquido, ao contrário, induz à aceitação de *B*, por apresentar maior resultado (riqueza) absoluto.

A Figura 15.5 ilustra as relações existentes entre a IRR e o NPV para as alternativas de investimentos *A* e *B* consideradas.

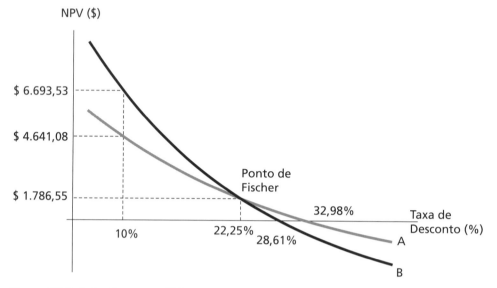

Figura 15.5 Relações entre IRR e NPV para investimentos mutuamente excludentes.

Observe que a maior atratividade econômica de um projeto está vinculada à taxa de retorno exigida. O investimento **B**, com menor IRR, é o que apresenta maior geração de caixa. Apesar de recuperar o investimento de maneira mais lenta – os fluxos de caixa são mais baixos no início que **A** –, é o que apresenta a maior riqueza gerada aos acionistas, ou seja, maior NPV.

Se a taxa de retorno exigida da empresa for de 16%, por exemplo, **B** é o que apresenta maior NPV e, portanto, o que oferece maior riqueza aos acionistas. O investimento **B** deve ser selecionado, apesar de **A** apurar maior IRR.

> O método do NPV é o único método de avaliação de investimentos consistente com o objetivo de maximização da riqueza dos acionistas. Diante de decisões conflitantes, deve-se sempre selecionar a(s) alternativa(s) de maior riqueza (NPV), e não de maior taxa de retorno (IRR).

O *ponto de equilíbrio entre os projetos*, também conhecido por *interseção de Fischer*, situa-se em 22,25%. Este ponto revela a taxa de desconto que produz o mesmo NPV para os projetos, tornando indiferente a aceitação de um ou de outro.

Descontando os fluxos de caixa dos projetos à taxa de equilíbrio de 22,25%, chega-se ao mesmo NPV para os dois projetos, de aproximadamente $ 1.786,55. Sendo a taxa de desconto inferior a 22,25%, o projeto **B** apresenta o maior NPV. Para qualquer taxa de desconto superior a 22,25%, o NPV da alternativa **A** é maior.

Escala do Investimento: é importante destacar, ainda, que quando os projetos apresentarem diferentes valores de investimentos (diferentes escalas), a IRR pode também levar a decisões erradas. Por exemplo, admita um investimento de $ 100,0 milhões, que produz um retorno de 10%, e outro de $ 40,0 milhões, que produz um retorno de 20%. A decisão recomendada é selecionar a maior riqueza absoluta (10% × $ 100,0 milhões), em vez de maior taxa de retorno (20% × $ 40,0 milhões). Em outras palavras, deve-se preferir ganhar $ 10,0 milhões e não fixar a decisão na taxa relativa de retorno.

15.6.1 Como calcular a interseção de Fischer

A *interseção de Fischer* é identificada pela taxa interna de retorno do investimento incremental, ou seja, o fluxo de caixa gerado ao se decidir por um investimento em vez de outro. A seguir, é calculado o fluxo de caixa incremental produzido pela decisão de investir no projeto **B**, e não em **A (B – A)**.

FLUXOS DE CAIXA INCREMENTAIS					
	ANO 0	ANO 1	ANO 2	ANO 3	ANO 4
(B – A)	0,00	($ 5.000,00)	($ 4.000,00)	$ 5.000,00	$ 9.000,00

Calculando-se a IRR incremental:

$$0 = -\frac{5.000}{(1+IRR)^1} - \frac{4.000}{(1+IRR)^2} + \frac{5.000}{(1+IRR)^3} + \frac{9.000}{(1+IRR)^4}$$

IRR = 22,25% a.a.

Usando a Calculadora Financeira

Comandos	Significado
f REG	Limpa os registradores de armazenamento
0 g CFo	Fluxo de caixa inicial
5.000 CHS g CFj	Fluxo de caixa do ano 1
4.000 CHS g CFj	Fluxo de caixa do ano 2
5.000 g CFj	Fluxo de caixa do ano 3
9.000 g CFj	Fluxo de caixa do ano 4
f IRR	IRR = 22,25% ao ano

Definindo-se em 22,25% o ponto de indiferença, o valor presente líquido será evidentemente igual para as duas alternativas de investimento ($ 1.786,55, aproximadamente).

A aceitação de uma ou de outra proposta será indiferente à empresa desde que os fluxos intermediários de caixa possam ser reaplicados à taxa de 22,25%.

Principais conclusões: é defendida a superioridade teórica do método do NPV. O método é consistente com o objetivo de maximização da riqueza do acionista e responde corretamente à questão de qual alternativa de investimento produz maior valor econômico. O NPV é um dos principais conceitos em Finanças, e todas as decisões financeiras procuram produzir o maior valor presente líquido.

A IRR é criticada, notadamente, em função de poder apresentar taxas múltiplas para fluxos de caixa não convencionais, do pressuposto de reinvestimento à própria taxa de rentabilidade calculada e, principalmente, por poder sugerir uma decisão errada quando usada na avaliação de investimentos mutuamente excludentes.

Não obstante os argumentos da superioridade do método no NPV, não se deve ignorar a importância da taxa interna de retorno, principalmente por se constituir, na maioria das vezes, em um indicador econômico de compreensão mais intuitiva e de mais fácil assimilação. Mesmo assim, toda vez que o uso da IRR for eleito, é indispensável que as limitações do método estejam nítidas para os consumidores da informação, notadamente quando se tratar de um processo de avaliação econômica de propostas de investimentos mutuamente exclusivas.

15.7 ÍNDICE DE LUCRATIVIDADE (IL)

O *índice de lucratividade* (*IL*), ou índice de valor presente, é uma variante do método do NPV; é determinado por meio da divisão do valor presente dos benefícios líquidos de caixa pelo valor presente dos dispêndios (desembolso de capital), ou seja:

$$IL = \frac{PV\ dos\ benefícios\ líquidos\ de\ caixa}{PV\ dos\ desembolsos\ de\ caixa}$$

Indica, em termos de valor presente, quanto o projeto oferece de retorno para cada unidade monetária investida.

Para *ilustrar*, considere o exemplo ilustrativo geral desenvolvido na análise do item 15.1, cujo fluxo de caixa resultante é:

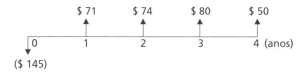

Se for de 20% a.a. a taxa mínima de atratividade do investimento, tem-se:

- Valor Presente das Entradas de Caixa:

$$NPV = \frac{71}{(1+0,20)^1} + \frac{74}{(1+0,20)^2} + \frac{80}{(1+0,20)^3} + \frac{50}{(1+0,20)^4}$$

$$NPV = \$\ 180,97$$

- Valor Presente do Desembolso de Caixa:

$$PV = \$\ 145,00$$

- Índice de Lucratividade:

$$IL = \frac{180,97}{145,00} = 1,25$$

O resultado sugere que o investimento proporciona um retorno de $ 0,25 para cada $ 1,00 despendido. Em outras palavras, a lucratividade do projeto, expressa em termos de valor presente, é de 25%.

O critério de aceitar-rejeitar uma proposta de investimento com base no índice de lucratividade segue o seguinte esquema:

- IL > *1*: *o projeto deve ser aceito (NPV > 0)*.
- IL = *1*: indica um NPV = 0; em princípio, o projeto é considerado como atraente, pois remunera o investidor em sua taxa mínima de atratividade.
- IL < *1*: o projeto apresenta um NPV negativo (destrói valor), devendo, portanto, ser rejeitado.

Quando a utilização do método envolve projetos independentes, o índice de lucratividade leva à mesma decisão do NPV. No entanto, ao se considerarem comparações de projetos mutuamente excludentes, o método pode levar a decisões equivocadas.

15.8 DECISÕES DE INVESTIMENTOS SOB RESTRIÇÃO DE CAPITAL

Quando uma empresa possui de projetos de investimentos economicamente atraentes (NPV > $ 0), porém não dispõe de todos os recursos necessários para realizá-los, identifica-se a restrição de capital.

No desenvolvimento do estudo das decisões de investimento, quase nada se comentou sobre a possibilidade de o capital disponível estar limitado por restrições orçamentárias. No desenvolvimento do assunto, adotou-se implicitamente a ideia de que os recursos sempre existem e que se devem implementar, como consequência, todas as propostas de investimento consideradas economicamente atraentes.

Na verdade, essa suposição adotada raras vezes é verificada no mundo real. As empresas defrontam-se, repetidas vezes, com fundos limitados para seus investimentos a longo prazo, os quais geralmente apresentam montantes orçamentários inferiores ao valor total dos dispêndios de capital sugeridos.

Nessas condições, o processo de seleção de investimentos deverá obedecer, além dos resultados da análise das várias alternativas já discutidos, aos seguintes aspectos:

a) as restrições de recursos de capital que deverão ser otimizados em termos de utilização ótima. Deve-se evitar, sempre que possível, o uso parcial para que não haja ociosidade dos fundos programados para investimentos;

b) escolha de um conjunto de alternativas de investimentos que, além de atender às restrições orçamentárias, produza a maximização dos benefícios econômicos para a empresa.

O raciocínio básico em condições de *racionamento de capital* é o de maximizar o NPV (riqueza absoluta) por meio do uso ótimo dos fundos selecionados para investimentos. Essa colocação implica, ainda, que nem todos os investimentos lucrativos deverão ser formalmente aceitos; muitas vezes, para a alocação plena dos recursos disponíveis, se poderá optar pela implementação de dois investimentos de menor porte e menos lucrativos do que um projeto de escala maior (menor, todavia, que a soma dos outros dois) e, individualmente, mais lucrativo (maior IRR).

Na verdade, o que interessa é o resultado econômico agregado de cada conjunto de alternativas possível de implementar, e não a rentabilidade específica de cada proposta de investimento considerada isoladamente.

Resumo

1. Apresentar os métodos de avaliação econômica aplicados às decisões de investimentos.

O período de *payback*, de aplicação bastante generalizada na prática, consiste na determinação do tempo necessário para que o dispêndio de capital (valor do investimento) seja recuperado por meio dos benefícios incrementais líquidos de caixa (fluxos de caixa) promovidos pelo investimento.

O *payback* simples é o método de cálculo mais elementar de todos. O tempo de retorno médio baseia-se na relação existente entre o valor do investimento e o valor médio dos fluxos esperados de caixa. Observe-se que o *payback* médio supõe que os benefícios de caixa se verificarão em valores médios, alterando o comportamento efetivo dos fluxos de caixa previstos ao longo dos períodos. O *payback* que é calculado com os fluxos de caixa que são trazidos a valor presente é chamado *payback* descontado.

A *taxa interna de retorno* significa que, ao se descontarem os vários fluxos previstos de caixa pela IRR, o resultado atualizado será exatamente igual ao montante do investimento. A IRR é a própria taxa de rentabilidade periódica do projeto.

Uma sugestão geralmente adotada para esse pressuposto implícito do método da IRR é apurar-se a *Taxa Interna de Retorno Modificada* (MIRR), que leva em consideração em seu cálculo as taxas possíveis de reaplicação dos fluxos intermediários de caixa. Por este critério, os fluxos de caixas positivos são reinvestidos a uma taxa de retorno admitida como viável determinada pelas oportunidades de mercado de retorno de aplicações de risco semelhante. Os fluxos de saídas de caixa (negativos) são descontados geralmente por uma taxa básica de juros da economia, como por exemplo, a remuneração paga pelos títulos públicos.

O uso da metodologia da MIRR é também recomendada para fluxos de caixa que representam mais de uma IRR. O uso da MIRR simplifica bastante o entendimento da existência de múltiplas taxas de retorno, evitando ter de operar com o pressuposto do reinvestimento (ou desconto).

A medida do *valor presente líquido* (NPV) é obtida pela diferença entre o valor presente dos benefícios líquidos de caixa (entradas de caixa), previstos para cada período do horizonte de duração do projeto, e o valor presente do investimento (desembolso de caixa). Comparativamente ao método da IRR, o valor presente líquido exige a definição prévia da taxa de desconto a ser utilizada nos vários fluxos de caixa.

Em verdade, o NPV não apura diretamente a rentabilidade do projeto; ao descontar todos os fluxos de entradas e saídas de caixa de um investimento por uma taxa de desconto mínima aceitável pela empresa (definida por K na formulação), o NPV expressa, em última análise, seu resultado econômico (riqueza) atualizado.

O *índice de lucratividade* (IL), ou índice de valor presente, é uma variante do método do NPV; é determinado por meio da divisão do valor presente dos benefícios líquidos de caixa pelo valor presente dos dispêndios (desembolso de capital).

2. Ilustrar o cálculo de cada um dos métodos com seus pressupostos necessários para análise da viabilidade de investimentos.

Duas importantes restrições são normalmente imputadas ao método de *payback*: (**a**) não leva em conta as magnitudes dos fluxos de caixa e sua distribuição nos períodos que antecedem ao período de *payback*; (**b**) não leva em consideração os fluxos de caixa que ocorrem após o período de *payback*.

Mesmo usando o conceito de fluxo de caixa descontado, o método do *payback* não considera os resultados de caixa que ocorrem após o período de *payback*. Entendido de outra maneira, o *payback* não considera o fluxo de caixa total e, por isso, é inferior aos métodos da taxa interna de retorno (IRR) e do valor presente líquido (NPV) que, por sua vez, consideram o fluxo de caixa total.

Como conclusão ao uso do método da IRR, é importante, notadamente para projetos de maior duração, que a empresa incorpore suas expectativas de reinvestimento dos fluxos intermediários de caixa, como forma de mensurar uma taxa de retorno mais confiável em suas decisões de investimento. A IRR, conforme calculada, somente é verdadeira se as oportunidades futuras de investimento renderem, pelo menos, a própria taxa de retorno calculada do projeto.

Esse pressuposto inerente ao método da IRR é de grande importância no processo de decisão de investimento. Muitos projetos lucrativos em determinada época poderão deixar de sê-lo ao longo de sua vida, devendo a empresa absorver essa redução de rentabilidade.

Se a decisão de aceitar determinado investimento for baseada exclusivamente no método da IRR, é importante que se esteja atento com relação ao reinvestimento de seus fluxos intermediários de caixa. Em cenário econômico de recessão, o retorno gerado por um investimento pode ser insuficiente para remunerar o capital investido (próprio e de terceiros) em sua taxa mínima de atratividade. Conforme colocado acima, um procedimento recomendado quando se apura uma IRR significativamente diferente das efetivas possibilidades de reaplicação dos fluxos de caixa é usar a metodologia da taxa interna de retorno modificada (MIRR).

De maneira idêntica ao método da IRR, o valor presente líquido (NPV) pressupõe, implicitamente, que seus fluxos intermediários de caixa devem ser reinvestidos à taxa de desconto utilizada na avaliação do investimento. No entanto, por trabalhar com uma taxa de retorno definida pela empresa, o método, nesse aspecto, é menos questionável que o anterior, em que a taxa de reinvestimento é a própria IRR calculada do projeto e não a taxa de desconto mínima aceitável da decisão de investimento.

3. Abordar as decisões de investimentos em condições especiais: projetos com diferentes distribuições dos fluxos de caixa no tempo e em condições de restrição orçamentária.

Conforme foi demonstrado para decisões que envolvem um único projeto de investimento, os métodos do NPV e IRR levam sempre à mesma decisão de aceitar-rejeitar. Não obstante isso, quando são considerados dois investimentos mutuamente excludentes, dos quais

somente um poderá ser aceito, a aplicação dos métodos poderá produzir *resultados conflitantes* para o processo de decisão.

Resultados conflitantes, provenientes de aplicação dos métodos do NPV e da IRR, podem ocorrer quando os investimentos exigidos em cada projeto mutuamente exclusivo forem diferentes.

Uma maneira de conceituar a superioridade do NPV sobre a IRR em projetos com diferentes escalas de investimento é desenvolvida por meio da análise incremental. A questão essencial desse enfoque é determinar o retorno incremental oferecido pela alternativa de maior investimento. O NPV incremental define a riqueza adicional acrescida pelo investimento de maior escala.

A IRR incremental é também conhecida por *interseção de Fischer*. Revela a taxa de desconto que produz o mesmo NPV para as duas alternativas de investimento, tornando sua escolha indiferente do ponto de vista de atratividade econômica. Em situações de conflito gerencial que envolvem projetos com disparidade de tamanho, o método do NPV é entendido como o que produz as melhores recomendações. A aplicação da IRR identifica algumas dificuldades em relação à seleção das melhores alternativas financeiras, pois o método não leva em consideração a escala do investimento.

Em situação de *restrição de capital*, a decisão de investimento deve ser orientada em termos de utilização ótima dos recursos. Deve-se evitar, sempre que possível, o uso parcial de recursos, para que não haja ociosidade dos fundos programados para investimentos.

O critério de decisão em condições de restrição orçamentária é o seguinte: deve-se selecionar um conjunto de alternativas de investimentos que, além de atender às restrições orçamentárias, produza a maximização dos benefícios econômicos para a empresa.

A utilização do método da IRR não garante necessariamente o atendimento da maximização dos benefícios econômicos. As diferentes escalas de investimento, conforme se comentou, determinam uma subavaliação dos retornos da empresa quando mensurados pelo método da IRR. O raciocínio básico é o de maximizar o NPV (riqueza absoluta) por meio do uso ótimo dos fundos selecionados para investimentos.

TESTES DE VERIFICAÇÃO

1. Dos métodos de avaliação econômica de investimentos descritos a seguir, assinale aquele que não é feito por fluxo de caixa descontado:

   a) Valor presente líquido.
   b) Taxa interna de retorno.
   c) *Payback* simples.
   d) Custo equivalente anual.
   e) Taxa interna de retorno modificada.

2. O diretor financeiro de uma empresa está estudando a substituição de uma máquina velha por uma máquina nova. Três propostas foram oferecidas a empresa cujo investimento inicial é o mesmo para todas. O gráfico dos perfis de valor presente líquido resume os resultados encontrados na análise do diretor financeiro. Se a empresa trabalha atualmente com um custo de oportunidade de 20% a.a., indique qual (is) a(s) proposta(s) que deve(m) ser aceita(s)?

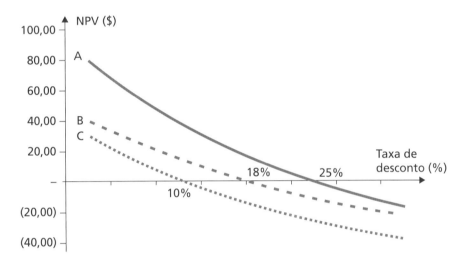

   a) Somente a proposta A.
   b) Somente a proposta B.
   c) Somente a proposta C.
   d) As propostas A e B.
   e) As propostas B e C.

3. Dentre os projetos apresentados a seguir, assinale a alternativa incorreta, considerando que o custo de oportunidade para todos eles é de 10% ano.

($)

Projeto	A	B	C	D	E
Ano 0	(100,00)	(100,00)	(100,00)	(100,00)	(100,00)
Ano 1	-	30,00	25,00	50,00	40,00
Ano 2	-	40,00	30,00	40,00	40,00
Ano 3	100,00	50,00	35,00	30,00	40,00
Ano 4	100,00	60,00	40,00	20,00	40,00

   a) O projeto que apresenta menor período de *payback* descontado é o projeto C.
   b) O projeto que apresenta maior IRR é o projeto B.
   c) O projeto que apresenta menor NPV é o projeto C.
   d) O projeto E tem um IL igual a 1,27.
   e) O projeto que apresenta maior NPV é o projeto A.

4. O critério aceitar-rejeitar dos métodos de avaliação de investimentos: valor presente

líquido (NPV) e taxa interna de retorno (IRR), para um custo de oportunidade de i%, deverá seguir a orientação:

a) Se NPV > 0, a IRR < i%.
b) Se NPV > 0, a IRR = i%.
c) Se NPV = 0, a IRR > i%.
d) Se NPV > 0, a IRR > i%.
e) Se NPV < 0, a IRR = i%.

5. Admita que uma empresa tenha feito um investimento de $ 40.000,00 em um equipamento que irá trazer um aumento de 20% na quantidade vendida atual, durante os próximos 4 anos. Considerando que a demanda anual de vendas prevista seja de 10 mil unidades, e que o preço de venda seja de $ 15,00, o custo total (variável + fixo) unitário seja de $ 8,00, e que a empresa tenha um custo de oportunidade de 10% a.a., pode-se dizer que esse investimento apresenta (desconsiderar os efeitos de depreciação e impostos):

a) Um NPV menor que $ 4.000.
b) Um período de *payback* descontado de 3 anos, 6 meses e 15 dias.
c) Uma IRR superior a 20%.
d) Um índice de lucratividade (IL) de 1,50.
e) Uma taxa interna de retorno modificada de 14,5%.

6. Uma empresa está considerando a reposição de uma máquina velha que já tem 8 anos de vida por uma nova que aumentará os resultados e a competitividade da empresa. A expectativa é que os atuais resultados da empresa antes dos impostos de $ 27 mil tenham um aumento de 100% nos próximos oito anos. A máquina nova tem um custo de $ 80 mil e tem a mesma vida útil da máquina atual sem valor residual. A depreciação será linear durante a sua vida útil.

A alíquota de IR é de 40%. Se o custo de capital da empresa é de 15% a.a., assinale a alternativa correta:

a) O projeto é viável com NPV inferior a $ 5 mil.
b) O projeto é inviável com IRR inferior a 10% a.a.
c) O projeto é viável com NPV superior a $ 15 mil.
d) O projeto é inviável com IRR negativa.
e) O projeto é viável com NPV superior a $ 10 mil.

Exercícios propostos

1. Uma empresa estuda a possibilidade de terceirizar durante os próximos 5 anos a fabricação de um de seus produtos. Uma análise mostrou que, para fabricar 10 mil peças/ano, seria necessário um investimento inicial de $ 170.000, com geração de custos totais de $ 95.000/ano. Se a fabricação for terceirizada, o preço de compra será de $ 15,2/unidade. Considerando que a empresa tem um custo de oportunidade de 10% a.a., analise se o produto deve ou não ter sua fabricação terceirizada. Para simplificar, considere serem estes os únicos valores para a avaliação.

2. Uma empresa está avaliando a compra de um carro, ou o aluguel do mesmo veículo para execução de serviços administrativos por um período de 24 meses. O custo de oportunidade da empresa é de 1,5% ao mês. O valor do aluguel mensal líquido do IR é de $ 999,00. O valor da compra do veículo novo e das demais despesas do veículo é apresentado a seguir.

Custo de aquisição do veículo	$ 29.900,00	
Valor de Revenda no final do 2º ano	$ 20.000,00	
Licenciamento/Seguros		
	Licenciamento	Seguro do veículo
Data da compra	$ 1.200,00	$ 1.900,00
Em 12 meses	$ 930,00	$ 1.450,00
Em 24 meses	$ 730,00	–
Despesa de manutenção – média mensal		
1º ano	$ 200,00	
2º ano	$ 250,00	

Determine o custo total, o valor presente de cada alternativa (compra e aluguel).

3. Determinada empresa transportadora está avaliando a compra de um caminhão por $ 235.000. O veículo será usado durante 5 anos, após o que se prevê um valor de revenda de $ 29.000. A empresa estima, ainda, um custo anual de manutenção, combustível etc. de $ 96.000, no primeiro ano, crescendo esse gasto aproximadamente 10% a.a. Segundo avaliação da empresa, são esperados benefícios de caixa gerados pelo caminhão de $ 240.000, $ 220.000, $ 192.000, $ 160.000, $ 144.000, respectivamente, nos próximos 5 anos. Para um custo de capital de 10% a.a., demonstre se é economicamente interessante a compra do caminhão.

4. Uma empresa está estruturando um projeto de investimentos para instalação de uma nova linha da produção e tem de decidir entre duas alternativas propostas. A duração prevista é de 5 anos. Os dados fornecidos do projeto são:

(Valores em $ 000)

	Alternativa A	Alternativa B
Investimento: Ano 0 (depreciável)	$ 100.000	$ 105.000
Resultado Operacional Desembolsável antes do IR: Ano 1	$ 40.000	$ 40.000
Taxa de crescimento dos Resultados Operacionais	10% ao ano	15% ao ano
Tempo de Depreciação do Imobilizado (vida útil)	5 anos	5 anos

Admitindo que a empresa somente entre em funcionamento após o término dos investimentos, pede-se:

a) Elabore o fluxo de caixa operacional de cada alternativa para análise de investimento.

b) Calcule para cada fluxo de caixa o NPV, IRR, MIRR e índice de lucratividade e analise qual das alternativas é mais adequada para a empresa.

Informações adicionais:

Alíquota de IR = 30%

Custo total de capital = 14% a.a.

Taxa de reinvestimento dos fluxos de caixa = 12% a.a.

Não está previsto valor residual para qualquer alternativa.

A depreciação dos investimentos ocorrerá nos 5 anos de vida útil estimada.

5. Uma empresa está avaliando a possibilidade de comprar um equipamento novo no valor de $ 500 mil, cuja vida útil é de 5 anos. O equipamento será totalmente depreciado no período previsto de vida útil pelo método linear. O valor do

equipamento será igual a $ 100 mil daqui a 5 anos. O uso do equipamento substituirá o trabalho de cinco funcionários cujos salários anuais totais são de $ 120 mil. Também contribuirá para uma redução de CCL de $ 100 mil. O CCL será recuperado ao fim do período de vida útil do equipamento. A alíquota de IR é de 34%.

Se o custo de capital é de 12% a.a., verifique se o projeto é viável.

Sugestão de leitura

ASSAF NETO, Alexandre. **Finanças corporativas e valor**. 8. ed. São Paulo: Atlas, 2023.

ASSAF NETO, Alexandre. **Matemática financeira e suas aplicações**. 15. ed. São Paulo: Atlas, 2022.

ASSAF NETO, Alexandre; LIMA, Fabiano Guasti. **Investimentos no mercado financeiro usando a calculadora financeira HP 12C**. 4. ed. São Paulo: Atlas, 2019.

ROSS, Stephen A.; WESTERFIELD, Randolph W.; JAFFE, Jefrey; LAMB, Roberto. **Administração financeira**. 10. ed. São Paulo: McGraw-Hill/Bookman, 2015.

Respostas dos Testes de verificação

1. c
2. a
3. a
4. d
5. b
6. e

PARTE V
FINANÇAS E RISCO

Capítulo 16 Entendendo as Estatísticas de Risco

Capítulo 17 Decisões de Investimentos em Condições de Risco

Capítulo 18 Teoria do Portfólio, Retorno e Custo de Oportunidade

ENTENDENDO AS ESTATÍSTICAS DE RISCO

OBJETIVOS DO CAPÍTULO

1. Entender o conceito de eficiência de mercado e sua importância na análise de risco.
2. Explicar as principais medidas estatísticas de risco e descrever suas aplicações em finanças.
3. Expor as definições e propriedades do retorno esperado, risco e volatilidade.
4. Entender a teoria das probabilidades aplicada à análise de risco, relacionando essa teoria com as operações do mercado financeiro.
5. Abordar a definição de risco no contexto de um portfólio de investimento, destacando a gestão do risco para cada classe de ativos.

O risco pode ser entendido pela capacidade de se mensurar o estado de incerteza de uma decisão mediante o conhecimento das probabilidades associadas à ocorrência de determinados resultados ou valores.

A ideia de risco, de maneira mais específica, está diretamente associada às probabilidades de ocorrência de determinados resultados em relação a um valor médio esperado. É um conceito voltado para o futuro, que revela uma possibilidade de perda.

Na prática, as decisões financeiras não são tomadas em ambiente de total certeza com relação a seus resultados. Em verdade, por estarem essas decisões fundamentalmente voltadas para o futuro, é imprescindível que se introduza a variável incerteza como um dos mais significativos aspectos do estudo das finanças corporativas.

> Toda vez que a incerteza associada à verificação de determinado evento possa ser quantificada por meio de uma distribuição de probabilidades dos diversos resultados previstos, diz-se que a decisão está sendo tomada sob uma situação de risco.

O risco é, na maioria das vezes, representado pela medida estatística do *desvio-padrão*, ou *variância*, indicando-se o valor médio esperado e representativo do comportamento observado. Assim, ao se tomarem decisões de investimento com base em um resultado médio esperado, o desvio-padrão passa a revelar o risco da operação, ou seja, a dispersão das variáveis (resultados) em relação à média.

Este capítulo dedica-se à análise e dimensionamento do risco e retorno de ativos aplicados às decisões financeiras tomadas no ambiente das empresas. Em particular, são estudadas com maior ênfase a teoria do portfólio, a diversificação do risco, a seleção de carteiras mais atraentes pela relação risco-retorno, a teoria da diversificação e o modelo de Markowitz.

16.1 EFICIÊNCIA DO MERCADO

No contexto de um mercado financeiro eficiente, o valor de um ativo é reflexo do consenso dos participantes com relação a seu desempenho esperado.[1] Na hipótese de eficiência, o preço de um ativo qualquer é formado com base nas diversas informações publicamente disponíveis aos investidores, sendo as decisões de compra e venda tomadas com base em suas interpretações dos fatos relevantes.

---
[1] VAN HORNE, James C. **Financial management and policy**. 11. ed. New Jersey: Prentice Hall, 1998. p. 49.

> Um mercado é considerado eficiente quando seus preços refletem todas as informações disponíveis. No conceito de eficiência, os preços dos ativos estão em equilíbrio e se ajustam adequadamente de acordo com as novas informações.

O preço de um ativo reflete o que se conhece sobre o seu desempenho. Ao desconhecer qualquer novo projeto da empresa gerador de riqueza, o novo valor adicionado não se inclui no preço da ação. Por exemplo, uma indústria, ao comunicar a aquisição de uma concorrente estratégica, prevendo altos ganhos de sinergia, transmite esta expectativa para o preço de mercado de suas ações. O mercado é geralmente sensível às novas informações introduzidas, e isso se reflete na valorização dos papéis negociados. Caso as negociações se mantivessem em sigilo, o mercado desconheceria a informação e não incorporaria no preço de mercado da ação o novo valor.

> **!**
>
> **IMPORTANTE** ■ toda nova informação relevante trazida ao mercado tido como eficiente tem o poder de promover alterações nos valores dos ativos negociados, modificando seus livres preços de negociação. Esse comportamento extremamente sensível dos preços de mercado ensina que projeções que venham a ser efetuadas com relação a determinado cenário futuro devem sempre incorporar novas informações esperadas, e não somente se basear em dados verificados no passado.

É importante acrescentar que o conceito de eficiência de mercado não implica a permanente presença de preços perfeitos (preços "justos") dos diversos ativos transacionados. A exigência básica desses mercados é de que *os preços não sejam tendenciosos*, ou seja, formados de acordo com alguma intenção e interesses individuais.

O que caracteriza o mercado eficiente é a *competitividade* entre os investidores e o *conhecimento*

Aversão ao risco faz Bolsa de Tóquio fechar em queda

Índice Nikkei recuou 0,7% ficando em nível abaixo de 13 mil pontos pela primeira vez desde meados de junho

As ações na Bolsa de Tóquio fecharam em queda pela segunda sessão seguida nesta terça-feira, após uma sessão volátil. O enfraquecimento dos papéis na China e preocupações sobre a alta nas taxas de juros dos EUA intensificaram o sentimento de aversão ao risco, afastando as compras de busca por barganhas.

O índice Nikkei caiu 0,7%, para 12.969,34 pontos, após o recuo de 1,3% na segunda-feira, levando o Nikkei para um nível abaixo de 13 mil pontos pela primeira vez desde meados de junho.

Agentes do mercado disseram que uma recuperação do mercado após uma série de quedas acentuadas desde 23 de maio parece cada vez mais duvidosa, tendo em vista que grande parte do volume de negócios desapareceu.

Pouco mais de 2,7 bilhões de ações mudaram de mãos no Topix, totalizando 2,28 trilhões de ienes – um avanço ante a sessão anterior, mas ainda bem abaixo dos níveis considerados como indicadores de um amplo interesse dos investidores.

A participação reduzida ajudou a aumentar a volatilidade, o que pode ser comprovado na variação de mais de 476 pontos no índice Nikkei.

A falta de interesse resultou em pouco movimento durante a sessão da manhã. A onda de vendas em Wall Street na segunda-feira, que ocorreu parcialmente por causa de taxas mais elevadas nos Treasuries, deixou os investidores no Japão um pouco mais otimistas em relação a um dólar mais forte, apesar do enfraquecimento da moeda na terça. Por volta do horário de fechamento do pregão em Tóquio, o dólar mudava de mão aos 97,50 ienes.

Segundo analistas, a escassez de liquidez do sistema bancário da China e a desaceleração do crescimento chinês já resultam em um efeito de "fuga de capitais". E "o Japão é visto como um relativo porto seguro", disse um diretor de operação de ações de uma corretora estrangeira.

Ainda assim, já como a China e outros mercados acionários da Ásia tiveram fortes baixas na sessão, os compradores de ações japonesas se retiraram do mercado – pelo menos temporariamente.

"Ainda que um ambiente de taxas de juros dos EUA mais elevadas implique em um dólar mais forte, as vendas mais amplas nos mercados de ações regionais afetam a todos, independentemente da moeda. O clima está cada vez mais de aversão ao risco", disse o gestor de fundos Naoki Fujiwara, do Shinkin Asset Management.

Fonte: Dow Jones Newswires. 25 jun. 2013.

das informações. Ross[2] argumenta que quanto mais um investidor souber a respeito de uma empresa, maiores são as suas chances de realizar ganhos: pode comprar ações de empresas das quais tenha boas notícias e vender aquelas em que descobriu más notícias.

Por exemplo, mercados bem organizados e com alto volume de negociações, como o mercado financeiro de Londres e a Bolsa de Valores de Nova York, podem ser considerados como mercados eficientes. Apesar de não se ter a pretensão da perfeição, as ineficiências destes mercados não são consideradas como relevantes.

A consequência do aumento da competitividade dos mercados e o maior acesso às informações, consequências da globalização da economia mundial, é que torna cada vez mais difícil para um investidor

---

[2] ROSS, Stephen et al. **Princípios de administração financeira**. 2. ed. São Paulo: Atlas. p. 281.

Hipóteses Básicas da Eficiência de Mercado

As mais importantes hipóteses básicas do mercado eficiente são explicadas a seguir:

a) nenhum participante do mercado tem a capacidade de sozinho *influenciar os preços de negociações,* alterando-os segundo exclusivamente suas expectativas;

b) o mercado, de maneira geral, é constituído de *investidores racionais,* decidindo sobre alternativas que promovam o maior retorno possível para determinado nível de risco, ou o menor risco possível para certo patamar de retorno;

c) *todas as informações estão disponíveis* aos participantes do mercado, de maneira instantânea e gratuita. Nessa hipótese, nenhum investidor apresenta qualquer acesso privilegiado às informações, identicamente disponíveis a todos os agentes;

d) em princípio, o mercado eficiente trabalha com a hipótese de *inexistência de racionamento de capital,* permitindo que todos os agentes tenham acesso equivalente às fontes de crédito;

e) os ativos objetos do mercado são perfeitamente *divisíveis e negociados sem restrições;*

f) as expectativas dos investidores são *homogêneas,* isto é, apresentam o mesmo nível de apreciação com relação ao desempenho futuro do mercado.

---

identificar ativos com preços em forte desequilíbrio. Por exemplo, preços fixados abaixo de seu valor econômico. Em verdade, os investidores estão avaliando cada vez melhor o desempenho da empresa, projeções futuras, tendências do mercado etc. antes de tomarem suas decisões. Com isso, os preços das ações (e outros ativos) ficam próximos de seu equilíbrio, de seu valor "justo", promovendo a eficiência do mercado.

Da mesma maneira, oportunidades de investimentos que produzem NPV positivo são também mais difíceis de serem mantidas pelas empresas. A concorrência tende a eliminar este ganho adicional das empresas, e trazer o NPV a zero, ou seja, o projeto, em prazo não muito longo, passa a remunerar exatamente o custo de oportunidade dos investidores. Assim, toda vez que uma empresa identificar uma oportunidade de investimento que crie riqueza deve questionar: *até quando?*

Em resumo: nessas condições discutidas de eficiência de mercado, nenhum investidor seria capaz de identificar, consistentemente, ativos com preços em desequilíbrio.

No estudo de avaliação de investimentos e risco, é comum que seus vários modelos sejam construídos e discutidos conceitualmente com base nas hipóteses de um mercado eficiente. Esse procedimento é adotado com o intuito de facilitar a realização dos testes empíricos dos modelos, avaliando seus resultados quando aplicados a uma situação prática.

Posteriormente, essas hipóteses de perfeição de comportamento do mercado costumam ser abandonadas, de maneira que o modelo sugerido reflita a realidade, nem sempre perfeita, desse mercado.

Algumas Imperfeições do Mercado

Entre os aspectos de imperfeição de mercado pelos quais os modelos financeiros precisam ser testados, podem ser citados os seguintes:

- não há uma *homogeneidade* nas estimativas dos investidores com relação ao comportamento esperado do mercado e de seus diversos instrumentos financeiros. É verificado na realidade prática, ainda, que as *informações* muitas vezes não estão igualmente dispostas a todos os investidores, conforme preconizado pelo modelo de mercado eficiente, além de não oferecerem acesso instantâneo;

- o mercado não é composto unicamente de *investidores racionais.* Há um grande número de participantes com menor qualificação e habilidade de interpretar mais acuradamente as informações relevantes. Esse grupo, frequentemente, comete erros em suas decisões, refletindo sobre o desempenho de todo o mercado. Como consequência, é possível observar, algumas vezes, preços inadequados para muitos ativos negociados, ou seja, um desequilíbrio entre o valor real e o preço praticado pelos agentes;

- o mercado não é sempre eficiente em *precificar seus ativos* negociados, sofrendo decisivas influências de políticas econômicas adotadas pelo governo, oriundas em grande parte de taxações das operações e restrições monetárias adotadas.

Os investidores atuam no mercado procurando tirar proveito econômico dos *desvios temporários dos preços* de certos ativos, na expectativa de seus valores voltarem a sua posição de equilíbrio. O ajuste dos preços, a cada nova informação introduzida no mercado, é dependente da capacidade de interpretação e amplitude de sua divulgação entre os participantes.

As flutuações diárias dos ativos, principalmente de ações, não indicam a ineficiência dos mercados, ou a suposição de que estejam precificados em desequilíbrio. Os mercados, em todo o mundo, recebem continuamente uma alta quantidade de informações, as quais exercem influências sobre os valores de negociação. No mundo da informação digital que vivemos, é difícil imaginar um mercado plenamente estável, sem oscilações e eventuais turbulências.

Embora a eficiência do mercado direcione, muitas vezes, os modelos financeiros, a preocupação da unidade tomadora de decisões deve estar preferencialmente voltada à identificação dos inúmeros eventos que indicam as imperfeições do mercado. Não é somente ocorrências temporárias que fazem o mercado perder temporariamente sua eficiência, mas também desequilíbrios estruturais e desajustes da economia.

Resumo: os preços costumam responder rapidamente às novas informações disponíveis a respeito do desempenho atual e projeções da empresa, e do mercado como um todo. A previsão de resultados futuros sempre será uma tarefa difícil para o administrador financeiro, principalmente se o seu horizonte de tempo for o curto prazo, em geral bastante volátil.

As oscilações e imprevistos dos mercados, e a maior complexidade atual das operações financeiras, exigem mais do que intuições pessoais e modelo básicos de previsão. É fundamental que todas as projeções financeiras sejam executadas a partir de modelos mais sofisticados, e não tenham por base somente as informações que se publicam nos mercados.

16.2 MEDIDAS ESTATÍSTICAS – MÉDIAS

A *estatística* é um método científico que permite aos usuários analisar, interpretar e tomar decisões sob condições de incerteza. É aí que entra essa ferramenta para auxiliar neste contexto de tomada de decisões. No mercado de capitais, que evidencia fortemente o processo decisório de previsibilidade cercado de incertezas, a estatística norteia processos reguladores da tomada de decisão e avaliação de risco.

Primeiramente, deve-se deixar clara a diferenciação entre *população* e *amostra*. A ideia básica da amostragem é efetuar determinada mensuração sobre uma parcela pequena (*amostra*), mas típica, de determinada *população* (conjunto todo) e utilizar essas informações para se fazer inferências sobre toda a população.

Existem diferenciações nas medidas tomadas na amostra e na população, as quais são descritas a seguir, com suas respectivas nomenclaturas:

Medida estatística	Parâmetro da população	Estatísticas da amostra
Média	μ	$\bar{x}$
Variância	σ^2	S^2
Desvio-padrão	σ	S

As *medidas de tendência central* são valores que visam identificar as características de concentração dos elementos em uma amostra. Tais valores são vistos por agruparem-se em torno de uma medida da posição central da distribuição.

16.2.1 Médias

Existem vários tipos de média: média aritmética *simples*, média aritmética *ponderada*, média *geométrica* e média *harmônica*.

APLICAÇÃO PRÁTICA
Saldo médio bancário

Por exemplo, admita uma conta em um banco que tenha mantido os seguintes valores de saldo em um dado mês:

R$	Número de dias
560,00	12 dias
980,50	8 dias
760,30	10 dias

Pode-se dizer que o saldo médio da conta no referido mês foi de:

$$\bar{x}w = \frac{560 \times 12 + 980,50 \times 8 + 760,30 \times 10}{12 + 8 + 10} = 738,90$$

A expressão $\bar{x}w$ significa média ponderada.

Na calculadora financeira HP 12C, esse cálculo também pode ser feito pelos seguintes comandos:

Comandos	Significado
f REG	Limpa os registradores de armazenamento
f Σ	Limpa os registradores estatísticos
560 ENTER 12 Σ+	Primeiro par de valores estatístico
980,50 ENTER 8 Σ+	Segundo par de valores estatístico
760,30 ENTER 10 Σ+	Terceiro par de valores estatístico
g $\bar{x}$w	$\bar{x}$w = 738,90

A *média aritmética simples*, denotada por $\bar{x}$, é a soma dos valores das informações divididos pela quantidade de informações.

Por exemplo, se a rentabilidade do Ibovespa (Índice da Bolsa de Valores de São Paulo) em 2005 foi de 27,7%, em 2006 de 32,9% e em 2007 de 30%, a sua média dos últimos 3 anos foi de 30,20%.

$$\bar{x} = \frac{27,7\% + 32,9\% + 30\%}{3} = 30,20\%$$

Com auxílio da calculadora financeira HP 12C, a introdução de dados estatísticos é feita a partir da tecla Σ+.

Assim:

Comandos	Significado
f REG	Limpa os registradores de armazenamento
27,7 Σ+	Primeiro valor estatístico
32,9 Σ+	Segundo valor estatístico
30 Σ+	Terceiro valor estatístico
g $\bar{x}$	30,20% que é a rentabilidade média do Ibovespa

A *média ponderada* é utilizada quando se atribuem pesos (importâncias) diferentes para cada elemento do conjunto de dados. Em outras palavras, pode-se dizer que a média aritmética simples é uma média ponderada na qual os pesos são todos iguais para todos os elementos considerados.

A *média geométrica* de uma série de *n* valores observados é a raiz *n-ésima* do produto desses valores. É usada principalmente quando se deseja analisar certo padrão de crescimento ou uma razão de crescimento em certa variável, como, por exemplo, crescimento das vendas.

A média geométrica pode ser usada, também, como cálculo de uma média de taxa de juros equivalente de um período, com taxas diferentes ocorridas em períodos menores.

EXEMPLO ILUSTRATIVO

Considere um bem que custe $ 100 e tenha aumentos em cada um dos 3 meses seguintes nos valores de 15%, 20%, e uma redução de 5%, respectivamente. Calcule o valor final do produto e sua taxa média mensal equivalente.

Solução: o cálculo do valor final será:

Valor no final do primeiro mês =
= 100 + 15% × (100) = 115,00

Valor no final do segundo mês =
= 115 + 20% × (115) = 138,00

Valor no final do terceiro mês =
= 138 – 5% × (138) = 131,10

Taxa acumulada no trimestre: 31,10%.

A *taxa equivalente mensal é a média geométrica* dos valores 15%, 20% e – 5%, calculada da seguinte maneira:

$$MG = \sqrt[3]{(1 + 0,15) \times (1 + 0,20) \times (1 - 0,05)}$$

$$MG = \sqrt[3]{(1,15) \times (1,20) \times (0,95)}$$

$$MG = \sqrt[3]{1,3110} = (1,3110)^{\frac{1}{3}}$$

$$MG = 1,094462529 = \textit{9,4462529\% a.m.}$$

Na calculadora financeira HP 12C, tem-se a seguinte sequência de comandos para solução do problema:

Comandos	Significado
f REG	Limpa os registradores de armazenamento
1,15 ENTER	Introduz o primeiro valor
1,20 ×	Calcula o valor de (1,15) × (1,20)
0,95 ×	Calcula o valor de (1,15) × (1,20) × (0,95)
3 1/x	Calcula o valor de 1/3
y^x	Calcula o valor de [(1,15) × (1,20) × (0,95)]$^{1/3}$

Assim, ao capitalizar o valor de $ 100, a taxa de 9,4462529% a.m. por 3 meses, chega-se ao mesmo valor de $ 131,10:

Valor no fim do terceiro mês = 100 × (1 + 0,094462529)^3 = $ 131,10.

Média Aritmética × Média Geométrica

Se fosse utilizado o cálculo da média aritmética dos valores de 15%, 20% e – 5%, a taxa média encontrada seria igual a 10%:

$$\overline{x} = \frac{15\% + 20\% - 5\%}{3} = 10\% \text{ a.m.}$$

A média geométrica, que trabalha com os resultados capitalizados do período, é menor, atingindo, como calculado acima, 9,44%. Esse tipo de média, por melhor considerar a combinação dos valores no tempo, é mais indicado para séries de valores a longo prazo. No entanto, pode haver diferenças relevantes entre os resultados apurados pelas duas médias.

16.3 MEDIDAS ESTATÍSTICAS – DISPERSÃO E RISCO

As medidas de *dispersão ou variabilidade* indicam a dispersão (distribuição) dos valores do conjunto em torno de sua média. Em outras palavras, mostram o espalhamento dos valores ao redor de uma tendência central, no caso, a média, indicando que, quanto maior for a sua medida, menor será a representatividade (importância) da média, pois estaria indicando um distanciamento muito grande da mesma.

16.3.1 Variância e desvio-padrão

O desvio-padrão e a variância são as mais importantes e utilizadas medidas de risco de um ativo. O desvio-padrão pode ser calculado sobre toda a população envolvida, sendo então denotado pela letra grega sigma (σ), ou ainda pode ser calculado segundo os dados de uma amostra (uma parte da população que bem representa a população), e é denotado por S.

> A variância é definida como o quadrado do desvio-padrão ou, analogamente, o desvio-padrão é a raiz quadrada da variância.

Suas expressões de cálculo para o desvio-padrão são:

$$S = \sqrt{\dfrac{\sum_{i=1}^{n}(x_i - \overline{x})^2}{n-1}} \qquad \sigma = \sqrt{\dfrac{\sum_{i=1}^{n}(x_i - \overline{x})^2}{n}}$$
$$\textbf{para amostra} \qquad \textbf{para população}$$

em que: $\overline{x}$ é a média aritmética, seja da população ou da amostra, e $(x_i - \overline{x})$ o desvio (variabilidade ou dispersão) de cada elemento em relação à média ($\overline{x}$).

Por exemplo, supondo que as vendas mensais de uma empresa no último trimestre sejam, respectivamente, de \$ 34.900, \$ 36.300 e \$ 39.200, o *desvio-padrão* é:

Nº de termos	Valores de x	$x_i - \overline{x}$	$(x_i - \overline{x})^2$
x_1	34.900	34.900 − 36.800 = −1.900	$(-1.900)^2 = 3.610.000$
x_2	36.300	36.300 − 36.800 = − 500	$(-500)^2 = 250.000$
x_3	39.200	39.200 − 36.800 = 2.400	$(2.400)^2 = 5.760.000$
Média ($\overline{x}$)	**36.800**		**TOTAL = 9.620.000**

$$S = \sqrt{\dfrac{9.620.000}{3-1}} = \$\ 2.193,17$$

Assim, as vendas apresentaram um desvio-padrão (dispersão média) de \$ 2.193,17, podendo ser para mais ou para menos. Com auxílio da calculadora financeira HP 12C, também se pode calcular o desvio-padrão.

Comandos		Significado
f	REG	Limpa os registradores de armazenamento
34.900	Σ+	Primeiro valor estatístico
36.300	Σ+	Segundo valor estatístico
39.200	Σ+	Terceiro valor estatístico
g	S	2.193,17 = desvio-padrão

Ao desejar o desvio-padrão feito por base na população, basta calcular a média e introduzir a média como um novo elemento no conjunto de dados e repetir o cálculo, obtendo-se o desvio populacional.

O efeito da introdução da média como elemento aumenta o conjunto de dados, mas não afeta a soma dos desvios em relação a média, pois quando se subtrair a média dela mesma, o resultado será nulo.

16.3.2 Coeficiente de variação (CV)

O *coeficiente de variação* é uma medida estatística que indica a dispersão relativa, isto é, o risco unitário de um ativo. É calculada pela seguinte expressão:

$$CV = \frac{\sigma}{\mu} \quad \text{ou} \quad CV = \frac{S}{\overline{x}}$$

Por ser uma medida relativa e não absoluta, como o desvio-padrão, o CV é um indicador mais exato na comparação de riscos de ativos com diferentes retornos esperados. O coeficiente de variação, geralmente expresso em porcentagem, indica a dispersão relativa, ou seja, o risco por unidade de retorno esperado.

> Quanto maior o coeficiente de variação, maior será o risco do ativo.

O cálculo do coeficiente de variação pode ser desenvolvido para situações que apresentem idêntico desvio-padrão. Assim, considere a existência de dois investimentos com as características seguintes:

Investi-mento	(1) Retorno esperado	(2) Desvio-padrão	(3) = (2)/(1) CV
A	24,0%	20,0%	0,833
B	30,0%	20,0%	0,667

Observe que o nível de risco, medido pelo desvio-padrão, é igual para ambas as alternativas de investimento. No entanto, essa medida não leva em conta o cálculo do desvio-padrão por unidade de retorno esperado, e baseia-se exclusivamente em valores totais. Pelo critério do coeficiente de variação, a alternativa B é a que apresenta menor dispersão (risco), considerando que oferece um risco de 0,667 para cada unidade esperada de retorno, inferior a 0,833 da alternativa A.

Para melhor *ilustrar* essa situação descrita, suponha que o desvio-padrão da alternativa B seja de 29,0%, resultando os seguintes valores de decisão:

Investi-mento	(1) Retorno esperado	(2) Desvio-padrão	(3) = (2)/(1) CV
A	24,0%	20,0%	0,833
B	30,0%	29,0%	0,967

Nessa hipótese, o projeto de *menor risco relativo* passa a ser o A, que apresenta também o mais baixo retorno esperado. A preferência pela alternativa de maior retorno esperado e maior nível de risco (B), ou pela de menor retorno esperado e menor dispersão dos resultados (A), é definida pelo *grau de risco* que se está disposto a assumir. A escolha do investimento B denota menor grau de aversão ao risco; se a decisão recair sobre A, ocorre o inverso.

16.4 FUNDAMENTOS DE PROBABILIDADE

O conceito básico de *probabilidade* refere-se à possibilidade (ou chance), expressa normalmente em porcentagem, de ocorrer determinado evento. Por exemplo, ao assumir uma probabilidade de 70% de que ocorra um fluxo de caixa de $ 800 em determinado período de um projeto, está-se, na verdade, introduzindo um risco de 30% de que tal não se verifique (1 − 0,70), dada sua chance conhecida de 70%.

A distribuição de probabilidades não se resume geralmente a um único resultado (evento) esperado, mas a diversos valores possíveis de ocorrer. O raciocínio básico é dividir os resultados esperados (elementos de incerteza da decisão) nos valores possíveis de se verificar, e identificar, em cada um deles, uma probabilidade de ocorrência. Nesse caso, há um conjunto de eventos incertos (*variáveis aleatórias*), representado pelos resultados possíveis de ser gerados, e estruturados sob a forma de uma *distribuição de probabilidades*.

Todo projeto de investimento, por mais bem elaborado que possa ser, está sujeito a oscilações que podem alterar sua decisão de investimento. Essas oscilações podem ser: erros de projeção dos fluxos futuros, oscilações nas taxas de juros e o próprio risco conjuntural do mercado.

Para lidar com situações de risco e incerteza, usa-se a *análise de sensibilidade* que é uma técnica de simulação das expectativas futuras dos resultados de determinada variável. Por exemplo, como foi demonstrado no capítulo anterior, existe uma sensibilidade muito grande entre a taxa de desconto e o resultado no NPV.

Como ilustração: um investimento pode apresentar uma oscilação na taxa de desconto (custo de oportunidade) prevista em 10%, podendo atingir 12% em uma situação em que o mercado aumente a sua taxa de juros, ou reduzir para 8% em uma situação mais otimista em relação a queda de juros do mercado.

Considere o seguinte fluxo de caixa da decisão:

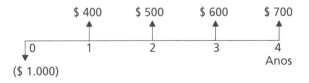

O NPV calculado para cada uma das condições descritas atinge:

Taxa de desconto	NPV
8%	$ 789,86
10%	$ 705,76
12%	$ 627,67

Admita uma situação *mais provável* que a taxa de desconto se mantenha em 12%, com uma probabilidade de 50%; o mercado sinaliza também uma queda dos juros e uma alta dos juros com probabilidade de 25% para cada uma dessas opções.

O quadro a seguir ilustra uma possível *distribuição de probabilidades* relativa aos fluxos de caixa previstos de serem verificados em determinado ano de vida de um projeto de investimento. A soma das porcentagens (probabilidades) atinge 100%, pois todos os resultados possíveis estão representados na distribuição.

Taxa de desconto	NPV	Probabilidade de ocorrência
8%	$ 789,86	25%
10%	$ 705,76	50%
12%	$ 627,67	25%

Probabilidade Objetiva e Subjetiva

A probabilidade atribuída a um evento (ou conjunto de eventos dispostos em intervalos) de natureza incerta pode ser definida em termos *objetivos* ou *subjetivos.*

Uma probabilidade é definida como *objetiva* quando se adquire uma experiência passada, e sobre a qual há uma expectativa de que se repetirá no futuro. Por exemplo, a probabilidade de que um produto saia defeituoso do processo produtivo pode ser obtida historicamente, por meio da relação entre o número de vezes que o produto foi rejeitado pelo controle de qualidade, e o número de unidades terminadas em certo período. Ao se repetir por diversas vezes essa observação, mantidas evidentemente inalteradas as condições da atividade, pode-se chegar a um percentual significativo da probabilidade de que sejam fabricados produtos defeituosos.

Enquanto a probabilidade objetiva é proveniente de situações que se repetem identicamente inúmeras vezes, a *probabilidade subjetiva* decorre de eventos novos, sobre os quais não se tem nenhuma experiência prévia relevante. Nessa situação típica de incerteza, a unidade decisória precisa atribuir, de maneira subjetiva, probabilidades aos resultados esperados. Por exemplo, a atribuição de probabilidades aos fluxos de caixa esperados do lançamento de um novo produto, do qual a empresa não apresenta nenhuma experiência histórica, é desenvolvida subjetivamente, baseando-se em pesquisas de mercado e projeções de demanda, intuição do administrador, experiência profissional etc.

16.4.1 Aplicação prática das estatísticas de risco e retorno em análise de investimentos

Admita ilustrativamente que se esteja avaliando o risco de dois investimentos: **A** e **B**. Baseando-se em sua experiência de mercado e em projeções econômicas, o investidor desenvolve a seguinte *distribuição de probabilidades* dos resultados monetários previstos:

Investimento *A*		Investimento *B*	
Resultados esperados	Probabilidades	Resultados esperados	Probabilidades
$ 650	25%	$ 500	30%
$ 700	50%	$ 700	40%
$ 750	25%	$ 900	30%

A primeira medida importante para o estudo do risco a ser mensurada é o *valor esperado* de cada distribuição de probabilidades considerada. Essa medida representa uma média dos vários resultados esperados ponderados pela probabilidade atribuída a cada um desses valores. Formulação:

$$E(R) = \bar{R} = \sum_{k-1}^{n} P_k \times R_k$$

em que:

$E(R) = \bar{R}$ = retorno (valor) esperado;

P_K = probabilidade de ocorrência de cada evento;

R_K = valor de cada resultado considerado.

Substituindo a expressão de cálculo para os investimentos anteriores:

- **Valor Esperado do Investimento A – E (R_A)**

  $E(R_A) = (0,25 \times \$\ 650) + (0,50 \times \$\ 700) + (0,25 \times \$\ 750)$

  $E(R_A) = \$\ 700,00$

- **Valor Esperado do Investimento B – E (R_B)**

  $E(R_B) = (0,30 \times \$\ 500) + (0,40 \times \$\ 700) + (0,30 \times \$\ 900)$

  $E(R_B) = \$\ 700,00$

As duas alternativas de investimentos apresentam o mesmo *valor esperado* de $ 700, podendo-se considerar, em termos de retorno prometido, como indiferente a implementação de uma ou outra.

Uma maneira bem ilustrativa de representar os vários retornos (fluxos de caixa) esperados é efetuada por meio de um gráfico que envolva as distribuições de probabilidades das duas alternativas de investimento em avaliação, conforme demonstra a Figura 16.1.

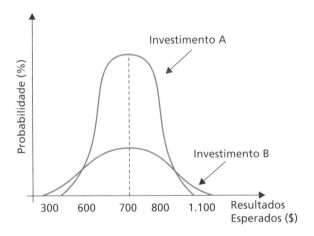

Figura 16.1 Distribuição de probabilidades.

A medida do valor esperado **não** demonstra o risco associado a cada proposta de investimento, o que faz com que seja necessário conhecer o grau de dispersão dos resultados em relação à média calculada de $ 700. Essa quantificação, que denota o risco do investimento, pode ser efetuada mediante os cálculos do *desvio-padrão* e *variância*.

A mais elevada medida de dispersão (variação e desvio-padrão) do investimento B, visualizada no gráfico da Figura 16.1, revela seu maior grau de risco em relação ao investimento A, ou seja, a variabilidade maior da média (retorno esperado) do investimento B em relação aos possíveis resultados evidencia mais alta expectativa de risco desse investimento.

Cálculo do Desvio-Padrão e da Variância: Essas medidas de dispersão indicam como os valores de um conjunto distribuem-se (dispersam) em relação a seu ponto central (média). Quanto maior se apresenta o intervalo entre os valores extremos de um conjunto, menor é a representatividade estatística da média, pois os valores em observação encontram-se mais distantes dessa medida central.

Tanto o desvio-padrão como a variância têm por objetivo medir estatisticamente a variabilidade (grau de dispersão) dos possíveis resultados em termos de valor esperado. Representam como visto, em outras palavras, medidas de risco, e são determinados pelas seguintes expressões de cálculo:

$$\sigma = \sqrt{\sum_{k=1}^{n} P_k \times (R_k - \bar{R})^2} \qquad VAR = \sigma^2$$

em que:

σ = símbolo grego (sigma) representando o desvio-padrão;

VAR = variância. É o desvio-padrão elevado ao quadrado ($VAR = \sigma^2$).

Aplicando essas identidades para a mensuração do risco das alternativas de investimento consideradas no exemplo ilustrativo, tem-se:

Investimento A

P_A	R_A	$R_A - \bar{R}$	$(R_A - \bar{R})^2$	$P_A \times (R_A - \bar{R})^2$
25%	650,00	(50,00)	2.500,00	625,00
50%	700,00	–	–	–
25%	750,00	50,00	2.500,00	625,00
\multicolumn{3}{}{$E(R_A) = \bar{R}_A = \$\ 700,00$}	\multicolumn{2}{}{$VAR = \sigma^2 = \$\ 1.250,00$}
\multicolumn{5}{}{Desvio-padrão = $\sqrt{1.250,00}$ = $ 35,36}

Investimento B

P_B	R_B	$R_B - \bar{R}$	$(R_B - \bar{R})^2$	$P_B \times (R_B - \bar{R})^2$
30%	500,00	(200,00)	40.000,00	12.000,00
40%	700,00	–	–	–
30%	900,00	200,00	40.000,00	12.000,00
$E(R_A)= \bar{R}_A$ = $ 700,00			$VAR = \sigma^2$ = $ 24.000,00	
Desvio-padrão = $\sqrt{24.000,00}$ = $ 154,92				

Os resultados obtidos, em consonância com as conclusões obtidas da representação gráfica das distribuições probabilísticas dos investimentos (Figura 16.1), indicam um desvio-padrão (dispersão dos possíveis resultados) maior para a alternativa *B*, sendo esta classificada como a de *maior risco*. Dessa maneira, por apresentar o mesmo retorno esperado, a alternativa *A*, ao assumir um *nível mais baixo de risco* (menor desvio-padrão), é considerada como a mais atraente.

> Racionalmente, o investidor dá preferência a alternativas de investimento que ofereçam maior retorno esperado e menor risco associado.

16.5 DISTRIBUIÇÃO NORMAL

Uma variável estatística pode ser classificada como *discreta* ou *contínua*. Uma variável é *discreta* quando assume um número finito de valores (ex.: quantidade de mercadorias vendidas), e *contínua* quando assume um conjunto contínuo (infinito) de valores (ex.: peso de cada pedido de venda).

Ao assumir valores infinitos é definida para a variável uma *distribuição de probabilidade normal*, representada por uma curva contínua e simétrica em forma de sino. Essa curva é chamada de curva normal ou curva de Gauss, em homenagem ao seu criador Johann Carl Friedrich Gauss.

> A distribuição de probabilidade contínua (normal) é amplamente empregada no estudo dos métodos quantitativos em finanças, principalmente na avaliação de investimentos pelo fato da grande aproximação à curva normal dos retornos esperados e outros eventos financeiros.

Na distribuição contínua, o valor da probabilidade é calculado unicamente para determinado intervalo de valores. A equação da curva normal para esses cálculos é expressa da seguinte maneira:

$$f(x) = \frac{1}{\sigma\sqrt{2\pi}}\, e^{\frac{-(x-\bar{x})^2}{2\sigma^2}}$$

em que:

$f(x)$ = frequência de determinado valor;

$\bar{x}$ = média da distribuição;

σ = desvio-padrão da distribuição;

π = número pi = 3,14159;

e = número de *Nepier* = 2,72828 (base dos logaritmos naturais ou neperianos).

Felizmente, não é necessário processarem-se os cálculos dessa fórmula para se determinar as áreas sob a curva normal que ela gera. Seus resultados são tabelados. A Tabela 16.1 ilustra parte de uma dessas tabelas com as respectivas áreas sob a curva de Gauss. Tabelas mais completas podem ser encontradas em obras específicas de estatística.

Para utilizar essas tabelas de cálculo, é necessário determinar uma variável padronizada Z. Sua expressão de cálculo é a seguinte:

$$Z = \frac{x - \mu}{\sigma}$$

em que Z é a variável padrão que significa o número de desvio-padrão existente a partir da média.

Assim, considere um ativo (uma ação, por exemplo) que tenha retorno esperado de 30% e risco (desvio-padrão) de 12%. Pode-se obter o valor da variável padrão para cada um dos pontos limites da área desejada, entre 30 e 48%, como pode ser visto na Figura 16.2.

Os valores críticos calculados para a Figura 16.2 são:

$$Z = \frac{30\% - 30\%}{12\%} = 0 \quad \text{e} \quad Z = \frac{48\% - 30\%}{12\%} = 1,50$$

Como Interpretar a Tabela

A leitura da Tabela 16.1 é feita identificando-se na primeira coluna (Z) as duas primeiras casas do valor de Z calculado, e a terceira casa decimal deve-se observar na coluna. Por exemplo, para um valor calculado de 1,96, o valor da área estará na linha do

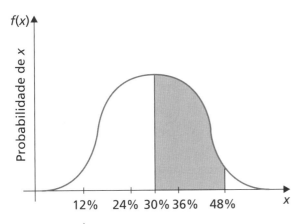

Figura 16.2 Área sob a curva normal.

Tabela 16.1 Tabela para $f(x)$, quando $x \geq 0$.

Z	0	0,01	0,02	0,03	0,04	0,05	0,06	0,07	0,08	0,09
0	0,0000	0,0040	0,0080	0,0120	0,0160	0,0199	0,0239	0,0279	0,0319	0,0359
0,1	0,0398	0,0438	0,0478	0,0517	0,0557	0,0596	0,0636	0,0675	0,0714	0,0753
0,2	0,0793	0,0832	0,0871	0,0910	0,0948	0,0987	0,1026	0,1064	0,1103	0,1141
0,3	0,1179	0,1217	0,1255	0,1293	0,1331	0,1368	0,1406	0,1443	0,1480	0,1517
0,4	0,1554	0,1591	0,1628	0,1664	0,1700	0,1736	0,1772	0,1808	0,1844	0,1879
0,5	0,1915	0,1950	0,1985	0,2019	0,2054	0,2088	0,2123	0,2157	0,2190	0,2224
0,6	0,2257	0,2291	0,2324	0,2357	0,2389	0,2422	0,2454	0,2486	0,2517	0,2549
0,7	0,2580	0,2611	0,2642	0,2673	0,2704	0,2734	0,2764	0,2794	0,2823	0,2852
0,8	0,2881	0,2910	0,2939	0,2967	0,2995	0,3023	0,3051	0,3078	0,3106	0,3133
0,9	0,3159	0,3186	0,3212	0,3238	0,3264	0,3289	0,3315	0,3340	0,3365	0,3389
1	0,3413	0,3438	0,3461	0,3485	0,3508	0,3531	0,3554	0,3577	0,3599	0,3621
1,1	0,3643	0,3665	0,3686	0,3708	0,3729	0,3749	0,3770	0,3790	0,3810	0,3830
1,2	0,3849	0,3869	0,3888	0,3907	0,3925	0,3944	0,3962	0,3980	0,3997	0,4015
1,3	0,4032	0,4049	0,4066	0,4082	0,4099	0,4115	0,4131	0,4147	0,4162	0,4177
1,4	0,4192	0,4207	0,4222	0,4236	0,4251	0,4265	0,4279	0,4292	0,4306	0,4319
1,5	0,4332	0,4345	0,4357	0,4370	0,4382	0,4394	0,4406	0,4418	0,4429	0,4441
1,6	0,4452	0,4463	0,4474	0,4484	0,4495	0,4505	0,4515	0,4525	0,4535	0,4545
1,7	0,4554	0,4564	0,4573	0,4582	0,4591	0,4599	0,4608	0,4616	0,4625	0,4633
1,8	0,4641	0,4649	0,4656	0,4664	0,4671	0,4678	0,4686	0,4693	0,4699	0,4706
1,9	0,4713	0,4719	0,4726	0,4732	0,4738	0,4744	0,4750	0,4756	0,4761	0,4767
2	0,4772	0,4778	0,4783	0,4788	0,4793	0,4798	0,4803	0,4808	0,4812	0,4817
2,1	0,4821	0,4826	0,4830	0,4834	0,4838	0,4842	0,4846	0,4850	0,4854	0,4857
2,2	0,4861	0,4864	0,4868	0,4871	0,4875	0,4878	0,4881	0,4884	0,4887	0,4890
2,3	0,4893	0,4896	0,4898	0,4901	0,4904	0,4906	0,4909	0,4911	0,4913	0,4916
2,4	0,4918	0,4920	0,4922	0,4925	0,4927	0,4929	0,4931	0,4932	0,4934	0,4936
2,5	0,4938	0,4940	0,4941	0,4943	0,4945	0,4946	0,4948	0,4949	0,4951	0,4952
2,6	0,4953	0,4955	0,4956	0,4957	0,4959	0,4960	0,4961	0,4962	0,4963	0,4964
2,7	0,4965	0,4966	0,4967	0,4968	0,4969	0,4970	0,4971	0,4972	0,4973	0,4974
2,8	0,4974	0,4975	0,4976	0,4977	0,4977	0,4978	0,4979	0,4979	0,4980	0,4981
2,9	0,4981	0,4982	0,4982	0,4983	0,4984	0,4984	0,4985	0,4985	0,4986	0,4986
3	0,4987	0,4987	0,4987	0,4983	0,4988	0,4989	0,4989	0,4989	0,4990	0,4990
4	0,5000	0,5000	0,5000	0,5000	0,5000	0,5000	0,5000	0,5000	0,5000	0,5000

1,9 (duas primeiras casas de Z) e na coluna 0,06 (terceira decimal), que corresponderá a 0,47500.

Para os valores calculados de $Z = 0$ e $Z = 1,5$ obtidos na ilustração apresentada, tem-se para $Z = 0$ o valor de 0,00, e para $Z = 1,50$ o valor de 0,43320, que significa que existem 43,32% de probabilidade de a taxa de retorno esperado do ativo situar-se entre 30 e 48%.

Cabe lembrar que a Tabela 16.1 também é válida para valores negativos de Z, uma vez que os seus valores são simétricos em relação à média. Por exemplo, para se obter o valor da probabilidade da taxa de retorno esperado do ativo situar-se entre 24 e 36%, tem-se:

$$Z = \frac{24\% - 30\%}{12\%} = -0,5$$

$$Z = \frac{36\% - 30\%}{12\%} = 0,5$$

O valor tabelado para $Z = 0,5$ é 0,1915, a direita e a esquerda, ou seja, positivo e negativo. Dessa maneira, deve-se então somar os valores 0,1915 + 0,1915, obtendo-se 38,30% de probabilidade do retorno esperado do ativo ficar entre 24 e 36% no período.

16.6 COVARIÂNCIA (COV)

As medidas estatísticas que procuram relacionar duas variáveis com objetivo de identificar o comportamento das mesmas são a *covariância* e a *correlação*.

A covariância, assim como a medida da correlação, visa identificar como determinados valores *covariam* ou se correlacionam entre si. Em outras palavras, medem como duas variáveis, x e Y, movimentam-se ao mesmo tempo em relação a seus valores médios.

Se dois ativos apresentam *covariâncias positivas* (COV > 0), admite-se que as taxas de retorno esperadas apresentam comportamento de mesma tendência, indicando que o desempenho de um ativo acompanha o do outro. A valorização de um ativo reflete tendência de valorização em outro, e vice-versa. Nesse caso, diz-se que os ativos são *positivamente relacionados*.

A *covariância é negativa* (COV < 0) quando dois ativos apresentam relações inversas. Nessa situação, o retorno de um ativo tende a assumir o comportamento inverso do outro. Por exemplo, o retorno esperado do índice da bolsa de valores de São Paulo (Ibovespa) reduz-se diante de uma alta no valor do câmbio.

Evidentemente, não se verificando associação alguma entre dois ativos, a *covariância é nula* (COV = 0).

A expressão de cálculo da covariância é:

$$COV_{X,Y} = \frac{\sum_{k=1}^{n}(R_X - \overline{R}_X) \times (R_Y - \overline{R}_Y)}{n}$$

Exemplo Ilustrativo: considere o retorno do Ibovespa e da taxa de câmbio nos últimos 5 anos no Brasil. A relação entre os retornos dos ativos é desenvolvida a seguir:

Ano	Dólar (X)	Ibovespa (Y)	$X - \overline{X}$	$Y - \overline{Y}$	$(X - \overline{X}) \times (Y - \overline{Y})$
2002	24,6%	− 17,0%	25,2%	− 48,7%	− 12,3%
2003	4,8%	97,3%	5,3%	65,6%	3,5%
2004	− 4,7%	17,8%	− 4,2%	− 13,9%	0,6%
2005	− 16,8%	27,7%	− 16,3%	− 4,0%	0,7%
2006	− 10,6%	32,9%	− 10,0%	1,2%	− 0,1%
Média	$\overline{X} = -0,5\%$	$\overline{Y} = 31,7\%$			SOMA = − 7,63%

$$COV_{X,Y} = \frac{-7,63\%}{5} = -1,526\%$$

A covariância calculada entre o Ibovespa e o dólar é *negativa,* ou seja, COV = –1,526%, indicando associação inversa entre os ativos. A tendência esperada é o retorno de um ativo valorizar-se acima do seu valor médio quando o resultado de outro ficar abaixo.

> **!**
>
> **IMPORTANTE** ■ esses dois ativos com COV < 0 estão contrabalançados, reduzindo o risco da carteira. Ocorrendo a desvalorização de um ativo, é esperada a valorização do outro. Essa situação é também conhecida por *hedging*.

Se a covariância calculada para esses ativos fosse positiva, a expectativa seria que apresentassem tendência de retorno de mesmo sentido, isto é, valorizações ou desvalorizações conjuntas. Inversamente à situação anterior, de covariância negativa, o desempenho dos ativos com COV < 0 não se compensam, elevando o risco (variância) da carteira.

Deve ser ressaltada, no estudo da covariância, a dificuldade de interpretação de seu resultado numérico, ficando sua avaliação mais concentrada nas tendências de seus resultados por apresentar unidade quadrada de medida. A análise numérica da combinação entre valores é desenvolvida pelo coeficiente de correlação.

16.7 COEFICIENTE DE CORRELAÇÃO

A *correlação* visa explicar o grau de relacionamento verificado no comportamento de duas ou mais variáveis. Quando se trata unicamente de duas variáveis, tem-se a correlação *simples.* Quando se relacionam mais de duas variáveis, tem-se a correlação *múltipla.* Este item volta-se ao estudo da correlação simples, isto é, análise do comportamento simultâneo entre duas variáveis.

A medida do grau de relacionamento entre as variáveis dispostas por meio de valores de X e Y em torno de uma reta é feita pelo coeficiente de correlação. O coeficiente de correlação varia entre -1 e $+1$. O coeficiente de correlação pode ser calculado para valores amostrais e para valores populacionais, dependendo da origem dos dados, se são amostrais ou populacionais. O coeficiente de correlação amostral é dado pela letra r e o populacional pela letra grega ρ. Suas expressões de cálculo são:

$$r_{X,Y} = \frac{cov_{X,Y}}{s_X \times s_Y} \quad e \quad \rho_{X,Y} = \frac{cov_{X,Y}}{\sigma_X \times \sigma_Y}$$

ou ainda:

$$r_{X,Y} = \rho_{X,Y} = \frac{\sum (X_i - \overline{X}) \times (Y_i - \overline{Y})}{\sqrt{\sum (X_i - \overline{X})^2} \times \sqrt{\sum (Y_i - \overline{Y})^2}}$$

Calculando a correlação entre o Ibovespa e o dólar com os mesmos dados do exemplo anterior, tem-se:

Ano	Dólar (X)	Ibovespa (Y)	$(X_i - \overline{X})^2$	$(Y_i - \overline{Y})^2$	$(X_i - \overline{X}) \times (Y_i - \overline{Y})$
2002	24,6%	– 17%	6,3%	23,8%	– 12,3%
2003	4,8%	97,30%	0,3%	43,0%	3,5%
2004	– 4,7%	17,80%	0,2%	1,9%	0,6%
2005	– 16,8%	27,70%	2,6%	0,2%	0,7%
2006	– 10,6%	32,90%	1,0%	0,0%	– 0,1%
Média	$\overline{X}$ = – 0,5%	$\overline{Y}$ = 31,7%	SOMA = 10,44%	SOMA = 68,86%	SOMA = – 7,63%

$$r_{X,Y} = \frac{-7,63\%}{\sqrt{10,44\%} \times \sqrt{68,86\%}} = -0,28464$$

Aplicação importante da correlação: Investimentos em ativos com semelhantes coeficientes de correlação não contribuem para redução do risco total, visto que todos eles convergem para ganhos quando a situação econômica lhes for favorável, e para perdas em épocas desfavoráveis. Para a redução do risco de carteiras de investimentos, é importante selecionar ativos com diferentes magnitudes de correlação. Ao diversificar a natureza das aplicações, o risco do portfólio reduz-se, sendo os prejuízos eventualmente apurados no setor absorvidos por somente uma parte das aplicações realizadas, e não pelo seu total.

16.8 RETORNO ESPERADO DE UM PORTFÓLIO

A teoria do portfólio trata essencialmente da composição de uma carteira ótima de ativos, tendo por objetivo principal maximizar a *utilidade* (grau de satisfação) do investidor pela relação risco/retorno.

> O retorno esperado de uma carteira composta por mais de um ativo é definido pela média ponderada do retorno de cada ativo em relação a sua participação no total da carteira.

Por exemplo, admita que uma carteira seja composta por duas ações (X e Y). O retorno esperado da ação × é de 20% e o da ação Y, de 40%. Suponha, ainda, que 40% da carteira estejam aplicados na ação X, sendo os 60% restantes representados pela ação Y. Logo, o retorno esperado ponderado da carteira pode ser obtido pela seguinte expressão de cálculo:

$$E(R_p) = \bar{R}_p = W \times R_X + (1-W) \times R_Y$$

em que:

$E(R_p) = \bar{R}_p$ = retorno esperado ponderado da carteira (portfólio);

W = percentual da carteira aplicado na ação X;

$(1 - W)$ = percentual da carteira aplicado na ação Y;

R_x, R_y = retorno esperado das ações × e Y, respectivamente.

Substituindo-se os valores da ilustração na formulação:

$E(R_p) = \bar{R}_p = (0,40 \times 0,20) + [(1 - 0,40) \times 0,40]$
$E(R_p) = \bar{R}_p = 0,08 + 0,24$
$E(R_p) = \bar{R}_p = 0,32 = (32\%)$

Se toda a carteira estivesse representada pela ação X, o retorno esperado atingiria 20%, subindo para 40% se todo o capital fosse aplicado na ação Y. Por apresentar um investimento equivalente a 40% em × e 60% em Y, o retorno esperado ponderado da carteira atinge 32%. Logo, dado o retorno esperado de cada ativo de uma carteira, o retorno esperado de toda a carteira depende da proporção investida em cada ativo que a compõe.

A Figura 16.3 ilustra todos os possíveis retornos esperados dos dois ativos (X e Y), admitindo-se diferentes proporções de investimentos na carteira. A linha descrita no gráfico representa os retornos esperados calculados em cada possível composição.

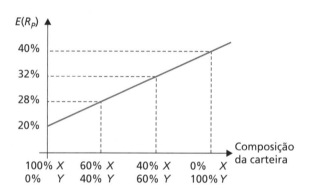

Figura 16.3 Retornos esperados dos ativos X e Y.

Para uma carteira constituída por n ativos, o retorno esperado é obtido pela seguinte expressão de cálculo:

$$E(R_p) = \bar{R}_p = \sum_{i=1}^{n} R_i \times W_i$$

em que: W_j representa a proporção do capital total investido no ativo j; n, o número total de ativos que compõem a carteira e R_j, o retorno esperado do ativo j.

16.9 RISCO DE UM PORTFÓLIO

O risco, conforme foi desenvolvido nas seções precedentes, envolve o estudo de decisões de uma carteira composta preferencialmente de *um só* ativo. Nesse particular, foram ilustrados os vários conceitos de seleção e desenvolvidas medidas de avaliação do risco e retorno das alternativas.

Não obstante essa situação mais simplificada ser válida para diversas ocorrências práticas e permitir, ainda, melhor compreensão de seus principais aspectos conceituais, é importante para o estudo do mercado financeiro que se analise o *risco de uma carteira composta por mais de um ativo*. A orientação formulada que se assume nessas decisões financeiras é selecionar alternativas que levem à melhor *diversificação* e, consequentemente, redução do risco dos investimentos e produza, ao mesmo tempo, um retorno admitido como aceitável no âmbito dos investidores de mercado.

> A diversificação tem por objetivo reduzir o risco de uma carteira pela diluição do capital em muitos ativos. Com isso, procura-se evitar o risco da concentração dos investimentos em um ou poucas alternativas. Por exemplo, uma empresa, que mantenha produtos direcionados a diferentes mercados consumidores, pode compensar eventuais prejuízos em alguns produtos por resultados favoráveis em outros.

O *risco de uma carteira é eliminado* quando os investimentos apresentarem comportamento inverso (oposto), ou seja, coeficiente de correlação igual a –1. Um resultado negativo de um investimento é perfeitamente compensado pelos lucros do outro. Isto é retratado na Figura 16.4.

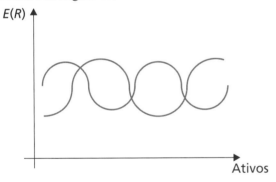

Figura 16.4 Carteiras com correlação negativa.

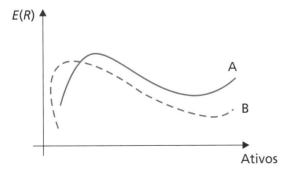

Figura 16.5 Carteiras com correlação positiva.

A existência de aplicações perfeita e negativamente correlacionadas (Figura 16.4) indica a formação de carteiras com investimentos que produzem *retornos inversamente proporcionais*, isto é, quando o retorno de um deles decrescer, o retorno do outro ativo se elevará na mesma intensidade, anulando os reflexos negativos produzidos.

> Na carteira perfeita e negativamente correlacionada, ocorre a eliminação total do risco da carteira, sendo os resultados desfavoráveis verificados em alguns ativos perfeitamente compensados pelo desempenho positivo de outros.

A opção por projetos positiva e perfeitamente correlacionados, conforme demonstra a Figura 16.5, define maior risco dos ativos da empresa por convergirem seus resultados para uma única decisão. Não se verifica uma compensação do risco assumido pelos ativos como no contexto de uma carteira negativamente correlacionada.

> Uma carteira perfeita e positivamente correlacionada pode gerar altos lucros e também elevados prejuízos.

Diversificação na prática: Na prática, no entanto, é extremamente difícil a existência de investimentos com perfeitas correlações positivas ou negativas, conforme ilustradas nas Figuras 16.4 e 16.5. O risco de uma carteira de ativos raramente é anulado pela presença de ativos perfeita e opostamente relacionados, devendo a unidade decisória preocupar-se, nessas condições efetivas, em *minimizar* seu valor, mediante a seleção de ativos cujos retornos apresentam correlações as mais divergentes possível.

> Em suma, o objetivo básico do estudo de carteiras de ativos, de acordo com a moderna teoria formulada do portfólio, é selecionar a carteira definida como ótima com base no critério de investimento proposto na seção anterior, ou seja:
>
> • selecionar a carteira que oferece o maior retorno possível para determinado grau de risco; ou, de forma idêntica;

> • selecionar a carteira que produza o menor risco possível para determinado nível de retorno esperado.

> **!** **IMPORTANTE** ■ a ideia fundamental inserida nessa teoria do portfólio é que o risco particular de um único ativo é diferente de seu risco quando mantido em carteira. Uma grande vantagem das carteiras é que elas permitem que se reduza o risco mediante um processo de diversificação dos ativos que as compõem.

Ilustrativamente, em determinados momentos de expansão dos indicadores gerais da economia, a demanda por certos produtos pode acarretar fortes crescimentos em alguns setores de atividade, e resultados mais modestos em outros. Da mesma maneira, uma redução nas taxas de juros de mercado pode promover maior incentivo às operações em bolsa, elevando seus preços de mercado.

16.9.1 Diversificação do risco

O risco de um ativo qualquer, conforme foi amplamente comentado, pode ser mensurado pela variabilidade dos retornos projetados em torno do retorno esperado, ou seja, pelo grau de dispersão dos retornos em relação à média. A medida estatística usualmente adotada para quantificar o risco de um ativo, como detalhado anteriormente, é o desvio-padrão.

> Quanto maior o desvio-padrão de um ativo, mais difíceis são as suas projeções de resultados (ganhos ou perdas), e maior o risco da decisão.

Por meio do conceito da *diversificação*, é possível esperar que ativos com risco possam ser combinados, no contexto de uma carteira (portfólio), de modo que se apure um risco menor que aquele calculado para cada um de seus componentes. **Importante:**

desde que os retornos dos ativos não sejam perfeita e positivamente correlacionados entre si, há sempre redução do risco da carteira pela diversificação.

Limite da Diversificação: no entanto, essa redução constatada em uma carteira diversificada ocorre até certo limite, sendo impraticável a eliminação total do risco da carteira. Isso é explicado pela enorme dificuldade em encontrar-se na prática investimentos com correlação perfeitamente negativa, ou seja, uma alternativa que oferece um ganho, calculado na mesma intensidade e no mesmo momento que a perda verificada em outro investimento.

O que se consegue, em verdade, é a *minimização do risco*, e não sua eliminação completa. A diversificação procura combinar títulos que apresentam alguma relação inversa entre si, de modo a promover a redução do risco da carteira.

> Essas colocações destacam duas importantes classes de risco associadas a um ativo:
>
> • risco sistemático, ou não diversificável; e
> • risco diversificável, ou não sistemático.

O denominado **risco diversificável** é o que pode ser total ou parcialmente diluído pela diversificação da carteira. Está relacionado mais diretamente com as características específicas do título ou da empresa. Uma carteira bem diversificada, como a Bovespa, por exemplo, pode não conter risco diversificável. Praticamente todo o seu risco é sistemático.

De outro modo, o **risco sistemático** é o que *não pode ser eliminado* (ou reduzido) mediante a diversificação, estando sempre presente na estrutura do portfólio. Carteira de investimentos com correlação inversa consegue reduzir o risco total pela eliminação de parte (ou do total) do risco diversificável, mantendo-se, contudo, o risco sistemático comum a todos os ativos. Exemplos de risco sistemático: inflação, crises políticas, desequilíbrios conjunturais etc.

Graficamente, o conceito de diversificação pode ser representado por meio da Figura 16.6, que apresenta a relação entre o risco (medido pelo desvio-padrão) e a quantidade de ativos inseridos na carteira.

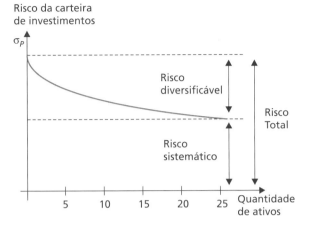

Figura 16.6 Diversificação do risco.

Observe que, conforme se amplia a diversificação da carteira por meio da inclusão de mais títulos, seu *risco total decresce* em função da eliminação do risco não sistemático (diversificável). Esse processo, conforme colocado, é *limitado* pela presença do risco sistemático, comum a todos os títulos. A partir de certo número de títulos, o risco da carteira se mantém praticamente estável, correspondendo unicamente a sua parte não diversificável.

Conclusão: o risco de uma carteira pode ser reduzido mediante a diversificação, permanecendo unicamente a parcela do risco denominado *sistemático*, que está relacionado com o comportamento do mercado em geral. Dessa maneira, ao compor uma carteira de ativos, sua medida relevante passa a ser o risco sistemático, já que o componente *não sistemático* pode ser eliminado pela diversificação.

EXEMPLO ILUSTRATIVO

Admita os seguintes retornos dos ativos A e B para os cenários considerados:

Opção	Probabilidade de ocorrer	Retorno do ativo A	Retorno do ativo B
Otimista	30%	28%	8%
Mais provável	40%	14%	12%
Pessimista	30%	– 4%	7%

Os *retornos esperados de cada título* são calculados a seguir.

$E(R_A) = (28\% \times 30\%) + (14\% \times 40\%) + (-4\% \times 30\%)$

$E(R_A) = 12,8\%$

$E(R_B) = (8\% \times 30\%) + (12\% \times 40\%) + (7\% \times 30\%)$

$E(R_B) = 9,3\%$

Supondo que cada ativo receba 50% do investimento, tem-se o seguinte *retorno esperado da carteira*:

$E(R_p) = (12,8\% \times 50\%) + (9,3\% \times 50\%)$

$E(R_p) = 11,05\%$

O *desvio-padrão* dos retornos dos ativos atinge:

$\sigma_{RA} = [(28,0\% - 12,8\%)^2 \times 30\% + (14,0\% - 12,8\%)^2 \times 40\% + (-4,0\% - 12,8\%)^2 \times 30\%]^{1/2}$

$\sigma_{RA} = 12,4\%$

$\sigma_{RB} = [(8,0\% - 9,3\%)^2 \times 30\% + (12,0\% - 9,3\%)^2 \times 40\% + (7,0\% - 9,3\%)^2 \times 30\%]^{1/2}$

$\sigma_{RB} = 2,2\%$

Para a mesma quantia investida nos dois ativos, o *risco da carteira* calculado pela média ponderada dos desvios-padrão atinge:

$\sigma_p = (12,4\% \times 50\%) + (2,2\% \times 50\%)$

$\sigma_p = 7,3\%$

IMPORTANTE ■ a determinação do risco pela ponderação dos desvios-padrão de cada ativo não é correta, pois não levam em consideração como os retornos se relacionam (covariam) entre si.

Ao se apurar o risco do portfólio com base na ponderação dos retornos de cada ativo, o risco do portfólio diminui para 6,59%, pois essa metodologia incorpora em seus resultados a covariância dos ativos, ou seja:

Estado de natureza	Retorno esperado
Otimista	$E(R) = (28\% \times 50\%) + (8\% \times 50\%) = 18\%$
Mais provável	$E(R) = (14\% \times 50\%) + (12\% \times 50\%) = 13\%$
Pessimista	$E(R) = (-4\% \times 50\%) + (7\% \times 50\%) = 1,5\%$

$$\sigma_p = [(18,0\% - 11,05\%)^2 \times 30\% + (13,0\% - 11,05\%)^2 \times 40\% + (1,5\% - 11,05\%)^2 \times 30\%)]^{1/2}$$

$$\sigma_p = 6,59\%$$

Conclusão: dessa maneira, é possível concluir que, para o cálculo do risco de um portfólio, é necessário levar em consideração não somente a participação e o risco de cada ativo individualmente, mas também como os ativos se correlacionam.

RESUMO

1. Entender o conceito de eficiência de mercado e sua importância na análise de risco.

Um *mercado eficiente* é entendido como aquele em que os preços refletem as informações disponíveis e apresentam grande sensibilidade a novos dados, ajustando-se rapidamente a outros cenários. No contexto de um mercado financeiro eficiente, o valor de um ativo é reflexo do consenso dos participantes com relação a seu desempenho esperado.

Na hipótese de eficiência, o preço de um ativo qualquer é formado com base nas diversas informações publicamente disponíveis aos investidores, sendo as decisões de compra e vendas tomadas com base em suas interpretações dos fatos relevantes. Os preços livremente praticados pelos agentes participantes são normalmente bastante sensíveis às novas informações introduzidas pelo ambiente conjuntural, pelo comportamento do mercado e da própria empresa emitente do título, determinando ajustes rápidos em seus valores.

Toda nova informação relevante trazida ao mercado tida como eficiente tem o poder de promover alterações nos valores dos ativos negociados, modificando seus livres preços de negociação e resultados de análises. Esse comportamento extremamente sensível dos preços de mercado ensina que projeções, que venham a ser efetuadas com relação a determinado cenário futuro, devem sempre incorporar novas informações esperadas, e não somente se basear em dados verificados no passado.

É importante acrescentar que o conceito de eficiência de mercado não implica a permanente presença de preços perfeitos dos diversos ativos transacionados (preços exatamente iguais a seus valores reais). A exigência básica desses mercados é de que os preços não sejam tendenciosos, ou seja, formados de acordo com alguma intenção e interesses individuais.

No ambiente de um mercado eficiente, ainda, os retornos oferecidos pelos diversos investimentos devem remunerar seu risco, principalmente em uma visão a longo prazo.

Um aspecto importante da imperfeição de mercado é o seguinte: não há uma homogeneidade nas estimativas dos investidores com relação ao comportamento esperado do mercado, e de seus diversos instrumentos financeiros. É verificado na realidade prática, ainda, que as informações muitas vezes não estão igualmente dispostas a todos os investidores, conforme preconizado pelo modelo de mercado eficiente, além de não oferecerem acesso instantâneo.

Uma característica de ineficiência é o mercado não ser composto unicamente de investidores racionais. Há um grande número de participantes com menor qualificação e habilidade de interpretar mais acuradamente as informações relevantes. Esse grupo, frequentemente, comete erros em suas decisões, refletindo sobre o desempenho de todo o mercado. Como consequência, é possível observar, algumas vezes, preços inadequados para muitos ativos negociados, ou seja, um desequilíbrio entre o valor real e o preço praticado pelos agentes.

O mercado também não é necessariamente sempre eficiente para valorar os vários ativos negociados, sofrendo forte influência de políticas econômicas adotadas pelo governo, e oriundas, em grande parte, de taxações das operações e restrições monetárias adotadas. Nesse contexto de mercado de baixa eficiência, a preocupação principal está em avaliar se os modelos financeiros produzem resultados mais significativos.

Os investidores atuam no mercado procurando tirar proveito econômico dos desvios temporários dos preços de certos ativos, na expectativa de seus valores voltarem a sua posição de equilíbrio. O ajuste de preços a cada nova informação introduzida no mercado é dependente da capacidade de interpretação e amplitude de sua divulgação entre os participantes.

2. Explicar as principais medidas estatísticas de risco e descrever suas aplicações em finanças.

A *estatística* é um método científico que permite aos usuários analisar, interpretar e tomar decisões sob condições de incerteza. No mercado de capitais, que convive fortemente com a incerteza, a estatística norteia processos reguladores da tomada de decisão e avaliação de risco.

A *média* é a medida mais comum utilizada. As *medidas de dispersão* ou variabilidade indicam a dispersão (distribuição) dos valores do conjunto em torno de sua média. Em outras palavras, mostram o espalhamento dos valores ao redor de uma tendência central, no caso, a média, indicando que, quanto maior for a sua medida, menor será a representatividade (importância) da média, pois estaria indicando um distanciamento muito grande da mesma.

O *desvio-padrão* e a *variância* são as mais importantes e utilizadas medidas de dispersão. A variância, por outro lado, é definida como o quadrado do desvio-padrão, ou analogamente, o desvio-padrão é a raiz quadrada da variância.

O *coeficiente de variação* é uma medida estatística que indica a dispersão relativa, isto é, o risco unitário de um ativo. É uma medida mais exata no sentido de comparação de riscos, por ser uma medida relativa e não absoluta, como é o caso do desvio-padrão. Quanto maior o coeficiente de variação, maior será o risco do ativo. Enquanto o desvio-padrão (e a variância) mede o grau de dispersão absoluta dos valores em torno da média, o coeficiente de variação, geralmente expresso em porcentagem, indica a dispersão relativa, ou seja, o risco por unidade de retorno esperado. A grande utilidade do coeficiente de variação é permitir que se proceda a comparações mais precisas entre dois ou mais conjuntos de valores.

3. Expor as definições e propriedades do retorno esperado, do risco e da volatilidade.

O *retorno esperado* pode ser entendido como o ganho, ou prejuízo, de um investimento feito em determinado período. *Risco* é uma medida quantitativa de variação positiva ou negativa (ganho ou perda) nos retornos de um ativo. O *desvio-padrão* calculado sobre os retornos discretos é chamado de risco. *Volatilidade* são as flutuações que ocorrem em torno da média. Sinônimo de risco, porém com uma metodologia de cálculo diferente. A diferença está na obtenção do retorno. O desvio-padrão calculado sobre os retornos contínuos é chamado de volatilidade.

4. Entender a teoria das probabilidades aplicada a análise de risco, relacionando essa teoria com as operações do mercado financeiro.

Na prática das finanças e, em particular, nas decisões de investimentos, o grau de *incerteza* está intimamente ligado à ocorrência dos eventos em análise. Dessa maneira, desde que seja possível, a maneira de suavizar as condições de incerteza associadas aos negócios consiste na atribuição de probabilidades dos eventos que ocorrerão. Será por meio da probabilidade que se pretende alocar a incerteza ligada a fatores como experiência, ambiente econômico-financeiro e condições de projeções de resultados.

A distribuição de probabilidades não se resume geralmente a um único resultado (evento) esperado, mas a diversos valores possíveis de ocorrer. O raciocínio básico é dividir os resultados esperados (elementos de incerteza da decisão) nos valores possíveis de se verificar, e identificar, em cada um deles, uma probabilidade de ocorrência. Nesse caso, há um conjunto de eventos incertos (variáveis aleatórias), representado pelos resultados possíveis de ser gerados, e estruturados sob a forma de uma *distribuição de probabilidades*.

Uma *probabilidade* é definida como *objetiva* quando se adquire uma experiência passada sobre a qual há uma expectativa de que se repetirá no futuro. Por exemplo, a probabilidade de que um produto saia defeituoso do processo produtivo pode ser obtida historicamente, por meio da relação entre o número de vezes que o produto foi rejeitado pelo controle de qualidade e o número de unidades terminadas em certo período. Ao se repetir por diversas vezes essa observação, mantidas evidentemente inalteradas as condições da atividade, pode-se chegar a um percentual significativo da probabilidade de que sejam fabricados produtos defeituosos.

Enquanto a probabilidade objetiva é proveniente de situações que se repetem identicamente inúmeras vezes, a *probabilidade subjetiva* decorre de eventos novos, sobre os quais não se tem nenhuma experiência prévia relevante. Nessa situação típica de incerteza, a unidade decisória precisa atribuir, de maneira subjetiva, probabilidades aos resultados esperados. Tanto o desvio-padrão como a variância têm por objetivo medir estatisticamente a variabilidade (grau de dispersão) dos possíveis resultados em termos de valor esperado.

5. Abordar a definição de risco no contexto de um portfólio de investimento, destacando a gestão do risco para cada classe de ativos.

Nessa ampla abrangência do entendimento do risco, a avaliação de uma empresa delimita-se aos componentes de seu risco total: *econômico* e *financeiro*.

As principais causas determinantes do *risco econômico* são de natureza conjuntural (alterações na economia, tecnologia etc.), de mercado (crescimento da concorrência, por exemplo) e do próprio planejamento e gestão da empresa (vendas, custos, preços, investimentos etc.).

O *risco financeiro*, de outro modo, está mais diretamente relacionado com o endividamento (passivos) da empresa, sua capacidade de pagamento, e não com as decisões de ativos, conforme definidas para o risco econômico.

O risco *sistemático* é inerente a todos os ativos negociados no mercado, sendo determinado por eventos de natureza política, econômica e social. Cada ativo comporta-se de modo diferente diante da situação conjuntural estabelecida. Não há como evitar totalmente o risco sistemático e a diversificação da carteira de ativos como medida preventiva para redução desse risco, que atua somente sobre o risco diversificável (não sistemático).

O risco definido por *não sistemático* é identificado nas características do próprio ativo, não se alastrando aos demais ativos da carteira. É um risco intrínseco, próprio de cada investimento realizado, e sua eliminação de uma carteira é possível pela inclusão de ativos que não tenham correlação positiva e alta entre si.

A *mensuração do risco* de um investimento processa-se geralmente por meio do critério probabilístico, o qual consiste em atribuir probabilidades – subjetivas ou objetivas – aos diferentes estados de natureza esperados e, em consequência, aos possíveis resultados do investimento. Dessa maneira, é delineada uma distribuição de probabilidades dos resultados esperados e mensuradas suas principais medidas de dispersão e avaliação do risco.

A regra básica de uma *decisão racional* é selecionar os ativos que apresentam o menor risco e o maior retorno esperado. Para um mesmo nível de risco, um investidor racional seleciona o ativo de maior retorno esperado. Ao contrário, quando há dois ou mais ativos que apresentam o mesmo retorno esperado, o investidor racional escolhe sempre aquele de menor risco.

A teoria do portfólio trata essencialmente da composição de uma carteira ótima de ativos, tendo por objetivo principal maximizar a utilidade (grau de satisfação) do investidor pela relação risco/retorno.

O *retorno esperado* de uma carteira composta por mais de um ativo é definido pela média ponderada do retorno de cada ativo em relação a sua participação no total da carteira. O risco é eliminado na hipótese de se implementarem, por exemplo, duas alternativas de investimentos que possuam correlações perfeitamente opostas e extremas, ou seja, que apresentem coeficientes de correlação iguais a -1 e $+1$, respectivamente.

O objetivo básico do estudo de carteiras de ativos, de acordo com a moderna teoria formulada do portfólio, é selecionar a carteira definida como ótima com base no critério de investimento proposto na seção anterior, ou seja: selecionar a carteira que oferece o maior retorno possível para determinado grau de risco; ou, de forma idêntica; selecionar a carteira que produza o menor risco possível para determinado nível de retorno esperado. A ideia fundamental inserida nessa teoria do portfólio é que o risco particular de um único ativo é diferente de seu risco quando mantido em carteira.

Uma grande vantagem das carteiras é que elas permitem que se reduza o risco mediante um processo de diversificação dos ativos que as compõem. O denominado risco diversificável é o que pode ser total ou parcialmente diluído pela diversificação da carteira. Está relacionado mais diretamente com as características básicas do título e do mercado de negociação. De outro modo, o risco sistemático é o que não pode ser eliminado (ou reduzido) mediante a diversificação, estando sempre presente na estrutura do portfólio.

Pode-se afirmar que o risco de um ativo pode ser reduzido mediante um processo de *diversificação*, permanecendo unicamente o elemento sistemático, que está relacionado com o comportamento do mercado em geral. Assim, ao compor uma carteira de ativos, sua medida relevante passa a ser o risco sistemático, já que o outro componente pode ser eliminado pela diversificação.

 TESTES DE VERIFICAÇÃO

1. **Considere as seguintes afirmativas sobre as medidas estatísticas de avaliação e risco:**

   I – A estatística é um método científico que permite apoio aos participantes do mercado de capitais na tomada de decisões em um ambiente de incerteza.

   II – A denominada estatística descritiva objetiva indicar como os valores de um conjunto distribuem-se em relação ao seu ponto central.

   III – As medidas de posição são os valores que visam identificar as características de concentração dos elementos de uma amostra.

   IV – As principais medidas de dispersão utilizadas são a mediana e a moda, pois avaliam o grau de variabilidade de um conjunto de valores em relação a sua média.

   a) As afirmativas I e II estão corretas.
   b) As afirmativas I, II e III estão corretas.
   c) As afirmativas I, III e IV estão corretas.
   d) As afirmativas I e III estão corretas.
   e) As afirmativas III e IV estão corretas.

2. **Classificando em verdadeiro ou falso as alternativas a seguir, tem-se:**

   I – O coeficiente de variação mede estatisticamente o grau de variação de um conjunto de valores em relação ao seu desvio-padrão.

   II – A grande utilidade do coeficiente de variação é permitir que se proceda a comparações mais precisas entre dois ou mais conjuntos de valores.

   III – A mensuração do valor esperado de uma distribuição de probabilidades representa uma média dos vários resultados esperados ponderada pela probabilidade atribuída a cada um desses valores.

   IV – A medida do valor esperado demonstra o risco associado a uma decisão de investimento, uma vez que apresenta o grau de dispersão dos resultados em relação à média.

   V – Em uma decisão de investimento, uma dispersão mais acentuada na distribuição de probabilidades dos seus resultados denota a presença de um maior grau de risco.

   a) I – F; II – V; III – V; IV – F; V – V.
   b) I – F; II – F; III – V; IV – F; V – F.
   c) I – V; II – V; III – F; IV – F; V – V.
   d) I – V; II – V; III – V; IV – F; V – F.
   e) I – F; II – F; III – F; IV – F; V – F.

3. **Preencha as lacunas a seguir com os termos inseridos no quadro:**

discreta	objetiva	contínua	subjetiva

   I – Uma probabilidade é definida como _____ quando se adquire uma experiência passada sobre a qual não resta dúvida de que se repetirá.

   II – A probabilidade _____ decorre de eventos novos, sobre os quais não se tem nenhuma experiência prévia relevante.

   III – Uma variável é entendida como _____ quando assume número de valores finito, sendo, de maneira inversa, considerada _____ na hipótese de assumir um conjunto infinito de valores.

   A ordem correta que completa todas as três sentenças é:

   a) Subjetiva; objetiva; discreta; contínua.

b) Subjetiva; discreta; contínua; objetiva.
c) Objetiva; contínua; discreta; subjetiva.
d) Objetiva; subjetiva; contínua; discreta.
e) Objetiva; subjetiva; discreta; contínua.

4. Sobre correlação e covariância, NÃO podemos afirmar que:

a) A covariância visa identificar basicamente como determinados valores se inter-relacionam.
b) Dois títulos de associações positivas (COV > 0) são capazes de reduzir o risco de uma carteira, pois apresentam associações positivas.
c) Se o retorno de uma ação reduz-se diante de uma alta nas taxas de juros, podemos afirmar que eles apresentam relações inversas e, portanto, a covariância é negativa.
d) O conceito de correlação visa explicar o grau de relacionamento verificado no comportamento de duas ou mais variáveis.
e) Investimentos em ativos com semelhantes coeficientes de correlação não colaboram para a redução do risco total.

5. As medidas estatísticas covariância e correlação medem:

a) Média aritmética simples das variações de duas variáveis.
b) Retorno de um portfólio de duas variáveis.
c) Medida de variação conjunta de duas variáveis.
d) Média ponderada das variações de duas variáveis.
e) O inverso das variações de duas variáveis.

6. Uma aplicação financeira apresenta um retorno histórico constante. Pode-se afirmar que:

a) A variância é igual a 1.
b) A covariância é igual a zero.
c) A variância é igual a zero.
d) A covariância é igual a 1.
e) Não é possível avaliar por medidas estatísticas.

 EXERCÍCIOS PROPOSTOS

1. Uma empresa deseja realizar investimentos no mercado financeiro utilizando seus excedentes de caixa. O gerente financeiro selecionou dois ativos (A e B) para serem analisados. O ativo A apresenta um retorno esperado de 20% e o desvio-padrão do retorno de 16%. O ativo B tem um retorno esperado de 26% e desvio-padrão do retorno de 25%. O gerente financeiro decidiu investir no ativo B. Analise a decisão de investimento tomada.

2. A seguir, são apresentados os retornos esperados da ação de uma empresa de capital aberto e do mercado, considerando três cenários prováveis:

Cenários	Probabilidade	Retorno de mercado	Retorno da ação da empresa
Otimista	30%	24%	18%
Mais provável	50%	16%	12%
Pessimista	20%	6%	-3%

Apure:
a) Retorno esperado da ação da empresa;
b) Retorno esperado do mercado;
c) Desvio-padrão e variância dos retornos da ação da empresa.

3. Com base nos dados dos retornos da ação X e os retornos da carteira de mercado, pede-se:

Data	Retorno da ação X	Retorno da carteira de mercado
20x2	15,2%	14,2%
20x3	16,5%	13,2%
20x4	20,5%	15,6%
20x5	7,52%	9%
20x6	12,6%	8,5%

a) Covariância entre os ativos.
b) Correlação entre os ativos.

4. Determine o desvio-padrão dos títulos A e B, cujos retornos e respectivas probabilidades são dados a seguir:

Título A		Título B	
Retorno	Probabilidade	Retorno	Probabilidade
8%	15%	5%	40%
10%	20%	10%	30%
11%	30%	15%	20%
18%	35%	22%	10%

5. Calcule o retorno esperado, o desvio-padrão e o coeficiente de variação dos investimentos que oferecem os seguintes resultados e probabilidades:

Investimento A		Investimento B	
Resultado esperado	Probabilidade	Resultado esperado	Probabilidade
$ 300	25%	$ 600	26%
$ 400	25%	$ 700	23%
$ 500	18%	$ 200	19%
$ 450	22%	$ 100	15%
$ 200	10%	$ 150	17%

6. Um investimento possui um retorno médio igual a 2% e desvio-padrão igual a 1%. Calcule a probabilidade de que o retorno esperado esteja compreendido entre 1 e 3%. Assuma que os retornos se distribuem segundo uma distribuição normal padrão.

Links da web

https://www.imf.org/external/datamapper/datasets. Portal com informações globais.

https://www.indexmundi.com/. *Site* com informações e fóruns de discussão de índices mundiais.

Sugestão de filme

Sugerimos o filme **Pi**, que discute a hipótese de eficiência informacional dos mercados e uso de estatísticas para análise de mercado acionário.

Sugestão de leitura

ASSAF NETO, Alexandre. **Mercado financeiro**. 15. ed. São Paulo: Atlas, 2021.

DOWNING, Douglas; CLARK, Jeffrey. **Estatística aplicada**. 2. ed. São Paulo: Saraiva, 2003.

LIMA, Fabiano Guasti. **Análise de Riscos**. 3 ed. São Paulo: Atlas, 2023.

Respostas dos Testes de verificação

1. d
2. a
3. e
4. b
5. c
6. c

DECISÕES DE INVESTIMENTOS EM CONDIÇÕES DE RISCO

OBJETIVOS DO CAPÍTULO

1. Mostrar como se calcula o risco associado e um fluxo de caixa de um investimento.
2. Explicar a diferença entre análise de sensibilidade e análise de cenários identificando os conceitos de *value at risk* e ponto de equilíbrio.
3. Definir fluxos de caixa independentes e dependentes e aplicar a teoria das probabilidades à análise das condições de risco.
4. Mostrar as aplicações das árvores de decisões na análise de risco.
5. Introduzir os fundamentos da decisão em risco no contexto de uma carteira de investimentos.

Nas decisões de investimento, o risco pode ser considerado de forma explícita em seus fluxos de caixa esperados. Nesse caso, a taxa de desconto utilizada para a avaliação é considerada como sem risco. De outra maneira, o risco pode ser inserido de forma implícita na taxa de desconto selecionada, sendo definido um prêmio pelo risco assumido.

As decisões financeiras de uma empresa não são geralmente tomadas em ambientes de total certeza com relação a seus resultados previstos. Por estarem essas decisões fundamentalmente voltadas para o futuro, é imprescindível que se introduza a variável incerteza como um dos mais significativos aspectos de estudo.

Toda vez que a incerteza associada à verificação de determinado evento possa ser quantificada por meio da atribuição de probabilidades aos diversos resultados previstos, diz-se que a decisão financeira está sendo tomada em *situação de risco*. Dessa maneira, o *risco* refere-se basicamente à capacidade de mensurar o estado de incerteza mediante o conhecimento prévio das probabilidades associadas à ocorrência de determinados resultados.

Os termos *risco* e *incerteza* são, muitas vezes, tratados indiferentemente neste livro, referindo-se à ocorrência incerta de eventos futuros. Este capítulo dedica-se às técnicas de análise de risco aplicadas às decisões empresariais de investimentos.

> Risco é uma probabilidade de ganho ou perda associada a uma decisão de investimento. Há uma relação direta entre risco e retorno: quanto maior o risco, maior o retorno esperado.

17.1 RISCO DE UM INVESTIMENTO

Como os fluxos de caixa dos projetos não são conhecidos com certeza, são usadas técnicas de avaliação de risco geralmente com base em uma distribuição de probabilidades. *Todas essas técnicas têm por objetivo a mensuração do risco associado aos fluxos de caixa.* São discutidas, a seguir, algumas metodologias de avaliação do risco de um projeto isolado.[1]

17.1.1 Análise de sensibilidade

A *análise de sensibilidade* é uma metodologia de avaliação do risco que revela em quanto o resultado econômico (NPV) de um investimento se modificará diante de alterações em variáveis estimadas dos fluxos de caixa.

EXEMPLO ILUSTRATIVO

Admita os seguintes fluxos incrementais esperados de caixa de um projeto de investimento, conforme apresentados no Quadro 17.1.

O montante do investimento programado é de $ 80,0 mil. Por simplificação, admite-se que os bens permanentes adquiridos serão depreciados totalmente na vida útil estimada de 5 anos, não produzindo valor residual.

Quadro 17.1 Fluxos de caixa incrementais. ($ milhões)

	Ano 1	Ano 2	Ano 3	Ano 4	Ano 5
Receita de Vendas	90,0	130,0	140,0	190,0	250,0
Custos e despesas variáveis (60%)	(54,0)	(78,0)	(84,0)	(114,0)	(150,0)
Custos e despesas fixas	(16,0)	(27,0)	(26,0)	(26,0)	(30,0)
Depreciação	(10,0)	(10,0)	(10,0)	(10,0)	(10,0)
Lucro Operacional Bruto	10,0	15,0	20,0	40,0	60,0
IR (34%)	(3,4)	(5,1)	(6,8)	(13,6)	(20,4)
Lucro Operacional Líquido	*6,6*	*9,9*	*13,2*	*26,4*	*39,6*
Depreciação	10,0	10,0	10,0	10,0	10,0
Fluxo de Caixa Operacional	*16,6*	*19,9*	*23,2*	*36,4*	*49,6*

---

[1] Sobre o assunto, interessantes exemplificações são apresentadas também em: BRIGHAM, Eugene F.; GAPENSKI, Louis C.; EHRHARDT, Michael C. **Administração financeira.** São Paulo: Atlas, 2001. Cap. 13.

A análise de sensibilidade envolve mensurar os resultados líquidos de caixa para cada modificação possível de ocorrer nas variáveis de seus fluxos, auxiliando o administrador financeiro em suas decisões de investimento em condições de risco.

Se for de 15% a.a. o custo de capital a ser aplicado ao projeto, há a seguinte riqueza gerada (NPV):

$$\text{NPV} = \frac{16{,}60}{(1{,}15)^1} + \frac{19{,}90}{(1{,}15)^2} + \frac{23{,}20}{(1{,}15)^3} +$$

$$+ \frac{36{,}40}{(1{,}15)^4} + \frac{49{,}60}{(1{,}15)^5} - 80{,}00$$

$$\text{NPV} = \$\ 10{,}21$$

Para a aplicação da análise de sensibilidade na medição do risco do investimento, são determinadas as repercussões sobre o valor presente líquido (NPV) de variações nas vendas e nos custos e despesas variáveis.

O Quadro 17.2 apura o NPV do projeto, considerando variações percentuais nas receitas esperadas de vendas e nos custos e despesas variáveis orçados. Os cálculos foram efetuados incorporando-se as modificações sugeridas nas vendas e nos custos nos fluxos de caixa do investimento projetado no Quadro 17.1.

Quadro 17.2 Simulação do NPV supondo variações nas receitas e custos.

| Variação | Valor presente líquido (15% a.a.) | |
	Vendas	Custos variáveis
30%	$ 49,93	($ 49,37)
10%	$ 23,45	($ 9,65)
0%	$ 10,21	$ 10,21
–10%	($ 3,03)	$ 30,07
–30%	($ 29,51)	$ 69,79

Com base nos resultados apurados no Quadro 17.2, pode-se concluir que o projeto é mais sensível às mudanças que venham a ocorrer nos custos e despesas variáveis do que nas receitas de vendas. Observe que a *amplitude* do NPV para variações nos custos variáveis é maior do que a descrita para vendas, cobrindo desde uma destruição de valor (NPV < 0) de – $ 49,37, até uma agregação de riqueza de + $ 69,79. Para as vendas, no entanto, variações em seu comportamento situam o NPV de – $ 29,51 até

+ $ 49,93, revelando menor sensibilidade do investimento a essa variável.

Em *termos comparativos*, o projeto mais arriscado é o que apresenta maior sensibilidade; uma alteração na variável selecionada provocará maior modificação no NPV, evidenciando um risco mais elevado do investimento.

17.1.2 Avaliação de cenários

A mensuração do risco por meio do comportamento de *cenários econômicos* incorpora a distribuição de probabilidade no estudo da sensibilidade de um projeto, revelando-se bastante útil ao administrador financeiro.

No exemplo ilustrativo em desenvolvimento, admita que o principal foco de incerteza dos fluxos de caixa encontra-se na *variável vendas*, em que se pode esperar incremento de 30% nas receitas, admitindo-se um cenário otimista (expansão da economia), ou uma queda de 20% no ambiente de um cenário pessimista (recessão).

As probabilidades de ocorrência de cada cenário econômico e seus respectivos NPV são apresentados no Quadro 17.3. Os dados originais são os fluxos de caixa projetados no Quadro 17.1.

Quadro 17.3 NPV para diferentes cenários.

Estado de natureza	Variação nas vendas	Probabilidade	NPV
Recessão	– 5%	30%	$ 3,59
Situação projetada	–	40%	$ 10,21
Expansão	+ 15%	30%	$ 30,07

A partir das informações do Quadro 17.3, são apurados a seguir *NPV esperado, desvio-padrão do NPV* e também seu *coeficiente de variação*.

NPV Esperado: E(NPV)

$$E(\text{NPV}) = \sum_{k=1}^{n} \text{Prob}_k \times \text{NPV}_k$$

$$E(\text{NPV}) = (30\% \times 3{,}59) + (40\% \times 10{,}21) + (30\% \times 30{,}07)$$

$$E(\text{NPV}) = \$\ 14{,}18$$

$$\text{Desvio-padrão do NPV: } \sigma_{NPV}$$

$$\sigma_{NPV} = \sqrt{\sum_{k=1}^{n} \text{Prob}_k \times (NPV_k - E(NPV))^2}$$

$$\sigma_{NPV} = \sqrt{(30\% \times (3,59 - 14,18)^2 + 40\% \times (10,21 - 14,18)^2 + 30\% \times (30,07 - 14,18))^2}$$

$$\sigma_{NPV} = \$ 10,76$$

$$\text{Coeficiente de Variação do NPV: } CV_{NPV}$$

$$CV_{NPV} = \frac{\sigma_{NPV}}{E(NPV)}$$

$$CV_{NPV} = \frac{10,76}{14,18} = 0,76$$

Conclusão: o *coeficiente de variação calculado pode ser comparado com o coeficiente médio de todos os projetos implementados pela empresa.* Indica o desvio-padrão (risco) para cada unidade monetária de riqueza (NPV) esperada do investimento. Se o valor do coeficiente médio situar-se ao redor de 1,0, por exemplo, admite-se que o projeto em avaliação, por apresentar um CV menor, é menos arriscado que a média da empresa.

17.1.3 Análise do ponto de equilíbrio

A *análise de sensibilidade* é muito importante para identificar as variáveis que podem exercer as maiores influências sobre os resultados de um investimento. Ao se identificar aquelas variáveis que mais afetam o NPV de um projeto, podem-se simular diversas possíveis combinações.

Por exemplo, considerando ser a quantidade física de vendas e os custos variáveis de produção as medidas que afetam mais fortemente o retorno de um investimento, pode-se calcular o NPV supondo-se diferentes possíveis combinações entre volume de vendas e custos variáveis de produção.

A *análise do ponto de equilíbrio*, por outro lado, é geralmente focada nas receitas de vendas necessárias para cobrir todos os custos e despesas incorridos, de maneira a produzir um resultado operacional nulo.

As formulações do ponto de equilíbrio são as mesmas desenvolvidas no Capítulo 11, ao se estudar a alavancagem operacional e sua relação com o risco dos negócios.

EXEMPLO ILUSTRATIVO

Considere um projeto com investimento inicial de $ 120,0 milhões, totalmente depreciável pelo critério linear em 12 anos ($ 10,0 milhões/ano). Os custos e despesas variáveis representam 60% do volume de vendas anuais e os custos e despesas fixos anuais de $ 20,0 milhões. O volume estimado de vendas anuais é de $ 150,0 milhões por ano, equivalente a 15 mil unidades. A alíquota do IR a ser utilizada é de 34%. A vida útil estimada do investimento é de 5 anos, e admite-se uma taxa de desconto de 15% ao ano.

De acordo com as informações, tem-se:

Resultado Operacional Líquido – LOP

$$LOP = [150,00 - 60\%(150,00) - 20,00 - 10,00] \times (1 - 0,34)$$

$$LOP = \$ 19,80/ano$$

O volume mínimo de vendas para atingir o *ponto de equilíbrio contábil* (PE), ou seja, para tornar o resultado operacional nulo, é:

Preço unitário: $ 150,0/15   = $ 10,0/unid

Custos variáveis: 60% × $ 10,0   = $ 6,00

Margem de contribuição
unitária   = $ 4,00

Margem de contribuição
percentual: 4,0/10,0   = 40%

$$PE(\$) = \frac{\text{Custos e Despesas Fixas Totais}}{\text{Margem de Contribuição (\%)}}$$

$$PE(\$) = \frac{\$\ 20,00 + \$\ 10,00}{0,40} = \$\ 75,00$$

$$PE(\text{Unidades}) = \frac{\text{Custos e Despesas Fixas Totais}}{\text{Margem de Contribuição Unitária (\$)}}$$

$$PE(\text{Unidades}) = \frac{\$\ 20,00 + \$\ 10,00}{4,00}$$

$$= 7,5\ (\text{mil})\ \text{unidades}$$

Para não apresentar prejuízo contábil, o volume de vendas anual da empresa deve ser, no mínimo, igual a $ 75,0 milhões, equivalente a 7,5 mil unidades. Por exemplo, para um montante de vendas de $ 90,0 milhões, há uma margem de segurança de 16,67%, ou seja, as vendas podem cair 16,67% (de $ 90,0 para $ 75,0 milhões) que a empresa mesmo assim não entraria na área de prejuízo.

Por outro lado, o NPV do investimento para um volume de $ 150,0 milhões de vendas é negativo, indicando falta de atratividade econômica. O cálculo do NPV é feito a seguir:

Fluxo de Caixa Operacional – FCO

FCO = Resultado Operacional Líquido IR + Depreciação

FCO = $ 19,80 + $ 10,00

$= $ 29,80 milhões/ano

Valor Presente Líquido – NPV

$$NPV = \left[\frac{29,80}{(1,15)^1} + \frac{29,80}{(1,15)^2} + \frac{29,80}{(1,15)^3} + \right.$$
$$\left. + \frac{29,80}{(1,15)^4} + \frac{29,80}{(1,15)^5} - 120,00 \right]$$

NPV = ($ 20,11 milhões)

Um projeto somente demonstra atratividade quando o seu NPV for, no mínimo, igual a zero. Nesse ponto em que NPV = $ 0, conclui-se que o capital investido está sendo remunerado exatamente pela taxa mínima de atratividade definida. O ponto de equilíbrio em termos de volume de vendas anuais que gera NPV do investimento nulo é calculado da seguinte maneira:

FCO = {[Vendas – (Vendas × CDV) – CDF Totais] × (1 – IR)} + Depreciação

FCO = {[Vendas – (0,60 × Vendas) – (20,00 + 10,00)] × (1 – 0,34)} + 10,00

FCO = {[0,40 × Vendas – 30,00] × (0,66)} + 10,00

FCO = 0,264 × Vendas – 19,80 + 10,00

FCO = 0,264 × Vendas – 9,80

em que:

CDV = Custos e despesas variáveis

CDF = Custos e despesas fixos

IR = alíquota do Imposto de Renda

O valor presente líquido do fluxo de caixa operacional pode ser expresso pela seguinte expressão:

$$NPV = \left[\frac{FCO}{(1,15)^1} + \frac{FCO}{(1,15)^2} + \frac{FCO}{(1,15)^3} + \right.$$
$$\left. + \frac{FCO}{(1,15)^4} + \frac{FCO}{(1,15)^5} \right] - 120,00$$

Substituindo o FCO por [0,264 × Vendas – 9,80], o volume de vendas produz um NPV = 0 pode ser assim obtido:

$$\frac{0,264 \times \text{Vendas} - 9,80}{(1,15)^1} + \frac{0,264 \times \text{Vendas} - 9,80}{(1,15)^2} + \frac{0,264 \times \text{Vendas} - 9,80}{(1,15)^3}$$
$$+ \frac{0,264 \times \text{Vendas} - 9,80}{(1,15)^4} + \frac{0,264 \times \text{Vendas} - 9,80}{(1,15)^5} - 120,00 = 0$$

Fazendo as simplificações matemáticas, tem-se:

$0,884968946 \times$ Vendas $- 32,85 - 120,00 = 0$

$0,884968946 \times$ Vendas $= 152,85$

$$\text{Vendas} = \frac{152,85}{0,884968946}$$

Vendas = \$ 172,72 milhões

Usando a Calculadora Financeira:

Comandos	Significado
f REG	Limpa os registradores de armazenamento
0,264 g CFj	Fluxo de caixa do ano 1
5 g Nj	Número de repetições do fluxo de caixa
15 i	Taxa de desconto
f NPV	NPV = 0,884968946 – Valor presente do fluxo de 0,264
9,80 CHS g CFj	Fluxo de caixa do ano 1
5 g Nj	Número de repetições do fluxo de caixa
15 i	Taxa de desconto
f NPV	NPV = (32,85) – Valor presente do fluxo de 9,80

O fluxo de caixa operacional anual, para este valor e vendas, atinge a:

$FCO = 0,264 \times 172,72 - 9,80$

$FCO = \$ 35,80$ milhões/ano

Conclusão: para esse fluxo de caixa projetado para 5 anos, e investimento inicial total de \$ 120,0 milhões, o NPV calculado para o projeto é *nulo*, indicando a correção do cálculo do ponto de equilíbrio de vendas. Esse ponto de equilíbrio revela, uma vez mais, o volume mínimo de receitas de vendas que a empresa deve realizar para remunerar o capital investido pela taxa de atratividade selecionada de 15% a.a. Vendas acima desse ponto mínimo irão resultar em agregação de valor para os acionistas, ou seja, em NPV > \$ 0.

Esta análise de sensibilidade por meio do cálculo do ponto de equilíbrio pode se estender para as outras variáveis do investimento. No exemplo ilustrativo, considerou-se a relação entre o NPV e o montante de vendas, supondo as demais variáveis constantes. Outras variáveis poderiam também ser simuladas na avaliação, estendendo o conhecimento sobre os aspectos de maior vulnerabilidade do projeto.

17.2 VALOR ESPERADO E INDEPENDÊNCIA DOS FLUXOS DE CAIXA

Os fluxos de caixa são definidos como *independentes* quando a ocorrência de determinado benefício de caixa no momento t independe, isto é, não apresenta relação de causa, do resultado verificado em período anterior $(t - 1)$.

Nos projetos independentes, os fluxos de caixa previstos não apresentam qualquer relação entre si: são *independentes*.

EXEMPLO ILUSTRATIVO

Admita uma empresa que esteja avaliando um projeto de investimento, tendo elaborado as seguintes projeções com relação aos valores e probabilidades dos fluxos de caixa:

Probabilidades	Fluxos de caixa			
	Ano 1	Ano 2	Ano 3	Ano 4
10%	\$ 30.000,00	\$ 28.000,00	\$ 26.000,00	\$ 26.000,00
30%	\$ 33.000,00	\$ 30.000,00	\$ 28.000,00	\$ 30.000,00
30%	\$ 35.000,00	\$ 32.000,00	\$ 30.000,00	\$ 32.000,00
20%	\$ 38.000,00	\$ 35.000,00	\$ 32.000,00	\$ 35.000,00
10%	\$ 40.000,00	\$ 38.000,00	\$ 35.000,00	\$ 38.000,00

APLICAÇÃO PRÁTICA
Ponto de Equilíbrio no Excel® com comando ATINGIR META

A situação descrita anteriormente pode ser conseguida com uma planilha eletrônica como Excel®, usando-se do comando ATINGIR META. Tal comando pode ser usado quando se conhece o resultado de uma fórmula, no caso NPV = 0, mas não se sabe o valor de entrada da fórmula para se obter o resultado desejado, no caso valor da receita de vendas.

A seguir, é apresentado o fluxo de caixa do projeto de investimentos descrito, com investimento inicial de $ 120,0 milhões e fluxos de caixa operacionais de $ 29,8 milhões, gerados a partir de receitas de vendas de $ 150,0 milhões.

	A	B	C	D	E	F
1						
2		Ano 1	Ano 2	Ano 3	Ano 4	Ano 5
3	Receita de Vendas	150,00	150,00	150,00	150,00	150,00
4	Custos e despesas variáveis (60%)	(90,00)	(90,00)	(90,00)	(90,00)	(90,00)
5	Custos e despesas fixas	(20,00)	(20,00)	(20,00)	(20,00)	(20,00)
6	Depreciação	(10,00)	(10,00)	(10,00)	(10,00)	(10,00)
7	Lucro Operacional Bruto	30,00	30,00	30,00	30,00	30,00
8	IR (34%)	(10,20)	(10,20)	(10,20)	(10,20)	(10,20)
9	Lucro Operacional Líquido	19,80	19,80	19,80	19,80	19,80
10	Depreciação	10,00	10,00	10,00	10,00	10,00
11	Fluxo de Caixa Operacional	29,80	29,80	29,80	29,80	29,80
12						
13						
14	Investimento	(120,00)				
15	Taxa de desconto	15%				
16	NPV	(20,11)				
17	Receita	150,00				

Dessa maneira, na célula B16 consta a seguinte expressão de cálculo do NPV: [=VPL(B15;B11:F11)+B14], o que significa que na célula B15 encontra-se a taxa de desconto de 15%, e nas células da linha 11 e que vai da coluna B até a coluna F (B11:F11) encontram-se os valores dos fluxos de caixa operacionais.

Para se executar o cálculo da receita que gerará um NPV igual a zero, deve-se acionar o comando ATINGIR META, o qual deverá dar como resposta o valor de $ 172,72 milhões, que é a receita que gerará um NPV = 0. Esse comando específico pode ser encontrado em todas as versões do *Microsoft Excel®*. Na versão 2007 encontra-se na guia *Dados*, no grupo *Ferramentas de Dados*, clicando em *Teste de Hipóteses* e, em seguida, clique em *Atingir Meta*.

Na caixa *Definir célula*, insira a referência para a célula que contém a fórmula do NPV, no exemplo, essa é a célula B16. Na caixa *Para valor*, digite o resultado desejado, no exemplo, esse valor é 0. Na caixa *Por alteração*, insira a referência para a célula que contém o volume que deseja ajustar como no exemplo, essa é a célula B17.

Continua

Continuação

	A	B	C	D	E	F
1						
2		Ano 1	Ano 2	Ano 3	Ano 4	Ano 5
3	Receita de Vendas	172,72	172,72	172,72	172,72	172,72
4	Custos e despesas variáveis (60%)	(103,63)	(103,63)	(103,63)	(103,63)	(103,63)
5	Custos e despesas fixas	(20,00)	(20,00)	(20,00)	(20,00)	(20,00)
6	Depreciação	(10,00)	(10,00)	(10,00)	(10,00)	(10,00)
7	Lucro Operacional Bruto	39,09	39,09	39,09	39,09	39,09
8	IR (34%)	(13,29)	(13,29)	(13,29)	(13,29)	(13,29)
9	Lucro Operacional Líquido	25,80	25,80	25,80	25,80	25,80
10	Depreciação	10,00	10,00	10,00	10,00	10,00
11	Fluxo de Caixa Operacional	35,80	35,80	35,80	35,80	35,80
12						
13						
14	Investimento	(120,00)				
15	Taxa de desconto	15%				
16	NPV	-				
17	Receita	172,72				
18						
19						

Atingir meta

Definir célula: B16

Para valor: 0

Alternando célula: B17

OK   Cancelar

A duração do projeto está estimada em 4 anos, demandando um investimento inicial de $ 100.000,00. Os benefícios econômicos anuais de caixa foram projetados em moeda constante, permitindo isolar os efeitos inflacionários sobre os resultados do investimento.

Diante dos resultados apresentados, pode-se apurar o valor esperado dos fluxos de caixa [E(FC)] para cada período previsto do investimento. Assim, para o ano 1, tem-se:

$$[E(FC_1)] = (0,10 \times 30.000,00) + (0,30 \times 33.000,00) + (0,30 \times 35.000,00) + (0,20 \times 38.000,00) + (0,10 \times 40.000,00)$$

$$[E(FC_1)] = 3.000,00 + 9.900,00 + 10.500,00 + 7.600,00 + 4.000,00$$

$$[E(FC_1)] = \$ 35.000,00$$

Para os demais períodos, seguindo os mesmos procedimentos de cálculo:

- $[E(FC_2)] = \$ 32.200,00$
- $[(FC_3)] = \$ 29.900,00$
- $[(FC_4)] = \$ 32.000,00$

> **IMPORTANTE** ■ a adoção dessa taxa isenta de risco é justificada como forma de evitar que se inclua duplamente o risco na avaliação: na taxa de desconto e nos fluxos de caixa. Assim, o NPV esperado de uma alternativa de investimento é determinado da seguinte maneira:
>
> $$NPV = \frac{35.000}{(1,06)^1} + \frac{32.200}{(1,06)^2} + \frac{29.900}{(1,06)^3} + \frac{32.000}{(1,06)^4} = 100.000$$
>
> $$E(NPV) = \$ 12.128,40$$

Considerando que os fluxos de caixa incorporam o risco (são calculados de acordo com a probabilidade de ocorrência), para determinação do *valor presente líquido esperado [E (NPV)]* do projeto, é utilizada, como taxa de desconto, a *taxa de juro livre de risco*. Essa taxa pura é definida de maneira mais simples, conforme estudado na Parte I, pela taxa Selic. Na ilustração, define-se a taxa livre de risco, depurada da inflação, em 6% ao ano.

A seguir, é calculado, ainda de acordo com as formulações estatísticas enunciadas no Capítulo 16, o desvio-padrão dos fluxos de caixa previstos para cada ano, ou seja:

Formulação básica do desvio-padrão (σ)

$$\sigma_1 = \sqrt{\sum_{k=1}^{n} P_k \times (R_k - \bar{R})^2}$$

$\sigma_1 = [0,10 \times (30.000,00 - 35.000,00)^2 +$
$\quad 0,30 \times (33.000,00 - 35.000,00)^2 +$
$\quad 0,30 \times (35.000,00 - 35.000,00)^2 + 0,20$
$\quad \times (38.000,00 - 35.000,00)^2 + 0,10 \times$
$\quad (40.000,00 - 35.000,00)^2]^{1/2}$

$\sigma_1 = [2.500.000,00 + 1.200.000,00 + 0 +$
$\quad 1.800.000,00 + 2.500.000,00]^{1/2}$

$\sigma_1 = \$ 2.828,40$

Para os demais períodos:

$\sigma_2 = \$ 2.856,60$

$\sigma_3 = \$ 2.467,80$

$\sigma_4 = \$ 3.193,70$

Risco dos Fluxos de Caixa: os fluxos esperados de caixa do ano 4, com mais alto desvio-padrão, são os que apresentam maior risco. A menor dispersão dos valores de caixa em relação à média da distribuição ocorre nos valores projetados para o primeiro ano.

Mantendo-se a hipótese de independência dos fluxos de caixa no horizonte de vida do investimento, o desvio-padrão do valor presente líquido, segundo expressão de cálculo adotada em modelos de avaliação de risco,[2] é obtido da seguinte maneira:

---
[2] Ver, por exemplo: VAN HORNE, James C. **Financial management and policy.** 11. ed. New York: Prentice Hall, 1999. p. 167.

$$\sigma = \left[\sum_{k=0}^{n} \frac{\sigma_k^2}{(1 + R_F)^{2k}} \right]^{\frac{1}{2}}$$

R_F *é a taxa de juros livre de risco (Risk Free).*

A expressão de cálculo apura o desvio-padrão do valor presente líquido como a somatória dessas medidas anuais descontadas a uma taxa admitida como sem risco. Substituindo-se os valores do exemplo ilustrativo na expressão, obtém-se a medida do *desvio-padrão da distribuição de probabilidades do NPV*, ou seja:

$$\sigma_{NPV} = \left[\frac{(2.828,40)^2}{(1,06)^2} + \frac{(2.856,60)^2}{(1,06)^4} \right.$$

$$\left. + \frac{(2.467,80)^2}{(1,06)^6} + \frac{(3.193,70)^2}{(1,06)^8} \right]^{\frac{1}{2}}$$

$\sigma_{NPV} = \$ 4.927,10$

17.2.1 Probabilidades de eventos independentes

Se dois ou mais eventos são independentes, a probabilidade de ocorrência de todos os eventos é igual ao produto das probabilidades de cada um deles (probabilidades individuais). Assim:

$$P(A, B, C) = P(A) \times P(B) \times P(C)$$

em que:

P(A, B, C) = probabilidade de ocorrência de A, B e C;

P(A), P(B) e P(C) = probabilidades individuais.

Exemplo Ilustrativo

Considere os seguintes possíveis fluxos de caixa de um projeto de investimento e suas respectivas probabilidades:

Fluxos de caixa			
Ano	Prob. = 20%	Prob. = 50%	Prob. = 30%
0	($ 400)	($ 400)	($ 400)
1	$ 100	$ 140	$ 180
2	$ 100	$ 140	$ 180
3	$ 100	$ 140	$ 180
4	$ 100	$ 180	$ 220

Se os resultados de caixa foram considerados como *independentes*, a probabilidade de os fluxos de caixa ser baixo, médio ou alto, aplicando-se a formulação apresentada anteriormente, atinge:

P(baixo) = 0,20 × 0,20 × 0,20 × 0,20
= $(0,20)^4$ = 0,16%

P(médio) = 0,50 × 0,50 × 0,50 × 0,50
= $(0,50)^4$ = 6,25%

P(alto) = 0,30 × 0,30 × 0,30 × 0,30
= $(0,30)^4$ = 0,81%

Dessa maneira, a probabilidade de ocorrência do pior cenário, se os fluxos de caixa forem independentes, é de 0,16% e do melhor de 0,81%.

A formulação de cálculo da probabilidade de cada cenário foi bastante facilitada pelo fato de o pior fluxo de caixa ocorrer sempre no evento A_i, e o melhor no evento C_i, ou seja:

A_1 = \$ 100 < B_1 = \$ 140 < C_1 = \$ 180
A_2 = \$ 100 < B_2 = \$ 140 < C_2 = \$ 180
A_3 = \$ 100 < B_3 = \$ 140 < C_3 = \$ 180
A_4 = \$ 100 < B_4 = \$ 180 < C_4 = \$ 220

Se isso não se verificasse, deveriam ser obtidas todas as combinações possíveis de fluxos de caixa, construindo-se um conjunto de combinações com as respectivas probabilidades de ocorrência dos eventos.

17.2.2 Uso da curva normal em fluxos de caixa independentes

Admitindo-se, em extensão ao estudo de avaliação de risco, que os resultados esperados da alternativa seguem uma *distribuição normal*, pode-se determinar a probabilidade de o investimento apresentar um valor presente líquido (NPV) superior ou inferior a determinado montante.

A expressão matemática que reproduz a distribuição normal em valor-padrão é definida, conforme estudada no capítulo anterior, da maneira seguinte:

$$Z = \frac{X - \bar{X}}{\sigma}$$

em que:

X = o resultado que se tem por objetivo conhecer;
$\bar{X}$ = a média da distribuição de probabilidades, identificada no exemplo ilustrativo pelo NPV esperado do investimento;
σ = desvio-padrão do valor presente líquido.

Por exemplo, no investimento descrito na seção 17.2 foram calculados:

E (NPV) = \$ 12.128,40

σ_{NPV} = \$ 4.927,10

Para conhecer a probabilidade do NPV do projeto de investimento ser nula ou negativa (NPV ≤ 0), usa-se a seguinte fórmula-padrão da curva normal:

$$Z = \frac{0 - 12.128,40}{4.927,10} = -2,4616$$

Consultando uma tabela de distribuição normal de probabilidades, verifica-se que, sob a curva-padrão, a área entre $Z = 0$ e $Z = -2,4616$ atinge 0,493 (aproximadamente). Como cada metade dessa curva normal tem uma área de 0,50, a curva delimitada para a esquerda de $Z = -2,4616$ é de: 0,5000 – 0,4931 = 0,0069. Isso indica que a probabilidade de o NPV do investimento ser nulo ou negativo é de 0,69%.

De outro modo, esses cálculos podem ser representados da maneira seguinte:

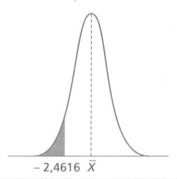

	Probabilidade
Área à esquerda de Z = 0:	0,5000
Área entre Z = – 2,4616 e Z = 0:	0,4931
Probabilidade de NPV ≤ 0:	0,0069 (0,69%)

17.3 FLUXOS DE CAIXA DEPENDENTES NO TEMPO

Fluxos de caixa são classificados como *dependentes no tempo* quando o desempenho do fluxo de um período depende (apresenta algum nível de correlação) dos resultados verificados em períodos precedentes. O pressuposto de dependência envolve esperar fluxos de caixa desfavoráveis no futuro em relação ao passado em condições de evolução negativa da economia. Desempenho positivo da atividade econômica, por outro lado, promove, em situação de dependência dos fluxos de caixa, melhores resultados no futuro.

IMPORTANTE ■ o risco registrado pelos fluxos de caixa dependentes é naturalmente maior que o apurado nas hipóteses de independência dos fluxos de caixa. O nível de correlação dos fluxos de caixa é fator que determina maior risco no processo de decisões financeiras, elevando seu risco à medida que a correlação aproximar-se de 1,0 (correlação perfeita positiva).

A hipótese de dependência dos fluxos de caixa no tempo encontra-se bastante presente nas decisões financeiras tomadas pelas empresas. É pouco provável que um desempenho nitidamente favorável (ou desfavorável) nos períodos iniciais de um investimento, por exemplo, não irá afetar os fluxos de caixa futuros.

A determinação do *desvio-padrão* de fluxos de caixa dependentes no tempo é definida pelos graus de dependência (correlação) que os fluxos apresentam.

Fluxos de Caixa Perfeitamente Correlacionados

Se os fluxos de caixa se apresentarem perfeitamente correlacionados, ou seja, se os resultados de determinado período dependem essencialmente do verificado em períodos anteriores, o *desvio-padrão* é obtido de acordo com a formulação seguinte:

Desvio-padrão de fluxos de caixa perfeitamente correlacionados:

$$\sigma = \sum_{k=0}^{n} \frac{\sigma_k}{(1 + R_F)^k}$$

Ilustração: Cálculo do Desvio-padrão de Fluxos de Caixa Dependentes – Perfeitamente Correlacionados

Visando *ilustrar* a aplicação dessa fórmula, considere os valores da alternativa de investimento discutida anteriormente (exemplo ilustrativo da seção 17.2). Os riscos dos fluxos de caixa, medidos pelo desvio-padrão, foram calculados:

$$\sigma_1 = 2.828,40$$
$$\sigma_2 = 2.856,60$$
$$\sigma_3 = 2.467,80$$
$$\sigma_4 = 3.193,70$$

O desvio-padrão do projeto de investimento, admitindo serem os fluxos de caixa dependentes, e considerando uma taxa livre de risco de 6% a.a., atinge:

$$\sigma = \frac{2.828,40}{1,06} + \frac{2.856,60}{(1,06)^2} + \frac{2.467,80}{(1,06)^3} +$$
$$+ \frac{3.193,70}{(1,06)^4} = \$ 9.812,40$$

Comparativamente ao resultado alcançado na suposição de independência dos fluxos de caixa, constata-se que o desvio-padrão dos fluxos de caixa dependentes é bastante superior, denotando maior risco. Conforme foi discutido anteriormente, quanto menos correlacionados se apresentam os fluxos de caixa, menores riscos esses valores apresentam.

Fluxos de Caixa Moderadamente Correlacionados

Por outro lado, quando os fluxos de caixa apresentam-se de maneira *moderadamente correlacionada*, indica que determinado valor de caixa futuro pode variar dentro de certo intervalo, dependendo dos resultados ocorridos anteriormente. Não há, nessa hipótese de correlação moderada, independência total ou perfeita correlação entre os fluxos de caixa.

Essa situação é normalmente tratada mediante o uso de *probabilidades condicionais,* que permitem identificar a correlação apresentada pelos fluxos de caixa no tempo.

404 Administração Financeira: Teoria e Prática ■ Assaf Neto | Lima

Ilustração: Cálculo do Desvio-padrão de Fluxos de Caixa Dependentes – Moderadamente Correlacionados

Para ilustrar uma distribuição de probabilidades condicionais, admita um investimento de $ 70.000,00, que promete os seguintes fluxos de caixa nos próximos 2 anos:

Ano 1		Ano 2	
Fluxos de caixa	Probabilidades (E_1)	Fluxos de caixa	Probabilidades ($E_{2|E1}$)[1]
$ 50.000,00	60%	$ 60.000,00 $ 70.000,00	60% 40%
$ 40.000,00	40%	$ 50.000,00 $ 60.000,00	50% 50%

1 Probabilidade de ocorrer o evento 2 (E_2) dado que ocorreu o evento 1 (E_1).

Os resultados do investimento permitem que se identifiquem as quatro possíveis combinações de fluxos de caixa, com as seguintes probabilidades combinadas:

Combinações	Fluxos de caixa				Probabilidade combinada
	Ano 1		Ano 2		
	$	Prob.	$	Prob.	
1	50.000,00	60%	60.000,00	60%	0,60 × 0,60 = 0,36
2	50.000,00	60%	70.000,00	40%	0,60 × 0,40 = 0,24
3	40.000,00	40%	50.000,00	50%	0,40 × 0,50 = 0,20
4	40.000,00	40%	60.000,00	60%	0,40 × 0,50 = 0,20

O cálculo do *desvio-padrão* para os fluxos de caixa com correlação moderada é obtido por meio da seguinte fórmula:

Desvio-padrão de fluxos de caixa moderadamente correlacionados:

$$\sigma = \left[\sum_{k=1}^{n} [NPV_k - E(NPV)]^2 \times Prob_k \right]^{\frac{1}{2}}$$

em que: k representa as séries (combinações) possíveis dos fluxos de caixa; NPV_K o valor presente líquido apurado para cada combinação de fluxos de caixa; $E\ (NPV)$, o valor presente líquido esperado (médio) do investimento; $Prob_K$, a probabilidade de ocorrência de cada combinação de fluxos de caixa.

Admitindo-se uma taxa de desconto de 12% a.a. para a proposta de investimento em avaliação, há o seguinte resultado do desvio-padrão:

Combinação	Valor Presente Líquido (NPV)
1	NPV = [50.000,00/1,12 + 60.000,00/1,12²] – 70.000,00 = $ 22.474,50
2	NPV = [50.000,00/1,12 + 70.000,00/1,12²] – 70.000,00 = $ 30.446,40
3	NPV = [40.000,00/1,12 + 50.000,00/1,12²] – 70.000,00 = $ 5.574,00
4	NPV = [40.000,00/1,12 + 60.000,00/1,12²] – 70.000,00 = $ 13.545,90

O valor presente líquido esperado [$E(NPV)$] das combinações dos fluxos de caixa é determinado da maneira seguinte:

$$E(NPV) = (36\% \times \$ 22.474,50) + (24\% \times \\ \$ 30.446,40) + (20\% \times \\ \$ 5.574,00) + (20\% \times \$ 13.545,90)$$

$E(NPV) = \$ 19.221,90$

Utilizando-se a formulação do desvio-padrão sugerida anteriormente:

Combinação	NPV_k −E(NPV)	$[NPV_k - E(NPV)]^2$	$Prob_k$	$Prob_k \times [NPV_k - E(NPV)]^2$
1	3.252,60	10.579.406,80	36%	3.808.586,40
2	11.224,50	125.989.400,20	24%	30.237.456,10
3	− 13.647,90	186.265.174,40	20%	37.253.034,90
4	− 5.676,00	32.216.976,00	20%	6.443.395,20
VAR = σ^2 =$ 77.742.472,60 Desvio-padrão (σ) =$ 8.817,20				

17.4 ÁRVORES DE DECISÃO

As decisões das empresas apresentam geralmente um caráter *sequencial*, em que uma decisão tomada hoje exige novas decisões no futuro. Essencialmente, árvores de decisão são diagramas que permitem representar e avaliar problemas que envolvem decisões sequenciais, colocando em destaque os riscos e os resultados financeiros identificados nos diversos cursos de ação.

> Uma árvore de decisão é um esquema gráfico que expressa, em ordem cronológica, as possíveis decisões alternativas de ação disponíveis, permitindo uma melhor visualização das opções.

Construção de uma árvore de decisão: esse diagrama é constituído por dois tipos de simbologia gráfica denominada nós: *círculos*, em que são identificados os estados de natureza, ou seja, os possíveis cenários alternativos que poderão vir a ocorrer; e *quadrados*, que destacam as decisões possíveis de serem tomadas, ou seja, são os pontos de decisão. Os diversos caminhos a serem percorridos nas decisões, ou seja, os ramos que poderão ser seguidos são representados por retas.

EXEMPLO ILUSTRATIVO – Avaliação de Investimento Usando Árvores de Decisão – Caso Resumido

Considere o *exemplo* apresentado na seção 17.3, e reproduzido a seguir.

Investimento de $ 70.000,00 com duração de 2 anos. Fluxos de caixa previstos para cada período:

Ano 1		Ano 2	
Fluxos de caixa	Probabilidades (E_1)	Fluxos de caixa	Probabilidades ($E_{2|E1}$)
$ 50.000,00	60%	$ 60.000,00 $ 70.000,00	60% 40%
$ 40.000,00	40%	$ 50.000,00 $ 60.000,00	50% 50%

Os resultados previstos do investimento permitem que se identifiquem quatro possíveis combinações de fluxos de caixa, com as seguintes probabilidades combinadas:

Combinações	Fluxos de caixa				Probabilidade combinada
	Ano 1		Ano 2		
	$	Prob.	$	Prob.	
1	50.000,00	60%	60.000,00	60%	0,60 × 0,60 = 0,36
2	50.000,00	60%	70.000,00	40%	0,60 × 0,40 = 0,24
3	40.000,00	40%	50.000,00	50%	0,40 × 0,50 = 0,20
4	40.000,00	40%	60.000,00	60%	0,40 × 0,50 = 0,20

O projeto permite tomar a seguinte decisão:

D_1 = aceitar o investimento

Os eventos possíveis sobre os quais a empresa demonstra incerteza na decisão são os seguintes:

E_1 = ocorrência do FCO do ano 1
E_2 = ocorrência do FCO do ano 2

A Figura 17.1 representa graficamente o modelo de árvore de decisão aplicado ao caso descrito.

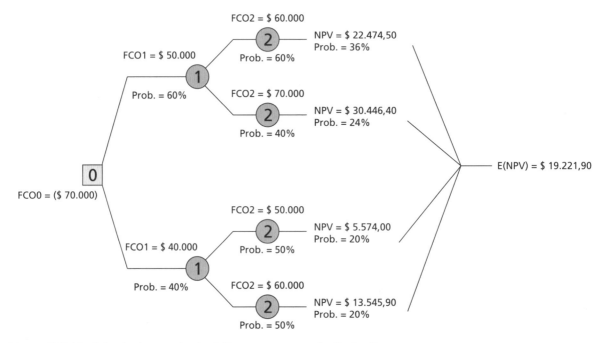

Figura 17.1 Modelo de árvore de decisão para o exemplo ilustrativo.

Desse modo, observa-se que o valor esperado do NPV ponderado pelas probabilidades de ocorrência de cada fluxo de caixa anual é positivo, o que leva a decisão de aceitar o projeto.

EXEMPLO ILUSTRATIVO - Avaliação de Investimento Usando Árvores de Decisão - Caso Completo

A árvore de decisão é também muito utilizada para avaliar oportunidades futuras. Considere o caso ilustrativo da Companhia *Tree*. Diante de uma situação de baixa demanda por seus produtos no mercado interno, a empresa está avaliando colocar seus produtos no exterior mediante contrato de exportação, pelo prazo de 5 anos. Estando ociosa sua atual capacidade de produção, a direção da empresa não vê problemas no momento em atender a essa demanda externa.

A unidade decisória da *Tree* está preocupada, no entanto, com uma possível recuperação das vendas internas, pois sua atual capacidade de produção não permite atender ao mercado nacional em crescimento, e ao contrato de vendas externas, ao mesmo tempo. Se esse crescimento do consumo interno de seus produtos efetivamente ocorrer, a empresa deve decidir sobre as maneiras de elevar sua produção, visando atender integralmente a seus compromissos comerciais.

Um estudo da área econômica da *Tree* prevê que, se essa recuperação do mercado interno ocorrer logo no próximo ano, ela irá manter-se pelos 5 anos. Caso o mercado interno não demonstre crescimento no primeiro ano, dificilmente conseguirá recuperar-se nos anos seguintes.

Ocorrendo a recuperação das vendas no mercado interno, a empresa deve *avaliar três decisões*: (a) restringir a oferta de seus produtos no mercado interno, de maneira que possa cumprir o contrato de exportação; (b) terceirizar algumas fases de seu processo de fabricação de forma que eleve as unidades elaboradas e atenda a toda a demanda de seus produtos; (c) promover novos investimentos em equipamentos e máquinas, visando à elevação de sua capacidade produtiva.

A *primeira alternativa* envolve risco de perda de mercado. Uma avaliação da área mercadológica da *Tree* estima que a participação de mercado possa ser facilmente recuperada no pressuposto de não surgirem novos concorrentes de porte da *Tree*. A retomada da posição de mercado, por outro lado, poderia levar vários anos em ambiente de competitividade, exigindo redução da margem de lucro dos produtos comercializados.

A *decisão de terceirização* acarreta elevação nos custos, devendo a empresa também sacrificar sua margem de lucro no mercado interno para manter seus preços de venda nos níveis atuais.

A *terceira opção* de decisão admite que os novos maquinários entrem em funcionamento quase imediatamente, não estando previsto qualquer período de maturação.

Esse caso introduz um problema de *decisão sequencial*, em que uma decisão no presente envolve a tomada de outras decisões ao longo do tempo. A solução do caso é desenvolvida de maneira mais lógica por meio de *árvores de decisão*.

> Árvores de decisão são técnicas utilizadas para tratamento do risco de investimentos que requerem decisões sequenciais. A técnica facilita bastante a identificação das possíveis consequências futuras de uma decisão.

Para o caso da Companhia *Tree* desenvolvido, há as seguintes possíveis *decisões*:

D_1 = não aceitar o contrato de exportação;

D_2 = aceitar o contrato de exportação;

D_3 = reduzir a oferta de produtos no mercado interno;

D_4 = terceirizar parte da produção;

D_5 = implementar novos investimentos para elevar a produção.

Os *eventos possíveis* sobre os quais a empresa demonstra incerteza na decisão são os seguintes:

E_1 = não ocorre a recuperação do mercado interno;

E_2 = ocorre a recuperação do mercado interno, exigindo maior capacidade de oferta de produtos da *Tree*;

E_3 = perda de participação de vendas no mercado interno é considerada rapidamente recuperável, não impondo reduções relevantes nos resultados financeiros;

E_4 = perda de participação de vendas no mercado interno exige esforço de vários anos e sacrifício da margem de lucro.

A Figura 17.2 representa graficamente o modelo de árvore de decisão aplicado ao caso da Companhia *Tree*.

No *ponto de decisão 1*, deve a *Tree* decidir se aceita ou não o contrato de exportação por 5 anos. Ao não aceitar, existe a incerteza de a demanda interna por seus produtos permanecer no nível baixo praticado atualmente, ou de se verificar expansão do mercado. Isso está identificado no *ponto de incerteza 2*.

Ao aceitar o contrato de exportação, a *Tree* defronta-se com duas possíveis situações de incerteza, conforme definidas em *3*. A primeira é a de o mercado interno não se recuperar. Nesse caso, não existe preocupação da empresa com relação ao atendimento da demanda por seus produtos, pois sua atual capacidade de produção é suficiente para abastecer seus consumidores internos e externos.

Outra incerteza identificada em *3* refere-se à possível recuperação das vendas no mercado interno.

Nessa situação, deve a empresa decidir como elevará sua produção para atender à demanda crescente por seus produtos, conforme orientado pelo *ponto de decisão 4*. Nesse ponto, são relacionadas três alternativas de decisão: *reduzir* as vendas para o mercado interno e atender plenamente os compromissos de exportação; *terceirizar* algumas fases de produção, e com isso agilizar a quantidade fabricada; promover novos *investimentos* para incrementar a capacidade física de produção.

A árvore de decisão da Figura 17.2 demonstra, ainda, que a decisão de restringir as vendas aos consumidores internos envolve a perda de participação de mercado, cuja recuperação constitui-se em outra variável de incerteza, conforme ilustrada no *ponto 5*.

> **IMPORTANTE** ■ por meio do diagrama de árvore de decisão, são destacadas as decisões sequenciais que devem ser tomadas pelas empresas, e as incertezas a que essas decisões conduzem. A estrutura do problema surge de maneira lógica, permitindo melhor entendimento e avaliação da decisão.

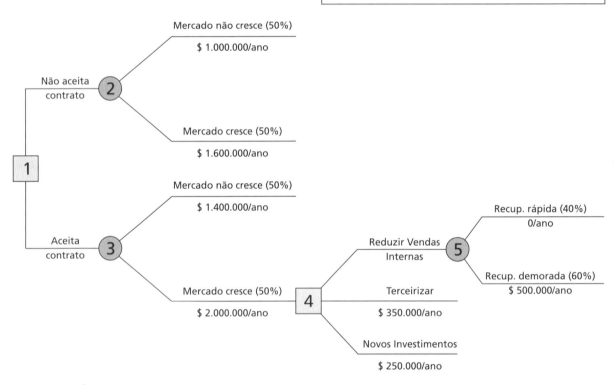

Figura 17.2 Árvore de decisão aplicada ao caso da *Tree*.

Estabelecida a estrutura sequencial do problema por meio da árvore de decisão, o próximo passo é o de atribuir as probabilidades aos estados de natureza e identificar os resultados financeiros a várias decisões possíveis.

Uma avaliação do risco indica que a *Tree* define em 50% a probabilidade de crescimento das vendas do mercado interno, apostando outros 50% na manutenção dos atuais níveis baixos de demanda. Logo, a probabilidade de ocorrência tanto de E_1 como de E_2 é de 50%. Na avaliação da empresa, ainda, há somente 40% de probabilidade de a perda de participação de mercado ser recuperável rapidamente, sem custos adicionais relevantes (E_3). Uma recuperação mais lenta e onerosa à empresa (E_4) tem 60% de chance de se verificar, segundo projeção da área mercadológica.

Em outros termos, a *Tree* também definiu os fluxos operacionais de caixa esperados para suas diversas decisões, conforme são registrados também nas sequências da Figura 17.2. Os fluxos financeiros para o atual nível de demanda de mercado estão definidos em $ 1.000.000/ano, estimando-se uma elevação para $ 1.600.000/ano na possibilidade de crescimento do mercado interno.

Se a decisão for de assinar o contrato de exportação e o consumo se mantiver baixo no mercado interno, os resultados operacionais de caixa estão projetados em $ 1.400.000/ano. Nessa decisão de venda externa, ainda, os fluxos de caixa estimados atingem $ 2.000.000/ano na suposição de recuperação das vendas no mercado interno.

A *Tree* prevê um custo adicional de $ 500.000/ano na hipótese de recuperação lenta e dispendiosa em sua participação nas vendas de mercado. A redução dos fluxos de caixa decorrentes do aumento de custos pela contratação adicional de serviços de terceiros, conforme estabelecido na alternativa D_4, está estimada em $ 350.000/ano. Em outros termos, o custo equivalente anual da decisão de efetuar novos investimentos produtivos está dimensionado em $ 250.000/ano.

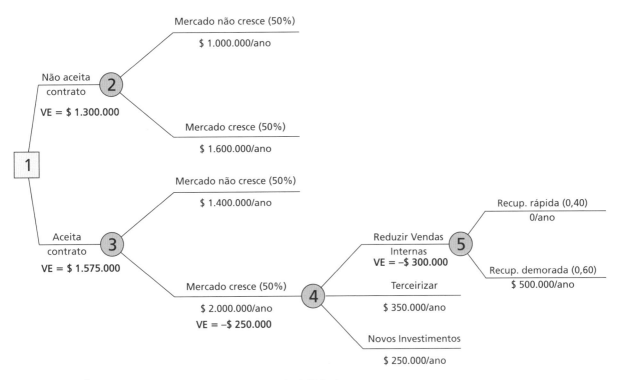

Figura 17.3 Árvore de decisão da *Tree* com probabilidades.

Após a apresentação gráfica do problema por meio da estrutura de uma árvore de decisão, e calculados os resultados operacionais de caixa e incertezas, restam finalmente identificar a melhor estratégia de decisão. Em outras palavras, deve ser selecionada a decisão que promove o maior valor esperado.

A Figura 17.3 ilustra os resultados esperados das possíveis decisões. A decisão de não aceitar o contrato de exportação traz um valor esperado de $ 1.300.000/ano, ou seja:

Valor Esperado (VE) = (0,50 × $ 1.000.000) +
(0,50 × $ 1.600.000)
= $ 1.300.000/ano

Esse cálculo é direto, pois existem somente duas possibilidades (E_1 e E_2). A opção de aceitar vender ao exterior, no entanto, embute outras sequências de decisão e incertezas. *A solução numérica, nesse caso, processa-se de trás para a frente, conforme resultados dimensionados na Figura 17.3.*

Ponto 5

Valor Esperado (VE) = (0,40 × 0) + (0,60) ×
(– $ 500.000)
= – $ 300.000/ano

Ponto 4

Nesse ponto, é selecionado o melhor fluxo de caixa resultante da decisão tomada. Como a decisão de investimento na fábrica produz o menor custo adicional comparativamente a outras alternativas de incrementar a produção, o resultado esperado considerado nesse ponto é de – $ 250.000/ano.

Ponto 3

$$\text{Valor Esperado (VE)} = (0,50) \times (\$\ 2.000.000 - \$\ 250.000) + (0,50 \times \$\ 1.400.000) = \$\ 1.575.000/\text{ano}.$$

Solução do problema: com isso, a solução do problema de eleger a melhor estratégia de decisão é percorrer o caminho que apresenta o maior valor esperado. Diante da avaliação efetuada, deve a *Tree* aceitar o contrato de exportação de seus produtos e decidir, diante de uma situação de recuperação do mercado interno, pela implementação de novos investimentos fabris, conforme sugeridos.

17.5 CÁLCULO DO *VALUE AT RISK* (VAR)

Como visto anteriormente, a *análise de sensibilidade* é uma abordagem feita para avaliar o risco de um projeto de investimento, com o uso de diversas estimativas de retornos possíveis, visando obter uma percepção da variabilidade entre os resultados possíveis.

O risco também pode ser medido por uma faixa, que ficaria entre os piores e os melhores resultados, e quanto maior for essa faixa em um projeto, maior é a variabilidade, ou seja, mais elevado se apresenta o risco.

Essa faixa de variação de risco pode ser obtida por meio do cálculo do valor em risco, ou em inglês *value at risk* (VaR). O VaR nada mais é do que uma metodologia de cálculo do valor esperado da perda máxima, ou da determinação do pior resultado possível dentro de um horizonte de tempo para certo intervalo de confiança.

Em outras palavras, o *value at risk* é uma medida probabilística para valores que indica o quanto se pode perder em um investimento em decorrência da volatilidade do mercado. Tais perdas podem ter como causas as mudanças e/ou oscilações nas taxas de juros do mercado, nas taxas de câmbio, nos preços dos ativos como ações e *commodities,* e de outros valores.

Sempre que se trabalha com intervalo de confiança considera-se uma distribuição de probabilidade as quais estão sujeitas as variáveis a serem medidas. No caso, adota-se a *distribuição normal padrão*.

O VaR é simplesmente um valor múltiplo do desvio-padrão da distribuição multiplicado por um fator de ajuste relacionado diretamente com o intervalo de confiança.

EXEMPLO ILUSTRATIVO – para Cálculo do VaR

Essas medidas de intervalo de confiança foram estudadas no Capítulo 16. Para se estudar o VaR, admita uma empresa em fase de avaliação de um projeto de investimento. As principais informações são apresentadas a seguir:

($ 000)

	Ano 0	Ano 1	Ano 2	Ano 3	Ano 4
Investimento	(30.000,00)	13.710,20	14.282,80	14.855,40	15.428,00

A taxa de desconto aplicada a esse projeto (WACC) é de 18% a.a.

A análise de sensibilidade mede os efeitos das variações positivas e/ou negativas das estimativas do NPV (Valor Presente Líquido) do projeto.

Assim, pode-se calcular o valor presente líquido (NPV) e a taxa interna de retorno (IRR) do investimento:

Cálculo do NPV:

$$\text{NPV} = \frac{13.710,19}{(1,18)^1} + \frac{14.282,78}{(1,18)^2} + \frac{14.855,37}{(1,18)^3} + \frac{15.427,96}{(1,18)^4} - 30.000,00$$

$$\text{NPV} = \text{R\$ } 8.875,48$$

Cálculo da IRR:

$$\frac{13.710,19}{(1+\text{IRR})^1} + \frac{14.282,78}{(1+\text{IRR})^2} + \frac{14.855,37}{(1+\text{IRR})^3} +$$

$$+ \frac{15.427,96}{(1+\text{IRR})^4} = 30.000,00$$

Com auxílio da calculadora financeira HP 12C, tem-se:

Comandos		Significado
f	REG	Limpa os registradores de armazenamento
30.000 CHS g CFo		Fluxo de Caixa Inicial
13.710,19	g CFj	Fluxo de Caixa Operacional do 1º Ano
14.282,78	g CFj	Fluxo de Caixa Operacional do 2º Ano
14.855,37	g CFj	Fluxo de Caixa Operacional do 3º Ano
15.427,96	g CFj	Fluxo de Caixa Operacional do 4º Ano
18	i	WACC
f	NPV	NPV = R$ 8.875,48
f	IRR	IRR = 32,25% a.a.

O cálculo do VaR desse projeto será desenvolvido pela sensibilidade do NPV ao WACC. Para tanto, estima-se o WACC que o projeto poderá assumir nos anos futuros, em decorrência de variações nas taxas de juros e no risco:

Período	WACC
Ano 5	18,0%
Ano 6	19,0%
Ano 7	19,0%
Ano 8	20,0%

Com isso, o valor da média dos WACC nesse período é de 19% a.a. com desvio-padrão de 0,816%. Estas medidas podem ser obtidas por meio dos recursos da calculadora HP 12C, conforme demonstrado a seguir.

Comandos		Significado
f	REG	Limpa os registradores de armazenamento
f	Σ	Limpa os registros estatísticos
18	Σ+	Introduz o primeiro valor
19	Σ+	Introduz o segundo valor
19	Σ+	Introduz o terceiro valor
20	Σ+	Introduz o quarto valor
g	$\overline{X}$	19,0: média das taxas inseridas
g	S	0,816: desvio-padrão da distribuição

A partir desses valores estatísticos, pode-se gerar uma distribuição normal de probabilidade que tenha média 19% a.a. e desvio de 0,816% ao ano, e recalcular o NPV para cada valor médio obtido da distribuição.

Assim, com base nos fluxos de caixa operacionais obtidos com as vendas adotadas nas premissas conforme a tabela a seguir, tem-se:

	Ano 0	Ano 1	Ano 2	Ano 3	Ano 4
FCO Total	$ (30.000,00)	$ 13.710,19	$ 14.282,78	$ 14.855,37	$ 15.427,96

Os cálculos para obtenção da distribuição normal para os valores do WACC podem ser obtidos com o seguinte comando cujos resultados constam na tabela a seguir:

- A coluna probabilidade é calculado no Excel® com a seguinte expressão: $= ALEATÓRIO$ $(\,)$, que gera um número aleatório entre 0 e 1 o qual se atribui uma probabilidade de sorteio sem interferência do usuário.

- A coluna estimação do WACC é obtida como a inversa da distribuição normal com média 19% e desvio-padrão 0,816%. Sua expressão fica: $= INV.NORM$ (probabilidade; média; desvio-padrão).

Valor	Probabilidade	Estimação do WACC	NPV Calculado
1	0,39964	0,18792	$ 8.271,67
2	0,24379	0,18433	$ 8.543,44
3	0,63355	0,19279	$ 7.908,76
4	0,32113	0,18621	$ 8.401,18
5	0,35621	0,18699	$ 8.342,00
6	0,24176	0,18428	$ 8.547,47
7	0,09887	0,17948	$ 8.915,40
8	0,60328	0,19214	$ 7.956,82
9	0,26992	0,18499	$ 8.493,08
10	0,33166	0,18645	$ 8.383,15
11	0,03138	0,17481	$ 9.279,84
12	0,33547	0,18653	$ 8.376,68
13	0,80341	0,19697	$ 7.600,95
14	0,65196	0,19319	$ 7.878,95
15	0,12371	0,18056	$ 8.832,61
16	0,13625	0,18104	$ 8.795,30
17	0,80339	0,19697	$ 7.600,99
18	0,38722	0,18766	$ 8.291,51
19	0,34419	0,18673	$ 8.362,00
20	0,94118	0,20278	$ 7.180,86
21	0,91805	0,20137	$ 7.282,17
22	0,62109	0,19252	$ 7.928,67
23	0,70404	0,19438	$ 7.791,30
24	0,99925	0,21592	$ 6.258,01
25	0,25626	0,18465	$ 8.519,06
26	0,63397	0,19280	$ 7.908,10
27	0,10605	0,17981	$ 8.890,02
28	0,61329	0,19235	$ 7.941,05
29	0,38711	0,18766	$ 8.291,68
30	0,73399	0,19510	$ 7.737,91
31	0,59620	0,19199	$ 7.967,94
32	0,84544	0,19830	$ 7.503,80
33	0,93236	0,20220	$ 7.222,54
34	0,36521	0,18719	$ 8.327,20
35	0,24792	0,18444	$ 8.535,29
36	0,86779	0,19911	$ 7.445,13
37	0,04483	0,17614	$ 9.175,15
38	0,94916	0,20336	$ 7.138,74
39	0,71068	0,19453	$ 7.779,69
40	0,38339	0,18758	$ 8.297,67

De posse desses valores obtidos para o NPV, calcula-se agora o *desvio-padrão* dos resultados encontrados obtendo-se o valor de $ 615,37. A *média dos valores* acima é $ 8.097,59.

Para o cálculo do VaR, precisa-se agora definir qual a probabilidade do intervalo de confiança pelo qual se deseja obter o valor em risco. Considera-se aqui, a título de exemplo, o desejo de obter uma probabilidade de acerto de 95% de confiança. Assim, a fórmula para o cálculo do VaR fica:

$$VaR = Z \times \sigma$$

No caso apresentado, com 95% de confiança o número de desvios para mais ou para menos é de 1,645, e o cálculo do VaR fica:

$$VaR = 1,645 \times 615,37 = \$\ 1.012,28$$

O valor crítico de 1,645 para 95% de confiança é obtido pela tabela normal padrão. De acordo com a tabela, 94,95%, tem Z = 1,64 e 95,05% tem Z = 1,65. Como 95% é a média entre 94,95% e 95,05%, o Z também é a média entre 1,64 e 1,65 dos correspondentes valores de confiança.

Isso significa que o projeto poderia ter NPV variando entre: $ 8.097,59 – $ 1.012,28 = $ 7.085,31 como o menor valor e o valor de $ R$ 8.097,59 + $ 1.012,28 = $ 9.109,87 como o valor maior. O valor de $ 1.012,28 é a máxima perda do projeto com intervalo de confiança de 95%.

Em outras palavras, o VaR de 95% indica que existem 5% de chance de que a empresa perca mais do que $ 1.012,28 no próximo exercício.

Vale lembrar que os principais métodos utilizados para se obter o valor do *value at risk* são: método da covariância, simulação a partir de dados históricos ou via simulação de Monte Carlo.[3]

---

[3] FIGUEIREDO, Antônio Carlos. **Introdução aos derivativos**. 2. ed. São Paulo: Pioneira Thomson Learning, 2005. p. 145.

Resumo

1. **Mostrar como se calcula o risco associado a um fluxo de caixa de um investimento.**

   Toda vez que a incerteza associada à verificação de determinado evento possa ser quantificada por meio da atribuição de probabilidades aos diversos resultados previstos, diz-se que a decisão financeira está sendo tomada em *situação de risco*. Dessa maneira, o risco refere-se basicamente à capacidade de mensurar o estado de incerteza mediante o conhecimento prévio das probabilidades associadas à ocorrência de determinados resultados.

   Como os fluxos de caixa dos projetos não são conhecidos com certeza, são usadas técnicas de avaliação de risco geralmente com base em uma distribuição de probabilidades. Todas essas técnicas têm por objetivo a mensuração do risco associado aos fluxos de caixa.

2. **Explicar a diferença entre análise de sensibilidade e análise de cenários identificando os conceitos de *value at risk* e ponto de equilíbrio.**

   A *análise de sensibilidade* é uma metodologia de avaliação do risco que revela em quanto o resultado econômico (NPV) de um investimento se modificará diante de alterações em variáveis estimadas dos fluxos de caixa. A análise de sensibilidade envolve mensurar os resultados líquidos de caixa para cada modificação possível de ocorrer nas variáveis de seus fluxos, auxiliando o administrador financeiro em suas decisões de investimento em condições de risco.

   A mensuração do risco por meio do comportamento do *cenário econômico* incorpora a distribuição de probabilidade no estudo da sensibilidade de um projeto, revelando-se bastante útil ao administrador financeiro. O método é muito importante para identificar as variáveis que podem exercer as maiores influências sobre os resultados de um investimento.

   A análise do *ponto de equilíbrio*, por outro lado, é geralmente focada nas receitas de vendas necessárias para cobrir todos os custos e despesas incorridos, de maneira a produzir um resultado operacional nulo. Um projeto somente demonstra atratividade quando o seu NPV for, no mínimo, igual a zero. Nesse ponto em que o NPV = 0, conclui-se que o capital investido está sendo remunerado exatamente pela taxa mínima de atratividade definida. Esse ponto de equilíbrio revela, uma vez mais, o volume mínimo de receitas de vendas que a empresa deve realizar para remunerar o capital investido pela taxa de atratividade selecionada. Vendas acima desse ponto mínimo irão resultar em agregação de valor para os acionistas.

3. **Definir fluxos de caixa independentes e dependentes e aplicar a teoria das probabilidades à análise das condições de risco.**

Fluxos de caixa independentes são os fluxos nos quais a ocorrência de determinado benefício de caixa no momento *t* independe, isto é, não apresenta relação de causa, do resultado verificado em período anterior ($t - 1$).

Fluxos de caixa são classificados como *dependentes* no tempo quando o desempenho do fluxo de um período depende (apresenta algum nível de correlação) dos resultados apurados em períodos precedentes. O pressuposto de dependência envolve esperar fluxos de caixa desfavoráveis no futuro em relação ao passado em condições de evolução negativa da economia. Desempenho positivo da atividade econômica, por outro lado, promove, em situação de dependência dos fluxos de caixa, melhores resultados no futuro.

O risco registrado pelos fluxos de caixa dependentes é naturalmente maior que o apurado nas hipóteses de independência dos fluxos de caixa.

O nível de correlação dos fluxos de caixa é fator que determina maior risco no processo de decisões financeiras, elevando seu risco à medida que a correlação aproximar-se de 1,0 (correlação perfeita positiva).

A hipótese de dependência dos fluxos de caixa no tempo encontra-se bastante presente nas decisões financeiras tomadas pelas empresas. É pouco provável que um desempenho nitidamente favorável (ou desfavorável) nos períodos iniciais de um investimento, por exemplo, não irá afetar os fluxos de caixa futuros.

4. **Mostrar as aplicações das árvores de decisões na análise de risco.**

As decisões das empresas apresentam geralmente um caráter *sequencial*, em que uma decisão tomada hoje exige novas decisões no futuro. Essencialmente, *árvores de decisão* são diagramas que permitem representar e avaliar problemas que envolvem decisões sequenciais, colocando em destaque os riscos e os resultados financeiros identificados nos diversos cursos de ação.

Em outras palavras, uma árvore de decisão é um esquema gráfico que expressa, em ordem cronológica, às possíveis decisões alternativas de ação disponíveis para o analista financeiro, permitindo uma melhor visualização das opções.

Esse diagrama é constituído por dois tipos de simbologia gráfica denominados de *nós*: *círculos*, em que são identificados os estados de natureza, ou seja, os possíveis cenários alternativos que poderão vir a ocorrer; e *quadrados*, que destacam as decisões possíveis de serem tomadas, ou seja, são os pontos de decisão. Os diversos caminhos a serem percorridos nas decisões, ou seja, os ramos que poderão ser seguidos são representados por retas. A árvore de decisão é também muito utilizada para avaliar oportunidades futuras.

5. **Introduzir os fundamentos da decisão em risco no contexto de uma carteira de investimentos.**

O retorno desejado de um investimento está associado ao risco do projeto, apresentando cada decisão sua própria taxa mínima de atratividade. Uma taxa de retorno mínima para toda a empresa não leva em conta os diferentes níveis de risco das decisões, não satisfazendo geralmente aos projetos de maneira individual. A análise de risco no contexto de uma carteira de investimentos será desenvolvida no próximo capítulo.

 TESTES DE VERIFICAÇÃO

1. **Com relação ao risco, é incorreto afirmar que:**

    a) Revela uma possibilidade de perda.

    b) É representado pelo desvio-padrão (dispersão dos resultados em relação à média).

c) Relaciona-se fundamentalmente com decisões voltadas para o futuro.

d) É entendido pela capacidade de se mensurar a incerteza de ocorrência de determinados resultados ou valores.

e) Pode ser reduzido em investimentos que possuam correlações positivas.

2. Considere as seguintes características dos ativos:

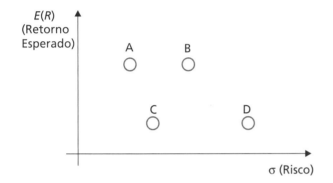

Identifique a alternativa correta:

a) O ativo A é preferível ao ativo B.
b) O ativo B é preferível ao ativo A.
c) O ativo D é preferível ao ativo C.
d) O ativo C é preferível ao ativo A.
e) O ativo D é preferível ao ativo B.

3. A figura a seguir ilustra a distribuição de probabilidade de quatro ativos A, B, C e D. O ativo de maior risco é o ativo:

a) A.
b) B.
c) C.
d) D.
e) Todos os ativos têm o mesmo nível de risco.

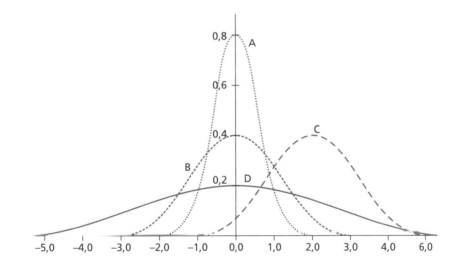

4. Sabe-se que as decisões financeiras são tomadas com base nos retornos e nos riscos esperados que influam diretamente sobre o valor do ativo avaliado. O risco de um ativo isolado é dado pela variabilidade dos retornos esperados. Desse modo, a comparação entre as distribuições de probabilidades possibilita ao tomador da decisão analisar os diferentes graus de risco. Dentre os ativos identificados a seguir, indique o mais arriscado:

Dados estatísticos	Ativo A	Ativo B	Ativo C	Ativo D	Ativo E
Valor esperado	17%	10%	6%	19%	20%
Desvio-padrão	8%	9%	3%	8%	5%
CV	0,47	0,90	0,50	0,42	0,25

a) A.
b) B.
c) C.
d) D.
e) E.

5. Considere um investidor que esteja em dúvida em relação à aquisição de duas ações, A e B, que possuem a mesma rentabilidade esperada e a mesma volatilidade, mas a ação A apresenta maior liquidez no mercado do que a ação B. Dessa maneira, qual seria a melhor decisão para o investidor:

a) Comprar a ação B, pois caso esse papel tivesse a mesma liquidez da ação A, teria a melhor rentabilidade esperada.
b) Compraria a ação A, já que uma mesma rentabilidade esperada e mesma volatilidade, apresenta maior liquidez no mercado.
c) Seria indiferente escolher a ação A ou a ação B, uma vez que ambas as ações têm a mesma rentabilidade esperada.
d) Seria indiferente escolher a ação A ou a ação B, uma vez que ambas têm a mesma volatilidade.
e) Não é possível decidir apenas com as informações fornecidas.

6. Uma empresa está fazendo a análise de um projeto de investimentos cujos resultados esperados e as probabilidades estimadas para cada cenário da economia são apresentados a seguir.

CENÁRIO	NPV	PROBABILIDADES
Recessão	$ – 14.590	20%
Mais Provável	$ 12.450	50%
Otimista	$ 18.400	30%

Nessas condições o NPV esperado é de:
a) $ 13.663.
b) $ 8.827.
c) $ 7.435.
d) $ 5.230.
e) $ 4.410.

Exercícios propostos

1. Uma empresa está avaliando um projeto de investimento envolvendo um capital de $ 600.000. Calcule o valor presente líquido do projeto. A taxa de atratividade é de 7,0% a.a. Os fluxos de caixa esperados e as respectivas probabilidades são apresentados a seguir.

Probabilidade	Fluxos de caixa			
	Ano 1	Ano 2	Ano 3	Ano 4
15%	$ 150.000	$ 420.000	$ 180.000	$ 150.000
20%	$ 160.000	$ 400.000	$ 170.000	$ 140.000
15%	$ 170.000	$ 430.000	$ 200.000	$ 200.000
30%	$ 180.000	$ 500.000	$ 210.000	$ 200.000
20%	$ 190.000	$ 400.000	$ 150.000	$ 150.000

2. Calcule o desvio-padrão do NPV, adotando uma taxa de desconto de 6% a.a. e os seguintes fluxos de caixa independentes estimados:

Probabilidade	Fluxos de caixa		
	Ano 1	Ano 2	Ano 3
20%	$ 900.000	$ 850.000	$ 970.000
25%	$ 850.000	$ 900.000	$ 1.000.000
30%	$ 1.000.000	$ 700.000	$ 600.000
25%	$ 980.000	$ 1.200.000	$ 970.000

O investimento total previsto é de $ 3.000.000.

3. Um projeto de investimento apresenta os seguintes fluxos de caixa e probabilidades de ocorrência, de acordo com os cenários previstos:

Ano	Cenário pessimista Probabilidade = 20%	Cenário mais provável Probabilidade = 60%	Cenário otimista Probabilidade = 20%
0	($ 500.000)	($ 500.000)	($ 500.000)
1	$ 125.000	$ 220.000	$ 300.000
2	$ 125.000	$ 220.000	$ 300.000
3	$ 125.000	$ 220.000	$ 300.000
4	$ 125.000	$ 220.000	$ 300.000

A taxa de atratividade definida para esse projeto é de 16% a.a. Determine:

a) NPV (valor presente líquido) esperado do projeto de investimento (considere que o investimento apresenta risco médio);

b) NPV do projeto para o cenário pessimista e para o cenário otimista.

4. Uma empresa está avaliando uma decisão de investimento em cenário de risco. A diretoria financeira realizou a seguinte análise:

Cenário econômico	Probabilidade de ocorrer	NPV ($ milhões)
Alta recessão	5%	($ 300)
Baixa recessão	15%	($ 35)
Baixo crescimento	60%	$ 95
Alto crescimento	20%	$ 145

A partir dessas projeções, determine o NPV esperado do investimento em análise, seu desvio-padrão e coeficiente de variação.

5. São apresentados a seguir os resultados operacionais anuais de caixa estimados para dois projetos de investimento e suas respectivas probabilidades. A duração dos projetos é de 3 anos.

Probabilidade	Projeto A	Projeto B
30%	$ 128.000	($ 10.000)
40%	$ 145.000	$ 140.000
30%	$ 154.000	$ 410.000

O investimento exigido para cada projeto é de $ 130.000. O projeto de maior risco é avaliado a uma taxa de 15% a.a., e o menos arriscado a uma taxa de 12% a.a. Determine:

a) Fluxo de caixa esperado anual e o desvio-padrão de cada projeto.

b) NPV de cada projeto ajustado ao risco.

6. Uma empresa, desejando encontrar o NPV médio de um projeto de investimentos, realizou uma simulação de Monte Carlo para captar as possíveis taxas de variação do WACC. Uma amostra desses valores para o custo de capital total é: 11,2%; 10,9%; 12,1%; 10,5% e 9,7%. Se os fluxos de caixa do projeto são de $ – 125 mil no ano inicial e $ 35,5 nos 5 anos de vida útil do projeto, estime o VaR desse projeto com 95% de confiança para os valores amostrais dados anteriormente.

Link da web

https://lumivero.com/. *Site* disponibiliza diversos trabalhos sobre decisões em risco.

É um *site* com venda de aplicativo sem relação com os autores ou com a Editora.

Sugestão de leitura

ASSAF NETO, Alexandre. **Finanças corporativas e valor**. 8. ed. São Paulo: Atlas, 2021.

BRIGHAM, Eugene F.; GAPENSKI, Louis C.; EHRHARDT. Michael C. **Administração financeira**. São Paulo: Atlas, 2001.

KAZMIER, Leonard J. **Estatística aplicada à administração e economia**. 4. ed. Porto Alegre: Bookman, 2007.

LIMA, Fabiano Guasti. **Análise de Riscos**. 3. ed. São Paulo: Atlas, 2023.

Respostas dos Testes de verificação

1. e
2. a
3. d
4. b
5. b
6. b

TEORIA DO PORTFÓLIO, RETORNO E CUSTO DE OPORTUNIDADE

OBJETIVOS DO CAPÍTULO

1. Mostrar o processo de cálculo de retorno e risco na seleção de ativos no contexto de carteiras de investimentos.
2. Expor o conceito de investimentos no contexto da teoria do portfólio.
3. Desenvolver o modelo de precificação de ativos de capital e aplicar seus conceitos no cálculo do custo de oportunidade.

O risco de uma carteira depende não somente do risco de cada elemento que a compõe e de sua participação no investimento total, mas também da maneira como seus componentes se relacionam (covariam) entre si.

O modelo do *CAPM* é bastante utilizado nas operações de investimentos, permitindo que se apure a o custo de oportunidade em condições de risco. O *coeficiente beta*, medida de risco do modelo, indica o incremento necessário no retorno de um ativo de forma a remunerar adequadamente o seu risco. É uma medida de *risco sistemático*.

> Carteira (ou portfólio) é um conjunto de ativos – ações, títulos de renda fixa, obrigações, imóveis, projetos de investimentos etc. – cujo objetivo básico é a redução do risco por meio de uma eficiente diversificação do capital aplicado em diferentes alternativas de investimentos.

> O risco total de um investimento pode ser expresso da maneira seguinte:
>
> **Risco Total = Risco Sistemático + Risco Diversificável (Não Sistemático)**
>
> O risco diversificável pode ser quase todo eliminado em carteiras de ativos bem diversificados.

18.1 RISCO DE CARTEIRA DE ATIVOS

Diversificação do Risco de Carteiras

Os preços dos ativos não costumam se movimentar sempre na mesma direção. Se uma ação se valoriza, por exemplo, não indica que necessariamente outra ação deve seguir a mesma tendência. Da mesma maneira, se um projeto apurar um retorno alto em determinado cenário econômico, outro poderá não acompanhá-lo e, inclusive, apresentar resultados baixos.

Em razão deste comportamento não correlacionado dos ativos, é que o investidor prefere distribuir seu capital em vários ativos, eliminando parte do risco do portfólio. É o princípio da *diversificação*.[1]

A *diversificação elimina parte do risco* total da carteira, ou seja, o risco não sistemático (risco diversificável). Risco diversificável, conforme amplamente estudado no Capítulo 16, equivale ao risco próprio da empresa, ou do projeto de investimento em avaliação.

Risco sistemático é o risco que todas as empresas estão sujeitas. Não é possível eliminar o risco sistemático pela diversificação, independentemente do tamanho da carteira.

Para um único ativo, ou para um número reduzido de ativos, o risco diversificável é relevante para o investidor. Para uma carteira com mais ativos, a diversificação elimina parte do risco, tendo importância maior somente o risco sistemático.

> Por exemplo, se um investidor possui somente uma ação, o retorno de seu investimento segue o comportamento dos eventos específicos que afetam a empresa. Se, por outro lado, decidir formar uma carteira com muitas ações, alguns papéis, diante de eventos específicos, podem se valorizar, e outros terem reação inversa, ou seja, perderem valor de mercado.
>
> O efeito total líquido dessas variações de preços das ações sobre a carteira do investidor é bastante reduzido, explicado pela tendência de compensação que os investimentos costumam apresentar. Quanto melhor diversificada se apresentar a carteira do investidor, mais risco não sistemático conseguirá eliminar.

Risco da Carteira

> **! IMPORTANTE** ■ o risco de uma carteira no modelo é determinado pela medida do desvio-padrão. O desvio-padrão de um portfólio de dois ativos não é obtido unicamente pela soma do desvio-padrão de cada ativo ou até mesmo por sua média aritmética ponderada. A expressão de cálculo deve considerar também a covariância entre os ativos, de modo a expressar a contribuição de diversificação sobre o risco do portfólio.

O *desvio-padrão de uma carteira* formada por diversos ativos é função de:

a) desvio-padrão de cada ativo (σ_j);

b) percentual da carreira aplicado em cada ativo (W_j);

c) coeficiente de correlação dos ativos ($CORR_{i,j}$ ou $\rho_{i,j}$), ou covariância ($COV_{i,j}$).

---

[1] O conceito mais moderno de diversificação e risco de portfólio é atribuído, em grande parte, a Harry Markowitz, cuja essência de seu estudo é concentrada na obra **Portfolio Selection**, editada em 1959 pela John Wiley. As formulações utilizadas para cálculo do risco de um portfólio são provenientes do modelo desenvolvido por Markowitz, a quem foi concedido o Prêmio Nobel de Economia em 1999.

Assim, a *redução do risco* de uma carteira pode ser promovida pela seleção de ativos que mantenham alguma relação inversa entre si. Ressaltando colocações anteriores, o *objetivo da diversificação é o de combinar ativos de modo que reduza o risco do portfólio.*

A expressão geral de cálculo do risco (desvio-padrão) de uma carteira que contém n ativos, baseando-se no modelo de portfólio desenvolvido por Markowitz, é a seguinte:

$$\sigma_p = \left[\sum_{i=1}^{n} W_i^2 \times \sigma_i^2 + \sum_{i=1}^{n} \sum_{j=1}^{n} W_i \times W_j \times \rho_{i,j} \times \sigma_i \times \sigma_j \right]^{\frac{1}{2}}$$

Atenção: apesar do tamanho e da aparente complexidade, a fórmula não é difícil de ser aplicada na prática. Na prática, o risco de carteira é calculado por meio de programas de computador amplamente disponíveis. Para ilustrar o uso desta fórmula de risco, o capítulo desenvolve diversas aplicações práticas de cálculo.

Por exemplo, o desvio-padrão de uma carteira composta de *dois ativos* (X e Y) pode ser obtido, a partir da formulação geral enunciada, da seguinte maneira:

$$\sigma_P = [W_X^2 \times \sigma_X^2 + W_Y^2 \times \sigma_Y^2 + 2 \times W_X \times W_Y \times COV_{XY}]^{\frac{1}{2}}$$

em que:

W_X, W_Y = respectivamente, participação do ativo X e do ativo Y no portfólio;

σ_X^2, σ_Y^2 = variância dos retornos dos ativos X e Y, respectivamente;

$COV_{X,Y}$ = covariância entre os ativos X e Y.

Para uma carteira composta de *três ativos* (A, B e C), tem-se:

$$\sigma_P = [W_A^2 \times \sigma_A^2 + W_B^2 \times \sigma_B^2 + W_C^2 \times$$
$$\times \sigma_C^2 + 2 \times W_A \times W_B \times COV_{AB} +$$
$$+ 2 \times W_A \times W_C \times COV_{AC} + 2 \times$$
$$\times W_B \times W_C \times COV_{BC}]^{\frac{1}{2}}$$

e assim por diante.

Correlação e Covariância: tendo por base as formulações estatísticas desenvolvidas no Capítulo 16, sabe-se que a correlação entre dois ativos ($\rho_{X,Y}$) é determinada pela relação entre sua covariância ($COV_{X,Y}$) e o produto de seus desvios-padrão ($\sigma_X \times \sigma_Y$), ou seja:

$$\rho_{X,Y} = \frac{COV_{X,Y}}{\sigma_X \times \sigma_Y}$$

Logo:

$$COV_{X,Y} = \rho_{X,Y} \times \sigma_X \times \sigma_Y$$

18.1.1 Exemplo prático: efeitos da correlação sobre o risco do portfólio

Admita ilustrativamente uma carteira formada por duas ações (A e B), com os seguintes resultados esperados.

	Retorno [E(R)]	Risco Desvio-padrão (σ)
Ação A	15,00%	20,00%
Ação B	26,00%	30,00%

O quadro elaborado a seguir demonstra o retorno esperado da carteira formada com diferentes participações das ações A e B e o risco da carteira adotando-se coeficientes de correlação extremos ($\rho_{A,B} = +1$; $\rho_{A,B} = 0$ e $\rho_{A,B} = -1$).

APLICAÇÃO PRÁTICA
A Beleza dos Números

Para o sábio grego Pitágoras, a matemática nos aproxima dos deuses. A filosofia que trata dos números é a mais elevada das músicas e a música purifica a alma, dizia ele. Os *pitagóricos* entendiam que todas as coisas no universo têm formas que podem ser representadas por números, e estes, por isso, são sagrados. A capacidade de quantificar qualidades era o principal elo entre o homem e as divindades.

Imbuído do mesmo tipo de admiração pela "beleza e simetria" de um modelo matemático, o físico americano Fischer Black (1938-1995), PhD em matemática aplicada, voltou-se para o mundo das finanças e, com a participação do economista canadense Myron Scholes, elaborou, no fim dos anos 1960, uma das mais importantes fórmulas hoje usadas no mercado financeiro, que permite calcular o preço de opções. A biografia de Black foi publicada no livro de Perry Mehring, *Fischer Black and the revolutionary idea of finance*, publicado pela editora Wiley.

Foi Scholes quem, acompanhado do também matemático Robert Merton, recebeu em 1997 o Prêmio Nobel de Economia pela importância da fórmula – originalmente publicada por Black e Scholes em julho de 1970. Até então, o cálculo do preço de opções constituíra objeto de longa disputa intelectual, iniciada nos primeiros anos 1960. Vários economistas, entre os quais Paul Samuelson, do Massachusetts Institute of Technology (MIT), dedicaram-se ao problema, tanto em termos teóricos, como empíricos. Black e Scholes trabalharam intensamente no assunto de 1968 a 1970, em amigável competição com Merton, brilhante discípulo de Samuelson. O reconhecimento da Academia Sueca de Ciências e o Prêmio Nobel vieram em 1997, 2 anos depois da morte de Black.

Mehring fala da resistência da academia e de economistas famosos, como o monetarista Milton Friedman, a dar importância econômica a modelos matemáticos aplicados à melhoria da gestão de fundos. Friedman era um dos professores do grupo que iria avaliar, na Universidade de Chicago, em 1955, a dissertação do conhecido matemático Harry Markowitz, um dos pioneiros no cálculo do risco total de uma carteira de ativos. Friedman quase rejeitou a dissertação de Markowitz, que aplicava técnicas matemáticas e estatísticas para resolver o problema de escolha da melhor carteira possível. A razão: *para Friedman, aquilo não era Economia*. A dissertação de Markowitz acabou sendo aceita, mas ele ficou longe de conseguir nota máxima.

Aos poucos, no entanto, economistas e bancos de investimento foram se rendendo aos matemáticos, físicos e engenheiros, que tomaram conta do mercado financeiro. Foram eles que conseguiram quantificar o que todos os investidores já sabem: quanto maior o risco, maior o retorno exigido. A partir dessa quantificação, a gestão de ativos ganhou caráter mais científico. Os gestores dos fundos que nasciam passaram a contar com instrumentos quantitativos para ajudar em suas difíceis escolhas diárias.

Não foi à toa que o quase rejeitado Markowitz ganhou, na década de 1990, com William Sharpe e Merton Miller, o Prêmio Nobel de Economia. Markowitz foi um dos pioneiros na criação de um modelo matemático/estatístico que mede o efeito da diversificação no risco total de uma carteira de ativos. Ele comparava dois a dois os ativos de uma carteira e via como a variação de seus preços se comportava. Por exemplo, os preços das ações de duas diferentes empresas do setor de aço tendem a subir quando o preço do aço sobe e vice-versa. Portanto, ter essas duas ações em uma carteira significa agregar risco. Já o preço de uma ação do setor de consumo pode subir mesmo com a queda no preço do aço, e sua presença na carteira reduz o risco total.

Foi o modelo de Markowitz, publicado pela primeira vez em 1952, que facilitou o nascimento do *Capital Asset Price Management* (CAPM), ou Modelo de Formação de Preços de Ativos Financeiros, que Fischer Black passou a admirar e aplicar em diversos níveis. O CAPM é a comprovação matemática de que, quanto maior o risco de um ativo, maior o retorno exigido.

Continua

Cap. 18 – Teoria do Portfólio, Retorno e Custo de Oportunidade **423**

Continuação

O único risco que o modelo de CAPM leva em conta é o risco de mercado, o também chamado risco sistemático ou sistêmico, explica o professor. O CAPM considera que os riscos específicos de cada ativo podem ser anulados justamente pela diversificação ampla e eficiente das carteiras, de acordo com o modelo de Markowitz.

A *fronteira eficiente* são as carteiras nas quais, considerando-se determinado risco, o retorno é o máximo ou, visto de outra forma, considerando-se um dado retorno, o risco é o mínimo. As mais eficientes, equilibradas e diversificadas carteiras da fronteira eficiente são as carteiras de mercado. O grande guru de Black, o matemático Jack Treynor, juntou a esses ativos de risco das carteiras de mercado os ativos livres de risco, como, por exemplo, os títulos do Tesouro dos EUA, criando a fronteira geral de investimento. É aí que se encontram as carteiras mais eficientes e equilibradas de todas, de maior índice de Sharpe, ou seja, com maior prêmio de retorno por unidade de risco.

Fonte: Adaptado de **Valor Econômico**, 19 ago. 2005.

Carteiras			Risco da carteira (σ_p)		
Ação A W_A	Ação B W_B	E (R_P)	Correlação perfeita positiva = + 1	Correlação perfeita negativa = – 1	Correlação nula = 0
0%	100%	26,00%	30,00%	30,00%	30,00%
10%	90%	24,90%	29,00%	25,00%	27,07%
20%	80%	23,80%	28,00%	20,00%	24,33%
30%	70%	22,70%	27,00%	15,00%	21,84%
40%	60%	21,60%	26,00%	10,00%	19,70%
50%	50%	20,50%	25,00%	5,00%	18,03%
60%	40%	19,40%	24,00%	0,00%	16,97%
70%	30%	18,30%	23,00%	5,00%	16,64%
80%	20%	17,20%	22,00%	10,00%	17,09%
90%	10%	16,10%	21,00%	15,00%	18,25%
100%	0%	15,00%	20,00%	20,00%	20,00%

IMPORTANTE ■ a área destacada no quadro apresentado anteriormente mostra que é possível, quando correlação for baixa, elaborar uma carteira com risco total inferior ao risco de cada ativo que a compõe. Observe que quando a correlação é alta (no exemplo ρ = + 1), a carteira sempre apresenta um risco maior que o risco de cada ativo individualmente. Quando a correlação se reduz, ou se torna inversa (ρ = 0 e ρ = – 1), é possível formarem-se carteiras com risco inferior ao risco individual dos ativos que a compõem.

O retorno das carteiras $[E(R_p)]$ construídas foi calculado como a média ponderada entre a participação do ativo (seu peso) e o seu devido retorno. Por exemplo, para $W_A = 80\%$, $W_B = 20\%$, tem-se:

$$E(R_P) = 0,80 \times 0,15 + 0,20 \times 0,26$$
$$E(R_P) = 0,12 + 0,052$$
$$E(R_P) = 0,172 \ (17,2\%)$$

O risco de cada carteira formada (σ_P) foi calculado de acordo com o modelo de Markowitz, o qual leva em consideração o risco de cada ativo, sua participação na carteira e a correlação. Por exemplo, para $W_A = 80\%$, $W_B = 20\%$ e $\rho = + 1$, tem-se:

$$\sigma_P = [(0,80^2 \times 0,20^2) + (0,20^2 \times 0,30^2) + (2 \times 0,80 \times 0,20 \times 1 \times 0,20 \times 0,30)]^{1/2}$$
$$\sigma_P = [0,0256 + 0,0036 + 0,0192]^{1/2}$$
$$\sigma_P = [0,0484]^{1/2} = 0,22 (22,0\%)$$

e assim por diante.

Conclusões: o conceito de diversificação de Markowitz, permite que, ao selecionar ativos com correlação perfeitamente negativa, seja eliminado todo o risco da carteira. No quadro elaborado anteriormente, uma carteira constituída com 60% da ação *A* e 40% da ação *B*, e admitindo-se um índice de correlação $\rho = - 1$, apura um *risco nulo* ($\sigma_P = 0$). Essa situação, como observada anteriormente, é bastante difícil de verificação prática, impedindo que se elimine todo o risco.

A diversificação, conforme proposta por Markowitz, permite a redução ou até a eliminação total do risco diversificável (não sistemático) de um portfólio. Fica, porém, sempre presente a parcela do *risco sistemático.*

> **!** **IMPORTANTE** ■ é importante que se acrescente, ainda, que a diversificação, quando utilizada com propósito de redução do risco, não é uma decisão aleatória. Deve sempre ser elaborada observando-se as *correlações* dos retornos dos ativos, de maneira a estabelecer-se a melhor composição possível de uma carteira.

Os efeitos da diversificação sobre o risco de uma carteira costumam ser bastante relevantes na maioria dos mercados financeiros. Alguns estudos publicados demonstram que, no mercado acionário, a diversificação é capaz de promover a redução de mais da metade do risco da carteira.

Com base nos valores esperados e riscos calculados para as diversas combinações possíveis da carteira, deve o investidor, considerando sua curva de indiferença, isto é, seu grau de aversão ao risco, eleger a melhor combinação possível de ativos. O objetivo desta seleção é o de atender satisfatoriamente a sua expectativa com relação ao dilema do risco e retorno, presentes nas decisões de investimento.

Projetos de Investimento no Contexto de Carteiras

Uma restrição importante à análise de risco isolado de projeto, é que os métodos não consideram as correlações que os investimentos podem apresentar entre si. O Capítulo 17 e o atual abordam, de modo detalhado, os efeitos que uma diversificação de ativos podem determinar sobre o risco de uma carteira. Se a correlação do projeto em avaliação com outros ativos for inversa (ou positiva baixa), o investimento mostra-se capaz de reduzir o risco da empresa. Ao contrário, se a correlação for positiva, o ativo pode apresentar-se mais arriscado do que possa parecer.

Em verdade, o risco de uma empresa pode ser entendido como uma carteira constituída por diversos projetos. O *risco de uma empresa* é dependente do risco de cada projeto (desvio-padrão) e da correlação de seus retornos com outros ativos da empresa. Em uma carteira bem diversificada, o risco isolado de um projeto pode ser maior que seu risco se mantido no contexto de uma carteira.

18.2 RISCO, RETORNO E CUSTO DE OPORTUNIDADE

Um dos aspectos mais relevantes do desenvolvimento recente da teoria de finanças e risco é o conhecido modelo de precificação de ativos, amplamente

APLICAÇÃO PRÁTICA
Quais os principais mitos por trás da alocação de ativos?

A gestão eficiente de investimentos pessoais requer por parte do aplicador um entendimento claro de seu horizonte de investimento, objetivos, limitações orçamentárias e tolerância ao risco. A combinação de todos esses fatores, e nunca apenas um de maneira isolada, é o que definirá a estratégia de investimento apropriada, na qual a alocação de ativos é uma peça-chave.

A teoria moderna de gestão de portfólio nasceu na década de 1950 com a publicação do livro *Seleção de portfólio*, por Harry Markowitz, segundo o qual a maioria dos investidores prefere retornos elevados com um mínimo de flutuação sobre o patrimônio investido. Assim, para Markowitz, o aplicador pode criar uma carteira eficiente, olhando não apenas ativos individuais, mas explorando as diferentes correlações entre os diversos ativos financeiros. É a distribuição dos recursos entre modalidades de aplicações que resultará em um portfólio eficiente. Tal distribuição nada mais é do que a alocação de ativos, a qual pode ser de duas modalidades:

1. alocação estratégica;
2. alocação tática.

A primeira é por natureza passiva e tem por objetivo alinhar a distribuição de recursos entre ativos financeiros de modo a criar uma carteira compatível com os objetivos, limitações orçamentárias e tolerância ao risco do investidor em questão. Tais características tendem a ser relativamente estáveis ao longo do tempo, o que justifica o caráter passivo da alocação estratégica. Apenas mudanças substanciais do perfil financeiro do investidor deveriam causar uma revisão dessa modalidade de alocação.

No tocante à alocação tática, é um modo de procurar agregar valor à carteira por meio de *timing*, isto é, a tentativa de antecipar movimentos dos diferentes mercados e privilegiar ou evitar a alocação em certas classes de ativos tomando por base a alocação estratégica suportada pela análise de tendências e projeções. Há grande crítica na literatura especializada à alocação tática para carteiras com largo horizonte de investimento, para as quais o principal fator de *performance* parece ser oriundo da gestão paciente e disciplinada da alocação estratégica.

Observando as flutuações da carteira nesse período, o aplicador poderá avaliar se está confortável ou não com as oscilações resultantes dessa alocação, podendo alterá-la ao término de um ano conforme sinta-se mais ou menos confortável com a exposição em risco que possui frente aos retornos auferidos pela carteira. Dessa maneira, a alocação estratégica, apesar de ser considerada uma gestão passiva, é na verdade um processo que requer adaptação contínua às reações e alterações da realidade do investidor.

Por fim, vale mencionar que o critério de avaliação de sucesso utilizado pelo investidor não deve ser apenas uma comparação do retorno da carteira frente a um índice de ações ou uma taxa de juros como o CDI. Ainda que tais dados sejam úteis para avaliar a habilidade de gestão de administradores de recursos, para o investidor que observava sua alocação global, o único indicador relevante é uma comparação direta entre o retorno total do portfólio (cujo risco já foi levado em conta na alocação estratégica) e um índice de preços que reflita seus padrões de consumo. Um índice de preços ao consumidor, como o IPCA, pode ser o indicador de sucesso mais adequado à pessoa física, uma vez que o crescimento sustentado de seu poder de compra e patrimônio são os ingredientes fundamentais para avaliar seu sucesso financeiro.

Fonte: Adaptado de **Valor Econômico**, 9 jun. 2005.

divulgado por *Capital Asset Pricing Model* (CAPM).[2] Esse modelo é derivado da teoria do portfólio estudada e busca, mais efetivamente, uma resposta de como devem ser relacionados e mensurados os componentes básicos de uma avaliação de ativos: **risco e retorno**.

> O CAPM é bastante utilizado nas várias operações do mercado de capitais, participando do processo de avaliação de tomada de decisões em condições de risco. Por meio do modelo, é possível também apurar-se a taxa de retorno requerida pelos investidores. O coeficiente beta, medida obtida do modelo, indica o incremento necessário no retorno de um ativo de modo a remunerar adequadamente seu risco sistemático.

18.2.1 Reta característica

A *reta característica* permite que se relacione, dentro do modelo de precificação de ativos, o comportamento de um título (ou carteira específica de títulos) com a *carteira de mercado*. Procura descrever como as ações, por exemplo, movem-se diante de alterações verificadas em todo o mercado.

> Carteira de mercado é formada, na teoria, por todos os ativos negociados na economia, como ações, títulos de renda fixa, imóveis, moedas estrangeiras etc. Por ser inviável na prática a constituição de um portfólio com todos estes ativos, admite-se que a carteira de mercado seja constituída pelo índice da bolsa de valores. Por exemplo, a carteira de mercado no Brasil é representada pelo índice Bovespa, nos EUA pelo índice Nyse (ou Dow Jones), e assim por diante.

---

[2] O desenvolvimento da teoria a ser exposta neste capítulo é atribuída a diversos autores. No entanto, é necessário citar os pioneiros e relevantes trabalhos publicados por: SHARPE, Willian F. Capital assets prices: a theory of market equilibrium under conditions of risk. **Journal of Finance**, Sept. 1964; MARKOWITZ, Harry. **Portfolio selection.** New York: John Willey, 1959; LINTNER, J. The valuation of risks assets: the selection of risk investments in stock portfolios and capital budgets. **Review of Economics and Statistics**, Feb. 1965; MOSSIN, J. Equilibrium in a capital asset market. **Econometrica**, Oct. 1966.

> A carteira de mercado é considerada como a carteira de menor risco. Por ser bastante diversificada, parte de seu risco foi eliminada pela diversificação (risco diversificável), permanecendo, contudo, o risco sistemático.

Na prática, percebe-se uma correlação positiva entre as ações e o mercado, distinguindo-se, no entanto, as intensidades que variam. Assim, se o mercado apresentar uma valorização, as ações também tendem a crescer, porém não necessariamente com a mesma força. Por meio dessa verificação prática, é possível prever-se os resultados proporcionados por uma ação, dado o desempenho esperado do mercado.

Relação entre um Título e a Carteira de Mercado

A relação entre os retornos de um título e os retornos da carteira de mercado pode ser desenvolvida por meio de *dados históricos*, admitindo-se nessa situação que os retornos verificados no passado sejam previsivelmente repetidos no futuro, ou mediante certas *estimativas* de valores futuros esperados.

Os retornos dos ativos e da carteira de mercado são plotados em um gráfico, que permite a obtenção da denominada **reta característica**. Diante da correlação positiva esperada dessas variáveis, a reta característica é obtida mediante regressão linear. Nessa regressão, é identificada uma importante medida: o coeficiente **beta** (β), o parâmetro angular (inclinação) da regressão.

A Figura 18.1 ilustra a equação de regressão linear de uma relação verificada nos últimos anos entre o retorno de determinada *ação* (ação de Cia. *j*) e o retorno da *carteira de mercado*. Ao relacionar informações passadas, a reta linear característica permite estabelecer uma tendência do comportamento da ação ao longo do tempo.

Equação da reta característica

A equação da reta característica, de acordo com a equação da reta ($y = a + bx$), é expressa da maneira seguinte:

$$R_j - R_F = \alpha + \beta(R_M - R_F)$$
$$R_J = R_F + \alpha + \beta(R_M - R_F)$$

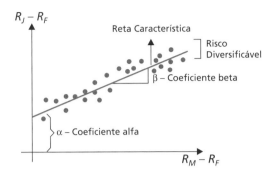

Figura 18.1 Retornos de uma ação e retorno da carteira de mercado.

em que:

R_j = retorno esperado da ação da Cia. *j*, em cada ano do horizonte de tempo estudado;

R_F = taxa de juros de títulos livres de risco (*risk free*);

R_M = retorno da carteira de mercado;

$R_j - R_F$; $R_M - R_F$ = respectivamente, retorno adicional da ação da Cia. *j*, e do mercado, em relação ao retorno dos títulos sem risco (prêmio pelo risco);

β = coeficiente beta. Parâmetro angular (inclinação da reta de regressão) da reta de regressão, que identifica o risco sistemático do ativo em relação ao mercado;

α = coeficiente alfa. Parâmetro linear da reta de regressão, representa o ponto onde a reta de ajuste corta o eixo da variável Y (ordenado de origem).

18.2.2 Coeficiente beta e risco sistemático

O coeficiente *beta*, obtido da reta característica, exprime o *risco sistemático* de um ativo. Admite-se que a carteira de mercado, por conter unicamente risco sistemático (o risco não sistemático foi todo eliminado pela diversificação), apresenta um beta igual a 1,0.

> O **beta** mede a sensibilidade de um ativo em relação às movimentações da carteira de mercado. Quanto maior o beta de um investimento, mais alto o seu risco.

Pela equação da reta característica, quanto *maior for o beta*, mais elevado se apresenta o *risco* da ação, e, ao mesmo tempo, maior seu *retorno esperado*. O coeficiente beta determina o grau de inclinação da reta característica, revelando como o retorno em excesso de uma ação se move em relação ao retorno em excesso do mercado todo.

Risco do Ativo = Risco Sistemático de Mercado

Quando o beta de um ativo for exatamente *igual a 1,0*, diz-se que a ação se movimenta na mesma direção da carteira de mercado, em termos de retorno esperado, ou seja, o risco da ação é igual ao risco sistemático do mercado todo.

O *beta* de mercado é igual a 1,0, e todos os outros *betas* são referenciados a essa medida. Se o mercado subir 5,0%, ou cair 3,0%, por exemplo, espera-se que o ativo acompanhe essas variações. O movimento do retorno da ação acompanha o movimento de retorno de mercado.

Risco do Ativo > Risco Sistemático de Mercado

Uma ação com beta *maior que 1,0* retrata um risco sistemático mais alto que o da carteira de mercado, sendo por isso interpretado como um investimento "agressivo". O retorno em excesso da ação, nessa situação, é esperado variar na mesma direção, porém proporcionalmente maior ao de mercado.

Por exemplo, se o *beta* de uma ação for de 1,2, diz-se que o ativo possui uma capacidade de retorno 1,2 vez maior que a do mercado. Nesse caso, para cada 1,0% de variação positiva no retorno da carteira de mercado, é esperado uma variação de 1,2% no retorno do ativo.

Ao contrário, se o retorno de mercado cair 1,0%, o retorno da ação, por ter mais risco que a carteira de mercado (beta > 1), cai mais, atingindo – 1,2%.

> **MAIOR O BETA, MAIOR O RISCO DO ATIVO EM RELAÇÃO AO RISCO DE MERCADO, E MAIOR DEVE SER O RETORNO EXIGIDO.**

Risco do Ativo < Risco Sistemático de Mercado

Quando beta é inferior a 1,0, tem-se um ativo caracteristicamente "defensivo", demonstrando um risco sistemático menor que o da carteira de mercado. O retorno da ação movimenta-se em direção oposta ao retorno de mercado.

Por exemplo, se $\beta = 0,80$ e $R_M = 15\%$, o retorno da ação atinge somente 12% ($0,80 \times 15\%$), equivalente a 80% da taxa de mercado. Por outro lado, se $R_M = -15\%$, a desvalorização da ação atinge somente 80% de seu valor, ou seja: $-15\%\ 0,80 = -12\%$.

> MENOR O BETA, MENOR O RISCO DO ATIVO EM RELAÇÃO AO RISCO DO MERCADO, E MENOR O RETORNO EXIGIDO.

Beta de Carteira de Ativos

Na avaliação do risco de uma carteira, o beta é entendido como a média ponderada de cada ativo contido na carteira, sendo determinado pela seguinte expressão:

$$\beta_P = \sum_{i=1}^{n} \beta_i \times W_i$$

em que: β e W_i representam, respectivamente, o coeficiente beta (risco sistemático) e a participação relativa de cada ativo incluído na carteira, e β_P, o beta da carteira.

Risco Não Sistemático

O risco *não sistemático* (diversificável) é identificado pela dispersão dos retornos dos títulos em relação aos movimentos de retorno da carteira de mercado, conforme ilustrado na reta característica. O gráfico da Figura 18.1 ilustra o risco não sistemático por meio dos pontos dispersos em torno da reta característica.

Quanto maior a dispersão apresentada na reta de regressão, mais alto é o risco diversificável de um ativo. A redução ou, até mesmo, a eliminação do risco não sistemático de uma carteira é processada, conforme amplamente demonstrado, neste capítulo e no anterior, pela diversificação dos investimentos. Em consequência, para uma carteira bem diversificada, o risco relevante para o investidor é o risco sistemático, que não pode ser eliminado pela diversificação.

> **Exemplo de risco diversificável:** uma indústria automobilística apresentou, em determinada época, na qual o mercado manteve nítida tendência de alta, um declínio nas taxas de retorno de suas ações. Isso foi explicado por uma falha no projeto dos veículos novos lançados no mercado, a qual acarretou sérios problemas aos consumidores.
>
> Esse fato peculiar da empresa, que não apresenta nenhuma relação com o comportamento do mercado como um todo, foi capaz de deslocar o retorno da ação da reta característica. O risco assim assumido pelas ações dessa empresa, que não se apresenta relacionado às flutuações do mercado (está associado ao próprio título), pode ser evitado por um processo de diversificação da carteira. É o denominado risco não sistemático ou diversificável.

18.2.3 Medindo o risco sistemático

Para efeitos de uma aplicação prática de determinação da reta característica, considere os valores que têm por base as taxas de retorno anuais em excesso das ações da Cia. *j,* e as do mercado todo, referentes aos sete últimos anos, conforme apresentadas no quadro a seguir.

Observe que a ilustração considera dados históricos (passados) para formular predições futuras. Evidentemente, essas situações, muitas vezes verificadas na prática, requerem certas similaridades entre os fatos ocorridos e aqueles previstos na economia, ou seja, os diversos eventos verificados no passado de alguma maneira se repetirão no horizonte de planejamento. Não se prevendo essa sintonia entre os valores históricos e esperados, a reta característica pode ser desenvolvida com base em *valores projetados*, previstos para determinado cenário futuro de mercado.

Resultados em Excesso da Carteira de Mercado e da Ação *j*

Ano	Retorno da carteira de mercado ($R_M - R_F$)	Retorno de ação da Cia. J ($R_j - R_F$)
20x1	18,00%	17,00%
20x2	11,00%	14,50%
20x3	17,00%	19,00%
20x4	10,00%	7,50%
20x5	– 4,00%	– 5,50%
20x6	10,00%	9,50%
20x7	14,00%	12,00%

R_M = Rentabilidade da carteira de mercado
R_F = Retorno de títulos livres de risco (*risk free*)
R_j = Retorno da ação da Cia. *j*

A partir dos retornos das ações da Cia. *j,* e do mercado como um todo, as medidas estatísticas da regressão linear são calculadas por meio dos recursos da calculadora financeira HP 12C.

Usando a Calculadora Financeira HP 12C:

Comandos	Significado
f REG	Limpa os registradores de armazenamento
0,17 ENTER 0,18 Σ+	Primeiro par de valores
0,145 ENTER 0,11 Σ+	Segundo par de valores
0,19 ENTER 0,17 Σ+	Terceiro par de valores
0,075 ENTER 0,10 Σ+	Quarto par de valores
0,055 CHS ENTER 0,04 CHS Σ+	Quinto par de valores
0,095 ENTER 0,10 Σ+	Sexto par de valores
0,12 ENTER 0,14 Σ+	Sétimo par de valores
0 g 2 (y, γ)	α = –0,011 (parâmetro linear) – 1,10%
STO 0 x <> y	**Correlação entre os retornos = 0,9647**
1 g 2 ($\bar{y}$, γ)	1,0644
RCL 0 –	**β = 1,0755 (coeficiente beta)**

Para encontrar as estatísticas de risco das variáveis envolvidas na regressão linear, são também utilizados os seguintes comandos da HP 12C:

Comandos	Significado
f REG	Limpa os registradores de armazenamento
0,17 ENTER 0,18 Σ+	Primeiro par de valores
0,145 ENTER 0,11 Σ+	Segundo par de valores
0,19 ENTER 0,17 Σ+	Terceiro par de valores
0,075 ENTER 0,10 Σ+	Quarto par de valores
0,055 CHS ENTER 0,04 CHS Σ+	Quinto par de valores
0,095 ENTER 0,10 Σ+	Sexto par de valores
0,12 ENTER 0,14 Σ+	Sétimo par de valores
g $\bar{x}$	Prêmio esperado pelo risco de mercado = 0,1086 ($R_M - R_F$ = 10,8%)
x <> y	Prêmio esperado pelo risco da Cia. j = 0,1057 ($R_j - R_F$ = 10,57%)
g s	Risco de mercado (desvio-padrão) = 0,07313
x <> y	Risco da Cia. j (desvio-padrão) = 0,081518

Admitindo que as várias taxas médias calculadas sejam confiáveis e representativas de projeções futuras, pode-se calcular o retorno exigido pelo mercado para a ação da Cia. j a partir da reta de regressão. Substituindo os valores encontrados na fórmula do CAPM, tem-se:

$$R_j - R_F = \alpha + \beta(R_M - R_F)$$
$$R_j - 6\% = -1,1\% + 1,0755\ (10,86\%)$$
$$R_J = 6\% - 1,1\% + 11,68\% = 16,58\%$$

Interpretação do risco sistemático na reta característica

O risco sistemático, diante do que foi detalhadamente exposto, está relacionado com o mercado como um todo, não podendo ser eliminado pelo processo de diversificação. Dessa maneira, a medida de risco relevante para um investidor diversificado é aquela que apresenta uma sensibilidade com o mercado. *O coeficiente beta, pendente da reta de regressão linear, passa a ser o indicador do risco sistemático.*

No exemplo em consideração, observa-se que a ação da Cia. j, com um beta superior a 1,0 (β = 1,075), apresenta um risco sistemático mais elevado que o do mercado como um todo, sendo por isso conhecida também como uma *ação agressiva*. Recorde que um risco sistemático menor que o da carteira de mercado é indicado por β < 1,0, e igual quando β = 1,0.

EXEMPLO ILUSTRATIVO – Retorno esperado de uma ação

Admita uma ação que apresenta um beta igual a 2,0, ou seja, seu risco sistemático é o dobro do mercado como um todo. A taxa livre de risco da economia é de 6,5%, e a expectativa dos investidores é de que o prêmio pelo risco de mercado ($R_M - R_F$) atinja 8,5%.

Determinar a remuneração mínima exigida pelo investidor dessa ação.

Solução:

Pelos dados do exemplo, sabe-se que:

$$\beta = 2,0$$
$$R_F = 6,5\%$$
$$R_M = 15\% \ (6,5\% + 8,5\%)$$

Logo, a taxa de retorno requerida (R_j) pelos investidores dessa ação atinge:

$$R_j = R_F + \beta(R_M - R_F)$$

$$R_j = 6,5\% + 2\,(15\% - 6,5\%)$$

$$R_j = 23,5\%$$

> **!** **IMPORTANTE** ■ o retorno esperado dessa ação deve ser, no mínimo, igual a 23,5%, que representa a taxa mínima de atratividade para o investimento nessa ação.
>
> O prêmio pelo risco médio pago pelo mercado é de 8,5%. Como a ação tem um risco duas vezes maior que o de mercado ($\beta = 2,0$), o investidor deve exigir um prêmio de: $2 \times 8,5\% = 17,0\%$. Somando ao prêmio a remuneração livre de risco de 6,5%, chega-se à taxa mínima esperada de 23,5%.

Para lembrar: a expressão $[E(R_M) - R_F]$ é interpretada como o prêmio pelo risco de mercado, ou seja, quanto o mercado está pagando acima de uma remuneração livre de risco. Por exemplo, se a Bovespa oferecer uma rentabilidade de 17,5% e a taxa Selic for de 11,5%, conclui-se que a carteira de mercado no Brasil está pagando um prêmio médio de 6,0% pelo seu maior risco.

EXEMPLO ILUSTRATIVO – Custo de capital próprio

Uma empresa está avaliando a remuneração mínima que deve exigir dos recursos próprios investidos em determinada divisão com base no risco apresentado. Essa taxa seria usada para avaliação dos negócios e atratividade de novos investimentos.

A empresa decidiu usar o CAPM para este cálculo. O beta relativo à divisão é igual a 0,90. A taxa de juros livre de risco corrente é de 5,5% e o retorno esperado da carteira de mercado de 12,5%. Determinar a taxa mínima de atratividade (custo de capital) que deve ser aplicada à esta divisão.

Solução:

As informações da empresa são as seguintes:

$\beta = 0,90$

$R_M = 12,5\%$

$R_F = 5,5\%$

Fórmula do CAPM:

$$R_j = R_F + \beta(R_M - R_F)$$

Substituindo:

$$R_J = 5,5\% + 0,90 \times (12,5\% - 5,5\%)$$

$$R_J = 5,5\% + 6,3\% = 11,8\%$$

A taxa mínima de retorno que remunera o risco do investimento é de 11,8%.

18.3 LINHA DE MERCADO DE TÍTULOS (SML)

A linha (reta) do mercado de títulos, também conhecida por *Security Market Line* (SML), relaciona os retornos desejados no mercado e seus respectivos indicadores de risco sistemático, definidos pelo coeficiente beta.

A SML revela como o risco é remunerado no mercado. A Figura 18.2 ilustra a linha de mercado de títulos. O risco sistemático, representado pelo beta, é traçado no eixo horizontal (eixo x), e os retornos exigidos do título são identificados na linha vertical (eixo y). A SML descreve claramente a relação risco-retorno.

O traçado da linha de mercado de títulos requer a identificação de dois pares de pontos.

O primeiro par é constituído pelo retorno proporcionado pelo mercado (R_M) e seu indicador de risco. Conforme foi demonstrado, a ampla diversificação assumida na carteira de mercado levou à eliminação do risco diversificável, permanecendo somente em seu contexto o risco sistemático, atribuído às diversas fontes do mercado. Nessas condições, a taxa de retorno da carteira de mercado apresenta um coeficiente beta igual a 1,0 ($\beta = 1,0$).

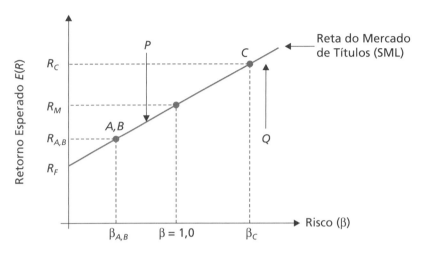

Figura 18.2 Retorno e risco.

O *segundo* par de pontos utilizados para descrever a SML relaciona o retorno oferecido por ativos livres de risco (R_F) com o seu beta, o qual, por tratar-se de uma taxa pura de juros, tem um valor nulo ($\beta = 0$).

> **IMPORTANTE** ■ em condições de equilíbrio de mercado, todos os títulos devem estar avaliados de modo que se coloquem ao longo da linha do mercado de títulos. Os ativos A e B ilustrados no gráfico apresentam o mesmo risco sistemático ($\beta_A = \beta_B$) e também o mesmo retorno esperado.

Ativos em equilíbrio: observe, ainda, que os ativos *A* e *B*, por apresentarem um risco sistemático menor que o do mercado como um todo ($\beta < 1,0$), apresentam também expectativas de retorno inferiores às do mercado. O contrário, entretanto, sucede com o ativo *C*, o qual oferece uma expectativa mais alta de retorno em relação ao mercado, determinado pelo maior risco sistemático assumido.

Os ativos *A*, *B* e *C* apresentam-se em equilíbrio com o mercado, pois ao se localizarem sobre a reta do mercado de títulos prometem um retorno compatível com o risco assumido, ou, de maneira inversa, dado o nível de risco incorrido oferecem um retorno esperado perfeitamente compensatório.

> Dessa maneira, tendo-se o coeficiente beta de um título, é possível determinar seu retorno esperado em condições de equilíbrio, relacionando-se o risco assumido com a reta do mercado de títulos.

Na prática, porém, nem sempre ocorrem essas situações de equilíbrio no mercado, verificando-se alguns pontos afastados da SML. Diferentes expectativas com relação ao desempenho de um título, ou decisões de compra tomadas com base em intuições ou "palpites", levam a um desalinhamento dos títulos em relação ao mercado.[3] Observe os ativos *P* e *Q* na Figura 18.2.

Ativo subavaliado: o ativo *P*, apesar de apresentar um risco menor que o de mercado ($\beta < 1,0$), apresenta uma expectativa de retorno mais elevada. Encontra-se s*ubavaliado,* prometendo um retorno maior para níveis mais baixos de risco.

É um indicativo de compra do título, pois se pode esperar sua valorização a partir do momento em que os investidores perceberem a incoerência praticada pelo mercado. Ao se elevar sua demanda, o preço de mercado do ativo *P* crescerá, ocasionando uma redução de seu retorno esperado até o patamar ilustrado pela SML.

---

[3] Uma interessante análise sobre o assunto é tratada em: LEITE, Hélio de Paula. **Introdução à administração financeira.** 2. ed. São Paulo: Atlas, 1994. p. 423 ss. Algumas colocações do estudo deste capítulo são também desenvolvidas pelo autor, o qual apresenta, ainda, importantes questões.

Ativo superavaliado: uma situação inversa à exposta ocorre com o desempenho do ativo Q na Figura 18.2. De maneira incoerente, também, o ativo oferece um retorno mais baixo que o do mercado, apesar de ter um risco maior. O mercado está superavaliando esse ativo, devendo os investidores, ao constatar a discrepância, promover sua venda. Com isso, seu preço cairá até que o retorno esperado atinja a reta de equilíbrio do mercado. Ao contrário do ativo P, a avaliação do ativo Q indica uma decisão de venda para o investidor.

EXEMPLO ILUSTRATIVO – Construção e interpretação da SML

Considere três ativos de risco com os seguintes indicadores esperados de desempenho:

Ativo	Retorno esperado E(R)	Risco (β)
A	22,0%	1,70
B	20,0%	1,10
C	18,0%	0,90

O retorno médio esperado da carteira de mercado [$E(R_M)$] está definido em 18,0% e a taxa de juro de ativo livre de risco, em 7,0%.

Pede-se:

a) Determinar o retorno que os investidores devem exigir de cada um desses ativos.

b) Identificar na linha do mercado de títulos (SML) as posições dos três ativos.

c) Indicar os ativos sub e superavaliados.

Solução:

a) *Retorno esperado*

Pela equação do CAPM, sabe-se que:

$$R_J = R_F + \beta(R_M - R_F)$$

- $R_A = 7\% + 1,70 \times (18\% - 7\%)$
  $R_A = 25,7\%$
- $R_B = 7\% + 1,10 (18\% - 7\%)$
  $R_B = 19,1\%$
- $R_C = 7\% + 0,90 (18\% - 7\%)$
  $R_C = 16,9\%$

b) *Identificar os ativos na SML*

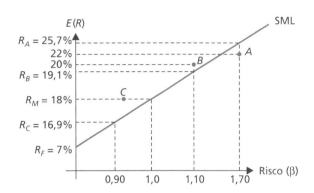

c) *Ativos subavaliados e superavaliados*

Os ativos B e C encontram-se *subavaliados*. Possuem um retorno alto diante do risco oferecido. O retorno exigido do ativo B diante do risco oferecido é de 19,1%; o mercado, porém, espera um retorno de 20% nesse investimento.

O ativo C possui um risco menor que o de mercado, oferecendo, porém, um retorno esperado acima da carteira de mercado, indicando uma atratividade de compra.

Ao perceberem essa incoerência na avaliação, os investidores serão atraídos para adquirirem esses ativos, elevando seus valores de mercado e trazendo sua rentabilidade para a posição de equilíbrio traçada pela SML.

O ativo A, situado abaixo da SML, encontra-se *superavaliado*, apresentando um risco elevado para os padrões de retorno oferecido. Para um beta de 1,70, o retorno que A deve produzir é de 25,7%, superior à taxa esperada pelo mercado.

EXEMPLO ILUSTRATIVO – Recompensa pelo risco

Admita que uma empresa esteja avaliando dois projetos de investimentos: A e B. O projeto A tem um beta de 1,4 e retorno esperado [$E(R_A)$] de 18,0%. O beta do projeto B é de 0,9 e o retorno esperado [$E(R_B)$] de 15%.

Pede-se identificar qual projeto remunera melhor o risco sistemático (coeficiente beta).

Solução:

A remuneração do risco é obtida pelo denominado quociente *Prêmio pelo risco/risco*, originalmente desenvolvido por Treynor. É calculado pela relação entre o prêmio pelo risco do investimento $[E(R_J) - R_F]$ e o coeficiente beta (β_J). Assim, para cada investimento, tem-se o seguinte resultados:

Inv. $A = [(18\% - 6\%)] / 1,4 = 8,6\%$

Inv. $B = [(15\% - 6\%)] / 0,9 = 10,0\%$

> O investimento B apresenta uma compensação pelo risco maior que A, ou seja, tem um prêmio por unidade de risco sistemático mais elevado. Em condições de equilíbrio de mercado, os prêmios pelo risco devem igualar-se, oferecendo a mesma remuneração por risco.

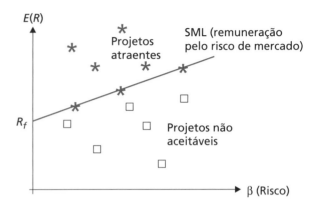

Figura 18.3 SML aplicada a projetos de investimentos.

18.4 RISCO DO INVESTIMENTO USANDO O MODELO CAPM

As decisões de investimento em condições de risco podem ser desenvolvidas com base no estudo do modelo de precificação de ativos (CAPM). O objetivo básico da avaliação é o de obter um *indicador de risco*, definido pelo coeficiente beta, ajustado ao projeto em avaliação, calcular a *taxa de retorno exigida* e, com base em seu dimensionamento, definir sobre a *atratividade* de sua aceitação.

Pelo critério demonstrado do CAPM, a aceitação de um investimento deve ser orientada por seu risco, dimensionado pelo coeficiente beta. De acordo com a ilustração da Figura 18.3, projetos de investimentos cujas taxas de retorno situarem-se acima da linha do mercado de títulos, *Security Market Line* (SML), recebem orientação de aceitação. O retorno oferecido por essas alternativas de investimento cobre a remuneração exigida pelo risco.

Projetos cujos retornos estiverem abaixo da SML são classificados como não atraentes, e são incapazes de remunerarem de maneira adequada o capital investido. O risco do projeto é alto em relação ao seu retorno esperado.

> **IMPORTANTE** ■ a preocupação constante da empresa, voltada a seu objetivo de maximização de riqueza, é de promover alternativas de investimentos cuja relação risco-retorno situe-se acima ou, pelo menos, sobre a SML. Esse desempenho é que marca, em outras palavras, o sucesso de uma empresa, refletindo sua vantagem competitiva no mercado pela maior capacidade demonstrada de agregação de valor.

> A aplicação do CAPM nas decisões de investimento envolve reconhecer que todo projeto, para ser capaz de agregar valor, deve prometer um retorno que remunere, pelo menos, a taxa requerida de mercado para projetos de risco similar. O retorno desejado de um investimento está associado a seu nível de risco, sendo estabelecida para cada projeto sua própria taxa mínima de atratividade. Uma taxa de retorno mínima para toda a empresa não leva em conta os diferentes níveis de risco das decisões, não satisfazendo geralmente aos projetos de maneira individual.

CASO ILUSTRATIVO – Avaliação de projetos pelo CAPM

Admita que uma empresa esteja avaliando três alternativas de investimentos classificadas como independentes. Não há restrição orçamentária na decisão. A taxa de juro pura (remuneração básica de ativos livres de risco) considerada como referência na decisão é de 6%, e o retorno da carteira de mercado atinge 22,5%.

A empresa, na avaliação do risco do investimento, estimou o coeficiente beta e a rentabilidade de cada projeto (definida pela IRR – taxa interna de retorno), apurando os seguintes resultados:

Projeto	E (IRR)	Beta
A	27,5%	1,056
B	35,0%	1,477
C	29,5%	2,009

Algumas conclusões sobre o risco de cada projeto: diante dos resultados apurados, conclui-se que o projeto C, de mais alto coeficiente beta, é o que apresenta o maior nível de risco e, consequentemente, maior retorno desejado. O projeto de menor risco é A, que pode oferecer uma rentabilidade também menor.

A adoção de uma taxa única para descontar todos os projetos de investimento de uma empresa pode conflitar com o método do CAPM, que propõe um retorno mínimo para cada alternativa de investimento em função do risco que embute. Cada projeto de investimento apresenta sua própria taxa requerida de retorno, de maneira a remunerar o próprio risco.

A seguir, é calculado o retorno adicional de cada projeto, o qual é obtido pela diferença entre o retorno esperado (R_J) e o retorno desejado pelo mercado. O critério básico de aceitação determina que, se a diferença for positiva, o projeto deve ser aceito, rejeitando-se quando o retorno esperado ficar aquém da rentabilidade requerida pelo mercado.

Pelos resultados apurados, os *projetos A e B são considerados economicamente atraentes*, devendo, por conseguinte, serem aceitos. O retorno que os investidores de mercado exigem é inferior ao retorno esperado das propostas de investimento, ocorrendo um retorno adicional positivo, conforme calculado na última coluna do quadro a seguir.

Projeto	Retorno desejado pelo mercado $R_K = R_F + \beta_K \times (R_M - R_F)$	Retorno esperado de cada projeto (R_K)	Retorno adicional de mercado ($R_K - R_K$)
A	R_A = 6% + 1,056(22,5% − 6%) = 23,4%	27,5%	27,5% − 23,4% = 4,1%
B	R_B = 6% + 1,477(22,5% − 6%) = 30,4%	35,0%	35,0% − 30,4% = 4,6%
C	R_C = 6% + 2,009(22,5% − 6%) = 39,1%	29,5%	29,5% − 39,1% = −9,6%

O projeto C, por outro lado, deve ser *rejeitado* pelo critério do prêmio pelo risco de mercado, pois propicia um retorno esperado inferior ao retorno requerido pelo mercado. Evidentemente, o retorno adicional apurado é negativo, denotando que a relação risco-retorno do projeto de investimento encontra-se abaixo da reta de mercado.

O modelo ilustrativo foi desenvolvido na suposição de se financiarem os investimentos integralmente por capital próprio. Com isso, a taxa requerida para descontar os projetos é representativa do capital próprio. Ocorrendo a participação de capital de terceiros na estrutura de financiamento, essa taxa de retorno desejada (taxa de atratividade) deve incluir, de maneira ponderada, o custo desses recursos, de maneira a apurar-se o custo de capital total.

Resumo

1. **Mostrar o processo de cálculo de retorno e risco na seleção de ativos no contexto de carteiras de investimentos.**

   Um aspecto relevante da teoria do portfólio é que o risco de um ativo mantido fora de uma carteira é diferente de seu risco quando incluído na carteira. No estudo da diversificação, o risco de um ativo é avaliado por sua contribuição ao risco total da carteira.

   Elevando de maneira diversificada o número de títulos em uma carteira, é possível promover-se a redução de seu risco, porém a uma taxa decrescente. A partir de determinado número de títulos, a redução do risco praticamente deixa de existir, e a carteira conserva, de modo sistemático, certo nível de risco.

Assim, até mesmo carteiras consideradas bem diversificadas costumam manter certo grau de risco, impossível de ser eliminado pela diversificação, denominado *risco sistemático*. A redução do risco de uma carteira pode ser promovida pela seleção de ativos que mantenham alguma relação inversa entre si.

Ressaltando colocações anteriores, o objetivo da diversificação é o de combinar ativos de modo que reduza o risco do portfólio. Sempre que o índice de correlação for inferior a 1,00, ocorre a diminuição do risco. A redução é maior quanto menos positivamente correlacionados se apresentarem os ativos. Evidentemente, o maior benefício da redução do risco do portfólio pela diversificação ocorre na situação de correlação negativa dos retornos dos ativos.

2. Expor o conceito de fronteira eficiente e suas implicações na teoria do portfólio.

A seleção da carteira de investimento mais atraente para um investidor racional, que avalia a relação risco/retorno em suas decisões, fica restrita às combinações disponíveis dos pesos dos ativos que compõem a carteira. O segmento, conhecido por *fronteira eficiente*, insere todas as carteiras possíveis de serem construídas. A escolha de melhor carteira é determinada, uma vez mais, pela postura demonstrada pelo investidor em relação ao dilema risco/retorno presente na avaliação de investimentos.

Em outras palavras, na fronteira eficiente, é possível selecionar uma carteira que apresenta, para determinado retorno, o menor risco possível. De outro modo, cada uma dessas carteiras com mais de um ativo pode apresentar diferentes proporções, elevando significativamente o número de carteiras possíveis de serem formadas. Dessa maneira, ao se considerar mais ativos, verificam-se a presença de um número quase infinito de alternativas de investimento.

3. Desenvolver o conceito de precificação de ativos de capital e aplicar seus conceitos no cálculo do custo de oportunidade.

Ao se admitir que uma carteira seja formada de ativos com risco, combinados com ativos livres de risco (títulos governamentais, por exemplo), o contorno do conjunto de oportunidades de investimento assume a forma de uma linha reta. A escolha da carteira mais atraente nessa reta, também conhecida por *reta de mercado de capitais*, é função das preferências pelo risco demonstrado pelos investidores.

A *reta característica* permite que se relacione, dentro do modelo de precificação de ativos, o comportamento de um título (ou carteira específica de títulos) com a carteira de mercado. Procura descrever como as ações, por exemplo, movem-se diante de alterações verificadas em todo o mercado.

A relação entre os retornos de um título e os retornos da carteira de mercado pode ser desenvolvida por meio de dados históricos, admitindo-se nessa situação que os retornos verificados no passado sejam previsivelmente repetidos no futuro, ou mediante certas estimativas de valores futuros esperados.

Identificados os retornos dos ativos e da carteira de mercado, os mesmos são plotados em um gráfico, que permite a obtenção da denominada reta característica. Diante do comportamento positivamente correlacionado dessas variáveis, a reta característica é obtida mediante regressão linear. Nessa regressão, ainda, são identificadas duas novas e importantes medidas financeiras: o *coeficiente beta* (β) e o *coeficiente alfa* (α), respectivamente, o parâmetro angular e linear da reta de regressão.

O *parâmetro linear* da reta de regressão, denominado *coeficiente alfa*, indica o retorno esperado em excesso de um ativo, na hipótese de o retorno em excesso da carteira de mercado ser nulo. Representa, em outras palavras, o intercepto da reta característica com o eixo das ordenadas, indicando o prêmio pelo risco oferecido pelo ativo. Evidentemente, se a reta partisse da origem, o valor de alfa seria nulo; se a reta de regressão originasse um ponto abaixo da origem, seria apurado um valor negativo para o coeficiente alfa.

O modelo CAPM exprime o risco sistemático de um ativo por seu coeficiente beta, identificado com o *parâmetro angular* na reta de regressão linear (reta característica). Admite-se que a carteira de mercado, por conter unicamente risco sistemático (o risco não sistemático foi todo eliminado pela diversificação), apresenta um *beta igual a 1,0*. Pelo enunciado da equação da reta característica desenvolvido, quanto maior for o beta, mais elevado se apresenta o risco da ação, e, ao mesmo tempo, maior seu retorno esperado. O coeficiente beta determina o grau de inclinação da reta característica, revelando como o retorno em excesso de uma ação se move em relação ao retorno em excesso do mercado todo.

Testes de verificação

1. Elevando de maneira diversificada o número de títulos em uma carteira:

   a) Reduz-se o seu risco sistemático.
   b) Eleva-se o risco diversificável.
   c) Diminui-se o risco diversificável a uma taxa crescente.
   d) Mantém inalterado o risco total do portfólio.
   e) Diminui-se o risco não sistemático a uma taxa decrescente.

2. O risco de uma carteira depende:

   a) Da soma dos riscos individuais de cada título.
   b) Da variância dos retornos dos ativos que a compõem.
   c) Do risco e da correlação de cada elemento que a compõem, e de sua participação no investimento total.
   d) Do risco individual de cada ativo e da sua participação na carteira.
   e) Da correlação de cada ativo da carteira e do risco não diversificável do portfólio.

3. Considerando a equação da reta característica $R_j - R_F = \alpha + \beta (R_M - R_F)$, assinale a afirmação INCORRETA:

   a) O coeficiente alfa é positivo se houver prêmio pelo risco de mercado.
   b) O risco sistemático é identificado pela dispersão dos retornos dos títulos em relação aos movimentos do retorno da carteira de mercado.
   c) Se o beta de uma ação for igual a 1,0, a ação movimenta-se na mesma direção da carteira de mercado em termos de retorno esperado.
   d) Quanto maior a dispersão apresentada na reta de regressão, mais alto é o risco diversificável de um ativo.
   e) Quanto maior o beta, mais elevado é o risco da ação.

4. Com relação à reta do mercado de títulos (SML), identifique a afirmativa INCORRETA:

   a) Relaciona os retornos desejados e seus respectivos indicadores de risco.
   b) Os títulos individuais em condições de equilíbrio estão localizados sobre a reta do mercado de títulos.
   c) Somente é aplicada na avaliação da relação risco/retorno dos ativos que se relacionam perfeitamente com a carteira de mercado.
   d) A SML permite que se relacione, dentro do modelo de precificação de ativos, o comportamento de um título com a carteira de mercado.

5. Considere as seguintes afirmações:

   I – A redução do risco de um portfólio somente se processa mediante uma diminuição do retorno esperado, verificando-se uma correlação positiva entre risco e retorno.

   II – A diversificação do risco de uma carteira ocorre sempre que o índice de correlação dos ativos for superior a –1,0, sendo maior a redução quanto mais positivamente correlacionados estiverem os ativos.

   III – Se dois ativos apresentarem correlação nula, o percentual de cada ativo a ser aplicado na carteira não interferirá no risco total do portfólio.

IV – A seleção de carteiras procura identificar a melhor combinação possível de ativos, obedecendo as preferências do investidor com relação ao risco e retorno esperados.

a) Somente as afirmações I e II são verdadeiras.
b) Somente as afirmações I e IV são verdadeiras.
c) Somente as afirmações I e III são verdadeiras.
d) Somente as afirmações II e IV são verdadeiras.
e) Somente as afirmações III e IV são verdadeiras.

6. Qual das medidas a seguir serve para determinar o grau de diversificação de uma carteira?

a) Média.
b) Desvio-padrão.
c) Correlação.
d) VaR.
e) Coeficiente de variação.

 EXERCÍCIOS PROPOSTOS

1. Os retornos esperados e o desvio-padrão dos ativos A e B são apresentados a seguir:

Ativo	Retorno Esperado	Risco
A	15%	23%
B	12%	33%

Pede-se:

a) Calcule o retorno esperado e o risco para cada composição de carteira descrita a seguir. A correlação entre os ativos é de 0,45.
   • 100% do ativo A;
   • 100% do ativo B;
   • 60% do ativo A e 40% do ativo B.

b) Recalcule o retorno e o risco de cada carteira sugerida na questão anterior, admitindo que a correlação entre os ativos seja perfeitamente negativa (CORR = ρ = –1,0).

2. Com base nos dados dos retornos da ação da Cia. VALE e os retornos do Ibovespa, pede-se:

Data	Retorno da ação VALE5	Retorno do Ibovespa
20x3	58,81%	97,34%
20x4	36,15%	17,81%
20x5	35,63%	27,71%
20x6	32,54%	32,93%

Fonte: Economática.

a) Correlação entre os ativos.
b) O índice beta da ação.
c) Risco sistemático da ação.
d) Risco diversificável.

3. Uma empresa está estimando o custo de capital próprio de um investimento a partir da SML (*security market line*). A taxa de retorno livre de risco está fixada em 7,5%, e o prêmio pelo risco de mercado é estimado em 7,0%. O coeficiente beta do projeto é de 1,30.

a) Determine o custo de capital próprio a ser considerado no projeto de investimento.

b) Admita que esse projeto representa 25% do total dos investimentos da empresa. O beta da empresa é de 0,90. Sendo aceito esse projeto, calcule o novo beta da empresa e seu custo de capital próprio.

4. Desenvolva a equação da linha de mercado de títulos (SML), admitindo uma taxa de retorno da carteira de mercado de 16% e taxa livre de risco de 7%. Considere ainda um ativo de risco que apresenta, de acordo com previsões de analistas de mercado, um retorno esperado de 20% e um

coeficiente beta de 2,0. Em sua avaliação, esse ativo está adequadamente avaliado? Explique sua resposta.

5. A seguir, são apresentados os retornos esperados e as respectivas probabilidades de quatro ações, conforme avaliação desenvolvida por um analista financeiro:

Probabilidade	Ação A	Ação B	Ação C	Ação D
10%	7%	10%	20%	4%
20%	7%	15%	18%	9%
40%	7%	15%	15%	10%
20%	7%	20%	15%	17%
10%	7%	18%	10%	25%

Calcule:
a) O retorno esperado e o desvio-padrão de cada ação.
b) A covariância entre as ações B e C e entre B e D. Explique os resultados encontrados.
c) O coeficiente de correlação entre as ações B e C e entre B e D.

6. Durante um período de 3 meses, um investidor acompanhou o desempenho de duas carteiras negociadas na BM&FBOVESPA. Os retornos das carteiras foram: Carteira 1 (0,2%; 1,30%; 0,50%); Carteira 2 (0,70%; –2,54%; 3,10%).

a) Calcule o risco de cada uma das carteiras.
b) Calcule a correlação entre os retornos.

Links da web

www.institutoassaf.com.br. Portal com informações financeiras.

www.expomoney.com.br. Portal com informações do mercado de ações.

www.acionista.com.br. *Site* com informações sobre o mercado financeiro e de capitais.

https://dadosabertos.bcb.gov.br/. Portal com dados sobre o mercado financeiro.

Sugestão de leitura

ASSAF NETO, Alexandre. **Finanças corporativas e valor**. 8. ed. São Paulo: Atlas, 2021.

BRIGHAM, Eugene F.; GAPENSKI, Louis C.; EHRHARDT. Michael C. **Administração financeira**. São Paulo: Atlas, 2001.

LIMA, Fabiano Guasti. **Análise de Riscos**. 3. ed. São Paulo: Atlas, 2023.

ROSS, Stephen A.; WESTERFIELD, Randolph W.; JAFFE, Jefrey; LAMB, Roberto. **Administração financeira**. 10. ed. São Paulo: McGraw-Hill/Bookman, 2015.

Respostas dos Testes de verificação

1. e   4. c
2. c   5. e
3. a   6. c

PARTE VI
CUSTO E ESTRUTURA DE CAPITAL NO BRASIL

Capítulo 19 Custo de Capital e Criação de Valor

Capítulo 20 Estrutura de Capital

CUSTO DE CAPITAL E CRIAÇÃO DE VALOR

OBJETIVOS DO CAPÍTULO

1. Estudar a taxa de retorno requerida pelas diversas fontes de financiamento de uma empresa, e seus critérios de avaliação e decisão.
2. Entender como é calculado o custo de capital e as medidas de suas variáveis no Brasil.
3. Demonstrar como usar as medidas de agregação de valor econômico, voltadas ao objetivo de maximização da riqueza dos investidores.

O custo total de capital está associado à taxa de retorno exigida de um investimento. Ao tomar uma decisão de investimento, a empresa deve recorrer ao mercado de capitais para buscar financiamento. O retorno exigido pelos proprietários desses recursos (credores e acionistas) é a base de estimar o custo de capital.

O custo total de capital de uma empresa (WACC) é normalmente obtido por meio do cálculo da média ponderada do custo de cada fonte (própria e de terceiros) de financiamento.

Ao avaliar um investimento, uma empresa deve estimar os fluxos de caixa futuros associados à decisão, e apurar sua taxa interna de retorno (IRR) ou calcular seu valor presente líquido (NPV), para decidir sobre a aceitação ou rejeição do projeto. Para qualquer método de decisão escolhido, deve a empresa ainda definir uma remuneração mínima sobre o capital investido. Essa taxa de retorno exigida é o que se denomina custo *de capital*.

O custo de capital é formado a partir das informações sobre as expectativas mínimas de retorno exigidas pelas fontes de financiamento (credores e acionistas). Por exemplo, ao fixar em 15% o custo de capital, assume-se que o investimento deve produzir um retorno mínimo igual a esta taxa, visando remunerar adequadamente os proprietários do capital usado como financiamento.

O custo de capital é usado como taxa de desconto dos fluxos previstos de caixa do investimento. Se o retorno apurado for superior ao custo de capital, apura-se um valor presente líquido positivo; em caso contrário, a decisão não é capaz de remunerar os proprietários de capital, destruindo valor.

O custo de capital é essencialmente formado por uma taxa livre de risco mais um prêmio associado ao projeto em avaliação, ou seja:

> Custo de Capital = Taxa Livre de Risco
> + Prêmio pelo Risco

Quanto mais arriscada for a decisão de investimento, maior o custo de capital pela exigência de mais elevado prêmio de risco. O custo de capital é determinado principalmente pelo risco associado ao investimento, e não pela maneira como este investimento é financiado.

> **!** **IMPORTANTE** ■ por exemplo, tomar recursos no mercado para investir na expansão de um produto existente, e bem consolidado entre os consumidores, ou utilizar os recursos para lançamento de um novo produto, deve exigir retornos diferentes. Os riscos são desiguais: lançar um novo produto traz maior incerteza de sucesso que expandir a oferta de um produto existente, já testado e aprovado pelo mercado. *Não é o modo como o investimento é financiado que irá determinar o seu custo, e sim o risco associado à decisão de investir os recursos.*

Como a empresa tem diversas fontes de financiamento (próprias e de terceiros), o *custo total de capital* é determinado, conforme introduzido no Capítulo 13, pela média ponderada dos custos associados a cada alternativa. É o que se denomina *Custo Médio Ponderado de Capital (WACC)*.[1] O WACC é a taxa mínima de retorno exigida sobre todos os investimentos da empresa, refletindo tanto o custo do capital próprio como o custo do capital de terceiros. Estes conceitos são desenvolvidos neste capítulo.

As empresas procuram definir uma composição *ótima* para seus financiamentos, por meio da participação do capital próprio e do capital de terceiros. Esta estrutura de capital *ótima* tem por objetivo produzir o menor custo total de capital (WACC) possível, promovendo assim o incremento da riqueza dos acionistas. O *mix* ótimo de financiamento é geralmente descrito pela relação: passivo (P)/patrimônio líquido (PL). Este assunto será desenvolvido, com mais profundidade, no próximo capítulo.

19.1 CUSTO DE CAPITAL DE TERCEIROS

No estudo do custo total de capital, é necessário inicialmente conhecer-se o custo de cada fonte de recursos (própria e de terceiros) selecionada pela empresa e, então, mensurar-se a partir desses valores a taxa de retorno desejada para as decisões de investimentos. O custo total de capital (WACC) reflete a remuneração mínima exigida tanto por acionistas como por credores da empresa.

> O custo de capital de terceiros é a remuneração exigida pelos credores de dívidas da empresa. É o custo hoje, geralmente líquido do IR, para se levantar recursos de empréstimos e financiamentos no mercado.

O *custo de capital de terceiros* é definido de acordo com os passivos onerosos identificados nos empréstimos e financiamentos mantidos pela empresa. Este custo de terceiros é representado por K_i e, diante da dedutibilidade fiscal permitida aos

---

[1] *Weighted Average Cost of Capital* – WACC.

encargos financeiros, pode também ser apurado após a respectiva provisão para Imposto de Renda, reduzindo seu custo final. A expressão de cálculo apresenta-se:

$$K_i \text{ (após IR)} = K_i \text{ (antes IR)} \times (1 - IR)$$

sendo:

IR = alíquota de Imposto de Renda considerada para a decisão.

EXEMPLO ILUSTRATIVO – Custo de Capital de Terceiros Após o IR

Para ilustrar o cálculo do custo de capital de terceiros líquido, admita um financiamento de $ 100.000,00 tomado à taxa de 12% ao ano. Sendo de 34% a alíquota de Imposto de Renda da empresa, os juros de competência do período atingem:

Despesas financeiras brutas:
$ 100.000,00 × 12%   = $ 12.000,00

Economia de IR:
$ 12.000,00 × 34%   = $ 4.080,00

Despesas Financeiras
Líquidas do IR   = $ *7.920,00*

Relacionando os encargos financeiros de competência do período com o passivo gerador dessas despesas, tem-se o custo de captação líquido do Imposto de Renda, ou seja:

$$K_i = \frac{\$ \ 7.920,00}{\$ \ 100.000,00} = 7,92\% \text{ a.a.}$$

Esse resultado, evidentemente, é idêntico ao apurado pela formulação anterior, ou seja:

$$K_i = 12\% \times (1 - 0,34) = 7,92\% \text{ a.a.}$$

Os resultados demonstram uma redução dos juros de 12% para 7,92%, determinada pelo benefício fiscal promovido pelos encargos financeiros.

Fluxos de caixa e taxas de desconto líquidos: ao se trabalhar com custos de capital mensurados após o Imposto de Renda, de maneira coerente os fluxos de caixa em avaliação devem também apresentar-se expressos em valores líquidos do referido tributo.

Risco do capital de terceiros: a relação entre o capital de terceiros (dívidas) e capital próprio (patrimônio líquido) é o que geralmente se entende por *estrutura de capital* da empresa. Quanto maior a participação de capital de terceiros na estrutura de capital, mais elevado é o seu risco financeiro da empresa.

Ao tomar recursos emprestados de terceiros, a empresa assume um compromisso de desembolso financeiro, devendo pagar em condições fixas e previamente estabelecidas o principal e os juros da dívida. No entanto, o retorno desses recursos para a empresa fica vinculado ao sucesso da aplicação. Ao não resgatar sua dívida nas condições em que foi contratada, a empresa se sujeita a ser acionada legalmente pelo credor, podendo inclusive ter sua falência requerida.

Capital próprio é mais caro para a empresa que capital de terceiros

O custo do capital de terceiros é *menor* comparativamente ao do capital próprio. Duas importantes razões explicam essa diferença.

O retorno do acionista está vinculado ao sucesso dos negócios, à geração de lucros em volume suficiente para remunerar o custo do capital investido. Caso a empresa apure prejuízo, o acionista não terá direito algum de pleitear pagamento pelos recursos aplicados; ele assume o *risco do negócio*. Em consequência, exige um prêmio pelo risco maior.

O credor, ao contrário, recebe *garantias* efetivas da devolução do capital emprestado, como aval, hipoteca etc., e tem os pagamentos da dívida livres de qualquer *relação formal* com os resultados apurados pela empresa. A empresa tomadora de recursos não tem como justificar sua eventual inadimplência por um resultado negativo em seus negócios.

A outra razão que justifica ser o custo da dívida menor que o do capital próprio é o *benefício fiscal*. A remuneração devida ao capital próprio é o lucro líquido, calculado após a respectiva dedução do Imposto de Renda. Já a remuneração paga ao credor são os juros, os quais, como demonstrado anteriormente, são dedutíveis para cálculo de Imposto de

Renda. Em verdade, a empresa devedora usufrui de um benefício (economia) fiscal ao calcular os encargos financeiros de suas dívidas.

Taxa de Juros no Brasil

Uma das grandes preocupações das empresas brasileiras é com o alto nível das taxas de juros de mercado, que pode até inviabilizar a atratividade econômica de alguns investimentos. Efetivamente, desde o início da década de 1980, os negócios empresariais no Brasil têm-se desenvolvido em ambiente de elevado custo do dinheiro, situando-se com certa frequência em percentual bem acima do retorno geralmente oferecido pelos ativos. Essa situação determinou, ao longo do tempo, um forte desestímulo econômico no uso de capital de terceiros para lastrear as decisões de investimentos das empresas brasileiras, reduzindo sua capacidade de alavancagem financeira e, em consequência, sua competitividade.

Nessas condições de elevadas taxas de juros reais praticadas em nossa economia, as empresas adotam, em determinados momentos, uma postura mais conservadora em relação a suas decisões financeiras, atribuindo principalmente maior prioridade à capitalização. Esse posicionamento determina, geralmente, uma atitude mais lenta em relação aos investimentos empresariais, elevando seu risco de perda de competitividade em mercados mais abertos e globalizados.

Para uma melhor avaliação do alto grau de capitalização das empresas brasileiras nestas duas últimas décadas, verifica-se que o índice médio de endividamento de nossas companhias de capital aberto (passivo/patrimônio líquido) vem registrando uma média de 0,55 nos últimos anos. Este quociente equivale a um ativo total financiado em 65% por capital próprio e 35% por recursos de terceiros. Padrões de endividamento em economias mais desenvolvidas elevam esse índice para 1,50, marca perto de três vezes maior que a registrada por nossas empresas.

É importante que se registre, ainda, que essa marca de segurança estabelecida pela maior presença de capital próprio na estrutura de capital das empresas brasileiras não se origina necessariamente do mérito de uma gestão mais eficiente dos negócios, principalmente em termos de caixa. Em verdade, a alternativa de capitalização nessas condições econômicas está vinculada preferencialmente à sobrevivência financeira e econômica de nossas empresas, pois não é normal deparar-se com negócios no mercado com fôlego financeiro de remunerar as altas taxas de juros que se estabeleceram na economia brasileira nestas décadas.

19.2 CUSTO DE CAPITAL PRÓPRIO

O custo de capital próprio, representado por K_e, revela o retorno desejado pelos acionistas de uma empresa em suas decisões de aplicação de capital próprio. Constitui, junto com o tema de estrutura de capital a ser apresentado no capítulo seguinte, o segmento de estudo mais complexo das finanças corporativas, assumindo diversas hipóteses e abstrações teóricas em seus cálculos.

> Custo do capital próprio é o retorno mínimo que os acionistas exigem de seu capital investido na empresa. Equivale ao rendimento mínimo que a empresa deve obter para remunerar seus acionistas e manter o preço de mercado de suas ações.

A determinação do custo do capital próprio envolve uma dificuldade prática. Para companhias abertas, com ações negociadas em bolsa de valores, a definição do custo de capital próprio não pode ser efetuada diretamente com os proprietários de capital, requerendo a aplicação de algum método direcionado a esse cálculo.

Um procedimento bastante utilizado na prática de determinação do custo de capital próprio é o método do **fluxo de caixa descontado** dos dividendos futuros esperados pelo mercado, cuja metodologia foi apresentada com detalhes no Capítulo 7. Este modelo de cálculo baseia-se no pressuposto de que o valor de uma ação é igual ao valor presente de todos os fluxos futuros esperados de dividendos, considerando um período de tempo indeterminado (infinito).

A grande dificuldade na aplicação prática desse método é a estimativa de valores futuros esperados de caixa (dividendos previstos), principalmente a taxa de crescimento dos dividendos para prazos indeterminados.

SOMOS CAMPEÕES DE JUROS ALTOS

A revista *Conjuntura Econômica* de janeiro de 1948 publicou um estudo sobre as taxas de juros no Brasil praticadas no ano de 1947, e trouxe as seguintes conclusões relativas à época. Duas dessas conclusões são transcritas a seguir:

1. as taxas de juros bancárias no Brasil são três ou quatro vezes mais elevadas do que as vigorantes na grande maioria dos países;
2. no Brasil, as taxas de juros e descontos para empréstimos comerciais a prazo curto são quase tão elevadas e, às vezes, mais elevadas mesmo, do que as vigorantes no mercado de capital para empréstimos a longo prazo.

Com relação à primeira conclusão, o trabalho assinala que a situação atual não é diferente. Utiliza como argumento uma rápida comparação entre os juros reais do Banco Central a curto prazo (taxa real Selic) de 1947 e 2007, conforme demonstrado a seguir:

	1947	2007
Taxa de juro média internacional (1)	3,3%	2,1%
Taxa de juro do Brasil (2)	6,0%	6,8%
Relação (2) / (1)	1,82	3,24

Em 1947, a taxa de juro média real no Brasil era 1,82 vez maior que a internacional; hoje esta relação sobe para 3,24 vezes maior. A presença de juros altos é persistente em nossa economia, sacrificando o crescimento daquelas empresas que têm pouco acesso às fontes externas de capitais.

Com relação às taxas de juros a curto prazo ser tão elevadas, ou até superiores às a longo prazo, o mesmo continua ocorrendo ainda hoje no Brasil. As taxas de juros a curto e curtíssimo prazos, fixadas pelas autoridades monetárias e nos mercados interfinanceiros, apresentam-se com frequência mais elevadas que as a longo prazo.

Fonte: NAKANO, Yoshiaki. Seis décadas de juros altos. Rio de Janeiro, **Conjuntura Econômica**, v. 61, nº 11, nov. 2007.

Modelo do CAPM para cálculo do custo de capital próprio: outro método de mensuração do custo de capital próprio é derivado da aplicação do **modelo de precificação de ativos** (CAPM), conforme estudado ao longo da Parte V deste livro. O CAPM considera o risco da empresa na determinação da taxa de retorno mínimo exigido, ou custo de capital. Os resultados do modelo demonstram forte sensibilidade com a taxa requerida de retorno (custo de capital), a qual deve comportar-se de forma condizente com o risco.

Quanto mais elevado apresentar-se o risco da decisão, maior o retorno exigido pelos proprietários de capital; para níveis mais baixos de risco, é possível remunerar os investidores com taxas de retorno também mais reduzidas.

 IMPORTANTE ■ para o modelo, um ativo deve promover uma promessa de retorno que compense o risco assumido. Em outras palavras, um risco adicional somente é aceito na expectativa de uma remuneração adicional equivalente. O risco de um ativo é mensurado no CAPM pelo *coeficiente beta*, determinado pela inclinação da reta de regressão linear entre o retorno do ativo e a taxa de retorno da carteira de mercado.

Para o CAPM, conforme foi estudado, a taxa de retorno requerida pelo investidor deve incluir a taxa livre de risco da economia, mais um prêmio que remunere o risco sistemático apresentado pelo ativo em avaliação, e representado pelo coeficiente beta. A taxa de retorno requerida de um investimento para o modelo do CAPM é obtida pela expressão da linha do mercado de títulos (*Security Market Line – SML*). Assim, a identidade básica de cálculo desenvolvida na Parte VI é a seguinte:

$$K_e = R_F + \beta(R_M - R_F)$$

em que:

K_e = taxa mínima de retorno requerida pelos acionistas (custo de capital próprio);

R_F = taxa de retorno de ativos livres de risco;

β = coeficiente beta, medida do risco sistemático (inclinação da reta de regressão);

R_M = rentabilidade da carteira de mercado (índice do mercado de ações).

A diferença entre o retorno da carteira de mercado e a taxa de juros definida livre de risco $(R_M - R_F)$ *é definida como o prêmio pelo risco de mercado.* Indica quanto o mercado paga em excesso à remuneração dos títulos considerados como livres de risco. Esse prêmio, ao ser alavancado pelo beta do ativo $[\beta \times (R_M - R_F)]$, reflete o risco de mercado ajustado ao ativo em avaliação.

EXEMPLO ILUSTRATIVO – Cálculo do K_e pelo CAPM

Por exemplo, para uma empresa que apresenta um beta de 1,2, refletindo um risco sistemático acima de todo o mercado, seus investidores devem exigir, admitindo um R_F = 7% e R_M = 16%, uma remuneração de:

$$K_e = 7\% + 1,2 \times (16\% - 7\%)$$
$$K_e = 7\% + 10,8\%$$
$$K_e = 17,8\%$$

Essa é a taxa de retorno que deve ser requerida, diante do nível de risco do ativo (ação) em avaliação, por seus investidores, constituindo o *custo de capital*

próprio da empresa. Esse percentual é superior ao de todo o mercado, de modo a compensar o maior risco sistemático assumido (β > 1,0).

Taxas de retorno maiores que o custo mínimo de capital irão valorizar o negócio, agregando valor econômico aos acionistas. Ao contrário, taxas de retorno sobre o capital aplicado inferiores ao custo de oportunidade destroem valor, passando a empresa a ser cotada por um valor inferior ao aplicado em seus ativos. Neste caso, a soma das partes é maior que o todo, sinalizando a inviabilidade econômica do investimento.

EXEMPLO ILUSTRATIVO – Risco da Empresa × Risco de Projetos

Admita que as ações de uma empresa apresentam um beta igual a 1,20. Sua estrutura de capital é formada por 40% de recursos de terceiros (dívidas) e 60% de capital próprio.

A empresa está atualmente avaliando três projetos de investimentos de risco econômico (operacional) bastante similar ao risco médio da empresa. Pretende financiar estes projetos com a mesma proporção de dívidas e capital próprio que mantém em sua estrutura de capital.

A taxa livre de risco da economia é de 4,5% e o prêmio pelo risco de mercado de 9,0%.

Pede-se: qual deve ser o custo de capital próprio a ser considerado na avaliação dos projetos de investimentos.

Solução:

Por apresentar o mesmo risco econômico e financeiro da empresa, o custo de capital próprio dos investimentos é calculado:

$$K_e = 4,5\% + 1,20 \times 9,0\% = 15,30\%$$

Algumas considerações sobre o cálculo do custo de capital são importantes:

a) O beta da empresa é o mesmo dos projetos. Em outras palavras, os investimentos apresentam risco econômico (operacional) similar ao da empresa e mesma estrutura de capital (risco financeiro). Logo, o coeficiente beta de

1,20 das ações da empresa pode ser mantido para cálculo do custo de capital próprio pelo modelo do CAPM.

b) Se os investimentos apresentassem risco diferente ao risco da empresa, deveria ser calculado o beta de cada projeto. Com isso, o custo de capital próprio seria diferente, obedecendo as variações nos riscos de cada decisão.

Algumas limitações e vantagens no uso do CAPM: embora a determinação do custo de capital próprio demonstre certa simplificação pelo método do CAPM, seus dados não são necessariamente sempre corretos e de fácil obtenção no mercado. Em verdade, as taxas consideradas na formulação do retorno exigido são estimadas, assim como o risco é geralmente dimensionado de variáveis esperadas por meio do uso da técnica estatística de regressão linear.

Diante da própria dinâmica e imperfeições presentes nos mercados, o método do CAPM pode não descrever exatamente todas as expectativas dos investidores com relação a determinado ativo. Não obstante esses aspectos limitativos, é necessário reconhecer que importantes estudos e testes empíricos vêm demonstrando que o modelo do CAPM é bastante útil em fornecer os valores básicos e essenciais para uma racional tomada de decisões em condições de risco. Não foi identificada nestes estudos nenhuma razão definitiva que recomende o abandono do modelo. Pelo contrário, todos os esforços estão voltados ao seu aperfeiçoamento de maneira a descrever, do modo mais correto possível, o complexo processo de formação de preços do mercado.

Por sua importância e utilização bastante generalizada no ambiente financeiro internacional, será dada maior preferência ao modelo do CAPM neste livro visando a determinação do risco e retorno de uma decisão.

Enfoque alternativo: prêmio pelo risco: Outro enfoque alternativo de cálculo *do custo de capital próprio, é o modelo de* **prêmio pelo risco**. *Por esse modelo, o* retorno desejado pelos proprietários de capital da empresa deve incluir um percentual mínimo, definido basicamente pela taxa de juros paga pela empresa na colocação de seus títulos de dívida,

acrescido de uma remuneração (prêmio) pelo maior risco assumido pelos acionistas em relação aos credores. Dessa maneira:

$$K_e = K_i + \alpha$$

em que: α equivale ao prêmio que remunera o risco mais elevado dos acionistas.

A grande *dificuldade* presente nesse critério é a de estimar o percentual de prêmio pelo risco a ser pago aos investidores de ações. Um enfoque sugerido é levantar historicamente o comportamento do retorno produzido pela ação da companhia em relação aos juros pagos em seus títulos de dívida.

Admitindo-se, *para ilustrar*, que essa remuneração adicional das ações tenha-se situado na faixa de 7% ao ano, e definindo-se em 11% ao ano a taxa de juros dos passivos de financiamento da companhia, o custo de capital próprio pelo critério descrito do prêmio pelo risco atinge:

$$K_e = 11\% + 7\% = 18\%$$

Esse critério mais simplificado de cálculo do custo de capital próprio difere do modelo do CAPM apresentado por utilizar a taxa de juros da dívida da empresa, alternativamente à taxa de juros livre de risco de mercado. É uma opção adicional de apuração do custo de oportunidade do capital próprio, interessante para ser confrontada com os resultados obtidos da aplicação do modelo do CAPM.

19.2.1 Custo dos lucros retidos e de novas emissões de capital

Os lucros retidos podem ser considerados, para efeitos de cálculo de seu custo, como uma emissão de capital totalmente subscrita, apresentando um custo idêntico ao calculado para esse capital.

A justificativa básica para uma empresa reter lucros, em vez de distribuí-los a seus proprietários, é que ela possui alternativas de investimentos que remuneram o capital em termos de risco incorrido na decisão. Caso não surjam essas oportunidades financeiras, a orientação básica é de que a empresa promova a distribuição de seus lucros aos acionistas, de maneira que possam efetuar as aplicações desses recursos em outras alternativas que prometem ganhos compatíveis ao risco assumido.

Por outro lado, é de se admitir que o custo de capital próprio proveniente de novas emissões de ações seja *superior ao custo das ações existentes* pela inclusão dos custos de lançamentos em seus cálculos. Na emissão pública de novas ações, a empresa incorre em custos de colocação definidos principalmente por taxas, comissões e corretagens, e deságios na venda de novas ações, gastos que devem ser considerados na determinação do efetivo custo de capital próprio.

19.2.2 Determinação do custo de capital próprio no Brasil com o uso do CAPM

A aplicação do modelo de precificação de ativos (CAPM) para estimação do custo de capital próprio no Brasil embute algumas limitações que afetam, de forma significativa, a qualidade do resultado apurado. Esses problemas concentram-se, principalmente, no precário *disclosure* das companhias de capital aberto de todas as suas informações relevantes aos investidores, no alto grau de concentração das ações negociadas no mercado, e na baixa participação das ações ordinárias (com direito a voto) nos pregões.

> *Disclosure* (evidenciação ou divulgação) é a transparência demonstrada por uma empresa em divulgar todas as suas informações relevantes ao mercado, e que podem influir sobre as decisões de investimentos.

Benchmark: uma adequação do CAPM no Brasil para estimar o custo de capital próprio, é buscar uma referência das informações demandadas pelo modelo em outros mercados financeiros, que não apresentam as mesmas limitações comentadas presentes no mercado brasileiro. Em geral, é adotado como *benchmark* (referência onde são efetuadas comparações) o mercado acionário norte-americano para se estimar o risco e o custo de capital de nossas empresas.

Para a estimação do custo de capital próprio pelo CAPM, e tendo como referência empresas do mesmo setor e escopo semelhante identificadas na economia dos EUA, são adotados os seguintes procedimentos no cálculo das variáveis do modelo.

- **Taxa livre de risco (R_F):** são geralmente utilizadas as taxas de juros médias dos títulos públicos a longo prazo emitidos pelo Tesouro dos EUA (*T-Bonds: treasury bonds*). Diante da estabilidade geralmente verificada na conjuntura do mercado de referência, é possível admitir-se essa taxa de juros como sustentável a longo prazo;

- **Coeficiente beta (β):** constitui o elemento de maior dificuldade de estimação. Para sua determinação, é identificada no mercado de referência uma amostra de empresas do mesmo setor e com características operacionais e financeiras semelhantes às da companhia em avaliação. O coeficiente beta médio dessa amostra é entendido como a medida do risco sistemático da empresa em avaliação, sendo usado no CAPM para estimativa do custo de capital próprio;

- **Retorno da carteira de mercado (R_M):** é também apurado pela média das taxas de rentabilidade do mercado de ações publicadas em certo intervalo de tempo. No mercado dos EUA, é geralmente utilizado o índice da Bolsa de Valores de Nova York (NYSE – *New York Stock Exchange*);

- **Risco Brasil (α_{BR}):** é um indicador que determina o grau de instabilidade econômica de cada país. O *risco país* mede o grau de desconfiança dos investidores em aplicar seus recursos em determinado país. Quanto maior o indicador, maior o risco do país, denotando forte desconfiança dos investidores em aplicar capital na economia. Essa desconfiança centra-se basicamente na impossibilidade de o país não liquidar os pagamentos devidos de suas dívidas.

O risco país é calculado por agências especializadas em avaliação de riscos e bancos de investimentos. O índice denominado *EMBI+*, desenvolvido pelo banco J. P. Morgan, é preferencialmente voltado para o cálculo de risco de países emergentes.

A diferença entre o retorno de mercado e a taxa livre de risco ($R_M - R_F$) indica o *prêmio pelo risco no mercado acionário*, determinado por variáveis de natureza política, econômica e de estrutura

MERCADO ACIONÁRIO BRASILEIRO

Concentração dos Maiores Acionistas/Valores Médios

	Número de Empresas
BRASIL	353
CHILE	297
BOLSA DE NOVA YORK (NYSE)	2.272
NASDAQ	3.432

Fonte: www.world-exchanges.org. Acesso em: fev. 2024.

Os dados acima indicam a quantidade de empresas listadas em dezembro/2023 na Bolsa de Valores do Brasil e alguns países da América do Sul.

Concentração dos Maiores Acionistas/Valores Médios

%	1 acionista	2 acionistas	3 acionistas
Total	44,03%	56,63%	62,42%
ON	52,92%	65,74%	71,20%
PN	37,29%	47,23%	52,46%

Fonte: Economática, novembro 2023.

Os resultados apresentados destacam a concentração dos três maiores acionistas da B3, considerando o total das ações negociadas (ordinárias e preferenciais). Observe que no ano de 2023 somente um acionista detinha em média 44,03% do total das ações disponíveis na Bolsa; dois acionistas controlavam 56,63% dos papéis; três acionistas eram proprietários de 62,42% do total das ações negociadas. São resultados bastante elevados, indicando o alto grau de concentração de capital nas ações negociadas em bolsa de valores no Brasil.

de mercado. A taxa média anual do prêmio pelo risco verificado no mercado dos EUA no período de 1928 – 2007 é de 6,42%, no período de 1967 – 2007 é igual a 4,33%, e no período de 1997 – 2007 é de 2,68%.[2]

Como os países emergentes (América do Sul, América Central e parte da Europa e Ásia) apresentam um nível maior de incerteza, é necessário cobrar-se um prêmio adicional pelos investimentos nesses mercados, como forma de remunerar o denominado

risco país. É o que se denomina de sobretaxa calculada sobre a remuneração do título de mais baixo risco (*T-Bond*).

É sugerido que esse prêmio pelo risco país seja estabelecido com base na remuneração em excesso oferecida pelos títulos públicos de um país em relação aos juros pagos pelos *T-Bonds* (*Treasury* Bonds) emitidos pelo Tesouro dos EUA, considerada a economia mais solvente do mundo. Quanto maior o risco país, mais elevada é a chance de o investidor não receber o dinheiro aplicado acrescido dos juros prometidos.

---

[2] Fonte: www.damodaran.com.

BETAS MÉDIOS DE SETORES DA ECONOMIA DOS EUA

Setor	Beta Total1
Bebidas	0,76
TV a Cabo	1,28
Software de Computadores	1,29
Eletrônica	1,30
Bancos	0,46
Distribuição de Óleo e Gás	0,79
Restaurante	1,19

1. Beta Total expressa o risco total da empresa, ou seja: Risco Econômico ou Operacional e o Risco Financeiro. Estes riscos foram detalhados na parte IV.

Fonte: www.damodaran.com. Acesso em: fev. 2024.

Dessa maneira, a expressão do custo de oportunidade do capital próprio pelo CAPM no Brasil apresenta-se:

$$K_e = [R_F + \beta(R_M - R_F)] + \alpha_{BR}$$

em que: as medidas R_F, R_M e β são obtidas do mercado de referência (*benchmark*), e α_{BR} representa o prêmio pelo risco Brasil, conforme é normalmente identificado pelos analistas financeiros.

EXEMPLO ILUSTRATIVO

Admita uma ação que apresenta um beta igual a 0,85, ou seja, seu risco sistemático representa 85% do risco do mercado como um todo. A taxa livre de risco da economia é de 6,0% e a expectativa de retorno do mercado é de 15%. Atualmente, o risco Brasil está em 2%. Determinar a remuneração mínima exigida pelo custo de oportunidade do capital próprio admitindo serem esses valores apurados no mercado de referência (EUA).

Solução:

Variáveis	%
Taxa livre de risco (R_F)	6,0%
Retorno da carteira de mercado (R_M)	15,0%
Prêmio pelo risco de mercado ($R_M - R_F$)	9,00%
Coeficiente beta (β)	0,85
Remuneração pelo risco da empresa: [β × ($R_M - R_F$)]	7,65%
Custo de oportunidade do capital próprio: R_F + [β × ($R_M - R_F$)]	13,65%
Risco país: α_{BR}	2,00%
Custo de oportunidade do capital próprio como *benchmarking*	**15,65%**

MEDIDA DE RISCO PAÍS

O indicador *Emerging Markets Bond Index Plus (EMBI+)* mede o grau de "perigo" que um país, principalmente uma economia emergente, pode representar para o investidor estrangeiro. O banco de investimento J. P. Morgan foi o primeiro a fazer essa classificação. É bastante usado para mensurar o grau de risco de se investir em economias emergentes, como Brasil, Argentina, África do Sul, Polônia, Marrocos, Bulgária, Rússia, Índia etc.

O risco país costuma ser medido em pontos base, isto é, a cada 100 pontos base equivale a uma taxa de 1% em relação ao pagamento de juros medido como base a partir do Tesouro dos EUA. Tecnicamente, significa o valor dos juros que um país tem que pagar a mais do que os EUA para convencer um investidor a trazer seu dinheiro para esse país e não para os EUA, considerado país de risco baixo.

Para isso, ao ler nos noticiários que o risco Brasil está em 234 pontos, basta dividir esse valor por 100 que se terá calculado a taxa de risco país, no caso 2,34%. Essa é a taxa que demonstra ao investidor o prêmio pelo risco de investir no Brasil. Este resultado indica que as aplicações feitas no Brasil deveriam render, no mínimo, 2,34% que a remuneração dos títulos do Tesouro dos EUA.

No exemplo anterior, a *taxa livre de risco* foi admitida como a taxa de remuneração do bônus do governo norte-americano (*T-Bonds*) com maturidade de 10 anos. O *retorno da carteira de mercado* utilizado na avaliação ficou definido pela taxa média da carteira de ações da Bolsa de Valores de Nova York (NYSE).

O *prêmio pelo risco de mercado* identifica o indicador de risco do mercado dos EUA, ou seja, quanto que a carteira de mercado paga acima da remuneração livre de risco da economia. É apurado pela diferença entre o retorno da carteira do mercado acionário (índice NYSE) e a remuneração dos títulos públicos (*T-Bonds*), admitidos como de risco mínimo.

O *coeficiente beta* foi identificado pela média de empresas do mesmo setor de atividade e que apresentam estrutura operacional e financeira semelhantes. A *remuneração pelo risco da empresa* destaca quanto a companhia deve remunerar seus acionistas acima dos títulos sem risco.

Conclusões

O *custo de oportunidade do capital próprio* é a formulação básica do CAPM para cálculo da taxa de retorno requerida. Na ilustração em desenvolvimento, indica o retorno esperado (exigido) pelos investidores no mercado norte-americano (referência), calculado com base no risco médio do setor de atividade e no prêmio pelo risco de mercado. Esse custo é a referência para o mercado brasileiro, devendo, para que reflita nossas condições conjunturais, ser adicionada ao seu resultado a taxa de risco-país (*risco Brasil*) para se chegar ao custo de oportunidade como *benchmarking*.

O *Custo de Oportunidade do Capital Próprio como benchmarking* representa a remuneração mínima exigida pelos investidores em ações, considerando o risco verificado na economia brasileira.

19.3 BETAS PARA EMPRESAS ALAVANCADAS (EMPRESAS COM DÍVIDAS)

Em diversos capítulos anteriores deste livro, foram discutidos os conceitos, do ponto de vista de mercado, de *risco econômico* e *risco financeiro*. Esse assunto será agora retomado, visando expressar essas duas dimensões de risco na estimativa do coeficiente beta de uma ação.

Foi demonstrado que o *risco econômico* revela o risco da atividade objeto da empresa (risco do negócio), não sofrendo influências da forma como a empresa é financiada. Ao decidir financiar-se também com dívidas (passivos onerosos), a empresa passa a incorporar um risco adicional, conhecido por *risco financeiro*, a seus acionistas, os quais passam a demandar um retorno mais elevado como modo de compensar o maior risco assumido.

Dessa maneira, ao apurar-se o coeficiente beta de uma empresa, a medida expressa o seu risco total, formado pelo risco do negócio (risco econômico) e pelo risco do endividamento (risco financeiro) mantido na estrutura de capital.

O risco econômico e o risco financeiro podem ser estimados por meio do indicador do beta, conforme trabalho desenvolvido por Hamada[3] e estendido posteriormente por outros autores. A formulação básica proposta apresenta-se da maneira seguinte:

$$\beta_L = \beta_U \times \left[1 + \left(\frac{P}{PL}\right) \times (1 - IR)\right]$$

em que:

β_L = coeficiente beta de uma empresa que usa alavancagem financeira. Exprime o risco econômico e o risco financeiro. É a medida de beta total;

β_U = coeficiente beta de uma empresa sem dívidas. Exprime somente o risco do negócio;

P = passivos onerosos;

PL = patrimônio líquido (capital próprio);

IR = alíquota de Imposto de Renda.

> Na formulação, o indicador de risco total (β_L) é segmentado em duas partes: o risco do negócio (β_U), dimensionado na hipótese de a empresa não usar dívidas; e um prêmio pelo risco financeiro determinado pelo fator [1 + (P/PL) × (1 - IR)].

Para validar o entendimento da expressão anterior, vamos considerar o desenho de uma empresa em duas condições: (a) sem dívida e (b) com dívida; o beta da empresa sem dívidas é o beta não alavancado (*unlevered*) β_U, e o da empresa com dívidas é o beta alavancado (*levered*) β_L:

---

[3] HAMADA, Robert S. Portfolio analysis market equilibrium and corporate finance. **Journal of Finance**, p. 13-31, Mar. 1969.

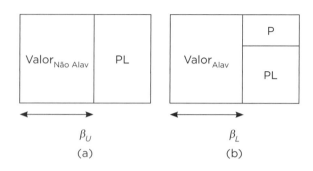

Conforme discutido anteriormente, o valor da empresa alavancada (Valor$_{Alav}$) é o valor da empresa sem dívidas (Valor$_{Não\ Alav}$) acrescido do benefício fiscal da dívida, obtido pelo produto da alíquota do IR pela dívida (IR × P).

Dessa maneira, tem-se que:

$$Valor_{Alav} = Valor_{Não\ Alav} + IR \times P = P + PL$$

Assim, o beta da empresa será a média ponderada entre as estruturas de capital e os respectivos betas:

$$\frac{Valor_{Não\ Alav}}{Valor_{Não\ Alav} + IR \times P} \times \beta_U + \frac{IR \times P}{Valor_{Não\ Alav} + IR \times P}$$

$$\times \beta_P = \frac{P}{P + PL} \times \beta_P + \frac{PL}{P + PL} \times \beta_{PL}$$

E os valores dos denominadores dos dois lados da equação são iguais, ou seja: $Valor_{Não\ Alav} + IR \times P = P + PL$. Tem-se:

$$\frac{Valor_{Não\ Alav}}{P + PL} \times \beta_U + \frac{IR \times P}{P + PL} \times \beta_P$$

$$= \frac{P}{P + PL} \times \beta_P + \frac{PL}{P + PL} \times \beta_{PL}$$

que, simplificando, fica:

$$Valor_{Não\ Alav} \times \beta_U + IR \times P \times \beta_P = P \times \beta_P + PL \times \beta_{PL}$$

E como já mencionado:

$$Valor_{Não\ Alav} + IR \times P = P + PL$$

$$Valor_{Não\ Alav} = P - IR \times P + PL$$

E colocando-se o valor da dívida (P) em evidência:

$$Valor_{Não\ Alav} = (1 - IR) \times P + PL$$

Substituindo na expressão anterior:

$$\left[\left(1-IR\right)\times P+PL\right]\times\beta_U+IR\times P\times\beta_P$$
$$=P\times\beta_P+PL\times\beta_{PL}$$

Distribuindo o lado esquerdo da equação em relação ao β_U, fica:

$$\left(1-IR\right)\times P\times\beta_U+PL\times\beta_U+IR\times P\times\beta_P$$
$$=P\times\beta_P+PL\times\beta_{PL}$$

E, agora, isolando-se o β_{PL}, que será o beta do capital próprio na condição de a empresa ter dívidas:

$$PL\times\beta_{PL}=\left(1-IR\right)\times P\times\beta_U+PL\times\beta_U$$
$$+IR\times P\times\beta_P-P\times\beta_P$$

Colocando-se novamente o P em evidência no lado direito da equação:

$$PL\times\beta_{PL}=\left(1-IR\right)\times P\times\beta_U+PL\times\beta_U$$
$$+P\times\beta_P\times\left(IR-1\right)$$

Ou, ainda:

$$PL\times\beta_{PL}=\left(1-IR\right)\times P\times\beta_U+PL\times\beta_U$$
$$-\left(1-IR\right)\times P\times\beta_P$$

Nessa expressão, ajustando-se o valor de $(1-IR)\times P$ em evidência:

$$PL\times\beta_{PL}=PL\times\beta_U+\left(1-IR\right)$$
$$\times P\times\beta_U+-\left(1-IR\right)\times P\times\beta_P$$
$$PL\times\beta_{PL}=PL\times\beta_U+\left(1-IR\right)\times P\times(\beta_U-\beta_P)$$

E, agora, dividindo os dois membros por PL:

$$\frac{PL\times\beta_{PL}}{PL}=\frac{PL\times\beta_U}{PL}+\frac{\left(1-IR\right)\times P\times(\beta_U-\beta_P)}{PL}$$

Simplificando:

$$\beta_{PL}=\beta_U+\left(1-IR\right)\times(\beta_U-\beta_P)\times\frac{P}{PL}$$

Se o beta da dívida for assumido como zero, ou seja, $\beta_P=0$, tem-se:

$$\beta_{PL}=\beta_U+\left(1-IR\right)\times\beta_U\times\frac{P}{PL}$$

Colocando-se β_U em evidência na expressão anterior:

$$\beta_{PL}=\beta_U\left[1+\frac{P}{PL}\times\left(1-IR\right)\right]$$

E voltando às duas condições das alternativas (a) e (b), para uma empresa sem dívidas ($P=0$) fica:

$$\beta_{PL}=\beta_U\left[1+\frac{0}{PL}\times\left(1-IR\right)\right]$$
$$\beta_{PL}=\beta_U$$

Assim, o beta do capital próprio é o mesmo beta não alavancado da empresa, revelando apenas a existência do risco do negócio (econômico).

E para quando a empresa tem dívidas, o β_{PL} será o beta alavancado (β_L) da empresa:

$$\beta_{PL}=\beta_L=\beta_U\left[1+\frac{P}{PL}\times\left(1-IR\right)\right]$$

Ou, ainda:

$$\beta_L=\beta_U\left[1+\frac{P}{PL}\times\left(1-IR\right)\right]$$

Indicando que o risco total da empresa para o acionista é formado pelo risco do negócio (econômico) e pelo risco relativo à alavancagem.

Por exemplo, o beta médio total do setor de bebidas no mercado acionário dos EUA foi calculado em 0,89. Esses e outros valores do mercado acionário podem ser obtidos em: www.damodaran.com, conforme descrito no item anterior. O endividamento médio desse setor (P/PL) publicado no *site* é de 11,48%, e a alíquota de Imposto de Renda do setor da empresa foi calculada em 16,73%. Com base nessas informações, é determinado a seguir o indicador do risco do negócio do setor de bebidas (β_U). Assim:

$$\beta_U=\frac{\beta_L}{\left[1+\left(\frac{P}{PL}\right)\times(1-IR)\right]}$$

$$\beta_U=\frac{0,89}{\left[1+(0,1148)\times(1-0,1673)\right]}$$

$$\beta_U=\frac{0,89}{1,0956}=0,81$$

A redução do beta do setor de bebidas é explicada pela eliminação do risco financeiro (risco do endividamento). Se não houvesse dívidas na estrutura de capital, o beta seria igual a 0,81, expressando o risco do negócio. Ao usar alavancagem financeira, o risco eleva-se pela presença de dívidas, totalizando o beta de 0,89.

Ao se admitir uma taxa livre de risco de 6,0% a.a. e um prêmio pelo risco de mercado de 9,5% a.a., o custo de oportunidade do capital próprio do setor de bebidas atinge:

Custo de Capital Próprio Alavancado

$K_e = 6,0\% + 0,89 \times 9,5\%$ = 14,46%

Custo de Capital Próprio sem Dívida

$K_e = 6,0\% + 0,81 \times 9,5\%$ = (13,70%)

Prêmio pelo Risco Financeiro: 0,76%

O endividamento adiciona um prêmio pelo risco financeiro de 0,76% no custo de oportunidade do capital próprio. Quanto maior o endividamento, maior o prêmio de risco calculado.

EXEMPLO ILUSTRATIVO – Novo Beta da Empresa

Uma empresa do setor eletrônico, com beta total de 1,36, está avaliando o impacto de uma maior alavancagem sobre seu risco financeiro. O seu endividamento atual, medido pela relação *P/PL*, é de 0,55, e pensa em elevar este índice para 0,90. A alíquota de Imposto de Renda da empresa é de 34%. Pede-se determinar:

a) O risco econômico (β_U) da empresa.

b) Risco total da empresa (β_L) considerando a nova estrutura de capital (*P/PL* = 0,90).

Solução:

$$\beta_U = \frac{\beta_L}{\left[1 + \left(\dfrac{P}{PL}\right) \times (1 - IR)\right]}$$

$$\beta_U = \frac{1,36}{[1 + 0,55 \times (1 - 0,34)]} = 0,998$$

Pelo beta total de 1,36 divulgado, conclui-se que o risco da empresa é maior que o risco médio da carteira de mercado. Em outras palavras, a empresa apresenta um risco 1,36 maior que o risco sistemático da carteira de mercado.

Essa medida de risco total pode ser analisada a partir de seus dois componentes: risco econômico e risco financeiro. Assim:

Beta Total	1,36
Beta do Negócio (Ativos)	0,998
Beta do Endividamento	0,362

a) β (Total) = 0,998 × [1 + 0,90 × (1 – 034)]

β (Total) = 1,59

Pode-se resumir o risco da empresa para diferentes composições de financiamento:

P/PL	Beta
0%	0,998
55%	1,36
90%	1,59

Conforme o endividamento se eleva, cresce também o risco financeiro da empresa, expresso na medida do beta, e, consequentemente, o custo de capital próprio.

! APLICAÇÃO IMPORTANTE ■ as formulações apresentadas são bastante úteis para se ajustar o beta de uma empresa e, consequentemente, seu custo de capital próprio para diferentes níveis de alavancagem financeira. A ilustração desenvolvida da empresa do setor eletrônico, demonstrou um beta representativo do risco do negócio (estrutura de capital sem dívidas) de 0,998 para o setor.

Se a empresa fosse estimar o custo de oportunidade de seus acionistas com base nessa medida, poderia ajustar seu risco total para diferentes níveis de endividamento. O resultado seria uma estimativa do custo de capital próprio medido para cada possível estrutura de capital. Essa simulação é apresentada no quadro a seguir, admitindo uma taxa livre de risco (R_F) de 6,0%, e prêmio pelo risco de mercado ($R_M - R_F$) de 8,5%.

Endividamento (P/PL)	BETA	Custo de capital próprio
0%	$\beta_U = 1,36/[1 + 0,55 \times (1 - 0,34)] = 0,998$	$K_e = 6,0\% + 0,998 \times 8,5\% = 14,48\%$
40%	$\beta_L = 0,998 \times [1 + 0,40 \times (1 - 0,34)] = 1,26$	$K_e = 6,0\% + 1,26 \times 8,5\% = 16,71\%$
80%	$\beta_L = 0,998 \times [1 + 0,80 \times (1 - 0,34)] = 1,52$	$K_e = 6,0\% + 1,52 \times 8,5\% = 18,92\%$
120%	$\beta_L = 0,998 \times [1 + 1,20 \times (1 - 0,34)] = 1,79$	$K_e = 6,0\% + 1,79 \times 8,5\% = 21,22\%$
160%	$\beta_L = 0,998 \times [1 + 1,60 \times (1 - 0,34)] = 2,05$	$K_e = 6,0\% + 2,05 \times 8,5\% = 23,43\%$

EXEMPLO ILUSTRATIVO – Beta de Projeto com Diferente Alavancagem

Considere uma empresa que atua em setor de tecnologia, apresentando risco mais elevado. Possui dívidas de $ 40,0 milhões e patrimônio líquido, a preço de mercado, estimado em $ 120,0 milhões. O beta total calculado das ações da empresa é igual a 1,30. A alíquota de IR considerada é de 34%. A taxa livre de risco da economia é de 6,0% e o prêmio pelo risco de mercado de 10,0%.

Pede-se:

a) Custo do capital próprio da empresa admitindo que seja financiada exclusivamente por capital próprio.

b) A empresa está avaliando um novo investimento de risco econômico bastante similar ao da empresa. No entanto, pretende financiar este projeto com 55% de dívidas e 45% de recursos próprios. Calcular o custo de capital próprio associado ao novo investimento.

Solução:

a) *Beta da empresa sem dívidas* (β_U):

$$\beta_U = \frac{1,30}{[1 + (\$\,40,0/\$\,120,0) \times (1 - 0,34)]} = 1,066$$

Custo de capital próprio da empresa admitindo a inexistência de dívidas:

$$K_e = 6,0\% + 1,066 \times 10,0\% = 16,66\%$$

b) *Beta alavancado do projeto*:

$$\beta = 1,066 \times [1 + (55\%/45\%) \times (1 - 0,34)] = 1,926$$

Custo de capital próprio do novo investimento:

$$K_e = 6,0\% + 1,926 \times 10,0\% = 25,26\%$$

19.4 CUSTO TOTAL DE CAPITAL (WACC)

O *Custo Total de Capital (WACC)* de uma empresa reflete o custo médio ponderado das fontes de financiamento da empresa. Esse custo total representa a taxa de atratividade da empresa, ou seja, quanto a empresa deve exigir de retorno de seus investimentos visando maximizar seu valor de mercado.

> Um custo de capital mais baixo permite que o NPV dos investimentos seja elevado, agregando maior valor para a empresa.

O cálculo do WACC é processado pelo critério da *média ponderada das fontes de financiamento*, de acordo com a seguinte expressão:

$$WACC = \sum_{i=1}^{n} W_i \times K_i$$

em que:

WACC = custo médio ponderado de capital. Identificado na literatura financeira por *Weighted Average Cost of Capital* (WACC);

K_i = custo específico de cada fonte de financiamento (capital próprio e capital de terceiros);

W_i = participação relativa (proporção) de cada fonte de capital no financiamento total.

EXEMPLO ILUSTRATIVO

Para *ilustrar* o cálculo do custo médio ponderado de capital, admita que uma empresa tenha apresentado a seguinte estrutura de capital e seus custos respectivos, conforme levantados de seus relatórios contábeis:

Fonte de capital	Montante ($)	Proporção de cada fonte	Custo após IR
Capital Ordinário	300.000 Ações × $ 1,00 = $ 300.000,00	30%	25% a.a
Capital Preferencial	500.000 Ações × $ 1,00 = $ 500.000,00	50%	20% a.a
Financiamentos	$ 200.000,00	20%	16% a.a
Total	$ 1.000.000,00	100%	

Pelos valores apresentados, pode-se mensurar o custo total das fontes de capital da empresa da seguinte maneira:

$$WACC = (25\% \times 0{,}30) + (20\% \times 0{,}50) + (16\% \times 0{,}20)$$

$$WACC = 7{,}50\% + 10{,}00\% + 3{,}20\%$$

WACC = 20,70% a.a

De outra maneira, a remuneração exigida pelos proprietários de capitais alocados pela empresa assume o seguinte modo de cálculo:

Fonte de capital	Remuneração exigida
Capital Ordinário	$ 300.000,00 × 25% = $ 75.000,00
Capital Preferencial	$ 500.000,00 × 20% = $ 100.000,00
Financiamentos	$ 200.000,00 × 16% = $ 32.000,00
Total	$ 1.000.000,00 $ 207.000,00

> **!**
>
> **IMPORTANTE** ■ esse custo total representa, efetivamente, a taxa mínima de retorno (atratividade econômica) desejada pela empresa em suas decisões de investimento. Ao não promover um retorno operacional pelo menos igual a seu custo total de capital, a empresa deixará de remunerar de maneira adequada suas fontes de financiamento, prejudicando seu valor de mercado. Em outras palavras, um retorno do investimento menor que o WACC leva a uma destruição de seu valor de mercado, reduzindo a riqueza de seus acionistas. Retornos operacionais acima da taxa de atratividade, por outro lado, revelam uma agregação de valor econômico à empresa pela geração de resultados superiores ao mínimo exigido pelos proprietários de capital. Nessas condições, as decisões financeiras promovem uma agregação de riqueza, sendo consistentes com seu objetivo de maximizar o valor de mercado.

A empresa deve obter um resultado operacional mínimo de $ 207.000,00 no exercício para cobrir o retorno mínimo exigido por suas fontes de financiamento. O valor econômico somente é criado se o lucro operacional apurado exceder $ 207.000,00.

A remuneração exigida representa 20,70% do volume total de recursos colocados à disposição da empresa, ou seja:

$$WACC = \$ \ 207.000,00/\$ \ 1.000.000,00 = 20{,}70\%$$

19.4.1 Ponderações baseadas em valores contábeis, valores de mercado e de uma estrutura meta de capital

A metodologia de apuração do WACC pode ser desenvolvida de acordo com ponderações baseadas em *valores contábeis*, em *valores de mercado* ou, ainda, com base em uma estrutura de capital admitida como *meta* pela empresa.

Valor Contábil

As ponderações em *valores contábeis* foram consideradas na solução da ilustração anterior.

Valor de Mercado

O uso de *valores de mercado* para se apurar a ponderação de cada fonte de financiamento é mais recomendado para as decisões financeiras, principalmente por refletirem melhor seu efetivo montante de realização. Os pesos definidos com base em valores de mercado costumam promover, ainda, um WACC maior que o obtido pelo esquema contábil, pois as cotações de mercado das ações costumam serem superiores aos preços registrados convencionalmente pela Contabilidade, e os passivos podem-se encontrar atrelados às taxas vigentes (ou futuras) de mercado.

Por exemplo, as ações de uma empresa são muitas vezes negociadas no mercado por valores que pouca relação apresenta com seus valores nominais. O mesmo pode ocorrer também com o exigível da empresa, principalmente com os itens passivos que embutem alguma forma de pós-fixação dos juros, como cláusulas de repactuação dos encargos das debêntures, validade temporária da taxa Libor[4] para determinadas operações de repasses de recursos externos etc.

Dessa maneira, admitindo-se que as ações ordinárias da empresa em ilustração estejam valendo $ 1,50 por unidade no mercado, e as preferenciais $ 1,20 cada uma, a proporção da estrutura de capital da empresa altera-se e, em consequência, também seu custo médio ponderado de capital. Assim:

Fonte de capital	Montante ($)	Proporção de cada fonte	Custo após IR
Capital Ordinário	300.000 Ações × $ 1,50 = $ 450.000,00	36%	25% a.a
Capital Preferencial	500.000 Ações × $ 1,20 = $ 600.000,00	48%	20% a.a
Financiamentos	$ 200.000,00	16%	16% a.a
Total	$ 1.250.000,00	100%	

O novo custo médio ponderado de capital, definido pelos *pesos baseados nos valores de mercado*, eleva-se para:

$$WACC = (25\% \times 0,36) + (20\% \times 0,48) + (16\% \times 0,16)$$

$$WACC = 9,0\% + 9,60\% + 2,56\%$$

WACC – 21,16%

Pode-se afirmar, uma vez mais, que o custo médio ponderado de capital com base em valores de mercado proporciona uma interpretação mais segura de seus resultados, pois o mercado reflete, de maneira mais rigorosa, o valor dos capitais da empresa.

Estrutura de Capital – Meta

Por outro lado, os pesos das fontes de capitais podem também ser definidos com base em uma *estrutura de capital – meta*, em que suas participações respectivas passam a refletir uma posição desejada, a qual a empresa tem por objetivo atingir.

> As empresas adotam uma estrutura-meta de capital fixando uma proporção ótima de capital próprio e de capital de terceiros que deseja manter financiando seus investimentos.

Esse critério de ponderação desejada (meta), definido idealmente com base em valores de mercado, é considerado como o mais identificado com o objetivo das empresas em maximizar seu valor de mercado, sendo o ideal a ser adotado na determinação do WACC.

19.4.2 Usos e limitações do WACC

Uso do WACC

O WACC é utilizado como a *taxa de retorno mínima* a ser exigida nas aplicações de capital de uma

---

[4] *London Interbank Offered Rate.* Taxa de juros interbancária negociada no mercado de Londres e geralmente adotada como taxa de referência em operações de crédito internacional.

empresa. Representa esse custo, em outras palavras, o retorno que os ativos da empresa devem produzir, dados determinada estrutura de capital (proporção de recursos próprios e de terceiros) e nível de risco, de maneira que promova a maximização da riqueza de seus proprietários.

Por exemplo, na ilustração anterior, identificou-se um montante de $ 1.250.000 de recursos de financiamento (próprios e de terceiros) da empresa a preços de mercado, apurando-se um WACC de 21,16%. Em verdade, para se justificar a alocação desses recursos, é necessária uma expectativa de retorno *mínimo* de 21,16% (idêntico ao WACC) sobre o capital investido, definido com base em pesos expressos a valores de mercado, como modo de remunerar atrativamente as diversas fontes de financiamento, ou seja:

• Investimento total	$ 1.250.000,00
• Retornos periódicos esperados (resultado operacional):	
21,16% × $ 1.250.000	*$ 264.500,00*
• Distribuição do retorno	
– capital ordinário:	
9,0% × $ 1.250.000,00	$ 112.500,00
– capital preferencial:	
9,6% × $ 1.250.000,00	$ 120.000,00
– financiamento:	
2,56% × $ 1.250.000,00	$ 32.000,00
Total:	*$ 264.500,00*

Alterações no WACC e, em consequência nas decisões financeiras, são determinadas por:

a) Modificações nas proporções das fontes de capital.

b) Modificações nos custos específicos de cada financiamento selecionado.

Hipótese Implícita

Uma importante hipótese implícita no cálculo do WACC diz respeito à suposição de a estrutura de capital manter-se *inalterada*, ou seja, o método considera que cada fonte de financiamento conserva a mesma participação relativa ao longo do tempo. Como é quase impossível na prática uma empresa captar no futuro recursos em idênticas proporções às atuais, o critério alternativo sugerido é o uso de pesos com base na estrutura de financiamento que a empresa pretende adotar no futuro. Essa proposta equivale ao uso dos pesos-meta para o cálculo do WACC, conforme discutido na seção 19.4.1.

WACC e Diferentes Riscos

Outra observação relevante com relação ao método do WACC, principalmente em sua utilização como critério básico de aceitação de propostas de investimento, refere-se aos diferentes níveis de riscos identificados nas diversas decisões financeiras. As decisões de investimentos são avaliadas assumindo os projetos riscos específicos, que não coincidem geralmente com o risco de toda a empresa.

> **❗ IMPORTANTE** ■ no que concerne a esse aspecto, o uso do WACC da empresa é válido desde que o risco de determinada alternativa de investimento não venha a alterar o risco determinado para a carteira de projetos em execução da empresa. Em outras palavras, o uso do WACC da empresa é indicado para o projeto desde que o risco da proposta em avaliação seja equivalente ao risco dos investimentos existentes.

Se o projeto em avaliação apresentar um risco diferente do calculado para a empresa, deve ser calculado um novo WACC para a decisão. O custo de capital da empresa não deve ser utilizado, nesse caso, como taxa de atratividade da alternativa, por não corresponder às expectativas de retorno dos investidores.

Por exemplo, uma empresa pode ter um beta total de 1,25. Porém, determinado projeto em avaliação, com fluxos de caixa bastante previsíveis e alto retorno, apresenta um risco inferior. Por exemplo, um beta de 0,90. Nessa situação, o custo de capital do investimento em avaliação deve ser calculado com base em seu risco mais reduzido, e não a partir do risco mais elevado da empresa. Se utilizar o beta da empresa, o projeto, de início bastante atraente, pode inviabilizar-se.

Assim, ao se defrontar com situações em que o risco de determinado projeto não coincida com o da carteira de investimentos da empresa, o uso do custo médio ponderado de capital, único e geral para as decisões da empresa, é inapropriado. Para esses casos, é importante que se use uma taxa de atratividade definida especificamente para cada proposta (ou grupo de propostas) em função do risco que venha a apresentar. A taxa de retorno requerida (ou o custo de capital) de um investimento é função, basicamente, das características de risco e retorno do próprio projeto, e não das de toda a empresa.

WACC e a SML

Uma comparação entre o critério do WACC e as decisões extraídas da SML (*security market line*), amplamente estudada na Parte IV, é desenvolvida ilustrativamente na Figura 19.1. O gráfico representa o *custo total de capital da empresa* (WACC) que se mantém constante qualquer que seja o nível de risco apresentado pelos ativos em avaliação. Em outras palavras, o retorno mínimo requerido nas decisões de investimento não se altera consoante as variações verificadas no risco dos projetos.

A SML, por seu lado, ao refletir o *prêmio pelo risco de mercado*, define a remuneração exigida com base no risco apresentado pelo ativo. Riscos maiores exigem, evidentemente, retornos também mais elevados.

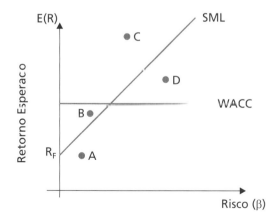

Figura 19.1 WACC × SML.

Os projetos de investimentos *A*, *B*, *C* e *D*, usados como ilustração, foram distribuídos no gráfico de acordo com seus riscos e retornos esperados.

Essa representação é identicamente sugerida por Fred Weston[5] ao discutir o risco específico de um projeto em relação ao risco de toda a empresa.

Pelas conclusões da Figura 19.1, o projeto *A* é rejeitado pelos dois critérios, pois apresenta um retorno inferior ao WACC da empresa e não remunera, ao mesmo tempo, o prêmio pelo risco de mercado. O projeto *B* é selecionado pela SML, porém rejeitado pelo método do custo médio ponderado de capital. Apresenta um retorno, considerada sua classe de risco, superior ao exigido pelo mercado, porém inferior ao custo total de capital da empresa.

O projeto *C* é a única alternativa de investimento em consideração aceita pelos dois métodos, não sugerindo nenhum ponto de conflito. Finalmente, o projeto *D*, de mais alto risco, não satisfaz às expectativas de retorno exigidas pelo mercado, sendo, portanto, rejeitado pelo método do CAPM. No entanto, como o critério do custo médio ponderado de capital da empresa não leva em conta essas diferentes classes de risco dos projetos, o retorno oferecido por *D* é considerado atraente, recebendo indicação favorável de aceitação.

19.5 CRIAÇÃO DE VALOR

O contexto das finanças corporativas está preferencialmente direcionado para o objetivo de maximização do valor da riqueza dos acionistas. A riqueza gerada aos proprietários é determinada pela qualidade das decisões financeiras, obtida de acordo com a relação de equilíbrio entre risco e retorno esperados. Nessa ideia básica e fundamental das finanças, o desempenho operacional de uma empresa deve ser avaliado por seu valor econômico criado, de maneira consistente com seu objetivo de maximização da riqueza de seus acionistas.

O valor de uma empresa é determinado pelos seus resultados econômicos futuros esperados de caixa, definindo-se seu preço (valor) de mercado pela apuração do valor presente desses fluxos. A condição essencial para uma empresa *criar valor* é que esses fluxos operacionais esperados de caixa superem o custo de capital total (custo médio ponderado de capital), ou seja:

---

[5] WESTON, J. Fred. Ob. cit.

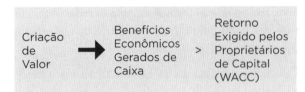

Para o pressuposto básico de *agregação de valor*, o desempenho operacional da empresa deve promover resultados que remunerem os proprietários de capital (credores e acionistas) em valores acima da taxa mínima de retorno requerida. Essa riqueza é maximizada à medida que a criação de valor mantenha-se e a empresa consiga, nessas condições, elevar seus níveis de investimentos.

> **IMPORTANTE** ■ o fato de uma empresa poder ou não criar valor depende fundamentalmente da qualidade de suas decisões financeiras tomadas. Essas decisões, por seu lado, são avaliadas com base em seus diversos *elementos estratégicos* que as compõem, como custo de capital, giro e margem, volume de atividade, produtividade, capacidade gerencial, investimentos etc. Uma gestão voltada a maximizar a riqueza dos acionistas, por seu lado, deve estar preocupada em atuar sobre esses elementos estratégicos que influenciam o valor de mercado da empresa.

O conceito da expressão de determinação do valor econômico apresenta-se bem mais completo que outras medidas convencionais de desempenho financeiro. Os indicadores tradicionais de rentabilidade usualmente adotados, como o retorno sobre o patrimônio líquido (ROE), por exemplo, apresentam pouca proximidade com o valor de mercado da empresa. Em verdade, um ROE positivo não garante sempre a remuneração esperada do capital, podendo inclusive estar destruindo valor ao produzir um retorno inferior ao exigido pelo mercado.

Dessa maneira, pode-se concluir que o processo de criação de valor por uma empresa somente ocorre quando suas decisões financeiras são capazes de promover um retorno sobre o investimento operacional (ROI), que excede o custo total de capital (WACC).

O conceito de valor é uma visão a longo prazo, que exige informações mais amplas com relação ao desempenho esperado da empresa. Sua importância atual é grande, diante do ambiente econômico de maior competitividade e, principalmente, pela consciência dominante de que o mercado é que avalia, com prioridade, as decisões financeiras das empresas.

 **RESUMO**

1. **Estudar a taxa de retorno requerida pelas diversas fontes de financiamento de uma empresa, e seus critérios de avaliação e decisão.**

   No estudo do custo de capital, é necessário inicialmente conhecer-se o custo de cada fonte de recursos (própria e de terceiros) selecionada pela empresa e, então, mensurar-se a partir desses valores a taxa de retorno desejada para as decisões de investimentos.

   O *custo total de capital (WACC)* é função não somente do risco associado às decisões financeiras, mas também da participação relativa dos passivos na estrutura de capital.

   O *custo de capital de terceiros* é definido de acordo com os passivos onerosos identificados nos empréstimos e financiamentos mantidos pela empresa. Reconhecidamente, o uso de capital de terceiros promove maior risco financeiro às empresas. Em verdade, na decisão de endividamento, o tomador assume um compromisso de desembolso financeiro em condições fixas e previamente estabelecidas, ficando seu retorno, no entanto, vinculado ao sucesso da aplicação desses recursos. Ao não resgatar sua dívida nas condições em que foi contratada, a empresa está sujeita a ser acionada legalmente pelo credor, podendo inclusive ter sua falência requerida.

   Em operações de dívidas, o *risco do credor é menor* comparativamente ao do acionista; porém, do ponto de vista da empresa, seu risco financeiro eleva-se ao vincular condições preestabelecidas na devolução do capital emprestado, sem relações formais diretas com os resultados operacionais apurados.

O *custo de capital próprio* revela o retorno desejado pelos acionistas de uma empresa em suas decisões de aplicação de capital próprio. Um método de larga aplicação prática de mensuração do custo de capital próprio é derivado do **modelo de precificação de ativos** (CAPM). O CAPM estabelece uma relação linear entre o retorno de um ativo e o retorno de mercado. Os resultados do modelo demonstram forte sensibilidade com a taxa requerida de retorno (custo de capital), a qual deve comportar-se de modo condizente com o risco. Quanto mais elevado apresentar-se o risco da decisão, maior o retorno exigido pelos proprietários de capital; para níveis mais baixos de risco, é possível remunerar os investidores com taxas de retorno também mais reduzidas.

2. Entender como é calculado o custo de capital e as medidas de suas variáveis no Brasil.

Uma metodologia bastante adotada ao se estimar o custo de capital próprio no Brasil é buscar uma referência das informações demandadas pelo modelo do CAPM em outros mercados financeiros que não apresentam as mesmas limitações comentadas presentes no mercado brasileiro.

Em geral, é adotado como *benchmarking* o mercado acionário norte-americano para se estimar o risco e o custo de capital de nossas empresas. Esse critério é bastante usual entre os analistas financeiros, e recomendados em diversos trabalhos acadêmicos, sendo também utilizado na avaliação das empresas inseridas no programa nacional de privatização.

Para a estimação do custo de capital próprio pelo CAPM, e tendo como referência empresas do mesmo setor e escopo semelhante identificadas na economia dos EUA, são adotados os seguintes procedimentos no cálculo das variáveis do modelo:

a) *taxa livre de risco (R_F)*: são geralmente utilizadas as taxas de juros médias dos títulos públicos a longo prazo emitidos pelo governo americano (T-Bonds: *treasury bonds*). Diante da estabilidade geralmente verificada na conjuntura do mercado de referência, é possível admitir-se essa taxa de juros como sustentável a longo prazo;

b) *coeficiente beta (β)*: constitui o elemento de maior dificuldade de estimação. Para sua determinação, é identificada no mercado de referência uma amostra de empresas do mesmo setor e com características operacionais e financeiras semelhantes às da companhia em avaliação. O coeficiente beta médio dessa amostra é entendido como a medida do risco sistemático da empresa em avaliação, sendo usado no CAPM para estimativa do custo de capital próprio;

c) *retorno da carteira de mercado (R_M)*: é também apurado pela média das taxas de rentabilidade do mercado de ações publicadas em certo intervalo de tempo. No mercado dos EUA, é geralmente utilizado o índice NYSE (*New York Stock Exchange*);

d) *risco Brasil (α_{BR})*: é um indicador que determina o grau de instabilidade econômica de cada país. É denominado *Emerging Markets Bond Index Plus (Embi+)* e mede esse grau de "perigo" que um país pode representar para o investidor estrangeiro. É calculado por agências de classificação de risco e bancos de investimentos.

3. Demonstrar como usar as medidas de agregação de valor econômico, voltadas ao objetivo de maximização da riqueza dos investidores.

O contexto das finanças corporativas está preferencialmente direcionado para o objetivo de maximização do valor de mercado da empresa. A *riqueza* de uma empresa é determinada pela qualidade de suas decisões financeiras, obtida de acordo com a relação de equilíbrio entre risco e retorno esperados.

Nessa ideia básica e fundamental das finanças, o desempenho operacional de uma empresa deve ser avaliado por seu *valor econômico criado*, de maneira consistente com seu objetivo de maximização da riqueza de seus acionistas. O conceito de valor é uma visão a longo prazo, que exige informações mais amplas com relação ao desempenho esperado da empresa. Sua importância atual é grande, diante do ambiente econômico de maior competitividade e, principalmente, pela consciência dominante de que o mercado é que avalia, com prioridade, as decisões financeiras das empresas.

Foi definido que uma empresa agrega valor econômico quando for capaz de produzir um *retorno operacional maior que o custo de suas fontes de capital*. Esse excedente de remuneração expressa um acréscimo de riqueza dos proprietários, que promove condições de valorização de mercado da empresa. A viabilidade econômica de uma empresa é demonstrada por sua capacidade em remunerar o capital investido. Ao não se prever uma reversão do desempenho econômico negativo apresentado, é recomendada a descontinuidade da empresa, mesmo que mantenha lucro contábil.

Deve ser observado, uma vez mais, que a atratividade de um negócio reflete-se na remuneração adequada do capital investido, e não na exclusiva apuração do resultado contábil. Uma *gestão baseada em valor* costuma provocar modificações nos padrões usuais de avaliação das decisões financeiras. Por exemplo, um investimento pode ser criticado por oferecer uma rentabilidade inferior aos padrões normais de retorno de uma empresa. Contudo, se sua taxa de retorno for superior ao seu custo de capital, irá promover uma criação de valor, sendo sua aceitação consistente com o objetivo estabelecido pela administração financeira de maximização da riqueza.

O valor agregado de mercado apresenta uma estreita correlação com a capacidade da empresa em criar valor. O mercado costuma responder de forma conjunta com o desempenho demonstrado pela empresa, valorizando suas ações quando ocorrer criação de valor, e desvalorizando quando o custo do capital não for adequadamente remunerado.

Testes de verificação

1. O WACC de qualquer empresa pode ser interpretado como:
   a) Custo médio ponderado de capital das obrigações a longo prazo.
   b) Custo médio ponderado de capital das obrigações a curto prazo.
   c) Custo médio ponderado entre capital próprio e capital de terceiros existentes na estrutura de ativos e passivos da empresa.
   d) Custo médio ponderado de capital do patrimônio líquido da empresa.
   e) Custo médio ponderado de capital do ativo da empresa.

2. Sobre a taxa livre de risco é *correto* afirmar:
   a) É a taxa geralmente utilizada para remunerar os títulos públicos.
   b) É a taxa de juros que os bancos cobram de seus clientes (empresas) em operações de créditos.
   c) É a taxa utilizada pelas empresas para representar o custo médio ponderado de capital.
   d) É a taxa que remunera o valor do dinheiro no tempo, associada a remuneração do capital próprio.
   e) É a taxa de desconto dos fluxos de caixa operacionais que gera maior valor para a empresa.

3. Na avaliação de investimentos, o uso do WACC é válido desde que o risco de determinada alternativa de investimento não venha a alterar o risco determinado para a carteira de projetos em execução da empresa, ou seja, desde que as propostas em consideração sejam equivalentes, em termos de risco, às existentes. A SML, por seu lado, ao refletir o prêmio pelo risco de mercado, define a remuneração exigida com base no risco apresentado pelo ativo. Riscos maiores exigem, evidentemente, retornos também mais elevados. Dentre os ativos a seguir, qual deles seria o escolhido dentre as restrições impostas pelo WACC e pela SML:

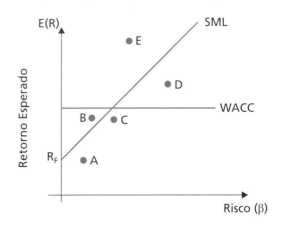

a) A.
b) B.
c) C.
d) D.
e) E.

4. Uma empresa identificou o custo de cada origem de capital que irá utilizar para financiar um novo projeto de investimento:

Fonte de capital	Proporção	Custo anual após o IR
Dívidas a longo prazo	40%	10%
Capital próprio	60%	14%

A empresa está avaliando um projeto de investimento que tem como taxa interna de retorno (IRR) 10% ao ano. Diante dessas condições, pode-se concluir que:

a) O projeto não deve ser aceito, pois a IRR é menor que o WACC da empresa.
b) O projeto deve ser aceito, pois a IRR é maior que o WACC da empresa.
c) O projeto deve ser aceito, pois a IRR é menor que o WACC da empresa.
d) O projeto não deve ser aceito, pois a IRR é maior que o WACC da empresa.
e) Impossível tomar a decisão uma vez que a IRR é exatamente igual ao WACC.

5. Dentre as afirmações sobre o WACC, assinale a INCORRETA:

a) O WACC e o custo que uma empresa incorre pelo uso de recursos próprios e de terceiros financiando suas atividades.
b) O WACC também pode ser interpretado como a taxa mínima que os projetos de investimentos devem oferecer como retorno para serem aceitos.
c) No uso do WACC pode-se dizer que o retorno exigido pelo fornecedor do capital próprio e pelo fornecedor do capital de terceiros é uma função do risco determinado por cada um deles.
d) Pode-se dizer que quanto maior for a alavancagem financeira menor será o risco associado à empresa na formação do WACC.
e) O WACC estabelece um limite inferior (mínimo) ao retorno exigido pelos projetos de uma empresa.

6. Duas empresas têm os seguintes betas: beta (A) = 0,78 e beta (B) = 1,15. Se as participações de cada empresa nos totais de seus respectivos valores de mercado são 40 e 60%, pode-se afirmar que o beta da carteira composta por essas duas empresas é de:

a) 1,00.
b) 0,93.
c) 1,11.
d) 0,89.
e) 1,30.

Exercícios propostos

1. Uma empresa está avaliando a possibilidade de adquirir uma máquina para um novo negócio. O valor do investimento é de $ 300.000. A vida útil da máquina é de 5 anos, sendo depreciada linearmente. Valor residual previsto é nulo. A empresa pretende utilizar recursos próprios até o limite de 40% do valor do investimento.

As receitas previstas para o primeiro ano são de $ 300.000, esperando-se um crescimento constante de 5% a.a. Os custos de produção e as despesas operacionais estimadas para o primeiro ano são de $ 75.000 e $ 93.000, respectivamente. Espera-se que os custos de produção cresçam a partir do primeiro ano à taxa de 6% a.a. e as despesas operacionais em 8% a.a. O custo efetivo da dívida (antes do Imposto de Renda) é de 15% a.a., sendo 34% a alíquota de Imposto de Renda admitida pelo projeto.

O índice beta é de 0,9 para o projeto. A taxa livre de risco é de 5,5% e o prêmio pelo risco de mercado de 14%.

Determine a viabilidade do projeto por meio do método do NPV, admitindo o benefício fiscal da depreciação. O investimento será depreciado de maneira linear em 5 anos, e não está previsto valor residual.

2. Considere uma companhia aberta com ações negociadas em Bolsa de Valores. As taxas de retorno de suas ações apresentam uma covariância com os retornos de mercado igual a 0,052. O desvio-padrão das taxas de retorno das ações da empresa é de 0,198 e dos retornos de mercado, de 0,211.

A empresa mantém um endividamento oneroso médio de $ 15,0 milhões, captado a uma taxa efetiva bruta (antes do benefício fiscal) de 15,0% a.a. O capital dos acionistas investido na empresa, expresso em valor de mercado, está estimado em $ 30,0 milhões. A empresa considera essa relação entre passivo e patrimônio líquido como adequada. A alíquota de Imposto de Renda é de 34%. Sabe-se ainda que os títulos públicos pagam 6,5% a.a. de juros e o prêmio histórico de risco de mercado é de 10,1%. Determine o custo médio ponderado de capital (WACC) dessa empresa.

3. A Cia. JKM atua em dois segmentos de negócios: Papel e Celulose e Construção Civil. O índice de endividamento (P/PL) mantido pela empresa da divisão de Papel e Celulose é de 80%, e o da divisão de Construção Civil é de 60%. As principais informações de cada setor são apresentadas a seguir:

Indicador	Papel e celulose	Construção civil
Endividamento (P/PL)	80%	40%
Coeficiente beta	0,80	1,06

O custo de captação de recursos de terceiros é de 12,5% a.a., antes do benefício fiscal. A alíquota de Imposto de Renda é de 34%. Os títulos públicos pagam juros de 6,5% a.a. e a taxa de retorno da carteira de mercado atinge 15,8%. Admita que o valor de mercado das duas divisões seja igual. Determine o WACC de cada divisão e o WACC da Cia. JKM.

4. Os acionistas de uma empresa desejam saber se a empresa está auferindo um retorno do capital investido que remunere o risco do investimento, ou seja, se as operações da empresa estão criando valor. O lucro operacional líquido do Imposto de Renda apresentado pela empresa é de $ 25,6 milhões. O capital próprio dos sócios totaliza $ 45,0 milhões. O índice de endividamento (P/PL) da empresa é igual a 0,55, e as despesas financeiras, antes do benefício fiscal, somam $ 4,37 milhões.

O coeficiente beta do setor, referência para as decisões da empresa, é igual a 0,83. Sabendo que o Imposto de Renda é de 34%, a taxa de títulos livres de risco de 7,75% e o retorno de mercado de 15,5%, determine o valor econômico criado no período.

5. Uma empresa de consultoria foi contratada para calcular o valor de mercado de uma empresa brasileira em processo de negociação. Para tanto, foi usado o mercado dos EUA como referência para apuração do risco e custo de capital da empresa brasileira em avaliação. Foram levantadas as seguintes informações do mercado referência:

- taxa média de remuneração dos bônus do governo dos EUA: 5,7%;
- taxa média de remuneração dos bônus do governo brasileiro: 11,2%;
- coeficiente beta médio de empresas norte-americanas do setor: 0,86;
- retorno médio do mercado acionário dos EUA: 13,35%.

A partir dessas informações, calcule o custo de capital próprio (K_e) a ser aplicado à empresa brasileira em avaliação.

6. Admita as seguintes informações de mercado de determinado setor: coeficiente beta médio alavancado: 1,25; P/PL: 37,5%;

IR: 40%; Rf = 8%; RM − Rf = 5,8%. Determine, para uma empresa que está usando estes dados como *benchmark* cujo P/PL é 50% e alíquota do IR é 40%:

a) O beta.
b) O custo do capital próprio.

Links da web

http://pages.stern.nyu.edu/~adamodar/. *Site* do Damodaran com informações de *benchmark* sobre as empresas e setores econômicos dos EUA.

www.infomoney.com.br. *Site* com informações e dicas de investimentos.

http://finance.yahoo.com/. *Site* com informações dos títulos públicos dos EUA.

Sugestão de Leitura

ASSAF NETO, Alexandre. **Finanças corporativas e valor**. 8. ed. São Paulo: Atlas, 2021.

DAMODARAN, Aswath. **Finanças corporativas aplicadas**: manual do usuário. Porto Alegre: Bookman, 2002.

ROSS, Stephen A.; WESTERFIELD, Randolph W.; JAFFE, Jefrey; LAMB, Roberto. **Administração financeira**. 10. ed. São Paulo: McGraw-Hill/Bookman, 2015.

Respostas dos Testes de Verificação

1. c   4. a
2. a   5. d
3. e   6. a

ESTRUTURA DE CAPITAL

OBJETIVOS DO CAPÍTULO

1. Definir estrutura de capital.
2. Mostrar as teorias existentes sobre as opções de se manter uma estrutura de capital eficiente em uma empresa.
3. Estudar e avaliar a estrutura de capital no Brasil.

A estrutura de capital de uma empresa refere-se à composição de suas fontes de financiamento, oriundas de capitais de terceiros (exigível) e de capitais próprios (Patrimônio Líquido).

O estudo de estrutura de capital é fundamental para as decisões financeiras. Na busca do objetivo de maximização da riqueza, a empresa deve selecionar uma composição das fontes de financiamento que promova a minimização do custo médio ponderado de capital (WACC).

Capital denota recursos da empresa, geralmente a longo prazo. No Brasil, diante da expressiva participação do crédito a curto prazo financiando as atividades das empresas, o termo *capital* é muitas vezes utilizado para o total dos fundos da empresa, independentemente de sua maturidade.

O capital total de uma empresa é decomposto em duas partes: *capital próprio* e *capital de terceiros.*

O *capital de terceiros* inclui todos os fundos levantados pela empresa junto a credores, e representados basicamente por empréstimos e financiamentos. A empresa contrata esses empréstimos por um prazo determinado, pagando juros pelo seu uso. Conforme demonstrado no capítulo anterior, o custo do capital de terceiros é mais baixo que o do capital próprio em razão principalmente de:

a) O credor tem menos risco que o acionista, podendo, assim, ser remunerado por uma taxa mais baixa.

b) As despesas de juros pagas pelos passivos são dedutíveis para efeitos de Imposto de Renda, reduzindo em consequência o custo financeiro.

O *capital próprio*, identificado nos balanços patrimoniais como Patrimônio Líquido, consiste nos recursos investidos pelos acionistas da empresa. Esses fundos não têm prazo de reembolso estabelecido, permanecem na empresa por tempo indeterminado.

> Este capítulo tem por objetivo estudar a estrutura de capital da empresa, ou seja, a relação entre o capital de terceiros e o capital próprio. A meta de toda empresa é escolher a melhor proporção das fontes de financiamento.

20.1 O ENDIVIDAMENTO DAS EMPRESAS BRASILEIRAS

Quanto maior for a participação de dívidas na estrutura de capital, *maior o risco* da empresa; e, pelo *menor custo* dos fundos de terceiros em relação aos fundos próprios, *menor o custo total de capital* (WACC). A preocupação do administrador financeiro é definir a melhor composição da estrutura de capital de modo a minimizar seu custo total.

O Quadro 20.1 ilustra indicadores de endividamento das companhias abertas brasileiras com ações negociadas em bolsa de valores, classificados pelos principais setores e total das empresas, e relativos ao exercício de 2018.

A *primeira coluna* relaciona o passivo total (P) com o total do patrimônio líquido (PL) da empresa. Expressa quanto a empresa tomou emprestado para cada $ 1,00 de capital próprio investido.

A *segunda coluna* relaciona o passivo total (P) com o total do ativo (AT) da empresa. Indica a proporção média dos ativos da empresa que são financiados por recursos de terceiros.

A *terceira coluna* relaciona somente os passivos onerosos (PO), dívidas que incorrem em encargos financeiros (empréstimos e financiamentos), com o ativo total da empresa (AT). Mostra a proporção dos ativos financiados por fundos de terceiros onerosos.

O endividamento total médio da empresa brasileira apresenta-se alto. Para cada R$ 1,00 de capital próprio investido, a empresa foi buscar 0,90 de terceiros (passivos), conforme expressa o índice P/PL = 0,90 na coluna (1). De outra maneira, percebe-se que, em média, 63% dos ativos são financiados por dívidas (P/AT), participando o capital próprio somente com 37% dos investimentos (coluna (2)).

Aspecto Diferenciador do Endividamento no Brasil: esse endividamento total, no entanto, tem uma característica interessante. Em razão das elevadas taxas de juros praticadas no mercado, bastante comentadas no capítulo anterior, a maior parte do passivo da empresa brasileira é formada por dívidas sem ônus. Os passivos onerosos financiam somente 33% dos ativos das companhias abertas, e as dívidas sem ônus, como salários, contribuições e impostos, encargos sociais e fornecedores a pagar, entre outros, somente os 30% restantes, totalizando os 63% demonstrados.

Quadro 20.1 Endividamento das companhias brasileiras – 2018.

Setores	P/PL (1)	P/AT (2)	PO/AT (3)
Agropecuária e Agricultura	0,59	0,49	0,30
Água e Saneamento	0,63	0,53	0,30
Artefatos de Metais	1,79	0,76	0,43
Automóveis, Motocicletas e Material Rodoviário	0,81	0,59	0,33
Calçados	0,15	0,27	0,11
Carnes e Derivados, Alimentos e Bebidas	1,02	0,65	0,35
Comércio em geral	0,66	0,71	0,19
Construção Civil e Engenharia	0,59	0,56	0,26
Distribuição de Gás Natural	0,69	0,59	0,29
Eletrodomésticos	0,15	0,68	0,05
Energia Elétrica	1,05	0,67	0,34
Equipamentos Eletrônicos e Computadores	1,06	0,71	0,31
Exploração de Rodovias	2,59	0,77	0,60
Ferrovia	1,07	0,66	0,37
Indústria de Materiais Diversos	0,57	0,49	0,29
Lazer, Cultura e Entretenimento	0,81	0,77	0,19
Máquinas e Equipamentos	0,61	0,53	0,29
Material de Transporte	0,96	0,64	0,34
Mineração	0,42	0,52	0,20
Papel e Celulose	1,78	0,69	0,55
Petróleo, Gás e Biocombustíveis	1,23	0,67	0,40
Produtos de Uso Pessoal e de Limpeza	4,22	0,86	0,59
Produtos para Construção	1,61	0,79	0,33
Química básica	3,82	0,89	0,43
Química Diversificada	1,79	0,78	0,40
Serviços de Telecomunicações	0,19	0,40	0,11
Serviços de Transportes	2,32	0,79	0,50
Serviços Diversos	1,80	0,74	0,46
Serviços Educacionais	0,34	0,42	0,20
Serviços Médicos e Hospitalares e Medicamentos	0,31	0,43	0,18
Siderurgia	1,03	0,60	0,41
Tecnologia da Informação	0,31	0,41	0,18
Varejo Linhas Especiais	0,05	0,34	0,04
Vestuário, Tecidos e Acessórios	0,46	0,51	0,23
TODOS OS SETORES	**0,90**	**0,63**	**0,33**

Fonte: www.institutoassaf.com.br.

> Na teoria, espera-se que a empresa mantenha uma estrutura de capital que minimize o seu custo de capital e maximize, ao mesmo tempo, a riqueza dos acionistas.

O Quadro 20.1 ilustra também os índices de endividamento por setores de atividades, em que podem ser observadas diferenças relevantes. Por exemplo, o P/PL de 0,58 do setor de Comércio é o mais baixo; o de Química Diversificada, com P/PL de 2,72, é o segmento de negócios que se apresenta mais alavancado. Um endividamento razoável, por exemplo, o P/PL de 0,05 do setor de Varejo Linhas Especiais é o mais baixo; o de Produtos de uso Pessoal e Limpeza, com P/PL de 4,22, é o segmento de negócios que se apresenta mais alavancado.

20.2 ENTENDENDO MELHOR O QUE É ESTRUTURA DE CAPITAL

Diferentes setores de atividade e, inclusive, diferentes empresas dentro do mesmo segmento de negócios podem apresentar estruturas de capital diferentes. Uma empresa pode adotar a composição de financiamento que desejar, optando por maior endividamento ou maior participação de capital próprio, porém deve sempre referenciar sua decisão na estrutura que minimiza o custo total. A decisão da estrutura de capital altera o risco financeiro da empresa, o qual é proveniente da decisão de financiar com dívidas ou recursos próprios.

EXEMPLO ILUSTRATIVO

Considere uma empresa que tenha a seguinte estrutura patrimonial admitindo que todo o ativo seja 100% financiado por capital próprio:

Ativo ($ mil)	
Ativo Circulante	$ 2.000,00
Ativo Permanente	$ 8.000,00
Total	**$ 10.000,00**

Passivo ($ mil)	
Patrimônio Líquido	$ 10.000,00
Total	**$ 10.000,00**

Demonstração de resultado elaborada para o período:

DRE	
Receita de Vendas	$ 4.000,00
(–) Custo dos produtos vendidos	($ 2.000,00)
(=) Lucro Bruto	$ 2.000,00
(–) Despesas operacionais	($ 600,00)
(=) Lucro antes dos juros e do Imposto de Renda	$ 1.400,00
(–) Imposto de Renda (40%)	($ 560,00)
Lucro Líquido	**$ 840,00**

a) De acordo com os dados acima, **pede-se** calcular o Retorno sobre o Patrimônio Líquido (ROE) para o referido período:

Solução:

$$ROE = \frac{LL}{PL}$$

$$ROE = \frac{\$\ 840,00}{\$\ 10.000,00} = 8,4\%\ a.a.$$

b) Admita agora que a empresa tenha feito o investimento em seus ativos usando 40% de capital de terceiros obtidos junto a um banco, que cobra juros de 10% a.a., e 60% com capital próprio.

O balanço da empresa com esta nova estrutura de capital apresenta-se:

Ativo ($ mil)	
Ativo Circulante	$ 2.000,00
Ativo Permanente	$ 8.000,00
Total	**$ 10.000,00**

Passivo ($ mil)	
Financiamentos	$ 4.000,00
Patrimônio Líquido	$ 6.000,00
Total	**$ 10.000,00**

Demonstração de resultado do período:

DRE	
Receita de Vendas	$ 4.000,00
(–) Custo dos produtos vendidos	($ 2.000,00)
(=) Lucro Bruto	$ 2.000,00
(–) Despesas operacionais	($ 600,00)
(=) Lucro antes dos juros e do Imposto de Renda	$ 1.400,00
(–) Despesas financeiras	($ 400,00)
(=) Lucro antes do Imposto de Renda	$ 1.000,00
(–) Imposto de Renda (40%)	($ 400,00)
Lucro Líquido	**$ 600,00**

Pede-se calcular o ROE para a nova estrutura de capital:

Solução:

$$ROE = \frac{LL}{PL}$$

$$ROE = \frac{\$\ 600,00}{\$\ 6.000,00} = 10,0\%\ a.a.$$

Interpretação dos Resultados: isso significa que a empresa, ao optar por trabalhar alavancada, obteve um ganho no ROE em relação à opção de usar apenas capital próprio. Pelos resultados, pode-se então imaginar uma situação ótima, em que, acertado o nível ideal de endividamento, a empresa obteria sua maior eficiência. Mas não é tão simples assim. A seguir será discutida toda a explicação necessária ao entendimento desse fato.

As Teorias da Estrutura de Capital

A identificação da estrutura de capital de custo mínimo promove a maximização do valor da empresa, beneficiando a riqueza de seus proprietários. Apesar dos inúmeros trabalhos teóricos e práticos desenvolvidos no ambiente das Finanças Corporativas, essa questão ainda não está totalmente definida.

> Estrutura ótima de capital é a composição das fontes de financiamento, próprias e de terceiros, que minimiza o custo total de capital (WACC), levando à maximização do valor da empresa.

> **!** **IMPORTANTE** ■ o estudo da estrutura de capital está estreitamente relacionado com o custo de capital total da empresa. O conceito de *estrutura ótima de capital* vincula-se, por seu lado, à proporção de recursos próprios e de terceiros a ser mantido por uma empresa que leva à maximização da riqueza de seus acionistas. É marcante a existência de divergentes opiniões na teoria de finanças sobre a existência ou não de uma estrutura de capital ótima, ou seja, de certa composição de fontes de financiamento que promove a redução de seu custo total (WACC) ao seu valor mínimo.

Basicamente, podem ser identificadas duas grandes linhas de pensamento: a *convencional* e a proposta defendida por *Modigliani e Miller* conhecida por *MM*, as quais divergem por aceitar e rejeitar, respectivamente, a possibilidade de existência de uma estrutura ótima de capital. De maneira geral, são analisados neste capítulo esses dois enfoques de avaliação da estrutura de capital.

20.3 TEORIA CONVENCIONAL

A *teoria convencional* admite que, mediante uma combinação adequada de suas fontes de financiamento, uma empresa pode definir um valor mínimo para seu custo total de capital. Em outras palavras, é possível uma empresa alcançar estrutura ótima de capital, na qual minimizaria seu custo de capital (WACC) e maximizaria a riqueza de seus acionistas.

> Ao minimizar seu custo total de capital, a empresa torna seus projetos de investimentos mais rentáveis e, desse modo, pode maximizar seu valor de mercado.

Graficamente, o comportamento da teoria convencional é descrito na Figura 20.1.

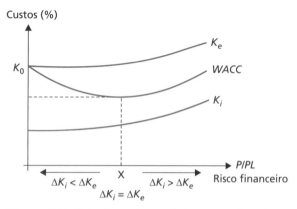

Figura 20.1 Estrutura de capital convencional.

em que:

P = recursos de terceiros permanentes (passivos onerosos);

PL = recursos próprios permanentes (patrimônio líquido);

K_e = custo de capital próprio;

K_i = custo de capital de terceiros;

K_0 = custo de capital próprio se a empresa fosse financiada somente por capital próprio;

$WACC$ = custo de capital total da empresa (custo médio ponderado de capital).

Observe na representação sugerida na Figura 20.1 (outras evidentemente poderiam ser estabelecidas), que K_e se eleva mais rapidamente em relação a K_i, tudo isso em conformidade com o aumento dos recursos de terceiros (P) na estrutura de capital. O custo de capital de terceiros, em verdade, mantém-se estável até determinado nível de endividamento, e eleva-se quando a participação de dívidas onerosas na estrutura de capital for mais acentuada.

O *decréscimo* observado no WACC, no entanto, verifica-se somente até certo ponto de endividamento, definido por X no gráfico da Figura 20.1, e assume um crescimento em seu valor quando a relação P/PL se situar à direita do ponto X (maior alavancagem). Além dessa marca de custo mínimo de capital o segmento do WACC começa a elevar-se, o que denota uma estrutura de capital mais onerosa à empresa.

> Estrutura ótima de capital: o ponto X do gráfico, conforme apontado representa a estrutura ótima de capital, em que o valor do WACC é minimizado e o valor de mercado da empresa é maximizado.

> **IMPORTANTE** ■ para níveis mais baixos da relação de endividamento (P/PL), nota-se um decréscimo do custo de capital total da empresa. Este comportamento é explicado em razão de o custo marginal do capital de terceiros (ΔK_i) ser inferior ao custo marginal do capital próprio (ΔK_e), ou seja, os benefícios dos recursos de terceiros mais baratos não foram ainda absorvidos pela presença de recursos próprios mais onerosos na estrutura de capital da empresa.

Em resumo, pode-se afirmar que a teoria convencional admite que a empresa possa elevar seu endividamento até certo ponto ótimo, no qual o valor do WACC é mínimo. Incrementos adicionais na participação de recursos de terceiros determinarão acréscimos contínuos no custo de capital total. Além disso, à medida que o endividamento (P/PL) começa a aumentar, o custo de capital próprio (K_e) e o custo de capital de terceiros (K_i) também se elevam em função de uma presença crescente de risco financeiro associado ao passivo da empresa; não é necessário, todavia, que essa elevação dos dois custos específicos ocorra de maneira rigorosamente paralela, como ilustrada.

Conclusão da teoria convencional: a teoria convencional sugere a ideia de que, dados a estrutura de capital de uma empresa e o seu risco, é perfeitamente possível calcular o seu WACC mínimo e, consequentemente, a sua estrutura ótima de capital. No ponto de custo mínimo (ponto X na Figura 20.1) o valor da empresa é maximizado.

EXEMPLO ILUSTRATIVO – Determinação da Estrutura Ótima de Capital

Para ilustrar, admita um projeto de investimento que pode ser financiado em até 80% com uso de capital de terceiros. Os custos de capital para diferentes níveis de risco financeiro são apresentados a seguir.

P/(P + PL)	K_e	K_i (líq. IR)	WACC
0%	12,00%	7,00%	12,00%
20%	12,40%	7,20%	11,36%
40%	12,90%	7,70%	10,82%
60%	14,10%	9,80%	11,52%
80%	17,60%	13,10%	14,00%

Observando o comportamento demonstrado pelas taxas anuais exigidas de retorno (K_e e K_i), a participação de recursos de terceiros deve situar-se acima de 40% e abaixo de 60% do capital investido. Até 40% de endividamento, o custo de capital reduz-se, indicando um crescimento da riqueza agregada. Entre 40 e 60% de participação do capital de terceiros, o WACC atinge o seu percentual mínimo, ou seja, a *estrutura ótima de capital*. A partir desse ponto mínimo, o custo de capital apresenta uma tendência de crescimento, reduzindo a atratividade da decisão.

Uso da estrutura ótima na prática: na prática, não há como uma empresa manter sua estrutura de capital fixa no ponto ótimo, conforme identificado na Figura 20.1 (ponto X). O mercado é bastante dinâmico e os negócios bastante competitivos, exigindo ajustes com grande frequência. Devido a esses fatores, as empresas normalmente definem um *intervalo ótimo* em sua estrutura de capital, e não um único ponto, procurando aproximarem-se o mais possível de seu WACC mínimo.

20.4 TEORIA DE MODIGLIANI – MILLER (MM) SEM IMPOSTOS

Proposição I

Modigliani e Miller[1] apregoam, de maneira contrária à teoria convencional, que em um mundo hipoteticamente sem impostos, o custo total de capital de uma empresa não se altera, mesmo que se verifiquem modificações na composição de sua estrutura de financiamento. Admitem os autores que *não existe uma estrutura ótima*; WACC e, consequentemente, o valor da empresa, permanecem inalterados qualquer que seja a proporção de recursos de terceiros e próprios mantidos.

Para os autores, dois bens considerados similares devem ser avaliados pelo mesmo valor, independentemente da maneira como são financiados. A Figura 20.2 ilustra graficamente a proposição de MM em um mundo sem impostos.

> A **Proposição I** de MM sugere que o WACC se mantém inalterado, qualquer que seja a alavancagem financeira. Pelos argumentos enunciados, o valor de uma empresa depende da qualidade de seus ativos (investimentos), e não da maneira como ela é financiada.

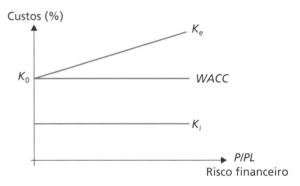

Figura 20.2 Proposição de MM na ausência de impostos.

O WACC permanece inalterado qualquer que seja a participação dos capitais próprios e de terceiros. Logo, ao contrário do sugerido pela teoria convencional, não há como identificar uma estrutura ótima de capital, aquela que promove o menor custo possível e, em consequência, a maximização do valor da empresa.

> **IMPORTANTE** ■ este enfoque discute que maior participação de capitais de terceiros mais baratos na estrutura de financiamento da empresa pode sugerir, em princípio, redução de seu custo de capital. Isso, entretanto, somente é verdade se os investidores, diante do maior risco financeiro determinado pelo endividamento crescente, não elevarem sua taxa de desconto como maneira de compensar o maior risco assumido.

---

[1] MODIGLIANI, Franco; MILLER, Merton. The cost of capital, corporation finance and the theory of investment. **American Economic Review**, v. 48, June 1958.

Qualquer estrutura pode ser considerada adequada, pois o custo total de capital (WACC) é uma constante, não influenciando o valor da empresa.

Proposição II

A premissa da proposição de MM é que os investidores, efetivamente, elevam a taxa de desconto das ações de modo equivalente ao aumento da participação das dívidas na estrutura de capital, ou seja, o custo de capital próprio se eleva à medida que o endividamento aumentar.

Admitem Modigliani e Miller, ainda, que os reflexos de uma maior participação de capital de terceiros, teoricamente mais baratos, são devidamente compensados pelo aumento natural na taxa de desconto do capital próprio. Esse mecanismo de compensação permite que a média ponderada de K_e e K_i, definida por WACC, não seja alterada para qualquer grau de endividamento.

Em verdade, o aumento do endividamento produz dois resultados conflitantes sobre o WACC:

a) *WACC se eleva*: maior o risco financeiro, maior o retorno desejado pelos investidores e, consequentemente, maior o custo total de capital.

b) *WACC se reduz*: maior participação de recursos de terceiros, mais baratos que o capital próprio, produz uma diminuição do custo total de capital.

Para MM, estes resultados se compensam, mantendo constante o WACC da empresa.

> Proposição II: o custo de capital próprio cresce, de modo linear, diante do maior risco financeiro assumido pelo endividamento crescente.

A *proposição II* de MM estabelece que o retorno requerido pelo capital próprio é uma função linear e constante do nível de endividamento, conforme encontra-se ilustrado na mesma Figura 20.2. O acionista alavanca a taxa de capitalização dos recursos próprios em conformidade com o maior risco financeiro assumido.

O *custo de capital próprio* nesta proposição II é definido pela taxa de retorno requerida na situação de uma empresa sem dívidas, mais um prêmio pelo risco financeiro ao se incluir a participação de capital de terceiros. Esse prêmio se eleva à medida que cresce o endividamento.

Resumo das proposições de MM: as proposições de Modigliani e Miller argumentam que, na ausência de impostos, a estrutura de capital de uma empresa não afeta seu WACC e, consequentemente, seu valor de mercado.

> Modigliani e Miller propuseram ideias de inexistência de uma estrutura ótima considerando um ambiente sem impostos, sem custos de transação e ignorando ainda a inadimplência.

EXEMPLO ILUSTRATIVO – Estrutura de Capital no Enfoque de MM

A partir do exemplo ilustrativo desenvolvido na seção 20.3, de seleção da melhor estrutura de financiamento de uma proposta de investimento, o custo total de capital para cada nível de endividamento, segundo a proposição de MM, pode ser apresentado da seguinte maneira:

$P/(P + PL)$	K_e	K_i (antes IR)	WACC
0%	12,00%	10,60%	**12,0%**
20%	12,40%	10,60%	**12,0%**
40%	12,90%	10,60%	**12,0%**
60%	14,10%	10,60%	**12,0%**
80%	17,60%	10,60%	**12,0%**

Os resultados do exemplo ilustrativo demonstram que, à medida que o endividamento se eleva e, em consequência, o risco financeiro, o acionista eleva sua taxa de desconto (custo do capital próprio). Esse acréscimo no custo elimina o benefício da dívida menos onerosa.

O WACC, qualquer que seja a composição do financiamento, não se altera, indicando inexistir uma estrutura ótima de capital, isto é, uma composição de financiamento que minimize o custo do dinheiro.

O valor presente dos benefícios futuros esperados de caixa é o mesmo, qualquer que seja a forma como o investimento será financiado.

20.4.1 Hipóteses do Modelo de MM

A configuração do modelo de Modigliani e Miller é ditada por um conjunto de hipóteses restritivas, basicamente as mesmas adotadas no desenvolvimento da teoria convencional no contexto de um mercado de capitais eficiente. Os pressupostos básicos que assentam a teoria MM são destacados a seguir:

a) não há Imposto de Renda;

b) não há custos de falência (*distress cost*). Com isso, o custo de capital de terceiros não se altera diante de níveis mais elevados de endividamento;

c) é possível aos investidores realizarem a arbitragem no mercado. Para tanto, são capazes de captar no mercado financeiro a mesma taxa de juros das empresas.

A hipótese da *inexistência de Imposto de Renda* será abandonada na seção seguinte ao se tratar da teoria de MM em um mundo com impostos. O processo de *arbitragem de mercado* é cada vez mais possível no ambiente financeiro atual, pela presença destacada de grandes investidores operando no mercado de ações, tais como fundos de investimentos, fundos de pensão, carteiras de instituições financeiras etc. Esses investidores são capazes de alavancar suas carteiras com recursos de terceiros captados a taxas de juros compatíveis com as das grandes empresas. Pela importância desse conceito, um exemplo ilustrativo é desenvolvido a seguir.

O problema maior das hipóteses assumidas por MM, cujas discussões se estendem até o momento atual, é com relação ao pressuposto de inexistência dos *custos de falência* nas decisões de endividamento. Uma teoria vem sendo desenvolvida (teoria de *agency*) visando melhor explicar os custos de falência, incorporando-os na avaliação de investimentos.

Alavancagem caseira

Modigliani e Miller apresentaram uma situação ilustrativa bastante simples para demonstrar a igualdade de valor de empresas alavancadas e não alavancadas. Sendo possível aos investidores captarem a mesma taxa de juros que as empresas, poderiam eles construírem uma *alavancagem caseira*, formando uma estrutura de capital semelhante à da empresa alavancada. Com isso, incorporariam aos seus ganhos pessoais os efeitos de uma alavancagem financeira favorável presentes nas empresas com dívidas. Com esse portfólio de recursos, passariam então a adquirir ações de empresas capitalizadas mais baratas, porém com o mesmo desempenho operacional (mesmo resultado operacional) das empresas alavancadas. A maior demanda pelas ações de empresas capitalizadas faz com que seu preço de mercado se valorize até atingir o mesmo valor da empresa capitalizada. Os ganhos da alavancagem são explorados pelos investidores até a situação descrita em que o valor das duas empresas (alavancada e capitalizada) sejam idênticos.

> **Alavancagem caseira** é transferir para o investidor a estrutura de capital da empresa.

! IMPORTANTE ■ se a ação de uma empresa alavancada for mais valorizada pelos benefícios do uso de dívidas mais baratas, um investidor pode adquirir, por um preço menor, a ação de outra empresa similar, porém capitalizada. Pela demonstração apresentada, irá auferir o mesmo resultado. O mercado percebendo essa possibilidade, pressiona a demanda pelas ações mais baratas até atingir o mesmo valor das ações mais valorizadas. Com isso, independente do modo de financiamento, o valor de mercado das empresas é o mesmo.

O QUE É ALAVANCAGEM CASEIRA

Considere o exemplo desenvolvido na seção 20.2, o qual descreve uma empresa que se financia exclusivamente por capital próprio. O ativo total, igual ao patrimônio líquido, totaliza $ 10.000,00, e o lucro atinge $ 1.400,00. Supõe-se, de acordo com a hipótese do modelo de MM, a inexistência de IR. Admita que a empresa possua 800 ações emitidas.

Considere, a seguir, que a empresa esteja avaliando uma modificação em sua composição de financiamento, prevendo uma maior alavancagem financeira de seus negócios. A ideia é substituir 40% dos recursos próprios por dívidas, a um custo de 10% ao ano. Com isso, financia 60% de seus ativos com patrimônio líquido e 40% com dívidas. O resultado líquido calculado para uma empresa nesta estrutura (sempre considerando, segundo MM, a inexistência de IR) é de $ 1.000,00.

Resumindo, têm-se as seguintes informações da empresa:

	Estrutura atual PL = 100%	Estrutura proposta PL = 60% e P = 40%
Ativo total	$ 10.000,00	$ 10.000,00
Patrimônio líquido	$ 10.000,00	$ 6.000,00
Dívidas	–	$ 4.000,00
Resultado operacional	$ 1.400,00	$ 1.400,00
Resultado líquido	$ 1.400,00	$ 1.000,00
Número de ações	800	480
Lucro por ação (LPA)	$ 1,75	$ 2,08

O valor da ação é: $ 10.000,00/800 ações = $ 12,50/ação. A nova dívida de $ 4.000,00 permite que sejam adquiridas: $ 4.000,00/$ 12,50 = 320 ações. Com isso, restam: 800 – 320 = 480 ações representativas do capital da empresa.

A alavancagem financeira favorável eleva tanto o LPA como o retorno do capital próprio (ROE). Este melhor desempenho, no entanto, vem acompanhado de maior risco; a empresa está com maior endividamento e, consequentemente, mais exposta à alterações em seus resultados.

Os acionistas que não desejam incorrer em maior risco podem transferir para eles mesmos a alavancagem financeira da empresa, ou seja, efetuar o que se denomina de *alavancagem caseira.*

Por exemplo, admita que um acionista deseje adquirir 20% do capital da empresa, totalizando um investimento de: $ 10.000,00 × 20% = $ 2.000,00. Com esse capital, é possível comprar: $ 2.000,00/$ 12,50 = 160 ações.

Para replicar a alavancagem financeira da empresa, deve o investidor tomar emprestado 40% do capital investido de $ 2.000,00, ou seja, $ 800,00, à mesma taxa de juros de 10% ao ano.

O uso da alavancagem caseira pelos acionistas elimina qualquer modificação no valor de mercado da empresa. Para demonstrar, observe os cálculos a seguir.

O QUE É ALAVANCAGEM CASEIRA (continuação)

	Estrutura atual PL = 100%	Estrutura proposta PL = 60% e P = 40%
Lucro por ação (LPA)	$ 1,75	$ 2,08
Lucro pela participação no capital	160 ações × $ 1,75 = $ 280,00	20% × 480 ações × $ 2,08 = $ 200,00
Despesas de juros	($ 80,00)	–
Resultado líquido	**$ 200,00**	**$ 200,00**
Investimento nas ações	20% × 800 ações × $ 12,50 = $ 2.000,00	20% × 480 ações × $ 12,50 = $ 1.200,00
Dívida	($ 800,00)	–
Investimento líquido	**$ 1.200,00**	**$ 1.200,00**

Em conclusão: se duas empresas forem iguais em tudo, exceto na maneira como são financiadas, pela alavancagem caseira elas podem oferecer retorno idêntico aos acionistas e terem o mesmo valor de mercado. Logo, para MM, o valor de mercado da empresa não se relaciona com a estrutura de capital escolhida para financiar seus ativos.

20.4.2 Formulações de MM sem impostos

Foi descrito no capítulo anterior que o custo total de capital de uma empresa é determinado pela média ponderada dos custos de capital próprio e de terceiros, sendo representado da seguinte maneira:

$$\text{WACC} = \left[K_e \left(\frac{PL}{P + PL} \right) \right] + \left[K_i \left(\frac{P}{P + PL} \right) \right]$$

A ponderação dos custos é feita com base na participação que cada fonte de financiamento apresenta na estrutura de capital. No pressuposto da inexistência de Imposto de Renda de MM, desconsidera-se na fórmula do WACC qualquer benefício fiscal determinado pelos encargos financeiros das dívidas, sendo o custo de capital de terceiros (K_i) calculado antes do IR.

Pela proposição I sem impostos, MM argumentam que o custo total de capital é constante, não se modificando diante de alterações em sua estrutura de capital. Logo, denominando-se por V_U e V_L o valor de uma empresa não alavancada e alavancada,

respectivamente, e por K_0, conforme descrito, o custo de capital próprio de uma empresa não alavancada (sem risco financeiro), o valor da empresa é obtido pela seguinte expressão:

$$V_U = V_L = \frac{\text{Fluxo de Caixa Operacional}}{\text{WACC} = K_0}$$

A proposição II de MM sem impostos demonstra que o retorno requerido pelos acionistas cresce, de maneira linear e positiva, em relação ao endividamento (risco financeiro) da empresa, incorporando um prêmio maior pelo risco assumido. Com base na expressão de cálculo do WACC, pode-se chegar, seguindo-se a dedução apresentada por Ross, Westerfield e Jaffe[2] ao retorno esperado do capital próprio de modo relacionado com o risco financeiro, ou seja:

Usando WACC = K_0 e multiplicando os lados da expressão por $[P + PL/PL]$, e rearranjando-se os termos, pode-se reescrever:

---

[2] ROSS, Stephen A.; WESTERFIELD, Randolph W.; JAFFE, Jeffrey F.; LAMB, Roberto. **Administração financeira**. 10. ed. São Paulo: McGraw-Hill/Bookman, 2015, Capítulo 16.

$$K_e = K_0 + [(K_0 - K_i) \times P/PL]$$

Pela identidade de K_e observa-se que, conforme se eleva o endividamento $(P/P + PL)$, então o custo de capital próprio também será crescente com esta relação. É uma função linear e positiva. Uma vez mais se deve destacar o pressuposto esperado de $K_o > K_i$. O capital próprio possui normalmente maior risco em relação ao capital de terceiros devendo oferecer, portanto, remuneração mais alta.

20.5 PROPOSIÇÕES DE MODIGLIANI E MILLER (MM) COM IMPOSTOS

Em trabalho posterior,[3] Modigliani e Miller reconhecem que a dedutibilidade dos juros na apuração do Imposto de Renda a pagar favorece a dívida em relação ao capital próprio. Pela prática tributária vigente, a empresa tem a remuneração de seus credores abatida do Imposto de Renda a recolher. Dessa maneira, mediante o uso da alavancagem financeira favorável, é possível elevar o valor da empresa.

Ao manter todos os pressupostos do modelo anterior e considerando agora a *existência de Imposto de Renda* incidente sobre as decisões financeiras da empresa, MM concluem que: *ao elevar o quociente de endividamento (P/PL) reduz-se o custo total de capital e, em consequência, maximiza-se o valor de mercado da empresa.* Esse comportamento decorre do benefício fiscal presente na dedutibilidade dos juros para o cálculo do Imposto de Renda das pessoas jurídicas, conforme descrito na Figura 20.3.

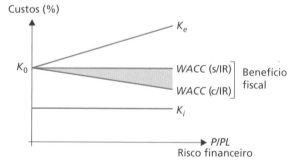

Figura 20.3 Estrutura de capital de MM com impostos.

---

[3] MODIGLIANI, Franco; MILLER, Merton. Corporate income taxes and the cost of capital: a correction. **American Economic Review**, June 1963.

Na proposição de MM com impostos, o valor de uma empresa com dívidas é igual ao seu valor na condição de ser financiada totalmente com recursos próprios, acrescido dos ganhos produzidos pela alavancagem financeira, que reflete a economia de Imposto de Renda proporcionada pela dívida.

O custo de capital próprio (K_e), como função linear e positiva do risco financeiro, assume a seguinte expressão de cálculo em um mundo com impostos:

$$K_e = K_0 + [(K_0 - K_i) \times P/PL \times (1 - IR)]$$

A redução do WACC e o natural aumento do valor da empresa conforme se eleva o endividamento, descrito na Figura 20.3, ocorre pelo benefício fiscal calculado na dedutibilidade dos juros. Logo, o valor de mercado de uma empresa alavancada (V_L), supondo fluxos operacionais de caixa perpétuos, apresenta-se:

$$V_L = \underbrace{\frac{\text{Fluxo de Caixa Operacional}}{K_0}}_{V_U} + \underbrace{\frac{IR \times K_i \times P}{K_i}}_{\text{Benefício Fiscal da Dívida}}$$

Simplificando-se K_i no segundo termo:

$$V_L = \underbrace{\frac{\text{Fluxo de Caixa Operacional}}{K_0}}_{V_U} + IR \times P$$

$$V_L = V_U + IR \times P$$

A *primeira parte* da fórmula [*Fluxos de Caixa Operacionais*/K_0] equivale ao valor de uma empresa totalmente financiada por capital próprio (V_U); o *termo seguinte* da expressão produto da alíquota do IR pelo passivo ($IR \times P$) identifica o valor presente do benefício fiscal do endividamento oneroso.

EXEMPLO ILUSTRATIVO – Valor da Empresa Alavancada

Para *ilustrar*, admita duas composições de capital para uma empresa: *sem dívida e alavancada*. O lucro operacional antes do Imposto de Renda é de $ 20,00, e a alíquota de IR de 40%. A estrutura alavancada possui uma dívida de $ 60,00 com um custo de captação de 12%. Ignorando, para simplificar, a depreciação, os fluxos de caixa operacionais resultantes dessas duas *alternativas de financiamento* são demonstrados da seguinte maneira:

	Alavancada	Sem dívidas
Lucro Operacional (antes do IR)	$ 20,00	$ 20,00
Imposto de Renda (40%)	(8,00)	(8,00)
Lucro Operacional Líquido do IR:	**$ 12,00**	**$ 12,00**
Despesas Financeiras: 12% × $ 60,00 = ($ 7,20)		
Economia de IR: 40% × $ 7,20 = $ 2,88	($ 4,32)	–
Lucro Líquido:	**$ 7,68**	**$ 12,00**

O *resultado líquido* é maior na estrutura sem dívidas. No entanto, o *lucro operacional* (independentemente do modo como a empresa é financiada) é idêntico nas duas estruturas de capital consideradas. Como ao resultado operacional agrega-se o benefício fiscal promovido pelos encargos financeiros, o valor da empresa alavancada é maior. Em outras palavras, o valor de uma empresa com dívidas supera o de uma empresa sem dívidas, favorecendo a presença de recursos de terceiros dedutíveis de Imposto de Renda na estrutura de capital.

Partindo-se da expressão de MM para estrutura de capital em ambiente com impostos, e admitindo-se ser de 16% o custo de capital da empresa sem dívidas ($K_0 = 16\%$), o valor da empresa para as duas alternativas de financiamento consideradas anteriormente apresenta-se:

- **Valor da empresa financiada somente por capital próprio:**

$$V_U = \frac{\text{Lucro Operacional} \times (1 - IR)}{K_0}$$

$$V_U = \frac{\$\ 12,00}{0,16} = \$\ 75,00$$

- **Valor da empresa alavancada**

$$V_L = V_U + IR \times P$$
$$V_L = \$\ 75,00 + (40\% \times \$\ 60,00)$$
$$V_L = \$\ 75,00 + \$\ 24,00 = \$\ 99,00$$

> Em um mundo com impostos, a maximização do valor da empresa ocorre diante de uma estrutura de capital composta exclusivamente por dívidas.

EXEMPLO ILUSTRATIVO – Estrutura de Capital

A seguir é apresentada a estrutura de capital ilustrada no item 20.2, a qual considera a *proposição de MM sem impostos*. Conforme comentado, o WACC não se altera diante de modificações na estrutura de capital da empresa. Em outras palavras, toda estrutura de capital é ótima, produzindo o mesmo valor para a empresa.

Estrutura de capital de MM sem impostos

$P/(P + PL)$	K_e	K_i (antes IR)	WACC
0%	12,00%	10,60%	**12,0%**
20%	12,40%	10,60%	**12,0%**
40%	12,90%	10,60%	**12,0%**
60%	14,10%	10,60%	**12,0%**
80%	17,60%	10,60%	**12,0%**

Por outro lado, admitindo a existência de IR, o custo da dívida de 12%, antes do benefício fiscal, reduz-se para: [12% – 34%] = 7,0%. O custo do capital próprio, pela formulação desenvolvida anteriormente, é calculado a seguir para cada proporção de endividamento:

$$K_e = K_0 + [(K_0 - K_i) \times P/PL \times (1 - IR)]$$

$P/(P + PL) = 20\%$

$K_e = 12,0\% + [(12,0\% - 10,6\%) \times 20/80 \times$
$\quad (1 - 0,34)]$
$\quad = 12,23\%$

$P/(P + PL) = 40\%$

$K_e = 12,0\% + [(12,0\% - 10,6\%) \times 40/60 \times$
$\quad (1 - 0,34)]$
$\quad = 12,62\%$

$P/(P + PL) = 60\%$

$K_e = 12{,}0\% + [(12{,}0\% - 10{,}6\%) \times 60/40 \times (1 - 0{,}34)]$
$= 13{,}39\%$

$P/(P + PL) = 80\%$

$K_e = 12{,}0\% + [(12{,}0\% - 10{,}6\%) \times 80/20 \times (1 - 0{,}34)]$
$= 15{,}70\%$

Conforme apresentado no quadro a seguir, ao se incluir o Imposto de Renda, a estrutura de capital incorpora o benefício fiscal da dívida reduzindo o custo total (WACC) conforme se eleva a participação de dívidas na estrutura de capital. Nessa proposta, a estrutura ótima deveria conter 100% de dívidas. No entanto, diversos outros custos devem ser considerados, principalmente aqueles associados às dificuldades financeiras.

Estrutura de capital de MM com impostos

$P/(P + PL)$	K_e	K_i (antes IR)	K_i (após IR)	WACC
0%	12,00%	10,60%	7,00%	**12,00%**
20%	12,23%	10,60%	7,00%	**11,18%**
40%	12,62%	10,60%	7,00%	**10,37%**
60%	13,39%	10,60%	7,00%	**9,56%**
80%	15,70%	10,60%	7,00%	**8,74%**

20.6 ESTRUTURA DE CAPITAL NO BRASIL

O estudo desenvolvido sobre custo e estrutura de capital ao longo deste capítulo baseia-se, em sua maior parte, em conjunturas economicamente desenvolvidas, em que determinadas características externas às empresas costumam ocorrer com maior intensidade.

As características e os problemas estruturais de cada economia afetam, de maneira significativa, o funcionamento do mercado, impedindo que ocorram algumas (ou todas) das características enunciadas em toda sua plenitude.

Nas condições vigentes em nossa economia, o cálculo do custo total de capital da empresa esbarra em outras importantes dificuldades.

É típico no mercado financeiro brasileiro o uso de *diferentes indexadores de preços*. Por exemplo, podem ser encontradas formas de captações vinculadas à evolução dos índices gerais de preços da economia; à taxa cambial, geralmente defasada em relação à inflação; e assim por diante. Esses índices de correção não são, na grande maioria das vezes, coincidentes, sendo também em poucos momentos iguais à taxa geral de inflação da economia.

Assim, diante de uma situação de múltiplos indexadores, é perfeitamente possível que a composição relativa da estrutura de capital de uma empresa se altere sem que se tenha decidido, no período, pela captação de novos recursos ou amortizações de principal. É evidente que, ao se alterar as proporções da estrutura de capital, o custo total de capital da empresa se verá também afetado.

Por exemplo, se uma empresa que no ano 2007 não tivesse obtido financiamento algum (nem mesmo retido seus lucros) encerraria o exercício com um patrimônio líquido, corrigido plenamente, 1,0369 vez maior (inflação de 2007: 3,69% pelo IPC-A) e uma dívida corrigida pelo IGP-M 1,0775 vez maior (variação do IGP-M em 2007: 7,75%). Com isso, a proporção das fontes de financiamento verificada no início do período, assim como o próprio risco financeiro da empresa, seriam afetados pelas diferentes taxas de correção de seu passivo.

Essas disparidades de taxas estão presentes em nossa economia desde os anos 1970. Mesmo após o plano Real, quando as taxas nominais de juros foram fortemente reduzidas, os indexadores da economia continuaram apresentando diferenças relevantes para as decisões financeiras, principalmente sobre a estrutura de capital das empresas.

Uma característica importante das finanças corporativas no Brasil é seu menor horizonte de planejamento em relação às nações mais desenvolvidas e estáveis, estabelecendo metas de estrutura de capital para nossas empresas em prazos mais reduzidos.

Esta conclusão de menor maturidade das decisões financeiras das empresas brasileiras sugere que se utilizem, também, as dívidas onerosas de curto prazo no estudo da estrutura de capital. Sabe-se que a teoria de estrutura de capital, cuja base foi desenvolvida em economias de maior equilíbrio, propõe que o endividamento a ser considerado na definição

POR QUE USAR CAPITAL PRÓPRIO QUANDO O CAPITAL DE TERCEIROS É MAIS BARATO

Em geral, uma empresa pode escolher o quociente de endividamento (P/PL) que desejar. Pode emitir ações, debêntures conversíveis em ações e reter lucros. Por outro lado, pode também negociar com diferentes níveis de empréstimos e financiamentos, contratar *leasing*, e assim por diante.

A questão essencial que permanece nas decisões de financiamento é como deveria a empresa escolher a melhor proporção entre capital próprio e capital de terceiros. Em outras palavras, qual a estrutura de capital que oferece o melhor bem-estar aos seus acionistas.

Não obstante os inúmeros instrumentos de captação disponíveis no mercado financeiro, a estrutura de capital de uma empresa é segmentada em duas grandes partes: capital próprio e capital de terceiros.

Conforme foi estudado nas seções anteriores, o capital próprio é o recurso dos acionistas, e introduz um custo de oportunidade para a empresa. O capital de terceiros é formado pelas diversas dívidas onerosas contraídas pela empresa. Apresentam um custo explícito determinado principalmente pela cobrança de encargos financeiros.

Em essência, o custo de capital próprio é superior ao custo de capital de terceiros. Há diversas explicações para esse diferencial de taxas, em parte discutidas ao longo deste capítulo.

A questão básica que se coloca é como justificar que uma empresa mantenha mais alto volume de capital próprio quando esses recursos são mais onerosos que os de terceiros.

À medida que mais dívidas, com menor custo, são introduzidas na estrutura financeira da empresa, o capital próprio se torna mais arriscado (maior risco financeiro), exigindo seus detentores maior retorno como modo de compensar a incerteza.

Estes dois comportamentos antagônicos – maior risco financeiro e menor custo do capital de terceiros – nem sempre anulam seus efeitos. Um aumento do custo de capital próprio pelo maior risco financeiro introduzido não é compensado pelo maior uso de recursos de terceiros mais baratos. A teoria convencional, discutida anteriormente (item 20.3), propõe que o custo total de capital da empresa seja reduzido somente até certo nível de endividamento. Após este ponto de minimização, o custo total passa a crescer pela presença mais marcante do risco financeiro, motivado pelo risco do maior endividamento.

Observe no cálculo do valor de uma empresa pela teoria de Modigliani e Miller com impostos, quanto maior for o grau de endividamento, maior a economia de Imposto de Renda e mais elevado, em consequência, o seu valor do alavancado (V_L). Diante deste raciocínio exposto por *MM*, era de se esperar que as empresas procurassem manter uma estrutura de capital com a máxima participação possível de dívidas. O que se verifica, no entanto, no ambiente empresarial é que o quociente de endividamento apresentado não é excessivo. Pelo contrário, em muitos setores de atividade observa-se que as empresas são conservadoras no seu endividamento.

As teorias que defendem uso mais acentuado de recursos de terceiros e mais baratos na estrutura de capital das empresas, costumam lastrear em suas hipóteses bases pouco realistas, como principalmente a de não considerar principalmente os custos de dificuldades financeiras associados à prevenção de falência.

Maior uso de capital de terceiros exerce certas pressões sobre o caixa das empresas, determinadas principalmente pelas obrigações de pagar juros e amortizar o principal das dívidas. Se esses compromissos financeiros não forem respeitados, a empresa passará por dificuldades financeiras que poderão culminar em sua falência.

POR QUE USAR CAPITAL PRÓPRIO QUANDO O CAPITAL DE TERCEIROS É MAIS BARATO (continuação)

É importante ressaltar a colocação de que os credores têm amplo direito de receber juros e o reembolso do capital emprestado, independentemente do desempenho da empresa. Os acionistas, por seu lado, têm expectativas de recebimento dos dividendos, porém não possuem um direito tão forte quanto o dos credores. As obrigações decorrentes de dívidas perante terceiros são bastante diferentes dos compromissos com os acionistas.

É demonstrado em diversos trabalhos, ainda, que o custo de falência tende a compensar as vantagens financeiras oferecidas pelo capital de terceiros. Os custos de falência consomem parte dos direitos dos acionistas e credores, promovendo uma redução no valor da empresa.

É importante fazer-se distinção entre *risco financeiro* e *risco de falência*. O *risco financeiro*, conforme foi estudado, tem seu comportamento associado ao endividamento da empresa, podendo ser identificado em qualquer nível de participação das dívidas. O *risco de falência*, por outro lado, é identificado em níveis mais elevados de endividamento, que exponham a empresa a uma probabilidade alta de tornar-se inadimplente.

Em resumo, não há uma fórmula conclusiva e definitiva sobre como avaliar a relação ótima entre capital próprio e capital de terceiros. Algumas regularidades podem ser observadas na prática das empresas de escolherem sua estrutura de capital, conforme referenciadas por diversos autores. Alguns exemplos:

- as empresas normalmente procuram não se afastar muito do padrão de endividamento do setor. Com isso, a relação *P/PL* é constituída, em geral, pelos diferentes segmentos de atividade;

- empresas com maiores incertezas em relação a seus resultados operacionais tendem a demandar maiores participações de recursos próprios para financiar suas atividades. Procuram buscar, nessas condições, maior segurança diante de naturais oscilações de mercado.

As empresas não costumam manter volumes elevados de dívidas em sua estrutura de capital, em razão dos custos de falência e de outros encargos associados a uma situação de dificuldade financeira. Diversos estudos vêm demonstrando a prioridade das empresas no uso do capital próprio. O endividamento das empresas costuma variar segundo seus setores de atividade, sendo geralmente orientados pelos benefícios fiscais, taxas de juros de mercado, alternativas de crédito disponíveis no mercado, necessidades de investimentos operacionais, capacidade de geração interna de caixa etc.

---

da estrutura de capital seja somente o a longo prazo. Pelos comentários efetuados da realidade brasileira, é muitas vezes recomendado que se adotem também os passivos a curto prazo na determinação da estrutura e custo de capital de nossas empresas.

As Empresas Brasileiras Convivem com Diferentes Custos de Captação no Mercado

É típico da economia brasileira a presença simultânea de recursos de terceiros com *diferentes magnitudes de custos financeiros*, em que se pode identificar, em pontos extremos, taxas livremente definidas pelo mercado (com custo real positivo normalmente elevado) e taxas subsidiadas (as quais podem apresentar, inclusive, custo real negativo). Este último tipo de taxa é normalmente decorrente de alguma política governamental de incentivo setorial e/ou regional, como, por exemplo: pequenas e médias empresas, apoio a empresas de certas regiões do país ou setores, apoio à exportação, crescimento da agricultura etc.

Outro aspecto de notória importância é a presença de políticas econômicas que induzem a um racionamento na oferta de fundos no mercado, gerando, para muitas empresas, sérios problemas de liquidez. Como consequência, tem-se que o custo do capital de terceiros é dependente não somente do risco financeiro (*P/PL*) que a empresa venha a assumir, mas também da disponibilidade dos recursos oferecidos no mercado.

Desse modo, a curva do custo de capital de terceiros (K_i) é mais realisticamente ilustrada como tendo um *comportamento segmentado* em função da natureza de cada fonte de financiamento. Utilizando-se o contorno sugerido por Itzcovich e Messuti[4] o custo de capital de terceiros assume o comportamento gráfico da Figura 20.4.

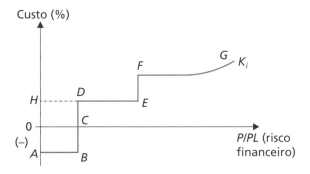

Figura 20.4 Custo de capital de terceiros no Brasil.

Os vários segmentos verificados na linha **HG** indicam o comportamento de K_i segundo as taxas praticadas no mercado. Note-se que muitas taxas, apesar de terem custo real positivo, são inferiores às do segmento *FG*. Esse segmento *FG* concentra as fontes de financiamento mais onerosas à empresa, as quais se verificam, segundo os autores, quando se esgotam as possibilidades mais atraentes de captação (subsidiadas ou não, mas com custos reais mais acessíveis, como é o caso do segmento **HDE**).

Por outro lado, o segmento **AB** indica a presença de fontes de financiamento no mercado a *custos reais negativos* (*subsidiados*).

---

[4] ITZCOVICH, Samuel; MESSUTI, Domingo. La empresa y el analisis de inversiones en un contexto de desarrollo. **Administración de Empresas**, Buenos Aires, nº 50, p. 117, mayo 1974. Outros trabalhos surgiram abordando as características das economias em desenvolvimento, recomendando-se: BOUCINHAS, J. Fernando da Costa. Custo, estrutura de capital e decisões de investimento em condições de inflação. **Revista de Administração**, São Paulo: FIA/FEA/USP, out./dez. 1980.

> **IMPORTANTE** ■ dessa maneira, torna-se mais clara agora a impossibilidade de determinar o K_i de uma empresa sem o conhecimento prévio adicional da natureza do financiamento (subsidiada ou não), do tipo do ativo a ser investido (monetário ou não monetário) e dos limites de captação da empresa no mercado financeiro sob racionamento de capital. O comportamento do K_i, conforme descrito, exerce evidentes influências sobre o WACC da empresa, proporcionando dificuldades adicionais em se trabalhar com este conceito como critério de aceitação de propostas de investimentos.

20.7 AVALIAÇÃO DO NÍVEL DE ENDIVIDAMENTO (LOP-LPA)

A avaliação do nível de endividamento visa estudar as estruturas de capital, com o intuito de selecionar aquela que irá produzir os melhores resultados para a empresa, ou seja, partindo-se de diversas composições de financiamento (próprias e de terceiros) acessíveis a uma empresa, procura-se identificar aquela estrutura que produza mais benefícios aos seus proprietários.

Convencionalmente, o estudo de avaliação de planos de financiamento é desenvolvido pelo método LOP-LPA,[5] no qual são confrontados o lucro operacional e o lucro por ação, produzidos por cada estrutura de capital possível de ser composta. Como conclusão tem-se, para determinado nível de LOP esperado, a estrutura mais rentável, ou seja, aquela que produz o maior LPA.

Desenvolvimento da Análise LOP-LPA

Uma possível combinação de resultados de três estruturas hipotéticas de capital é apresentada, para efeitos de ilustração, na Figura 20.5.

---

[5] LOP: lucro operacional, conforme definido; LPA: lucro por ação, obtido pela relação entre o lucro líquido (após o IR) e a quantidade de ações emitidas.

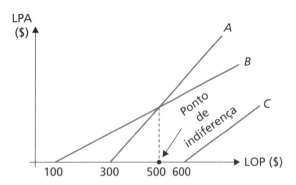

Figura 20.5 Análise LOP – LPA para três estruturas de capital.

Observe-se na referida figura que o plano de financiamento *C* é o menos interessante para a empresa, qualquer que seja o nível de lucro operacional que venha a ocorrer em sua atividade. Em outras palavras, para um mesmo nível de LPA, a estrutura C irá sempre exigir um LOP maior que as outras estruturas alternativas. Dessa maneira, a escolha recai sobre as estruturas de financiamento *A* e *B*.

Pela Figura 20.5, ainda, identifica-se que um LOP de $ 500,00 representa o *ponto de indiferença* entre os planos *A* e *B*, ou seja, nesse nível de lucro operacional as duas estruturas de capital produzem o mesmo lucro por ação.

Ao se estimar um lucro operacional superior ao ponto de indiferença (LOP > $ 500,00), a escolha da estrutura de capital *A* produz um LPA mais elevado. Ao contrário, na hipótese de o lucro operacional situar-se abaixo de $ 500,00, é recomendada a estrutura *B*. Para um LOP menor que $ 100,00, nenhuma estrutura de capital considerada é recomendada, dado que o lucro por ação será sempre negativo.

O ponto em que cada plano intercepta o eixo horizontal representa o *nível de equilíbrio financeiro*, ou seja, o volume de lucro operacional que a estrutura de capital requer para cobrir exatamente as despesas financeiras e o Imposto de Renda. Nesse ponto, evidentemente, cada plano produz um LPA nulo. Em resumo, tem-se:

Se:	Indica:
LOP > nível de equilíbrio financeiro	LPA > 0
LOP = nível de equilíbrio financeiro	LPA = 0
LOP < nível de equilíbrio financeiro	LPA < 0

No que se refere ao risco das estruturas de capital, análise mais simples pode ser efetuada em termos do nível de equilíbrio financeiro da estrutura ou, também, em termos do grau de inclinação da reta traçada. Na ilustração gráfica considerada, observa-se maior risco do plano A em relação ao *B*, indicado tanto pelo equilíbrio financeiro (*A* necessita produzir um LOP de $ 300,00 para operar em nível de equilíbrio financeiro, enquanto *B* precisa somente de um LOP igual a $ 100,00), como pela inclinação da reta.

EXEMPLO ILUSTRATIVO

Para que se desenvolva uma avaliação prática de estruturas de capital, considere que uma empresa esteja estudando adotar nova composição em suas fontes de financiamento. A estrutura de capital *atual* e a *proposta* são apresentadas a seguir.

	Estrutura de capital atual	Estrutura de capital proposta
Capital acionário	500.000 ações	300.000 ações
Financiamento: (K_i = 15% a.a.)	$ 800.000,00	$ 800.000,00
Debêntures (K_i = 18% a.a.)	–	$ 400.000,00
Alíquota de Imposto de Renda	35%	35%

Para que se produza um LPA (médio) nulo, para o plano atual e proposto, o lucro operacional deverá atingir, respectivamente:

- *Plano de Financiamento Atual*

$$[LOP - (\$ 800.000,00 \times 0,15)] \times (1 - 0,35) = 0$$
$$(LOP - \$ 120.000,00) \times 0,65 = 0$$
$$0,65 \text{ LOP} - \$ 78.000,00 = 0$$
$$LOP = \$ 120.000,00 \text{ (nível de equilíbrio financeiro)}$$
$$[LOP - (\$ 800.000,00 \times 0,15) - (\$ 400.000,00 \times 0,18)] \times (1 - 0,35) = 0$$
$$(LOP - \$ 192.000,00) \times 0,65 = 0$$
$$0,65 \text{ LOP} - \$ 124.800,00 = 0$$
$$LOP = \$ 192.000,00 \text{ (nível de equilíbrio financeiro)}$$

O *ponto de indiferença* das duas estruturas pode ser obtido, igualmente no nível de equilíbrio financeiro, de forma intuitiva. Sabendo que o ponto de indiferença representa o montante de LOP em que as estruturas de capital em avaliação produzem o mesmo resultado aos proprietários, basta igualar-se a formulação de cálculo do LPA de cada plano, ou seja:

$$\frac{[LOP - \$ 800.000,00 \times 0,15] \times (1 - 0,35)}{500.000 \text{ ações}} = \frac{[LOP - \$ 800.000,00 \times 0,15 - \$ 400.000,00 \times 0,18] \times [1 - 0,35]}{300.000 \text{ ações}}$$

$$\frac{0,65 \text{ LOP} - \$ 78.000,00}{500.000 \text{ ações}} = \frac{0,65 \text{ LOP} - \$ 124.800,00}{300.000 \text{ ações}}$$

$$195 \text{ LOP} - 23.400.000,00 = 325 \text{ LOP} - 62.400.000$$
$$130 \text{ LOP} = 39.000.000$$
$$LOP = \$ 300.000,00 \text{ (ponto de indiferença dos planos)}$$

Assim, de posse desses pontos (indiferença e equilíbrio financeiro), pode-se traçar o comportamento gráfico das duas estruturas consideradas, conforme ilustra a Figura 20.6.

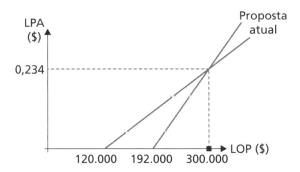

Figura 20.6 Análise LOP-LPA de duas estruturas de capital.

Verifica-se, pelo comportamento das retas traçadas na Figura 20.6, que a proposta da nova estrutura de capital somente será economicamente atraente para os proprietários com base em um LOP superior a $ 300.000,00, que representa o ponto de indiferença das alternativas de financiamento.

Até este nível de indiferença, a composição de financiamento atual apresenta-se mais atraente, pois, para um mesmo volume de LPA, esta estrutura irá demandar um menor montante de LOP ou, para um mesmo LOP, a estrutura de capital apresenta um LPA superior. A partir do ponto de indiferença calculado, a conclusão evidentemente altera-se, passando a ser mais atraente para a empresa a estrutura de capital proposta.

A decisão da escolha da melhor estrutura de capital depende, dessa maneira, do comportamento esperado do resultado operacional, tendo-se como base de comparação, na avaliação, o ponto de indiferença e o nível de equilíbrio financeiro.

HIERARQUIZAÇÃO DAS FONTES DE FINANCIAMENTO

As empresas podem adotar o que se denomina de *hierarquização das fontes de financiamento*. Para tanto, costumam assumir as seguintes prioridades em suas decisões de financiamento:

a) lucros acumulados: as empresas preferem financiamentos internos;

b) captações junto a terceiros (dívidas);

c) emissão de novas ações: recorrem a emissões de capital como última alternativa, depois de esgotar sua capacidade de endividamento.

Esta escala de preferências das fontes de financiamento é consequência das evidências que mostram uma tendência das grandes empresas, com altas taxas de retorno e de expansão, recorrerem com menos frequência ao capital de terceiros para financiarem suas atividades. Empresas com este perfil não precisam efetivamente de financiamento externo.

Por outro lado, empresas com menor taxa de retorno geram menos recursos internos e precisam recorrer, com maior insistência, às fontes externas de capital.

Com a hierarquização de seus financiamentos, as empresas procuram, principalmente:

- recursos mais baratos. Lucros retidos são mais baratos que financiamento por meio de emissão de novas ações; capital de terceiros é menos oneroso que recursos próprios; e assim por diante;

- procuram manter certo controle e independência das exigências (garantias, custos etc.) das dívidas, e das restrições que o mercado financeiro dispensa para empresas endividadas. As empresas preferem manter controle de suas decisões.

Resumo

1. Definir estrutura de capital.

A estrutura de capital de uma empresa refere-se à composição de suas fontes de financiamento a longo prazo, oriundas de capitais de terceiros (exigível) e de capitais próprios (patrimônio líquido). O estudo da estrutura de capital está estreitamente relacionado com o custo de capital total da empresa.

O conceito de *estrutura ótima de capital* vincula-se, por seu lado, à proporção de recursos próprios e de terceiros a ser mantido por uma empresa que leva à maximização da riqueza de seus acionistas. É marcante a existência de divergentes opiniões na teoria de finanças sobre a existência ou não de uma estrutura de capital ótima, ou seja, de certa composição de fontes de financiamento que promove a redução de seu custo total (WACC) ao seu valor mínimo.

2. Mostrar as teorias existentes sobre as opções de se manter uma estrutura de capital eficiente em uma empresa.

A *teoria convencional* admite que, mediante uma combinação adequada de suas fontes de financiamento, uma empresa possa definir um valor mínimo para seu custo total de capital. Em outras palavras, é possível uma empresa alcançar estrutura ótima de capital, na qual minimizaria seu custo de capital (WACC) e maximizaria a riqueza de seus acionistas. Dessa maneira, a teoria convencional concorre com a ideia de que, dados a estrutura de capital de uma empresa e o seu risco, é perfeitamente possível calcular o seu WACC.

O custo de capital de terceiros, por outro lado, é dependente do risco financeiro da empresa, e não da natureza da fonte de financiamento e do investimento a ser financiado. Para a teoria convencional, ainda, a economia apresenta certas características que a colocam em um estágio de desenvolvimento mais elevado, como a presença de uma relativa estabilidade nos índices de preços, taxas de juros homogêneas e livremente praticadas no mercado, mercado de capitais eficiente etc.

Modigliani e Miller apregoam que, em um mundo hipoteticamente sem impostos, o custo total de capital de uma empresa é independente de sua estrutura de capital. Admitem os autores que não existe uma estrutura ótima; WACC e, consequentemente, o valor da empresa, permanecem inalterados qualquer que seja a proporção de recursos de terceiros e próprios mantidos.

Na proposição de MM com impostos, o valor de uma empresa com dívidas é igual ao seu valor na condição de ser financiada totalmente com recursos próprios, acrescido dos ganhos produzidos pela alavancagem financeira, que reflete a economia de Imposto de Renda proporcionada pela dívida.

3. **Estudar e avaliar a estrutura de capital no Brasil.**

Podem ser enunciadas as seguintes ideias básicas com relação ao custo da estrutura de capital diante das características da economia brasileira: o funcionamento do sistema financeiro em economias em desenvolvimento não se aproxima, de maneira mais adequada, das condições estabelecidas pela teoria de custo e estrutura de capital em seu desenvolvimento original.

As imperfeições de mercado, típicas dessas economias, introduzem restrições em algumas formulações da teoria, sendo recomendados ajustes nos modelos aplicados às decisões financeiras; em situação de inflação, convivendo-se com itens monetários e não monetários, é indispensável que se trabalhe com valores de WACC em termos reais.

Em nossa economia ainda é típica a descontinuidade da reta do custo de capital de terceiros, segmentada pelos vários níveis que as taxas de juros poderão atingir. Em consequência, K_i torna-se função, além do risco financeiro, da própria forma escolhida de financiamento; a presença de um racionamento externo de capital faz com que as taxas de juros estabelecidas pelo mercado sejam dependentes, também, do volume da demanda (captação) desses valores; as empresas, em sua ampla maioria, adotam baixo nível de endividamento.

 TESTES DE VERIFICAÇÃO

1. **Classificando em verdadeiro (V) ou falso (F) as afirmações seguintes, a sequência correta é:**

    I – A estrutura de capital de uma empresa é um *mix* entre as fontes de financiamento oriundas de capitais de terceiros e de capitais próprios.

    II – A teoria convencional de estrutura de capital admite que não existe uma estrutura ótima, WACC e, consequentemente, o valor da empresa, permanecem inalterados qualquer que seja a proporção de recursos de terceiros e próprios mantidos.

    III – A teoria de Modigliani e Miller admite que, mediante uma combinação adequada de suas fontes de financiamento, uma empresa possa definir um valor mínimo para seu custo total de capital.

    a) F, F, V
    b) V, F, F
    c) F, V, F
    d) V, F, V
    e) V, V, F

2. **Sobre as proposições de Modigliani Miller para um mundo sem impostos assinale a alternativa INCORRETA:**

    a) O valor de uma empresa é dimensionado com base no resultado operacional esperado, descontado a uma taxa de juros que reflete adequadamente a classe de risco da empresa.

b) A decisão de financiamento que venha a ser tomada pela empresa não deve modificar o seu valor, pois o WACC não é afetado pela composição de sua estrutura de capital. Dessa maneira, o valor de mercado de uma empresa independe do modo como é financiada.

c) A política de dividendos adotada por uma empresa também não exerce influências sobre o seu valor.

d) O retorno requerido pelo capital próprio é uma função linear e constante do nível de endividamento.

e) Ao elevar-se o quociente de endividamento P/PL reduz-se o custo de capital total e, em consequência, maximiza-se o valor de mercado da empresa.

3. **Sobre estrutura de capital de empresas, é CORRETO afirmar que:**

a) O conceito de estrutura ótima de capital vincula-se à proporção de recursos próprios e de terceiros a ser mantido por uma empresa que leva à maximização da riqueza de seus acionistas.

b) A teoria convencional admite que a empresa possa diminuir seu endividamento até certo ponto ótimo, em que o valor do WACC é máximo.

c) À medida que mais dívidas, com menor custo, são introduzidas na estrutura financeira da empresa, o capital próprio se torna menos arriscado (maior risco financeiro), exigindo seus detentores menor retorno como modo de compensar a incerteza.

d) O risco financeiro é identificado em níveis mais elevados de endividamento, que exponham a empresa a uma probabilidade alta de tornar-se inadimplente. O risco de falência, por outro lado, tem seu comportamento associado ao endividamento da empresa, podendo ser identificado em qualquer nível de participação das dívidas.

4. **Assinale a alternativa INCORRETA quanto à estrutura de capital:**

a) Uma empresa, mesmo não se utilizando de capital de terceiros em sua estrutura de capital, também apresenta risco financeiro.

b) Para uma empresa a alavancagem financeira é potencialmente favorável quando o retorno sobre o ativo for superior ao custo do capital de terceiros.

c) Modigliani e Miller concordam com o comportamento do custo do capital de terceiros proposto pela versão tradicional de estrutura de capital.

d) O custo do capital de terceiros é dependente não somente do risco financeiro (P/PL) que a empresa venha a assumir, mas também da disponibilidade dos recursos oferecidos no mercado.

e) Um maior uso de capital de terceiros exerce certas pressões sobre os fluxos de caixa das empresas, determinadas principalmente pelas obrigações de caixa para juros e amortização do principal das dívidas.

5. **Uma empresa possui uma estrutura de capital composta de 60% de capital próprio e o restante é capital de terceiros. Considerando que o custo do capital de próprio é de 10,67% a.a., pode-se afirmar que o custo de capital de terceiros para que o WACC seja de 10% a.a.:**

a) É igual a 4%.

b) Está entre 5% e 6%.

c) Esta entre 7% e 8%.

d) É igual a 9%.

e) É superior a 9%.

6. **Se uma empresa tem um P/PL de 40%, então pode-se dizer que a participação de Passivos Onerosos e de Patrimônio Líquido é, respectivamente, de:**

a) 40%; 60%.

b) 71,4%; 28,6%.

c) 60%; 40%.

d) 28,6%; 71,4%.

e) 50%; 50%.

Exercícios propostos

1. A composição das fontes permanentes de capital de uma empresa, conforme extraída de seus relatórios contábeis, assim como o custo real anual de cada uma das fontes passivas consideradas, são apresentados a seguir:

Fontes de Financiamento	Montante ($ mil)	Custo anual
Capital Ordinário	120.000	22%
Capital Preferencial	40.000	18%
Debêntures	140.000	15% (Após IR)
Financiamento em Moeda Nacional	200.000	11% (Após IR)

Sabe-se que a empresa tem 12 milhões de ações ordinárias e 4 milhões de ações preferenciais emitidas. Diante dessas informações:

a) Determine o custo médio ponderado de capital (WACC) da empresa baseando-se nos valores fornecidos pela Contabilidade.

b) Admitindo que o preço de mercado das ações ordinárias seja de $ 13,00/ação e das preferenciais $ 10,50/ação, calcule o custo médio ponderado de capital da empresa.

c) Admitindo, na hipótese contida em b, a inclusão de um novo financiamento no valor de $ 150 milhões, ao custo líquido de 16% a.a., na estrutura de capital da empresa, determine o novo WACC.

2. Determine o valor de uma empresa alavancada, segundo as proposições de Modigliani e Miller, considerando uma alíquota de Imposto de Renda de 40%. O lucro líquido da empresa alavancada foi de $ 200.000. O custo do capital próprio, se a empresa fosse financiada somente com capital próprio, é de 15%, e o custo do capital de terceiros, de 13%, antes do benefício fiscal, gerando $ 230.000 em despesas financeiras.

3. Uma empresa obteve no ano corrente um lucro líquido de $ 300.000. Os acionistas desejam conhecer o lucro por ação. A empresa tem um total de 1.000.000 de ações emitidas, sendo 70% ações ordinárias e 30% ações preferenciais. O dividendo mínimo obrigatório previsto no estatuto da companhia é de 25% sobre os resultados líquidos, e o dividendo preferencial mínimo está previsto em 8% sobre o capital preferencial. O valor nominal das ações é de $ 1,00/ação. Determine:

a) O LPA do acionista preferencial.
b) O LPA do acionista ordinário.

4. O diretor financeiro de uma companhia aberta deseja avaliar a atual estrutura de capital da empresa e, ao mesmo tempo, verificando necessidade, propor uma nova estrutura de capital. O objetivo desta análise é identificar qual estrutura produziria maior benefício aos acionistas. Por meio da estrutura de capital apresentada na tabela a seguir, determine o nível de equilíbrio financeiro e o ponto de indiferença dos planos (atual e proposta).

	Estrutura de capital atual	Estrutura de capital proposta
Capital Ordinário	800.000 ações	500.000 ações
Financiamento (12% a.a.)	$ 2.000.000	$ 1.500.000
Debêntures (20% a.a.)	–	$ 800.000
Alíquota do Imposto de Renda	40%	

5. A diretoria financeira de uma empresa deseja determinar o montante necessário de lucro operacional líquido do IR que produz um retorno sobre o patrimônio líquido igual a 15%. A seguir são apresentadas as principais contas patrimoniais da empresa. Determine o valor lucro operacional (após IR) que atende ao desejo da empresa.

Ativo ($ mil)	
Ativo Circulante	$ 2.000.000
Realizável a Longo Prazo	$ 2.500.000
Ativo Permanente	$ 3.500.000
TOTAL	$ 8.000.000

Passivo ($ mil)	
Passivo Funcionamento	$ 2.500.000
Financiamento Moeda Nacional	$ 1.500.000
Financiamento Moeda Estrangeira	$ 1.200.000
Patrimônio Líquido	$ 2.800.000
TOTAL	$ 8.000.000

Outras informações:

- Alíquota de IR: 35%.
- Financiamento em moeda nacional: juros de 15% a.a.
- Financiamento em moeda estrangeira: juros de 12% a.a.

6. Se o P/PL de uma empresa é de 200%, calcule o percentual de Passivos Onerosos e de Patrimônio Líquido na estrutura de capital da empresa.

Links da web

www.institutoassaf.com.br. *Site* disponibiliza principais indicadores de custo de capital e endividamento das empresas brasileiras.

www.damodaran.com. *Site* disponibiliza indicadores de estrutura e custo de capital de empresas norte-americanas.

Sugestão de leitura

ASSAF NETO, Alexandre. **Finanças corporativas e valor**. 8. ed. São Paulo: Atlas, 2021.

DAMODARAN, Aswath. **Finanças corporativas aplicadas**: manual do usuário. Porto Alegre: Bookman, 2002.

Respostas dos Testes de verificação

1. b   4. c
2. e   5. d
3. a   6. d

PARTE VII
DECISÕES DE FINANCIAMENTO E DIVIDENDOS

Capítulo 21 Fontes de Financiamento a Longo Prazo no Brasil

Capítulo 22 Decisões de Dividendos

Capítulo 23 Prática de Dividendos no Brasil

FONTES DE FINANCIAMENTO A LONGO PRAZO NO BRASIL

OBJETIVOS DO CAPÍTULO

1. Estudar as fontes de financiamento a longo prazo usualmente praticado no Brasil identificado no segmento financeiro do mercado de capitais.
2. Descrever as características do mercado de ações do Brasil.
3. Descrever as principais linhas de financiamento disponíveis às empresas no Brasil, com suas devidas características operacionais.

O capítulo procura demonstrar os conceitos e cálculos das principais alternativas de captação a longo prazo das empresas brasileiras. Os fundamentos desse estudo foram desenvolvidos na Parte II do livro, ao tratar do ambiente financeiro das empresas e dos critérios de avaliação de títulos de renda fixa e de renda variável.

É importante que o administrador financeiro saiba apurar o custo efetivo dos financiamentos a longo prazo e conheça também os principais instrumentos de captação das empresas.

Os financiamentos a longo prazo de uma empresa são justificados pela necessidade de viabilizar investimentos em capital de giro e, principalmente, em capital fixo. Além do volume de recursos necessários, a decisão de financiamento exige conhecer as alternativas de crédito disponíveis no mercado, bem como a análise de seus custos, riscos e garantias exigidas.

As operações financeiras de captação (empréstimos e financiamentos) e aplicação de recursos são desenvolvidas por instituições e instrumentos financeiros que compõem o Sistema Financeiro Nacional.

As operações do Sistema Financeiro Nacional podem ser realizadas por meio de quatro grandes segmentos:

a) mercado monetário;
b) mercado de crédito;
c) mercado cambial;
d) mercado de capitais.

Os dois primeiros segmentos, tipicamente de curto e curtíssimo prazos, serão estudados na parte seguinte, ao tratar das decisões financeiras a curto prazo. O mercado cambial identifica-se pelas várias negociações (compra e venda), que envolvem instituições financeiras bancárias e não bancárias autorizadas com moedas estrangeiras conversíveis. O mercado de capitais centra sua especialização nas diversas operações financeiras a médio e longo prazos.[1]

O mercado de capitais, no que concerne às origens das captações a longo prazo disponíveis às empresas brasileiras, pode ser subdividido em: *mercado acionário*, em que são realizados financiamentos por meio de recursos próprios (subscrição de capital) e *mercado de empréstimos e financiamentos*, no qual se processam captações de recursos de terceiros.

Cada uma dessas subdivisões do mercado de capitais é estudada a seguir, dando-se destaque às características básicas, às formas de captações de recursos mais importantes e aos critérios de mensuração de seus respectivos custos.

21.1 FINANCIAMENTO POR RECURSOS PRÓPRIOS

O financiamento de uma empresa por meio de recursos próprios pode desenvolver-se pela retenção de seus resultados líquidos (autofinanciamento) e, principalmente, pela integralização de novas ações. O processo de integralização de novas ações, que se desenvolve dentro do segmento acionário do mercado de capitais, obedece a um fluxo sequencial de atividades, o qual é ilustrado na figura a seguir.

21.1.1 Empresa emitente

A decisão de financiamento mediante *subscrição* e *integralização* de novas ações pressupõe que a empresa ofereça certas condições de atratividade econômica, as quais são avaliadas, principalmente, por seus resultados econômico-financeiros e conveniências da abertura de capital. A avaliação do ambiente da subscrição de capital inclui um estudo setorial, as características básicas da emissão e do lançamento das ações, e aspectos do ambiente conjuntural.

Essa sequência de estudos é considerada nas várias etapas do processo de subscrição, e desenvolvida pela instituição financeira intermediadora e pelos diversos agentes que compõem o mercado primário e secundário de ações.

Emissão de ações equivale a colocar os valores mobiliários em negociação (em circulação para venda) no mercado.

Emissão pública de ações é o lançamento para venda de ações destinado ao público investidor. A operação é realizada mediante a intermediação de uma instituição financeira.

As principais características de cada uma dessas fases são expostas a seguir.

---

[1] Para um estudo mais detalhado dos principais assuntos tratados neste capítulo, recomenda-se: ASSAF NETO, Alexandre; LIMA, Fabiano Guasti. **Investimentos em ações**: guia teórico e prático para investidores. Ribeirão Preto: Inside Books, 2008.

> Subscrição de capital representa um compromisso assumido por um investidor de participação na constituição (formação) ou no aumento do capital social de uma empresa. A integralização de capital é a liquidação financeira do capital subscrito.

Os resultados econômico-financeiros de uma empresa são avaliados segundo as várias técnicas fundamentalistas de análise desenvolvidas nos diversos capítulos da Parte III. Embora muitas vezes se baseie em resultados históricos, o desempenho da empresa é preferencialmente considerado em termos prospectivos. Na verdade, o principal interesse do analista de uma empresa em fase de subscrição de capital é com relação ao comportamento econômico-financeiro futuro e aos projetos de expansão previstos para serem implementados, o que deverá permitir avaliar o potencial e a viabilidade do investimento acionário.

O *estudo setorial* envolve, entre outros aspectos, o mercado consumidor, o mercado fornecedor de matérias-primas e as empresas concorrentes, sendo desenvolvido também de maneira prospectiva. Nessas avaliações, são consideradas, principalmente, a evolução real das vendas, o potencial de mercado e de crescimento da atividade da empresa, a existência de controles oficiais sobre os preços de venda dos produtos, o acesso à fontes supridoras de matérias-primas e a evolução de seus custos, o potencial e a participação no mercado de empresas concorrentes etc.

As *características básicas de emissão* levam em consideração a existência de incentivos fiscais na subscrição primária das ações, as condições de pagamento (integralização) da subscrição, a existência de garantia de liquidez no mercado secundário, o preço de lançamento das ações etc.

Finalmente, na *situação conjuntural*, são avaliados o desempenho e as perspectivas do mercado acionário em geral, os níveis das taxas de juros de aplicações alternativas, o desempenho da inflação etc.

> Quando uma empresa efetua, pela primeira vez, a subscrição pública de seu capital no mercado acionário, a operação é conhecida por IPO – *Initial Public Offering* (Oferta Pública Inicial).

21.1.2 Instituição financeira intermediadora

A instituição financeira intermediadora constitui, basicamente, um elo entre a empresa carente de recursos e os agentes econômicos poupadores (superavitários) identificados no mercado primário.

A *intermediação* equivale a exercer um papel de ligação (intermediário) entre investidores de mercado interessados em realizar determinado negócio. Na subscrição de capital, a intermediação envolve negociar com os investidores a colocação de novas ações emitidas por uma empresa.

Assim, uma empresa que deseja financiar-se mediante a integralização de novas ações, procura uma instituição financeira não bancária (Sociedades Corretoras, Distribuidoras e Bancos de Investimento) que as subscreve, visando a sua colocação posterior no mercado acionário. A subscrição pública de ações (*underwriting*) pode ser realizada por uma única instituição ou várias instituições financeiras organizadas na forma de consórcio. Essas operações são identificadas nas formas descritas a seguir.

Subscrição do tipo puro ou firme

Essa modalidade de *underwriting* prevê a subscrição e a integralização, por parte da instituição financeira (ou consórcio de instituições), do total das novas ações emitidas por uma empresa. Na verdade, a instituição financeira assume amplamente o risco de sua colocação no mercado ao público em geral, e garante à empresa emitente o pagamento do valor total das ações lançadas.

Subscrição do tipo *stand-by* (residual)

Nessa forma de subscrição pública, a instituição financeira não se responsabiliza, no momento do lançamento, pela integralização do total das ações emitidas. Há um comprometimento, entre a instituição financeira e a empresa emitente, de negociar as novas ações no mercado durante certo tempo, findo o qual ocorrerá a subscrição total, por parte da instituição, do volume não negociado, ou seja, da parcela das ações que não for absorvida pelos investidores individuais e institucionais.

Subscrição do tipo de melhor esforço

Nessa modalidade de subscrição, a instituição financeira não assume nenhum tipo de responsabilidade sobre a integralização das ações em lançamento, e o risco de sua colocação no mercado corre exclusivamente por conta da empresa emitente.

Existe, na verdade, um comprometimento, por parte da instituição financeira, de dedicar o *melhor esforço* para colocar o maior número de novas ações no mercado, dentro de certo período de tempo, promovendo ainda as melhores condições possíveis para a empresa emitente. Findo o prazo estabelecido de negociação, as ações restantes (residuais) serão devolvidas (e não integralizadas pela instituição financeira, conforme prevê o tipo de subscrição anterior) à empresa de origem.

21.1.3 Mercado primário e secundário

O mercado acionário pode ser identificado por dois segmentos distintos: *mercado primário* e *mercado secundário*.

No *mercado primário* ocorre a canalização direta dos recursos monetários superavitários disponíveis aos poupadores, para o financiamento das empresas, pela colocação (venda) inicial das ações emitidas. É nesse setor que as empresas buscam, mais efetivamente, os recursos próprios necessários para a consecução de seu crescimento. Os recursos captados pelas empresas no mercado primário servirão para implementar seus projetos de investimentos, promovendo, em consequência, o incremento da riqueza nacional.

Para abrir seu capital, a empresa deve ter um plano de investimentos para os novos recursos a serem captados. Este projeto deve justificar a decisão de levantar novos recursos no mercado de ações, geralmente por meio de um retorno atraente, que remunere no mínimo as expectativas de ganhos dos investidores, e também que promova uma geração de caixa compatível com os fluxos de pagamentos previstos.

O número de empresas brasileiras que decidiram abrir seu capital e captar recursos no mercado de capitais cresceu muito nos últimos anos, tornando-se uma possibilidade concreta não somente para as empresas de grande porte, como também para as de menor porte. Desde que apresentem atratividade em

seus investimentos, as empresas mostram-se capazes de atraírem investidores para subscreverem as novas ações emitidas.

A maior popularização da abertura de capital vem atraindo ainda os mais variados setores empresariais. O mercado acionário mais tradicional, formado principalmente por empresas como Banco do Brasil, Petrobras e Vale do Rio Doce, Acesita, Sabesp, entre outras, vem convivendo com um processo de maior diversificação de ações de companhias de outros setores, como exploração de rodovias (AutoBan), televisão por assinatura (Net), educação (Anhanguera), aluguel de carros (Localiza), comércio eletrônico (Submarino), construção civil (Gafisa) etc.

> A Submarino, empresa do setor de Internet, realizou em 2008 uma operação de abertura de capital na Bovespa emitindo 21,9 milhões de ações. A expectativa da companhia era levantar mais de R$ 473,0 milhões com a colocação primária dos papéis.
>
> Estes recursos serão canalizados para financiar o crescimento da empresa. Até a operação de oferta de novas ações, as principais fontes de recursos da empresa eram empréstimos bancários e lucros retidos dos acionistas.
>
> A Gafisa, empresa que atua no segmento de incorporação imobiliária, levantou algo próximo a R$ 477,0 milhões em 2006 com a emissão pública primária de novas ações. Os recursos serão direcionados principalmente para novos empreendimentos, aquisição de terrenos e reforço de capital de giro.

No *mercado secundário*, são estabelecidas as renegociações entre os poupadores das ações adquiridas no mercado primário. Na verdade, a existência de um mercado primário ativo somente é possível mediante certas condições de liquidez para as ações emitidas, as quais são verificadas fundamentalmente nas Bolsas de Valores (mercado secundário). Dessa maneira, é na Bolsa de Valores que uma ação, representativa de determinado empreendimento, tem seu desempenho avaliado pela massa de investidores, assumindo maior demanda e, consequentemente, maior liquidez (a que demonstrar maior sucesso empresarial).

Principais Razões para Abertura de Capital

- a empresa não tem obrigação contratual em devolver o dinheiro captado;
- prazo de reembolso do capital aos investidores é indeterminado;
- não é prevista uma remuneração fixa do capital;
- capital próprio reduz o risco financeiro da empresa;
- promove melhor imagem institucional junto a fornecedores, clientes, funcionários, investidores e toda a sociedade.

21.2 PRINCIPAIS CRITÉRIOS DE ANÁLISE DE AÇÕES

A decisão de investir em ações deve ser precedida de uma análise das expectativas dos rendimentos a serem auferidos ao longo do prazo de permanência em determinada posição acionária e, também, da valorização que se possa verificar nesses valores mobiliários. Na verdade, a principal tarefa de um investidor centra-se na avaliação do retorno esperado de seu capital aplicado, o qual deverá ser condizente com o risco assumido.

Apesar de o processo de decisão de investimento acionário ser, muitas vezes, desenvolvido de maneira mais intuitiva, é indispensável, para efeito de um posicionamento mais racional, que a aplicação financeira seja reflexo de uma avaliação mais formal. Basicamente, são adotados dois critérios de análise para investimento em ações: a *análise técnica* e a *análise fundamentalista*.

A *análise técnica* desenvolve-se por meio do estudo do comportamento da ação no mercado, sendo considerados, principalmente, os parâmetros da oferta e procura desses papéis e a evolução de suas cotações. O principal instrumento de avaliação desse critério são os gráficos, sendo bastante comuns o uso de gráficos de acompanhamento, gráficos de barras e gráficos ponto-e-figura.[2]

A *técnica fundamentalista*, por outro lado, baseia seu estudo no desempenho econômico-financeiro da empresa, conforme amplamente

desenvolvido em diversos capítulos da Parte III. Os principais subsídios desse critério de análise são as demonstrações contábeis da empresa e os dados e informações referentes ao setor de atividade, ao mercado acionário e à conjuntura econômica. De posse desse elenco de informações, são aplicados modelos quantitativos com o objetivo de relacionar as decisões de compra ou venda de determinada ação com o seu preço de mercado.

21.3 VALOR DAS AÇÕES

O objetivo deste item é o de apresentar os modelos estimativos do valor teórico de ações negociadas no mercado, e permitir, ainda, com base nesse instrumental técnico, que se identifique a taxa de retorno desses investimentos e, consequentemente, o custo de capital próprio da empresa.

Apesar do assunto já ter sido apresentado com detalhes no Capítulo 7, as principais formulações são novamente apresentadas em razão de sua importância e adequação ao tema em estudo.

Ao se admitir que a avaliação deva ser desenvolvida mediante a inserção de ação em carteira (portfólio), ou seja, considerando-se a ação como parte integrante de uma carteira de títulos do investidor, adotam-se, como instrumento de análise, os modelos de precificação de ativos (CAPM), cujos aspectos mais relevantes foram estudados na Parte IV deste livro.

Por outro lado, ao se avaliar uma ação isoladamente, isto é, fora do contexto de uma carteira, a preocupação do investidor (analista) passa a se concentrar

---

[2] Para mais informações recomenda-se o livro de ASSAF NETO, Alexandre; LIMA, Fabiano Guasti. **Investimentos em ações**: guia teórico e prático para investidores. Ribeirão Preto: Inside Books, 2008.

mais especificamente no título em si (seus dividendos e valorizações), e não na influência desses benefícios sobre o patrimônio total da carteira.

21.3.1 Avaliação de ações fora do contexto de uma carteira

Um tratamento mais rigoroso dispensado a essa avaliação é desenvolvido por meio do critério do *fluxo de caixa descontado*, o qual é complementado, para certos pressupostos, pelo denominado *modelo de Gordon*.

Para melhor compreender esses modelos suponha-se, como ilustração, que determinada ação tenha sido adquirida, no início de um ano, por \$ 2,20, sendo vendida ao fim desse mesmo período por \$ 2,50, após ter o investidor recebido \$ 0,15 sob a forma de dividendos.

O *retorno (i)* produzido por essa aplicação atinge, em termos nominais, 20,5% no período, ou seja:

$$2,20 = \frac{2,50}{(1 + i)} + \frac{0,15}{(1 + i)}$$

Como os recebimentos ocorrem no mesmo período, tem-se:

$$2,20 = \frac{2,50 + 0,15}{(1 + i)}$$

Com auxílio de uma calculadora financeira tem-se:

Comandos	Significado
f REG	Limpa os registradores de armazenamento
2.20 CHS PV	Valor presente
2.65 FV	Valor futuro
1 n	Prazo
i	i = 20,45% a.a.

Em *termos reais*, supondo-se uma inflação de 6% no período, a rentabilidade (r) do aplicador atinge:

$$r = \frac{1,2045}{1,06} - 1 = 13,64\% \text{ a.a.}$$

De outra maneira:

- Rentabilidade nominal (i) =
$$\frac{\$ 2,50 + \$ 0,15}{\$ 2,20} - 1 = 20,45\% \text{ a.a.}$$

- Rentabilidade real (r) =
$$\frac{\$ 2,50 + \$ 0,15}{\$ 2,20 \times 1,06} - 1 = 13,64\% \text{ a.a.}$$

Dessa maneira, pode-se enunciar a seguinte identidade para a situação exposta:

$$P_0 = \frac{D_n}{(1 + i)^n} + \frac{P_n}{(1 + i)^n}$$

em que:

P_0 = valor de aquisição de ação;

D_n = dividendo recebido (previsto) ao fim do período (na data da venda da ação);

P_n = preço de venda previsto da ação;

i = taxa de desconto que representa o retorno requerido (esperado) na aplicação.

Para a situação exposta, observa-se que o valor de uma ação é função dos dividendos e de sua valorização de mercado (ganho de capital), ou seja, seu preço teórico de mercado é definido pelo *valor presente desses benefícios futuros esperados de caixa*. A taxa de desconto (i) é interpretada como o rendimento mínimo exigido pelos acionistas da empresa.

Na identidade de avaliação enunciada, está previsto o recebimento dos dividendos exatamente na data da venda da ação. Na prática, porém, essas datas necessariamente não são coincidentes, podendo ocorrer, ainda, várias distribuições de dividendos ao longo do período da aplicação. Nesses casos, a fórmula de avaliação mais apropriada é assim expressa:

$$P_0 = \left(\sum_{t=1}^{n} \frac{D_t}{(1 + i)^t} \right) + \frac{P_n}{(1 + i)^n}$$

Por exemplo, suponha-se que um investidor tenha estimado em \$ 0,30 e \$ 0,50 os dividendos por ação a serem distribuídos, respectivamente, ao final de cada um dos próximos 2 anos. Admitindo-se que o valor previsto de venda ao final do segundo ano seja de \$ 6,90 por ação, o preço máximo a ser pago por essa ação hoje, ao fixar-se em 20% a.a. a rentabilidade mínima desejada, será igual a:

D_1 = \$ 0,30;

D_2 = \$ 0,50;

i = 20% a.a.;

$P_2 = \$ 6,90$.

Logo:

$$P_0 = \frac{\$ 0,30}{(1 + 0,20)^1} + \frac{\$ 0,50}{(1 + 0,20)^2} + \frac{6,90}{(1 + 0,20)^2}$$

$P_0 = \$ 5,39/\text{ação}$

Assim, desejando auferir um retorno equivalente anual de 20%, o preço máximo que o investidor pagaria por essa ação hoje, considerando os benefícios estimados da aplicação, seria $ 5,39.

Dessa maneira, para qualquer prazo definido da aplicação, e quaisquer que sejam os valores e os critérios de recebimento dos benefícios, a identidade sugerida permite que se calculem o valor teórico de compra (P_0) e o de venda (P_n) da ação, assim como o retorno esperado (i) do investimento.

Pode ocorrer também que o investimento em ações tenha duração *indeterminada*; por exemplo, um investidor poderá decidir aplicar parte de suas economias em ações, como maneira de efetuar um pecúlio. A avaliação da ação, nesse e em outros casos similares, assume a característica de uma série de pagamentos indefinida (perpétua), conforme demonstrado no Capítulo 7. A expressão de cálculo enunciada assume a seguinte forma:

$$P_0 = \frac{D_1}{(1 + i)^1} + \frac{D_2}{(1 + i)^2} + \frac{D_3}{(1 + i)^3} + ... + \frac{D_\infty}{(1 + i)^\infty}$$

ou seja:

$$P_0 = \sum_{t=1}^{\infty} \frac{D_t}{(1 + i)^t}$$

O valor presente da perpetuidade que se inicia no ano 6 está matematicamente um ano antes por se tratar de uma série postecipada de valores, isto é, no ano 5. Assim, o cálculo do P_0 fica:

$$P_0 = 2,00 \left[\frac{(1 + 0,20)^5 - 1}{(1 + 0,20)^5 \times 0,20} \right] + \frac{\dfrac{6,00}{0,20}}{(1 + 0,20)^5}$$

$P_0 = \$ 5,98 + \$ 12,06 = \$ 18,04/\text{ação}$.

Como a fórmula do valor presente de uma série indefinida é obtida pela relação entre o fluxo periódico de caixa e a taxa de desconto considerada, a qual foi ilustrada no já referido capítulo inicial, tem-se:

$$P_0 = \frac{D}{i}$$

Assim, a taxa de retorno esperada e o preço de compra são descobertos calculando-se, respectivamente, os valores de i e P_0 na expressão.

Para ilustrar, suponha-se que uma empresa decida alterar sua política de dividendos atual, que prevê uma distribuição anual de $ 4,00/ação indefinidamente, pelo seguinte esquema: serão distribuídos, ao final de cada um dos próximos 5 anos, dividendos fixos de $ 2,00/ação; a partir do sexto ano, os dividendos anuais elevam-se para $ 6,00/ação indefinidamente. Diante dessa situação, o patrimônio (riqueza) de um acionista será afetado pela variação verificada no valor presente das políticas de dividendos em avaliação.

Admitindo-se que os acionistas dessa empresa desejam obter uma rentabilidade mínima de 20% a.a. na situação atual, revogada pela assembleia da empresa, o valor teórico das ações atinge $ 20,00, ou seja:

$$P_0 = \frac{\$ 4,00}{0,20} = \$ 20,00/\text{ação}$$

Ao optar-se, por outro lado, pela política alternativa de distribuição de dividendos, o valor esperado da ação reduz-se para $ 18,00, ou seja:

$ 2,00	$ 2,00	$ 2,00	$ 2,00	$ 2,00	$ 6,00	$ 6,00	$ 6,00
0	1	2	3	4	5	6	7	8 (anos) ∞

Observa-se que a alteração na política de dividendos, conforme considerada, prevê uma redução de $ 1,96/ação ($ 20,00 – $ 18,04) na riqueza do acionista, sendo determinada pela perda de valor de suas ações.

A formulação de distribuição indeterminada de dividendos supõe, obrigatoriamente, que seu valor seja fixo ao longo dos anos. No entanto, pode-se perfeitamente prever crescimento constante periódico nesses valores e, para tanto, é aplicado o modelo de Gordon para a determinação do valor esperado da ação. Identificando a taxa de crescimento periódica dos dividendos por g, tem-se:

$$P_0 = \frac{D_0(1+g)}{(1+i)} + \frac{D_0(1+g)^2}{(1+i)^2} + \\ + \frac{D_0(1+g)^3}{(1+i)^3} + ... + \frac{D_0(1+g)^\infty}{(1+i)^\infty}$$

Sendo a taxa de crescimento (g) inferior à taxa de desconto (i), hipótese implícita no modelo, a fórmula anterior é reduzida por meio de várias operações algébricas para:

$$P_0 = \frac{D_1}{i-g} \quad ou \quad i = \frac{D_1}{P_0} + g$$

Na ilustração anterior, supondo-se que a política de dividendos adotada fosse de uma distribuição anual de $ 2,00, a qual cresceria indefinidamente à taxa de 5% a.a., o valor da ação passaria a:

$$P_0 = \frac{\$\ 2,00}{0,20 - 0,05} = \$\ 13,33/ação,$$

o que oneraria ainda mais a riqueza do acionista. Na verdade, segundo o modelo proposto, uma política de distribuição anual de $ 3,00 de dividendos, sendo $g = 5\%$ a.a., é economicamente equivalente, para o acionista, à prática atual de distribuição fixa de $ 4,00 anualmente. Isto é:

$$P_0 = \frac{\$\ 3,00}{0,20 - 0,05} = \$\ 20,00/ação.$$

Note-se que ambas as políticas geram o mesmo valor para a ação, não afetando, por conseguinte, a riqueza dos acionistas.

Finalmente, é importante que se destaque na hipótese de rendimentos indeterminados (perpétuos), conforme considerada, a suposição implícita de que os dividendos constituem a base de determinação do valor da ação. Efetivamente, o valor de uma ação é dependente do fluxo de rendimentos esperados, sendo seu preço de venda estabelecido pelas expectativas de rendimentos correntes do comprador. Estabelece-se que esse fluxo de negociações é infinito, pois sempre alguém estará adquirindo ações em função de certas expectativas de ganhos.

Na suposição de a empresa não pagar dividendos, as conclusões descritas mantêm-se, pois a decisão de reter os lucros pode gerar expectativas de maiores dividendos futuros. Evidentemente, enquanto não recebem dividendos, os investidores poderão financiar-se mediante a realização financeira das eventuais valorizações ocorridas em suas ações, as quais são estabelecidas pelas expectativas que o mercado apresente com relação ao desempenho da empresa.

21.4 FINANCIAMENTO DE EMPRESAS NO BRASIL[3]

As linhas de financiamento para o setor produtivo, disponíveis no mercado financeiro nacional, têm diversas características que as diferenciam de outras economias desenvolvidas, dentre as quais se podem citar três delas:

- altos encargos financeiros;
- baixa oferta interna de crédito a longo prazo;
- restrições a ofertas de novas ações e debêntures no mercado, determinadas principalmente pelo estágio ainda pouco desenvolvido do mercado de capitais no Brasil.

Esses desajustes presentes no mercado de capitais brasileiro podem limitar a capacidade de financiamento dos investimentos produtivos, e inibir o crescimento e a competitividade de muitas empresas.

21.4.1 O crédito no Brasil

A maior parte do financiamento das empresas origina-se do crédito direto bancário. O *funding* dos investimentos produtivos no Brasil não atende às efetivas necessidades de financiamento das empresas, tanto pelos seus altos custos, muitas vezes superiores ao retorno de seus ativos, como também pela sua reduzida maturidade, insuficiente para promover o equilíbrio financeiro e sustentar o crescimento das atividades.

---

[3] Interessante estudo sobre o assunto pode ser obtido em: CNI – CONFEDERAÇÃO NACIONAL DA INDÚSTRIA. **Financiamento no Brasil**: desafio ao crescimento. Brasília, 2003. Disponível em: www.cni.org.br.

> *Funding* são recursos que financiam (lastreiam) um investimento. Por exemplo, o funding de uma empresa para realizar um projeto de expansão de sua atividade pode ser um financiamento externo.

As instituições financeiras costumam direcionar a maior parte de seus recursos livres para empréstimos de capital de giro, a curto prazo. Os bancos privados têm dificuldades de oferecer créditos a longo prazo, explicadas principalmente pela baixa oferta de poupança interna de maturidade similar. Dessa maneira, a estrutura temporal das aplicações dos bancos no Brasil é bastante curta, não satisfazendo às efetivas necessidades de financiamento dos investimentos produtivos. Como resultado, o Brasil apresenta uma relação Créditos Bancários/PIB bastante reduzida, bem abaixo dos padrões internacionais.

A falta de crédito a longo prazo (em geral créditos oferecidos pelos bancos brasileiros têm prazo de resgate inferior a um ano), e os seus altos custos financeiros são características presentes no mercado de crédito bancário privado nacional. As operações de prazos mais longos são oferecidas no Brasil por instituições financeiras oficiais como o sistema BNDES.

O gráfico da Figura 21.1 ilustra o montante de crédito, em milhões de reais, disponibilizado no Brasil para as diferentes atividades econômicas.

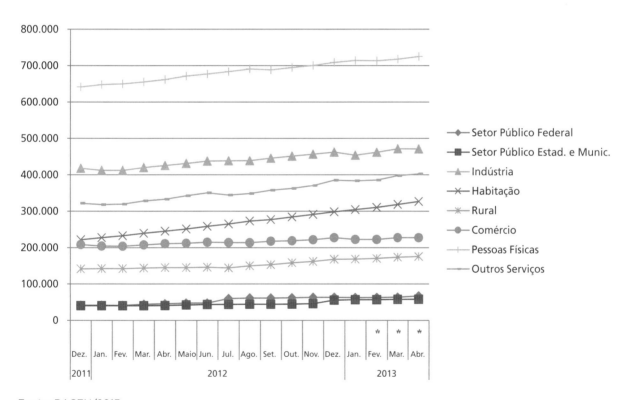

Fonte: BACEN/2013.
Figura 21.1 Distribuição do crédito no Brasil.

Por outro lado, o financiamento das empresas brasileiras no mercado, por meio das ofertas públicas de ações e debêntures, ainda é pouco significativo, apesar das taxas de crescimento observadas nessas operações nos últimos anos.

O Quadro 21.1 ilustra a quantidade de IPOs ou oferta pública inicial, na sigla em inglês que se refere ao primeiro lançamento de ações realizado por uma empresa. Observa-se que no ano de 2007 houve um número recorde de lançamentos iniciais totalizando cerca de $ 69,5 bilhões de reais arrecadados pelas empresas no mercado.

Quadro 21.1 Quantidade de IPOs no Brasil.

1999	2000	2001	2002	2003	2004	2005	2006	2007	2008	2009	2010	2011	2012	2013
01	01	01	01	0	07	09	26	64	4	6	11	11	3	10

2014	2015	2016	2017	2018	2019	2020	2021	2022	2023
01	01	01	10	3	5	28	46	0	0

Fonte: **B3**. Disponível em: https://www.b3.com.br/pt_br/produtos-e-servicos/solucoes-para-emissores/ofertas-publicas/estatisticas/.

Embora o volume de captação feita com as ofertas de ações e do expressivo número de empresas que ingressaram na B3 por meio das IPOs, o mercado doméstico brasileiro ainda se mostra acanhado em relação ao número de companhias listadas. O Quadro 21.2 mostra a posição do Brasil entre as maiores bolsas do mundo.

As dificuldades do mercado de crédito interno como fonte de financiamento têm levado as empresas a procurarem captações externas. Apoiadas na estabilização da economia e no câmbio favorável, as captações de recursos no exterior vêm ganhando impulso nos últimos anos, criando boas oportunidades de investimentos no país.

As principais maneiras de captações externas das empresas brasileiras são identificadas nas operações de repasses, emissões de bônus (*bonds*) e *commercial papers* (notas promissórias), além de investimentos diretos por meio de participação no capital social.

As empresas brasileiras carentes de novos fundos a longo prazo passaram também a ter suas ações negociadas na Bolsa de Valores de Nova Iorque (NYSE), por meio de ADRs (*American Depositary Receipts*).

Quadro 21.2 Companhias listadas nas bolsas de valores.

Posição no *ranking*	Bolsa (país)	Nº de companhias listadas
1º	National Equities Exchange and Quotations	6.241
2º	Japan Exchange Group	3.935
3º	TMX Group	3.584
4º	Nasdaq – US	3.432
5º	Shenzhen Stock Exchange	2.844
6º	Hong Kong Exchanges and Clearing	2.609
7º	Korea Exchange	2.558
8º	National Stock Exchange of India	2.370
9º	NYSE	2.272
31º	B3	353
33º	Bolsa de Comércio de Santiago	297
45º	Bolsa Mexicana de Valores	136

Fonte: World Federation of Exchanges – Jan. 2024[4]

---

[4] A relação completa desses dados pode ser obtida no site da Federação Internacional das Bolsas de Valores: www.world-exchanges.org.

> *American Depositary Receipt* (ADR) refere-se a um Recibo de Depósito de ações de empresas estrangeiras (não americanas) negociadas no mercado de ações dos EUA.
>
> *Por exemplo*, uma companhia brasileira, desejando ter suas ações negociadas na Bolsa de Nova York, deposita os papéis em uma instituição financeira sediada no próprio país, a qual atua como custodiante. A seguir, uma instituição dos EUA emite os ADRs correspondentes, todos lastreados nas ações custodiadas.
>
> Há diversas formas de ADRs, diferenciando-se pelo nível de exigências e mercados de negociação.

Diversos estudos sobre a forma de captação das empresas brasileiras demonstram, por ordem de grandeza, as seguintes participações na estrutura de financiamento:

1. retenção de resultados (reinvestimento dos lucros);
2. endividamento por capital de terceiros (dívidas);
3. emissão de novas ações.

Indicadores médios de mercado[5] publicados demonstram uma baixa e decrescente participação dos capitais de terceiros na estrutura de financiamento dos ativos das empresas nacionais. Em 2003, somente 31,5% dos ativos totais das empresas eram financiados por passivos onerosos (empréstimos e financiamentos, basicamente), caindo essa participação em 2006 para 27,1%. A prioridade demonstrada pela empresa brasileira é a maior participação do capital próprio como fonte de financiamento dos investimentos.

21.4.2 Financiamentos por meio do BNDES

O Banco Nacional de Desenvolvimento Econômico e Social (BNDES), conforme introduzido no Capítulo 2, constitui-se em uma empresa pública com personalidade jurídica de direito privado e patrimônio próprio. É classificado como um banco de fomento e

tem por objetivo oferecer apoio a empreendimentos que promovem o desenvolvimento do país, elevando a competitividade da economia brasileira e a qualidade de vida de sua população.

As *linhas de financiamento* oferecidas pelo BNDES contemplam financiamento a longo prazo, sobretudo para investimento em capital em fixo, e oferecem custos financeiros competitivos em relação aos livremente praticados no mercado. O denominado "Sistema BNDES" é formado pelo banco e suas subsidiárias:

- Finame – Agência Especial de Financiamento Industrial: criada com o objetivo de financiar o comércio de máquinas e equipamentos;
- BNDESPAR – BNDES Participações: promove a subscrição de valores mobiliários no mercado de capitais brasileiros.

As condições de financiamento do BNDES variam de acordo com as características da operação e do tomador de recursos. Os financiamentos são considerados como uma exceção dentro do mercado financeiro nacional, pela sua maior maturidade (os empréstimos são a longo prazo) e o *funding* de seus recursos (não são obtidos de depósitos, sendo a maior parte de natureza orçamentária). Os créditos do BNDES, voltados geralmente para financiar capital fixo das empresas, constituem-se na maior fonte de recursos a longo prazo disponíveis no Brasil.

Os encargos financeiros básicos dos financiamentos do BNDES incluem a *taxa de juros de longo prazo* (TJLP), acrescida de um *spread* de risco. A TJLP é fixada trimestralmente pelo Conselho Monetário Nacional com base no comportamento esperado da inflação futura da economia brasileira e nas taxas de juros da dívida externa.

Taxa de juros de longo prazo – TJLP		
Período	% ao ano	% ao mês
Jan. a mar./2024	6,53%	0,5442%
Jan. a mar./2023	7,37%	0,6142%
Abr. a jun./2023	7,28%	0,6067%
Jul. a set./2023	7,00%	0,5833%
Out. a dez./2023	6,55%	0,5458%
Jan. a mar./2022	6,08%	0,5067%

---

[5] Ver: www.institutoassaf.com.br.

Taxa de juros de longo prazo – TJLP		
Período	% ao ano	% ao mês
Abr. a jun./2022	6,82%	0,5683%
Jul. a set./2022	7,01%	0,5842%
Out. a dez./2022	7,20%	0,6000%
Jan. a mar./2021	4,39%	0,3658%
Abr. a jun./2021	4,61%	0,3842%
Jul. a set/2021	4,88%	0,4067%
Out. a dez./2021	5,32%	0,4433%
Jan. a mar./2020	5,09%	0,4242%
Abr. a jun./2020	4,94%	0,4117%
Jul. a set./2020	4,91%	0,4092%
Out. a dez./2020	4,55%	0,3792%
Jan. a mar./2019	7,03%	0,5858%
Abr. a jun./2019	6,26%	0,5217%
Jul. a set./2019	5,95%	0,4958%
Out. a dez./2019	5,57%	0,4642%
Jan. a mar./2018	6,75%	0,5625%
Abr. a jun./ 2018	6,60%	0,5500%
Jul. a set./2018	6,56%	0,5467%
Out. a dez./2018	6,98%	0,5817%
Jan. a mar./2017	7,50%	0,6250%
Abr. a jun./2017	7,00%	0,5833%
Jul. a set./2017	7,00%	0,5833%
Out. a dez/.2017	7,00%	0,5833%
Jan. a mar./2016	7,50%	0,6250%
Abr. a jun./2016	7,50%	0,6250%
Jul. a set./2016	7,50%	0,6250%
Out. a dez./2016	7,50%	0,6250%
Jan. a mar./ 2015	5,50%	0,4583%
Abr. a jun./ 2015	6,00%	0,5000%
Jul. a set./2015	6,50%	0,5416%
Out. a dez./2015	7,00%	0,5833%
Jan. a mar./2014	5,00%	0,4167%
Abr. a jun./2014	5,00%	0,4167%
Jul. a set./2014	5,00%	0,4167%
Out. a dez./2014	5,00%	0,4167%

Taxa de juros de longo prazo – TJLP		
Período	% ao ano	% ao mês
Jan. a jun./2013	5,00%	0,407412%
Jul. a dez./2012	5,50%	0,44717%
Jan. a jun./2012	6,00%	0,486755%
Jan. a dez./2011	6,00%	0,486755%
Jan. a dez./2010	6,00%	0,486755%
Jul. a dez./2009	6,00%	0,486755%
Jan. a jun./2009	6,25%	0,506483%
Jan. a dez./2008	6,25%	0,506483%
Out. a dez./2007	6,25%	0,506483%
Jul. a set./2007	6,25%	0,506483%
Abr. a jun./2007	6,50%	0,526169%
Jan. a mar./2007	6,50%	0,526169%
Out. a dez./2006	6,85%	0,553659%
Jul. a set./2006	7,50%	0,604492%
Abr. a jun./2006	8,15%	0,655044%
Jan. a mar./2006	9,00%	0,720732%
Out. a dez./2005	9,75%	0,778304%
Jul. a set./2005	9,75%	0,778304%
Abr. a jun./2005	9,75%	0,778304%
Jan. a mar./2005	9,75%	0,778304%
Out. a dez./2004	9,75%	0,778304%
Jul. a set./2004	9,75%	0,778304%
Abr. a jun./2004	9,75%	0,778304%
Jan. a mar./2004	10,00%	0,797414%
Out. a dez./2003	11,00%	0,873459%
Jul. a set./2003	12,00%	0,948879%
Abr. a jun./2003	12,00%	0,948879%
Jan. a mar./2003	11,00%	0,873459%
Out. a dez./2002	10,00%	0,797414%
Jul. a set./2002	10,00%	0,797414%
Abr. a jun./2002	9,50%	0,759153%
Jan. a mar./2002	10,00%	0,797414%
Out. a dez./2001	10,00%	0,797414%
Jul. a set./2001	9,50%	0,759153%
Abr. a jun./2001	9,25%	0,739963%

Taxa de juros de longo prazo – TJLP		
Período	% ao ano	% ao mês
Jan. a mar./2001	9,25%	0,739963%
Out. a dez./2000	9,75%	0,778304%
Jul. a set./2000	10,25%	0,816485%
Abr. a jun./2000	11,00%	0,873459%
Jan. a mar./2000	12,00%	0,948879%
Out. a dez./1999	12,50%	0,986358%
Jul. a set./1999	14,05%	1,101580%
Abr. a jun./1999	13,48%	1,059376%
Jan. a mar./1999	12,84%	1,011756%
Dez./1998	18,06%	1,393138%
Set. a dez./1998	11,68%	0,924812%
Jun. a ago./1998	10,63%	0,845396%
Mar. a maio/1998	11,77%	0,931588%
Dez./1997 a fev./1998	9,89%	0,789010%
Set. a dez./1997	9,40%	0,751482%
Jun. a ago./1997	10,15%	0,808861%
Mar. a maio/1997	10,33%	0,822579%

Taxa de juros de longo prazo – TJLP		
Período	% ao ano	% ao mês
Dez./1996 a fev./1997	11,02%	0,874974%
Set. a dez./1996	14,97%	1,169292%
Jun. a ago./1996	15,44%	1,203693%
Mar. a maio/1996	18,34%	1,413156%
Dez./1995 a fev./1996	17,72%	1,368773%
Set. a dez./1995	21,94%	1,666729%
Jun. a ago./1995	24,73%	1,858570%
Mar. a maio/1995	23,65%	1,784780%
Dez./1994 a fev./1995	26,01%	1,945271%

Observação: A Taxa de Longo Prazo (TLP) substituirá a Taxa de Juros de Longo Prazo (TJLP) nos contratos do BNDES firmados a partir de 1º de janeiro de 2018. A TJLP será mantida até o fim da vigência dos contratos referentes às operações enquadradas ou aprovadas pelo BNDES e, para isso, a TJLP continuará sendo calculada e divulgada trimestralmente pelo Conselho Monetário Nacional (CMN).

Fonte: BNDES.

DESEMPENHO DO BNDES

O Banco Nacional de Desenvolvimento Econômico e Social (BNDES) apurou no exercício de 2007 um lucro recorde de R$ 7,314 bilhões, resultado 15,5% superior ao apurado no ano anterior de 2006. O resultado do banco foi gerado principalmente pela carteira de empréstimos, basicamente a longo prazo, e carteira de títulos de renda variável. O banco apresentou ainda uma inadimplência bastante reduzida, em torno de 0,11%.

A venda de ações da carteira do BNDES Participações produziu um resultado aproximado de R$ 3,7 bilhões.

Ao fim de 2007, o BNDES apurou um patrimônio líquido contábil superior a R$ 24,9 bilhões e ativos totais próximos a R$ 202,6 bilhões. Dos ativos totais, R$ 164,5 bilhões representavam em 2007 o saldo de suas operações de crédito.

21.5 FINANCIAMENTO POR RECURSOS DE TERCEIROS

As principais modalidades de empréstimos e financiamentos a longo prazo, praticadas com recursos de terceiros e disponíveis às empresas no mercado de capitais, podem ser classificadas de acordo com os tipos seguintes:

a) empréstimos e financiamentos diretos;

b) repasses de recursos internos;

c) repasses de recursos externos;

d) subscrição de debêntures;

e) arrendamento mercantil (*leasing*).

Os *empréstimos e financiamentos diretos* referem-se às operações de captação de recursos processadas diretamente por uma empresa nas instituições financeiras componentes do mercado de capitais. As instituições financeiras não bancárias operam com linhas de crédito a longo prazo, mediante o uso de recursos próprios e, também, de captações que processam no mercado. Por exemplo, a colocação de Certificados de Depósitos Bancários, por parte dos Bancos de Investimento, visa suprir o financiamento de capital de giro que essas instituições promovem no mercado.

Os *repasses de recursos internos* identificam os recursos oficiais alocados para o financiamento da expansão e modernização do setor produtivo, e outras atividades consideradas como de interesse econômico nacional. A transferência desses recursos processa-se normalmente mediante a intermediação de alguma instituição financeira do mercado de capitais, podendo destinar-se, entre outras, para as atividades comerciais e industriais (mesmo de exportação), agrícolas e de construção civil.

Esse modo de financiamento assume grande destaque no Brasil, dadas as elevadas taxas de juros praticadas nas operações de crédito privadas e nos reduzidos prazos de amortização. Os fundos oficiais internos apresentam normalmente baixos custos aos tomadores (em geral, as taxas de juros são inferiores às praticadas no mercado) e provêm, basicamente, de dotações orçamentárias da União, da poupança compulsória (PIS, Finsocial etc.), de incentivos fiscais e de captações processadas no exterior.

Os principais executores dessa política são o Banco Nacional de Desenvolvimento Econômico e Social (BNDES), por meio de suas diversas empresas filiadas (Finame, Embramec, Ibrasa e Fibase), Bancos Regionais de Desenvolvimento, Caixas Econômicas e Banco do Brasil.

Os *repasses de recursos externos* são poupanças captadas no exterior, por instituições financeiras atuantes no mercado nacional e, a seguir, repassadas no mercado interno para as várias empresas interessadas. Em verdade, essa modalidade de crédito prevê o envolvimento de três partes: o banco estrangeiro emprestador dos recursos, o banco nacional captador e repassador dos recursos externos e a empresa nacional financiada.

Essa operação de repasse é regulamentada por resolução do Banco Central do Brasil (Resolução 2.770, que substitui a antiga Resolução 63). Algumas captações de recursos externos podem, todavia, ser executadas sem a necessidade da presença da instituição financeira nacional repassadora. A empresa financiada poderá contratar diretamente a operação com instituições financeiras internacionais, atuando a instituição financeira nacional como avalista.

As empresas brasileiras podem ainda captar recursos no exterior para financiar seus projetos de investimentos, por meio da emissão de títulos de dívida a longo prazo no mercado internacional. Os principais títulos emitidos para negociação no mercado financeiro global são os *eurobonds* (eurobônus) e os *bonds* (bônus) colocados nos EUA, Japão e outros países. Estas operações mais sofisticadas vêm apresentando grande crescimento, e tomando o lugar das operações de empréstimos bancários tradicionais.

> **❗ IMPORTANTE ■** a captação de recursos em moeda estrangeira introduz, para a empresa brasileira tomadora, o risco de variação cambial e da conjuntura internacional.

A captação pela *subscrição de debêntures* acompanha normalmente a mesma sistemática de lançamento discutida para as ações. As *debêntures* são títulos privados de crédito, emitidos exclusivamente por companhias de capital aberto e colocadas no mercado à disposição de investidores interessados. A autorização de emitir esses valores, assim como a definição de suas principais características (prazo de resgate, rendimentos previstos e forma de pagamento etc.) são de competência da assembleia de acionistas da empresa, respeitada a legislação em vigor.

As debêntures podem ser do tipo "simples" (ou "não conversíveis"), as quais somente podem ser resgatadas em dinheiro, e "conversíveis" em ações, as quais permitem que o debenturista, por ocasião do resgate, possa converter o montante acumulado em ações da empresa.

O valor nominal das debêntures no Brasil é atualmente definido em moeda nacional. A debênture pode, ainda, ser negociada com *ágio* ou *deságio*.

> Ocorre ágio quando o título é negociado no mercado acima de seu valor nominal (valor de emissão). Deságio, ao contrário, verifica-se quando a cotação do título no mercado está abaixo de seu valor nominal.

Ao se desejar elevar os rendimentos efetivos desse título, tornando-os mais competitivos com as taxas de juros praticadas no mercado, pode-se negociar o título por um preço inferior a seu valor nominal, isto é, com deságio. Em caso contrário, é cobrado um ágio na negociação do título. A Parte III, em especial o Capítulo 6, desenvolveu com detalhes a avaliação dos títulos de renda fixa.

Uma característica interessante das debêntures refere-se à existência de uma cláusula de *repactuação de juros*, a qual prevê que as taxas contratadas para determinado período podem ser repactuadas (renegociadas) periodicamente. Na hipótese de não se alcançar um acordo com a empresa, o debenturista, nessa situação, poderá exigir o resgate de sua aplicação, incidindo rendimentos somente até a data de sua saída.

> Repactuação dos juros é entendida como uma nova negociação entre investidores (debenturistas) e os tomadores de recursos (companhia emissora) para estabelecer novos percentuais de remuneração. As novas taxas de juros devem seguir os padrões vigentes no mercado. Os debenturistas não satisfeitos com as novas condições podem resgatar seus títulos.

As operações de *arrendamento mercantil* permitem que uma empresa se utilize de determinado ativo mediante o estabelecimento de um contrato de aluguel (arrendamento) com uma instituição arrendadora. Essa instituição, na verdade, intervém entre a empresa produtora do bem ativo, comprando-o,

e a empresa que necessita do bem, arrendando-o. Ao fim do contrato, poderão ocorrer as seguintes opções para a empresa arrendatária: *renovação* do contrato com ou sem substituição do bem arrendado, *devolução* do bem à arrendadora, ou *aquisição* do bem por um preço previamente fixado (definido como valor residual garantido). Esta forma de arrendamento é conhecida também por *leasing* financeiro.

O *leasing operacional* é uma modalidade de arrendamento que se aproxima muito a um aluguel, e se caracteriza pelas seguintes condições:

- o aluguel do bem é inferior a sua vida útil;
- o compromisso (contrato de arrendamento) pode ser rescindido a qualquer momento;
- o arrendatário se obriga a manter o bem arrendado em perfeitas condições de uso;
- o arrendatário, mediante negociação com a arrendadora, pode adquirir o bem ao fim do contrato. O preço de exercício para comprar o bem é geralmente o seu valor de mercado.

A seguir, são apresentadas algumas operações ilustrativas de financiamentos por meio de recursos de terceiros, comumente verificadas no mercado de capitais brasileiro.

21.5.1 Financiamento de capital de giro

Esta modalidade de financiamento é praticada por bancos de investimentos e bancos comerciais/múltiplos, sendo lastreada por recursos próprios das instituições ou mediante captações no mercado.

Para operações de prazos mais longos, o critério de pagamento do financiamento costuma ser pósfixado, sendo seus encargos financeiros (correção monetária e juros) calculados sobre o saldo devedor corrigido, e o Imposto sobre Operações Financeiras (IOF) incidente sobre o valor do crédito concedido.

Atualização de tributos no Brasil: a partir de 3-1-2008,[6] por meio do Decreto nº 6.306/07, alterado pelos Decretos nos 6.339/08 e 6.345/08 a alíquota do IOF para pessoa física que era de 0,0041% ao dia,

---

6 Essa é a legislação em vigor. Caso ocorram alterações, devemse respeitar a legislação e a metodologia publicada com as devidas modificações.

correspondendo a 1,5% ao ano, passou para 0,0082% ao dia, correspondendo a 3% ao ano, limitada a 365 dias e foi incluída uma alíquota adicional de 0,38% sobre o valor do principal financiado, independentemente do prazo da operação.

Para pessoa jurídica, permanece a alíquota de 0,0041% ao dia (limitada a 365 dias) e foi incluída uma alíquota adicional de 0,38% sobre o valor do principal financiado, independentemente do prazo da operação.

Como ilustração, admita que uma empresa tenha obtido de um banco de investimento um financiamento para capital de giro de $ 80.000,00 e prazo de amortização de 10 meses. O custo da operação é constituído de juros de 3% ao mês, com prestações iguais, vencendo a primeira parcela em 30 dias. O banco não financiará o IOF – Imposto sobre Operações Financeiras (0,0041% ao dia e 0,38% sobre o valor financiado) e a TAC – Tarifa de Abertura de Crédito – de $ 145,00, pagos integralmente quando da liberação dos recursos.

Os planos de amortização do financiamento são variáveis, podendo ocorrer um único pagamento ao final do período, ou diversos desembolsos ao longo do prazo da operação. No exemplo em consideração, será utilizado o sistema de prestações mensais e iguais, também conhecido por *Tabela Price*.

O valor de cada prestação será:

$$80.000 = PMT \left[\frac{(1,03)^{10} - 1}{(1,03)^{10} \times 0,03} \right]$$

Com auxílio de uma calculadora financeira, tem-se:

Comandos	Significado
f REG	Limpa os registradores de armazenamento
80.000 CHS PV	Valor presente
3 i	Taxa de juros mensal
10 n	Prazo
PMT	PMT = $ 9.378,44

Os juros são cobrados sobre o saldo devedor:

Saldo devedor (Mês 1) = $ 80.000,00 × 3% = $ 2.400,00

A amortização é o valor da prestação descontados os juros:

Amortização (Mês 1) = $ 9.378,44 – $ 2.400,00 = $ 6.978,44

O saldo devedor após o pagamento da primeira prestação é:

Saldo devedor (Mês 1) = $ 80.000,00 – $ 6.978,44 = $ 73.021,56

O valor do IOF é calculado pelo número de dias entre cada um dos vencimentos das prestações, como mostrado a seguir. Considera-se, como ilustração, que o empréstimo tenha sido solicitado em 14-2-2008 e com vencimento da primeira parcela todo dia 14 de cada mês.

O IOF do mês 1 será:

IOF (Mês 1) = Amortização 1 × 0,0041% × número de dias

IOF (Mês 1) = $ 6.978,44 × 0,000041 × 29 = $ 8,30,

e assim sucessivamente.

A alíquota adicional de 0,38% é cobrada sobre o valor liberado, que é de $ 80.000,00, gerando um IOF adicional de $ 304,00. O total do IOF será de $ 304,00 + $ 571,20 = $ 875,20.

O *valor liberado* à empresa será:

$ 80.000,00 – $ 145,00 (TAC) – $ 875,2 – (IOF) = $ 78.979,80.

Custo Efetivo da Operação

É apurado pelo cálculo da taxa interna de retorno do fluxo de caixa formado pelo financiamento.

$$78.979,80 = \frac{9.378,44}{(1 + IRR)^1} + \frac{9.378,44}{(1 + IRR)^2} + \frac{9.378,44}{(1 + IRR)^3} + ... + \frac{9.378,44}{(1 + IRR)^{10}}$$

Resolvendo a expressão, chega-se à taxa de 3,25% ao mês, o que equivale, em termos efetivos, a um custo anual de 46,8%.

A tabela financeira completa vem a seguir:

N	Data	Saldo Devedor	Amortização	Juros	Prestação	Dias	IOF
0	14-2-2008	$ 80.000,00	$ –	$ –			
1	14-3-2008	$ 73.021,56	$ 6.978,44	$ 2.400,00	$ 9.378,44	29	$ 8,30
2	14-4-2008	$ 65.833,77	$ 7.187,79	$ 2.190,65	$ 9.378,44	60	$ 17,68
3	14-5-2008	$ 58.430,34	$ 7.403,43	$ 1.975,01	$ 9.378,44	90	$ 27,32
4	14-6-2008	$ 50.804,81	$ 7.625,53	$ 1.752,91	$ 9.378,44	121	$ 37,83
5	14-7-2008	$ 42.950,51	$ 7.854,30	$ 1.524,14	$ 9.378,44	151	$ 48,63
6	14-8-2008	$ 34.860,59	$ 8.089,93	$ 1.288,52	$ 9.378,44	182	$ 60,37
7	14-9-2008	$ 26.527,96	$ 8.332,62	$ 1.045,82	$ 9.378,44	213	$ 72,77
8	14-10-2008	$ 17.945,36	$ 8.582,60	$ 795,84	$ 9.378,44	243	$ 85,51
9	14-11-2008	$ 9.105,28	$ 8.840,08	$ 538,36	$ 9.378,44	274	$ 99,31
10	14-12-2008	$ –	$ 9.105,28	$ 273,16	$ 9.378,44	304	$ 113,49
TOTAIS			$ 80.000,00	$ 13.784,41	$ 93.784,40		$ 571,21

21.5.2 Repasse de recursos internos – Finame

A Agência Especial de Financiamento Industrial (Finame) é uma empresa pública ligada ao BNDES, que administra diversas linhas de financiamento de máquinas e equipamentos industriais. Os recursos de financiamento são repassados às empresas nacionais, preferencialmente pequenas e médias, por intermédio de instituições financeiras (bancos de investimentos, bancos comerciais e sociedades financeiras) devidamente cadastradas como Agentes da Finame.

A participação da Finame no financiamento pode chegar até a 90% do valor do bem, incluidos nesse valor o ICMS e o IPI, devendo o restante correr por conta do financiado. O prazo de amortização varia de 1 a 5 anos, considerando nesse intervalo de tempo a carência que pode atingir 12 meses.

Além dos encargos financeiros cobrados pela Finame, é paga também uma remuneração ao agente, denominada *del credere*. Existe, ainda, uma comissão de reserva de capital, que é representada por um percentual cobrado pela Finame e calculado sobre o valor liberado do repasse. Essa comissão é calculada proporcionalmente ao número de dias decorridos entre a data de reserva do financiamento e a respectiva data de liberação dos recursos.

Ressalta-se que a partir de 3-1-2008, pelo Decreto nº 6.306/07, alterado pelos Decretos nos 6.339/08 e 6.345/08, as operações de repasse pelo Finame, BNDES e Crédito Rural estarão sujeitas a tributação pelo IOF (Imposto sobre Operações Financeiras) com alíquota de 0,38% sobre o valor do principal.

21.5.3 Repasse de recursos externos

Para melhor detalhamento das características básicas desta operação, suponham-se as seguintes informações extraídas de um financiamento:

- *valor do financiamento* (repasse): US$ 400.000;
- *modo de pagamento:* o principal é autorizado em quatro pagamentos trimestrais de US$ 100.000 cada. Nas datas de vencimento, também, deverão ser pagos os encargos financeiros da operação incorridos no período;
- *encargos financeiros* envolvidos na operação:
  - a) *taxa de juros*: 12% a.a., sendo 10% definidos pela taxa LIBOR[7] e 2% a título de risco (*spread*). Deve-se notar que essas

---

[7] *London Interbank Offered Rate.* Taxa de juros interbancária do mercado de Londres, referência para os empréstimos em moeda estrangeira.

taxas cobradas pelo banco estrangeiro são definidas em termos anuais e válidas para a ilustração de um trimestre. Assim, ao fim de cada trimestre, os encargos financeiros são calculados pelas novas taxas em operação no mercado financeiro;

b) *comissão de repasse*: é calculada sobre o valor do repasse e cobrada pelo banco nacional repassador. Admita-se que o banco tenha fixado em 5% o valor dessa comissão, atingindo US$ 20.000 (5% × US$ 400.000), cobrados no ato da liberação dos recursos;

c) *comissão de abertura de crédito*: também conhecida por *flat fee*, é cobrada pelo banco estrangeiro repassador dos recursos com o intuito de cobrar certas despesas variáveis do processo de análise e concessão de crédito. Suponha-se que o valor desta comissão atinja 1% sobre o repasse, também cobrado no ato da liberação dos recursos;

d) *outras despesas*: referem-se a gastos com registros de contratos e de garantia hipotecária da operação. Admita, no exemplo ilustrativo, que estas despesas totalizem US$ 1.500;

e) *Imposto de Renda*: a legislação prevê a cobrança de Imposto de Renda, calculado sobre os juros remetidos ao exterior, sendo o seu pagamento de responsabilidade da empresa beneficiária do repasse. Desde que não haja nenhum acordo internacional entre o Brasil e o país cedente dos recursos, admite-se que a alíquota do Imposto de Renda a ser considerada, em termos líquidos, seja de 20% sobre o valor dos juros calculados.

O quadro a seguir ilustra os diversos cálculos desta operação:

- a coluna (a) relaciona as datas dos pagamentos trimestrais;

- a coluna (b) identifica o saldo devedor de cada período, o qual serve de base para o cálculo dos juros do período seguinte;

- o decréscimo do saldo devedor é oriundo das amortizações trimestrais do principal, conforme definidas na coluna (c);

- a coluna (d) apresenta os valores dos juros trimestrais calculados sobre o saldo devedor existente no início do período.

A taxa de juros contratada na operação é de 12% a.a., sendo geralmente definida para o trimestre pela equivalente proporcional de 3%. As taxas de juros praticadas no mercado financeiro internacional são, na maioria das vezes, expressas em termos nominais, sendo a descapitalização dessas taxas efetuada pelo regime linear.

(a) Período (trimestre)	(b) Saldo devedor	(c) Amortização	(d) Juros	(e) Imposto de Renda	(f) Desembolso total
0	400.000	–	–	–	–
1	300.000	100.000	12.000	2.400	114.400
2	200.000	100.000	9.000	1.800	110.800
3	100.000	100.000	6.000	1.200	107.200
4	–	100.000	3.000	600	103.600
Total:	–	400.000	30.000	6.000	436.000

APLICAÇÃO PRÁTICA
Caso real de um Financiamento BNDES – Finame

Admita um empréstimo de $ 300.000,00 feito a uma empresa por meio da carteira FINAME, com prazo de pagamento de 48 meses, sendo 12 de carência. O contrato é assinado em 10-7-2007 e primeira prestação com vencimento em 10-7-2008. O pagamento dos juros é trimestral durante a carência.

A taxa de juros é de 6% ao ano mais correção pela TJLP sobre o saldo devedor. A taxa do *spread* básico é de 4,5% ao ano e do *spread* de risco é de 4% ao ano. Considera-se que a alíquota da TJLP é de 6,25%.

Primeiramente, devem-se calcular as taxas equivalentes mensais envolvidas na operação:

$Juros = (1 + 0,06)^{\frac{1}{12}} - 1 = 0,486755\%$ a.m.

$TJLP = (1 + 0,0625)^{\frac{1}{12}} - 1 = 0,506484\%$ a.m.

$Spread\ básico = (1 + 0,045)^{\frac{1}{12}} - 1 = 0,367481\%$ a.m.

$Spread\ de\ risco = (1 + 0,04)^{\frac{1}{12}} - 1 = 0,327374\%$ a.m.

A planilha de amortização é calculada da seguinte maneira:

Para o mês 1:

$TJLP\ s/SD = 300.000,00 \times 0,506484\% \times \frac{31}{30} = \$ 1.570,10$

$Juros = 300.000,00 \times 0,486755 \times \frac{31}{30} = \$ 1.508,94$

$Spread\ básico = (300.000,00 + 1.570,10) \times 0,367481\% \times \frac{31}{30} = \$ 1.145,15$

$Spread\ de\ risco = (300.000,00 + 1.570,10 + 1.145,15) \times 0,327374\% \times \frac{31}{30} = \$ 1.024,04$

No período de carência que transcorre por 12 meses, não há pagamento algum.

O Saldo Devedor (SD) é calculado da seguinte maneira:

SD = Saldo Devedor anterior + TJLP s/ SD + Spread Básico + Spread de risco − Prestação.

Os juros são pagos trimestralmente e correspondem a soma dos juros com *Spread* Básico o *Spread* de Risco de todos os 3 meses anteriores.

Os valores para o primeiro trimestre são: $ 1.508,94 + $ 1.145,15 + $ 1.024,04 + $ 1.527,75 + $ 1.159,43 + $ 1.036,91 + $ 1.469,89 + $ 1.135,82 + $ 1.015,57 = $ 11.050,41.

A primeira amortização que ocorre no 13º mês é calculada:

$Amortização = \dfrac{300.731,62 + 1.573,93 - 1.512,62}{48 - 12} = 8.355,36$

A prestação a partir do 13º mês é calculada:

Prestação = 8.355,36 + 1.512,62 + 1.147,95 + 1.026,54 = $ 12.042,47

Continua

Continuação

E assim sucessivamente. A planilha completa é mostrada a seguir.

n	Data	Dias	Saldo Devedor	TJLP s/ SD	Juros	Sp Básico	Sp Risco	Amortização	Prestação
0	10-7-2007		300.000,00						
1	10-8-2007	31	303.739,30	1.570,10	1.508,94	1.145,15	1.024,04	–	–
2	10-9-2007	31	307.525,20	1.589,67	1.527,75	1.159,43	1.036,81	–	–
3	10-10-2007	30	300.183,75	1.557,56	1.496,89	1.135,82	1.015,57	–	11.050,41
4	10-11-2007	31	303.925,34	1.571,06	1.509,86	1.145,85	1.024,67	–	–
5	10-12-2007	30	307.590,88	1.539,33	1.479,37	1.122,52	1.003,69	–	–
6	10-1-2008	31	300.367,61	1.609,83	1.547,12	1.174,13	1.049,96	–	11.057,18
7	10-2-2008	31	304.111,49	1.572,02	1.510,79	1.146,56	1.025,30	–	–
8	10-3-2008	29	307.656,55	1.488,93	1.430,94	1.085,59	970,54	–	–
9	10-4-2008	31	300.549,56	1.610,17	1.547,45	1.174,38	1.050,18	–	10.941,72
10	10-5-2008	30	304.174,39	1.522,23	1.462,94	1.110,06	992,54	–	–
11	10-6-2008	31	307.965,71	1.591,95	1.529,94	1.161,09	1.038,29	–	–
12	10-7-2008	30	300.731,62	1.559,80	1.499,04	1.137,45	1.017,03	–	10.948,37
13	10-8-2008	31	292.437,57	1.573,93	1.512,62	1.147,95	1.026,54	8.355,36	12.042,47
14	10-9-2008	31	284.140,12	1.530,52	1.470,90	1.116,29	998,23	8.357,06	11.942,48
15	10-10-2008	30	275.837,47	1.439,12	1.383,07	1.049,45	938,35	8.358,71	11.729,57
16	10-11-2008	31	267.533,28	1.443,64	1.387,41	1.052,92	941,57	8.360,42	11.742,31
17	10-12-2008	30	259.224,00	1.355,01	1.302,23	988,11	883,51	8.362,06	11.535,91
18	10-1-2009	31	250.913,07	1.356,69	1.303,85	989,50	884,86	8.363,77	11.541,97
19	10-2-2009	31	242.598,75	1.313,19	1.262,04	957,78	856,49	8.365,47	11.441,78
20	10-3-2009	28	234.276,41	1.146,81	1.102,14	836,00	747,32	8.367,01	11.052,47
21	10-4-2009	31	225.955,45	1.226,12	1.178,36	894,27	799,70	8.368,72	11.241,06
22	10-5-2009	30	217.629,65	1.144,43	1.099,85	834,55	746,20	8.370,37	11.050,97
23	10-6-2009	31	209.301,94	1.139,00	1.094,63	830,73	742,87	8.372,08	11.040,32
24	10-7-2009	30	200.969,50	1.060,08	1.018,79	773,04	691,20	8.373,73	10.856,76
25	10-8-2009	31	192.635,04	1.051,81	1.010,84	767,14	686,01	8.375,44	10.839,42
26	10-9-2009	31	184.297,16	1.008,19	968,92	735,32	657,56	8.377,14	10.738,94
27	10-10-2009	30	175.954,73	933,43	897,08	680,69	608,63	8.378,80	10.565,18
28	10-11-2009	31	167.610,09	920,89	885,02	671,65	600,62	8.380,50	10.537,79
29	10-12-2009	30	159.261,00	848,92	815,85	619,05	553,52	8.382,16	10.370,58
30	10-1-2010	31	150.909,60	833,52	801,05	607,93	543,63	8.383,87	10.336,48
31	10-2-2010	31	142.554,79	789,81	759,05	576,05	515,13	8.385,58	10.235,80
32	10-3-2010	28	134.193,92	673,88	647,63	491,25	439,13	8.387,12	9.965,14
33	10-4-2010	31	125.832,45	702,33	674,97	512,24	458,07	8.388,83	10.034,11
34	10-5-2010	30	117.466,79	637,32	612,50	464,75	415,55	8.390,48	9.883,28
35	10-6-2010	31	109.098,54	614,78	590,83	448,39	400,97	8.392,20	9.832,39
36	10-7-2010	30	100.726,21	552,57	531,04	402,95	360,29	8.393,85	9.688,13
37	10-8-2010	31	92.351,18	527,17	506,63	384,49	343,83	8.395,56	9.630,51
38	10-9-2010	31	83.972,74	483,33	464,51	352,52	315,24	8.397,27	9.529,54
39	10-10-2010	30	75.590,37	425,31	408,74	310,15	277,31	8.398,93	9.395,13
40	10-11-2010	31	67.205,14	395,61	380,20	288,54	258,03	8.400,64	9.327,42
41	10-12-2010	30	58.816,10	340,38	327,12	248,22	221,94	8.402,30	9.199,58
42	10-1-2011	31	50.424,08	307,82	295,83	224,51	200,77	8.404,01	9.125,13
43	10-2-2011	31	42.028,63	263,90	253,62	192,48	172,12	8.405,73	9.023,95
44	10-3-2011	28	33.629,09	198,68	190,94	144,83	129,47	8.407,27	8.872,51
45	10-4-2011	31	25.226,96	176,00	169,15	128,37	114,79	8.408,99	8.821,30
46	10-5-2011	30	16.821,29	127,77	122,79	93,17	83,31	8.410,65	8.709,92
47	10-6-2011	31	8.412,36	88,04	84,61	64,21	57,42	8.412,36	8.618,60
48	10-7-2011	30	–	42,61	40,95	31,07	27,78	8.414,02	8.513,82
			TOTAL	47.455,27	45.606,80	34.608,59	30.946,55	301.848,47	

Assim, para o primeiro trimestre, há os seguintes valores de juros:

US$ 400.000 × 3% = US$ 12.000

Para o segundo trimestre:

US$ 300.000 × 3% = US$ 9.000

e assim por diante.

A coluna (e) demonstra os valores de Imposto de Renda pagos quando da remessa dos juros ao exterior; totalizam 20% líquidos da coluna (d).

Finalmente, a coluna (f) representa o pagamento total da operação de repasse devido ao final de cada trimestre. É obtido pela soma da amortização com os juros e o Imposto de Renda.

Para o cálculo do *custo real efetivo* da operação de repasse, é necessário que se calcule inicialmente o valor líquido liberado pelo banco nacional repassador. Pelas informações do financiamento, há:

Valor Bruto do Repasse	US$ 400.000
Comissão de Repasse: 5% × US$ 400.000	US$ 20.000
Comissão de Abertura de Crédito: 1% × US$ 400.000	US$ 4.000
Outras Despesas	US$ 1.500
Valor Líquido Disponível da Operação:	US$ 374.500

Sabendo-se que os pagamentos calculados para a operação são aqueles constantes da coluna (f) da planilha financeira desenvolvida no quadro apresentado, é elaborado o seguinte fluxo de caixa:

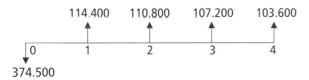

$$374.500 = \frac{114.400}{(1 + IRR)^1} + \frac{110.800}{(1 + IRR)^2} + \frac{107.200}{(1 + IRR)^3} + \frac{103.600}{(1 + IRR)^4}$$

Resolvendo-se a expressão anterior com o auxílio de uma calculadora financeira, é apurado o custo real efetivo do financiamento, em dólar, de 6,49% a.t., ou 28,58% a.a.

Comandos	Significado
f REG	Limpa os registradores de armazenamento
374500 CHS g CFo	Introduz o valor inicial
114400 g CFj	Fluxo de caixa do primeiro trimestre
110800 g CFj	Fluxo de caixa do segundo trimestre
107200 g CFj	Fluxo de caixa do terceiro trimestre
103600 g CFj	Fluxo de caixa do quarto trimestre
f IRR	6,49 a.t. Custo efetivo trimestral

21.5.4 Subscrição de debêntures

Conforme foi estudado,[8] debêntures são títulos de crédito a médio e longo prazos, emitidos por companhias de ações, representando uma alternativa de captação de empréstimo no mercado. Os recursos levantados com a emissão de debêntures são geralmente utilizados no financiamento de projetos das empresas, na reestruturação de suas dívidas ou no aumento de capital de giro.

Remuneração variável das debêntures: as debêntures podem apresentar algumas características de renda variável, como, por exemplo, pagamento de prêmios, participação no lucro da empresa, opção de conversibilidade em ações da companhia. Apesar destas remunerações, a debênture é mais bem classificada como *título de renda fixa*.

Conversibilidade em ações: uma debênture pode ser emitida com cláusula de conversão em ações no vencimento do título, ocasião em que o investidor pode optar em receber o montante do resgate em ações da empresa ou em dinheiro. A quantidade de ações é determinada por meio de um *fator de conversão* previamente conhecido. Na condição de conversão, ainda, o investidor passa da posição de credor para de acionista da empresa.

Garantias das debêntures: as debêntures ainda podem ter *garantia real* quando são garantidas por bens integrantes do ativo da emissora, ou de terceiros,

---

[8] Ver seção 21.5 deste capítulo, e Parte II (Capítulo 6).

sob a forma de hipoteca ou penhor; pode ter *garantia flutuante* que asseguram privilégios sobre os ativos da emissora, não impedindo, entretanto, a negociação dos bens que compõem esse ativo; também podem ser *quirografária (sem garantia)* quando não oferecem nenhum tipo de garantia e nenhum privilégio sobre o ativo da emissora, concorrendo em igualdade de condições com os demais credores quirografários, em caso de liquidação; ou *subordinada*, quando asseguram privilégios de pagamentos aos debenturistas, em caso de liquidação da empresa, somente em relação aos créditos dos acionistas da emissora.

O *Bovespa Fix* é um segmento responsável por negociar, liquidar e custodiar as debêntures na Bolsa de Valores de São Paulo. Este segmento da bolsa tem o intuito de proporcionar maior liquidez e transparência no mercado secundário de renda fixa, além de reduzir os custos de transação e aumentar a eficiência nos negócios.

Exemplo Ilustrativo

Suponha que no dia 1º-4-2007 uma empresa tenha emitido e colocado 5 mil debêntures no mercado ao valor nominal de $ 10,00 cada. O prazo de colocação destes títulos é de 2 anos, com vencimento em 1º-4-2009.

A remuneração prometida sobre essa captação é de juros de 14% a.a. mais correção monetária. Os juros são pagos trimestralmente sobre o saldo corrigido, e a correção monetária acumulada é paga por ocasião do resgate. Sabe-se ainda que a colocação somente foi possível mediante um deságio de 8% sobre o valor de emissão das debêntures.

Dessa maneira, o valor líquido recebido pela empresa, supondo-se simplesmente a inexistência de outras despesas (despesas de lançamento, por exemplo), é obtido do seguinte modo:

Valor bruto da captação:	
5.000 debêntures × $ 10,00	= $ 50.000 (valor de resgate da operação)
(–) Deságio: 8% × $ 50.000	= $ 4.000
Valor líquido recebido	= *$ 46.000*

Os encargos financeiros a serem pagos trimestralmente aos debenturistas são mensurados pela taxa equivalente composta trimestral de 14% a.a., isto é:

Juros trimestrais: $ 50.000 × [(1,14)^{1/4} – 1]
= $ 1.665,00

O *custo real* (juro acima da inflação) da operação, em unidade monetária de referência, é obtido do seguinte modo:

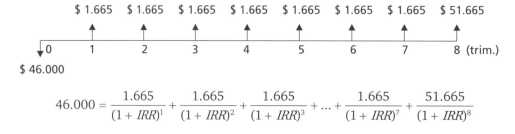

$$46.000 = \frac{1.665}{(1+IRR)^1} + \frac{1.665}{(1+IRR)^2} + \frac{1.665}{(1+IRR)^3} + \ldots + \frac{1.665}{(1+IRR)^7} + \frac{51.665}{(1+IRR)^8}$$

Resolvendo a expressão, chega-se ao custo real efetivo de 4,55% ao trimestre, que equivale à taxa de 19,5% ao ano. Usando a calculadora financeira:

Comandos	Significado
f REG	Limpa os registradores de armazenamento
46000 CHS g CFo	Introduz o valor inicial
1665 g CFj	Fluxo de caixa do primeiro trimestre

Comandos	Significado
7 g Nj	Número de repetições do primeiro fluxo de caixa
51665 g CFj	Fluxo de caixa do oitavo trimestre
f IRR	4,55% a.t. Custo efetivo trimestral

APLICAÇÃO PRÁTICA
Registro de Oferta Pública de Debêntures

Emissor
Status **atual da emissão:** Ativo
Local de negociação: Puma
Rating **da emissão:** Aaa.br – Moodys Investors
ANHB-DEB51 – Autoban

Características da emissão
Número da emissão: 5
Emissora: ANHB – Conc. Sist. Anhanguera-Bandeirantes S.A.
Volume total da emissão (R$): 450.000.000,00
Quantidade de debêntures: 450.000
Quantidade de séries emitidas: 1

Características da série
Código do título: ANHB-DEB51
Código ISIN: BRANHBDS094
Quantidade de debêntures: 450.000
Número de série: 1
Data de emissão: 15/10/2013
Data de vencimento: 15/10/2018
Volume da série: 450.000.000,00
Enquadra na Lei nº 12.431 – artigo 1º: Sim
Enquadra na Lei nº 12.432 – artigo 2º: Sim
Tipo: Simples
Atualização monetária: IPCA
Garantia: Quirografária
Próxima repactuação:
Última repactuação:
Amortização:
Agente fiduciário: Pentágono S.A.D.T.V.M

Remuneração
Participação no lucro:
Taxa de juros: IPCA + 4,880%
Pagamento: Será pago semestralmente, sendo a primeira em 14/04/2014
Prêmio:

Informações relacionadas: Informações de atas de assembleias

21.5.5 Arrendamento mercantil – *leasing* financeiro

O *arrendamento mercantil* é uma operação que envolve a aquisição de bens por uma pessoa física ou jurídica o qual usará este bem por um período determinado, pagando em contrapartida contraprestações.

Ao fim do contrato de arrendamento, o cliente arrendatário poderá decidir-se por uma das seguintes opções:

- comprar o bem por um valor previamente contratado, denominado *Valor Residual Garantido* (*VRG*);
- não exercer a opção de compra e devolver o bem ao arrendador;
- renovar o contrato de arrendamento por um novo prazo. Nesse caso, o valor residual do bem será o principal da renovação.

O prazo mínimo de um contrato de arrendamento mercantil é de 2 anos, para um bem com vida útil estimada de até 5 anos, e de 3 anos para os demais bens.

O *leasing* financeiro é uma operação similar a um financiamento, e oferece como vantagem ao arrendatário a dedutibilidade fiscal integral da contraprestação. No entanto, esse benefício precisa ser comparado com o custo efetivo da operação, indicando a atratividade da operação. Os principais encargos do arrendamento mercantil são:

- taxa de juros;
- taxa (tarifa) de abertura de crédito (TAC);
- despesas adicionais, como seguros, registros de contratos etc.;
- Imposto Sobre Serviços – (ISS);
- valor residual garantido.

EXEMPLO ILUSTRATIVO

Considere um contrato de *leasing* no valor de $ 30.000,00 e valor residual garantido fixado em $ 8.580,00. O prazo do contrato está fixado em 30 meses, devendo ser pago em 30 contraprestações mensais e iguais. A taxa de juros cobrada é de 2% ao mês.

O calculo do valor da prestação é feito da seguinte maneira:

$$PV = PMT \left[\frac{(1+i)^n - 1}{(1+i)^n \times 1} \right] - \frac{VRG}{(1+i)^n}$$

$$30.000 = PMT \left[\frac{(1+0,02)^{30} - 1}{(1+0,02)^{30} \times 0,02} \right] - \frac{8.580}{(1+0,02)^{30}}$$

Resolvendo a expressão com auxílio de uma calculadora financeira, tem-se:

Comandos	Significado
f REG	Limpa os registradores de armazenamento
30000 CHS PV	Introduz o valor presente
8580 FV	Introduz o valor residual garantido como valor futuro
30 n	Número de prestações
2 i	Introduz a taxa mensal de juros
PMT	$ 1.127,88 – Valor das Prestações do *Leasing*

Sobre esse valor da prestação incide ainda o ISS – Imposto Sobre Serviços. Admitindo uma alíquota de 2% sobre o valor da contraprestação, tem-se:

$$PMT_{c/ISS} = \frac{PMT_{s/ISS}}{1 - ISS}$$

$$PMT_{c/ISS} = \frac{1.127,88}{1 - 0,02} = \$\ 1.150,90$$

 **Resumo**

1. **Estudar as fontes de financiamento a longo prazo usualmente praticado no Brasil identificado no segmento financeiro do mercado de capitais.**

As operações financeiras de captação (empréstimos e financiamentos) e aplicações de recursos são desenvolvidas por instituições e instrumentos financeiros que compõem o Sistema Financeiro Nacional.

As operações do Sistema Financeiro Nacional podem ser realizadas por meio de quatro grandes segmentos: mercado monetário; mercado de crédito; mercado cambial e mercado de capitais. Os dois primeiros segmentos, tipicamente de curto e curtíssimo prazos, serão estudados na parte seguinte, ao tratar das decisões financeiras a curto prazo. O mercado cambial identifica-se pelas várias negociações (compra e venda), que envolvem instituições financeiras bancárias e não bancárias autorizadas com moedas estrangeiras conversíveis. O mercado de capitais centra sua especialização nas diversas operações financeiras a médio e longo prazos.

2. Descrever as características do mercado de ações do Brasil.

O *mercado primário* de ações é descrito como o ambiente onde ocorre o lançamento de novos valores mobiliários para subscrição pelos investidores. Nesse mercado, a empresa levanta importantes recursos para financiar seu crescimento.

Após serem lançadas no mercado primário, as ações são negociadas no *mercado secundário,* o qual é formado pelas bolsas de valores e os mercados organizados de balcão.

No mercado primário, ocorre a canalização direta dos recursos monetários superavitários disponíveis aos poupadores, para o financiamento das empresas, pela colocação (venda) inicial das ações emitidas. É nesse segmento que as empresas buscam, mais efetivamente, os recursos próprios necessários para a consecução de seu crescimento, promovendo, a partir daí, a implementação de projetos de investimentos e consequente incremento da riqueza nacional.

No mercado secundário, são estabelecidas as renegociações entre os poupadores das ações adquiridas no mercado primário. Na verdade, a existência de um mercado primário ativo somente é possível mediante certas condições de liquidez para as ações emitidas, as quais são verificadas fundamentalmente nas Bolsas de Valores (mercado secundário).

Dessa maneira, é na Bolsa de Valores que uma ação, representativa de determinado empreendimento, tem seu desempenho avaliado pela massa de investidores, assumindo maior demanda e, consequentemente, maior liquidez (a que demonstrar maior sucesso empresarial).

3. Descrever as principais linhas de financiamento disponíveis às empresas no Brasil com suas devidas características operacionais.

As linhas de financiamento para o setor produtivo, disponíveis no mercado financeiro nacional, possuem diversas características que as diferenciam de outras economias desenvolvidas. Podem ser citadas as seguintes: altos encargos financeiros; baixa oferta interna de crédito a longo prazo; restrições a ofertas de novas ações e debêntures no mercado, determinadas principalmente pelo estágio ainda pouco desenvolvido do mercado de capitais no Brasil.

As linhas de financiamento oferecidas pelo BNDES contemplam financiamento a longo prazo, sobretudo para investimento em capital em fixo, e oferecem custos financeiros competitivos em relação aos livremente praticados no mercado. Os encargos financeiros básicos dos financiamentos do BNDES incluem a taxa de juros de longo prazo (TJLP), acrescida de um *spread* de risco.

A TJLP é fixada trimestralmente pelo Conselho Monetário Nacional com base no comportamento esperado da inflação futura da economia brasileira e nas taxas de juros da dívida externa.

Os *empréstimos e financiamentos* referem-se às operações mais tradicionais de captação de recursos, processadas diretamente por uma empresa junto às instituições financeiras componentes do mercado de capitais.

Os *repasses de recursos internos* identificam os recursos oficiais alocados para o financiamento de atividades consideradas como de interesse econômico nacional. A transferência desses recursos processa-se normalmente mediante a intermediação de alguma instituição financeira do mercado de capitais, podendo destinar-se, entre outras, para as atividades comerciais e industriais (mesmo de exportação), agrícolas e de construção civil.

Os fundos oficiais internos apresentam normalmente baixos custos aos tomadores (em geral, as taxas de juros são inferiores às praticadas no mercado) e provêm, basicamente, de dotações orçamentárias da União, da poupança compulsória (PIS, Finsocial etc.), de incentivos fiscais e de captações processadas no exterior.

Os *repasses de recursos externos* são poupanças captadas no exterior, por instituições financeiras nacionais e, a seguir, repassadas no mercado interno para as várias empresas interessadas. Em verdade, essa modalidade de crédito prevê o envolvimento de três partes: o banco estrangeiro emprestador dos recursos, o banco nacional captador e repassador dos recursos externos e a empresa nacional financiada.

A captação pela *subscrição de debêntures* acompanha normalmente a mesma sistemática de lançamento discutida para as ações. As debêntures são títulos privados de crédito, emitidos exclusivamente por companhias de ações e colocadas no mercado à disposição de investidores interessados.

 TESTES DE VERIFICAÇÃO

1. Na análise de investimento em uma ação, o aspecto menos relevante para a decisão entre os apresentados a seguir é:

    a) O risco assumido.
    b) A expectativa de valorização futura.
    c) Avaliação do retorno esperado.
    d) Os parâmetros de oferta e procura do título.
    e) A evolução passada da carteira de mercado.

2. Identifique a afirmativa VERDADEIRA:

    a) As debêntures são consideradas títulos de renda fixa, porém podem oferecer rendimentos variáveis a seus titulares.
    b) A captação por meio da emissão e negociação de novas ações no mercado é uma fonte de recursos próprios denominada de autofinanciamento.
    c) Muitas empresas, pela alta liquidez de seus papéis, podem lançar suas novas ações diretamente no mercado secundário (bolsas de valores).
    d) Uma companhia aberta, com ações negociadas em bolsa de valores, ao aumentar seu capital mediante a emissão de novas ações, realiza uma operação de IPO.
    e) As empresas costumam distribuir dividendos fixos aos seus acionistas ao final de cada exercício social.

3. Assinalando verdadeiro ou falso, a sequência correta de classificação é:

    I – Uma hipótese implícita no modelo de Gordon, é a de que a taxa de crescimento do dividendo deve sempre ser inferior à taxa de retorno exigida pelo investidor da ação.
    II – O valor de uma ação, para um investidor que deseje permanecer por um prazo determinado com um título, é determinado unicamente pelos seus fluxos de dividendos futuros esperados.
    III – Quando uma empresa decide não pagar dividendos, sua ação, obrigatoriamente, será desvalorizada no mercado.

    a) F; F; F.
    b) V; F; F.
    c) F; V; F.
    d) V; F; V.
    e) V; V; V.

4. Assinale a afirmativa FALSA:

    a) O financiamento, por meio da emissão de novas ações, pode reduzir o risco da empresa.
    b) Uma companhia não tem obrigação contratual em devolver o principal do capital investido por seus acionistas.
    c) Os fluxos futuros de rendimentos utilizados na avaliação de uma empresa devem considerar, entre outros, os cenários econômicos e o comportamento esperado do mercado.
    d) Se o preço justo de determinada ação for inferior ao seu preço de negociação no mercado, é interessante a sua compra.

e) Quando os juros de mercado estiverem mais baixos que os pagos por uma debênture, a companhia emissora pode propor a sua repactuação com os investidores. Se um debenturista não aceitar as novas condições oferecidas, tem o direito de resgate antecipado do investimento feito.

5. Identifique a afirmativa VERDADEIRA:

   a) As operações de repasses de recursos externos não preveem o pagamento de imposto de renda sobre os encargos remetidos.
   b) O prazo de um financiamento revela ao doador de recursos o tempo em que tardaria em recuperar o capital investido (emprestado).
   c) Uma debênture pode prever a sua conversão em ações da empresa no momento do resgate.
   d) Uma operação de financiamento desconsidera o risco inerente ao investimento.
   e) Quanto menor o P/L de uma ação, menor também é o seu risco.

6. As opções a seguir representam fontes de financiamento para as empresas, EXCETO:

   a) Retenção de lucros.
   b) Empréstimos junto às instituições financeiras.
   c) Emissão de ações e debêntures.
   d) Integralização de capital pelos sócios proprietários.
   e) Aumento de capital por incorporação de reservas patrimoniais.

Exercícios propostos

1. Elabore a planilha de desembolso financeiro e determine o custo efetivo anual de financiamento obtido por repasse de recursos externos. O valor do repasse é de $ 1.500.000, sendo que o contrato prevê seis pagamentos semestrais iguais e sucessivos, incluindo principal e encargos financeiros. Os encargos financeiros previstos nas prestações são a taxa Libor, de 11% a.a., e *spread*, de 3% a.a., todas essas taxas nominais. A comissão de repasse, comissão de abertura de crédito, registro de contrato e garantia hipotecária de operação correspondem a 5%, 1% e 0,38%, respectivamente, e são cobrados no ato da liberação dos recursos. O Imposto de Renda da operação, incidente sobre os encargos financeiros semestrais, é de 20%.

2. Uma companhia Aberta apresentou lucros por ação de $ 1,20 no ano de 20x7 e pagou, no mesmo período, $ 0,36 de dividendos por ação. Projeções feitas admitem que o crescimento dos lucros e dividendos da empresa alcance a taxa de 3% a.a. indeterminadamente. A taxa de retorno requerida pelos acionistas atinge 16,2%:

   a) Nas condições descritas anteriormente, calcule o preço máximo que um investidor poderia pagar hoje por essa ação.
   b) Admita, por outro lado, que a taxa de crescimento dos resultados da empresa seja de 10% ao ano nos próximos 4 anos, e após esse período espera-se uma estabilidade de crescimento nos dividendos em torno de 4,5% ao ano. Calcule o preço dessa ação hoje.

3. Determine o custo efetivo anual de uma emissão de 4 mil debêntures realizada por uma companhia aberta no mercado. A emissão ocorreu no dia 3-5-2005 e foi resgatada no dia 3-8-2007. O valor nominal das debêntures é de 12 UMC cada. O juro declarado da operação é de 12% a.a., sendo que as debêntures foram colocadas no mercado financeiro por meio de um deságio de 7% sobre seu valor de face (valor nominal). Os juros são pagos trimestralmente e o principal corrigido resgatado ao final do prazo da operação.

4. Admita que uma empresa vem apresentando bom crescimento de vendas nos últimos anos. No entanto, esse crescimento de sua atividade não está sendo sustentado pelo

setor produtivo. Os engenheiros de produção detectaram "gargalos" na elaboração dos produtos e sua ocorrência foi comunicada à direção da empresa. Os diretores chegaram ao consenso de que deveria ser adquirido um novo equipamento para a produção, o qual seria em parte financiado por recursos de terceiros. O diretor financeiro resolveu buscar financiamento para adquirir o novo equipamento por meio do Finame/BNDES. O valor do equipamento novo é de $ 875.000, sendo que o Finame participa com 80% do valor do bem. O prazo de amortização é de 12 meses pelo sistema SAC, sendo ainda concedida uma carência de 6 meses.

Outras informações da operação de financiamento:

- Taxa Finame = 8,0% a.a.;
- Participação do agente financeiro = 2% ao ano;
- UMC =5,4875;
- Comissão de reserva = 44 dias, à taxa de 0,10% ao mês;
- IOF = 3%, cobrado no ato da liberação dos recursos.

Calcule o valor de cada prestação devida ao Finame/BNDES pelo financiamento concedido.

5. Uma empresa apurou, no fim de determinado ano, um lucro por ação de $ 1,50 e decidiu distribuir 40% do seu resultado. Sabendo que a taxa de retorno exigida pelos investidores é de 18% ao ano e que a empresa tem um retorno padrão sobre seu patrimônio líquido de 16%, calcule o quanto a empresa destruirá de valor ao acionista.

6. Um investidor adquiriu, no início de um ano, uma ação que pretende vender em 3 anos por um preço estimado de $ 5,30. Sua previsão de dividendos é de $ 0,25, $ 0,38 e $ 0,32, respectivamente, para o fim de cada um dos próximos 3 anos. Sabendo que o custo de oportunidade do capital do investidor PE é de 18% ao ano, calcule o valor máximo que ele poderia pagar pela ação.

LINKS DA WEB

www.debentures.com.br. *Site* do Sistema Nacional de Debêntures com informações e dados.

www.anbima.com.br. *Site* da Associação Nacional das Instituições do Mercado Financeiro com informações e dados.

www.bndes.gov.br. *Site* do Banco Nacional de Desenvolvimento Econômico e Social com informações sobre as diversas linhas de financiamento.

SUGESTÃO DE LEITURA

ASSAF NETO, Alexandre. **Mercado financeiro**. 15. ed. São Paulo: Atlas, 2021.

LIMA, Iran S.; FRANCO DE LIMA, Gerlando A. S.; PIMENTAL, Renê C. (Coord.). **Curso de mercado financeiro**. 2. ed. São Paulo: Atlas, 2012.

RESPOSTAS DOS TESTES DE VERIFICAÇÃO

1. e
2. a
3. b
4. d
5. c
6. e

DECISÕES DE DIVIDENDOS

OBJETIVOS DO CAPÍTULO

1. Entender os aspectos básicos e essenciais da teoria de dividendos.
2. Explicar o significado e uso da bonificação, do *split*, do reagrupamento, e a determinação do preço de equilíbrio da ação.
3. Definir a utilização de juros sobre capital próprio no Brasil.

Dividendo é entendido como a parcela do lucro líquido de uma empresa que é distribuída aos seus acionistas mediante, geralmente, pagamento em dinheiro. É um modo de remuneração do acionista pelo capital investido. O valor do dividendo é definido com base no desempenho apresentado pela empresa no período, projeções financeiras de caixa e oportunidades de crescimento.

Uma das principais decisões financeiras tomadas pelas empresas refere-se à definição de uma política de distribuição de dividendos. A decisão de pagar lucros pode servir de financiamento aos acionistas, de sinalização positiva ao mercado sobre o desempenho da empresa, e também para ajustar a sua estrutura de capital.

No que concerne ao objetivo de maximização de riqueza de uma empresa, a influência do índice de *payout* é relativamente controvertida na literatura financeira, e oferece importantes argumentos sobre relevância e irrelevância dos dividendos.

> *Payout* corresponde à parcela do lucro líquido que a empresa pagou aos seus acionistas sob a forma de dividendos, quanto a empresa distribuiu de seu resultado líquido aos seus donos. Por exemplo, se uma empresa distribuir $ 160,00 milhões de dividendos em certo exercício social em que apresentar um lucro líquido de $ 800,00 milhões, seu índice de *payout* é de 20%.

É importante, para definição de uma política mais adequada de dividendos, que se conheçam as características essenciais da legislação brasileira, notadamente no que concerne ao dividendo mínimo e obrigatório.

22.1 ASPECTOS BÁSICOS DA POLÍTICA DE DIVIDENDOS

Política de dividendos refere-se ao montante e à distribuição do pagamento de dividendos aos acionistas no tempo. A empresa pode restringir o pagamento corrente na expectativa de maiores distribuições no futuro; ao contrário, pode decidir pagar alto *payout* hoje e adiar seus investimentos para o futuro.

> O objetivo da empresa é definir uma política ótima de dividendos, aquela que promove a maximização do valor de mercado da ação.

A distribuição dos dividendos no tempo é uma decisão nem sempre fácil para a empresa. A definição da política de dividendos torna-se mais complexa no momento em que a empresa decidir abrir seu capital como reflexo de seu crescimento. Nessa nova posição, as decisões relativas aos dividendos não são mais tomadas por um reduzido (ou, muitas vezes, familiar) número de proprietários; deve-se buscar um consenso mais amplo que envolva as inúmeras e diferentes expectativas do mercado acionário.

> **IMPORTANTE** ■ a definição de uma política de dividendos envolve basicamente uma decisão sobre o lucro líquido de uma empresa: *retê-lo*, visando ao reinvestimento em sua própria atividade; ou, *distribuí-lo*, sob a forma de dividendos em dinheiro aos acionistas. Na verdade, o que se procura definir mais adequadamente é a porcentagem do lucro líquido a ser distribuída aos acionistas, isto é, o índice de *payout* de uma empresa que contribua para a valorização do preço de suas ações.

O índice de *payout* é calculado da forma seguinte:

$$Payout = \frac{\text{Dividendos Distribuídos}}{\text{Lucro Líquido do Exercício}}$$

Evidentemente, quanto maior for esse índice, menor será a proporção de recursos próprios, provenientes de decisões de retenção de lucros, utilizada pela empresa em sua atividade. Baixos índices de *payout* (ou nulos) atribuem normalmente elevada importância à opção de reter lucros como fonte de financiamento de uma empresa.

Como consequência do exposto, pode-se admitir que a opção entre *reter* (reaplicar) e *distribuir* o total do lucro líquido (ou parte dele) pode ser encarada como uma decisão de financiamento de uma empresa.

Alguns Critérios Básicos da Política de Dividendos

Existem alguns critérios básicos que podem orientar a política de dividendos quando tratada como uma decisão de financiamento. Assim, as decisões de reter ou distribuir lucros estão condicionadas, basicamente, às seguintes observações:

1. os acionistas de uma empresa são atraídos em postergar o recebimento de dividendos, sempre que as oportunidades de investimentos disponíveis para a empresa prometerem um retorno acima da taxa mínima exigida. Com isso, identificam uma expectativa de receber maiores (e compensáveis) dividendos no futuro. A retenção dos lucros nessas condições de geração de valor econômico promove a valorização nos preços de mercado das ações e, em consequência, a geração de riqueza econômica;

2. quando os acionistas puderem auferir um retorno fora da empresa, em alternativas de risco semelhante, maior do que ganhariam ao deixarem seus lucros reinvestidos na empresa, irão preferir receber dividendos. Nesse caso, maximizarão sua riqueza empregando recursos de dividendos em oportunidades de aplicações mais lucrativas externas à empresa.

Outros fatores ainda podem influir na decisão de *payout* de uma empresa, como as condições de liquidez para fazer frente aos pagamentos dos dividendos, a necessidade de retenção de todo o lucro (ou parte dele) que pode ocorrer ao se adotar o critério de preços de reposição, a eventual preferência dos acionistas por dividendos correntes em vez de dividendos futuros esperados (maior retorno e, também, maior risco) etc. Esses aspectos que influenciam a política de dividendos serão mais bem tratados em partes posteriores deste capítulo.

> Uma política de dividendos considerada ótima é aquela que conjuga, da melhor maneira possível, o volume a ser retido pela empresa (e, consequentemente, reinvestido) e aquele a ser distribuído, sob forma de dividendos em dinheiro, a seus acionistas.

Um modo de se avaliar o acerto da política de dividendos de uma empresa pode ser desenvolvido por meio do estudo da evolução da cotação de suas ações em Bolsas de Valores.

IMPORTANTE ■ se a empresa optar, por exemplo, por determinada alteração em sua prática de dividendos e notar, como consequência, uma queda no valor de suas ações no mercado, esse fato pode constituir-se em forte indício de uma avaliação negativa dos acionistas. Nessa situação, a administração da empresa deverá proceder a uma revisão da alteração implementada na política de dividendos, visando reativar a valorização de suas ações no mercado. Em caso contrário, tem-se a fixação de uma política de acordo com as expectativas dos acionistas.

Dessa maneira, a definição de uma política de dividendos (assim como as decisões de financiamento e investimento tomadas por uma empresa) está intimamente relacionada com o objetivo final de uma empresa de promover, conforme descrito, a *maximização da riqueza de seus acionistas.*

Em suma, uma política de dividendos deve ser traçada, em última análise, visando à maximização da riqueza (patrimônio) dos acionistas de uma empresa. É estabelecido teoricamente que a decisão de reter lucros deve ser tomada somente quando as oportunidades de investimentos nos negócios da empresa forem economicamente mais atraentes do que aquelas dispostas alternativamente aos acionistas. Em caso contrário, os resultados retidos pela empresa serão considerados ociosos, e devem ser distribuídos aos acionistas. Na verdade, vários outros importantes aspectos podem exercer influências sobre a política de dividendos de uma empresa, fazendo com que surjam tendências de maior ou menor retenção de lucros. Os principais aspectos são analisados ao longo deste capítulo.

22.2 OS DIVIDENDOS NA TEORIA RESIDUAL

Os critérios da política de dividendos desenvolvidos no item anterior estão bastante alinhados com a conhecida *teoria residual dos dividendos*.

Uma importante questão com relação aos dividendos é se eles interferem efetivamente sobre o preço de mercado das ações. Em outras palavras, como se comportam as cotações das ações quando a empresa toma uma decisão de dividendos.

> A distribuição de dividendos influi no preço da ação? Essa é a questão fundamental da política de dividendos.

A conhecida *teoria residual* propõe que os dividendos devem ser tratados como um *resíduo*; deve ser distribuído aos acionistas somente o montante que resta após todas as alternativas de investimentos atraentes terem sido implementadas.

Em outras palavras, a empresa deve distribuir lucros somente após ter aproveitado todos os projetos recomendados, restando para distribuição unicamente o dinheiro ocioso. Nenhuma oportunidade de investimento atraente deve deixar de ser aproveitada para se pagar dividendos.

Em resumo: sempre que surgirem oportunidades em que o retorno (ROI) superar o custo de capital da empresa (WACC), os lucros devem ser retidos para investimentos. A retenção dos lucros, nessa situação, cria riqueza aos acionistas. A empresa paga dividendos toda vez que não conseguir investir em alternativas que agregam valor aos seus acionistas.

22.3 RELEVÂNCIA E IRRELEVÂNCIA DOS DIVIDENDOS

Um aspecto bastante controvertido no estudo das Finanças Corporativas refere-se à questão se os dividendos são ou não relevantes para os acionistas de uma empresa. Em outras palavras, se a *fixação de determinada política de dividendos exerce ou não influências sobre o preço de mercado de uma ação.*

Em verdade, as respostas a essa questão assumem um caráter mais teórico, em virtude das grandes divergências de opiniões, das suposições restritivas levantadas nos modelos explicativos, e também da presença de diversos fatores verificados na realidade de mercado.

Como consequência, são estabelecidas certas dificuldades no que concerne a aplicações mais práticas de vários modelos e estudos publicados.

No Brasil, esses pontos são colocados em nível de razoável desprezo pelas empresas, de pouco uso pelos investidores em geral, e oferecem à comunidade acadêmica, ainda, poucos trabalhos conclusivos sobre a matéria.

A par dessa situação precária, alia-se, ainda, a legislação vigente no país (discutida mais adiante) que estabelece o pagamento de um dividendo mínimo obrigatório, e não permite que essa decisão flua livremente por meio de decisões da administração da empresa e de seus acionistas.

Basicamente, podem ser apontadas duas grandes correntes de pensamento com relação à definição da *relevância* ou *irrelevância* da distribuição de dividendos.

Irrelevância da Política de Dividendos

Inicialmente, há a tese defendida pela corrente seguidora de Modigliani e Miller (MM) sobre a irrelevância da distribuição dos dividendos para a determinação do valor de mercado de uma ação. Os conceitos básicos e os principais argumentos apresentados pelos autores foram introduzidos no Capítulo 20, ao tratar das teorias de estrutura de capital.

Supõem MM que a fixação do índice de *payout* de uma empresa não afeta a riqueza de seus proprietários, o que torna as opções de reter ou distribuir lucros irrelevantes para o objetivo de maximização do patrimônio dos acionistas.[1] Os adeptos dessa corrente propõem, ainda, que a riqueza da empresa seja função de seu potencial econômico de gerar lucros (decisões de investimentos em ativos), e não do modo como os resultados são divididos entre dividendos em dinheiro e lucros retidos.

> A teoria da irrelevância dos dividendos admite que o valor pago aos acionistas não modifica o valor da ação e, em consequência, os acionistas deveriam ser indiferentes entre receber ou não esses valores.

---

[1] MODIGLIANI, Franco; MILLER, Merton H. The cost of capital, corporation finance and the theory of investment. **The American Economic Review**, v. 48, nº 3, June 1958.

> A teoria da irrelevância dos dividendos admite que toda elevação do *payout* em algum momento é motivada pela redução dos dividendos em outro instante, realizando um resultado líquido, expresso a valor presente, *nulo*. Considerando o valor do dinheiro no tempo, o que um acionista ganha ao receber maiores dividendos, ele perde por uma redução esperada no futuro.
>
> Apesar dos argumentos desenvolvidos pela teoria serem sugestivos, eles se baseiam em certas premissas de perfeição nem sempre verificadas no mundo real.

A teoria da irrelevância dos dividendos está formulada em um mundo praticamente sem imperfeições, onde não há impostos, custos de transações nas emissões e negociações com ações etc.

Na prática, no entanto, o pagamento de maiores dividendos tem muitas vezes atraído os investidores e provocado elevações nos preços das ações. Ao contrário, redução na distribuição de lucros aos acionistas determina uma desvalorização da ação.

Os argumentos de MM e seguidores da teoria da irrelevância que justificam esse comportamento baseiam-se, em essência, em dois importantes conceitos: *conteúdo informacional* dos dividendos e *efeito clientela*.

Conteúdo informacional: em verdade, os dividendos trazem um forte *conteúdo informacional,* que revela ao mercado uma tendência de comportamento esperado da empresa. Ao aumentar os dividendos, a empresa compromete-se, de algum modo, a continuar pagando esses lucros no futuro, revelando boa capacidade de geração de lucros e caixa. Como resultado, os investidores assumem um comportamento de compra das ações, valorizando sua cotação de mercado.

Uma política de reduzir os dividendos pode indicar aos investidores uma mudança nos resultados futuros esperados da empresa, sinalizando um desempenho desfavorável. Nessa situação, a tendência é de venda das ações e consequente redução dos preços.

Efeito clientela: os proponentes da teoria da irrelevância sugerem ainda a existência do denominado *efeito clientela*. Os investidores são atraídos por ações cujas políticas de dividendos atendam suas expectativas.

Por exemplo, empresas em crescimento costumam pagar poucos dividendos, pois precisam reinvestir boa parte de seus lucros. Costumam compensar a baixa distribuição de lucros com a valorização do preço de mercado das ações (ganhos de capital). Esse perfil de ação atrai investidores de maior poder de compra, que priorizam ganhos de capital.

> Efeito clientela: as ações costumam atrair investidores que tenham suas preferências de recebimento de dividendos atendidas pela empresa.

Em conclusão: para MM e demais proponentes da teoria da irrelevância dos dividendos, o valor da empresa não se modifica pela política de dividendos adotada. O conceito básico é que o valor da empresa é determinado pela sua capacidade em gerar resultados futuros de caixa, e não pela maneira como os lucros são distribuídos.

Se os dividendos modificarem o valor da empresa, isto ocorre em razão de seu *conteúdo informacional*, que sinaliza os lucros futuros, e *efeito clientela*, que leva a empresa a pagar dividendos seguindo as preferências de seus acionistas.

Relevância da Política de Dividendos

São propostos inúmeros argumentos contrários à posição assumida pela corrente liderada por Modigliani e Miller. Os adeptos desse enfoque mais tradicional acreditam que os acionistas se preocupam com a maneira pela qual os resultados líquidos de uma empresa são repartidos (retidos ou distribuídos sob forma de dividendos em dinheiro), o que vem afetar o preço de mercado de suas ações.

Os principais argumentos favoráveis à *relevância dos dividendos* para a determinação da riqueza dos acionistas podem ser expostos da seguinte maneira:

- investidores com *necessidades permanentes de caixa* costumam priorizar o pagamento de dividendos. Consideram este fluxo regular como um lastro importante às suas necessidades de caixa;

- como a retenção dos lucros baseia-se em expectativa (esperança) futura de maiores (e compensadores) dividendos, e a opção de distribuição envolve a certeza de seu recebimento no presente, os acionistas são normalmente levados a atribuir *diferentes graus de risco* a essas decisões, vindo, consequentemente, a afetar o valor de mercado das ações. Como forma de eliminação desse maior risco, os acionistas poderão optar por dividendos correntes, em detrimento de ganhos de capital (valorização das ações);

> Maior distribuição corrente de dividendos produz menor incerteza aos investidores. É a abordagem de um pássaro na mão vale mais do que dois voando.

- a preferência por uma política de *estabilidade na distribuição de dividendos* pode levar a um crescimento no valor das ações, em razão de essa prática reduzir o risco do acionista. Na verdade, os dividendos transmitem certa informação sobre o desempenho futuro da empresa, e os preços das ações reagem normalmente às alterações que se verificarem nas expectativas dos acionistas;

- a presença de custos de corretagem nas negociações que envolvam ações no mercado de capitais pode trazer duas consequências à política de dividendos de uma empresa. Por um lado, pode tornar-se oneroso para um acionista realizar (vender) parte de seu lote de ações toda vez que necessitar de algum financiamento. Nesses casos, poderá preferir receber algum dividendo em dinheiro.

  Por outro lado, a retenção de lucros como forma de financiamento próprio da empresa costuma ser mais barata que a emissão de novas ações, dadas as taxas de corretagens (e outras despesas) em geral incorridas nas operações de *underwriting*. Em consequência, uma distribuição de dividendos acima de certos limites poderá trazer custos adicionais a uma empresa em razão da necessidade de captação suplementar de recursos no mercado acionário;

- diferentes *tributações* sobre dividendos e ganhos de capital podem definir preferências sobre o modo de rendimentos. Se a tributação

sobre os dividendos for maior que sobre o ganho de capital, os dividendos promovem uma redução na taxa de retorno dos acionistas após os impostos. As empresas que priorizam os dividendos quando a tributação for maior incentivam uma redução no preço de suas ações. Nessa situação, a política mais recomendada é o reinvestimento dos lucros ou a recompra de ações;

> Tributação Sobre Ações no Brasil: a legislação vigente prevê somente a tributação do ganho de capital pela alíquota de 20%. Os dividendos recebidos não estão sujeitos ao recolhimento do Imposto de Renda.

- a política de dividendos pode, ainda, ser utilizada como um mecanismo para a empresa ajustar sua estrutura de capital, visando levar seu endividamento para um nível (Passivo/Patrimônio Líquido) admitido como ótimo. Por exemplo, empresas excessivamente capitalizadas podem ajustar seu *mix* de financiamento para uma estrutura que minimize seu custo total de capital (WACC), e, para tanto, podem usar os dividendos para promover maior alavancagem financeira.

22.4 COMO ESCOLHER A MELHOR POLÍTICA DE DIVIDENDOS

Como conclusão, pode-se afirmar que nenhuma teoria consegue explicar, de maneira conclusiva, se a política de dividendos exerce ou não influência sobre o valor da ação.

Algumas pesquisas empíricas desenvolvidas têm acenado pela relevância dos dividendos, sem, contudo, poderem generalizar suas conclusões. De maneira mais intuitiva, pode-se verificar na realidade do mercado o apelo dos dividendos nas decisões de investimentos, influenciando muitas vezes o preço da ação.

Em verdade, as empresas adotam a política de dividendos que melhor atenda as preferências de seus acionistas, e voltadas para o objetivo de maximização da riqueza.

Uma política de dividendos recomendada deve atender, entre outras, as seguintes recomendações:

a) deve ser priorizada a implementação de todos os projetos de investimentos que produzem um valor presente líquido esperado positivo, ou seja, que agregam valor. Não se justifica pagar dividendos aos acionistas quando seus lucros, se retidos, pudessem gerar um retorno acima de seu custo de oportunidade;

b) manter um *mix* adequado de financiamento que promova, conforme foi estudado no Capítulo 20, uma relação P/PL com o menor custo total de capital (WACC);

c) procurar atender as preferências dos acionistas com relação ao fluxo de pagamento de dividendos;

d) evitar alterações frequentes e relevantes na política de dividendos, de modo a não elevar a incerteza dos acionistas.

> Recompra de ações é outra maneira de a empresa pagar (distribuir) lucros aos acionistas. Com a recompra a quantidade de ações diminui e, mantendo-se o lucro constante, o lucro por ação (LPA) se eleva, podendo influir favoravelmente sobre o seu preço de mercado.

22.5 OUTROS ASPECTOS A SEREM CONSIDERADOS NA FIXAÇÃO DE UMA POLÍTICA DE DIVIDENDOS

Ao definir sua política mais adequada de dividendos, a empresa deve levar em consideração o estudo de alguns aspectos adicionais que também exercem influências significativas sobre essa decisão. Os principais aspectos são examinados a seguir.

Liquidez

São as medidas de liquidez da empresa que revelam sua capacidade financeira para fazer frente aos pagamentos de dividendos. Muitas vezes, empresas em boa posição econômica (rentáveis) podem apresentar sérias limitações financeiras em pagar dividendos, devido, por exemplo, a um alto grau de imobilização de seus recursos. Esforço maior na distribuição de dividendos, sem a devida cobertura por outras fontes de financiamento, pode colocar em risco a liquidez a curto prazo da empresa.

Acesso a fontes externas de financiamento

O potencial de uma empresa em estabelecer determinada política de dividendos é, em grande parte, determinado também por sua capacidade e flexibilidade em captar recursos no mercado de capitais. Esses requisitos podem ser compreendidos pelo tempo que a empresa normalmente despende na captação, e suas condições de acesso a fontes alternativas de financiamento (empréstimo bancário, emissão de debêntures, emissão e colocação de novas ações etc.). Quanto melhores forem essas condições para a empresa, maior será seu potencial em distribuir dividendos.

Inflação e Taxas de Juros

Para as empresas nacionais, a retenção de lucros constitui-se geralmente na maneira mais rápida de financiamento, representando ainda, para muitas delas, a principal fonte de captação de fundos passivos.

Esse incentivo por menor distribuição de resultados é reforçado também pelas crescentes necessidades de investimentos circulantes (notadamente em situação de inflação e de maior competitividade de mercado) e pelas elevadas taxas de juros praticadas no Brasil, principalmente nas últimas décadas.

Dessa maneira, a empresa nacional sente-se muitas vezes compelida a sacrificar o volume de seus dividendos como modo mais rápido (e, muitas vezes, mais barato) de financiar suas necessidades de investimentos, e também repor os valores monetários corroídos pela inflação. Naturalmente, ao decidir por maior retenção de lucros, o acionista pode ressentir-se da falta de rendimentos correntes.

As decisões de dividendos com base nos resultados contábeis legais, expressos em valores nominais, poderão introduzir distorções no desempenho da empresa. Os resultados que servem de base ao cálculo dos dividendos não incorporam a inflação da

22.6 BONIFICAÇÃO

A bonificação é representada normalmente pela distribuição de novas ações aos atuais proprietários (acionistas) de uma empresa. Essas ações são emitidas na incorporação contábil, autorizada pela assembleia de acionistas, de reservas ao capital social da empresa. A participação do acionista mantém-se inalterada em termos relativos, podendo ele dispor, no entanto, de um volume físico maior de ações em sua carteira.

> Bonificação é o pagamento aos acionistas na forma de ações. A consequência prática da bonificação é o aumento do número de ações possuídas pelos acionistas. Uma maior quantidade de ações determina uma redução em seu valor.

Por exemplo, suponha que o patrimônio líquido de uma empresa apresente a seguinte composição:

Capital social (500.000 ações × $ 10)	$ 5.000.000
Reservas	$ 3.000.000
Lucros acumulados	$ 2.000.000
Patrimônio líquido	*$ 10.000.000*

Sabendo que o capital social da empresa é constituído por 500 mil ações de valor nominal de $ 10 cada, admita que a assembleia geral tenha decidido incorporar 100% dos lucros acumulados ao capital social. Como reflexo dessa decisão de aumento de capital, deverão ser emitidas 200 mil novas ações ($ 2.000.000/$ 10), que correspondem a 40% do capital social existente, e distribuídas gratuitamente aos atuais acionistas na base de 0,4 ação para cada uma possuída. Nessa situação, diz-se que a bonificação é de 40%.

> Uma bonificação de 40% indica que o acionista recebe 25 novas ações para cada 100 ações possuídas.

Após a distribuição das ações, o patrimônio líquido, cujo total permanece inalterado, passa a ter a seguinte composição:

Capital social (700.000 ações × $ 10)	$ 7.000.000
Reservas	$ 3.000.000
Patrimônio líquido	*$ 10.000.000*

Bonificação com Alteração do Valor Nominal da Ação

A empresa pode decidir alterar o valor nominal de suas ações de modo que o aumento do capital social, conforme considerado, seja formalizado sem a emissão de novas ações. Nessa situação, os acionistas deverão apresentar as *cautelas* de suas ações (ou trocar por novas) para que se identifique o novo valor nominal.

> Cautelas são certificados que atestam a propriedade de determinada quantidade de ações.

No exemplo apresentado, suponha-se que a empresa tenha decidido elevar seu capital social sem a emissão de novas ações. Para tanto, seu valor nominal deverá ser alterado de $ 10 para $ 14 por ação:

$$\text{Valor Nominal} = \left(\frac{\$ 5.000.000 + \$ 2.000.000}{500.000 \text{ ações}} \right)$$

$$= \$ 14,00/\text{ação}$$

e passará a apresentar a composição seguinte:

Capital social (500.000 ações × $ 14)	$ 7.000.000
Reservas	$ 3.000.000
Patrimônio líquido	*$ 10.000.000*

Bonificação com Ação Sem Valor Nominal

Na hipótese ainda de as ações não apresentarem valor nominal, a incorporação de reservas ao capital social não introduz modificação no número de ações existentes. Nesse caso, o capital social eleva-se para $ 7.000.000, permanecendo inalterado o volume físico das ações, igual a 500.000.

> ! **IMPORTANTE** ■ nas situações enunciadas de aumento de capital por incorporação de reservas de lucros, constata-se que o patrimônio líquido não sofre alteração em seu montante. A bonificação, dessa maneira, não promove qualquer benefício econômico à empresa e ao acionista.

22.6.1 Preço de mercado da ação após a bonificação

Após a bonificação, a tendência esperada, desde que não ocorra nenhuma expectativa mais favorável com relação à sua rentabilidade, é de uma redução no preço de mercado da ação. Teoricamente, a queda esperada no preço é proporcional ao maior número de ações emitidas.

Supondo, no *exemplo* em desenvolvimento, que o preço de mercado da ação seja de $ 15 antes da bonificação, esse valor, após a bonificação de 40%, passará para seu preço de equilíbrio de $ 10,7 ($ 15/1,40). Nessa cotação, o patrimônio do acionista, avaliado a preços de mercado, não será alterado.

Para comprovar, suponha um acionista que possuía 400.000 ações antes de exercer seu direito de bonificação. Sendo o preço de mercado de $ 15, seu patrimônio atinge, consequentemente, $ 6.000.000 (400.000 ações × $ 15).

Após a bonificação, o número de ações em carteira eleva-se para 560.000 (400.000 ações + 40%), permanecendo em $ 6.000.000 – para a hipótese do preço de equilíbrio de $ 10,7 por ação – o valor total de seu patrimônio a valores de mercado, ou seja:

Patrimônio antes da bonificação:

400.000 ações × $ 15 = $ 6.000.000

Patrimônio após a bonificação:

$$560.000 \text{ ações} \times \frac{\$\,15,00}{1,40} = \$\,6.000.000$$

Assim, a fórmula do preço teórico de uma ação após ter-se procedido à bonificação pode ser intuitivamente formulada da seguinte maneira:

$$P_E = \frac{P_M}{(1 + b)}$$

em que:

P_E = preço teórico de mercado (ou preço de equilíbrio) ao qual a ação deve ajustar-se após ter exercido o direito de bonificação;

P_M = preço de mercado da ação antes do exercício da bonificação, ou seja, preço da ação negociada com direitos de subscrição;

b = percentual declarado da bonificação.

É de esperar que, para manter o preço de equilíbrio teórico da ação, seu valor de mercado não se altere, permanecendo igual ao preço teórico calculado de $ 10,7/ação, ou seja: $P_E = P_M$.

22.7 DESDOBRAMENTO (*SPLIT*) E GRUPAMENTO DE AÇÕES (*INPLIT*)

As empresas brasileiras vêm fazendo uso bastante generalizado de elevar seu capital social por incorporação de reservas, sem a emissão de novas ações (efetuam normalmente ajustes no valor nominal das ações, como ilustrado anteriormente). Essa prática, no entanto, pode introduzir em várias empresas restrições nas negociações de suas ações no mercado, principalmente em razão da elevada cotação que podem atingir e da reduzida quantidade física em circulação (baixa liquidez).

Como modo de solucionar esses possíveis problemas, as empresas podem optar pela prática do *desdobramento de suas ações* por meio de uma redução equivalente no valor nominal, conhecida também por *split*.

> O *split* (desdobramento) é a elevação da quantidade de ações em circulação pelo desdobramento de uma ação em duas ou mais. Da mesma maneira que na bonificação, o *split* não implica em qualquer alteração no valor da empresa.

EXEMPLO ILUSTRATIVO

Suponha que uma empresa tenha suas ações negociadas em bolsas de valores a uma cotação média de $ 84,00 cada uma, e que seu valor nominal seja de $ 60,00 por ação.

Diante desses valores elevados para os padrões médios da época, a empresa constata dificuldades em melhorar a liquidez de seus papéis no mercado, e observa ainda que a maioria de suas ações encontra-se em poder de investidores institucionais (fundos de pensão, seguradoras etc.).

A solução empregada pode ser o uso do *split*, com o desmembramento de cada ação em 60 ações de valor nominal de $ 1 cada uma. Em outras palavras, são distribuídas 60 novas ações para cada ação antiga possuída. Com essa medida, a quantidade de ações negociadas diariamente eleva-se muito e seu preço de mercado sofre uma redução paralela, de modo que se atraia psicologicamente um número cada vez maior de investidores.

O preço de mercado da ação após o *split* deve fixar-se em $ 1,40 ($ 84,00/60 ações), mantendo inalterado o patrimônio dos acionistas.

Por exemplo, um acionista que possuía 10.000 ações antes do *split* apresentava um patrimônio de $ 840.000,00 (10.000 ações de $ 84,00).

Após o *split*, sua carteira de ações eleva-se para 600.000 ações, e seu patrimônio é calculado no mesmo montante, ou seja:

(10.000 ações × 60 × $ 1,40) = $ 840.000,00

Intuitivamente, pode-se estabelecer a seguinte identidade de cálculo do preço de equilíbrio (teórico) de uma ação após a prática do *split*:

$$P_E = \frac{P_M}{n}$$

em que:

P_E = preço teórico de mercado (ou preço de equilíbrio) ao qual a ação deve ajustar-se após a prática do *split*;

P_M = preço de mercado da ação antes da prática do *split*;

n = número de ações em que cada ação é desdobrada.

Split × Bonificação: o *split* não deve ser confundido com bonificação em ações. Apesar de as duas práticas não alterarem o patrimônio líquido total da empresa, a *bonificação* é fruto de um aumento de capital por incorporação de reservas, e o *desdobramento* é um modo de reduzir o preço de mercado das ações mediante alterações em seu valor nominal e na quantidade física emitida. Conforme foi demonstrado na ilustração anterior, o principal objetivo do uso do *split* é melhorar os índices de liquidez de uma ação para torná-la acessível a uma faixa maior de investidores.

A bonificação e o *split* são recursos usados normalmente sem nenhuma razão técnica mais rigorosa, baseando-se muito mais em um comportamento irracional do mercado (principalmente o *split*). Este às vezes acredita que, tendo mais papel em mãos, tem mais riqueza, e por isso pode tender a dar preferência às ações de empresas que costumam aumentar dessa forma o número de ações em circulação.

É coerente afirmar que um aumento na quantidade de ações (por bonificação ou *split*) não eleva o lucro da empresa, não diminui suas despesas (ao contrário, as aumenta), não altera sua capacidade futura de geração de lucros, não muda o fluxo de caixa da empresa etc. Na verdade, esperar uma valorização na cotação de uma ação como fruto desses mecanismos é puro irrealismo, a não ser pela eventual influência de maior dividendo no caso de bonificação de ação preferencial com dividendo mínimo ou fixo.

Grupamento de Ações

O grupamento de ações (*inplit*) age em sentido inverso ao *split*, e também não deve de *per si* exercer influência sobre o preço de mercado da ação. O patrimônio da empresa não se altera, e o mercado não deve, em uma atitude mais racional, incorporar um simples indicador do volume físico em suas expectativas acerca do valor intrínseco da ação.

O *grupamento de ações* promove a redução da quantidade de ações de uma empresa. Por exemplo, ao decidir por um *inplit* de um por quatro, a empresa revela que trocará quatro ações antigas por uma nova ação.

APLICAÇÃO PRÁTICA
Estácio aprova desdobramento de ações

Proporção será de três novas ações para cada papel já existente.

A Estácio Participações informou nesta terça-feira (21/5) que, em Assembleia Geral Extraordinária realizada hoje, foi aprovado o desdobramento das ações, na razão de uma ação atualmente existente em três ações da mesma classe e espécie.

Com a operação, o capital social da Estácio passará a ser dividido em 293.698.314 ações ordinárias.

"O Desdobramento não implica em alteração da expressão monetária do capital social, não havendo, portanto, alteração do montante financeiro e da participação do acionista no capital da Companhia", esclarece a companhia, em comunicado.

A data-base do desdobramento será nesta terça-feira.

A instituição financeira prestadora dos serviços de ações escriturais da Estácio, a Itaú Corretora de Valores, tomará as providências para realizar automaticamente o crédito das novas ações na conta dos acionistas, em 27 de maio de 2013.

"O Desdobramento visa o reposicionamento do preço do lote mínimo de negociação das ações de emissão da Estácio no mercado, para tornar as ações mais acessíveis a investidores e possibilitar o aumento do volume de negócios das ações da Companhia", explica a companhia.

Fonte: **Brasil Econômico**, 21 maio 2013.

22.8 JUROS SOBRE CAPITAL PRÓPRIO (JSCP) NA LEGISLAÇÃO BRASILEIRA

Essa remuneração, criada pela Lei nº 9.249/95, veio substituir a correção monetária dos balanços no Brasil. Com a extinção do mecanismo de indexação de demonstrações financeiras, houve repercussões sobre as empresas, principalmente de natureza tributária. A extinção da correção monetária provocou, para muitas empresas mais capitalizadas, um aumento de suas despesas de tributação.

Para atenuar essa elevação da carga tributária das empresas, foi criada em lei a figura dos *juros sobre o capital próprio*, podendo ser utilizados como despesa dedutível para efeitos de cálculo do Imposto de Renda a pagar.

Cálculo dos JSCP: para o cálculo dos JSCP, segundo a legislação vigente, é aplicada a taxa de juros de longo prazo (TJLP) sobre o patrimônio líquido da empresa, e seu valor total máximo não poderá exceder 50% entre o maior dos seguintes valores:

a) lucro líquido antes do IR do exercício, e calculado antes dos referidos juros;

b) lucros acumulados de exercícios anteriores.

> A taxa de juros de longo prazo (TJLP) é uma taxa de juros oficial utilizada no Brasil e aplicada em diversas operações a longo prazo, principalmente em financiamentos realizados pelo BNDES. É divulgada pelo Banco Central.

APLICAÇÃO PRÁTICA
Mundial aprova grupamento de ações

A proporção será de 120 para 1.

A Mundial informou que, em assembleia geral extraordinária realizada nesta sexta-feira (22/3), foi aprovada a proposta do Conselho de Administração para o grupamento da totalidade das ações representativas do capital social da companhia.

O grupamento será efetuado na proporção de 120 para 1. Com isso, o capital social da Mundial passará a ser distribuído em 2.480.260 ações ordinárias.

O objetivo da companhia com a operação é adequar a faixa de preços das ações (encerraram hoje com queda de 9,09%, a R$ 0,10), reduzir custos operacionais para a companhia e seus acionistas, alinhar o valor por ação da companhia aos parâmetros negociados em bolsas de valores, e atender orientação da BM&FBovespa.

Entre 25 de março e 3 de maio, os acionistas detentores de ações em número que não seja múltiplo de 120, ou que detenham menos de 120 ações, poderão ajustar suas respectivas posições via mercado.

Após o prazo, as eventuais frações de ações resultantes do grupamento serão reunidas em números inteiros e vendidas em leilão na BM&FBovespa.

Fonte: Brasil Econômico, 22 mar. 2013.

Na definição do valor do patrimônio líquido para cálculo dessa remuneração não deve, ainda, ser incluído o saldo da conta de reservas de reavaliação.

Tributação: pela legislação fiscal vigente, o valor desses juros é deduzido do resultado do exercício da empresa, e dedutível, por conseguinte, para cálculo do Imposto de Renda. No entanto, o beneficiário dos JSCP (acionista pago ou creditado) fica sujeito ao Imposto de Renda retido na fonte (IRRF) pela alíquota atual de 15%.

JSCP como Dividendos: a apuração desse juro sobre o capital próprio é opção de cada empresa, não se constituindo em uma obrigação. Quando calculada e paga aos acionistas, essa remuneração é entendida como se fosse dividendo para efeitos de cálculo do *dividendo mínimo obrigatório* previsto na Lei das Sociedades por Ações. Em outras palavras, os juros sobre o capital próprio pago aos acionistas são descontados do montante de dividendos obrigatório devido pelas Sociedades por Ações.

Por orientação da CVM, os juros, quando descontados do resultado do exercício, devem ser estornados para fins de publicação do Demonstrativo de Resultados.

22.8.1 Cálculo dos juros sobre o capital próprio (JSCP)

Para *ilustrar* a determinação dessa remuneração, admita os seguintes balanços de uma companhia apurados ao final dos exercícios 6 e 7, e demonstrados no Quadro 22.1. O demonstrativo de resultados do exercício findo em 31-12-2007 é apresentado no Quadro 22.2.

Como ficou demonstrado, o montante dos juros sobre o capital próprio não pode exceder os 50% do lucro antes do Imposto de Renda do exercício, ou os 50% dos lucros acumulados da companhia, dos dois o de maior valor.

APLICAÇÃO PRÁTICA
Pagamento de Dividendo Trimestral

Carta enviada aos acionistas

Prezado(a) Sr(a).

Comunicamos aos Senhores Acionistas que, em conformidade com a sistemática de pagamento de proventos trimestrais estabelecida em 10.11.2008, a ITAÚSA pagará aos acionistas, em 01.07.2013, dividendo trimestral por conta do dividendo obrigatório do exercício de 2013, conforme segue:

Valor

– os proventos serão pagos sob a forma de DIVIDENDOS no valor de R$ 0,015 por ação, sem retenção de imposto de renda na fonte;

Base de Cálculo (art. 205 da Lei nº 6.404/76)

– os proventos terão como base de cálculo a posição acionária final de 31.05.2013, que já considera a bonificação de 10% em ações aprovada na Assembleia de 30.04.2013;

Forma de pagamento

– para os acionistas registrados nos livros da empresa e com dados cadastrais e bancários atualizados, o pagamento será efetuado mediante crédito nas contas por eles indicadas;

– para os acionistas registrados na Central Depositária da BM&FBovespa, o pagamento será efetuado diretamente à referida instituição, que os repassará aos acionistas titulares por intermédio de seus agentes de custódia.

Os acionistas com dados cadastrais ou bancários desatualizados deverão:

– se acionistas registrados nos livros da empresa: apresentar-se na agência do Itaú de sua preferência;

– se acionistas registrados na BM&FBovespa: procurar a corretora onde mantêm sua posição em custódia.

São Paulo (SP), 31 de maio de 2013.

ITAÚSA – INVESTIMENTOS ITAÚ S.A.

HENRI PENCHAS
Diretor de Relações com Investidores

Quadro 22.1 Balanço patrimonial.

Ativo ($ mil)			Passivo e patrimônio líquido ($ mil)		
	31-12-06	31-12-07		31-12-06	31-12-07
Ativo Circulante	44.000,00	42.000,00	Passivo Exigível	32.000,00	32.000,00
Ativo Permanente	104.000,00	114.000,00	Patrimônio Líquido	116.000,00	124.000,00
			Capital	96.000,00	96.000,00
			Lucros Acumulados	20.000,00	28.000,00
TOTAL	148.000,00	156.000,00	TOTAL	148.000,00	156.000,00

Quadro 22.2 Demonstração de resultados em 31-12-2007.

Demonstrativo de resultados ($ mil)	
	31-12-2007
Receitas Operacionais	255.000,00
Despesas Desembolsáveis	(215.000,00)
Despesas de Depreciação	(15.000,00)
Lucro Antes dos Juros s/ o Capital Próprio	**25.000,00**
Juros sobre o Capital Próprio	(12.500,00)
Provisão para IR e CS	(4.250,00)
Lucro Antes da Reversão dos Juros	**8.250,00**
Reversão de Juros s/ o Capital Próprio	12.500,00
Lucro Líquido do Exercício	**20.750,00**

Presumindo em 6,25% a taxa de juros de longo prazo (TJLP) do exercício 07, têm-se os seguintes resultados (em $ 000):

- Taxa de Juros de Longo Prazo = TJLP (%) × Patrimônio Líquido ($)

  Taxa de Juros de Longo Prazo = 6,25% × $ 116.000,00 = $ 7.250,00

- 50% × Lucro Antes de Juros s/ Capital Próprio = 50% × $ 25.000,00

  50% × Lucro Antes de Juros s/ Capital Próprio = $ 12.500,00

- 50% s/ Lucros Acumulados = 50% × $ 20.000,00 = $ 10.000,00

O limite para os juros sobre o capital próprio é de $ 12.500,00, definido pelo *maior valor* entre as duas alternativas de cálculo. Para efeitos de tributação do lucro, adotou-se a alíquota de 34% sobre o total do resultado tributável do exercício.

Conforme comentado, a decisão de distribuir esses JSCP ao final de cada exercício social determina, ainda, a incidência de Imposto de Renda na Fonte (IRRF) a ser descontado dos acionistas beneficiários. Atualmente, a alíquota desse imposto é de 15% sobre o valor pago dos juros. Com isso, a carga tributária total do lucro gerado pela empresa para o exercício social encerrado em 31-12-2007 atinge:

IR e CSLL	= $ 4.250,00
Imposto na Fonte s/ TJLP: 15% × $ 12.500,00	= $ 1.875,00
Carga Tributária Total	**= $ 6.125,00**

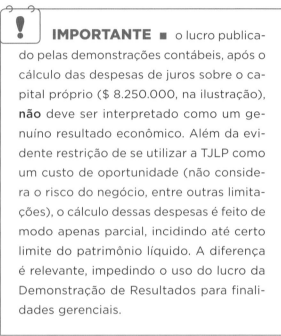

IMPORTANTE ■ o lucro publicado pelas demonstrações contábeis, após o cálculo das despesas de juros sobre o capital próprio ($ 8.250.000, na ilustração), **não** deve ser interpretado como um genuíno resultado econômico. Além da evidente restrição de se utilizar a TJLP como um custo de oportunidade (não considera o risco do negócio, entre outras limitações), o cálculo dessas despesas é feito de modo apenas parcial, incidindo até certo limite do patrimônio líquido. A diferença é relevante, impedindo o uso do lucro da Demonstração de Resultados para finalidades gerenciais.

Comparação Dividendos e JSCP: comparando-se os dividendos da empresa *com* e *sem* juros sobre o capital próprio, tem-se a seguinte remuneração para os acionistas:

Rendimentos dos acionistas		
	Sem TJLP	Com TJLP
Distribuição de juros s/ o capital próprio	–	$ 12.500,00
Imposto de Renda na Fonte (IRRF = 15%)		($ 1.875,00)
Dividendos s/ lucros	$ 15.700,00	$ 8.250,00
Dividendos Totais:	**$ 15.700,00**	**$ 18.875,00**

Pelos valores da ilustração, conclui-se que os dividendos totais distribuídos aos acionistas com o uso da TJLP ($ 18.875,00) são 20,22% superiores aos rendimentos tradicionais ($ 15.700,00), apurados a partir dos lucros.

APLICAÇÃO PRÁTICA
Indicadores do Mercado Brasileiro

As ações de cada empresa foram selecionadas como a de maior volume negociado (maior liquidez) no último mês de cada ano segundo o critério da Economática.

Valores médios e desvio-padrão dos dividendos por ação (DPA) – Brasil em R$

	2000	2001	2002	2003	2004	2005	2006	2007
DPA	R$ 2,86	R$ 0,65	R$ 4,81	R$ 0,52	R$ 1,17	R$ 1,59	R$ 1,18	R$ 1,24
Desvio-padrão	R$ 53,73	R$ 4,71	R$ 65,79	R$ 5,10	R$ 16,89	R$ 15,91	R$ 12,90	R$ 9,50

	2008	2009	2010	2011	2012	2013	2014	2015
DPA	R$ 0,74	R$ 0,68	R$ 1,44	R$ 1,38	R$ 1,35	R$ 1,45	R$ 1,87	R$ 0,58
Desvio-padrão	R$ 1,58	R$ 1,33	R$ 4,80	R$ 4,66	R$ 7,09	R$ 7,30	R$ 16,61	R$ 1,20

	2016	2017	2018	2019	2020	2021	2022	2023
DPA	R$ 0,55	R$ 0,63	R$ 0,87	R$ 1,24	R$ 0,70	R$ 1,36	R$ 1,24	R$ 0,76
Desvio-padrão	R$ 1,52	R$ 1,45	R$ 2,26	R$ 5,49	R$ 2,51	R$ 3,52	R$ 3,49	R$ 1,30

Valores médios e desvio-padrão dos dividendos por ação (DPA) – EUA em US$

	2000	2001	2002	2003	2004	2005	2006	2007
DPA	$ 0,37	$ 0,36	$ 0,36	$ 0,38	$ 0,42	$ 0,45	$ 0,52	$ 0,46
Desvio-padrão	$ 0,58	$ 0,58	$ 0,59	$ 0,64	$ 0,73	$ 0,75	$ 1,09	$ 1,00

	2008	2009	2010	2011	2012	2013	2014	2015
DPA	$ 0,83	$ 0,66	$ 0,65	$ 0,73	$ 0,72	$ 0,65	$ 0,74	$ 1,00
Desvio-padrão	$ 0,90	$ 0,96	$ 0,66	$ 0,76	$ 1,38	$ 1,14	$ 1,29	$ 10,77

	2016	2017	2018	2019	2020	2021	2022	2023
DPA	$ 0,89	$ 0,88	$ 0,94	$ 1,00	$ 0,88	$ 1,00	$ 0,82	$ 0,72
Desvio-padrão	$ 4,33	$ 2,06	$ 2,56	$ 3,02	$ 3,67	$ 7,45	$ 4,65	$ 1,03

Fonte: Economática – Acesso em: jan. 2024.

Resumo

1. Definir os aspectos básicos e essenciais da teoria de dividendos.

A definição de uma política de dividendos envolve basicamente uma decisão sobre o lucro líquido de uma empresa: *retê-lo*, visando ao reinvestimento em sua própria atividade; ou *distribuí-lo*, sob a forma de dividendos em dinheiro aos acionistas.

Na verdade, o que se procura definir mais adequadamente é a porcentagem do lucro líquido a ser distribuída aos acionistas, isto é, o índice de *payout* de uma empresa. Evidentemente, quanto maior for esse índice, menor será a proporção de recursos próprios, provenientes de decisões de retenção de lucros, utilizada pela empresa em sua atividade. Baixos índices de *payout* (ou nulos) atribuem normalmente elevada importância à opção de reter lucros como fonte de financiamento de uma empresa.

Uma *política de dividendos* deve ser traçada, em última análise, visando à maximização da riqueza (patrimônio) dos acionistas de uma empresa. É estabelecido teoricamente que a decisão de reter lucros deve ser tomada somente quando as oportunidades de investimentos nos negócios da empresa forem economicamente mais atraentes do que aquelas dispostas alternativamente aos acionistas. Caso contrário, os resultados retidos pela empresa serão considerados ociosos, e devem ser distribuídos aos acionistas. Na verdade, vários outros importantes aspectos podem exercer influências sobre a política de dividendos de uma empresa, fazendo com que surjam tendências de maior ou menor retenção de lucros. Os principais aspectos são analisados a partir da seção seguinte.

2. Explicar o significado e uso da bonificação, do *split*, do reagrupamento, e a determinação do preço de equilíbrio da ação.

A *bonificação* é representada normalmente pela distribuição de novas ações aos atuais proprietários (acionistas) de uma empresa. Essas ações são emitidas na incorporação, autorizada pela assembleia de acionistas, de reservas ao capital social da empresa. A participação do acionista mantém-se inalterada em termos relativos, podendo ele dispor, no entanto, de um volume físico maior de ações em sua carteira.

As empresas brasileiras vêm fazendo uso bastante generalizado de elevar seu capital social por incorporação de reservas, sem a emissão de novas ações (efetuam normalmente ajustes no valor nominal das ações).

As empresas podem optar também pela prática do *desdobramento* de suas ações por meio de uma redução equivalente no valor nominal, conhecida também por *split*.

Importante: o *split* não deve ser confundido com bonificação em ações. Apesar de as duas práticas não alterarem o patrimônio líquido total da empresa, a bonificação é fruto de um aumento de capital por incorporação de reservas, e o desdobramento é uma maneira de reduzir o preço de mercado das ações mediante alterações em seu valor nominal e na quantidade física emitida.

O principal objetivo do uso do *split* é melhorar os índices de liquidez de uma ação para torná-la acessível a uma faixa maior de investidores.

O *split* pode ocorrer também com ações sem valor nominal. Nesse caso, quando o preço de mercado de uma ação assumir um valor que traga dificuldades em sua negociação, a empresa poderá ampliar o volume físico emitido de suas ações. Essa decisão pode ocorrer, na prática, de duas maneiras: ou distribuindo determinada quantidade de ações para cada uma possuída, ou recolhendo as ações antigas para "carimbo" do novo número de ações emitidas.

O grupamento de ações (ou *inplit*) é um procedimento inverso ao *split*, atuando de modo a reduzir o número de ações da empresa. O *inplit* também não deve de *per si* exercer influência sobre o preço de mercado da ação, ou promover qualquer modificação sobre o capital social da empresa. Fundamentalmente, a empresa mantém-se inalterada no que concerne à sua estrutura básica de funcionamento, e o mercado não deve, em uma atitude mais racional, incorporar um simples indicador do volume físico em suas expectativas acerca do valor intrínseco da ação.

3. Definir a utilização de juros sobre capital próprio no Brasil.

Os juros sobre o capital próprio possuem certos privilégios fiscais: por essa figura, as empresas poderão reduzir de seu lucro real (tributável) os juros a título de remuneração do capital de seus acionistas, promovendo uma economia de Imposto de Renda.

Para o cálculo do JSCP, segundo a legislação vigente, é aplicada a taxa de juros de longo prazo (TJLP) sobre o patrimônio líquido da empresa, e seu valor total máximo não poderá exceder 50% entre o maior dos seguintes valores: lucro líquido antes do IR do exercício, e calculado antes dos referidos juros e lucros acumulados de exercícios anteriores.

Na definição do valor do patrimônio líquido para cálculo dessa remuneração não deve, ainda, ser incluído o saldo da conta de reservas de reavaliação. Pela legislação fiscal vigente, o valor desses juros é deduzido do resultado do exercício, e dedutível, por conseguinte, para cálculo do imposto de renda. A apuração desse juro sobre o capital próprio é opção de cada empresa, não se constituindo em uma obrigação.

Quando calculada e paga aos acionistas, essa remuneração é entendida como se fosse dividendo para efeitos de cálculo do dividendo mínimo obrigatório previsto na Lei das Sociedades por Ações. Em outras palavras, os juros sobre o capital próprio pago aos acionistas são descontados do montante de dividendos obrigatório devido pelas Sociedades por Ações.

TESTES DE VERIFICAÇÃO

1. As ações representam uma fração do capital social de uma sociedade. A ação é considerada um título de renda variável que está vinculado aos lucros auferidos pela empresa emissora. Assinale a alternativa incorreta em relação às decisões de dividendos:

   a) No exercício social, parte dos resultados líquidos é distribuída sob a forma de dividendos, ou seja, a empresa paga parcela de seus lucros aos acionistas.

   b) Dividendos é um modo de remunerar os acionistas. Outra forma de remuneração dos acionistas é o pagamento de juros calculados sobre o capital próprio. O pagamento de juros calculados sobre o capital próprio não proporciona nenhuma vantagem fiscal à empresa.

   c) Os subscritores de capital podem beneficiar-se das valorizações de suas ações no mercado, sendo que este ganho dependerá da conjuntura do mercado e do desempenho econômico-financeiro da empresa e da quantidade de ações.

   d) O direito de subscrição permite a todo acionista subscrever, na proporção das ações possuídas, todo o aumento de capital; no entanto, esse direito de subscrição pode ser negociado no mercado pelo investidor quando o preço de mercado apresentar-se valorizado em relação ao preço subscrito.

   e) Bonificação é a emissão e distribuição gratuita aos acionistas, quando uma sociedade decide elevar seu capital social, em quantidade proporcional à participação de capital. O capital social é elevado em função da incorporação de reservas patrimoniais.

2. Classificando as sentenças a seguir como verdadeiras (V) ou falsas (F), pode-se dizer que a sequência correta é:

   I – A distribuição de dividendos leva em consideração se o retorno gerado pela empresa é superior ao custo do oportunidade do acionista.

   II – Os dividendos extraordinários são relativos a lucros obtidos no passado, ou então por conta de lucros obtidos durante o próprio exercício social. Podem, às vezes, ser chamados de bonificações.

   III – Os juros sobre o capital próprio representam uma alternativa de remunerar os acionistas em relação aos dividendos e se diferenciam por serem limitados a TJLP e são considerados despesas dedutíveis, diminuindo o IR a pagar pela empresa.

a) F; V; V.
b) F; F; V.
c) V; F; F.
d) V; V; V.
e) F; F; F.

3. O índice de *payout* revela:
   a) Parcela do lucro líquido pertencente a cada acionista.
   b) Quanto o acionista obteve com relação ao valor pago pela empresa.
   c) A evolução da cotação do preço da ação no mercado.
   d) A relação entre o valor do investimento feito na ação e o seu lucro oferecido.
   e) Porcentagem do lucro paga aos acionistas na forma de dividendos.

4. Sobre os juros sobre o capital próprio (JSCP), é correto afirmar que:
   a) Somente produzem benefícios fiscais aos acionistas e não para a empresa.
   b) Somente são direitos dos debenturistas.
   c) A base de cálculo é o lucro líquido do exercício.
   d) A base de cálculo é o lucro de períodos anteriores que tenham sido retidos pela empresa.
   e) Seu valor total mínimo não poderá exceder 25% entre o maior dos seguintes valores: lucro líquido antes do IR do exercício, e calculado antes dos referidos juros e lucros acumulados de exercícios anteriores.

5. As bonificações sob a forma de ações podem ser entendidas como resultado:
   a) Do aumento dos passivos da empresa.
   b) Do aumento dos lucros da empresa.
   c) Do aumento do capital da empresa pela incorporação de reservas e lucros.
   d) Do aumento do capital da empresa pela compra de outras empresas.
   e) Do aumento da cotação de suas ações em bolsa.

6. Um aumento na quantidade de ações, por bonificação ou *split*, tende a:
   a) Elevar o lucro da empresa.
   b) Reduzir o preço de mercado das ações.
   c) Mudar o fluxo de caixa da empresa.
   d) Aumentar o valor da ação no mercado.
   e) Alterar a capacidade futura de geração de lucros.

Exercícios propostos

1. Admita que uma empresa apresente a seguinte composição acionária:

   Ações Ordinárias (420.000 ações): $ 2.100.000
   Ações Preferenciais Classe A (380.000 ações): $ 1.900.000
   Ações Preferenciais Classe B (200.000 ações): $ 1.000.000

   Sabe-se que os estatutos da companhia fixam um dividendo mínimo sobre o capital referencial de 12% para as ações de classe A e de 8% para as de classe B. O dividendo mínimo obrigatório, conforme definido na legislação vigente e previsto no estatuto da companhia, é de 25% sobre o lucro líquido ajustado. Supondo que a empresa tenha auferido um resultado líquido ajustado para o cálculo dos dividendos de $ 2,0 milhões no exercício social, pede-se:

   a) Apure o volume de dividendos que compete efetivamente a cada participação acionária.
   b) Determine o LPA efetivo de cada capital.

2. Uma empresa apresenta, em determinado momento, a seguinte composição em seu patrimônio líquido:

Capital Social	$ 1.000.000
Ações Ordinárias	($ 400.000)
Ações Preferenciais	($ 600.000)
Reservas	$ 3.000.000
TOTAL	$ 4.000.000

Sabe-se que a empresa possui 48.000 ações ordinárias e 72.000 ações preferenciais emitidas. Diante dessa situação, admita que a assembleia de acionistas da empresa tenha decidido elevar o capital social em 150%, mediante a incorporação de reservas. Demonstre a nova estrutura do patrimônio líquido, após a bonificação, para cada uma das situações descritas a seguir:

a) A bonificação se dará mediante a emissão de novas ações. Sabe-se que o valor nominal de cada ação emitida pela empresa é de $ 2,50.

b) A bonificação se processará mediante alteração no valor nominal das ações, evitando-se, com isso, novas emissões de papéis.

c) As ações não possuem valor nominal.

3. Com relação ao problema anterior, determine o preço teórico de mercado da ação após a distribuição de bonificações. Admitindo ainda que um acionista possua 1.400.000 ações ordinárias e 2.000.000 ações preferenciais, antes da bonificação, demonstre que o seu patrimônio não sofrerá nenhuma alteração se a ação atingir seu preço de equilíbrio (teórico) no mercado. Para tanto, sabe-se que o preço de mercado da ação ordinária antes da bonificação é de $ 3,20/ação e o da ação preferencial, de $ 2,40/ação.

4. Uma empresa constatou que suas ações apresentam valor unitário de mercado muito alto, dificultando a negociação desses papéis entre os investidores. O valor nominal da ação é de $ 5,00/ação, e a direção da empresa deseja realizar um desdobramento (*split*) de uma ação em cinco ações de valor nominal de $ 1,00 cada uma. Determine o preço teórico de equilíbrio de mercado da ação da empresa após a realização do *split*. Essa decisão altera o patrimônio líquido da empresa? Justifique sua resposta.

5. Você foi consultado por uma empresa para ajudar os seus administradores na decisão de pagar juros sobre capital próprio aos sócios. A seguir, são apresentadas as demonstrações contábeis projetadas para o encerramento do exercício, que ocorrerá daqui a 4 meses.

Ativo			Passivo		
	31-12-11	31-12-12		31-12-11	31-12-12
Disponibilidades	2.000	4.200	Fornecedores	20.000	30.000
Contas a Receber	15.000	45.000	Empréstimos CP	35.000	50.000
Estoques	40.000	20.000	Empréstimos LP	30.000	5.000
Máquinas e equipamentos	100.000	125.000	Capital	40.000	40.000
(–) Depreciação Acum	(20.000)	(30.000)	Lucros Acumulados	2.000	19.200
TOTAL	137.000	164.200	TOTAL	137.000	164.200

DRE em 31-12-2012	
Receita de Vendas	280.000
(–) CPV	(200.000)
(=) Lucro Bruto	80.000
(–) Despesas operacionais	(30.000)
(–) Despesas financeiras	(13.000)
(=) Lucro antes do IR/CSLL	37.000
(–) IR (40%)	(14.800)
(=) Lucro Líquido	22.200

a) Caso a empresa faça a opção de pagar os juros sobre o capital próprio, como ficará sua demonstração contábil para fins de publicação aos acionistas, de acordo com as normas da CVM (Comissão de Valores Mobiliários)?

b) Qual será a economia de Imposto de Renda na empresa?

c) Qual será a economia tributária líquida para os sócios?

Observação: A TJLP (Taxa de Juros de Longo Prazo) está prevista em 6,25% no período.

6. Classifique as afirmações a seguir em Verdadeiro (V) ou Falso (F):

   a) ( ) Uma companhia fechada pode simplesmente não distribuir dividendo obrigatório, desde que todos os presentes à assembleia geral ordinária concordem com isso.

   b) ( ) Se a empresa precisar reservar parte de seu lucro devido a alguma contingência, ela poderá decidir não pagar os dividendos aos acionistas preferenciais.

   c) ( ) Quando da bonificação, na hipótese de ações não apresentarem valor nominal, a incorporação de reservas ao capital social não introduz modificação no número de ações existentes.

   d) ( ) Não se emitindo novas ações para bonificação, o lucro por ação e o valor patrimonial da ação sofrerão modificações em seus valores.

LINK DA WEB

https://www.infomoney.com.br/. *Site* com informações básicas sobre o mercado de ações.

SUGESTÃO DE LEITURA

ASSAF NETO, Alexandre. **Finanças corporativas e valor**. 8. ed. São Paulo: Atlas, 2021.

ASSAF NETO, Alexandre; AMBROZINI, M. Augusto; LIMA, F. Guasti. **Dividendos**: teoria e prática. São Paulo: Inside Books, 2007.

RESPOSTAS DOS TESTES DE VERIFICAÇÃO

1. b
2. a
3. e
4. d
5. c
6. b

PRÁTICA DE DIVIDENDOS NO BRASIL

OBJETIVOS DO CAPÍTULO

1. Mostrar como os dividendos são tratados na legislação brasileira.
2. Explicar os aspectos de tributação dos vários modos de distribuição de lucros pelas empresas brasileiras, e ganhos de capital.

A prática de dividendos permitirá conhecer, com maior profundidade, as principais práticas de pagamentos dos rendimentos das ações, conforme adotadas no Brasil, e fundamentais para as decisões financeiras de nossas empresas.

Após ter sido apresentada a discussão teórica a respeito das decisões sobre dividendos, assim como seu impacto para as empresas e acionistas, este capítulo aborda a legislação brasileira e as principais práticas de mercado adotadas em nossa economia.

Como são os Dividendos no Brasil

Para se definir uma política de dividendos adequada, é indispensável que se conheça a legislação brasileira das sociedades por ações, principalmente nos itens que se referem à distribuição de lucros pelas companhias. A prática brasileira prevê certas peculiaridades, como o pagamento de um *dividendo mínimo obrigatório*, definido em lei.

As sociedades por ações brasileiras são regulamentadas, atualmente, pela Lei nº 6.404 de 15 de dezembro de 1976,[1] conhecida como Lei das Sociedades por Ações (S.A.). Esta lei manteve basicamente os mesmos direitos essenciais aos acionistas que o previsto na legislação anterior, o Decreto-lei nº 2.627, de 26 de setembro de 1940.

No entanto, antes de 1976, a legislação brasileira não previa pagamento de dividendo mínimo obrigatório, ficando a cargo da empresa a decisão sobre o montante de lucros a distribuir aos seus acionistas. Já a Lei das Sociedades por Ações trouxe um capítulo específico (Capítulo XVI) sobre lucros, reservas e dividendos, o qual será abordado neste capítulo.

23.1 A LEGISLAÇÃO BRASILEIRA SOBRE DIVIDENDOS

É de se lembrar que, doutrinariamente, a sociedade por ações deve distribuir, em princípio, todo o lucro. A partir desta proposição, o que deve ser justificado aos acionistas é a retenção de parte dos lucros.

No caso das *companhias abertas*, que são as que possuem valores mobiliários, geralmente ações e/ou debêntures, negociados nas bolsas de valores ou no mercado de balcão, há sobre elas, além da legislação societária vigente, também algumas determinações específicas da Comissão de Valores Mobiliários (CVM).

Já as *companhias fechadas* prendem-se apenas a essa lei (e a seus estatutos, conforme se verá a seguir). Para as demais sociedades (limitadas, por exemplo), praticamente não há disposição legal sobre esse assunto, a não ser no caso das firmas individuais, em que se considera sempre que o lucro é totalmente distribuído em cada exercício.

A legislação societária no Brasil diz que as ações preferenciais podem ter direito à preferência a um dividendo *mínimo* ou a um *dividendo fixo*, que podem ser cumulativos ou não.

> Dividendos cumulativos são os que, se não pagos em um exercício por falta de lucro, acumulam-se para pagamento futuro assim que houver resultado positivo suficiente. Os dividendos não cumulativos somente são pagos nos exercícios em que há resultado suficiente.

Dividendo preferencial fixo é uma figura difícil de ser encontrada na prática nas companhias brasileiras. Em outros países, ao contrário, esse tipo de dividendo é muito usual. Esse dividendo implica que o acionista preferencial não tem direito a participar nos lucros remanescentes após o pagamento desse dividendo fixo. É como se fosse um tipo de juro.

Dividendo preferencial mínimo, forma já extremamente disseminada no Brasil, é um valor que pode, a critério da empresa, ser aumentado em cada ano. Enquanto o dividendo fixo seria normalmente definido em unidades monetárias por ação, automaticamente corrigível a cada ano, o mínimo pode ou não ser determinado nesses valores. Pode ser fixado com base em um percentual sobre o valor nominal da ação, ou sobre o valor total do capital preferencial.

Assim, existe o caso de empresa que determina como dividendo preferencial mínimo determinado valor ($) por ação. Ou outra que reza ser ele um percentual do valor nominal da ação preferencial. Ou ainda "X%", no seu valor total (a ser distribuído para cada acionista na proporção em que cada um participar nesse capital), do valor monetário do capital social preferencial. Nesses casos, o correto seria que a incidência fosse sobre o valor corrigido para a data do balanço.

---

[1] Com alterações de alguns dispositivos pela Lei nº 9.249, de 26 de setembro de 1995, Lei nº 9.457, de 5 de maio de 1997, Lei nº 10.303, de 2001, que altera dispositivos da Lei nº 6.404/76 e Lei nº 11.638/07.

Uma companhia pode distribuir dividendos tendo por base de cálculo o:

- lucro líquido ajustado;
- percentual do capital social;
- valor fixo por ação;
- outros critérios previstos no estatuto social.

A definição de qual é o dividendo preferencial, se fixo, mínimo, máximo ou o percentual e outras condições (cumulativo ou não), é dada pelo estatuto social da companhia. É bastante comum, no Brasil, a figura do dividendo preferencial mínimo.

Iudícibus, Martins e Gelbcke[2] sugerem uma maneira didática bastante interessante para se classificar as categorias dos dividendos:

Quanto à prioridade:
- dividendo prioritário;
- dividendo não prioritário;

Quanto ao direito ao seu recebimento:
- dividendo cumulativo;
- dividendo não cumulativo;

Quanto à forma de distribuição:
- dividendo mínimo;
- dividendo fixo;
- dividendo obrigatório.

Preferências Previstas na Legislação societária aos acionistas preferencialistas

De acordo com o artigo 17 da Lei das Sociedades por Ações, as preferências ou vantagens são:

a) prioridade na distribuição de dividendo, fixo ou mínimo;

b) prioridade no reembolso do capital, com prêmio ou sem ele. Essa preferência refere-se à devolução do capital em caso de dissolução da empresa;

c) na acumulação das preferências e vantagens descritas anteriormente.

Pagamento do Dividendo Preferencial

Deve-se salientar que a legislação societária determina que o pagamento do dividendo preferencial, fixo ou mínimo, é de uma exigibilidade violenta, desde que exista lucro. Somente a constituição da Reserva Legal pode impedir o pagamento. Jamais outras reservas, quer estatutárias, quer de lucros a realizar, para contingências ou para expansão, podem ser criadas em detrimento desses dividendos preferenciais. Essa exigibilidade mantém-se mesmo que o lucro do exercício seja formado com ou sem a consequente disponibilidade de caixa.

Pela atual legislação, a quantidade de ações preferenciais sem direito a voto não pode ultrapassar 50% do total das ações emitidas pela companhia.

Dividendo prioritário confere ao titular da ação direito sobre os demais acionistas de participação nos resultados na empresa. Não havendo lucros suficientes para a distribuição dos dividendos a todos os acionistas, os prioritários terão, evidentemente, preferência sobre os demais. De modo geral, os acionistas preferenciais têm o direito de receberem dividendos prioritários.

Dividendo Mínimo Obrigatório

A lei das Sociedades por Ações traz uma figura no contexto que não se confunde com o dividendo preferencial: trata-se do dividendo mínimo obrigatório que se caracteriza como válido para *todos os acionistas*, ou seja, estende-se aos ordinários.

Quem determina o quanto é o mínimo obrigatório?

A Lei das Sociedades por Ações determina que o estatuto da própria sociedade por ações é quem estabelece qual a parcela do lucro que se converte em dividendo obrigatório. E diz que pode ser ele

---

[2] IUDÍCIBUS, Sérgio de; MARTINS, Eliseu; GELBCKE, Rubens. **Manual de contabilidade das Sociedades por Ações.** 7. ed. São Paulo: Fipecafi/Atlas, 2007. p. 330.

estabelecido pelo estatuto como porcentagem do próprio lucro, ou do capital social, "ou fixar outros critérios para determiná-lo, desde que sejam regulados com precisão e minúcia e não sujeitem os acionistas minoritários ao arbítrio dos órgãos de administração ou da maioria".

Essa mesma lei determina que *apenas se o estatuto for omisso* (ou se ele não atender à precisão e minúcia dispostas na legislação) é que fica determinada a fórmula: metade do lucro líquido do exercício, após os seguintes ajustes:

- *menos* a importância destinada à reserva legal;

- *menos* a destinada às reservas para contingências;

- *menos* a destinada à reserva de lucros a realizar;

- *mais* a importância revertida de reservas para contingências para lucros ou prejuízos acumulados; e

- *mais* a importância também revertida de reservas de lucros a realizar para lucros ou prejuízos acumulados.

Por uma pressão da legislação sobre as sociedades anônimas (expressão sinônima a companhias ou sociedades por ações) que existiam à época em que essa lei foi introduzida, uma boa parte delas, hoje, tem em seu estatuto social que o dividendo mínimo obrigatório é de 25% do lucro líquido ajustado, ou seja, metade do que seria no caso das empresas com estatuto omisso.

Se o estatuto da companhia for omisso com relação à distribuição de dividendos e a assembleia de acionistas decidir disciplinar norma sobre a matéria, o dividendo obrigatório não poderá ser inferior a 25% do lucro líquido ajustado.

Se o estatuto da empresa determinar que o dividendo obrigatório é de "25% de lucro líquido do exercício", e não falar em "ajustado", prevalece como dividendo obrigatório esse percentual sobre o lucro líquido do exercício (via demonstração do resultado), sem que seja possível efetuar algum ajustamento.

> Os acionistas preferenciais adquirem direito de voto em assembleias caso a empresa, em prazo de tempo previsto em seu estatuto social, e não superior a 3 anos, não distribuir dividendos a que tenham direito.

Quando o dividendo obrigatório não é obrigatório

Se por um lado a legislação instituiu a obrigatoriedade de um mínimo de dividendo em cada exercício social às sociedades por ações, por outro, a fim de não liquidá-las em nome desse dividendo, criou várias "válvulas". Uma delas é a figura do próprio ajuste comentado, quando se pode postergar o pagamento desse dividendo, quando há lucros financeiramente por realizar ou quando há expectativas de perdas futuras (que podem originar as reservas para contingências). As outras são:

Uma *companhia fechada* pode simplesmente não distribuir o dividendo obrigatório, ou distribuir um valor inferior ao mínimo previsto em seu estatuto, desde que *todos os acionistas presentes* à assembleia geral ordinária concordem com isso. E, nesse caso, o acionista ausente não poderá reclamar sua parcela. Um só que não concorde e todo o dividendo mínimo terá de ser colocado à disposição de todos os acionistas.

Em uma companhia, *aberta ou fechada*, pode deixar de ser obrigatório o dividendo, caso os órgãos da administração (diretoria e conselho de administração, se houver) informem à assembleia geral ordinária que ele (o dividendo mínimo) é "*incompatível com a situação financeira* da companhia". Nesse caso, entre outras formalidades, exige-se que esse dividendo seja retido em conta especial para pagamento quando a situação financeira da companhia o permitir, caso não seja absorvido por prejuízos em exercícios futuros. Veja-se que na hipótese anterior (parágrafo anterior) o dividendo simplesmente não é pago e não precisa sê-lo no futuro, e que nesta há uma postergação.

IMPORTANTE ■ reitere-se aqui que essa figura do dividendo obrigatório mínimo, que vale para todos os acionistas, basicamente os ordinários, não pode implicar o não pagamento dos dividendos preferenciais.	**23.2 ILUSTRAÇÃO PRÁTICA DE PAGAMENTO DE DIVIDENDOS** Admita que uma empresa possua um capital no valor de $ 1.000.000 e 50.000 ações no mercado com a seguinte divisão:

Quantidade de ações	Tipo de ação	Valor do capital	Dividendo mínimo
10.000	Preferencial A	$ 200.000	10%
15.000	Preferencial B	$ 300.000	15%
25.000	Ordinária	$ 500.000	Não estabelecido
50.000		**$ 1.000.000**	

O resultado apurado pela empresa ao final do exercício social foi o seguinte:

LUCRO LÍQUIDO DO EXERCÍCIO:	$ 2.500.000
Reserva Legal:	$ 125.000
Reserva Estatutária:	$ 25.000
Reserva para Contingência:	$ 50.000
(–) Transferência para Reservas:	$ 200.000
LUCRO A SER DISTRIBUÍDO:	**$ 2.300.000**

O cálculo do dividendo a ser distribuído seria o seguinte:

Tipo de ação	Valor capital	Dividendo mínimo	Valor do dividendo	Quantidade de ações	Dividendo por ação
Pref. A	$ 200.000	10%	$ 20.000	10.000	$ 2,00
Pref. B	$ 300.000	15%	$ 45.000	15.000	$ 3,00

No entanto, sabendo que o dividendo mínimo obrigatório por lei é de 25% do lucro líquido, o cálculo dos dividendos a serem pagos seria o seguinte:

DIVIDENDOS = 25% × $ 2.300.000
= $ 575.000

Portanto, 25% do lucro ajustado para pagamento de dividendos atingem $ 575.000. Porém, esse valor deveria ser distribuído para o total das ações da companhia da maneira seguinte:

Tipo de ação	Quantidade de ações	Porcentagem do capital	Valor do dividendo
Preferencial A	10.000	20%	$ 115.000
Preferencial B	15.000	30%	$ 172.500
Ordinárias	25.000	50%	$ 287.500
	50.000		**$ 575.000**

Como os 25% do lucro a ser distribuído é superior ao dividendo calculado com base na proporção de ações no capital social da empresa, prevalece o pagamento de $ 115.000 para as ações preferenciais A, $ 172.500 para as preferenciais B, e $ 287.500 para as ordinárias.

Vale ressaltar, uma vez mais, que a constituição de reservas não pode impedir o pagamento dos dividendos aos acionistas preferenciais. Os acionistas ordinários até poderiam ter o direito de recebimento de dividendos postergados, mas os titulares de ações preferenciais, não.

No caso de companhias de capital fechado, o dividendo obrigatório pode deixar de ser pago quando todos os acionistas presentes na Assembleia Geral Ordinária concordarem com isso. No entanto, se apenas um acionista exigir o recebimento de dividendos, a empresa deve assim proceder.

23.3 ILUSTRAÇÃO PRÁTICA DE DIVIDENDOS × LUCRO REALIZADO

Admita, para ilustração, os seguintes dados de uma companhia:

- Lucro líquido do exercício: $ 500.000

- Lucro a Realizar (não realizado financeiramente) computado no cálculo do resultado do exercício:

Receita de Equivalência Patrimonial	$ 190.000
Resultado de alienação de ativo fixo com realização a longo prazo	$ 50.000
TOTAL	*$ 240.000*

- O resultado líquido do exercício tem a seguinte destinação prevista:

5% para constituição de Reserva Legal

Dividendo mínimo obrigatório igual a 25% do lucro líquido ajustado

São calculados a seguir:

a) Base de Cálculo do Dividendo Mínimo Obrigatório

Lucro Líquido do Exercício	$ 500.000
Reserva legal (5%)	($ 25.000)
LUCRO LÍQUIDO AJUSTADO PARA DIVIDENDOS	*$ 475.000*
DIVIDENDO MÍNIMO OBRIGATÓRIO (25%)	*$ 118.750*

b) Valor do Dividendo Distribuído

Lucro Líquido do Exercício	$ 500.000
Lucro a Realizar	($ 240.000)
LUCRO LÍQUIDO REALIZADO	*$ 260.000*

Como o valor a ser distribuído aos acionistas como dividendo obrigatório ($ 118.750) é menor que a parcela realizada pelo lucro do exercício ($ 260.000), o dividendo deve ser todo distribuído sem maiores restrições.

Caso o valor da parcela do lucro com realização financeira não fosse suficiente para o pagamento dos dividendos, a companhia poderia constituir uma "Reserva de Lucros a Realizar" no valor dessa diferença a menor.

23.4 ILUSTRAÇÃO PRÁTICA DE DIVIDENDOS PREFERENCIAIS E ORDINÁRIOS

Admita uma companhia aberta com 800 ações emitidas e um capital social de $ 1.600, assim distribuído:

Capital Preferencial: 200 ações preferenciais classe "A":	$ 400
Capital Preferencial: 200 ações preferenciais classe "B":	$ 400
Capital Ordinário: 400 ações ordinárias:	$ 800
CAPITAL:	*$ 1.600*

A política de dividendos da companhia estabelece os seguintes pagamentos:

Ação Preferencial "A": 12% do capital preferencial

Ação Preferencial "B": 8% do capital preferencial

O dividendo mínimo obrigatório previsto em estatuto social é de 25% sobre o lucro líquido ajustado. A empresa apura no exercício um lucro líquido de $ 80.

a) Lucro Base de Cálculo do Dividendo

Lucro Líquido: $ 80

Reserva Legal (5%): ($ 4)

BASE DE CÁLCULO DO DIVIDENDO: *$ 76*

A base de cálculo representa o limite para distribuição de dividendos no exercício.

b) Dividendos a Pagar

Ação Preferencial "A": 12% × $ 400: $ 48

Ação Preferencial "B": 8% × $ 400: $ 32

DIVIDENDO PREFERENCIAL TOTAL: *$ 80*

Observe que o lucro líquido após a reserva legal, base de pagamento dos dividendos, é insuficiente para remunerar todos os acionistas. Somente o total previsto de dividendo preferencial é igual a $ 80, e o limite do lucro para distribuição é de $ 76.

Pela definição de *dividendo prioritário* apresentada, os acionistas ordinários nada receberão para permitirem o pagamento dos lucros do exercício aos preferencialistas. Por outro lado, mesmo com o não pagamento aos ordinários, o lucro ajustado de $ 76 mostra-se insuficiente para remunerar todos os prioritários, no montante de $ 80.

O estatuto social da companhia deve prever uma *ordem de prioridade* para a distribuição de lucros. Assim, ao se admitir que os acionistas preferenciais classe "A" tenham primazia em relação aos de classe "B", e estes, por sua vez, assumam prioridade sobre os ordinários, têm-se os seguintes cálculos:

Acionistas	Dividendos a Pagar	Dividendos Previstos	Dividendo Obrigatório
Pref. Classe "A"	$ 18	$ 48	$ 4,8
Pref. Classe "B"	$ 32	$ 28	$ 4,8
Ordinário	0		$ 9,4
Total	$ 80	$ 76	$ 19,0 (25% S/ $ 76)

Nesta distribuição, os acionistas ordinários nada recebem, embora estivessem previstos dividendos mínimos obrigatórios. Os acionistas preferenciais classe "B" recebem $ 4 a menos que o previsto. Os acionistas preferenciais classe "A" foram os únicos que receberam integralmente seus dividendos previstos.

Dividendos dos acionistas preferenciais: é comum os estatutos das companhias abertas preverem dois dividendos aos acionistas preferenciais: o mínimo obrigatório e outro de preferência da ação. Para o acionista preferencial prevalece sempre o de maior valor.

23.5 TRIBUTAÇÃO SOBRE OS DIVIDENDOS

Os dividendos não são tributados no Brasil

Com relação à incidência de tributos sobre os dividendos recebidos, foi promulgada em 26-12-1995 a Lei nº 9.249, que alterou a legislação do Imposto de Renda das pessoas jurídicas.

A referida lei diz que os lucros ou dividendos calculados a partir do mês de janeiro de 1996, pagos ou creditados pelas pessoas jurídicas tributadas com base no lucro real, presumido ou arbitrado, não ficarão sujeitos à incidência do Imposto de Renda na fonte, nem integrarão a base de cálculo do Imposto de Renda do beneficiário, pessoa física ou jurídica, domiciliado no país ou no exterior, ou seja, desde 1966 os dividendos não sofrem tributação no Brasil.

Nos EUA isso não acontece, fazendo com que parte da teoria de dividendos, que foi desenvolvida pelos norte-americanos, não se aplique à realidade brasileira. Assim, a teoria de que os dividendos são ruins porque recebem tributação do Imposto de Renda, vista com mais detalhes no capítulo anterior, não possui aplicações práticas no Brasil atualmente.

Tributação sobre ganhos de capital no Brasil

Com relação à incidência do Imposto de Renda sobre ganhos de capital, que se verificam na valorização das ações, já foram tributados em 25% em 1993 e 1994, sendo reduzido para 10% em 1995, aumentado para 15% no ano de 2000, passando em 2001 para uma alíquota de 20%. Desde dezembro de 2004, o Imposto de Renda sobre ganhos de capital no Brasil é de 15%. O imposto deve ser pago no momento da venda dos títulos, quando da realização dos ganhos, conforme artigo 117 do Regulamento do Imposto de Renda de 1999.

APLICAÇÃO PRÁTICA
"PETRÓLEO BRASILEIRO S.A. - PETROBRAS

Companhia Aberta

FATO RELEVANTE

Pagamento dos Dividendos

Rio de Janeiro, 14 de maio de 2007

PETRÓLEO BRASILEIRO S/A - PETROBRAS,

[Bovespa: PETR3/PETR4, NYSE: PBR/PBRA, Latibex: XPBR/XPBRA, BCBA: APBR/APBRA], uma companhia brasileira de energia com atuação internacional, comunica aos senhores acionistas que efetuará em 17 de maio de 2007 o pagamento dos dividendos aos detentores de ações ordinárias e preferenciais, com posição acionária na data-base de 2-4-2007, de acordo com o valor deliberado pela Assembleia Geral Ordinária de acionistas da Companhia, realizada em 2-4-2007, conforme segue:

Valores em Reais por ação ON e PN:

Dividendos	R$ 0,3500
Atualização pela Taxa SELIC	R$ 0,0161
	R$ 0,3661

Incidirá sobre o valor de R$ 0,0161 correspondente à variação da taxa SELIC, desde 31-12-2006 até 17-05-2007, Imposto de Renda à alíquota de 22,5%. A retenção de Imposto de Renda, mencionada anteriormente, NÃO será aplicada aos acionistas imunes e isentos.

1. INSTRUÇÕES QUANTO AO CRÉDITO

O pagamento será efetuado pelo Banco do Brasil S.A., Instituição depositária das ações escriturais.

1.1 Os acionistas correntistas do Banco do Brasil S.A., ou de outros bancos, que comunicaram essa condição, terão seus direitos creditados automaticamente na data de início do pagamento.

1.2 Para os acionistas cujo cadastro não contenha a inscrição de "Banco/Agência/Conta Corrente", os direitos somente serão creditados na data da atualização cadastral nos arquivos eletrônicos do Banco do Brasil S.A., por intermédio de suas Agências.

1.3 Os dividendos correspondentes às ações depositadas na CBLC – Companhia Brasileira de Liquidação e Custódia, a ela serão creditados, que por intermédio das CORRETORAS depositantes, serão repassados aos acionistas titulares."

 Resumo

1. **Mostrar como os dividendos são tratados na legislação brasileira.**

   A legislação atual sobre a distribuição de dividendos está contida, basicamente, na Lei nº 6.404, de 1976 (Lei das Sociedades por Ações), e na Lei nº 10.303, de 2001, que altera dispositivo da Lei nº 6.404. No caso das companhias abertas, que são as que têm valores mobiliários (ações e/ou debêntures), normalmente, negociados nas bolsas de valores ou no mercado de balcão, há sobre elas também algumas determinações específicas da Comissão de Valores Mobiliários (CVM). Já as companhias fechadas prendem-se apenas a essa lei (e a seus estatutos).

   Para as demais sociedades (companhias limitadas, por exemplo), praticamente não há disposição legal sobre esse assunto, a não ser no caso das firmas individuais, em que se considera sempre que o lucro é totalmente distribuído em cada exercício.

   A legislação societária no Brasil diz que as ações preferenciais podem ter direito à preferência a um dividendo mínimo ou a um dividendo fixo, que podem ser cumulativos ou não. Cumulativos são os que, se não pagos em um exercício por falta de lucro, acumulam-se para pagamento futuro assim que houver resultado positivo suficiente. Os não cumulativos só são pagos nos exercícios em que há resultado suficiente.

2. **Explicar os aspectos de tributação das várias formas de distribuição de lucros pelas empresas brasileiras, e ganhos de capital.**

   Com relação à incidência do Imposto de Renda sobre ganhos de capital, que se verificam na valorização das ações, já foram tributados em 25% em 1993 e 1994, sendo reduzido para 10% em 1995, aumentado para 15% no ano de 2000, passando em 2001 para uma alíquota de 20%. Desde dezembro de 2004, o Imposto de Renda sobre ganhos de capital no Brasil é de 15%. O imposto deve ser pago no momento da venda dos títulos, quando da realização dos ganhos, conforme artigo 117 do Regulamento do Imposto de Renda de 1999.

Testes de verificação

1. A distribuição de dividendos aos acionistas representa um modo de remuneração aos _____ e se baseiam normalmente no _____ para serem calculados. As palavras que completam corretamente a frase citada são respectivamente:

   a) Credores; lucro líquido.
   b) Debenturistas; lucro líquido.
   c) Acionistas; faturamento.
   d) Acionistas; lucro bruto.
   e) Acionistas; lucro líquido.

2. Assinale a afirmativa incorreta:

   a) Empresas que não pagam eventualmente dividendos encontram-se na maioria das vezes em fase de expansão de seus negócios.
   b) O preço de mercado de uma ação é dependente do que outro investidor esteja disposto a pagar no futuro.
   c) Quanto maior for a distribuição de dividendos, melhor a avaliação do mercado em relação à empresa e suas ações.
   d) Dividendo preferencial mínimo é um valor que pode, a critério da empresa, ser aumentado em cada ano.
   e) Uma política de aumento do reinvestimento dos lucros na empresa determinará uma redução no valor teórico de uma ação.

3. O lucro por ação – LPA:

   a) É calculado pela relação entre o preço de aquisição da ação e seu lucro unitário periódico.
   b) Relaciona os dividendos distribuídos pela empresa com alguma medida que

ressalte a participação relativa desses rendimentos.

c) Indica a remuneração do acionista realizada sobre o capital investido.

d) Mostra quanto do resultado líquido após o Imposto de Renda compete a cada ação emitida.

e) Todas as alternativas anteriores estão corretas.

4. Classificando as afirmações a seguir em verdadeiro (V) ou falso (F), a ordem correta dessa classificação é:

I – Quando uma empresa decide não pagar dividendos, sua ação, obrigatoriamente, será desvalorizada no mercado.

II – Ao adquirir uma ação, o investidor deve atentar unicamente nos dividendos prometidos.

III – As ações preferenciais passam a ter direito a voto se uma companhia passar 3 anos consecutivos sem distribuir dividendos preferenciais.

a) F; F; V.
b) F; F; F.
c) F; V; V.
d) V; F; V.
e) V; V; V.

5. Uma empresa ao pagar dividendos como porcentagem declarada do lucro, sua prática de dividendos é chamada de:

a) Política regular de dividendos.
b) Política de distribuição constante de dividendos.
c) Política de dividendos extras.
d) Política de dividendos alvo.
e) Política meta de dividendos.

6. Uma empresa fechou seus demonstrativos e apresentou um lucro disponível aos seus acionistas ordinários de $ 4 milhões. A empresa tem atualmente 1.000 ações em circulação cuja cotação unitária atual é de $ 50. Nessas condições, o índice P/L da ação é de:

a) 4,00.
b) 10,40.
c) 12,50.
d) 15,00.
e) 20,00.

Exercícios propostos

1. Considere uma empresa cuja estrutura de capital acionário ao final de determinado exercício social é apresentada a seguir:

Ações Ordinárias	$ 3.784.000,00
Ações Preferenciais A	$ 3.168.000,00
Ações Preferenciais B	$ 1.848.000,00
Total	$ 8.800.000,00

O valor nominal de suas ações é de $ 10/ação. Sabe-se que, de acordo com os estatutos sociais, os dividendos fixados pela companhia são os seguintes:

• Dividendo mínimo obrigatório (para todos os acionistas) = 25% sobre o lucro líquido do exercício.

• Dividendo preferencial mínimo para as ações PNA é de 6% e para a PNB é de 10%. Sabe-se ainda que o lucro apurado ao final do exercício social atinge $ 2.900.000,00. Determine os dividendos a serem efetivamente distribuídos a cada ação e o LPA de cada ação.

2. A partir das informações obtidas de uma companhia de capital aberto, conforme apresentadas a seguir, calcule para cada exercício o valor patrimonial de suas ações, o lucro por ação e o índice preço/lucro, sabendo que o preço médio de negociação da ação é de $ 2,60 em 20x6 e de $ 3,20 em 20x7.

($ mil)

Exercício Social	Capital Social	Número de ações emitidas	Patrimônio Líquido	Lucro Líquido
20x6	$ 10.696,00	12.750.090	$ 59.998,00	$ 6.180,00
20x7	$ 13.980,70	14.140.800	$ 73.497,60	$ 7.126,00

3. Com relação ao exercício anterior, admita que a empresa decida efetuar no início de 20x8 um aumento de capital mediante incorporação de reservas. Essa operação resulta em bonificação de 40% aos acionistas. O preço de mercado da ação antes do exercício permanece em $ 3,20. Determine o preço teórico de equilíbrio que se espera que a ação venha a alcançar no mercado após o exercício da bonificação.

4. Uma empresa está estudando a possibilidade de distribuir uma sobra de caixa de $ 300 mil sob a forma de dividendos extraordinários, ou se realiza uma recompra de suas ações no mercado. Atualmente, apresenta um LPA de $ 1,60 e sua ação está sendo negociada em bolsa atualmente por $ 3,20 cada. O seu balanço patrimonial a valor de mercado antes da distribuição dos dividendos é apresentado a seguir:

ATIVO	($ mil)	PASSIVO	($ mil)
Caixa	320	Dívidas	100
Ativo Permanente	2.980	Patrimônio Líquido	3.200
TOTAL	3.300	TOTAL	3.300

Avalie essas duas alternativas em termos dos efeitos sobre o preço da ação, o LPA e preço/lucro.

5. Uma ação foi adquirida no início de determinado ano por $ 3,20, sendo vendida por $ 3,45 ao fim daquele mesmo ano. Calcule o retorno produzido por essa ação, sabendo que o investidor recebeu dividendos de % 0,28/ação.

6. Uma empresa fechou seus demonstrativos e apresentou um lucro disponível aos seus acionistas ordinários de $ 4 milhões. A empresa tem atualmente 1.000 ações em circulação cuja cotação unitária atual é de $ 50. Nessas condições:

a) Se a empresa planeja distribuir $ 1 de dividendos, porém, se em vez de distribuir os dividendos a empresa usar o dinheiro para recomprar ações, calcule quantas ações poderiam ser recompradas se a cotação de recompra for $ 52/ação.

b) Se a ação for negociada ao antigo preço/lucro, calcule o preço de mercado após a recompra.

LINK DA WEB

www.institutoassaf.com.br. Fornece indicadores financeiros.

SUGESTÃO DE LEITURA

ASSAF NETO, Alexandre; AMBROZINI, M. Augusto; LIMA, F. Guasti. **Dividendos**: teoria e prática. São Paulo: Inside Books, 2007.

IUDICIBUS, Sérgio de; MARTINS, Eliseu; GELBCKE, E. Rubens; SANTOS, Ariovaldo dos. **Manual de contabilidade societária**. 4. ed. São Paulo: Atlas, 2022.

RESPOSTAS DOS TESTES DE VERIFICAÇÃO

1. e
2. c
3. d
4. a
5. b
6. c

PARTE VIII
FINANÇAS A CURTO PRAZO

Capítulo 24 Capital de Giro e Equilíbrio Financeiro

Capítulo 25 Administração de Caixa

Capítulo 26 Administração de Contas a Receber

Capítulo 27 Administração de Estoques

CAPITAL DE GIRO E EQUILÍBRIO FINANCEIRO

OBJETIVOS DO CAPÍTULO

1. Descrever os vários aspectos e características do capital circulante.
2. Definir equilíbrio financeiro.
3. Analisar as aplicações práticas de cada item circulante dentro das características do mercado brasileiro.
4. Analisar as características do financiamento do capital de giro.

Esta parte do estudo de finanças de empresas está voltada para a administração de capital de giro (itens circulantes a curto prazo). Os capítulos foram divididos de modo que cubram seus aspectos mais importantes, com ênfase no tratamento da realidade brasileira.

O estudo do capital de giro é de grande importância para as Finanças Corporativas, uma vez que determina reflexos visíveis no desempenho futuro das empresas. Na realidade, todas as decisões financeiras que venham a ser tomadas por uma empresa requerem cuidadosa atenção a seus elementos circulantes. São eles, em última análise, que produzem capacidade financeira de sustentação e crescimento dos negócios.

> A administração do capital de giro (circulante) envolve basicamente as decisões de compra e venda tomadas pela empresa, assim como suas mais diversas atividades operacionais e financeiras. Nessa abrangência, coloca-se de modo nítido que a administração do capital de giro deve garantir a uma empresa a adequada consecução de sua política de estocagem, compra de materiais, produção, venda de produtos e mercadorias e prazo de recebimento.
>
> A importância da administração do capital de giro para as empresas tem-se acentuado bastante nos últimos tempos, em razão, principalmente, das elevadas taxas de juros praticadas no mercado, do acirramento da concorrência determinados pela abertura de mercado e das políticas de expansão adotadas pelas empresas.
>
> Como resultados da maior preocupação com a administração do capital de giro, foram aprimoradas as técnicas de controle e gerenciamento dos valores circulantes, tornando esse segmento de estudo mais especializado.
>
> *Questões Básicas da Administração do Capital de Giro:*
>
> - Qual o volume de ativos circulantes que deve ser mantido por uma empresa?
>
> - Como devem ser financiados os ativos circulantes?

24.1 CONCEITOS BÁSICOS

O conceito de capital de giro apresenta, em geral, diferentes interpretações e metodologias de cálculo de acordo com as definições consideradas.

No entanto, qualquer que seja a definição adotada, o *conceito de capital de giro (ou de capital circulante)* identifica os recursos que giram (circulam) várias vezes em determinado período. Por exemplo, um capital alocado no disponível pode ser aplicado inicialmente em estoque, assumindo posteriormente a venda realizada ou a forma de realizável (crédito, se a venda for realizada a prazo) ou novamente de disponível (se a venda for realizada à vista). Esse processo ininterrupto constitui-se, em essência, no ciclo operacional (produção e venda) de uma empresa.

> O capital de giro é formado basicamente por três importantes ativos circulantes: Disponível (caixa e aplicações financeiras), Valores a Receber e Estoques.

O nível e a importância do capital de giro variam, evidentemente, em função das características de atuação de cada empresa, do desempenho da conjuntura econômica e da relação risco (liquidez) e rentabilidade desejada.

A seguir são apresentados os diversos conceitos básicos e definições da administração do capital de giro.

24.1.1 Capital de Giro (CG) ou Capital Circulante (CC)

O capital de giro corresponde aos ativos circulantes mantidos por uma empresa. Em sentido amplo, o capital de giro representa o valor total dos recursos demandados pela empresa para financiar seu *ciclo operacional*, o qual engloba as necessidades circulantes identificadas desde a aquisição de matérias-primas até a venda e o recebimento dos produtos elaborados.

> Ciclo operacional é o período identificado desde a compra da matéria-prima (ou mercadoria) até a venda e recebimento do produto vendido.

Utilizando-se da ilustração desenvolvida por Assaf,[1] a Figura 24.1 retrata o fluxo de capital de giro de acordo com o ciclo de produção e venda (operacional) de uma empresa industrial.

Observa-se na Figura 24.1 que os recursos (próprios ou de terceiros) aplicados no ativo circulante são canalizados, em uma etapa inicial do processo de produção e venda da empresa, para o disponível, o qual irá alimentar todas as necessidades financeiras de suas operações.

---

[1] ASSAF N., Alexandre. **Estrutura e análise de balanços**: um enfoque econômico-financeiro. 8. ed. São Paulo: Atlas, 2006. p. 167. Para um estudo mais amplo sobre o tema, recomenda-se também: ASSAF N., Alexandre; TIBÚRCIO S. César A. **Administração do capital de giro**. 3. ed. São Paulo: Atlas, 2002.

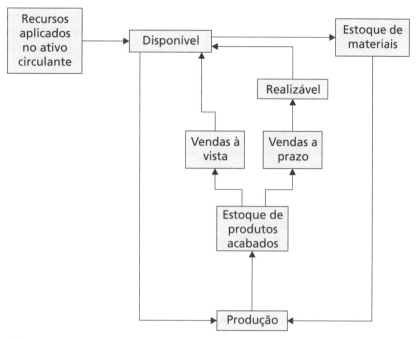

Figura 24.1 Fluxo do capital de giro.

Assim, em uma primeira saída, os recursos são transferidos para a produção da empresa, mediante aquisições de estoques de materiais e pagamentos de custos fabris. Posteriormente, os produtos acabados são estocados à espera de serem vendidos e geram novos dispêndios à empresa. Quando vendidos, os recursos obtidos retornam, alguns imediatamente (se as vendas forem à vista) e outros a curto prazo (se as vendas forem a prazo), ao disponível da empresa, dando-se início novamente ao ciclo operacional descrito.

Processo ininterrupto: esse processo ocorre de maneira ininterrupta na atividade operacional de uma empresa, e toda vez que os recursos retornam ao disponível (pelas vendas realizadas) são acrescidos dos lucros auferidos e dos montantes de dispêndios não desembolsáveis (depreciação, por exemplo).

A finalidade da interpretação do ciclo operacional está voltada à melhor compreensão do fluxo do ativo circulante, pois, em qualquer momento posterior, a empresa poderá apresentar, simultaneamente, vários ciclos operacionais que se desenvolvem em diferentes estágios. Dessa maneira, conclui-se que uma importante característica do capital de giro é seu *grau de volatilidade*, que é explicado, conforme comentado, pela curta duração de seus elementos e constante mutação dos itens circulantes com outros de natureza idêntica.

Capital de giro × capital fixo: por outro lado, comparando-se o capital de giro com o ativo fixo (permanente) de uma empresa, podem ser observadas duas outras importantes características.

A *primeira* refere-se à baixa rentabilidade produzida pelos investimentos em itens circulantes. Excetuando-se, em parte, as empresas em que a administração do capital de giro consiste na essência de seus negócios (empresas comerciais, basicamente), para os setores industriais os investimentos circulantes tendem a produzir a mais baixa rentabilidade. Como é evidente, essa situação induz a minimizar, tanto quanto possível, as aplicações em circulante, notadamente nos itens em que os recursos se apresentam mais expostos à perda de poder aquisitivo.

A *segunda* característica refere-se à *divisibilidade* dos elementos circulantes, que se apresenta bem superior à dos ativos fixos. Esse aspecto permite que o aporte de recursos nos itens a curto prazo ocorra em níveis variados e relativamente baixos, podendo-se, muitas vezes, alocar recursos no momento do surgimento das necessidades financeiras.

Ativo Circulante = Capital de Giro = Capital Circulante

Ativo Circulante = Disponível + Valores a Receber a Curto Prazo + Estoques

24.1.2 Capital de Giro Líquido (CGL) ou Capital Circulante Líquido (CCL)

O CGL ou CCL representa, de maneira geral, o valor líquido dos investimentos (deduzidos das dívidas a curto prazo) realizados no ativo (capital) circulante da empresa. Segundo essa conceituação, a maneira mais direta de obter-se o valor do capital de giro líquido é mediante a simples *diferença entre o ativo circulante e o passivo circulante,* ou seja:

> **CGL (CCL) = Ativo Circulante – Passivo Circulante**

Segundo um *enfoque mais rigoroso*, o capital circulante líquido representa normalmente a parcela dos recursos a longo prazo (recursos permanentes) aplicada em itens ativos a curto prazo (circulantes). Na realidade, essa interpretação do capital de giro líquido é processada de "baixo para cima" no balanço, isto é, identificando-se os recursos a longo prazo (próprios ou de terceiros) que estão financiando o ativo circulante da empresa.

Em outras palavras, o CCL representa a parcela do financiamento total a longo prazo que excede as aplicações também a longo prazo. Algebricamente, o cálculo desse valor pode ser obtido pela seguinte expressão:

> **CGL (CCL) = (Patrimônio Líquido + Exigível a Longo Prazo) – (Ativo Permanente + Realizável a Longo Prazo)**

O balanço por massas patrimoniais, ilustrado no Quadro 24.1, evidencia os conceitos enunciados.

Quadro 24.1 Balanços por massas patrimoniais.

Ativo Circulante $ 150.000	Passivo Circulante $ 130.000
Realizável a LP $ 50.000	Exigível a LP $ 80.000
Ativo Permanente $ 120.000	Patrimônio Líquido $ 110.000

Observa-se que o valor do *capital circulante líquido* (CCL) apresenta, para qualquer das identidades sugeridas, resultado positivo idêntico, ou seja:

$$\text{CCL} = \$\ 150.000 - \$\ 130.000 = \mathbf{\$\ 20.000}$$

ou:

$$\text{CCL} = (\$\ 110.000 + \$\ 80.000) - (\$\ 120.000 + \$\ 50.000) = \mathbf{\$\ 20.000}$$

CCL "de cima para baixo": do total de $ 150.000 aplicados no ativo circulante, $ 130.000 são oriundos de créditos a curto prazo (passivo circulante), e os $ 20.000 restantes (que representam o CCL) estão identificados nos recursos permanentes da empresa (exigível a longo prazo e patrimônio líquido) que estão financiando o giro.

CCL "de baixo para cima": de forma inversa, dos $ 190.000 de fundos levantados a longo prazo (PL = $ 110.000 + ELP = $ 80.000), $ 170.000 estão alocados em ativos também a longo prazo (realizável a longo prazo e ativo permanente), enquanto os $ 20.000 excedentes foram destinados a financiar o ativo circulante. Esse excedente de $ 20.000 é o capital circulante líquido (CCL).

Essa posição induz, conforme comentado, uma *folga na liquidez da empresa*, a qual se processa pela manutenção de certa sobra de recursos a longo prazo disponíveis para suprir eventuais ausências de sincronização entre os elementos de um fluxo de caixa.

CCL Negativo ou Nulo

Na ilustração apresentada, considerou-se a existência de um capital circulante líquido passivo. No entanto, de acordo com a conceituação exposta, o CCL poderá ser *nulo* ou, até mesmo, *negativo*. Os Quadros 24.2 e 24.3 identificam, respectivamente, essas possibilidades.

CCL negativo: observe que quando o capital circulante líquido é negativo (Quadro 24.3), os recursos passivos permanentes da empresa não são suficientes para cobrir todas as suas necessidades de investimentos a longo prazo, devendo, nessa situação, serem utilizados fundos provenientes do passivo circulante (curto prazo).

Quadro 24.2 CCL nulo.

Ativo Circulante	Passivo Circulante
Realizável a Longo Prazo	Exigível a Longo Prazo
Ativo Permanente	Patrimônio Líquido

Quadro 24.3 CCL negativo.

Ativo Circulante	Passivo Circulante
Realizável a Longo Prazo	Exigível a Longo Prazo
Ativo Permanente	Patrimônio Líquido

Dessa maneira, um CCL negativo, conforme ilustrado no Quadro 24.3, identifica a presença de *dívidas a curto prazo financiando aplicações com prazos de retorno maiores*. Essa posição, evidentemente, determina um aperto na liquidez da empresa, principalmente ao observar-se que parte de suas dívidas vencerá em prazos inferiores aos dos retornos das aplicações desses recursos.

CCL nulo: a presença de um capital circulante líquido nulo, por sua vez, ocorre, conforme demonstra o Quadro 24.2, quando há total igualdade entre os prazos e os valores dos recursos captados e aplicados pela empresa. Por essa composição justa de valores, a empresa, na realidade, não trabalha com recursos a longo prazo financiando seus ativos circulantes, ou seja, não apresenta folga financeira. As aplicações a curto prazo estão totalmente financiadas com fundos de mesma duração, e a posição de liquidez não apresenta folga alguma.

Qualquer das posições de liquidez comentadas é decidida muitas vezes (mas nem sempre) pela preferência entre *risco (liquidez)* e *retorno (lucratividade)*,

e a opção deve recair evidentemente sobre a estrutura que melhor satisfaça às necessidades e aos objetivos da empresa.

> **Reduções no capital circulante líquido (CCL) produzem dois grandes benefícios à empresa:**
>
> a) libera capital investido em giro. Como todo dinheiro investido na empresa tem um custo de oportunidade, menos capital investido atua no sentido de reduzir o custo de capital e gerar maior valor econômico (EVA) para a empresa;
>
> b) redução no giro "incentiva" a empresa demonstrar maior eficiência operacional em produzir e vender com menor folga financeira. Seus procedimentos de produção, estocagem e vendas devem evoluir de modo a atender a todas as demandas. Menor volume de capital investido gera menor custo de capital, e esse benefício econômico pode ser repassado aos clientes gerando maiores vendas.
>
> *Limite*: a redução no investimento em giro apresenta um limite mínimo suportável pela empresa, o qual deve ser bem avaliado para que os benefícios financeiros sejam superados pelos custos de uma mais baixa liquidez.
>
> Exemplos de alguns custos que podem ocorrer diante de uma redução mais relevante no CCL: perda de vendas por falta de estoques, atrasos na produção por falta de matérias-primas, perda de vendas determinada por uma política mais rígida de crédito e cobrança etc.

24.1.3 Capital de Giro Próprio (CGP)

Outro indicador de capital de giro é o denominado *capital de giro próprio* (CGP). É comumente obtido pela seguinte expressão de cálculo:

Patrimônio Líquido	XXX
(–) Aplicações Permanentes:	
Ativo Permanente	XXX
Realizável a Longo Prazo	XXX
Capital de Giro Próprio	**XXX**

O valor assim obtido é interpretado como o volume de recursos próprios que a empresa tem aplicado em seu ativo circulante (giro).

É importante acrescentar que essa medida não identifica rigorosamente os recursos próprios da empresa em que estão financiando sua atividade. Dada a evidente impossibilidade de "casarem-se" todas as operações de captação e aplicação de uma empresa (o dinheiro não é "carimbado"), o valor encontrado reflete mais adequadamente *recursos do passivo a longo prazo (próprios ou de terceiros) alocados em itens ativos não permanentes,* e não necessariamente do patrimônio líquido.

Um balanço por massas patrimoniais, conforme apresentado a seguir, ilustra melhor a ideia.

Quadro 24.4 Exemplo para cálculo do CGP.

Ativo Circulante $ 100	Passivo Circulante $ 30
Realizável a LP $ 40	Exigível a LP $ 50
Ativo Permanente $ 60	Patrimônio Líquido $ 120

Verifica-se no demonstrativo que o capital de giro próprio é igual a $ 20 (patrimônio líquido = $ 120 – realizável a longo prazo = $ 40 – ativo permanente = $ 60), o qual se encontra financiando o ativo circulante, em conjunto com as exigibilidades da empresa (passivo circulante e exigível a longo prazo). Dizer-se que o patrimônio líquido de $ 120 excede em $ 20 as aplicações permanentes, e que essa diferença (capital próprio) vai financiar o capital de giro não é correto. É desconhecido o destino dado, em termos de aplicações ativas, às exigibilidades tanto a curto como a longo prazo da empresa. Dessa maneira, prefere-se trabalhar com o conceito sugerido de capital de giro (ou circulante) líquido.

Principais Transações que Alteram o Capital Circulante Líquido

Transações que elevam o CCL:

- novos empréstimos e financiamentos a longo prazo;

- aumento de capital por integralização de novas ações;

- geração de lucro líquido;

- reduções (vendas) de ativos permanentes;

- recebimentos de realizável a longo prazo etc.

Transações que reduzem o CCL:

- reduções (amortizações) nas dívidas a longo prazo;

- reduções do patrimônio líquido por meio, por exemplo, de ocorrência de prejuízos, recompra das próprias ações da companhia, pagamentos de dividendos etc.;

- aumentos de ativos permanentes (aquisições) com pagamentos à vista.

As operações que ocorrem unicamente no âmbito a curto prazo ou a longo prazo não afetam o capital circulante líquido. Exemplos:

- pagamentos de dívidas a curto prazo reduzem o ativo circulante e passivo circulante no mesmo volume, não alterando o CCL;

- compras de estoques à vista reduzem e elevam o ativo circulante no mesmo montante;

- aquisição de bens fixos por meio de financiamento a longo prazo. Os valores não transitam pelo circulante etc.

24.2 CICLOS OPERACIONAIS

As atividades operacionais de uma empresa envolvem, de maneira *sequencial e repetitiva*, a produção de bens e serviços, estocagem, vendas e respectivos recebimentos. Nessas operações básicas, procura a empresa obter determinado volume de lucros, de modo a remunerar as expectativas de retorno de suas diversas fontes de financiamento (credores e proprietários).

É diante desse processo natural e permanente que sobressai o *ciclo operacional* da empresa, composto por todas as fases de suas atividades operacionais. O ciclo operacional pode ser explicado como o intervalo existente entre a compra da mercadoria e o recebimento das vendas realizadas.

O ciclo operacional completo, para o caso de uma empresa industrial, inicia-se com a aquisição das matérias-primas, passa pela armazenagem, produção e venda e desemboca no efetivo recebimento das vendas realizadas.

A Figura 24.2 ilustra, de modo linear, esse processo.

- PME_{MP} = prazo médio de estocagem das matérias-primas;
- PMF = prazo médio de fabricação;
- PME_{PT}/PMV = prazo médio de estocagem dos produtos terminados/prazo médio de venda;
- PMC = prazo médio de cobrança;
- PMPF = prazo médio de pagamento a fornecedores.

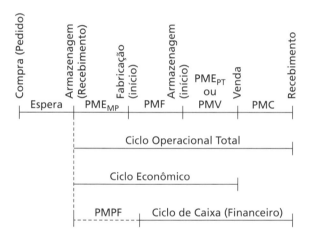

Figura 24.2 Ciclo operacional completo de uma empresa industrial.

Períodos Operacionais

O ciclo operacional descrito na Figura 24.2 revela diversas fases operacionais: compra, fabricação, estocagem (matérias-primas e produtos em transformação), venda e cobrança. Cada uma dessas fases operacionais possui determinada duração.

Assim, a *compra* (pedido) de matérias-primas embute, além do prazo de espera de recebimento, um prazo de armazenagem; a *produção*, o prazo de transformação das matérias-primas em produtos terminados; a *venda*, o prazo de armazenagem dos produtos terminados; e a *cobrança*, o prazo de recebimento das vendas realizadas a prazo.

Ciclo Operacional, Ciclo Financeiro e Ciclo Econômico

A Figura 24.2 ilustra também três tipos de ciclos identificados nas operações da empresa: *operacional, financeiro e econômico*.

O *ciclo operacional* total, conforme descrito, é composto de todas as fases operacionais da empresa, iniciando-se no momento do recebimento dos materiais a serem utilizados no processo de produção e encerrando-se na cobrança das vendas realizadas. Para uma empresa industrial típica, tem-se:

CICLO OPERACIONAL TOTAL = PME_{MP} + PMF + PMV + PMC

O *ciclo econômico* engloba fundamentalmente toda a base de produção da empresa, ou seja, estocagem de matérias-primas, fabricação e venda. É o período verificado entre as entradas de matérias-primas adquiridas e a venda do produto final.

O ciclo econômico destaca basicamente os prazos de estocagem de matérias-primas, de produtos em elaboração e de produtos acabados.

CICLO ECONÔMICO = PME_{MP} + PMF + PMV

A primeira fase do ciclo operacional (PME_{MP}) pode ser financiada, em sua totalidade ou em parte, mediante créditos de fornecedores. Assim, o *ciclo financeiro (de caixa)* identifica as necessidades de recursos da empresa que ocorrem desde o momento do pagamento aos fornecedores até o efetivo recebimento das vendas realizadas, ou seja:

CICLO FINANCEIRO = (PME_{MP} + PMF + PMV + PMC) – PMPF

Como Gerenciar o Ciclo Financeiro

As necessidades de caixa da empresa aumentam à medida que os prazos de estocagem e de cobrança das vendas crescerem acima dos prazos de pagamento aos fornecedores. Ao contrário, reduzindo os prazos operacionais dos ativos e alongando os dos passivos operacionais, verifica-se uma diminuição do ciclo de caixa (ciclo financeiro).

As empresas, de maneira geral, apresentam ciclos de caixa positivos, indicando necessidades de financiamentos para o seu giro.

Algumas estratégias básicas para gerenciar o ciclo financeiro:

a) reduzir ao mínimo os investimentos em estoques (promover maior giro aos estoques), cuidando porém para que a estratégia não ocasione perdas de vendas ou atrasos na produção por faltas de produtos;

b) manter um controle mais eficiente sobre as contas a receber, aprimorando as técnicas de análise de concessão de créditos e políticas de cobrança;

c) negociar prazos de pagamentos mais longos com os fornecedores, tendo sempre o cuidado em não incorrer em custos financeiros acima dos ganhos.

EXEMPLO ILUSTRATIVO

Admita uma empresa industrial que tenha apresentado, ao fim dos exercícios de X6 e X7, os seguintes prazos operacionais:

	Ano X6	Ano X7
PME (matéria-prima)	15 dias	20 dias
PMF	10 dias	15 dias
PMV	20 dias	30 dias
PMC	30 dias	30 dias
CICLO OPERACIONAL	**75 dias**	**95 dias**
PMPF	20 dias	50 dias
CICLO FINANCEIRO	**55 dias**	**45 dias**

No ano de X6, a empresa tardava 75 dias para completar todo seu ciclo operacional, cobrindo o período de compra da matéria-prima (e insumos) até a cobrança da venda do produto acabado. Esse período aumentou no ano seguinte, passando para 95 dias.

As causas desse aumento são explicadas no processo de *estocagem – produção – vendas*, que se apresentou 20 dias mais longo no ano de X7.

Apesar dessa elevação dos prazos operacionais, as melhores condições de pagamento concedidas pelos fornecedores permitiram uma redução do ciclo financeiro em 10 dias (55 dias em X6 para 45 dias em X7). Em outras palavras, maiores investimentos nos ativos operacionais foram compensados, com folga, pelos prazos mais longos concedidos pelos fornecedores.

É importante registrar que um aumento do ciclo operacional *pode* indicar maior dificuldade da empresa em vender seus produtos, ou maior morosidade no processo de fabricação. Como o prazo de cobrança (PMC) manteve-se inalterado em 30 dias no exemplo ilustrativo, descarta-se, em princípio, possíveis problemas de cobrança (inadimplência).

O analista financeiro não deve deixar que esses possíveis problemas operacionais sejam encobertos pela forte elevação verificada nos prazos de pagamento a fornecedores. Seu objetivo deve ser o de identificar as causas que determinaram esse aumento nos prazos operacionais.

24.2.1 Formulações de cálculo dos prazos operacionais

As expressões de cálculo das durações de cada fase operacional são apresentadas no Quadro 24.5. Esses indicadores são dinâmicos e permitem melhor avaliação do desempenho operacional da empresa.

Quadro 24.5 Cálculo dos prazos operacionais.

Índice	Fórmula	O que identifica
PME_{MP}	$\left[\dfrac{\text{Saldo Médio de Materiais}}{\text{Consumo Anual}}\right] \times 360$	Prazo médio (em dias) em que os materiais permanecem estocados à espera de ingressarem no processo de produção.
PMF	$\left[\dfrac{\text{Valor Médio dos produtos em elaboração}}{\text{Custo de Produção Anual}}\right] \times 360$	Prazo médio (em dias) que a empresa despende em fabricar o produto final.
PMV	$\left[\dfrac{\text{Valor Médio dos produtos acabados}}{\text{Custo dos Produtos Vendidos}}\right] \times 360$	Prazo médio (em dias) que o produto acabado permanece estocado à espera de ser vendido, isto é, prazo médio de estocagem do produto acabado.
Prazo médio de armazenagem total (PMAT)	$PME_{MP} + PMF + PMV$	Prazo médio (em dias) em que os estoques totais (materiais, produtos em transformação e produtos acabados) permanecem armazenados à espera de serem consumidos, produzidos e vendidos, ou seja, o tempo médio total compreendido desde a *compra* dos materiais até a *venda* do produto acabado. Na hipótese de não ser possível calcular os prazos para cada fase operacional dos estoques, utiliza-se esse índice como valor aproximado dos três primeiros apresentados.
Prazo médio de armazenagem de mercadorias (PMA$_M$)	$\left[\dfrac{\text{Valor Médio dos Estoques de Mercadorias}}{\text{Custo Total da Mercadoria Vendida}}\right] \times 360$	Prazo médio (em dias), para empresas comerciais, em que as mercadorias permanecem armazenadas à espera de serem vendidas. De outra maneira, é o prazo médio de venda de empresas comerciais.
PMC	$\left[\dfrac{\text{Valor Médio das Duplicatas a Receber}}{\text{Vendas Anuais a Prazo}}\right] \times 360$	Prazo médio (em dias) em que a empresa recebe as vendas realizadas a prazo.
PMPF	$\left[\dfrac{\text{Valor Médio das Duplicatas a Pagar}}{\text{Compras Anuais a Prazo}}\right] \times 360$	Prazo médio (em dias) em que a empresa paga seus fornecedores.

EXEMPLO ILUSTRATIVO

Informações dos relatórios financeiros de uma empresa comercial, referentes aos dois últimos exercícios, para cálculo de seus índices operacionais:

	20x6	20x7
Duplicatas a receber	$ 25.000	$ 30.000
Estoques de mercadorias	$ 45.000	$ 65.000
Fornecedores a Pagar	$ 24.000	$ 28.000
Custo da mercadoria vendida (CMV)	–	$ 330.000
Venda anual (total)		$ 900.000
Duplicatas a receber	$ 30.000	$ 50.000
Venda anual a prazo (média)	–	80%

CÁLCULO DO CICLO OPERACIONAL

Prazo Médio de Armazenagem (Estocagem) de Mercadorias – PMA$_M$

$$PMA_M = \frac{\dfrac{\$\ 65.000\ +\ \$\ 45.000}{2}}{\$\ 330.000} \times 360 = 60,0 \text{ dias}$$

As mercadorias tardam, em média, 60,0 dias para serem vendidas, ou seja, o PMA$_M$ revela que as mercadorias permanecem, em média, 2 meses estocadas antes de serem negociadas.

> *Quanto maior o PMA$_M$ maiores as necessidades de recursos para investimento em estoques.*

Ao gastar $ 330.000 nas mercadorias e manter um estoque médio de $ 55.000, significa que a empresa *girou* seus estoques 6,0 vezes no exercício, ou seja:

$$GIRO\ DOS\ ESTOQUES = \frac{360}{PMA_M} = \frac{360}{60} = 6,0 \text{ vezes}$$

O giro dos estoques é o inverso do prazo médio de estocagem. Indica quantas vezes os estoques (mercadorias) foram comprados e vendidos no exercício, ou seja, quantas vezes ele *girou*.

Prazo Médio de Cobrança (PMC)

$$PMC = \frac{\dfrac{(\$\ 30.000\ +\ \$\ 50.000)}{2}}{80\% \times \$\ 900.000} \times 360 = 20,0 \text{ dias}$$

$$\begin{array}{l} GIRO\ DAS\ DUPLICATAS \\ A\ RECEBER \end{array} = \frac{360}{20} = 18,0 \text{ vezes}$$

Os clientes da empresa tardam, em média, 20,0 dias para pagar suas compras a prazo, determinando um giro das duplicatas a receber de 18,0 vezes no exercício.

O *ciclo operacional* da empresa atinge a 80,0 dias, ou seja:

CICLO OPERACIONAL = PMA$_M$ + PMC

CICLO OPERACIONAL = 60 dias + 20 dias = 80,0 dias.

A empresa gasta, em média, 80,0 dias desde a aquisição das mercadorias até o recebimento das vendas realizadas.

CÁLCULO DO CICLO FINANCEIRO (CAIXA)

$$PMPF = \frac{\dfrac{(\$\ 24.000\ +\ \$\ 28.000)}{2}}{\$\ 330.000} \times 360 = 28,4 \text{ dias}$$

Em razão dos relatórios financeiros não disponibilizarem as compras anuais a prazo efetuadas, foi utilizado no cálculo do prazo de pagamento o CMV do exercício. Esta prática é bastante adotada pelos analistas.

O ciclo financeiro é calculado pela diferença entre o ciclo operacional e o prazo médio de pagamento a fornecedores:

CICLO FINANCEIRO = CICLO OPERACIONAL – PMPF

CICLO FINANCEIRO = 80,0 dias – 28,4 dias = 51,6 dias

O ciclo de caixa calculado indica que a empresa tem um intervalo médio, de 51,6 dias, desde o momento em que pagou as compras das mercadorias até o do efetivo recebimento das vendas realizadas.

Em outras palavras, a empresa adquire mercadorias que tardam 60,0 dias para serem vendidas; após a venda, permanecem ainda 20 dias para receber dos clientes. Com isso, completa um *ciclo operacional de 80,0 dias*. Deduzindo-se deste ciclo o prazo médio de 28,4 dias concedido pelos fornecedores para pagar as compras, chega-se ao *ciclo financeiro* de 51,6 dias.

24.3 INVESTIMENTO EM CAPITAL DE GIRO

É sabido que o ativo circulante constitui-se, para diversos segmentos empresariais, no grupo patrimonial menos rentável. Os investimentos em capital de giro, conforme comentado, não geram diretamente unidades físicas de produção e venda, meta final do processo empresarial de obtenção de lucros. A manutenção de determinado volume de recursos aplicado no capital de giro visa, fundamentalmente, à sustentação de atividade operacional de uma empresa.

A necessidade de investimento em capital de giro é explicada pelo tempo que tarda entre a empresa adquirir e pagar suas matérias-primas e o momento do recebimento das vendas realizadas. É o denominado *ciclo de caixa*.

Investimento em Giro e Valor

O Retorno sobre o Investimento (ROI), conforme amplamente detalhado na Parte III, é formado pelo Giro do Investimento e Margem Operacional, de acordo com a seguinte expressão:

$$ROI = GIRO\ DO\ INVESTIMENTO \times MARGEM\ OPERACIONAL$$

$$ROI = \frac{Vendas}{Ativo\ Total} = \frac{Nopat^1}{Vendas}$$

Uma redução do capital investido em giro pode afetar elevar o giro do investimento e, em consequência, o ROI. Menos capital investido gera menor custo de capital, promovendo um aumento da taxa de retorno da empresa.

Por outro lado, deve-se ficar atento para uma possível repercussão da redução do investimento em giro sobre o resultado operacional. Menor estoque, por exemplo, pode produzir perda de venda pela falta de mercadorias; rigor mais exagerado nas cobranças pode levar a perda de clientes, e assim por diante.

[1] **Nopat** – *Net Operating Profit After Taxes* (Lucro operacional líquido do IR).

Dessa maneira, o mais rentável para qualquer empresa seria manter em seus ativos circulantes valores que atendam adequadamente às suas necessidades operacionais. Baixos níveis de ativo circulante determinam, em conjunto com o aumento na rentabilidade, uma elevação nos riscos da empresa. É o conhecido *dilema risco-retorno* da administração do capital de giro.

Evidentemente, valores mais baixos de capital de giro podem levar a empresa a um aperto em sua liquidez, no caso de eventuais atrasos nos recebimentos, ou a sacrificar seu processo normal de produção e venda, na eventualidade de falta de estoques.

Dilema Risco-Retorno

Esse dilema risco-retorno é ilustrado em Brigham, Gapenski e Ehrhardt[2] com três posturas que uma empresa pode assumir com relação a seus investimentos em ativo circulante: *conservadora*, *média* e *agressiva*.

A política *conservadora*, segundo o raciocínio dos autores, levaria a empresa a diminuir seu risco mediante aplicações mais elevadas em capital de giro. Assim, seriam elevados os recursos aplicados em caixa para fazer frente a desembolsos não previstos; em valores a receber, permitiria, com uma política de cobrança mais frouxa, elevar as vendas; e, em Estoques, diminuiria o risco de eventuais atrasos no processo produtivo ou a perda de vendas inesperadas e de maior volume, por falta de itens estocados.

As demais políticas que poderiam ser adotadas (*média* e *agressiva*) preveem progressivas reduções nesses investimentos circulantes, o que determina elevação do risco da empresa e também paralelo incremento em sua rentabilidade por adotar menor participação relativa de itens menos rentáveis.

EXEMPLO ILUSTRATIVO

Considere no Quadro 24.5 três níveis de aplicações em capital de giro. Para melhor ilustrar o dilema risco-retorno, admitiu-se que o ativo permanente

---

[2] BRIGHAM, Eugene F.; GAPENSKI, Louis C.; EHRHARDT, Michael C. **Administração financeira**. São Paulo: Atlas, 2001. Cap. 22.

assume um valor fixo quaisquer que sejam os níveis de participação do ativo circulante.

O passivo da empresa, por sua vez, é estruturado de modo proporcional ao total das aplicações. Assim, o passivo circulante financia 20% do ativo total, o exigível a longo prazo 30%, e o patrimônio líquido, 50%.

Supondo-se que o custo nominal de crédito a curto prazo seja 15% e o do exigível a longo prazo de 20%, a empresa apresentaria, para um lucro operacional bruto (lucro antes dos juros e do Imposto de Renda) de $ 1.000.000, os seguintes resultados para cada um dos níveis considerados (Quadro 24.6).

Quadro 24.6 Diferentes estruturas de investimentos em giro.

	Baixo	Médio	Alto
Ativo circulante	$ 800.000	$ 1.100.000	$ 1.400.000
Ativo permanente	$ 1.200.000	$ 1.200.000	$ 1.200.000
Total	$ 2.000.000	$ 2.300.000	$ 2.600.000
Passivo circulante	$ 400.000	$ 460.000	$ 520.000
Exigível a longo prazo	$ 600.000	$ 690.000	$ 780.000
Patrimônio líquido	$ 1.000.000	$ 1.150.000	$ 1.300.000

IMPORTANTE ■ observe na ilustração numérica considerada que, quanto maior for a participação do capital de giro sobre o ativo total, menor será a rentabilidade da empresa. Ao adotar uma postura de maior risco, com menores aplicações no capital de giro, a empresa consegue auferir retorno maior do que se adotasse uma política tradicional, definida pelos altos investimentos em circulantes.

A definição de volume adequado (ótimo) de capital de giro deverá, ao mesmo tempo, obedecidas as particularidades operacionais da empresa e de seu ambiente, maximizar seu retorno e minimizar seu risco. No entanto, a fixação desse volume ótimo depende de uma série de expectativas futuras, cujos valores são, muitas vezes, de quantificação incerta.

Quadro 24.7 Investimentos em giro e retornos.

($ 000)

	Baixa	Média	Alta
Lucro Operacional Bruto	$ 1.000,00	$ 1.000,00	$ 1.000,00
Despesas Financeiras: Passivo Circulante / Exigível a Longo Prazo	15% × 400,00 = (60,00) 20% × 600,00 = (120,00)	15% × 460,00 = (69,00) 20% × 690,00 = (138,00)	15% × 520,00 = (78,00) 20% × 780,00 = (156,00)
Lucro antes do IR	$ 820,00	$ 793,00	$ 766,00
Imposto de Renda (40%)	(328,00)	(317,20)	(306,40)
Lucro Líquido	$ 492,00	$ 475,80	$ 459,60
Retorno s/ Patrimônio Líquido – ROE	49,2%	41,4%	35,4%

Os custos do investimento em capital de giro são formados pelos gastos com manutenção e armazenagem de produtos e, principalmente, pelo custo de oportunidade do capital alocado ao ativo circulante. São conhecidos por custos de carregamento. Quanto maior o volume do investimento, mais alto se apresenta o custo de carregamento.

Quando diminui o investimento em giro, surgem outros tipos de custos, identificados principalmente pelos custos de falta. Os custos de falta podem incluir insuficiência de caixa para pagamentos ou para concessão de crédito a clientes, falta de estoques para atender algum pedido de venda, entre outros.

Ao contrário dos custos de carregamento, o custo de falta diminui de acordo com o aumento de investimentos em capital de giro.

24.4 FINANCIAMENTO DO CAPITAL DE GIRO

Conforme foi estudado nas Partes I e II deste livro, o custo a um crédito a longo prazo é mais caro que o a curto prazo. Essa desigualdade é explicada, basicamente, pelo risco envolvido na duração do empréstimo. Evidentemente, um credor assume maior risco ao comprometer a devolução de seu capital emprestado por 5 anos, por exemplo, em vez de em 3 meses. As menores condições de previsibilidade da capacidade de pagamento do devedor impõem um custo adicional ao empréstimo.

O tomador de recursos a longo prazo, por sua vez, obriga-se também a remunerar expectativas de flutuações nas taxas de juros por um tempo maior, as quais assumem geralmente um comportamento crescente em razão da incerteza associada à duração do empréstimo, ou seja, quanto maior for o prazo de concessão de um empréstimo, maior será seu custo em razão do risco que o credor assume em não obter um retorno condizente com os padrões de juros da época.

Os juros dos empréstimos a longo prazo são geralmente maiores que os a curto prazo. Isto indica que o custo da empresa se eleva ao preferir financiar seu giro com financiamentos a longo prazo.

Razões:

* risco de flutuação das taxas de juros: as taxas de juros podem variar no tempo, afetando o retorno do investidor. Quanto maior o prazo, maiores as chances de flutuação dos juros;

* quanto maior o prazo, menor se apresenta a capacidade de previsão de reembolso do investidor.

24.4.1 Dilema risco-retorno na composição do financiamento

A política de financiamento do capital de giro trata da composição do endividamento, identificada na definição da participação de recursos a curto e a longo prazos.

Ao utilizar mais de crédito a longo prazo, há uma redução do risco; no entanto, por serem os juros a longo prazo geralmente superiores aos a curto prazo, este tipo de financiamento diminui, ao mesmo tempo, a taxa de retorno da empresa. Ao contrário, a preferência por endividamento a curto prazo reduz a folga financeira e eleva o risco; diante de um menor custo financeiro da dívida, ocorre uma elevação da taxa de retorno da empresa.

Este é o *dilema risco-retorno* no financiamento do capital de giro.

Enquanto um empréstimo a longo prazo mantém o encargo de juros inalterado por um período de tempo maior, um empréstimo a curto prazo, a ser renovado periodicamente, absorve com maior frequência as oscilações (normalmente crescentes) nas taxas de juros.

24.4.2 Abordagem para o financiamento do capital de giro

No dilema risco-retorno abordado, as decisões relativas ao financiamento do capital de giro assumem grande importância. Nesse processo, o passivo deve ser composto de modo que se mantenha, da melhor maneira possível, o equilíbrio entre o risco e o retorno.

Antes de descrever as principais *abordagens de financiamento*, é importante entender o conceito de capital de giro mediante sua classificação em permanente (ou fixo) e sazonal (ou variável).

A *parte fixa do ativo circulante* é determinada pela atividade normal da empresa, e seu montante definido pelo nível mínimo de necessidades de recursos demandados pelo ciclo operacional em determinado período. Por exemplo: se a empresa vende $ 300 mil todo mês a prazo, e costuma receber, em média, em 60 dias, manterá necessariamente um investimento mínimo determinado por seus negócios igual a $ 600 mil em valores a receber. Identicamente, o estoque mínimo necessário à manutenção das atividades normais da empresa é um investimento fixo em capital de giro, e assim por diante.

O capital circulante fixo constitui-se, em outras palavras, em um investimento cíclico de recursos em giro que se repete periodicamente, assumindo em consequência um caráter permanente.

O *capital de giro sazonal*, por sua vez, é determinado pelas variações temporárias que ocorrem normalmente nos negócios de uma empresa. Por exemplo, maiores vendas em determinados períodos do ano, ou grandes aquisições de estoques antes de períodos de entressafra, produzem variações temporárias no ativo circulante; por isso, são denominados sazonais ou variáveis. O comportamento do capital de giro permanente (cíclico) e sazonal (variável) é representado graficamente na Figura 24.3.

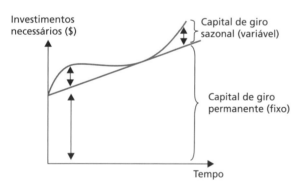

Figura 24.3 Comportamento fixo e variável do circulante.

EXPLICANDO MELHOR

O ativo circulante de uma empresa sofre variações ao longo do tempo, determinadas principalmente pelo crescimento da atividade, do mercado e pela sazonalidade das vendas.

Este comportamento determina limites altos (máximos) e baixos (mínimos) de investimento em ativo circulante. *Por exemplo*, uma indústria de brinquedo mantém altos níveis de estoques e, consequentemente, de capital de giro, em meses anteriores ao pico de vendas. Após este período, o ativo circulante tende a decrescer, atingindo seus limites mínimos.

A parte variável (ou sazonal) do capital de giro é medida pela diferença, em determinado momento, entre o montante do investimento no pico máximo e no pico mínimo. O volume mínimo de investimento é o capital de giro permanente.

Abordagem pelo Equilíbrio Tradicional

De acordo com essa abordagem, representada na Figura 24.4, o ativo permanente e o capital de giro permanente são financiados também por recursos a longo prazo (próprios ou de terceiros). As necessidades sazonais de capital de giro, por sua vez, são cobertas por exigibilidades a curto prazo.

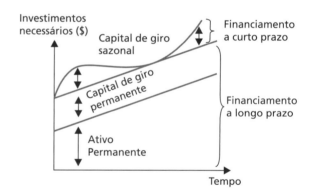

Figura 24.4 Abordagem tradicional.

Pela abordagem, verifica-se que, ocorrendo oscilações no capital de giro, essas necessidades temporárias deverão ser financiadas, à medida que forem ocorrendo, por recursos de terceiros a curto prazo; e os investimentos de caráter permanente serão cobertos por fundos de prazo compatível (longo prazo).

Ao adotar essa abordagem compensatória, a empresa não teria recursos dispendiosos aplicados em itens sem nenhum retorno. Por exemplo, se financiasse suas necessidades sazonais de fundo com captações a longo prazo, a empresa arcaria, em alguns períodos, com o custo desse dinheiro sem obter nenhum tipo de retorno. Evidentemente, essa limitação poderia desaparecer mediante aplicações financeiras temporárias no mercado, que deveriam render, no mínimo, o custo do dinheiro captado.

Abordagem de Risco Mínimo

Uma postura de minimização do risco pode ser adotada por uma abordagem conservadora para o financeiro do capital de giro, conforme é apresentada na Figura 24.5.

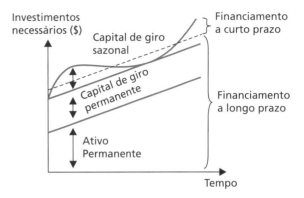

Figura 24.6

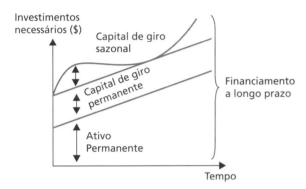

Figura 24.5 Abordagem de risco mínimo.

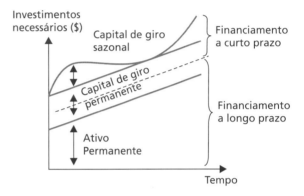

Figura 24.7

Nessa composição mais extrema e de pouca aplicação prática, a empresa encontra-se totalmente financiada por recursos permanentes (longo prazo), inclusive em suas necessidades sazonais de fundos. O capital de giro líquido, nessa situação, é igual ao capital de giro (ativo circulante) da empresa.

O risco é colocado em níveis mínimos em razão de a empresa não necessitar utilizar sua capacidade de captação de recursos a curto prazo, a qual seria acionada somente para atender às necessidades financeiras inesperadas (imprevistas). O custo dessa abordagem seria bem elevado, em razão da preferência por créditos a longo prazo (normalmente mais onerosos que os a curto prazo) e da ociosidade desses recursos em vários períodos.

Outras Abordagens de Financiamento

Outras formas de composição do financiamento do capital de giro podem, evidentemente, ser estabelecidas. As Figuras 24.6 e 24.7 ilustram duas possíveis abordagens, que variam em função do nível de participação das fontes de financiamento.

Figura 24.6: a abordagem da Figura 24.6 ilustra uma empresa que financia todos os seus investimentos permanentes (ativo permanente e capital de giro permanente) com recursos a longo prazo, inclusive uma parte de suas necessidades financeiras sazonais, que é demarcada pela linha tracejada.

Figura 24.7: a abordagem descrita na Figura 24.7 revela maior participação de recursos a curto prazo no financiamento do capital de giro, os quais cobrem todas as necessidades variáveis e parte das necessidades permanentes. Identicamente, a demarcação da parte permanente financiada por fundos circulantes de terceiros é efetuada pela linha tracejada. Comparativamente, essa abordagem apresenta maior risco que a anterior, pelo maior esgotamento dos limites de crédito a curto prazo da empresa, e também menores disponibilidades de aplicações financeiras.

> **As Abordagens de Financiamento do Capital de Giro**
>
> A **abordagem de equilíbrio** prevê que os ativos fixos e a parcela permanente dos ativos circulantes sejam financiados pelo patrimônio líquido e pelo exigível a longo prazo.
>
> A **abordagem de risco mínimo** propõe que o patrimônio líquido e o exigível a longo prazo sejam utilizados para financiarem o ativo fixo e o total do ativo circulante, inclusive sua parcela sazonal.
>
> Outras abordagens podem ainda ser estabelecidas, prevendo diferentes composições de financiamento. As Figuras 24.6 e 24.7, descritas anteriormente, ilustram algumas abordagens alternativas.

Conclusão: outras composições poderiam naturalmente ser estabelecidas. No entanto, a definição da melhor estrutura para a empresa é determinada, conforme se comentou, por suas características operacionais e de seu ambiente, pelo grau de aversão ao risco de seus administradores e pelas taxas de juros de mercado. Ao optar por maior participação de recursos a curto prazo, por serem mais baratos, a empresa deverá estar ciente do risco que a composição trará e do nível de sua flexibilidade em obter fundos adicionais no mercado toda vez que surgirem saídas inesperadas do circulante. Uma posição mais conservadora poderá determinar menor risco e afetar a rentabilidade da empresa.

Resumo

1. **Descrever os vários aspectos e características do capital circulante.**

    O conceito de capital de giro apresenta, em geral, diferentes interpretações que são aplicadas segundo os critérios e a natureza do estudo desenvolvido. São descritos os principais conceitos e modos de remuneração do capital de giro, conforme são geralmente considerados.

    O *capital de giro* corresponde ao ativo circulante de uma empresa. Em sentido amplo, o capital de giro representa o valor total dos recursos demandados pela empresa para financiar seu ciclo operacional, o qual engloba, para uma empresa industrial, as necessidades circulantes identificadas desde a aquisição de matérias-primas até a venda e o recebimento dos produtos elaborados.

    O *Capital de Giro Líquido* ou *Capital Circulante Líquido* representa o valor líquido das aplicações (deduzidas das dívidas a curto prazo) efetuadas no ativo (capital) circulante da empresa. São os recursos a longo prazo (próprios ou de terceiros) que se encontram financiando ativos correntes (a curto prazo).

    Outro indicador de capital de giro utilizado na prática é o denominado *capital de giro próprio*. É calculado geralmente pela simples diferença entre o patrimônio líquido e o ativo permanente. Nesse caso, a medida revela o volume de capital próprio da empresa que está financiando o ativo circulante e o realizável a longo prazo.

2. **Definir equilíbrio financeiro.**

    Ficou demonstrado que o capital circulante líquido adequado deve cobrir as *necessidades mínimas (permanentes)* de ativos circulantes de uma empresa, e as *necessidades sazonais (curto prazo)* de recursos são supridas por passivos circulantes. Nesse contexto exposto, o investimento em giro a ser mantido deve igualar, no mínimo, o montante do ativo circulante caracterizado como permanente, e esses recursos, visando à manutenção do equilíbrio financeiro da empresa, devem ser lastreados por fundos a longo prazo. Utilizando-se de fundos a curto prazo para financiar suas necessidades cíclicas (ou permanentes) de capital circulante, a empresa, para manter sua posição de liquidez, assume maior dependência pela renovação desses passivos, elevando seu risco financeiro.

3. **Analisar as aplicações práticas de cada item circulante dentro das características do mercado brasileiro.**

    As atividades operacionais de uma empresa envolvem, de maneira sequencial e repetitiva, a produção de bens e serviços e, em consequência, a realização de vendas e respectivos recebimentos. Nessas operações básicas procura a empresa obter determinado volume de lucros, de modo a remunerar as expectativas de retorno de suas diversas fontes de financiamento (credores e proprietários). É diante desse processo natural e permanente que sobressai o *ciclo operacional* da empresa, composto por todas as fases de suas atividades operacionais.

O *ciclo operacional completo*, para o caso de uma empresa industrial, inicia-se com a aquisição das matérias-primas, passa pela armazenagem, produção e venda e desemboca no efetivo recebimento das vendas realizadas. O ciclo operacional total é composto de todas as fases operacionais da empresa, iniciando-se no momento do recebimento dos materiais a serem utilizados no processo de produção e encerrando-se na cobrança das vendas realizadas.

O *ciclo econômico* engloba fundamentalmente toda a base de produção da empresa, ou seja, estocagem de matérias-primas, fabricação e venda.

O *ciclo financeiro (de caixa)* identifica as necessidades de recursos da empresa que ocorrem desde o momento do pagamento aos fornecedores até o efetivo recebimento das vendas realizadas.

Basicamente, o volume de capital de giro adequado para determinado negócio é a função da política de produção e venda adotada, cabendo à administração da empresa adequar-se a esses critérios para delimitar suas necessidades de aplicações a curto prazo.

4. **Analisar as características do financiamento do capital de giro.**

O custo do *crédito a longo prazo apresenta-se, em geral, mais caro que o a curto prazo*. Essa desigualdade é explicada, basicamente, pelo risco envolvido na duração do empréstimo. Evidentemente, um credor assume maior risco ao comprometer a devolução de seu capital emprestado por 5 anos, por exemplo, em vez de em 3 meses. As menores condições de previsibilidade da capacidade de pagamento do devedor impõem um custo adicional ao empréstimo.

O tomador de recursos a longo prazo, por sua vez, obriga-se também a remunerar expectativas de *flutuações nas taxas de juros* por um tempo maior, as quais assumem geralmente um comportamento crescente em razão da incerteza associada à duração do empréstimo, ou seja, quanto maior for o prazo de concessão de um empréstimo, maior será seu custo em razão do risco que o credor assume em não obter um retorno condizente com os padrões de juros da época.

No dilema risco-retorno abordado, as decisões relativas ao financiamento do capital de giro assumem grande importância. Nesse processo, o passivo deve ser composto de modo que se mantenha, da melhor maneira possível, o equilíbrio entre o risco e o retorno.

 Testes de verificação

1. **Um indicador calculado pela relação capital circulante dividido pelas vendas denota:**

   a) A rentabilidade da empresa imobilizada em seu capital circulante líquido.

   b) A proporção de capital circulante líquido que a empresa tem visando a atender seu volume de vendas.

   c) Quanto menor esse indicador, maior a capacidade de autossustentação da empresa.

   d) Quanto maior esse indicador, mais rápido a empresa recebe suas contas a receber.

   e) Um maior volume de recursos aplicados em estoques.

2. **Considerando que o endividamento a longo prazo da empresa seja destinado a financiar seu capital circulante líquido, um índice Exigível Total (curto prazo e longo prazo) dividido pelo capital circulante líquido igual a 1 significa que:**

   a) A empresa mantém um capital circulante líquido inferior ao seu volume de suas dívidas a longo prazo.

   b) A empresa captou recursos de terceiros a longo prazo para financiar seus ativos permanentes.

c) O seu patrimônio líquido está em princípio totalmente aplicado em ativos a longo prazo e permanente.

d) O ativo circulante da empresa não é suficiente para quitar as dívidas totais.

e) A empresa mantém um capital circulante líquido igual ao seu volume de dívidas a curto prazo.

3. Identifique a expressão de cálculo correta:

   a) (AC - PC) = (PL + ELP) - (AP + RLP).
   b) CCL = AC.
   c) CCL = AC + Fornecedores.
   d) CGP = AC - PC.
   e) CCL = AT - PL.

   AC: ativo circulante; PC: passivo circulante; PL: patrimônio líquido; ELP: exigível a longo prazo; AP: ativo permanente; RLP: realizável a longo prazo; CCL: capital circulante líquido; CGP: capital de giro próprio; AT: ativo total.

4. O capital circulante líquido (CCL) pode ser obtido pela seguinte expressão:

   a) AC - PL.
   b) AC - ELP.
   c) RLP - AP.
   d) PL + ELP - AP - RLP.
   e) RLP - ELP.

5. Classificando as sentenças a seguir como verdadeiras (V) ou falsas (F), a indicação correta pela ordem é:

   I – O capital circulante líquido é a parcela dos recursos a longo prazo (próprios e de terceiros) destinada a financiar as necessidades de investimento em giro.

   II – A abordagem do equilíbrio tradicional sugere que todas as necessidades permanentes de capital de giro sejam financiadas por dívidas a longo prazo, e as necessidades sazonais (variáveis) sejam cobertas por passivos a curto prazo.

   III – A parte fixa do ativo circulante é formada pelos bens fixos, como máquinas, equipamentos etc.

   a) V; V; V.
   b) F; V; V.
   c) F; F; F.
   d) V; F; F.
   e) V; V; F.

6. A gestão do capital de giro compreende as seguintes atividades, *exceto*:

   a) Política de estocagem.
   b) Produção e venda de produtos.
   c) Compra de materiais.
   d) Política de dividendos.
   e) Prazo de recebimento das vendas.

Exercícios propostos

1. Suponha que uma empresa tenha realizado as seguintes operações em determinado exercício social: aquisição de $ 9.500 de estoques, sendo $ 4.500 pagos no próprio exercício e $ 5.000 devidos 4 meses após o encerramento do exercício; amortização de $ 2.800 de dívidas circulantes; ao fim do exercício foi apurado um lucro líquido de $ 1.400; foi levantado um empréstimo bancário a curto prazo no valor de $ 3.000 e um financiamento a longo prazo de $ 6.000; foram adquiridos bens imobilizados no valor de $ 9.000, sendo integralmente pagos no exercício; a depreciação do ativo imobilizado atingiu $ 800 no exercício. Determine: a variação determinada por essas operações sobre o capital circulante líquido da empresa.

2. Estudos financeiros prospectivos da Cia. Giro demonstraram que suas necessidades totais de investimento em capital de giro, para cada trimestre do próximo exercício, vão de um mínimo de $ 20.000.000 até $ 38.000.000, ou seja:

Períodos	Necessidade de Financiamento/ Investimento
1º trimestre	$ 20.000.000,00
2º trimestre	$ 27.000.000,00
3º trimestre	$ 24.000.000,00
4º trimestre	$ 38.000.000,00

Pede-se:

a) Descreva graficamente o comportamento sazonal (variável) e permanente (fixo) do capital de giro.

b) Descreva graficamente a composição de financiamento de capital de giro segundo as abordagens do "Equilíbrio Financeiro Tradicional" e "Risco Mínimo". Considere ainda uma abordagem intermediária na qual os recursos passivos a longo prazo financiam também 50% dos investimentos sazonais de capital de giro.

3. **O patrimônio líquido de uma empresa é de $ 6.000.000,00, o que corresponde a 60% do seu ativo permanente. A empresa possui direitos a receber no valor de $ 1.000.000 para daqui a 24 meses e financiamentos a pagar para daqui a 19 meses no valor de $ 4.000.000. Determine o volume de recursos a longo prazo (próprios e de terceiros) da empresa que se encontra aplicado em itens circulantes.**

4. **Uma empresa comercial, em fase de avaliação de sua necessidade de investimento em giro, apura, ao fim do exercício de 2012, o seguinte balanço patrimonial:**

Ativo	($)
Disponível	150.000
Duplicatas a Receber	670.000
Estoque	350.000
Permanente	1.000.000
Total	*2.170.000*

Passivo	($)
Empréstimos (CP)	70.000
Fornecedores	360.000
Financiamentos (LP)	470.000
Capital Social	1.270.000
Total	*2.170.000*

Os resultados projetados pela empresa para o primeiro trimestre de 2013 são apresentados a seguir.

Resultados projetados	($)
Receitas de Vendas	3.770.000
CMV	(2.232.000)
Lucro bruto	*1.538.000*
Despesas Operacionais	(540.000)
Depreciação	(60.000)
Lucro Operacional	*938.000*
Despesas Financeiras	(50.000)

Resultados projetados	($)
LAIR	*888.000*
Provisão para IR	(355.200)
LL	*532.800*

A empresa trabalha com os seguintes prazos operacionais: PME de 45 dias, PMC de 18 dias e PMPF de 15 dias. As compras de mercadorias previstas para o trimestre atingem $ 2.998.000.

Complete o balanço final do trimestre, conforme apurado a seguir:

Ativo	($)
Disponível	400.000
Duplicatas a Receber	....
Estoque	....
Permanente	1.140.000
Total	*3.410.000*

Passivo	($)
Empréstimos (CP)	120.333
Fornecedores	....
Provisão para IR	....
Financiamentos (LP)	400.000
Capital Social	1.502.000
Lucros Retidos	....
Total	*3.410.000*

5. Uma empresa projetou, para determinado período, as seguintes necessidades mínimas e máximas de investimentos em capital de giro:

	Investimento mínimo	Investimento máximo
Valores a receber	$ 4.000.000,00	$ 7.000.000,00
Estoques	$ 7.000.000,00	$ 12.000.000,00

Por outro lado, as suas oportunidades de captação de recursos a curto prazo, também definidas em valores mínimos e máximos, estão previstas da maneira seguinte:

	Volume mínimo de captação a curto prazo	Volume máximo de captação a curto prazo
Fornecedores	$ 3.000.000,00	$ 4.500.000,00
Estoques	$ 3.000.000,00	$ 6.000.000,00

Para um custo de capital a curto prazo inferior ao a longo prazo, pede-se:

a) Determine o volume de capital circulante líquido que deve ser mantido pela empresa visando maximizar o seu nível de rentabilidade.

b) Admitindo que a empresa mantenha um ativo permanente de $ 35.000.000 e um patrimônio líquido de $ 26.000.000, que seu realizável a longo prazo é nulo e que o custo do dinheiro a curto prazo (aplicável a todo passivo circulante) é de 12% a.a. e o a longo prazo de 15,5%, qual o montante de recursos de terceiros a longo prazo necessários em cada nível de risco considerado?

6. Uma empresa está considerando um novo investimento produtivo que irá determinar alterações relevantes nas contas do circulante. A empresa tem um ativo circulante total de $ 920.000 e um passivo circulante total de $ 640.000. Como resultado da proposta de investimento, as seguintes variações são previstas nos níveis das contas de ativos e passivos circulantes. Determinar a variação, se houver, no capital circulante líquido que é esperada como resultado da proposta de investimento.

CONTA	VARIAÇÃO
Contas a pagar	+ $ 40.000
Títulos negociáveis	–
Estoques	– $ 10.000
Duplicatas a pagar	+ $ 90.000
Empréstimos	–
Duplicatas a receber	+ $ 150.000
Caixa	+ $ 15.000

Link da web

www.institutoassaf.com.br. Fornece indicadores médios de liquidez das companhias abertas brasileiras.

Sugestão de leitura

ASSAF NETO, Alexandre; SILVA, C. A. Tibúrcio. **Administração do capital de giro**. 4. ed. São Paulo: Atlas, 2012.

ROSS, Stephen A.; WESTERFIELD, Randolph W.; JAFFE, Jefrey; LAMB, Roberto. **Administração financeira**. 10. ed. São Paulo: McGraw-Hill/Bookman, 2015.

Respostas dos Testes de verificação

1. b
2. c
3. a
4. d
5. e
6. d

ADMINISTRAÇÃO DE CAIXA

OBJETIVOS DO CAPÍTULO

1. Definir os motivos da procura da moeda e de sua relação com a manutenção de um saldo de caixa pelas empresas.
2. Abordar a problemática da administração de caixa e as estratégias que podem ser usadas para seu melhor controle.
3. Desenvolver os principais modelos quantitativos de administração de caixa voltados a maximizar o retorno dos recursos disponíveis e a manter a liquidez da empresa.
4. Mostrar como é elaborada uma projeção das necessidades de caixa.

Este capítulo visa detalhar os principais aspectos da administração de recursos de caixa de uma empresa e dedica também, em várias partes, especial atenção às peculiaridades do contexto brasileiro. Uma empresa mantém recursos disponíveis principalmente para atenuar suas dificuldades financeiras em momentos de saídas de caixa imprevistas.

> Os investimentos em caixa, ao mesmo tempo em que oferecem retornos baixos, são também considerados como investimentos de baixo risco.

> **IMPORTANTE** ■ o caixa é um componente do capital de giro, conforme estudado no capítulo anterior. Existem custos e benefícios em manter um saldo elevado de caixa, assim como existem vantagens e prejuízos em manter um saldo baixo.

O caixa tem, entre outros gastos, um custo de oportunidade. O dinheiro mantido poderia estar aplicado em outros ativos que prometem melhores rendimentos. A falta de caixa, por seu lado, reduz a capacidade imediata de pagamento da empresa. Quanto menor o caixa, maior o risco da empresa em não pagar corretamente seus compromissos, principalmente os desembolsos imprevistos.

Dinheiro em caixa oferece maior liquidez a uma empresa, porém não remunera o custo de oportunidade do investimento. Aplicações em títulos rendem juros, porém desviam recursos que poderiam estar aplicados na atividade produtiva da empresa, muito mais rentável. A administração do caixa procura um equilíbrio entre os custos e benefícios na definição do saldo de caixa a ser mantido.

> O termo caixa, conforme é utilizado em várias partes deste capítulo, refere-se a dinheiro em espécie mantido pela empresa em cofres próprios, recursos depositados em contas correntes bancárias à vista, e aplicações financeiras de liquidez imediata.
>
> O dinheiro guardado em cofre ou depositado em bancos em contas à vista representa valores que podem ser usados a qualquer momento em pagamentos de diversas naturezas.
>
> As aplicações financeiras são representadas geralmente por títulos públicos. Por terem os títulos públicos características de liquidez imediata e risco mínimo, eventuais posições nesses ativos financeiros são também consideradas como caixa.

> Aplicações financeiras a curto e curtíssimo prazos serão estudadas em capítulos posteriores.

Fluxos de Caixa

Fluxos de caixa são os recursos que transitam (entram e saem) pelo caixa em determinado intervalo de tempo.

Nos fluxos de caixa são consideradas unicamente as transações que repercutem sobre o caixa. Por exemplo, a depreciação, despesa dedutível para cálculo do resultado do exercício, não exige qualquer desembolso financeiro. Em outras palavras, não tem reflexo sobre o caixa.

O *Fluxo de Caixa Líquido* mede o resultado de caixa da empresa, sendo apurado pela soma do resultado líquido com as despesas não desembolsáveis, como depreciação, amortização e exaustão, ou seja:

> *Fluxo de Caixa Líquido = Lucro Líquido + Despesas Não Desembolsáveis*

Para ilustrar, admita uma empresa que tenha apurado, ao final de determinado exercício social, os seguintes resultados:

Receitas de vendas:	$ 180.000,00
Despesas operacionais desembolsáveis:	($ 80.000,00)
Despesa de depreciação:	($ 40.000,00)
Despesas financeiras:	($ 22.000,00)
Lucro Antes do IR:	$ 38.000,00
Provisão para IR:	($ 12.920,00)
Lucro Líquido:	$ 25.080,00

O fluxo líquido de caixa atinge a:

> *Fluxo Líquido de Caixa = $ 25.080,00 + $ 40.000,00 = $ 65.080,00*

25.1 RAZÕES PARA UMA EMPRESA MANTER DINHEIRO DISPONÍVEL EM CAIXA

A administração de caixa visa, fundamentalmente, manter uma liquidez imediata necessária para suportar os desembolsos das atividades de uma empresa. Por não apresentar retorno operacional atraente, o saldo de caixa ideal deveria ser o mínimo possível. Uma posição extrema de *caixa zero,* no entanto, é inviável na prática, já que a empresa precisa normalmente manter certo nível de caixa para, entre outras razões, fazer frente à incerteza associada a seu fluxo de recebimentos e pagamentos.

Para que se compreendam com maior profundidade as razões que levam uma empresa a manter recursos de máxima liquidez em seus ativos, é interessante conhecer inicialmente as razões da procura da moeda, passando-se posteriormente ao estudo dos outros aspectos relativos à administração de caixa.

Keynes identificou três motivos que levam as empresas (e as pessoas também) a manter determinado nível de caixa,[1] identificados como: *precaução, transação e especulação.*

Motivo de Transação

O *motivo de transação* (ou *negócio*) é explicado pela necessidade que uma empresa apresenta de manter dinheiro em caixa para efetuar os pagamentos oriundos de suas operações normais. No ciclo de caixa descrito no capítulo anterior, as empresas consomem recursos e precisam, consequentemente, manter certas reservas monetárias para suprir seus desembolsos operacionais e previstos.

O nível de caixa mantido por uma empresa para financiar esse período de transição é influenciado principalmente pelas características dos negócios e pela extensão do ciclo operacional.

Sazonalidade: por exemplo, o comércio varejista costuma apresentar maiores saldos de caixa em determinadas épocas, normalmente no fim de ano, que empresas siderúrgicas que convivem com férias coletivas das indústrias consumidoras.

Ciclo operacional: empresas com ciclo financeiro mais longo, como indústria aeronáutica, costumam apresentar necessidades de caixa maiores que

aquelas de ciclo mais curto, tipicamente geradoras de caixa, como os setores de prestação de serviços, por exemplo.

> **!** **IMPORTANTE** ■ em verdade, a falta de sincronização verificada entre os momentos dos recebimentos e dos vencimentos dos compromissos é que determina a demanda por caixa pelas empresas. Ao se admitir a certeza absoluta sobre os períodos e sobre os montantes dos fluxos de entradas e saídas de caixa, a demanda pelo dinheiro para fins de transação seria desnecessária. No entanto, como a certeza total (sincronização perfeita) é praticamente impossível, devido ao ambiente de incerteza que normalmente envolve os negócios e os naturais desajustes de mercado, a empresa deverá sempre manter recursos monetários em caixa para sustentar suas atividades normais.

o motivo de transação tem por finalidade cobrir as necessidades de caixa geradas pelos negócios normais da empresa.

Motivo de Precaução

O segundo motivo abordado por Keynes refere-se à *precaução*. O motivo de transação previu a presença certa de dispêndios na atividade normal de uma empresa; a incerteza descrita estava associada às datas (momentos) e aos valores de seus fluxos de caixa.

Não obstante isso, é comum ocorrerem certas *despesas imprevistas e extraordinárias* nos negócios empresariais (variações inesperadas nas rendas e nos preços de alguns fatores de produção, insolvência de clientes e outras contingências), e, quanto maior for o saldo de caixa para enfrentar essas exigências monetárias inesperadas, tanto maior será a margem de segurança de atuação da empresa. Dessa maneira, o motivo-precaução para a retenção de ativos de máxima liquidez por uma empresa é justificado pela diferença normalmente observada entre os fluxos monetários orçados e os reais.

---

[1] KEYNES, J. Maynard. Os motivos psicológicos e empresariais para a liquidez. In: **A teoria geral do emprego, do juro e da moeda**. São Paulo: Atlas, 1982. Cap. 15.

Essas necessidades imprevistas de recursos variam de empresa para empresa. Negócios com receitas de vendas mais estáveis e previsíveis, como supermercados, por exemplo, podem necessitar de menores níveis de caixa que outras com comportamento mais volátil.

> O motivo de precaução visa manter caixa com o objetivo de atender a necessidades de pagamentos eventuais e imprevistos.

Acesso ao financiamento externo: o nível de caixa exigido pelo motivo-precaução é função, naturalmente, da flexibilidade que uma empresa apresenta em captar recursos nos exatos momentos de suas necessidades extraordinárias. A facilidade de acesso imediato ao crédito externo permite que uma empresa trabalhe com maior taxa de retorno em razão da menor necessidade de manter saldo em caixa por precaução. Mais uma vez, o grau de aversão ao risco em relação a uma eventual falta de recursos disponíveis é que irá conciliar o aspecto de maior liquidez imediata ou retorno.

Motivo de Especulação

Finalmente, o terceiro motivo citado refere-se à *especulação*. Por exemplo, o aproveitamento de oportunidades especulativas em relação a certos itens não monetários (estoques, normalmente), desde que a empresa acredite em uma valorização atraente de seus preços, pode justificar maiores investimentos de caixa.

Uma situação frequente de especulação ocorre no armazenamento de caixa para tirar proveito de certas aplicações financeiras cujos rendimentos apresentam-se atraentes para a empresa. Nos últimos anos pôde-se observar uma grande demanda por dinheiro pelas empresas (e pessoas também), com o intuito de adquirirem certos ativos que prometem altas valorizações em seus preços. A rentabilidade oferecida por essas aplicações vem assumindo percentuais bem elevados, chegando, em diversos momentos, a exceder o retorno real sobre os ativos de muitas empresas.

> Diversas oportunidades de investimentos atraentes costumam surgir de maneira não prevista, sem dar tempo para a empresa buscar financiamento no mercado. Estas oportunidades somente podem ser aproveitadas com caixa. É o motivo de especulação.

Outros motivos para manter caixa podem também ser descritos, como a necessidade de saldo médio junto a instituições financeiras concedentes de créditos, preferência pelo uso de recursos próprios e, consequente retenção de caixa, para financiar projetos de expansão, e assim por diante.

25.2 CICLO DE CAIXA E CONTROLE DE SEU SALDO

Com o objetivo de alcançar uma visão clara da administração de caixa e das medidas que podem ser acionadas para um controle eficiente, é interessante estudar, com mais detalhes, o ciclo de caixa de uma empresa.

O capítulo anterior definiu o *ciclo de caixa* como o período de tempo existente desde o desembolso inicial de despesas até o recebimento do produto da venda. Representa, em outras palavras, o tempo em que a empresa deve selecionar fontes de financiamento para sustentar seu ciclo operacional.

Para uma empresa industrial, por exemplo, esse ciclo corresponde ao intervalo verificado entre o pagamento de matérias-primas (note-se que não é data de compra, pois a mesma poderá ocorrer antes, se a aquisição for efetuada a prazo) e o recebimento pela venda do produto elaborado (da mesma maneira, não se refere ao momento da venda, e sim ao do efetivo recebimento).

Se as compras necessárias e as vendas forem efetuadas totalmente à vista, o ciclo de caixa coincidirá exatamente com o ciclo operacional da empresa, conforme estudado no Capítulo 24.

A Figura 25.1 ilustra, de maneira mais completa, o ciclo de caixa e o ciclo operacional de uma empresa industrial.

Percebe-se na Figura 25.1 que a duração do ciclo de caixa (5 meses) é menor que a do ciclo operacional

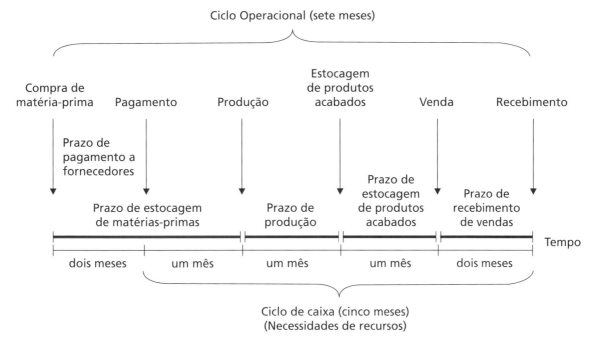

Figura 25.1 Ciclo operacional e financeiro completo.

(sete meses) exatamente pelo prazo concedido pelos fornecedores de insumos básicos.

Prazo Médio de Estocagem de Matérias-primas	3,0 meses
Prazo Médio de Fabricação	1,0 mês
Prazo Médio de Venda (Estocagem de Produtos Acabados)	1,0 mês
Prazo Médio de Cobrança das Vendas a Prazo	2,0 meses
Ciclo Operacional	**7,0 meses**
Prazo Médio de Pagamento a Fornecedores de Matérias-primas	2,0 meses
Ciclo Financeiro (de Caixa)	**5,0 meses**

Claro está, também, que o prazo de pagamento a fornecedores poderia ser maior, excedendo inclusive o período de estocagem desses itens. Nessa situação, o ciclo de caixa deveria iniciar-se na presença dos primeiros dispêndios operacionais (normalmente, a partir da entrada das matérias-primas na produção pela ocorrência de pagamentos aos fatores).

Na ilustração considerada, as necessidades de financiamento da empresa ocorrem desde o momento do pagamento das compras de insumos até o do recebimento das vendas realizadas, o que representa seu *ciclo de caixa*.

Para determinar o número de vezes que o caixa de uma empresa gira (se renova) em um determinado período, basta dividir 12 pelo ciclo de caixa encontrado.[2] Assim, para o exemplo considerado, o *giro de caixa* da empresa é igual a 2,4 ou 12 ÷ 5, ou seja, os recursos alocados ao disponível revezam-se 2,4 vezes no período (ano).

A *maximização do giro de caixa*, que pode ser alcançada por uma gradativa redução do ciclo de caixa, determina menores necessidades de recursos monetários no disponível. É uma medida de eficiência na administração de caixa de uma empresa.

EXEMPLO ILUSTRATIVO – Ciclo Operacional e Ciclo Financeiro

Uma empresa revela que o período médio ponderado de pagamento a fornecedores de matérias-primas e outros insumos, como mão de obra, é igual a 28 dias. A empresa gira seus estoques cinco vezes no ano, e seus clientes pagam as duplicatas dentro de um prazo médio de 35 dias.

---

[2] Divide-se por 12 na hipótese de serem calculados os vários prazos operacionais em bases mensais. Se os prazos do ciclo estiverem estabelecidos em dias, o numerador da expressão será o número de dias do ano.

$$\text{Ciclo Operacional} = \text{Prazo Médio dos Estoques} + \text{Prazo Médio de Cobrança}$$

PME = 360 dias/5 = 72 dias

$$\text{Ciclo Operacional} = 72 \text{ dias} + 35 \text{ dias} = 107 \text{ dias}$$

O ciclo operacional indica o intervalo de tempo desde a *aquisição* (*pedido*) das matérias-primas até o recebimento da venda do produto acabado. Na ilustração, este prazo médio é de 107 dias.

$$\text{Ciclo de Caixa (Financeiro)} = \text{Ciclo Operacional} - \text{Prazo Médio de Pagamento}$$

$$\text{Ciclo de Caixa} = 107 - 28 = 79$$

Este é o tempo que tarde desde o *pagamento* das matérias-primas até o momento do recebimento das vendas. A empresa necessita de recursos em seu ciclo de caixa para financiar seu ciclo operacional.

Estratégias de Controle do Saldo de Caixa

A necessidade de manter um controle mais acurado na disponibilidade de uma empresa é determinada pelo objetivo de ajustar a manutenção de um saldo de caixa que atenda aos motivos de transação, precaução e especulação mencionados anteriormente.

As medidas de controle que podem ser acionadas para uma eficiente administração de caixa serão discutidas com a classificação em dois grupos: *medidas do caixa* e *medidas da empresa*.

As *medidas do caixa* podem incluir maior dinamização nos recebimentos de clientes, mediante contatos com os bancos com que a empresa trabalhe, visando à agilização na liberação dos cheques recebidos; emissão e entrega mais rápida de títulos representativos das vendas a prazo (faturas e duplicatas); melhor adequação e controle das datas de recebimentos e pagamentos; maior controle no registro dos valores a receber, evitando-se, entre outras consequências, extravios de títulos ou preenchimentos equivocados, os quais poderão retardar suas liquidações ou dificuldades de localização etc.

É interessante acrescentar, ainda, que a manutenção das contas-correntes em muitos bancos poderá trazer problemas, notadamente para as pequenas e médias empresas com menor capacidade de geração de fundos, no atendimento das exigências de saldo médio (e outras formas de reciprocidade bancária em geral adotadas pelos bancos).

Por sua vez, as *medidas da empresa* envolvem alterações diretas (e, muitas vezes, relevantes) nos outros ativos circulantes. Por exemplo, uma diminuição do prazo de produção (com a introdução de técnicas e processos mais dinâmicos e eficientes) traria como consequência de uma elevação no giro de caixa, conforme visto, menor demanda pela moeda. Evidentemente, reduzindo-se o prazo de produção, os recursos são imobilizados por um tempo menor, o que determina uma antecipação na realização dos produtos de venda (entradas de caixa).

De igual modo, uma retração nos investimentos em estoques até um nível que não traga prejuízos às metas estabelecidas de produção ou perdas de vendas pode ser acionada como estratégia de diminuição de ciclo da empresa e, consequentemente, do montante de caixa demandado.

Outra medida, ainda, seria rever a política de concessão de crédito adotada. Como esta influi normalmente no volume de vendas da empresa e, consequentemente, em sua lucratividade, alterações que venham a se proceder deverão ser analisadas previamente com bastante rigor. Por exemplo, uma seletividade maior nas decisões de concessão de créditos a clientes poderia, em conjunto com uma possível diminuição de devedores insolventes, trazer retrações economicamente desinteressantes às receitas da empresa.

Da mesma maneira, menores liberalidades nas cobranças e reduções gerais nos prazos de venda produzem, muitas vezes, prejuízos maiores no médio prazo.

Finalmente, é necessário ressaltar que uma administração eficiente de caixa prevê, também, decisões de aplicações financeiras de recursos temporariamente inativos. Esta aplicação dos recursos tem por objetivo a redução do custo de oportunidade da manutenção de caixa.

25.2.1 Uso do *float*

O termo *float* refere-se a um montante de cheques emitidos, mas que não foi debitado (sacados) na conta-corrente bancária. Em outras palavras, *float* é o intervalo de tempo que vai desde a emissão do cheque até sua efetiva liquidação financeira pelo banco.

Evidentemente, o *float* de pagamentos pode gerar receitas financeiras às empresas mediante a aplicação da quantia devida, pelo prazo em que o cheque permanecer em trânsito (até a efetiva liquidação pelo banco) em operações a curto prazo no mercado financeiro.

> *Float* são recursos pagos pelo devedor, mas que ainda não foram recebidos (creditados) pelo credor do pagamento. Quanto maior o *float*, mais elevado se apresenta o prazo de recebimento da empresa.
>
> No banco, o *float* é contado pelo intervalo entre o momento em que os recursos são depositados e o momento em que eles são liberados à empresa credora.

25.3 SALDO MÍNIMO DE CAIXA

Objetivo de manter um saldo mínimo de caixa: o objetivo geral da manutenção de um saldo mínimo de caixa é o de permitir que a empresa possa corretamente *saldar seus compromissos* programados e manter, ainda, uma reserva de segurança de modo a cobrir suas necessidades de pagamentos imprevistos (não programados).

De igual modo, o caixa mínimo deve também financiar a geralmente presente *falta de sincronização* entre as entradas e saídas de fundos, ou seja, as disponibilidades devem ser suficientes para processar pagamentos quando as entradas esperadas (recebimentos) não se realizarem. Conforme se comentou, esses valores em caixa são mantidos em espécie ou em títulos (aplicações financeiras) de liquidez imediata.

A determinação de um volume ideal de recursos monetários a ser mantido em caixa é uma tarefa complexa, notadamente pelas razões apresentadas no início deste capítulo: demanda de moeda (negócios, precaução e especulação).

Ao centrar-se no motivo *negócios* da empresa, o saldo de caixa é necessário em razão fundamentalmente de as entradas e saídas não ocorrerem no mesmo momento. Nessa situação, pode-se imaginar operar com valores históricos para o cálculo do saldo mais apropriado de caixa.

Por exemplo, ouve-se muitas vezes dizer que determinada empresa costuma manter em caixa 10 dias de seus desembolsos fixos mensais, determinando-se daí o saldo disponível mínimo mais adequado. Esse valor médio representa, em essência, o maior resultado líquido medido pela diferença entre as entradas e saídas operacionais de caixa comumente verificado em cada mês.

Apesar de se basear na própria experiência da empresa, e mesmo que se trabalhe com fluxos em moeda constante, esse valor é uma estimativa subjetiva, não incorporando os demais aspectos do problema, principalmente os derivados da procura da moeda por *precaução* e *especulação*.

Já as entradas e saídas de caixa motivadas por decisões de investimento permanente, captações a longo prazo e outras que não participam da gerência diária do caixa não costumam ser regulares, ou seja, o saldo do caixa não é continuamente influenciado por essas decisões e ocorrem normalmente em intervalos mais esporádicos e irregulares que os apresentados no ciclo financeiro operacional. Esses fluxos devem ser mais bem relacionados com as políticas financeiras a longo prazo da empresa, de modo a serem incluídos na necessidade mínima operacional de caixa.

São conhecidas diversas técnicas de apuração do saldo mínimo operacional de caixa de uma empresa, até mesmo algumas com alto grau de sofisticação matemática. Um modelo de cálculo bastante simples e adotado pelas empresas é o cálculo do saldo mínimo de caixa a partir do ciclo financeiro.

Saldo de Caixa pelo Ciclo Financeiro

Um critério mais simples e bastante utilizado na prática baseia-se no ciclo de caixa (financeiro) da empresa, determinando o saldo mínimo com base na identidade:

$$\begin{array}{c} \text{Saldo mínimo} \\ \text{de caixa} \end{array} = \frac{\begin{array}{c}\text{Desembolsos totais de caixa esperado}\\\text{em determinado período}\end{array}}{\text{Giro de caixa no período}}$$

Os *desembolsos totais de caixa*, conforme citados no numerador da expressão apresentada, representam todos os dispêndios de caixa previstos no ciclo operacional da empresa no período.

Por exemplo, se os desembolsos anuais previstos de determinada empresa atingirem $ 3.600.000, e seu giro de caixa no mesmo período for de quatro vezes (ciclo de caixa = 3 meses), a necessidade mínima de caixa será de:

$$\begin{array}{c} \text{Saldo mínimo} \\ \text{de caixa} \end{array} = \frac{\$\ 3.600.000,00}{4} = \$\ 900.000,00$$

Esse resultado quer dizer que, se a empresa manter um saldo mínimo de $ 900.000,00 em seu caixa no período, ela demonstra condições financeiras suficientes para saldar todos os seus gastos operacionais estimados para o período.

Evidentemente, a própria geração de lucro ao longo do exercício, assim como rendimentos de eventuais aplicações financeiras do disponível, podem levar a reduções desse valor.

EXEMPLO ILUSTRATIVO – Saldo Mínimo de Caixa

Admita que uma empresa consiga girar os seus estoques oito vezes no ano, e suas duplicatas a receber em seis vezes no ano. O prazo médio de pagamento a seus fornecedores de matérias-primas e outros insumos atinge a 40 dias.

a) *Determinar o intervalo de tempo do ciclo operacional que a empresa necessita de recursos*

A necessidade de financiamento do ciclo operacional é determinada pelo seu ciclo financeiro. Quanto mais longo este ciclo, maior é a necessidade de recursos.

b) *Determinar o ciclo operacional e o ciclo de caixa da empresa*

Prazo Médio de Estocagem (PME) =
= 360 dias/8 = 45 dias

Prazo Médio de Cobrança (PMC) =
= 360 dias/6 = 60 dias

CICLO OPERACIONAL = 45 + 60
= 105 dias

CICLO DE CAIXA = (45 + 60) – 40
= 65 dias

c) *Sendo de $ 5.400.000 os gastos com reflexos no caixa previstos para o ciclo operacional, determinar o saldo mínimo recomendado de caixa da empresa.*

$$\begin{array}{c} \text{SALDO MÍNIMO} \\ \text{DE CAIXA} \end{array} = \left(\frac{\$\ 5.400.000}{360\ \text{dias}} \right) \times 65\ \text{dias}$$

SALDO MÍNIMO DE CAIXA = $ 975.000

O ciclo de caixa é de 65 dias, que corresponde a um giro de caixa de: 360 dias/65 dias = 5,54 vezes (aprox.). Logo, o saldo mínimo de caixa pode também ser calculado pela expressão sugerida anteriormente, ou seja:

$$\begin{array}{c} \text{SALDO MÍNIMO} \\ \text{DE CAIXA} \end{array} = \frac{\$\ 5.400.000}{5,54} = \$\ 975.000$$

Comportamento do saldo mínimo de caixa: os diversos custos identificados em cada fase do ciclo de caixa crescem agregativamente, não se exigindo, em razão disso, a manutenção desse total de saldo de caixa logo no início do período.

Da mesma maneira, a sazonalidade típica de produção e vendas da empresa do exercício social poderá levar a que este esteja *superestimado* em determinados momentos e insuficiente em outros. Em verdade, esse saldo mínimo pode ser entendido como um valor que admite *fluxo operacional uniforme* no exercício.

No critério de cálculo do saldo mínimo de caixa, não se incorporou ainda a variável *incerteza*. Isto é, o caixa mínimo necessário foi obtido sem levar em conta, como é típico ocorrer, a incerteza e os riscos associados aos fluxos financeiros operacionais de entradas e saídas. É de notar também que, em condições de inflação, o valor apurado deverá ser periodicamente corrigido em função da queda do poder de compra da moeda.

Ajustes sugeridos no modelo: diante das críticas efetuadas ao modelo de cálculo do saldo mínimo de caixa, podem ser sugeridos alguns ajustes para atenuar as limitações, como:

- trabalhar com horizontes de *tempo mais curtos* na fixação do saldo mínimo de caixa. Com isso, podem-se avaliar com maior frequência no exercício os resultados efetivamente obtidos, ajustando-os a uma nova situação;

- ao apresentar a empresa uma acentuada *sazonalidade operacional*, o giro de caixa e, consequentemente, seu saldo mínimo podem ser obtidos para cada um desses intervalos típicos. Procura-se, com isso, diluir a dispersão desses valores ao longo do tempo;

- em contextos de inflação, principalmente quando os índices gerais de preços variam mais acentuadamente, é indispensável que se trabalhe com resultados em moeda constante, obtendo-se, assim, maior confiabilidade no saldo de caixa necessário apurado etc.

Orçamento de caixa: ressalte-se, diante do exposto, que a apuração do saldo mínimo de caixa é um processo bastante dinâmico, envolvendo os vários fluxos financeiros de entradas e saídas. Essa característica básica do caixa é melhor identificada ao se elaborar o *orçamento de caixa*, conforme será estudado em itens posteriores deste capítulo.

O orçamento de caixa, em outras palavras, permite que se proceda ao planejamento de caixa e a um controle mais eficiente de seus saldos necessários, de maneira a acompanhar mais proximamente o nível mínimo de caixa demandando pela atividade da empresa.

EXEMPLO ILUSTRATIVO – Investimento no Ciclo de Caixa

Uma rede de lojas varejista tem vendas anuais de $ 50,0 milhões. O custo da mercadoria vendida (CMV) equivale a 60% das vendas, e as compras de fornecedores totalizam a $ 35,0 milhões no ano.

As mercadorias ficam, em média, 60 dias estocadas a espera de serem vendidas, e o prazo médio

que a empresa paga a seus fornecedores e outros insumos operacionais atinge a 30 dias. As vendas são realizadas tendo um prazo médio de cobrança de 20 dias.

Pede-se determinar o volume de recursos que se encontram investidos em seu ciclo operacional.

Solução:

CICLO DE CAIXA = (PME + PMC) – PMPF

CICLO DE CAIXA = (60 + 20) – 30
$$= 50 \text{ dias}$$

Investimento em Estoques = (Compras Anuais × PME)/360

Investimentos em Estoques = ($ 35,0 × 60)/360 = $ 5,83 milhões

(+) *Investimentos em Dupl. a Receber = (CMV × PMC)/360*

Investimentos em Dupl. a Receber = [(60% × $ 50) × 20]/360 = $ 1,67 milhão

(–) *Financiamento de Fornecedores = (Compras Anuais × PMPF)/360*

Financiamento de Fornecedores = ($ 35 × 30)/360 = $ 2,92 milhões

Investimento Operacional = $ 4,58 milhões

As fórmulas de cálculo dos investimentos no ciclo operacional foram estudadas no Capítulo 24.

25.4 MODELOS DE ADMINISTRAÇÃO DE CAIXA

Os modelos de administração de caixa visam fundamentalmente fornecer ao administrador financeiro condições mais científicas para definir o nível ótimo de caixa de uma empresa. São modelos importantes para um amplo entendimento do comportamento do caixa, porém não devem ser aplicados sem restrições. Como todos os modelos teóricos, constituem-se em simplificações da realidade, incorporando os aspectos essenciais de uma decisão sobre o volume ideal de caixa da empresa.

Não há pretensão de se apresentar, mediante os modelos, resposta única e exata dos problemas de caixa, mas explicações que sejam importantes na identificação e avaliação das principais variáveis que compõem o processo decisório.

A seguir, são apresentados dois dos mais importantes modelos quantitativos de administração de caixa.

25.4.1 Modelo do lote econômico

O modelo do *lote econômico*, também conhecido por *modelo de Baumol*, baseia-se no critério do lote econômico bastante utilizado na administração de estoques, conforme será desenvolvido no Capítulo 27.[3] O modelo é bastante simples, e admite que as entradas e saídas de caixa futuras podem ser previstas com certeza.

Para o modelo os recursos de caixa são utilizados até se esgotarem, sendo novamente repostos pela venda de títulos financeiros aplicados pela empresa, formando uma sequência em forma *dentada*, conforme ilustrado na Figura 25.2.

O modelo proposto por Baumol, em linhas gerais, efetua uma análise do custo associado à manutenção de dinheiro em caixa, ou seja, o custo de oportunidade determinado pelos juros que a empresa deixa de receber ao não aplicar esses recursos em títulos negociáveis, e do custo de obtenção do dinheiro pela conversão de títulos negociáveis em caixa.

Caixa e aplicações em títulos: a manutenção de caixa em espécie proporciona à empresa liquidez necessária para atender à comentada falta de sincronização entre recebimentos e pagamentos, embutindo, no entanto, um custo definido pela taxa de juros dos títulos negociáveis que se deixou de receber. As aplicações em títulos permitem à empresa auferir receitas financeiras sobre recursos ociosos, trazendo essas transações, contudo, determinados custos explícitos e implícitos.

Como funciona o modelo do lote econômico: com base na ilustração da Figura 25.2, admite-se que a empresa consegue manter dinheiro em caixa no período vendendo títulos negociáveis. Ela inicia com certa quantidade de dinheiro em caixa (definido por C na Figura 25.2) e, sempre que essa quantia termina, a empresa vende títulos para repô-la integralmente. Essa operação de venda de títulos se repete cada vez que o caixa se esgota, devendo, por conseguinte, ocorrer certo número de vezes no período considerado.

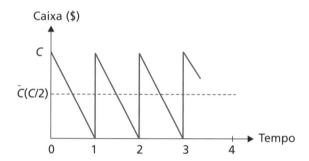

Figura 25.2 Modelo de Baumol.

Por exemplo, se o período definido na Figura 25.2 no eixo horizontal é um mês, ocorrem três demandas por dinheiro no período.

Objetivo do modelo: o modelo visa essencialmente determinar o valor de C, isto é, o valor ótimo de transformação de títulos em dinheiro, que leva a minimização do total dos custos de oportunidade (manutenção) e reposição (obtenção) no período.

Formulações: isoladamente, os custos do saldo de caixa nesse contexto são apurados da maneira seguinte:

$$\text{Custo de Obtenção} = b \times T/C$$

em que:

$b =$ custo fixo, expresso normalmente em \$, identificado nas transações (compra ou venda) com títulos negociáveis. Exemplos: custos de transação, controle, registro, custódia etc.;

$T =$ valor total de caixa (dinheiro) que se prevê utilizar em determinado período. É considerado por seu valor líquido, ou seja, pagamentos menos recebimentos;

$C =$ saldo monetário total de caixa (em \$), conforme ilustrado na Figura 25.2.

---

[3] O desenvolvimento desse modelo e aperfeiçoamentos posteriores baseiam-se no trabalho original de: BAUMOL, William J. The transactions demand for cash: an inventory theoretic approach. **Quarterly Journal of Economics**, Nov. 1952.

T/C = número de transações que se espera realizar no período. Por exemplo, se uma empresa estima pagamentos de $ 100.000 em curto período de tempo, e seu volume de caixa C for de $ 20.000, isso significa que ela deverá efetuar cinco transações (reposições de dinheiro em caixa) no período.

O custo de manutenção de caixa é obtido de acordo com a seguinte expressão:

Custo de Manutenção = $i \times C/2$

em que:

i = taxa de juros definida para os títulos negociáveis no período considerado. Por definição, esse percentual é fixo;

$\overline{C} = C/2$ saldo médio de caixa admitindo-se que seu volume se reduza no período a uma taxa constante.

O modelo de Baumol preocupa-se fundamentalmente em conseguir um equilíbrio entre os custos de obtenção e os custos de manutenção, de maneira a minimizar os custos totais de caixa.

Dessa maneira, o *nível ótimo de caixa (C*)*, ou seja, o que leva a uma minimização de seus custos totais, é obtido pela soma das duas identidades de custos enunciados (obtenção e manutenção), ou seja:

$$C^* = \left(b \times \frac{T}{C} \right) \times \left(i + \frac{C}{2} \right)$$

Ao se derivar esta equação de custo, tem-se a expressão de cálculo do custo mínimo:

$$C^* = \sqrt{\frac{2 \times b \times T}{i}}$$

EXEMPLO ILUSTRATIVO – Aplicações do Modelo de Baumol

Admita que a necessidade de caixa de uma empresa, visando cobrir os pagamentos do próximo mês, atinja a $ 400.000. O custo por transação é estimado em $ 45, e a taxa de juros de títulos negociáveis está fixada em 7%.

Diante dessas informações, podem ser calculados:

a) Volume Ótimo de Transações:

$$C^* = \sqrt{\frac{2 \times 45 \times 400.000}{0,035}} = \$ 32.071,35$$

b) Saldo Médio de Caixa para o Período:

$$\overline{C}^* = \frac{C^*}{2} = \frac{\$ 32.071,35}{2} = \$ 16.035,70$$

c) Número de Reposições (Transações) de Caixa no Período:

$$\frac{\$ 400.000}{\$ 32.071,35} = 12,5 \text{ transformações de títulos negociáveis em caixa no mês}$$

d) Custo Total do Período (CT):

$$CT = \left(45 \times \frac{\$ 400.000}{\$ 32.071,35} \right) + \left(0,07 \times \frac{\$ 32.071,35}{2} \right)$$

$$CT = \$ 561,25 + \$ 1.122,50 = \$ 1.683,70$$

Algumas Limitações do Modelo de Baumol

Condições de certeza: o modelo do lote econômico de Baumol apresenta limitações, principalmente ao admitir *condições de certeza* na administração de caixa. Em verdade, os fluxos de caixa só muito raramente são totalmente previsíveis, determinando na prática que o administrador mantenha um saldo mínimo de segurança de caixa. Assim, a transferência de títulos negociáveis em dinheiro não ocorre quando o saldo de caixa chega a zero, conforme propõe o modelo, mas em algum nível anterior ao definido como mínimo.

Taxa constante: já a variação do saldo de caixa não se dá geralmente a uma *taxa constante*, de acordo com o modelo. As entradas são previstas para uma data inicial do período de estudo, convertidas em títulos negociáveis, e resgatadas a determinado custo toda vez que o caixa chegar a zero. Não está previsto a nenhum tipo de variações no volume monetário do caixa. Hipóteses restritivas são também admitidas nos fluxos de saídas de caixa, os quais se supõem ocorrer a um ritmo constante. Em suma, o modelo de Baumol não prevê variações para cima e para baixo nos saldos de caixa motivadas por diferentes transações.

Importância do modelo: o modelo, apesar de suas premissas, explora importantes princípios teóricos básicos da administração de caixa, servindo mais como um parâmetro útil para a compreensão do comportamento e avaliação do saldo de caixa. Principalmente diante da realidade brasileira, é importante que o modelo de caixa de Baumol seja aplicado na suposição de moeda constante e abranja um período de planejamento mais curto.

25.4.2 Modelo de Miller e Orr

O modelo de *Miller e Orr* é probabilístico e sua aplicação é recomendada preferencialmente para situações de incerteza dos fluxos de caixa. Para os autores, as variações nos valores de caixa de um período para outro são aleatórias, e descrevem, quando as observações são repetidas, uma distribuição normal.

Miller e Orr,[4] ao contrário de Baumol, admitem que o saldo de caixa pode ser elevado ou diminuído em função de transações desconhecidas com antecedência. Com isso, são estabelecidos limites para as transferências de títulos negociáveis em caixa, e vice-versa, ou seja, quando o saldo monetário de caixa atingir determinado volume (limite superior), os recursos são transferidos para títulos mobiliários, ocorrendo o inverso quando o limite inferior for atingido.

É interessante notar que a definição do limite inferior no modelo não é única, podendo ser fixado em zero, ou em qualquer outro nível desejado acima. O modelo de Miller e Orr objetiva, em essência, cálculo do valor ótimo dos limites superior e inferior, os quais dependem, basicamente, dos custos fixos associados às transações, dos custos de oportunidade e, ainda, da variação esperada nos saldos de caixa.

A Figura 25.3 ilustra o processo de decisão com base no modelo de Miller e Orr.

Na Figura 25.3, são observadas alterações nos saldos de caixa da empresa ao longo de determinado período de planejamento, sendo estabelecidos dois limites para seu controle; *h (limite superior)* e *O (limite inferior)*.

Limite máximo de caixa: no momento t_1 os recursos de caixa atingem seu ponto máximo (limite superior: *h*), devendo então ocorrer a transferência de $(h-z)$ para a carteira de títulos negociáveis. Com isso, o saldo de caixa reduz-se para o nível *z*. Note que *z* é o nível ótimo de caixa.

Limite mínimo de caixa: quando o saldo de caixa atingir zero (limite mínimo sugerido na Figura 25.3), conforme ocorre no momento t_2, são resgatados *z* de títulos negociáveis, elevando-se o dinheiro em caixa para o nível *z*, recompondo o equilíbrio.

Note que essas decisões de compra e resgate de títulos mobiliários são acionadas quando o saldo do dinheiro em caixa atingir os limites estabelecidos. Enquanto se mantiver entre os limites, nenhuma decisão é tomada, deixando-os oscilar normalmente.

Conforme foi colocado, o objetivo básico do modelo de caixa de Miller e Orr é minimizar o custo esperado total das necessidades de caixa, o que é feito pela escolha dos limites ótimos *h* (superior) e *z* (inferior). O valor ótimo de *z* incorpora a variabilidade dos fluxos de caixa e os custos associados à sua gestão, sendo definido pela seguinte expressão de cálculo:

$$Z^* = \left(\frac{3 \times b \times \sigma^2}{4 \times i} \right)^{\frac{1}{3}} \quad \text{ou} \quad Z^* = \sqrt[3]{\frac{3 \times b \times \sigma^2}{4 \times i}}$$

b = custo fixo de transações com títulos negociáveis;

σ^2 = variância dos saldos líquidos diários de caixa;

i = taxa de juros diária de títulos negociáveis.

Por sua vez, o valor ótimo do limite superior (h^*) é definido simplesmente por 3z, isto é: $h^* = 3z$.

---

[4] MILLER, Merton H.; ORR, Daniel. A model of the demand for money by firms. **Quarterly Journal of Economics**, Aug. 1966; The demand for money by firms: extension and analytic results. **Journal of Finance**, Dec. 1968.

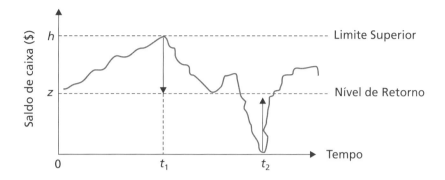

Figura 25.3 Modelo de Miller e Orr.

Ilustração Prática

Para ilustrar uma aplicação prática do modelo de Miller e Orr, admita que:

$b = \$\ 60{,}00$;

$i = 0{,}20\%$ ao dia;

$\sigma^2 = 900$.

Utilizando-se as expressões supra-apresentadas:

$$Z^* = \sqrt[3]{\frac{3 \times 60 \times 900}{4 \times 0{,}002}} = \$\ 272{,}60$$

$h^* = 3 \times \$\ 272{,}60 = \$\ 817{,}80$

Se o limite inferior for definido em zero, z^* e h^* serão os valores calculados na última demonstração. Alternativamente, se definido em $\$\ 100$ o limite inferior, então: $z^* = \$\ 272{,}60$ e $h^* = \$\ 817{,}80$.

Diferenças entre os modelos de Baumol e Miller e Orr: os dois modelos de administração de caixa apresentados diferenciam-se basicamente pelas expectativas dos saldos de caixa. O modelo proposto por Baumol pressupõe condições de certeza nos fluxos de caixa, e é mais aplicável quando o planejamento for a curto prazo. Nesse horizonte de tempo, é maior a capacidade de previsão do administrador.

Já o modelo desenvolvido por Miller e Orr admite uma natureza aleatória às transações de caixa, e seu uso é mais explorado em condições de incerteza.

25.5 PROJEÇÃO DE NECESSIDADES DE CAIXA – ORÇAMENTO DE CAIXA

A projeção das necessidades de caixa será desenvolvida pelo levantamento de todas as entradas e saídas de recursos previstas em determinado período de tempo. A técnica do orçamento de caixa permite que se obtenha maior eficiência no controle de seu saldo, obtida mediante divisões de um período de planejamento maior em intervalos de tempo menores (em bases mensais, por exemplo). Isso permite acompanhar o nível de caixa da empresa e efetuar os ajustes devidos tão logo ocorram os eventuais desvios entre os valores previstos (orçados) e os valores reais.

Evidentemente, sendo maior a incerteza de uma empresa com relação a seus fluxos financeiros e ao comportamento da economia, é aconselhável trabalhar com divisões menores de tempo, como quinzenas ou semanas, por exemplo. Um modelo geral de elaboração da projeção das necessidades de caixa é sugerido no Quadro 25.1.

Quadro 25.1 Modelo geral de elaboração da projeção de necessidades de caixa

Descrição dos fluxos	Total ($)	Períodos				
		P_1 ($)	P_2 ($)	P_3 ($)	P_4 ($)	P_n ($)
A. Saldo Inicial de Caixa						
B. Entradas Previstas de Caixa						
C. Total das Entradas mais o Saldo Inicial (A + B)						
D. Saídas Previstas de Caixa						
E. Total das Saídas						
F. Saldo Líquido de Caixa (C - E)						
G. Saldo Acumulado de Caixa						

É importante ressaltar, ainda, que a elaboração de um modelo de projeção de caixa deve permitir, em última análise, que a empresa possa antecipar-se a eventuais necessidades futuras de recursos (programando, desde já, opções para captar os fundos carentes no mercado), como também melhor programar suas aplicações com os excedentes de caixa que vierem a ser projetados.

O orçamento (projeção) de caixa constitui um importante instrumento de controle da liquidez e, em sua elaboração, a empresa deve dedicar uma atenção permanente evitando ao máximo que surjam, de maneira inesperada, saldos insuficientes ou excessivos.

> **Orçamento de caixa** é um instrumento de projeção das entradas e saídas de caixa para um período futuro. Permite que se identifiquem as necessidades de financiamento a curto prazo da empresa, assim como eventuais sobras de caixa para aplicações.

EXEMPLO PRÁTICO

A empresa deseja elaborar uma projeção de caixa para o primeiro semestre de X8. Para tanto, foram fornecidas as seguintes informações referentes ao período:

a) Saldo de caixa existente no início do semestre: $ 1.800.

b) Vendas previstas: $ 17.000. Espera-se que 60% desses valores sejam recebidos no semestre, permanecendo os 40% restantes no realizável para a liquidação no segundo semestre do ano.

c) As compras de estoque previstas para o período atingirão $ 6.000 e serão totalmente pagas no período de planejamento.

d) O total das despesas operacionais desembolsáveis atingirá $ 3.000 no semestre.

e) Ao fim de maio, a empresa deverá pagar $ 3.000 a título de despesas financeiras.

f) No início de março, está previsto um aumento de capital mediante subscrição e integralização de novas ações no valor de $ 1.000.

g) No período (início de abril), ainda, a empresa espera receber $ 800 provenientes do realizável a curto prazo.

Solução:

Projeções de caixa

Os fluxos monetários da empresa, previstos para o primeiro semestre de X8, são apresentados no Quadro 25.2. As projeções de caixa foram elaboradas de acordo com as estimativas fornecidas pela empresa.

O saldo inicial de $ 1.800 corresponde ao valor que a empresa mantém em seu caixa no início do semestre (ou fim do semestre imediatamente anterior).

Como somente 60% das vendas serão financeiramente realizadas no período, as entradas de caixa provenientes dessas receitas atingem, portanto, $ 10.200 (60% × $ 17.000). Os demais valores do item *A* são facilmente obtidos nas informações fornecidas. Dessa maneira, o total dos ingressos previstos de caixa da empresa, somados ao saldo inicial para o primeiro semestre de X8, é de $ 13.800.

As saídas previstas, por seu lado, totalizam $ 12.000, o que resulta um saldo líquido previsto de caixa para o período considerado de $ 1.800.

Pelos valores finais da projeção, pode-se observar que a empresa conseguirá manter, pelo menos em valores nominais, o mesmo nível de caixa ($ 1.800). Supondo-se que esse valor seja o mínimo ideal estabelecido pela empresa, não se prevê, em princípio, nenhum problema em sua liquidez imediata. Segundo os parâmetros da empresa, o saldo líquido de $ 1.800 é suficiente para que ela possa conviver com as incertezas associadas aos fluxos financeiros e falta de sincronização, normalmente verificadas entre os recebimentos e pagamentos.

Quadro 25.2 Orçamento de caixa para o semestre.

Descrição dos fluxos	1º semestre de X8 ($)
A – Saldo inicial de caixa	1.800
B – Entradas previstas de caixa	
Recebimento de vendas	10.200
Aumento de capital por integralização	1.000
Recebimento de realizável a curto prazo	800
C – Total das entradas mais o saldo inicial (A + B)	13.800
D – Saídas previstas de caixa	
Compras de estoques	6.000
Pagamento de despesas operacionais	3.000
Pagamento de despesas financeiras	3.000
E – Total das saídas	12.000
F – Saldo líquido de caixa (C – E)	1.800

Aspectos importantes do orçamento de caixa: não obstante, dois aspectos devem ainda ser analisados no orçamento de caixa.

O primeiro diz respeito às eventuais *faltas de sintonia* entre os momentos de ocorrência dos recebimentos e pagamentos. Mesmo que apresente um saldo líquido satisfatório ao fim do semestre, nada impede que a empresa possa enfrentar problemas de caixa *durante* o semestre. Como foi observado anteriormente, uma sincronização perfeita entre os fluxos de entrada e os de saída de caixa é de difícil realização prática.

Para poder detectar eventuais desequilíbrios financeiros durante o período, é importante que a empresa divida sua projeção semestral em bases mensais, por exemplo (ou em períodos menores de tempo, de acordo com suas necessidades).

Outro ponto que merece ainda cuidadosa atenção diz respeito à influência da *inflação* sobre os fluxos monetários projetados. É sabido que o fenômeno inflacionário determina ganhos em alguns elementos e perdas em outros. No entanto, é praticamente impossível uma compensação perfeita entre esses resultados, ou seja, os ganhos produzidos pela inflação cobrirem exatamente as perdas inflacionárias verificadas. Dessa maneira, deve a empresa avaliar os resultados (ganhos ou perdas) inflacionários de cada um de seus elementos de caixa, de acordo com suas características de formação, com a finalidade de estabelecer valores finais líquidos expressos em moeda representativa do poder aquisitivo da época.

Resumo

1. Definir os motivos da procura da moeda e de sua relação com a manutenção de um saldo de caixa pelas empresas.

A administração de caixa visa, fundamentalmente, manter uma liquidez imediata necessária para suportar as atividades de uma empresa. Keynes identificou três motivos que levam as empresas (e as pessoas também) a manter determinado nível de caixa.

O primeiro, definido como *motivo-negócio* (ou *motivo-transação*), é explicado pela necessidade que uma empresa apresenta de manter dinheiro em caixa para efetuar os pagamentos oriundos de suas operações normais e certas.

O segundo motivo abordado por Keynes refere-se à *precaução*. O *motivo-transação* previu a presença certa de dispêndios na atividade normal de uma empresa; a incerteza descrita estava associada às datas (momentos) e aos valores de seus fluxos de caixa. O terceiro motivo citado refere-se à *especulação*.

2. Aborda a problemática da administração de caixa e as estratégias que podem ser usadas para seu melhor controle.

A necessidade de manter um controle mais acurado na disponibilidade de uma empresa é determinada pelo objetivo de ajustar a manutenção de um saldo de caixa que atenda aos motivos de transação, precaução e especulação mencionados anteriormente, sem que isso ocasione ao mesmo tempo uma ociosidade (inatividade) dos recursos.

As medidas de controle que podem ser acionadas para uma eficiente administração de caixa serão discutidas com a classificação em dois grupos: medidas de responsabilidade e competência exclusiva do caixa e as determinadas por uma política mais ampla da empresa.

As medidas de responsabilidade e competência exclusivas do caixa são as que podem ser implantadas sem que com isso haja interferências nos outros elementos do capital de giro. É interessante acrescentar, ainda, que a manutenção das contas correntes em muitos bancos poderá trazer problemas, notadamente para as pequenas e médias empresas com menor capacidade de geração de fundos, no atendimento das exigências de saldo médio (e outras formas de reciprocidade bancária em geral adotadas pelos bancos).

Outra medida, ainda, seria rever a política de concessão de crédito adotada. Como esta influi normalmente no volume de vendas da empresa e, consequentemente, em sua lucratividade, alterações que venham a se proceder deverão ser analisadas previamente com bastante rigor.

Finalmente, é necessário ressaltar que uma administração eficiente de caixa prevê, também, decisões de aplicações financeiras de recursos temporariamente inativos.

3. Desenvolver os principais modelos quantitativos de administração de caixa voltados a maximizar o retorno dos recursos disponíveis e a manter a liquidez da empresa.

Os modelos de administração de caixa visam fundamentalmente fornecer ao administrador financeiro condições mais científicas para definir o nível ótimo de caixa de uma empresa.

O *modelo do lote econômico* baseia-se em critério bastante utilizado na administração de estoques, servindo de base conceitual amplamente adotada para a administração de caixa em condições de certeza. O modelo é preferencialmente aplicado em situações de entradas periódicas de fundos no caixa, e saídas constantes (contínuas) de recursos.

O modelo, em linhas gerais, efetua uma análise do custo associado à manutenção de dinheiro em caixa, ou seja, o *custo de oportunidade* determinado pelos juros que a empresa deixa de receber ao não aplicar esses recursos em títulos negociáveis, e do *custo de obtenção do dinheiro* pela conversão de títulos negociáveis em caixa.

A manutenção de caixa proporciona à empresa liquidez necessária para atender à comentada falta de sincronização entre recebimentos e pagamentos, embutindo, no entanto, um custo definido pela taxa de juros dos títulos negociáveis que se deixou de receber.

As aplicações em títulos permitem à empresa auferir receitas financeiras sobre recursos ociosos, trazendo essas transações, contudo, determinados custos explícitos e implícitos.

O modelo de Miller e Orr é probabilístico e sua aplicação é recomendada preferencialmente para situações de incerteza dos fluxos de caixa. Para os autores, as variações nos valores de caixa de um período para outro são aleatórias, e descrevem, quando as observações são repetidas, uma distribuição normal. Miller e Orr admitem que o saldo de caixa pode ser elevado ou diminuído em função de transações desconhecidas com antecedência. Com isso, são estabelecidos limites para as transferências de títulos negociáveis em caixa, e vice-versa, ou seja, quando o saldo monetário de caixa atinge determinado volume (limite superior), os recursos são transferidos para títulos mobiliários, ocorrendo o inverso quando o limite inferior for atingido.

4. **Mostrar como é elaborada uma projeção das necessidades de caixa.**

A projeção das necessidades de caixa pode ser desenvolvida pelo levantamento de todas as entradas e saídas de recursos previstas em determinado período de tempo.

Pode-se obter mais eficiência no controle de seu saldo mediante divisões de um período de planejamento maior em intervalos de tempo menores (em bases mensais, por exemplo). Isso permite acompanhar o nível de caixa da empresa e efetuar os ajustes devidos tão logo ocorram os eventuais desvios entre os valores previstos (orçados) e os valores reais. Evidentemente, sendo maior a incerteza de uma empresa com relação a seus fluxos financeiros e ao comportamento da economia, é aconselhável trabalhar com divisões menores de tempo, como quinzenas ou semanas, por exemplo.

É importante ressaltar, ainda, que a elaboração de um modelo de projeção de caixa deve permitir, em última análise, que a empresa possa antecipar-se a eventuais necessidades futuras de recursos (programando, desde já, opções para captar os fundos carentes no mercado), como também melhor programar suas aplicações com os excedentes de caixa que vierem a ser projetados.

 TESTES DE VERIFICAÇÃO

1. O ciclo decorrido a partir do momento em que a empresa paga o fornecedor e o momento em que recebe a venda efetuada é chamado de:

   a) Ciclo econômico.
   b) Ciclo operacional.
   c) Ciclo de vendas.
   d) Ciclo de vida útil do produto.
   e) Ciclo financeiro.

2. Admita que uma empresa gira seus estoques quatro vezes no ano (360 dias). O seu período médio de pagamentos é de 30 dias e o período médio de cobrança é de 60 dias. Pode-se dizer o ciclo operacional e o ciclo de caixa dessa empresa são, respectivamente:

   a) 120 dias; 150 dias.
   b) 150 dias; 120 dias.
   c) 90 dias; 120 dias.
   d) 120 dias; 90 dias.
   e) 120 dias; 120 dias.

3. Uma empresa apresentou os seguintes resultados ao término do exercício de 2007:

Item	Início do Ano	Fim do Ano
Estoque	$ 3.000,00	$ 9.000,00
Contas a Receber	$ 1.500,00	$ 2.500,00
Contas a Pagar	$ 2.800,00	$ 4.700,00

As vendas a prazo atingiram $ 60.000,00 no exercício, e os custos dos produtos vendidos foram de $ 30.000,00. Dessa maneira, pode-se afirmar que o ciclo operacional e o ciclo de caixa dessa empresa no exercício foram respectivamente de (considerar ano de 365 dias):

   a) 85; 40 dias.
   b) 40; 35 dias.

c) 72; 39 dias.
d) 81; 34 dias.
e) 60; 30 dias.

4. Assinale a alternativa correta:
   a) O giro dos estoques é obtido pela divisão entre o valor médio dos estoques e o custo da mercadoria vendida.
   b) Quanto menor for o giro das contas a receber, mais rápido a empresa recebe suas contas a receber.
   c) Quanto mais alto se situar o custo financeiro dos passivos de uma empresa, menor deverá ficar o giro dos estoques.
   d) Um aumento no giro dos estoques motivado por uma redução significativa no custo da mercadoria vendida indica maior volume de recursos aplicados em estoques.
   e) Uma queda no índice de giro das contas a receber denota maior demora no recebimento das vendas a prazo.

5. De acordo com o modelo do lote econômico bastante utilizado na administração de estoques, pode-se calcular um valor para o saldo médio ideal de caixa pela expressão $\sqrt{\frac{2 \times b \times T}{i}} / 2$. Sobre esse saldo médio ideal de caixa pode-se afirmar que:
   a) Seu valor é exatamente o dobro do lote econômico.
   b) Apresenta uma variação diretamente proporcional do custo de oportunidade do investimento.
   c) Apresenta uma variação diretamente proporcional ao volume das transações que levam a desembolsos de caixa.
   d) Seu valor varia inversamente proporcional ao custo de obtenção.
   e) Seu valor varia inversamente proporcional do custo de oportunidade do investimento.

6. O ciclo de caixa de uma empresa industrial compreende o período de tempo existente entre:
   a) A data de compra das matérias-primas e o momento da venda.
   b) O pagamento das matérias-primas e o momento da venda.
   c) O início da produção e o momento de estocagem dos produtos acabados.
   d) O pagamento das matérias-primas e o recebimento pela venda do produto elaborado.
   e) O desembolso inicial de despesas até o início da produção.

Exercícios propostos

1. Uma empresa está efetuando um estudo com relação ao ciclo de caixa. Sabe-se que o prazo de estocagem de suas matérias-primas é de 45 dias, sendo que os fornecedores concedem um prazo de 30 dias para pagamento das duplicatas. A produção demanda normalmente um prazo de 30 dias, permanecendo os produtos fabricados estocados 15 dias à espera de serem vendidos. A política de vendas da empresa adota um prazo de recebimento de 60 dias. Diante dessas informações:
   a) Determine o ciclo de caixa e o ciclo operacional da empresa e represente-os graficamente.
   b) Calcule o giro de caixa da empresa.
   c) Se a empresa reduzisse seu prazo de estocagem de matérias-primas para 30 dias, e de recebimento de vendas para 45 dias, como o ciclo de caixa e o giro de caixa seriam afetados?

2. Uma empresa, em fase de projeção de seus recursos de caixa para o primeiro trimestre de 20x8, levantou as seguintes estimativas:
   • Vendas Líquidas Estimadas
   Nov./x7 : $ 15.000
   Dez./x7 : $ 16.500
   Jan./x8 : $ 14.000
   Fev./x8 : $ 12.000
   Mar./x8 : $ 10.000
   • 40% das vendas são recebidas à vista; 40% em 30 dias; e 20% em 60 dias.

Admite-se que os recebimentos ocorram na metade de cada um dos meses.

- O saldo de caixa existente, em 31-12-x7, atinge $ 4.800.
- As compras necessárias são normalmente pagas com 30 dias de prazo.

  Valores Realizados e Previstos das Compras

  Início do Mês Valor ($)

  Dez./x7 5.000

  Jan./x8 8.000

  Mar./x8 3.000

- No dia 15 de março está prevista a integralização de uma subscrição de capital no valor de $ 16.000.
- No fim de janeiro, a empresa deverá liquidar uma dívida bancária no montante de $ 9.500.
- As despesas operacionais desembolsáveis mensais estão previstas, para cada um dos meses do trimestre de planejamento, em $ 5.000. O pagamento ocorre normalmente ao final do mês.
- No início de março, a empresa tem programado pagamento de dividendos no valor de $ 6.300.
- As taxas mensais de inflação projetadas para o trimestre são:

  Jan.: 9,5 %

  Fev.: 8,5 %

  Mar.: 8,0 %

Pede-se:

a) Efetue a projeção mensal e trimestral de caixa em valores nominais.

b) Efetue a projeção trimestral de caixa em inflação.

3. **Uma empresa mantém um giro de 12 vezes em suas duplicatas a receber e de 24 vezes em suas duplicatas a pagar. As suas matérias-primas permanecem normalmente 40 dias estocadas, antes de serem consumidas pela produção, e os produtos acabados demandam 60 dias para serem vendidos. A empresa gasta ainda 45 dias para a fabricação de seus produtos. Visando desenvolver alguns estudos da empresa a partir de seu ciclo de caixa, pede-se:**

a) Calcule o ciclo de caixa e o giro de caixa da empresa. Represente graficamente o ciclo de caixa.

b) A empresa vem procurando dinamizar suas vendas por meio de uma elevação de seus prazos de vencimento. Uma reavaliação rigorosa em seu ciclo de caixa demonstrou que o prazo de estocagem de matérias-primas pode ser reduzido em 10 dias, e o de produção em cinco dias, e o de estocagem de produtos terminados em 15 dias. Mantendo em 160 dias o ciclo de caixa máximo da empresa, qual o prazo de recebimento adicional que poderá ser concedido a seus clientes?

4. **A seguir são transcritos alguns dados de uma empresa extraida de seus demonstrativos referentes a seus quatro últimos exercícios sociais. Com base nestes dados, pede-se:**

	2004	2005	2006	2007
Giro Pgto. Fornecedores	2,9	3,4	4,5	5,6
Giro Valores Receber	4,8	3,7	3,0	2,3
Prazo Médio Estocagem total	153,4 dias	124,9 dias	78 dias	51,2 dias

a) A partir desses valores, calcule o prazo médio de pagamento, o prazo médio de cobrança e o giro dos estoques totais da empresa para cada exercício.

b) Com base unicamente nos valores apresentados, como você justificaria a evolução apresentada pelo índice do prazo médio de estocagem?

5. A seguir, são transcritos alguns dados de uma empresa extraídos de seus demonstrativos financeiros publicados:

	20x4	20x5	20x6	20x7
Valor Médio dos Estoques	$ 2,7 milhões	$ 3,69 milhões	$ 3,92 milhões	$ 5,08 milhões
CPV	$ 5,85 milhões	$ 11,36 milhões	$ 17,9 milhões	$ 30,8 milhões
Liquidez Seca	0,41	0,79	0,99	1,19

Diante destas informações, pede-se:

a) Calcule o prazo médio de estocagem e a rotação dos estoques para cada um dos 4 anos.

b) Compare o índice obtido (inclusive o de liquidez seca) e comente sobre a tendência dos investimentos da empresa em estoques ao longo dos exercícios considerados.

6. Uma determinada empresa tem em seu planejamento financeiro para o próximo ano desembolsos de caixa no valor de $ 246.000. Com base nos exercícios anteriores, a empresa estima que seu giro de caixa no próximo ano seja de três vezes, o que equivale a um prazo de caixa de 4 meses. Com base nessas informações, calcule quanto a empresa deve colocar em seu disponível no início do período para que tenha condições financeiras suficientes para saldar todos os seus compromissos operacionais.

Links da web

www.febraban.org.br. *Site* com informações sobre os bancos e serviços bancários.

www.bcb.gov.br. *Site* do Banco Central do Brasil com informações de economia e taxas de juros.

www.portalexame.abril.com.br. *Site* com informações sobre negócios e economia.

Sugestão de leitura

ASSAF NETO, Alexandre. **Finanças corporativas e valor**. 8. ed. São Paulo: Atlas, 2021.

ASSAF NETO, Alexandre; SILVA, C. A. Tibúrcio. **Administração do capital de giro**. 4. ed. São Paulo: Atlas, 2012.

Respostas dos Testes de verificação

1. e   4. d
2. b   5. c
3. a   6. d

ADMINISTRAÇÃO DE CONTAS A RECEBER

OBJETIVOS DO CAPÍTULO

1. Definir as premissas de uma avaliação do risco de concessão de crédito.
2. Abordar as principais medidas financeiras de uma política de crédito.
3. Mostrar como analisar as variações no saldo de valores a receber.

Basicamente, existem duas modalidades de crédito: o crédito interempresarial (ou crédito mercantil), envolvendo empresas e clientes, e o crédito pessoal (ou crédito direto ao consumidor), administrado por instituições financeiras. Não obstante esta segunda modalidade propicie, de maneira indireta, incentivo às vendas mercantis, o presente capítulo trata efetivamente do primeiro tipo de crédito, o qual adota certas características que o diferenciam significativamente do crédito pessoal.

Para muitas empresas, os investimentos em valores a receber representam uma parte significativa de seus ativos circulantes, exercendo, em consequência, importantes influências em suas rentabilidades. O nível desses investimentos depende do comportamento das vendas e da formulação de uma política de crédito para a empresa, a qual engloba, fundamentalmente, os seguintes elementos:

- análise dos padrões de crédito;

- prazo de concessão de crédito;

- descontos financeiros por pagamentos antecipados; e

- política de cobranças.

O capítulo trata do estudo de cada um desses elementos, dando destaque a suas influências na definição de uma política geral de crédito.

> A análise de crédito tem por objetivo selecionar os clientes a prazo, sua capacidade de pagamento, assim como os limites monetários de crédito que podem ser concedidos.
>
> As Duplicatas a Receber são resultados dos créditos concedidos por uma empresa a seus clientes.

26.1 AVALIAÇÃO DO RISCO DE CRÉDITO

Na análise do risco são levados em conta diversos critérios e métodos. Um enfoque tradicional da análise do crédito é desenvolvido pelo estudo de cinco fatores, definidos na proposição original de Brigham e Weston[1] como os cinco *Cs* do crédito, ou seja:

- caráter;

- capacidade;

- capital;

- garantias (*collateral*);

- condições.

---

[1] BRIGHAM, Eugene F.; WESTON, J. Fred. **Fundamentos da administração financeira**. 10. ed. São Paulo: Makron Books, 2000. p. 441.

> Os cinco Cs do crédito são bastante utilizados pelos analistas para identificar a capacidade de pagamento do solicitante de um crédito.

O caráter identifica a disposição do cliente em pagar corretamente seu crédito. Essa avaliação é efetuada mediante o conhecimento de certas características morais do devedor, tais como honestidade, integridade etc., e de seu histórico judicial e de pagamentos.

A capacidade procura medir o potencial de geração de recursos do cliente visando à liquidação do crédito conforme solicitado. Essa análise é feita, normalmente, mediante informações financeiras do cliente, padrões gerenciais, análise de seus demonstrativos financeiros etc.

A variável capital, analisada de forma similar à anterior, está mais voltada para a mediação dos investimentos da firma cliente, dando atenção especial a seu patrimônio líquido e solidez econômica do devedor.

As garantias (*collateral*) julgam os ativos que o cliente pode oferecer como forma de lastrear (garantir) seu crédito. Para o credor, quanto maiores as garantias, mais elevadas são as chances de recuperar o valor do crédito concedido, se eventualmente o devedor ficar inadimplente.

Finalmente, o fator condições envolve as influências do comportamento da conjuntura econômica sobre a capacidade de pagamento do cliente, assim como eventual interesse especial da empresa em vender determinado produto que mantém em quantidade em excesso estocada.

> A análise de crédito consiste em identificar, por meio de instrumentos financeiros e estatísticos, a probabilidade de um cliente em pagar ou não pagar o crédito que lhe foi concedido.

O processo de análise desses fatores tradicionais de avaliação do risco de crédito é desenvolvido, basicamente, pela tradição (experiência) que a empresa tenha com seu cliente e, também, por uma série de informações e indicadores básicos que o administrador deverá colher com o consumidor e no mercado, visando suplementar sua decisão.

Créditos para clientes existentes: na prática, uma solicitação de crédito de um cliente antigo, com o qual a empresa tenha tradicionalmente mantido boas relações comerciais, é atendida quase prontamente, dispensando-se maiores dispêndios de tempo e recursos em uma análise mais pormenorizada.

É evidente que, se o pedido exceder os limites convencionalmente concedidos, ou a experiência passada tiver sido marcada por problemas de atrasos relevantes ou perdas, ou, ainda, se a conjuntura econômica atual tiver-se alterado significativamente em relação a seu comportamento passado, a decisão de crédito deverá exigir outras providências da administração da empresa. Nessa situação, o pedido de crédito é normalmente considerado como se tratasse de uma solicitação inicial, devendo a empresa desencadear o processo de avaliação como se o cliente tivesse entrado pela primeira vez com o pedido.

Fontes de Informações para Análise de Crédito

Ainda dentro desse enfoque tradicional de avaliação do crédito, podem ser enumeradas algumas importantes fontes de informações.

A primeira refere-se a uma *avaliação retrospectiva das demonstrações contábeis* do solicitante de crédito, as quais poderão vir suplementadas com diversas informações adicionais, tais como fluxos de caixa, descrição das garantias potenciais etc. Com o estudo dos principais indicadores econômico-financeiros extraídos desses relatórios contábeis, e dos dados adicionais, a empresa tem condições de avaliar o desempenho do cliente nos últimos anos diagnosticar sua atual posição patrimonial e de liquidez, e projetar, também, sua habilidade em cumprir satisfatoriamente com a obrigação assumida.

Outra importante fonte para o processo é fornecida por *empresas prestadoras de serviços* em assessoria às decisões de crédito. No Brasil, esses serviços podem ser fornecidos pela Serasa, pelo Serviço de Proteção ao Crédito, pelas Associações Comerciais e Industriais etc.

Não se devem ainda dispensar consultas a *publicações especializadas* em indicadores-padrão, tais como Melhores e Maiores, Conjuntura Econômica,

Valor 1000, Valor Financeiro, Instituto Assaf etc. Com esses trabalhos poderá a empresa avaliar, mediante uma análise comparativa, o desempenho global de seu cliente com outras empresas do mesmo setor de atividade e com o mercado em geral.[2]

Deve ser ressaltada, ainda, a crescente utilização de *modelos quantitativos* nas decisões de concessão de crédito, os quais se processam, principalmente, pelo uso de medidas estatísticas, análises discriminantes, teoria de opções e árvores de decisão.

A introdução desses modelos é justificada notadamente pela incerteza associada ao futuro, procurando-se maximizar o nível de acerto das decisões de crédito. Outra importante utilidade da adoção de instrumentais estatísticos pode ser observada em empresas com grande volume de solicitações de crédito, as quais, necessitando descentralizar seu processo de decisão, conferem maiores responsabilidades a escalões inferiores. Nesse caso, estabelecidas as regras por parâmetros quantitativamente fixados, pode-se prescindir de pareceres mais subjetivos e pessoais nas decisões de concessão de crédito.[3]

> Para compensar perdas previstas (não pagamento) na cobrança das vendas a prazo, as empresas constituem uma provisão denominada de Provisão para Créditos de Liquidação Duvidosa. Esta parcela de perda estimada é deduzida do ativo circulante (Valores a Receber).

26.2 POLÍTICA GERAL DE CRÉDITO

De acordo com o enfoque usualmente adotado, o estabelecimento de uma política de crédito envolve, basicamente, o estudo de quatro elementos, a saber:

a) análise dos padrões de crédito;

b) prazo de concessão;

c) descontos financeiros por pagamentos antecipados;

d) políticas de cobrança.

---

[2] Aprofundamento maior sobre o assunto é desenvolvido em: ASSAF N., Alexandre. **Estrutura e análise de balanços**: um enfoque econômico-financeiro. 8. ed. São Paulo: Atlas, 2006.

[3] Neste particular, sugere-se: ASSAF N., Alexandre; SILVA, C. A. Tibúrcio. **Administração do capital de giro**. 3. ed. São Paulo: Atlas, 2002.

As principais características desses elementos são apresentadas a seguir.

> Política de crédito é um conjunto de procedimentos estabelecidos com relação às condições de concessão do crédito, como prazo de pagamento, garantias, montante etc., e às práticas de cobrança dos valores a receber.

26.2.1 Análise dos padrões de crédito

No processo de análise de risco, conforme comentado na seção 26.1, deve a empresa também fixar seus padrões de crédito, ou seja, os requisitos de segurança mínimos que devem ser atendidos pelos clientes para que se conceda o crédito. O estabelecimento dessas exigências mínimas envolve geralmente o agrupamento dos clientes em diversas categorias de risco, as quais visam, normalmente, mediante o uso de probabilidades, mensurarem o custo das perdas associadas às vendas realizadas a um ou vários clientes de características semelhantes. Assim, para cada classe ou categoria de clientes tem-se um custo (probabilidade) de perdas pelo não-recebimento das vendas efetuadas a prazo.

> Os padrões de crédito definem essencialmente os instrumentos de crédito e as exigências mínimas de garantias para a concessão do crédito a um cliente. À medida que a empresa afrouxa os padrões de crédito, aumenta a chance (risco) de uma conta a receber tornar-se incobrável, afetando o lucro de maneira negativa.

26.2.2 Prazo de concessão de crédito

O prazo de concessão de crédito refere-se ao período de tempo que a empresa concede a seus clientes para pagamento das compras realizadas. Esse prazo é normalmente medido em número de dias representativo do mês comercial (por exemplo: 30 dias, 60 dias etc.), sendo normalmente contado a partir da data de emissão da fatura representativa da operação comercial realizada ou a partir do fim do mês em que se efetua a venda (por exemplo: 60 dias "fora do mês").

> Fatura é um documento comercial representativo (confirmativo) de venda realizada, sendo emitido como consequência de uma (ou mais de uma) nota fiscal de venda. A fatura contém geralmente a especificação do produto vendido, quantidade, preço, condições de pagamento etc.

É evidente que o ideal para toda empresa seria a realização de suas vendas totalmente à vista, pois além da inexistência das despesas provenientes do crédito, conforme serão descritas nos itens seguintes, não teria de assumir custos financeiros nos valores a receber. No entanto, essa suposição não ocorre na maior parte das empresas. Em geral, as empresas costumam conceder prazos a seus clientes.

Prática no Brasil: em diversos momentos, a empresa concedente do crédito consegue embutir tão alta taxa de juros em suas vendas a prazo (aumentando o preço de venda), que passa a interessar-se por forçar essa modalidade de negociação. É comum no Brasil, por exemplo, encontrar-se estabelecimentos comerciais que não fazem distinção entre seus preços à vista e a prazo, fixando o mesmo valor de venda para qualquer forma de pagamento.

O prazo de concessão de crédito varia segundo a influência de diversos fatores, sendo normalmente maior nas empresas que trabalham com produtos sazonais (brinquedos etc.). Na realidade, a definição de prazos de concessão de créditos aos clientes depende, principalmente, da política adotada pela concorrência, das características e do risco inerentes ao mercado consumidor, da natureza do produto vendido, do desempenho da conjuntura econômica, do atendimento de determinadas metas gerenciais internas da empresa (giro dos ativos, políticas de estoques e compras etc.) e de mercadologia, do prazo de pagamento a fornecedores etc.

> O prazo do crédito exerce influências sobre a rentabilidade da empresa. Um acréscimo no prazo, ao mesmo tempo em que pode aumentar as vendas da empresa, é capaz também de elevar o montante do investimento em valores a receber e, em consequência, no custo de capital, e as perdas por inadimplência.

26.2.3 Descontos financeiros por pagamentos antecipados

O desconto financeiro pode ser definido como um abatimento no preço de venda efetuado quando os pagamentos das compras realizadas forem feitos à vista ou a prazos bem curtos. Da mesma maneira que o prazo de concessão de crédito, o desconto constitui um instrumento de política de crédito da empresa, podendo afetar todos os seus elementos.

> A política de descontos financeiros afeta importantes variáveis que atuam na formação do lucro da empresa. Pode alterar as vendas, margens de lucros, volume de capital investido em contas a receber e inadimplência.

Normalmente, os descontos financeiros são concedidos tendo em vista, sobretudo, o *incremento das vendas* (espera-se que a introdução de descontos venha a atrair novos clientes ou incentivar volumes maiores de vendas).

Ao beneficiar, por meio de descontos financeiros, o pagamento antecipado das vendas, a empresa promove uma redução de suas *necessidades de caixa* pela diminuição do prazo médio de cobrança. Da mesma maneira, é exigido menos investimentos em valores a receber, determinado por uma suposta redução das vendas a prazo, o que promove uma redução do *custo de capital.*

Mais extensivamente, a adoção dessa política afeta identicamente o nível das despesas gerais de crédito, notadamente as perdas com devedores duvidosos. É esperado que, atraídos pelo incentivo de desconto financeiro, muitos clientes decidam antecipar seus pagamentos, reduzindo a probabilidade de não recebimento da empresa (risco com incobráveis).

Um aspecto ainda que deve merecer atenção ao se adotar a política de descontos financeiros é a possibilidade da empresa apurar menor lucro por unidade vendida. Ao reduzir o preço de venda pelo desconto concedido, a margem de lucro do produto também diminui.

No entanto, devem ser previstos que aumento no volume físico das vendas, ou reduções com despesas de incobráveis ou no custo de oportunidade do capital investido, possam compensar satisfatoriamente essa perda de lucro.

26.2.4 Políticas de cobrança

As políticas de cobrança têm por objetivo definirem os vários critérios e procedimentos possíveis de ser adotados por uma empresa, visando ao recebimento, na data de seus vencimentos, dos diversos valores a receber.

Maior *ampliação* nos prazos normais de cobrança de uma empresa pode acarretar, entre outras consequências, um aumento nos custos de inadimplência (provisão para devedores duvidosos) e uma elevação no custo de capital pelo maior investimento em vendas a prazo.

De outra maneira, a adoção de *medidas mais rígidas* de cobrança pode refletir-se sobre as vendas, mediante uma retração por parte dos consumidores. Evidentemente, deve a empresa procurar um procedimento mais próximo do "ideal", evitando, por exemplo, que as reduções em suas vendas (e, consequentemente, nos lucros) superem os ganhos provenientes principalmente de uma queda em suas despesas com devedores duvidosos.

Aging de valores a receber: um instrumento bastante útil de controle dos valores a receber é o *aging*, ou idade cronológica das contas a receber. Este modelo classifica as contas a receber em função de suas idades, destacando a porcentagem vencida e a vencer.

Essa classificação é tabulada de maneira bem simples, relacionando, para cada data definida, o volume das duplicatas a receber com o montante de carteira.

Para *ilustrar*, admita uma empresa que possua uma carteira de contas a receber de $ 1.000.000. Alguns valores já se encontram vencidos, e outros ainda estão a vencer, conforme ilustra o Quadro 26.1.

Os resultados descritos no Quadro 26.1 indicam que 30% da carteira de contas a receber da empresa se encontram vencidas, aguardando pagamento dos clientes. A política de cobrança deve atuar mais próxima a esses clientes, procurando garantir o recebimento.

A parcela vincenda corresponde a 70% da carteira, concentrando a maior parte dos vencimentos nos próximos 60 dias.

Quadro 26.1 Idade cronológica (*aging*) das contas a receber.

Contas vencidas	Valor ($)	Porcentagem (%)
0 – 15 dias	$ 180.000	18%
16 – 30 dias	$ 70.000	7%
31 – 60 dias	$ 40.000	4%
Acima de 60 dias	$ 10.000	1%
Subtotal	$ 300.000	30%
Contas a vencer	**Valor ($)**	**Porcentagem (%)**
0 – 30 dias	$ 200.000	20%
31 – 60 dias	$ 350.000	35%
61 – 90 dias	$ 100.000	10%
Acima de 90 dias	$ 50.000	5%
Subtotal	$ 700.000	70%
Total	$ 1.000.000	100%

Pelo estudo do *aging*, é possível manter um controle mais eficiente da carteira de duplicatas a receber, de modo a esclarecer os motivos de quaisquer variações em seus resultados. Ocorrendo alterações nesses indicadores, há fortes indicações de mudanças na rotina de recebimento das duplicatas. Uma indicação da qualidade das duplicatas a receber é obtida comparando-se essa classificação por vencimento com as condições normais de crédito oferecidas pela empresa.

26.3 PRINCIPAIS MEDIDAS FINANCEIRAS DE UMA POLÍTICA DE CRÉDITO

No processo de definição de uma política geral de crédito, cujos elementos básicos foram descritos, deve a empresa preocupar-se também com determinadas medidas de controle interno, principalmente as relativas aos *custos e despesas* inerentes ao crédito e *investimentos em valores a receber*. As mais importantes medidas, típicas de empresas que vendem a prazo, podem ser classificadas da maneira seguinte.

26.3.1 Despesas com devedores duvidosos

Refere-se à probabilidade definida pela empresa em não receber determinado volume de crédito no futuro. A experiência da empresa com seu mercado consumidor, as conclusões obtidas de análises técnicas e o grau de aversão ao risco constituem os principais instrumentos de estudo desta medida.

A definição de uma política geral de crédito leva, muitas vezes, uma empresa a fixar um limite percentual a estas despesas, sendo definido, assim, com o risco máximo que a administração estaria disposta a arcar dentro das condições gerais estabelecidas. É claro que alterações na política de crédito determinam variações nestas despesas, elevando-as ou diminuindo-as, conforme seus elementos adotem comportamentos mais rigorosos (restritivos) ou liberais (frouxos).

26.3.2 Despesas gerais de crédito

Envolvem basicamente os gastos efetuados no processo de análise de solicitações e na manutenção de um departamento de crédito, como pessoal, materiais, serviços de informações, contratados etc.

Em outras palavras, são despesas que ocorrem em razão de a empresa vender a prazo. Se operasse exclusivamente com vendas à vista, não incorreria nesses gastos de crédito.

26.3.3 Despesas de cobranças

Nestas despesas estão incluídos os gastos gerais efetuados principalmente nos diversos procedimentos adotados pela empresa, inclusive os (gastos) provenientes de eventuais ações judiciais e taxas cobradas pelos bancos pela execução desses serviços. Uma política mais liberal de crédito, notadamente de concessão e fixação de padrões, tende a elevar o volume dessas despesas, podendo ocorrer o inverso quando os padrões tornarem-se mais rigorosos.

26.3.4 Custo do investimento marginal em valores a receber

Este custo é obtido mediante a aplicação de uma taxa de retorno mínima exigida pela empresa (para seus investimentos ativos) sobre o investimento marginal (adicional) efetuado em valores a receber.

> **Investimento em valores a receber** equivale ao total do capital aplicado pela empresa para financiar suas vendas a prazo. Recursos que lastreiam a carteira de contas a receber.

> Investimento marginal é medido pela diferença entre o capital aplicado em manter contas a receber antes e após alterações que venham a se verificar nos padrões de crédito.
>
> A manutenção de uma carteira de valores a receber determina um custo à empresa. Este custo é calculado pelo que deixou de ganhar ao não aplicar os recursos em outra alternativa de investimento, optando por financiar as contas a receber (custo de oportunidade). Quanto maior o volume de investimento em valores a receber, mais alto é o custo de oportunidade.

O critério geral de análise de uma política de crédito, conforme será desenvolvido mais adiante, prevê basicamente um confronto entre o retorno mínimo exigido pela empresa (ou o custo do dinheiro utilizado no financiamento desse investimento adicional) e a variação em seus resultados operacionais provocada pela introdução de determinada política de crédito (ou por alterações em alguns de seus elementos). Evidentemente, se o custo for inferior ao resultado operacional, sendo ambos medidos em termos marginais, tem-se uma atratividade econômica pela aceitação da proposta, ocorrendo uma propensão de rejeição na situação inversa.

Mais claramente, maior liberalidade na prática de concessão de crédito de uma empresa pode provocar aumento das vendas (motivado por maior volume de vendas a prazo) e, ainda, uma elevação em seus lucros.

Uma consequência importante ainda desse critério mais frouxo de crédito, que conduz a um incremento das vendas a prazo, centra-se na necessidade de maiores investimentos em valores a receber.

26.4 INFLUÊNCIAS DE UMA POLÍTICA DE CRÉDITO SOBRE AS MEDIDAS FINANCEIRAS

A introdução de uma nova política de crédito produz importantes influências sobre determinadas variáveis financeiras de controle interno. O Quadro 26.2 resume o comportamento dessas medidas quando alterações são propostas nas condições de crédito.[4]

Afrouxamento dos padrões de crédito: quando se decide por um afrouxamento nos padrões usuais de crédito, ou seja, quando a direção da empresa decide conceder créditos a clientes de maior risco (abaixo dos padrões normalmente adotados), surge de imediato uma expectativa de elevação no volume de vendas. No entanto, simultaneamente ao surgimento desse aspecto positivo, pode-se prever também uma necessidade maior de volume de investimentos em valores a receber (e uma possível elevação do prazo médio de cobrança) acompanhada de um crescimento nas despesas gerais de crédito, principalmente na provisão para devedores duvidosos.

Maior rigidez aos padrões de crédito: uma decisão inversa (restrição nos padrões), ao mesmo tempo em que pode diminuir as despesas e o custo do

Quadro 26.2 Política de crédito e variáveis financeiras.

Medidas financeiras	Padrões de crédito		Prazo de concessão de crédito		Descontos financeiros		Políticas de cobrança	
	Afrouxamento	Restrição	Ampliação	Redução	Elevação	Diminuição	Liberal	Rígida
Volume de vendas	+	–	+	–	+	–	+	–
Despesas gerais de crédito	+	–	+	–	–	+	+	–
Investimentos em valores a receber	+	–	+	–	–	+	+	–

---

[4] Análise similar é encontrada em: GITMAN, Lawrence J. **Princípios de administração financeira**. São Paulo: Harbra, 1997, Cap. 18. Algumas formas de apresentação inseridas foram inspiradas no autor.

Ilustração – Retorno do Investimento Marginal

Admita, como ilustração, que uma flexibilização nos padrões de crédito tenha produzido uma elevação de $ 300 nos resultados da empresa, e uma necessidade também adicional de investimento de $ 1.200 em valores a receber. O retorno do investimento marginal, na situação descrita, atinge a 25% ($ 300/$ 1.200), que representa o retorno marginal do capital aplicado.

Esse percentual constitui-se, na realidade, no custo máximo do investimento marginal, pois, ao deduzir os 25% de $ 1.200, o valor resultante (25% × $ 1.200 = $ 300) iguala-se ao resultado de $ 300, anulando, consequentemente, a contribuição adicional (marginal) oferecida pela política de crédito proposta. Dessa maneira, se o custo do investimento marginal ($ 1.200) exceder 25%, é desinteressante, em princípio, a implementação da nova política de crédito, sendo atraente somente para percentuais inferiores a 25%.

---

investimento marginal, produz reflexos negativos sobre as vendas, os quais podem absorver os benefícios gerados. Na realidade, os efeitos líquidos sobre os lucros provenientes dessas decisões dependem da intensidade de variação das medidas financeiras. Assim, para cada decisão possível de ser implementada, é fundamental efetuar projeções financeiras que forneçam, no mínimo, condições de confrontar, conforme comentado, a taxa de retorno marginal com a taxa básica exigida pela empresa.

Variações nos prazos de crédito: se a empresa optar por uma ampliação em seus prazos usuais de crédito, é coerente esperar por uma elevação no volume de vendas, nas despesas gerais de crédito (o departamento de crédito é sobrecarregado, e as despesas de cobrança e o nível de inadimplência também tendem a aumentar) e nos investimentos em valores a receber (o ativo realizável se elevará, assim como o prazo médio de cobrança).

Efeitos contrários são esperados, naturalmente, se a decisão tomada for de uma redução nos prazos de concessão de crédito. A influência dessas decisões sobre os lucros da empresa, da mesma maneira, é medida pelo nível em que ocorrerem tais variações. Se o aumento nas receitas não for suficiente para cobrir as despesas marginais, verifica-se uma queda nos resultados operacionais. Ao contrário, há um incremento nesses valores.

Descontos financeiros: quando são concedidos maiores valores percentuais de descontos financeiros (ou quando são introduzidos pela primeira vez), é razoável esperar por um aumento no volume de vendas em função, principalmente, de um barateamento nos custos do adquirente. Essa expectativa é mais consistente, todavia, se o produto apresentar uma demanda elástica, ou seja, se mediante uma variação em seu preço, o mercado for sensível a uma reação em sentido contrário; adquire maior volume se os preços baixarem, e reduz suas compras na hipótese de uma elevação.

Todavia, em razão de uma expectativa de mais clientes antecipar seus pagamentos para usufruírem de maiores descontos financeiros, com reflexos (diminuição) no volume de títulos a receber em carteira, é lícito esperar por uma redução nas despesas gerais de crédito e no montante de investimentos em valores a receber.

O efeito final sobre o lucro da empresa, determinado por essa decisão, dependerá naturalmente do nível em que se processar e que forem utilizados os descontos. Se o montante dos descontos concedidos e aproveitados pelos clientes for superior aos benefícios por eles gerados, por exemplo, a decisão acarretará um efeito negativo sobre os lucros da empresa. Em caso contrário, há uma elevação.

De uma maneira ou de outra, para ter uma conclusão mais consistente com o critério de decisão adotado, é fundamental relacionar os resultados com o nível assumido pelos investimentos em valores a receber, visando, em última análise, à obtenção do retorno marginal.

Políticas de cobrança: maior liberalidade nas políticas de cobrança pode proporcionar elevações nos valores das medidas financeiras consideradas.

Ao contrário, com maior rigidez nos procedimentos de cobrança, são esperadas retrações nos volumes de vendas, nos níveis das despesas gerais de crédito e nos investimentos circulantes.

Em suma, o administrador financeiro deve interessar-se, dentro de um contexto de análise da política de crédito, por qualquer decisão (ou conjunto de decisões) que acarrete um resultado marginal superior ao custo do investimento marginal em valores a receber. A decisão de uma política global de crédito para a empresa envolve, na realidade, um processo contínuo de tentativa, no qual, para cada alteração viável de ser adotada, é fundamental confrontar os resultados daí obtidos com os custos marginais.

EXEMPLO ILUSTRATIVO – Retorno Marginal e Investimento Marginal em Contas a Receber

Considere o seguinte exemplo ilustrativo que propõe uma alteração nos padrões usuais de crédito para uma empresa.

A. Situação Original

Suponha que uma empresa, de acordo com determinados padrões de crédito fixados por sua administração, tenha projetado vendas mensais de $ 1.500.000 para o próximo exercício, das quais 60% serão a prazo, ou seja: $ 900.000.

A administração da empresa prevê, ainda, os seguintes valores:

Custos de produção	
Variáveis:	30% das vendas totais
Fixos mensais:	$ 620.000
Despesas Administrativas	
Variáveis:	4% das vendas totais
Fixas mensais:	$ 210.000
Despesas relativas ao crédito	
Provisão para devedores duvidosos:	2% das vendas a crédito
Despesas gerais de cobrança:	3% das vendas a crédito
Prazo médio de cobrança:	45 dias ou 1,5 mês.

Sendo de 1,5 mês o prazo esperado de cobrança das vendas a prazo, o giro das duplicatas a receber atinge, consequentemente, oito vezes ($12 \div 1,5$).

De acordo com esses valores, os resultados da empresa previstos para cada mês do próximo exercício podem ser apurados da seguinte maneira:

	Resultado das vendas à vista ($)	Resultado das vendas a prazo ($)	Resultado Total ($)
Receitas de vendas	600.000	900.000	1.500.000
(–) Custos e despesas variáveis:			
Custos de produção	30% × 600.000 = 180.000	30% × 900.000 = 270.000	450.000
Despesas administrativas	4% × 600.000 = 24.000	4% × 900.000 = 36.000	60.000
Provisão para devedores duvidosos	–	2% × 900.000 = 18.000	18.000
Despesas gerais e de cobrança		3% × 900.000 = 27.000	27.000
Custos e despesas variáveis totais:	204.000	351.000	555.000
Margem de contribuição	396.000	549.000	945.000
(–) Custos e despesas fixos:			
Custos de produção			620.000
Despesas administrativas			210.000
Resultado Operacional:			**115.000**

B. Alterações nos Padrões de Crédito

A administração da empresa decidiu analisar os efeitos que uma alteração em seus padrões de crédito produziria sobre seus resultados operacionais. Sabe-se que uma política de afrouxamento na concessão de crédito aos clientes poderia elevar as vendas e, consequentemente, os resultados finais.

Um estudo revelou que se empresa adotasse maior liberalidade em seus padrões de concessão de crédito, mediante o atendimento de maior número de solicitações, suas vendas totais, pressionadas pelo volume a prazo, poderiam elevar-se em 15% no período. Nessa situação as vendas a prazo passariam a representar $ 1.125.000 do volume total de vendas estimado em $ 1.725.000 ($ 1.500.000 + 15%).

No entanto, ao conceder mais créditos a clientes classificados em níveis inferiores a seu padrão tradicional, o prazo médio de cobrança elevar-se-ia para 2 meses, e o giro de duplicatas a receber, consequentemente, seria igual a seis vezes ($12 \div 2$) ao ano.

C. Processo de Análise

Para que se descrevam os critérios que devem ser considerados na análise de padrões de políticas de crédito, suponha-se, por ora, que a alteração proposta não irá influir nos custos e despesas (principalmente na provisão para devedores duvidosos e demais despesas de crédito) e no montante do passivo até então mantido pela empresa. Na verdade, admite-se implicitamente que a empresa mantém recursos em ativos monetários suficientes para cobrir suas necessidades adicionais em valores a receber provocadas pela proposta em consideração. Essas hipóteses simplificadoras objetivam melhor explicar a metodologia de análise e os critérios de decisão.

De acordo com a proposta de afrouxamento nos padrões de crédito formulada, os resultados da empresa previstos para o próximo mês serão os seguintes:

	Resultado das vendas à vista ($)	Resultado das vendas a prazo ($)	Resultado total ($)
Receitas de vendas	*600.000*	*1.125.000*	*1.725.000*
(–) Custos e despesas variáveis:			
Custos de produção	30% × 600.000 = 180.000	30% × 1.125.000 = 337.500	517.500
Despesas administrativas	4% × 600.000 = 24.000	4% × 1.125.000 = 45.000	69.000
Provisão para devedores duvidosos		2% × 1.125.000 = 22.500	22.500
Despesas gerais e de cobrança		3% × 1.125.000 = 33.750	33.750
Custos e despesas variáveis totais:	*204.000*	*438.750*	*642.750*
Margem de contribuição	*396.000*	*686.250*	*1.082.250*
(–) Custos e despesas fixos:			
Custos de produção			620.000
Despesas administrativas			210.000
Resultado Operacional			**252.250**

Comparando a proposta apresentada com a situação original, observa-se um aumento (no lucro) na margem de contribuição da empresa no valor de $ 137.250, isto é:

Margem de contribuição (situação proposta):	$ 686.250
(–) Margem de contribuição (situação original):	$ 549.000
Margem de contribuição adicional:	**$ 137.250**

Uma análise mais resumida, com base exclusivamente nos valores até aqui demonstrados, pode indicar ser um bom negócio para a empresa o afrouxamento em seus padrões de crédito.

Resultado marginal: observe que a *margem de contribuição* eleva-se de $ 549.000 para $ 686.250, assim como a *margem operaciona*l considerada (resultado operacional/receitas de vendas) incrementa-se de 7,67% na situação original, para mais de 14,62% na proposta formulada.

Critério de decisão: não obstante, a decisão de alterar os padrões de crédito não pode ser tomada com base unicamente nesses resultados: *há valores relevantes que devem ser incluídos no estudo*. Faz-se, dessa maneira, mister determinar-se o investimento marginal e seu respectivo custo para confrontá-lo com o lucro marginal ($ 252.250 – $ 115.000 = $ 137.250) proveniente do maior volume de vendas a prazo. Se a contribuição adicional dessas receitas for maior que o custo calculado, por exemplo, a proposta formulada recebe uma indicação de aceitação; em caso contrário, é proposta sua rejeição.

D. Custo do Investimento Adicional (Marginal) em Valores a Receber

Conforme foi exposto na ilustração, o saldo médio de contas a receber altera-se diante de mudanças nos padrões de crédito. Antes (situação original), com o prazo médio de 1,5 mês e vendas a prazo de $ 900.000, ele era de:

Saldo Médio de Duplicatas a Receber:

$ 900.000 × 1,5 mês = $ 1.350.000

Com a nova política de padrões de crédito proposta pela empresa, o investimento em valores a receber eleva-se:

Novo Saldo Médio:

$ 1.125.000 × 2 meses = $ 2.250.000

Aparentemente, isso pode levar ao cálculo apressado de um investimento nesse ativo acrescido de $ 900.000 ($ 2.250.000 – $ 1.350.000). Entretanto, esse cálculo não é muito correto, porque existe, em valores a receber dessa natureza, o valor do lucro embutido. E, no processo de análise do retorno das aplicações em vendas a prazo, o lucro não é considerado investimento e deve, portanto, ser excluído.

Uma maneira mais rápida e aproximada de calcular o investimento em valores a receber, excluído o lucro apropriado nas vendas, processa-se da maneira seguinte: verifica-se qual o percentual de lucro em cada unidade monetária de venda e aplica-se essa porcentagem sobre todos os valores a receber, em uma pura regra de três. Ao se adotar esta metodologia tem-se os seguintes resultados:

Investimento Anterior:

$$\frac{\text{Lucro Anterior}}{\text{Vendas Anteriores}} \times \frac{\text{Saldo Médio de Duplicatas}}{\text{a Receber Anterior}}$$

$$\begin{aligned} \text{Investimento} &= \frac{\$\ 115.000}{\$\ 1.500.000} \times \$\ 1.350.000 \\ &= 7,67\% \times \$\ 1.350.000 \\ &= \$\ 103.500 \end{aligned}$$

Investimento Anterior – Lucro Embutido =
= $ 1.350.000 – $ 103.500

Investimento Anterior – Lucro Embutido =
= $ 1.246.500

Investimento Novo:

$$\frac{\text{Lucro Novo}}{\text{Vendas Novas}} \times \frac{\text{Novo Saldo Médio de}}{\text{Duplicatas a Receber}}$$

$$\begin{aligned} \text{Investimento} &= \frac{\$\ 252.250}{\$\ 1.725.000} \times \$\ 2.250.000 \\ &= 14,62\% \times \$\ 2.250.000 \\ &= \$\ 329.022 \end{aligned}$$

Investimento Novo – Lucro Embutido =
= $ 2.250.000 – $ 329.022

Investimento Novo – Lucro Embutido =
= $ 1.920.978

Investimento Marginal Líquido do Lucro: logo, a diferença entre os dois investimentos seria, nessa metodologia mais simplificada de cálculo, de $ 674.478 ($ 1.920.978 – $ 1.246.500). Em outras palavras, esse valor representa o *investimento marginal (excluído o lucro)* em valores a receber determinado pela nova proposta de crédito da empresa.

E. Critério de Decisão

O processo de decisão ou de fixação da política de crédito, conforme proposto, decorre fundamentalmente do conhecimento desses valores levantados:

	Proposta formulada	Proposta original	Incremento
Lucro	$ 252.250	$ 115.000	$ 137.250
Investimento Médio em Duplicatas a Receber	$ 1.920.978	$ 1.246.500	$ 674.478

A proposta de alteração dos padrões de crédito apresenta-se interessante para a empresa, caso o incremento de lucro ($ 137.250) signifique, para a empresa, um retorno razoável para o incremento de investimento ($ 674.478), ou seja, precisará ela investir mais $ 674.478 para obter mais $ 137.250 de lucro.

Questão básica: essa relação percentual de 20,3% está acima do custo de oportunidade de investimento dessa empresa? Se estiver, a decisão será tomada em favor da nova proposta. Está acima de quanto custará à empresa obter esses recursos, caso não os tenha?

Todavia, é necessário salientar que esses tipos de decisão devem envolver outras variáveis, tais como os padrões de crédito de empresas concorrentes, a existência de uma meta de participação no mercado, situação do mercado consumidor, expectativas quanto às taxas futuras de juros etc. A mensuração do retorno marginal é um instrumento tradicional da

APLICAÇÃO PRÁTICA
Sete anos para pagar pelo sonho de consumo

A expectativa de quebra dos recordes de venda (alta de 25%) e de produção (13%) de automóveis este ano abre cada vez mais o leque de opções de compra para o consumidor. Um dos responsáveis por este resultado é a farta oferta de crédito.

Assim, há nas lojas opções de financiamento de até 84 meses – sete anos –, que oferece sua linha com este plano e entrada para depois do carnaval. Boa parte das revendas autorizadas das marcas tem financiamentos que chegam a 72 meses.

A festa do crediário fácil chegou aos carros importados também. Várias marcas têm planos de financiamento mais alongados para estes modelos. Antes de assinar o contrato, porém, é bom estar atento: depois de um tempo desgastado, por conta da época em que era indexado ao dólar e do pagamento de residual, o *leasing* é a modalidade do momento. Bancos e financeiras oferecem o aluguel como se fosse Crédito Direto ao Consumidor (CDC). O segredo está na ausência do residual, que agora é diluído no valor do financiamento, e nas parcelas ligeiramente mais baixas, o que pode significar uma economia razoável no fim do plano.

No entanto, esta opção traz taxas que o consumidor só conhecerá quando precisar de algum serviço da instituição financeira. Entre elas, as cobradas para quitação do saldo devedor antecipadamente, para a transferência do veículo para terceiros ou substituição do modelo alienado. E não bastam financiamentos alongados. Para aproveitar a injeção de milhões de reais na economia no fim do ano, por conta do pagamento do 13º salário, o segmento de automóveis tenta atrair consumidores com brindes. As revendas e lojas independentes estão oferecendo itens como televisão de LCD de 40 polegadas, sistema de cinema caseiro, R$ 2 mil em combustível, equipamentos extra para o veículo (sensores de estacionamento, banco de couro, DVD, rádios toca-discos etc.), transferência da documentação para usados, entre outros.

Fonte: Adaptado de **Valor Online**, 5 nov. 2007.

administração financeira que pode, não obstante, ser utilizado dentro de uma política global envolvendo as diversas áreas da empresa.

Outras variações podem ainda ser previstas nos resultados (inclusive nos custos e despesas fixos, que poderiam elevar-se em razão de maior volume de produção e vendas e também nos custos e despesas variáveis), dentro do raciocínio de decisão desenvolvido.

26.5 MEDIDAS DE CONTROLE

A preocupação maior da administração de valores a receber, sequencialmente ao estabelecimento da política de crédito mais atraente para a empresa, é manter um eficiente controle sobre o desempenho de sua carteira de duplicatas a receber.

Esse processo de controle, que deve assumir caráter de atividade permanente na administração financeira da empresa, procura, entre outras informações gerenciais importantes:

- apurar o nível de atraso com que os clientes estão pagando;

- processar uma análise dos clientes de forma a identificar a pontualidade com que saldam seus compromissos;

- identificar os motivos de determinada variação na carteira de valores a receber. Por exemplo, um aumento do montante das duplicatas a receber pode ser devido a maiores vendas, dilatação do prazo de cobrança ou maior volume de atrasos nos pagamentos.

É com esse objetivo de estudo da carteira de duplicatas a receber que são desenvolvidas medidas de controle. A seção 26.2.4 demonstrou a técnica do *aging*, sendo a seguir demonstrada a medida do DVR (Dias de Valores a Receber).

26.5.1 Dias de Vendas a Receber (DVR)

O DVR é uma medida de controle que permite, pela relação entre os valores a receber e as vendas médias diárias, apurar o número médio de dias necessário para realizar financeiramente as vendas a prazo, ou seja:

$$DVR = \frac{\text{Valores a receber ao final de um período}}{\text{Vendas médias diárias no período}}$$

Por exemplo, se as vendas anuais de uma empresa atingiram $ 108,0 milhões no último exercício, e as duplicatas a receber registradas pela contabilidade $ 10,2 milhões ao fim do mesmo período, obtém-se o seguinte DVR:

$$DVR = \frac{\$ 10.200.000}{\dfrac{\$ 108.000.000}{360}} = 34 \text{ dias}$$

Esse resultado indica que, em média, 34 dias das vendas realizadas no último exercício ainda não foram recebidos, ou seja, encontram-se registrados em "duplicatas a receber" o equivalente a 34 dias das vendas anuais da empresa.

DVR e Investimento em Valores a Receber: o DVR é usado também como medida aproximada de cálculo do investimento em valores a receber, identicamente ao demonstrado no item anterior.

Por exemplo, ao se supor que a relação custo e despesas totais/vendas totais seja de 80% (a margem de lucro nesse caso é de 20%), o montante do investimento necessário em valores a receber, para um DVR de 34 dias e um volume de vendas a prazo de $ 63 milhões, atinge:

$$Vendas \ Médias \ por \ Dia = \frac{\$ 63.000.000}{360}$$
$$= \$ 175.000/dia$$

$$Investimento \ Médio \ em \ Valores \ a \ Receber =$$
$$= \$ 175.000 \times 34 \text{ dias} \times 80\%$$

$$Investimento \ Médio \ em \ Valores \ a \ Receber =$$
$$= \$ 4.760.000$$

Modificações no DVR alteram, evidentemente, as necessidades de investimentos em valores a receber. Por exemplo, ao se reduzir o DVR para 20 dias, e mantendo-se o volume de vendas a prazo inalterado (sem variação real), o investimento médio em valores a receber diminui para $ 2.800.000 ($ 175.000 × 20 × 80%), exercendo-se menor pressão sobre o fluxo de caixa da empresa.

EXEMPLO ILUSTRATIVO – O DVR e a Classificação dos Valores a Receber

Na utilização das medidas de controle dos valores a receber, é importante em diferentes situações utilizar os diversos índices desenvolvidos conjuntamente. Em verdade, uma medida analisada isoladamente pode muitas vezes não referenciar todo o problema existente, necessitando, em consequência, ser o estudo complementado com outras informações gerenciais.

Nesse enfoque, admitam-se ilustrativamente as situações de duas empresas conforme apresentadas a seguir, apuradas em determinado mês.

	Empresa I Duplicatas a receber $	Empresa I Duplicatas a receber %	Empresa II Duplicatas a receber $	Empresa II Duplicatas a receber %
Vencidas no mês passado	1.000.000	10	1.000.000	10
A vencer no mês	2.500.000	25	2.500.000	25
A vencer em 1 mês	4.500.000	45	2.000.000	20
A vencer em 2 meses	2.000.000	20	2.500.000	25
A vencer em 3 meses	–	–	2.000.000	20
Total	10.000.000	100%	10.000.000	100%
DVR	$\dfrac{\$\ 10.000.000}{\$\ 7.500.000/30}$ = 40		$\dfrac{\$\ 10.000.000}{\$\ 7.500.000/30}$ = 40	

Para os cálculos do DVR, foram admitidos que as empresas realizaram, cada uma, vendas de $ 7.500.000 no mês, calculando-se um DVR igual a 40 dias para ambas.

Note que, apesar de apresentarem o mesmo resultado de DVR – ambas mantêm uma média de 40 dias de suas vendas em valores a receber –, essas empresas diferenciam-se bastante pelo nível de risco assumido. Não obstante se constituir em uma análise relativamente simplificada da situação, as informações extraídas de exemplo ilustrativo são importantes como um sinal de alerta, carecendo de investigação mais pormenorizada das contas para se concluir definitivamente sobre suas qualidades.

Diferença importante: observe-se que na *empresa I* 80% das vendas a prazo são recebíveis dentro do prazo máximo de 30 dias. Na *empresa II*, somente 55% são recebíveis nesse período.

Essas distorções não são cotejadas pelo indicador do DVR, o qual é igual para ambas as empresas, necessitando-se de medidas complementares para melhores avaliações. A empresa II demanda, diante desses resultados, maior preocupação por parte do analista, devendo descobrir os motivos que determinaram este comportamento (política de venda a prazo mais liberal, maiores prazos de recebimento das vendas, descontos insuficientes para pagamentos mais rápidos etc.).

Resumo

1. **Definir as premissas de uma avaliação do risco de concessão de crédito.**

    Na análise do risco de crédito são levados em conta diversos critérios e métodos. Um *enfoque tradicional* da análise do crédito é desenvolvido como os cinco *Cs* do crédito, ou seja: caráter, capacidade, capital, garantias (*collateral*) e condições.

    O *caráter* identifica a disposição do cliente em pagar corretamente seu crédito. Essa avaliação é efetuada mediante o conhecimento de certas características morais do devedor, tais como honestidade, integridade etc.

    O processo de análise desses fatores tradicionais de avaliação do risco de crédito é desenvolvido, basicamente, pela tradição (experiência) que a empresa tenha com seu cliente e, também, por uma série de informações e indicadores básicos que o administrador deverá colher com o consumidor e no mercado, visando suplementar sua decisão.

Na prática, uma solicitação de crédito de um cliente antigo, com o qual a empresa tenha tradicionalmente realizado boas relações comerciais, é atendida quase prontamente, dispensando-se maiores dispêndios de tempo e recursos em uma análise mais pormenorizada.

Dentro de um enfoque menos convencional, deve-se ressaltar a crescente introdução de *modelos quantitativos* nas decisões de concessão de crédito, os quais se processam, principalmente, pelo uso de medidas estatísticas, análises discriminantes e árvores de decisão.

2. Abordar as principais medidas financeiras de uma política de crédito.

No processo de definição de uma política geral de crédito, cujos elementos básicos foram descritos, deve a empresa preocupar-se também com determinadas medidas de controle interno, principalmente as relativas aos *custos e despesas inerentes ao crédito e investimentos em valores a receber.*

As mais importantes medidas, típicas de empresas que vendem a prazo, podem ser classificadas da maneira seguinte:

- *despesas com devedores duvidosos*, que se refere à probabilidade definida pela empresa em não receber determinado volume de crédito no futuro;

- *despesas gerais de crédito*, que envolvem basicamente os gastos efetuados no processo de análise de solicitações e na manutenção de um departamento de crédito, como pessoal, materiais, serviços de informações, contratados etc.;

- *despesas de cobranças*, nas quais estão incluídos os gastos gerais efetuados principalmente nos diversos procedimentos adotados pela empresa, inclusive os (gastos) provenientes de eventuais ações judiciais e taxas cobradas pelos bancos pela execução desses serviços;

- uma política mais liberal de crédito, notadamente de concessão e fixação de padrões, tende a elevar o volume dessas despesas, podendo ocorrer o inverso quando os padrões tornarem-se mais rigorosos;

- *custo do investimento marginal em valores a receber*, que é obtido mediante a aplicação de uma taxa de retorno mínima exigida pela empresa (para seus investimentos ativos) sobre o investimento marginal (adicional) efetuado em valores a receber.

3. Mostrar como analisar as variações no saldo de valores a receber.

A preocupação maior da administração de valores a receber, sequencialmente ao estabelecimento da política de crédito mais atraente para a empresa, é manter um eficiente *controle* sobre o desempenho de sua carteira de duplicatas a receber.

Os saldos dos valores a receber podem periodicamente alterar-se em função de variações nas vendas ou nos prazos de recebimentos. A introdução de uma nova política de crédito produz importantes influências sobre determinadas variáveis financeiras de controle interno.

Esse processo de controle, que deve assumir um caráter de atividade permanente na administração financeira da empresa, procura, entre outras informações gerenciais importantes:

- apurar o nível de *atraso* com que os clientes estão pagando;

- processar uma análise dos clientes de modo a identificar a *pontualidade* com que saldam seus compromissos;

- identificar os motivos de determinada *variação na carteira* de valores a receber.

A análise pela medida do DVR visa identificar como essas variáveis interferem no montante de duplicatas a receber de cada período. O DVR é uma medida de controle que permite, pela relação entre os valores a receber e as vendas médias diárias, apurar o número médio de dias necessário para realizar financeiramente as vendas a prazo.

612 Administração Financeira: Teoria e Prática ▪ Assaf Neto | Lima

O DVR é usado também como medida aproximada de cálculo do investimento em valores a receber, identicamente ao demonstrado no item anterior.

TESTES DE VERIFICAÇÃO

1. Uma empresa ao realizar investimentos visando melhorias em sua política de cobrança, deve-se ater primordialmente a fatores que são considerados essenciais à essa prática, exceto:

   a) Sazonalidade das vendas.

   b) Créditos oferecidos pelos concorrentes do mesmo setor.

   c) Política de cobrança estabelecida pela empresa.

   d) Prazos de créditos praticados pela empresa.

   e) Custo de oportunidade para investimentos em estoque.

2. Indique entre as especificações descritas a seguir de uma política de crédito, aquela que *não* influencia no aumento do volume de valores a receber por uma empresa:

   a) Descontos especiais para pagamento à vista.

   b) Dilatar os prazos de ofertas de créditos.

   c) Redução dos limites a serem oferecidos.

   d) Estreitamento dos padrões de liberação de créditos.

   e) Negociação mais flexível em créditos atrasados.

3. Uma empresa deseja adotar uma política de desconto para melhoria do recebimento dos créditos a seus clientes. Para tanto, oferece um desconto para pagamento no vencimento definido pela taxa $d\%$. Se a empresa apresenta uma margem de contribuição deste produto indicada por MC, e tem um custo de financiamento a curto prazo dado por uma taxa $i\%$, pode-se dizer que a empresa beneficiará desta proposta apenas se:

   a) $d\% + i\% > MC$.

   b) $d\% - i\% > MC$.

   c) $d\% + i\% < MC$.

   d) $d\% - i\% < MC$.

   e) $d\% < i\%$.

4. Determinada empresa adota um sistema de pesos para avaliar solicitações de crediário no varejo. Os pesos são discriminados baseando-se um cadastro que o cliente preenche quando da solicitação do crédito. O padrão de aceitação para liberar o crédito é atendido para clientes com resultado final ponderado acima de 8 pontos. A empresa libera também o crediário em apenas 50% do valor solicitado ao cliente para aqueles que tiverem pontuação final entre 6 e 7,9 pontos, rejeitando o crediário para pontuações inferiores a 5,9. O quadro com os respectivos pesos das informações do crediário são apresentados a seguir:

Características creditícias	Pesos
Tipo de residência (própria ou alugada)	0,20
Nível de escolaridade	0,10
Histórico de renda	0,20
Histórico de pagamentos na loja	0,30
Tempo de emprego	0,20

O quadro a seguir apresenta a tabulação referente a quatro solicitações de crédito de acordo com as informações fornecidas pelos clientes.

	A	B	C	D
Tipo de Residência (própria ou alugada)	10	9	7	8
Nível de escolaridade	9	7	7	7
Nível de renda	10	8	8	6
Histórico de pagamento na loja	6	9	7	2
Tempo de emprego	5	8,5	7	7

De acordo com os números tabulados pelo questionário de avaliação, qual(is) cliente(s) teriam seu crédito 100% aprovado?

a) Apenas A.

b) A e C.

c) Apenas B.

d) Apenas D.

e) B e C.

5. Em relação aos dados da questão anterior, qual(is) cliente(s) teve (tiveram) seu crédito reprovado?

a) Apenas C.

b) Apenas D.

c) C e D.

d) B e C.

e) A e B.

6. A formulação de uma política de crédito não engloba os seguintes elementos:

a) Política de cobranças.

b) Prazos para concessão de créditos.

c) Descontos financeiros por pagamentos antecipados.

d) Estudo da capacidade de pagamento dos fornecedores.

e) Análise dos padrões de crédito.

EXERCÍCIOS PROPOSTOS

1. Dentro das atuais condições de concessão de crédito, uma empresa estima em $ 12.000.000 por mês as suas vendas para o próximo exercício, das quais a metade se realizará a prazo. Os custos e despesas variáveis mensais, referentes a custos de produção e despesas administrativas gerais, estão previstos em 40% do total das vendas; e os relativos ao crédito, em 5% das vendas a prazo. Prevê-se, por outro lado, que uma política de ampliação no prazo de concessão de crédito elevará em 20% as vendas totais da empresa, sendo que a participação das vendas a prazo passará de 50 para 55%. Admitindo que os custos e despesas fixos não sofrerão alterações com a nova proposta:

a) Calcule o lucro marginal que resultará da adoção da nova proposta de crédito.

b) Sendo de $ 76.800.000 o investimento marginal em valores a receber, determine o custo máximo desse capital para que a nova proposta seja considerada atraente.

c) Calcule o lucro marginal e retorno marginal, admitindo que os custos e despesas variáveis relativos ao crédito elevem-se para 7%. Estima-se ainda que os demais valores considerados, inclusive os custos e despesas fixos, permanecem inalterados.

2. Uma empresa, definindo sua política de crédito para o próximo exercício, efetuou as seguintes projeções:

- Vendas: $ 26.000.000/mês, sendo 40% recebidos à vista e 60% a prazo.

- Custos e despesas variáveis referentes a despesas de vendas e administrativas: 45% das vendas totais.

- Custos e despesas variáveis relativos às despesas gerais de crédito e calculados sobre as vendas a prazo: 8%.

Dentro dessas condições, a empresa tem normalmente concedido um desconto financeiro de 4% nas vendas realizadas à vista. Paralelamente à elaboração dessas previsões, a sua direção vem desenvolvendo estudos sobre os reflexos que uma elevação nos descontos financeiros produziria sobre os resultados. A proposta em consideração é a de um incremento dos descontos para compras à vista de 4 para 8%. Com isso, espera-se uma ampliação de 5% no total das vendas, passando as vendas à vista a representarem 50% dessas receitas. Como reflexo, ainda, espera-se uma redução das despesas gerais variáveis de crédito para 6%.

a) Determine o lucro marginal resultante da adoção da nova política de crédito.

b) Que decisão você recomendaria para as propostas apresentadas, supondo-se que:

- Não haja alteração no investimento em valores a receber?

- A situação proposta exige $ 800.000 a menos de investimento em valores a receber comparativamente à situação original?

3. **Uma empresa está avaliando os benefícios econômicos em afrouxar sua política de cobrança, principalmente pelas elevadas despesas de cobrança que vêm normalmente ocorrendo. Atualmente, essas despesas atingem 8% das vendas realizadas a prazo.**

Estima-se que uma maior liberalidade nas cobranças eleve as vendas a prazo de $ 15.000.000 para $ 17.000.000, não se verificando nenhuma influência sobre o montante das vendas à vista.

Da mesma maneira, espera-se que a provisão para devedores duvidosos passe de 2 para 3% das vendas a prazo e as despesas de cobrança baixem para 5,5% das vendas a prazo. Os custos e despesas variáveis relativos aos custos de produção e despesas administrativas permanecerão fixos em 45% das vendas totais, assim como as despesas gerais do departamento de crédito em 4% sobre as vendas a prazo. Não se esperam igualmente alterações nos custos e despesas fixos.

Estudos prospectivos ainda estimaram em $ 8.000.000 o montante do investimento marginal em valores a receber decorrente de uma maior liberalidade na política de cobrança. Pelos dados e informações apresentados, pede-se:

a) Determine o lucro marginal e o retorno marginal, admitindo-se que o investimento necessário seja financiado integralmente por recursos monetários disponíveis no ativo da empresa.

b) Considerando um custo de oportunidade de 12% no período, estipule a conveniência econômica da proposta de afrouxamento na política de cobrança.

c) Caso a empresa deseje financiar seu investimento marginal por meio de uma operação de captação, determine o custo máximo que a empresa poderia incorrer para que a proposta em consideração seja atraente.

4. **Como decorrência de sua política tradicional de crédito, uma empresa estima que suas vendas mensais atingirão um valor médio de $ 5.000.000 no próximo exercício. Desse total, 40% serão recebidos à vista e 60% em 2 meses. Outros dados projetados pela empresa são os seguintes:**

- Custos e despesas variáveis (produção e despesas administrativas): 36% sobre as vendas totais.

- Despesas variáveis de cobrança: 3,5% sobre as vendas a crédito.

- Provisão para devedores duvidosos: 1,5% sobre as vendas a crédito.

- Custos e despesas fixos: $ 2.100.000.

Junto com essas projeções, a direção da empresa, visando melhor dinamizar suas vendas e, consequentemente, seus resultados, está avaliando a implantação de medidas de afrouxamento nos padrões de crédito. Sabe-se que esta proposta trará uma elevação de 20% das vendas a prazo, permanecendo as vendas à vista inalteradas.

Como consequência, ainda, espera-se que o prazo médio de cobrança se eleve para 3 meses, as despesas variáveis de cobrança para 5% e a provisão para devedores duvidosos para 3%. Pede-se:

a) Baseando-se nos valores projetados, determine a contribuição marginal proveniente da proposta de afrouxamento nos padrões de crédito.

b) Calcule o investimento marginal em valores a receber.

c) Admitindo um custo de oportunidade de 2,0% a.m., considera você viável a proposta formulada de alteração da política de crédito?

5. Uma empresa pratica atualmente sua política de vendas no crediário no valor de $ 300 mil por ano, apresentando um período médio de cobrança de 40 dias. O preço de venda de seu produto é de $ 25 e tem um custo variável unitário de $ 18. A administração da empresa está implementando uma mudança relativa à política de contas a receber que resultará em um acréscimo de 20% nas vendas, mas passando o período médio de cobrança para 48 dias. Não está prevista nenhuma alteração na previsão de inadimplência. O custo de oportunidade de mesmo risco em seus investimentos em contas a receber é de 15% ao ano. Pede-se:

   a) Calcule o lucro adicional que a empresa terá com a nova proposta de contas a receber.
   b) Calcule o investimento marginal em contas a receber que essa nova mudança trará para a empresa.
   c) Calcule o custo do investimento marginal.

6. Uma indústria de alimentos decidiu por uma nova política de concessão de crédito, refletindo em um aumento das vendas. A variação marginal positiva nos resultados operacionais da empresa foi de $ 700.000, e as novas condições de crédito consumiram $ 3.500.00 em valores a receber. Com base nessas informações, calcule o percentual máximo do custo desse investimento marginal do qual se tornaria desinteressante a implantação dessa nova política de crédito.

Links da web

www.serasa.com.br. *Site* com informações para análise de crédito.

www.institutoassaf.com.br. *Site* com indicadores das empresas brasileiras.

Sugestão de leitura

ASSAF NETO, Alexandre. **Finanças corporativas e valor**. 8. ed. São Paulo: Atlas, 2021.

ASSAF NETO, Alexandre; SILVA, C. A. Tibúrcio. **Administração do capital de giro**. 4. ed. São Paulo: Atlas, 2012.

Respostas dos Testes de verificação

1. e
2. a
3. d
4. c
5. b
6. d

ADMINISTRAÇÃO DE ESTOQUES

OBJETIVOS DO CAPÍTULO

1. Explicar os conceitos de administração de estoques e suas aplicações no contexto da realidade brasileira.
2. Definir critérios de preços de reposição de estoques que produzam resultados de controle e tomada de decisões.
3. Definir controle de estoque pelo método da curva ABC.
4. Estudar os modelos de análise e controle de estoque.

Os estoques costumam manter uma participação significativa no total dos investimentos ativos da maior parte das empresas industriais e comerciais. Na realidade, por demandarem vultosos volumes de recursos (imobilizados) aplicados em itens de baixa liquidez, devem as empresas promover rápida rotação em seus estoques como forma de elevar sua rentabilidade e contribuir para a manutenção de sua liquidez.

No entanto, esse objetivo requer atenções mais amplas, principalmente ao se procurar evitar que se estabeleçam volumes insuficientes para o atendimento das vendas.

Não se deve nunca desprezar a necessidade de manter volumes adicionais em estoques (estoques de segurança), como modo de atender a certos imprevistos, geralmente não controláveis, na curva da demanda e na atividade produtiva.

Nesse posicionamento de administração de estoques, grande ênfase deve ser atribuída à fixação de políticas de compras e critérios de controle, e também à análise desses ativos como reflexo de uma decisão financeira de investimento.

Estoques nas empresas brasileiras: os estoques representam uma parcela importante do total dos investimentos das empresas. No Brasil,[1] a participação média dos estoques no total dos ativos das companhias abertas – que dispõem de ações negociadas em Bolsas de Valores – equivale a 9%. No setor de *comércio*, no entanto, o investimento em estoques é bem mais elevado, equivalendo a uma média de 18,2% do total dos ativos das empresas.

Os estoques, junto com os valores a receber, representam 61,7% dos investimentos em ativos circulantes das grandes empresas brasileiras.

Investimentos em estoques: quanto mais rápido a empresa vender seus estoques, ou seja, quanto mais elevado for o giro do investimento, menores são os custos de financiamento. O ideal para uma empresa é manter os estoques em níveis baixos, evitando um excesso de capital investido e maiores custos. O volume adequado de estoques deve, no entanto, atender as necessidades mínimas de produção e vendas da empresa.

Em outras palavras, a definição do investimento ótimo em estoques deve evitar perdas de vendas por falta de produtos acabados, assim como atrasos na produção pela falta de matérias-primas. A gestão deve ser coordenada de modo que os investimentos em estoques possam garantir o processo normal de produção e vendas da empresa.

27.1 PRINCIPAIS TIPOS DE ESTOQUES

De maneira ampla, os estoques podem ser definidos como os materiais, mercadorias ou produtos mantidos fisicamente disponíveis pela empresa, na expectativa de ingressarem no ciclo de produção, de seguir seu curso produtivo normal, ou de serem comercializados.

> A gestão dos estoques é desenvolvida de maneira compartilhada com outras áreas operacionais da empresa, e não de maneira independente. O volume de investimentos é determinado principalmente pelas decisões tomadas nas áreas de vendas, compras e produção.

Uma classificação mais completa dos tipos de estoques incorpora três grandes categorias:

a) mercadorias e produtos acabados;

b) produtos em elaboração;

c) matérias-primas e embalagens e materiais de consumo e almoxarifados.

O estoque de *mercadorias e produtos acabados* refere-se a todos os itens adquiridos de terceiros (mercadorias) ou fabricados pela própria empresa (produtos acabados) em condições de serem, respectivamente, revendidos ou vendidos. São produtos prontos e disponíveis para venda.

O estoque de *produtos em elaboração* inclui todas as matérias-primas e demais custos (diretos e indiretos) relativos ao estágio de produção em que os produtos se encontram em determinada data (data do balanço). É um produto ainda não acabado.

Efetivamente, os produtos em elaboração não apresentam condições físicas normais para a venda, pois necessitam ainda de variáveis graus de trabalho, dependendo do estágio de produção em que se encontram, para serem considerados acabados. Quando prontos esses itens são transferidos, com toda a carga assumida de custos, para o estoque de produtos acabados.

O estoque de *matérias-primas e embalagens* consiste em todos os materiais adquiridos pela empresa e disponíveis para sua incorporação e transformação no processo produtivo (matérias-primas) e acondicionamento (embalagens) do produto acabado visando sua remessa ao cliente. Alguns exemplos de matérias-primas: bauxita para a indústria de alumínio, minério de ferro para a siderurgia, leite para o fabricante de laticínios, e assim por diante.

O estoque de *materiais de consumo e almoxarifados* inclui, entre outros, todos os itens destinados ao consumo industrial, materiais de consumo de escritórios, material de propaganda etc.

Os estoques são admitidos como os itens de mais baixa liquidez do circulante. Entre os diversos tipos de estoques, ainda, a liquidez pode diferir bastante. Talvez as matérias-primas são as que mais facilmente podem ser convertidas em dinheiro. Os produtos em elaboração costumam apresentar

---

[1] **Fonte:** www.institutoassaf.com.br.

liquidez muito estreita, e os produtos acabados, dependendo da natureza dos produtos, podem apresentar boa liquidez.

27.2 PRINCIPAIS FATORES QUE INFLUENCIAM OS INVESTIMENTOS EM ESTOQUES

O montante de estoques é influenciado, principalmente, pelo comportamento e volume previstos da atividade da empresa (produção e vendas) e pelo nível de investimentos operacionais exigidos. Por exemplo, se as necessidades por determinado produto forem altas, espera-se normalmente que o volume estocado seja também elevado. Pequenas necessidades, no entanto, justificam um volume baixo de estoques. Na realidade, o nível dos estoques deve acompanhar a projeção das necessidades, seja para municiamento do processo produtivo ou para atendimento das vendas realizadas.

> **IMPORTANTE** ■ é interessante sempre evitar quantidades excessivas de estoques, as quais, em função de imprimirem maior lentidão ao giro dos ativos, reduzem a rentabilidade da empresa. No entanto, em algumas situações, essa queda de rentabilidade pode ser mais que compensada pela introdução de determinados benefícios.

Alguns exemplos: os custos unitários podem reduzir-se a níveis compensadores quando o volume de produção se elevar substancialmente; as matérias-primas podem atingir preços atraentes quando adquiridas em grandes quantidades; uma previsão de escassez de certos meios materiais no mercado pode justificar uma antecipação das compras, e assim por diante.

De igual modo, *baixos níveis* de estoques podem trazer sérios riscos de prejuízo à empresa, como o de não poder atender a certos pedidos de clientes (e perder participação de mercado para concorrentes), atrasar a produção por falta de matérias-primas etc.

> O estoque de uma empresa é considerado um investimento em razão de exigir uma imobilização de capital que poderia estar aplicado em alguma outra alternativa.
>
> Como toda alternativa, o investimento em estoque deve ser avaliado em função do retorno esperado e seu custo de capital.

Em geral, as empresas costumam manter determinado volume estocado acima de suas necessidades normais, denominado de *estoque de segurança*, como modo de atender a certos imprevistos, tais como argumentos inesperados da demanda, surgimento de problemas técnicos mais prolongados no processo produtivo etc.

Em suma, podem ser enumerados, para cada tipo de estoque, os seguintes *fatores* que influenciam, mais diretamente, seu volume, conforme ilustrado no quadro a seguir.

Fatores que influenciam mais diretamente os investimentos em estoques de:			
Mercadorias de produtos acabados	Produtos em elaboração	Matérias-primas e embalagens	Materiais de consumo e almoxarifados
• Demanda • Natureza • Economia de escala • Investimento necessário	• Extensão do ciclo de produção • Nível de desenvolvimento tecnológico da produção	• Prazo de entrega • Nível de requisição • Natureza física • Problemas com importação	• Peculiaridades operacionais e administrativas

Mercadorias e Produtos Acabados

Demanda: a *previsão das vendas* de um produto (ou mercadoria) constitui um dos principais fatores de definição do volume a ser mantido em estoque.

A este aspecto devem-se aliar, ainda, os padrões de sazonalidade das vendas. Por exemplo, o estoque de produtos terminados de demanda contínua é, em média, superior àquele que apresenta uma demanda cíclica (produtos de estações, por exemplo, cujos volumes variam bastante durante o ano).

Natureza: neste caso inclui-se, além da *perecibilidade,* também a *obsolescência* do produto. Por exemplo, empresas que trabalham com produtos de moda (roupas, tecidos etc.), ou que estejam sujeitos a mudanças tecnológicas rápidas (como determinados aparelhos eletrônicos e de informática), procuram manter volumes menores estocados. Produtos não estão sujeitos a essas influências (por exemplo, indústrias que trabalham com metais preciosos ou com certos tipos de minérios) são geralmente mantidos em estoques em maior volume.

Economia de escala: para muitas empresas, um alto nível de produção pode gerar importantes reduções (econômicas) nos custos unitários dos produtos acabados, determinadas, fundamentalmente, por maior diluição dos custos de despesas fixos nas unidades fabricadas.

Esse modo de barateamento de custos, conhecido como *economia de escala*, pode economicamente justificar a manutenção de maiores estoques de produtos acabados que em vez de serem produzidos todos os meses, em pequenas quantidades, são fabricados menos vezes no ano, porém em lotes maiores.

Investimento necessário: especial atenção deve ser atribuída aos *estoques mais caros* de produtos acabados, não só no que se refere a seus custos de produção (ou de aquisição), como também às condições mais onerosas que devem existir para mantê-los armazenados (instalações adequadas, segurança, espaço físico etc.).

Investimentos mais elevados em estoques supõem uma demanda maior por fontes de financiamento, as quais podem exercer influências negativas no risco e na rentabilidade da empresa.

A esse fator deve-se associar, ainda, a *liquidez* dos produtos, isto é, a capacidade que apresentam de serem convertidos em dinheiro em curto espaço de tempo. Evidentemente, produtos de maior liquidez (cobre, por exemplo), mesmo que caros, poderão ser suportados em níveis mais elevados nos estoques.

Produtos em Elaboração

Importante fator que exerce influência sobre o nível desses estoques consiste na extensão do ciclo de produção, ou seja, no tempo gasto em fabricar uma unidade do produto. É natural que, quanto maior se apresentar esse prazo, mais elevadas se apresentam as necessidades de investimentos nesse tipo de estoque. Já aperfeiçoamentos tecnológicos no processo de produção permitem reduções nos prazos de fabricação e, consequentemente, no volume desses estoques.

Matérias-primas e Embalagens

Prazo de entrega: compreende o período de tempo desde a formulação do pedido até seu efetivo recebimento. Materiais que necessitam de algum processamento parcial, ou que apresentam algum risco de interrupção no fluxo de entrega, por exemplo, demandam estoques maiores que cubram o risco envolvido no prazo de chegada de novos pedidos.

Deve-se acrescentar ainda o conhecimento e o relacionamento da empresa com o mercado fornecedor, os quais podem agilizar os pedidos mediante abreviações no tempo gasto em pesquisas de preços, menor formalização em ter os pedidos de crédito aprovados etc.

Nível de reposição: refere-se à intensidade com que determinados materiais são requisitados no processo de produção. Quanto maior o volume de produção, mais elevadas são as necessidades de matérias-primas estocadas.

Se a produção se efetuar de forma contínua, os estoques tenderão também a assumir volumes permanentes, o que faz supor volumes de matérias-primas estocados por mais tempo.

Da mesma maneira, empresas que trabalham com produtos de estação (conservas alimentícias, por exemplo) necessitam estocar maiores quantidades de matérias-primas para poder atender a sua produção na entressafra.

Na verdade, em todas as situações exemplificadas, está envolvido o risco da falta de materiais disponíveis para o atendimento do fluxo de produção considerado.

Natureza física: consiste principalmente no grau de perecibilidade apresentado pela matéria-prima. Materiais deterioráveis pela ação do tempo, por exemplo, devem ter seus estoques bem reduzidos. A esse fator devem-se incluir, ainda, os aspectos de moda e evolução tecnológica rápida, conforme já comentados.

Materiais de Consumo e Almoxarifados

O volume de investimento nesse tipo de estoque varia de uma empresa para outra em função, principalmente, de suas características básicas e peculiaridades operacionais e administrativas.

Por exemplo, empresas que oferecem alimentação a seu pessoal, ou cujos ativos fixos requerem manutenções mais constantes, costumam manter esses estoques em volumes mais elevados. Normalmente, no entanto, esses volumes são volumosos em termos físicos (inúmeras variedades de itens estocados), mas, em termos de montante investido, representam pouco para a empresa, não lhes sendo dispensada uma preocupação maior.

27.3 ESTOQUES E INFLAÇÃO

A presença de um fenômeno inflacionário provoca, normalmente, aviltamentos nos valores finais do fluxo de itens monetários. Os valores monetários do disponível e realizável mantidos por uma empresa perdem substância quando expostos à inflação e, desde que não haja uma perfeita compensação proveniente de ganhos inflacionários sobre os passivos monetários, a diferença irá refletir-se necessariamente no aviltamento do lucro.

Em ambientes de inflação, deve a empresa minimizar, tanto quanto possível, seus investimentos em ativos monetários (caixa e valores a receber, por exemplo), como forma de reduzir suas perdas inflacionárias (a não ser que consiga tê-los rendendo correção e/ou juros que pelo menos compensem essas perdas).

Uma ideia muito difundida nesse contexto refere-se à decisão de aplicar maiores volumes de recursos em ativos *não monetários* (estoques e bens fixos), como forma de imunizar o capital da corrosão provocada pela inflação.

Em outras palavras, é comum pensar que, sendo esses ativos *não monetários* e, por princípio, protegidos da desvalorização monetária, maiores recursos que venham a ser canalizados para esses itens refletem uma boa política da empresa em ambiente de inflação. No entanto, um processo inflacionário não se apresenta normalmente como um fenômeno isolado, mas como consequência (ou causa) de vários desajustes estruturais da economia. Nessas ideias podem ser incluídas, ilustrativamente, as elevadas taxas de juros de mercado, atrativo para aplicações financeiras de caráter mais especulativo, restrições impostas ao crédito, políticas de controle de preços, incrementos de capacidade produtiva ociosa etc.

Assim, a propalada tese de investir em estoques, como maneira sempre válida de a empresa proteger-se da inflação, requer um estudo bem mais amplo do que a simples constatação da natureza real desses ativos. Como a preferência por aplicações em estoques afeta normalmente a liquidez da empresa (recorde-se de que os estoques são os itens menos líquidos do ativo circulante), as medidas de contenção ao crédito poderão limitar o acesso da empresa a fontes externas de recursos, gerando, consequentemente, sérios problemas financeiros.

De igual modo, mesmo que os estoques apresentem uma valorização em termos reais (acima da taxa de inflação), é necessário sempre cotejá-la com o custo do dinheiro (ou custo de oportunidade) normalmente elevado nesse tipo de conjuntura.

As considerações expostas não pretendem de modo algum enquadrar os estoques como um ativo monetário, no qual a inflação age impiedosamente, ou mesmo invalidar integralmente a prática de antecipar as compras na expectativa de alta dos preços. Pretende-se, outrossim, difundir o conceito de que políticas de antecipação de compras (com finalidades especulativas ou de proteção da inflação) não produzem *necessariamente* resultados positivos. Na realidade, as aplicações adicionais, em situação de inflação descrita, podem provocar resultados imprevistos e, sobretudo, eliminar os ganhos especulativos ou os benefícios da proteção visada.

O administrador deve estar consciente, ainda, do risco, sempre presente nesta conjuntura, de um abrupto desaquecimento da demanda, como ocorreu no Brasil em diversos momentos. Um esfriamento desse tipo no consumo pode levar uma empresa a desfazer-se de seus estoques a preços sensivelmente reduzidos sob pena de conviver com perigosos níveis de falta de liquidez.

APLICAÇÃO PRÁTICA
Como Elaborar um Critério de Compra mais Lucrativo

Visando ilustrar o processo decisório de compras de estoques, de modo mais abrangente, admita hipoteticamente que certa empresa encontra-se no dilema de comprar 100 toneladas de determinada mercadoria à vista ou comprá-las a prazo. Essa decisão está sendo tomada no dia 15 de janeiro de determinado ano.

À *vista*, o preço é de $ 3.000 por tonelada; a *prazo*, para pagamento em 60 dias, sobe para $ 3.530. Logo, o montante de compras é o seguinte:

Compra à vista: (pagamento em 15-1): $ 3.000 × 100 t = $ 300.000;
Compra a prazo: (pagamento em 15-3): $ 3.530 × 100 t = $ 353.000.

A empresa sabe que o prazo de estocagem dessa mercadoria oscila normalmente em torno de 30 dias, ou seja, prevê-se que ela será vendida em 15-2.

O preço de venda fixado pela empresa para recebimento em 60 dias, prazo esse de cobrança usual para essas operações, é de $ 4.320/t. Assim, o total das vendas a ser recebido em 15-4 é de $ 432.000.

Mais claramente, o problema enunciado pode ser representado da seguinte maneira:

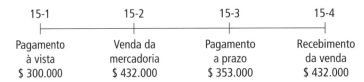

sendo:
- prazo médio de estocagem (ou de venda) = um mês;
- prazo médio de pagamento a fornecedores = dois meses (compra a prazo) ou nulo (compra à vista);
- prazo médio de cobrança = dois meses.

Para o cálculo do resultado bruto da empresa na hipótese de a compra ser à vista ou a prazo, é necessário colocar todos os valores operacionais em moeda de uma única data.

Evidentemente, ao manter a mercadoria estocada por 30 dias, a empresa incorre em um custo de financiar esse investimento. Da mesma maneira, ao vender a prazo, ela também verá seu capital reduzido pela presença desses custos financeiros.

Assim, admitindo-se que a taxa nominal de captação de mercado esteja fixada em 5% ao mês, o resultado da empresa, expresso em valor de 15 de abril, é o seguinte:

Resultado na hipótese de compra à vista:

Resultado (15-4) = $ 432.000 − $ 300.000 × $(1,05)^3$ = $ 84.713

Resultado na hipótese de compra a prazo:

Resultado (15-4) = $ 432.000 − $ 353.000 × (1,05) = $ 61.350

Logo, é mais interessante a compra à vista. O custo "embutido" pelo fornecedor para pagamento a prazo: [($ 3.530/$ 3.000) − 1] = 17,7% a.b., que equivale a 8,5% ao mês, é superior ao custo do dinheiro praticado no mercado de 5% a.m.

Continua

Continuação

Incluindo o ICMS na decisão

Admita na ilustração que o ICMS (17%) incidente na operação é recolhido ao fim do mês seguinte ao de sua incorrência. Sabe-se que a empresa possui no período ICMS a recolher superior ao incidente na aquisição.

Com a inclusão do ICMS, o fluxo operacional dessa decisão passa a ser o seguinte:

15-1 – pagamento à vista da mercadoria: $ 300.000;

15-2 – venda da mercadoria: $ 432.000;

28-2 – se a compra for à vista, o ICMS (débito) da empresa será reduzido (crédito) de 17% de $ 300.000 ($ 51.000) e, se a compra for a prazo, nessa data haverá a diminuição de ICMS a recolher de 17% de $ 353.000 ($ 60.010);

15-3 – pagamento da compra a prazo: $ 353.000;

31-3 – o ICMS nessa data será aumentado de 17% de $ 432.000 ($ 73.440) como decorrência da venda de fevereiro;

15-4 – recebimento da venda: $ 432.000.

Dessa maneira, em moeda da data de recebimento, tem-se:

Resultado na hipótese de compra à vista

Resultado (15-4) = $ 432.000 – $ 300.000 × $(1,05)^3$ + $ 51.000 × $(1,05)^{1,5}$ – $ 73.440 × $(1,05)^{0,5}$

Resultado (15-4) = $ 432.000 – $ 347.288 + $ 54.872 – $ 75.254

Resultado (15-4) = $ 64.330

Repare que nessa hipótese de compra à vista a empresa prescindirá de $ 51.000 em 28-2 por haver menos ICMS a recolher e recolherá, em 31-3, mais $ 73.440 em função do imposto sobre as vendas.

Resultado na hipótese de compra a prazo

Resultado (15-4) = $ 432.000 – $ 353.000 × $(1,05)$ + $ 60.010 $(1,05)^{1,5}$ – $ 73.440 × $(1,05)^{0,5}$

Resultado (15-4) = $ 432.000 – $ 370.650 + $ 64.567 – $ 75.254

Resultado (15-4) = $ 50.663

Nessa hipótese, estão computados os $ 60.010 a menos de ICMS a ser recolhido em 28-2 pelo critério fiscal decorrente da compra de $ 353.000, e mais os $ 73.440 recolhidos em 31-3 decorrentes da venda.

Não obstante a redução monetária do resultado pela consideração do ICMS, continua interessante comprar à vista.

Em suma, é fundamental avaliar o custo de manter os estoques elevados (como resultado de antecipação de compras), principalmente no tocante à liquidez, ao comportamento do mercado de crédito e às variações na curva de demanda, para que uma política de maiores investimentos possa produzir a proteção efetivamente esperada.

O consumidor e a inflação: nessas considerações formuladas, é interessante notar também que o comportamento do consumidor, com relação à proteção da inflação, é bem semelhante ao desenvolvido pela empresa. Verifica-se, muitas vezes, uma antecipação das compras de determinados produtos no mercado como modo de não se incorrer em preços futuros muito mais elevados. Esse aspecto psicológico do consumo, inclusive fomentado em algumas campanhas publicitárias, chega a influir na política de estocagem das empresas, notadamente na definição do volume de seus vários estoques. O volume de vendas de certos produtos em vésperas de altas de preços pode elevar-se acima das previsões normais e, se não for feito um esforço nos estoques de segurança nesses momentos, a empresa poderá ser incapaz de atender a todos os pedidos recebidos.

27.4 INVESTIMENTOS EM ESTOQUES COMO MODO DE REDUÇÃO DOS CUSTOS DE PRODUÇÃO

Outra atração com relação a maiores aplicações em estoques refere-se ao incremento do nível de produção como modo de baratear o custo unitário dos produtos acabados. Essas diminuições nos custos são explicadas em razão da possibilidade de introduzir uma *economia de escala* no planejamento da produção; ou seja, os custos e despesas fixos, inalteráveis por definição às variações nos volumes de atividade, decrescem por unidade adicional produzida.

> Economia de escala decorre de uma redução dos gastos de produção determinada pela decisão de produzir um volume mais elevado (maior escala) de produtos.

O critério básico que norteia a tomada de decisão nesse caso é semelhante ao adotado no Capítulo 26 quando se avaliou a conveniência de elevar os investimentos em valores a receber.

Atratividade de investir em estoques: de maneira geral, uma elevação no volume dos estoques somente será economicamente atraente se o custo do investimento marginal for inferior à redução verificada nos custos provenientes de maior volume de produção.

EXEMPLO ILUSTRATIVO

Por exemplo, suponha que um incremento no nível físico de produção que vise a um barateamento nos custos (e despesas) totais unitários mensais da ordem de $ 8.000 determine um investimento marginal médio em estoques de $ 200.000. A atratividade econômica dessa alternativa ocorre na hipótese de o custo do dinheiro ser menor que 4% a.m., pois somente assim a economia gerada no processo produtivo excederá o custo do investimento efetuado.

Admitindo que o custo do dinheiro situe-se em 2,5%, tem-se:

Investimento marginal em estoques:	$ 200.000
Custo do investimento marginal: 2,5% × $ 200.000	$ 5.000
Economia nos custos (e despesas) totais:	$ 8.000
Benefício econômico ($ 8.000 – $ 5.000):	**$ 3.000/mês**

Evidentemente, se o custo do dinheiro atingir 4% a.m., seu valor monetário medido sobre o investimento marginal será exatamente igual à economia gerada nos custos e despesas totais de produção, isto é:

Custo do investimento marginal: 4% × $ 200.000	$ 8.000
Economia nos custos (e despesas) totais:	$ 8.000

A essa taxa de 4% a.m., pode-se afirmar que a empresa está em ponto de indiferença, no qual o benefício econômico esperado é nulo. Já custos superiores a 4% são rejeitados por apresentarem uma contribuição negativa.

27.5 CONTROLE DE ESTOQUES: CURVA ABC

Os maiores problemas enfrentados pelas empresas no Brasil com relação ao controle de seus estoques referem-se ao relacionamento com os fornecedores, principalmente no que se refere à eficiência com que são cumpridas as condições de entrega e quantidades dos pedidos, e a incerteza associada à demanda. Uma das técnicas mais utilizadas de auxílio ao administrador na tarefa de definir uma política mais adequada de compra dos estoques, com ênfase especial para os itens mais representativos em termos de volume, é a conhecida *curva ABC*.

Basicamente, a *curva ABC* retrata a representatividade dos elementos estocados, mediante constatações históricas, às quais podem ser acrescentadas certas previsões futuras. A importância dos estoques é medida em relação ao volume físico demandado e a sua participação no total dos investimentos efetuados.

Por exemplo, uma empresa que trabalha com 5 mil itens diferentes, os quais exigem um investimento médio de $ 90,0 milhões, pode descobrir pela técnica da curva ABC, que $ 72,0 milhões de seus estoques estão investidos em somente 750 itens. Em outras palavras, 15% dos itens estocados são responsáveis por 80% dos investimentos totais, por isso, devem merecer atenção especial em relação aos 85% que participam somente em 20% dos investimentos.

Assim, a grande contribuição da *curva ABC* reside na seleção daqueles produtos mais representativos dos estoques, permitindo que se estabeleça melhor planejamento das compras e reduções nos custos dos investimentos.

Construção da curva ABC: para a construção da curva ABC, é necessário que se calculem os investimentos necessários em cada item. Para tanto, basta multiplicar as quantidades físicas médias estocadas por seus respectivos preços de aquisição. Diante desses resultados, podem ser facilmente identificados os itens mais ou menos significativos para a empresa, ou seja, aqueles que demandam maior ou menor participação nos investimentos em estoques.

Categorias dos estoques pelos investimentos: normalmente, os itens são classificados em três categorias: *A*, *B* e *C*.

Na *categoria A*, enquadram-se todos os elementos que demandam maiores investimentos e exigem, por conseguinte, maiores cuidados em seu controle. Apresentam muitas vezes baixa rotação e seu volume estocado é altamente significativo.

O grupo de itens cuja participação nos investimentos em estoques vem logo a seguir é representado pela *categoria B*, a qual pode merecer um controle menos frequente. Na *categoria C*, são incluídos os itens de mais baixa representatividade, os quais dispensam maiores preocupações.

No exemplo em discussão, viu-se que 15% dos itens participam com 80% do investimento em estoque. Esse grupo, considerado como o mais representativo dos estoques, é enquadrado na categoria *A*. Estendendo-se mais os cálculos, pode-se verificar ainda que 35% dos elementos de estoques demandam 17% dos recursos aplicados e 50% representam somente 3% dos investimentos. Esses dois grupos menos importantes são classificados, pela ordem, nas categorias *B* e *C*.

Uma representação gráfica dessa classificação é efetuada na Figura 27.1.

Observe na Figura 27.1 que, em termos acumulados, 50% do volume físico dos estoques são responsáveis por 97% dos investimentos necessários, e 15% absorvem 80%.

> O raciocínio básico da curva ABC é demonstrar que um volume reduzido de bens estocados pode representar uma elevada proporção nos investimentos em estoques.

Cuidados com o uso da curva ABC: mesmo com os méritos da definição dos itens que necessitam de maior ou menor atenção em seu controle, a curva ABC não pode ser usada de maneira indiscriminada, sem conhecimento prévio de suas características básicas.

Podem existir, por exemplo, elementos essenciais à produção, porém pouco representativos em termos de investimentos. Se sua característica fundamental

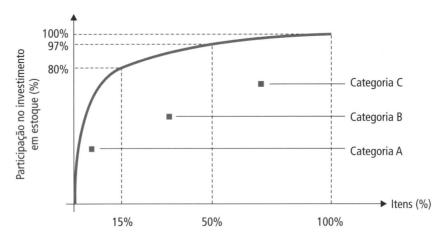

Figura 27.1 Representação da curva ABC.

concentra-se em ofertas insuficientes pelo mercado (ou, por serem importados, estejam sujeitos a restrições), eles devem ser classificados na categoria *A*, independentemente da participação que venham a apresentar no volume total dos investimentos.

Da mesma maneira, ao se obterem os percentuais da curva ABC com base em determinado período passado de tempo, poderá eventualmente ocorrer que certo item, com relevante participação no investimento em estoque, tenha apresentado pouca (ou nenhuma) demanda no intervalo de tempo considerado, não estando, pois, classificado como *A*. É evidente que deve ser efetuado um estudo específico do produto, procurando identificar as causas das baixas saídas e visando enquadrá-lo em uma das categorias que melhor represente sua importância.

Muitas vezes, ainda, determinados estoques apresentam valores de compra (ou de produção) mínimos (quase insignificantes). No entanto, em função de um elevado consumo, costumam assumir montantes bem representativos, sendo classificados, por isso, na categoria *A*.

EXEMPLO ILUSTRATIVO – Construção da Curva ABC

Visando melhor ilustrar a construção e análise da curva ABC, considere hipoteticamente uma empresa que trabalhe unicamente com 20 itens de estoques. Alguns dados desses estoques são apresentados no Quadro 27.1.

Quadro 27.1 Informações dos itens estocados.

Código do item	Valor do investimento em estoque ($)	Código do item	Valor do investimento em estoque ($)
A1	300,00	F5	2.000,00
A2	1.600,00	G4	1.050,00
A9	34.000,00	G7	3.200,00
B7	600,00	H3	950,00
B8	1.200,00	H9	6.300,00
C3	500,00	I1	450,00
C5	2.200,00	I2	8.600,00
C6	900,00	I4	750,00
F1	28.000,00	K6	5.000,00
F3	1.400,00	K8	1.000,00
		Total:	100.000,00

A lista agrupa itens de estoques, conforme ilustrado no Quadro 27.2, de maneira mais ordenada, para a construção da curva ABC.

Quadro 27.2 Resultado da curva ABC.

Nº do item	%	Código do item	Valor do investimento em ordem decrescente ($)	Valor do investimento acumulado ($)	Porcentagem do valor acumulado
1	5%	A9	34.000,00	34.000,00	34,0%
2	10%	F1	28.000,00	62.000,00	62,0%
3	15%	I2	8.600,00	70.600,00	70,6%
4	20%	H9	6.300,00	76.900,00	76,9%
5	25%	K6	5.000,00	81.900,00	81,9%
6	30%	G7	3.200,00	85.100,00	85,1%
7	35%	C5	2.200,00	87.300,00	87,3%
8	40%	F5	2.000,00	89.300,00	89,3%
9	45%	A2	1.600,00	90.900,00	90,9%
10	50%	F3	1.400,00	92.300,00	92,3%
11	55%	B8	1.200,00	93.500,00	93,5%
12	60%	G4	1.050,00	94.550,00	94,6%
13	65%	K8	1.000,00	95.550,00	95,6%
14	70%	H3	950,00	96.500,00	96,5%
15	75%	C6	900,00	97.400,00	97,4%
16	80%	I4	750,00	98.150,00	98,2%
17	85%	B7	600,00	98.750,00	98,8%
18	90%	C3	500,00	99.250,00	99,3%
19	95%	I1	450,00	99.700,00	99,7%
20	100%	A1	300,00	100.000,00	100,0%

O valor do investimento apurado representa a média anual de cada item estocado multiplicado por seu respectivo valor unitário. Não se deve esquecer, ainda, que as variações de preços específicos podem modificar a estrutura do investimento de um período para outro, sem que necessariamente tenham ocorrido alterações na participação física dos elementos.

Graficamente, a curva ABC é representa na Figura 27.2:

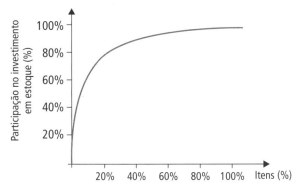

Figura 27.2 Resultado da curva ABC.

IMPORTANTE ■ conforme abordou-se, a administração de estoques, diante das limitações de recursos e do geralmente alto custo de estocagem, deve preferencialmente centrar-se naqueles itens que exercem maior impacto sobre a posição financeira da empresa. A curva ABC é um instrumento gerencial que permite acompanhamento mais próximo dos investimentos em estoques. Em verdade, a construção da curva não visa indicar o nível mais adequado de estoques. A técnica enaltece mais adequadamente aqueles itens que demandam maior investimento e, consequentemente, determinam maiores influências sobre a liquidez da empresa.

Diante da ilustração desenvolvida, observa-se que:

- 10% dos itens dos estoques representam 62% dos investimentos;

- 20% dos itens dos estoques representam 76,9% dos investimentos;
- 30% dos itens dos estoques representam 85,1% dos investimentos.

Ou então:

- os primeiros 10% representam 62% dos investimentos;
- os segundos 10% representam 14,9% dos investimentos;
- os terceiros 10% representam 8,2% dos investimentos.

De posse desses resultados, a administração da empresa conclui sobre a necessidade de dedicar maior atenção a um número pequeno de itens de estoques, o qual representa uma parcela considerável de seus investimentos.

27.6 MODELOS DE ANÁLISE E CONTROLE DOS ESTOQUES

Conforme foi demonstrado no início deste capítulo, os estoques representam os mais altos investimentos circulantes processados por uma empresa. Do total do ativo circulante das companhias abertas brasileiras, 20,7% são representados por investimentos em estoques, e 41,0% por valores a receber, totalizando uma participação média de 61,7%.

Como na prática é muito difícil e arriscado proceder a uma sincronização perfeita entre a procura e a compra ou produção de bens, é comum as empresas manterem permanentemente certo volume adicional estocado, ou seja, a compra ou a fabricação de bens, no exato momento em que se verifica a demanda, envolve riscos de atrasos ou, até mesmo, impossibilidade no atendimento dos pedidos.

Dentro desse enfoque, o objetivo desse item é o de introduzir o estudo dos estoques direcionando à identificação e apuração de seus custos e ao entendimento básico de modelos indicadores do nível ótimo (economicamente mais atraente) de compras ou de unidades a serem produzidas.

27.6.1 Custos associados aos estoques

O passo inicial desse estudo é a identificação dos custos básicos dos estoques. Basicamente, os custos relacionados com os estoques podem ser classificados em duas categorias.

Custos dos itens estocados: a primeira categoria reflete os custos efetivos dos bens estocados, obtidos com base em apropriações processadas pela contabilidade.

Assim, os *custos de materiais de produção* são definidos por seus respectivos preços de compra. Os *custos dos produtos em processo* incorporam os vários custos de produção (matérias-primas, mão de obra etc.) apropriados em conformidade ao estágio de produção em que se encontram. O *valor dos produtos terminados* inclui o total dos custos de produção incorridos no processo de fabricação do produto.

Essa categoria de custos, notadamente se apurada pelos critérios mais tradicionais de custeio (custeio por absorção, por exemplo), apresenta sérias limitações para a análise decisorial dos estoques, em razão principalmente de não identificar os custos evitáveis relevantes para tal objetivo.

Custos de gestão dos estoques: a segunda categoria inclui os custos relevantes para a administração de estoques, os quais exercem nítidas diferenças no processo decisório. Mais especificamente, são os custos evitáveis, os quais podem variar de maneira direta ou inversamente proporcional às decisões de compra.

Nessa categoria, são basicamente classificados dois tipos de custos:

a) custo de compra (de pedido ou preparação); e

b) custo de manutenção (ou custo de carregamento).

O *custo de compra* representa todos os gastos resultantes das necessidades de adquirir materiais ou de autorizar uma ordem de produção, sendo excluído o valor de compra (ou de produção) efetivo do bem. Dessa maneira, no custo de compra são considerados os gastos adicionais oriundos da emissão de pedidos (ou de ordens de produção), tais como despesas oriundas do departamento de compras, despesas de transporte, despesas associadas ao recebimento e inspeção dos materiais, despesas com manutenção e ajuste de máquinas de produção etc.

Comportamento de custo fixo: esse custo é normalmente representado por um *valor fixo por pedido*, não se alterando diante de variações na quantidade de estoques solicitada. Em consequência, em termos unitários, o custo de compra diminui conforme se eleva o volume físico da solicitação.

De outra maneira, esse comportamento decrescente do custo de compra pode ser explicado em razão de esse dispêndio normalmente incluir os gastos fixos provenientes das decisões de compra ou da emissão de ordens de produção, os quais são independentes da quantidade demandada de bens.

Assim, se a quantidade do pedido (de compra ou de produção) se elevar e, consequentemente, menos pedidos forem feitos, os estoques médios se incrementarão, mas os custos de compra serão menores. Essa característica é que determina uma variação dos custos de compra de maneira inversa ao tamanho do pedido. Na situação contrária de menores quantidades de compra (ou de produção) e solicitações mais frequentes, observa-se um incremento nos custos de compra.

Custos de manutenção: os custos de manutenção são geralmente os custos variáveis associados às decisões de se manterem determinados itens estocados. São incluídos nesses custos todos os gastos incorridos pela empresa no armazenamento (manutenção) de seus produtos e mercadorias durante certo período de tempo, e também o custo de oportunidade do investimento em estoques.

Como exemplos podem ser citados, além do custo de oportunidade (retorno de uma alternativa não aproveitada pela empresa para investir em estoque), os custos de armazenagem, despesas com seguros, eventuais perdas, deterioração e obsolescência, impostos e taxas etc.

> O custo de manutenção, também conhecido por custo de carregamento, inclui todas as despesas diretamente identificadas em manter os bens estocados, inclusive o custo de oportunidade do capital investido.

O *custo total dos estoques* representa a soma do custo de compra e custo de manutenção. Os modelos de cálculo de compras, como o modelo do *Lote Econômico* estudado a seguir, procuram definir a quantidade de cada pedido de estoque que produz o menor custo total.

Representação Gráfica dos Custos de Estoques

Graficamente, os custos associados aos estoques e relevantes as suas diversas decisões podem ser representados de acordo com a Figura 27.3.

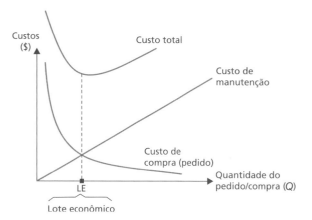

Figura 27.3 Comportamento dos custos dos estoques.

Lote econômico: observe na Figura 27.3 que a *curva do custo total* apresenta um ponto mais baixo, que indica seu valor mínimo. Esse ponto, definido no cruzamento da reta do custo de manutenção com o de compra, indica o denominado *lote econômico (LE)* da empresa, isto é, a quantidade ótima do pedido (ou compra) que minimiza o custo total do estoque.

Em outras palavras, o *lote econômico* fornece a quantidade de materiais a ser pedida (ou o volume dos lotes de produção para os produtos acabados) e a frequência de distribuição desses pedidos no tempo (quando os estoques devem ser repostos e em que quantidades).

Por exemplo, o cálculo do lote econômico de uma empresa pode exigir a emissão de 36 pedidos, de 50 mil unidades cada um, de determinada matéria-prima no ano.[2] Com isso haverá, em média, a emissão de três pedidos a cada mês ou um pedido a cada dez dias. Essa média é válida na hipótese de recebimento do pedido imediatamente. Se o fornecedor

---

[2] Esse item objetiva principalmente introduzir o leitor no estudo do modelo do lote econômico. Para tanto são apresentadas as ideias básicas do assunto, sem maiores preocupações com o desenvolvimento de fórmulas. O item seguinte deste capítulo é dedicado a um aprofundamento nesse estudo, envolvendo a quantificação do lote econômico, as condições de incerteza e os ajustes necessários para trabalhar-se com o modelo.

comumente tardar 3 dias para entregar o pedido, o prazo médio de sua emissão reduz-se para cada 7 dias.

EXEMPLO ILUSTRATIVO – Representação dos Custos dos Estoques

Suponha que uma empresa esteja projetando utilizar 10 mil unidades de determinada matéria-prima no próximo exercício social. Cálculos indicam que o custo de compra (pedido) é de $ 400/pedido, e o de manutenção de $ 50/unidade para o período.

Diante dessas informações, pode-se descrever o *comportamento* desses custos para diferentes quantidades de compras, conforme é apresentado no Quadro 27.3.

A primeira coluna do Quadro 27.3 – *Quantidade de Pedidos* – simula diferentes quantidades de compra. A segunda coluna indica a *frequência* dos pedidos.

Por exemplo, sabendo que a demanda da matéria-prima para o próximo exercício é de 10 mil unidades, ao se decidir comprar 100 unidades por vez, será necessário emitir 100 pedidos no ano; se a quantidade do pedido subir para 200 unidades, o número de solicitações cai para 50, e assim por diante.

As colunas seguintes indicam os *custos associados aos estoques*, conforme informados. É interessante observar que o *custo de pedido* decresce conforme aumenta sua quantidade. De outro modo, o *custo de manutenção* é crescente no total (variável em relação às unidades pedidas), sendo, no entanto, constante (fixo) por unidade de matéria-prima ($ 25 por unidade).

Quantidade ótima de pedido: pela simulação apresentada no Quadro 27.3, observa-se que a minimização dos custos totais exige a emissão de 25 pedidos de 400 unidades cada um no ano. Nenhuma outra quantidade e frequência de pedido permitem maior redução nos custos totais dos estoques.

Quadro 27.3 Custos dos estoques.

(1)	(2)	(3)	(4)	(5)
Quantidade de pedidos (Q) (unid.)	Frequência dos pedidos	Custo de pedido ($)	Custo de manutenção ($)	Custo total ($)
100	100,00	40.000	2.500	42.500
200	50,0	20.00	5.000	25.000
30	33,3	13.333	7.500	20.833
LE = 400	25,0	10.000	10.000	20.000
500	20,0	8.000	12.500	20.500
600	16,7	6.667	15.000	21.667
700	14,3	5.714	17.500	23.214

27.7 MODELO DO LOTE ECONÔMICO

O modelo de lote econômico, também denominado EOQ (*Economic Ordering Quantity*), tem por finalidade básica definir o volume de compra de um pedido, de modo que o custo total controlável do estoque da empresa seja minimizado.

É sabido que uma quantidade maior de pedido de estoque permite que a empresa reduza sua frequência de solicitações, diminuindo em consequência os custos associados aos pedidos. Contudo, essa decisão acarreta elevação no volume dos estoques e, consequentemente, em seus custos de manutenção (armazenagem). Em suma, a técnica do lote econômico envolve determinado equilíbrio entre o custo de manter estoques e o custo do pedido.

O **modelo do lote econômico** tem por objetivo calcular a quantidade de cada pedido de estoque que leva a uma minimização dos custos, ou seja, qual a quantidade mais barata que a empresa deve comprar para repor seus estoques.

As *hipóteses básicas* consideradas no modelo do lote econômico são:

a) o volume do pedido não exerce influência sobre o custo unitário, mantendo-se constante qualquer que seja a quantidade solicitada;

b) a demanda do estoque se processa de maneira uniforme;

c) o modelo é desenvolvido em condições de certeza, tanto no que se refere às necessidades físicas quanto aos custos dos estoques. Não há, em consequência, risco de falta de estoque;

d) praticamente inexiste demora para o recebimento dos produtos solicitados, ou seja, o tempo de espera entre a emissão do pedido e o recebimento é desconsiderado no modelo. Ocorrendo condições de reposição imediata e certeza com relação a sua demanda, não há necessidade de se manter estoque de segurança;

e) o modelo prevê também que não ocorrem limitações financeiras para aplicações em estoques.

Algumas dessas hipóteses restritivas do modelo serão abandonadas ao longo de seu estudo. Sua inclusão nessa fase inicial de descrição do lote econômico de pedido é importante para melhor compreensão de seus aspectos conceituais básicos.

Decrescendo os estoques no modelo do lote econômico a uma taxa constante (demanda uniforme), o pedido e o consumo de seus itens seguem o comportamento ilustrado na Figura 27.4.

Descrição da Figura 27.4: no momento t_0, dão entrada nos estoques 100 unidades do produto, por exemplo, as quais são consumidas integralmente até t_1. Nesse ponto, os estoques são repostos elevando-se

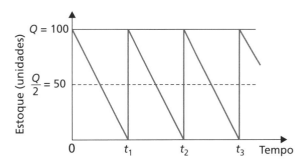

Figura 27.4 Comportamento do estoque no modelo do EOQ.

totalmente para as 100 unidades originais. Em t_2 os estoques chegam novamente à zero, sendo também encomendadas e recebidas imediatamente mais 100 unidades. Esse processo se repete igualmente para os demais períodos.

Diante desse comportamento, tem-se a seguinte expressão para o cálculo do estoque médio:

Estoque médio = $Q/2$, onde Q representa a quantidade de cada pedido.

Na ilustração, o valor do estoque médio é de 50 unidades.

Os custos relevantes para o modelo básico do lote econômico foram demonstrados anteriormente, ao se tratar dos custos de compra (pedidos) e de manutenção dos estoques. Com base no comportamento descrito desses custos, passa-se a seguir ao desenvolvimento das expressões matemáticas aplicadas ao modelo.

27.7.1 A matemática do modelo do lote econômico

Admitindo-se que:

D = demanda;

C_p = custo de pedido (por pedido) no período;

C_m = custo de manutenção por unidade no período;

C_T = custo total dos estoques no período: ($C_T = C_P + C_M$);

Q = quantidade de cada pedido (em unidades).

têm-se as seguintes expressões básicas de cálculo:

Número Total de Pedidos no Período = D/Q

Por exemplo, se a demanda prevista para um período (geralmente, é considerado o prazo de um ano no modelo) for de 2 mil unidades, e a quantidade de cada pedido for definida em 40 unidades, tem-se a emissão de 50 pedidos por ano (2.000/40).

$$\text{Custo de Pedido} = C_P \times D/Q$$
$$\text{Custo de Manutenção} = C_m \times Q/2$$
$$\text{Custo Total} = (C_P \times D/Q) + (C_m \times Q/2)$$

A *quantidade ótima de cada pedido*, segundo foi demonstrado no início desse item, ocorre quando os custos de pedido e manutenção se igualam, isto é, na interseção de suas retas (ver Figura 27.3). Logo, igualando as expressões dos custos dos estoques, pode-se obter a fórmula de cálculo do lote econômico, ou seja:

$$C_P \times \frac{D}{Q} = C_m \times \frac{Q}{2}$$

Multiplicando-se por Q:

$$C_P \times \frac{D}{Q} \times Q = C_m \times \frac{Q}{2} \times Q$$

Fazendo as simplificações necessárias:

$$C_P \times D = C_m \times \frac{Q^2}{2}$$

Multiplicando-se por 2:

$$2 \times C_P \times D = 2 \times C_m \times \frac{Q^2}{2}$$
$$2 \times C_P \times D = C_m \times Q^2$$
$$C_m \times Q^2 = 2 \times C_P \times D$$
$$Q^2 = \frac{2 \times C_P \times D}{C_m}$$

Logo:

$$Q^* \text{ (lote econômico)} = \sqrt{\frac{2 \times C_P \times D}{C_m}}$$

Na ilustração desenvolvida anteriormente, definia-se em 10 mil unidades a demanda de uma empresa por determinado item de estoque no próximo ano. Foram estimados, também, o custo de pedido em $ 400/pedido e o custo de manutenção em $ 50/ unidade. Utilizando a expressão matemática do lote econômico, tem-se a seguinte *quantidade ótima de cada pedido*:

$$Q^* \text{ (lote econômico)} = \sqrt{\frac{2 \times 400 \times 10.000}{50}}$$
$$= \sqrt{160.000} = 400 \text{ unidades}$$

A emissão de 25 pedidos de 400 unidades cada (10.000 un./400 un.) leva, pelas condições expostas na ilustração, à minimização dos custos totais dos estoques. Nenhuma outra quantidade ou frequência oferece menores custos totais dos estoques.

Incluindo prazo de espera: deve ser acrescentado que a hipótese de reposição imediata considerada no modelo não se verifica geralmente na prática. Em verdade, existe um intervalo de tempo entre o momento da solicitação do pedido e seu recebimento, definido por prazo de espera, muito difícil de ser eliminado na prática. Se conhecido com segurança esse prazo, o modelo do lote econômico não sofre alterações.

No exemplo ilustrativo considerado, concluiu-se que a empresa deve processar no período 24 pedidos de 400 unidades cada um, ou seja, a emissão de cada pedido para um prazo de espera nulo ocorre a cada 14,4 dias (360/25 pedidos). Ao se verificar, por exemplo, uma demora de cinco dias para o recebimento dos itens de estoques, a emissão dos pedidos passa a ocorrer a cada 9,4 dias, isto é, cada pedido é emitido 9,4 dias após o recebimento do último pedido.

27.7.2 Condições de incerteza e estoque de segurança

Em geral, a demanda de estoques na prática não se verifica em condições de certeza, conforme hipótese assumida pelo modelo. Na maioria das vezes, a quantidade demandada não é uniforme (constante), e apresenta variações ao longo do tempo.

Da mesma maneira, não é possível definir um prazo de espera com total segurança. Inúmeros fatores determinam variações nesse prazo; se forem desconsiderados, podem levar a empresa a trabalhar com faltas de estoques.

Visando precaver-se dessas situações de incerteza, as empresas costumam trabalhar com um *estoque de segurança*, ou seja, definem um saldo de estoques, superior ao definido pelo modelo do lote econômico, que, uma vez atingido, determina imediatamente a emissão de um novo pedido. Com isso evita-se, em condições de incerteza, que o saldo dos estoques chegue a zero para se processar o pedido de reposição.

O volume do estoque de segurança está associado basicamente ao nível de incerteza com que opera a empresa, aos custos explícitos e implícitos de faltas de estoques (vendas perdidas, perda de mercado, desgaste da imagem etc.) e também aos custos de manutenção.

27.8 PREÇO DE REPOSIÇÃO DOS ESTOQUES

O *valor de reposição* pode ser interpretado como o preço corrente (preço hoje) de repor todos os estoques da empresa, ou seja, o custo com base nos valores de mercado.

Uma vantagem também apontada nesse conceito de valor de reposição é a possibilidade de apropriação dos resultados de uma maneira independente de sua realização, ou seja, o reconhecimento do lucro antes da venda dos estoques. As variações nos preços de mercado podem proporcionar ganhos ou perdas que seriam apurados em caso de venda dos estoques.

Ganhos e Perdas Realizados de Estocagem

Ocorre *ganho (economia) de estocagem* quando o custo do produto ou mercadoria estocado subiu mais que o preço pago, inclusive a inflação do período. Representa uma economia determinada pela valorização real do bem armazenado e obtida pela diferença entre o preço de reposiçao corrente e o valor pago na aquisição, sendo ambos os valores expressos em moeda de mesma capacidade de compra.

RESULTADO DE ESTOCAGEM = VALOR DE REPOSIÇÃO DOS ESTOQUES – VALOR PAGO NA AQUISIÇÃO DOS ESTOQUES

Ao contrário, quando o preço de aquisição do produto ou mercadoria for, em valores atualizados, superior à sua cotação atual de mercado, apura-se uma *perda (deseconomia) de estocagem*.

Ganhos de estocagem realizados e não realizados: esses ganhos ou perdas de estocagem tornam-se *realizados* quando ocorrer a venda; são classificados como *não realizados* quando a variação nos preços ocorrer antes da venda, sendo acrescida aos estoques.

EXEMPLO ILUSTRATIVO – Ganhos de Estocagem Realizados

Para ilustrar, admita que uma empresa tenha adquirido, no início de determinado período, 100 unidades de mercadorias a um preço unitário de $ 500. Ao fim do período seguinte, essa empresa vende 60 unidades de seus estoques a um preço de $ 700/unidade. Nessas condições, a contabilidade a valores históricos apura um resultado (lucro) bruto nominal igual a $ 12.000, ou seja:

Receitas de Vendas:
60 un. × $ 700:	$ 42.000

Custo de Venda Histórico:
60 un. × $ 500:	($ 30.000)
Lucro Bruto Histórico:	**$ 12.000**

Estoque Final Histórico:
40 unid. × $ 500:	*$ 20.000*

No entanto, se na data de realização da venda tivesse a empresa de despender de $ 620/unidade para repor as 60 unidades em estoque, seu resultado bruto, em valores correntes, apresentaria um lucro de apenas $ 4.800, isto é:

Receitas de Vendas:
60 un. × $ 700:	$ 42.000

Custo de Venda Corrente:
60 un. × $ 620:	($ 37.200)
Lucro Bruto Corrente:	**$ 4.800**

Estoque Final a Valores Correntes:
40 un. × $ 620:	*$ 24.800*

Diante dos valores apresentados, é possível inferir-se que houve uma *economia (ganho) de custo nos estoques* de $ 7.200 (Custo de Reposição Corrente = $ 37.200 – Custo Histórico = $ 30.000) realizada no momento da venda.

Se as mercadorias tivessem sido adquiridas no momento da venda, o desembolso atingiria $ 37.200, que representa o custo de venda corrente. No entanto, por terem sido adquiridas em certo período antes de sua realização, a empresa pagou somente $ 30.000, e originou-se, dessa diferença ($ 37.200 – $ 30.000 = $ 7.200), o legítimo lucro definido como economia de custo realizada.

Atenção: no entanto, esse lucro de $ 7.200 precisa ser reinvestido na renovação de estoque. Distribuíveis ou utilizáveis para outras finalidades, somente os $ 4.800.

Ao conciliar assim a demonstração histórica de resultado com aquela medida em valores correntes históricos, destacam-se, de modo nítido, os reflexos da evolução dos preços dos estoques sobre o lucro da empresa, ou seja:

Receitas de Vendas:
60 un. × $ 700: $ 42.000

Custo de Venda Corrente:
60 un. × $ 620:   ($ 37.200)

Lucro Bruto Corrente: **$ 4.800**

(+) Economia de Custos
Realizada nos Estoques:
$ 37.200 – $ 30.000: $ 7.200
                                   $ 12.000

Observe que a demonstração de resultados convencional engloba, ao mesmo tempo, o lucro bruto corrente ($ 4.800) e a economia de custo realizada ($ 7.200), o que perfaz um lucro bruto histórico de $ 12.000. O critério apresentado de custo de reposição, no entanto, distingue claramente essas contas, permitindo, entre outras importantes decisões, que a empresa determine com maior rigor suas necessidades de financiamento ou disponibilidades de investimentos. No exemplo ilustrado, supondo-se, de modo bem simples, a inexistência de quaisquer outras despesas, a empresa, para manter sua capacidade de sobrevivência (continuidade), terá como sobra apenas $ 4.800, o que corresponde a seu lucro bruto corrente. Na realidade, suas disponibilidades de caixa, provenientes da operação de venda descrita, estão superavitárias em apenas $ 4.800 em função do preço de reposição do produto vendido.

Ganhos e Perdas Não Realizados de Estocagem

Conforme foi comentado, os resultados não realizados referem-se às variações de valor nos elementos mantidos em estoques pela empresa em determinado período. São mensurados pelas diferenças encontradas entre os custos correntes e os históricos.

Os resultados não realizados ocorrem especificamente na hipótese de manutenção de bens ativos nos estoques da empresa. Denotam, de maneira mais clara, uma valorização nos estoques (não realizados) que, se embutida na demonstração de resultados, faria ocorrer um lucro, o qual não existe em termos de caixa.

No exemplo em desenvolvimento, sabe-se que das 100 unidades de mercadorias adquiridas, a empresa vendeu, ao final do primeiro período, somente 60 unidades. Dessa maneira, ao final do referido período, permanecendo estocadas 40 unidades, as quais são avaliadas, em termos de balanços a custos históricos, pelo preço de aquisição de $ 500/unidade, tem-se:

Estoques em Valores Históricos:
40 un. × $ 500: $ 20.000

Avaliadas a preços de reposição, essas mercadorias atingem o seguinte montante:

Estoques a preços de reposição:
40 un. × $ 620: $ 24.800

Ganho não realizado: diante desses resultados, sobressai uma valorização nos investimentos em estoques da empresa de $ 4.800 ($ 24.800 – $ 20.000), a qual é definida como *economia de custo (ganho) não realizada*. Em outras palavras, as mercadorias adquiridas um período atrás, e ainda não vendidas, sofreram uma valorização em seus preços específicos de $ 4.800. É um lucro (ganho) da empresa que, embora ainda não realizado (as mercadorias não foram vendidas), afeta seu patrimônio líquido efetivo.

IMPORTANTE ▪ no entanto, a empresa não poderá dispor desses "lucros não realizados".

Adotando, ainda, a mesma hipótese simplificada de que inexistem quaisquer outras despesas, efetua-se a seguir uma demonstração das influências dos estoques sobre os resultados da empresa para os diversos critérios de apuração considerados.

	1	2
	Resultado histórico	Resultado corrente
Receitas de Vendas	42.000	42.000
Custo de Vendas	(30.000)	37.200
Lucro Bruto:	**12.000**	**4.800**
Economia de Custo Realizada	-	7.200
Lucro Realizado:	**12.000**	**12.000**
Economia de Custo Não Realizada	-	4.800
Lucro Global:	**12.000**	**16.800**

Por outro lado, fica demonstrado que o lucro realizado de $ 12.000, também apurado pelo método de valores históricos, é formado, na realidade, de duas partes:

- uma, indisponível, de $ 4.800, que é a diferença entre o preço de reposição da mercadoria vendida e o investimento efetuado em sua aquisição;
- outra, o ganho de estocagem realizado de $ 4.800.

Este lucro não é, entretanto, totalmente disponível. Se a empresa precisar renovar seu estoque (situação normal esperada), precisará reinvestir esses $ 7.200 nos estoques. Assim, fica evidenciado que, do lucro realizado de $ 12.000, estão financeiramente disponíveis apenas $ 4.800. Logicamente, outras despesas operacionais deverão ainda ser deduzidas desses $ 4.800 para se chegar ao valor do lucro final financeiramente existente.

27.8.1 Algumas observações finais

O uso dos custos de reposição nos métodos patrimoniais requer alguns comentários adicionais com relação a suas características e estimativas. Uma desvantagem apontada no método é seu caráter muitas vezes *subjetivo* quando aplicado a *produtos sazonais e de moda*. As cotações correntes desses itens nem sempre se encontram disponíveis no mercado, demandando uma avaliação de maior incerteza dos valores estimados.

Em segmentos com acentuada *evolução tecnológica*, nos quais os ativos em uso encontram-se bastante defasados em técnica e produtividade dos novos bens oferecidos no mercado, torna-se complicado também apurarem-se os respectivos valores de reposição. Para superar essa dificuldade, são geralmente adotadas comparações com ativos que prestam serviços aceitos como equivalentes, obtendo-se por aproximação o preço de reposição.

Resumo

1. **Explicar os conceitos de administração de estoques e suas aplicações no contexto da realidade brasileira.**

   De maneira ampla, os estoques podem ser definidos como os materiais, mercadorias ou produtos mantidos fisicamente disponíveis pela empresa, na expectativa de ingressarem no ciclo de produção, de seguir seu curso produtivo normal, ou de serem comercializados.

   Um conceito mais específico de estoques, no entanto, depende fundamentalmente de como eles sejam classificados; podem-se identificar quatro tipos: Mercadorias e Produtos Acabados, Produtos em Elaboração, Matérias-primas e Embalagens e Materiais de Consumo e Almoxarifados.

   O estoque de *mercadorias e produtos acabados* refere-se a todos os itens adquiridos de terceiros (mercadorias) ou fabricados pela própria empresa (produtos acabados) em condições de serem, respectivamente, revendidos ou vendidos.

   O estoque de *produtos em elaboração* inclui todas as matérias-primas e demais custos (diretos e indiretos) relativos ao estágio de produção em que os produtos se encontram em determinada data (data do balanço). Efetivamente, os produtos em elaboração não apresentam condições físicas normais para a venda, pois necessitam ainda de variáveis graus de trabalho, dependendo do estágio de produção em que se encontram, para serem considerados acabados. Quando prontos esses itens são transferidos, com toda a carga assumida de custos, para o estoque de produtos acabados.

O estoque de *matérias-primas e embalagens* consiste de todos os materiais adquiridos pela empresa e disponíveis para sua incorporação e transformação no processo produtivo (matérias-primas) e acondicionamento (embalagens) do produto acabado visando à remessa ao cliente. O estoque de *materiais de consumo e almoxarifados* inclui, entre outros, todos os itens destinados ao consumo industrial, materiais de consumo de escritórios, material de propaganda etc.

2. Definir critérios de preços de reposição de estoques que produz resultados de controle e tomada de decisões.

As decisões de compra devem ainda prever o prazo de estocagem (venda) da mercadoria adquirida e do recebimento das vendas realizadas. Ao se adotar uma política de venda a prazo, deve-se, necessariamente, incluir, no processo de decisão, o custo desse financiamento.

Nessas condições, várias situações podem ser formuladas com relação às decisões de compra, as quais envolvem, além das receitas e despesas financeiras provenientes da aplicação e captação de recursos, as três medidas citadas, isto é:

- prazo de estocagem das mercadorias adquiridas;
- prazo de pagamento a fornecedores;
- prazo de recebimento das vendas realizadas.

3. Definir controle de estoque pelo método da curva ABC.

A curva ABC retrata a representatividade dos elementos estocados, mediante constatações históricas, as quais podem ser acrescentadas certas previsões futuras.

A importância dos estoques é medida em relação ao volume físico demandado e a sua participação no total dos investimentos efetuados.

Para a construção da curva ABC, é necessário que se calculem os investimentos necessários em cada item. Para tanto, basta multiplicar as quantidades físicas médias estocadas por seus respectivos preços de aquisição. Diante desses resultados, podem ser facilmente identificados os itens mais ou menos significativos para a empresa, ou seja, aqueles que demandam maior ou menor participação nos investimentos em estoques.

Normalmente, os itens são classificados em três categorias: *A*, *B* e *C*. Na categoria *A* enquadram-se todos os elementos que demandam maiores investimentos e exigem, por conseguinte, maiores cuidados em seu controle. Apresentam muitas vezes baixa rotação e seu volume estocado é altamente significativo. O grupo de itens cuja participação nos investimentos em estoques vem logo a seguir é representado pela categoria *B*, a qual pode merecer um controle menos frequente. Na categoria *C* são incluídos os itens de mais baixa representatividade, os quais dispensam maiores preocupações.

4. Estudar os modelos de análise e controle de estoque.

Basicamente, os custos relacionados com os estoques podem ser classificados em duas categorias. A primeira categoria reflete os custos efetivos dos bens estocados, obtidos com base em apropriações processadas pela contabilidade. Assim, os custos de materiais de produção são definidos por seus respectivos preços de compra. Os custos dos produtos em processo incorporam os vários custos de produção (matérias-primas, mão de obra etc.) apropriados em conformidade ao estágio de produção em que se encontram. O valor dos produtos terminados inclui o total dos custos de produção incorridos no processo de fabricação do produto.

A segunda categoria inclui os custos relevantes para a administração de estoques, os quais exercem nítidas diferenças no processo decisório. Mais especificamente, são os custos evitáveis, os quais podem variar de maneira direta ou inversamente proporcional às decisões de compra.

O modelo de lote econômico, também denominado EOQ (*Economic Ordering Quantity*), tem por finalidade básica definir o volume de compra de um pedido, de modo que o custo total controlável do estoque da empresa seja minimizado. É sabido que uma quantidade maior de pedido de estoque permite que a empresa reduza sua frequência de solicitações, diminuindo em consequência os custos associados aos pedidos. Contudo, essa decisão acarreta elevação no volume dos estoques e, consequentemente, em seus custos de manutenção (armazenagem).

Em suma, a técnica do lote econômico envolve determinado equilíbrio entre o custo de manter estoques e o custo do pedido.

 Testes de verificação

1. Os três tipos de estoque são:
   a) Básico, produção e consumo.
   b) Matéria-prima, produção e produtos acabados.
   c) Não duráveis, em elaboração e duráveis.
   d) Serviços, mão de obra e produtos acabados.
   e) Oferta, produção e demanda.

2. Sobra a administração de estoques, é correto afirmar:
   a) Existe uma relação básica de custo × benefício na gestão de estoques, porque os custos de carregamento aumentam de acordo com o nível de estoque, ao passo que os custos de reabastecimento caem com o nível de estoque.
   b) Existe uma relação básica de custo × benefício na gestão de estoques, porque os custos de carregamento diminuem de acordo com o nível de estoque, ao passo que os custos de reabastecimento aumentam com o nível de estoque.
   c) O custo de carregamento representa todos os custos relacionados com a colocação de um pedido junto a fornecedores.
   d) Os custos de falta de estoques representam todas as despesas diretas e os custos de oportunidade de manter os estoques.
   e) O objetivo fundamental da gestão de estoques é a maximização da colocação dos estoques no mercado.

3. Uma empresa que possui vendas anuais de 5.400 unidades, um custo de reabastecimento de $ 40,00 por pedido e custo de carregamento de $ 30,00. Qual deve ser o tamanho de cada pedido que minimizaria os custos em unidades?
   a) 90.
   b) 100.
   c) 110.
   d) 120.
   e) 130.

4. Uma empresa está procurando estabelecer um plano de produção para os próximos 3 meses para o seu principal produto. Estão previstas vendas (em unidades) para os próximos meses, respectivamente de 10.000, 22.000 e 23.000.

   Admita que a empresa deseje manter um nível de produção estável que atenda suas necessidades, e que, possui hoje 10 mil unidades em estoque e deseja manter ao final de cada mês um estoque mínimo de 15 mil. Com essa proposta, qual será o respectivo nível de estoque ao final de cada mês?

   a) 15.000; 15.000; 15.000.
   b) 10.000; 28.000; 14.000.
   c) 20.000; 18.000; 15.000.
   d) 15.000; 18.000; 20.000.
   e) 20.000; 15.000; 15.000.

5. Uma empresa usa a curva ABC para determinar, nas proporções 20, 30 e 50% respectivamente, quais são os itens do seu estoque sobre os quais devem existir um maior controle. Os dados do estoque referentes aos 10 produtos de seu estoque estão apresentados a seguir:

Produto	Preço unitário	Consumo anual
A	5,00	1.600
B	12,00	2.000
C	0,50	3.000
D	18,00	1.000
E	20,00	900
F	10,00	200
G	7,50	1.000
H	7,00	120
I	8,30	500
J	2,00	1.400

Adotando o critério de ordenação dos valores por preço × consumo anual, os itens do estoque considerados nas classes A e B são respectivamente:

a) C, D; F, I, J.
b) A, C; H, D, E.
c) J, E; A, C, F.
d) D, C; A, G, H.
e) B, D; E, A, G.

6. A presença da inflação provoca os seguintes fatores, *exceto*:

a) Aviltamento do lucro, desde que não haja uma perfeita compensação proveniente de ganhos inflacionários sobre os passivos monetários.
b) Perda de substância nos valores mobiliários do disponível e realizável mantidos pela empresa.
c) Resultados positivos nas políticas de antecipação de compras, caso a taxa de inflação se eleve mais que a valorização dos estoques.
d) Aviltamento nos valores finais do fluxo de itens monetários.
e) Agravamento do processo de descapitalização de empresas enquadradas na política oficial de controle de preços.

 Exercícios propostos

1. A empresa STYLE adquiriu de seu fornecedor um lote de roupas para ser vendido por $ 80.000, e um prazo de cobrança de 75 dias. A mercadoria tarda, em média, 30 dias para ser vendida. O fornecedor concede um desconto de 18% para pagamento em 30 dias, 28% para pagamento à vista, ou 60 dias com preço fixo de $ 60.000. Sabe-se que o custo de captação (K_c) está atualmente em 2,2% a.m. Com base nestas informações, analise as opções para pagamento ao fornecedor à vista, 30 dias e 60 dias.

2. Determine o custo total de uma mercadoria vendida a prazo sabendo que seu custo de compra à vista é de $ 2.500 e seu custo de captação financeira (K_c) de 1,2% a.m. O prazo de pagamento a fornecedor é de 90 dias e o prazo de estocagem da mercadoria atinge 120 dias.

3. A empresa LEG recolhe ICMS na alíquota de 12%, sendo o desembolso do tributo efetuado no mês seguinte ao de sua incidência. A LEG apresenta ainda as seguintes transações em determinado mês:

- 15/03 – pagamento da mercadoria ao fornecedor à vista: $ 558.000;
- 15/04 – venda da mercadoria por $ 803.520;
- 15/05 – pagamento da mercadoria ao fornecedor se a compra foi a prazo: $ 656.580;
- 15/06 – recebimento da venda da mercadoria: $ 803.520.

A empresa vem captando recursos à taxa de 1,8% a.m. e aplicando seus excedentes eventuais de caixa à taxa de 1,1% a.m. Após ter verificado as transações, calcule o resultado da operação de venda admitindo que a compra da mercadoria tenha sido realizada:

a) À vista.
b) A prazo.

4. Admita que uma empresa esteja avaliando uma decisão de compra de mercadorias, devendo optar entre adquirir à vista e a prazo. O preço de compra da mercadoria é de $ 4.000 por unidade, sendo que a prazo atinge $ 4.800, para pagamento em 60 dias, e $ 5.500 para 90 dias. O prazo de

estocagem da mercadoria é estimado em 60 dias. O prazo de recebimento das vendas normalmente praticado pela empresa é de 90 dias, sendo o preço de venda, nessas condições, de $ 10.000. Admitindo um custo de captação de 1,3% a.m., defina a melhor opção de compra da mercadoria para a empresa.

5. Uma empresa está estudando as condições de pagamento oferecidas pelo seu fornecedor. Sabe-se que o preço da mercadoria, para pagamento em 90 dias, atinge $ 5.000, sendo concedido um desconto de 25% para pagamento à vista. A empresa prevê um prazo de estocagem de 2,5 meses para a mercadoria em consideração. Sabe-se que o custo corrente de mercado de captação e aplicação atinge, respectivamente, 1,3% e 1,1% ao mês. Admitindo que a empresa venda à vista a mercadoria por $ 6.000:

    a) Determine a melhor opção de compra para a empresa (compra à vista ou compra a prazo).
    b) Manteria você a mesma decisão de compra, ao se supor prazo de estocagem de três meses e prazo de pagamento de dois meses?
    c) Admitindo que as vendas sejam realizadas a prazo, pelo preço de $ 7.500 a unidade, demonstre até que preço vale a pena adquirir a mercadoria à vista. Suponha um prazo de recebimento de três meses.

6. Devido a temores de inflação verificados na economia, uma empresa foi informada por um de seus fornecedores que o preço da matéria-prima será reajustado em 4,6% daqui a 3 meses. A empresa está avaliando uma antecipação de compras desse material e, para isso, levantou um empréstimo pagando uma taxa nominal de 1,2% a.m. Com base nessas informações, calcule em quanto tempo o benefício da compra antecipada será consumido pelo custo do dinheiro. É vantajoso para a empresa adquirir a mercadoria agora?

Link da web

www.institutoassaf.com.br. *Site* com indicadores das empresas brasileiras.

Sugestão de leitura

ASSAF NETO, Alexandre. **Finanças corporativas e valor**. 8. ed. São Paulo: Atlas, 2021.

ASSAF NETO, Alexandre; SILVA, C. A. Tibúrcio. **Administração do capital de giro**. 4. ed. São Paulo: Atlas, 2012.

Respostas dos Testes de verificação

1. b
2. a
3. d
4. c
5. e
6. c

PARTE IX
AVALIAÇÃO DE EMPRESAS NO BRASIL

Capítulo 28 Avaliação de Empresas

Capítulo 29 Metodologia Básica de Avaliação

AVALIAÇÃO DE EMPRESAS

OBJETIVOS DO CAPÍTULO

1. Estudar as metodologias de cálculo e os princípios de avaliação econômica do valor de mercado de uma empresa.
2. Discutir os procedimentos técnicos e conceituais coerentes com o enunciado da teoria de Finanças Corporativas.
3. Definir o método do fluxo de caixa descontado (FCD), demonstrar ser o de maior rigor conceitual e ter maior coerência com a moderna teoria de finanças.

A avaliação de uma empresa não se processa mediante os fundamentos de uma ciência exata, em que se permite a comprovação absoluta dos resultados apurados.

Os fatores considerados na mensuração procuram retratar a realidade esperada do ambiente econômico da empresa, estando calcados em certas premissas e hipóteses comportamentais.

A definição do valor de uma empresa é uma tarefa complexa, exigindo coerência e rigor conceituais na formulação do modelo de cálculo. Existem diversos modelos de avaliação, embutindo todos eles certos pressupostos e níveis variados de subjetividade. Pelo maior rigor conceitual e coerência com a moderna teoria de Finanças, a prioridade é dada aos modelos de avaliação com base no *Fluxo de Caixa Descontado (FCD)*.

> **!** **IMPORTANTE** ■ o *valor de uma empresa* é definido pelo que ela é capaz de produzir de benefícios econômicos futuros de caixa, pelos seus resultados esperados. O patrimônio físico de uma empresa, como prédios, terrenos, máquinas etc., somente tem valor se for capaz de gerar resultados futuros.

O investidor adquire, por certo valor, um retorno esperado de se realizar no futuro, sujeito a imprevistos e fatores não totalmente controláveis no processo de previsão. Além do problema de julgamento, outros motivos e objetivos associados ao comprador e vendedor também interferem na avaliação, ampliando as possíveis áreas de questionamento do valor encontrado.

Por melhor quantificados que sejam, esses parâmetros previstos constituem-se em aproximações bastante razoáveis da realidade, incorporando, como é natural neste tipo de avaliação, certa *margem de arbítrio* trazida pelo analista.

Subjetividade na avaliação: em verdade, não há como prescindir de certa dose de subjetividade na definição do valor de uma empresa, principalmente por se tratar de uma metodologia que se baseia em resultados futuros esperados.

No entanto, sem uma ideia mais coerente do valor da empresa, passam a preponderar outros fatores de ordem emocional, ideológica ou, até mesmo, de interesses especulativos. Não há fórmula mágica de avaliação que produza um valor final inquestionável. A metodologia de avaliação de uma empresa exige o domínio de conceitos teóricos de finanças, de suas técnicas e procedimentos e dos inúmeros fatores que condicionam o valor da empresa.

> Algumas transações recentes no Brasil, todas tendo perspectivas de ganhos futuros:
>
> • o Grupo JBS (dono do Frigorífico Friboi) adquiriu duas empresas nos EUA e uma na Austrália, em transação orçada em US$ 1,7 bilhão. A compra oferece a Friboi uma participação de 10% no comércio mundial de carne;

> • o Banco Bradesco pagou R$ 830,0 milhões pela Corretora Ágora. A Ágora tem uma carteira de mais de 29 mil clientes;
>
> • a Livraria Saraiva anunciou a compra da Livraria Siciliano por um valor superior a R$ 63,0 milhões. A Siciliano possui 63 lojas no Brasil.
>
> **Fonte:** Revista **ISTOÉ Dinheiro**, nos 540, 06/02/08.
>
> • com o objetivo de melhores resultados e agregar maior valor, as três maiores redes de varejo do Brasil (Pão de Açúcar, Walmart e Carrefour) investiram US$ 2,5 bilhões em aquisições de 2000 a 2007.
>
> **Fonte:** Revista **Época Negócios**, jan. 2008.

Método de avaliação: o modelo de avaliação que atende com maior rigor ao enunciado da teoria de Finanças é o método do *Fluxo de Caixa Descontado (FCD)*, metodologia amplamente adotada como base de cálculo do valor econômico de uma empresa.

> **!** **IMPORTANTE** ■ uma empresa é avaliada por sua riqueza econômica expressa a valor presente, dimensionada pelos benefícios operacionais de caixa esperado no futuro e descontados por uma taxa de atratividade que reflete o custo de oportunidade dos provedores de capital.

Isto significa que o valor de uma empresa é determinado pela sua geração de resultados no *futuro*, que devem ser descontados por uma taxa de juro que reflete o risco do investimento. O valor da empresa é o *valor presente* do que ela é capaz de produzir de benefícios de caixa no futuro.

Conforme amplamente estudado na Parte IV deste livro, o *valor presente* exprime ao valor hoje (valor atual) que produz a mesma utilidade, de fluxos esperados em diferentes datas futuras. Por exemplo, receber $ 100,0 hoje (valor presente) oferece, para uma taxa de juros definida em 20% a.a., a mesma utilidade que receber $ 120,0 ao fim de um ano. É o conceito de *equivalência de capitais*.

Este capítulo aborda vários métodos de avaliação de empresas atribuindo, no entanto, maior atenção à metodologia com base no *fluxo de caixa descontado*.

> O conceito de valor presente expressa os vários benefícios econômicos líquidos previstos de caixa em moeda atual, respeitando as respectivas épocas de ocorrência e o risco associado aos fluxos de caixa.

Persiste no processo de avaliação uma relação implícita entre o retorno e o risco esperados. Por tratar essencialmente de valores previstos, a avaliação incorpora um risco, mensurável pelo mercado, por exemplo, por meio do modelo *Capital Asset Pricing Model (CAPM)*, amplamente estudado na parte V deste livro. O modelo permite que se determine a taxa de retorno exigida aplicável na avaliação de fluxos de caixa.

28.1 VALOR DE LIQUIDAÇÃO E VALOR DE REPOSIÇÃO

Valor de Liquidação

O *valor de liquidação* representa o resultado que se obteria de um eventual encerramento das atividades da empresa, e sujeitos os ativos aos preços de realização vigentes no mercado. Na determinação dos passivos, devem ser consideradas inclusive as denominadas obrigações ocultas (não registradas normalmente pela Contabilidade), como passivos trabalhistas e contingências fiscais, por exemplo. A definição do valor de liquidação costuma envolver grandes perdas de valor por admitir os ativos pelo conceito físico, sem produzir valor econômico.

O uso do conceito do valor de liquidação sintoniza uma descontinuidade do empreendimento, valorando os ativos a preços reduzidos, abaixo de seus respectivos custos. Hendriksen e Breda[1] argumentam que o valor de liquidação deve ser adotado somente em duas condições principais:

a) quando mercadorias ou outros ativos tenham perdido sua utilidade normal, tenham tornado-se obsoletos, ou de algum modo tenham perdido seu mercado normal;

b) quando a empresa espera suspender suas operações no futuro próximo, tornando-se incapaz de vender em seu mercado normal.

Em condições normais, o *valor de liquidação* é inferior ao preço corrente de venda da empresa. O custo de liquidação é geralmente estabelecido em condições desvantajosas, como consequência de uma venda imposta por determinadas condições sugeridas anteriormente.

Valor de Reposição

O *valor de reposição* equivale ao preço corrente de repor todos os ativos em uso da empresa, ou seja, o custo com base nos valores de mercado dos diversos ativos em avaliação, admitindo-se que se encontram em estado de novo.

A importância do preço de reposição é destacada principalmente no pressuposto de continuidade (perpetuidade) de um empreendimento, preocupando-se com as variações nos preços específicos dos ativos. Uma vantagem também apontada nesse conceito de custo de reposição é a possibilidade de apropriação dos resultados de uma maneira independente de sua realização, ou seja, o reconhecimento do lucro antes da venda dos estoques.

Os valores de reposição podem diferenciar dos valores históricos registrados pela Contabilidade, gerando informações relevantes como resultados (ganhos ou perdas) de estocagem e de capital.

O ativo total de uma empresa avaliado pelo custo corrente deve reproduzir, em essência, o valor que se deveria pagar para montar outra empresa igual (mais próxima possível) em estado de nova. Permite que se proceda a uma avaliação da entidade no momento atual, como se fosse constituída hoje, evidenciando todo o capital (investimento) necessário para obter uma empresa igual à que está sendo avaliada. Essa análise é relevante principalmente do ponto de vista de um investidor potencial, que esteja considerando uma eventual participação acionária no capital da empresa. Os resultados de sua avaliação seriam comparáveis, para efeitos de tomada de decisão, com os que apurariam caso investisse seus recursos em uma nova empresa similar.

---

[1] Idem, ibidem. p. 311.

28.2 VALOR DE NEGOCIAÇÃO E VALOR JUSTO

O *valor de negociação* de uma empresa pode ser entendido como o valor máximo que um comprador estaria disposto a pagar e, ao mesmo tempo, o valor mínimo que o vendedor aceitaria realizar a venda.

O *valor justo (fair value)* é calculado pelos resultados futuros de caixa esperados da empresa, trazidos a valor presente por uma taxa de desconto que reflete o risco do negócio. O valor de um ativo é determinado pela sua capacidade em produzir resultados econômicos de caixa futuros; e o valor presente desses fluxos esperados pode ser considerado como *fair value*.

> O *fair value* é determinado pela capacidade de ganho previsto no futuro da empresa. Esses ganhos esperados são descontados por uma taxa que remunere o risco do investimento.
>
> Em outras palavras, uma empresa vale pelo que ela promete de resultados futuros, e não pelo valor dos ativos possuídos, ou pelo seu desempenho passado.

O *valor justo de mercado (fair market value)* é entendido como um valor formado pela livre interação entre oferta e procura. Nessa definição de valor justo, admite-se que o mercado não deve sofrer qualquer influência externa, e que os compradores e vendedores possuam conhecimentos similares do negócio e do mercado. Tanto o comprador como o vendedor, ainda, devem atuar no mercado de modo independente, seguindo seus próprios interesses econômicos.

Em resumo: o *fair market value* deve exprimir as expectativas dos investidores do mercado, sem qualquer poder de influência sobre os preços e sem acesso a informações privilegiadas, e operando o mercado ainda em condições normais de negociação.

> O valor de mercado de uma empresa é formado como consequência da disposição dos investidores em adquirir e vender suas ações. Cada investidor, de modo racional, estabelece seu preço de mercado que aceitaria negociar determinada

ação a partir de seus resultados esperados no futuro, e considerando também uma taxa de risco do investimento.

Se os investidores de mercado se apresentarem otimistas com relação ao desempenho futuro de uma empresa, maior é seu valor; ao contrário, prevalecendo o pessimismo com relação aos seus resultados esperados, esta expectativa se reflete na desvalorização de seu valor de mercado.

Um dos exemplos mais marcantes de que o valor de mercado de uma empresa é bastante sensível aos seus resultados futuros esperados e taxa de risco é a enorme desvalorização sofrida por um dos maiores banco de investimentos dos EUA, o Banco *Bear Stearns*.

A imprensa noticiou em 14-3-2008 que, diante do comportamento esperado de seus resultados e do risco associado à instituição, os investidores negociavam na bolsa de valores um valor de mercado para o banco próximo a US$ 3,5 bilhões. No dia 17-3-2008, diante de novas previsões pessimistas dos negócios e do risco em alta, o valor de mercado do banco desabou para US$ 236,0 milhões, determinando uma perda superior a 93%.

Valor da empresa para um investidor isolado: é interessante acrescentar que o valor de uma empresa para um *investidor isolado* depende de sua postura perante o risco, ou seja, de seu grau de aversão ao risco. Os investidores individuais costumam ajustar os preços dos ativos de acordo com suas próprias percepções e comportamento demonstrado diante de cenários de incerteza. Um investidor mais conservador, assim, define uma taxa de atratividade maior para seus investimentos, que um menos avesso ao risco. Com isso, o investidor conservador estaria disposto a pagar um preço menor pelo mesmo ativo. Neste ambiente, um mesmo ativo (ação, por exemplo) pode ter diferentes valores para diferentes investidores. O preço de mercado, em consequência, deve refletir um consenso da avaliação feita pelos vários investidores.

Questões Práticas Importantes

1. Pode um investidor pagar mais por uma empresa que seu *fair market value?*

Esta decisão de pagar mais que o valor justo pode ser explicada pelo interesse estratégico de um investidor ou, também, pela sinergia que um negócio poderá promover quando associado a outro.

Por exemplo, uma indústria de alumínio, cujo principal insumo é a energia elétrica, pode se interessar em adquirir uma empresa geradora de eletricidade por um preço acima de seu *fair value*. Maior autonomia de operação, menor dependência por fornecedores externos, assim como redução dos custos, são alguns argumentos que podem justificar o pagamento de um ágio na compra.

O que é sinergia: pode ser entendida como a combinação de dois ou mais ativos que resulta em um valor acima do valor de cada um, tomado separadamente. Os benefícios de uma sinergia, conhecida por sinergia positiva, equivalem ao conhecido **efeito de 2 + 2 = 5.** Uma sinergia negativa equivale ao **efeito 2 + 2 = 3.**

A aquisição do Banco Banespa pelo Banco Santander faz parte da estratégia revelada pelo banco espanhol que, para ser competitivo, é necessário ter o controle de, pelo menos, 10% dos mercados em que atua. A compra do Banespa também foi em direção ao interesse estratégico do Santander em diversificar e expandir seus investimentos, atuando em outros mercados, principalmente em países emergentes. Com a aquisição, o Santander tornou-se, na época, o terceiro maior banco privado do Brasil.

Alguns Dados da Operação de Compra do Banespa	
Valor mínimo fixado pelo governo:	R$ 1,85 bilhão
Oferta do Santander:	R$ 7,05 bilhões
Ágio:	**281,1%**
Oferta do Unibanco:	R$ 2,1 bilhões
Oferta do Bradesco:	R$ 1,86 bilhão

2. O que explica um investidor pagar por uma empresa um valor maior do que o capital nela investido?

Conforme foi bastante discutido em partes anteriores deste livro, principalmente no Capítulo 13, o valor de uma empresa que excede ao capital investido é denominado *goodwill*. Esta riqueza é justificada quando a empresa demonstrar capacidade em gerar um retorno acima do custo de oportunidade dos investidores, ou seja, apurar um EVA positivo.

Ao produzir um retorno acima da taxa de desconto de seus fluxos de caixa, o valor da empresa cresce, produzindo uma riqueza aos investidores. Essas condições de geração de valor econômico são determinadas pelas vantagens competitivas da empresa para atuar em mercados cada vez mais competitivos, pelo valor de seus bens intangíveis, pela qualidade de seus sistemas de gestão e controle, e estratégias financeiras.

Para lembrar: o valor de uma empresa, assim como de qualquer outro ativo, justifica-se pelo que ela é capaz de oferecer de retorno. O valor é determinado pelos resultados de caixa que se esperam receber no futuro.

No atual ambiente econômico, o valor da empresa é formado principalmente pela sua parte invisível – *ativos intangíveis:* marcas, produtos, eficiência operacional, sistemas de distribuição, clientela, tecnologia etc. As empresas modernas, visando agregar riqueza aos seus acionistas, vêm reduzindo bastante sua parte visível – *ativos tangíveis:* edificações, terrenos, máquinas, equipamentos, veículos etc., e priorizando o desenvolvimento de bens intangíveis geradores de caixa.

A maior parte do valor de uma empresa é estabelecido pelo *negócio*, pelo caixa que pode ser gerado, e não pelo conjunto de bens tangíveis possuídos. Alguns exemplos mais evidentes: Nike, Visa, Coca-Cola, PlayCenter, Yahoo, Amazon, entre outros.

28.3 MÚLTIPLOS DE MERCADO E TRANSAÇÕES COMPARÁVEIS

O método de *múltiplos de mercado* consiste em determinar o valor da empresa comparando seu desempenho com o de outras empresas cotadas em bolsa de valores, que seria uma indicação de quanto o mercado estaria disposto a pagar pela empresa em avaliação.

O múltiplo é estabelecido por meio da observação de como empresas compráveis são avaliadas pelo mercado. Para realizar esta avaliação relativa, os preços devem ser convertidos em *múltiplos* de alguma variável de referência. Por exemplo, o múltiplo de uma empresa pode ser definido com base em seus lucros por ação, receitas de vendas, EBITDA e assim por diante.

O índice P/L (índice Preço/Lucro) de uma ação equivale a demonstrar a relação entre o preço do ativo e o seu lucro por ação (LPA). Assim, ao se fixar o P/L em 3,7, por exemplo, entende-se que o valor de mercado da ação deve ser 3,7 vezes o seu LPA.

O múltiplo de vendas, por outro lado, permite que se calcule o valor de uma empresa a partir de suas receitas operacionais de vendas. Por exemplo, uma padaria que apresenta vendas anuais de $ 800.000 pode ser avaliada multiplicando-se este resultado por um múltiplo recomendado ao setor. Se o múltiplo selecionado for de 2,5, o valor da padaria deve atingir a 2,5 vezes o montante de suas vendas, ou seja, $ 2.000.000.

> O uso de múltiplos tem por objetivo avaliar um ativo observando como certos ativos similares são normalmente precificados pelo mercado. É um valor médio de ativos similares negociados no mercado.

Atrativos dos múltiplos: grande simplicidade e rapidez dos cálculos. O valor de uma empresa, a partir de seu múltiplo de mercado, pode ser apurado rapidamente e com um mínimo de informações.

Dificuldades dos múltiplos: uma grande dificuldade em desenvolver avaliações por meio de múltiplos é identificar ativos similares no mercado. Mesmo empresas que atuam no mesmo segmento de mercado podem, muitas vezes, apresentar certas diferenças relevantes de risco, capacidade de geração de caixa, perspectivas de crescimento etc. Esta é uma questão nem sempre fácil de ser resolvida ao se trabalhar com múltiplos para avaliar empresas.

Apesar das dificuldades, é importante acrescentar que os avaliadores e analistas financeiros costumam raciocinar com base em múltiplos, atribuindo maior importância ao método. Por exemplo, um investidor pode avaliar como cara determinada ação, principalmente ao compará-la com a ação de outra empresa, mais barata, e de mesmo P/L.

> A avaliação relativa procura precificar um ativo comparando-o com similares no mercado. Um investidor interessado em adquirir ações de um banco, por exemplo, pode estimar seu valor analisando os preços de outras instituições financeiras consideradas similares.
>
> Há dois componentes fundamentais na avaliação relativa:
>
> 1. identificar empresas (ativos) comparáveis no mercado com a empresa que está sendo avaliada;
> 2. transforma o preço de mercado da empresa em relação a determinada variável (lucros, vendas, patrimônio líquido etc.), criando o múltiplo.

A própria fragilidade do mercado de capitais no Brasil, com sua extrema volatilidade e baixa qualidade das informações disponíveis, impõe algumas restrições à adoção desse método de múltiplos de mercado.

O método de *múltiplos de transações comparáveis* refere-se à aplicação de múltiplos pagos em vendas de ativos semelhantes à empresa em avaliação. Um dos problemas desse método é que diferentes momentos de vendas implicam diferentes avaliações, e ainda que as características de mercado em que atua cada empresa implicam diferentes potenciais de riqueza futuros.

A avaliação de uma empresa para a teoria de finanças, como introduzido, é definida pelas expectativas dos investidores com relação a seu desempenho econômico esperado e de seu grau de aversão ao risco. São esses fundamentos decisórios previstos no método do fluxo de caixa descontado, conforme será mais bem estudado a seguir, que determinam o valor de mercado de uma empresa.

> **"Edital de Oferta Pública de Aquisição de Ações para Cancelamento de Registro de Companhia Aberta do Banco Bemge S.A. por Conta e Ordem do Banco Itaú:**
>
> **VII. Laudo de Avaliação**
>
> 7.1 Nos termos do Artigo 80 da Instrução CVM nº 361/02, foi elaborado Laudo de Avaliação, pela

KPMG Corporate Finance, que apurou o preço justo das Ações ('Preço Justo'), após considerar as metodologias: (i) Valor do patrimônio líquido por Ação, em 31/03/2003, obtendo-se o valor de R$ 0,74 por lote de mil ações ('Valor Patrimonial'); (ii) Preço médio ponderado das cotações apuradas nos últimos 12 (doze) meses (abr/02 a mar/03), obtendo-se o valor de R$ 0,74 por lote de mil ações ordinárias e preferenciais ('Valor da Média Ponderada das Ações Negociadas em Bolsa'); (iii) Valor econômico do BEMGE, obtido por meio da metodologia do valor de múltiplos de mercado, pelo qual o valor apurado foi de R$ 0,99 por lote de mil ações ('Múltiplos de Mercado'); e (iv) Valor econômico do BEMGE, obtido por meio da metodologia de transações compráveis, pelo qual o valor apurado foi de R$ 0,85 por lote de mil ações ('Múltiplos de Transações Comparáveis'). Conforme apresentado no Laudo de Avaliação, o avaliador considera este método de transações comparáveis o apropriado, em função da quantidade significativa de transações realizadas envolvendo empresas comparáveis ao BEMGE no Brasil. Os múltiplos de transações comparáveis obtidos refletem o valor efetivo das transações realizadas e dessa maneira podem ser aplicados diretamente aos respectivos parâmetros do BEMGE. Para obtenção de seu valor."

28.4 MÉTODO DO FLUXO DE CAIXA DESCONTADO (FCD)

A avaliação de uma empresa volta-se, essencialmente, a seu valor intrínseco, o qual é função dos seguintes indicadores econômicos:

a) *benefícios econômicos esperados de caixa*;

b) *risco* associado a esses resultados previstos;

c) *taxa de retorno requerida* pelos proprietários de capital e tratada na metodologia de avaliação de empresas pelo custo médio ponderado de capital (WACC) do custo do capital próprio (K_e) e do capital de terceiros (K_i), conforme amplamente na Parte VII deste livro.

São esses parâmetros decisórios básicos, definidos pelas expectativas dos investidores com relação ao desempenho econômico esperado e de seu grau de aversão ao risco, que determinam o valor de uma empresa.

O método do Fluxo de Caixa Descontado (FCD) incorpora, em um único momento, todos esses parâmetros econômicos fundamentais da avaliação. É calculado pelo valor presente de todos os fluxos previstos de caixa no futuro, descontados pelo custo de oportunidade dos investidores.

> **!** **IMPORTANTE** ■ é importante que se registre, uma vez mais, que as expectativas inseridas na avaliação podem se alterar ao longo do tempo e geralmente o fazem ditadas principalmente pelas oscilações conjunturais. A avaliação de uma empresa processa-se com base em variáveis que procuram refletir, da maneira mais correta possível, a realidade do comportamento futuro do mercado. Por se trabalhar fundamentalmente com valores esperados, algumas análises de sensibilidades devem ser incorporadas nos cálculos, tornando seus resultados mais representativos do efetivo valor da empresa.

Na avaliação econômica de investimentos, o método de *Fluxo de Caixa Descontado* (*FCD*) é o que representa o maior rigor técnico e conceitual para expressar o valor econômico. Esse método de cálculo de valor, comentado anteriormente e estudado em mais detalhes na Parte IV deste livro, está voltado para apuração da riqueza absoluta do investimento – valor presente de um fluxo de benefícios econômicos líquidos de caixa esperados no futuro –, estando perfeitamente consistente com o objetivo enunciado das finanças corporativas de maximização do valor da empresa.

Em verdade, uma empresa é avaliada por sua riqueza econômica expressa a valor presente, dimensionada pelos benefícios de caixa esperados no futuro e descontados por uma taxa de atratividade que reflete o custo de oportunidade dos vários provedores de capital. Em resumo, pode-se colocar que uma empresa é avaliada pelos princípios fundamentais inseridos no método do fluxo de caixa descontado.

Princípios fundamentais do FCD: no método do Fluxo de Caixa Descontado (FCD), estão incorporados os três princípios gerais fundamentais discutidos anteriormente para se estabelecer um critério ótimo de decisão de investimento:

a) a avaliação do investimento é processada com base nos *resultados (fluxos) de caixa* previstos de ocorrerem no futuro;

b) o *risco* é incorporado na avaliação econômica de investimento, respeitadas as preferências do investidor com relação ao conflito risco-retorno;

c) a decisão identifica, ainda, o valor presente do ativo com base na *taxa de desconto* apropriada a remunerar os proprietários de capital.

O método de FCD incorpora o pressuposto de que um investidor somente abre mão de um consumo atual em troca de um consumo maior no futuro, levando em consideração o conceito do valor do dinheiro no tempo. A taxa de atratividade definida para a avaliação econômica é a que proporciona um retorno esperado às várias fontes de capital, de maneira a remunerar inclusive o risco assumido.

Consistência dos fluxos de caixa com a taxa de desconto: no processo de avaliação, é importante não somente o levantamento dos fluxos de caixa esperados, mas também o modo como eles se distribuem ao longo do tempo. Os fluxos de caixa considerados na avaliação devem, ainda, ser consistentes com a taxa de desconto aplicada.

Os *fluxos de caixa operacionais* refletem os resultados pertencentes a credores e acionistas. No modelo do FCD, o custo de oportunidade a ser utilizado para o resultado operacional deve ser apurado pelos custos do capital próprio e capital de terceiros, ponderados pela participação relativa de cada um deles no total do financiamento (WACC – custo médio ponderado de capital).

> O valor da empresa pelo método do Fluxo de Caixa Descontado é determinado pelo valor presente dos fluxos de caixa dos acionistas e credores (fluxos de caixa operacionais), descontados por uma taxa média que reflete seus respectivos riscos.

> O fundamento básico da avaliação pelo FCD é que é possível apurar-se o valor de uma empresa com base em seus fundamentos financeiros expressos em seus fluxos de caixa. Por exemplo, a padronização das operações do McDonalds no mundo reflete-se em seus custos mais baixos; a eficiência na distribuição da Coca-Cola está embutida em seu volume de atividade; a confiança nos produtos Nestlé está no preço de venda de seus produtos; e assim por diante.
>
> A longo prazo, admite-se que este valor presente aproxime-se do valor que a empresa é negociada no mercado.

Na alternativa de se trabalhar com *resultados de caixa dos acionistas*, a taxa de desconto para cálculo do valor da empresa deve ser o custo de oportunidade do capital próprio.

O próximo capítulo irá demonstrar como são formados os fluxos de caixa operacionais e os fluxos de caixa dos acionistas utilizados na avaliação de empresas.

28.4.1 Formulações do método do fluxo de caixa descontado (FCD)

Com base nos conceitos e critérios de avaliação estudados, o método do fluxo de caixa descontado é desenvolvido com base na seguinte expressão genérica de cálculo, conforme apresentada no Capítulo 3:

$$\text{Valor} = \frac{FC_1}{(1 + K)^1} + \frac{FC_2}{(1 + K)^2} + \frac{FC_3}{(1 + K)^3} + \dots + \frac{FC_n}{(1 + K)^n}$$

em que: *Valor* equivale ao valor econômico (presente) do investimento; FC é o fluxo de caixa operacional; K é a taxa de desconto associada ao fluxo de caixa.

De maneira resumida, admitindo-se um fluxo de caixa, o valor econômico (valor presente do fluxo de caixa) pode ser representado pela expressão:

$$\text{Valor} = \sum_{j=1}^{n} \frac{FC_j}{(1 + K)^j}$$

Admitindo a *perpetuidade* e *valores constantes* dos fluxos de caixa previstos, tem-se:

$$\text{Valor} = \frac{FC_j}{K}$$

Considerando, no entanto, que os fluxos de caixa cresçam todo ano a uma taxa g constante, a formulação do valor presente de um fluxo perpétuo apresenta-se da seguinte maneira:[2]

$$\text{Valor} = \frac{FC_1}{K - g}$$

Esta expressão de cálculo, conhecida por *modelo de Gordon*, permite apurar o valor presente de um fluxo de caixa perpétuo que apresenta um crescimento periódico constante g.

EXEMPLO ILUSTRATIVO

Admita um fluxo de caixa de $ 100/ano perpetuamente. Não se prevendo nenhuma alteração nesse resultado anual de caixa, o valor presente do fluxo para uma taxa de desconto de K = 20% a.a. atinge:

$$\text{Valor} = \frac{FC_j}{K} = \frac{\$\,100}{0,20} = \$\,500$$

Ao se estimar um crescimento anual constante de $g = 4\%$ nesses fluxos de caixa, o valor presente da perpetuidade atinge:

$$\text{Valor} = \frac{FC_j}{K} = \frac{\$\,100}{0,20 - 0,04} = \$\,625$$

O crescimento esperado de 4% a.a. proporcionou uma valorização de 25% no valor econômico do investimento, conforme demonstram os cálculos efetuados. Uma empresa que seja capaz de realizar investimentos a uma taxa de retorno esperada superior ao seu custo de oportunidade demonstra maior capacidade de agregação de valor econômico. Esse valor agregado é expresso na valorização do capital investido, a qual pode ser mensurada pelas expressões de cálculos demonstradas.

Na formulação de Gordon, ainda, assume-se o pressuposto de que $K > g$, ou seja, que a taxa de desconto dos fluxos de caixa situe-se acima da taxa de crescimento esperada. Esse pressuposto do modelo não invalida, de maneira alguma, o uso de sua formulação, principalmente considerando que a longo prazo dificilmente uma empresa é capaz de continuar crescendo a taxas tão elevadas, superiores a sua taxa de desconto (K).

EXEMPLO ILUSTRATIVO

Admita que os fluxos de caixa anuais previstos para os próximos 3 anos de um ativo sejam de $ 120.000, $ 150.000 e $ 200.000, respectivamente. A partir do quarto ano os fluxos crescerão indeterminadamente à taxa anual de 1,5%.

Determinar o valor presente (PV) deste fluxo para uma taxa de desconto de 14% a.a.

Solução:

Representação gráfica do fluxo de caixa:

Formulação:

$$PV = \left[\frac{120.000}{1,14} + \frac{150.000}{1,14^2} + \frac{200.000}{1,14^3}\right] + \left[\frac{200.000 \times 1,015}{0,14}\right] / (1,14^3)$$

---

[2] Os modelos de fluxos de caixa indeterminados com taxa de crescimento constante foram amplamente estudados na Parte II, Capítulo 7, deste livro.

$PV = \$\ 355.677,60 + \$\ 978.708,70 = \$\ 1.334.386,30$

Este é o valor do ativo calculado com base nas expectativas futuras de geração de caixa.

O valor da empresa para os acionistas é o valor do patrimônio líquido. O valor total da empresa é representado pelo valor do patrimônio líquido mais o valor do endividamento, conforme ilustração a seguir.

Exemplo I: Admita que uma empresa esteja sendo negociada por $ 7,6 bilhões. Este valor corresponde ao controle total do capital da sociedade (100% das ações emitidas), devendo ser pago aos atuais acionistas. Sabe-se ainda que a empresa tem registrado $ 3,8 bilhões de dívidas junto a diversos agentes financeiros e investidores. A partir dessas informações pode-se estabelecer os seguintes valores:

Valor Total da Empresa =
Valor do Patrimônio Líquido + Valor das Dívidas

Valor Total da Empresa =
$ 7,6 + $ 3,8 = $ 11,4 bilhões

Valor da Empresa para o Acionista =
Valor do Patrimônio Líquido

Valor da Empresa para o Acionista =
$ 7,6 bilhões

Exemplo II: Suponha que o valor total de uma empresa seja de $ 5,5 bilhões, e que possua $ 1,8 bilhão de dívidas. A empresa tem 100 milhões de ações emitidas.

O valor do patrimônio líquido (PL) e de cada ação é calculado da forma seguinte:

Valor do PL = Valor Total da Empresa − Valor das Dívidas

Valor do PL = $ 5,5 − $ 1,8 = $ 3,7 bilhões

Valor da Ação = $ 3,7 bilhões/100 milhões de ações = $ 37,0/ação

EXEMPLO ILUSTRATIVO

Um ativo está avaliado em $ 2,5 milhões. O valor foi calculado pelo método do fluxo de caixa descontado. Os fluxos previstos de caixa são de $ 100.000/ano por um prazo indeterminado. Esses fluxos crescem anualmente a uma taxa **g**. Para uma taxa de desconto de 12% a.a., calcular a taxa de crescimento anual que justifique este valor de $ 2,5 milhões do ativo.

Solução:

$$2.500.000 = \frac{100.000}{0,12 - g}$$

g = 8% a.a.

O valor de $ 2.500.000 do ativo equivale ao valor presente dos fluxos de caixa esperados de $ 100.000/ano, crescendo à taxa **g** de 8% a.a.

RESUMO

1. **Estudar as metodologias de cálculo e os princípios de avaliação econômica do valor de mercado de uma empresa.**

   Os métodos patrimoniais destacam o valor da empresa com base no valor do respectivo patrimônio líquido. Pela identidade contábil fundamental, o valor patrimonial é medido pela diferença entre o valor de seus ativos e o montante de suas obrigações (passivo). O valor da empresa é obtido pela soma do patrimônio líquido com o valor do passivo.

   O *valor histórico* está fundamentado no princípio do custo histórico dos ativos, ou seja, no valor registrado no momento de sua aquisição ou elaboração.

   O *valor de realização de mercado* determina o valor possível dos ativos da empresa de serem realizados individualmente em condições normais de transações dentro de um mercado organizado, ou seja, o preço razoável que se pode obter na alienação de cada um deles.

O denominado *valor realizado líquido* é medido pela diferença entre o valor corrente de venda do ativo e todos os custos e despesas incrementais previstos relacionados com a transação de venda e entrega (comissões, fretes, produção, embalagens etc.), exceto os de natureza fiscal.

O *valor de liquidação* representa o resultado que se obteria de um eventual encerramento das atividades da empresa, e sujeitos os ativos aos preços de realização vigentes no mercado.

O *valor de reposição* equivale ao preço corrente de repor todos os ativos em uso da empresa, ou seja, o custo com base nos valores de mercado dos diversos ativos em avaliação, admitindo-se que se encontram em estado de novo.

2. Discutir os procedimentos técnicos e conceituais coerentes com o enunciado da teoria de Finanças Corporativas.

Na evolução da teoria de finanças, que desemboca no objetivo básico de maximização do valor de mercado da empresa e, em consequência, da riqueza de seus proprietários, evidencia-se uma preocupação na maneira como o investimento é avaliado e no impacto que cada decisão financeira determina sobre a criação de valor. É observado, com certa frequência, o uso de balanços patrimoniais, conforme elaborados pela Contabilidade, para se definir o valor econômico da empresa. Em verdade, a informação contábil, tal como é convencionalmente apurada, não tem por objetivo refletir o valor de mercado de um ativo. De maneira reconhecida, a Contabilidade costuma expressar seus valores com base no princípio do custo, voltado fundamentalmente ao objetivo do lucro, e não para referenciar os valores de venda dos ativos.

É essencial, para os objetivos enunciados pela Contabilidade, a avaliação dos ativos pelo valor que efetivamente custaram quando de suas aquisições. Confrontando esse valor com o preço de venda, é apurado um resultado (lucro ou prejuízo) de competência do período em que se verificou a transação. A base contábil de valor para os ativos é o custo, o qual está voltado para a apuração do lucro, e não para refletir seu valor de venda de mercado.

São consideradas principalmente as seguintes necessidades de novas mensurações e ajustes nos seguintes indicadores: custo de oportunidade do capital próprio; inflação; juros sobre o capital próprio; resultado operacional. Duas importantes restrições básicas ao uso das demonstrações contábeis para mensuração do valor econômico e desempenho das empresas são:

- não consideração do risco operacional e financeiro na mensuração do lucro; e
- divulgação dos resultados em valores históricos (nominais).

3. Definir o método dos múltiplos de mercado.

O método de *múltiplos de mercado* consiste em determinar o valor da empresa comparando seu desempenho com o de outras empresas cotadas em bolsa de valores, que seria uma indicação de quanto o mercado estaria disposto a pagar pela empresa em avaliação.

A própria fragilidade do mercado de capitais no Brasil, com sua extrema volatilidade e baixa qualidade das informações disponíveis, impõe inúmeras restrições à adoção desse método de múltiplos de mercado.

O método de *múltiplos de transações comparáveis* refere-se à aplicação de múltiplos pagos em vendas de ativos semelhantes à empresa em avaliação. Um dos problemas desse método é que diferentes momentos de vendas implicam diferentes avaliações, e ainda que as características de mercado em que atua cada empresa implicam diferentes potenciais de riqueza futuros.

4. Definir o método do fluxo de caixa descontado (FCD) e demonstrar ser o de maior rigor conceitual e ter maior coerência com a moderna teoria de finanças.

A avaliação de uma empresa para a Teoria de Finanças volta-se, essencialmente, ao seu *valor intrínseco*, o qual é função dos benefícios econômicos esperados de caixa, do risco associado a esses resultados previstos e da taxa de retorno requerida pelos proprietários de capital.

Na avaliação econômica de investimentos, o método de *Fluxo de Caixa Descontado* (FCD) é o que representa o maior rigor técnico e

APLICAÇÃO PRÁTICA
Estimativa do Valor Econômico-Financeiro

Fluxo de caixa operacional livre da Empresa

- Com base no descrito nas seções anteriores deste laudo, foram projetados os fluxos de caixa livres operacionais da Empresa e descontados, considerando a data-base de 31 de janeiro de 2013.
- O ano fiscal aqui projetado é compreendido pelo período de 1º de julho até 30 de junho do ano subsequente.
- A seguir, estão apresentados os fluxos de caixa estimados para o período projetado.

Fluxos de caixa livres AUD 000	2013	2014	2015	2016	2017	2018	2019	Terminal value
Lucro líquido	2.742	4.404	7.708	9.941	11.092	13.192	15.541	16.716
Depreciação	3.843	5.242	5.966	4.602	5.196	4.502	3.677	2.609
Variação de capital de giro	(1.715)	(2.484)	(2.379)	(1.077)	(1.219)	(340)	(2.448)	(1.636)
Investimentos (CAPEX)	(6.460)	(6.995)	(7.210)	(2.347)	(2.970)	(4.502)	(2.870)	(2.609)
Fluxo de caixa operacional livre	(1.590)	168	4.085	11.119	12.099	12.852	13.901	15.081
Valor terminal								145.923
Período parcial	0,4167	1,0000	1,0000	1,0000	1,0000	1,0000	1,0000	1,0000
Período de desconto	0,2083	0,9167	1,9167	2,9167	3,9167	3,9167	4,9167	4,9167
Fator de desconto @ 12,71%	0,9748	0,8936	0,7905	0,6992	0,6185	0,6185	0,5553	0,5553
Valor presente dos fluxos de caixa operacionais	(646)	150	3.229	7.775	7.483	7.949	7.719	81.030

- Conforme acordado no contrato de compra e venda assinado entre as partes, os ajustes aplicáveis ao Valor da Firma (*Enterprise Value*) para obtenção do Valor econômico-financeiro da Empresa (*Equity Value*) serão assumidos pelos antigos acionistas controladores da Aesop. Portanto, para o presente caso, o Valor da transação é equivalente ao *Enterprise Value* da Empresa. A tabela abaixo apresenta o cálculo do *Enterprise Value* da Aesop.

Cálculo do valor econômico-financeiro da empresa	
Taxa de desconto	12,71%
Taxa de crescimento na perpetuidade ("g")	2,38%
Valor presente do fluxo de caixa projetado	33.659
Valor presente da perpetuidade	81.030
Valor econômico-financeiro (antes dos ajustes)	114.690

Portanto, o valor da participação dos 65% da Aesop é igual a **AUD$ 74.549**

Laudo de avaliação econômico-financeira da Emeis Holdings Pty Ltd. Disponível em: <https://natu.infoinvest.com.br/ptb/4362/Relat%C3%B3rio%20Natura_FINAL_html/Relat%C3%B3rio%20Natura_FINAL.html>. Acesso em: 29 jan. 2019.

conceitual para expressar o valor econômico. Uma empresa é avaliada por sua riqueza econômica expressa a valor presente, dimensionada pelos benefícios de caixa esperados no futuro e descontados por uma taxa de atratividade que reflete o custo de oportunidade dos vários provedores de capital.

Em resumo, pode-se colocar que uma empresa é avaliada pelos princípios fundamentais inseridos no método do fluxo de caixa descontado. Neste método do FCD, estão incorporados os três princípios gerais fundamentais discutidos anteriormente para se estabelecer um critério ótimo de decisão de investimento:

a) A avaliação do investimento é processada com base nos fluxos de caixa de natureza operacional.

b) O risco é incorporado na avaliação econômica de investimento, respeitadas as preferências do investidor com relação ao conflito risco-retorno.

c) A decisão identifica, ainda, o valor presente do ativo com base na taxa de desconto apropriada a remunerar os proprietários de capital.

O método de FCD incorpora o pressuposto de que um investidor somente abre mão de um consumo atual em troca de um consumo maior no futuro, levando em consideração o conceito do valor do dinheiro no tempo.

A taxa de atratividade definida para a avaliação econômica é a que proporciona um retorno esperado às várias fontes de capital, de maneira a remunerar inclusive o risco assumido.

A base de avaliação do modelo são os fluxos de caixa, definidos em termos operacionais, em que se excluem, entre outros, os fluxos financeiros de remuneração do capital (despesas de juros e dividendos, basicamente). Os valores relevantes para a avaliação econômica são os provenientes da atividade operacional da empresa, e disponíveis a todos os provedores de capital, próprios e de terceiros.

Esses fluxos operacionais devem, ainda, ser projetados para determinado horizonte de tempo, apurando-se dessa estrutura de entradas e saídas de caixa a riqueza líquida mantida no momento presente, ou seja, o valor da empresa.

 TESTES DE VERIFICAÇÃO

1. Assinale a afirmativa CORRETA:

   a) O valor de reposição equivale ao preço histórico corrigido monetariamente.

   b) O valor econômico de uma empresa é determinado principalmente pelo montante de seus ativos. Quanto maior o capital investido na empresa, mais alto é o seu valor.

   c) São as expectativas de resultados futuros, e não o desempenho passado ou atual, que determinam o valor de uma empresa.

   d) O valor de liquidação constitui-se sempre no maior preço de venda de uma empresa.

2. Sobre o método do Fluxo de Caixa Descontado (FCD) assinale a alternativa incorreta:

   a) A avaliação da empresa pelo método do FCD é processada com base nos fluxos de caixa de natureza operacional.

   b) O método do FCD incorpora o pressuposto de que um investidor somente abre mão de um consumo atual em troca de um consumo maior no futuro, levando em consideração o valor do dinheiro no tempo.

   c) Os fluxos de caixa considerados na avaliação devem ser consistentes com a taxa de desconto aplicada. Se for calculado o fluxo de caixa operacional, o custo de oportunidade deve refletir os custos dos vários componentes do capital ponderados pela sua participação relativa. Para fluxos de caixa dos acionistas, utiliza-se o custo do capital próprio.

   d) A base do modelo do FCD é o fluxo de lucros previstos apurados pelo regime de competência.

   e) O método do FCD incorpora o risco na avaliação, respeitadas as preferências do investidor com relação ao conflito risco-retorno.

3. Assinalando verdadeiro (V) ou falso (F) para as alternativas a seguir, tem-se, respectivamente:

   I – Os valores relevantes para os fluxos de caixa operacionais, conforme utilizados na avaliação de empresas, são os provenientes da atividade operacional da empresa, e disponíveis a todos os provedores de capital, próprios e de terceiros.

   II – O modelo do FCD, utilizando os resultados operacionais de caixa, considera as várias partes que compõem o valor total da empresa. O valor presente do fluxo de caixa operacional expressa o valor de toda a empresa, ou seja, o valor para o acionista e para o credor.

   III – O valor de uma empresa apurado pelo FCD tem como vetores principais, o crescimento de investimentos que produzam retorno superior ao custo de capital, a elevação dos resultados operacionais e a redução do custo de capital.

   a) V; V; V.
   b) V; V; F.
   c) V; F; F.
   d) F; F; F.
   e) F; F; V.

4. Assinalando verdadeiro (V) ou falso (F) para as alternativas a seguir, tem-se, respectivamente:

   I – Uma empresa que seja capaz de incrementar seus investimentos a uma taxa de retorno acima do custo de oportunidade associado à decisão, demonstra menor capacidade de agregação de valor econômico e, em consequência, uma desvalorização em seu preço de mercado.

   II – O valor da empresa para os acionistas pode ser determinado deduzindo-se do valor da empresa o valor do endividamento.

   III – A diferença entre o valor de mercado de uma empresa e o valor de reposição de seus ativos, é o que se denomina de *goodwill*. A formação de *goodwill* exige alguma vantagem competitiva, que permita produzir um retorno de seus investimentos acima dos resultados mínimos esperados do setor.

   a) F; F; V.
   b) F; V; V.
   c) V; V; V.
   d) V; F; F.
   e) V; V; F.

5. Uma empresa apresenta fluxos operacionais de caixa anuais de $ 200.000, $ 240.000, $ 280.000 para os próximos 3 anos. Do quarto ano até o oitavo estima-se que esses fluxos crescerão à taxa constante de 3,5% a.a. A partir do nono o crescimento será de 1,5% indeterminadamente. Sendo de 18% a.a. a taxa de desconto desse investimento, pode-se afirmar que o valor da empresa:

   a) É inferior a $ 500.000.
   b) Está entre $ 500.000 e $ 700.000.
   c) Está entre $ 700.000 e $ 1.000.000.
   d) Está entre $ 1.000.000 e $ 1.500.000.
   e) É superior a $ 1.500.000.

6. O processo de avaliação de uma empresa:

   a) Baseia-se em resultados do passado da empresa.
   b) Está livre de certa dose de subjetividade.
   c) Tem fundamentos em uma ciência exata.
   d) Envolve certa margem de arbítrio pelo analista.
   e) É desenvolvido por meio de um único modelo.

Exercícios propostos

1. Uma empresa tem 180 unidades de mercadorias no seu estoque. O preço pago por essas mercadorias foi $ 80/unidade.

Em determinada data foram vendidos 70% do estoque pelo preço de $ 150/unidade. Sabe-se que o custo de reposição dessas mercadorias na data da venda é de $ 100/unidade, e a inflação do período (momento da compra – momento da venda) atinge 9%. Calcule o resultado histórico corrigido, resultado corrente puro, resultado corrente corrigido dessa operação de venda.

2. Determine o valor de um ativo cujo fluxo de caixa operacional atual é de $ 50.000. Admite-se uma taxa de crescimento anual indeterminada nesses fluxos de caixa igual a 2,5%. A taxa de atratividade do investimento é 15% a.a.

3. Determine ativo, com duração indeterminada, apresenta atualmente fluxos de caixa de $ 25.000. Esse ativo está avaliado no mercado por $ 235.000. Determine a taxa de crescimento anual desses fluxos de caixa que justifica o seu valor de mercado. Sabe-se que a taxa de atratividade para esse investimento é de 16% a.a.

4. Um analista está utilizando o método do fluxo de caixa descontado para avaliar uma empresa. As projeções dos fluxos de caixa anuais para os próximos 4 anos são de $ 500.000, $ 570.000, $ 630.000 e $ 770.000, respectivamente. Após esse período de maior crescimento, espera-se que os fluxos de caixa cresçam perpetuamente a uma taxa constante de 2,0% a.a. A taxa de desconto aplicada nessa avaliação é de 16,5% a.a. Determine o valor dessa empresa.

5. Uma empresa gera atualmente lucro líquido anual de $ 1.500.000. O retorno sobre o patrimônio líquido é de 13% e o custo de seu capital próprio de (K_e) de 16,5% a.a. A empresa vem distribuindo atualmente 60% de seus resultados líquidos sob a forma de dividendos. O diretor financeiro está propondo que a retenção dos lucros líquidos para reinvestimento passe de 40% para 60%, justificando que a empresa vem gerando valor econômico. Calcule os resultados de agregação de valor das duas propostas (retenção de 40% e de 60%) e comente se existe agregação ou destruição de valor.

6. Uma empresa apresenta fluxos operacionais de caixa anuais de $ 200.000, $ 240.000 e $ 280.000 respectivamente, para cada um dos próximos 3 anos. Do 4º ano até o 8º ano estima-se que esses fluxos de caixa crescerão à taxa anual constante de 3,5%. A partir do 9º ano o crescimento será de 1,5% ao ano, indeterminadamente. Sendo de 18% ao ano a taxa de desconto dessa empresa, calcule o valor da empresa.

Links da web

www.institutoassaf.com.br. *Site* com informações de Valor de Mercado das Companhias de Capital Aberto Brasileiras e indicadores de avaliação de empresas.

www.damodaran.com. *Site* com informações de Valor de Mercado e indicadores de valor das Companhias Americanas.

www.ivsc.org. *Site* do "International Valuation Standards Committee".

Sugestão de leitura

ASSAF NETO, Alexandre. **Finanças corporativas e valor**. 8. ed. São Paulo: Atlas, 2021.

ASSAF NETO, Alexandre. **Valuation**. 4. ed. São Paulo: Atlas, 2021.

Respostas dos Testes de verificação

1. c
2. d
3. a
4. b
5. e
6. d

METODOLOGIA BÁSICA DE AVALIAÇÃO

OBJETIVOS DO CAPÍTULO

1. Discutir os aspectos principais dos componentes de avaliação: fluxo de caixa, taxa de desconto, horizonte de previsão e risco.
2. Desenvolver uma aplicação prática de determinação do valor econômico de uma empresa.

A metodologia consagrada pela Teoria de Finanças para determinação do valor de mercado de uma empresa, o método do *Fluxo de Caixa Descontado (FCD)*, é formada pelos seguintes componentes fundamentais:

a) fluxos de caixa;

b) taxa de desconto (taxa mínima de atratividade);

c) horizonte de tempo das projeções;

d) risco.

A apuração mais correta possível do valor de uma empresa é uma preocupação presente no atual ambiente econômico, sendo de interesse tanto da administração interna como de analistas e investidores de mercado. A busca do valor justo é fundamental para negociações envolvendo aquisições e vendas de empresas, para o processo de formação de uma carteira de investimentos, e decisões financeiras.

A avaliação é feita a partir de previsões futuras, sendo o valor calculado de uma empresa entendido como uma estimativa, incorporando sempre uma margem de erro.

29.1 FLUXO DE CAIXA DISPONÍVEL PARA AVALIAÇÃO

Com base nas informações conjunturais, no desempenho esperado do mercado e na empresa em avaliação, são estabelecidas previsões para os benefícios econômicos de caixa no horizonte de tempo.

Os fluxos de caixa utilizados na avaliação de empresas é o Fluxo de Caixa Disponível ou Livre (*Free Cash Flow*). Há essencialmente dois tipos de fluxos de caixa para avaliação de empresas:

a) Fluxo de Caixa Disponível da Empresa (FCDE);[1]

b) Fluxo de Caixa Disponível do Acionista (FCDA).[2]

O *Fluxo de Caixa Disponível do Acionista* (FCDA) é o resultado de caixa que resta aos proprietários, depois de serem deduzidas todas as necessidades de investimentos em ativo fixo e capital de giro visando financiar seu crescimento, e após ainda os pagamentos de juros e amortizações de principal de dívidas aos credores.

Os FCDAs previstos são descontados pelo custo de oportunidade do capital próprio, e o seu resultado presente equivale ao valor do patrimônio líquido (PL) da empresa, ou seja, ao valor da empresa para o acionista. Ao se somar ao patrimônio líquido o montante do passivo (dívidas de empréstimos e financiamentos), chega-se ao valor total da empresa. Assim, conforme demonstrado no capítulo anterior:

> **Valor Total da Empresa (V_0) =**
> **Valor da Empresa para o Acionista (PL) +**
> **Valor das Dívidas**

O fluxo de caixa livre do acionista tem aplicações bastante pontuais, e não se constitui em medida de larga utilização na avaliação de empresas. O fluxo de caixa mais adotado é o Fluxo de Caixa Disponível da Empresa, conforme será estudado neste capítulo.

O *Fluxo de Caixa Disponível da Empresa* (FCDE) é o resultado líquido de caixa destinado aos seus credores e acionistas. É calculado a partir do fluxo de caixa operacional líquido do Imposto de Renda, e após a dedução também de todos os investimentos necessários para viabilizar o crescimento da empresa.

> O Fluxo de Caixa Disponível da Empresa (FCDE) representa, em outras palavras, o resultado operacional líquido livre de caixa da empresa, que pode ser sacado pelos seus credores e acionistas. Esse fluxo de caixa não inclui os fluxos financeiros da dívida da empresa, como juros e amortizações.

> **!** **IMPORTANTE** ■ todos os fluxos de caixa disponíveis são calculados líquidos do Imposto de Renda, e após serem descontadas todas as necessidades de investimentos fixos e em giro. São considerados livres (disponíveis) para uso pelos proprietários de capital.

Quando *positivo*, o FCDE é destinado a remunerar os proprietários de capital (credores e acionistas), mediante o pagamento de juros e dividendos. Quando *negativo,* a empresa deve buscar novos recursos no mercado para financiá-lo, proveniente de dívidas ou integralização de capital pelos acionistas.

Os FCDEs futuros previstos, por incorporarem os resultados de todos os proprietários de capital, são descontados pelo custo médio ponderado de capital (WACC). O WACC, conforme bastante estudado em capítulos anteriores (ver, por exemplo, os Capítulos 13 e 19) é calculado considerando a participação e os custos do capital próprio (acionistas) e capital de terceiros (credores).

Valor presente do FCDE: o valor presente deste fluxo de caixa livre (FCDE) é o valor total da empresa (V_0), o qual incorpora o valor do patrimônio líquido (PL) e as dívidas.

A base de avaliação de uma empresa são os seus *fluxos de caixa disponíveis ou livres*, definidos em termos operacionais, em que se excluem, basicamente, os fluxos de remuneração do capital de terceiros

---

[1] Em inglês: *Free Cash Flow to the Firm* (*FCFF*), ou *Free Operating Cash Flow* (*FOCF*).

[2] Em inglês: *Free Cash Flow to Equity* (*FCFE*).

(despesas financeiras). Os valores relevantes para a avaliação, fundamento bastante discutido em diversos capítulos anteriores, são os provenientes da atividade operacional da empresa e disponíveis a todos os provedores de capital: próprios ou de terceiros.

Uma vez mais: na avaliação pelo FCDE, o impacto do financiamento oneroso deve refletir-se inteiramente sobre o custo total de capital (WACC), utilizado como taxa de desconto, e não sobre os fluxos de caixa livres da empresa.

Em resumo, tem-se:

Fluxo de caixa disponível (livre)	Taxa de desconto	Valor presente equivale ao:
FCDA (Acionista)	Custo do Capital Próprio (K_e)	Patrimônio Líquido (Valor para o Acionista)
FCDE (Empresa)	Custo Médio Ponderado de Capital (WACC)	Patrimônio Líquido + Dívidas (Valor Total da Empresa)

29.2 FLUXO DE CAIXA DISPONÍVEL DA EMPRESA (FCDE)

Os fluxos operacionais de caixa devem ser projetados para determinado horizonte de tempo, apurando-se dessa estrutura de entradas e saídas de caixa, a riqueza líquida expressa em moeda atual, ou seja, o valor presente. A seção 29.4, a seguir, trata do prazo de projeção dos fluxos livres de caixa para avaliação.

IMPORTANTE ■ ■ esses benefícios econômicos de caixa devem também incorporar, no intervalo de suas projeções, os acréscimos previstos de riqueza determinados por novos investimentos realizados. Devem ser deduzidos desses valores de caixa, ainda, os desembolsos previstos referentes aos novos investimentos em capital de giro e bens permanentes, de maneira que os fluxos de caixa formados sejam considerados disponíveis aos proprietários de capital.

O Fluxo de Caixa Disponível da Empresa (FCDE), utilizado na determinação do valor de uma empresa, é calculado da seguinte maneira:[3]

Receita operacional bruta

(–) Deduções e impostos

= **Receita operacional líquida**

(–) Custos e despesas operacionais (exceto depreciação e amortização)

= **EBITDA – Lucro antes dos juros, impostos, depreciação e amortização**

(–) Depreciação

= **EBIT – Lucro antes dos juros e dos impostos (lucro operacional bruto)**

(–) Imposto de renda sobre o EBIT

= **NOPAT – Lucro operacional líquido do imposto de renda**

(+) Depreciação

= **FCO – Fluxo de caixa operacional**

(–) CAPEX – Gastos de Capital

(–) Variações nas necessidades de capital de giro

= **FCDE – Fluxo de caixa disponível da empresa**

EBITDA E EBIT

O EBITDA[4] é o *lucro antes dos juros, Imposto de Renda, depreciação, amortização e exaustão*. É a receita operacional de vendas menos os custos e as

---

[3] Optou-se por revelar as expressões em inglês dos fluxos de caixa por serem bastante adotadas em trabalhos publicados, e serem ainda de uso bastante difundido pelos profissionais de mercado.

[4] EBITDA – *Earning Before Interest, Taxes, Depreciation/Depletion and Amortization.*

despesas, sem considerar as despesas não desembolsáveis, como depreciação, amortização e exaustão.

A *depreciação* pode ser vista como o gasto que a empresa realiza quando investe, na expectativa de ser recuperado ao longo dos anos. É considerada uma despesa, sem necessariamente exercer uma saída de caixa. O objetivo básico da depreciação (amortização e exaustão) é o de recuperar o capital investido no ativo, e que irá ser utilizado por mais de um exercício. Nos balanços publicados, em geral, a depreciação é apresentada como parte do custo de produção e/ou das despesas operacionais.

O lucro antes dos juros e do imposto de renda, e após as despesas de depreciação, é o que se denomina de *Lucro Operacional Bruto* (*antes do IR*). É muito conhecido pela sua sigla em inglês: *EBIT – Earning Before Interest and Taxes*. O EBIT é o EBITDA menos a depreciação.

NOPAT – Lucro Operacional Líquido do Imposto de Renda

Ao se deduzir o imposto de renda do EBIT, chega-se ao *Lucro Operacional Líquido do Imposto de Renda,* conforme estudado na Parte III desse livro. O resultado operacional líquido é também conhecido pela sua expressão em inglês: *Net Operating Profit After Taxes* (*NOPAT*). Assim:

NOPAT = EBIT – Imposto de Renda

CAPEX – Gastos de Capital

As variações nos gastos de capital representam todos os acréscimos necessários de investimentos em ativos fixos previstos no horizonte de tempo, sendo também conhecidos por CAPEX – *Capital Expenditures*.

Os gastos de capital são investimentos incrementais realizados com máquinas, equipamentos, edificações, pesquisas e desenvolvimento, logística etc.

Incluem todas as necessidades de reinvestimentos previstas em bens fixos e que exercerão influências sobre os fluxos de caixa futuros. Por exemplo, os dispêndios de capital previstos em companhias aéreas comerciais são geralmente identificados em reposição de aeronaves, modernização e ampliação da frota, construção de hangares, sistemas de informações, manutenção etc.

Em períodos de forte crescimento ou de implantação de novos projetos de investimentos na empresa, o fluxo de gastos de capital costuma ser elevado, reduzindo-se em anos de maior estabilidade.

Variações nas Necessidades de Capital de Giro

Outros acréscimos de investimentos são as necessidades incrementais de capital de giro, as quais são calculadas com base na variação projetada no volume de atividade (produção e vendas) da empresa. Aumentos na necessidade de giro reduzem o caixa e, em consequência, os fluxos de caixa previstos. Reduções no giro, ao contrário, liberam recursos financeiros, elevando os fluxos de caixa.

Ao se definir em 10% as necessidades de capital de giro, por exemplo, projeta-se que a empresa precisa manter investido em giro, visando preservar seu equilíbrio financeiro, o equivalente a 10% de seu volume de vendas previsto. Ao aplicar este montante no primeiro ano, para os demais períodos deve somente calcular o investimento sobre as variações verificadas nas vendas.

Exemplo ilustrativo: sendo fixada em 10% das receitas de vendas a necessidade calculada de investimento em giro, devem ser previstos no fluxo de caixa disponível de cada ano os investimentos calculados sobre os incrementos esperados de vendas. Assim, sendo de \$ 40 milhões as receitas anuais de vendas, e de \$ 70 milhões, \$ 90 milhões e \$ 100 milhões, respectivamente as projeções para cada um dos próximos três anos, têm-se os seguintes investimentos em giro:

\$ milhões

	Ano 0 (Atual)	Ano 1	Ano 2	Ano 3
Receita de Vendas	\$ 40,00	\$ 70,00	\$ 90,00	\$ 100,00
Variação	–	\$ 30,00	\$ 20,00	\$ 10,00
Necessidade de Investimento em Giro	–	\$ 3,00	\$ 2,00	\$ 1,00

Exemplo Ilustrativo de Cálculo do Fluxo de Caixa Disponível da Empresa

> O Quadro 29.1 ilustra um caso real de projeção dos resultados operacionais disponíveis em moeda constante referentes à Cia. Valor para cada um dos próximos 10 anos.

Alguns detalhes desses resultados foram suprimidos com o intuito de simplificar a demonstração dos valores e cálculos sem, contudo, prejudicar o raciocínio básico do processo de avaliação.

O comportamento crescente esperado dos fluxos de caixa livres da empresa revela um otimismo com relação ao desempenho futuro do mercado interno, bem como uma posição vantajosa dos produtos da **Cia. Valor** no comércio internacional. A evolução projetada dos custos foi menos que proporcional à das receitas de vendas, motivadas principalmente por uma expectativa de queda dos preços das matérias-primas utilizadas pela empresa no mercado mundial.

As despesas operacionais foram previstas para cada um dos anos com base em padrões de comportamento verificados em anos precedentes. Não se prevê que esses valores sofram alterações relevantes no período de previsão.

Os valores projetados dos impostos sobre o lucro operacional consideram as isenções fiscais previstas em áreas incentivadas de atuação da **Cia. Valor**.

Quadro 29.1 Projeções do FCDE da Cia. Valor para o período de 10 anos.

($ 000)

	2008	2009	2010	2011	2012	2013	2014	2015	2016	2017
Receita Operacional	19.293	22.230	23.600	26.650	30.187	33.070	35.545	36.691	39.316	40.232
Custo dos Produtos	(14.641)	(17.604)	(18.792)	(19.726)	(19.958)	(21.205)	(22.449)	(23.031)	(23.927)	(24.312)
Resultado Bruto	4.652	4.626	4.808	6.924	10.229	11.865	13.096	13.660	15.389	15.920
Despesas Administrativas e Gerais	(975)	(1.238)	(1.484)	(1.505)	(1.827)	(2.040)	(2.156)	(2.256)	(2.444)	(2.487)
Despesas de Vendas	(810)	(919)	(820)	(1.034)	(1.159)	(1.235)	(1.351)	(1.383)	(1.484)	(1.517)
Outras Despesas Operacionais	(143)	(105)	(149)	(134)	(129)	(138)	(134)	(134)	(135)	(135)
Depreciação do Período	(896)	(1.387)	(1.337)	(1.290)	(1.244)	(1.201)	(1.160)	(1.120)	(1.082)	(1.046)
Lucro Operacional Antes IR – EBIT	**1.828**	**977**	**1.018**	**2.961**	**5.870**	**7.251**	**8.295**	**8.767**	**10.244**	**10.735**
Impostos s/ Lucro Operacional	(270)	(92)	(136)	(555)	(1.454)	(2.360)	(3.541)	(3.868)	(4.470)	(4.794)
Lucro Operacional Após IR – NOPAT	**1.558**	**885**	**882**	**2.406**	**4.416**	**4.891**	**4.754**	**4.899**	**5.774**	**5.941**
Depreciação do Período	896	1.387	1.337	1.290	1.244	1.201	1.160	1.120	1.082	1.046
Variações no Investimento Total: Giro e Fixo	(622)	(578)	(219)	(466)	(409)	(363)	(422)	(434)	(394)	(440)
Fluxo de Caixa Disponível da Empresa – FCDE	**1.832**	**1.694**	**2.000**	**3.230**	**5.251**	**5.729**	**5.492**	**5.585**	**6.462**	**6.547**

As variações no investimento total referem-se às necessidades previstas de aplicações em bens permanentes e capital de giro nos anos considerados.

O fluxo de caixa disponível (livre) da empresa (FCDE), conforme calculado, é totalmente adequado aos objetivos de avaliação, por refletir os resultados das operações pertencentes aos proprietários de capitais (credores e acionistas).

29.3 CÁLCULO DA TAXA DE DESCONTO DO FCDE

Definidos os fluxos operacionais disponíveis de caixa da avaliação, outra medida a ser estimada refere-se à *taxa mínima de atratividade* desejada para a decisão de investimento. Essa taxa deve descontar os benefícios de caixa previstos para o cálculo de seu valor presente, que representa o valor econômico da empresa.

> **!** **IMPORTANTE** ■ a taxa mínima de atratividade expressa o custo de oportunidade das várias fontes de capital (próprias e de terceiros), ponderado pela participação relativa de cada uma delas na estrutura de financiamento. Representa a medida do *Custo Médio Ponderado de Capital (WACC)*. Essa taxa de oportunidade requerida é obtida de modo a remunerar adequadamente a expectativa de retorno definida pelos diversos proprietários de capital.

É importante ressaltar, uma vez mais, que deve haver plena coerência entre essa taxa de atratividade e os fluxos operacionais de caixa esperados do investimento, os quais se compõem, diante de sua estrutura operacional, da remuneração desses capitais. Em verdade, a avaliação de uma decisão de investimento deve cotejar o retorno esperado pelos provedores de capital – custo médio ponderado de capital (WACC) com os rendimentos de caixa (fluxos de caixa operacionais disponíveis).

Uma crítica muitas vezes efetuada ao sistema de ponderação do WACC baseia-se no pressuposto da manutenção das proporções dos recursos próprios e de terceiros ao longo do tempo. Alterações que venham a ocorrer na estrutura de financiamento alteram evidentemente o custo de capital da empresa. O modelo admite que a empresa irá se financiar ao longo do tempo respeitadas as mesmas proporções das atuais fontes de financiamento.

Estrutura de capital meta para cálculo do WACC: como a manutenção da mesma estrutura de capital é bastante improvável na prática, principalmente avaliando-se um horizonte a longo prazo, a solução preconizada é a definição de uma *estrutura de capital objetivo*, ou seja, aquela que se pretende adotar como meta no futuro. Com isso, os pesos utilizados no cálculo do WACC passam a ser identificados com planos futuros estabelecidos de captações da empresa. A preocupação é fundamentalmente marginal, estimando-se um custo com base em uma estrutura de capital tida como alvo pela empresa. Nessas condições, a composição do financiamento e o risco financeiro mantêm-se relativamente constantes no tempo.

O valor de uma empresa é dimensionado com base em determinado cenário mais consistente possível com a realidade esperada de mercado. Não obstante, análises de sensibilidades são geralmente desenvolvidas, devendo o impacto de seus resultados, de alguma maneira, ser considerado no valor final calculado da empresa.

Foi discutido, também, que idealmente tanto o fluxo de caixa como o custo de capital devem estar expressos em valores deduzidos dos impostos, permitindo o cálculo da contribuição líquida do investimento. Da mesma maneira, essas medidas financeiras precisam-se apresentar definidas em moeda de mesmo poder de compra, de modo a compatibilizarem confrontos e análises entre si.

O Quadro 29.2 ilustra a metodologia de apuração do custo total de capital da **Cia. Valor**, a ser aplicada na mensuração de seu valor de mercado. A metodologia de cálculo do custo de capital foi tratada em diversos capítulos anteriores, destacando-se o Capítulo 19.

Quadro 29.2 Determinação do custo de capital.

Custo do Capital de Terceiros (K_i)	
K_i Antes do Imposto de Renda	15,0%
K_i Líquido do Imposto de Renda	9,0%
Custo do Capital Próprio (K_e)	**16,4%**
Beta	1,3
Taxa de Juros com Risco Zero (R_F)	4,6%
Prêmio pelo Risco de Mercado ($R_M - R_F$)	6,0%
Risco País	4,0%
Estrutura de Capital – Pesos	**100,0%**
Capital de Terceiros	30,0%
Capital Próprio	70,0%
Custo Médio Ponderado de Capital – WACC	**14,18%**
Contribuição do K_i	2,7%
Contribuição do K_e	11,48%

Custo do capital de terceiros (K_i): o custo do capital de terceiros (K_i) foi definido com base na natureza e características de mercado de cada passivo selecionado pela empresa. A taxa bruta de captação (antes do Imposto de Renda) está estimada em 15,0%. Pela economia de Imposto de Renda, cuja alíquota está fixada na projeção em 40%, o custo líquido do capital de terceiros reduz-se para 9,0% ao ano, ou seja:

$$K_i \ (líquido \ do \ IR) = K_i \ (antes \ do \ IR) \times (1 - IR)$$
$$K_i \ (líquido \ do \ IR) = 15\% \times (1 - 0,40)$$
$$= 9,0\%.$$

Custo do capital próprio (K_e): para a estimativa do custo de capital próprio (K_e), foi adotado o modelo de precificação de ativos (CAPM) tendo-se como *benchmarking* o mercado financeiro dos EUA, conforme estudado nas Partes V e VI. Para aplicação desse modelo, foram estabelecidas projeções de taxa livre de risco (R_F) representativa dos títulos do governo norte-americano (*T-Bonds*) de 4,6%, do prêmio pelo risco de mercado $(R_M - R_F)$ de 6,0%, da medida do risco sistemático (beta) de companhias similares de 1,30 e do risco Brasil, fixado em 4%.

Com isso, o custo de capital próprio (K_e) atinge 16,4%, ou seja:

$$K_e = [R_F + \beta(R_M - R_F)] + Risco \ Brasil$$
$$K_e = [4,6\% + 1,30 \times 6,0\%] + 4\% = 16,4\%$$

Custo total de capital (*WACC*): a empresa atua em um segmento tradicionalmente capitalizado, com baixa participação de recursos de terceiros. Os pesos utilizados na ponderação de cálculo do custo total de capital (WACC) foram definidos com base em uma estrutura de capital alvo, definida como uma composição padrão para seu segmento de atividade.

Definindo-se em 30 e 70%, respectivamente, a participação do capital de terceiros e capital próprio na estrutura de capital objetivo da **Cia. Valor**, é apurado o seguinte custo total de capital ponderado:

$$WACC = (9,0\% \times 0,30) + (16,4\% \times 0,70)$$
$$WACC = 2,7\% + 11,48\% = 14,18\%$$

Essa taxa, representativa da remuneração exigida pelos provedores de capital, deve descontar os fluxos operacionais disponíveis de caixa previstos para o dimensionamento do valor da empresa.

29.4 HORIZONTE DE TEMPO DAS PROJEÇÕES

O horizonte de tempo reflete a delimitação do prazo de geração dos fluxos de caixa esperados. Na apuração do valor de mercado da empresa, as avaliações são desenvolvidas em um contexto de *prazo indeterminado*, por inexistir normalmente alguma definição prévia formal de sua dissolução. Em princípio, pode-se admitir que todo empreendimento empresarial apresenta uma duração indefinida, não sendo incorporada em sua avaliação uma data futura prevista para encerramento de suas atividades operacionais.

> Para se avaliar uma empresa, é necessário projetar os seus fluxos de caixa disponíveis por um prazo indeterminado.

Para aplicação do método do fluxo de caixa descontado na avaliação, é possível adotar-se a separação do horizonte de projeção dos retornos de caixa em duas grandes partes:

a) período explícito;

b) perpetuidade (continuidade).

O *período explícito* descreve um período previsível dos resultados operacionais disponíveis esperados, sendo verificado nos primeiros anos do investimento. Esse período é geralmente estimado com base no desempenho possível de se prever de mercado e da economia, e no potencial de participação da empresa.

No período explícito, ainda, o retorno do investimento é geralmente superior ao custo de capital adotado como taxa de desconto dos fluxos de caixa, ocorrendo a agregação de valor.

Relembrando: conforme estudado no Capítulo 13 (Parte III), a agregação de valor econômico se verifica quando o retorno dos investimentos superar ao custo de capital.

Ao produzir este ganho em excesso, definido por EVA®, a empresa é capaz de valorizar-se pela riqueza gerada.

Essa situação de retornos maiores que o custo do capital investido não costuma manter-se de maneira indefinida em todo o horizonte de tempo da avaliação.

Admite-se geralmente que um investimento pode promover benefícios econômicos excedentes durante um período limitado de tempo, passando nos anos seguintes a conviver com maiores dificuldades em manter essa agregação de riqueza.

A longo prazo, os valores costumam convergir a um padrão. Em outras palavras, a longo prazo, as empresas atingem uma estabilidade em sua atividade. O crescimento da economia e a concorrência são barreiras naturais, em um mercado competitivo, para que uma empresa mantenha altas taxas de crescimento indeterminadamente. Os analistas geralmente consideram que o período explícito irá durar até a empresa atingir uma estabilidade em seus fluxos de caixa.

É exatamente a partir desse momento que se inicia a segunda parte do horizonte de projeção, cuja avaliação é conhecida por *valor residual*. A duração dessa parte é indeterminada (perpetuidade).

> A duração ideal do período explícito de projeção é definida, dentro da capacidade de previsão dos fluxos de caixa, até o momento em que os resultados demonstrem certa estabilidade em seus valores. E isso é variável de empresa para empresa, segundo sejam suas condições operacionais e as expectativas de mercado.

Resumo importante: diante principalmente da hipótese de maior presença da concorrência e acirradas disputas por *market share*, é esperado que o retorno produzido pelo investimento neste intervalo indeterminado de tempo se retraia até o nível aproximadamente de seu custo de capital, demonstrando um equilíbrio nas taxas. Em outras palavras, o investimento passa a ser remunerado em percentual bastante próximo ao da taxa mínima de retorno requerida pelos provedores de capital (credores e acionistas).

Dessa maneira, a teoria do horizonte de projeção frequentemente adotada descreve um intervalo inicial de tempo *limitado*, em que é comum o retorno esperado superar as expectativas mínimas exigidas de remuneração do capital empregado, e outro de duração *indeterminada* (perpetuidade), em que é prevista a convergência das taxas de custo total de capital (WACC) e do retorno do investimento.

A metodologia de mensuração do valor de um mercado de uma empresa passa a incorporar, pela identificação descrita dos períodos de previsão, os resultados econômicos de dois componentes básicos:

1. valor presente dos fluxos de caixa operacionais disponíveis previstos para a primeira fase do horizonte de tempo da projeção;

2. valor presente dos fluxos de caixa operacionais disponíveis estimados de ocorrer indefinidamente após esse período inicial explícito (previsível), também denominado de *valor residual* do investimento.

Essa estrutura de avaliação prevista na metodologia desenvolvida por Copeland, Koller e Murrin[5] define o valor presente dos benefícios econômicos de caixa de uma empresa com base na seguinte formulação:

$$\text{VALOR} = \begin{array}{c} \text{Valor Presente} \\ \text{do Fluxo de} \\ \text{Caixa Durante o} \\ \text{Período Explícito} \\ \text{de Projeção} \end{array} + \begin{array}{c} \text{Valor Presente do} \\ \text{Fluxo de Caixa} \\ \text{Após o Período} \\ \text{Explícito de} \\ \text{Projeção} \end{array}$$

Conforme foi observado, o valor após o período explícito de projeção é considerado como um *valor contínuo*, isto é, *valor residual* do investimento. A determinação desse valor deve ser consistente com a teoria desenvolvida de avaliação de empresas.

As projeções quanto as durações dos períodos explícito e perpetuidade podem variar de conformidade com as avaliações de diferentes analistas. Alterando-se esses prazos previstos e as respectivas premissas operacionais de formação dos fluxos de caixa, modificam-se, em consequência, os valores associados a esses dois componentes básicos da avaliação. Admitindo-se que no período explícito o retorno sobre o investimento supera o custo total de capital, estendendo-se esse período explícito, eleva-se, em consequência, o valor da empresa diante de maior agregação de riqueza.

Em algumas situações, ainda, pode ocorrer de os fluxos de caixa previstos no período explícito serem *negativos*, devido a uma grande demanda de capital

---

[5] COPELAND, Thomas; KOLLER, Tim; MURRIN, Jack. **Avaliação de empresas**. 3. ed. São Paulo: Makron Books, 2001.

para investimentos, apesar de estarem criando valor econômico. Deve-se recordar que dos fluxos de caixa operacionais são deduzidas as aplicações em capital fixo e de giro, apurando-se um resultado disponível (livre). Em anos posteriores, é previsto um aumento significativo dos benefícios de caixa, como reflexo das decisões tomadas, e uma menor necessidade de desembolsos para investimentos. Ao lado do tempo, ainda, é esperado um equilíbrio nos resultados do caixa, evoluindo seus valores de maneira mais estável. Nesse caso, o período explícito tem sua duração definida até o momento em que o fluxo de caixa oscile segundo uma taxa constante, apurando-se, pelos benefícios de caixa esperados nos anos seguintes, o valor residual do investimento.

Tendo como referencial o caso ilustrativo da **Cia. Valor**, os fluxos de caixa previstos para o período explícito, definidos para uma projeção de dez anos, encontram-se dimensionados no Quadro 29.1 apresentado anteriormente. O valor residual da avaliação tem seu início definido para após o ano de 2017, quando termina o período explícito da projeção. A partir desse período tem início a perpetuidade, e adota-se o pressuposto que os valores disponíveis de caixa se mantenham constante.

O fluxo de caixa operacional previsto para iniciar-se no ano de 2018 é sugestivamente determinado, para a avaliação da **Cia. Valor**, pela média aritmética dos resultados econômicos estimados para os três anos precedentes (2015, 2016 e 2017), ou seja:

$$\text{Fluxo de Caixa Projetado para o Período Contínuo} = \frac{5.585 + 6.462 + 6.547}{3}$$
$$= \$\ 6.198/\text{ano}$$

Este é o valor do fluxo de caixa anual disponível da empresa previsto por um período indeterminado de tempo, iniciando a partir do ano de 2018.

29.5 DETERMINAÇÃO DO VALOR DA EMPRESA

A apuração do valor da empresa, expresso em moeda de final de 2007, de acordo com a metodologia sugerida anteriormente, é demonstrada no Quadro 29.3.

Quadro 29.3 Cálculo do valor da empresa ao final de 2007.

($ 000)

Valor presente do período explícito	19.241
(+) Valor presente do período contínuo (valor residual)	11.606
(=) Valor Total da Empresa	**30.847**
(–) Valor das Dívidas	6.960
(=) Valor do Patrimônio Líquido	23.887

O *valor presente do período explícito* é obtido pela atualização dos fluxos de caixa projetados para cada ano do intervalo: 2008-2017. De acordo com o demonstrado em itens precedentes, a taxa de desconto dos benefícios de caixa é representada pelo custo total de capital de 14,18% ao ano, conforme apurado no Quadro 29.2.

Logo, o resultado econômico desse período é determinado:

$$\frac{\textit{Valor Presente do}}{\textit{Período Explícito}} = \frac{1.832}{(1,1418)^1} + \frac{1.694}{(1,1418)^2} + \frac{2.000}{(1,1418)^3} +$$
$$+ \frac{3.230}{(1,1418)^4} + ... + \frac{6.547}{(1,1418)^{10}}$$

Valor Presente do Período Explícito = $ 19.241

O *valor residual* é determinado pela atualização dos fluxos operacionais de caixa perpétuos de $ 6.198/ano, conforme dimensionados anteriormente. O valor econômico da perpetuidade é calculado a seguir:

$$\text{Valor Residual} = \underbrace{\frac{6.198}{0,1418}}_{\text{Valor em 2017}} / \underbrace{(1,1418)^{10}}_{\text{Atualização para 2007}}$$

Valor Residual = $ 11.606

Valor das dívidas e do patrimônio líquido: o endividamento total da empresa apurado ao final de 2007, momento da avaliação, totaliza, a valores de mercado, a quantia de $ 6.960. Descontando-se esse montante do valor presente total dos fluxos de caixa de $ 30.847, que representa o valor da empresa, chega-se ao valor calculado de mercado do patrimônio líquido da **Cia. Valor** de $ 23.887, expresso na database de final de 2007.

De outro modo, admita que o valor de liquidação dos ativos da **Valor**, a preços de mercado, tenha sido avaliado em $ 21.118. Diante desses valores, pode-se concluir que o valor de mercado da empresa, determinado pelo método do fluxo de caixa descontado, embute um *goodwill* de $ 9.729. Mais especificamente:

Valor de mercado (Quadro 29.3):	$ 30.847
Investimentos (ativos):	($ 21.118)
Goodwill:	**$ 9.729**

Conclusão: conforme foi colocado por diversas vezes, toda análise de valor está centrada em resultados esperados obtidos de um cenário provável. Logo, seus cálculos podem envolver uma margem de variação em relação à realidade demonstrada pelo mercado, exigindo que se avalie o impacto de análises de sensibilidade sobre o valor apurado da empresa. O resultado encontrado é uma medida técnica, racional, elaborada segundo os fundamentos teóricos das finanças corporativas, servindo como um referencial de preço bastante razoável e coerente com o efetivo valor da empresa.

29.6 FLUXOS DE CAIXA NA AVALIAÇÃO DA PERPETUIDADE DE EMPRESAS

Conforme ficou demonstrado em itens anteriores, o horizonte de tempo adotado na avaliação de empresas é normalmente separado em dois grandes intervalos: *período explícito* e *período residual* (perpetuidade).

O período explícito equivale aos fluxos de caixa de projeção previsível, apresentando geralmente um retorno do investimento acima de seu custo de oportunidade. Já o período residual é a perpetuidade da projeção, em que não é possível identificar os detalhamentos dos fluxos de caixa para cada período. É calculado pelo valor presente dos fluxos de caixa previstos para após o período explícito.

Um conhecimento mais amplo da perpetuidade é essencial no atual ambiente econômico, em razão principalmente da relevante participação do valor residual no valor total da empresa. Em alguns setores de atividade é comum os investimentos explícitos superarem em diversos anos a geração operacional de caixa da empresa, apurando esses negócios valor

econômico mais expressivo somente na perpetuidade. É o que acontece, por exemplo, com empresas de tecnologia e informática, que demandam grandes investimentos em pesquisas, agregação de tecnologia e desenvolvimento de produtos.

É importante que se registre que essas empresas são capazes de gerarem excelentes retornos operacionais nos anos explícitos. No entanto, diante de uma elevada necessidade de recursos para investimentos nos anos previsíveis, produzem valores baixos, ou até mesmo negativos, para os seus fluxos de caixa disponíveis. O valor da empresa, portanto, é formado mais a longo prazo, quando se realizarem os retornos esperados dos recursos investidos.

Enfoques para os Fluxos de Caixa

Há dois enfoques geralmente adotados para se tratar o comportamento dos fluxos de caixa previstos na perpetuidade: *conservador* e *otimista.*

Enfoque conservador: um enfoque muitas vezes adotado na avaliação de empresas é admitir que a *agregação de valor ocorre somente no período de projeção explícita*, estabilizando-se na perpetuidade a taxa de retorno ao nível do custo de oportunidade do capital investido. Em outras palavras, no período previsível, os retornos previstos dos investimentos superam ao custo de oportunidade, e na perpetuidade não há agregação de valor, sendo o retorno igual ao custo de capital.

O pressuposto de equilíbrio entre os retornos dos investimentos e o custo de capital evita que se projete taxa de crescimento para os fluxos de caixa na perpetuidade, já que o valor da empresa não se altera, ou seja, não há criação ou destruição de valor: o EVA® é nulo.

Relembrando: o valor presente da perpetuidade de um fluxo de caixa constante, sem admitir-se qualquer crescimento, é igual ao mesmo resultado obtido no pressuposto de reinvestimentos periódicos, porém a uma taxa de retorno igual à taxa de desconto utilizada. Uma empresa somente é capaz de criar valor ao apurar um retorno do investimento em excesso à remuneração mínima exigida pelos proprietários de capital (credores e acionistas). Nessas condições, o valor da empresa é superior ao capital que se despenderia para construí-la, sendo entendida essa diferença por *goodwill*. Este assunto encontra-se detalhado no Capítulo 7.

Enfoque otimista: uma alternativa a esse enfoque mais conservador é admitir que os *negócios são capazes de gerar retornos na perpetuidade* mais elevados que a remuneração mínima exigida pelos proprietários de capital. Ao assumir esse pressuposto de diferencial positivo entre a taxa de retorno oferecida e exigida, há um acréscimo, muitas vezes de dimensões significativas, no valor da empresa.

O valor da perpetuidade depende do comportamento previsto de direcionadores de valor, definidos principalmente pelo *retorno do investimento* (ROI), custo médio ponderado de capital (WACC) e crescimento das operações. A composição de cálculo desses direcionadores foi estudada em diversas partes deste livro e é novamente descrita a seguir.

ROI = Lucro Operacional/Investimento

O indicador do ROI, bastante estudado na Parte III, retrata a rentabilidade do capital operacional aplicado no negócio. As estratégias de incrementar este direcionador são formadas pelo *giro do investimento* (ajustes dos níveis de estoque, redução de capacidade ociosa, políticas de cobrança etc.) e pela *margem operacional* (políticas de preços, custos de distribuição, escala de produção, qualidade etc.).

O *Custo Total de Capital*, conforme estudado no Capítulo 19 e ilustrado no Quadro 29.2, retrata o custo de todas as fontes de financiamento selecionadas pela empresa, ponderadas pela sua respectiva participação, ou seja:

$$\text{WACC} = [K_e \times W_{PL}] + [K_i \times W_P]$$

Na formulação, K_e representa o custo de oportunidade do capital próprio; K_i, o custo explícito do credor, líquido dos impostos; W_{PL} e W_P, respectivamente, a proporção de capital próprio e de terceiros investidos.

O WACC é utilizado como taxa de desconto dos fluxos disponíveis previstos de caixa. A redução desse direcionador maximiza o valor da empresa, e as estratégias adotadas são desenvolvidas com base no modelo de estrutura de capital (definição da melhor composição entre dívidas e capital próprio: ver Capítulo 20), endividamento (seleção de alternativas de menor custo financeiro), grau de alavancagem financeira (Parte III) etc.

29.7 COMPOSIÇÃO DA TAXA DE CRESCIMENTO (g)

Conforme comentado anteriormente e amplamente detalhado no Capítulo 7, o crescimento dos resultados é função do reinvestimento e retorno esperado. Para os fluxos de caixa operacionais, a taxa de crescimento (*g*) é formada pelo produto do percentual de reinvestimento dos resultados operacionais de caixa (*b*) pela taxa de retorno deste capital aplicado (*ROI*), ou seja:

$$g = b \times \text{ROI}$$

A *taxa de reinvestimento* (*b*) é definida pelo percentual do resultado de caixa gerado pela empresa em determinado exercício que permaneceu investido no próprio negócio. A taxa de retorno representa a rentabilidade proporcionada pelo capital reinvestido. Quando se avalia a taxa de crescimento dos fluxos de caixa operacionais, esse percentual de retorno é expresso pelo retorno sobre o investimento (ROI).

Por exemplo, se uma empresa reinveste 60% de seus fluxos operacionais de caixa apurando uma taxa de retorno de 15% sobre o investimento, admite-se que o crescimento esperado dos resultados de caixa atinja a taxa de 9% ao ano ($g = 60\% \times 15\%$).

Assim, para um resultado operacional (líquido do IR) referência de $ 100,00, podem ser projetados os seguintes fluxos de caixa disponíveis:

	Ano 1	Ano 2	Ano 3	....
Lucro Operacional	100,00	109,00	118,80	....
Reinvestimento (60%)	(60,00)	(65,40)	(71,30)	....
Fluxo de Caixa Operacional Disponível (FCOD)	40,00	43,60	47,50	....
Taxa de Crescimento (g)	–	9%	9%	9%

Uma formulação analítica mais ampla de avaliação, que fornece melhor entendimento por meio de direcionadores de valor, é apresentada da seguinte maneira:

$$\text{Valor da Empresa} = \frac{\text{Lucro Operacional Líquido} \times (1 - b)}{\text{WACC} - g}$$

Como $g = b \times \text{ROI}$, pode-se tirar que:

$b = g/\text{ROI}$.

Logo, a equação pode ser reescrita:

$$\text{Valor da Empresa} = \frac{\text{Lucro Operacional Líquido} \times \left(1 - \dfrac{g}{\text{ROI}}\right)}{\text{WACC} - g}$$

Nesta formulação, o direcionador de valor da taxa de crescimento dos resultados operacionais (g) é o mais relevante, influenciando fortemente o valor da empresa.

EXEMPLO ILUSTRATIVO – Taxa de Reinvestimento

Uma empresa projeta um ROI anual de 14% para os próximos anos. O lucro operacional líquido (Nopat) atual atinge a $ 80.000. É esperado um crescimento anual de 3,5% em seus resultados operacionais. O WACC da empresa é igual a 16%.

Pede-se determinar a taxa de reinvestimento e o valor da empresa.

Solução – Cálculo da Taxa de Reinvestimento

$g = b \times \text{ROI}$

$b = g / \text{ROI}$

$b = 3,5\% / 14\% = 25\%$

Solução – Cálculo do Valor da Empresa

$$\text{Valor da Empresa} = \frac{\$\ 80.000 \times (1 - 0,25)}{0,16 - 0,035}$$

$$= \$\ 480.000$$

A grande vantagem competitiva da empresa em agregar valor mediante maior crescimento é explicada basicamente pelas oportunidades identificadas de expansão e criação de novos negócios, produtos e mercados. Uma empresa criadora de valor deve buscar continuamente novas alternativas de crescimento, identificando suas estratégias competitivas nas oportunidades de negócios com ROI > WACC.

> **! IMPORTANTE** ■ é importante registrar, uma vez mais, que a taxa de crescimento é determinada pelo produto da taxa de reinvestimento (b) e a taxa de retorno. Em outras palavras, a taxa g é função das oportunidades de crescimento criadas pela empresa, determinadas principalmente pela busca de novos mercados e produtos e pelos retornos auferidos em seus investimentos (ROI), ou seja, pela eficácia na utilização dos recursos colocados à disposição da empresa. Simulações nesses direcionadores podem revelar as melhores estratégias de agregação de valor, de maneira a satisfazer às expectativas dos acionistas de maximização de sua riqueza.

EXEMPLO ILUSTRATIVO – Taxa de Crescimento

A margem operacional de uma empresa prevista para o próximo exercício é de 12%. A empresa estima ainda que, para cada $ 1,00 de capital investido em seus negócios, ela consiga realizar $ 1,40 de venda, ou seja, o giro do investimento é de 1,4 vez.

Os investimentos projetados representam 2/3 de seu Nopat. Pede-se apurar a taxa esperada de crescimento dos resultados operacionais de caixa da empresa.

Solução:

$g = b \times \text{ROI}$

$b = 2/3$

$\text{ROI} = \text{margem operacional} \times \text{giro do investimento}$

$\text{ROI} = 12\% \times 1,4 = 16,8\%$

$g = 2/3 \times 16,8\% = 11,2\%$

29.8 FORMULAÇÕES DO VALOR DA PERPETUIDADE

As formulações adotadas no cálculo do valor da perpetuidade são descritas com base na estrutura de um fluxo de caixa com *duração indeterminada*, constituído por um número infinito de termos. O valor presente desse tipo de fluxo deve considerar em seus cálculos os fluxos de caixa e a taxa de desconto selecionada.

Na metodologia de avaliação de uma empresa com resultado de caixa constante, o valor de perpetuidade é calculado pela relação entre o fluxo de caixa disponível da empresa (FCDE) e o custo total de capital (WACC), ou seja:

$$\text{Valor da Perpetuidade} = \frac{\text{FCDE}}{\text{WACC}}$$

Pressupostos básicos da fórmula: na expressão, tanto o numerador como o denominador são constantes, não se prevendo nenhuma variação em seus valores.

De outro modo, ao se considerar que os fluxos de caixa cresçam a uma *taxa constante g,* foi descrito que a expressão de cálculo modifica-se para:

$$\text{Valor da perpetuidade} = \frac{\text{FCDE}}{\text{WACC} - g}$$

Esta expressão de cálculo é conhecida na literatura financeira por *modelo de Gordon*.

> **!**
>
> **IMPORTANTE** ■ quando a taxa de retorno do reinvestimento coincidir com o retorno exigido pelos proprietários de capital (ROI = WACC), as duas fórmulas apuram resultados iguais. Nesse caso, o valor da perpetuidade não se altera nas suposições de crescimento dos fluxos de caixa ou na manutenção de seus resultados constantes. A riqueza líquida gerada por cada reinvestimento é nula (valor presente líquido = 0), em razão de os fluxos de caixa serem descontados por uma taxa igual ao retorno oferecido.

Pressupostos básicos da fórmula: nesse cálculo, admite-se que os fluxos de caixa cresçam a *uma taxa constante* (*g*)*,* e que o custo de capital seja maior que a taxa de crescimento (WACC > *g*).

Por exemplo, admita no horizonte de perpetuidade um fluxo de caixa operacional (FCO = NOPAT + Depreciação) de $ 100, taxa de reinvestimento (b) de 70% e retorno esperado do investimento (ROI) de 20%. A taxa de crescimento dos fluxos de caixa nessa situação está estimada em 14% ao ano, ou seja, *g = 70% × 20%*.

Uma demonstração desse comportamento é ilustrada a seguir.

	Ano 1	Ano 2	Ano 3	Ano 4
Fluxo de Caixa Operacional (FCO)	100,0	114,0	130,0	148,2
Reinvestimento (b = 70%)	(70,0)	(79,8)	(91,0)	(103,7)
Fluxo de Caixa Disponível da Empresa (FCDE)	**30,0**	**34,2**	**39,0**	**44,5**
Taxa de Crescimento (g)	**14%**	**14%**	**14%**	**14%**

O fluxo de caixa operacional do ano 2 de $ 114,0 é formado pelo retorno do investimento efetuado (20% × $ 70,0 = $ 14,0) mais o FCO do próprio período de $ 100,0. Desse valor esperado de $ 114,0, 70% são reinvestidos à taxa de retorno de 20%, produzindo um retorno de $ 15,96 (20% × $ 79,8). Este retorno, junto com os $ 114, constitui o fluxo de caixa operacional do ano seguinte (ano 3) de $ 130,0, e assim por diante.

Revisão: Conceito de FCDE – como é sabido, o fluxo de caixa disponível da empresa (FCDE) é o resultado líquido de caixa utilizado na avaliação da empresa, demonstrando a capacidade líquida de geração de caixa dos negócios, já deduzidos todos os investimentos necessários em manter a competitividade do empreendimento.

Ao se admitir que a taxa de remuneração mínima exigida pelos proprietários de capital (WACC) seja idêntica ao retorno oferecido pelos investimentos (*ROI* = 20%), o valor da perpetuidade não se altera nos pressupostos das formulações de cálculo.

Demonstração:

No pressuposto de reinvestimentos periódicos equivalentes a 70% dos fluxos operacionais de caixa descritos no exemplo ilustrativo, o *valor presente da perpetuidade* (PV_p) atinge:

$$PV_p = \frac{\$ \ 100 \ (1 - 0,70)}{0,20 - 0,14} = \$ \ 500,00$$

Por outro lado, diante da condição sugerida de equilíbrio entre as taxas de retorno e de desconto dos fluxos de caixa, o valor da perpetuidade é o mesmo que o apurado ao se desconsiderar qualquer reinvestimento, ou seja:

$$PV_p = \frac{\$ \ 100}{0,20} = \$ \ 500,00$$

Conclusão importante: o analista somente deve considerar a taxa de crescimento dos fluxos de caixa na avaliação da perpetuidade, na suposição de o retorno do capital diferenciar-se de seu custo de oportunidade, o que propicia, nessas condições, agregação ou destruição de valor.

EXEMPLO ILUSTRATIVO – FCDE com Taxa de Crescimento Constante

Admita que um analista tenha projetado um lucro operacional após o IR (Nopat) de $ 140.000 para o próximo exercício. A estimativa feita para o crescimento dos negócios da empresa irá exigir investimentos adicionais equivalentes a 60% do resultado operacional líquido, por um prazo indeterminado. O custo de capital total (WACC) aplicado a este fluxo de caixa disponível está calculado em 10% ao ano.

Pede-se determinar o valor da empresa admitindo que o ROI seja de:

a) 12% ao ano;

b) 10% ao ano.

Solução – WACC = 10% e ROI = 12%

Projeção de crescimento:

	Ano 1	Ano 2	Ano 3	. . . .
Nopat	$ 140.000	$ 150.080	$ 160.886	. . . .
Reinvestimento (b = 60%)	(84.000)	(90.048)	(96.532)	. . . .
FCDE	$ 56.000	$ 60.032	$ 64.354	. . . .
Taxa de Crescimento	–	7,2%	7,2%	. . . .

Utilizando a fórmula da taxa anual de crescimento (g):

g = 60% × 12% = 7,2%

Valor da empresa:

$$\text{Valor da empresa} = \frac{\$ \ 56.000}{0,10 - 0,072}$$
$$= \$ \ 2.000.000$$

Solução – WACC = 10% e ROI = 10%

Taxa de crescimento anual dos fluxos de caixa:

g = 60% × 10% = 6%

$$\text{Valor da empresa} = \frac{\$ \ 56.000}{0,10 - 0,06}$$
$$= \$ \ 1.400.000$$

É importante observar que na situação de WACC = ROI = 10%, mesmo admitindo um crescimento de 6% ao ano dos fluxos de caixa livres determinado pelos reinvestimentos, não há agregação de valor. O retorno esperado remunera exatamente o custo de oportunidade do investimento, não gerando qualquer resultado excedente.

Assim, o resultado da empresa poderia também ser obtido, de maneira mais simples, a partir do Nopat projetado de $ 140.000, sem considerar qualquer investimento adicional e taxa de crescimento. Conforme foi bastante comentado no capítulo, o resultado não se altera, ou seja:

$$\text{Valor da empresa} = \frac{\text{Nopat} = \$ \ 140.000}{\text{WACC} = 0,10}$$
$$= \$ \ 1.400.000$$

Para refletir: as oportunidades de crescimento da empresa, assim como suas necessidades periódicas de novos investimentos, devem estar consideradas nos resultados previstos dos fluxos de caixa operacionais disponíveis, promovendo um crescimento em seus valores futuros. No entanto, uma empresa somente agrega valor no caso de oferecer uma expectativa de retorno superior a seu custo de capital, ou seja: ROI > WACC. Nessa condição, o preço de mercado valoriza-se em relação a seus ativos, apurando um excedente de riqueza conhecido por *goodwill*.

29.9 ALTERAÇÕES NA TAXA DE CRESCIMENTO

Políticas voltadas a elevar a taxa de reinvestimento produzem fluxos de caixa disponíveis menores, dando a impressão inicial de menor valor da empresa. No entanto, se o retorno do capital retido aplicado superar a remuneração mínima requerida por seus proprietários, a empresa mostra-se capaz de agregar maior valor econômico em razão de um acréscimo mais forte em seus fluxos de caixa futuros.

> Investimentos adicionais maiores, com retorno acima do custo de capital, reduzem de início o caixa disponível da empresa, porém promovem altas taxas de crescimento no futuro, elevando o valor da empresa.

O valor de uma empresa é determinado pela capacidade atual de seus investimentos gerarem caixa, mais toda a expectativa de riqueza determinada por suas oportunidades de crescimento. Uma elevação da taxa de reinvestimento comporta-se, de maneira favorável, como um direcionador de valor, prevendo aumento de riqueza pelas maiores alternativas de novos negócios.

Exemplo ilustrativo: admita, para ilustrar melhor o tema, duas empresas que projetam, cada uma, fluxos de caixa operacionais anuais de $ 100,0. Ambas ainda apuram uma taxa de retorno sobre o capital investido de 20% e têm definido um WACC de 16%.

A diferença relevante entre as duas empresas fixa-se na taxa de reinvestimento de seus resultados operacionais. A empresa A reinveste um percentual menor de seus fluxos de caixa, tentando atrair os acionistas por meio de maiores dividendos. A taxa de reinvestimento de A é de 50%. A empresa B, ao contrário, tem uma política de maiores investimentos, operando com uma taxa de retenção dos resultados (reinvestimento) de caixa de 70%.

Os resultados de caixa obtidos das duas situações descritas são apresentados a seguir.

Empresa A – Taxa de reinvestimento: 50%

	Ano 1	Ano 2	Ano 3	Ano 4
Fluxo de caixa operacional	100,0	110,0	121,0	133,1
Reinvestimento (b = 50%)	(50,0)	(55,0)	(60,5)	(66,5)
Fluxo de caixa operacional disponível	50,0	55,0	60,5	66,5
Taxa de crescimento (g)	–	10,0%	10,0%	10,0%

Empresa B – Taxa de reinvestimento: 70%

	Ano 1	Ano 2	Ano 3	Ano 4
Fluxo de caixa operacional	100,0	114,0	130,0	148,2
Reinvestimento (b = 70%)	(70,0)	(79,8)	(91,0)	(103,7)
Fluxo de caixa operacional disponível	30,0	34,2	39,0	44,4
Taxa de crescimento (g)	–	14,0%	14,0%	14,0%

As taxas de crescimento (g) de cada empresa são calculadas da seguinte maneira:

g_A = reinvestimento (50%) × retorno (20%) = 10,0%

g_B = reinvestimento (70%) × retorno (20%) = 14,0%

Taxas de reinvestimentos maiores produzem fluxos de caixa disponíveis menores nos primeiros anos. Se o retorno dessas retenções de resultados superar o custo de capital, os resultados de caixa crescem a taxas mais altas, superando em algum momento futuro os fluxos de caixa com menores reinvestimentos.

A empresa *A*, com menor taxa de reinvestimento, apura fluxos de caixa maiores nos primeiros anos, porém evidenciando um crescimento menor que o da empresa concorrente. Diante desse comportamento exponencial de variação dos resultados de caixa, pode-se mensurar, pelas fórmulas da matemática financeira, que em torno do $14^{\underline{o}}$ ano a situação irá inverter-se, demonstrando maior capacidade de agregação de valor para a empresa *B*. Empresas com maiores oportunidades de crescimento apuram maior valor econômico, ficando evidenciado no comportamento de seus fluxos de caixa futuros.

Empresa B vale mais que a empresa A: pode-se deduzir que a empresa *B*, com o mesmo potencial inicial de geração operacional de caixa e igual rentabilidade, porém com maiores oportunidades de crescimento, vale mais que a empresa *A*. Os valores da perpetuidade de cada empresa são calculados a seguir:

$$\textbf{Valor empresa } \textbf{\textit{A}} = 50{,}0/[0{,}16 - 0{,}10]$$
$$= \$ 833{,}3$$

$$\textbf{Valor empresa } \textbf{\textit{B}} = 30{,}0/[0{,}16 - 0{,}14]$$
$$= \$ 1.500{,}0$$

Importante: políticas de dividendos e crescimento das empresas: políticas de distribuição de dividendos podem, ainda, ser avaliadas com base nos resultados de crescimento e retornos esperados. Momentos de crescimento que oferecem agregação de valor podem justificar uma redução ou, até mesmo, uma não distribuição de lucros aos acionistas, sem promover oscilação negativa no valor de mercado das ações da empresa. Ao contrário, nessas condições a cotação da ação deveria até valorizar-se diante da riqueza esperada determinada pelas oportunidades de crescimento.

Os acionistas recebem menos dividendos quanto maior for a capacidade da empresa em reinvestir seus resultados operacionais na expectativa de uma taxa de retorno superior ao seu custo de capital, porém apuram maior riqueza de seus investimentos diante do maior valor econômico apresentado pela empresa.

É importante referenciar, uma vez mais, que o *valor de um ativo* é determinado por sua capacidade de gerar riqueza no futuro, e não por seu desempenho presente ou passado. É muitas vezes sugerido que uma empresa somente deveria distribuir dividendos caso não fosse capaz de apurar um retorno

suficiente para remunerar as expectativas de ganhos de seus proprietários. Nessas condições, a insistência no reinvestimento, mesmo com crescimento, determina a destruição de seu valor de mercado.

29.9.1 Empresas com mesma taxa de crescimento e valores diferentes

Quanto maior o retorno sobre o capital investido para uma mesma taxa de crescimento (g) dos resultados de caixa, maiores serão os fluxos operacionais disponíveis de caixa da empresa e, consequentemente, maior seu valor.

> Para um mesmo volume de investimentos, as empresas com maiores taxas de retorno são as que agregam maior valor econômico.

Para ilustrar, admita três empresas com as informações apresentadas a seguir. Os fluxos de caixa estão definidos para determinado momento inicial (ano 0).

	Empresa X	Empresa W	Empresa Z
Fluxos de caixa operacionais (FCO)	\$ 100,00	\$ 100,00	\$ 100,00
Taxa de reinvestimento (*b*)	40,0%	50,0%	64,0%
Retorno sobre investimento (ROI)	20,0%	16,0%	12,5%
Taxa de crescimento (*g* = *b* × ROI)	8,0%	8,0%	8,0%

! IMPORTANTE ■ todas as empresas apresentam o mesmo crescimento de seus fluxos operacionais de caixa (*g* = 8%), porém com diferentes níveis de reinvestimento e retorno. O aspecto fundamental na definição do valor econômico é o retorno que a empresa pode auferir de seus investimentos. Mesmo que apresentem a mesma taxa de crescimento de seus fluxos de caixa, a empresa que agrega maior valor econômico é a que consegue obter um retorno mais elevado de seus investimentos.

Os fluxos de caixa disponíveis da empresa (FCDE), calculados para cada uma das empresas com base nas informações da ilustração em desenvolvimento, são apresentados a seguir.

	Ano 1	Ano 2	Ano 3	Ano 4
Empresa X	$ 60,00	$ 64,80	$ 70,00	$ 75,60
Empresa W	$ 50,00	$ 54,00	$ 58,30	$ 63,00
Empresa Z	$ 36,00	$ 38,90	$ 42,00	$ 45,30

A empresa X, de menor taxa de reinvestimento ($b = 40\%$), por apresentar os maiores resultados operacionais de caixa, é a de maior valor. Possui um direcionador de valor – retorno sobre o investimento (ROI) – mais alto que as demais, agregando, por isso, maior riqueza aos proprietários.

Admitindo-se um WACC de 10%, o valor da perpetuidade da empresa X é de $ 3.000,00, ou seja:

$$\text{Valor (Empresa X)} = \frac{\$ 60,00}{0,10 - 0,08} = \$ 3.000,00$$

O valor da empresa W é de $ 2.500,00, ou seja: [$ 50,00/(0,10 – 0,08)]. Para que apresente o mesmo valor da empresa X ($ 3.000,00), deveria projetar uma taxa de crescimento de seus fluxos de caixa de 8,33%, conforme calculada a seguir:

$$\$ 3.000,00 = \frac{\$ 50,00}{0,10 - g}$$

Logo:

$g = 8,33\%$

Para atingir esta taxa de crescimento, W teria duas alternativas de direcionamento de valor.

a) *elevar a taxa de reinvestimento dos atuais 50,0% para 52,08%:*

$g = b \times \text{ROI}$

$b = g/\text{ROI}$

$b = 8,33\%/16\% = 52,08\%$

b) *manter o reinvestimento dos fluxos operacionais de caixa em 50%, porém incrementar o retorno sobre o capital investido para 16,67%.*

$\text{ROI} = g/b$

$\text{ROI} = 8,33\%/50,0\% = 16,67\%$

O valor da perpetuidade de Z atinge $ 1.800,00 [$ 36,00/(0,10 – 0,08)], o equivalente a 60% de X. A taxa de reinvestimento necessária para igualar-se, em valor, à empresa mais valorizada (empresa X) é alta, devendo atingir a 70,4% de seus fluxos de caixa operacionais.

Taxa de crescimento (g)

$$\$ 3.000,00 = \frac{\$ 36,00}{0,10 - g}$$

$g = 8,8\%$

Taxa de reinvestimento (b)

$g = b \times \text{ROI}$

$b = g/\text{ROI}$

$b = 8,8\%/12,5\% = 70,4\%$

Crescendo à taxa de 8,8% e reinvestindo o equivalente a 70,4% de seus resultados operacionais de caixa, o valor da empresa Z iguala-se ao da empresa X, ou seja:

$$\text{Valor (Empresa Z)} = \frac{\$ 36,00}{0,10 - 0,088} = \$ 3.000,00$$

É um desafio para a empresa, exigindo grandes esforços de identificação de novas e atraentes oportunidades de negócios.

Mantendo-se os investimentos na faixa original de 64,0% dos fluxos de caixa operacionais, a taxa de retorno (ROI) deve crescer dos atuais 12,5% para 13,75% para que a empresa Z apresente o mesmo valor da empresa X:

$g = b \times \text{ROI}$

$\text{ROI} = g/b$

$\text{ROI} = 8,8\%/64,0\% = 13,75\%$

29.10 COMPARAÇÕES ENTRE O EVA® E O VALOR PRESENTE LÍQUIDO (NPV)

O Valor Presente Líquido (NPV – *Net Present Value*), conforme amplamente estudado nos Capítulos 14 e 15, é determinado pela diferença entre o valor presente dos benefícios futuros esperados de caixa de um investimento e o capital aplicado.

É uma das mais importantes medidas das Finanças Corporativas, indicando a *riqueza criada pela decisão de investimento*.

> O NPV mensura o valor do projeto em excesso ao investimento realizado, ou seja, o ganho econômico. Equivale ao conceito de *goodwill*, ou MVA, bastante estudados no Capítulo 13.

O valor econômico agregado (EVA®), por outro lado, pode ser entendido como a base da geração do NPV. Conforme demonstrado no Capítulo 13, o valor presente dos EVAs esperados de um projeto, descontados pelo custo de oportunidade dos proprietários de capital, equivale ao seu valor presente líquido, ou seja, a riqueza criada pelo investimento, ou seja: MVA = EVA / WACC.

> O valor presente dos EVAs futuros esperados, retorno que excede ao custo de oportunidade do investimento, equivale ao MVA.

A medida do EVA apresenta-se como o objetivo básico mais importante de toda a empresa, e seu principal direcionador de valor. Por representar o lucro residual obtido após a dedução do custo de capital do capital investido, o valor do EVA atualizado por essa taxa determina o valor presente líquido da decisão financeira, ou seja, a riqueza econômica criada pelos fluxos de caixa.

EXEMPLO ILUSTRATIVO

Para ilustrar essas relações entre o valor econômico agregado e o Valor Presente Líquido, admita um investimento em capital fixo de $ 2,4 milhões a ser depreciado em três anos pelo método linear, não se prevendo valor residual. O valor da depreciação já está considerado no fluxo de caixa operacional.

É prevista também na avaliação uma necessidade de investimento em giro de $ 500 mil pelo prazo de duração do projeto, retomando o capital aplicado ao final. A duração do projeto é de 3 anos, estimando-se

um fluxo de caixa operacional de $ 1,2 milhão ao final de cada um dos anos. O custo de capital do investimento, ajustado ao seu risco, é de 12% a.a.

Seguindo a metodologia tradicional de cálculo do NPV para avaliação econômica de projetos de investimentos, têm-se os seguintes fluxos de caixa:

($ 000)

	Ano 0	Ano 1	Ano 2	Ano 3
FC Operacional	–	$ 1.200	$ 1.200	$ 1.200
Investimento Fixo	($ 2.400)	–	–	–
Investimento em Capital de Giro	($ 500)	–	–	$ 500
FC Operacional Líquido	($ 2.900)	$ 1.200	$ 1.200	$ 1.700

$$ NPV = \left[\frac{1.200}{(1,12)^1} + \frac{1.200}{(1,12)^2} + \frac{1.700}{(1,12)^3} \right] - 2.900 $$
$$ = \$ 338,10 $$

A avaliação de um investimento pela metodologia do EVA descontado, em vez do fluxo de caixa operacional descontado, permite que se identifiquem mais claramente as contribuições de cada projeto para gerar valor, e como são formados esses resultados econômicos. Para esses cálculos, são estabelecidos os seguintes resultados na ilustração em desenvolvimento:

($ 000)

	Ano 0	Ano 1	Ano 2	Ano 3
Lucro Operacional (Nopat)	–	$ 400	$ 400	$ 400
Depreciação	–	$ 800	$ 800	$ 800
FC OPERACIONAL	–	$ 1.200	$ 1.200	$ 1.200
Investimento Fixo	($ 2.400)	($ 1.600)	($ 800)	–
Investimento em Giro	($ 500)	($ 500)	($ 500)	–
Investimento Total	($ 2.900)	($ 2.100)	($ 1.300)	–
Invest. no Início do Período	–	($ 2.900)	($ 2.100)	($ 1.300)
Custo de Oportunidade	–	($ 348)	($ 252)	($ 156)
Valor Econômico Agregado	–	$ 52	$ 148	$ 244

Calculando o valor presente do valor econômico agregado, tem-se o mesmo resultado econômico calculado no método do NPV, ou seja:

$$NPV = \left[\frac{52}{(1,12)^1} + \frac{148}{(1,12)^2} + \frac{244}{(1,12)^3}\right]$$
$$= \$ 338,10$$

Por representar o lucro residual obtido após a dedução do custo de capital dos investimentos operacionais, o valor presente dos EVAs estimados de um projeto de investimento é o seu Valor Presente Líquido, ou seja, a riqueza criada pelos fluxos de caixa em sua vida útil estimada.

29.11 MVA E O VALOR DA EMPRESA

A metodologia de avaliação do valor econômico agregado pode também ser aplicada para avaliar tanto projetos de investimentos, como demonstrado no item anterior, como o valor de uma empresa.

Quando o EVA é projetado e trazido a valor presente utilizando-se como taxa de desconto o custo de capital dos investidores, apura-se a riqueza gerada pela empresa, que se expressa no conceito de "Valor Agregado pelo Mercado" (MVA – *Market Value Added*), ou seja:

$$MVA = \sum_{t=1}^{\infty} \frac{EVA_t}{(1 + WACC)^t}$$

O MVA é a diferença entre o valor de mercado da empresa e o total do capital investido em suas operações pelos proprietários de capital (credores e acionistas). É utilizado como uma medida de avaliação do desempenho econômico da empresa, refletindo o sucesso da empresa em suas decisões financeiras. A maximização da riqueza agregada é o objetivo principal de qualquer empresa dentro da preocupação com relação ao bem-estar econômico de seus acionistas.

> O valor de mercado da empresa, de acordo com o desenvolvido, é a soma do valor de mercado do capital próprio (patrimônio líquido) e do capital de terceiros (dívidas).

As Figuras 29.1 e 29.2, apresentadas a seguir, sugerem respectivamente uma empresa que **destrói** valor e outra que **agrega** valor econômico.

O valor de mercado da empresa destruidora de valor é *menor* que a soma do capital investido, indicando sua inviabilidade econômica. A empresa não gera riqueza; ao contrário, destrói valor. Nesse caso tem-se que *a soma das partes* (*valor de cada ativo individualmente*) *é maior que o todo* (*valor da empresa em funcionamento*).

A empresa criadora de valor apresenta uma valorização em relação ao capital investido, uma agregação de riqueza aos seus investidores. O seu valor de mercado é *superior* ao valor investido em seus ativos, indicando que *o valor do todo é maior que a soma das partes*.

Figura 29.1 Empresa que destrói valor EVA < 0.

Figura 29.2 Empresa que agrega valor EVA > 0.

A empresa cria riqueza aos seus acionistas toda vez que implementa projetos que apresentam um valor presente líquido positivo. O MVA está vinculado à capacidade futura da empresa em agregar valor. Representa, de outra maneira, expectativas atualizadas pelo custo de oportunidade com relação aos resultados futuros da empresa.

Valor da Empresa e Riqueza dos Acionistas

No conceito do valor agregado pelo mercado, é possível estabelecer diferenças entre o objetivo de maximização do valor da empresa e a maximização da riqueza de seus acionistas.

O *valor da empresa* inclui todos os ativos, tangíveis e intangíveis. Por exemplo, uma empresa pode aumentar seu valor mediante investimentos em ativos tangíveis (máquinas, equipamentos etc.) que produzem uma taxa de retorno igual ao seu custo de oportunidade. Um ativo que produz um retorno exatamente igual à taxa mínima de atratividade tem seu valor dimensionado pelo montante do capital investido, elevando o valor da empresa nessa proporção.

A riqueza, por outro lado, é o valor da empresa que excede o capital investido pelos provedores, um conceito bastante próximo ao de *goodwill*. Neste livro, de maneira mais simplificada, foram utilizados indiferentemente os termos *goodwill* e MVA para exprimir o conceito de riqueza econômica.

Se uma empresa vale mais do que o capital nela investido, então terá ela criado riqueza. Para tanto, é indispensável que o capital investido produza um retorno acima de seu custo de oportunidade. Quanto mais recursos são investidos em projetos que produzam um valor presente líquido (NPV) positivo,

maior o valor do MVA. Ao contrário, investimentos com NPVs negativos reduzem (destroem) riqueza dos acionistas.

> **❗ IMPORTANTE** ■ o objetivo da empresa é o de maximizar a riqueza de seus acionistas e, não necessariamente, o seu valor de mercado. Em outras palavras, o objetivo é o de maximizar a criação de MVA. O valor de mercado não leva em conta a valorização da empresa em relação ao capital que os investidores comprometeram no negócio. Ehrbar[6] destaca que *"a criação de riqueza é determinada não pelo valor de mercado de uma empresa, e sim pela diferença entre o valor de mercado e o capital que os investidores comprometeram naquela empresa".*

É importante acrescentar, ainda, que não é o crescimento da empresa o fator primordial de criação de riqueza. Uma empresa pode apresentar taxas de crescimento ao longo do tempo sem, contudo, ter criado riqueza. O crescimento somente cria riqueza ao produzir um lucro residual positivo, ou seja, quando o resultado operacional determinado pelo crescimento é superior ao custo total do capital aplicado.

---

[6] EHRBAR, Al. Ob. cit. p. 35.

Cap. 29 – Metodologia Básica de Avaliação **679**

APLICAÇÃO PRÁTICA
Avaliando a Gerdau por FCD

A seguir, são apresentados os dados em moeda constante relativos à empresa Metalúrgica Gerdau S.A., conforme obtidos da Economática, para os últimos 5 anos em milhões de reais.

Ano	Receitas	Custos e Desp. Op.	Deprec.	CAPEX	Imobilizado	Inv. Cap. Giro
2003	16.466,00	13.888,00	745,00	1.048,00	9.115,00	(306,00)
2004	22.436,00	16.741,00	878,00	1.467,00	9.114,00	2.203,00
2005	23.014,00	18.461,00	908,00	1.808,00	9.483,00	(723,00)
2006	24.698,00	20.163,00	1.062,00	2.862,00	11.809,00	576,00
2007	30.779,00	25.939,00	1.324,00	2.772,00	15.913,00	1.333,00

Ano	Receitas	MARG EBITDA	DEPR./ IMOB	CAPEX/ DEPR	Estoque dias	Clientes dias	Forneced. dias
2003	33,5%	20,2%	7,3%	140,67%	63,80	41,70	32,60
2004	36,3%	29,3%	9,6%	167,08%	78,90	46,50	36,00
2005	2,6%	23,7%	10,0%	199,12%	69,00	35,40	28,80
2006	7,3%	22,7%	11,2%	269,49%	72,10	38,90	32,00
2007	24,6%	20,0%	11,2%	209,37%	72,20	37,80	30,80
MÉDIA	11,5%	22,1%	10,8%	226,0%	71,10	37,37	30,53

Como ilustração, deseja-se elaborar uma avaliação pelo critério do Fluxo de Caixa Descontado (FCD) para um período de projeção de 5 anos, visando calcular o valor de mercado da Gerdau.

Considerou-se como valores médios dos indicadores da tabela apresentada a média dos 3 últimos anos para composição das projeções cujas fórmulas são descritas a seguir.

Projetando-se os valores em moeda constante tem-se:

As receitas crescem 11,5% em média, ou seja:

$Receita_{2008} = Receita_{2007} \times (1 + 0,115)$, e assim sucessivamente.

A margem média do Ebitda é 22,1%. Assim:

$Receita_{2008} = Receita_{2008} \times (0,221)$, e assim sucessivamente.

Os custos e despesas operacionais projetados para 2008 são assim calculados:

$Custos\ e\ Desp.\ Op._{2008} = Receita_{2008} - Ebitda_{2008}$

A depreciação média sobre o imobilizado é de 10,8%. Assim:

$DEPR_{2008} = Imobilizado_{2007} \times (0,108)$, e assim sucessivamente.

Continua

Continuação

O Capex/Depr. médio é de 226,0%. Assim:

$Capex_{2008} = DEPR_{2008} \times 2,26$, e assim sucessivamente.

O valor do Imobilizado de 2008 é calculado pela seguinte expressão:

$Imobilizado_{2008} = Imobilizado_{2007} + Capex_{2008} - DEPR_{2008}$

O valor do Ebit de 2008 é assim calculado:

$Ebit_{2008} = Imobilizado_{2007} + Capex_{2008} - DEPR_{2008}$

O Investimento em Capital de Giro é calculado pela seguinte expressão:

$$Inv.\ Cap.\ Giro_{2008} = \frac{(Estoque_{dias\_Médio} + Cliente_{dias\_Médio} - Fornecedor_{dias\_Médio}) \times Receita_{2008}}{365}$$

As variações do capital de giro são calculadas pela expressão:

$\Delta\ Capital\ de\ Giro_{2008} = Inv.\ Cap.\ Giro_{2008} - Inv.\ Cap.\ Giro_{2007}$

Dessa maneira, o Fluxo de Caixa Projetado para o período de 5 anos com auxílio das expressões apresentadas e de uma planilha Excel fica:

Fluxo de Caixa Projetado	2007	2008	2009	2010	2011	2012
Receitas	30.779,00	34.320,12	38.268,64	42.671,44	47.580,77	53.054,93
(−) Custos e desp. operac.	24.623,00	26.723,93	29.798,51	33.226,82	37.049,56	41.312,11
= Ebitda	6.156,00	7.596,19	8.470,13	9.444,61	10.531,21	11.742,82
(−) Depreciação	1.324,00	1.718,60	1.952,46	2.218,13	2.519,95	2.862,85
= Ebit	4.832,00	5.877,58	6.517,67	7.226,48	8.011,26	8.879,98
(−) IR 34%	(1.642,88)	(1.998,38)	(2.216,01)	(2.457,00)	(2.723,83)	(3.019,19)
= Nopat	3.189,12	3.879,20	4.301,66	4.769,48	5.287,43	5.860,78
(+) Depreciação	1.324,00	1.718,60	1.952,46	2.218,13	2.519,95	2.862,85
(−) Capex	2.772,00	3.883,91	4.412,40	5.012,80	5.694,90	6.469,81
(−) Var. Invest. Giro	1.333,00	649,27	843,07	940,07	1.048,22	1.168,82
= FCL	408,12	1.064,63	998,65	1.034,74	1.064,27	1.085,01

Se o custo de oportunidade da Gerdau é calculado pelo CAPM via *benchmark* com uma taxa livre de risco real de 0,9% ao ano, um prêmio pelo risco de mercado 6% ao ano, beta alavancado de 1,3 e risco país de 1,9%, tem-se:

$K_e = R_f + \beta(R_M - R_f) + \alpha_{BR} = 0,9\% + 1,3 \times 6\% + 1,9\% = 10,6\%$ a.a.

Continua

Continuação

Se o custo da dívida é de 3,1% real ao ano e o endividamento médio nos últimos 3 anos foi de 30,2%, o custo de capital será:

WACC = 30,2% × 3,1% + (100% – 30,2%) × 10,6% = 8,34% a.a.

O valor presente do período explícito de projeção que vai de 2008 a 2012 fica:

$$\frac{1.064,63}{(1,0834)^1} + \frac{998,65}{(1,0834)^2} + \frac{1.034,74}{(1,0834)^3} + \frac{1.064,27}{(1,0834)^4} + \frac{1.085,01}{(1,0834)^5} = \$\ 4.147,15$$

A perpetuidade tem como base o último ano da projeção. O valor presente do período contínuo supondo uma taxa de crescimento na perpetuidade de 6% ao ano, fica:

$$\text{Valor Residual} = \frac{\dfrac{1.085,01}{0,0834 - 0,06}}{(1 + 0,0834)^5} = \$\ 31.065,17$$

As dívidas da empresa ao fim de 2007 eram de \$ 15.989 milhões e um saldo de caixa de \$ 5.167 milhões.

Assim, tem-se:

(+) Valor Presente do Período Explícito:	\$ 4.147,15
(+) Valor Presente do Período Contínuo (valor residual):	\$ 31.065,17
(+) Valor do Caixa Atual:	\$ 5.167,00
(–) Valor atual das dívidas:	\$ 15.989,00
= Valor de Mercado da Empresa:	**\$ 24.390,32**

Ambos os valores em milhões de reais.

Importante:

Uma observação muito importante a se destacar: *Os dados e premissas utilizados nas projeções são ajustados ao momento em que a projeção foi feita. Ao ler este texto, a Gerdau S.A. incorporará novos parâmetros diferentes dos que foram utilizados além de novas expectativas e conjunturas de mercado serão obviamente criadas em torno do negócio. Portanto, novas premissas deverão ser construídas. Recomenda-se que se dê atenção ao método do Fluxo de Caixa Descontado (FCD), e não aos resultados obtidos.*

Resumo

1. **Discutir os aspectos principais dos componentes de avaliação: fluxo de caixa, taxa de desconto, horizonte de previsão e risco.**

   A base de avaliação de uma empresa são os fluxos de caixa, definidos em termos operacionais, em que se excluem, basicamente, os fluxos de remuneração do capital de terceiros (despesas financeiras).

   Os valores relevantes para a avaliação, critério bastante discutido em diversos capítulos, são os provenientes da atividade operacional da empresa e disponíveis a todos os provedores de capital: próprios ou de terceiros.

   O impacto do financiamento oneroso deve refletir-se inteiramente sobre o custo total de capital (WACC), utilizado como taxa de desconto dos fluxos de caixa. Essa taxa de atratividade expressa o custo de oportunidade das várias fontes de capital (próprias e de terceiros), ponderado pela participação relativa de cada uma delas na estrutura de financiamento. O custo de oportunidade, ainda, é obtido de forma a remunerar adequadamente a expectativa de retorno definida pelos diversos proprietários de capital.

   O horizonte de tempo reflete a delimitação do prazo de geração dos fluxos de caixa esperados. Na apuração do valor de mercado da empresa, as avaliações são desenvolvidas em um contexto de prazo indeterminado, por inexistir normalmente alguma definição prévia formal de sua dissolução. Em princípio, pode-se admitir que todo empreendimento empresarial apresenta uma duração indefinida, não sendo incorporada em sua avaliação uma data futura prevista para encerramento de suas atividades operacionais.

   A duração ideal do período explícito de projeção é definida, dentro da capacidade de previsão dos fluxos de caixa, até o momento em que os resultados demonstrem certa estabilidade em seus valores. E isso é variável de empresa para empresa, segundo sejam suas condições operacionais e as expectativas de mercado.

2. **Desenvolver uma aplicação prática de determinação do valor econômico de uma empresa.**

   A metodologia de mensuração do valor de um mercado de uma empresa passa a incorporar, pela identificação descrita dos períodos de previsão, os resultados econômicos de dois componentes básicos: valor presente dos fluxos de caixa disponíveis da empresa previstos para a primeira fase do horizonte de tempo da projeção, e o valor presente dos fluxos de caixa disponíveis da empresa estimados de ocorrer indefinidamente após esse período inicial explícito (previsível), também denominado *valor residual* do investimento.

   A empresa cria riqueza aos seus acionistas toda vez que implementa projetos que apresentam um valor presente líquido positivo. O MVA, ao contrário do valor econômico agregado, está vinculado à capacidade futura da empresa em agregar valor. Representa, de outra maneira, expectativas atualizadas pelo custo de oportunidade com relação aos resultados futuros da empresa.

Testes de verificação

1. A metodologia do fluxo de caixa descontado, consagrada pela Teoria de Finanças para determinação do valor de mercado de uma empresa, é formada pelos seguintes componentes fundamentais, exceto:

   a) Fluxos de caixa.
   b) Taxa de desconto (taxa mínima de atratividade).
   c) Horizonte de tempo das projeções.
   d) Risco.
   e) *Payback* dos fluxos de caixa.

2. O fluxo de caixa operacional, base do cálculo do FCDE, considera:

   a) Lucro antes dos juros e impostos somado à depreciação.
   b) Lucro antes dos juros e depreciação.

c) Lucro antes dos juros e após os impostos, somado à depreciação.
d) Lucro líquido e depreciação.
e) Lucro líquido, depreciação e impostos.

3. Assinalando verdadeiro (V) ou falso (F) para as sentenças a seguir, tem-se:

   I – O valor presente dos EVAs esperados de um projeto de investimentos, descontados pelo custo de oportunidade dos proprietários de capital equivale ao seu valor presente líquido, ou seja, a riqueza criada pelo investimento;

   II – Uma empresa só agrega valor no caso de apresentar WACC > ROI;

   III – O MVA, ao contrário do EVA, está vinculado à capacidade futura da empresa em agregar valor, representando as expectativas atualizadas pelo custo de oportunidade com relação aos resultados futuros da empresa.

   a) V; V; V.
   b) V; V; F.
   c) F; F; F.
   d) V; F; V.
   e) F; F; V.

4. Sabe-se que os títulos da dívida externa brasileira estão pagando rendimentos de 9,5%, equivalendo a 5% acima dos T-Bonds (títulos de dívida dos EUA, considerados de mais baixo risco). Outras informações do mercado referência: prêmio pelo risco de mercado de 6,0%; coeficiente beta aplicado a empresa brasileira de 1,35; custo do capital de terceiros (K_i) antes do Imposto de Renda de 14,5% a.a.; alíquota de IR de 34% e P/PL de 163,0%.

   O custo total médio ponderado de capital (WACC) da Cia. BRASIL efetuando um *benchmark* com o mercado norte americano é:

   a) 11,35%.
   b) 12,62%.
   c) 13,56%.
   d) 14,44%.
   e) 15,65%.

5. O EVA é uma medida de:
   a) Valor.
   b) Insolvência.
   c) Rentabilidade.
   d) Lucro.
   e) Risco.

6. Identifique a afirmativa INCORRETA com relação à taxa de desconto dos fluxos de caixa da empresa:

   a) Reflete a atratividade mínima exigida pelos diversos proprietários de capital.
   b) Expressa o custo de oportunidade do capital próprio e do capital de terceiros.
   c) Deve ser coerente com os fluxos de caixa operacionais esperados do investimento.
   d) Deve ser expressa em valores deduzidos dos impostos.
   e) Deve manter-se inferior ao retorno do investimento em todo o horizonte de tempo da avaliação, principalmente na perpetuidade.

Exercícios propostos

1. O diretor presidente da TOOLS Co. deseja identificar o *goodwill* da empresa. O diretor financeiro apurou um fluxo de caixa operacional disponível (FCDE) de $ 600.000 no corrente ano. Espera-se que esse fluxo de caixa cresça à taxa constante de 14% a.a. para os próximos cinco anos, e após esse período a taxa anual de crescimento reduz-se para 2,5% perpetuamente. Determine o valor da empresa e o *goodwill* admitindo ainda os seguintes indicadores aplicados à avaliação da TOOLS:

   - custo total de capital: 16% a.a.;
   - capital investido: $ 4.350.000.

   O custo do financiamento da empresa está previsto em 14,2% a.a., antes do benefício fiscal. A empresa mantém um índice [P/(P

+ PL)] igual a 42,0%. Admita uma alíquota de IR de 34%.

O valor total dos investimentos (ativos) da empresa está avaliado em $ 6.660.000.

2. Uma construtora está realizando a avaliação de um investimento que consiste na construção de um prédio residencial de 20 andares para que sejam construídas salas para serem alugadas. As salas têm tamanhos diferentes e o aluguel será estipulado em reais por metro quadrado. O custo orçado da construção é de $ 5 milhões. A construtora estima que as salas serão alugadas aos poucos com as seguintes taxas de ocupação conforme contatos com prédios similares na região do imóvel: em 2008 no lançamento do negócio prevê-se uma taxa de ocupação de 75%, em 2009 de 85% e em 2010 de 95%, sendo estável daí para frente entre uma desocupação e um novo contrato. Com base nos prédios de mesmo padrão vizinhos, espera-se que os valores de aluguéis sejam de $ 32,00 por m^2. Nos contratos firmados, o índice de correção dos aluguéis é preestabelecido e estima-se que o indicador de reajuste fique em 4% ao ano durante os cinco primeiros anos e em 2,5% ao ano posteriormente. A despesa operacional fixa atual chega a $ 310.000,00 e espera-se que cresça a 3% perpetuamente. O IPTU atual foi de $ 280.000,00 e espera-se que cresça a 2% ao ano.[7] Todos os inquilinos pagam seus impostos *pro-rata*. Admite-se que o primeiro ano de avaliação seja 2008. A alíquota do imposto de renda é de 34% e o custo do financiamento é de 9% ao ano, antes dos impostos. O prédio será financiado com 40% de capital próprio com custo estimado em 12,5% ao ano. Pede-se:

a) Calcule o valor do edifício com base nos fluxos de caixa descontados.

b) Calcule o valor do patrimônio líquido do edifício com base no valor do edifício.

3. A empresa GLOBAL está obtendo lucro operacional (líquido do IR) de $ 280.000 ao ano. Os lucros operacionais anuais investidos em seus negócios têm proporcionado um retorno (ROI) médio de 13% ao ano. A empresa vem mantendo uma taxa de reinvestimento líquido (investimento menos depreciação) aproximadamente de 60% de seus resultados operacionais. O custo total de capital da empresa (WACC) é de 17% ao ano. Determine o valor da empresa.

4. A seguir, são apresentados os resultados de uma empresa ao final de determinado exercício:

Ebitda: $ 202.340
Depreciação: (66.200)
Despesas financeiras: (2.450)
Lucro antes do IR/CSLL: $ 133.690
Imposto de Renda (34%): (45.454)
Lucro líquido: $ 88.236

No exercício, o capital investido em ativos fixos da empresa foi de $ 69.000, e em capital de giro, de $ 13.000. Pede-se determinar o fluxo de caixa operacional disponível da empresa.

5. Calcule o *fluxo de caixa disponível da empresa* (FCDE) para o período explícito de 10 anos, e também para a perpetuidade (período contínuo), de uma empresa a partir das informações a seguir:

- lucro operacional atual (antes do IR): $ 172.000. Alíquota de IR: 34%;

- o crescimento esperado dos resultados operacionais da empresa é de 8,5% a.a. para os próximos quatro anos; do quinto ao décimo ano, de 5,0%; após esse período estima-se um crescimento de 2,5% a.a. indeterminadamente;

- os investimentos de capital (Capex) totalizaram $ 126.600 no corrente ano, sendo a depreciação do mesmo ano de $ 100.000. Espera-se que tanto as necessidades de investimentos fixos como a depreciação cresçam à taxa de 6,0% a.a. até o décimo ano, e a

---

[7] Exercício adaptado de DAMODARAN, Aswath. **Avaliação de investimentos**. Rio de Janeiro: Qualitymark, 2006.

partir do 11º ano essa taxa cai para 4,0%, indeterminadamente;
- não são previstas necessidades de investimento em giro.

6. Determine o custo total médio ponderado de capital (WACC) da Cia. Brasil, efetuando um *benchmark* com o mercado norte-americano. Sabe-se que os títulos da dívida externa brasileira estão pagando rendimentos de 9,5%, equivalente a 5 pontos percentuais acima dos T-Bonds (títulos de dívida dos EUA, considerados de mais baixo risco). Outras informações de referência: o prêmio pelo risco de mercado é de 6%; o coeficiente beta aplicado a empresa brasileira é de 1,35; o custo de capital de terceiros antes do Imposto de Renda é de 14,5% ao ano; a alíquota do Imposto de Renda é de 34% e o P/PL é de 163%.

Links da web

www.acionista.com.br. *Site* com informações sobre a Bolsa de Valores e governança corporativa.

www.ivsc.org. *Site* do International Valuation Standards Committee.

www.institutoassaf.com.br. *Site* com indicadores econômicos das empresas brasileiras.

Sugestão de leitura

ASSAF NETO, Alexandre. **Finanças corporativas e valor**. 8. ed. São Paulo: Atlas, 2021.

ASSAF NETO, Alexandre. **Valuation**. 4. ed. São Paulo: Atlas, 2021.

DAMODARAN, Aswath. **Avaliação de empresas**. 2. ed. São Paulo: Pearson, 2007.

Respostas dos Testes de verificação

1. e
2. c
3. d
4. b
5. a
6. e

PARTE X
TÓPICOS ESPECIAIS EM FINANÇAS

Capítulo 30 Mercados Derivativos e Gestão de Riscos

Capítulo 31 Novas Tecnologias em Finanças

MERCADOS DERIVATIVOS E GESTÃO DE RISCOS

OBJETIVOS DO CAPÍTULO

1. Estudar os instrumentos de proteção de riscos, permitindo que uma empresa que não deseje assumir determinado risco possa transferi-lo no mercado a outros agentes.
2. Definir as operações e características dos mercados a termo e futuro.
3. Exemplificar as principais estratégias de gestão de risco adotadas no mercado, como arbitragem, *swaps*, *hedge* e opções.

Derivativo é um instrumento cujo preço de mercado deriva de outro ativo ou contrato. Uma opção de compra de ações do Banco do Brasil, por exemplo, é considerada um derivativo, pois o seu preço de negociação depende do valor ação da empresa. Da mesma maneira, um contrato futuro de taxas de juros – contrato futuro DI, conforme praticado no mercado brasileiro – é também um derivativo, pois o valor de mercado do contrato é determinado (deriva) pelo comportamento das taxas de juros (taxa DI).

O ativo que é referenciado ao contrato de derivativo é denominado *ativo-objeto*. Por exemplo, na opção de compra de ações da Vale, o valor do contrato deriva do valor da ação, sendo, portanto, a ação o seu *ativo-objeto*.

São geralmente classificados como derivativos os contratos a termo, contratos futuros, operações de *swap* e opções. Os mercados de derivativos permitem que os investidores apliquem seus recursos, especulem com seus preços, realizem proteções contra riscos e façam arbitragem.

Alguns Exemplos de Gestão de Riscos com Derivativos

O uso de derivativos na gestão financeira pode proporcionar às empresas proteção contra diversos *riscos*. Isso ocorre quando se assume no mercado de derivativos uma posição contrária à mantida em outro mercado. Por exemplo, ao adquirir ações no mercado à vista, o investidor corre o risco de o preço cair. Uma maneira de proteger o valor do investimento contra eventual desvalorização do patrimônio é vender esses papéis no mercado futuro (ou no mercado de opções) a um preço prefixado. A operação de derivativos eliminou o risco de perda de valor a que estava exposto o investimento, proporcionando uma compensação pelas duas posições assumidas (*hedge*).

Outro exemplo de uso do mercado de derivativos na proteção de risco ocorre quando uma empresa apresenta uma obrigação futura de pagamento de dívida em moeda estrangeira. Para se proteger de uma eventual desvalorização do real em relação à moeda estrangeira, a empresa pode adquirir contratos futuros da moeda a uma paridade conhecida previamente.

Assim, se a moeda nacional se desvalorizar perante o dólar, o custo mais elevado do pagamento da dívida externa pode ser compensado pela compra a futuro da moeda estrangeira, por um preço previamente acordado.

Da mesma maneira, uma empresa cujo principal insumo é petróleo (Petrobras, por exemplo) pode se proteger de uma alta na cotação do barril do petróleo adquirindo uma opção, cujo valor acompanha o preço do produto.

A *Brasil Bolsa Balcão (B3)* é o mercado formalmente estabelecido para negociar os diversos instrumentos futuros no Brasil. Como as demais bolsas de valores, a B3 cumpre suas funções básicas de oferecer facilidades para as realizações dos negócios e controle das operações, permitirem a livre formação dos preços, das garantias às operações realizadas e oferecer mecanismos de custódia e liquidação de negócios.

Participantes dos Mercados Derivativos

Em essência, os participantes dos mercados derivativos são:

- *hedger,*
- especulador;
- arbitrador.

O *hedger* é um agente que participa do mercado com o intuito de desenvolver proteção diante de riscos de flutuações nos preços de diversos ativos (moedas, ações, *commodities* etc.) e nas taxas de juros. Tem por meta reduzir seu risco de eventuais oscilações desfavoráveis nos preços de mercado. Para tanto, tomam nos mercados futuros uma posição contrária àquela assumida no mercado à vista, minimizando o risco de perda financeira diante de uma eventual variação nos preços de mercado.

> O objetivo básico de um *hedger* é o de proteger-se de riscos provenientes de variações nos preços de mercadorias, taxas de câmbio, taxas de juros e ações. Para tanto tomam, a futuro, uma posição contrário à executada no mercado à vista.

Dessa maneira, *operações de hedging* são estratégias estabelecidas pelas empresas (e investidores em geral) voltadas à gestão de risco de seus ativos, visando dar proteção (cobertura) contra os riscos.

O *especulador* é um agente econômico que procura, em essência, tirar proveito de alguma informação de mercado, geralmente desconsiderada pelos demais participantes, com o intuito de realizar lucros. Por exemplo, pode avaliar, a partir de estudos e informações levantadas, que determinada ação terá grande valorização no futuro. Realiza a compra do papel com a maior rapidez possível, evitando que as projeções se espalhem aos demais agentes e chegue ao preço, valorizando a ação no mercado.

> O especulador adquire o risco do *hedger* motivado pela possibilidade de ganhos financeiros. Tem uma participação importante no mercado, assumindo o risco das variações de preços.

O *arbitrador* é um participante que procura tirar vantagens financeiras quando percebe que os preços em dois ou mais mercados apresentam-se distorcidos. Opera geralmente com baixo nível de risco e reduzido (ou nenhum) investimento, e sua importância para o mercado está na manutenção de certa relação entre os preços futuros e à vista.

Um exemplo bastante simples de *arbitragem* é a presença de uma mesma ação em duas bolsas de valores distintas e negociada por diferentes preços. Deveriam por terem o mesmo risco e expectativas de ganhos, valerem o mesmo preço. O investidor pode arbitrar o valor adquirindo na bolsa de valores onde a ação é negociada por um preço inferior e negociá-la na outra bolsa por um valor maior, realizando um ganho medido pela diferença de preços.

> A arbitragem contribui para manter o equilíbrio de preços dos ativos entre diferentes mercados.

Em resumo, o uso de derivativos no mercado financeiro oferece, entre outras vantagens:

- maior atração ao capital de risco, permitindo uma garantia de preços futuros para os ativos;
- criar defesas contra variações adversas nos preços;
- estimular a liquidez do mercado físico;
- melhor gerenciamento do risco e, por conseguinte, redução dos preços dos bens;
- realizar negócios de maior porte com um volume relativamente pequeno de capital e nível conhecido de risco.

30.1 MERCADO A TERMO

O *mercado a termo* é o mercado em que são realizadas operações de compra e venda de contratos de ativos, para liquidação em uma data futura, e preço previamente fixado sendo formado pelo preço praticado efetivamente no mercado mais uma taxa.

> Um contrato a termo é um acordo (uma promessa) entre as partes contratantes envolvendo compra ou venda de algum ativo, para pagamento e entrega em data futura e por um preço previamente estabelecido.

Os contratos a termos podem ser de *compra*, em que o comprador obriga-se a pagar o preço previamente ajustado e receber o ativo-objeto referente ao contrato, e de *venda*, no qual o vendedor tem por obrigação receber o valor acertado previamente com o comprador e realizar a entrega física do ativo-objeto do contrato.

Por exemplo, dois investidores estão negociando a termo determinado ativo que vale $ 15,00 no mercado à vista. Suponha que tenham acertado um preço de $ 16,20 para liquidação em certa data futura. Tem-se assim um negócio a prazo formalizado por meio de um *contrato a termo*. Ao final do período acertado, o comprador deverá pagar $ 16,20 e receber o ativo-objeto do contrato, independentemente do preço do ativo naquela data. O vendedor, ao contrário, deverá aceitar o preço ajustado e fazer a entrega física do ativo-objeto do contrato.

Posição inversa dos investidores: a posição dos dois investidores no negócio a termo é inversa. O *comprador* está especulando na alta do preço do ativo, projetando realizar algum ganho com a sua valorização que exceder ao preço contratado. Por exemplo, se o preço atingisse $ 17,00 no mercado à vista, pagaria por cada ação $ 16,20, conforme estabelecido no contrato a termo, e poderia vender por sua cotação de $ 17,00, auferindo um ganho de $ 0,80 por ação.

O investidor comprador da ação poderia ainda estar usando o mercado a termo para garantir o preço de aquisição do ativo por $ 16,20, eliminando o risco de alguma elevação mais forte no preço.

Por outro lado, o vendedor, com uma expectativa inversa em relação ao comportamento do preço, poderia estar satisfeito com o preço de $ 16,20, realizando um ganho diante de suas projeções mais conservadoras de mercado. Para o vendedor aceitar o negócio, sua expectativa deve ser da ação atingir um valor inferior aos $ 16,20 acordados no contrato; com isso poderia no vencimento do contrato adquirir o papel no mercado à vista e entregá-lo pelo preço fixado de $ 16,20, apurando um lucro pela diferença de valores.

Riscos: deve ser observado que existem riscos para os dois lados em função do comportamento efetivo do preço de mercado do ativo. O comprador ganha se o ativo-objeto se valorizar acima dos $ 16,20 pagos; o vendedor aufere ganho se o preço, no momento da liquidação do contrato, situar-se abaixo dos $ 16,20 combinados. O ganho de uma parte equivale à perda da outra.

Aspecto importante do risco: caso o ativo extrapole o preço a termo de $ 16,20 ou, até mesmo, se desvalorize, o comprador deve desembolsar o preço previamente ajustado. Sua perda está limitada aos $ 16,20 gastos na compra do ativo, e seus ganhos são teoricamente ilimitados se o preço subir indeterminadamente. Para o vendedor a situação é exatamente o contrário. Sua perda é proporcional à elevação do preço de mercado do ativo, e seu ganho se restringe ao preço ajustado.

30.2 MERCADO FUTURO

Um contrato futuro segue a mesma definição básica do contrato a termo, sendo a operação a futuro admitida como uma variante de uma operação a termo. Formalmente, no mercado futuro são negociados contratos de compra e venda de ativo-objeto, envolvendo um preço previamente combinado entre as partes, e prevendo uma liquidação em uma data futura.

> O preço a futuro de um ativo é geralmente igual ao preço praticado no mercado à vista acrescido de uma remuneração esperada (taxa de juros) equivalente ao intervalo entre a negociação do contrato futuro e a sua respectiva liquidação.

Diferenças entre os contratos a termo e futuro: as diferenças principais entre mercado a termo e mercado futuro são referentes ao contrato, à data de entrega do ativo e às diferenças de preços.

No mercado futuro, os contratos são negociados em bolsa e necessitam ser *padronizados*. No mercado a termo, o contrato pode ser negociado de maneira particular entre as partes e não se exige padronização. O contrato futuro no Brasil é negociado com diferentes datas de entrega, possuindo *prazo constante*. O contrato a termo, por seu lado, apresenta uma data de entrega constante.

O contrato futuro é negociado em bolsa e exige ajustes diários, ocorrendo pagamentos e recebimentos das diferenças verificadas diariamente nos preços. Em outras palavras, o contrato futuro prevê a compensação financeira diária das oscilações (ganhos e perdas)

nos preços do ativo-objeto. O contrato a termo prevê que as variações nos preços sejam ajustadas somente quando de seu vencimento.

DESENVOLVIMENTO DE UM CASO PRÁTICO

Por exemplo, uma operação a futuro de ações na Bovespa compreende a negociação de compra ou venda de ações listadas na Bolsa, a um preço previamente ajustado pelas partes, prevendo-se uma liquidação em certa data futura. Ao adquirir um ativo no mercado futuro, o investidor não desembolsa o valor total no momento da realização do negócio. Em compensação, a Bolsa, por meio da Companhia Brasileira de Liquidação e Custódia (CBLC), exige do investidor um *depósito de margem* visando preservar a segurança do negócio e do mercado.

Na sequência do exemplo ilustrativo, considere uma ação cotada no mercado à vista por $ 20,00 e a $ 21,00 no mercado futuro para contrato de três meses. A garantia exigida pela CBLC para essa operação é igual a $ 1,90, devendo ser depositado pelo comprador. Assim, tem-se:

	Mercado à vista	Mercado Futuro
Preço Inicial	$ 20,00	$ 21,00
Margem de Segurança	–	$ 1,90
Investimento	$ 20,00	$ 1,90

Admitindo que a ação tenha uma valorização de $ 2,20 no mercado à vista e no mercado futuro alguns dias após a realização da operação, são apurados os seguintes resultados:

	Mercado à vista	Mercado Futuro
Preço Inicial	$ 20,00	$ 21,00
Preço Final	$ 22,20	$ 23,20
Ganho Líquido do Investidor	$ 2,20	$ 2,20
Investimento	$ 20,00	$ 1,90
Taxa de Retorno	*11,0%*	*115,8%*

> **!** **IMPORTANTE** ■ a alta rentabilidade oferecida no mercado futuro é determinada pelo baixo investimento exigido. O investidor a futuro despendeu somente $ 1,90 para uma valorização de $ 2,20; no mercado à vista, compraria a ação por $ 20,00 obtendo um ganho de $ 2,20 (ou retorno de 11%).

Um investidor, prevendo uma alta forte no preço da ação, pode obter ganhos deste comportamento esperado comprando no futuro, por um preço predeterminado. Outro investidor, ao projetar uma queda no preço da ação, pode tirar vantagens econômicas desta projeção vendendo o ativo no futuro. Em verdade, tanto o comprador como o vendedor não precisa possuir as ações, devendo efetuar os depósitos de garantia. À medida que as previsões forem se realizando, são formados ganhos ou perdas para os investidores, de acordo com a direção dos preços e posição assumida (compra ou venda).

30.2.1 Convergência entre os preços à vista e futuro

Os preços no mercado futuro diferem daqueles praticados no mercado à vista – sendo geralmente superiores – pela presença de *custos de carregar* determinada posição física até a data de vencimento do contrato. Esse custo de carregamento (*carrying charge*) inclui o armazenamento do produto (*commodity*), aluguel de locais apropriados para a conservação, transportes, seguros e o custo financeiro (juros) do capital aplicado no estoque. Além dessas variáveis, deve ser incluído também na formação dos preços a futuro o prêmio pela incerteza quanto ao comportamento dos preços no mercado, influenciado por diversos fatores.

Dessa maneira, pode-se expressar o preço futuro pela seguinte fórmula:

$$FV_t = PV_t \times (1 + K) + CC \times n$$

em que:

FV_t = preço no mercado futuro no momento t;

PV_t = preço no mercado à vista no momento t;

K = taxa diária de juros;

CC = custo de carregamento (*carrying charge*);

n = número de dias a transcorrer até o vencimento do contrato futuro.

Ajustes diários nas operações a futuro: uma característica importante do mercado futuro, já comentada anteriormente, são os ajustes diários que devem ser feitos na cotação do contrato até a data de seu vencimento. Este ajuste é efetuado ao final de cada dia para cada contrato, e envolve recebimentos e pagamentos em dinheiro representando os ganhos e prejuízos verificados.

Em uma situação de aumento dos preços no mercado, todos os investidores que mantêm alguma posição vendida devem cobrir suas perdas; os compradores, ao contrário, realizam seus ganhos. Esse ajuste diário no mercado futuro permite que eventuais perdas não vão se acumulando durante todo o prazo do contrato, colocando em risco sua liquidação no vencimento. Foi comentado, o ajuste diário constitui-se em importante diferença entre mercado futuro e mercado a termo.

> Os preços no mercado futuro tendem a convergir para os preços no mercado à vista à medida que se aproxima a data de vencimento do contrato, quando deverá ser liquidado.

Outra característica observada ainda é a convergência dos preços à vista e a futuro, conforme se aproxima a data de finalização dos contratos. A Figura 30.1 descreve essa evolução dos preços à vista e futuro, indicando uma redução da diferença entre os valores quanto mais próximos estiverem do momento de liquidação do contrato futuro.

Em geral, o preço a futuro é maior no início do prazo do contrato e vai se aproximando do preço à vista conforme for decorrendo o seu prazo de vencimento. Essa convergência nem sempre é perfeita, ou seja, não ocorre sempre com a mesma magnitude e em momentos iguais. A tendência é os preços se aproximarem bastante quando do vencimento do contrato.

Conclusão: a diferença entre os preços do mercado futuro e do mercado à vista, definida por *base*, é determinada essencialmente pelos custos de

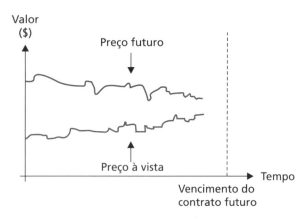

Figura 30.1 Convergência dos preços à vista e a futuro.

armazenamento das mercadorias, taxas de juros, despesas de seguros, margem de lucro da operação, e assim por diante. Essa diferença, em condições normais de mercado, vai desaparecendo à medida que vai se esgotando o prazo do contrato.

Ocorrendo qualquer desajuste entre esses preços, os investidores têm oportunidade de realizarem ganhos por meio de *arbitragem*, o que leva ao reequilíbrio dos preços.

CASO PRÁTICO: Contrato Futuro de Taxa de Câmbio em Reais por Dólar[1]

Estrutura da Operação

O Contrato Futuro de taxa de câmbio de reais por dólar dos Estados Unidos, para entrega pronta, contratada nos termos da Resolução nº 1.690/90 do Conselho Monetário Nacional (CMN), é a cotação de reais por US$ 1.000,00, com até três casas decimais. A unidade de negociação é de US$ 50.000,00 e a liquidação do futuro de taxa de câmbio é exclusivamente financeira, no primeiro dia útil (dia de pregão) do mês do vencimento do contrato.

O ajuste diário é calculado até o último dia de negociação (último dia útil do mês anterior ao mês de vencimento) pela seguinte fórmula: $AD = (PA_t - PO) \times M \times n$; o ajuste das operações realizadas no dia e o ajuste das posições no dia anterior é dado pela fórmula $AD = (PA_t - PA_{t-1}) \times M \times n$, sendo:

---
[1] O desenvolvimento desta operação baseia-se em publicação da Bolsa e está disponível em: www.b3.com.br.

AD: valor do ajuste diário;

PA_t: preço de ajuste do dia;

PA_{t-1}: preço de ajuste do dia anterior;

PO: preço da operação;

M: multiplicador do contrato, estabelecido em 50;

N: número de contratos.

Exemplo Ilustrativo

Com as informações da estrutura da operação, admita um exportador que irá receber, em uma data futura, a quantia de US$ 250.000,00 dólares e que receia a possibilidade de uma baixa na moeda norte-americana. Com o intuito de não ficar exposto a esse risco cambial até o vencimento, o exportador decide proteger-se vendendo contratos futuros na B3.

Do lado do importador, a operação seria exatamente a inversa à do exportador (compra de contratos futuros). Pede-se determinar o resultado final da operação sabendo que a cotação de abertura da posição é de R$ 1,790/US$ 1,000 e a taxa de câmbio no mercado à vista no dia do vencimento seja igual a R$ 1,700/US$1,000.

Solução do Exemplo Ilustrativo

A operação ocorre da seguinte maneira:

- tamanho do contrato na B3: US$ 50.000,00;
- número de contratos: US$ 250.000,00 ÷ US$ 50.000,00 = 5 contratos;
- taxa de câmbio de abertura de posição no mercado futuro: R$ 1,790 × 1.000 = R$ 1.790,00/US$ 1.000,00 dólares;
- taxa de câmbio de ajuste do dia que a operação foi realizada: R$ 1,781 × 1.000 = R$ 1.781,00/US$ 1.000,00 dólares;
- suposição da taxa de câmbio no dia do vencimento: R$ 1,700 × 1.000 = R$ 1.700,00/ US$ 1.000,00 dólares.

A Tabela 30.1 exemplifica o fluxo de ajustes diários realizados por ambas as partes para as diferentes cotações.

Tabela 30.1

Data	Vendedor		Cotação	Comprador	
	Ajuste	Saldo		Ajuste	Saldo
D+0			1.781,00		
D+1	2.250,00	2.250,00	1.750,00	(2.250,00)	(2.250,00)
D+2	7.750,00	10.000,00	1.793,00	(7.750,00)	(10.000,00)
D+3	(10.750,00)	(750,00)	1.765,00	10.750,00	750,00
D+4	7.000,00	6.250,00	1.701,00	(7.000,00)	(6.250,00)
D+5	16.000,00	22.250,00	1.699,00	(16.000,00)	(22.250,00)
D+6	500,00	22.750,00	1.692,00	(500,00)	(22.750,00)
D+7	1.750,00	24.500,00	1.710,00	(1.750,00)	(24.500,00)
D+8	(4.500,00)	20.000,00	1.712,00	4.500,00	(20.000,00)
D+9	(500,00)	19.500,00	1.722,00	500,00	(19.500,00)
D+10	(2.500,00)	17.000,00	1.722,00	2.500,00	(17.000,00)
D+n		22.500,00	1.700,00		(22.500,00)

No vencimento do contrato na *data* ($D + n$), o resultado da operação foi de $ 22.500,00.

O resultado para o exportador fica:

- resultado no mercado futuro: (R$ 1,79 – R$ 1,70) × US$ 50.000,00 × 5 = R$ 22.500,00;

- resultado da exportação: R$ 1,70 × US$ 250.000,00 = R$ 425.000,00;

- resultado final: R$ 22.500,00 + R$ 425.000,00 = R$ 447.500,00;

- taxa de câmbio da operação: R$ 447.500,00 ÷ US$ 250.000,00 = R$ 1,79/dólar.

Caso ocorresse alta na taxa de câmbio, o resultado do mercado futuro para o exportador seria negativo e, ao mesmo tempo, o resultado da exportação (em reais) seria maior. O resultado final seria o mesmo, mantendo assim a taxa de câmbio da operação de R$ 1,79/US$. O inverso ocorreria para o importador.

Portanto, para ambas as partes, as cotações do dólar foram prefixadas anteriormente, independentes da oscilação do mercado.

30.3 MERCADO FUTURO DE TAXA DE JUROS NO BRASIL[2]

A B3 lançou em 1991 o *Contrato Futuro do DI*, depósitos interfinanceiros de um dia, com o intuito de oferecer novo instrumento de proteção de risco. A taxa de juros DI reflete o preço da troca de disponibilidades (empréstimos) entre instituições financeiras no curtíssimo prazo, ou seja, a taxa referencial do custo das operações interfinanceiras. Esta taxa de juros foi estudada no Capítulo 2 (seção 2.5), ao tratar dos juros no Brasil.

A taxa de juros objeto deste contrato futuro é a efetiva obtida pela acumulação das taxas diárias de DI no período de vigência do contrato. Esta taxa é definida em base anual considerando 252 dias úteis, conforme orientação do Banco Central.

EXEMPLO ILUSTRATIVO – Contrato Futuro de Taxas de Juros

Admita um contrato que apresente, de hoje até o seu vencimento, 34 dias úteis, e que esteja cotado

---

[2] O desenvolvimento desta operação baseia-se em publicação da B3 e está disponível em: www.b3.com.br.

à taxa efetiva de 13,55% a.a.o. Esta taxa, definida como *ao ano over* (a.a.o.), é uma estimativa mercado dos juros básicos da economia. A taxa efetiva para o período de 34 dias úteis do contrato é apurada da forma seguinte:

$$i = [(1,1355)^{34/252} - 1] = 1,73\% \text{ para o período}$$
$$\text{que resta do contrato.}$$

Esta taxa de 1,73% representa a previsão do mercado para a taxa de juros no período do contrato.

Todo contrato é cotado em taxa efetiva anual (taxa efetiva *over* ao ano), sendo seu valor final de liquidação fixado em 100 mil pontos. Como cada ponto definido pela Bolsa é igual a R$ 1,00, sendo o valor de liquidação do contrato futuro DI de R$ 100.000,00. O preço da operação é determinado em *PU (Preço Unitário)*, sendo calculado pelo valor presente do valor do contrato de R$ 100.000,00 descontados pela taxa de juros negociada.

O PU do contrato é calculado da seguinte maneira:

$$PU = \frac{R\$ 100.000,00}{(1,1355)^{\frac{34}{252}}} = R\$ 98.300,14$$

O valor encontrado do PU representa a *cotação do contrato* negociado no mercado. É o preço, a valor presente, do montante de R$ 100.000,00 a receber no vencimento de cada contrato.

A taxa efetiva da operação é igual a 1,73% para o período, conforme calculada anteriormente. *Importante*: essa taxa reflete a média das expectativas dos participantes do mercado com relação ao custo do dinheiro nos 34 dias úteis do contrato.

O preço unitário (PU) representa o preço de negociação de um contrato futuro. É calculado pelo valor de vencimento de R$ 100.000,00, definido para o contrato futuro, descontado pela taxa de juros projetada pelo mercado. O PU é inversamente proporcional aos juros: quanto mais alta a taxa, menor o PU, e vice-versa.

30.3.1 Taxas de juros esperadas em contratos futuros

Os contratos futuros DI permitem que se conheçam as taxas de juros projetadas, geralmente utilizadas como referência para outras taxas de títulos negociados no mercado financeiro. *Para ilustrar* esses cálculos, admita as seguintes cotações de contratos DI Futuro conforme negociados no mercado, em 2 de abril de determinado ano:

Contrato mês	PU negociado em 2-4	Dias úteis do mês	Dias úteis até o vencimento
Abril	R$ 98.988,78	20	20
Maio	R$ 97.894,55	21	41
Junho	R$ 96.805,80	21	62

A taxa de juros prevista para cada mês (taxa efetiva *over* ao ano) é obtida, segundo metodologia de cálculo sugerida em Securato:[3]

$$DI_{ABR} = \left(\frac{100.000,00}{98.988,78}\right) - 1$$
$$= 1,0216\% \text{ ao período (20 dias úteis)}$$

Esta é a taxa de juros prevista pelo mercado para o mês de abril com 20 dias úteis, conforme dados do exemplo ilustrativo. Para transformá-la em taxa anual efetiva, capitaliza-se a taxa do período encontrada pelos 252 dias úteis previstos:

$$DI_{ABR} = (1,010216)^{252/20} - 1$$
$$= 13,66\% \text{ ao ano } over \text{ efetiva}$$

De maneira mais direta, a taxa efetiva anual pode ser calculada:

$$DI_{ABR} = \left(\frac{100.000,00}{98.988,78}\right)^{\frac{252}{20}} - 1$$
$$= 13,66\% \text{ ao ano } over \text{ efetiva}$$

Aplicando-se esse procedimento para os demais contratos:

- $$DI_{ABR/MAI} = \left(\frac{100.000,00}{97.394,55}\right)^{\frac{252}{41}} - 1$$
$$= 13,97\% \text{ ao ano } over$$

---

[3] SECURATO, J. Roberto (Coord.). **Cálculo financeiro das tesourarias.** 3. ed. São Paulo: Saint Paul Finance, 2006. p. 178.

$$(1+DI_{ABR/MAI})^{41/252} = (1+DI_{ABR})^{20/252} \times (1+DI_{MAI})$$

$$(1+0,1397)^{41/252} = (1+0,1366)^{20/252} \times (1+DI_{MAI})$$

$DI_{MAI} = 1,1175\%$ ao período (21 dias úteis)

$DI_{MAI} = (1,011175)^{252/21} - 1$

$\qquad = 14,27\%$ ao ano *over*

- $DI_{ABR/MAI/JUN} = \left(\dfrac{100.000,00}{96.805,80}\right)^{\frac{252}{62}} - 1$

$\qquad\qquad = 14,10\%$ ao ano *over*

$$(1+DI_{ABR/MAIO/JUN})^{62/252} = (1+DI_{ABR/MAIO})^{41/252} \times (1+DI_{JUN})$$

$$(1,1410)^{62/252} = (1,1397)^{41/252} \times (1+DI_{JUN})$$

$DI_{JUN} = 1,12\%$ ao período (21 dias úteis)

$DI_{JUN} = (1,0112)^{252/21} = 14,30\%$ ao ano *over*

30.3.2 Proteção no futuro de dólar

EXEMPLO ILUSTRATIVO – Mercado Futuro e Proteção Cambial

Para ilustrar como o mercado futuro pode atuar na *proteção cambial*, admita uma empresa que tenha importado US$ 500.000 de mercadorias, a serem pagos em 40 dias. No momento da importação, para se proteger de uma variação cambial, o importador comprou um contrato futuro de dólar que estava sendo negociado a R$ 1,932 no mercado, e que possui o mesmo prazo.

O mercado futuro irá oferecer algum benefício ao importador em caso de a cotação da moeda, na data do vencimento do contrato, ser maior que o valor negociado de R$ 1,932/US$ 1,00. Se a cotação estiver abaixo, verifica-se uma perda no mercado futuro.

Cotação: R$ 2,017/US$ 1,000 – Assim, admita que a cotação da moeda, no encerramento do contrato, seja de R$ 2,017. Desconsiderando a existência de outras despesas operacionais, verifica-se um ganho de: R$ 2,017 – R$ 1,932 = R$ 0,085 para o importador no mercado futuro. O pagamento líquido das importações é igual a:

Pagamento da Importação:

US$ 500.000 × R$ 2,017 = R$ 1.008.500

Ganho no Mercado Futuro:

US$ 500.000 × (R$ 2,017 – R$ 1,932) = (R$ 42.500)

Pagamento Líquido: **R$ 966.000**

Cotação: R$ 1,878/US$ 1,000 – Ao contrário, se a cotação do dólar no mercado estivesse abaixo do valor de negociação do contrato de R$ 1,932, o importador incorreria em perda no mercado futuro. Admitindo uma cotação de R$ 1,878/US$ 1,00 no vencimento do contrato, a perda calculada atinge a: R$ 1,878 – R$ 1,932 = (R$ 0,054). O resultado líquido da importação atinge:

Pagamento da Importação:

US$ 500.00 × R$ 1,878 = R$ 939.000

Perda no Mercado Futuro:

US$ 500.000 × (R$ 1,878 – R$ 1,932) = (R$ 27.000)

Pagamento Líquido: **R$ 966.000**

30.4 ARBITRAGEM

A *arbitragem* é a oportunidade de participar do mercado auferindo lucro a partir de uma diferença verificada na avaliação relativa de dois ativos. Quando o preço de dois ativos, de mesmo risco e expectativas de ganhos, estiverem momentaneamente cotados de modo diferente em dois ou mais mercados, surge uma possibilidade ao investidor de realizar ganho sem risco. Basta o investidor aproveitar-se desta discrepância adquirindo o ativo no mercado mais barato e vendê-lo naquele onde a cotação é mais cara. Os investidores que atuam nessas operações são denominados *arbitradores*.

A arbitragem envolve uma participação simultânea em mais de um mercado, e promove um realinhamento dos preços em desequilíbrio. Quanto mais eficientes forem as operações de arbitragem, mais raras são as distorções nos preços dos ativos.

Limites da arbitragem: as oportunidades de arbitragem são crescentes até o limite de os demais investidores de mercado também perceberem as distorções nos preços, favoráveis à realização de ganhos. No momento em que as correlações entre os ativos forem mais conhecidas, os negócios com arbitragem se reduzem bastante.

Um *exemplo simples* de arbitragem discutido no início deste capítulo é a verificação de que as ações de uma mesma companhia estão sendo negociadas a preços diferentes em dois mercados distintos. Essa distorção pode ter sido provocada por algum desequilíbrio no mecanismo de oferta e procura de mercado, avaliando o mesmo ativo a preços diferentes.

Entendendo se tratar de ativos de riscos iguais e expectativas de lucros coincidentes, deveriam apresentar a mesma cotação. Como estão sendo negociados a preços desiguais em um e outro mercado, oferecem aos investidores uma oportunidade de ganho pela arbitragem. O arbitrador, operando ao mesmo tempo nos mercados em que são negociadas as ações, adquire onde se encontram subavaliadas e as vende onde estão sendo negociadas por um preço mais alto, auferindo um ganho medido pela diferença das cotações. É interessante verificar neste processo que o arbitrador não corre risco e também não necessitou investir efetivamente capital.

30.4.1 Arbitragem em moeda estrangeira

A arbitragem pode ser feita com diversos tipos de ativos, como títulos e valores mobiliários, *commodities* e moedas. A seguir é desenvolvida uma ilustração envolvendo taxa cambial e arbitragem.

EXEMPLO ILUSTRATIVO – Taxa Cambial e Oportunidade de Arbitragem

Para ilustrar um caso de arbitragem com moeda estrangeira, admita que a paridade atual cambial entre real e dólar é de R$ 1,98/US$ 1,00, ou seja, cada dólar é capaz de adquirir 1,98 real. A taxa de juros do Brasil está fixada em 12,5% ao ano, e a dos EUA em 5,5% ao ano.

Considerando as taxas de juros praticadas nas duas economias, a taxa de câmbio futura de equilíbrio pode ser calculada por meio da formulação de juros compostos sugerida por Silva Neto[4] e adaptada a seguir:

$$\text{CÂMBIO FUTURO} = \frac{C_A \times (1 + K_{BR})^{\frac{n}{m}}}{(1 + K_{EUA})^{\frac{n}{p}}}$$

em que:

C_A = taxa de câmbio no mercado à vista (*spot*) atual: R$/US$;

K_{BR} = taxa de juros no Brasil;

K_{EUA} = taxa de juros na economia externa (EUA).

Para um contrato de câmbio de dois meses, tem-se:

$$\text{CÂMBIO FUTURO} = \frac{1,74 \times (1 + 0,1125)^{\frac{2}{12}}}{(1 + 0,04)^{\frac{2}{12}}} = \text{R\$ } 1,76$$

Nesta taxa cambial, não há oportunidade para se tirar algum proveito do mercado por meio de uma operação de arbitragem. Os resultados se anulam em ambientes de mercado livre de câmbio.

Para uma taxa de câmbio inferior a R$ 1,76/US$ 1,00, entende-se que a moeda estrangeira está barata em relação à moeda nacional. Ao contrário, para uma paridade acima de R$ 1,76, há uma sobrevalorização da moeda estrangeira frente ao real. Verificando-se essas distorções, o arbitrador atua tirando proveito das correlações e procurando auferir um ganho financeiro nas operações.

30.5 *SWAPS*

Swap é uma troca de taxas de juros ou de índices referentes a um empréstimo, conforme acordado entre as partes. Por meio do *swap* somente os fluxos de caixa são trocados por certo período de tempo, e não o principal. O objetivo da operação é dar maior proteção à operação e reduzir seu custo financeiro para o tomador.

---

[4] SILVA NETO, L. de Araújo. **Derivativos.** 3. ed. São Paulo: Atlas, 2000. p. 54.

Há essencialmente dois grandes *swaps* no mercado: *swap* de taxa de juros e *swap* de moedas (taxa de câmbio). O *swap* de taxa de juros visa trocar os fluxos de pagamentos entre as partes, por certo período de tempo. Uma empresa que capta um empréstimo a uma taxa pós-fixada, por exemplo, com receio de uma elevação nos indicadores de juros, pode trocar seus fluxos de pagamentos por uma taxa de juros fixa, calculada sobre o mesmo valor do principal.

EXEMPLO ILUSTRATIVO

Admita, para ilustrar a operação, que uma empresa esteja avaliando um financiamento de capital de giro junto a dois bancos: A e B. As condições oferecidas foram as seguintes:

BANCO A

Taxa prefixada = 15,5% a.a.

BANCO B

Taxa pós-fixada (flutuante) = 5% a.a. + variação cambial

A empresa decide então aceitar o financiamento do Banco B e fazer um *swap* com outra instituição financeira, o banco C. As condições oferecidas são as seguintes:

BANCO C

Para o *swap*:

Cobra = 7,5% a.a. de juros

Paga = variação cambial

Dessa maneira, ao aceitar a proposta do banco C, a empresa incorre no custo financeiro de: 7,5% + 5% = 12,5% a.a., taxa prefixada inferior à cobrada pelo banco A. Em outras palavras, a empresa tomadora de recursos para giro fecha negócio com o banco B, pagando 5% a.a. de juros mais variação cambial, e faz *swap* com o banco C, recebendo na operação a variação cambial e pagando 7,5% a.a. de juros. Com isso, reduz seu custo de captação para 12,5% a.a.

Observe, na operação ilustrativa descrita, uma vez mais, que não há troca de principal no *swap*, sendo todos os pagamentos efetuados na mesma data.

Em razão desta coincidência de datas dos fluxos de caixa, os pagamentos são geralmente realizados pelas diferenças calculadas.

OPERAÇÃO DE *SWAP*: PÓS × PRÉ

Uma modalidade de *swap* bastante praticada no mercado brasileiro é da *taxa pós-fixada baseada na variação do CDI contra a taxa prefixada*. O denominado contrato DI × PRÉ indica que o *comprador* está adquirindo (posição comprada) DI e negociando (posição vendida) taxa prefixada. Ao contrário, o *vendedor* do contrato adquire taxa prefixada e vende prefixada.

Para *ilustrar,* admita uma empresa que possui uma dívida corrigida pela taxa DI. Para se proteger de uma eventual elevação nas taxas DI no mercado, está avaliando uma operação de *swap* visando transformar os encargos pós-fixados de seu passivo em prefixados. Para tanto, a empresa procura um banco que lhe oferece um contrato de *swap* cobrando juros efetivos de 16,79% a.a. O prazo da operação é de 77 dias úteis.

A operação de *swap* obedece aos seguintes fluxos de caixa:

- *BANCO*: paga 100% do CDI à empresa que, por sua vez, os repassa ao credor de sua dívida;
- *EMPRESA*: paga a taxa prefixada anual de 16,79% ao banco pelo *swap*.

Dessa maneira, a dívida da empresa é transformada pelo *swap* em um fluxo de caixa prefixado, com uma taxa de juros de: $[(1,1679)^{77/252} - 1] = 4,86\%$ para o período da operação de 77 dias. Qualquer que seja o comportamento das taxas DI no período, o montante da dívida não se altera, dando maior garantia dos fluxos de pagamentos à empresa devedora.

OPERAÇÃO DE *SWAP*: PRÉ × PÓS

Uma operação inversa à apresentada anteriormente é quando a empresa decide trocar os fluxos de pagamentos de dívidas contratadas a uma taxa prefixada, por outros calculados pela taxa pós-fixada.

Para *ilustrar*, admita uma empresa com um empréstimo de $ 10 milhões com um banco pelo prazo de um ano. A dívida prevê pagamentos trimestrais de juros nominais de 4% (16% a.a.) e a devolução do principal ao final, junto com a quarta parcela dos juros.

Os fluxos de pagamentos da empresa são os seguintes:

Momento inicial (recebimento do empréstimo)	= $ 10.000.000
Final do 1º trimestre: 4% × $ 10.000.000	= ($ 400.000)
Final do 2º trimestre:	= ($ 400.000)
Final do 3º trimestre:	= ($ 400.000)
Final do 4º trimestre:	= ($ 10.400.000)

Os fluxos de pagamentos do empréstimo são calculados a partir de uma taxa prefixada de juros. Assim, os juros da dívida não acompanham o desempenho de mercado, sendo fixos.

> Em cenário de subida de juros, empréstimos contraídos a taxas prefixadas são mais atraentes aos tomadores. O custo da operação não acompanha a elevação das taxas de mercado. Ao contrário, em condições de queda dos juros de mercado, as taxas prefixadas não incorporam essa economia, mantendo o custo da dívida inalterado.

Diante de uma expectativa de *redução futura* das taxas de juros de mercado, o empréstimo prefixado se tornará *mais oneroso* diante de um tipo pós-fixado. Para se proteger, a empresa decide contratar um *swap* de taxa de juros com um banco. Na operação, a instituição financeira assume o compromisso de pagar trimestralmente os juros do empréstimo equivalentes a 4% sobre o valor de $ 10 milhões ($ 400.000), e a empresa obriga-se a pagar ao banco juros pós-fixados, trimestrais, também calculados sobre o valor do empréstimo.

Supondo que no primeiro trimestre a taxa pós-fixada para a empresa fosse de 5,5%, o resultado da operação seria:

Pagamento ao credor do empréstimo:	= ($ 400.000)
Recebimento dos juros do banco:	= ($ 400.000)
Pagamento do *swap* ao banco: 5,5% × $ 10.000.000	= ($ 550.000)

Neste primeiro trimestre, o custo financeiro da empresa foi mais alto do que se tivesse mantido a taxa prefixada do empréstimo. A taxa flutuante do período de 5,5% superou a taxa prefixada de 4% contratada na operação. *Importante*: a vantagem do *swap* para a empresa somente irá existir quando os juros pós-fixados caírem para menos de 4% ao trimestre.

30.6 *HEDGE*

Hedge é uma proteção contra riscos oriundos de situações desfavoráveis que modificam os preços dos ativos possuídos, como ações, títulos, taxas de juros, *commodities*, paridade cambial entre moedas estrangeiras etc. Funciona como um seguro, visando reduzir ou até eliminar o risco.

> *Hedge* ou *hedging* é uma estratégia utilizada, principalmente por meio de derivativos, que tem por objetivo proteger uma operação de investimento ou de financiamento de riscos. Ao realizar um *hedge*, a empresa repassa a outros o risco da operação.

Um investidor pode proteger seus ativos por meio de outros ativos, usando instrumentos do mercado de derivativos. Os mercados futuros e de opções são bastante utilizados para a gestão de riscos.

Pressuposto para o hedge: a decisão de fazer um *hedge* pressupõe a existência de um risco inicial que se deseja proteger, podendo ser oriundo da atividade no mercado financeiro ou da própria atividade comercial de uma empresa.

Por exemplo, se uma empresa tem uma dívida corrigida em dólar a vencer em uma data futura, pode estar receosa de uma desvalorização da moeda nacional, e com isso ter necessidade de maiores desembolsos para liquidar a dívida no vencimento. Com o objetivo de se proteger, a empresa pode buscar um contrato futuro de dólar no mercado, por um preço predeterminado. Com essa estratégia, procura proteger-se de qualquer variação desfavorável da taxa de câmbio.

Observe na ilustração que a empresa assumiu uma posição inversa no futuro. Para eliminar o risco preexistente de variação cambial de uma dívida em moeda estrangeira, compra dólares no futuro. Eventuais variações na paridade da moeda determinam ganhos e perdas nas posições assumidas que se compensam, eliminando assim o risco de variação cambial no pagamento do passivo. Em outras palavras, se o dólar se valorizar, a perda provocada na dívida da empresa corrigida pela variação cambial é compensada pelos maiores ganhos na posição comprada no mercado futuro, e vice-versa.

Em verdade, a empresa *travou* o valor da dívida, livrando-se da possibilidade de elevar o custo do financiamento pela desvalorização da moeda nacional frente ao dólar. Com esta posição de *hedge*, ainda, a empresa elimina também qualquer possibilidade de ganho diante de uma valorização da moeda nacional. A principal motivação de um *hedge* é dar proteção, podendo ou não oferecer um ganho na operação. Transfere o risco de um agente econômico para outro, que o assume pelo seu caráter especulativo ou por apresentar uma visão dos negócios diferente daquele que faz o *hedge*.

EXEMPLO ILUSTRATIVO – Operando Café Arábica na Bolsa – *Hedge* para o produtor[5]

Suponha que um produtor de café, que tenha uma colheita de 40 mil sacas e um custo médio de produção de US$ 150,00/saca de 60 quilos, deseje fixar antecipadamente o preço de venda de seu produto, por meio de uma operação no mercado futuro.

A cotação do café na Bolsa para o mês de comercialização é de US$ 165,00/saca.

Risco do produtos: o principal risco a que o produtor está sujeito é o de redução no preço do café no momento da venda. Para cobrir-se desse risco de variação nos preços, ele decide fazer uma operação de proteção (*hedge*).

Admita que na época programada para a comercialização da mercadoria, haja forte expansão da oferta do produto, reduzindo o preço do café para US$ 163,50/saca. As especificações do contrato

---

[5] O desenvolvimento desta operação baseia-se em publicação da B3 e está disponível em: www.b3.com.br.

comercial são de 100 sacas de café de 60 kg cada; os custos operacionais associados a essa operação no mercado futuro são os seguintes:

- corretagem paga à corretora acordada na abertura e no encerramento da posição de 0,3%;
- a Bolsa cobra uma taxa de US$ 1,21 por contrato. Pede-se:
  - **a)** o resultado final da operação para o produtor caso faça o *hedge* de apenas a metade da sua produção;
  - **b)** o resultado final da operação para o produtor caso o *hedge* tenha sido feito para toda a produção.

Solução: Proteção Parcial da Produção

a) Tomada a decisão de fazer o *hedge*, o produtor vende, por intermédio de sua corretora 200 contratos (metade da produção 20.000 sacas ÷ 100 sacas que é a unidade básica de negociação – tamanho – de cada contrato = 200 contratos) futuros a US$ 165,00.

Na época programada para a comercialização do café, o preço está em US$ 163,50 e o produtor fará duas coisas: vende no mercado físico suas 40 mil sacas de café por US$ 163,50 e reverte sua posição vendida, comprando 200 novos contratos futuros a US$ 163,50, e encerrando, assim, sua posição nesse mercado.

Resultado:

Venda 40.000 sacas × US$ 163,50	= US$ 6.540.000,00
Venda 200 contratos × US$ 165,00 × 100 sacas	= US$ 3.300.000,00
Compra 200 contratos × US$ 163,50 × 100 sacas	= (US$ 3.270.000,00)
Corretagem compra: 0,3% × US$ 3.270.000,00	= (US$ 9.810,00)
Corretagem venda: 0,3% × US$ 3.300.000,00	= (US$ 9.900,00)
Taxa da Bolsa: US$ 1,21 × 200 contratos × 2	= (US$ 484,00)

(O fator "2" deve-se às duas operações a futuro – venda e compra)

Resultado final	**= US$ 6.549.806,00**

Note-se que o *hedge* (seguro) foi parcial, ou seja, o produtor protegeu apenas a metade de sua produção e obteve um valor equivalente do café em sacas de:

US$ 6.549.806,00 ÷ 40.000 sacas = US$ 163,75.

Solução: Proteção Total da Produção

b) No caso de proteção integral da sua produção, o produtor venderia 400 contratos (40.000 sacas ÷ 100 unidades cada contrato = 400 contratos) e o resultado seria:

Venda 40.000 sacas × US$ 163,50	= US$ 6.540.000,00
Venda 400 contratos × US$ 165,00 ×100 sacas	= US$ 6.600.000,00
Compra 400 contratos × US$ 163,50 ×100 sacas	= (US$ 6.540.000,00)
Corretagem compra: 0,3%(US$ 6.540.000,00)	= (US$ 19.620,00)
Corretagem venda: 0,3% (US$ 6.600.000,00)	= (US$ 19.800,00)
Taxa da Bolsa: US$ 1,21 × 400 contratos × 2	= US$ 968,00)

(O fator "2" deve-se às duas operações a futuro – venda e compra)

Resultado final   = US$ 6.559.612,00

Note-se que o *hedge* (seguro) foi parcial, ou seja, o produtor protegeu apenas a metade de sua produção e obteve um valor equivalente do café em sacas de US$ 6.559.612,00 ÷ 40.000 sacas = US$ 164,00.

Assim, o cafeicultor ficaria protegido contra a volatilidade futura dos preços do café, obtendo uma taxa de retorno de 9,33% (US$ 164,00 ÷ 150,00 – 1 = 9,33%).

30.7 OPÇÕES

Um contrato de opção dá ao seu titular o **direito** de seu exercício, ou seja, o direito de adquirir ou vender no futuro determinado ativo a um preço predeterminado. Não há uma obrigação do exercício da opção, somente um *direito*, ficando a critério do titular do contrato a decisão de negociar o ativo.

> Uma OPÇÃO é um direito, e não uma obrigação, de um investidor adquirir ou vender um ativo a um preço previamente estabelecido, durante certo intervalo de tempo.

Call (opção de compra) e Put (opção de venda) – no mercado são negociadas opções de *compra* (*call*), que dá ao seu titular o direito de adquirir um ativo a um preço previamente combinado, e de *venda* (*put*), que atribui ao portador o direito de vender certo ativo também a um preço conhecido. Para assumir este direito de comprar ou vender o ativo, o titular da opção (comprador) paga um *prêmio* ao vendedor da opção (lançador), constituindo-se no seu preço de negociação no mercado.

Preço de exercício: o *preço de exercício da opção* é o preço previamente combinado pelas partes para o exercício do direito de compra ou venda. O comprador da opção de compra, ao exercer o seu direito, paga este preço pelo ativo-objeto; o comprador da opção de venda recebe esse valor quando do exercício de seu direito.

Para o titular de uma *opção de compra* interessa exercer seu direito sempre que o preço de exercício for menor que o valor de mercado do ativo-objeto. Para uma *opção de venda* o exercício do direito será interessante somente quando o preço de exercício for mais alto que o valor de mercado.

Tipos de opções: há dois tipos principais de opções negociadas no mercado: *europeia* e *americana*. A diferença entre elas está no momento do exercício. A opção europeia prevê que o titular irá exercer seu direito de compra ou venda *somente no vencimento* da opção. A opção americana, ao contrário, permite o exercício em *qualquer momento* do prazo estabelecido para a opção.

Por exemplo, admita que um titular adquira, por meio de uma opção de compra (*call*), o direito de adquirir uma ação (ativo-objeto) pelo preço de exercício de $ 20,00/ação. Para tanto, o titular (comprador) paga um prêmio ao vendedor (lançador), que assume a obrigação de vender a ação caso o titular decida exercer seu direito de compra.

Esse direito será exercido pelo comprador somente se o preço de mercado do ativo for maior que $ 20,00; para um preço de mercado menor que o preço de exercício, a ação poderá ser adquirida no próprio mercado por um valor inferior. Se a opção for de venda, o titular irá exercer seu direito de vender a ação se o preço de mercado for menor que o preço de exercício de $ 20,00.

Opção de Compra – *Call*

Para adquirir a opção é pago um *prêmio*. Para exercer seu direito de compra, o titular paga no momento do vencimento o *preço de exercício* previamente combinado. Por outro lado, o vendedor da opção de compra obriga-se a entregar o *ativo-objeto* negociado pelo valor estipulado, caso o comprador resolva *exercer seu direito* de compra no prazo de vencimento.

Por exemplo, admita que o preço de exercício de um ativo seja de $ 120. No dia do vencimento, esse ativo está sendo negociado no mercado por $ 140. O titular da opção irá exercer seu direito e poderá ganhar $ 20 por ativo no mercado, menos o valor do prêmio desembolsado na compra da opção. Se o prêmio for de $ 16, o ganho líquido do comprador é de $ 4 por ativo.

Por outro lado, se o ativo estiver sendo negociado no mercado no vencimento por $ 90, o titular, por não ter a obrigação de adquirir, não exercerá seu direito. Perderá no máximo o valor do prêmio pago. Qualquer que seja o valor que o ativo alcance abaixo do preço de exercício, a perda do titular restringe-se sempre ao valor do prêmio pago.

Opção de Venda – *Put*

Uma opção de venda atribui ao seu titular o direito de vender um ativo-objeto, a um preço estipulado, por certo período de tempo, ou seja, tem o direito de exigir do lançador a compra do ativo-objeto pelo preço de exercício no vencimento. É pago também um prêmio para a compra desta opção, ou seja, para o direito de exercício de venda. O vendedor da opção obriga-se a adquirir o ativo-objeto pelo preço fixado, caso o comprador decida exercer seu direito de venda.

Suponha que o preço de exercício de uma opção de venda seja de $ 70. Interessa vender a opção sempre que o preço de mercado for inferior a $ 70; se o valor de negociação estiver acima de $ 70, não há razão econômica para o titular exercer a opção e vender o ativo pelo preço de exercício. O comprador perde o prêmio pago e a opção deixa de ter valor.

30.8 OPÇÕES E PROJETOS DE INVESTIMENTOS

Diversos investimentos empresariais comportam-se como uma opção, podendo ser tratados de acordo com sua metodologia de avaliação. Alguns exemplos: avaliação de patentes, avaliação de reservas naturais, decisão de expandir um projeto, decisão de abandono etc.

A decisão de adiar um projeto de investimento pode ser avaliada como uma opção. Conforme foi estudado em capítulos anteriores, toda decisão de investimento baseia-se em resultados futuros esperados de caixa que devem ser trazidos a valor presente por uma taxa de desconto que remunera seu risco. Se este valor presente líquido for positivo, indica que o projeto agrega valor, sendo, portanto, recomendada sua aceitação. Em caso contrário, quando o valor presente das saídas de caixa superar o das entradas, o investimento demonstra não ser capaz de cobrir seu custo de oportunidade, sendo economicamente rejeitado.

Neste processo de avaliação de investimentos empresariais a partir de projeções futuras de fluxos de caixa, é possível esperar que esses valores podem se alterar no futuro, conforme forem se verificando novos eventos. A economia é bastante dinâmica, e um projeto de investimento rejeitado hoje poderá se tornar economicamente viável no futuro, ou vice-versa.

Assim, alguns projetos podem sofrer modificações em seus parâmetros de desempenho, como benefícios de caixa e taxa de desconto, conforme evolua o tempo. Estas alterações podem ocorrer por mudanças no comportamento do mercado (demanda, concorrência etc.) e dos indicadores econômicos (juros, preços etc.). Em consequência, um investimento pode apresentar valor presente líquido positivo em uma fase inicial de sua duração e, com o passar do tempo, produzir um resultado negativo. Da mesma maneira, um projeto pode ser ruim em seu início, porém economicamente atraente nos anos seguintes.

Quando uma empresa avalia investir em determinado projeto no futuro para gerar novos fluxos de caixa, a decisão assemelha-se a uma opção. O custo do investimento inicial é o valor presente líquido negativo gerado; posteriormente deve a empresa decidir se realiza ou não novos investimentos visando tornar seu valor positivo.

> No contexto de uma opção, pode-se entender o projeto como o ativo-objeto, e o montante necessário de investimento o preço de exercício.

Admita, em outro exemplo ilustrativo das opções nas finanças das empresas, que uma multinacional esteja participando de uma licitação pública para exploração, por prazo indeterminado, de certa reserva mineral no Nordeste do Brasil. O uso deste prazo indeterminado tem o intuito único de facilitar o desenvolvimento da situação.

A empresa espera extrair 40 mil t de minério por ano. O preço de mercado é de $ 50/t e o custo de extração está estimado em $ 41/t. A taxa de desconto utilizada na análise de viabilidade do investimento é de 12% a.a. O capital total necessário para a exploração está previsto, em valor atualizado, em $ 3,4 milhões. Desconsiderando, para simplificar, o IR e outras despesas relativas ao negócio, o valor presente líquido (NPV) do investimento apresenta-se negativo, indicando falta de atratividade econômica do projeto. Assim:

$$NPV = \frac{40.000 \times (\$ 50 - \$ 41)}{0,12} - \$ 3.400.000$$
$$= (\$ 400.000)$$

O valor presente líquido calculado é negativo, mostrando não ser interessante economicamente o projeto.

Há uma expectativa dos analistas, no entanto, de que o preço da tonelada do minério possa elevar-se para $ 53 em um futuro próximo. Neste cenário provável, o projeto passa a gerar valor econômico, apurando um NPV positivo de $ 600.000:

$$NPV = \frac{40.000 \times (\$ 53 - \$ 41)}{0,12} - \$ 3.400.000$$
$$= \$ 600.000$$

Ao decidir pelo investimento imediato na exploração do minério, a empresa produz um NPV negativo. Se o investimento for postergado, e o preço efetivamente se elevar, o investimento se tornará atraente, produzindo um NPV positivo e igual a $ 600.000. Se a cotação não aumentar, ou até mesmo reduzir, a empresa não efetua o investimento, perdendo o valor pago (prêmio) para ter o direito de exploração.

O preço que estabelece um ponto de equilíbrio econômico para a decisão é de $ 51,2/t. Nesta situação, o NPV é zero:

$$NPV = \frac{40.000 \times (\$ 51,20 - \$ 41)}{0,12} - \$ 3.400.000$$
$$= \$ 0$$

Desde que o investimento apresente *flexibilidade futura*, ou seja, possa ser ajustado diante de novos cenários e condições de mercado, a teoria de opções pode ser utilizada para sua avaliação. Ao ganhar a licitação, a empresa tem a opção de explorar minério por certo tempo. O seu preço de exercício equivale aos $ 3,4 milhões necessários de investimentos, e o prêmio é o valor pago pelo direito de extrair o minério da reserva. A empresa pode usar seu direito de comprar no momento em que os preços estiverem mais convenientes, ou seja, ao avaliar o projeto dentro da teoria de opções pode tomar novas decisões de investimentos à medida que surjam novas informações.

Inúmeras outras ilustrações poderiam ser apresentadas identificando as decisões financeiras de uma empresa como uma opção.

APLICAÇÃO PRÁTICA
Jamais teremos um modelo perfeito de risco

"Um dos fatores questionado, ao menos tangencialmente, são os elegantes modelos matemáticos de previsão econômica que uma vez mais se provaram incapazes de antecipar uma crise financeira ou o início de uma recessão."

Os sistemas do mercado de crédito e seus graus de endividamento e liquidez têm por raiz a confiança em que as contrapartes são solventes. Essa confiança sofreu sério abalo em 9 de agosto de 2007, quando o BNP Paribas revelou grandes prejuízos imprevistos em suas transações com títulos "subprime" (alto risco) americanos. Os sistemas de administração de risco e os modelos que os embasam supostamente deveriam nos proteger contra prejuízos superdimensionados. O que saiu errado?

O que deu errado?

O problema essencial é que os nossos modelos tanto os de risco quanto os econométricos, por mais complexos que se tenham tornado, ainda assim são simples demais para capturar a ampla gama de variáveis que definem e propelem a realidade econômica mundial.

Um modelo representa uma abstração com relação aos detalhes plenos do mundo real. Respeitando a antiga tradição de que diversificação representa redução de risco, os computadores trabalham com imensos volumes de dados históricos em busca de correlações negativas entre os preços dos ativos negociáveis, correlações que poderiam ajudar a isolar as carteiras de investimentos contra as oscilações mais amplas da economia. Mas quando esses preços de ativos, em lugar de compensarem os movimentos uns dos outros, despencaram em uníssono, em 9 de agosto do ano passado, surgiram prejuízos imensos em virtualmente todas as classes de ativos de risco.

A explicação mais confiável quanto ao desempenho tão medíocre de modelos estatísticos desenvolvidos segundo as mais modernas técnicas é que os dados subjacentes utilizados para estimar a estrutura dos modelos são extraídos tanto de períodos de euforia quanto de períodos de medo, ou seja, de regimes que apresentam dinâmicas diferentes em muitos aspectos importantes.

A fase de contração dos ciclos de crédito e negócios, propelida pelo medo, historicamente vem sendo muito mais curta e muito mais abrupta do que a fase de expansão, propelida por um acúmulo lento mas cumulativo de euforia. Ao longo dos últimos 50 anos, a economia norte-americana só esteve em contração um sétimo do tempo. Mas é o momento em que esses períodos se iniciam que é o objetivo dos sistemas de administração de risco. Correlações negativas entre classes de ativos, tão evidentes durante uma expansão, podem entrar em colapso quando todos os preços de ativos caem juntos, o que solapa a estratégia de melhorar o equilíbrio entre risco e recompensa por meio da diversificação.

Se pudéssemos modelar adequadamente cada fase do ciclo, em separado, e adivinhar que sinais nos indicariam que um regime está a ponto de mudar, os sistemas de administração de riscos poderiam ser muito melhorados. Um problema difícil é que boa parte do comportamento dúbio dos mercados financeiros que emerge cronicamente durante uma fase de expansão resulta não da ignorância ou de uma má avaliação dos riscos, mas da preocupação de que, ao menos que uma empresa participe da euforia em curso, ela perderá mercado de maneira irrecuperável.

Vulnerabilidade

A administração de riscos procura maximizar os níveis de retorno sobre o capital, ponderados de acordo com o risco; muitas vezes, no processo, o capital subutilizado é considerado como "desperdício".

Continua

Continuação

Os dias em que os bancos se orgulhavam de suas excelentes classificações de crédito e em que chegavam a dar a entender (muitas vezes com razão) que possuíam reservas financeiras secretas, o que lhes conferia uma aura de invulnerabilidade, há muito são coisas do passado.

Não quero dizer que os sistemas atuais de administração de risco ou previsão econométrica não tenham, em larga medida, raízes sólidas no mundo real. A exploração dos benefícios da diversificação nos modelos de administração de riscos é inquestionavelmente sólida, e o uso de um modelo macroeconométrico elaborado gera disciplina nas previsões. Ele requer, por exemplo, que a poupança equivalha ao investimento, que a propensão marginal de consumo seja positiva e que os estoques não sejam negativos. Essas restrições, entre outras, eliminaram a maior parte das incômodas inconsistências nas projeções financeiras de meio século atrás.

Ciclos de euforia e medo

Todavia, esses modelos não capturam com exatidão aquilo que foi, até o momento, apenas um adendo periférico à modelagem de ciclos de negócios e financeiros: as respostas humanas inatas que resultam em oscilação entre euforia e medo, as quais se repetem de geração em geração, com poucos indícios que haja uma curva de aprendizado em ação. As bolhas nos preços dos ativos se acumulam e explodem hoje como o fazem desde o começo do século XVIII, quando os mercados competitivos modernos começaram a evoluir. É certo que tendemos a classificar essas respostas comportamentais como não racionais. No entanto, as preocupações de quem realiza previsões não deveriam se dirigir à racionalidade ou não das respostas humanas, e sim apenas ao fato de que elas sejam passíveis de observação, e sistemáticas.

Esta, para mim, é a grande "variável explanatória" ausente tanto nos modelos de administração de risco quanto dos macroeconométricos. A prática atual envolve introduzir o conceito de "vigor animal", como diria John Maynard Keynes, na forma de "fatores de adição".

Ou seja, nós alteramos arbitrariamente o resultado das equações de nossos modelos. Mas adicionar fatores é um reconhecimento implícito de que esses modelos, na forma pela qual os empregamos atualmente, padecem de uma deficiência estrutural; eles não tratam em extensão suficiente do problema da variável ausente.

Jamais seremos capazes de antecipar todas as descontinuidades nos mercados. Elas representam, necessariamente, surpresas. Os eventos antecipados são computados nos modelos. Mas se, como suspeito fortemente, os períodos de euforia são difíceis de suprimir em seu processo de acumulação, eles não entrarão em colapso até que a febre especulativa passe sem ajuda. Paradoxalmente, na medida em que a administração de risco pode obter sucesso na identificação de episódios como esse, ela se torna capaz de prolongar e ampliar o período de euforia. Mas a administração de risco jamais atingirá a perfeição. Ela terminará por fracassar, e uma realidade perturbadora será exposta, revelando uma resposta descontínua inesperada e intensa.

Na crise atual, como em crises anteriores, podemos aprender muito. E as futuras decisões econômicas serão influenciadas por essas lições.

Fonte: Adaptado de entrevista de Alan Greenspan ao **Financial Times**, publicada na **Folha de S. Paulo**, 18 mar. 2008.

Resumo

1. **Estudar os instrumentos de proteção de riscos, permitindo que uma empresa, que não deseje assumir determinado risco, possa transferi-lo no mercado a outros agentes.**

    Derivativo é um instrumento cujo preço de mercado deriva de outro ativo ou contrato. Em essência, os participantes dos mercados derivativos são o *hedger*, o especulador e o arbitrador.

    O *hedger* é um agente que participa do mercado com o intuito de desenvolver proteção diante de riscos de flutuações nos preços de diversos ativos (moedas, ações, *commodities* etc.) e nas taxas de juros. Para tanto, tomam nos mercados futuros uma posição contrária àquela assumida no mercado à vista, minimizando o risco de perda financeira diante de uma eventual variação nos preços de mercado.

    O *especulador* adquire o risco do *hedger*, motivado pela possibilidade de ganhos financeiros. Tem uma participação importante no mercado, assumindo o risco das variações de preços.

    O *arbitrador* é um participante que procura tirar vantagens financeiras quando percebe que os preços em dois ou mais mercados apresentam-se distorcidos. Opera geralmente com baixo nível de risco, e sua importância para o mercado esta na manutenção de certa relação entre os preços futuros e à vista.

2. **Definir as operações e características dos mercados a termo e futuro.**

    O *mercado a termo* é o mercado em que são realizadas operações de compra e venda de contratos de ativos, para liquidação em uma data futura, e preço previamente fixado, formado pelo valor praticado efetivamente no mercado mais uma taxa. Os contratos a termos podem ser de *compra*, em que o comprador obriga-se a pagar o preço previamente ajustado e receber o ativo-objeto referente ao contrato, e de *venda*, no qual o vendedor tem por obrigação receber o valor acertado previamente com o comprador e realizar a entrega física do ativo-objeto do contrato.

    O *mercado futuro* segue a mesma definição básica do contrato a termo, sendo a operação a futuro admitida como uma variante de uma operação a termo. Formalmente, no mercado futuro são negociados contratos de compra e venda de ativo-objeto, envolvendo um preço previamente combinado entre as partes, e prevendo uma liquidação em uma data futura.

    O preço a futuro de um ativo é geralmente igual ao preço praticado no mercado à vista acrescido de uma remuneração esperada (taxa de juros) equivalente ao intervalo entre a negociação do contrato futuro e a sua respectiva liquidação. Os preços no mercado futuro diferem daqueles praticados no mercado à vista – sendo geralmente superiores – pela presença de custos de carregar determinada posição física até a data de vencimento do contrato. Esse custo de carregamento (*carrying charge*) inclui o armazenamento do produto (*commodity*), aluguel de locais apropriados para a conservação, transportes, seguros e o custo financeiro do capital aplicado no estoque.

    Além dessas variáveis, deve ser incluído também na formação dos preços a futuro, o prêmio pela incerteza quanto ao comportamento dos preços no mercado, influenciado por diversos fatores.

3. **Exemplificar as estratégias de gestão de risco: arbitragem, *swap*, *hedge* e opções**

    A *arbitragem* é a oportunidade de participar do mercado auferindo lucro a partir de uma diferença verificada na avaliação relativa de dois ativos. Quando o preço de dois ativos, de mesmo risco e expectativas de ganhos, estiverem momentaneamente cotados de modo diferente em dois ou mais mercados, surge uma possibilidade ao investidor de realizar ganho sem risco. A arbitragem envolve uma participação simultânea em mais de um mercado, e promove um realinhamento dos preços em desequilíbrio. Quanto mais eficientes forem as operações de arbitragem, mais raras são as distorções nos preços dos ativos.

    A operação de *swap* é uma troca de taxas de juros ou de índices referentes a um empréstimo, conforme acordado entre as partes. Por meio do *swap*, somente os fluxos de caixa são trocados por certo período de tempo, e não o principal. O objetivo da operação é dar maior proteção à operação e reduzir seu custo financeiro para o tomador.

Já o *hedge* é uma proteção contra riscos oriundos de situações desfavoráveis que modificam os preços dos ativos possuídos, como ações, títulos, taxas de juros, *commodities*, paridade cambial entre moedas estrangeiras etc. Funciona como um seguro, visando reduzir ou até eliminar o risco. Um investidor pode proteger seus ativos por meio de outros ativos, usando instrumentos do mercado de derivativos.

Os mercados futuros e de opções são bastante utilizados para a gestão de riscos. A decisão de fazer um *hedge* pressupõe a existência de um risco inicial que se deseja proteger, podendo ser oriundo da atividade no mercado financeiro ou da própria atividade comercial de uma empresa.

Um *contrato de opção* dá ao seu titular o direito de seu exercício, ou seja, o direito de adquirir ou vender no futuro determinado ativo a um preço predeterminado. Não há uma obrigação do exercício da opção, somente um direito, ficando do a critério do titular do contrato a decisão de negociar o ativo.

TESTES DE VERIFICAÇÃO

1. **Com relação aos derivativos, assinale a opção *correta*:**

   a) Os ativos objetos dos contratos de derivativos têm seus preços estabelecidos pelo vendedor desses ativos.

   b) As transações com derivativos são realizadas nos mercados à vista da bolsa de valores.

   c) Os mercados futuros e de opções impedem os investidores de tomar uma decisão mais técnica, devido a incerteza de ocorrência de determinados eventos.

   d) Os derivativos permitem a realização de negócios de maior porte com um volume relativamente pequeno de capital e nível conhecido de risco.

   e) Como os derivativos incorrem em maiores riscos, os preços dos bens são mais elevados.

2. **Considere as seguintes afirmações sobre mercados futuros:**

   I – Uma operação de mercado futuro envolve um compromisso de compra ou venda de determinado ativo em certa data futura, sendo previamente fixado o preço do objeto transacionado.

   II – Os preços praticados entre compradores e vendedores são livremente negociados no âmbito das bolsas de valores.

   III – O titular de um contrato futuro deve manter o ativo em sua posse até a data do vencimento do contrato, para somente então apurar a perda ou ganho financeiro.

   IV – O comprador de um ativo no mercado futuro acredita na sua valorização com relação ao preço à vista e o vendedor, ao contrário, aposta na sua desvalorização futura.

   a) As afirmativas I, II e III estão corretas.

   b) As afirmativas I, III e IV estão corretas.

   c) As afirmativas II e III e IV estão corretas.

   d) Apenas as afirmativas II e III estão corretas.

   e) As afirmativas I e IV estão corretas.

3. **Um importador brasileiro, que busca no mercado futuro proteção contra o risco de uma desvalorização cambial, assume uma posição de:**

   a) Especulador.

   b) Investidor.

   c) *Hedger*.

   d) Arbitrador.

   e) Alavancador.

4. **O risco dos contratos futuros é assumido pelo:**

   a) Especulador.

   b) Financiador.

c) *Hedger* de compra.

d) *Hedger* de venda.

e) Investidor.

5. Supondo que um ativo está sendo negociado no mercado à vista por $ 10,00 e no mercado futuro a $ 11,00 com vencimento em 30 dias, podemos afirmar que:

   a) O investidor a futuro terá interesse na compra se tiver uma expectativa de valorização futura acima de $ 10,00.

   b) O arbitrador assume decisão de compra à vista e venda simultânea no futuro se a taxa de juros de aplicações de renda fixa estiver abaixo de 10% a.m.

   c) O vendedor a futuro somente realizará um lucro se o preço do ativo no futuro se situar abaixo de $ 10,00.

   d) O comprador à vista apurará um aumento genuíno de riqueza se o preço do ativo no vencimento do contrato estiver acima de $ 11,00.

   e) O vendedor à vista somente realizará um ganho se o preço do ativo no futuro se situar abaixo de $ 11,00.

6. São riscos básicos do investidor, além do risco de crédito, os de:

   a) Mercado e liquidez.

   b) Mercado e câmbio.

   c) Liquidez e rentabilidade.

   d) Liquidez e câmbio.

   e) Risco de base e liquidez.

 EXERCÍCIOS PROPOSTOS

1. Um exportador brasileiro captou junto a uma instituição financeira nacional um adiantamento de contrato de câmbio (ACC) de 90 dias no valor de US$ 2.000.000,00 a uma taxa de juros (composta) prefixada de 1,8% a.m. O câmbio na contratação do empréstimo estava em R$ 2,47/US$ 1,00. Para se proteger de uma eventual desvalorização da moeda nacional frente ao dólar, a empresa fez uma aplicação em um CDI prefixado de 2,83% a.m. Sabendo que ao final do terceiro mês a empresa embarcou a mercadoria ao seu cliente no exterior, quitou a operação de ACC junto ao Banco e ocorreu uma desvalorização da moeda nacional de 2,5% frente ao dólar, calcule o ganho obtido pela empresa nessa operação.

2. Admita que em certa data são negociadas dez opções de venda de ações de uma empresa com vencimento para um mês. O preço de exercício da opção foi de $ 10,00 por ação e o prêmio pago pelo negócio foi de $ 0,10 por ação. Sabendo que na data do vencimento da opção o preço da ação atingiu $ 9,00, qual o resultado da operação?

3. Um investidor, otimista com relação ao preço futuro de uma ação, adquiriu uma opção de compra de um lote de 10 mil ações pelo valor de $ 3,60/ação, pagando um prêmio de $ 0,40/ação. Quando a cotação da ação atingiu $ 4,10, o investidor decidiu realizar seu direito de compra. Apure o seu ganho.

4. Foi oferecida a um investidor a compra de uma opção de venda de ações a $ 2,90/ação. No entanto, o investidor está apreensivo com relação ao desempenho futuro do mercado acionário, e não tem perspectiva de valorização ou desvalorização dessa ação. Sabendo que o prêmio dessa opção é de $ 0,25/ação e o lote negociado é de 10 mil ações, projete os resultados do investidor para os seguintes cenários futuros:

   a) no vencimento da opção o valor de mercado da ação é de $ 3,05;

   b) no vencimento da opção o valor de mercado da ação é de $ 2,62;

   c) no vencimento da opção o valor de mercado da ação é de $ 2,65.

5. O quadro a seguir fornece, em determinada data, informações sobre dois contratos futuros de juros negociados na Bolsa. Sabe-se que o valor de cada contrato no vencimento é fixado em R$ 100.000,00. Determine a taxa efetiva anual de juros (base de 252 dias úteis) prevista em cada contrato.

Contrato	Mês de referência	PU médio negociado	Número de dias úteis
1	Janeiro	R$ 98.327,30	21
2	Fevereiro	R$ 97.291,40	19

6. O prêmio de uma opção de compra de uma ação está cotado a $ 3,75. O preço de exercício é de $ 60,00. Desconsidere custos de corretagem e outros.

   a) Qual o preço mínimo da ação no mercado para que o investidor tenha o interesse em exercer sua opção de compra?

   b) Qual o preço mínimo que a ação deve atingir no mercado para que o investidor tenha lucro?

Links da web

https://www.ssctech.com/products/algorithmics. Portal americano de gestão de risco.

www.b3.com.br. *Site* da Bolsa de Valores de São Paulo (Bovespa).

Sugestão de leitura

ASSAF NETO, Alexandre. **Mercado financeiro**. 15. ed. São Paulo: Atlas, 2021.

SECURATO, J. Roberto (Coord.). **Cálculo financeiro das tesourarias**. 5. ed. São Paulo: Saint Paul Editora, 2015.

Respostas dos Testes de verificação

1. d
2. e
3. c
4. a
5. b
6. a

NOVAS TECNOLOGIAS EM FINANÇAS

OBJETIVOS DO CAPÍTULO

1. Apresentar, na evolução das finanças, sua contextualização e novas ferramentas que estão à disposição do estudo conceitual de finanças.
2. Traduzir novos elementos, novas tecnologias, novos conceitos e práticas presentes nos mercados financeiros.
3. Abrir espaço para discussão de novos elementos da teoria de finanças.
4. Compreender o avanço da tecnologia da informação ao ambiente de finanças de empresas e suas consequências nas decisões financeiras.
5. Abordar a dinâmica dessas novas ferramentas para as decisões financeiras dentro do ambiente dos mercados brasileiros.

Hoje, a área de finanças está associada a um conjunto de práticas e competências multidisciplinares, cada vez mais entrelaçadas e com grande ligação entre as áreas de negócios, economia, modelagem matemática e ciência de dados.

Atualmente, existe um número massivo de informações disponíveis nos ambientes empresariais. Informações essas que podem ser úteis para gestores usarem como *inputs* nas decisões tomadas. Como coletar essas informações, organizá-las, estruturar modelos inteligentes que possam ser usados para tomada de decisões são desafios modernos inerentes à atividade financeira e que vieram para ficar.

Este capítulo resume essas temáticas, aborda sua complexidade e demonstra a interlocução existente entre as diversas áreas até então auxiliares à área de finanças que estão presentes mais do que nunca na gestão financeira das empresas.

O conteúdo de finanças vem evoluindo ao longo dos anos, adaptando-se e trazendo novos paradigmas para o mundo contemporâneo, aliando técnicas, modelos e ferramentas cada vez mais alinhadas aos avanços da tecnologia.

31.1 CIÊNCIA DE DADOS EM FINANÇAS

Atualmente, vivemos em um mundo no qual o volume de dados disponíveis está cada vez maior. A tecnologia de acesso, as plataformas com dados, cada vez mais acessíveis, geram um volume massivo de dados. E esses dados nem sempre estão disponibilizados de uma maneira amigável, e, para isso, precisam receber algum tipo de tratamento para que possam ser usados para tomada de decisões. E é nesse ambiente que esse volume de dados financeiros aparece disponível, mas que, por si só, precisa de tratamento para que possa ser gerador de informações para tomada de decisões estratégicas dentro dos mercados.

E a Ciência de Dados, em inglês *data science*, como área científica multidisciplinar, ajuda-nos a otimizar o processamento desses dados, com maior agilidade, praticidade e segurança. A partir da necessidade da decisão a ser tomada, é possível coletar os dados, armazenar, organizar e, aí, usar ferramentas para extrair as informações necessárias. Tais ferramentas compõem um conjunto chamado "*analytics*".

31.1.1 *Analytics*

Analytics, ou análise dos dados propriamente dita, significa o uso de ferramentas estatísticas, matemáticas e econométricas com a finalidade de gerar modelos para facilitar a interpretação dos dados. Desde as ferramentas mais simples para organizar os dados, limpar eventuais dados discrepantes, para validação, dispor na forma de tabelas, análises descritivas, geração de gráficos para melhor visualização e entendimento do comportamento dos dados, até geração de modelos multivariados como regressão múltipla, regressão logística, entre outras.

Todavia, é possível se deparar com bases de dados (*data sets*) com grande volume de variáveis e com diversas complexidades; nesse caso, estamos tratando do que ficou conhecido como *Big Data*.

31.1.2 *Big Data*

O termo "*Big Data*" é usado para representar cinco características de um banco de dados: volume, velocidade, variedade, variabilidade e complexidade. Essas dimensões estão definidas em Fávero e Belfiore (2017), que explicam que volume de dados nasce da condição do aumento da capacidade computacional dos equipamentos mais recentes; a velocidade emerge do modo como podem ser atualizados dada a existência de sistemas de buscas de dados mais ágeis; a variedade está se referindo à maneira como podem ser acessados e buscados, desde textos ou *sites* de repositório de dados; a variabilidade com que coexistem, por exemplo, dados mensais ou dados em alta frequência como cotações minuto a minuto; e a complexidade vem da maneira como podem ser acessados, com códigos, periodicidades ou outros critérios, fazendo com que exista um rigor de controle gerencial dos dados.

A área de finanças é extremamente rica na análise de *Big Data*. A título de exemplo, considere uma empresa que deseja entender o perfil de tomadores de vendas, pessoas físicas, a prazo que apenas pagam a primeira parcela contratada e posteriormente entram em inadimplência. Um *data set* possível para essa finalidade poderia ter as seguintes variáveis para uma empresa com 1 milhão de clientes cadastrados:

- Data da venda
- Valor da prestação
- Número de prestações contratadas
- Número de parcelas pagas
- Número de parcelas a vencer
- Número de compras feitas
- Número da filial de venda
- Dias de atraso da última parcela vencida
- CPF
- Maior atraso já ocorrido em dias
- Valor financiado
- Estado civil
- CEP da residência
- Data de nascimento
- Renda mensal individual
- Renda mensal familiar

- Valor prestação/renda
- Dia do vencimento
- Número de cartões de crédito
- Número de filhos(as)
- Estado civil
- Telefone para contato
- Idade
- Escore do Serasa
- Valor pago de entrada
- Cidade
- Estado
- Sexo
- Categoria profissional
- *Status* (adimplente, inadimplente)

Esse volume de dados alimentados de modo contínuo, diário e ininterrupto, a partir da contratação de vendas, gera o que estamos chamando de *Big Data*.

A partir do conjunto de dados colhido e armazenado, é possível aplicar as diferentes técnicas de *analytics* para a estratégia desejada. Tais técnicas fazem parte do que é conhecido por *machine learning*, que faz parte do uso de algoritmos estatísticos e matemáticos para processar informações.

31.1.3 *Machine learning*

O termo "*machine learning*", ou "aprendizado de máquina", é a capacidade que um computador, ou um programa de computador (*software*), consegue exercer a partir da iteração sob uma base de dados na qual busca aprimorar a capacidade de leitura e *performance* de entendimento dos dados. Esse "aprendizado" surge da busca por algum tipo de inter relacionamento entre os dados para obter informações e trazer uma possível associação matemática entre as diversas variáveis.

Pode-se estabelecer basicamente dois tipos de modelos de *machine learning*: o supervisionado e o não supervisionado, os quais serão descritos a seguir.

31.1.3.1 *Modelos supervisionados*

Os modelos supervisionados ou confirmatórios são aqueles que vão gerar um modelo matemático representativo de uma equação, que representará uma função geral a partir do entendimento (treinamento) coletado a partir dos dados. Essa equação é obtida a partir da distribuição de coeficientes entre as diversas variáveis escolhidas como aquelas que podem ser capazes de explicar um atributo a ser predito como um valor (variável) de saída do modelo. Essa variável de saída pode ser numérica ou representar uma categoria de um evento, como conceder ou não crédito. Em tais modelos será possível fazer estimativas a partir de dados não presentes na amostra a partir da supervisão das demais observações presentes inicialmente, acendendo, daí, o termo "supervisionado".

Os métodos supervisionados mais empregados em finanças são aqueles conhecidos por técnicas de dependência, nas quais se tem a intenção de obter equações matemáticas (os chamados "modelos") que permitam conhecer o comportamento dos dados, a partir de uma variável conhecida como "dependente", bem como o relacionamento entre as variáveis explicativas com finalidade de obter previsões e seus respectivos intervalos de confiança.[1]

Alguns modelos supervisionados:

Modelos supervisionados	
Modelos de Regressão Simples	Modelos de Regressão Logística
Modelos de Regressão Múltipla	Análise Discriminante
Modelos de Regressão para Dados de Contagem	Modelos de Regressão com Dados em Painel

A seguir, apresentam-se alguns exemplos das aplicações em finanças para esses modelos. Nessas aplicações, fica demonstrado apenas a concepção da aplicação prática, sem dar destaque à parte de modelagem específica como geração do modelo em aplicativos econométricos.

---

[1] As descrições aqui fornecidas e para detalhes dos modelos, como podem ser gerados, testes e avaliação, ver em Fávero e Belfiore (2017).

APLICAÇÃO PRÁTICA
Regressão Múltipla

Considere uma empresa imobiliária que pretende encontrar um modelo quantitativo de apuração do valor estimado de um imóvel em determinado bairro residencial no qual um *shopping center* foi construído; pretende-se apurar a valorização dos imóveis residenciais daquela região após o término da construção do *shopping center*. As seguintes variáveis foram levantadas pela imobiliária:

- VALOR: valor dos imóveis residenciais apurados na última venda realizada.
- TAMANHO: metragem das residências, em metros quadrados.
- TEMPO: tempo de construção do imóvel.
- LAZER: variável *dummy* representada por 1 quando o imóvel tem área de lazer (independentemente do tamanho dela), que pode representar existência de piscina, churrasqueira, sauna etc., e por 0 quando não tem nenhum item de lazer no imóvel.
- PROXIMIDADE: variável *dummy* representada por 1 quando o imóvel está dentro de um raio estabelecido pela imobiliária, que seria considerado determinante para afetar o valor dos imóveis dentro dessa demarcação, e por 0 para residências que estão fora desse raio e, portanto, mais afastadas da localização do *shopping center*, e que não teriam seus valores de venda afetados pela existência desse estabelecimento.

A variável dependente desse modelo é VALOR, e as demais são explicativas. E para captar o ganho de valorização extra das residências próximas ao *shopping center*, cria-se uma variável mista de inclinação composta do produto das variáveis TAMANHO × PROXIMIDADE.

Dessa maneira, a imobiliária construiu um *data set* de um conjunto de 800 residências, sendo 410 próximas ao *shopping center* (ou seja, receberiam 1 na variável PROXIMIDADE por estarem dentro do raio de valorização dos imóveis) e 390 fora do raio definido.

Como a variável dependente é métrica, é possível utilizar um modelo de regressão múltipla na estimativa da regressão. Os resultados simulados são apresentados a seguir, levando-se em conta um nível $\alpha\%$ de significância estatística; as variáveis que deram significância estão apresentadas na equação a seguir:

$$VALOR = 40.220 + 990 \cdot TAMANHO - 3.100 \cdot TEMPO + 30.500 \cdot LAZER + 20.900 \cdot PROXIMIDADE + 530 \cdot TAMANHO \times PROXIMIDADE$$

Assim, é possível interpretar os coeficientes da seguinte maneira: para os imóveis que estão localizados dentro do raio de proximidade do *shopping center* (variável PROXIMIDADE = 1), o valor do metro quadrado é de R$ 1.520,00 (R$ 990,00 + R$ 530,00); o prêmio adicional de localização dos imóveis é de R$ 20.900,00 para aqueles imóveis próximos ao *shopping center*; e os imóveis perdem R$ 3.100,00 em valor por ano de depreciação deles. Ter alguma área de lazer valoriza os imóveis em R$ 30.500,00. Para imóveis fora do raio de proximidade do *shopping center* (variável PROXIMIDADE = 0), o valor do metro quadrado das construções é de R$ 990,00, a depreciação é a mesma (valor de perda de R$ 3.100,00 por ano), e o valor para o imóvel que tem área de lazer também é o mesmo, valorizando-se em R$ 30.500,00, mas perde o prêmio de localização.

Fonte: adaptado de HILL, R. Carter; JUDGE, George G.; GRIFFITHS, William E. **Econometria**. 3. ed. São Paulo: Saraiva, 2010.

APLICAÇÃO PRÁTICA
Regressão Logística

Considere um trabalho em que se deseja identificar o perfil de empresas de determinado setor que podem vir a pedir recuperação judicial. Para isso, serão analisados indicadores financeiros, por exemplo, dos últimos 4 anos, relacionados à rentabilidade, à escala, à liquidez, à eficiência e à alavancagem financeira. Para isso, foram coletadas as variáveis:

- RJ: variável binária, sendo atribuído o valor 1 para empresas que estavam em Recuperação Judicial (RJ) e zero (0) para empresas que não estavam em RJ.
- MG_LIQ: margem líquida.
- MG_EBIT: margem operacional bruta.
- ROIC: retorno sobre o capital investido.
- GIRO_ATIVO: giro do ativo total.
- LIQ_CORRENTE: índice de liquidez corrente.
- LIQ_SECA: índice de liquidez seca.
- ATIVO_PASSIVO: relação do ativo total dividido pelo passivo total.
- LN_REC: logaritmo natural da receita operacional líquida.
- LN_ATIVO: logaritmo natural do ativo total.

Nesse modelo, como a variável dependente é binária (dicotômica), usamos uma regressão logística e apuram-se os resultados, obtendo as variáveis significativas para a estimativa da probabilidade de uma empresa; com os indicadores obtidos, entra-se em RJ. A equação a seguir ilustra os coeficientes estimados a partir de uma base de dados de 100 empresas, com dados coletados nos últimos 4 anos. O resultado para as variáveis que foram significativas é:

$$Prob\,(RJ) = \frac{1}{1 + e^{-(-14\,-5{,}21.ATIVO\_PASSIVO-4{,}52.LIQ\_SECA+1{,}40.LN\_ATIVO-0{,}10.MG\_EBIT+1{,}00.LIQ\_CORRENTE)}}$$

Os resultados coletados mostram que os indicadores de liquidez, rentabilidade e escala têm associação negativa com o risco de RJ, uma vez que quanto maiores forem tais índices, menor tende a ser a possibilidade de a empresa entrar em RJ. Já os índices de alavancagem têm associação positiva com o risco de RJ, dado que maiores índices de alavancagem podem acarretar, em algum momento, possíveis problemas financeiros.

Dessa maneira, existem inúmeros outros modelos que podem ser obtidos dentro da área de finanças a partir do emprego da ciência de dados para tomada de decisões em finanças.

Na área de finanças, podemos ainda encontrar a necessidade de saber se uma empresa agrega ou não valor por suas métricas da gestão com base em valor. Assim, uma função discriminante poderia ser importante para analisar quais são os indicadores econômicos e financeiros capazes de discriminar a geração de valor. Tal prática é demonstrada a seguir.

APLICAÇÃO PRÁTICA
Análise Discriminante

Com o objetivo de determinar se uma empresa agrega ou não valor com base em seus indicadores financeiros e contábeis, é possível criar uma base de dados na qual se separa as empresas que agregam valor (aqui representadas por 1; o valor 1 indica a presença da geração de valor) e as que não agregam valor (aqui indicadas por 0, empresas que não atendem a um critério da gestão com base em valor para geração de riqueza). Nesse conjunto de dados, têm-se indicadores financeiros e contábeis para cada bloco de empresas. As variáveis explicativas podem ser:

- LUCRAT: lucratividade da empresa representada pela margem operacional de lucro em percentual.
- ROIC: retorno sobre o capital investido.
- ENDIV: endividamento, representado pela relação entre total das dívidas onerosas e o patrimônio líquido.
- LIQ_CORRENTE: índice de liquidez corrente.
- CRESC_VENDAS: crescimento das vendas, representado pela taxa de crescimento das vendas atuais comparadas com as vendas de um período anterior.

Nesse modelo, como a variável dependente é binária (dicotômica), usamos uma Análise Discriminante para identificar não somente as variáveis que afetam a geração de valor, mas também para representar a função discriminante para tal finalidade. Usando um pacote estatístico é possível rodar uma Análise Discriminante e obter as seguintes variáveis significativas, a um dado nível de confiança estatístico para uma amostra de 50 empresas, por exemplo. A equação a seguir ilustra os coeficientes estimados a partir da amostra, com dados coletados no último ano. O resultado para as variáveis que foram significativas (as que não estão na função discriminante é porque não foram significativas) é:

$$Z = 0{,}1 + 0{,}5 \cdot LUCRAT - 0{,}3 \cdot ENDIV + 0{,}2 \cdot CRESC\_VENDAS$$

A função discriminante encontrada demonstra um coeficiente positivo para a variável LUCRAT, mostrando que quanto maior a lucratividade, maiores as chances de a empresa agregar valor; um coeficiente negativo para ENDIV, uma vez que altos índices de endividamento tendem a comprometer os resultados da empresa, podendo indicar perda de geração de valor; e um coeficiente positivo para CRESC_VENDAS, já que maiores vendas tendem a contribuir para a geração de melhores resultados financeiros da empresa e, consequentemente, maiores chances de criação de valor.

Desse modo, caso uma empresa apresentasse LUCRAT = 15%, ENDIV = 40% e CRESC_VENDAS = 5%, sua função discriminante seria:

$$Z = 0{,}1 + 0{,}5 \cdot (15\%) - 0{,}3 \cdot (40\%) + 0{,}2 \cdot (5\%)$$
$$Z = 0{,}1 + 0{,}5 \cdot (0{,}15) - 0{,}3 \cdot (0{,}40) + 0{,}2 \cdot (0{,}05)$$
$$Z = 0{,}065$$

A partir das funções discriminantes, é possível definir um limite de discriminação para podermos realizar as classificações das empresas. Por exemplo, admitindo que o Z calculado seja maior que um dado limite discriminante (que pode variar de modelo para modelo), a empresa seria classificada como "Agrega Valor" (1), caso contrário, seria classificada como "Não Agrega Valor" (0).

Vale lembrar que os coeficientes e o limite de discriminação serão encontrados em cada modelagem e em cada contexto do problema e da análise pretendida. Os dados aqui representados servem apenas para ilustrar uma aplicação prática da análise discriminante em finanças.

Dessa maneira, existem inúmeros outros modelos que podem ser obtidos dentro da área de finanças a partir do emprego da ciência de dados para tomada de decisões em finanças.

31.1.3.2 Modelos não supervisionados

Já os modelos não supervisionados ou exploratórios são aqueles que não vão gerar inferências para observações não presentes nos dados amostrais, ou seja, não gerarão modelos preditivos. Tais modelos buscam encontrar estruturas de relações de interdependência entre as variáveis na tentativa de redução no banco de dados. Nesse tipo de modelagem, o objetivo consiste na tentativa de classificação ou grupamento de variáveis em estruturas mais simples capazes de representar um diagnóstico desse bloco de variáveis ou de observações para facilitar o entendimento dos dados ou mesmo servir de *inputs* para geração de modelos supervisionados.

Para esses modelos exploratórios, não vai existir uma variável preditora, uma vez que os objetivos tratam da redução dos dados, ou da sua simplificação ou agrupamento de casos e variáveis, servindo de diagnóstico sobre o comportamento dos dados.

Alguns modelos não supervisionados:

Modelos não supervisionados	
Análise de Conglomerados	Análise Fatorial
Análise de Correspondência	Correlação Canônica

A análise de conglomerados, ou análise de agrupamentos, ou mesmo análise de *clusters*, trata do estudo da semelhança entre os casos em relação às variáveis métricas ou binárias para eventual busca de *clusters* de observações. Já a análise fatorial é empregada quando se deseja criar novas variáveis ou até mesmo agrupamento de variáveis que possam capturar o comportamento conjunto de variáveis métricas. A análise de correspondência avalia a existência de possíveis associações entre duas variáveis categóricas e suas respectivas categorias.

APLICAÇÃO PRÁTICA
Análise Fatorial

Em finanças é muito comum trabalharmos com um grande número de indicadores contábeis e financeiros de empresas. Alguns inclusive que apresentam ligação entre si, por exemplo, rentabilidade e lucratividade. Assim, considere um banco de dados com os seguintes indicadores de empresas:

- LIQ_CORRENTE: índice de liquidez corrente.
- ROE: retorno sobre o Patrimônio Líquido.
- MARG_OP: margem operacional.
- ENDIV: endividamento representado pela relação entre dívidas onerosas e o Patrimônio Líquido.
- CRESC_VENDAS: crescimento das vendas, representado pela taxa de crescimento das vendas atuais comparadas com as vendas de um período anterior.
- ROA: retorno sobre o Ativo.
- MARG_LIQ: margem líquida.

A partir de um conjunto de 100 empresas com os indicadores selecionados, pode-se aplicar uma análise fatorial por componentes principais; foram extraídos quatro fatores (o número de fatores varia de modelo para modelo) cujas cargas fatoriais para criar os fatores a partir das variáveis que se unem são dadas a seguir.

Continua

Continuação

Fator	Interpretação do fator
Fator 1	Rentabilidade Fator 1 = 0,75 · ROE + 0,90 · MARG_OP + 0,7 · ROA
Fator 2	Estrutura de Capital Fator 2 = 0,5 · ENDIV
Fator 3	Liquidez Fator 3 = 0.4 · LIQ_CORRENTE
Fator 4	Crescimento Fator 4 = 0.9 · CRESC_VENDAS

A partir dos fatores construídos é possível utilizá-los em outros modelos financeiros. Ao substituir os respectivos índices de cada empresa da base de dados nos Fatores, tem-se a métrica que comporá o fator correspondente de acordo com cada agrupamento das variáveis.

31.2 INTELIGÊNCIA ARTIFICIAL

A inteligência artificial (IA), do inglês *Artificial Intelligence* (AI), representa um conjunto avançado de tecnologias que, juntas, são capazes de organizar, processar, reconhecer padrões, treinar e aprender processos com os dados disponíveis para tomada de decisões.

E o processo desse conjunto de informações ocorre por meio de algoritmos, que são sequências de comandos, raciocínios e operações que realizam a orientação para determinado *software*. Conforme foi mencionado neste capítulo, a esse conjunto de algoritmos utilizados nesse processo, desde a organização até a aprendizagem, é o que se conhece por *machine learning*. Ao se introduzir algoritmos de alta complexidade, que buscam reproduzir a rede de neurônios do cérebro humano, temos o que se conhece por *deep learning*.

A área de finanças está cada vez mais alinhada com a IA. Processos de reconhecimento de fraudes bancárias, soluções de problemas para automação de sistemas, algoritmos para análise de risco de crédito, busca de novas tecnologias para aumento de segurança de dados são exemplos nos quais a IA está atuando e será cada vez mais promissora.

Exemplos dessa tecnologia podem ser encontrados em computadores, como o completador de frases; o assistente virtual chamado "SIRI", dos aparelhos da Apple; ferramentas de reconhecimento facial; e, até mesmo, a revolução da IA, o chatGPT (*chat generative pre-trained transformer*), cuja tradução seria "transformador pré-treinado de gerador de conversas", que representa um mecanismo de diálogo desenvolvido pela OpenAI.

Embora toda essa evolução tenha trazido avanços significativos para a área de finanças, é necessário ficarmos atentos a possíveis incertezas que podem ser oriundas da própria ferramenta, como dependência da qualidade da informação e dos dados, possíveis falhas de programação presentes nos algoritmos, custos elevados para programação e implementação dos *softwares*, além de considerar possíveis usos indevidos.

31.3 *BLOCKCHAIN*

Blockchain representa uma tecnologia de registro de informações que são conectadas por meio de criptografia, fazendo com que os dados correspondentes ao armazenamento da informação, como transações financeiras ou outras operações, possam ser feitos de maneira segura.

Nessa tecnologia, toda transação fica registrada como um "bloco" de dados, no qual ficam armazenadas as movimentações que forem definidas, como quem fez, quando foi feita, valores etc., construindo assim uma cadeia de informações que acompanha toda a movimentação.

Os registros se dão por meio de criptografia, na qual as informações são manipuladas por algoritmos matemáticos produzindo um texto cifrado. Tal transformação é feita por meio de uma chave, um valor específico, que é utilizada tanto na conversão do texto aberto em texto codificado quanto para reverter o processo. Esse processo é essencial no registro visando à segurança das transações, ao armazenamento e à transmissão das informações.

Cada bloco de informações de cada transação fica armazenado, desde sua criação até a transação seguinte, e assim sucessivamente, derivando em uma *blockchain*, transformando-se em uma cadeia distribuída ou descentralizada, sendo que a cada nova alteração, o registro é entregue a todos os envolvidos, evitando, com isso, que uma alteração seja feita sem o consenso de toda a rede.

Essa tecnologia está em constante evolução e visa oferecer maior transparência e segurança às transações feitas. Na área de finanças, instituições financeiras estão aplicando essa tecnologia para agilizar liquidação de transações, verificação de identidade, entre outras possíveis. Diversas áreas também estão adotando, como votação eletrônica e em criptomoedas, nas quais ficou mais conhecida por ser a tecnologia que estaria por trás das transações de criptomoedas como os Bitcoins, facilitando as transações financeiras entre as partes, sem intermediários.

31.4 MOEDAS, CRIPTOMOEDAS E *CYBERSECURITY*

Todo o sistema de moedas vem evoluindo ao longo de toda a história econômica em diferentes etapas e modos de transacionar valores monetários. Desde o escambo, no qual as pessoas trocavam bens e/ou serviços, sem necessariamente usar algum tipo de moeda no sentido estrito. A partir dessa prática, surgiram as moedas metálicas, por exemplo, de ouro

e prata, permitindo atribuição de valores intrínsecos. Posteriormente, com o avanço das civilizações e das operações, surgiu a moeda fiduciária, com base na confiança e controlada por uma autoridade econômica. E com o avanço da tecnologia e da Era Digital, surgiu o dinheiro de "plástico", facilitando as transações financeiras por meio dos sistemas bancários.

E nos últimos anos, as moedas digitais, que representam uma forma de dinheiro eletrônico que existe apenas em formato digital, não tendo forma física como conhecemos as notas e as moedas. Seu uso e sua criação são feitos por meio da utilização das chamadas "tecnologias digitais", como criptografias e registros distribuídos.

Basicamente, é possível ter dois tipos de moedas digitais: as centralizadas e as descentralizadas (criptomoedas). As moedas digitais centralizadas são aquelas emitidas e que são controladas por um órgão central, como um Banco Central (*Central Bank Digital Currencies* – CBDCs) ou uma Instituição Financeira.

As moedas digitais de Banco Central vêm sendo estudadas por diversos países, entre eles o Brasil. A China tem o Yuan Digital (e-CNY), emitida pelo Banco Popular da China, cuja iniciativa foi facilitar as transações eletrônicas nesse país.

Já as moedas digitais descentralizadas são aquelas que operam em redes de computadores distribuídos e são baseadas em tecnologia digital, como *blockchain* e chamadas de criptomoedas. O uso do prefixo "cripto" significa que a moeda utiliza os recursos de criptografia para segurança e verificação das transações na rede, funcionando assim de maneira descentralizada.

O Bitcoin (BTC) e o Litecoin (LTC) são exemplos de criptoativos. A utilização desses ativos exige mecanismos de segurança contra roubos e fraudes, devendo as plataformas utilizarem instrumentos de segurança para proteção das informações. Tais práticas e medidas que são adotadas visando à proteção de computadores, redes e dados são conhecidas como "segurança da informação" ou "segurança cibernética" (*cybersecurity*), compondo um rol de práticas de prevenção, monitoramento, detecção de possíveis ameaças e até instrumentos de recuperação de dados e sistemas.

31.5 EDUCAÇÃO FINANCEIRA

> A Educação Financeira deve apresentar e tratar dos conteúdos básicos do cotidiano das finanças pessoais relativos ao uso consciente dos recursos financeiros, orçamento familiar, consumo planejado, poupança, investimentos, crédito, dívidas, entre outros.

A Educação Financeira tem por objetivo apresentar às pessoas as competências e habilidades necessárias para tomada de decisões financeiras no dia a dia de modo coerente e que preserve seus recursos e os dimensione para uma melhor qualidade de vida. É um conjunto de múltiplas competências aliadas à compreensão do perfil de cada investidor na busca por bons resultados financeiros em seus investimentos.

Para se educar financeiramente o cidadão é preciso compreender as informações de mercado e dominar as ferramentas necessárias para cuidar de suas finanças. É importante destacar ainda que o processo da cultura financeira deve ser estendido a seus familiares para que os estimulem a usar seus recursos financeiros referentes a consumo, poupança, investimentos, prevenção e sonhos atuais e futuros de maneira adequada.

Entende-se que pessoas que são educadas financeiramente tendem a demandar de modo consciente produtos e serviços financeiros mais bem ajustados à sua realidade, proporcionando maior estabilidade ao sistema financeiro como um todo.

O Banco Central do Brasil participa e estimula a conscientização da Educação Financeira a todos os cidadãos. Apresenta programas, cursos e conteúdos de divulgação retratando a importância do uso consciente do dinheiro.

O avanço das Finanças Comportamentais tem contribuído, e muito, para o melhor entendimento dos mercados financeiros, seus produtos, prazos e modos de investimento, tornando inclusive a linguagem mais acessível aos investidores iniciantes, propagando a cultura da Educação Financeira.

Diversas temáticas têm sido debatidas sobre o que se espera da Educação Financeira nos mais diversos ambientes. Entre esses temas tem-se o conteúdo sobre o uso do dinheiro (moeda) e a nossa relação do cotidiano com nossos recursos financeiros, mostrando que cada vez mais fazemos escolhas mais conscientes, que é o melhor caminho para a condução de uma vida financeira estável, e ainda a necessidade de se ter um planejamento para a realização de sonhos, como viagens e compra de bens de maior valor.

Entender os conceitos de recebimentos e pagamentos na condução de fluxos positivos para uma vida financeira saudável é outro ponto essencial. Nesse ponto, entra a peça-chave de qualquer negócio, que é o conhecimento do fluxo de caixa, como um controle de entradas e saídas de pagamentos, levando o cidadão a entender que não poderia gastar mais do que se arrecada.

E no caso da utilização do crédito, entender que ele deve se dar de modo consciente da real necessidade. Usar o crédito e suas diversas modalidades como produto complementar e não como incremento de recebimentos é primordial para evitar compromissos financeiros sem ter a real capacidade de pagamentos, ou seja, entender que o crédito tem vantagens e desvantagens, devendo ser usado em condições favoráveis. É relevante ainda ilustrar que os produtos de crédito têm custos e que diferentes produtos têm custos maiores que outros.

Na condição de possuir dívidas, é necessário identificar as causas do endividamento excessivo e compreender as ferramentas e atitudes necessárias para o encerramento desse excesso. E ainda conhecer produtos do mercado de crédito que poderiam ser trocados para redução de altos custos financeiros de algumas modalidades de crédito como cheque especial e cartão de crédito.

Quanto se trata de investimentos, deve-se compreender que investimento é um sacrifício que se faz hoje para obter maiores recursos no futuro. Conhecer os diversos produtos de investimentos do mercado, suas tarifas, impostos e prazos é essencial para se fazer bons investimentos. Cada investidor deve conhecer seu perfil de risco para fazer alocações coerentes.

Saber reconhecer os riscos envolvidos em cada produto também é uma das preocupações da Educação Financeira. Diferentes produtos têm diferentes riscos, e para evitar assumir riscos desnecessários, vale sempre a pena a consulta a profissionais do mercado para que se conheça boas oportunidades de investimentos atreladas aos riscos assumidos.

Planejar a aposentadoria também é uma maneira de estruturar melhores condições de vida, uma vez que existem produtos, como seguros e previdência, que podem ser assumidos dentro de um planejamento familiar que traga proteção não somente à inflação, mas também benefícios futuros com geração de recebimentos ao longo da fase de aposentadoria.

31.6 OPEN FINANCE

O chamado sistema **open finance** é um sistema que permite ao usuário, e com sua autorização, o compartilhamento de dados pessoais, bancários e financeiros entre instituições financeiras. Dessa maneira, o cliente dá o seu consentimento à instituição para o compartilhamento de suas informações, que deverá ser analisado e usado pela instituição somente para a finalidade específica pela qual foi autorizada e dentro de determinado período.

Assim, por exemplo, se um cliente abre uma nova conta em outra instituição financeira, na qual não tem nenhum histórico de desempenho, o cliente pode compartilhar com essa nova instituição os seus dados da antiga e manter as duas contas ativas. No caso de solicitar um empréstimo, por exemplo, a nova instituição poderá ter acesso ao seu histórico de pagamentos junto à instituição antiga, o que pode contribuir para uma análise de crédito mais robusta e trazer alguma vantagem ao novo correntista.

Dessa maneira, o *open finance* não é um produto bancário, e sim uma infraestrutura tecnológica moderna, ou um ecossistema, como é chamado, que facilita esse compartilhamento gratuito de informações; a decisão de repassar tais informações cabe única e exclusivamente ao cliente.

Vale a pena ressaltar que o *open finance* tem uma estrutura mais ampla do que o **open banking**, que foi implantando a partir de fevereiro de 2021, de acordo com o Banco Central do Brasil. O *open banking* facilitou o uso compartilhado de informações bancárias. Por exemplo, um cliente, ao decidir abrir uma nova conta em outra instituição financeira que lhe apresentou taxas de custos de conta mais acessíveis e dentro de sua expectativa, pode solicitar ao antigo banco o compartilhamento de seu currículo financeiro com a nova instituição. Isso é possível graças ao *open banking*.

Agora, ao contratar outro produto financeiro, como seguro de um veículo, ou uma operação de câmbio, por exemplo, a seguradora ou a corretora poderá solicitar informações pessoais e financeiras que poderão ser feitas pelo *open finance*. Isso fez com que o *open finance* se tornasse uma evolução do *open banking*, com maior praticidade e contribuindo para que os clientes possam ter maior facilidade de escolha da instituição financeira na qual desejam manter a sua movimentação.

Na prática, o compartilhamento de dados pode ser feito via aplicativo da instituição ou mesmo pelo seu *site* com *internet banking*, podendo realizar tal escolha de modo seguro e com garantia da confidencialidade, uma vez que as instituições seguem a Lei Geral de Proteção de Dados (LGPD).

Resumo

1. Ciência de Dados em Finanças

Ciência de Dados, em inglês *data science*, é uma área científica multidisciplinar que nos ajuda a otimizar o processamento desses dados, com maior agilidade, praticidade e segurança. A partir da necessidade da decisão a ser tomada, é possível coletar os dados, armazenar, organizar e, aí, usar ferramentas para extrair as informações necessárias. Tais ferramentas compõem um conjunto chamado "*analytics*", que significa o uso de ferramentas estatísticas, matemáticas, econométricas com a finalidade de gerar modelos para facilitar a interpretação dos dados.

O termo "*Big Data*" é usado para representar cinco características de um banco de dados: volume, velocidade, variedade, variabilidade e complexidade. A partir do conjunto de dados colhido e armazenado, é possível aplicar as diferentes técnicas de *analytics* para a estratégia desejada. Tais técnicas fazem parte do que é conhecido como "*machine learning*", que faz parte do uso de algoritmos estatísticos e matemáticos para processar informações. O termo "*machine learning*", ou "aprendizado de máquina", é a capacidade que um computador, ou um programa de computador (*software*), consegue exercer a partir da iteração sob uma base de dados na qual busca aprimorar a capacidade de leitura e *performance* de entendimento dos dados.

Os modelos supervisionados ou confirmatórios são aqueles que vão gerar um modelo matemático representativo de uma equação, que representará uma função geral a partir do entendimento (treinamento) coletado a partir dos dados. Já os modelos não supervisionados ou exploratórios são aqueles que não vão gerar inferências para observações não presentes nos dados amostrais, ou seja, não gerarão modelos preditivos. Tais modelos buscam encontrar estruturas de relações de interdependência entre as variáveis na tentativa de redução no banco de dados.

A IA, do inglês *Artificial Intelligence* (AI), representa um conjunto avançado de tecnologias que, juntas, são capazes de organizar, processar, reconhecer padrões, treinar e aprender processos com os dados disponíveis para tomada de decisões. A área de finanças está cada vez mais alinhada com a IA. Processos de reconhecimento de fraudes bancárias, soluções de problemas para automação de sistemas, algoritmos para análise de risco de crédito, busca de novas tecnologias para aumento de segurança de dados são exemplos nos quais a IA está atuando e será cada vez mais promissora.

2. *Blockchain*, moedas, criptomoedas e *cybersecurity*

Blockchain representa uma tecnologia de registro de informações que são conectadas por meio de criptografia, fazendo com que os dados correspondentes ao armazenamento da informação, como transações financeiras ou outras operações, possam ser feitos de maneira segura. Nessa tecnologia, toda transação fica registrada como um "bloco" de dados, onde ficam armazenadas as movimentações que forem definidas, como quem fez, quando foi feita, valores etc., construindo assim uma cadeia de informações que acompanha toda a movimentação. Os registros se dão por meio de criptografia, na qual as informações são manipuladas por algoritmos matemáticos, produzindo um texto cifrado.

Todo o sistema de moedas vem evoluindo ao longo de toda a história econômica em diferentes etapas e modos de transacionar valores monetários. Desde o escambo, no qual as pessoas trocavam bens e/ou serviços, sem necessariamente usar algum tipo de moeda no sentido estrito. A partir dessa prática, surgiram as moedas metálicas, por exemplo, de ouro e prata, permitindo atribuição de valores intrínsecos. Posteriormente, com o avanço das civilizações e das operações, surgiu a moeda fiduciária, com base na confiança e controlada por uma autoridade econômica. E com o avanço da tecnologia e da Era Digital, surgiu o dinheiro de "plástico", facilitando as transações financeiras por meio dos sistemas bancários.

E nos últimos anos, as moedas digitais, que representam uma forma de dinheiro eletrônico que existe apenas em formato digital, não tendo forma física como conhecemos as notas e as moedas. Seu uso e sua criação são feitos por meio da utilização das chamadas "tecnologias digitais", como criptografias e registros distribuídos. Tais práticas e medidas que são adotadas visando à proteção de computadores, redes e dados são conhecidas como "segurança da informação" ou "segurança cibernética" (*cybersecurity*), compondo um rol de práticas de prevenção, monitoramento, detecção de possíveis ameaças e até instrumentos de recuperação de dados e sistemas.

3. Educação Financeira

A Educação Financeira tem por objetivo apresentar às pessoas as competências e habilidades necessárias para tomada de decisões financeiras no dia a dia de modo coerente e que preserve seus recursos e os dimensione para uma melhor qualidade de vida. É um conjunto de múltiplas competências aliadas à compreensão do perfil de cada investidor na busca por bons resultados financeiros em seus investimentos. Para se educar financeiramente o cidadão, é preciso compreender as informações de mercado e dominar as ferramentas necessárias para cuidar de suas finanças. É importante destacar ainda que o processo da cultura financeira deve ser estendido a seus familiares para que os estimulem a usar seus recursos financeiros referentes a consumo, poupança, investimentos, prevenção e sonhos atuais e futuros de maneira adequada.

4. *Open Finance*

O chamado sistema *open finance* é um sistema que permite ao usuário, e com sua autorização, o compartilhamento de dados pessoais, bancários e financeiros entre instituições financeiras. Dessa maneira, o cliente dá o seu consentimento à instituição para o compartilhamento de suas informações, que deverá ser analisado e usado pela instituição somente para a finalidade específica pela qual foi autorizada e dentro de determinado período. Na prática, o compartilhamento de dados pode ser feito via aplicativo da instituição ou mesmo pelo seu *site* com *internet banking*, podendo realizar tal escolha de maneira segura e com garantia da confidencialidade, uma vez que as instituições seguem a Lei Geral de Proteção de Dados (LGPD).

Testes de verificação

1. Sistema que que permite ao usuário, e com sua autorização, o compartilhamento de dados pessoais, bancários e financeiros entre instituições financeiras. Essa referência trata do:
   a) *Blockchain*
   b) *Open finance*
   c) Criptomoedas
   d) Sisbacen
   e) *Analytics*

2. Das opções de análise de dados em finanças dadas a seguir, qual corresponde a um modelo não supervisionado?
   a) Análise Fatorial
   b) Regressão Logística
   c) Análise Discriminante
   d) Regressão Múltipla
   e) Regressão com Dados em Painel

3. Representa uma tecnologia de registro de informações que são conectadas por meio de criptografia, fazendo com que os dados correspondentes ao armazenamento da informação, como transações financeiras ou outras operações, possam ser feitos de maneira segura:
   a) Criptomoedas
   b) *Cybersecurity*
   c) *Blockchain*
   d) *Open finance*
   e) ChatGPT

4. Tem por objetivo apresentar às pessoas as competências e habilidades necessárias para tomada de decisões financeiras no dia a dia de modo coerente e que preserve seus recursos e os dimensione para uma melhor qualidade de vida:
   a) *Blockchain*
   b) *Open finance*
   c) ChatGPT
   d) Educação Financeira
   e) *Analytics*

Exercícios propostos

1. Admita que uma empresa na área de e-commerce esteja buscando uma análise de dados preditiva para saber se determinado cliente fará ou não uma compra com base nas seguintes variáveis: idade, gênero do cliente, valor médio gasto nos últimos 3 meses, número de vezes que o cliente visitou o *site* nos últimos 30 dias, variável compra, sendo binária (assumindo 1 quando o cliente efetivou uma compra e zero quando não fez a compra). Para uma amostra de 500 clientes, qual modelo de análise de dados seria proposto para atender à necessidade da empresa?

2. Qual a relação entre *blockchain* e criptomoedas?

3. Considere uma empresa de varejo que tem o seguinte conjunto de dados com informações sobre clientes e suas compras: idade,

gênero do cliente, valor médio mensal gasto pelo cliente, número de itens comprados nos últimos 3 meses e localização geográfica do cliente. Assim, pede-se:

a) Se o objetivo da empresa for agrupar clientes por diferentes perfis de compra, o que usar: modelos supervisionados ou modelos não supervisionados?

b) Se o objetivo for prever se o cliente fará ou não determinada compra, qual modelagem usar: supervisionada ou não supervisionada?

LINKS DA WEB

http://www.institutoassaf.com.br/. *Site* dedicado ao estudo de finanças e com base de dados.

https://www.kaggle.com/. *Site* de uma comunidade para estudo da Ciência de Dados com bases de dados disponíveis para área de finanças.

https://www.indexmundi.com/. *Site* com bases de dados de diversos segmentos, como *commodities*, mineração, energia, câmbio, entre outros.

https://www.tylervigen.com/spurious-correlations. *Site* que exemplifica que correlação não implica causalidade.

https://www.bcb.gov.br/cidadaniafinanceira. *Site* do Banco Central do Brasil sobre Cidadania Financeira.

https://openfinancebrasil.org.br/. *Site* dedicado a atualizar informações sobre o *Open Finance*.

https://openai.com. *Site* da OpenAi para uso do ChatGPT.

SUGESTÃO DE FILME

Ao longo deste capítulo foi mencionada a importância dos métodos quantitativos para a área de finanças. Assim, recomendamos o Documentário **O Prazer da Estatística** (https://www.youtube.com/watch?v=xLr68J2yDJ8/).

É um documentário de 2010, apresentado na BBC de Londres, que retrata a história da estatística e suas contribuições para o entendimento de várias ocorrências do mundo, como do universo, mudanças climáticas etc.

SUGESTÃO DE LEITURA

BANCO CENTRAL DO BRASIL. **Caderno de Educação Financeira. Gestão de Finanças Pessoais**. BCB, 2013, 72 p.

FÁVERO, Luiz Paulo, BELFIORE, Patrícia. **Manual de Análise de Dados - Estatística e Modelagem Multivariada com Excel®, SPSS® e Stata®**. São Paulo: Grupo GEN e LTC, 2017.

HILL, R. Carter. JUDGE, George G.; GRIFFITHS, William E. **Econometria**. 3. ed. São Paulo, Saraiva, 2010.

MORETTIN, Pedro Alberto, SINGER, Júlio da Motta. **Estatística e Ciência de Dados**. São Paulo: Grupo GEN e LTC, 2022.

RESPOSTAS DOS TESTES DE VERIFICAÇÃO

1. b   3. c
2. a   4. d

Respostas dos Exercícios Propostos

CAPÍTULO 3

1. a) FV_{JS} = $ 98.100,00

   FV_{JC} = $ 98.409,89

   b) Juros compostos rendem "juros sobre juros", produzindo um montante maior que os juros simples.

2. a) 16,67% a.a. com capitalização mensal   b) 6,12% a.t.

3. 5,08% a.m.

4. $ 11.255,47

5. $ 3.283,06

6. a) 36,54%

   b) 42,576%

   c) 0,0444697

   d) 0,0462573

CAPÍTULO 4

1. 1,4% no período

2. Poupança: 4,84% a.a.

   CDB: 11,9% a.a.

   Ouro: 9,61% a.a.

   Bovespa: 29,3% a.a.

   Dólar: – 10,6% a.a.

3. 6,5% a.m.

4. 1,31% a.m.

5. 1,606% a.m.

6. 5,0977%

CAPÍTULO 5

1. a) FV_{BRUTO} = $ 50.694,98; $FV_{Líq.}$ = $ 50.538,61   b) 1,01% a.m.

2. $ 1.363,00

3. a) $ 2.496,22;   b) i = 3,82%

4. a) $ 5.156,94   b)   0,86% a.m.

5. 0,0466% a.m.

6. a) 7.856,57   b)   1.281,84   c)   452,56

CAPÍTULO 6

1. 5,76% a.s.

2. $ 885,30

3. a) 36,0 dias   b)   i = 1,06% a.m.

4. 3,31% a.s.   (6,62% a.a.)

5. $ 954,41

6. a) 10,01% a.a.   b)   9,24% a.a.

CAPÍTULO 7

1. 3,99% a.m.

2. Superavaliou (pagou mais que seu valor intrínseco)

3. 4%

4. $ 11,60

5. 9% a.a.

6. Destrói valor de $ 0,50/ação

CAPÍTULO 8

1.

Balanço patrimonial

ATIVO	Mês 0	Mês 1	Mês 2
Caixa	R$ 20.000,00	R$ 26.381,61	R$ 27.446,31
Contas Receb.	R$ –	R$ 31.200,00	R$ 31.200,00
Estoque	R$ –	R$ 1.855,13	R$ 3.710,25
Total AC	R$ 20.000,00	R$ 59.436,73	R$ 62.356,56
AP			
Imobilizado	R$ 30.000,00	R$ 30.000,00	R$ 30.000,00
(–) Depr. Ac.	R$ –	R$ (1.000,00)	RS (2.000,00)
AP Liq.	R$ 30.000,00	R$ 29.000,00	R$ 28.000,00
TOTAL ATIVO	R$ 50.000,00	R$ 88.436,73	R$ 90.356,56
PASSIVO	Mês 0	Mês 1	Mês 2
Contas Pagar	R$ –	RS 21.000,00	R$ 21.000,00
Impostos	R$ –	R$ 15.516,90	R$ 15.984,90
Financiamentos	R$ 15.000,00	R$ 13.881,61	R$ 12.740,84
Total PC	R$ 15.000,00	R$ 50.398,51	R$ 49.725,74

PL

Capital	R$ 35.000,00	R$ 35.000,00	R$ 35.000,00
Lucros Acumulados	R$ –	R$ 3.038,23	R$ 5.630,82
Total PL	R$ 35.000,00	R$ 38.038,23	R$ 40.630,82
TOTAL PASSIVO	R$ 50.000,00	R$ 88.436,73	R$ 90.356,56

DRE	1 mês	2 mês
Receita	R$ 78.000,00	R$ 78.000,00
(–) impostos	R$ (29.766,75)	R$ (29.766,75)
Receita líq.	R$ 48.233,25	R$ 48.233,25
(–) CPV	R$ (24.116,63)	R$ (24.116,63)
Lucro bruto	R$ 24.116,63	R$ 24.116,63
(–) Desp. Fix.	R$ (8.000,00)	R$ (8.000,00)
(–) Desp. Adm.	R$ (2.200,00)	R$ (2.200,00)
(–) Perdas	R$ (7.800,00)	R$ (7.800,00)
EBITDA	R$ 6.116,63	R$ 6.116,63
(–) Deprec.	R$ (1.000,00)	R$ (1.000,00)
LAJIR	R$ 5.116,63	R$ 5.116,63
(–) Desp. Fin.	R$ (300,00)	R$ (277,63)
LAIR	R$ 4.816,63	R$ 4.838,99
(–) IR/CS	R$ (1.778,40)	R$ (2.246,40)
LL	R$ 3.038,23	R$ 2.592,59

DFC	1º mês	2º mês
Saldo inicial	R$ 20.000,00	R$ 26.381,61
(+) Receb.	R$ 39.000,00	R$ 39.000,00
(+) Ctas. Rec.	R$ –	R$ 31.200,00
(–) Pgto. a vis.	R$ (21.000,00)	R$ (21.000,00)
(–) Ctas. pag.	R$ –	R$ (21.000,00)
(–) Impostos	R$ –	R$ (15.516,90)
(–) Financ.	R$ (1.418,39)	R$ (1.418,39)
(–) Desp. Fix.	R$ (8.000,00)	R$ (8.000,00)
(–) Desp. Adm.	R$ (2.200,00)	R$ (2.200,00)
Saldo Final	R$ 26.381,61	R$ 27.446,31

2. a) Resultado Nominal   Resultado Corrigido

      R$ 160.000,00   R$ 147.000,00

    b) Resultado Nominal   Resultado Corrigido

      R$ 120.000,00   R$ 113.000,00

3. a) Resultado do Período 100% Estoque

      R$ 155.000,00

      Resultado do Período a 70% do Estoque

      R$ 87.000,00

    b) Resultado do Período 100% Estoque

      R$ 118.600,00

      Resultado do Período a 70% do Estoque

      R$ 113.000,00

4.

DRE	Proj. 2008
Receita de Vendas	1.200.000,00
(–) CPV	(720.000,00)
Lucro Bruto	480.000,00
(–) Desp. Operacionais	(180.000,00)
(–) Depreciação	(20.000,00)
Lucro Operacional	280.000,00
(–) Desp. Financeiras	(35.000,00)
LAIR	245.000,00
(–) IR (34%)	(83.300,00)
Lucro Após o IR	161.700,00
(–) Dividendos Distr.	(130.700,00)
Lucro Líquido	31.000,00

Balanço Patrimonial

ATIVO		PASSIVO	
Caixa	30.000,00	Contas a Pagar	60.000,00
Bancos	10.000,00	Duplicatas a Pagar	30.000,00
Contas a Receber	96.000,00	Financiamentos Curto Prazo	100.000,00
Estoque	90.000,00	Total PC	190.000,00
Total AC	226.000,00	Exigível a Longo Prazo	
		Financiamentos	250.000,00
Ativo Permanente	935.000,00	Patrimônio Líquido	
(–) Deprec. Acum.	(220.000,00)	Capital Social	360.000,00
Ativo Perm. Líquido	715.000,00	Lucros Acumulados	141.000,00
		Total PL	501.000,00
TOTAL DO ATIVO	941.000,00	TOTAL DO PASSIVO	941.000,00

5.

DFC

Fluxo de caixa das operações

Lucro líquido	3.720
Depreciação	600
Fornecedores	2.800
Provisão IR	900
Contas a Receber	–1.400
Estoques	–1.100
Total das operações	**5.520**

Fluxo de caixa de investimentos

Investimentos em Imobilizado	**–5.000**

Fluxo de caixa de financiamento

Financiamentos LP	450
Financiamentos CP	600
Dividendos	–1.120
Total de financiamentos	**–70**
FLX DE CX LÍQUIDO	**450**
(+) Caixa Inicial	750
Caixa Final	1.200

Respostas dos Exercícios Propostos **729**

6. a)

Faturamento	R$ 500
(–) Custo do Produto Vendido	(R$ 130)
Lucro Bruto	R$ 370
(–) Despesas Aluguel	(R$ 40)
(–) Salários	(R$ 60)
EBITDA	R$ 270
(–) Depreciação	(R$ 20)
EBIT	R$ 250
(–) Despesa Financeira	(R$ 15)
Lucro Antes do IR	R$ 235
(–) IR 40%	(R$ 94)
Lucro Líquido	R$ 141

b)

Balanço Patrimonial (R$ mil) Projetado para 2012					
Caixa	50	171	Fornecedores	50	50
Estoque	140	110	Empréstimo Curto Prazo	100	100
Contas a Receber	0	100	**Passivo Circulante**	**150**	**150**
Ativo Circulante	**190**	**381**			
			Cap. Social	180	310
Equipamentos	200	200	Lucros Acumulados	40	181
(–) depreciação	– 20	– 40	**Patrimônio Líquido**	**220**	**391**
Ativo Não Circulante	**180**	**160**			
ATIVO TOTAL	**370**	**541**	**PASSIVO TOTAL**	**370**	**541**

CAPÍTULO 9

1. ROA = 26,5% a.a; ROI = 36,1% a.a; ROE = 21,7% a.a

   Margem Operacional = 16,7% a.a;

   Margem Líquida: 4,04% a.a.

2. 14,3%

3. Indicadores de Liquidez

Liquidez Seca =	0,59
Liquidez Imediata =	0,03
Liquidez Corrente =	1,04
Liquidez Geral	0,70

   Indicadores de Endividamento e Estrutura

Relação Capital de Terceiros/AT	0,80
Relação Capital de Terceiros/CP	4,00
Imobilização de Recursos Permanentes	0,78

4.

ATIVO	($)	PASSIVO	($)
Disponibilidades	4.800,00	Passivo Circulante	30.000,00
Duplicatas a Receber	46.200,00	Exigível a Longo Prazo	14.000,00
Estoques	50.820,00	Capital Social	60.000,00
Ativo Permanente	52.180,00	Reservas	50.000,00
TOTAL	154.000,00	TOTAL	154.000,00

730 Administração Financeira: Teoria e Prática ▪ Assaf Neto | Lima

5. a)

Ativo Circulante	31/12/2006	AH	AV	31/12/2007	AH	AV
Caixa	2800	100%	0,92%	3500	125,00%	1,14%
Contas a Receber	42140	100%	13,78%	44900	106,55%	14,58%
Outros Valores a Receber	40040	100%	13,09%	39000	97,40%	12,66%
Estoques	43400	100%	14,19%	37000	85,25%	12,01%
Total AC	128380	100%	41,97%	124400	96,90%	40,39%
Realizável a Longo Prazo	6720	100%	2,20%	7600	113,10%	2,47%
Ativo Permanente						
Investimentos	33600	100%	10,98%	31000	92,26%	10,06%
Imobilizado	137200	100%	44,85%	145000	105,69%	47,08%
Total AP	170800	100%	55,84%	176000	103,04%	57,14%
TOTAL DO ATIVO	**305900**	100%	100,00%	**308000**	100,69%	100,00%

Passivo Circulante	31/12/2006	AH	AV	31/12/2007	AH	AV
Fornecedores	53200	100%	17,39%	62000	116,54%	20,13%
Duplicatas a Receber	700	100%	0,23%	7000	1000,00%	2,27%
Financiamentos	46200	100%	15,10%	47000	101,73%	15,26%
Outras Obrigações	42000	100%	13,73%	40000	95,24%	12,99%
Total do PC	142100	100%	46,45%	156000	109,78%	50,65%
Exigível a Longo Prazo						
Financiamentos	22400	100%	7,32%	8000	35,71%	2,60%
Outras Obrigações	32200	100%	10,53%	14000	43,48%	4,55%
Total do ELP	54600	100%	17,85%	22000	40,29%	7,14%
Patrimônio Líquido						
Capital Social	81200	100%	26,54%	85000	104,68%	27,60%
Lucros Acumulados	28000	100%	9,15%	45000	160,71%	14,61%
Total do PL	109200	100%	35,70%	130000	119,05%	42,21%
TOTAL DO PASSIVO	**305900**	100%	100,00%	**308000**	100,69%	100,00%

b) Pouca folga financeira. A empresa apresenta um volume maior de obrigações a curto prazo em relação a seu ativo circulante. Em 20x7, a situação agravou-se um pouco mais em função de um decréscimo do ativo circulante e uma elevação do passivo circulante. A diminuição dos estoques é um item que merece uma análise mais detalhada. No relatório da administração, a empresa justifica esse comportamento dos estoques em razão das dificuldades de abastecimento impostos pela conjuntura da época.

6. a) 124,72%   b) 55,5%

CAPÍTULO 10

1. a)

Balanço Patrimonial	31/12/2016	AH	AV	31/12/2017	AH	AV
			ATIVO			
ATIVO	231.205	100%	2,52%	129.107	55,84%	1,26%
Contas a Receber	849.390	100%	9,27%	1.005.239	118,35%	9,80%
Estoque	172.077	100%	1,88%	222.127	129,09%	2,17%
Despesas do Exercício Seguinte	74.159	100%	0,81%	141.539	190,86%	1,38%
Total do Ativo Circulante	1.326.831	100%	14,47%	1.498.012	112,90%	14,61%
Ativo Realizável a Longo Prazo	27.615	100%	0,30%	25.867	93,67%	0,25%
Investimentos	55.404	100%	0,60%	55.361	99,92%	0,54%
Imobilizado (valor líquido)	7.416.524	100%	80,91%	8.367.325	112,82%	81,61%
Diferido	340.511	100%	3,71%	306.477	90,01%	2,99%

Total do Ativo Permanente	7.812.439	100%	85,22%	8.729.163	111,73%	85,14%
TOTAL DO ATIVO	9.166.885	100%	100,00%	10.253.042	111,85%	100,00%
PASSIVO						
Passivo Circulante	3.689.661	100%	40,25%	4.658.385	126,26%	45,43%
Exigível a Longo Prazo	4.569.477	100%	49,85%	3.995.270	87,43%	38,97%
Patrimônio Líquido	907.747	100%	9,90%	1.599.387	176,19%	15,60%
TOTAL DO PASSIVO	9.166.885	100%	100,00%	10.253.042	111,85%	100,00%

b) A estrutura de ativos da Companhia manteve-se praticamente inalterada no período. Os investimentos a curto e longo prazos, apesar do crescimento horizontal verificado, não sofreram variações proporcionais significativas de um exercício para outro. A empresa apresenta um alto endividamento e uma estrutura de equilíbrio financeiro precário, possuindo capital circulante líquido negativo.

c) Apesar de os investimentos a curto prazo (AC) terem permanecido praticamente constantes no período (representam 14,47% do total dos ativos em 2016 e 14,52% dos ativos em 2017), o volume de dívidas a curto prazo (PC) elevou-se de 40,25% em 2016 para 45,43% em 2017. Isso, evidentemente, agravou a já debilitada folga financeira da empresa.

d) 90,10% em 2016; 84,4% em 2017.

2. CCL (2016) = $ 46.900,00; CCL (2007) = $ 69.300,00

Evolução Nominal = 47,76%; Evolução Real = 39,40%

3. Evolução Nominal

	Receita de Vendas	Patrimônio Líquido
20x4-20x5	77,70%	5,79%
20x5-20x6	15,40%	14,43%
20x6-20x7	–17,63%	6,52%

Patrimônio Líquido

20x4-20x5   Evolução Real $\rightarrow$ r $= \dfrac{1,0579}{1,012} - 1 \rightarrow$ r = 4,54%

20x5-20x6   Evolução Real $\rightarrow$ r $= \dfrac{1,1443}{1,0385} - 1 \rightarrow$ r = 10,19%

20x6-20x7   Evolução Real $\rightarrow$ r $= \dfrac{1,0652}{1,0406} - 1 \rightarrow$ r = 2,37%

4.

Indicadores de Liquidez	31/12/2016	31/12/2017
Liquidez Corrente	1,0379	1,4037
Liquidez Seca	0,5758	0,6145
Liquidez Imediata	0,0712	0,1143
Liquidez Geral	1,3407	1,5081
Endividamento e Estrutura		
CT/CP	1,2830	0,9523
CT/AT	0,5620	0,4878
Imobilização de recursos terceiros	1,6872	1,4400

Indicadores de Atividade	31/12/2016	31/12/2017
Prazo Médio de Estocagem	182 dias	216 dias
Giro dos Estoques	1,98	1,67
Prazo Médio de Cobrança	250 dias	179 dias

Indicadores de Rentabilidade	31/12/2016	31/12/2017
ROA	8,89%	14,38%
DOI	13,6%	18,76%
DOE	6,50%	7,76%
Margem Operacional	11,65%	15,97%
Margem Líquida	3,73%	4,42%
Investimento:	64.250,00	70.245,00

5.

	2015	AH	2016	AH	2017	AH
Vendas Líquidas	54000	100%	37800	-30,00%	37044	-31,40%
Custo de Produção	-43200	100%	-36720	-15,00%	-40392	-6,50%
Lucro Bruto	10800	100%	1080	-90,00%	-3348	-131,00%
Despesas de Vendas	-1200	100%	-1200	0,00%	-1200	0,00%
Despesas Administrativas	-800	100%	-3348	318,50%	-800	0,00%
Despesas Financeiras	-2500	100%	-2500	0,00%	-2500	0,00%
Receitas Financeiras	300	100%	320	6,67%	280	-6,67%
Resultado Antes do IR	6600	100%	-3100	-146,97%	-7568	-214,67%
Provisão para IR	-2310	100%	–	100,00%	–	100%
Lucro Líquido	4290	100%	-3100	-172,26%	-7568	-276,41%

6. $ 1.200

CAPÍTULO 11

1. a) Resultado Operacional = $ 30.752,00; Lucro Líquido = $ 10.723,20

   b) $ 224.150,00

   c) $ 249.150,00

2. a) 37,5%   b) 2,50   c) 2,50

3. a) $ 6.250.000,00   b) $ 660.000,00

4.   Empresa A   Empresa B

   a) $ 250.000,00 $ 450.000,00

   b) 2.250.000,00 $ 1.650.000,00

   c) 4,00   2,22

   d) A empresa B, com menor GAO, é a que apresenta o menor risco. Quanto mais distante uma empresa operar de seu ponto de equilíbrio, menor o seu GAO e também o risco de entrar em prejuízo.

5.   Estrutura I   Estrutura II   Estrutura III

   a) 6,0   6,0   2,4

   b) $ 2.700 $ 5.040 $ 5.040

   c) Quanto maior se apresentar o GAO, mais elevado é o risco. Para um GAO mais alto, maiores são os efeitos sobre o resultado em decorrência de alterações no volume de atividade. Para um GAO mais baixo esses efeitos são menores, e também o risco é mais baixo.

   d) ($ 11.250)   ($ 21.000) $ 136.500

6. 1,75

CAPÍTULO 12

1. 19,1% a.a.

2. a) $ 75.250,00   b) $ 68.561,92

3. a) 0,89

   b) O GAF menor que 1 indica que a empresa está se financiando a um custo maior que o retorno auferido na aplicação desses recursos. No exercício, admitiu-se que o passivo oneroso e o patrimônio líquido ficaram imutáveis por todo o período. Na realidade, é muito difícil ter-se esses grupos imutáveis no ano, sem novos ingressos ou saídas. Por essa razão, é que se usam, no dia a dia, valores médios dos ativos, passivos e patrimônio líquido.

4)	100% CP	50%CP e 50% CT	40% CP e 60% CT
a)	ROA = 20%	ROA = 20%	ROA = 20%
b)	ROE = 20%	ROE = 26%	ROE = 29%
c)	GAF = 1	GAF = 1,30	GAF = 1,45
d)	GAF=1	GAF = 1,30	GAF = 1,45

5. a) 1,27

   b) Por ser maior que 1,0, o resultado indica a existência de alavancagem financeira favorável. Indica quem para cada aumento de 1% no resultado operacional, resulta uma variação positiva no lucro líquido (1,27 vez maior). Quanto maior for o GAF, mais elevada se apresenta a capacidade da empresa de elevar o retorno de seus proprietários por meio de incrementos em seus resultados operacionais.

6. 1,23

CAPÍTULO 13

1. a) ROE = 29,22%

   b) ROI = 25,01%; Margem = 26,88%, giro = 0,9305

   c) EVA = $ 127,95; MVA = $ 737,48;

      Valor da Empresa = $ 2.407,3

   d) Amortizando Dívida – EVA = $ 144,2;

      Valor da Empresa = $ 2.397,10

      Distribuindo dividendos – EVA = 146,00;

      Valor da Empresa = $ 2.412,7

   e) Elevando P/PL – EVA = $ 79,4;

      Valor da Empresa = 2.131,10

2. A alternativa B, que prevê captar $ 4,0 milhões junto a bancos e consequente distribuição aos acionistas, demonstra agregar maior valor econômico (riqueza) para a empresa.

3. a) L. Op. Líq. IR = $ 212,6; Desp. Financ. Líq. IR = $ 50,3

   b) P.O. = $ 596,0; P. Func. = $ 221,00; INV = $ 1.229,0

   c) ROI = 17,3%; ROA = 14,7%; ROE = 25,6%; K_i = 8,4%; GAF = 1,48

734 Administração Financeira: Teoria e Prática ■ Assaf Neto | Lima

d) ROE = 17,3% + (17,3% – 8,4%)$ 596,0/$ 633,00

e) EVA = $ 61,00

4. a) ROE = 20,4%

b) EVA = $ 680,0; MVA = $ 417,5

c) EVA = $ 5.000,00; MVA = $ 25.000,00

5. a) Valor da Empresa = $ 250,0 milhões; MVA = $ 80,0 milhões

b) O modelo da Stern & Stewart determina os valores a partir da situação atual da empresa. Os valores de mercado do PL e dívidas representam o valor presente de uma expectativa futura.

6. a) 1,39   b)   16,67%

CAPÍTULO 14

1.

	ANO 0	ANO 1	ANO 2	ANO 3	ANO 4	ANO 5	ANO 6	ANO 7	ANO 8
FLUXO DE CAIXA OPERACIONAL	(15.700,0)	7.337,5	7.337,5	7.337,5	7.337,5	7.937,5	7.937,5	7.937,5	11.437,5

2.

CONVENCIONAL						
	ANO 0	ANO 1	ANO 2	ANO 3	ANO 4	ANO 5
FLUXO DE CAIXA OPERACIONAL	(60.000)	3.200	63.200	63.200	63.200	63.200

ALTA TECNOLOGIA						
	ANO 0	ANO 1	ANO 2	ANO 3	ANO 4	ANO 5
FLUXO DE CAIXA OPERACIONAL	(150.000)	76.900	75.850	74.695	73.424	98.277

3.

	ANO 0	ANO 1	ANO 2	ANO 3	ANO 4	ANO 5
FLUXO DE CAIXA OPERACIONAL	(500,00)	224,00	332,00	392,00	608,00	900,00

4. Investimento líquido = $ 2.065.000

5.

	ANO 0	ANO 1	ANO 2	ANO 3	ANO 4	ANO 5
FLUXO DE CAIXA OPERACIONAL	– 400.000	113.200	113.200	113.200	113.200	113.200

CAPÍTULO 15

1. Fabricar tem custo total a valor presente ($ 530.124,74) menor que terceirizar ($ 746.199,59)

2. PV (aluguel) = $ 20.010,37
   PV (compra) = $ 25.972,62

3. Interessa a compra.
   NPV = $ 89.590,35

Respostas dos Exercícios Propostos **735**

4. a)

($ 000)

	Ano 0	Ano 1	Ano 2	Ano 3	Ano 4	Ano 5
Alt. A	(100.000,00)	46.600,00	49.260,00	52.186,00	55.404,60	58.945,06
Alt. B	(105.000,00)	34.300,00	36.295,00	38.589,25	41.227,64	44.261,78

b)

	Alt. A	Alt. B
NPV	R$ 77.423,41	$ 26.460,44
IRR	41,60%	23,58%
IL	R$ 1,77	R$ 1,25
MIRR	26,89%	18,35%

5. NPV = – 11.231,85 – Projeto inviável

CAPÍTULO 16

1. O ativo B, selecionado pelo gerente financeiro, apesar de apresentar a melhor remuneração por risco (CV = 0,962), tem maior risco (desvio-padrão) que o ativo A. Se desejasse assumir o menor risco, ele deveria investir no ativo A (CV = 0,800).

2. a) 10,8%; b) 16,4%; c) VAR = 0,5436% e SD = 7,37%

3. a) 10,6296%; b) 0,8675

4. SD_A = 3,932%

SD_B = 5,42%

5.
	Inv. A	Inv. B
E(R)	$ 384,0	$ 395,5
SD	$ 92,7	$ 250,6
CV	0,24	0,63

6. 68,26%

CAPÍTULO 17

1. NPV = $ 823.149,60

2. NPV = $ 229.481,55

3. a) NPV = $ 107.205,20

b) $NPV_{PESSIMISTA}$ = ($ 150.227,42);

$NPV_{OTIMISTA}$ = $ 339.454,19

4. NPV = $ 65,75 milhões, DP = $ 99,90 milhões, CV = 1,52

5. a) FC_A = $ 142.600,00; FC_B = $ 176.000,00,

DP_A = 10.258,65; DP_B = 165.299,73

b) NPV_A = $ 212.501,14; NPV_B = $ 271.847,62

6. $ 4,82

CAPÍTULO 18

1. a) Carteira com 100% do ativo A

   Ret = 15%   Risco = 23%

   Carteira com 100% do ativo B

   Ret = 12%   Risco = 33%

   Carteira com 60% do ativo A e 40% do ativo B

   Ret = 13,8%   Risco = 22,99%

   b) Carteira com 100% do ativo A

   Ret = 15%   Risco = 23%

   Carteira com 100% do ativo B

   Ret = 12%   Risco = 33%

   Carteira com 60% do ativo A e 40% do ativo B

   Ret = 13,8%   Risco = 0,60%

2. a) r = 0,9571   b) beta = 0,3252   c) R^2 = 0,9160   d) 8,4%

3. a) 16,6%   b) beta = 1,0; K_e = 14,5%

4. O retorno requerido pelos investidores (25%) é superior à taxa esperada de 20%. O ativo encontra-se em desequilíbrio (superavaliado), situando-se abaixo da *SML*.

5. a)

Ativo	A	B	C	D
Retorno	7,00%	15,80%	15,60%	12,10%
Desvio-padrão	0,00%	2,79%	2,54%	5,63%

   b) $COV_{B,C}$ = - 0,0448%; $COV_{B,D}$ = 0,1282%

   COV com sinal negativo indica que os retornos dos títulos têm tendência de se mover em direções opostas. Ao contrário, sinal positivo indica que os retornos dos títulos apresentam a tendência de se mover na mesma direção (juntamente).

   c) $r_{B,C}$ = –0,63; $r_{B,D}$ = 0,82

   O coeficiente de correlação representa a COV em uma mesma escala.

6. a) Carteira 1 = 2,83%

   Carteira 2 = –2,83%

   b) 0,667

CAPÍTULO 19

1. NPV = $ 88.437,21

2. WACC = 15,5%

3. WACC (papel e celulose) = 11,41%

   WACC (construção civil) = 13,96%

   WACC (empresa) = 12,69%

4. $ 16,33 milhões

5. K_B = 17,77%

6. a) 1,33   b) 15,71%

CAPÍTULO 20

1. a) 15,32%;   b) 15,52%;   c) 15,82%

2. Valor da empresa = $ 2.961.025,64

3. a) $ 0,3425;   b) $ 0,2575

4. PE (plano atual) = $ 260.000
   PE (plano proposto) = $ 347.000
   Nível de indiferença = $ 492.000

5. LOP (após IN) = $ 659.850

6. PL = 33,33%   P = 66,67%

CAPÍTULO 21

1.

Semestre	Saldo Devedor	Amortização	Juros	IR	Valor a Pagar
0	1.500.000,00				
1	1.250.000,00	250.000,00	105.000,00	21.000,00	376.000,00
2	1.000.000,00	250.000,00	87.500,00	17.500,00	355.000,00
3	750.000,00	250.000,00	70.000,00	14.000,00	334.000,00
4	500.000,00	250.000,00	52.500,00	10.500,00	313.000,00
5	250.000,00	250.000,00	35.000,00	7.000,00	292.000,00
6	–	250.000,00	17.500,00	3.500,00	271.000,00

Custo efetivo anual = 22,69% a.a

2. a) 2,81/ação   b) 3,84/ação

3. 16,58% a.a

4.

Parcela	Saldo Devedor	Amortização	Juros totais	Finame	Agente	Prestação
0	127.562,64					
3	127.562,64		3.111,25	2.478,16	633,09	3.111,25
6	127.562,64		3.111,25	2.478,16	633,09	3.111,25
7	116.932,42	10.630,22	1.031,47	820,74	210,73	11.661,69
8	106.302,20	10.630,22	945,52	752,34	193,17	11.575,74
9	95.671,98	10.630,22	859,56	683,95	175,61	11.489,78
10	85.041,76	10.630,22	773,60	615,55	158,05	11.403,82
11	74.411,54	10.630,22	687,65	547,16	140,49	11.317,87
12	63.781,32	10.630,22	601,69	478,76	122,93	11.231,91
13	53.151,10	10.630,22	515,74	410,37	105,37	11.145,96
14	42.520,88	10.630,22	429,78	341,97	87,81	11.060,00
15	31.890,66	10.630,22	343,82	273,58	70,24	10.974,04

Continua

Continuação

Parcela	Saldo Devedor	Amortização	Juros totais	Finame	Agente	Prestação
16	21.260,44	10.630,22	257,87	205,18	52,68	10.888,09
17	10.630,22	10.630,22	171,91	136,79	35,12	10.802,13
18	–	10.630,22	85,96	68,39	17,56	10.716,18
Total		127.562,64	6.704,56	5.334,80	1.369,77	134.267,20

5. $ 0,50/ação

6. $ 3,91

CAPÍTULO 22

1. a) Ações Ordinárias: $ 210.000,00; Preferenciais A: $ 228.000,00; Preferenciais B: $ 100.000,00

    b) LPA (ON) = $ 1,962/ação; LPA (PNA) = $ 2,062/ação; LPA (PNB) = $ 1,962/ação

2. a) Capital Social

    Ações ON = $ 1.000.000,00

    Ações PN = $ 1.500.000,00

    Reservas = $ 1.500.000,00

    TOTAL = $ 4.000.000,00

    b) Capital Social

    Ações ON = $ 1.000.000,00

    Ações PN = $ 1.500.000,00

    Reservas = $ 1.500.000,00

    TOTAL = $ 4.000.000,00

    c) Capital Social

    Ações ON = $ 1.000.000,00

    Ações PN = $ 1.500.000,00

    Reservas = $ 1.500.000,00

    TOTAL = $ 4.000.000,00

3. Preço Teórico Ação ON = $ 1,28;

    Preço Teórico Ação PN = $ 1,60

4. $ 1,60

5. a) DRE

Receita de Vendas	$ 280.000,00
(–) CPV	($ 200.000,00)
(=) Lucro bruto	80.000,00
(–) Despesas Operacionais	($ 30.000,00)
(–) Despesas Financeiras	($ 13.000,00)
(=) Lucro antes dos JSCP	$ 37.000,00
(–) JSCP	($ 4.200,00)

	(=) Lucro antes do IR	$	32.800,00
	(−) IR	($	13.120,00)
	(+) Reversão dos JSCP	$	4.200,00
	(=) Lucro Líquido	$	23.880,00

   b) $ 1.680,00
   c) $ 1.050,00

6. V – F – V – F

CAPÍTULO 23

1. Total de Dividendos a distribuir: $ 757.550,00
   Dividendos (ON): $ 311.750,00 LPA (ON) = $ 2,71/ação
   Dividendos (PNA): $ 261.000,00 LPA (PNA) = $ 3,08/ação
   Dividendos (PNB): $ 184.800,00 LPA (PNB) = $ 4,86/ação

2. | Exercício Social | Valor Patrimonial | LPA | P/L |
   |---|---|---|---|
   | 20x6 | $ 4,70 | $ 0,485 | $ 5,36 anos |
   | 20x7 | $ 5,20 | $ 0,504 | $ 6,35 anos |

3. $ 2,286/ação

4. Distribuição de dividendos: Dividendos pagos: $ 0,32/ação;
   LPA= $ 1,60; P/L = 1,8 vez
   Recompra de ações: 100 mil ações serão compradas;
   LPA = $ 1,78; P/L = 1,8 vez

5. 16,56% no período

6. a) 19,23 ações   b) $ 51,00

CAPÍTULO 24

1. $ Redução de $ 800.000,00

2. a)

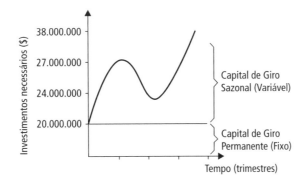

b)

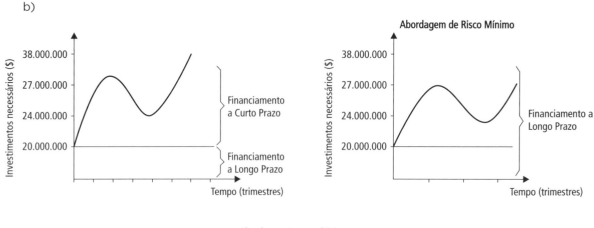

3. $ 1.000.000,00. A empresa apresenta um CCL negativo indicando que a parcela do total dos recursos imobilizados a longo prazo é financiada ($ 1.000.000,00) por fontes a curto prazo.

4.

Ativo	($)	Passivo	($)
Disponível	400.000	Empréstimos (CP)	120.333
Duplicatas a Receber	754.000	Fornecedores	499.667
Estoque	1.116.000	Provisão Para IR	335.200
Permanente	1.140.000	Financiamentos (LP)	400.000
		Capital Social	1.502.000
		Lucros Retidos	552.800
Total	3.410.000	Total	3.410.000

5. Alto Risco   Baixo Risco
    a) $ 13.000.000,00 $ 500.000,00
    b) $ 9.500.000,00 $ 22.000.000,00

6. + 25.000

CAPÍTULO 25

1. a) Ciclo de Caixa = 120 dias;
       Ciclo Operacional = 150 dias.

b) Giro de caixa = 3 vezes

c) Ciclo de Caixa = 90 dias, giro de caixa = 4 vezes

2.

	Janeiro	Fevereiro	Março	Trimestral
a) Valores Nominais	$ 500	$ 700	$ 16.300	$ 17.500

b) Valor nominal trimestral = $ 17.500.000,00 – Perda de $ 1.406.851,00

3. a) Ciclo de Caixa = 160 dias, giro de caixa = 2,25 vezes

b) 30 dias

4.

	2004	2005	2006	2007
PMP	124,1	105,9	81,8	64,3
PMC	75	97,3	120	156,5
Giro dos Estoques	2,3	2,9	4,6	7,03

5. a)

	20x4	20x5	20x6	20x7
PME	166,2	116,9	78,8	59,4
Giro	2,17	3,08	4,57	6,06

c) Apesar do crescimento absoluto, o nível dos estoques vem apresentando uma redução proporcional ao longo dos anos. Isso pode ser observado pela diminuição do prazo médio de estocagem e também pelo aumento da liquidez seca.

6. $ 82.000

CAPÍTULO 26

1. a) $ 1.344.000,00   b) 1,75% a.m   c) Lucro Marginal = $ 1.185.600,00, retorno = 1,54% a.m.

2. a) $ 468.000,00

b) Em qualquer das suposições levantadas, a proposta formulada é atraente.

3. a) Lucro Marginal = $ 1.075.000,00, retorno = 13,4%

b) Proposta economicamente atraente   c) 13,4%

4. a) 2.460.000,00   b) $ 28.780.000,00   c) Não é economicamente atraente

5. a) $ 10.500,00   b) $ 6.600,00   c) $ 990,00

6. 20%

CAPÍTULO 27

1.

Compra à vista	Compra 30 dias	Compra 60 dias
CMVV = $ 43.200	CMVV = $ 49.200	CMVV = $ 60.000
R = $ 35.849,60	R = 30.800,00	R = $ 21.291,60

2. $ 2.530,00

3. a) $ 184.111,60   b) $ 116.615,08

4. Aquisição a prazo por apresentar maior resultado por unidades.

5. a) Compra da mercadoria à vista.

   b) Compra à vista mantém-se interessante.

   c) Se CMVV < $ 4.809,96 – comprar à vista.

      Se CMVV = $ 4.809,96 – indiferente.

      Se CMVV > $ 4.809,96 – comprar a prazo.

6. 3,77 meses

CAPÍTULO 28

1. Resultado Histórico Puro = $ 4.320 00

   Resultado Histórico Corrigido = $ 7.912,80

   Resultado Corrente Puro e Corrigido = $ 6.300,00

2. $ 410.000,00

3. 4,8S% a.a.

4. $ 4.606.095,85

5. *Payout* = 60% -$ 7.964.601,77

   Payout = 40% -$ 6.896.551,72

6. $ 1.641.424,93

CAPÍTULO 29

1. Valor = $ 7.024.495,92, *Goodwill* = $ 2.674.495,92

2. a) $ 36.377.966,77 b) $ 14.551.186,71

3. $ 131.234,78

4. $ 74.052,40

5. Fluxo de Caixa Operacional Disponível

Ano 1	Ano 2	Ano 3	Ano 4	Ano 5	Ano 6	Ano 7	Ano 8	Ano 9	Ano 10	Ano 11	Ano 12
85.324,00	93.281,44	101.957,55	111.415,98	116.650,96	122.127,53	127.856,59	133.849,45	140.117,96	146.678,45	149.626,76	152.624,31

6. 12,62%

CAPÍTULO 30

1. $ 29.506,91

2. Lucro de $ 9,00

Respostas dos Exercícios Propostos **743**

3. Ganho = $ 0,10/ação

4. a) perda = $ 0,40/ação   b) ganho $ 0,03/ação   c) nem ganho nem perda

5. Contrato 1 = 22,4% a.a.o.   Contrato 2 = 15% a.a.o. (fev.)

6. a) Preço > $ 60,00   b) Preço > $ 63,75

CAPÍTULO 31

1. Regressão logística.

2. A tecnologia conhecida como *blockchain* e as criptomoedas estão intimamente relacionadas. A *blockchain* proporciona a infraestrutura necessária para a operação segura, descentralizada e transparente das criptomoedas.

3. a) Para agrupar clientes por diferentes perfis de compra, pode ser aplicado um modelo de aprendizado não supervisionado.

   b) Para prever se um cliente fará ou não uma compra, a modelagem supervisionada pode ser aplicada.

ÍNDICE ALFABÉTICO

A

Abertura de capital, 499
Ações, 37
  ordinárias, 38
  preferenciais, 38, 282
Administração, 4
  de ativos, 11
  de caixa, 577
  de contas a receber, 597
  de estoques, 617
  de passivos, 11
  do capital de giro, 558
  financeira, 10
    e o objetivo da empresa, 15
Agência Especial de Financiamento
  Industrial (Finame), 505,
  511, 513
Ágio ou deságio, 130, 509
Ajustes
  a valor presente, 187
  de avaliação patrimonial, 186
  de exercícios anteriores, 188
  diários nas operações a
    futuro, 693

Alavancagem
  caseira, 477, 478
  financeira, 253, 273, 276,
    280, 281
    e amortização dos
      passivos, 280
    e passivos de
      funcionamento, 281
    favorável, 276
  operacional, 253, 260, 261
  total, 253
American Depositary Receipt
  (ADR), 505
Amortização, 185, 280
  dos passivos, 280
Análise
  custo – volume – lucro, 254
  das demonstrações
    financeiras, 230
  de ações, 499
  de crédito, 598
  de liquidez e equilíbrio
    financeiro, 234
  de projetos independentes, 354
  de sensibilidade, 375, 394, 396

discriminante, 716
  do endividamento e estrutura, 238
  do ponto de equilíbrio, 396
  do retorno do investimento e
    lucratividade, 240
  dos padrões de crédito, 600
  horizontal
    com evolução negativa, 208
    com evolução positiva, 207
    com valores e base
      negativos, 209
    com valores negativos e base
      positiva, 209
    e vertical, 206, 212
    em inflação, 209
  técnica, 499
  vertical, 211
Analytics, 712
Anuidades perpétuas, 71
Aplicações financeiras, 184
Arbitragem, 477, 691, 697, 698
  de mercado, 477
  em moeda estrangeira, 698
Arrendamento mercantil (*leasing*),
  319, 508, 518

Índice Alfabético

Árvore
de decisão, 405, 407, 409
de valor, 306
Aspecto diferenciador do endividamento no Brasil, 470
Ativo(s), 36, 689, 704
circulante, 184, 570
de renda fixa, 100
em equilíbrio, 432
financeiros, 36
intangível, 185
permanente, 185
realizável a longo prazo, 185
subavaliados e superavaliados, 433
Avaliação
de ações
com prazo determinado, 165
com prazo indeterminado, 167
fora do contexto de uma carteira, 500
de cenários, 395
de empresas, 643
de projetos pelo CAPM, 434
do desempenho
com base no investimento líquido – ROI, 283
pelo MVA, 298
do EVA®, 303
do nível de endividamento (LOP-LPA), 485
do risco de crédito, 598
relativa, 648

B
Balanço patrimonial, 182
Banco Central (BACEN), 34
Bancos
comerciais/múltiplos, 34
de investimentos, 35
Benchmark, 450
Bens intangíveis, 9
Beta(s)
de carteira de ativos, 428
para empresas alavancadas, 453
Big Data, 712
Bitcoin (BTC), 719
Blockchain, 718
Bolsa de valores, 40
Bonificação, 39, 158, 530, 531
com ação sem valor nominal, 531
com alteração do valor nominal da ação, 530
Brasil Bolsa Balcão (B3), 690

C
Caderneta de poupança, 89
Calculadoras financeiras, 60
Cálculo
do IOF em um financiamento, 118
do resultado operacional ajustado, 301
do valor econômico agregado (EVA®), 301
do *value at risk* (VaR), 410
financeiro, 57
CAPEX (gastos de capital), 662
Capital
Asset Pricing Model (CAPM), 7, 426, 645
circulante, 558
líquido, 560, 572
de giro, 557-559
líquido, 560, 572
próprio, 561
sazonal, 570
fixo, 559
próprio, 445, 470, 483
social, 186
Capitalização, 58
Carteira (ou portfólio), 6, 420
Carteira de mercado, 426
Cashback, 245
Certificado de Depósitos Interfinanceiros (CDI), 43, 105
Ciclo(s)
de caixa, 580, 581
de euforia e medo, 706
econômico, 563
financeiro, 563, 566, 581
operacional, 558, 562, 563, 566, 579, 581
Coeficiente
beta, 427, 450, 453
de correlação, 381
de financiamento, 69
de variação, 374
Commercial papers, 115
Conselho
Monetário Nacional, 33
Nacional
de Previdência Complementar (CNPC), 34
de Seguros Privados (CNSP), 34
Covariância(s), 6, 421
negativa, 380
nula, 380

positivas, 380
Crédito(s)
interempresarial, 597
no Brasil, 502
pessoal, 597
rotativo, 112
Criação
de riqueza, 17
de valor, 10, 290, 297, 461
Criptomoedas, 719
Critério de decisão, 343, 607
Current yield, 130, 134, 135
Curva
ABC, 625
de Gauss, 378
Custo(s)
de capital
de terceiros, 444, 445
próprio, 302, 431, 446, 448
de captação no mercado, 484
de falência, 477
de manutenção, 628, 629
de oportunidade, 12, 290
e despesas operacionais, 328
total
de capital (WACC), 291, 293, 443, 444, 457
variáveis, 254

D
Debêntures, 508
Demonstração(ões)
contábeis, 182
de Origens e Aplicações de Recursos (DOAR), 190
do Resultado do Exercício (DRE), 189
do Valor Adicionado (DVA), 242
dos Fluxos de Caixa (DFC), 191, 237
Descontos financeiros, 601, 604
Despesas
antecipadas, 185
com devedores duvidosos, 602
não desembolsáveis e imposto de renda, 329
Desvio-padrão, 374, 377, 420
Dilema risco-retorno, 567, 569
Dividend yield, 162, 163
Dividendo(s), 38, 158
cumulativos, 544
extraordinários, 188
na teoria residual, 525
não cumulativos, 544
no Brasil, 544

746 Administração Financeira: Teoria e Prática ■ Assaf Neto | Lima

× lucro realizado, 548
Duration, 137, 140, 145, 146
de uma carteira, 140
modificada, 145, 146

E
EBIT e EBITDA, 661
Educação financeira, 720
Empréstimo(s)
com diferentes prazos de
pagamento, 138
e financiamentos diretos, 508
Endividamento das empresas
brasileiras, 470
Equilíbrio financeiro, 557, 572
Escala do investimento, 356
Estoque(s), 185, 617, 618
de segurança, 619, 632
e inflação, 621
Estratégia(s)
de investimentos, 298, 303
financeiras, 298
operacionais, 298, 303
Estrutura
de capital, 302, 459, 469, 471,
481, 482
de resultados, 233
meta de capital, 458, 459
ótima de capital, 473, 474
patrimonial da empresa, 232

F
Factoring, 110
Fair value, 646
Finanças
das empresas, 4
modernas, 6
pessoais, 4, 10
Financiamento(s)
a longo prazo, 495
com carência, 122
e capitalização dos juros, 123
de empresas no Brasil, 502
do capital de giro, 569
por meio do BNDES, 505
por recursos
de terceiros, 507
próprios, 496
Float, 583
Fluxo(s) de caixa, 578, 668
convencionais, 327
descontado (FCD), 342, 446, 500,
644, 649
disponível
da empresa (FCDE), 660, 661

para avaliação, 660
líquido, 578
não convencionais, 327
operacional(is), 328
relevantes, 326
× lucro, 326
Formação
das taxas de juros no
mercado, 320
dos juros, 322, 325
Fórmula de Gordon, 168
Formulação(ões)
de cálculo dos prazos
operacionais, 564
de Macaulay, 137
de MM sem impostos, 479
do cálculo do grau de
alavancagem operacional, 263
do valor da perpetuidade, 671

G
Ganho(s)
aparente, 15
e perdas
não realizados de
estocagem, 634
realizados de estocagem, 633
real, 15
Gestão
Baseada em Valor (GBV), 291
de riscos com derivativos, 690
Goodwill, 295, 296
Governo, 321
Grau
de alavancagem
financeira (GAF), 273,
275-277
operacional, 260, 261

H
Hedge, 700, 701
Hedger, 690
Hedging, 40, 700
Histórico da inflação no Brasil, 81
Hot money, 105

I
Impairment test, 187
Imposto
de renda, 278, 279, 512
sobre Operações Financeiras
(IOF), 101, 117
Indicador(es)
de análise de ações, 159, 220
de atividade, 214

de endividamento e estrutura, 216
de inflação no Brasil, 79
de liquidez, 213
de rentabilidade, 217
de risco, 434
Índice(s), 47, 206, 213
brasileiros, 47
de lucratividade, 357
econômico-financeiros de análise,
213
Geral de Preços –
Disponibilidade Interna
(IGP-DI), 79
Geral de Preços 10 (IGP – 10), 80
Geral de Preços de Mercado
(IGP-M), 80
Nacional de Preços ao
Consumidor Amplo (IPCA), 80
Nacional de Preços ao
Consumidor (INPC), 80
Preço/Lucro (P/L), 160, 220, 648
Inflação, 84, 529, 591
Inplit (grupamento de ações),
531, 532
Inteligência artificial, 718
Intermediação financeira, 32
Interseção de Fischer, 356
Investimento(s), 185, 321
agregado, 5
com dependência estatística, 320
com restrição orçamentária, 319
economicamente
dependentes, 320
independentes, 319
em capital de giro, 567
em estoques, 618, 619, 624
em giro
e retornos, 568
e valor, 567
inicial, 326
marginal, 603, 605
em contas a receber, 605
mutuamente excludentes, 320
no ciclo de caixa, 585

J
Juros, 112, 321
compostos, 60
por antecipações, 110
simples, 58
sobre o capital próprio, 38,
158, 533

L
Leasing
financeiro, 518

operacional, 509
Limite
  da diversificação, 384
  máximo de caixa, 588
  mínimo de caixa, 588
Linha(s)
  de financiamento, 505
  de mercado de títulos (SML), 431
Liquidez, 529
  corrente, 213, 236
  geral, 214
  imediata, 214
  seca, 213, 236
Litecoin (LTC), 719
Lucro
  bruto, 190
  contábil, 290
  econômico, 290, 291
  líquido, 190
  operacional, 12, 190, 481
  por Ação (LPA), 159, 220

M

Machine learning, 713
Margem de contribuição, 255, 256
Maximização
  da riqueza do acionista e
    sustentabilidade, 18
  do giro de caixa, 581
  do lucro, 17
Média(s), 371
  aritmética, 373
    ponderada, 371
    simples, 371, 372
  geométrica, 371, 373
  harmônica, 371
  ponderada, 372
Medida(s)
  da empresa, 582
  de controle, 609
  de risco país, 453
  estatísticas, 371, 373
  financeiras de uma política de
    crédito, 602
Mercado
  a termo, 40, 691
  à vista, 40
  cambial, 41, 496
  de ações, 37
  de capitais, 41, 496
  de crédito, 41, 496
  de opções, 40
  financeiro, 4, 40
  futuro, 692, 695, 697
  monetário, 40, 496

primário, 498
  secundário, 498
Método(s)
  de análise de investimentos, 342
  do Fluxo de Caixa Descontado
    (FCD), 649, 650
Modelo(s)
  de análise e controle dos
    estoques, 628
  de Baumol, 586, 587
  de gestão baseada em valor, 296
  de Gordon, 500
  de Miller e Orr, 588
  de precificação de ativos
    (CAPM), 7, 447
  do lote econômico, 586, 630, 631
Moeda(s), 719
  escritural, 35

N

NOPAT (Lucro Operacional
  Líquido do Imposto de
  Renda), 662
Nova caderneta de poupança, 91

O

Objetivo da empresa
  e os conflitos com a sociedade, 20
  em outros mercados, 22
Obrigações fiscais, 240
Opção(ões), 8, 702, 703
Open finance, 721
Operação(ões)
  com rendimentos pós-fixados, 87
  de arrendamento mercantil, 509
  de *swap*, 699
  no mercado interfinanceiro, 105
Orçamento de caixa, 585, 589, 590

P

Passivo(s)
  de funcionamento, 281, 299
  exigível, 186
  não circulante, 186
  não onerosos, 239, 299
  onerosos, 239
Payback, 342, 343
Payout, 524
Política(s)
  de cobrança, 601, 604
  de crédito, 600
    sobre as medidas
      financeiras, 603
  de dividendos, 524, 525, 528
  geral de crédito, 599

Ponto de equilíbrio
  contábil, econômico e
    financeiro, 258
  econômico e financeiro, 259
  operacional (PEO), 255, 256
Poupança, 32, 321
Prazo
  de concessão de crédito, 600
  Médio
    de Cobrança (PMC), 215
    de Estocagem (PME), 214
    de Pagamento a Fornecedores
      (PMPF), 215
Preço
  de exercício, 702, 704
  de mercado
    da ação após a bonificação, 531
    de um título de renda fixa, 132
Prejuízo(s)
  acumulados, 187
  econômico, 291
Prêmio
  pela inflação, 323
  pelo risco, 44, 290, 323, 431,
    453, 456
Processo
  de análise, 606
  inflacionário, 14
Projeto(s)
  com destruição de riqueza, 345
  de investimento no contexto de
    carteiras, 424
  mutuamente excludentes, 355
Proposições de Modigliani e Miller
  (MM) com impostos, 480
Proteção
  cambial, 697
  no futuro de dólar, 697

R

Receita(s)
  líquida, 189
  operacionais, 328
Redução
  do risco, 421
  dos custos de produção, 624
Renda fixa, 36, 129, 130
Rendimento(s)
  das ações, 38
  pós-fixados, 36
  prefixados, 36
  e impostos, 101
Repasse(s)
  de recursos externos, 508, 511
  de recursos internos, 508, 511

Resultado
  líquido, 481
  operacional, 13, 265
Retorno
  do investimento
    com participação integral de
      capital próprio, 274
    e alavancagem, 274
    marginal, 604
  sobre o ativo (ROA), 217
  sobre o investimento (ROI), 218
  sobre o patrimônio líquido
    (ROE), 219
Risco(s), 691
  Brasil, 450
  do investimento usando o modelo
    CAPM, 434
  e retorno, 426
  econômico (operacional), 13, 453
  financeiro, 14, 453, 454
    empresarial, 278
  retorno e custo de
    oportunidade, 424
  sistemático, 43, 384, 424, 427,
    428, 430

S
Saldo
  de caixa pelo ciclo
    financeiro, 583
  mínimo de caixa, 583, 584
Security Market Line (SML), 434
Sistema(s)
  de amortização
    constante (SAC), 120
    de empréstimos e
      financiamentos, 116
    Especial de Liquidação e
      Custódia (SELIC), 43
  Sociedades de Crédito,
    Financiamento e Investimento
    (SCFI), 35
Split (desdobramento), 531
Spread, 32
  da empresa, 302, 303
  do acionista, 294

Stakeholders, 10
Swaps, 698

T
Taxa(s)
  básica de juros, 43, 322
  de câmbio, 41
  de crescimento, 670
    constante, 169
  de Desvalorização da Moeda
    (TDM), 86
  de inflação, 85, 87
  de juros
    de longo prazo, 505, 533
    empresas e governo, 321
    livres de risco, 43, 401
    no Brasil, 42, 401, 446
  DI, 43, 44
  Interna de Retorno (IRR), 71, 72,
    342, 346, 352
    Modificada (MIRR), 352
  livre de risco, 41, 322, 323,
    450, 453
  nominal, 42, 59
  over, 102
  preferencial temporal, 321
  Referencial (TR), 89
Teoria(s)
  convencional, 473
  da irrelevância dos dividendos,
    526, 527
  residual, 525, 526
Título(s)
  de emissão pública, 37
  de renda
    fixa, 515
    variável, 36
Tributação
  sobre ações no Brasil, 528
  sobre ganhos de capital no Brasil,
    549
  sobre os dividendos, 549

V
Valor(es)
  contábil, 162, 459

da empresa, 667, 678
  alavancada, 480
  para um investidor isolado, 646
das ações, 499
de face, 130
de mercado, 6, 19, 162, 458, 459
  da empresa, 18, 677
de uma ação
  com duração
    indeterminada, 167
  com prazo determinado, 166
econômico, 9, 18
  agregado (EVA®), 291, 299,
    301, 302, 309, 676
  justo, 187, 646
  mobiliários, 35
  de renda variável, 158
  nominal, 15
  patrimonial da ação
    (VPA), 161
  presente, 64, 342, 344, 401, 644,
    645, 675
  líquido (NPV), 342, 344, 675
Variação cambial, 81
Variância, 374, 377
Variável(is)
  aleatórias, 375
  contínua, 378
  discreta, 378
Volatilidade, 139

W
WACC
  e diferentes riscos, 460
  usos e limitações do, 459
Warrants, 113

Y
Yield to maturity (YTM), 130,
  131, 135

Z
Zero coupon bond, 135